S0-FLO-332

WILLIAM F. MAAG LIBRARY
YOUNGSTOWN STATE UNIVERSITY

La Poésie du XXᵉ siècle
★ ★ ★
MÉTAMORPHOSES ET MODERNITÉ

Ouvrages de
ROBERT SABATIER
aux Éditions Albin Michel

Essais
HISTOIRE DE LA POÉSIE FRANÇAISE
1. La Poésie du Moyen Age.
2. La Poésie du XVIᵉ siècle.
3. La Poésie du XVIIᵉ siècle.
4. La Poésie du XVIIIᵉ siècle.
5. La Poésie du XIXᵉ siècle.
    * Les Romantismes.
    ** Naissance de la poésie moderne.
6. La Poésie du XXᵉ siècle.
    * Tradition et évolution.
    ** Révolution et conquêtes.
    *** Métamorphoses et modernité.

L'ÉTAT PRINCIER
DICTIONNAIRE DE LA MORT
LE LIVRE DE LA DÉRAISON SOURIANTE *(en préparation)*

Poésie
LES FÊTES SOLAIRES.
DÉDICACE D'UN NAVIRE.
LES POISONS DÉLECTABLES.
LES CHÂTEAUX DE MILLIONS D'ANNÉES.
ICARE ET AUTRES POÈMES.
L'OISEAU DE DEMAIN.
LECTURE.

Romans
LES ANNÉES SECRÈTES DE LA VIE D'UN HOMME.
LES ALLUMETTES SUÉDOISES.
TROIS SUCETTES A LA MENTHE.
LES NOISETTES SAUVAGES.
LES FILLETTES CHANTANTES.
DAVID ET OLIVIER.
LES ENFANTS DE L'ÉTÉ.
ALAIN ET LE NÈGRE.
LE MARCHAND DE SABLE.
LE GOÛT DE LA CENDRE.
BOULEVARD.
CANARD AU SANG.
LA SAINTE FARCE.
LA MORT DU FIGUIER.
DESSIN SUR UN TROTTOIR.
LE CHINOIS D'AFRIQUE.

Robert Sabatier
de l'Académie Goncourt

HISTOIRE DE LA POÉSIE FRANÇAISE

✶✶✶

La Poésie du XXᵉ siècle

III
MÉTAMORPHOSES ET MODERNITÉ

Ouvrage publié avec le concours
du Centre National des Lettres

Albin Michel

IL A ÉTÉ TIRÉ DE CET OUVRAGE SOIXANTE EXEMPLAIRES SUR VÉLIN CUVE PUR CHIFFON DE RIVES, DONT CINQUANTE NUMÉROTÉS DE 1 À 50, ET DIX HORS COMMERCE NUMÉROTÉS DE I À X.

© Éditions Albin Michel S.A., 1988
22, rue Huyghens, 75014 Paris

Tous droits réservés. La loi du 11 mars 1957 interdit les copies ou reproductions destinées à une utilisation collective. Toute représentation ou reproduction intégrale ou partielle, faite par quelque procédé que ce soit – photographie, photocopie, microfilm, bande magnétique, disque ou autre –, sans le consentement de l'auteur et de l'éditeur, est illicite et constitue une contrefaçon sanctionnée par les articles 425 et suivants du Code pénal.

ISBN BROCHÉ 2-226-03398-X
ISBN RELIÉ 2-226-03399-8

Avant-propos

Plutôt qu'*Histoire de la poésie*, on aurait pu titrer : « Matériaux pour un futur itinéraire ». En effet, les poètes réunis dans ce volume, pour la plupart, sont en pleine activité de recherche et de création : il ne s'agit donc que d'un bilan provisoire. Fallait-il s'en tenir aux seuls poètes disparus ? L'absurdité contemporaine qui persiste à ignorer les choses importantes m'a incité à mettre en valeur l'abondance, la diversité, la qualité des œuvres de tous les genres et de toutes les tentatives tenues *a priori* pour respectables – même si elles ne correspondent pas toujours à la sensibilité et aux goûts de l'historien, lequel doit, par probité, et dans la mesure du possible, en faire abstraction, trouver un état d'accueil, ce qui n'est pas toujours facile.

La matière de cet ensemble se relie si intimement à celle des deux précédents volumes (en fait ils forment un seul et même ouvrage) que lire l'un sans les autres donnerait une image amputée de la poésie du XXe siècle. Le lecteur qui chercherait ici un texte consacré à un poète et qui s'étonnerait de son absence devra donc se reporter à l'un ou l'autre des ouvrages précédents. Les index le guideront.

Ce livre n'est pas une anthologie : il ne dicte pas un choix, il tente de retracer une histoire, il peut être pris comme une galerie de portraits (des auteurs et des œuvres), une chronique dans laquelle s'unissent des thèmes selon les chapitres. L'histoire ne s'est pas voulue linéaire et simplificatrice. Elle court, parfois souterraine, avec les œuvres présentées, elle est souvent plus évoquée que dite. Un espace de réflexion est ainsi ouvert au lecteur : il s'agit avant tout d'invitation-incitation à dépasser ces pages, à aller plus loin – vers les textes, vers les œuvres.

S'il est fait état de polémiques, ici pas de polémique, ce qui ne veut pas dire que ce livre ne contienne pas autant d'armes que de baumes dont le guerrier et le guérisseur pourront se servir. On peut lire dans les lignes, mais aussi entre les lignes. Un souhait : qu'on accueille ou qu'on rejette, que rien ne soit sans désir et sans passion !

Écrit à chaud, cet ouvrage est fragile, sujet à contestations. Ni père Noël, ni père Fouettard, je n'ai pas mesuré avec des instruments d'arpenteur la place faite à chacun. Une part d'instinct, d'inspiration ou d'imagination est survenue. Trop de noms, trop de titres? Certes, mais que cela donne au public qui n'est pas informé une idée de l'abondance contemporaine en même temps que de sa diversité.

Il n'était pas prévu d'écrire un dixième volume mais l'importance de la poésie qui se crée dans notre langue hors de l'Hexagone m'a déterminé à lui consacrer un volume entier. Il s'agira des territoires français d'outre-mer, avec ce que cela implique de particularités, et des pays où la langue française est utilisée, et grâce à qui notre langue commune garde une place sur cette planète : Belgique, Suisse, Luxembourg, Québec, Afrique du Nord, Afrique noire, Moyen-Orient, etc. – sans oublier des pays autres que francophones où des poètes ont choisi d'écrire en français. J'espère ainsi, à condition que le destin me soit favorable, accomplir un vaste tour d'horizon – en attendant qu'un autre prenne le relais ou bien recompose un ensemble dont je connais la précarité.

R.S.

Les Choses et les mots

I

Francis Ponge

Nul n'imaginerait un itinéraire de la poésie française d'où Francis Ponge serait absent. Il trouverait aussi bien sa place dans un traité d'histoire naturelle ou de méthodologie scientifique : « Je me veux moins poète que savant », dit-il. Cette pensée traversait-elle l'esprit de Lucrèce, des poètes scientifiques du XVIe siècle ou des poètes descriptifs du XVIIIe? Dans ses œuvres, il s'agit pour cet homme singulier d'avancer dans la connaissance de l'objet, de lui donner un langage, de l'exprimer, ce qui l'amènera à balancer « entre le désir d'assujettir la parole aux choses et l'envie de leur trouver des équivalents verbaux ». Au seuil de ce chapitre, nous avons doublement médité : sur le rejet de la part du poète (nous le nommerons ainsi) de tout ce qui est histoire ou exégèse de la poésie et sur cette phrase de Jean Hytier dans la revue *Le Mouton blanc* : « Sa dignité, c'est de ne pas rendre le travail facile. » Oui, cet art subtil, trop peut-être, demande une extrême attention, un regard neuf, innocent, voire naïf et un soupçon d'humour. Nous sommes à l'opposé des poètes romantiques qui cherchent dans la nature des équivalences, des correspondances ou des oppositions souvent factices ou bien lui prêtent une âme semblable à celle qu'ils se supposent comme un Nerval par exemple ou un Hugo. Nous verrons à quel travail (on pense aux fondements d'une nouvelle encyclopédie) s'est attaqué en scientifique, en philosophe, en poète, Francis Ponge, sans oublier de se soumettre à sa propre critique. Il s'agit d'une nouvelle aventure du langage qui éblouira un Bernard Groethuysen, un Jean-Paul Sartre ou un Maurice Blanchot avant Philippe Sollers, Jean Thibaudeau, Alain Robbe-Grillet et les écrivains du Nouveau Roman qui se reconnaîtront une dette envers lui. Les fervents d'une poésie plus « poétique » pourront bouder, trouver ce langage contourné ou alambiqué, Francis Ponge n'en a cure. Il ne se connaît de devoirs qu'à l'égard de l'objet. En 1941, à Roanne, sur les berges de la Loire, il écrivait : « Peu m'importe après cela que l'on nomme poème ce qui va en résulter. Quant à moi, le moindre soupçon de ronron poétique m'avertit seulement que je rentre dans le manège, et provoque mon coup de reins pour en sortir. » Mais vingt ans auparavant, Francis Ponge avait fixé son choix : à ce nouveau langage, totalement original, il se tiendra sa vie durant. L'objet, pour lui, c'est la poétique. Pour les curieux, nous n'omettrons pas selon un usage établi dans ce livre de montrer les itinéraires de l'homme bien qu'ils n'aient à notre sens que peu d'importance auprès de ceux du chercheur.

Le Parcours d'un siècle.

Savoir comment vieillissent un verre d'eau, un verre de vin, un verre de lait importe plus à Ponge que de savoir comment vieillit Ponge. D'ailleurs, son œuvre depuis bien avant ses *Douze Petits Écrits* de 1926 est sans rides. Francis Ponge (1899-1988) naquit à Montpellier d'une famille appartenant à la bourgeoisie protestante du Midi. Si son enfance apparaît marquée par le goût de la liberté et des voyages qu'il effectue, au seuil de l'adolescence, à travers l'Europe, ses études se feront aux lycées d'Avignon, de Caen (ô Malherbe!), de Paris à Louis-le-Grand avant les facultés des lettres et de droit et l'admissibilité à l'École normale supérieure. Sa première rencontre essentielle sera celle de Jean Paulhan et des collaborateurs de la revue *Le Mouton Blanc*, entre autres Gabriel Audisio et Jean Hytier. Durant quelque temps, il travaille au service de fabrication des Éditions Gallimard; plus tard ce sera la Librairie Hachette jusqu'en 1937. Vie difficile avec, chaque jour, les moments de l'intense pensée, du texte, du poème. Les collaborations seront la *N.R.F., Commerce, Mesures*. Jean Paulhan lui écrira un jour : « Tu ne triches jamais. Tu ne bluffes jamais. Tu es le *seul* de notre temps. » Et si, à ses débuts, seuls quelques-uns découvriront une nouvelle pratique de l'écriture, une nouvelle utilité du langage, peu à peu l'extrême attention de ceux qui comptent dans l'histoire de la pensée lui sera acquise. Ainsi Jean-Paul Sartre : « Je ne crois pas qu'on ait jamais été plus loin dans l'appréhension de l'être des choses. » L'homme et les choses de ce monde, minéraux, végétaux, animaux trouveront par le texte, leur profonde conciliation. En 1926, Groethuysen sera le seul à saluer les *Douze Petits Écrits*. En 1929, c'est la rencontre au Chambon-sur-Lignon d'Odette Chabanel qui sera sa femme deux ans plus tard. En 1934, il sera, en compagnie de Jean Tardieu, de ceux qui ripostèrent à l'émeute du 6 février et en 1936 il deviendra responsable C.G.T. chez Hachette. En 1937, il adhère au parti communiste, perd sa place, connaît le chômage. Jamais sa vie matérielle ne sera facile. En 1940, il se trouve à Roanne où il travaille dans les assurances. En 1942, à Bourg-en-Bresse et dans le sud de la France, il se montre un résistant actif. Ses rencontres, ses correspondances sont multiples. Il y a Paul Eluard, Luc Estang, Jean Tortel. Il y a Audisio, Pascal Pia, Albert Camus. C'est l'année de la publication du *Parti pris des choses* dont Jean-Paul Sartre parlera dans *Poésie 44* puis dans *Situation 1*. La Libération n'éloigne pas les difficultés matérielles. A Paris, Aragon lui offre la direction littéraire du magazine littéraire communiste *Action*. Naguère, Ponge a paru s'intéresser au groupe surréaliste puis s'en est éloigné : ce n'est pas un homme de factions littéraires. Et voilà qu'en 1946, Ponge quitte *Action* et, l'année suivante, le parti communiste. En 1952, professeur à l'Alliance française de Paris, il publie *La Rage de l'expression* et fait des entretiens radiophoniques avec Breton et Reverdy. Il a publié en 1948 *My Creative Method, Proêmes, Le Peintre à l'étude, Liasse,* en 1950, *La Seine, Cinq sapates.* Il donne durant ces années de nombreuses conférences et se trouve en rapport avec les plus grands peintres de notre temps, Braque, Fautrier, Picasso, Dubuffet, tant d'autres.

Francis Ponge connaît alors, dans le monde intellectuel international, une grande notoriété et les thèses se multiplieront : son œuvre a tout pour tenter les universitaires épris de recherche et de subtilité. Qu'il écrive des *Textes sur l'électricité* à la demande de l'E.D.F., qu'il donne des conférences sur Malherbe, sur les peintres ou sur la *Pratique de la littérature*, il s'agit sans cesse d'intelligence. La *N.R.F.* va lui rendre hommage en 1956 avec les plus grandes signatures : Albert Camus, André Pieyre de Mandiargues, Jean Grenier, Georges Braque. En 1960, un jeune homme, Philippe Sollers, publie dans la revue *Tel Quel* qui vient de naître un exposé sur Ponge suivi de *La Figue*. En 1964, prenant sa retraite de l'Alliance française, Ponge va multiplier publications et conférences, faire paraître une œuvre en attente comme *Pour un Malherbe* et *Tome premier*, 1965. Sollers a publié en 1963 son essai sur *Francis Ponge* chez Pierre Seghers avant le *Ponge* de Jean Thibaudeau en 1967 à la *N.R.F.*, année où France Culture diffuse les entretiens avec Philippe Sollers qui seront publiés en 1970. L'année précédente, un texte *Pour Marcel Spada* a préfacé un ouvrage de cet auteur qui lui consacrera dans la collection « Poètes d'aujourd'hui » un très remarquable ouvrage dont la lecture est indispensable pour aller plus avant qu'on ne saurait le faire dans un panorama historique dans la connaissance d'une œuvre nécessitant des références à l'histoire, au langage, à la philosophie.

Mais pour qui donc se prennent maintenant ces gens-là ? C'est le titre d'un libelle de Ponge en rupture avec le groupe Tel Quel en 1974. Les prix nationaux et internationaux les plus flatteurs couronnent Ponge, des colloques lui sont consacrés : par exemple à Cerisy, *Ponge inventeur et classique,* sous la direction de Philippe Bonnefis et Pierre Oster. De multiples hommages lui seront rendus comme celui du journal *Le Monde* en 1979. Il fait l'unanimité dans le monde intellectuel et pourtant, dans l'univers poétique des jeunes poètes, sa création, admirée et respectée, ne suscite pas toujours une vénération comme celles de René Char ou Henri Michaux. Mais qu'importe puisque les plus grands n'ont jamais manqué de le saluer, puisque le corpus critique s'étend sans cesse, nous le remarquions en lisant le *Francis Ponge* de Serge Koster, puisque sa place est marquée dans l'histoire du langage. Il faut avoir lu autour du *Grand Recueil* en trois parties : *Lyres, Méthodes, Pièces,* les *Douze Petits Écrits, Le Parti pris des choses, Proêmes, Pour un Malherbe, Tome Premier, Le Savon, Nouveau Recueil, Entretiens avec Philippe Sollers, La Rage de l'expression,* des œuvres comme *Le Peintre à l'étude* ou *L'Atelier contemporain,* ces livres chez Gallimard, sans oublier notamment *La Fabrique du pré, L'Écrit Beaubourg* ou *Comment une figue de paroles et pourquoi.* Par-delà les étapes d'une existence difficile, la véritable histoire de Ponge est dans ses œuvres, dans ce retour de l'esprit aux choses qu'il a prôné, donnant peut-être aussi une leçon de bonheur, comme il l'écrit dans ses *Proêmes* : « L'on devrait pouvoir à tous poèmes donner ce titre : " Raisons de vivre heureux "... »

Le Parti pris des choses.

Dans *My Creative Method*, on peut lire : « Quand je dis que l'intérieur d'une noix ressemble à une praline, c'est intéressant. Mais ce qui est plus intéressant encore, c'est leur différence. Faire éprouver les analogies, c'est quelque chose. Nommer la qualité différentielle de la noix, voilà le but, le progrès. » On comprend la prudence de Claude Bonnefoy : « Présenter Ponge est un risque. On ne décrit pas une œuvre qui, apparemment, n'est que description, où la description s'est transformée en discours d'une rigueur scientifique. » Cependant c'est Francis Ponge lui-même, malgré son peu de goût pour les définitions, qui ne cessera de commenter, d'expliquer, de philosopher sur son œuvre en faisant œuvre de ces commentaires eux-mêmes. Ce qui nous intéresse ici, c'est quand, par-delà la science ou la grammaire, on débouche sur la beauté poétique, ce qui arrive souvent malgré bien des incertitudes.

On salue la fidélité à soi-même depuis *La Promenade dans nos serres*, 1919, repris plus tard dans ces *Proêmes* (mot qui peut déplaire tout comme ses « objeux » ou « objoies »). La toute-puissance de l'objet s'exprime dans les *Douze Petits Écrits*, 1926, et l'on retiendra l'opinion éclairante de Groethuysen : « J'aime les douze petits poèmes de Francis Ponge, que le silence unit : le mot balbutie et la pensée s'agite. Ils se fuient et se disent : ce n'est pas toi. Balbutiement encore et retours inquiets. Puis c'est la rencontre, l'heureuse rencontre. Une parole est née dans le monde muet. » En confrontant le monde concret et le monde des mots, le « poète » part à la recherche d'une certitude vérifiable, d'un monde nouveau où être et choses connaîtront d'harmonieux rapports. C'est ce que l'œuvre propose dans *Le Parti pris des choses*, 1945, 1949, l'ouvrage le plus connu. L'engagement sera respecté : l'objet sera saisi de l'intérieur et de l'extérieur. On atteindra à cette « phénoménologie de la nature » dont parle Jean-Paul Sartre. Ce recueil a un titre parlant : Ponge prend *son* parti des choses et prend parti pour elles, Sartre en dira : « C'est truqué, enchanté » et René Char nommera « le printanier et merveilleux Ponge ». Selon le vœu de Mallarmé, la poésie n'est pas faite avec des idées mais avec des mots, même si plus tard l'idée se rajoute de manière quelque peu bavarde. Nous nous sommes enchantés aux merveilleuses trouvailles d'un Jules Renard dans ses *Histoires naturelles*. Leur rareté est compensée chez Ponge par la tentative d'extraction de nos impressions les plus fugitives, ténues, quasi inexprimables. Les mûres, la bougie, l'orange, l'huître, le pain, le feu, la crevette, le galet, les connaissons-nous bien ? Peut-on décrire les choses de leur propre point de vue ? Du moins, on le tente en phrases ciselées, bientôt portant une évidence que le lecteur n'avait pas aperçue. Il y a le ceci et le cela car il s'agit d'exprimer toute la diversification des représentations physiques de la réalité. Bien des interprétations sont possibles et l'on peut se dire souvent : « Pourquoi pas ? » Un certain humour nous avertit qu'il s'agit d'un jeu (mais non point d'une distraction), d'un jeu grave, pris au sérieux, jamais gratuit puisqu'il en ressort de nouvelles visions non seulement de l'objet mais de nos rapports avec lui. Sans cesse, on sent le travail vers plus de précision, et aussi le gribouillage et la rature. Les allures diverses de la pluie, l'automne devenant une tisane froide, les mûres apparentées aux buissons typographiques, le papillon à une allumette volante, l'escargot qui nous rend sûrs de coller au sol, cent détails apparaissent, toute une cuisine de définitions et de descriptions menues, et l'ensemble nous enseigne l'exercice de tous nos sens bien réglés dans l'ordre du critère dernier : la parole. Le résultat parfois décontenance ou semble un peu court, puis l'on admire telle ou telle phrase, tel exercice dont l'auteur s'est bien tiré, et soudain apparaît la merveille, la vérité ineffaçable d'une vision nouvelle. Il s'agit moins d'apprécier le caractère artiste que le travail sur les mots, sur les choses considérées comme inconnues auxquelles il faut offrir une expression, mais peut-on atteindre à leur profond secret? Ponge baptisera «objeu» cette appréhension du monde par «l'épaisseur vertigineuse du langage». Dans *Pour un Malherbe*, l'auteur a la franchise de le dire : «Je me regarde écrire» et l'on a toujours l'impression en lisant que le texte se fait sous nos yeux. Comme aux racines des arbres, Ponge a recours aux racines de mots et il faut avoir une bonne connaissance de l'étymologie (d'où peuvent naître des néologismes) pour apprécier le juste poids des mots ou leur acception multiple. Souvent la phrase semble se récrire pour arriver à plus de justesse. «Quelle science est plus nécessaire au poète?» demande Ponge en parlant de l'étymologie. Le dictionnaire Littré lui sera bien utile et il ne sera pas question de lui mettre un bonnet rouge. Tout cela est fort respectable même si rien ne correspond à ce que bien des amateurs éclairés attendent du poème. Nous ne blâmerons jamais les pionniers et les explorateurs. Comme Gaston Bachelard s'enchante devant la flamme vivifiante d'une chandelle, Francis Ponge nous donne à voir *La Bougie :*

> La nuit parfois ravive une plante singulière dont la lueur décompose les chambres meublées en massifs d'ombre.
> Sa feuille d'or tient impassible au creux d'une colonnette d'albâtre par un pédoncule très noir.
> Les papillons miteux l'assaillent de préférence à la lune trop haute, qui vaporise les bois. Mais brûlés aussitôt ou vannés dans la bagarre, tous frémissent au bord d'une frénésie voisine de la stupeur.
> Cependant la bougie, par le vacillement des clartés sur le livre au brusque dégagement des fumées originales, encourage le lecteur, – puis s'incline sur son assiette et se noie dans son aliment.

D'un livre à l'autre, comme *La Rage de l'expression*, 1946, ou *La Fabrique du pré*, 1979, Francis Ponge nous fera assister au déroulement intime de sa pensée, à ses brouillons, ses recherches, ses reprises, ses décalages. Il lutte contre «une tendance générale à l'idéologie pâteuse», veut, comme il l'écrit à Camus «refaire le monde et changer l'atmosphère intellectuelle» et surtout «reconnaître le plus grand droit à l'objet, son droit imprescriptible, opposable à tout poème». Les meilleurs moments sont ceux où transparaît derrière l'effort un certain enthousiasme pour le concret, une complicité comme dans le « plaisir du bois de pins » où l'écriture va au plus loin d'elle-même.

Les trois tomes du *Grand Recueil*, 1962, intitulés : *Lyres, Méthodes, Pièces* rassemblent des œuvres éparses souvent objets de publications rares et des inédits, textes sur l'art, nouveaux poèmes ou « proêmes », poèmes méthodologiques, textes passés et présents, ouvrages bien commodes car l'œuvre était disséminée en une centaine de livres ou plaquettes peu abordables. L'ordre chronologique a éclaté et Ponge nous conseillera de nous promener au petit bonheur, ce qui permet de fructueuses rencontres. Après avoir lu les meilleurs passages, ceux où l'objet est directement abordé, on mesure que depuis *Le Parti pris des choses*, un chemin a été parcouru. En ce sens, *Pièces* montre, avec son inventaire des objets, plus de liberté, un ton moins contraint, parfois un lyrisme contenu et allégorique. La crevette, la grenouille, le lézard, la chèvre, mais aussi la maison paysanne, la fenêtre, l'édredon, le téléphone, et le magnolia, le lilas, l'abricot, la figue, dans ce bel éventaire, nous les verrons se recomposer sous nos yeux par des détails sensibles, représentés, se représentant, plus évidents que notre regard rapide ne les imaginait. Et dégusterons-nous mieux l'abricot après avoir lu ces lignes :

La couleur abricot, qui d'abord nous contacte, après s'être massée en abondance heureuse et bouclée dans la forme du fruit, s'y trouve par miracle en tout point de la pulpe aussi fort que la saveur soutenue.

La puissance créative d'une réflexion constante apparaît encore dans ce *Pour un Malherbe*, 1965, qui pourrait être un « Pour un Francis Ponge ». La gloire espérée par Malherbe, – rappelons-nous (*La Poésie du XVIe siècle, p. 19*) cette adresse à Racan où il dit espérer être retenu comme un excellent arrangeur de syllabes et placer les paroles à propos en leur rang – peut être celle de Ponge et lui plaire : « Il a tout ordonné, coupé ce qu'il fallait de mots, les a assurés, équarris, ajustés et polis juste comme il faut... » Il s'enthousiasme pour cette « parole douée d'une force ascensionnelle, ardente, fougueuse, et qui monte tout droit malgré le mouvement baroque, hélicoïdal des flammes ». La Raison, pour lui devient, la *Réson*, le résonnement de la parole tendue à l'extrême. Ponge tend à chercher l'indestructible comme Malherbe voulant l'éternité pour ses vers. *Le Savon*, 1967, lui permettra, en unissant prose, vers, dialogues, conférences, confidences, développements de la pensée, de parler de la « pierre magique », de dire ses combinaisons rhétoriques, ses changements de forme, sa fonte, sa disparition, ce sacrifice par lequel il « rend son corps à l'homme » faisant disparaître la mémoire de toute saleté, et Ponce Pilate reste dans l'histoire les mains propres. Il dira dans son texte sur *L'Œillet* : « Est-ce là poésie ? Je n'en sais rien, et peu importe. Pour moi c'est un besoin, un engagement, une colère, une affaire d'amour-propre, et voilà tout. » Il sait que pour son entreprise, les disciplines et l'esprit scientifique sont nécessaires, mais aussi « beaucoup d'art ». Il ajoute : « Et c'est pourquoi je pense qu'un jour une telle recherche pourra aussi légitimement être appelée *poésie*. » Il y a de nombreuses demeures dans la maison de cette dernière.

2

Jean Tardieu

L'EXPLORATION méthodique et méditée des propriétés poétiques des mots tendrait à nous faire apparenter la poésie de Jean Tardieu (né en 1903) à celle de son ami Francis Ponge. Certes, comme ce dernier, il repousse l'éloquence et l'emphase, le déploiement lyrique, mais l'œuvre (que nous tenterons de montrer dans ses renouvellements constants et qui est fort diverse) reste différente : la question ne se pose pas, à propos de Tardieu, de savoir s'il est un créateur de poésie tant la chose est évidente, qu'il s'agisse d'une première période somme toute traditionnelle ou d'un tournant de l'œuvre vers une recherche originale. La démarche poétique de Tardieu est subtile, d'un humour qui a d'autres buts que lui-même, harmonieuse et savante dans ses unions de mots, son goût de la décortication jusqu'à l'absurde, jusqu'à la création de logiques parallèles à la Logique. « Chez lui, écrivait Léon-Gabriel Gros, la lucidité n'exclut en aucun cas le frémissement » et il apparaît parfois « distraitement, discrètement », selon la formule de Daniel Leuwers. Sans doute la critique a-t-elle tendance à le juger dans ses œuvres les plus récentes parce qu'elles correspondent mieux à ses instruments de recherche. On ne saurait oublier la période première : on y trouve déjà les interrogations essentielles, et cela sous une forme d'une grande beauté qu'il s'agisse du poème en vers ou de la prose et l'on souscrit à cette opinion d'Yvon Belaval dans sa préface à *La Part de l'ombre* : « La poésie de Jean Tardieu étonne par sa transparence. Gérard de Nerval a aussi cette limpidité de rêve ; et – quelle surprise ! – il la devait en grande partie à Voltaire. En écho : le classicisme sous la modernité ! Jean Tardieu écrit *bien*, il écrit comme on n'écrit plus depuis le XVIIIe siècle, une phrase souple, légère, égale dans son équilibre, quelle que soit la diversité de ses démarches, lyrique, burlesque, fantasque. Ajoutez un vocabulaire nombreux, une précision musicale. Et pourtant, rien d'archaïsant, rien d'inadapté ou d'inapte aux possibilités les plus récentes de l'expression... » Lyrique ou fantasque, s'apparentant au meilleur de la tradition poétique et ouvrant de nouveaux horizons, poète dans sa prose, ses poèmes, son théâtre, Jean Tardieu étonne et émerveille, et cela dans la transparence et l'incessante qualité.

De moi à moi, quelle est cette distance ?

« J'ai cherché à transposer dans l'art d'écrire quelques-uns des secrets que j'avais pu saisir dans l'art de peindre ou de composer de la musique », écrit Jean Tardieu, et, sans doute, son ascendance lui a donné, dès son plus jeune âge, cette disposition : son père, Victor Tardieu, était un peintre, sa mère, Caroline Luigini, une harpiste. Il vécut son enfance dans un appartement à deux étages : celui de la musique, celui de la peinture. Il n'attendit pas sa dixième année pour composer des poèmes (où on le reconnaît déjà) et qu'il a publiés dans *Margeries, poèmes inédits 1910-1983*, 1986. A dix-sept ans, il connaît une crise intellectuelle qui marque une rupture dans sa vie intérieure. Étudiant en droit, il sera plus intéressé par les lettres et préparera une licence. Grâce à Jacques Heurgon qui l'a présenté à son ami Paul Desjardins, il a assisté aux fameux « Entretiens d'été » de l'abbaye de Pontigny où il a rencontré des aînés tels que Roger Martin du Gard, André Gide, Jacques Rivière, Jean Schlumberger, Marcel Arland, Bernard Groethuysen. L'hiver il fréquentera les cénacles en relations avec Pontigny, du bureau de Jean Paulhan aux réceptions de Paul Desjardins, aux cours de Charles du Bos, aux soirées chez Léon Chestov (rencontre de Bataille, Malraux, Schloezer), chez Jane Harrison avec Paul Valéry, et ici ou là, il rencontre Albert-Marie Schmidt, Émilie Noulet (qui lui consacrera un volume dans la collection « Poètes d'aujourd'hui » en 1978), les cinéastes Marc et Yves Allégret. En 1927, André Gide enverra ses poèmes à Jean Paulhan qui les publiera dans la *N.R.F.* En 1931, il publie dans *Mesures* une transposition de *L'Archipel*, poème de Hölderlin (en 1942, il traduira Goethe : *Iphigénie en Tauride* et *Pandora*). L'année 1932 est celle de son mariage avec une scientifique, Marie-Laure Blot, celle de sa collaboration à *Toute l'Édition* (jusqu'en 1939), celle de l'amitié avec Francis Ponge, et l'année suivante il publiera sa première plaquette : *Le Fleuve caché*, avant *Accents*, 1939. Durant la période de l'occupation allemande, participant à l'activité littéraire clandestine de la Résistance, ses poèmes publiés sous les pseudonymes de Daniel Trévoux et Daniel Thérézin seront retenus par Eluard dans *L'Honneur des Poètes*, 1943, et dans *Europe*, 1944. Son poème *Oradour* sera le dernier publié dans *Les Lettres françaises* clandestines. Jean Paulhan publiera *Le Témoin invisible* dans la collection « Métamorphoses ». C'est le temps d'une amitié durable avec des poètes comme Paul Eluard, Jean Lescure, André Frénaud, Raymond Queneau, Pierre Seghers, Max-Pol Fouchet, Pierre Emmanuel.

Après la guerre, il occupera des fonctions importantes à la Radiodiffusion française où il sera le pionnier de la qualité. Il dirige les émissions dramatiques en 1944-1945, le Club d'Essai et le Centre d'Études (1946-1960), les programmes de France IV qui deviendra France-Musique. Parallèlement, il sera le créateur d'un nouveau style théâtral fait de pièces brèves avec peu de personnages, drames éclairs pour théâtres de poche ancêtres du café-théâtre qu'on trouvera regroupés dans *Théâtre de chambre*, 1955, 1979, et dans *Poèmes à jouer*, 1960, 1979. Toujours poète dans ces œuvres, plein d'humour, grinçant, dénonçant la bêtise, il explore systématiquement toutes les possibilités offertes au langage sur la scène. Les illusions du lyrisme, de la connaissance de soi, du souvenir lui offrent de nouveaux thèmes, de même que les mots, les gestes, les interjections, et il use à merveille des allitérations, des syncopes, des niveaux de la conversation et du langage, des jeux de mots, des dialogues de l'absurde, de la difficulté à communiquer. Certains de ses poèmes en participent et André Breton saluera ainsi *Monsieur Monsieur*, 1951 : « Dans un genre guetté par les facilités les plus redoutables, celui de la poésie qui se " dit " en public, je salue à sa hauteur l'étonnant *Monsieur Monsieur*... » On pourrait dire que toutes les fantaisies, les cocasseries, le burlesque de Tardieu sont choses jamais gratuites et des plus sérieuses qui laissent transparaître la solitude de l'être dans un univers où règne l'incompréhension.

Nous citons d'autres ouvrages importants de Tardieu, sans pouvoir indiquer nombre de livres illustrés, plaquettes et divers, et aussi un corpus critique important. Aux titres indiqués s'ajoutent : *Figures*, 1944, *Le Démon de l'irréalité*, 1946, *Les Dieux étouffés*, 1946, *Jours pétrifiés*, 1948, *Un mot pour un autre*, 1951, *La Première Personne du singulier*, proses, 1952, *Une voix sans personne*, 1954, *Choix de poèmes* (1924-1954), 1961, *Histoires obscures*, 1961, *Pages d'écriture*, proses, 1967, *Le Fleuve caché*, poésie, 1938-1961, *La Part de l'ombre*, proses, 1937-1967, 1972, *Formeries*, 1976, *Comme ceci comme cela*, 1979, *Margeries*, 1986, sans oublier les volumes de *Théâtre*, et *Les Portes de toile*, 1969, ses textes et ses poèmes sur les peintres.

Pour délivrer ma vie de l'immobilité.

Dès ses premiers recueils, Tardieu s'inscrit dans la tradition des analystes lucides, soucieux d'une forme parfaite, comme Scève, Mallarmé ou Valéry, en même temps qu'il nous rappelle les recherches du romantisme allemand ou des poètes métaphysiques anglais. Il lance un appel, cherche un dialogue avec le monde extérieur et ses objets mystérieux. Il s'agit d'arracher des secrets, d'appliquer au monde visible « la lucidité précise et émouvante du rêve et de restituer à la réalité la plus immédiate son caractère d'évidence surnaturelle ». Il s'agit aussi de musique ample et de beauté :

> Un monument, dans la fuite du jour,
> Se penche, au bord de mourir fleuve et poudre.
> Ah! maintenez, mes regards, cette tour
> Debout, loin des pensées qui la veulent dissoudre.

Les « pièges de la lumière et de l'ombre sur l'âme » le cernent. Il lui faut inventer ses exorcismes. Il écrit : « Le plus souvent, je cherche à triompher d'une peur sans nom, en m'efforçant d'imiter la voix même de l'Ennemi. Le poème se prête sans fin à cette poursuite d'un accent. Quand je crois m'en être approché davantage, l'inquiétude se dissipe. C'est moi qui parle : IL est volé... » Ainsi, de ces *Accents*, par-delà le beau classicisme, il faut voir les intentions secrètes :

> De moi à moi, quelle est cette distance? On crie,
> Réveil. J'ai le souvenir d'un combat.

La densité de ces poèmes peut les faire paraître hermétiques, mais une lecture attentive montre que tout est lumineux, transparent. Les mots sont employés dans leur sens le plus précis. Tout est rigueur et sévérité. Rien de vertigineux ou de dionysiaque, rien non plus d'apollinien et de noble harmonie gratuite. S'il y a lyrisme, il est celui de l'attention et non de l'exclamation. Il s'agit d'une poésie concertée où vibrent toutes les cordes de la sensibilité intellectuelle. Et ces premiers poèmes témoignent déjà de cette virtuosité dont fera preuve Tardieu dans la partie fantasque ou fantaisiste de son œuvre, encore qu'il ne faille pas faire une hâtive séparation entre le lyrisme et le burlesque qui, parfois, se mêlent. La merveille avec ce poète, c'est que, même si le burlesque semble un jour devoir l'emporter dans sa création, il ne perdra pas pour autant son intériorité. Plus présente dans la première partie de son œuvre, comme on la trouve chez un Jouve, un Renéville, un Émié, un Emmanuel, elle ne disparaîtra pas pour autant derrière les sourires des mots.

Dans *Jours pétrifiés*, 1947, Tardieu se situe au plus fort de son combat avec les mots. Il apparaît plus libre, plus imaginatif, plus désireux de s'affirmer. Il s'agit de lutter contre le doute provoqué par les incertitudes de la parole et l'incompréhension de l'objet. Il écrit : « Certains mots sont tellement élimés que l'on peut voir le jour au travers. Immenses lieux communs, légers comme des nappes de brouillard, – par cela même difficiles à manœuvrer. Mais ces hautes figures vidées, termes interchangeables, déjà près de passer dans le camp des signes algébriques, ne prenant leur sens que par leur place et leur fonction, semblent propres à des combinaisons précises chaque fois que l'esprit touche au mystère de l'apparition et de l'évanouissement des objets. » Il faut rendre au mot sa puissance originelle et seul le poème possède cette fonction. Ainsi, Jean Tardieu, comme Mallarmé, va vers l'essentiel, là où le néant s'imagine, où les mots glissent vers les abîmes, où la présence humaine se trouve en danger de dissolution. Ce sont des lieux entre la noirceur et la clarté, le nommable et l'indicible où il faut être présent, apprivoiser sous peine de se perdre. Jean Tardieu est bien ce « maître d'inquiétude » dont a parlé Jean Onimus : « Dans le voisinage de Tardieu les couches étanches qui nous séparent de nous-mêmes sont attaquées et nous sommes rendus à notre vraie nature qui est d'être un questionnement dans la nuit. » On voit Jean Tardieu, par souci de s'approcher au plus près, oublier la rime, se diriger vers le vers libre sans renier les rythmes, en les rendant même plus subtils. La plupart des poèmes de cet ensemble ont été écrits sous l'Occupation et les inquiétudes d'une époque se mêlent à celles de la durée. Les mots choisis traduisent l'angoisse, mais aussi le combat, les jours de souffrance. La poésie aide à supporter, à vaincre, et par-delà le pathétique, règne un ton confiant, la poésie étant arme et force. Tardieu n'en finira pas de lui demander secours, et secours aux mots quand l'homme se sent précaire et sans certitude. L'humour, bientôt, plus que la politesse du désespoir, sera le remède antinauséeux face au cauchemar de l'Histoire et au sort proposé à l'homme.

La Ruse philosophique.

Certains admirateurs de Tardieu ont boudé sa métamorphose apparente vers le cocasse ou le burlesque, le soupçonnant même de vouloir, à la suite de Prévert ou de Queneau, se mettre au goût du jour. On éloigne cette accusation dès lors qu'une lecture montre que le poète ne repousse aucune de ses préoccupations. Et s'il est vrai qu'on peut songer parfois à Max Jacob ou à Robert Desnos, pourquoi pas? Mais, plus encore, on est tenté de faire des rapprochements avec René de Obaldia dont le nom rencontre souvent le sien sur les affiches de théâtre. Nous pourrons parler avec Georges-Emmanuel Clancier, un de ceux qui ont le mieux analysé Tardieu, d'« une tremblante unité » : « Unité d'un souffle qui peut se faire tour à tour haletant, ample, étouffé, solennel, mais qui toujours naît d'une unique présence à la fois fascinante et angoissée; unité d'un regard qui peut s'obscurcir ou au contraire s'illuminer presque à l'infini mais dont perdure le foyer secret, comme une flamme changerait l'apparente taille et l'apparent éclat... » Clancier montre ainsi Tardieu selon ses vocabulaires multiples allant du dérisoire au sacré ou de l'ironique au tendre : « Ici banal, là somptueux, ailleurs enfantin, mais qui toujours s'impose, par une même appropriation totale de sa couleur et de son architecture à l'objet du poème. » Et il y a ce qu'a montré Yvon Belaval : « La langue maternelle de Tardieu est la musique », musique, montrera le critique, comme chez ceux que reconnaît le poète, Jules Supervielle ou Jean Follain.

Au seuil de *Monsieur Monsieur*, 1951, Jean Tardieu a précisé ses intentions : « C'est au carrefour du Burlesque et du Lyrique (il faisait froid, le vent de l'espace agitait les haillons d'un épouvantail), c'est sur ce miteux théâtre de marionnettes où vont tout à l'heure apparaître deux Messieurs identiques dont chacun n'est que l'ombre de l'autre, des jocrisses jouant au philosophe, des éléments éternels réduits à des dimensions ridicules, des sentiments vrais représentés par leur propre parodie, – c'est là que je m'étais caché pour écrire ces poèmes... » Sur les tréteaux de maître Jean, c'est donc un spectacle, une pantomime de fantoches grimaçants et niais. Et ledit Jean nous invite : « Si le lecteur consent à devenir complice du jeu, s'il parle et vit mes fantoches en les lisant, s'il entend sa propre voix intérieure moduler des accents grotesques, irréels à force de niaiserie, s'il sent son masque parcouru de tics nerveux, annonciateurs d'une gesticulation idiote et libératrice, – alors *Monsieur Monsieur* aura gagné. » Bonne santé morale, énergie décapante? On ne peut s'empêcher de penser à quelque rien caché de désespéré.

> – Monsieur Monsieur Monsieur
> au-dessus de nos têtes
> quels sont ces yeux nombreux
> qui dans la nuit regardent?

> — Monsieur ce sont des astres
> ils tournent sur eux-mêmes
> et ne regardent rien.

Dès lors, Jean Rousselot peut écrire : « Sarcastique, cocasse, antilyrique, sa poésie s'assimile maintenant aux jeux cruels de la rhétorique, aux mystifications sournoises et, parfois, prend l'allure naïve des comptines ou des chansons populaires : elle se veut très accessible, elle n'épargne nulle concession " pour passer la rampe ", fût-ce l'exploitation, popularisée par Prévert, de cet anarchisme édulcoré dont fait profession la clientèle des cabarets littéraires. » Il est vrai que ladite clientèle, et, aussi bien, certains interprètes, oublient volontiers qu'il s'agit de l'envoi d'un message, même si l'on est passé du mode grave au mode burlesque. Le poème sur le pur néant dont a parlé Guillaume IX d'Aquitaine, « la langue du néant » de Queneau, une marionnette en sera la porteuse par son silence, son inaction, sa non-pensée :

> Pourquoi qu'a dit rin ?
> Pourquoi qu'a fait rin ?
> Pourquoi qu'a pense à rin ?
>
> — A'xiste pas.

La gravité nous la retrouverons mêlée de liberté et de fantaisie dans d'autres œuvres comme *Une voix sans personne*, 1954. On nous y enseigne la déchirante lucidité : « Ainsi, qu'il laisse un nom ou devienne anonyme, qu'il ajoute un terme au langage ou qu'il s'éteigne dans un soupir, de toute façon le poète disparaît, trahi par son propre murmure et rien ne reste après lui qu'une voix, – sans personne. » Qui a dit que Tardieu avait oublié l'angoisse ? :

> J'ai peur de voir saigner les entrailles du jour
> Ô soleil ne deviens pas sensible comme nous
> Ô terre n'entends pas ne parle pas reste repliée
> sur ton opacité, reste sourde et sans conscience !

Le poète part à la recherche des mots égarés, élève des chants d'exorcisme, entre deux paroles prophétiques ou familières, élève *Le Tombeau de Hölderlin* :

> Et si, de ce tumulte,
> sort une voix unique, doucement
> dominant le tonnerre, et ce Sourire
> plus fort que le combat mortel des éléments,
> alors, que nous soyons instruits enfin
> de cette paix inaltérable
> dont la semence est dans l'esprit des hommes
> depuis le premier jour !

D'un livre à l'autre : *Histoires obscures, Formeries, Comme ceci comme cela...,* nous sommes frappés par le mépris du poète pour les mots « trop beaux, trop rutilants », par son choix des mots de tous les jours si usés qu'ils soient et qu'il faut assembler pour en extraire de nouvelles significations. N'en sommes-nous pas arrivés à juger burlesque le simple emploi des bons vieux mots dans le jeune poème? « Souvent j'oubliais le sens des actes les plus simples... », écrit Tardieu dans une prose. Il s'agit de discerner à travers l'indiscernable, de piéger ces mots qui eux-mêmes nous tendent des pièges, de disposer outils ou matériaux jusqu'à ce qu'ils n'aient plus besoin du poète, lequel peut se retirer sur la pointe des pieds.

Comment ne pas se réjouir devant les infra-langages du professeur Froeppel, ces bruits, ces mouvements qui accompagnent le langage de la vie courante! Ce personnage, comme Monsieur Monsieur ou le Plume de Henri Michaux, à force de collectionner ces infra-langages, préparant un dictionnaire d'onomatopées, réunissant de réjouissantes découvertes, semblera enseigner à celui qui l'a créé son propre langage où l'on trouve *Un mot pour un autre*, jongleries verbales, syllogismes, aphorismes, phrases à la manière surréaliste pour affirmer l'absurde. Le langage, les gestes, les bruits, les mots, la musique, la couleur, l'espace... Tardieu veut tout suggérer, atteindre à une sorte de poésie complète où toutes les formes sont unies pour déconcerter et provoquer une émotion. Dans le théâtre, « théâtre de chambre » ou « poèmes à jouer », les indications scéniques font partie du jeu, mais ce dont on reste assuré c'est que, ici et là, il s'agit toujours de poésie. On trouve autant de références dans la poésie de son époque (les expériences poétiques et linguistiques sont proches de celles de Raymond Queneau) que dans la comédie, de Molière à Courteline. On salue la verve et la tentative de porter la poésie dans un espace autre que celui du livre en la renouvelant et en lui permettant un nouvel accomplissement. S'il est permis de garder une préférence pour un Tardieu proche d'une idée accréditée de la poésie depuis des siècles, si certaines recherches peuvent déconcerter l'amateur de poésie, si déjà certaines pièces paraissent datées (on peut dire aussi qu'elles ont marqué une date), on n'en salue pas moins l'incessante recherche d'un grand exigeant – et l'exigence sera sans doute l'honneur de la poésie d'une génération.

3

André Frénaud

Parlant d'André Frénaud, Jean Tardieu, en 1943, écrivait : « Au procès que lui intente le destin, un poète prend énergiquement la défense de l'homme et se délivre de ce monde obsédant par les coups de poing d'un désespoir viril, par l'initiative philosophique, masque railleur d'une pitié sans complaisance : tel apparaît André Frénaud qui, revenu de captivité, publie aux éditions de *Poésie 43* ce recueil capital : *Les Rois Mages*. » C'est en 1943 que l'auteur de cet ouvrage découvrit André Frénaud dans un ensemble présenté par Pierre Seghers et intitulé *Poètes prisonniers*. On y trouvait des inconnus qui feraient parler d'eux. Par exemple : Charles Autrand, Pierre Castex, l'universitaire, Gaston Criel, Luc Decaunes, Jean Digot, Philippe Dumaine, Jean Garamond (Guy Lévis Mano), André Lebois, Jean Marcenac, René Ménard, Alain Messiaen, Bernard Privat, Pierre-Henri Simon, etc. (Plus tard, en 1975, Roland Le Cordier réunira les œuvres d'autres prisonniers de guerre avec une préface de Roger Ikor.) Parmi ces « inconnus », André Frénaud. Quelle émotion que de lire :

> Le Margrave de Brandebourg m'a fait trier du sable
> dans les pins
> pour le cœur de la Bétonneuse
> et mon sang de ciment battait jusque dans mes songes.

Ou encore cette ouverture à *L'Avenir* (titre du poème) et à un nouveau langage de l'homme :

> Lèvres de l'avenir ouvertes dans l'Automne
> je voudrais vous presser pour entendre mon sort,
> par le craquement des arbres rouillés, l'appel des biches,
> dans le halètement de la profonde Allemagne...

André Frénaud (né en 1907), cet ami de Guillevic, et si différent, n'est pas de ceux qui fournissent matière à riche biographie. Tout au moins peut-on parler de sa naissance à Montceau-les-Mines, d'études de droit et de philosophie à Paris après des études secondaires à Dijon. Avant d'entrer dans l'administration publique en 1937, André Frénaud a voyagé : il fut notamment, en 1930, lecteur à l'université de Lwow alors en Pologne (aujourd'hui en U.R.S.S.). Mobilisé en 1939, c'est durant sa captivité qu'il commença à rédiger sur le papier des sacs de ciment qu'il devait transporter les poèmes qu'il enverrait à Pierre Seghers sous le titre *Les Rois Mages*. Pour le mieux connaître, il est indispensable de lire ses « Entretiens avec Bernard Pingaud » sous le titre *Notre inhabileté fatale,* 1979, où transparaissent des confidences nous renseignant sur la pudeur et l'humanité du poète. Georges-Emmanuel Clancier lui a consacré un sensible « Poètes d'aujourd'hui ». Ajoutons les numéros spéciaux de la revue *Sud* pour la richesse et la qualité des témoignages : Eluard, Follain, Queneau, Tardieu, Lescure, Jacques Réda, Alain Suied manifestent leur « reconnaissance » tandis que se livrent à des « approches » plus de vingt écrivains parmi lesquels Yvon Belaval, Yves Bonnefoy, Georges Borgeaud, Anne Clancier, Georges-Emmanuel Clancier, Mathieu Bénézet et Serge Fauchereau, David Gascoyne, Daniel Leuwers, Pierre Seghers, etc. Celui que Jean Lescure appelle « le dernier grand lyrique, le dernier grand mâcheur de mots » et dont Jean Bazaine dit qu'il travaille comme un peintre est un poète apprécié, reconnu, sympathique. Qui a écouté son accent bourguignon où roulent les r reconnaît une voix de la nature et l'on comprend les mots de Paul Eluard : « Toujours dans la rue, le langage d'André Frénaud est de quatre saisons, il gèle, il bourgeonne, il s'enroue, il s'enflamme. Il est la conscience de la réalité, sa lumière féconde, la bouche du corps entier et il accorde à ce corps le visible et l'invisible, ce qui se voit et se pense, ce qui se pense et se voit... »

Les Rois Mages et autres poèmes.

Les Rois Mages, 1943, ont représenté (et représentent toujours), en temps de désolation, de défaite, de captivité, un hymne à l'espoir, à la confiance en l'humain, à ses pouvoirs d'imagination et de transfiguration. Et voilà que, sans didactisme, la poésie retrouve sa fonction salvatrice face à la néantisation. Eluard pouvait dire la naissance d'un nouveau naturalisme et parler de sociabilité comme d'un caractère propre à Frénaud. En temps de surréalisme, Frénaud est allé vers la vérité directement abordable. Par lui, le poète pouvait redevenir le conducteur et le réconciliateur. A travers les inquiétudes du soldat captif, et sans l'envahissement de l'anecdote, en paysage pessimiste, va se développer l'espoir de l'homme face à son destin. La guerre, la captivité deviennent le prétexte à une création nouvelle apportant de nouveaux flux chaleureux. L'immédiat, le terre-à-terre, la légende du lieu, les matériaux, on assiste à une prise de possession des choses. Ce qui étonne, c'est la diversité : tantôt le poème long, lyrique, tantôt de courtes phrases toujours surprenantes. La brisure du ton, la discontinuité des mètres, un rappel cependant du monde classique comme si un arrière-tremblement intérieur avait modifié l'homme et sa voix devant un monde nouveau, inattendu. Comme chez Pierre Jean Jouve, cela ne satisfait pas aux lois habituelles de l'harmonie, la césure voyage, le rythme apparaît imprécis, cela ne chante pas toujours, cela ne fait pas « artiste » ou ciseleur, mais ce que l'on entend, c'est la voix particulière d'un homme nommé André Frénaud, la voix aussi des lieux où la poésie devient cet objet « vivant et en mouvement » dont parle le poète lui-même. Il s'identifie à son langage qui lui-même le traduit plus vrai encore et dans tout ce qu'il a de rocailleux, en se souvenant du lyrisme :

> Dans le magma rocheux où s'effritaient nos corps
> j'étais pierraille et ronces, ma terre, ma tête ocreuse.
> Mais du feu gicle et hurle et l'eau en trombe
> a fait lever un ciel ardent... C'est moi encore
> la lumière qui fouette les arbres sur mes débris.

Il s'attèle avec force « aux rêves éraillés », il est à l'écoute de l'autre comme de lui-même. Yves Bonnefoy le remarque : « André Frénaud, lui, aime écouter l'ouvrier agricole, comme on dirait, ou le réparateur de restanques, ou tel autre de ces " compagnons " aux pieds lourds de boue et de siècles qu'on n'aperçoit d'habitude que dans la littérature sociale, où la poésie n'est que rarement invitée, sauf chez Vallès, tout de même. » Et Bonnefoy parle aussi des mots chez Frénaud : « Mots de chacun que l'on peut dire quelconques, mots qui ne vont pas à un sens " plus pur " ; et qui lèvent dans le poème comme pour quelque boulange que chaque jour renouvelle mais qui semblent rebelles de ce fait même aux impératifs d'unité qui gouvernent ce qu'on appelle une création personnelle. »

André Frénaud s'incarne en chaque pays qu'il traverse : Bourgogne, Rhénanie, Luberon, Rome... et il s'en nourrit, corps et biens, noms communs mais aussi noms propres qu'il adore fait chanter comme le faisait Guillaume Apollinaire : les noms de lieux, Diemeringen, Brandebourg, Bergen, Lofoten, il adore parfumer ses poèmes de leur contenu historique et légendaire car il y a chez André Frénaud un amoureux de l'épopée, du grand poème voyageur, celui qui révèle à partir d'un lieu tous les lieux, ce tout qui est la vraie patrie du poème. Double irruption du monde et des mots.

Il n'est pas né avec *Les Rois Mages*. Bien avant, il lisait ses poèmes à ce Jean Follain qu'il a toujours admiré. Et sa création, de livre en livre, montre qu'il envisage la poésie aussi en homme de pensée, qu'il envisage la peinture (Bazaine, Raoul Ubac, Jacques Villon, André Masson, André Beaudin, Joan Miro, Vieira da Silva...) avec goût et sûreté, sans se départir jamais de ce qui est inné en lui, le sens de l'immédiat et le sens du grand mouvement historique. On le verra de livre en livre : *Poèmes de dessous le plancher*, 1949, *Il n'y a pas de paradis*, 1962, 1967, *L'Étape dans la clairière*, 1966, *La Sainte Face*, 1968, *Depuis toujours déjà*, 1970, *La Sorcière de Rome*, 1973, *Nul ne s'égare*, 1986. Le lecteur qui parcourra ces chemins retrouvera la même voix fraternelle, les mêmes rocailles, les mêmes brisures et les mêmes affrontements, le même grouillement, pourrait-on dire, de mots expressifs et concrets qui n'éloignent pas un certain sens du secret, un désir d'ordonner les paroles du poème, et aussi un plaisir :

> Je ris aux mots J'aime quand ça démarre
> qu'ils s'agglutinent et je les déglutis
> comme cent cris de grenouilles en frai...

Dans ce grand ensemble où une voix unique semble emprunter tous les rythmes de la nature, soudain le dépouillement, un ton qui n'est pas sans rappeler par sa simplicité les poèmes de saint Jean de la Croix :

> Dans les lointains parages
> vers lesquels j'avançais
> peut-être m'écartant
> gardé en un pays
> où rien ne me concerne
>
> Montant et remontant
> l'environ l'épaisseur
> son poids non sans feintise
> quelque éclat pour me plaire
> et m'aide à durer
>
> ....
>
> Égaré qui m'entête
> allant et revenant
> vers les lointains parages
> où je vais accéder
> quand tout sera obscur.

La lutte contre le néant s'accompagne de la recherche d'amour et certains poèmes sensuels et de bonne santé à la bonne franquette le montrent :

> Dans un lit avec une fille chaude.
> Sûrement pas pour perdre mon temps.

Si le poète a recours à l'Histoire, c'est toujours en la replaçant dans notre temps, à moins qu'il ne s'agisse d'un témoignage direct sur l'événement car le regard de Frénaud se pose sans cesse sur l'autre, sur le frère humain. Sans qu'il soit question de salut, il s'agit d'une quête spirituelle, d'une tentative d'union entre la réalité quotidienne et la totalité de l'être dans le temps. La poésie peut-elle aider à résoudre nos contradictions? André Frénaud le croit ou veut le croire car il reste sans cesse lucide :

> Je ne peux entendre la musique de l'être
> Je n'ai reçu le pouvoir de l'imaginer
> Mon amour s'alimente à un non-amour
> Je n'avance qu'attisé par son refus

Tous nos mythes, toutes nos légendes, en remontant jusqu'aux passions et mystères médiévaux, il veut les réinterpréter, les sonder, en dire le mouvement, s'exalter, avec parfois un désir d'élévation : « Je proclame les droits de l'homme à être un Dieu. » Parfois, le poète semble aller jusqu'au bout de son souffle pour mieux quêter la halte, le repos, en une série d'alternances des rythmes qui font échapper sa création à toute monotonie. Quasi religieux, André Frénaud recherche une sorte de grâce, il voudrait entendre la musique du paradis, il chante la grâce comme le ferait un mystique :

> Je crois en la grâce
> Je parie pour elle
> C'est la respirer
> que d'en être épris

A défaut de paradis, il faudra être « un homme digne de vivre », la seule manière de repousser le néant. Et si l'on espère le « passage de la visitation », c'est encore le poème qui permettra des instants lumineux. Aussi va-t-on vers plus de musicalité, retrouve-t-on çà et là le souvenir d'une poésie plus traditionnelle, mais Frénaud ne peut chanter avec une autre voix que la sienne. Elle roule perle et cristal, pierre et galet, et cela peut être rugueux, râpeux, archaïque. C'est une poésie qui surprend, dont la séduction qui n'est pas immédiate en reste d'autant plus durable. Aux amis d'une harmonie lamartinienne ou valéryenne, on conseille d'entrer avec précautions, de ne pas se laisser rebuter par ce qui apparaît peu ordonné, gauche, voire fruste, et d'ouvrir grand l'oreille : il trouvera générosité et rigueur, lyrisme et retenue, contradictions d'ordre métaphysique et révolutionnaire. Comme le dit Marc Alyn : « Le quotidien se mêle au rare, le débraillé au précieux, le collectif à l'intime, le dehors au profond dans ces poèmes gorgés d'images, d'objets, d'êtres, de lieux que n'épargne pas toujours la rhétorique mais qu'un souffle personnel soulève. » Frénaud ose s'éloigner de la ligne mélodique pure pour se fier aux mots dont il aime les brisures, les ruptures, le beau désordre. Nous sommes en présence d'un homme hanté par la poésie et désireux de traduire sans cesse ses amours et ses colères. « Avec lui, écrit Pierre Seghers, le langage brille et gronde, les mots se renouvellent, les grottes s'illuminent. » Au plus près de la terre, voilà un poète ardent et généreux, naturel, fidèle à sa voix plébéienne, cordial, sincère, tendre et déchiré à la fois. Poésie en mouvement, architecture brisée et parfois étrange, sans oublier un certain civisme. On ne reprochera jamais à un poète de ne ressembler qu'à lui-même.

4

Eugène Guillevic

COMME Ponge, Tardieu, Frénaud, et, nous le verrons, quelques autres poètes nés avec le siècle, pour la plupart sans grands rapports avec le surréalisme, Eugène Guillevic (né en 1907) a apporté à la poésie un ton qui n'existait pas avant lui, et l'on remarquera que tous ces poètes ont en commun d'être de minutieux extracteurs des mines du langage, de savants explorateurs du texte, chacun ayant le sens de l'amitié des choses, des objets et des mots, et aussi une approche à la fois simple et philosophique de l'existence et de la communion terrestre. Avec Guillevic, c'est, comme il est imprimé sur la couverture du « Poètes d'aujourd'hui » qui lui est consacré par Jean Tortel : « Un langage réduit à l'essentiel, la solitude inscrite sur la page blanche, le silence considéré comme seule communication possible et, derrière cette paroi des mots, la possession des choses, l'amitié et l'espoir... »

Eugène Guillevic naquit à Carnac dans le Morbihan d'un père qui bourlingua sur les océans avant de devenir gendarme, d'une mère ouvrière couturière. Les ascendants étaient des paysans pauvres ou des artisans comme le grand-père tisserand de village. L'enfant quittera Carnac à deux ans pour suivre son père dans ses diverses affectations, et c'est plus tard qu'il retrouvera cette Bretagne inséparable de sa personnalité. On vivra à Jeumont, à la frontière belge, puis en Alsace à la frontière suisse. C'est là que Guillevic, écolier doué, d'une remarquable intelligence, poursuivit ses études au collège d'Altkirch, apprit le dialecte alsacien et la langue allemande. Le poète alsacien Nathan Katz l'initia à la poésie allemande, et notamment à Mörike, Eichendorff, Liliencron (en même temps qu'il lisait Baudelaire, Verlaine, Rimbaud ou Mallarmé) et Guillevic aura au fil des années la révélation de Rilke, Trakl, Brecht, Hölderlin. Il traduira de nombreux poèmes allemands comme il adaptera des œuvres hongroises, russes ou polonaises. En 1926, il réussit un concours : on le trouve receveur de l'Enregistrement, puis, nommé à Paris à l'Administration centrale, il occupe le poste important d'inspecteur de l'Économie nationale. Durant l'Occupation allemande, sous le pseudonyme de Serpières, il participe à *L'Honneur des Poètes*. Nous verrons d'ailleurs que 1942 représente une grande date dans l'histoire de son œuvre et dans celle de la poésie. C'est l'année de la publication de *Terraqué* et l'on peut dire avec Tortel : « L'autonomie de la diction guillevicienne date de *Terraqué*, conquise par un très long travail silencieux antérieur à l'imposition du signe ; en apparence donc définitive, et comme inéluctable dès le premier poème écrit sur le livre. Le poète, comme en possession de l'armure nécessaire qui le figurera. » En pleine possession de son outil et de ses matériaux, Guillevic aura à cœur, par son attention au monde et au monde des mots, de se renouveler sans cesse, et ce sera l'apparition d'une poésie nouvelle qui influencera les nouvelles générations.

Un des paradoxes de Guillevic réside dans son économie des mots, une économie qui n'est cependant pas avarice, et dans l'abondance de son œuvre. Ses principaux ensembles, toujours aux titres courts, voire laconiques, sont : *Requiem*, 1938, *Terraqué*, 1942, *Élégies* et *Amulettes*, 1946, qui seront repris dans *Exécutoire*, 1947, en même temps que ses *Fractures* de la même année, *Gagner*, 1949, où sont repris *Coordonnées*, 1948, et *L'Homme qui se ferme*, 1949, *Les Murs*, 1950, *Envie de vivre*, 1951, *Le Goût de la paix*, 1951, repris dans *Terre à bonheur*, 1952, *Trente et un sonnets*, 1954, *L'Age mûr*, 1955, *Carnac*, 1961, *Sphère*, 1963, *Avec*, 1966, *Euclidiennes*, 1967, *Ville*, 1969, *Choses, Paroi, Encoches*, 1970, *Dialogues*, 1972, édition bilingue en français et en italien, *Racines*, 1973, *Supposer*, 1974, *Du Domaine*, 1977, *Étier*, 1978 (où sont repris *De la prairie*, 1970, *L'Herbier de la Bretagne*, 1974), *Autres, poèmes 1969-1979*, 1980, *Trouées, poèmes 1973-1980*, 1981, *Requis, poème 1977-1982*, 1983, à quoi il faut ajouter de nombreux ouvrages illustrés souvent repris dans des ensembles. Les traductions de Guillevic sont nombreuses et aussi devons-nous mentionner de nombreuses études, des hommages, des numéros spéciaux de revues, entre autres : le *Guillevic* de Jean Tortel déjà cité, des études de Gaëtan Picon, Jean-Pierre Richard, Jacques Sojcher, Daniel Leuwers, et les multiples présentations des anthologies, mais ce corpus se renouvelle sans cesse en France et à l'étranger. Et voici que s'ajoutent : *Creusement, poèmes 1977-1986*, 1987, *Motifs, poèmes 1981-1984*, 1987. Et pour la meilleure connaissance du poète et de l'œuvre un numéro hors série de la revue *Sud* intitulé *Guillevic, Les Chemins du poème*, 1987.

La Sacralité du quotidien.

Dès sa première plaquette, *Requiem*, 1938, Guillevic situe l'homme dans l'univers animé car si « Le monde / A été fait pour l'homme – on le sait bien », il offre sa sympathie à la fourmi qui, plus grande et portant le fusil, aurait la sympathie des hommes. Mais c'est *Terraqué* qui révèle Guillevic comme c'est le cas pour *Le Parti pris des choses* de Ponge, les deux livres publiés en 1942. Certains parallèles ont été faits entre les deux poètes (et aussi entre Guillevic et Pierre Morhange) et il a été souvent entrepris de distinguer les deux formes de recherche. Où Ponge prend le parti de la chose qui apporte ses leçons, sa morale, sa résonance propre, comme le dit Tortel : « Chez Guillevic, au contraire, les choses au départ, sont dans leur propre nuit, dans leur propre souillure et si la parole en est atteinte, si un certain silence primordial s'établit, c'est que les choses sont là trop menaçantes par leur lourdeur, l'informel qu'elles portent en elles, pour ne pas apporter au langage la frayeur d'avoir à les nommer. Pour Ponge, il faut les nommer pour révéler leurs qualités véritables. Dans les deux cas il y a conquête, dont " l'objet " est différent. » Dès le premier poème de *Terraqué*, le poète va droit à l'évidence, il nomme, il montre une vérité matérielle, un fait observé qui semble s'inscrire dans le temps, cet objet fabriqué offrant l'union du chêne et de l'artisanat, et cette *Armoire* apparaît dans sa matérialité, son poids, sa vérité, son secret enfermé, tout ce qui touche à la vie, à la mort, à la durée :

> L'armoire était de chêne
> Et n'était pas ouverte.
>
> Peut-être il en serait tombé des morts,
> Peut-être il en serait tombé du pain.
>
> Beaucoup de morts.
> Beaucoup de pain.

Il y a là de quoi surprendre le tenant de la poésie qui ne cherche aucune évolution. Apparaît un langage nu, dépouillé à l'extrême, familier, économe comme une sentence, loin du lyrisme romantique, cependant incantatoire et, à force d'évidence, de vérité, tranchant comme un silex, brillant comme une pierre, et donnant une idée de transparence. Réalisme de l'objet, de l'homme face à lui, le poète ne jouant pas les voyants mais les « voyeurs ». Dans un entretien, en 1980, Guillevic précisera : « La métaphore n'est pas, pour moi, l'essence du poème. Je procède par comparaison, non par métaphore. C'est une des raisons de mon opposition au surréalisme. Pour moi, comme pour Jean Follain, une chose peut être comme une autre chose, elle n'est pas cette autre chose. » Dès la publication de *Terraqué* le clairvoyant René Bertelé (auteur d'un *Panorama de la jeune poésie française*, 1942, où le choix est remarquable en ce qu'il annonce le meilleur de la poésie des années qui vont suivre) écrivait des phrases pouvant s'appliquer aux lustres futurs de la poésie de Guillevic : « Les poèmes de Guillevic sont brefs comme le cri jailli d'une gorge serrée par la colère. Un défi à la rhétorique, dirait-on. Quelques mots banals lui suffisent pour faire sentir un état d'âme, évoquer un état d'être, ou nous plonger brusquement dans un monde de violence et de cruauté où les objets et les êtres trahissent enfin, par un geste ou par une parole, le mystère menaçant de leur présence. Une image, de temps en temps, illumine d'une lueur rapide et fulgurante ces notations sèches, révélant soudain le lyrisme contenu qui les anime. Parfois même ce lyrisme éclate brutalement et secoue le poème d'une sorte d'éloquence rageuse. Courte ivresse dont il se reprend comme un homme qui n'est pas bavard... » Certes, d'un livre à l'autre (Guillevic est en constant renouvellement) d'infinies nuances apparaîtront et Guillevic n'est pas ce « poète à l'état sauvage » dont parle Bertelé : à son instinct de sa poésie répondent une intelligence et une culture, mais il est vrai que *Terraqué* comporte des aspects inquiétants comme dit Bertelé : « On peut avoir peur, on peut reculer – on est presque toujours fasciné. » Il en est ainsi de ce célèbre *Fait divers* :

> Fallait-il donc faire tant de bruit
> Autour d'une chaise?
> – Elle n'est pas du crime.
>
> C'est du vieux bois
> Qui se repose,
> Qui oublie l'arbre –
> Et sa rancune
> Est sans pouvoir.
>
> Elle ne veut plus rien,
> Elle ne doit plus rien,
> Elle a son propre tourbillon,
> Elle se suffit.

Certains textes touchent aux mythes, à l'anticipation, en même temps qu'ils traduisent les effrois de notre temps. Ainsi *Monstres* :

> Il y a des monstres qui sont très bons,
> Qui s'assoient contre vous les yeux clos de tendresse
> Et sur votre poignet
> Posent leur patte velue.
>
> Un soir –
> Où tout sera pourpre dans l'univers,
> Où les roches reprendront leurs trajectoires de folles,
>
> Ils se réveilleront.

Sait-il, Guillevic, qu'avec des amis nous l'appelons « le Menhir » ? et que nous l'identifions parfaitement dans son physique, dans sa manière d'être, à son œuvre. Et même son nom semble en procéder comme le remarque Jean Rousselot : « Un nom de roc, qui sonne dur, agressif, concentré : le symbole même de cette poésie elliptique et nette, aux formulations décisives, sans musique et sans réplique », dont la meilleure illustration peut-être est à chercher dans une suite intitulée précisément *Les Rocs* :

> Ils ne le sauront pas les rocs
> Qu'on parle d'eux,
>
> Et toujours ils n'auront pour tenir
> Que grandeur,
>
> Et que l'oubli de la marée
> Des soleils rouges.

Et il est vrai que l'homme de Carnac a l'obsession du minéral, de la pierre muette et immobile :

> Si un jour tu vois
> Qu'une pierre te sourit,
> Iras-tu le lui dire ?

Nous savons tout aujourd'hui de l'art poétique de Guillevic, c'est dans ses poèmes qu'il est le plus apparent car il se mêle à un art de voir et à une conception attentive de l'existence. Il aime le mot précis comme il repousse le mot abstrait ou absolu : il s'agit de ne jamais masquer le réel. Il met souvent son poème lui-même à l'épreuve comme si, d'une ligne à l'autre, il le relisait, le commentait, le rectifiait avec des abandons, des reprises, des ruptures, de subits éclatements qui lui confèrent le pouvoir de sembler se faire sous nos yeux.

Lecteur de Karl Marx, Guillevic s'engagera dès 1943 au parti communiste clandestin. L'engagement double de l'homme poète et de l'homme civique apparaîtra dans plusieurs recueils sans que rien ne disparaisse de la qualité d'une recherche qui se poursuit dans *Exécutoire, Gagner, Les Chansons d'Antonin Blond, Envie de vivre* et ce *Terre à bonheur* (au temps où le poète découvre la Provence). Jean Tortel le montre bien : « Il y a donc, semble-t-il, à partir d'*Exécutoire*, deux façons complémentaires de regarder des " choses " différentes : complémentaires mais antinomiques comme si l'urgence du combat politique suscitait à l'intérieur du poème je ne sais quel autre combat dont il ne sort pas toujours vainqueur. Mais aussi, à l'instant où les deux regards peuvent se confondre, quand ils s'épousent, si j'ose dire, sur le même objet sacré, le poème grandit, il se surpasse et l'œuvre atteint sa totale plénitude, conquiert sa suprême signification : ce sont *Les Charniers*, qui restent peut-être, avec *Souvenir* (le poème à la mémoire de Gabriel Péri), non seulement les plus beaux poèmes de Guillevic mais encore des exemples inaltérables de la hauteur que peut atteindre la poésie d'engagement politique. » Et cet engagement est aussi celui d'une osmose entre terre, chair et langage. Oui, Jean Tortel, « chez un poète attentif, toute modulation est une avancée et chaque regard une conquête ». On écoute :

> Pitoyable tas tiède au pied du mur croulant,
> Cet amas noir et blanc
> Eut un regard d'ami.
>
> Mais ton œil
> Au long du temps sans fin du pâturage et de l'étable,
> N'a rien sans doute
> Attendu d'autre que l'arrêt du mouvement
> Où tu entras sans résistance.
>
> Ton mufle pâle, doux à la paume,
> Se fie à l'air du soir.
>
> Tu vas pourrir. Ce sera une chose horrible,
> Nous la mangerons dans le pain
> Après l'été.

Ici et là, le poète s'efforce de saisir l'insaisissable. Il dit : « Les mots, c'est pour savoir, pour toucher, pour sentir... » et aussi pour témoigner en les plaçant dans une architecture savante qui leur apporte de nouveaux sens, souvent rudes, minéraux et s'alliant à la fraternité envers l'homme soumis aux atrocités, et il y a aussi parfois l'image évidente :

> Au clocher vers midi,
> L'horloge devient blanche
> Et pèse comme un œuf
> Au centre de la paille.

Dans ce combat, Guillevic lui-même s'est aperçu de quelques défaites. Il avouera comment en temps de guerre froide et de manichéisme simplificateur, il écrivit quelques poèmes « poétiquement assez faibles » : « Je les ai écrits dans une période de " basses eaux " poétiques. » Il s'accusera d'avoir succombé au discours, à l'éloquence, à l'emploi de trop nombreux adjectifs. Aussi dans une édition remaniée de *Terre à bonheur*, il élaguera les poèmes mal venus, retouchera les autres, éliminera le poème à Staline né d'une mauvaise information.

Et viendra le temps de la poésie nationale prônée par Aragon et Eluard à sa manière, le temps de lutter contre le pessimisme et la philosophie de l'absurde, le temps de ces *Trente et un sonnets*, 1984, contre lesquels ses amis le mettront en garde. Ce qui convenait à Aragon ne seyait guère à Guillevic, mais ne pourrait-on pas, aujourd'hui, avec le recul, prendre ces poèmes politiques comme le résultat d'une crise verbale, un temps de pause, à partir duquel Guillevic réapparaîtra tel qu'en lui-même. Il est aussi permis de voir là un exemple de la virtuosité du poète et, dans ses poèmes les plus libres, un lecteur attentif découvrira des structures prosodiques permettant au poète de savants jeux d'harmonie ou de disharmonie. Si l'apport didactique du contenu a nui au poème, il n'en reste pas moins que cette expérience a montré la maîtrise du poète, mais ces sonnets ne seront qu'un bref entracte dans la vie de création incessante du poète qui en ressortira plus grand encore.

Lumière extasiée, horizon vaincu.

A partir de 1960, les ensembles de poèmes vont se suivre à un rythme régulier apportant le témoignage d'une réflexion poétique et philosophique incessante. Ainsi, *Carnac*, 1961, sera le lieu d'une seconde naissance. Il s'agit d'un poème en plusieurs parties (désormais la plupart des livres de Guillevic seront des ensembles consacrés à un seul sujet), d'un dialogue entre le poète et son poème, le premier se racontant ou s'envisageant en faisant apparaître sous nos yeux la mer, le roc, l'abîme, le silence et l'attente. Il y a là un ton grave et calme, méditatif, recueilli, qui traduit sa sérénité et sa recherche d'un équilibre, d'une égalité entre la chose et l'esprit qui la traduit, égalité dont naît cet acte : faire amitié avec le monde. Nous ne le dirons pas aussi bien que ces poètes à qui nous laissons la parole. Ainsi Georges-Emmanuel Clancier : « *Carnac*, c'est avec cette voix retenue, contractée et pourtant paisible, d'une paix gagnée malgré l'angoisse, dans l'angoisse, un dialogue entre le poète et la mer, entre le poète roc monolithique, menhir, prisonnier de lui-même, agrippé à ses limites, ancré sur la terre et dans le temps, et son contraire qui le tente et le hante, l'attire et le rejette, le gouffre féminin, illimité, éternel de l'eau, la mer. » Jean Tortel : « L'impression dominante du poème est une espèce de jeu de l'eau et de l'air dans le soleil. Aisance belle, sérénité sont les nouvelles armes du poète qui parle à présent aux choses non certes, comme leur démiurge, mais comme l'homme contenu dans ses propres limites et assuré de son propre pouvoir. » Jean Lescure : « Sa patience l'a fait capable de nous rendre présentes les plus obscures intimations d'une imagination de la matière dont Bachelard disait déjà dans son livre sur *La Terre et les rêveries de la volonté,* qu'elles permettent au poète de " souffler un peu le mot de l'énigme dans une demi-confidence ". » Oui, Bachelard a aussi observé que Guillevic peut « pétrifier l'air de la nuit et remettre en marche les pierres arrêtées ».

> A Carnac, derrière la mer,
> La mort nous touche et se respire
> Jusque dans les figuiers.

Mêmes dialogues avec la matière, mêmes vibrations dans *Sphère,* 1963. L'angoisse de la mort, la clarté du jour, l'apparition de l'été sont prétextes à la création poétique tout comme le chemin, la bruyère, la lune, les buissons, l'étang, le merle, les fruits qui sont les vrais « amis inconnus », ceux de notre solitude et qui semblent nous appeler à la solidarité.

> Entre la lune et les buissons
> Il y a une longue mémoire
> Et des souvenirs de corps qui s'aimèrent.
>
> Mais qui maintenant
> Sont devenus blancs.

Autre titre, bref, laconique et pourtant évocateur : *Avec,* 1966, et toujours avec les mots les plus courants où se poursuit l'intense dialogue et où l'on peut voir, comme Jean Tortel, « l'amorce d'un compagnonnage sacré dans la notion qui se dégage d'une sorte de coprésence où s'éternisent les choses dans l'intensité immobile du regard ». Et recherche d'identification, par exemple entre l'arbre dans sa forêt et l'homme parmi les hommes. Il s'agit de vivre « avec ». Fort curieux, voire baroque, est un autre ensemble, *Euclidiennes,* 1967, où sous des signes géométriques dessinés apparaissent des poèmes sur la droite, l'ellipse, les parallèles, le carré, le losange, le cercle, l'angle droit, etc. Tentative de définitions, exercice de style, gageure en tout cas de rejoindre l'abstrait, c'est nouveau chez Guillevic que Tortel découvre ici proche de Ponge. Faut-il voir ici une tentation scientifique chez un poète qui crée sa philosophie ? Aussi bien dans *Sphère* comme dans *Inclus,* comme l'a remarqué Claude Prévost, reviennent les mots espace, courbe, volume, infini, surface, verticale – et l'on pourrait trouver là un éloge de ces instruments du regard pour mesurer les choses. Ainsi dans *Paroi*, 1970, verra-t-on le poète dire sa familiarité :

> J'ai apostrophé
> L'océan, la terre, la ville,
> Bien d'autres choses.
>
> Je les ai interrogés directement,
> Je les ai tutoyés...

Cette ville ainsi apostrophée a fait l'objet d'un des meilleurs Guillevic, justement intitulé *Ville*, 1969. Vivant à Paris depuis 1935, le poète a voulu se délivrer d'une hantise, connaître mieux, c'est-à-dire par l'écriture, ce qui l'obsède, tenter de découvrir l'essence du lieu. Il s'agit paradoxalement d'un grand poème cependant composé de cent quarante poèmes autonomes. Comme toujours, Guillevic avance lentement, modestement, à tâtons dans sa découverte. Il y a d'abord la présence, l'évidence à constater, puis il faut obliger la Ville à s'accoucher d'elle-même, à se révéler par-delà ses apparences et pour cela le poète ausculte, se promène comme dans un corps humain, montre que nous sommes en elle et qu'elle est en nous :

> Pour les habitants de la ville,
> Ce tissu syntaxique
> De pierre, de ciment,
> De grisaille et de bruit,
> Qui les a pénétrés,
> Qui fait partie d'eux-mêmes,
>
> Ils ne savent le vivre.

Et l'on comprend mieux *Euclidiennes* après avoir lu *Ville* où sinusoïde, spirale, verticale, horizontale vont servir à mieux montrer. Guillevic écrit aussi pour posséder, pour ajouter au monde quelque chose qui l'augmente. Et s'édifie une poétique de la ville. « Projet essentiel, écrit Raymond Jean, qui s'est ouvert par le hasard, mais qui finalement s'achève, comme chez Mallarmé par *le hasard, vaincu mot à mot.* »

Dans *Du Domaine*, 1977, le vent, l'eau ou les pierres, les composantes du domaine sont exprimés ou s'expriment en vers courts, en poèmes brefs, le plus souvent des distiques comme des inscriptions devant lesquelles on s'arrête pour longuement méditer et découvrir ce que leur concision évoque. L'art dans *Étier*, 1979, semble être le même, avec des penchants peut-être plus frais, agrestes, sensibles : « Alors il y avait la convergence / De la mésange et du beau temps. » Il est à remarquer que tous les vers commencent chez Guillevic par une majuscule : respect de l'ancien art, sans doute, mais aussi pour nous offrir un temps de respiration. A noter que le blanc de la page a son importance : les poèmes sont entourés d'air. Dans *Autres*, 1980, apparaît un sourire : « J'ai un cheval dans ma poche / Et d'ailleurs c'est une girafe. » (Pas loin de ses *Fabliettes*, 1981, pour les enfants) et il en est de même, avec un propos sérieux, dans cette suite commençant chaque poème par le même mot : « Suppose » :

Suppose

Que l'horloge s'arrête
En éclatant de rire

Et que je te demande
De lui dire que rien

N'est changé pour cela
A ce que fait le temps.

A ces vers de six pieds succèdent des dialogues de quatre vers qui auraient ravi Jean Follain : « – Tu dessines? – J'invente. – Quoi? – La brouette. » C'est là un Guillevic guilleret dans l'apparence seulement.

Pour *Trouées*, 1981, ou *Requis*, 1983, on peut parler de poursuite d'une œuvre, d'un inventaire, d'interrogations de plus en plus brèves et expressives. Le poète connaît ses armes, toutes ses ressources et apporte sans cesse la surprise. Il nous ramène au « pouvoir premier » (comme on dit philosophie première), au « pouvoir oublié » des mots comme le précise Roger Munier : « Des mots purs, écrit-il, des mots vierges et de départ. Qui recommencent. Qui commencent. Des mots de *langue*. Ici la langue parle, comme langue d'abord, régénérée dans le poème bref. » Robert Goffin avait remarqué que l'idée d'un néant sans Dieu ne réjouissait pas le cœur de ce poète matérialiste. Sans doute est-ce pourquoi Guillevic est un métaphysicien. Comme le dit Claude Prévost : « Il ne récuse pas la réflexion religieuse sur les *fins dernières de l'homme*, sur la vie et la mort, sur la place de l'humanité dans le cosmos. » Il reprend parfois, en lui donnant un autre contenu, le langage de la religion comme il emploie celui de la géométrie. Il oppose aux désespérances la dureté de son matériau verbal. Il veut cohabiter dans la fraternité des choses. Il tente de nous apprendre le monde. Il veut nous le faire toucher, aimer, goûter car il y a chez lui ce gourmand dont parle le poète Nina Cassian : « Guillevic : il voit, il entend, il goûte, il renifle, il touche, il traverse, il grignote, il suçote... Quoi? Tout. Hanté par le Tout, il creuse dans un mot la matière même de l'univers... » Il plonge dans cette onde et dans cette matière pour en rejaillir vivant, lui aussi. Et l'on peut se demander si, dans ses derniers livres, il n'invente pas un correspondant français aux haïkus japonais. En bref, on pourrait dire qu'il nous enseigne à mieux vivre en introduisant une nouvelle forme de sacré différent de celui de la religion et ancré fortement dans la vie quotidienne.

5
Jean Follain

A propos de Jean Follain, Max Jacob observait : « Sa poésie est faite avec des objets. » Elle est aussi faite avec de la mémoire et l'importance ici est autant dans le regard que dans la chose regardée. L'objet est saisi comme porteur de mémoire, attestation immobile de la mobilité, comme porteur d'Histoire traduite en des histoires courtes, de petites coupes de poésie pleine de charme, mais aussi d'effroi : elles nous bouleversent dès lors qu'elles s'ouvrent insidieusement en s'élargissant sur une histoire plus vaste, qu'elles nous offrent du temps préservé. Le « petit roseau » cher à Henri de Régnier, celui qui suffit à faire frémir « l'herbe haute » fait ici vibrer tout un univers non seulement dans l'espace mais aussi dans la durée ; le poème inverse le temps pour le ramener dans ses filets à la surface du quotidien. Jean Follain, comme les peintres de natures dites mortes est un peintre de natures *vives*.

Qui est-il ? Tout d'abord un Normand inséparable de sa province, de son enfance. Né dans la Manche, à Canisy, cet ami d'André Dhôtel (auteur du « Poètes d'aujourd'hui » qui lui est consacré), de Paulhan, de Queneau, de Guillevic, de Frénaud, d'Henri Thomas, de Francis Ponge, fréquentant salons et cénacles, homme d'humeur et de convivialité, appartenait à une famille où l'on trouve un grand-père notaire, un autre grand-père instituteur, un père professeur de collège à Saint-Lô où Jean Follain fit ses études secondaires. Nous étions alors avant la guerre de 1914, dans un monde encore rattaché au XIXe siècle, un monde de bourgeoisie éclairée, fidèle aux traditions, à la bonne tenue, au protocole, aux vieilles conventions. Après un séjour à Leeds, en Angleterre, Follain fait ses études de droit à Caen. Selon Dhôtel, elles furent à ce point remarquables que ses réponses firent pleurer un examinateur. Installé à Paris en 1924, il est au barreau de Paris jusqu'en 1951, date à laquelle il exercera la fonction d'un magistrat débonnaire au tribunal de grande instance de Charleville, la ville de Rimbaud. Dix ans plus tard, il cessera toute activité professionnelle. Le 10 mars 1971, à minuit, une automobile l'écrase quai des Tuileries. Une messe sera dite par un poète qui est aussi un religieux, Jean Mambrino. Ce jour-là, à Saint-Séverin, nous serons nombreux à le pleurer.

Il participa très tôt à la vie littéraire, publiant ses premiers poèmes dans la revue *Sagesse* de Fernand Marc qui est aussi un lieu de rencontres. Les amis de Follain sont alors surtout Salmon, Reverdy, Mac Orlan, Fargue, Guégen, Armen Lubin, Max Jacob, Pierre Minet. D'autres revues célèbres l'accueilleront : *N.R.F., Commerce, Europe*. Ce peintre par les mots épousera la fille du peintre Maurice Denis en 1934, Madeleine, peintre elle-même sous le nom de Dinès. Grand voyageur, Follain fut aussi un « piéton de Paris » à la manière de Léon-Paul Fargue comme son livre *Paris*, 1935, puis 1978, en témoigne.

Estimé, admiré, son œuvre n'a pourtant pas eu, en dehors de l'univers de la poésie, l'accueil qu'elle mérite, mais peut-être en est-il ainsi de ces poètes dont nous parlons occultés par ceux que René Guy Cadou dans une lettre qu'il nous adressa appelait « les parfumeurs, les muscadins et les cuistres ». Tracer un portrait de cet homme de poésie et de robe est difficile. Il adore le protocole, les garde-fous de la société, us et coutumes, il n'aime « rien tant que les pompes de l'Église », on le verra dans ses œuvres en prose : *Jean-Marie Vianney, curé d'Ars*, 1959, *Petit Glossaire de l'argot ecclésiastique*, 1966. Le premier vêtement qu'il acheta, nous rappelle Dhôtel, en arrivant à Paris fut un habit de soirée. On pourrait évoquer gilet, nœud papillon et chapeau, nez aux larges narines flairant les choses, lippe gourmande d'amateur de cuisine bourgeoise, regard attentif où se mêlent attention, sévérité, ironie, évoquer aussi des colères devant quelque manquement aux usages, un air bougon ou faussement bougon, une manière d'avoir une allure inimitable et de ne pas payer de mine, et ce quelque chose qui faisait penser à un portrait fait par Daumier. Il aimait le monde, les salons, les vernissages, les dîners de poètes où il savait monopoliser la parole pour charmer par un conte improvisé, le rapport de vieilles coutumes oubliées dans une création verbale digne de sa création écrite. Ses proches ont sur lui des mines d'anecdotes souvent cocasses, toujours émerveillantes. Il ressemblait à son œuvre.

Cette œuvre, poèmes et proses confondus (aucune distinction n'est à faire : la poésie est partout), est vaste et nous citons les principaux livres : *La Main chaude*, 1933, *Chants terrestres*, 1937, *Usage du temps* suivi de *Transparence du monde*, 1943, *Exister*, 1947, *Les Choses données*, 1952, *Tout instant*, 1957, *Des heures*, 1960, *Appareil de la terre*, 1964, *D'après tout*, 1967, *Espaces d'instants*, 1971, *Comme jamais*, 1976, *Présent jour*, 1978, et l'on s'enchantera à des poèmes en prose ou des récits-poèmes : ceux que nous avons cités et : *L'Épicerie d'enfance*, 1938, *Canisy*, 1942, puis 1973, *Célébration de la pomme de terre*, 1965, *Napoléon*, 1967, *Collège*, 1973, *Le Pain et la boulange*, 1977, *Les Uns et les autres, La Table, Ordre terrestre*, 1986, et le *Pierre-Albert Birot* chez Seghers, l'important numéro spécial de *Sud*, 1979.

Où gis-tu secret du monde ?

Dès son premier livre *La Main chaude*, 1933, Jean Follain a trouvé sa forme. Il s'y tiendra et l'on pourrait dire que tous ses livres de poèmes ne forment qu'un seul livre : ayant trouvé le moule qui lui convient, le poète n'a plus qu'à y couler son or. Si évolution il y a, ce sera dans le choix des sujets ; pour le reste, le poète ne se soucie pas de renouvellement formel ; moderne, ne devant rien qu'à lui-même, il vit dans son temps et hors du temps. Marc Alyn le dit bien : « Le ton de la voix, fixé d'emblée, ses thèmes puisés dans un immuable village normand cerné d'herbages, étroit, fermé au siècle par des clôtures, des bornes, des traditions, des héritages, sa hantise de l'objet qui seul échappe (du moins provisoirement) au temps, son refus enfin de se plier à la tyrannie du symbole, de l'approximatif et du lyrisme subjectif à une époque où la poésie se voulait justement révélation d'un au-delà, voyance, délire de somnambule, en proie au *stupéfiant-image*, rien de tout cela n'a changé. » Le risque était la monotonie mais Follain est assez concret pour l'éviter : si toutes ses œuvres ont un air de famille, le lecteur verra de quels approfondissements elles témoignent. En peu de mots, il évoque des destins individuels ou collectifs, les situant dans une éternité rendue familière. A partir d'un simple objet, il reconstruit un univers en présent et en passé. Il sait aussi ajouter le charme comme dans cette *Quincaillerie* :

> Dans une quincaillerie de détail en province
> des hommes vont choisir
> des vis et des écrous
> et leurs cheveux sont gris et leurs cheveux sont roux
> ou roidis ou rebelles.
> La large boutique s'emplit d'un air bleuté ;
> dans son odeur de fer
> de jeunes femmes laissent fuir
> leur parfum corporel.
> Il suffit de toucher verrous et croix de grilles
> qu'on vend là virginales
> pour sentir le poids du monde inéluctable.
>
> Ainsi la quincaillerie vogue vers l'éternel
> et vend à satiété
> les grands clous qui fulgurent.

Qu'il s'agisse de l'objet le plus humble ou le plus précieux, Jean Follain compose en artiste, en miniaturiste, et c'est fort savant. Il cherche la signification dans le détail juste pour nous offrir un aspect inédit et inattendu de l'univers. Dès lors, la miniature devient fresque et nous étonne. René Bertelé précise : « Marqueterie dont les morceaux, en apparence hétéroclites, viennent de loin : Jean Follain les ajuste avec un mélange de réalisme et de fantaisie, de curiosité aiguë et de rêve, d'innocence et de ruse, qui est le propre de sa poésie. » Et James Sacré : « Ses poèmes courts en forme de clavecin bien tempéré ça s'amplifie à chaque instant en rumeur d'orgue ou d'océan, de nuit, de silence et d'attente, de rien ; d'aiguille ou de livres qui tombent en un vacarme imperceptible. » L'incohérence n'est qu'apparente : on semble imiter la fatrasie ou le coq-à-l'âne mais il y a un but qui consiste à élargir ou à rétrécir un espace, comme en se jouant, et de donner une respiration au poème, de glisser insidieusement l'éternité dans l'instant.

Jean Follain, poète de l'évidence des choses, de l'instant privilégié, reste fort différent d'un Francis Ponge en ce qu'il introduit la mobilité, la durée, l'histoire dans son poème en unissant les lieux les plus éloignés ou les temps les plus divers avec une facilité déconcertante à ce point que la réalité devient mystère et le mystère chose concrète. Il n'oublie pas non plus que l'objet est le témoin des coutumes qu'il chérit et il sait aussi se griser de la beauté, « la beauté des choses, cette beauté inlassable et cuirassée des choses qui ne manque jamais le rendez-vous ». On peut parler d'une poétique du discontinu, et cela dans ses poèmes, dans ses proses qui sont poèmes. L'idée nous est donnée que les temps divers sont parallèles, que la continuité et la rupture s'unissent, que nous vivons dans une fiction terrestre. L'évidence elle-même devient sujet d'étonnement : « Un homme, une femme ou un enfant passait dans notre jour alors que la nuit régnait en d'autres lieux du monde. » Et le rôle du poète est d'être ici ou là, partout et de voir tout selon le triptyque du Temps. Et derrière cette prise de possession sourd une menace : à la fragilité de l'homme, à la brièveté de sa vie répondent la dureté de l'objet, sa durée de témoin. Nous vivons dans l'universel. On dirait que rien n'a cessé de vivre, que tout est présent à la fois. Le poète l'harmonise, ce tout, il l'apprivoise, lui donne une nouvelle patine, à moins qu'il ne s'enchante à le moderniser. Lisons *Les Siècles* :

> Regardant la marque du sabot
> de son cheval de sang
> le cavalier dans cette empreinte contournée
> où déjà des insectes préparaient leur ouvroir
> devina la future imprimerie
> puis pour lui demander sa route
> il s'approcha du charpentier
> qui près d'une rose
> en repos contemplait la vallée
> et ne lirait jamais de livres.

On pourrait parler d'un tableau de genre s'il n'y avait pas cette mobilité de l'esprit et du regard. Si musicaux que soient les poèmes de Follain, la référence la plus immédiate est la peinture. Il en était de même quand Aloÿsius Bertrand fraternisait avec Rembrandt et Callot (certains poèmes de Follain font penser à ces peintres), mais ici on dépasse la fantaisie. Comme écrit Georges Mounin, à propos de ces poèmes : « Ce sont toujours, au sens le plus propre du terme, des tableaux, des peintures un peu flamandes, un peu hollandaises, à peine insolites, de la vie quotidienne immobilisée, quelques détails intimes " fermés " dans un espace où " rien ne manque ". » Comparant Follain à Chardin, Gil Jouanard a établi des parallèles entre la minutie du peintre et celle du poète, l'un et l'autre, sous une apparente bonhommie, ouvrant des chemins portant la présence de « l'être-là au monde », selon la démarche concrète d'une philosophie *in situ*. Jean Rousselot a parlé de la lumière de Vermeer, et l'on pourrait ajouter l'imagerie d'Épinal ou quelque bande dessinée fantastique qui jouerait avec le temps. Comparaison encore avec des peintres par Pierre Seghers qui parle lui aussi des Le Nain, de Pieter de Hooch et du Tintoret, ce dernier évoqué dans le poème *La Pomme rouge* :

> Le Tintoret peignit sa fille morte
> il passait des voitures au loin
> le peintre est mort à son tour
> de longs rails aujourd'hui
> corsètent la terre
> et la cisèlent
> la Renaissance résiste
> dans le clair-obscur des musées
> les voix muent
> souvent même le silence
> est comme épuisé
> mais la pomme rouge demeure.

Certains s'étonneront des pouvoirs évocateurs d'une poésie sans prosodie, sans règles, qui invente elle-même ses harmonies, chaque note étant à sa juste place sur la portée musicale. On montre, on ne démontre pas. Quatre vers suffisent à exprimer l'atrocité de la condition humaine :

> Il naît un enfant
> dans un grand paysage
> un demi-siècle après
> il n'est qu'un soldat mort.

Nous verrons Jean Follain faire précéder chaque titre d'un article défini : *le* Silence, *le* Secret, *l'*Histoire, *la* Pyramide... montrant bien ainsi que, comme Ponge, il établit un inventaire du monde. En poésie, en prose poétique (Jean Follain préférait cette expression à « poème en prose »), les thèmes sont du même ordre. Dans les délicieuses pages de *Paris, L'Épicerie d'enfance, Canisy, Chef-lieu, Collège*, on peut isoler des poèmes en prose selon la tradition ouverte par Évariste Parny ou Aloÿsius Bertrand, mais il est préférable de les laisser dans leur contexte. Dans *Objets*, ce sont des séquences plus courtes où apparaît encore l'idée de collection, de catalogue, d'inventaire, d'album ou d'herbier. Pourquoi? Jean Follain répond :

> Par un besoin d'encyclopédie, pour pouvoir étiqueter, classer, conserver, l'enfant de la maison avait voulu créer ce grave amusement d'une grande épicerie avec toute la gamme des produits, et dans chacun de ces produits toute la gamme des catégories : sardines à l'huile bien sûr, mais aussi à l'estragon, aux achards, à la tomate, aux truffes, et aussi sans arêtes et en boîtes de tous formats.
> Cet enfant aimait que dans leur vie les hommes retors, horticulteurs minutieux de la création, aient créé tant d'espèces et de catégories, ce qui n'empêchait point les mers de mugir et de gronder les forêts. (...)

Et André Dhôtel a bien montré que ce catalogue peut se transformer, de la sardine au typhon, en bilan tragique. Et aussi que la mémoire rejoint l'allégorie, le protocole symbolique de l'univers : « ... faisceaux de licteurs, mains de justice, balances, coqs gaulois, couronnes de chêne, et de lauriers. Dans un lointain avenir, des hommes soucieux déterreront et commenteront tous ces emblèmes dans un puissant soleil d'été. » Souvenirs sans cesse, non pas racontés mais montrés et ainsi mis au présent, et foule de détails, chacun s'ouvrant sur l'infini d'autres détails, légendaire des siècles sans discours, vision personnelle de l'univers, chaleureuse, où l'on joue à « la main chaude » pour éloigner le froid. Par Follain, tout objet a charge de contenir l'espace, le temps et l'histoire des hommes. Guy Allix a rappelé que pour le poète se souvenir c'est créer et l'on apprécie avec lui la magie de cette « ancienne liturgie domestique ». Il est remarquable que Follain humanise jusqu'à la glose qu'il inspire. « Si quelqu'un, écrit Gil Jouanard, dans la poésie française, rend le lecteur poète, autrement dit disponible à son propre poème latent, c'est bien lui, Follain, qui pourtant ne formula jamais une telle ambition. »

Intimiste et mystique, mondain et solitaire, homme de tradition nourrissant la modernité, voyeur et visionnaire, métaphysicien à son insu, maître d'un rituel où « le présent fulgure », celui que Dhôtel rapproche de Limbour, Henri Thomas, Armen Lubin, Armand Robin, René Char, tous épris de Follain, le merveilleux Follain, est le maître d'une horlogerie secrète qui unit le temps à l'espace, donne à l'objet de nouvelles demeures, au mot des fonctions précises... et au lecteur l'apport de la grâce, de la rêverie et du plaisir.

6

Jean Tortel

LONG parcours que celui de Jean Tortel, né en 1904, qui va des premiers poèmes publiés sous les auspices de Jean Royère le musiciste jusqu'à ces œuvres nouvelles qui le font reconnaître par les nouvelles générations comme un des poètes majeurs de ce temps. Ne disait-il pas, dans un entretien avec Henri Deluy, son goût de l'évolution ? On lit : « Je suppose que la " modernité " – si elle n'est pas une pure notion – est en chacun de nous, à notre façon, et qu'il est impossible de nous séparer d'elle, donc inutile de la réclamer en tant que telle, car elle nous constate. »

La véritable biographie de Jean Tortel est celle de ses livres, à cette différence que le corps vieillit et que, chez lui, les livres rajeunissent sans cesse. Donnons cependant quelques repères : Jean Tortel est un homme du Sud, comme René Char, un Vauclusien, comme lui loin de tout régionalisme littéraire mais profondément attaché à son sol. Il est né à Saint-Saturnin-lès-Avignon de parents instituteurs. La famille vivra à Sorgues, en Avignon. Le père est de Villedieu, la mère de Monteux, on ne s'éloigne pas. Le lycée en 1914, le service militaire à Trèves et à Coblence. Tortel sera receveur de l'Enregistrement à Gordes. Il lit alors Scève, Théophile et Tristan, Malherbe et ses « écoliers », Maynard, Racan, qu'il rattache d'instinct à Baudelaire et à Mallarmé. Jean Royère le conseille. Un exil à Toul. Retour au Sud : Marseille, les *Cahiers du Sud* avec Jean Ballard, Joë Bousquet, Toursky, André Gaillard, Gros, une belle aventure poétique (*voir préc. vol.*). Fin 1964, Jean Tortel s'installe en Avignon, le beau jardin, en dehors des remparts, et toujours le poème.

L'œuvre est vaste, évolutive, dynamique. De recueil en recueil la poésie se réinvente. Citons : *Cheveux bleus*, 1931, *Votre future image*, 1936, *De mon vivant*, 1941, *Du jour et de la nuit*, 1944, *Paroles du poème*, 1946, *Naissances de l'objet*, 1955, *Explications ou bien Regard*, 1960, *Élémentaires*, 1962, *Les Villes ouvertes*, 1963, *Limites du regard*, 1971, *Instants qualifiés*, 1973, *Spirale interne*, 1976, *Didactiques*, 1978, *Ce qui se passe*, 1979, *Des corps attaqués*, 1979, *Les Solutions aléatoires*, 1983, *Provisoires saisons*, 1984, *Arbitraires espaces*, 1986, *Les Saisons en cause*, 1987. Des essais sur Scève, sur Guillevic, sur

Ponge, des proses comme *Le Discours des Yeux,* 1982, après *Jalons,* 1934, *Clefs pour la littérature,* 1965, des chroniques, deux romans.

Le Bonheur des mots, les mots du bonheur.

On pourrait mettre en épigraphe à l'œuvre complet de Tortel ce que Léon-Gabriel Gros écrivait en 1951 : « S'il fallait définir les ambitions du poète selon Jean Tortel, j'aurais recours à cette phrase de Joë Bousquet : " Je n'ai pas voulu enfermer les hommes dans mon idée de l'univers mais faire entrer le plus de réalité possible dans l'idée qu'a chaque homme de son univers. " » Une lecture chronologique des recueils montre qu'il n'y a pas chez Tortel un brusque changement de direction, mais une évolution, une lente métamorphose du dire s'accompagnant d'une fidélité totale à soi-même pour toujours dire mieux, dire au mieux. Certes, il y a loin du poème de 1928 :

> Elle, dormeuse chaste en l'ombre qui s'incline
> Promeneuse du rêve à demi convoité
> Sur le treillis d'azur pâle des yeux lactés,
> S'abandonne distraite à la candeur câline...

à ses poèmes récents :

> Elle est entre l'œil et la page
> Instable déjà (avant
> Que se ferme le droit
> Qui redressait) et comme pour
> Annoncer l'incertain obstacle
> Que chaque ligne aura tissé
> Sur un blanc qu'on lui réserve...

Loin ? Pas plus loin que ce qui sépare *Apparition* de Mallarmé du *Coup de dés.* Le poète n'a jamais promis le sommeil, il n'a pas voulu écrire sa vie durant le même « beau poème », il a pris des risques. Mais quels que soient les goûts du lecteur, quel beau parcours ! Jean Tortel rejoint les choses par les mots, les unit. La nature est l'élément du bonheur. Il sait se glisser entre « deux feuilles différemment éclairées par le soleil » pour trouver l'évasion intérieure de l'esprit. Ni mage ni prophète, ses poèmes sont naturels, concrets, savoureux comme des fruits. Il y a de la gourmandise : le mot « épicurien » revient souvent à propos du poète. On a parlé de poésie bucolique : à mon sens, l'épithète est trop languide pour qualifier « la présence perpétuelle de la beauté » rendue par le style. Ce qu'on nous montre :

> Le couteau sur la table à côté du verre de vin,
> Deux yeux qui regardent la place vide,
> Une lampe qui roule au gré de la pente du monde
> Et d'autres tentatives inconnues pour aboutir au bonheur.

Mais le poète ne se contente pas de l'apparence des choses, il les saisit par l'intérieur comme il écoute en lui-même le passage « du sang mystérieux à me faire vivant », il écoute « le silence tapi dans le creux des poitrines » ou « ce chant, cette goutte d'eau sombre qui vient de loin ». Le poème parle, nous délivre sa charge de bonheur. Un temps, il restera le souvenir de l'ampleur des alexandrins du début :

> La colline était sombre et déchirée. La roche
> A nu tremblait au froid étrange de l'été
> Nul ne savait les mots qu'il fallait dire à l'heure
> Où la prière était la branche misérable

mais la phrase se resserrera, deviendra dure, ramenée à l'essentiel :

> La pierre en mouvement,
> La chose dure en marche.
> A travers ma beauté
> Passent de grands témoins.

Il lui arrivera de n'être même plus phrase, mais mots séparés. On croirait que le poète soumet sa propre poésie à ces « explications de textes », intéressante expérience qui le conduit à extraire d'une prose sage, celle qu'on trouve dans les livres de dictées (signée d'André Theuriet, René Bazin, Claude Tillier ou Édouard Maynial) ce qui lui paraît digne d'être reconverti en poésie. Raymond Jean qui a consacré un « Poètes d'aujourd'hui » à *Jean Tortel* (où l'on trouve aussi le dialogue Deluy-Tortel) donne cet exemple pris à partir d'un *Paysage d'octobre* d'André Theuriet. Ici le texte de ce dernier :

Par-delà les labours bruns et les jachères aux teintes violettes, le jeune Maugras distingua bientôt les champs de la métairie. La terre, fraîchement remuée à coups de hoyau, montrait çà et là des trous jonchés de fanes noircies et de tubercules oubliés...

Et sous la plume de Tortel :

> Les trous jonchés de fanes
> Et noirs, la métairie
> Loin partagée en labours et jachères,
> Brune ou verte selon...

On se souvient de Blaise Cendrars trouvant ainsi dans une prose de Gustave Le Rouge matière à poésie. C'est dire que Tortel, aux contraintes classiques de naguère, oppose une discipline nouvelle, résultat d'une mutation qui le conduit à la retenue, à la tension, à la signification étymologique du mot extrait de la gangue verbale, de la dilution, de l'éparpillement. Naît une poésie raréfiée, minimaliste, proche de celle de Guillevic, et rapportant des incidents (ceux d'un jardin par exemple) et, par-delà, le discours, la rhétorique, la lumière laconique du concret, le mot se chargeant de sens. Le lecteur non prévenu sera surpris, adressera ses louanges à

Theuriet et ses reproches à Tortel sans voir que ce dernier au fond rend hommage à la parole banale en ce qu'elle comporte les éléments d'un langage de la modernité. Des variations sur la fameuse marquise sortant à cinq heures de Paul Valéry nous conduiront vers une intelligence de la phrase rejetée par le poète.

D'un livre à l'autre, sans systématisme, inventant chaque fois, Jean Tortel se livre à de nouvelles explorations. En ce sens, *Les Villes ouvertes* où il s'agit de fouilles, d'extractions comme si le jardinier travaillait sa terre, apporte à l'œuvre une dimension historique et mythologique. Ur, Delphes, Memphis, Thèbes, Jérusalem ou les villes inconnues se découvrent sous nos yeux, livrent des secrets, revivent, les habitants nous parlent, l'homme, la femme, la jeune fille, dans une vie qui semble moins passée qu'en train d'être, qu'en devenir, et cela dans un langage sensuel et vrai. Le lieu : c'est là un des thèmes de Tortel, le lieu, l'entourage, les relations entre tant de choses, les corps vivants autour de nous avec leurs interférences et leurs confrontations. Et toujours « pour aboutir au bonheur », et toujours, effaçant l'intellectualité, une approche amoureuse qui fait penser parfois à Paul Eluard. Cela en tous lieux et en tous temps de la création. Naguère, au temps des vers longs :

> Tu es heureuse,
> Tu marches sans précaution dans les champs de trèfle.
> Tu as noué l'écharpe du soleil à ton cou.
> Je te dis qu'il fait beau et que je n'ai pas peur.

Le corps, le regard : le « discours des yeux » : « Mais tout corps est nu. » Sans doute le souvenir atténué des blasons du temps de Maurice Scève :

> Deux seins conjugués s'incarnent
> Pour déclarer une image surgie
> En objectant leurs pointes
> Taches de rose sur le verre
> Qui proposa leur dessin.

Il a aussi, comme un peintre, le désir des « couleurs justes », et ces couleurs, celles du jardin qui les unit, celles du disque de Newton et qui chacune sont les lettres d'un alphabet, comme Tortel le dit dans un de ses premiers textes, il les montre sans cesse, les exalte comme il trace les formes, les reliefs, comme il sait dire le silence ou exprimer le secret. C'est aussi à une école du regard que nous sommes conviés :

> Cerisiers   Mousse éclatante
> Leur blancheur s'évapore
>
> Mousse éclatante cerisiers
> Mousse de neige
> Effervescente
>
> Blancs à perte de neige
> Beaux à porter leur neige éclat
> Cerisiers qui s'évaporent...

On se souvient du poème d'un seul vers de Guillaume Apollinaire : « Et l'unique cordeau des trompettes marines », des inscriptions d'un seul vers épigrammatique, des monostiches d'Emmanuel Lochac, peut-être d'une anthologie du vers unique de Schéhadé. Les *Arbitraires Espaces* de Tortel peuvent s'y référer. Dans le poème, chaque vers est marqué d'un point final. Ce jeu spatial (citons Tortel :) offre « Un fragment d'écriture décisif, et conservé dans la mémoire, parle l'espace : non pas le concept que recouvre ce mot. Mais reconnu comme une sorte de pluralité palpable et plus ou moins altérée, offerte à nos sens dans une approche qui l'affranchit de toute généralisation métaphysique. Ainsi l'espace est reconduit dans le lieu aléatoire du quotidien et du concret, celui mal situable et limité qui est le nôtre ; celui des odeurs et des vues, des mouvements, des contacts transitoires, des failles et des profusions. » Jean Tortel a écrit ce livre passé octante comme pour montrer, bien que ce ne soit pas sa préoccupation, que jeunesse et modernité sont de tous âges. Et son exploration n'est pas terminée. Sans doute prépare-t-il quelque surprise de sa façon.

Entre le charme et la grâce de la partie de l'œuvre la plus directement abordable par le plus grand nombre et l'intelligence aiguë, la densité moderne, la nouveauté de la recherche de l'âge mûr et du grand âge, le lecteur pourra donner ses préférences, mais le bonheur souhaité par Jean Tortel l'infatigable pourrait bien se trouver dans la complémentarité des diverses parties d'une incessante élucidation du langage, des mots et des choses.

Les Voies spirituelles

I

Pierre Emmanuel

Du caractère elliptique de la poésie d'un Guillevic ou d'un Ponge à la force torrentielle d'un Pierre Emmanuel, il y a d'immenses distances, et pourtant ces poètes se sont respectés et parfois appréciés. Nous ne regrettons pas, quant à nous, cette diversité à l'image de la diversité de notre siècle. Les uns et les autres ont, en quelque sorte, abordé le monde des mots dans un même contexte historique, celui des années malheureuses de la France, et c'est lui qui a créé leur union sous le signe, à un moment donné, d'une intense réflexion et d'une remise en cause de soi-même et de l'art qui est l'objet de notre ouvrage.

Il s'appelait Noël Mathieu, il est devenu Pierre Emmanuel (1916-1984) et c'est là, comme ce fut le cas pour Jules Romains, non plus un pseudonyme mais un patronyme légal. Il est né à Gan (aujourd'hui Pyrénées-Atlantiques), celui-là qui sera un des plus grands célébrateurs chrétiens de la poésie française. Sa première éducation fut de langue anglaise car il fréquenta jusqu'à l'âge de six ans l'école enfantine à New York. Au retour, il vécut successivement à Jurançon, puis à Gan avant de poursuivre ses études secondaires à Lyon au pensionnat des lazaristes. Dès 1932, étudiant en mathématiques supérieures, il prépare Polytechnique et songe à devenir officier d'artillerie, et voilà que son professeur, l'abbé François Larue, lui fait lire Mallarmé et Valéry qu'il imitera dans ses premiers poèmes. Nul n'a mieux parlé que lui-même de ces années de formation :

Jusqu'à dix-huit ans, je ne connaissais rien de la poésie française après Vigny. Ce que j'en savais, j'y étais peu sensible : j'avais aimé le Hugo des anthologies scolaires, et su par cœur deux ou trois textes de Chénier. Entre seize et dix-huit ans, en classe de mathématiques spéciales, j'avais cessé de lire. C'est un de mes professeurs qui me fit découvrir la poésie en me récitant un passage de *La Jeune Parque* : « Que si ma tendre odeur... » Aux vacances suivantes, je fis par hasard – à cause de la typographie – l'acquisition de *Sueur de sang* de Pierre Jean Jouve. Les images si nouvelles pour moi – sensuelles, puissamment érotiques – m'apprirent progressivement le vrai langage de la poésie. De dix-huit à vingt-cinq ans, je lus Baudelaire, Rimbaud, Eluard, Michaux, Supervielle. Je ne sais pourquoi, je les imitai un peu tous...

Ces poèmes, il les envoie à Pierre Jean Jouve qui hésite à l'affirmer poète ou non. Après un an de silence, il compose un *Christ au tombeau*, son premier vrai poème, et déjà apparaissent deux images fondamentales : le Christ et Orphée, à partir desquelles son œuvre se développera.

Après avoir enseigné chez les lazaristes, Emmanuel sera professeur à Cherbourg, puis à Pontoise, enseignant les mathématiques et la philosophie (qu'il a étudiée à la faculté de Lyon avec Jean Wahl et Étienne Souriau dès lors qu'il renonçait aux grandes écoles). Dans l'immédiat avant-guerre, il publie dans *Mesures*, les *Cahiers du Sud*, la *N.R.F.*, fait partie du groupe de Jean Le Louët, les *Nouvelles Lettres* et rencontre Jacques Maritain, Jules Supervielle, José Bergamin, Jean Paulhan, Jean Cayrol, avant d'avoir, durant les années de guerre des rapports avec Albert Béguin, Marcel Raymond, Jean Starobinski, puis Aragon, Loÿs Masson, Pierre Seghers. Il est alors engagé dans la Résistance intellectuelle et sa poésie, en rapport direct avec l'événement, le transcende. Ses rapports sont étroits avec l'univers poétique. Max-Pol Fouchet, Armand Guibert, Jean Amrouche, Jean Denoël, les collaborateurs de *Fontaine* sont ses proches. Il collabore aux *Cahiers du Rhône* d'Albert Béguin. C'est le temps, et jusqu'en 1946, de nombreux livres correspondent à l'époque troublée. La radiodiffusion française le nommera en 1945 en Angleterre où il a collaboré à la B.B.C. (rencontres de T.S. Eliot, Stephen Spender, Dylan Thomas, etc.) puis aux États-Unis où il sera professeur dans diverses universités (il nous confia un jour qu'il était docteur *honoris causa* un peu partout). Il quitte son poste à la radio en 1958, voyage beaucoup, participe aux mouvements intellectuels internationaux, multipliant ces honneurs qui sont aussi des charges, poursuivant une œuvre poétique nombreuse en même temps qu'il préside le Pen Club et de nombreuses commissions. L'Académie française le reçoit en 1968 mais il s'en éloigne pour marquer son désaccord avec l'élection d'un membre soupçonné par lui de collaboration. Jusqu'à sa mort, il organise des rencontres internationales de philosophie, de sociologie, de culture, de civilisation.

Ses principaux livres de poèmes sont : *Élégies*, 1940, *Tombeau d'Orphée*, 1941, refondu en 1967, *Jours de colère* et *Combats avec tes défenseurs*, puis *Le Poète et son Christ*, 1942, *XX Cantos*, 1944, *La Liberté guide nos pas*, 1945, *Sodome*, 1946, *Babel*, 1952, *Visage nuage*, 1955, *Versant de l'âge*, 1958, *Évangéliaire*, 1961, *La Nouvelle Naissance*, 1964, *Jacob*, 1970, *Sophia*, 1973, *Una*, 1978, *Tu*, 1978, *Duel*, 1979, *L'Autre*, 1980, *Le Grand Œuvre*, 1984.

Parallèlement paraîtront ses livres en prose qui sont toujours l'affirmation d'un *credo* et dans lesquels il analysera les rapports de l'homme avec le langage, les crises sociales et culturelles et apportera de précieuses données sur son art : *Qui est cet homme ?*, 1947, *L'Ouvrier de la onzième heure*, 1948, *Le Goût de l'Un*, 1963, *Le Monde est intérieur*, 1967, *La Révolution parallèle*, 1975. Alain Bosquet a écrit le « Poètes d'aujourd'hui » qui lui est consacré. Signalons aussi un essai d'André Marissel.

La Voix tumultueuse et profonde.

Dès les *Élégies*, 1940, et surtout *Tombeau d'Orphée*, 1941, Pierre Emmanuel s'affirme dans sa puissance, son ampleur, la véhémence d'un lyrisme qui semble inépuisable et rappelle les séquences d'Agrippa d'Aubigné ou de Victor Hugo avec une intériorité qui le rapproche de Baudelaire et de Jouve. C'est déjà une poésie de combat pour dépasser l'angoisse et élever la souffrance humaine vers un absolu, combattre l'esprit du Mal, l'antéchrist qui habite les hommes et les actes qui portent atteinte à l'image de Dieu. Une poésie qu'on imagine jetée du haut de la chaire, des accords de grandes orgues dont quelques mesures ne peuvent que donner une idée : comme ce serait le cas pour Dante ou Milton :

> Tout à coup jusqu'aux gémissantes profondeurs
> Je me vis dans la clarté juste de ce drame
> Cela sans peur et avec joie. Une présence
> Douloureuse infiniment et un débat
> Dans l'intime de toute chose : tout doit être
> Déchiré parce que je suis. Et tout s'expie
> En des plaines de blés couchants d'immenses arbres
> Dessinés par l'ivresse chaste de la Mort
> Où marche dans le ciel inverse l'Être nu
> Réuni par l'ultime corde de la lyre
> Tant d'étrange lui donnant droit de nommer Dieu
> A perte de silence et de pas dans la gloire. (...)

Pierre Emmanuel est alors à contre-courant des tendances de ses contemporains. En temps de refus de la longue rhétorique, du discours, de l'éloquence à laquelle on croyait avoir tordu le cou, de tous les rejets du flot lyrique, il pouvait étonner, voire scandaliser, et faire parler d'une régression, d'un retour en arrière avec ce que Rousselot a bien défini : « Le mot sonore plaqué au milieu des nuages lourds du verbe, le beau vers qui s'enroule sur lui-même et se mord la queue, comme le serpent à plumes, sans avoir rien dit, que sa propre beauté... » Même si Rousselot reviendra sur ses rejets de l'outil de Victor Hugo « cet alexandrin torturé, regrets et repentirs, tics et manques », il restera toujours agacé par le bourbier du verbalisme, cette impression que le poète ne peut faire œuvre poétique sans être historien, exégète, satiriste, redresseur de torts et prophète. Et pourtant, le même reconnaîtra que le texte est cimenté, lié, suant de poésie. Il parlera d'un lyrisme mystique gorgé de beauté, de l'art de glisser dans le poème des éléments extra-lyriques, d'une érotique plus scientifique qu'instinctive, d'une pensée religieuse fortement articulée, apocalyptique et biblique. Par cette opinion d'un critique revenant sur une partie de ses rejets, sans doute avons-nous la double image de ce qui peut être admiré chez Emmanuel et de ce qui peut lui être reproché. Et le poète Emmanuel a apporté une réponse indirecte dans un avant-propos à la réédition en 1946 de ce *Tombeau d'Orphée* :

Entre-temps m'avaient impressionné les critiques me reprochant mon excès verbal et plus fondamentalement mon art du discours, qu'une certaine esthétique proscrit. Quant à l'excès, ils avaient raison; quant au discours, je regrette d'avoir, pour obéir à leur critère de l'art, mis un frein à ma passion rhétorique. A qui possède la faculté de projeter avec énergie des ensembles d'images liées par un rythme soutenu, mon conseil est de ne tirer loi que de sa propre force. (...) La vraie rhétorique n'est pas dans l'éloquence : elle est dans la justesse de la profération. (...) J'honore du nom de rhétorique profonde cet art de parole qui, d'un seul mouvement, rassemble et projette l'énergie interne de l'âme.

Il est intéressant de savoir que les détracteurs d'Emmanuel ne manquèrent pas de louer ses *XX Cantos* en 1944 où il faisait penser aux meilleures réussites des poètes hermétistes d'antan. C'était l'apparition d'une poésie contenue, serrée où le mystère ne se perdant pas dans le discours gagnait en évidence :

> Né d'animale déraison
> sauvé par déraison divine
> je vais de raison en raison
> n'ayant vécu mort ni naissance
> je vis comme un qui n'est point né
> je vis comme un qui ne mourra
> folie est le nom de ma vie
> que nomment Sagesse les fous.

Et comme Emmanuel illustre bien sa pensée de fraîches images! Cette richesse dans le métier et dans l'inspiration gnomique montre l'étendue des dons du poète :

> Pourquoi verte, l'éternité ?
> Ô douloureuse, ô ineffable
> fougère encore repliée
>
> Qui n'a senti en lui crier
> les premières feuilles des arbres
> ne sait rien de l'éternité.

C'est un ton qui se retrouvera dans les grands ensembles emmanueliens comme si le poète délaissant ses armes verbales voulait lutter à mains nues. Auparavant, Emmanuel a publié les livres de la France en lutte. Préfaçant le poème *La Colombe*, fin 1942, Pierre Jean Jouve traçait ce portrait du poète : « On a dit de Pierre Emmanuel qu'il était *poète de notre apocalypse;* ceci me paraît vrai au sens de la profondeur, et il y a même dans la personne de cet homme jeune quelque chose d'une singulière apparition angélique : un ange manieur de feu, obéissant à des disciplines obscures. » Pour ceux qui l'ont connu, Emmanuel au physique était beau et ténébreux avec des moments de charme, d'ironie qui pouvaient se transformer en colère véhémente, et l'on peut attester qu'il ressemblait à ses poèmes comme une image du Dante devant sa *Divine Comédie*. Le début de *La Colombe* :

> Que l'ombre de leurs mains en plein vol te capture
> Colombe, et qu'ils te clouent au ciel intérieur !

> Il le faut. Car le sang et les armées débordent
> la chair retourne à son limon, l'âme se perd
> sel de discorde, en l'eau muette qui recouvre
> les vestiges de l'homme vieux. Le ciel est bas
> les grands vautours rageurs s'assomment aux parois
> et les reflets du sang font rougeoyer les astres...

La lutte contre les tyrans, la défense des victimes, le désir de liberté, la colère se sont exprimés sans que le ton d'épopée renie la quête métaphysique, comme si la tête épique et la tête pensante ne faisaient qu'une, comme si John Donne s'alliait au Hugo des *Châtiments* et à l'Agrippa d'Aubigné des *Tragiques*. C'est bien l'ange combattant qui n'oublie pas dans le drame sa nature divine. Engagé dans l'action, le poète peint à fresque sans jamais sombrer dans le pompiérisme patriotique. Le réel historique s'allie à la foi chrétienne. Il sait sortir de l'événementiel pour atteindre le symbolisme mystique. L'existence et la parole ne sont qu'une. Parole est conscience. L'homme n'existe que par elle. Plutôt qu'inventer la Parole, le poète la fait surgir. Il écoute, il reçoit, il transmet.

Après *Le Tombeau d'Orphée*, avec la parenthèse des œuvres de résistance, Pierre Emmanuel traite de *Sodome*, 1946, et de *Babel*, 1953, un livre essentiel. Il s'agit encore de « faire du verbe humain un temple du Verbe de Dieu » et se sont dégagés trois tentations, trois rêves que proposent Orphée, Sodome et Babel : « rêve de la psyché saturant l'univers, rêve de l'esprit n'ayant que soi pour idole, rêve de l'humanité se créant elle-même ». On peut admirer l'architecture de Babel. Ici le flot verbal est endigué par une construction parfaite. « De ce point de vue, écrit Jean Rousselot, *Babel* est un Parthénon. Emmanuel a su dresser des colonnes, établir un chapiteau, respecter la loi du Nombre. Aux lourdes laisses de vers rythmés, mais sans rimes, succèdent des strophes régulières où, par la contrainte des règles, la voix devient plus musicale, s'affine, se spiritualise, enfin des suites de versets qui élargissent le débit – et le débat. Les articulations maîtresses sont en prose très noble, très économe, très précise. Il y a là beaucoup d'art, d'adresse et de solidité. » Alain Bosquet, lui, voit en *Sodome* et *Babel* des « monuments du désespoir qui consent à être justement cela : un désespoir sur quoi l'on puisse bâtir la plus noble justification de l'homme face à ses mesquineries, Dieu moribond revit, reprend sa place d'ordonnateur qui se trompe, qui ne se connaît point, qui vit de métamorphoses, tantôt merveilleuses, tantôt méprisables, qui se conduit comme une créature mortelle et y découvre sa grandeur ».

Les livres qui ont suivi : *Visage nuage*, 1955, *Versant de l'âge*, 1958, *Évangéliaire*, 1961, *La Nouvelle Naissance*, 1964, nous paraissent assagis, plus traditionnels, comme s'ils manifestaient d'une baisse de tension chez le poète. Pourront-ils satisfaire le lecteur exigeant de poésie plus que d'affirmation de la foi ? Si le frénétisme a disparu, si les vers ont raccourci, on ne trouve pas cette force des *Cantos* et cette exaltation des hautes œuvres. Simplement, en adoptant un « esprit de pauvreté », Pierre Emmanuel veut se rapprocher de l'essence du mot, revenir au naturel en utilisant « des mètres courts qui coulent de source, chantent, forment la chaîne et se hâtent ainsi vers leur résolution », comme le précise Emmanuel lui-même. Après ce temps de calme, le poète reviendra aux grands ensembles, retrouvant, épurée, la voix qui lui convient.

Jacob, 1970, est le héros d'une lutte qui est « notre combat personnel avec Dieu, pour lui ravir et recevoir avec lui le sens ». Ici, dans la diversité, se dénoue une épopée biblique où se maintient la tension entre le verbe humain et celui de Dieu. Fort proche par l'esthétique, *Sophia*, 1973, rend révérence à la « Puissance qui est Unité Diversité en toutes choses ». La prière s'amplifie, le poème commente, la Sagesse prend une signification divine conduisant Dieu à s'implanter en nous, à germer en notre être. *Una ou la mort la vie*, 1978, en cent soixante douzains, est le journal d'une épreuve orphique, le poète dira même « une saison en enfer ». Ce livre appartient à une trilogie dont les deux autres volets seront *Duel*, 1979, et *L'Autre*, 1980. Si *Duel* dit l'homme et la femme, *L'Autre* c'est le paradis perdu pour le couple originel, le serpent, et il y a encore dans chaque ouvrage la série de cent soixante douzains qui n'échappent pas à la monotonie. Il y a toujours la quête orphique et religieuse, un désir d'aller vers plus de lumière, et à l'histoire d'Adam et Ève se mêle heureusement celle de l'homme Emmanuel. Le désir, l'ambition du poète chrétien, est sans doute de créer une œuvre vouée à la violence passionnelle absente des œuvres du christianisme, un aspect érotique de la doctrine théologique de l'art qui en fait un révélateur de l'enfer. On reste émerveillé devant tout ce que l'inspiré a à dire, à transmettre, mais qui prend le pas bien souvent devant tout simplement la poésie car il semble douter : « Parfois il songe à quoi bon le poème... » Ces trois livres sont à lire lentement et en observant des pauses, sans quoi l'illumination souhaitée se transforme en grisaille.

Tu, 1978, comme *Jacob* et *Sophia* est une étape du poète « dans l'univers singulier des mythes, où l'Inde rejoint le mythe chrétien ». Ce tutoiement est une manière de s'adresser au « Tout Autre dont le nom est au-delà des noms », une quête aussi de l'homme total, une part importante étant faite à la part féminine de l'être, à la psyché, « comme au lieu de l'expérience spirituelle et de la révélation ». Tous les mètres se retrouvent ici et l'on passe du discours religieux à la beauté poétique l'un et l'autre souvent mêlés avec parfois un ton renaissant aux meilleurs moments d'une imagerie gracieuse et plus convaincante que ce qui veut expliquer, commenter, répéter, ressasser. Et il est vrai qu'Emmanuel ne cesse d'imaginer et d'orchestrer la genèse en la situant sous le regard de l'homme d'aujourd'hui. Ce combat se déroule de livre en livre, est sans cesse repris, comme si le poète prêchant dans le désert ne parvenait pas à se faire entendre des foules qui assureraient la gloire de la Parole et celle de celui qui la transmet.

Ainsi, il ne craint pas d'intituler un recueil *Le Grand Œuvre*, 1984, sans doute le grand œuvre de Dieu mais aussi celui d'Emmanuel et l'on assiste à son plus grand effort de construction car il se sert de tous les outils du langage et en trouve de nouveaux, allant de longs vers réguliers à d'autres libres, rimant ou ne rimant pas, allant du vers libre au verset, montrant toute la diversité immense de ses moyens créateurs, jouant même sur la présentation typographique quasi calligrammatique dans la partie *Être et fenêtre* où la disposition du texte de chaque côté d'un blanc, d'une fenêtre suggère que « le réel où nous croyons vivre n'est peut-être qu'un reflet de celui où nous vivons ». Dans une suite fort curieuse de poèmes composés de quatre quatrains, il s'attache à la lettre composant du mot et du langage :

> I arbre immense issu du centre A tout autour espace plat
> I au zénith cri du sirli A s'étalant sans borne en soi
> Cime de l'œil de la mouette partout criblant son océan
> Et de l'aigu de l'inouï goutte à goutte le fécondant.

C'est un constant effort du poète pour recréer le monde comme si le poète, jaloux de Dieu, désire imiter son œuvre à partir du langage humain. Quel poète au XXe siècle aurait créé une telle cosmogonie (à moins qu'elle ne soit portative comme chez le merveilleux Queneau) si l'on excepte la « Somme » de Patrice de La Tour du Pin? On ne peut que saluer une ambition grandiose et folle : élaborer « à partir de l'unité indéfinie d'un grand Tout d'où émergent, comme d'une origine insondable, l'omnipotence de Dieu et l'autonomie de la personne ». Car pour le poète Emmanuel : « Cette émergence est aussi une cassure : naissance de l'esprit, de la liberté. Avec elle commence l'histoire, tentative sans cesse réitérée de l'homme pour en finir avec Dieu et se rendre seul maître de soi et du monde. » Comme il est arbitraire de choisir une citation dans ce grand ensemble si varié. Tentons-le cependant, ne serait-ce que pour montrer une voix inspirée comme cela s'est produit dans les grandes œuvres hugoliennes, *Dieu* ou *La Fin de Satan* :

> Qui a dit : L'Homme? Qui jamais, Qui, à jamais?
> L'Homme. Vague soupir poussé du fond d'un songe.
> L'Homme. Cri dévorant la forme qu'il emplit.
> Dit et non dit, soupir ou syllabe du Nom
> Qui est Ce – si ce n'est l'Homme – Qui dit ici
> L'Homme ! Ici : Où dit-Il l'Homme, Celui Qui dit?
> Cela, Celui, Qui dit : Homme, est-ce l'Homme qui
> Dit : Ici, et du même mot du même souffle
> S'écoute hors de lui en lui dire ce qui
> N'est point l'Homme, et ne peut être rien hormis l'Homme?

Là où les uns verront le pire Emmanuel, d'autres y trouveront le meilleur. Les goûts en notre temps sont à ce point différenciés qu'il est difficile de trouver où est le *goût*. Selon que le lecteur est croyant ou pas, il lira Emmanuel à sa manière. Il n'y a pas que matériaux nobles, les scories sont là aussi, peut-être parce qu'elles font partie du monde. Mais si minerai il y a, c'est celui de l'or. Cette énergie qui fait jaillir des flammes se nomme foi et enthousiasme. Audace aussi que de revenir à la rhétorique romantique, à l'argument, à la description, à l'ornement en un temps où la poésie, sous le signe de Rimbaud ou de Mallarmé, s'engage dans la voie d'une mise à nu du langage. Le poète prend des risques, et il le sait, d'où des temps de retour, d'hésitation, de remise en cause. Si cette œuvre n'était pas servie par des dons inouïs, une science à toute épreuve, une théologie et une philosophie cohérentes, nous reprocherions le rythme heurté, l'orgie verbale, le charroi de l'éloquence. Mais on est sensible à cette véhémence, à cette voix qui porte les rumeurs et les clameurs du monde de tous les temps jusqu'à un aujourd'hui où l'on semble s'éloigner des obsessions de faute et de péché. L'amour, la mort, Dieu, l'Homme, Emmanuel s'attache à dénouer énigmes et pièges.

La tentation, celle de l'épopée, de la cosmogonie, se perpétue avec abondance. Chacun trouvera selon sa faim. Ce Pierre Emmanuel, maître du haut langage, l'avons-nous méconnu? l'avons-nous assez reconnu? Dans l'état actuel de la poésie française, toute d'économie, il apparaît comme un dispensateur et un dissipateur de biens comme il n'en est guère. A nos questions, le prochain siècle, peut-être, répondra-t-il en nous accusant d'avoir mal vu, mal entendu (mais cela vaut pour tous les grands poètes). Quant à nous, nous saluons « l'enchanteur par lui-même enchanté ».

2

Patrice de La Tour du Pin

L'AUTEUR de *L'Ame romantique et le rêve*, Albert Béguin, observait « que les seuls poèmes vastes qui ont été entrepris et menés à bien dans ce siècle sont signés de noms chrétiens », et il est vrai que la « Cosmogonie » de Pierre Emmanuel et la « Somme » de Patrice de La Tour du Pin répondent à cette idée de l'œuvre vaste — même s'il est aisé d'en citer quelques autres hors de cette obédience.

Patrice de La Tour du Pin (1911-1975), un des poètes les plus en retrait et les plus aimables que nous ayons connus, descendait par son père des dauphins du Viennois et par sa mère du général irlandais O'Connor, et il était apparenté aux descendants des rois d'Irlande. Toute sa vie, il restera fidèle au lieu de son enfance, dans un paysage pour Meaulnes, ces forêts et ces landes solognotes qui entourent la propriété de famille au Bignon-Mirabeau, patrie aussi de Condorcet. Il fera ses études à Sainte-Croix de Neuilly, puis à Janson-de-Sailly avant d'entrer à l'École des sciences politiques. Il est passionné par la peinture et par la poésie, véhicule de prière et de pensée. C'est alors qu'il écrit *La Quête de Joie*. Jules Supervielle remarque en manuscrit un des poèmes : *Les Enfants de Septembre* et le fait publier dans la *N.R.F.* où paraît l'ouvrage la même année, 1933. Sur l'invitation d'Armand Guibert qui dirige les éditions de *Mirage* à Tunis, suivront *L'Enfer*, 1935, *Le Lucernaire*, 1936. Déjà, il enthousiasme un Gide, un Montherlant qui voient en lui un grand poète. Suivront de nombreux livres qui seront des éléments de sa *Somme de Poésie*. A la guerre de 1939, blessé à la tête en territoire allemand, il est fait prisonnier. Au retour, en 1943, il épouse sa cousine, Anne de Bernis, et, tout en continuant l'élaboration de son œuvre, mène la vie d'un gentilhomme campagnard ainsi que l'a montré Stephen Spender : « C'est la vie d'un gentilhomme de campagne, vie à quoi Yeats, dans ses ultimes poèmes, conviait ses amis à revenir. Elle possède, cette vie, je ne sais quoi de monastique, une ambiance spirituelle qui, s'alliant à la paix esseulée du paysage, gagne vite le visiteur. » Et il ajoute : « La Tour du Pin a la gaieté et la spontanéité d'une personne qui s'est choisi et qui mène une vie vouée à une haute tâche spirituelle lui dictant non seulement d'écrire, mais aussi de vivre dans la joie. » Tout le contraire d'un poète maudit. Dans cette réclusion loin de Paris va naître une œuvre exigeante et sévère, tempérée par la grâce d'un symbolisme romantique attentif aux voix de la nature. Il vivra donc en pleine campagne dans la compagnie de sa femme et de ses quatre filles avant de venir, sur la fin de sa vie, à Paris. En 1964, il a été le seul laïc choisi par la Commission liturgique de traduction des textes religieux dans la ligne de Vatican II et, dès lors, il partagera son temps entre ces travaux et son œuvre. Pierre Emmanuel lui rendant hommage dans un numéro de la revue *Les Pharaons* écrira : « On peut regretter que ceux avec lesquels il coopéra ne l'aient pas poussé à être davantage l'homme qu'il était. Mais sa tentative fut la première – et la seule – pour introduire la poésie dans le culte, dans l'expression canonique de la foi. Il y sacrifia peut-être une partie de l'œuvre qu'il aurait pu faire : mais ce Phénix avait consenti sans réserve à se laisser calciner. » Telle quelle, cette œuvre tient en trois gros volumes chez Gallimard : *Une Somme de Poésie : I. Le Jeu de l'homme en lui-même. II. Le Jeu de l'homme devant les autres. III. Le Jeu de l'homme devant Dieu.*

L'Immense quête de la Joie.

Ce livre qui prendra place dans le volume I avec le texte en prose *La Vie recluse en poésie* et d'autres poèmes, intitulé *La Quête de Joie*, 1933, remanié en 1939, s'ouvrait par un *Prélude* avec un distique éblouissant tant de fois cité :

> Tous les pays qui n'ont plus de légende
> Seront condamnés à mourir de froid...

et il y avait ce poème de la *N.R.F.* que ses jeunes contemporains émerveillés se sont récité par cœur, *Les Enfants de Septembre* :

> Les bois étaient tout recouverts de brumes basses,
> Déserts, gonflés de pluie et silencieux ;
> Longtemps avait soufflé ce vent du nord où passent
> Les Enfants Sauvages, fuyant vers d'autres cieux,
> Par grands voiliers, le soir, et très haut dans l'espace.

Ce souffle frais, on comprend qu'il ait charmé Supervielle, et aussi le ton direct et tendre de cette *Légende* :

> Va dire à ma chère Ile, là-bas, tout là-bas,
> Près de cet obscur marais de Foulc, dans la lande,
> Que je viendrai vers elle ce soir, qu'elle attende,
> Qu'au lever de la lune elle entendra mon pas.

Toute une jeunesse enthousiaste pouvait se reconnaître dans l'affirmation d'un vers : « Tu peux tout concevoir en un instant d'amour. » Cette *Quête de Joie*, au cœur du *Jeu de l'Homme en lui-même*, parce qu'elle est la genèse et exprime la première luminosité éclaire l'ensemble par l'intérieur et c'est le « Jeu » au sens médiéval où les poèmes sont enchâssés dans une matière diverse et imagée avec l'apparition de personnages de théâtre aux noms originaux comme dans le théâtre claudélien. On est charmé ici et là par un ton imagé, fleuri, enluminé d'une grâce princière comme dans un *Printemps* de Botticelli, dans un poème de Charles d'Orléans, une musique de Mozart. Il y a là des brumes, de la terre et de l'eau, un ciel, des héros qui paraissent se lancer dans la quête du Graal, et, dans le vers, un rien d'imprécis comme le souhaitait Verlaine, au service d'un projet structuré. Le lecteur, au seuil de ces ensembles, de ce triptyque, s'il ne lit pas attentivement, risque de se perdre, bien que les fils d'Ariane et les cailloux du Petit Poucet soient présents, mais qu'importe s'il s'égare car il reste en pays de poésie. Et nous voilà au cœur d'un théâtre mythique et allégorique avec des scènes où apparaissent, en cent actes divers, des personnages qui représentent les tentations humaines : la tentation du pur esprit pour Lorenquin, de l'égocentrisme pour Jean de Flaterre, de l'absolu pour Jean de Cayeux, de la sainteté pour Le Cortinaire, de la connaissance pour le prince Ullin par exemple, tous unis dans un phalanstère, l'école de Tess où l'on mène une « vie recluse en poésie » avant que, jetés aux quatre vents, ils connaissent la damnation de l'absence ; le poète ira vers une autre quête de Joie : prières et *Psaumes*, l'amour contre la haine dans les *Concerts sur terre*, le monde sauveur offert par la souffrance, et c'est une offrande :

> Ce livre n'est qu'une tête creusée,
> Un monde humain, reconstruit sur ma moelle,
> Mon plus vrai temps, ma nuit recomposée,
> Le jour qui naît à suivre son étoile ;
> Mon livre est le tien par une autre clef,
> Car tout s'échange avec un Dieu celé.

Cette poésie paraît hors du temps, au contraire de celle d'Emmanuel jamais cérébrale, hors des préoccupations quotidiennes. N'arriva-t-il pas, ainsi que le remarque Pierrette Micheloud, au doux La Tour du Pin de jeter avec impatience : « Les poètes m'assomment, leurs aventures dans le langage, l'inconscient, le magique et je ne sais quoi... » Parce qu'il est sincère et poète, ce mouvement d'humeur lui sera pardonné. Il a choisi sa voix et sa voie, il est habité, il habite en son Dieu dont le « jeu du seul » ne peut le retrancher, et Pierre de Boisdeffre parle de « cette double tension entre l'attraction d'un monde envoûtant et frivole et la dure justice de Dieu, comme entre la séduction des images et l'austérité d'une pensée métaphysique ».

Le deuxième volet, le *Jeu de l'Homme devant les autres*, s'ouvre par un dialogue entre un père et un fils nommés l'un et l'autre André Vincentenaire qui portent la parole du poète et de l'homme au XXe siècle, ce que le nom indique : Vincentenaire ou vingt fois cent ans de christianisme. Le père représente le moi, l'ego, et le fils le moi de l'alter, l'un enfermé en lui-même, l'autre rayonnant, deux tendances qui conduiront le fils à se séparer du père pour retrouver l'Autre après la traversée de son désert et le parcours d'un long chemin à travers des aventures spirituelles et symboliques. Là où l'homme de foi trouvera pâture en des lieux d'exigence, le simple amateur de poésie pourra regretter que les poèmes, les moments de poésie apparaissent perdus, peu nombreux, avec, çà et là, le souvenir de la grâce du premier livre, celui où le poème nu resplendissait. Ce n'est pas par hasard que les auteurs d'anthologies vont puiser tout d'abord dans la célèbre *Quête de Joie*, mais reconnaissons qu'ici nous sommes au plus près des problèmes de la religion et de l'homme face à son destin.

De même, le troisième « Jeu », celui de l'homme « devant Dieu », unit des réflexions, des prières, des « concerts eucharistiques », des liturgies de Carême et de Pâques, de trop rares poèmes consacrés à des lieux-dits, un bestiaire, la plupart étant hymnes ou psaumes. Certes La Tour du Pin a dit : « J'affiche donc encore *Quête de Joie* à la porte de mon théâtre » et les préoccupations sont avant tout chrétiennes. Aussi, lorsque, au détour d'une page, flamboie un poème, rayonnent des images, celui qui reste étranger à l'Église se sent payé de ses peines, récompensé de son attention. Il y a deux manières de lire le poète, selon que l'on est croyant, et l'on est comblé, selon que la religion vous est étrangère et l'on s'ennuie. Mais le poète a tenu sa promesse d'architecturer les trois plus grands « jeux » du monde et il a tenu sa parole : poésie et religion confondues, il offre une œuvre structurée, une « théopoésie », une « Somme » selon l'acception de saint Thomas d'Aquin, et l'on pense à un mystère médiéval. Comme l'écrivait René Bertelé : « Patrice de La Tour du Pin poursuit l'évocation de ce royaume imaginaire. Elle se déroule en images foisonnantes, mystérieuses et un peu gauches qui rappellent celles des tapisseries médiévales. La sensualité s'y mêle à la ferveur religieuse – une ferveur qui ne saurait oublier le goût de la terre, à travers des strophes fluides et musicales, et comme murmurées, qui veulent suggérer plutôt que dire. » Et, en effet, le poète nous émeut lorsqu'il suggère plutôt que lorsqu'il expose avec didactisme. Heureusement, maître de ferveur, il ne se veut pas prophétique, il cherche et l'on a l'impression de chercher avec lui, il avance dans un paysage mental à l'image des paysages de brume qui l'entourent.

Nous prenons plaisir à Patrice de La Tour du Pin, mais le plaisir, tout au long de l'œuvre, ne dépasse pas celui donné par les premières œuvres d'un garçon de dix-neuf ans (même si le poète restera quelque peu ce jeune homme tout au long de sa vie) qui, un temps, étonna la Poésie avec sa *Quête de Joie*. Il serait fort artificiel de le relier par quelque endroit à la poésie contemporaine toute d'explorations dans les domaines du langage (il explore dans un grand Ailleurs). Il pourrait être du Moyen Âge comme du XVIe siècle ou de l'époque symboliste où il aurait rayonné parmi les maîtres par son symbolisme de cathédrale, de bâtisseur de cathédrales. Comme écrit Maurice Champagne dans sa présentation de *La Quête de Joie* dans la jolie collection « Poésie/Gallimard » : « La poésie de Patrice est comme la vie qu'elle quête, elle est aussi belle que difficile. On ne peut pas la lire au hasard et par dilettantisme. Il faut y apporter l'intelligence et la foi de ceux qui croient que *l'homme est une histoire sacrée* », mais Guillevic et quelques autres ne nous montrent-ils pas que cette définition n'est pas l'apanage des seuls croyants ? En attendant, La Tour du Pin, hors des modes, hors du temps, force le respect et, souvent, l'admiration.

3
Jean Cayrol

PIERRE Emmanuel, Patrice de La Tour du Pin étaient des poètes de la foi se référant à la philosophie, aux Écritures, à la théologie, aux doctrines. Chez Jean Cayrol, il s'agit moins de cela qu'il connaît bien que de sensibilité et d'expérience vitale. Il ne cherche jamais à démontrer, à apporter des preuves, à ordonner son dire à la manière d'un rituel. Simplement, dans une recherche angoissée, il cherche à exprimer les états de l'être : joie, souffrance, attente qui, selon Jean Rousselot, « ne coïncident pas obligatoirement avec les joies et les souffrances du chrétien telles que les a définies M. François Mauriac » et il ajoute : « Que chaque homme soit un Christ, et qu'il n'en sache rien, voilà je crois la pensée profonde de ce Lazare des camps de la mort lente qu'est Jean Cayrol. » Nous disons qu'il considère chaque homme comme son double fraternel et qu'il l'aide de sa double expérience d'homme et de poète. « Nous verrons en lui, écrit Daniel Oster, un chrétien méfiant qui aura abandonné le Verbe en chemin et qui aura été peu à peu rabattu vers le texte. La poésie de Jean Cayrol, c'est la transformation du Verbe en Herbe, et le remplacement d'une Absence par toutes sortes de présences, de présences menacées. »

Jean Cayrol (né en 1911) vit le jour à Bordeaux où il fit ses études de lettres et de droit avant d'occuper un poste de bibliothécaire à la chambre de commerce de sa ville. On prend plaisir à la narration de ce qu'il appelle une enfance sauvage, l'été à Lacanau : « Fréquentation assidue des tortues, oiseaux-mouches, poissons volants, congres, marsouins, cormorans, crevettes roses (pêchées avec des sennes à miroirs), sardines, vives aux venimeuses épines noires... » et la poésie n'est pas loin en vers ou en prose comme dans *Histoire de la mer*, un de ses romans qui font corps avec l'édification d'une œuvre originale parce qu'elle naît d'une conception de l'homme nouveau, « l'homme cayrolien », écrira Roland Barthes. Mordu de poésie, à seize ans, avec Jacques Dalléas, poète avant de devenir peintre, il fait paraître une revue *Abeilles et pensées*, quatorze numéros où l'on trouve des poèmes de Maurice Fombeure, Sabine Sicaud, André Salmon, etc., et à quoi Mauriac s'intéresse, rencontrant le jeune garçon. Après la publication d'une plaquette, *Horizons*, 1928, inlassable il crée *Les Cahiers du*

Fleuve en 1934 où l'on trouve Max Jacob, Daniel-Rops, Joseph Delteil. Le mythe d'Ulysse le tente déjà et c'est un dialogue théâtral avec la collaboration de Dalléas, et la publication de poèmes dans les revues de l'époque, et que remarquent Valery Larbaud, Robert Kanters, La Tour du Pin, Marcel Raymond, Albert Béguin. En 1938, aux *Cahiers du Sud*, il rencontre l'équipe marseillaise, et aussi Lanza del Vasto, Jean Grenier, Jean Carrive le surréaliste. Il étudie la jeune poésie et ne se trompe guère. Cayrol semble être partout à la fois et surtout, en 1941, dans le réseau clandestin d'espionnage du colonel Rémy.

Avant les années noires, Jean Cayrol est déjà considéré comme un poète important et plus qu'un espoir. L'épreuve va lui ajouter une acuité extraordinaire, une connaissance approfondie de l'homme et de ses ressources, en ressortant comme l'a montré Albert Béguin « spirituellement victorieux » : en effet, en 1943, Cayrol dénoncé en 1942, arrêté, prisonnier à Fresnes, sera déporté au camp de Gusen-Mauthausen sous le régime « Nacht und Nebel » d'où il sera libéré en 1945. « Un grand poète a vaincu la mort », écrira Pierre Emmanuel, et aussi : «...qu'un poète, et de quelle étoffe spirituelle, ait traversé l'horreur capitale des camps et revienne, vivant, brûlant de charité, porteur d'une évidence éternelle, nous signifier que l'art le plus haut rejoint la création morale, qu'il est une victoire sur le chaos des instincts et tout ensemble une conquête sur les contraintes de la Loi ; comment ne pas tenir pour nécessaire, ou plutôt providentiel, le témoignage de cet homme ? »

Dès lors, Jean Cayrol, en état constant de poésie, d'ouverture sur les autres, sera un passeur, un poète qui répond aux questions des hommes, au travers d'une attention qui guidera tous ses actes. Par ses romans, ses poèmes, le cinéma (rappelons *Nuit et brouillard*, avec Alain Resnais, *On vous parle*, avec Claude Durand et aussi, avec le même, d'autres films de longs ou courts métrages, *Muriel* avec Alain Resnais), son travail dans l'édition (et notamment la fondation de la revue *Écrire*, appel dynamique à la création littéraire), à l'académie Goncourt. Et, dans les temps de la maturité littéraire, l'œuvre continue, l'écrivain ne s'imite jamais lui-même, il innove, approfondit comme en témoigne *Poésie-Journal* et des romans qui vont plus loin dans le domaine de l'élucidation permanente que ce que l'on appelle habituellement « roman ».

En poésie, ses principaux ouvrages sont : *Ce n'est pas la mer*, 1935, *Le Hollandais volant*, 1936, *Les Poèmes du Pasteur Grimm*, 1936, *Les Phénomènes célestes*, 1936, *L'Age d'or*, 1939, *Le Dernier Homme*, 1940, *No man's land*, 1943, *Miroir de la Rédemption*, 1944, *Poèmes de la nuit et du brouillard*, 1945, *Passe-temps de l'homme et des oiseaux*, 1947, *La Vie répond*, 1948, *La Couronne du Chrétien*, 1949, *Le Charnier natal*, 1950, *Les Mots sont aussi des demeures*, 1953, *Pour tous les temps*, 1955, *Poésie-Journal I, II, III*, 1969, 1977, 1980. S'ajoutent plus de vingt romans, essais, scénarios. A lire les études de Daniel Oster : *Jean Cayrol et son œuvre*, 1967, et le « Poètes d'aujourd'hui » par le même auteur, ouvrages où ne sont pas dissociées création romanesque et création poétique. Nous lisons : « Comme l'a écrit Camus, Jean Cayrol *dans les herbes brûlantes de l'imagination* a fait l'alliage entre la prose et la poésie, de manière que la poésie ne soit pas une maladie honteuse ni un virus, mais puisse pénétrer en totalité dans tout système aussi bien littéraire que " politique ". » Et il est vrai que Daniel Oster « en étudiant thématiquement les images clefs de Jean Cayrol nous a révélé " un poète dont les différents noms pourraient être : Ulysse, Icare, Lazare, Adam " ». Nous ajoutons Orphée, celui qui apaise les animaux sauvages cachés dans l'Homme.

Je sens que tout surgit d'une cendre fervente.

Quels que soient les approfondissements successifs, l'art de Cayrol est présent dans ses premières œuvres : ce besoin d'une urgence poétique, ce sens d'être à l'image des « appelés de la onzième heure », cette sorte de pacte de souffrance avec Dieu. Retrouver derrière les masques la figure éternelle de l'homme, écouter le chant, connaître son origine, le transmettre, Cayrol est déjà l'homme d'une quête, d'une transmission de la parole vraie vers les oreilles sourdes. Un chant de solitaire s'élève, un appel vers la créature humaine, les puissances élémentaires et vers le créateur. Sans refuser une éloquence discrète, Cayrol ne songeait sans doute pas à la modernité. Or, il apportait du nouveau.

Les paysages maritimes de son enfance, du temps de sa mobilisation dans la Marine nationale, une autre mer sans doute, mer intérieure à l'être, sont dans son œuvre. Ainsi, ce « Hollandais volant », personnage mythique qui a inspiré à Richard Wagner son *Vaisseau fantôme* et, proche d'Ulysse, offre à Cayrol son odyssée solitaire d'éternel errant et fait naître ses vers les plus harmonieux :

> Je veux ce port perdu que j'éveille en moi-même
> tout doré par la lumière de cinq heures,
> glorieux, de lourds vaisseaux dans la cendre du soir
> et des femmes mangeant des fruits sans se hâter.
>
> Ou bien ce port glacé par tant de mers qui passent
> (un cadavre luisant fait tort aux voyageurs)
> il a de froids bassins aux barques grasses
> percées d'herbes, de coquilles, de fleurs
> et qu'on trouve si belles pour un départ solitaire.
> ....

Fluidité, léger baroquisme, ton volontairement gauche sont encore dans ses *Phénomènes célestes* avec une accentuation lyrique. La mer, le port, le ciel, les grands espaces du naufrage ou du salut sont là, comme ils seront des années plus tard dans la prose *Histoire de la mer*, 1973, porteurs d'une ouverture sur la spiritualité du végétal, de l'animal, du minéral. *L'Age d'or* ou *Le Dernier Homme* procèdent d'une esthétique voisine bien que le vers apparaisse plus court, plus serré. Toujours l'on suggère par l'art du non-dit, clef pour la recherche de l'au-delà de l'homme et de la parole. Et, à travers un Icare maritime ou un Adam terrestre, parmi les ruptures et les accords, il est permis de percevoir la prescience du drame proche. Dans le subconscient d'un poète qui sera ouvert par son journal poétique à une transcendance événementielle, ouvert aux vents de l'Histoire, et qui ne se veut pas prophète, qui sait si un prophète ne parle pas? Le début du *Chant de l'âme* :

> Trop légère la nuit pour que mes pas ne trouvent plus,
> c'est un insensible retour comme un parfum trop prolongé,
> pourvoir à mon innocence, songe-t-elle.
>
> Mais le massacre vient, tourne, se dérobe
> comme une flamme
> à perte de bouche est un message, songe-t-elle.
> ....

En temps de génocides et de déportations, dans un rendez-vous reconnu avec l'univers de Kafka, le poète chrétien découvre le gel, le silence et, dans ces états voisins de la mort, les images du rêve pour survivre. Nul ne peut voler ses rêves à l'homme et ils peuplent l'enfer d'Orphée. Faits d'images, de couleurs, d'arbres, d'oiseaux, d'ombres, de cristal, de saisons – et de la Mer, du Désert, du Ciel dont Cayrol écrira plus tard l'*Histoire* – ils sont la dernière forteresse de l'homme, son noyau de résistance. Le *Miroir de la rédemption* paraissait alors que le poète était captif. On y lisait : « J'appartiens au ciel bleu / qui souffle sur la pierre » ou « Réveillez-vous, le froid est déjà à vos portes. » Au retour, ce seront les *Poèmes de la nuit et du brouillard*, plusieurs d'entre eux ayant été écrits dans le camp. Qu'on ne s'y trompe pas : il ne s'agit pas de lamentations (même si l'on se rapproche de l'élégie), il ne s'agit pas de poèmes attendus, de vers de circonstance mais d'une œuvre foisonnante, visionnaire, imagée, des flots d'images avec cette rhétorique cayrolienne où l'on se sert de la maladresse comme d'un art dont le poète n'est pas dupe mais qui touche son but : atteindre à une poésie à l'image de l'homme, et qui est la fleur vive née de la blessure, un événement du langage né d'un événement de l'Histoire. Nous lisons dans la deuxième partie du livre intitulée *Les Larmes publiques*, un *Chant funèbre à la mémoire de Jean Gruber* :

> Pluies de cendre de la forge des bourreaux
> Où la vie en fusion se plie comme un métal
> Dune effondrée sous un soleil sans repos
> Fleurs sèches de la Passion qui tombez en pétales
> Ô morts votre main de gloire est sur la gorge du monde
> Et nous sommes à demi étouffés dans vos destins fumants
> Le bal des ardents commence donnez vos noms.

Les chants de la mort et ceux du retour, l'apparition d'une époque nouvelle, la résurrection de Lazare, l'homme qui revient avec « ses papiers en règle » et porte la lumière, tout cela est exprimé dans la simplicité :

> C'était un homme qui revenait
> tout un dieu chantait en lui
> un buisson d'oiseaux dans ses mains
> ....
> Il était si lourd dans l'ombre

> mais si frêle dans le soleil
> se levant tôt pesant à peine
> et sa voix prête dans sa gorge
> comme un beau jus de groseille

et n'oublions pas le chant de foi, la prière où au fond de la mort, le poète reconnaît la terre, l'amour, Dieu.

Dans les recueils qui suivront, on trouvera un Cayrol plus ramassé, moins foisonnant, poète d'une poésie dépouillée, soumettant ses visions à un éclairage plus vif d'être mieux dirigé hors de la rhétorique de l'abondance. Daniel Oster a observé, à partir de *Passe-temps de l'homme et des oiseaux*, le développement d'une *vision météorologique du monde* où l'on cherche « à rassembler et à faire jouer dialectiquement les précipitations et les éclaircies, la chaleur de l'hiver et le froid de l'été, la vie et la mort dans leur structure en oignon » et l'oiseau qui sait tout et voit tout. D'où, dans *Pour tous les temps*, l'intérêt pour les animaux menus qui ont charmé son enfance, pour les objets familiers, les compagnons quotidiens les plus courants ; dans chacun, il trouve un miroir. Roland Barthes écrit à son propos : « Peu importe l'essence de l'objet ; ce qui émerveille l'homme cayrolien, c'est la nature familière de cet objet, sa proximité, sa disponibilité ; l'objet s'offre, il est donc le premier signe d'une charité » et le célèbre philosophe parle d'un « franciscanisme de l'objet », de cela que n'ont pas toujours vu les poètes des mots et des choses. Et il y a là une démarche d'appropriation et d'hommage, une idée de lieux habitables et de bonheur. Cayrol croit que l'avenir est dans la poésie, « poésie, dit-il, qui reprend la route des catacombes, des grottes naturelles, des profondeurs insoupçonnées ». Pour lui qui fait confiance au langage « dans l'humilité de ses apparentes contradictions », se dénuder devient un apprentissage, celui d'un mode de vie où interviennent les préférences et les lieux communs. Mais la pensée de Cayrol, sa création poétique effervescente sont sans cesse en contact avec ce monde qui les sollicite, le monde-miroir, et miroir magique qui reflète les parties secrètes de nous-mêmes. Tout est demeure, l'objet comme le mot.

Nous l'avons montré : il faut à Cayrol, pour son dire nombreux, tous les moules, ceux du roman, du cinéma, du poème. Il s'est montré romancier depuis *Je vivrai l'amour des autres*, 1947, jusqu'à ses « Histoires » *d'un désert, de la mer, de la forêt, du ciel...* Il existe entre ces formes une cohésion parfaite, et Kanters l'a montré fort bien :

> Un poète. Et un homme de douleur. La masse de ses recueils de poèmes n'est pas assez connue aujourd'hui, alors qu'on pourrait y saisir à la source le chant profond qui porte toute l'œuvre, mais qui est parfois ralenti et dévié pour les besoins de l'anecdote dans ces mythes toujours inachevés et toujours repris qu'il appelle des romans. Ce qui soutient sa poésie, c'est un besoin infini de liberté et d'amour. Ce qui fait sa douleur, c'est la déception de ce besoin, le déchirement de l'être que le poids de la terre et de la vie arrache à son angélisme pour les réincarner dans sa solitude. Comme pour les plus grands, tous les événements de sa vie, même la déportation, semblent des signes nécessaires de sa destinée. Dans une production romanesque, ou mieux narrative, peut-être trop abondante, la

fièvre le fait parfois délirer, mais écoutez-le avec sympathie, vous vous apercevrez qu'il ne parle pas en vain, et que sans souci de consolation théorique ou de remède, on entend ici, sans relâche la plainte du siècle.

L'étonnement m'apparut avec la publication de *Poésie-Journal* : le poète ne se fourvoyait-il pas dans un monde étranger à sa nature ? Ce fut la naissance d'une poésie publique, d'une poésie de journal intime où l'homme submergé par l'actualité, aveuglé par les spots et les gros titres, assourdi par la langue de bois des politiques, cherche une réponse à son angoisse. « Où en sommes-nous ? Où suis-je ? » demande le poète autant que le citoyen. Et Cayrol a le projet de relier la fable à la mémoire, plus secrètement de laisser la trace d'une sensibilité à une époque donnée, même au prix d'imiter joyeusement la voix naïve, de jouer sur la rime, la cadence ou le mot : « Je suis à l'âge de fer de la fée. » Quelque peu désabusé au fond et sachant le cacher, il surprend à partir de Mai 1968 l'histoire au jour le jour comme s'il fallait l'arracher à l'historien ou au journaliste pour offrir, hors des glaciations verbales la chaleur du poème et son ironie :

> Ils se frottent doucement le ventre
> les enfants vieux du Biafra.
> Leur peau noire tourne à la cendre
> les enfants du Biafra qui vont gâcher les vacances...
> ....
> On découvrait des gisements d'hommes libres
> du côté de la Russie,
> mais le mammouth écrasa leurs libres insomnies.
> ....
> On trouve des trouvères un peu partout
> et des guitares hébétées
> se couchent tard
> entre l'amour et l'amitié.

Après lecture de ces trois volumes où il arrive qu'on quitte le sujet immédiat pour entrer dans la poésie la plus personnelle, les craintes ont été dissipées par cette certitude que la poésie, si son auteur est fortement habité, peut trouver sa place en tous lieux. « Un beau poème, jailli de l'actualité, et qui échappera désormais au temps d'où il est né », écrivit Claude Mauriac, et Maurice Chapelan : « Des trains de poèmes flottants dignes des plus beaux qu'il ait écrits », et Lucien Guissard : « Ce jaillissement du mot et de l'image qui font d'une phrase de Cayrol une merveille d'invention et d'humanité. »

En 1985, ce sont les *Poèmes Clefs* qui expriment en soixante-treize poèmes tous les lieux parcourus par leur auteur : poèmes de la présence au monde (guerre, soleil, nuit, abeilles, vents...), poèmes pour apprivoiser le temps (enfance, rêves, nostalgies, désirs, espoirs), et toujours « les vertiges et les métamorphoses de nos vies légendaires et de la vie qui va, malgré toutes les blessures » :

> Que de fois ai-je rêvé de n'être plus le même,
> de perdre mon visage au clair d'un frais ruisseau,

> de renouer avec un monde déjà moins blême,
> de suivre le tracé qui longe mon cachot!

Comme on ne se baigne pas deux fois dans le même fleuve, chaque livre de Cayrol apporte un renouvellement, mais on reconnaît toujours sa belle eau. A la fois spectateur et participant passionné de la double aventure du siècle et du langage, il est le poète de l'évidence des choses et l'extracteur de leurs mystères. Sa vue tendre et perçante élargit notre horizon en toutes ses créations qui ont pour dénominateur commun la poésie, mot qui affirme sa cohérence et porte son attention au monde, sa foi, et cet arrière-tremblement, cette allure tremblante de la phrase qui affirment son humanité profonde.

4
Luc Estang

Pour Luc Estang, poète, romancier, critique, la poésie est un état de grâce. A elle de nommer un monde « qui n'existe plus à force d'être » et de le déchiffrer à travers les signes qu'il nous adresse, fussent-ils obscurs, désordonnés ou contradictoires. Dès lors qu'il s'agit, à partir de soi et dans la fraternité universelle, d'une conquête, la rigueur s'impose aussi bien dans le choix des mots et dans leur union (on cherche, comme Mozart, des notes qui s'aiment) que dans la forme, celle de la prosodie classique, qui reste forme jusque dans ses renouvellements.

Luc Estang, né en 1911 à Paris, a des ascendances bretonnes et gasconnes. Il a fait ses études dans des établissements religieux d'Artois et de Belgique, puis des années d'apprentissage à Paris, passant par les fameux trente-six métiers trente-six misères. Il a connu le travail dans des compagnies d'assurances et aussi le chômage, les difficultés, tout cela qui lui a fait prendre en horreur, au contraire souvent des nantis, « le débraillé, la fumisterie et aussi la faim ». Il aurait même été le secrétaire privé d'une Altesse sérénissime. Années de crise, de colloque avec Dieu qui a le dernier mot. Luc Estang, de son vrai nom Lucien Bastard, sera critique et directeur littéraire au journal *La Croix*, critique au *Figaro littéraire*, puis attaché aux Éditions du Seuil, membre du jury Renaudot, et surtout écrivain sous les formes du roman, de l'essai et de la poésie. A une douzaine de romans considérables, s'ajoutent des essais sur Bernanos et Saint-Exupéry, sur la poésie : *Invitation à la poésie*, sur sa foi chrétienne.

Dans le domaine purement poétique, nous citons les grandes œuvres : *Au-delà de moi-même*, 1938, *Transhumances*, 1939, *Puissance du matin*, 1941, *Le Mystère apprivoisé*, 1943, *Les Béatitudes*, 1945, *Les sens apprennent*, 1947, *Le Poème de la mer*, 1950, *Les Quatre Éléments*, 1956, *D'une nuit noire et blanche*, 1962, *La Laisse du Temps*, 1977, *Corps à cœur*, 1977.

Cette nuit, les chemins secrets s'ouvrent ensemble.

Le Mystère apprivoisé a réuni les premières plaquettes de Luc Estang. On admire ce titre qui pourrait être la définition de toute poésie. De la beauté formelle, il ne fait pas une fin, en ce sens qu'il privilégie l'imagination, l'expression, les mots « pesés au poids du cœur », et cette fluidité, cette liberté qui font oublier l'attachement à la prosodie en un temps où ses contemporains s'en éloignent. Dès ses premières œuvres, on découvrait de l'intimisme dans la quête spirituelle, une manière de dire en ne jouant pas au mystique ou au prophète, de concevoir la foi avec simplicité comme le faisait Francis Jammes. Il y a partout, et jusque dans les étapes d'une quête difficile, la limpidité de son être intérieur :

>   Regarde les nouveaux pâturages du ciel
>   Pleins de sautes de vent avec ces longs appels
>   Qui portent jusqu'à nous l'odeur des transhumances :
>
>   C'est une autre saison de l'âme qui commence.

Le lucide Léon-Gabriel Gros écrivait : « Dans une atmosphère de quête spirituelle plus intime, moins théâtrale que celle de La Tour du Pin, s'ébauchait un lyrisme à la fois élégant et gauche, calqué en quelque sorte sur les hésitations et les tâtonnements de l'âme, et dont le chant dense et harmonieux flattait la sensibilité tout en flattant l'intelligence. » Et il citait :

>   Cette nuit, les chemins s'ouvrent ensemble,
>   La lune a bu le vent, nulle feuille ne tremble
>   Et le souffle des fleurs lui-même est suspendu.
>
>   Quand passent des errants, oserai-je les suivre ?
>   Ils trouvent la sagesse ailleurs que dans les livres
>   Peut-être ont-ils mangé le fruit déjà mordu.

La jeunesse du poète n'est pas éloignée. Il y puise ses thèmes, ses examens de conscience, ses confessions, ses prières. Il en naît ce désir d'apprivoiser le mystère, de l'humaniser, en dépit des souffrances et des angoisses, et le ton direct est plein de force :

>   Je marche avec l'instinct inassouvi des fauves
>   A bout de souffle sous l'entêtement du vent
>   Autour du Dieu cloué qui se penche en avant
>   Et se donne du mal pour prendre forme humaine...

On reconnaît dans *Puissance du matin*, une voix plus forte dans son lyrisme. Ce n'est pas une poésie de l'événement, et pourtant, dans l'inconscient, le drame semble présent : « Ceux qui dorment mourront s'ils ne s'éveillent point » et aussi : « Toute la volonté de vivre est au temps clair. » Éloigné de sa ville natale, il nous en parlera en des litanies où perce le ton de l'élégie ou de ces « adieux » des poètes médiévaux, de ces « congés » si émouvants :

>   J'avais une ville, ô barque, ô nacelle
>   La rame était douce aux mains des rameurs

> J'avais une ville, ô ciel, étincelles
> Sur les ponts du soir et les promeneurs
>
> J'avais une ville entre toutes celles
> Dont je sais le nom, la pierre et l'odeur
>
> J'avais une ville et la vie est telle
> Qu'on aime trop tard et le présent meurt...

« La plume des regards couve la création » écrivait Estang dans *Les Sens apprennent*, et cette création sera l'objet de sa cosmogonie *Les Quatre éléments*, et aussi sa louange du visible et de l'invisible, et ce sont des interrogations sur la mer, la terre, le ciel... en de souples musiques :

> Maintenant c'est l'odeur des aubes déterrées
> au vent qui lève comme une fuite d'oiseaux,
> des racines de nuit tremblent dans la marée
> encore aigre du sang qui retombe de haut.
> Et les couteaux du froid s'aiguisent sur les chaumes.

S'efforçant au déchiffrement du monde, de tirer la leçon des éléments, imagier comme Paul Claudel, usant de rhétorique haletante comme Charles Péguy, il a l'originalité d'utiliser des vers impairs, de onze pieds, des vers de quatorze syllabes, de mêler les mètres, et même, pour mieux traduire le grand mouvement cosmique d'utiliser des vers accentués et prosodiques comme le faisaient les Grecs et les Romains, et aussi Baïf (les vers baïfins), Jodelle et Louis Bonaparte. Et il faut signaler encore l'extrême maîtrise de la langue qui est le don de Luc Estang. Rythmes nouveaux dans ce poème intitulé *Du Vide* :

> Vide
> peuplé
> dès qu'appelé
> en lèvres et dents avides
>
> Fruit de bouche en chrysalide
> du cœur, un souffle émeut le mot
> et le rythme l'ensemence.
>
> déjà le vide vit, ô pollen, ô rameaux
> l'enfantement du poème commence...

Le livre *D'une nuit noire et blanche* est celui de l'homme qui se penche sur son passé, où la mémoire restitue les enfances, l'adolescence, les passions, errances et luttes avec une clarté lunaire, née de l'insomnie, dans un paysage nervalien.

> Sans doute n'errait-il qu'à la recherche d'une rive
> qui n'eût non plus que l'horizon des soleils abîmés.
> de limites, mais qui fût d'île ou d'étoile hâtive
> pour en finir avec l'épais brouillard devant les yeux.

Il nous a semblé que *La Laisse du Temps* représentait pour le poète le désir de chanter, de chanter pour tel ou tel ami à qui il dédie un poème. Il s'agit d'enfance, d'amour, de rencontres, de souvenirs, comme si Luc Estang prenait le temps de sourire après un grave propos. On trouve même une *Villonelle*, ballade sur un air de François Villon « Frères humains... » qui nous invite à « ouvrir les yeux sur la beauté du monde ». Une « laisse », c'est un couplet. La « laisse du temps » est « l'espace de mémoire qu'après l'avoir submergé le temps recouvre en se retirant », c'est aussi le lieu où « le temps se fait les griffes », où l'on trouve, entre l'amour et la mort, la passion de vivre. Il y a là du bonheur en même temps qu'un appel au bonheur.

Écrire des sonnets, cette forme fixe qui traverse le mieux les âges et subit l'épreuve du temps, est pour maint poète contemporain non seulement un exercice mais un désir parfois inconscient de renouer avec le passé : on l'a vu occasionnellement avec Guillevic, on le verra avec Alain Bosquet. Luc Estang s'est souvenu des poètes de la Pléiade, de Maurice Scève et son *Blason d'un corps féminin*. Il a pensé à Dante, Pétrarque, Ronsard, Shakespeare ou Baudelaire, et il lui a semblé que cette forme fixe était la mieux appropriée à la célébration amoureuse. Il a donc écrit cent sonnets, avec quelques libertés de composition. En 1982, qui pouvait s'apercevoir qu'il y avait quelque courage à cela ? Seuls quelques-uns en ce temps où aimer ceci implique détester cela, c'est-à-dire se priver d'une grande partie des « plaisirs du texte ». L'énergie amoureuse lui dictant ces sonnets qui sont aussi déclarations de flamme, madrigaux, confidences, il confie que, à mi-course de l'entreprise, surgit un contretemps le *Malamour* qui en assure le terme par le passage de « corps à cœur » du blasonnement. Plus loin, *Élégies et romances* sont, elles aussi, épisodes du roman d'amour. On peut lire avec le cœur et découvrir les sentiments et la passion ; on peut trouver aussi une sorte d'hommage à l'ancienne poésie et aussi à celle de naguère au temps où, de Verlaine à Apollinaire, se propageait le goût de la romance :

> Pardonne-moi de t'aimer tant
> que chaque jour m'est longue veille
> à bout de jeûne où je t'attends.
> Cœur affamé n'a pas d'oreille
> et devant toi le mien n'entend
> qu'une rumeur en lui pareille,
> quand l'affût fauve se détend
> au froissement d'herbes vermeilles...

C'est là un Luc Estang différent de celui de ses plus hautes œuvres, du *Mystère apprivoisé* aux *Quatre Éléments*, c'est aussi une nouvelle preuve que la vie de l'homme est présente de livre en livre.

Ce poète des saisons de l'âme et du temps de la foi, en marge de courants dont nul ne sait dire l'avenir, parle une langue de ce temps et sait en refléter les tragédies et les peurs. Rien qui tienne de la cagoterie et du bénitier. S'il y a prière, elle naît de la ferveur entière, s'il y a lyrisme, ce n'est point là romantisme attardé. Toujours la voix qui interroge, le regard qui déchiffre, et cela dans la discrétion, et même dans un certain retrait comme une belle lumière de début d'automne qui charme sans éblouir. Il y a de la retenue et non point des flamboiements verbaux plus immédiatement séduisants mais portant moins de lumière et d'aspiration à cette lumière. Nous sommes devant une poésie directe, qui touche parce qu'on peut, en quelque sorte, la toucher tant elle est à portée de nos angoisses et de nos aspirations que nous soyons chrétiens ou non. C'est une poésie d'ascèse, d'attente, de méditation qui conduit à une édification concertée avec ce frémissement sensible de l'homme ayant à dire, à convaincre et qui, pour cela, tente de dissimuler un sentiment de mélancolie lequel finit toujours par apparaître, et si les dernières œuvres perdent un peu de cette contention, de cette force persuasive, c'est que le poète reste fidèle à ses sensations et à ces mouvements d'âme que ménage la vie. En ce sens, on salue un poète singulier qui ne se soucie pas de singularité, et l'on affirme que la poésie est aussi probité.

5

Jean Grosjean

P ARMI les poètes de la foi, Jean Grosjean, par sa première vocation, par sa formation, par son œuvre, est le plus proche de la Bible, sans rien ignorer des œuvres orientales, du Coran à la Kabbale. Solitaire, éloigné des courants contemporains, comme Pierre Emmanuel refusant la poésie qui n'a d'autre but qu'elle-même, il manifeste d'une constante énergie de parole au service de la Parole, et c'est comme si le monde se créait sous nos yeux, comme si les textes saints étaient de ce jour, comme si le chaos se déroulait sous nos yeux, sans rien jamais de redondant ou de posé, dans un climat où la gravité n'éloigne pas la sensualité, où l'amour est sans fadeur, où la tendresse de l'élégie n'est jamais pleurnicharde, où le poème s'inscrit dans la vie sans jamais quitter le voisinage du divin.

Jean Grosjean est né en 1912. Par son père, ingénieur des Arts et Manufactures, il appartient à une famille de vignerons et de mineurs de fer. Sa mère qu'il perdit à l'âge de trois ans venait d'une famille du Nord. A dix ans, sous l'influence de Guy de Maupassant, il faisait déjà ses premières armes littéraires. Après le certificat d'études en 1925, il entre en Guyenne dans une école d'agriculture, puis travaille dans la métallurgie au Perreux. A dix-sept ans, il passe le brevet élémentaire et le brevet supérieur. A l'école secondaire de Conflans, il apprend le latin et le grec. Il lit alors la Bible et Claudel à qui il écrit à Washington et dont il reçoit une longue réponse. Après son baccalauréat de philosophie, en 1933, il entre au séminaire Saint-Sulpice à Issy-les-Moulineaux. Il voyagera en 1936 et 1937 au Proche-Orient, sera successivement secrétaire d'un juge, puis d'un évêque, enfin professeur dans une école arabe, et il connaîtra trois mobilisations successives avant d'être ordonné prêtre en 1939, mobilisé de nouveau, se liant en 1940 avec André Malraux au camp de Sens. Notons sa captivité en Poméranie et au Brandebourg avec Claude Gallimard et Roger Judrin. En 1943, libéré, il exerce son ministère à Port-à-l'Anglais. Sa véritable entrée en poésie : en 1946, André Malraux remet à Gallimard des notes qui deviendront *Terre du Temps*. En 1950, le poète quitte l'Église et se marie. Dès lors, il entreprendra cette œuvre que Serge Brindeau appelle « le mont Sinaï de la poésie française contemporaine », écrivant, traduisant Eschyle et Sophocle, l'Évangile selon saint Jean, l'Apocalypse, les Épîtres catholiques, l'Épître aux Hébreux. Dès 1967, il collabore avec Marcel Arland et Dominique Aury à la direction de la *N.R.F.* tout en continuant, par sa connaissance de l'arabe, de l'araméen, de l'hébreu, à restituer, à faire revivre ce qui semblait mort et en poursuivant conjointement l'édification de son œuvre, en accord avec les grands créateurs comme Shakespeare qu'il traduit et tous ceux-là qu'il étudie dans ses articles de la *N.R.F.*

Ses principales œuvres sont : *Terre du Temps*, 1946, *Hypostases*, 1950, *Le Livre du Juste*, 1952, *Fils de l'Homme*, 1954, *Majestés et passants*, 1956, *Austrasie*, 1960, *Apocalypse*, 1962, *Hiver*, 1964, *Élégies*, 1967, à quoi s'ajoutent les traductions dont nous avons parlé, et des œuvres telles que : *La Gloire*, 1969, *Elle*, *Pilate*, *Jonas*, *Les Beaux jours*, *Les Prophètes*, la traduction du *Coran*, un *Clausewitz*. Et aussi dans la collection Poésie/Gallimard : *La Gloire* précédée de *Apocalypse*, *Hiver*, *Élégies*, avec une intéressante préface de Pierre Oster, un des poètes les plus proches de lui.

Vivant donc est le dieu et vivant son langage...

Chaque prose brève de *Terre du Temps* porte le nom d'un personnage biblique, et c'est là une caractéristique de toute l'œuvre de Grosjean : qu'il prenne sa voix propre ou celle des prophètes, des patriarches, de tout acteur de la Bible, il s'agit d'un dialogue avec le dieu (nous soulignons l'article défini car « Jamais le dieu ne sut n'être que Dieu ») dont chaque acte appelle à la méditation, dont le Livre se déroule neuf sous nos yeux. « Il nous indique, écrit Pierre Oster, à défaut d'une plus exaltante nourriture, les pages sur lesquelles il ne nous est pas interdit quelquefois de pencher notre demi-cécité. Il nous entraîne impérieusement à sa suite là où l'existence est revêtue d'un caractère historique et religieux tout ensemble. Il parle, et il y a quelque chose à écouter. » Mais pensons à ceux que ne touche pas l'aile de la foi, s'ils ne peuvent recevoir Grosjean comme un simple croyant ou un grand scoliaste, il leur restera cette grâce poétique, cette douceur, ces images fleuries, cette richesse de l'âme humaine et des voix de la nature, saisons et oiseaux, servies par un art sans faille ; nul doute qu'ils y trouveront au moins une émotion.

L'œuvre poétique de Grosjean est en versets, en vers, surtout des alexandrins, en courtes proses très serrées. Dès ses *Hypostases,* on trouve ceci qui se retrouvera dans de nombreuses œuvres : un vers classique non rimé, sans la césure, les coupes étant plus savamment distribuées que ne le veut la prosodie habituelle, avec des alternances métriques, des effets rythmiques, des césures enjambantes, et cela fort savant et destiné à accentuer, Jean Rousselot le dit fort bien, « le caractère discursif, rhapsodique et hiératique de sa diction ». Il ajoute : « De même Grosjean use-t-il d'une syntaxe particulière (elliptique, torsadée, exclamative, accumulative) qui lui permet de se rapprocher au plus près des structures sémitiques » et les vers cités sont un bon exemple :

> Que le ciel tourne. Que les vents vrombrissent. Fête!
> Hiboux, vos rires! Que les étoiles se jettent
> A la face leurs éternités ridicules
> Drapeau de sinople et de sable au dilicule
> Clame l'inauguration de Texte sacré.

Nous ne voyons guère que Luc Estang pour avoir tenté en notre temps une telle expérience. Mais qui mieux que Grosjean lui-même peut parler de son langage?

Avec les vingt-deux consonnes de la tribu, je voulais extraire la parole enfouie dans l'homme. En tout cas, la calculer. Une sorte d'algèbre, mais pas dans l'espace, pas la clef des constellations. Une algèbre avec mouvement, le langage de la tribu à l'état pur.
Chaque mot grevé d'histoire, chaque tournure patinée de rapports humains, toute cette pulpe frêle d'un langage qui ne périt pas, pareil à l'homme qui renaît par générations.
Cette convention grammaticale, oui elle est à l'épreuve du temps. Elle s'avarie dans les vaisseaux si tu veux lui faire passer la mer, mais derrière le mur des monts, elle transhume de siècle en siècle. (Intraduisible mais vivace.)

Il est des beautés qui font penser au *Cantique des Cantiques* un peu partout. Ainsi dans *Le Livre du Juste*, le début de ce *Psaume des montées* :

> Jérusalem quel soleil est sur toi!
> Vision de paix. Fraîcheur d'onde aux paupières.
> Dieu brille aux sources de tes yeux, guerrière.
> Ton ombre est plus profonde que les bois.
>
> Que tu es mince et fière dans le vent.
> Que tu défies sans fard notre art de vivre.
> Jérusalem sage, sauvage et libre,
> Que ton mystère a de cris éclatants.
> ....
> Tes bras sont chargés d'un bouquet de branches
> Et de l'odeur des forêts millénaires.
> Ta chevelure est la nuit solitaire
> Que tes regards constellent de pervenches.

Toujours, l'on verra, de poème en poème, la louange s'accompagne de mots qui pourraient s'adresser à la femme. Il est vrai que l'exemple lui est donné quand il traduit Isaïe où il s'agit de Babylone : « Relève pour passer l'eau ta robe à tes cuisses / Et qu'on voie ta nudité... » ou quand, dans *Le Fils de l'Homme*, il montre cette sensualité de blason du corps féminin à la fois sur une musique biblique mais aussi humaine :

> Femme, ton profil aigu de pâle Persane
> Découpe le dos des ténèbres qui s'évadent.
> Tes yeux sont un ciel dont l'aurore peint ta joue.
> La nuit fuit au val de tes seins. Tes cheveux nouent
> Les vagues des mers. Le soleil met sur ta bouche
> Le sceau brûlant de son doigt...

Son attention aux choses de la création est celle d'un minutieux observateur. Il donne à vivre en nommant comme dans *Majestés et passants* ou dans *Austrasie* où de courts poèmes en prose abritent les oiseaux comme des nids, où la plante trouve son lieu, où tout est asile avec des espaces agrestes, « et des moments avec une telle vérité qu'il donne l'impression, dit Marc Alyn, de peindre l'espace dans l'oiseau et la terre en même temps que l'arbre ». Et cela voisine dans son œuvre avec cette haute poésie d'épopée de l'homme et du créateur, de souffle ardent qu'on trouve dans le *Dieu* de Hugo ou dans *Les Cinq Grandes Odes*, de Claudel. Toujours l'union du spirituel et du sensuel, en tous lieux de son itinéraire, de la genèse ou du chaos, de l'adoration ou du questionnement. Les amoureux du poème doux-coulant peuvent être surpris et découvrir ce qu'ils appelleront prosaïsme, préciosité au bord de l'afféterie, tout cela à l'image d'un homme qui ne triche pas avec lui-même, qui ne fait pas de l'esthétique pour l'esthétique, de la poésie pour la poésie, et sait, dans ses ralentis ou ses précipitations, ses rocailles et des ferveurs amoureuses quasi sexuelles, exprimer l'histoire, les textes saints en même temps que son inquiétude et le cheminement hors des sentiers lisses de sa recherche métaphysique. Quel est le dieu de Grosjean ? Ce n'est pas celui d'une image parfaite, définitive, fixée dans la seule Église catholique, mais aussi celui de la mosquée, de la synagogue, de tout temple de sa vénération.

Nous avouons une préférence pour ses versets, peut-être parce qu'ils échappent à nos goûts routiniers. Dans les *Élégies*, *La Gloire* ou *Apocalypse* entre autres, ils nous ont paru d'une qualité et d'une originalité totales. Ce mètre cher à Claudel, nul ne le manie mieux que Grosjean.

Je ne vais pas, je vois. Je ne regarde pas, j'aime. J'aime cet espace dont se meuvent les arbres, dont l'alouette se suspend dans les nuées.
Terrible, je sais, fut le jour. Le ciel tenait chambre ouverte dans l'eau. Le moindre bougement de feuilles y faisait figurer des éclairs.
Comme ils repliaient leur grande aile jaune où les brins d'arc-en-ciel pendent! L'ange a passé sans que j'aie des nouvelles de mon cœur...

Après tant d'éblouissants versets, Jean Grosjean donne un de ses plus beaux poèmes en vers avec *Hiver*. L'hiver, non point la saison de l'art serein ou lucide, mais bien celle de la neige et du givre, pluies et vents, boues et brumes, mauvaise saison et aussi saison de lenteur, de regrets, propice à la célébration du temps dans son temple de silence où tremble la lueur errante du bonheur :

> Le soir est entré dans le monde à notre insu.
> Chaque arbre a déjà moins de feuilles et plus grande ombre.
> C'est maintenant la dernière heure. Entend se taire
> la batteuse au hameau et la pie dans la haie...

Dans ce court ensemble de poèmes, il nous semble que si le dieu ou les dieux sont présents, nous sommes au plus près de la nature méditative, au plus près de l'homme Grosjean se rapprochant de la création en ce qu'elle a de plus simple et sans les Écritures. Comme on admire encore les longs versets des *Élégies,* leurs richesses naturelles : « L'abeille, l'azur, la groseille et les pavots... » et leur spiritualité qui s'y accorde. Autre grande œuvre : *La Gloire* où un didactisme sans lourdeur nous introduit à l'incessante création poétique dès le début :

> Le dieu ne peut être immobile, pas plus que les astres et les pensées. Le dieu ne peut rester semblable à soi qu'en apparence. La lenteur des altérations nous trompe et Dieu est sans doute pour nous plus lent que les lenteurs, mais il n'est pas idée, il est vivant, rien ne le lie à sa perfection.

Il faudrait mille pages pour évoquer cette aventure spirituelle, être un de ces *scoliastes futurs* dont parle Pierre Oster. Le monde, pour Grosjean, est signe, et cela par les saisons, les êtres, les plantes, toute la création. Ne se jouant pas la comédie, ni prophète, ni mage à majuscule, ni grand initié, Grosjean est simplement un guide qui cherche en nous guidant, qui nous cherche en se cherchant et il y a, chez ce témoin privilégié de la dialectique universelle, une fraîcheur préservée, prise à la source de la parole sainte, la poésie extrayant de l'arrière-monde le sens des choses et montrant l'existence du dieu dans l'au-delà de la parole, dans ce silence qui est existence, dans cette mort qui est vie, dans ce grand poème de l'union : « C'est hors de soi que le dieu redevient soi, c'est devenu autre qu'il se voit devenir ce qu'il est. » De la divinité apparaît le langage par le poète qui peut écrire : « Mais tu n'as plus d'autres songes que moi / Tant j'ai peuplé d'écrits ta solitude. »

6

Pierre Oster Soussouiev

« JE mesure à l'ampleur de mon chant le déroulement de l'année », écrit Pierre Oster Soussouiev. Il a choisi le vers de longue mesure, le verset, pour trouver une « longue respiration » accordée aux espaces du monde comme à la diversité et à l'éternité des choses. A vingt ans, sa maturité étonnait déjà. Si la forme de ses poèmes se métamorphosa, allant du gnomisme à un discours de recenseur des états de l'univers et d'encenseur de la création, de célébrateur éloquent et de louangeur ému, la dimension spirituelle, incantatoire était présente, qui ne le quitterait plus. Nous apprenions que « l'émotion méditée est le pain du poète » mais, sans cesse, ce méticuleux, ce rigoureux approfondirait son élucidation de l'espace et du temps, de la diversité des signes qui nous sont adressés.

Les premiers livres sont signés Pierre Oster (né en 1933), puis, pour célébrer son union, il ajoutera le nom de son épouse et sera Pierre Oster Soussouiev. Discret sur sa biographie, on sait pourtant qu'il vivra avec sa mère, séparée de son mari, et son frère chez un oncle plus tard chanoine à Notre-Dame, qu'il connut une enfance gaie, fit de bonnes études secondaires au collège Sainte-Croix et au lycée Buffon, qu'il fut un brillant élève en khâgne à Louis-le-Grand, puis en 1953 à l'Institut d'Études politiques de Paris. Mais s'il paraissait promis à une belle carrière universitaire, il lui préféra l'entrée en poésie et publia très vite ses premiers poèmes, tout en occupant des postes dans diverses maisons d'édition ou en collaborant aux émissions littéraires de la radio. En fait, sa vie entière est consacrée à l'édification d'une œuvre poétique sans concessions, à l'approfondissement et au mûrissement de son art. Nous citons ses titres : *Le Champ de Mai*, 1955, *Solitude de la lumière*, 1957, *Un nom toujours nouveau*, 1960, *La Grande Année*, 1964, *Les Dieux*, 1970, *Cérémonial de la réalité*, 1981, *Vingt-neuvième poème* suivi de *L'Exploration de la poussière, entretien*, 1985. Nous soulignons l'importance de cet « entretien » pour la bonne connaissance de l'œuvre, tout comme les proses : *Pratique de l'éloge*, 1977, *Requêtes*, 1977, *Le Murmure*, 1983, *Adieux à Léger*, 1985 (Saint-John Perse).

Les longs poèmes de Pierre Oster Soussouiev ont cette particularité d'être numérotés comme des œuvres musicales : *Premier Poème, Deuxième Poème... Vingt-neuvième Poème...* et c'est leur titre à l'intérieur des recueils.

L'Univers de nouveau rime avec le langage.

Cette poésie est fondée sur une métrique savante et nous y retrouvons la musicalité du beau vers français comme l'entendaient Racine ou Mallarmé. L'amour de la langue s'affirme partout. Quant à la famille poétique, on la trouve dans les textes de *Pratique de l'éloge*. Il est proche de Claudel et de Saint-John Perse, et aussi de tous ceux que la Bible a nourris : Patrice de la Tour du Pin, Jean Grosjean, Jean-Claude Renard, comme d'autres poètes de la rigueur : Jaccottet, Deguy ou Guillevic. Il faut insister sur la cohérence de l'œuvre où chaque nouveau poème se situe dans le prolongement de celui qui l'a précédé. Nous aimerions voir ces œuvres réunies en un seul volume pour constituer un seul long poème.

Le poète est à l'écoute, il interroge les êtres et les choses, il les consulte, il s'émerveille de leur diversité, des spectacles et des sensations de la nature dans ses lieux et ses saisons, de tous les dons de la divinité. Il salue, il rend hommage, il célèbre. Ébloui, il découvre sans cesse le monde, le restitue dans sa splendeur et lui arrache ses secrets dans une quête patiente et descriptive du réel, lieu de cheminement vers la Connaissance, lieu de spiritualité. Le langage, pour lui, n'est pas une fin en soi, il est un instrument, une clé, et il lutte mot à mot pour lui garder son énergie conquérante. Jean Rousselot a parlé d'orphisme et de christianisme cosmique. En cela, Oster Soussouiev s'apparente aux poètes antiques ou au meilleur Victor Hugo, celui de *Dieu* ou de *La Fin de Satan*, œuvres où souffle l'Esprit. Il y a certes un philosophe, un métaphysicien en lui, l'intelligence règne mais il s'agit toujours et partout d'être « en intelligence » avec les créations de Dieu ou des dieux quand il oublie la majuscule.

Dès les premiers *Quatrains gnomiques,* la ferveur présente faisait oublier une démarche hésitante, le poète cherchant son vrai souffle, sa forme, sa versification, de l'octosyllabe à l'alexandrin libérés de quelques règles, mais on le sentait : la respiration ne demandait qu'à s'étendre jusqu'au verset qui lui convient si bien, celui des exemples claudéliens. Au fur et à mesure que le chant s'amplifie, les abstractions, les mots à majuscule s'éloignent au profit du réel, du sensible, du corps humain, d'une simplicité de haute race, d'un chant qu'on ne se lasse pas d'entendre. Le poète nomme, dénombre, déchiffre et le verbe est l'unificateur des merveilles. La parole à son plus haut point de concentration est indivise et la Joie éclate :

L'univers entre nos mains concentre ses dons, nous découvrons le bonheur
Dans les plis obscurs de l'énigme! Et l'illumination, la plaine, l'étendue,
La nuit sans vallées, sans chevaux, la nuit, sans coteaux, sans rien,
Nous accoutume à sa patiente substance, aux courbes mesurées qu'elle crée,
Se lie, en décelant les détroits de l'herbe, du déclin superbe du feu.
Torrents et cimes, le ciel navigue. Il me caresse, un dieu me touche à la nuque...

La voix est sereine, calme, posée, parfois murmurante avec un rien de monotonie comme une prière mais avec d'autres mots que ceux de la prière, et prière pourtant, c'est-à-dire acte de foi, d'espérance quand on affirme dans la splendeur l'Être et le Tout. Jamais rien d'immobile : on avance dans le poème comme en parcourant un chemin semé de métamorphoses. Et c'est constamment l'éloge devenu forme de la pensée et de la création, guide parmi la variété universelle, mesure de l'amour, appropriation de ce qui est et devient un peu plus que lui-même par la magie de la phrase et de l'incantation. Un souffle rhétorique et cosmique anime les voix de la nature. Pierre Oster Soussouiev répond en poète à son propos d'art poétique : « ... Tendre avec joie à une éternité de lecture, au déploiement de rouleaux infinis, à des enchaînements qui soient en quelque manière universels. Ne jamais admettre une absence d'ampleur... »

7

Loÿs Masson

DANS l'univers de la poésie chrétienne, Loÿs Masson offre une voix originale, celle d'un homme à l'image d'une nature pullulante et d'un monde maritime, de lieux où l'on n'a pas oublié l'animisme et un certain panthéisme, le mysticisme violent et le regard cosmique, où, comme dit Rousselot, « Le Christ de Masson est la clé de voûte d'un panthéon anonyme, végétal, viscéral et animal, dont la symbolique, spontanée, est affaire d'instinct plutôt que de raison ». Mais les angoisses, les révoltes, les colères du chrétien sont à l'image de ce qu'elles inspirent aux maîtres à penser du poète, Léon Bloy, Lamennais, Péguy, tandis que les poètes proches sont Coleridge, Rimbaud, Jammes, Claudel ou Milosz, et que les rythmes naissent plus volontiers de ceux de l'île natale.

Loÿs Masson (1915-1969) né à Rose Hill et ayant vécu ses premières années dans cette île Maurice, terre de poésie, de Parny à Leconte de Lisle et tant d'autres, où son père était magistrat, il arriva en France en 1939. Déjà, il avait découvert ses écrivains et notamment André Gide : il écrivit *Les Autres Nourritures* en 1938. Il resta six mois dans la Légion étrangère où il s'était engagé. Travaillant avec Pierre Seghers à *Poésie 41* il rencontre Pierre Emmanuel, Max-Pol Fouchet, Aragon, s'inscrit en 1942 au parti communiste, collabore aux *Lettres françaises,* participe à la Résistance par ses écrits et son action. En 1944, contraint de se cacher en Touraine, il contera son expérience dans son roman *La Douve,* en 1957. A la Libération, il sera secrétaire général, puis chef de la rédaction des *Lettres françaises.* Tout en gardant ses idées, il quitte le parti en 1948. Marié à Paula Slaweski, il aura un fils, vivra en Provence et à Paris, édifiant une œuvre poétique, romanesque, théâtrale et écrivant des essais.

Pour la poésie, nous citerons : *Délivrez-nous du mal,* 1942, *Poèmes d'ici,* 1943, *Les Vignes de septembre,* 1945, *La Nuit naît le mercredi,* 1946, *Quatorze Poèmes du cœur vieillissant,* 1945, *Icare ou le voyage,* 1955, *La Dame de Pavoux,* 1965. Un récit comme *L'Illustre Thomas Wilson,* 1948, dans le voisinage de Rabelais, de Swift, de Lewis Carroll, d'Henri Michaux, riche d'invention et de fantaisie verbale, peut être considéré comme un grand poème. En lisant les œuvres théâtrales comme *La Résurrection des corps* ou *Christobal de Luego,* on se persuade de l'unité et de la cohésion de l'œuvre, ce que prouvent encore les grands romans lyriques et engagés que sont *Les Sexes foudroyés, Les Tortues, Le Notaire des Noirs...* Partout il s'agit d'appel à la liberté, de révolution et de rédemption, d'amour de la vie et de fascination de la mort, son projet d'écriture étant : « Ressaisir dans l'unité d'un même discours un monde entre le réel et l'imaginaire, l'absolu et le quotidien, la souffrance et la beauté de la nature », comme le remarque Jean-Pierre de Beaumarchais. Dans ses essais retentit l'appel à un christianisme franciscain et social : *Pour une Église,* 1946, ou *Les Cacti, ou petites plantes de saint Benoît Labre,* 1951. A lire : Charles Moulin, *Loÿs Masson,* dans « Poètes d'aujourd'hui ».

Je vais parmi vous avec l'amitié de mon visage.

Loÿs Masson n'est pas un abstracteur, un poète qui cristallise le langage en quelques mots. S'il écrit en vers, chacun d'eux est plus long que l'alexandrin. Sa dimension préférée est celle du verset, comme Claudel, Grosjean ou Pierre Oster, mais il choisit des versets pas trop étendus qui se mêlent parfois à ses vers aux nombreuses syllabes. Partout il a le sens du chant profond, de la mélopée pleine de grâce et de mélancolie avec de fines descriptions et de fortes images. Partout encore il a le goût du récit pittoresque. Serait-il le « Hollandais volant » cher à Jean Cayrol, dans ce *Grand Yacht Despair* où la réalité maritime se pare de fantastique ?

> Satan le mégissier fit pour les panneaux de la cale
> de petites mauves de cuir avec un cœur d'épingle
> l'on arrima deux cents barils de vin et cent d'absinthe
> pour les cyclones assoiffés compagnons et du gin
> doux pour les petits alisés frêles comme des femmes
> qui viennent prendre les quarts d'étain des mains des matelots
> et puis s'essuient la bouche au plumage d'un pétrel.

Le mouvement s'est amplifié dès lors qu'il a écrit sur l'événement historique faisant rouler des vagues de tempête, de grands mouvements déferlants exprimant la colère, et sans jamais verser dans des régions hors la poésie sous prétexte de patriotisme. Il paraît vain de citer quelques lignes quand il s'agit d'un cyclone de mots. Donnons cependant le début du *Poème pour Paula :*

> J'ai appelé votre nom entre les noms du Christ et de l'églantier.
> J'ai entendu à cadence large respirer l'aubier des chênes quand vous veniez sur le songe des bergeries ;
> Les pâtres au poil roux priaient la bouche dans la toison des agneaux
> Je vous ai prise à l'herbe étale, aux roseaux des étangs, aux flaques quand tisse l'araignée d'eau
> Votre souffle laisse un nuage de semences sur le soleil levant vos mains sont les champs où rêve le sorgho...

Le triple amour de Dieu, de la Femme, de la Liberté resplendit dans ses poèmes. Le danger de ces longs poèmes dont on ne peut ici donner qu'une idée serait l'apparentement au discours, le trop-plein d'éloquence mais heureusement, le poète chante et l'accent de sincérité, le sentiment panique de la nature, les surprises de l'exotisme en mille détails, la familiarité et la fraternité des choses et des êtres, le pittoresque même, font oublier un verbe abondant, quelques imperfections et des outrances verbales. Partout, le chrétien apparaît : « Christ, je chante mes morts à genoux dans la sauge et la bruyère » car la nature est son église, ce qui le conduit à aller jusqu'à un *Poème de la luxure* qui paraît quelque peu hors la ligne, mais que, nous dit Rousselot « Thérèse d'Avila, Ramon Llull ou Milosz » auraient fort bien accepté :

> Envoie-nous en ce printemps où le tyran menace, la très bonne, très sage et très sainte luxure :
> que nous soyons luxurieux abondamment devant ta face.
> Car tu sais dans le Père, Seigneur, tu sais que nous sommes de sel vif et de ferment...

La rhétorique est déferlante et l'audace religieuse s'accompagne d'une témérité verbale et métaphorique qui charrie quelques scories mais cela entre dans les aventures du tumulte, de la révolte et de la passion. Loÿs Masson, on ne peut le dire « sage comme une image » car rien n'est moins sage qu'une image poétique qui défie les conventions de la sagesse. Loÿs Masson, c'est l'appétit de liberté : « Liberté – son printemps glisse en coulées de menthe sur les morts », le poète de l'amour : « Vous êtes venue, il faisait un temps d'anémone... », de la foi difficile : « Mon Dieu délivrez-moi de vous ! », de l'amitié : « Oh mes camarades je suis venu vous apprendre un chant de joie » et de l'exubérance tropicale, notamment dans ses admirables poèmes en prose d'*Icare* où resplendit un arc-en-ciel d'avant le Déluge en couleurs si violentes et si belles que le lecteur est grisé par leur folle alchimie. Il y a aussi un Loÿs Masson intimiste comme dans *Poème à mon père* où l'épître poétique est ressuscitée :

> Nous allions dans les jardins, tu m'apprenais le secret des boutures
> et des greffes, et comment la rose naît, et comment le fruit mûr du manguier pèse de son parfum sur les branches de la Croix du Sud.
> Tu savais tout des plantes et des hommes...

La poésie de Loÿs Masson, comme ses œuvres romanesques et théâtrales, est attachante et d'une originalité rare dans l'évocation, elle est indisciplinée et mystique, elle précipite ses mouvements pour ménager des repos émus surtout lorsqu'il parle de la femme, elle est à l'image d'un homme que nous avons connu et aimé, ressemblante, fidèle à son souffle de vie et à ses idées, souffrante aussi car Loÿs Masson traversait des périodes de doute et de découragement mais il revenait toujours à Dieu et à la Nature en se faisant le porteur de la Parole et de sa parole.

8

Jean-Claude Renard

LE temps est loin où l'on envisageait Jean-Claude Renard comme un Chrétien modèle broutant dans les verts pâturages de la foi, un poète néo-classique (il publia à *Points et Contrepoints*) somme toute rassurant qui, regardant du côté de Charles Péguy, de La Tour du Pin et d'Emmanuel, semblait peu soucieux de trouver un nouveau langage à la mesure des problèmes de son temps. Sans doute s'agissait-il d'un temps des apprentissages un peu prolongé qui lui assurait cependant une place de choix parmi les gens de sa génération. Or cet homme paisible, souriant, amical, connaissait des crises de pensée successives, des remises en question du fond et de la forme incessantes, façonnant ainsi sa personnalité intérieure et son œuvre visible.

Une vie simple, sans trop d'histoires. Jean-Claude Renard est né en 1922 à Toulon où son père était officier de marine. Son enfance fut attristée par une santé fragile. Entré au collège des maristes, il s'en échappa, connut à Paris au lycée Michelet de mauvais résultats scolaires, s'échappa encore de l'école Saint-Martin à Pontoise avant d'y trouver son épanouissement spirituel. Bouleversé par la mort d'une grand-mère, l'amputation que subit son père, en 1939, il entra au lycée Henri-IV avant la Sorbonne, la licence ès lettres, bonnes études, c'est-à-dire point de départ et non ligne d'arrivée comme on le croit communément. Il se mariera en 1945 avec Françoise Lainé rencontrée dix ans auparavant en Suisse. Vie familiale, paternité et deuils, premières publications et cette lettre de Claudel après la publication de *Juan :* « Votre poème tranche agréablement par son sérieux et son souci de la forme sur les cahiers bâclés de notes et d'impressions que les jeunes gens substituent aux antiques disciplines », en somme brevet de bonne conduite. Avant les années 1950, une première crise spirituelle l'amène à s'initier à l'ésotérisme. Il connaît le succès littéraire avant cette évolution intérieure de 1965 qui lui fera prendre une orientation nouvelle. Le second métier est celui de l'édition. Et l'œuvre se développe, connaît des métamorphoses, est désormais plus volontiers prisée par une avant-garde tandis que les plus traditionnels lui gardent du respect. A partir de 1970, il publie essais et réflexions sur la poésie, la foi, le mystère, la parole, cette parole qu'il va porter un peu partout dans le monde où il est invité.

En plus de nombreuses plaquettes dont on retrouve le contenu dans de grands recueils, il a publié : *Juan*, 1945, *Cantiques pour des pays perdus*, 1947, *Haute-mer*, 1950, *Métamorphoses du monde*, 1951, *Fable*, 1952, *Père, voici que l'homme*, 1955, *En une seule vigne*, 1959, *Incantation des Eaux*, 1961, *Incantation du Temps*, 1962, *La Terre du sacre*, 1966, *La Braise et la rivière*, 1969, *Le Dieu de la nuit*, 1973, *La Lumière du silence*, 1978, *Toutes les îles sont secrètes*, 1984, etc., des poèmes pour l'enfance : *Les Mots magiques*, 1980, un choix présenté par Georges Jean : *Les 100 plus belles pages de Jean-Claude Renard*, 1983, et ses essais : *Notes sur la poésie*, 1970, *Notes sur la foi*, 1973, *Le Lieu du voyage*. *Notes sur le mystère*, 1980, *Une autre parole*, 1981, *Quand le poème devient prière*, 1987. Signalons deux études le concernant : *Poésie et transcendance : Jean-Claude Renard*, et dans la collection « Poètes d'aujourd'hui » l'étude d'André Alter, 1966, date à partir de laquelle le poète prendra une nouvelle orientation à la suite d'une profonde évolution intérieure.

L'Odeur de Dieu circule sous les arbres.

Dès *Juan* apparaît la direction de l'œuvre : à travers des forêts de symboles, trouver la parole divine. Il y a là une symbolique nocturne et des réminiscences du symbolisme littéraire ; le langage est à la recherche de lui-même. C'est le temps de l'élan juvénile et d'une prise de conscience de l'amour exprimée par ce Juan qui est Don Juan et il s'agit d'un esprit de conquête spirituelle primant sur la conquête de la femme. Plus de maturité déjà dans *Cantiques pour les pays perdus*. Patrice de La Tour du Pin a donné une préface. On le comprend : ces poèmes lui ressemblent avec ces « grandes pluies qui laveront la terre », cet « enfant fabuleux qui dira les légendes », ces « pays lumineux qui parlent de la mer » ou ces « pays hantés par une fausse mort » où il ne faut pas mourir de froid. L'ensemble est baigné par une belle lumière et de la fraîcheur dans la gravité, une sensualité baudelairienne parfois : « Les lits sont embaumés de cheveux et de plantes » et cette note d'espoir : « Nous recréerons ailleurs des villes lumineuses. » Et toujours l'exploration de la *Haute-mer* où l'enfant amoureux de cartes et d'estampes rêve de voyages avec les mots de l'exotisme : sajous, cobras, acajous, Goa, Pérou qui fournissent des suites frappantes de rimes masculines. Même si des influences demeurent, des tournures valéryennes parfois, le poète a conquis sa personnalité, ce que l'on voit bientôt dans *Métamorphoses du monde* en 1951 avec la recherche de l'identité, l'exorcisme ou de constantes explorations où le regard prend de l'acuité, découvre le temps après l'espace, amplifie son mouvement symphonique vers l'Être avec encore la richesse et la discipline des alexandrins mais aussi de nouvelles incursions formelles avec des accents proches de saint Jean de la Croix, une tentative de dépouillement :

> Je meurs ici de n'être dans la mort
> que le malheur de celui que je suis,
> mourant ailleurs de n'être que le corps
> de celui-là que je suis dans l'esprit.

Sans doute ce Toulonnais a-t-il longtemps rêvé devant la mer inspiratrice de voyages, du Voyage et de sa *Fable*, recueil où il prend une allure plus vive, fait succéder des quatrains à rimes féminines à d'autres de rimes masculines, oublie parfois la rime pour trouver des harmonies moins pesantes, unit des mots : *Lionsroses, noireorange, soleilsgels, coqsforêts,* cherche un vocabulaire nouveau et trouve une luxuriance tropicale que ne renierait pas Loÿs Masson. C'est l'intrusion dans le poème d'animaux et de plantes exotiques. Le Père Tilliette écrit alors : « Le heurt crépitant des images, le choc éclatant des rythmes, défigurent à grands coups le monde pour le transfigurer. » Nous sommes en accord avec Alain Bosquet : lorsqu'il parle de la tentative la plus sérieuse faite « pour cerner le sortilège, libre et grimaçant, du verbe qui se nourrit de ses propres inventions intempestives ». Un Renard nouveau semble naître :

> Œil qui flambe sous l'œil, transparentes girafes
> dont la langue est plongée dans de profondes fleurs,
> vous captez les remous que les morts font ailleurs
> oreilles sous l'oreille, habiles sismographes!
>
> Ô bouches tatouées de fluides et d'or,
> écumoires d'oiseaux, sous vos dents souterraines
> les poissons foudroyés ressortent de la mort
> et racontent leur fable aux pêcheurs de baleines.

Père, voici que l'homme..., à partir de ce titre, va se déployer une méditation sur le Père et sur l'image de chair de sa création. Le poète emploie une métrique scandée, une rhétorique de litanie, des accents solennels. Il oublie l'exubérance inspirée au profit de ce ton de la poésie religieuse, du siècle classique à Charles Péguy, celui des *Tapisseries*. C'est une prière sans cesse recommencée. Le chrétien saluera sans doute l'exigence religieuse de la démonstration là où nous observons un recul de la poésie. Il y faudrait moins de discours et plus d'images. Cette longue éloquence roulant de quatrain en quatrain montre de la lourdeur avec ces pronoms relatifs, ces qui et ces que liant mal les phrases. Comme nous nous sentons soulagés de retrouver le meilleur Renard avec ces recueils où des mètres variés, des images, de l'originalité, de la vraie poésie nous ravissent, et aussi une musique orphique, ce goût du dépaysement sensible qui n'exclut pas la gravité de la recherche. Dans *En une seule vigne,* par exemple, on lit :

> L'odeur de Dieu circule sous les arbres.
> L'odeur musclée de l'esprit, – et luisante.
> Pour moi, j'avance doucement vers l'eau.
> Elle me guette comme un léopard.
> Un grand léopard blanc brûlant la mer.

Je lui allierai la force de l'homme.
Je ferai ses noces de mon désir.

Un point à la fin de chaque vers montre que Renard est ouvert à la recherche, comme Emmanuel Lochac et plus tard Jean Tortel dans leurs monostiches. Le poète veut retenir de ses contemporains tout moyen d'expression fort. Et, en lisant encore ses *Incantations* (du Temps, des Eaux ou de la Femme), on le voit aussi bien à l'aise dans les vers de cinq, de dix, de douze ou de quinze syllabes où il a délaissé la rime qu'il le sera dans les vers libres ou dans les versets car il fait toutes les tentatives. On ne peut énumérer toutes les merveilles et trouvailles que l'on rencontre : images inattendues, somptuosités de style, couleurs, recours à la géographie, à la nature, à une jubilation de la parole qui séduit comme la voix d'Orphée sans que rien jamais soit gratuit. Et c'est dans ces moments-là que Jean-Claude Renard se montre le plus persuasif, le plus proche du verbe divin. Et c'est après ces ouvrages que Jean-Claude Renard va entièrement se transformer et l'on pourrait dire avec Hubert Juin : « C'est alors qu'il ouvre ses livres où l'absence de Dieu est tellement éclatante qu'il serait capable, cet enchanteur, de tous nous convertir à la Lumière. »

« Il faut que la poésie aille toujours plus loin et n'écarte aucune expérience. » Après tant de livres, c'est ce dont s'est avisé Jean-Claude Renard – peut-être pour sortir d'une impasse.

Un autre Renard ?

Dès lors, à la célébration du divin succède une constante mise à l'épreuve du langage. Pour percer le mystère, le poète mène une quête et une enquête difficile dans un labyrinthe d'énigmes où le voyageur tente de chercher ou de tracer de nouveaux chemins. Cette nouvelle approche du sacré lui permet de s'ouvrir à tout penseur et non plus au seul croyant. Il est désormais tendu comme une harpe éolienne aux vents de son temps, et comme le désir de dire l'étreint, il assume les métamorphoses les plus courageuses ou les plus inattendues. Exit le vieil alexandrin! Que va-t-on trouver à partir de *La Terre du sacre* ? Il y a le récit qui peut être prose, poème en prose, poème en vers libres parfois proches du verset. Il y a des paragraphes numérotés où la pensée est ramassée en quelques lignes fortes. Et encore des phrases poétiques et aphoristiques comme chez René Char, des poèmes concis et courts comme sait les faire Guillevic, des dispositions typographiques centrant le poème sur la page blanche. Ou encore, comme un Oulipien inspiré, des sonnets expérimentaux dont la méthode consiste à « transformer en verbes des substantifs et des adjectifs ou, inversement, à transformer en substantifs des adjectifs et des verbes », de même qu'à « accentuer ou modifier le sens des mots en utilisant les éléments préfixaux issus du grec et du latin » de manière à voir apparaître un langage nouveau, ce qui donne par exemple : « M'enguêpe gai dès l'enjour le grain qui groseille » ou « J'abysse. J'absurde. Le deuil indéçu s'astre ». Pourquoi pas ? A qui reprocherait-on de sortir des sentiers battus même s'il s'égare ? Et il ne s'agit ici que d'une expérience car ailleurs, dans les suites de « Récits » ou de « Paroles », la poésie a gagné en nouveauté et en contention. La réflexion sur les pouvoirs du langage est constante. De la lumière, il extrait le mystère de l'obscur. L'écriture exorcisée est rendue « au mouvement du désir, à l'autonomie de l'esprit et de la parole » sans cesse remis en cause, de même que la réalité. C'est l'accomplissement de l'homme dans la création incessante ; l'invention permanente du monde. Dans les premiers recueils, il savait d'où il partait et où il allait ; désormais l'aventure spirituelle l'entraînera vers des terres inconnues de lui-même. Tout lieu en suppose un autre. Le récit et la fable atteignent au mythe. D'autres mystères sont appelés, d'autres lumières grandissent, « aucun lieu n'est clos » et sons, couleurs, parfums, vies animales, végétales, minérales, lyrisme toujours présent délivrent le poème de l'abstraction et de la froide intellectualité « Lorsque les arbres sentent le miel, l'Histoire s'avère inutile ». On lit :

> Fût-ce en la pétrissant soi-même, on ne rejoint pas sa propre fable.
> Les filles qui sortent de la mer, les seins bronzés, en masquent la profonde image.
> Parfois, pourtant, par hautes noces,
> qui se perd y trouve sa demeure.
> Quelqu'un descend l'escalier et questionne la question.

Personne n'a dit à Jean-Claude Renard : « Étonne-moi ! » Et s'il s'était dit à lui-même : « Étonne-toi ! » ? Car le poète a aussi pour but l'Étonnement et, de ses livres chrétiens qui ont assuré sa renommée à ceux qui le situent aux avant-postes de la poésie, il y a là une démarche conquérante qui ne peut qu'emporter l'adhésion.

9

Lanza del Vasto

Il s'agit d'un homme dont la vie a débordé le domaine de l'écriture pour se consacrer à une incessante quête spirituelle, mais on ne saurait oublier qu'elle fut la source de nombreux volumes dont des livres de poèmes, des études, des pèlerinages, tant de proses dont la poésie n'est jamais absente même lorsqu'elle n'en est pas l'objet primordial.

Joseph Jean Lanza di Trabia-Branciforte connu sous le nom de Lanza del Vasto (1901-1981) naquit à San Vito dei Normanni d'une famille de vieille noblesse sicilienne établie dans l'île dès le Moyen Âge (parmi ses ancêtres il compte un troubadour). Initié dès son plus jeune âge à la musique et à la poésie en écoutant les chœurs de paysans siciliens, après de sérieuses études, il apprend plusieurs langues (finissant par adopter le français), prépare un doctorat de philosophie, quitte les chemins tracés, exerce de modestes métiers. En proie à l'inquiétude métaphysique, il lit, il prie, il débute en poésie. Après la guerre de 1914, il mène une vie mondaine, aimant « chevaux, fêtes, parfums et bijoux » mais plus encore « l'eau, le pain dur et le lit le plus rude ». Artiste doué, il connaît bien des moyens d'expression : peinture, sculpture, ciselure, musique, lettres. Sa première œuvre sera une somme philosophique en vers : *Judas*, 1938, fruit d'une révolution intérieure et d'un débat sur le problème du Mal. Sa haute silhouette, sa vie, son humanisme, sa vaste culture évoquent un personnage hors du commun, un homme de la Renaissance. En 1936, devant la montée des périls, il cherche une réponse non violente et part au-devant de Gandhi qui lui pose une question : « Es-tu appelé ? » Pour se soumettre à l'épreuve des faits, Lanza del Vasto prend le bâton de pèlerin, se vêt d'une robe de coton blanc qu'il a tissée, laisse pousser sa barbe, parcourt les lieux saints de l'Inde, rencontre le Swami Ananda, pratique le yoga, s'enferme dans un ashram, durant son retour accomplit un pèlerinage aux lieux saints. Les traditions chrétiennes et orientales se rejoindront dans son recueil *Le Chiffre des choses*, 1942. La même année, à la demande de son éditeur, il commence à relater son voyage en Inde, et ce sera *Le Pèlerinage aux sources*, 1943, dont le succès lui permettra de jeter les bases de l'ordre dont il rêve : il fonde à Paris des ateliers de filage, de ciselure, de bijouterie, de sculpture sur ivoire et bois; il enseigne à ses disciples le yoga, commente les Évangiles à la lumière de la pensée hindoue. En 1948, il se marie à Marseille, fonde dans les Charentes sa communauté : *L'Arche devant le déluge*. Il sera, on s'en doute, en proie à bien des difficultés, ira au Maroc, puis en Espagne où il compose *Les Quatre Fléaux* (guerre, révolution, misère, servitude). Un nouveau voyage en Inde lui fait rencontrer le successeur spirituel de Gandhi, Vinôbà, et il écrira *Vinôbà ou le Nouveau Pèlerinage*. « L'Arche » ira de Bollène dans le Vaucluse à La Borie-Noble dans l'Hérault. La communauté subvient à ses propres besoins. Ni électricité, ni téléphone, ni radio. Vêtu de blanc, on file au rouet, on cultive la terre, on pratique les métiers artisanaux. L'œcuménisme est à l'honneur et les mots clés sont pauvreté, travail, obéissance, responsabilité, et surtout cette non-violence qui le conduira à sortir de sa solitude pour accompagner les marcheurs du Làrzac, ce respect de la nature qui fera de lui un des premiers écologistes. Par l'écriture, la parole, l'action, Lanza del Vasto est allé jusqu'au bout de ses idées, luttant contre l'orientation technologique du siècle et se faisant l'apôtre de valeurs évangéliques. Qui sait si demain ne lui donnera pas raison ?

Aux recueils cités s'ajoutent *La Marche des rois*, 1947, *La Passion*, 1951, *Le Chansonnier populaire*. Nous citerons encore *Le Dialogue de l'amitié*, en collaboration avec son ami Luc Dietrich (1912-1944), ce romancier, ce poète qui avait subi l'influence néfaste de Gurdjieff et à qui il rendit l'équilibre. Peut-être un jour redécouvrira-t-on ses romans comme *Le Bonheur des tristes*, 1935, et nous disons ici la grâce de ses poèmes : *Huttes à la lisière*, 1932, ou *Terre*, 1936, proses poétiques.

Lanza del Vasto disait à René Daumal : « Tout le drame de l'art se joue entre l'opération spontanée et l'application des canons et des règles. Et l'on pourrait ajouter que toute œuvre belle est un traité de paix entre ces opposés. » Dès *Le Chiffre des choses*, malgré les contraintes formelles, nous nous trouvons en pays de liberté tant l'inspiration est diverse, à l'image de la diversité du monde. Le « chiffre des choses », c'est la forme essentielle de l'être, son corps invisible, caché par l'apparence, promis à la résurrection glorieuse. Exprimer ce « chiffre » voilà à quoi tend cette poésie où se rejoignent les deux mystiques chrétienne et orientale. D'aucuns y ont vu de l'ésotérisme ; elle nous a paru d'une parfaite limpidité :

> J'ai ma maison dans le vent sans mémoire,
> J'ai mon savoir dans les livres du vent,
> Comme la mer j'ai dans le vent ma gloire,
> Comme le vent j'ai ma fin dans le vent.

Divers, Lanza del Vasto paraît parfois mal assuré, enclin au prosaïsme ou trop soumis à sa prosodie. Le poème philosophique comporte aussi le risque de l'abstraction qui s'ajoute à l'esthétique artiste. Heureusement, pour échapper à la froideur, Lanza del Vasto sollicite les choses dont il exprime le concret et la symbolique. Si les somptuosités verbales priment parfois sur le frémissement sensible, ce dernier n'en existe pas moins. Le poète a quelque chose d'un artisan médiéval penché sur son vitrail, plus à l'aise dans son art quand il le dépouille que lorsqu'il l'ornemente. Il excelle dans la longue phrase qui se poursuit de strophe en strophe :

> Ô toi, grand ciel armé par-dessus les batailles,
> Éternité debout sur nos destins errants,
> Es-tu l'eau d'espérance à la soif des mourants,
> La trame que musique et justice travaillent,
>
> Ou, clouée au désert céleste de l'orgueil,
> Étoile, trou brûlant dans la nuit éternelle,
> Es-tu le haut bûcher de quelque âme rebelle,
> Dans notre ombre l'éveil incurable d'un œil ?

Regardant les astres, assurant l'éloge d'une pierre précieuse à la manière des poètes du XVIe siècle, soudain proverbial : « Qui n'aime pas l'eau pure a le cœur peu sincère... Qui n'aime pas le pain juge mal de la terre... » etc., il charrie bien quelques clichés, se fait poète descriptif et vaguement moderniste en apportant ses louanges à la tour Eiffel qui est pour lui un signe des temps, tout cela avec quelque incertitude. On le préfère familier comme dans *Le Passant* :

> D'au-delà des monts noirs et des plaines sans blés
> Je suis venu par un grand ciel troublé.
> Au café bleu je me suis attablé.
> Là, j'ai bu le vin rose et coupé le pain bis,
> Payé mon dû, quitté le banc, ai dit
> Salut, m'en suis allé. Le vent m'a mangé le visage...

On le préfère chantant le bonheur « d'un amour puissant comme une souche », on l'aime quand il jette quelque sursaut de colère religieuse ou quand il prie à midi en cherchant le dénuement qui lui permettra peut-être de voir la divine face. Il veut mieux voir sans cesse et pour cela s'adresse comme Villon à ses frères humains en leur répétant que « la clef de chaque essence est le chiffre des choses » et l'on distingue, avec Luc Dietrich, la « plainte du poète qui nous atteint d'autant plus qu'elle vient comme malgré lui ». Il s'agit aussi d'un classement des choses du monde, d'une méthode de connaissance de l'œuvre de Dieu. Il élève un ensemble de poèmes comme un bâtisseur la cathédrale. Au besoin, il taille la pierre, martèle, sculpte son édifice verbal :

> Joint. Joug. Clef. Croix. Espoir unique,
> Instrument du Salut qui force et pique.
> Justice indue et violence exacte,
> Nœud de la terre à la hauteur, et pacte.
> Carrefour des destins et des raisons,
> Soleil semé sur les quatre horizons...

Il se rapproche des maîtres de la poésie hermétique, chantant comme il l'a fait pour l'arbre, la vigne, le cyprès, le serpent ou le chat, le *Joyau* :

> Je te tiens, diamant, prince des êtres,
> Larme qui se transmue en cristal clair,
> Idée au front du divin Géomètre.
> Bout de charbon dont la sourde substance
> Se change en source et se fixe en éclair,
> Dur comme un ange et tremblant comme une âme...

Sensuel et religieux, descriptif et familier, il est dans les hauteurs du ciel le temps d'une prière et revient à la terre comme un simple chanteur qui aurait pu inspirer quelque Georges Brassens :

> Vous qui roulez carrosse et menez équipage,
>   Faisant cheval maître et valets
> Dans le ruisseau sur un manche à balai
>   Gens comme nous
> De petit sens mais de très haut parage,
> Soyons amis, nous jouerons avec vous.

Le pèlerin aux semelles de vent, le maître du phalanstère, l'homme de la chanson de la route terrestre et de la route du ciel, celui qui regarde le « Dieu sanglant », sur sa croix sans oublier, même au prix d'une image contestable, les « Filles de joie fendues comme des tirelires », aérien ou bourru, écrit au plus près de sa vérité en étonnant par une perfection d'artiste et par quelques imperfections à l'image humaine. Mais il a son *Credo* :

> Je crois en Toi, Dieu qui dors dans la pierre,
> Rêves dans l'arbre, aspires dans la bête,
> Aimes dans l'homme. En meurs. Et dont la tête
> Perce le ciel et passe la lumière.

Il est permis de préférer cette lumière qui traverse sa prose et fait penser aux œuvres de Claudel ou de Segalen. C'est là qu'on entend le mieux de divins murmures se mêlant aux murmures de la terre, c'est là que la musique est la plus pure. Des paysages luxuriants de Ceylan à la neige du Népal, il y a le journal du voyage et celui du voyage intérieur dont chaque étape marque un approfondissement, une conquête, et l'on voit le peuple indien comme dans un reportage inspiré. Austère, le style sait être aéré, aérien grâce à de courts chapitres précis et imagés. Sans jamais oublier sa croyance chrétienne, il découvre un peuple proche des Évangiles. Et il y a l'histoire de l'Inde, surtout Gandhi dont il exprime l'action et le secret en des pages émerveillées. Partout, il mêle la pensée religieuse à l'objet, ses élans à ses perceptions sensibles, le chant des êtres à celui des choses pour exprimer le chant du monde. Et c'est là qu'il est, comme dans d'autres proses, au plus près de sa vérité poétique :

> Les bois autour de Kandy ne sont pas fréquentés par les fauves. Ils deviennent pourtant, la nuit, redoutables au solitaire. Quand les crapauds et les oiseaux nocturnes se mettent à sonner comme les tambours et les flûtes du temple ; quand les verdures se sont refermées sur son dos, nocturnes même le jour ; quand les lucioles s'allument aux chandeliers des hautes branches ; alors quelque chose de

plus terrible que les fauves lui coupe le souffle : la présence de Dieu en ces demeures feuillues qui ressemblent au premier Paradis...

On pourrait dire encore avec Luc Dietrich : « Alors l'homme cherche Dieu entre les branches de la nuit. » Et Lanza del Vasto, celui que Guy Le Clec'h a défini à sa mort comme « Personnage étonnant, sage victime de notre époque, grand poète, apôtre jamais égalé de la non-violence », nous a laissé un message sur Dieu et les hommes, il nous a dit que « le talent est moyen seulement et passage », que « L'art est le plus pur achèvement de l'amour de soi-même » :

Écris peu.
Devant la parfaite beauté des rameaux, des ombrages, des nuées et des eaux, la plume hésite, prise de pudeur.
Une herbe simple t'intimide.
Voyant ce monde et voyant la lumière, tu n'auras pas l'ingratitude de te croire grand.

10

Charles Le Quintrec

Une œuvre entièrement vouée à la poésie, qu'il s'agisse de poèmes ou de romans. Jean Rousselot a montré son aspect « artisan tailleur de pierre, enlumineur naïf de porches et de statues », a défini une poésie « comme son christianisme, rugueuse, instinctive et têtue ». « Le monde qu'il nous donne à voir, écrit-il, est planté d'arbres et couronné d'oiseaux de mer : cela sent le grand air, la salure, la vie quotidienne. » Marc Alyn a précisé qu'il était « l'un des rares poètes modernes capable, sans artifices, d'insérer des angoisses bien actuelles dans la trame vivante du plus ancien vers français » et il est vrai que « l'homme, sous la protection et la colère de Dieu, est en constant contact avec les rochers, la mer, les bêtes, les saisons, ce qui fait que le passage du naturel au surnaturel se fait insensiblement » (Alain Bosquet). Poète de la célébration, de l'interrogation du monde, de l'amitié des choses et des êtres, il possède un sens de la poésie qui est communication, contact, commerce, divulgation du secret percé par le poème naturel et sans cesse révélateur.

Charles Le Quintrec est né en 1926 à Plescop dans le Morbihan d'un père maçon et paysan, analphabète à la culture terrienne, et d'une mère qui portait la coiffe :

> Femme de l'ancien temps, solide blanchisseuse
> Son battoir frappe clair la pente des prairies
> Elle porte la coiffe et se veut la servante
> Du larron cloué nu sur la croix de granit
> Et lorsqu'elle se donne à la vierge des pluies
> La nuit sans la Ténèbre imagine le monde.

Parlons d'une enfance attristée par la misère et la maladie, d'une ferme ravagée par le feu, du dénuement et de la détresse qui nourriront son œuvre. Après des études à l'école communale et à la bonne école buissonnière où tout l'émerveille, les haies, les arbres, les chemins, et le peuple des oiseaux, des insectes, des bêtes sauvages et des chevaux, il fréquente le collège Saint-Simon de Vannes où il fait l'apprentissage de la ville. En 1943 et 1944, il est au sanatorium. C'est le temps de la découverte de la poésie, des lectures, des enthousiasmes. Il accueille, il reçoit avec ferveur la parole poétique, la maladie avivant sa perception. Il écoute ses professeurs, il apprend, commence à publier dans les petites revues. En 1946, il prend le pseudonyme de Charles-André Girod pour publier *Vers et drogue*. Après une première guérison, il connaît une rechute en 1947, entre en correspondance avec Hervé Bazin. En 1948, il s'installe à Paris où il se marie bientôt, vit rue Saint-Joseph dans un décor digne de Zola. Il n'aimera jamais la ville : « Tous ces hommes jetés dans le ventre des villes... », écrit-il et aussi : « Qui nous délivrera des villes de ce temps... » Années de vache enragée, premiers prix littéraires (il sera un des poètes les plus couronnés). Employé à la banque Scalbert, il passe ses soirées avec des poètes : Jean Markale, Jean Laugier, Théophile Briant, Maurice Fombeure, Pierre Michel, Alain Bosquet. Plus tard, il sera reporter, puis critique littéraire du journal *Ouest-France*. La révolte et la foi animent ses premiers recueils, et surtout un sens inné, instinctif de la poésie qui étonne ses amis. Parallèlement, il écrira ses premiers romans, sera un écrivain à part entière. Et biographie se confondra avec bibliographie.

Nous indiquerons donc ses principales œuvres : *La Lampe du corps*, 1949, puis 1962, *Maldonne*, 1950, *Les Temps obscurs*, 1953, *Les Noces de la terre*, 1957, *Stances du verbe amour*, 1966, *La Marche des arbres*, 1970, *Jeunesse de Dieu*, 1975, *Le Songe et le sang*, 1978, et de nombreuses plaquettes, son œuvre complet étant repris dans *La Lumière et l'argile, poèmes 1945-1970*, 1981, *Le Règne et le royaume, poèmes 1970-1982*, 1983. S'ajoutent une dizaine de romans et de récits, des *Chemins de Kergrist à Chanticoq*, en passant par *Le Mur d'en face*, *La Ville en loques*, *Le Christ aux orties*, etc., tous d'une prose belle et pure, œuvres importantes qui prolongent l'œuvre poétique. Il est l'auteur d'un *Journal*, d'une *Anthologie de la poésie bretonne*, de livres sur Carnac, Chateaubriand, sainte Anne d'Arvor, la Bretagne dont il a suivi les grandes heures littéraires. Il a écrit un « Poètes d'aujourd'hui » consacré à Alain Bosquet et, dans la même collection, Robert Lorho (qui deviendra Lionel Ray) lui a consacré un *Charles Le Quintrec*.

Je suis d'une tradition, mais d'une tradition en avant.

Traditionnel, Le Quintrec ? Il y faut voir plus avant. Il sera, de livre en livre, l'homme de la fidélité et d'une évolution constante, non pas d'un bouleversement comme Jean-Claude Renard se métamorphosant ou Robert Lorho changeant de nom et de poésie. Sa pensée s'affinera, se remodèlera, le poème gagnera en ampleur, en ambition et l'on ira de la complainte des débuts à un élargissement des thèmes comme s'il fallait sans cesse magnifier une offrande faite au pays natal, aux hommes, à Dieu. Dès les premiers livres se manifeste un art en rapport direct avec la vie, ses souffrances, ses beautés. On ne désagrège pas le langage, on reconstruit. Les parrains semblent être Villon, Rimbaud, Apollinaire, le poète parlant de sa vie :

> Dans le lazaret de ma ville
> Je sculpte un rêve féodal

> L'automne est un prince tzigane
> Si délicat de la poitrine
> Qu'un baiser d'amour lui fait mal.

Ce sera l'avènement d'une prosodie assouplie, d'un goût de l'assonance chère aux poètes médiévaux, d'une chanson ravissante :

> Je suis hilare en plein carême
> J'ai trois amis mieux que des rois
> J'ai trois amis pour mes trois peines
> La solitude et le poème
> Mon troisième ami n'est que moi.

Perdu dans la ville, il sera un chanteur comme Rutebeuf, celui d'une poésie qui porte sa musique en elle-même : « Je me cherche dans les ruelles / De la banlieue sans me trouver. » Il confie : « Je suis navré d'être le même / Qu'au temps voyou de mes quinze ans » et il aura ce cri : « Emportez-moi dans une ville / Où l'on ne meurt qu'au ralenti. » Bouleversé, il bouleverse. Et il revient à la prière : « Si je prie, je frappe trois fois / L'otage pur de ma poitrine. » Il a le sens de la formule, de l'image, du poème qui habite la mémoire. Il s'attriste, s'indigne, va du mélode au visionnaire, du particulier au cosmique, s'apparente au grand poème chrétien jailli de sa « tête de paysan lourde et libre de ciel ». Et ce sera sa voix privilégiée, s'accompagnant d'un grand amour de la nature tantôt exaltée, tantôt ramenée à une simplicité franciscaine, et l'on comprend son goût pour Francis Jammes et René Guy Cadou. Le monde lui sera une messe à célébrer en homme de l'Évangile. C'est une poésie qui ne renie pas la main rude de l'artisan. Il saura être éloquent avec une sorte de sens rural, plein de piété mêlée à la révolte, plein d'amour et de rugosité. Acéré, abrupt comme un silex, il sait avoir la douceur et la rondeur du galet. Il mêle le ton bourru, têtu, au raffinement le plus inattendu. Tout vient de l'âme, de l'amour du pays natal en ce qu'il a de plus sauvage : « Les bêtes du matin saignent sur les fougères », écrit-il et aussitôt : « Le triomphe de Pâques hésite au vieux clocher. » En deux vers, les thèmes de Le Quintrec sont posés. On lit :

> J'écoute le vieux temps vivre dans les villages
> Je sais qu'un homme vient sur les flots de Judée
> Pour délivrer la terre où s'apaisent les arbres
> Pour donner à l'Amour le poids des pluies qui passent
> Dans l'âme ombreuse et vraie du grain de sénevé.

Il n'oublie pas les frais paysages sensuels car il s'agit d'un christianisme de chair et de sang où les éléments de la nature jaillis d'une même création font que la femme, l'arbre et le gibier s'unissent dans un chant de nature :

> Dans ce long paysage où l'été se résigne
> J'ai plaisir à te prendre aux noces des sentiers
> Tu ris. Ta robe est entrouverte et je devine
> Ta peau pareille à la pulpe des peupliers

> Dans ce long paysage où gîtent les gibiers
> L'homme que je serai, passe par ta poitrine.

Il arrive que cette poésie porte ses souvenirs du Moyen Âge par son goût du vitrail, de l'enluminure, de l'image de saint, et aussi de l'alerte fabliau. Le Quintrec est comme ces errants, vagabonds, philosophes, quêteurs de Graal qui parcourent ses romans dans un univers truculent et mystique, baroque et naturel. Sa poésie hante les chemins de Bretagne, voyage dans le temps et l'espace à la poursuite d'un message qui pourrait transfigurer les hommes de peu de foi. Dans un monde moderne soumis aux périls et aux pollutions, l'obsession du paradis perdu se mêle à celle de la mort. Répond la création poétique, la plus proche de la création divine. Pour dire la chose, il faut le respect du mot et le poète va au plus simple, au plus direct, choisit son acception courante pour en accueillir à la fois le sens et la musique. Il s'agit de chant profond et non d'invention verbale. Notre époque l'indigne : « On a déraciné les arbres du bocage / On a défiguré l'enfance de mes champs » et il réclame : « Il faudra revenir au vieux temps paysan » tout en sachant que « le vieil homme à venir est mort depuis longtemps » et si Le Quintrec est Bretagne c'est parce que Bretagne est univers. Au point le plus blessé de ses poèmes, il n'est pas sans faire penser à Pierre Jean Jouve. Ses paysages sont parfois proches de ceux de La Tour du Pin. Il a ses violences comme Pierre Emmanuel. Mais ce ne sont là que parentés. Qu'elle s'exprime en vers classiques ou en vers libérés, on reconnaît une voix personnelle : aucun autre ne jette aussi bien cette indignation, n'exprime une telle gourmandise du monde, une telle truculence, une telle substance terrienne, un tel appel angoissé. Il reste la boue du labour à ses semelles de vent. Le poème c'est son église. Elle porte dans ses pierres les traces de la scie, c'est solide, c'est rugueux mais la marque du tailleur de pierre est là prête à défier le temps. Ce n'est certes pas de l'avant-garde mais cela risque de passer les modes.

Souvent le poème naît d'un vers « donné par les dieux » et qui donne le ton de l'ensemble :

> C'est l'hiver, c'est l'été, c'est la saison de l'âme...
> C'est ici le pays des pluies et des châtaignes...
> C'est l'heure de tenter le ciel à haute voix...
> Si c'est déjà la mort, dites-lui que j'arrive...
> J'ai choisi de porter le Livre et non le glaive...

Toujours le mot est la chose et la chose est la vie, une vie à la fois du dehors et de l'espace du dedans, de l'intériorisation du spectacle. Tout est simple, posé, évident. Le temps n'a pas usé ses exigences premières, ce qui donne à l'ensemble une parfaite cohésion. Poésie de sève, de plein vent qui est faite, du chant au plain-chant, pour célébrer et maintenir. La vie de tous les jours c'est son épopée, comme Guillevic l'a confié. Religieux, il n'est pas un mouton silencieux car il a ses éclats et ses revendications à la manière d'un Léon Bloy. En poète de la spiritualité, il touche au surnaturel sans artifices car il exprime le mystère du monde. Armand Robin l'a fort bien exprimé : « Le Quintrec s'occupe, violemment, de Dieu. Dieu chez lui n'est vraiment pas au calme : de la santé et même de la robustesse dans l'aménagement d'un bel et douloureux délire, de l'unité dans la polyvalence, de l'harmonie entre puissantes forces intérieures qui devraient s'entre-détruire. » Pour beaucoup, cela manquera d'intellectualité mais heureusement le poète est « en intelligence » avec les choses et Alain Bosquet remarque justement : « La justesse de l'instinct fait qu'il réinvente pour son propre compte des expériences voisines d'expériences plus volontaires ; il écrit de la poésie la plus moderne, sans se demander si c'est de la poésie moderne. » Là où d'autres prouveront par l'algèbre, il persuade par la poésie.

II

Claude Vigée

L'ŒUVRE de Claude Vigée est née d'un exil : exil d'un homme, exil du peuple juif. Chassé à dix-huit ans de son Alsace natale par les nazis, le poète s'apparente à Israël condamné à l'errance. Tout exil est une espèce de mort. Toute condition humaine porte ses énigmes. Une sensibilité aiguisée par le malheur, une aspiration à la Joie, tout poème naît chez Vigée de sa méditation. La Bible, les textes hébreux, les traditions poétiques françaises se rejoignent chez ce poète exigeant dont chaque œuvre est une étape d'un cheminement vers la lumière.

Né dans le Bas-Rhin, à Bischwiller en 1921, Claude Vigée est issu d'une famille juive de marchands établis depuis plus de trois siècles en Alsace. Après une enfance campagnarde et des études secondaires dans sa ville natale, puis à Strasbourg, l'occupation le chasse de son pays. A Toulouse, étudiant en médecine, il participe à la résistance juive. Il publie ses premiers vers dans *Poésie 42*, la revue de Pierre Seghers. En 1943, réfugié aux États-Unis, il y épouse sa cousine. Il termine son doctorat de langues et littératures romanes en 1947. Il enseigne la littérature française et comparée à l'Ohio State University, à Wellesley College, à l'université Brandeis près de Boston. Après des séjours en France, il sera nommé professeur à l'université hébraïque de Jérusalem, se partageant entre son activité d'enseignant et son métier d'écrivain, poète, essayiste, critique.

Ses œuvres de poète : *La Lutte avec l'ange*, 1950, *Avent*, 1951, *Aurore souterraine*, 1952, *La Corne du grand pardon*, 1952, *L'Été indien*, 1957, *Canaan d'exil*, 1962, *Le Poème du retour*, 1962, *Moisson de Canaan*, 1967, *La Lune d'hiver*, 1970, *Le Soleil sous la mer*, 1972 (qui réunit ses poèmes 1939-1971), et l'on remarquera que de nombreuses œuvres réunissent poèmes et proses. Citons la prose liminaire au *Soleil sous la mer* fort éclairante de la personnalité du poète, des essais comme *Les Artistes de la faim*, *Révolte et Louanges*, *L'Art et le démonique*, *Pâque de la Parole*, *L'Extase et l'errance*, etc., ses traductions de l'allemand, de l'anglais ou de l'hébreu : Rilke, Yvan Goll, T.S. Eliot, D. Ster, David Rokéah. Jean-Yves Lartichaux lui a consacré une étude dans « Poètes d'aujourd'hui ».

La Vie n'en finit pas dans ce pays d'exil.

Dès le premier recueil, *La Lutte avec l'ange*, tout l'art poétique de Claude Vigée est présent. Comme beaucoup de poètes de sa génération, il utilise un vers classique dont il s'efforce d'assouplir le rythme sans qu'il perde rien d'une harmonie racinienne. Par la suite, il ira vers plus de liberté et plus de contention. Déjà, il use du verset, de la prose musicale en des poèmes bien construits. Le souffle biblique anime le poème comme chez Pierre Emmanuel et à cela s'ajoute un érotisme transcendant comme on en trouvera en maintes œuvres. Ainsi :

> Ton torse ruisselant de souplesse native
> Saura superbement se tordre de plaisir,
> Ton corps débordera comme une source vive
> Où mes doigts fascinés courront se rafraîchir...

mais le poète n'est-il pas plus à l'aise lorsqu'il chante « Les marais oubliés, où le bruit d'eau s'étire » ou « La douceureuse odeur des morts dans le feuillage » car la nature, le pays natal, au même titre que l'exil et la foi, l'inspirent fort heureusement ? Il y a des moments de grande musique :

> Par les grands soirs de fête explosent en silence
> Les bouleaux enchaînés aux tables océanes.
> Leurs minces lévriers se cambrent sur la neige :
> Ils font flamber le corps charbonneux des lagunes
> Qui s'étirent sous les hautes broussailles noires.

Qu'il traite tant de thèmes : Jacob, Ariel, Icare, qu'il cherche le souffle et la vie par-delà l'agonie de l'exil, le poète, l'homme, est un capteur du moindre rayon lumineux, qu'il éclate violemment dans l'adolescence ou s'assourdisse « tel un soleil d'automne aux rives de l'eau morte ». On aime le charme rhénan qui évoque une musique apollinarienne et la nostalgie d'un bonheur oublié :

> Au bout de la rue du Château à Bischwiller,
> Sur l'oriel de la maison à poutrelles noire et blanche
> Où logeait le bailli des contes palatins,
> Travaille le couvreur Rémy avec qui je grimpais à neuf ans
>   dans les plus hautes gouttières...

Et d'autres lieux où l'on voit des oiseaux de passage « Sur les plateaux pierreux de Nouvelle-Angleterre », où apparaît la « Colline de Judée, grise, ronde et dorée », où « l'air des quais de Paris » apporte sa griserie. Recherche d'une patrie car :

> De tous les maux, le seul mortel est d'être sans patrie,
> Un homme sans patrie est privé de lui-même :
> Qui meurt veuf de sa terre, il mourra tout entier.

S'interrogeant sur le sort fait à l'homme, Vigée s'interroge sur le *Destin du poète :*

> C'est toujours quelqu'un d'autre, le Toi silencieux qui se parle en moi-même.
> Parfois je m'arrache en son nom dans la langue empruntée à la bouche des morts. Pour lui, en moi, pour lui,
>   qui déjà me
> traduit dans la gorge d'autrui.

Sans cesse, il questionne son œuvre : « Est-elle prose ou poème ? Errance ou extase ? Reptile ou oiseau volant au-dessus de la stagnation des temps ?... » Et toute réflexion sur le poème se transmue en réflexion sur l'homme. Il s'agit de dépasser l'angoisse d'exister par une ferveur de visionnaire, une quête de cette spiritualité qui est disette en notre temps. Toute image est symbole. Jamais rien de gratuit chez ce penseur-poète qui apparaîtrait puritain si la lumière et la chaleur des corps, la douceur des paysages n'éclairaient son œuvre. Chaque entrée de poème nous prévient : nous ne nous écarterons jamais de l'essentiel. On ne joue pas avec les mots ou sur les mots. La sensibilité religieuse, la foi naïve ne suffisent pas : tout doit être élucidé par l'intelligence en éveil. Comme chez les auteurs de sommes, de cosmogonies, le support rhétorique amène un trop-plein d'éloquence persuasive vite corrigé par l'émerveillement, la musique d'âme. Vigée sait adorer la brume ou le vent, le fleuve ou la montagne, un été indien, une lumière sur la terre venue des cieux. Un seul instant de la réalité le transporte vers la légende et l'épopée mystique. Jean-Yves Lartichaux a fort bien défini son art : « La lumière n'est délivrée que par l'épreuve, le soleil ne rayonne qu'au sortir de la mer et il y a toujours un petit noyau indestructible qu'il faut seulement se garder de perdre de vue. Il représente à la fois la semence et l'énergie qui la fait germer... Voilà le cycle de la vie tel que le chante la parole du poète. Dans le rythme de cette alternance tient le message de Claude Vigée. » Et le message est grave, entre l'attente et l'épanouissement, entre la mort de l'exil et le grand jour entrevu :

> Et la voix que dit-elle ? Elle ne dit pas : Pourquoi ? —
> Mais simplement la joie, cristal doré de l'air
> Lorsque s'ouvre au grand jour un noyau de la pierre...

12

Armel Guerne

COMME Armand Robin, le poète et traducteur Armel Guerne a recréé plus que traduit des œuvres. Il a accompli dans le double domaine de la mise en français d'un nombre considérable de textes de tout premier plan et de sa propre création poétique (bien qu'il ne fasse pas de différence entre l'un et l'autre) un travail de titan, ce que nous essaierons d'évoquer, et aussi sa conception la plus haute du poème, du « poids vivant de la parole » dans un temps qui se détourne de l'essentiel.

Armel Guerne (1911-1980) connut une vie secrète et discrète. Il naquit à Morges, en Suisse, d'une famille d'origine bretonne et vécut en France dans un moulin à vent de la campagne d'Aquitaine. A trente ans, il voulait consacrer sa vie à la traduction de l'œuvre monumentale de Paracelse. La guerre l'en empêcha. Engagé dans la Résistance active sans être un « poète de la Résistance », déporté, évadé, il portera la souffrance dans son corps jusqu'à la fin de sa vie tout en accomplissant son gigantesque travail. Il a été le traducteur inspiré des Romantiques allemands : Novalis, Hölderlin, Kleist, et tous les autres, de Rilke aussi, de Dürenmatt, des frères Grimm, de Martin Buber et, pour l'allemand, d'une dizaine d'autres auteurs en vers et en prose. Dans le domaine anglais : Shakespeare, Melville, Stevenson, Virginia Woolf, Churchill, Edward Quinn et Roland Penrose, sans oublier cette œuvre d'un mystique anglais anonyme du XIVe siècle : *Le Nuage d'inconsistance*. Du tchèque : Edouard Bass. Du chinois : Lao Tseu et Ts'ao Sieue-Kin. Du japonais : Yasunari Kawabata. De l'arabe : les *Mille et Une Nuits*, et encore des traductions du grec et du latin liturgique ou du bouddhisme tibétain. Il fut fort proche surtout de Hölderlin et de Novalis qu'il a commentés avec une sorte de véhémence admirative dans *L'Ame insurgée*, 1977.

Ses œuvres poétiques : *Oraux*, 1934, *Le Livre des quatre éléments*, 1938, *Mythologie de l'homme*, 1945 et 1946, *La Cathédrale des douleurs*, 1945, *Danse des morts*, 1946, *La Nuit veille*, 1954, *Le Temps des signes*, 1957 et 1977, *Testament de la perdition*, 1961, *Les Jours de l'Apocalypse*, 1967, *Le Jardin colérique*, 1977, *Rhapsodie des fins dernières*, 1977, *Temps coupable*, 1978, A *contre-monde*, 1979, *Au bout du temps*, 1981, *Le Poids vivant de la parole*, 1983, et ces *Fragments*, 1985, pièces en prose qui éclairent sa personnalité.

Cette inquiète et sourde faim spirituelle.

René Daillie écrit : « Oui, Guerne était, est tout cela, ce bonheur d'être en dépit des fatigues, des douleurs cuisantes du chemin, cette conscience aiguë du Mal et de la fin du monde, ce combat pour l'Esprit et le maintien au sommet de l'espérance... » car, écrivait Guerne, « On a le droit de désespérer d'un temps, si l'espérance est plus forte. » A ce temps, à ses médiocrités, à « cette inquiète et sourde faim spirituelle que nos consciences déshabituées et nos organes inexercés ne savent même plus ressentir », le poète n'a pas ménagé ses critiques et ses mises en garde. Tenant la poésie pour langage essentiel, ami de la réalité et de la vérité, cherchant la source vive de l'espérance salvatrice, il avait pour armes sa nudité et son état d'accueil, sa solitude et sa lucidité quand « toute une époque trépigne et s'épouvante aux portes de l'agonie ». Avec fierté, il écrivit : « Tout héroïsme cesse où commence la nécessité : je n'ai pas de diplôme universitaire *parce que* j'ai poursuivi des études sérieuses ; je n'ai pas fait de service militaire *parce que* je me suis sérieusement battu ; et *parce que* j'ai sérieusement travaillé, j'ai échappé aux petites grandeurs de l'actualité... » On écoute :

>   On peut écrire, et l'on écrit ;
>   On peut se taire, et l'on se tait.
>   Mais pour savoir que le silence
>   Est la grande et unique clef,
>   Il faut percer tous les symboles,
>   Dévorer les images,
>   Écouter pour ne pas entendre,
>   Subir jusqu'à la mort
>   Comme un écrasement
>   Le poids vivant de la parole.

D'un dépouillement total, les poèmes d'Armel Guerne sont le reflet d'un mysticisme exigeant, passionné, baigné d'onirisme. Le lecteur ressent si profondément le message qu'il n'est pas tenté de le commenter. Le poème est un appel à sa propre lecture. Le poète se définit comme un homme « de plein vent », dans la marche, veillant où souffle l'esprit, entretenant la flamme, cette offrande. Pas de recherche formelle. Le poète ne se soucie pas de faire « artiste » ou de jouer sur la modernité. Les mots, la pensée trouvent leur moule naturellement, qu'il s'agisse de vers ou de prose. Le domaine paraît traditionnel car, dit le poète René Daillie qui a édité à *Solaire* des œuvres majeures de Guerne, « cette forme qui se veut en retrait, qui tend à s'effacer comme le moi du poète, répond à un choix délibéré : rythme de base en accord avec le génie de la langue, nombre de vers à la mesure du souffle et de la mémoire immédiate, de l'émotion aussi, qui craint le poids et l'épaisseur des mots et préfère le silence, la transparence ». Armel Guerne a le goût d'une « poésie d'assaut », d'un « langage de conquête », d'un « verbe salutaire ». Il se sent proche de Nerval, Baudelaire,

Rimbaud, parmi les poètes français, plus que de Mallarmé ou Valéry. Pour lui, « le poète commence où finit l'homme de lettres ». Il faut *Choisir :* c'est le titre de ce poème :

> Quelque chose de nulle part et de jamais
> Qui dans le temps, qui dans l'espace
> Flotte et s'approche, une présence sûre de
> Quelque chose d'ailleurs et qui est toujours là,
> Qu'il suffisait d'attendre et qu'il te faut aimer.
> Écoute-toi : ton âme est dans l'âme du monde.
> Écoute-la : l'âme du monde est dans ton âme.
> Et c'est seulement toi seul qui leur manquais.
> Pourquoi, pour t'occuper, as-tu cessé d'attendre ?
> La nuit, quand tu ne savais plus qui tu étais,
> Tu as su dans ta peur ce qui était. Qui est.

On pourrait multiplier les citations et l'on verrait que tout poème va vers l'essence de la poésie spirituelle. Cette poésie contient sa poétique. A l'écoute de l'être, la voix calme, sereine resplendit. Guerne écrit « Avec l'acharnement chaleureux et fidèle / De quelqu'un qui voudrait dire encore un peu l'âme... » Une charge de poésie apparaît partout : dans ses œuvres personnelles comme dans ces autres œuvres que sont ses re-créations des maîtres essentiels.

13

Spiritualisations

Christiane Burucoa.

BIEN qu'un élan mystique domine les poèmes de Christiane Burucoa (née en 1909), nous sommes plutôt tenté de parler de sources matérielles, d'une prise de conscience métaphysique du réel qui l'a conduite vers une vision cosmique de l'homme et du monde. Chez elle tout est attente, creusement, exploration, extraction de matières spirituelles et tangibles. Intériorisée à l'extrême, elle contemple, médite, transmet avec des moments de fougue et d'enthousiasme. L'intelligence et l'instinct sont ses alliés dès lors qu'il s'agit de traduire des correspondances entre l'influx de l'être humain et l'énergie tellurique, primordiale de l'univers. En retrait, comme étonnée de ses propres dépassements, elle est une médiatrice qui transmet et propose l'union. Née en pays de pierres, d'avens, de gouffres, elle est liée aux puissances minérales avec leurs duretés mais aussi les courants de sources fraîches qui les traversent. « La poésie, pour moi, a-t-elle écrit, est une recherche jamais apaisée, une attente, le guet du signe qui nourrira cette attente. » Et n'oublions pas qu'il s'agit d'amour, que ce soit des éléments ou de la création, la créature y comprise, car sa poésie ne se sépare jamais d'une émotion devant l'être humain. C'est là son fil d'Ariane pour découvrir, parmi les labyrinthes, le grand secret. Jean-Louis Depierris qui lui a consacré un ouvrage conclut ainsi : « De l'accord lyrique de ces mots, de leur stimulant vibratoire, sourd une identité évidente avec la pensée poétique de Christiane Burucoa – poème état de lieu, de langage, de grâce, unité idéo-émotive dans la phosphorescence du monde. »

Dans ses premières œuvres, *Miroirs*, 1948, *Infrarimes*, 1948, *Antarès*, 1951, le poète se livre à la joie pure de chanter, d'offrir des harmonies, des vibrations sensibles qui vont s'étendre et s'approfondir, on le verra dans *L'Héritier*, 1953, *Antée*, 1953, *L'Œil*, 1957, *L'Ombre et la proie*, 1958, *Artizarra*, 1962, *Astrolable*, 1965, *Altitudes*, 1970, *Amont-Aval*, 1980, et singulièrement, avec une force née du « souffle de l'éternelle création », dans un livre qui pourrait être son testament poétique, *Ailleurs l'aube*, 1987, lieu où la parole ample se déploie dans un émerveillement cosmique « aux

confins des océans célestes / Où navigue la barque des millions d'années. »
Des poèmes du lyrisme d'amour à ceux du voyage dans l'espace et dans le temps, c'est là un beau parcours d'exigence. Ajoutons que Christiane Burucoa a publié des romans, des essais sur *Georges-Emmanuel Clancier*, 1964, sur *D'autres horribles travailleurs*, 1966.

Jean Mambrino.

Ce poète, né à Londres en 1923, d'ascendance florentine et champenoise, est membre de la Compagnie de Jésus. Ami des poètes, Supervielle, Jean Follain, tant d'autres, il n'a cessé d'interroger leurs œuvres dans ses chroniques de la revue *Études*. Chez lui, poésie et foi se confondent. Il connaît le langage poétique des grands mystiques. Dans ses propres œuvres, il a le sens de l'invisible caché derrière le visible, comme disait Julien Green à son propos. Josane Duranteau a montré qu'il trouve dans l'instant « toute la beauté du monde et le goût de l'éternité ». Pour lui, dit Luc Bérimont, « les fenêtres, l'azur, l'aurore, les oiseaux deviennent les médiateurs d'une transfiguration ». Sa poésie est simple et directe, oublieuse de cette rhétorique qui conduit vers le didactisme. Il offre des poèmes courts, serrés et significatifs comme chez un Follain. Il aime se rapprocher du silence. Pour voir derrière les apparences, il a fondé un livre initiatique de quatre cents distiques où se conjuguent le péril et la merveille d'exister. Dans leur brièveté, il n'est pas une de ces coupes de poésie qui ne contienne un enseignement, un émerveillement, un appel à prolonger les mots par la méditation. Nous sommes en pays de splendeur et l'on trouvera ce dépouillement digne d'un saint Jean de La Croix dans tous ses livres : *Le Veilleur aveugle*, 1965, *La Ligne de feu*, 1974 puis 1986, *Clairière*, 1974, *Sainte Lumière*, 1976, *L'Oiseau-cœur*, 1980, *Le Mot de passe*, 1983, *Ainsi ruse le mystère*, 1983.

André Marissel.

Né à Laon en 1928, ce poète, ce critique, cet homme de réflexion n'offre pas une œuvre de tout repos. Nous rencontrons ces angoisses qu'on dit métaphysiques. L'expérience de la solitude, de la souffrance, du mal – le pire étant l'enlisement, l'éloignement de la grâce, l'abandon de l'homme par Dieu et de Dieu par sa créature – anime une poésie de haut risque qui rejette le lecteur au sein de ses secrètes inquiétudes. Les grands bûchers, les camps de la mort, l'Apocalypse et les apocalypses du temps présent se rejoignent en des poèmes qui, jusque dans leurs moments les plus mélodieux, portent trace de blessures. Les critiques ont salué son exigence, la sévérité de son christianisme, l'ont parfois jugé « un peu trop crispé » (Jean Rousselot). Le poète apparaît mal dans le monde comme on est mal dans sa peau. Il brise l'harmonie d'un vers somme toute classique mais la discontinuité, comme l'a remarqué Serge Brindeau, répond à un sentiment de l'accueil du monde nouveau en même temps qu'elle lui permet une expression achevée de son rôle de poète responsable et de poète mystique.

Conscient des dangers d'un pathétique trop entretenu, d'une interrogation par trop narcissique, Marissel cherche une ouverture plus apaisée sur les êtres. Au tranchant, à l'aigu, au déchiré s'ajouteront des inflexions plus douces nous apprenant qu'il n'est pas que l'enfer en ce monde, et ce seront les poèmes les plus émouvants.

Essayiste, il a écrit sur Jean Rousselot, André Breton, Samuel Beckett, André Malraux, etc. Ses principaux recueils : *Arbre sans fruit*, 1953, *Le Poète responsable*, 1954, *L'Homme et l'abîme*, 1957, *Les Moissons de l'orage*, 1960, *L'Arbre de l'avenir*, 1961, *L'Envoûtement perpétuel*, 1962, *Nouvelle Parabole*, 1963, *Chants pour Varsovie*, 1971, *Je vous donne ma parole*, 1974, *Nouvelle prophétie, l'Été, l'Age d'or*, 1976, *L'Aveu, La Nervure*, 1978... Carlo François lui a consacré une belle étude : *André Marissel*, 1983.

René Ménard.

Si bien des poèmes charrient des scories, il semble que chez René Ménard (1908-1980) tout soit à retenir. Celui qui se donna pour épitaphe : « Nous ne savons pas le langage de la mort » a laissé une œuvre poétique rigoureuse dans sa spiritualité discrète, à la fois elliptique et d'effusion mystique, rare et précise où Dieu apparaît aussi solitaire que l'homme, où sont rendus visibles les mouvements les plus secrets de l'âme grâce à une parfaite justesse de ton et une liberté de poète qui ne se soumet pas à « d'autres contraintes que celle de respecter le génie de la langue qu'il emploie ».

En 1940, dans un stalag, Ménard fit vœu de poésie comme on fait vœu de religion et de quatre années de captivité, il fit un usage de méditation et d'approfondissement. Pierre Seghers publia en 1942 dans ses « Poètes prisonniers » un magnifique poème en versets :

Ô Prince intérieur, d'autres ont la liberté de vivre, mais à toi restent ces prairies de sel et de limpidité
Où chaque matin te salue le mufle chaud d'une bête brusque et rouge.
A Toi restent les tendres et sifflantes lanières de l'aurore et le galop de tes yeux aux contrepentes du ciel
Lorsque tout de la Terre se résout devant le jour aux jeux d'un Théâtre obscur
Et que le Vent de Dieu écrase sur ta bouche les plaintes de la nuit.

Avec sobriété et sans le souci de l'image poétique frappante, tenté par le silence, René Ménard cherche dans la nature des intercesseurs : « J'écoute de grands feuillages et leurs racines obscures / Dire à ma place les mots de l'éternel. » C'est la dictée métaphysique d'une expérience à l'écoute d'un au-delà, d'un royaume où le hasard n'existe pas, où les manifestations de Dieu préviennent nos gestes. La solitude est un silence offert à la parole céleste. On lit : « Nous dirons de chacun qu'il a pour seule histoire / Ses paupières fermées... » C'est un art sans effets oratoires et d'autant plus persuasif. L'auteur en éprouve la nécessité : « L'Art est ce qu'il nous faut ajouter à la nature pour connaître complètement notre nature. » Une pudeur, un effacement constant, puis la mort ont tenu ce poète dans l'obscurité. Lorsque parut son essai *La Condition poétique*, 1959, que tout poète devrait lire, on l'apparenta à René Char car il existe un parallèle entre ces deux poètes dans la manière d'aborder le langage. L'œuvre n'est pas étendue. Certains recueils reprennent des textes déjà parus. Marc Alyn a parlé de « ces élégies bruissantes et parcourues de sève qui satisferont en même temps le goût de la poésie et d'une pensée exacte », des poèmes, il est vrai, « comme conquis de haute lutte sur le mutisme ». Entre l'étonnement et la difficulté d'être, dans l'union de la chair et de l'esprit, de l'homme et des choses, c'est une œuvre pudique et pleine d'amour. Les principaux livres de poésie de Ménard sont : *La Belle des cieux*, 1942, *Granit des eaux vives*, 1945, *L'Arbre et l'horizon*, 1949, *Hymnes à la présence solitaire*, 1950, *La Terre tourne*, 1952, *La Statue désertée*, 1953, *Coriandres*, 1954, *Feuillage*, 1965, *Architecte de la solitude*, avec une postface de Jacques Réda, 1970.

Bruno Durocher.

Une œuvre vaste, trop oubliée par les anthologistes, est celle de Bronislaw Kaminski, dit Bruno Durocher (Kaminski signifie « pierre » ou « rocher »), né en 1919 à Cracovie, et qui a écrit en polonais et en français. Est-ce parce que l'imprimeur, l'éditeur de la revue et des éditions « Caractères », l'animateur de la revue *Planètes* ont dissimulé un poète secret? Il faut pour le connaître lire la longue introduction de Jean-Paul Mestas à *La Forme du jour*, 1975, et, bien sûr, une série de recueils par lui-même édités sans doute par répugnance d'aller frapper aux portes éditoriales. Il a précisé douloureusement : « Six années de guerre furent pour moi six années de séjour dans la gueule de l'épouvante. » Né de mère juive, tout l'univers de son enfance et de son adolescence fut détruit. Plus tard, partagé entre France et Pologne, son œuvre ne put se manifester pleinement ici et là. Les meilleurs poètes français lui ont rendu hommage mais le temps passe et il arrive que les écrits s'envolent aussi. Bruno Durocher est un poète de tempérament; il a des accents de prophète tout en restant réaliste : il cherche sans cesse la signification religieuse des drames et sait aussi parler de l'éternel; il s'agit de tragédie, de cauchemar vécu mais aussi d'une incantation pure tournée vers les aubes terrestres. Il peut écrire : « Ce poème n'est pas une œuvre d'art / mais un témoignage de l'époque du crime » et aussi : « Je prends les paroles simples et immenses / pour tracer mon horizon... » La nécessité de dire l'étreint et il s'agit de douleur, de colère, de révolte : dès lors, le ton n'est pas celui de l'élégie et il faut briser les moules du poème artiste, prendre toutes les formes : vers libre, verset, prose, pour offrir une expression complète. Il en naît une épopée cosmique et réaliste, surréaliste même car il prend ses armes où elles se trouvent. Ses *Propositions*, 1977, montrent son opposition à la manière d'envisager la poésie de ses contemporains, sa colère contre certains intellectuels suspectés de désagréger le monde. Ses principaux titres en poésie (de langue française, certains poèmes polonais étant repris dans notre langue) sont contenus dans *A l'image de l'homme*, 1956, qui reprend en dix parties des œuvres depuis 1936. Ajoutons entre autres *Combattre le temps*, 1969, *Effa*-

cement du cercle, 1972, Lueurs, 1981, Au bord de la nuit, 1988, une anthologie de poésie polonaise contemporaine et divers ouvrages en prose comme *La Foire de Don Quichotte*, 1953, primitivement écrit en polonais et repris de mémoire en français.

Paysages de la peur.

A propos des premiers livres d'Yvonne Caroutch (née en 1937) Jean Rousselot parlait de « petits éclats d'éternité », de « notations végétales, minérales, charnelles, etc., arrangées avec soin dans un éclairage surréel ». En effet, dans *Soifs*, 1954, *Les Veilleurs endormis*, 1955, *L'Oiseleur du vide*, 1965, *Paysages provisoires*, 1965, puis *Lieux probables*, 1968, *La Voix du cœur de verre*, 1972, *Portiques du sel*, 1978, auprès de ces notations sensibles, apparaît un univers surréel, des angoisses, des effrois, la peur du gouffre, des pièges, une tentation des soleils noirs de l'occulte. Pour Yvonne Carouutch, la poésie, sel de la vie, est alchimie verbale et spirituelle. On comprend qu'elle ait écrit des nouvelles fantastiques. Nous sommes dans un lieu bizarre, entre notre monde et l'au-delà. Jean Grosjean a dit les rapports de cette poésie avec la construction musicale. S'agit-il d'exorciser par le chant, de prévenir ou de se livrer aux délices de la peur? Sans doute tout cela. « Elle vit, écrivait Luc Bérimont, avec les marées d'astres, les plantes, la coulée volontaire des fleuves, le craquement des étés torrides... » Ajoutons qu'elle a traduit les poètes italiens Dino Campana, Eugenio Montale, Giuseppe Ungaretti, qu'elle a donné une pièce de théâtre : *La Tour foudroyée*. C'est là un poète habité, de haute authenticité, absolument original dont la lecture nous touche jusqu'à créer en nous un malaise physique, une angoisse cruelle, une peur blessante. Labyrinthes, déflagrations, incendies, des forces obscures nous assaillent parce que nous n'entendons pas « le chant de la sève dans l'ivraie / ni l'appel des mouettes / dans les cathédrales marines ».

Nous connaissons des impressions proches en lisant les trop rares poèmes d'André Dalmas (né en 1914) : *Ballast*, 1948, *Le Vin pur*, 1951. Ce mathématicien qui a écrit sur Vitruve et Evariste Galois, ce prosateur des récits de *L'Arrière-monde* est aussi le fondateur de la nouvelle revue *Commerce* qui a repris le titre de celle de Valéry, Fargue et Larbaud, tout en retrouvant la même qualité. Dans ses poèmes, il exprime d'étranges dialogues avec des présences inquiétantes, conduit le poème comme un récit chargé d'aventures où l'on rencontre des êtres en métamorphose, des homoncules, des signes bizarres, des visions de cauchemar, de multiples dangers, ceux « de ce moi traversant sans arrêt une transparence épaisse / vers la véritable angoisse hermétique, inaccessible et comme imaginaire ».

René Barbier (né en 1939) dans *Golem* (le titre cher à Gustav Meyrink) se perd dans un labyrinthe ésotérique, ne sachant pas « Qui est Golem et / Qui est Dieu », et le livre a des dédoublements fantastiques. Ainsi, une forme envahissante venue de paysages de science-fiction peut se loger en nous, nous soumettre à des avatars kafkaïens, nous entraîner vers un autre pays qui deviendra le nôtre, et tout cela sans oublier la beauté poétique des images.

Jaquette Reboul a écrit des proses poétiques comme *La Liberté pour l'ombre*, 1984, des poèmes en prose comme *La Nuit scintille*, 1975, nous entraînant dans le monde des ténèbres, non pas celles venues de l'extérieur, mais celles que l'homme recèle en lui-même. Chaque poème narre une aventure réelle, quotidienne mais où l'inattendu se glisse portant l'apaisement ou l'angoisse d'un moi porteur de dangers inconnus. Il s'agit là d'une exploration de l'invisible, d'un monde dont on ne sait s'il est tout à fait réel ou tout à fait imaginaire mais d'où tout peut jaillir, même la lumière.

Vers une nouvelle spiritualité.

Croyants ou en attente de Dieu, apportant la louange et l'offrande, espérant de la poésie une lumière nouvelle, des poètes connaissant les pouvoirs de la modernité se livrent à des recherches spirituelles dont un nouveau langage peut être la clef.

Ainsi, Yves de Bayser (né en 1920), traducteur de William Butler Yeats et de John Keats, de *Douze poèmes pour un secret*, 1948, à *Inscrire*, 1979, offre une poésie qui est le résultat d'une longue méditation et d'un extrême travail des mots. S'il écrit : « Il faut, il faut absolument que Dieu respire / en des mots qui rôdent sur la terre », il ne s'agit pas seulement d'une phrase : la poésie, chez Yves de Bayser, s'accompagne partout d'une réflexion sur les fins de la poésie. Connaissant la limpidité d'Héraclite et de René Char, dans l'admiration de ces personnalités, il veut que le poème prenne valeur d'inscription, qu'il soit témoignage et tremplin d'une recherche incessante de ferveur et d'un approfondissement de la foi.

Un autre poète, Gérard Murail (né en 1925) se situe aux antipodes d'une idée convenue du poète chrétien qui paraphrase les Écritures. Certes, on trouvera l'expression d'un credo par les psaumes et les prières, mais ce credo est toujours renouvelé par un exercice nouveau du langage, les prestiges du verbe s'alliant à l'expression de la foi d'un homme d'aujourd'hui. S'il colore le vitrail, s'il enlumine le manuscrit, s'il offre une musique d'orgue, c'est avec de nouvelles teintes et de nouveaux sons. Dans ses plus hautes inspirations, il sait être grave ou cocasse. Il connaît depuis Mallarmé l'art de l'ellipse et dispense des harmonies nouvelles. L'alchimie de ce langage sert un ésotérisme et il sait ne pas oublier que la vie est aussi quotidienne même lorsque l'on aspire à ce qu'elle soit éternelle. Grand imagier, manieur de mots, il connaît les limites de leurs jeux. Sa quête passe par des chemins où il glane des images pour leur apport symbolique. Quelques titres : *Saison des pluies*, 1945, *Le Clown égaré*, 1951, *Portulan*, 1957, *Psaumes des jours et des heures*, 1957, *L'Arbre à sels*, 1967, *Œil*, 1969, *Poèmes du quotidien*, 1971... jusqu'à *Le Roi de coupe*, 1987.

Dans *Palais du Louvre*, 1976, d'Alain Bouchez (né en 1934), Michel Décaudin, au cours d'un « paralogue » suit et commente (intéressante expérience qui prolonge la dimension de l'œuvre) le poème de page en page.

Fondateur de la revue *Parallèles*, Bouchez, depuis *Le Chant des pierres*, 1954, en passant par plusieurs recueils dont *Prières pour l'instant*, 1968, *Cassandre*, 1972, a attentivement, patiemment, approfondi son art, resserré son poème, assoupli sa langue, varié ses rythmes. Ici le déroulement solennel, comme chez Saint-John Perse, là le poème bref et contenu dans le goût de notre temps, mais partout l'incantation, le chant de la nature exaltant ce qui est hymne, louange, sans fadeur, en préservant le sens du secret même aux moments les plus lyriques. Enfin, *Minute d'une autre mort*, 1988, livre court et fort, d'une grande beauté.

« Toute poésie est vitrail offert », a écrit Henry Rougier (né en 1925) et son vitrail prendra diverses formes, offrira des couleurs variées. On trouvera des poèmes fondés sur une prosodie éprouvée (sur des pensers nouveaux...) mais dont le fond sera neuf. S'il dédie à Dieu ses offrandes sur un ton proche de la litanie, s'il situe la Femme à hauteur du Cosmos, s'il cherche la sérénité malgré tout ce qui nous en écarte, il s'insurge aussi contre les tiédeurs spirituelles. On verra cette poésie se libérer des contraintes, s'ouvrir à des rythmes modernes, une musique venue d'outre-Atlantique et des dispositions typographiques faites pour mieux introduire cette musique neuve. Quelques titres : *L'Or et la paille*, 1960, *Haute Chair*, 1969, *Sentiers*, 1970, *Liturgie de l'attente*, 1972, *Archipel d'être*, 1977, *La Mort est un jardin*, 1982, *Ruisselante*, 1983, *Dans sa harpe d'oiseaux lilas*, 1984, *L'Oiseau de cœur*, 1985. La revue *La Sape* lui a consacré un *Spécial Henry Rougier*, 1987, un composé d'études qui disent l'importance et la diversité du poète pour nombre de contemporains.

Fondateur de la revue *1492*, puis de *La Sape*, Maurice Bourg (né en 1918) cherche pour ses poèmes une alliance avec le mysticisme et la métaphysique. La poésie sera désir et fête, mode de reconquête de la mémoire, recherche de la source divine. Il lui suffit pour cela de peu de mots comme pour nous dire que le silence est proche. Il cherche la transparence, celle de la lumière, du cristal ou de l'eau, qui est aussi une autre Parole. Comme Rémy Belleau jadis, le minéral l'attire, il en cherche les propriétés secrètes. Une rivière de Charente, la Tardoire, est en quelque sorte l'eau de son baptême. Il se livre donc à une « Joie minérale », en philosophe connaît bien les trois H : Héraclite, Hölderlin, Heidegger. Il ne s'agit pas de laisser courir la plume au gré d'une vague inspiration mais de distiller une expérience avec rigueur. Il faut lire *Pour une minéralogie*, 1968, *Tardoire*, 1971, *Jeu de Francheval*, 1971, ou *La Nuit s'écarte*, 1981.

De Gérard Bayo (né en 1936), Pierre Emmanuel a préfacé *Les Pommiers de Gardelegen*, 1971, et Jean Malrieu *Un printemps difficile*, et nous citons ici d'autres œuvres : *Nostalgies pour paradis*, 1956, *Némésis*, 1967, *Au sommet de la nuit*, 1980. Une préface peut être de simple politesse ; un Jean Malrieu ne s'y soumettait pas ; Pierre Emmanuel, en bien des cas, s'en tirait par des formules banales. Pour Bayo, ce ne fut pas le cas. On lit : « Une beauté tendue, intolérable. Beauté qui force l'être, qui force d'être... Cet art très juste, mais aussi miraculeux, s'offre de source, et pourtant à travers une épaisseur de matière que la précision même du langage rend perceptible, dans l'effort qu'elle exige et récompense à la fois... » Si, comme le remarque

Serge Brindeau, « sa parole porte la trace de nos contradictions », elle sait aussi les unir par une foi que la parole triviale ne saurait définir : il faut trouver dans le mur quotidien la brèche par où passent la confession et l'espoir de la résurrecion, la richesse spirituelle née du dénuement de l'homme.

Si pour beaucoup, Dominique Daguet (né en 1938) est l'animateur d'une des meilleures revues qui soient, *Les Cahiers bleus* publiés à Troyes et dont les numéros spéciaux sont précieux pour la connaissance des poètes et des poésies, on ne saurait oublier le poète attentif aux jeux de l'ombre et de la lumière pour qui les saisons sont des signes comme tout est signe dans l'univers qui l'inspire avec une grâce constante. Il dit simplement : « Je ne cherche rien d'autre, dans la venue d'un poème, que l'apprentissage d'un certain mystère... Ce qui m'attire, c'est le chant qui naît en moi, cette voix nouvelle qui me surprend toujours sans que je puisse jamais la désavouer... » et ce sont là des constatations dans lesquelles maints poètes se reconnaîtront. Mais ce mystère dont il parle prend une valeur religieuse : « Car hors de vous, Seigneur, où brillera l'Amour ? » Il sait aussi que la poésie est lutte contre une mort qui le hante, que la mer parle et que l'amour est présent. De la mélancolie aussi, au bord du pathétique, et cela sans s'éloigner trop d'une forme prosodique éprouvée mais ici libérée de quelques contraintes. On lit *Atteintes attendues*, 1961, *Paroles entre la nuit et le jour*, 1976, *Étoiles d'ombre*, 1980, *Croix de l'espace*, 1982.

Raoul Bécousse.

Raoul Bécousse (né en 1920) fut à Nantes le condisciple de Serge Michenaud (1923-1973) et lorsqu'il enseignera chez les jésuites à Lyon, il aura pour collègue le poète Louis Pize (1892-1976) et pour élève le futur poète Roger Kowalski (1934-1975) et il connaîtra bien des voisinages durant une vie consacrée à la poésie comme en témoigne une œuvre fournie depuis *Septembre m'a comblé*, 1947, jusqu'à *Le Vin d'août*, 1984, en passant par dix-huit livres, les plus récents étant *Le Temps provisoire*, 1978, *La Gargouille*, 1980, *L'Unique Oiseau*, 1981. Il a écrit sur Jean Digot, Serge Michenaud, Charles Plisnier, entre autres. Jean-Marie Auzias a écrit un *Raoul Bécousse*. Enfin, il est le traducteur de Wolfdietrich Schnurre et de divers poètes allemands. On peut ajouter qu'il joue de l'orgue et, si ce n'est pas trop risqué, dire que son œuvre offre toute la variété de ses registres, du plus grave au plus flûté. Chez lui l'économie des mots, le soin de l'écriture vont de pair avec la générosité de la pensée. L'aspiration à plus d'amour humain, à plus de foi, une inquiétude spirituelle s'accompagnent d'une bonne santé du poème, d'un goût terrien, d'un humour au quotidien, bon enfant, mais discret, juste assez pour montrer qu'il ne faut pas se prendre au sérieux soi-même mais que c'est le poème qu'il faut envisager ainsi, comme une chose grave, celle qui porte témoignage de la terre, de l'homme et du temps. Toujours « l'offrande pure du verbe / à la Présence Solitaire », toujours les composantes d'un chant de lumière.

Jean-Pierre Lemaire.

Cherchant « le royaume d'amour offert à tous les hommes », quêtant un chemin vers le « haut pays », Jean-Pierre Lemaire (né en 1948), entre poème et conte métaphysique, est un interrogateur de l'essentiel. La poésie est pour lui un mode d'intercession et de connaissance, cela dans la simplicité élégante et dans la pureté lyrique et retenue, loin de toute recherche abusive de modernité. Nous le rapprochons de Jean Grosjean, de Pierre Emmanuel, de Patrice de La Tour du Pin, mais sa personnalité reste entière. Il ne semble pas être le poète des sommes et des cosmogonies mais celui qui, sans jamais perdre le contact avec la nature, avec la vie et ses spectacles, sait aller à l'essentiel tout naturellement. On le voit notamment dans *Visitation*, 1985, que précédèrent *Les Marges du jour*, 1981, *Victoire aptère*, 1981, *L'Exode et la nuée* suivi de *La Pierre à voix*, 1982, *Le Tombeau vide*, 1985. Son regard sur des lieux, des moments qui expriment tout l'espace et toute la durée, dans l'économie des mots, est proche de celui de Jean Follain et, comme ce dernier, une grâce poétique l'habite qui s'unit à la grâce religieuse. Le poème peut être un conte, une coupe de poésie sensible, un tableau comme ceux de Paul Klee qui l'inspire. Il y a beaucoup de diversité d'inspiration. Aussi est-il difficile par la citation de montrer le poète. On peut ici, dans un poème intitulé *Le Livre ouvert*, écouter sa musique :

> En feuilletant le livre, on n'est jamais au bout
> Son cœur se reforme au milieu des pages
> sans cesse plus loin. De là peut-être souffle
> le vent qui les tourne et qui a gravé
> dans la rose de sable une loi minuscule

Comme les poètes symbolistes de naguère, un petit roseau lui suffit pour faire chanter la forêt et une image de la création pour faire apparaître le Créateur.

D'autres glanes spirituelles.

Nous avons parlé de Jean Biès à propos de René Daumal *(voir préc. vol.)*. Cet auteur d'ouvrages sur le mont Athos, sur l'Inde, sur Empédocle, est le poète d'une œuvre forte et structurée : *Connaissance de l'amour*, *Extases buissonnières* ou *Les Pourpres de l'esprit*, 1979, ce dernier ouvrage inspiré par les religions orientales. Proche de Daumal et de Segalen, la plupart de ses poèmes témoignent d'un souffle, d'une ampleur de poète chaleureux et inspiré. Il aime se servir du vers de seize syllabes où se mêlent parfois des vers plus courts car il se souvient « de ce vouloir d'inachèvement propre aux arts orientaux, tels que la construction de la chambre de thé japonaise ou le tissage du tapis de prière ». Les cassures et les dislocations de sa poésie ne sont pas des concessions faites à une idée du « moderne » mais s'accordent à des rythmes religieux et cosmiques, à des références orientales et au désir « d'une certaine connaissance intuitive essentielle ». Cette poésie où « l'Être s'étonne d'être » est cosmogonie, recherche d'une incarnation, mysticisme. Elle montre les visages de religieux de toutes croyances, de religions tendant vers la gloire divine.

André Guimbretière (né en 1923), professeur aux Langues Orientales, traducteur de Mohammad Iqbal, en Inde ou au Pakistan, a fait comme Lanza del Vasto son pèlerinage à des sources qui sont pour lui celles de la mythologie indienne et des traditions orientales, s'attachant à déchiffrer les signes et à percer les énigmes, ce qui donne à son poème un tour mystérieux, peut-être à son insu. Il se sent à charge d'unir la religion du Christ à l'ésotérisme d'autres religions, ce qui attire les pèlerins d'une connaissance de l'Est.

Un curieux poète est Jacqueline Frédéric-Frié. Elle est habitée par le nombre, ce qui donne à ses poèmes des distributions peu courantes et au lecteur une impression d'exercice dont on s'aperçoit bientôt qu'il est spirituel plus que de virtuosité. Il semble que chaque pièce dissimule un secret comme Nostradamus dans ses oracles. A défaut de percer le secret, on tente de découvrir le sens immédiat de la phrase en oubliant les halètements, la voix rauque, le ton bref et exclamatif. Puis on découvre une ferveur voilée, une puissance d'invocation, des appels impératifs et une présence physique comme si une bouche d'ombre nous parlait, nous dirigeait, prenait à charge de nous métamorphoser, de nous entraîner au-delà des verts pâturages de la foi. Ces cris brefs nous parlent d'exil, de mort, de prophéties, de visions, de chaos et de paroxysmes. Des titres : *Si peu de temps*, 1957, *Nuit noire*, 1962, *Les Eaux d'en bas*, 1966, *Louange à Toi*, 1972, *Dans le feu*, 1976, *Parle, Seigneur!*, 1981 (ces trois derniers recueils sont composés d'hymnes liturgiques), *Toucher terre*, 1983.

Comme Jean Biès et André Guimbretière, Georges Sédir, diplomate, a fait de longs séjours en Asie où il a étudié les traditions ésotériques et les religions orientales. Traducteur d'ouvrages de Czeslav Milosz et de Witold Gombrowicz, il a publié des poèmes de recherche spirituelle : *Pas*, 1981, *Le Poème de la planète malade*, 1978, *Est*, 1981, *La Déesse noire*, 1988. Dans sa préface à ce dernier ouvrage, Pierre Emmanuel écrit : « Gravité, solennité, célébration : je pense à des hymnes, des sentences gnomiques » mais, par-delà ces préoccupations, apparaissent les problèmes de la vie actuelle, du quotidien des hommes.

Claire Laffay (née en 1914) a été attirée par des disciplines diverses : musique, philosophie, biologie, danse, et chacune est restée en rapport avec sa création poétique par le biais de l'onirisme, et cela se manifeste dans une quinzaine de recueils parmi lesquels : *Cette arche de péril*, 1961, *Dédales*, 1968, *Chants pour Cybèle*, 1970, *L'Oiseau archange*, 1972, *Temporelles*, 1974, *Miroir abîme*, 1977, *Les Médiatrices*, 1979, *Le Quatrième Délire*, 1986, etc. Partie « de l'absence totale de Dieu, du matérialisme le plus dur », elle a, après bien des errances, rejoint le spiritualisme qui est donc né d'une recherche personnelle pour aboutir à ce « panthéisme moderne » dont parle Dominique Autié qui lui a consacré un ouvrage. Cette œuvre manifeste d'un goût affirmé pour la nature, terre et ciel, pour le monde végétal qui se reflète partout. Cette poésie est libre d'allure, sans excès lyriques. Panthéisme, mais étonné de lui-même, ébloui et sensitif plus que sensuel. C'est celui d'une « médiatrice » entre le visible et l'invisible. Sans se soucier de théologie, on cherche le dieu caché avec ferveur dans l'amplitude du chant. La spiritualité est ici de l'inspiration et le poème reste corporel.

Frank Holden (né en 1922), comme Claire Laffay, cherche une divinité toute de douceur, à partir d'un recueil dont le titre caractérise le poète : *Fraternités secrètes*, 1967, avant *Au pas des arbres*, 1969, ou *Saignées*, 1971. Pour lui, le poème, c'est l'offrande, une sorte de bonne nouvelle « Pour que liturgie rite et rythme / Plaisent au poème et donnent / A la douleur la douceur d'un agneau » mais qu'on se rassure : cela ne bêle pas.

André Tubeuf (né en 1930) dans *Ange aragne*, 1970, se souvient que tout ange est effrayant comme l'écrivait Rainer Maria Rilke et qu'il peut s'appeler Heurtebise comme chez Cocteau. C'est en versets s'étendant jusqu'au poème en prose qu'il exprime sa foi et ses interrogations avec lyrisme.

Patrice de La Tour du Pin a préfacé *Quand le diable a soif*, 1956, d'Henry Clairvaux (né en 1929), auteur aussi d'*Œil de mouche*, 1957, *Le Face à Dieu*, 1969, *La Grenade à poèmes*, 1973, au langage nu, au bord du prosaïsme, ce qui est sa manière d'exprimer sa recherche de l'au-delà. Quant à Geneviève Mallarmé, elle trouve la source de son poème dans l'interprétation chorégraphique, pour elle prière et bonheur du corps, exercice spirituel autant qu'exercice artistique et physique. Jean Cussat-Blanc (né en 1913), traducteur de Rilke, fondateur en 1941 de la revue *Résurrection*, tient la poésie comme un exercice spirituel, une offrande d'amour faite à Dieu et aux hommes. Ses poèmes ne manquent pas d'ampleur et ses titres sont parlants : *Offert à Dieu, Amour, Offert aux hommes*... A signaler encore *Symphonies*, 1987, un ensemble de haute qualité. Loÿs Masson salua en 1942, *Risques courus*, de René Massat, franciscain, sa musique du cœur et sa pureté évangélique. Loin de toute école, ce sont là des fleurs délicieuses. Marie-Magdeleine Davy, auteur d'une thèse sur Guillaume de Saint-Thierry et d'une étude sur Simone Weil, a écrit peu de poèmes, mais toujours dictés par la nécessité : on le voit dans *La Terre face au soleil*, 1965, où la lumière est prise pour patrie et le silence pour signe.

Le goût d'Alain Messiaen (né en 1911) est porté vers l'art religieux et la musique qui se reflètent dans ses poèmes. Ainsi dans *Histoire de la musique*, quarante-six musiciens sont présentés en autant de poèmes qui sont de petits miracles d'équivalence entre deux genres. Son sens du merveilleux chrétien, sa culture se manifestent en de nombreuses plaquettes où apparaît toujours une âme pleine de tourments. Il se montre parfois proche de Max Jacob dont il fut l'ami et aussi de Léon Bloy. On trouve une sensualité comme il en est dans le *Cantique des cantiques* : « Ton nez ne respire que fleurs / Tes mains ne touchent que parfums... » et il exprime sa faim d'amour. Ce poète discret est le fils de Cécile Sauvage et le frère d'Olivier Messiaen. Un art original d'imagier sensible, de mélodiste délicat. Quelques titres : *C'était toi, le Démon!*, 1936, *Orages*, 1938, *Marche de nuit*, 1942, *Bestiaire mystique*, 1948, *Sous le soleil de mon désir, poèmes 1940-1950*, 1953, à quoi il faut ajouter ses études sur les vitraux des églises de France.

Comme Lautréamont, Laforgue, Supervielle, André Geissmann est né près du Rio de La Plata. Né en 1923, il fut pilote de la R.A.F., agriculteur dans la pampa argentine, puis diplomate. Il est le poète d'*Empreintes*, 1976, *Des vents des temps*, 1947, *Terre*, 1949, *Évangile pour un messager noir*, 1981. Vahé Godel (*proch. vol.*) a écrit : « Un chant qui d'emblée séduit par sa gravité somptueuse et biblique. Une parole pleine, incantatoire, parfois précieuse, dans le sillage d'un Saint-John Perse, mais dont les fulgurances érotiques rappelleraient plutôt Pierre Jean Jouve. » Qu'il écrive des versets ou des poèmes courts, le serré du texte est le même et pas un vers qui ne porte une image forte. Poésie du désir, de l'appel, de l'attente où brille et resplendit le « Sourire de l'ange dans sa délivrance de pierre ».

On a rapproché Jean Bancal (né en 1926) de Jean-Claude Renard première manière. Il est vrai que ce poète discret appartient à la famille des poètes chrétiens classiques. Dans *L'Arbre de vie*, 1960, *Le Chemin des hommes*, 1962, *Apocalypse*, 1963, *L'Épreuve du feu*, 1968, etc., on voit qu'il fait confiance aux « mots de chair, matière d'esprit » qui sont ceux de la prière et de la célébration, mots essentiels qui lui font dire : « Je voudrais mourir comme l'on se tait » – une manière d'indiquer que la parole est vie. Il ne se sent pas à charge de renouveler le langage mais de s'en servir tel qu'il est en utilisant une forme éprouvée pour exprimer la vie, l'illumination de la grâce, les amis fraternels qui partagent la poésie comme le pain.

Fondateur d'une revue, *Signes des temps*, Gilbert Lamireau (né en 1924) par les voies d'une poésie traditionnelle, parfois proche de Charles Péguy, a tenté une quête pour retrouver dans le catholicisme primitif une espérance de vie nouvelle. Pour lui, la poésie est un pont allant de la rive humaine à la rive divine. Les vers sont fortement frappés, à l'image d'une pensée combattante réfutant aussi bien la bigoterie que le matérialisme, avec un ton apocalyptique, et il y a, chez cet instituteur, des notations agrestes et fraîches qui le rapprochent de son ami René Guy Cadou. Quelques titres : *L'Amer Azur*, 1948, *Le Cœur d'autrui*, 1949, *Visage de solitude*, 1950, *Condamné à vivre*, 1950, *Traduit du sang*, 1951, *La Clef de voûte*, 1952, *Mémoire de la nuit*, 1966, etc.

Certains poètes, comme Paul Ruhlmann, sont oubliés, et le but de ces lignes est de leur assurer quelque survie littéraire. Il publia *Les Poèmes du chœur* en 1942 et ils enthousiasmèrent Loÿs Masson : « Il met les mots en marche », écrivait-il et il le montrait comme « un vagabond enchanté » tenant dans sa besace prières, suppliques et les fleurettes de la foi cueillies sur les petits chemins.

De Willy-Paul Romain, nous avons aimé *Présages*, 1946, pour la ferveur des poèmes offrant « Le chant de la vraie foi qui sonne dans l'espace ». Après *Signes réversibles*, *Égrégore*, dans *Abrupts*, Antoinette Jaume nous a conviés à une traversée de la nuit, nous a dit l'absence, le silence dans la parole, les prisons et les évasions en de longues phrases d'une parfaite écriture. Nous signalons encore *Ascèse*, 1963, d'Odette Aslan, traductrice de José Ramon Medina et auteur d'un essai sur Rabindranah Tagore; Pierre Gibert (né en 1936), membre comme Jean Mambrino de la Compagnie de Jésus et dont Joseph-Paul Schneider a salué en *Ténèbres rouges*,

1977, un « recueil vibrant de frémissements, d'images blessées, de sensibilité »; Didier Rimaud (né en 1922), lui aussi de la Compagnie de Jésus et poète religieux. Élie Benacher (né en 1939) est le poète de la survivance par-delà le martyre du peuple juif dans *Judaïca*, 1964, *Suite judaïque*, 1967, *Repères*, 1969.

A propos de Roger Clérici (né en 1914), on peut parler d'intériorité et de spiritualité profonde et évoquer, comme l'a fait Rousselot, en disant un cosmopolitisme intérieur et extérieur, la gravité de ses confessions. Titres : *Si peu de l'invisible*, 1952, *Les Vêpres de novembre*, 1953, *La Messe des ombres*, 1961.

Purement religieuse mais riche de chants de nature et d'appels fraternels est l'œuvre de Pierre Étienne, frère de Taizé, qu'apprécie Raoul Bécousse. On lit *Mémoire du silence*, 1977, ou *Poésie nomade*, 1978, dans une sorte d'état de grâce et de bonheur car pour le poète et pour le religieux « le monde est bien plus vaste que le monde » et les anges en apportent la saveur. Ici, selon les termes de Pierre Étienne, « la parole respire au rythme de la création ».

Maurice Courant a présenté les recueils de la mère Élisabeth-Paule Labat (1897-1975), ainsi *Petit Poème sans nom*, 1986, qui ne se situe que dans une école, celle de la prière et de la foi.

Marie-Madeleine Machet (1910-1964), poète en attente de Dieu, a chanté l'amour maternel, la nature consolatrice et médité sur les heures de sa vie dans *La Voyageuse*, 1938, *Dürer*, 1942, ou *Les Fêtes de ce monde*, 1958, et le livre ultime *Je m'en allais à ma rencontre*, 1964. Dans le domaine religieux et mystique, Marcelle Gérard a publié *Le Commun des jours*, 1959, *J'ai crié vers toi*, 1961, *Feu sur la terre*, 1963, *Pour un amour*, 1965. Magdeleine Hutin-Desgrées (née en 1896) fait penser à Marie Noël pour sa simplicité, son ton direct, cet art de faire de tout poème une prière, même si elle chante les jours anciens, les rêves au bord de la mer ou s'adresse aux pauvres. Des titres : *D'ombre et de joie*, *Feux et torrents*, *Lumière d'automne*...

Étiemble a présenté l'œuvre poétique d'André Gateau qui, selon lui « sait faire chanter tous les mots les plus simples » pour « prier le Dieu que sa sensibilité chrétienne lui offre » en indiquant cette option d'un ouvrier ouvert à une foi qui n'est pas seulement celle du charbonnier mais s'ouvre à toutes les interrogations dans la diversité du poème classique ou libre, rejoint d'autres sagesses, parcourt d'autres émerveillements dans *Mon frère Orphée*, 1953, *Le Cœur et les images*, 1957, *Le Mineur et sa lampe*, 1958, *Pierres pour Sisyphe*, 1961, *Les Cercles de l'aubier*, *La Petite Suite évangélique*, 1970, *La Terre des Renaissances*, 1975...

Thérèse Aubray nous a fait penser au meilleur Milosz tant ses poèmes sont fluides, dépouillés, chantants. Des quatre volumes de *Battements* à *Derrière la nuit* et *Un seul chemin*, on trouve des poèmes comme dictés par quelque au-delà d'où le poète s'observe et trace ses chemins à la recherche d'elle-même ou de Dieu. On lit : « Nous voici de nouveau face à face, / Vieil ennemi, la cendre est sous tes pas... » Les rythmes de la terre et du corps, la nuit, le jour, les saisons changeantes inspirent une poésie de la grâce et du mouvement qui lutte contre le temps et la mort. Traductrice de Shri Aurobindo, des poèmes de ce dernier (qui en écrivit quelques-uns en français) elle est proche. Léon-Paul Fargue disait : « non pas seulement de la poésie moderne, qui s'est grisée de licence, mais de la grande poésie, de la poésie tout court ». Petit à petit sa poésie se resserrera en perdant de cette fluidité qui faisait son charme.

Cette religion cosmique a inspiré son cadet Pierre Esperbé (né en 1924) dans *Faux-jour*, 1965, *Narthex*, 1972, l'ésotérisme se conciliant avec la familiarité du quotidien et les idéaux de l'être saisi dans sa simple humanité. Cette simplicité ne manque ni de grâce ni de grandeur et l'on voit les choses prises dans leur actualité et dans leur devenir. La poésie de méditation reste présence au monde et responsabilité devant la spiritualisation même.

Gilles Baudry (né en 1948) cultive la parole simple et nue comme jadis saint Jean de la Croix, comme aujourd'hui Guillevic. Pour lui, « la beauté seule est innocente » et « tous les vents sont apatrides ». Sens du mystère, de la prière incluse dans les mots, de la contemplation, le poète « dans la complicité des humbles » sait toucher. Titres : *La Trame de la vie, Syllabe par syllabe.*

Alain Bosquet tient Dominique Rouche (né en 1946) pour « un mystique abstrait : la plus étonnante découverte des années 70 ». Ses *Hiulques copules,* 1973, réunissent des séquences mystico-théologiques chargées d'une énergie rimbaldienne, d'un ton ardent où s'unit la modernité la plus aiguë au discours le plus persuasif. La voix est chargée d'éclairs et d'éclats, de révélations qui semblent naître dans le fil de la parole elle-même, avec des mots à majuscule comme dans les anciens traités hermétiques. Il s'agit de lever des masques, de dissiper des leurres, de déchiffrer des signes, d'aller sur le chemin d'une dangereuse connaissance dans une sorte de profération sur un ton parfois biblique.

Christian Gabrielle Guez-Ricord (né en 1948) parle d'une voix à réveiller les vivants. Sa poésie, une des plus mystiques de ce temps, fondée sur une exigence de la parole devenue sacre, cherchant une synthèse universelle, est enflammée, persuasive, obscure aussi (de cette lumière noire qu'on trouve chez Dante ou le Nerval le plus ténébreux), symbolique, initiatique. Le poème devient le lieu de la quête du Rameau d'Or et la voix, ardente ou apaisée, exorcistique ou apocalyptique, retentit dans les ténèbres à la recherche du chiffre de l'Être. Il écrit : « La question de l'âme est perdue. Comme pour la question de l'être, elle attend encore son Heidegger. » Ou son poète. Au non-initié, dans cette œuvre, tout paraîtra étrange, insolite, mais qui a le simple goût du verbe sera surpris par une voix à nulle autre pareille qui semble percer le mur des siècles pour s'ajouter aux textes sacrés. Il dit : « J'ai réarmé le livre. » Il a publié de nombreuses plaquettes depuis *Deux poèmes en forme d'arbre*, 1967, et on cite les plus récents ouvrages : *La Reconnaissance du serment*, 1974, *Rosace*, 1975, *Cènes*, 1976, *L'Équilibre des versants*, 1977, *La Monnaie des morts, Le Dernier Anneau, Chambres, Maison Dieu, Du fou au bateleur*, 1984, *La Mort a ses images*, 1985...

Alain Suied (né en 1951) écrit : « Face à l'Industrie, face à la production, face aux masques de la Domination, la Poésie, pur affrontement avec la

Parole, est quête de l'âme perdue de notre temps sans regard, sans Autre. » Il a écrit des essais sur *André Frénaud, poète ontologique*, sur *La Poésie et le réel (Paul Celan)* et participe aux recherches sur la poésie juive, avec des poètes comme Josette Lépine, André Migdal, Jacques Éladan, Gilles Sebbag, Claudine Helft, Joseph Dadia et quelques autres. Il est l'auteur d'une dizaine de livres de poèmes et de coplas, de *Le Silence*, 1970, *C'est la langue*, 1973, à *Sur les ailes du devenir*, 1987, *La Lumière de l'origine*, 1988, en passant par *Immense Inadvertance, La Même Différence*, etc. Il y a en lui un interrogateur lumineux à la recherche de la « Pure parole / du devenir : / trace et présence du dieu qui vit caché ! » à travers l'aliénation et le miracle de notre vie. Il s'agit de longs poèmes animés par un souffle puissant et dynamique. En cette fin de siècle qui semble avoir exclu la Poésie, le poète lui apparaît comme la dernière individualité rappelant que le destin est inconnu. « Le discours de la perte et de la redécouverte du moi », écrivait Alain Bosquet à son propos. On lit :

> Je ne parle pas. Je prétends à un monde, paysage
> du mot. Et dans son lointain toujours il est
> espace. Et dans son lointain bientôt je serai
> perméable à la terre. Visiteur absent qui
> révèles ma lumière, tais-toi, je ne me veux pas
> diverti de ma mort...

Dominique Cerbelaud (né en 1952) était encore un étudiant s'occupant d'animation socioculturelle lorsqu'il publia *Initiales du désastre obscur*, 1972, un curieux ensemble de poèmes, juvénile, traversé de menaces, d'angoisses, là où « La terre hostile et blanche meurtrit son innocence comme un couteau... », là où l'exilé était ainsi montré : « Il n'a pas de mémoire. Il ne survivra pas. Il partira vers un fragile pays de brumes, précédant le rituel du dernier froid. » En 1974, il entra dans l'ordre des dominicains, fit des études de philosophie et de théologie, fut ordonné prêtre en 1980. Il publia : *Les Carnets du veilleur*, avec un avant-propos de Jean Mambrino, 1974, *Chant du brûlant amour*, 1975, *Dieu est lumière*, 1976, *La Joie est patiente*, présentation de Pierre Emmanuel, 1980. Alain Breton a parlé de « rituel incandescent » dans le numéro de *Poésie 1, Présence du sacré*, où on lit encore à propos de ce poète de la joie lumineuse : « De pur sacré. L'ultime amour conçu total, charnel et spirituel, ce qui révèle une dévotion non exempte de confidences curieuses. Bref conte de fées dans un incendie biblique. Poésie religieuse et, du fait de sa sensualité, des plus exemplaires aujourd'hui parmi les *exactes* littératures du genre. » Ainsi, dans *Dieu et lumière* de grands blancs séparent chaque phrase et il y a, au cœur même des vers, un silence recueilli, préparatoire pour qui recevra le message. Il nous est arrivé de penser aux œuvres religieuses de Claudel mais avec de plus grandes plages de méditation. C'est une lecture prenante même pour les non-croyants car ce « voyage à travers le sang et la lumière » est celui de la vie et de la foi qui trouve sa voie, sa voix et sa danse dans le poème épris.

Comme Alain Suied, Jacques Éladan, que publie Bruno Durocher, fait connaître les poètes juifs : *Les Poètes juifs en France* se compose d'études suivies de textes de quarante poètes, d'Ephraïm Mikhaël à Henri Meschonnic. Il a publié : *Larmes de pierres*, 1975, *Cendre et source*, 1978, *Vestiges du vertige*, 1981, *Sacrilèges*, 1982, *Cantiques du retour*, 1985, poèmes de forme traditionnelle s'inscrivant dans la Tradition et de ton lyrique, exclamatif, chaleureux.

Éloge de la diversité

I

Jacques Audiberti

Pour bien parler de Jacques Audiberti, il faudrait employer son langage – ou laisser la parole à ses poèmes. Quelle que soit l'étude, quelles que soient les citations, on ne peut donner qu'une idée faible de son torrent de mots (toujours contrôlé, jamais logorrhéique), de son baroquisme, de ses inventions, de ce déferlement qui débordera sur le roman et le théâtre. Poète de la liberté, proche des surréalistes, il se sert de l'alexandrin de Victor Hugo, celui-là même que nos contemporains jugent épuisé, voire, par une curieuse confusion, « réactionnaire ». Il apporte, comme Jean Genet, la preuve du contraire. C'est bien là le miracle que dans la poésie contemporaine cohabitent des poèmes laconiques et cet immense bruissement à partir d'une matière verbale faisant passer toutes les outrances et donnant une image de la diversité du monde actuel avec singularité et modernité. Audiberti fait penser aux monstres sacrés du roman du XIXe siècle, à leurs vastes projets. Il est un homme de la réalité multiple, quotidienne, mais aussi un extracteur du merveilleux de cette même réalité comme le sont Mac Orlan ou les surréalistes. Il s'apparente aux chercheurs infatigables des ateliers du langage et se montre, à sa manière oulipien et précurseur.

Jacques Audiberti (1899-1965) est né à Antibes d'un père maçon de son état et d'une mère possessive. Son enfance et ses études se déroulèrent dans cette ville méditerranéenne. Auprès du père fantasque et autoritaire, un grand-père, maçon lui aussi, lui racontait de vieilles histoires provençales. La saveur du parler du Sud, la lecture de Victor Hugo lui faisaient oublier l'ennui du collège catholique. De cœur, il restera toujours un homme d'Antibes. Jean Follain rapporte qu'à treize ans il composa pour son père un discours destiné à être lu à la rentrée du tribunal de commerce. Ce sont là ses débuts dans l'écriture, avant, trois ans plus tard, un poème intitulé *1915* sur l'entrée en guerre des Turcs aux côtés des Allemands : « Le Turc jaillit soudain sans frapper les trois coups. » Dans les années 20, il est commis-greffier et rêve de monter à Paris, ce qu'il ose en 1925. Il est journaliste au *Journal*, puis au *Petit Parisien* où il tient la rubrique des « chiens écrasés », mais tout est enseignement pour un poète : « Le fait divers, écrit-il, n'est pas un mauvais romantisme de concierge. Chaque instant est bourré de faits divers, reniflant d'angoisses hémiplégiques, de terreurs enfantines, d'engueulades conjugales, d'autobus manqués, dans Paris, dans tout l'Univers. Le fait divers, c'est *la grande Histoire du quotidien.* » Un poète fait le même métier que lui, il se nomme Benjamin Péret *(voir préc. vol.)* qui lui révèle le surréalisme. D'autres amis se nomment André Salmon, Léon-Paul Fargue. Il en subira l'influence, lui qui, dans une première période n'admirait que Victor Hugo, les Parnassiens, Baudelaire ou Edmond Rostand plutôt que les aériens symbolistes. Il ne reniera pas ces premières amours mais s'y ajoutera le goût de poètes comme André Breton et Péret tandis que la lecture de Mallarmé le conduira à un certain hermétisme. Marié avec une institutrice créole, vivant du journalisme, il ira d'hôtel en hôtel dans des lieux qu'il tient secrets. De son premier livre, à compte d'auteur, *L'Empire et la trappe*, 1930, épopée baroque en vers réguliers, Jean Follain dira : « Il agite les draperies du verbe, prodigue les fulgurances, oppose, à l'instar de Pascal, misère et gloire de l'homme en butte aux éléments vertigineux, aux violences noires qui le circonviennent. » Et Jean de Boschère écrit à l'époque : « Des nappes d'orchestre me submergent. » Rencontre avec Jean Paulhan, collaboration à la *N.R.F.*, avec l'appui de Valery Larbaud et de Jean Cassou, Audiberti est reconnu. Grand reporter en 1936, il fait des enquêtes sur la guerre d'Espagne, publie *Abraxas*, un récit ésotérique, en 1938. Paulhan lui conseille d'écrire des chansons et non des poèmes hermétiques.

Comme l'écrit Michel Giroud dans son *Audiberti* (collection « Poètes d'aujourd'hui »), « de 1940 à 1947 va s'épanouir la période la plus féconde de sa vie ». Il collabore aux journaux et revues, il forme un groupe et donne même un manifeste, celui de *La Nouvelle origine*, avec des poètes nommés Maurice Chapelan, Guillevic, Rolland de Renéville, Robert Ganzo, Maurice Fombeure. Dans cet ambitieux projet, le poète devient démiurge : « Il (le poète) ne calquera pas le monde à même le papier, ni ne le démarquera, ni ne le photographiera. Il le fera positivement, comme s'il était, lui, le poète... le créateur. » Le poète totalisera le monde dans l'instant, ce « comprimé d'éternité ». Exprimant l'instant, il crée, « écrit le monde » par les mots, « cris des objets qui naissent ». Et encore : « Dans l'alternance ou dans la mêlée des longues et des brèves, des mots pleins et des mots vides, du temps divin et de l'horrible temps horaire, le poète fera passer les quantités et les soupirs du monde (la mer, les express des planètes, les forêts et ainsi de suite...). » A noter qu'il ne s'agit pas du programme d'un groupe, plus uni par l'amitié et les rencontres hebdomadaires au café Mabillon, mais de celui d'un poète. Déjà, témoigne Jean Follain, « Il parle de l'*Abhumanisme* et de l'éventualité d'un monde que l'homme ne dominerait plus, vision qui tend à répudier le vieil humanisme et ses exigences abusives. » Curieusement, chez cet homme d'abondance, on trouve des aspects de puritanisme par méfiance des turpitudes de la condition humaine. Le christianisme est présent mais aussi le paganisme qui se heurtent, et, dit Follain, « souvent, il se sent du côté de la gnose, des Manichéens, des Albigeois ». Curieux homme, fou d'écriture, désireux de revaloriser les mots, Audiberti voit que le théâtre lui permet de travailler en pleine pâte humaine. En 1946, c'est *Quoat-Quoat* que suivront près de vingt pièces, *La Fête noire* ou *Le Mal court* étant parmi les plus connues, près de vingt romans aussi dont *Carnage*, 1942, *Le Retour du divin*, 1943, *Le Maître de Milan*, 1950, *Marie Dubois*, 1952, *Dimanche m'attend*, 1965.

 Et voici la liste de ses livres de poèmes : *L'Empire et la trappe*, 1929, *Élisabeth-Cécile-Amélie*, 1936, *Race des hommes*, 1937, *Des tonnes de semence*, 1941, *La Nouvelle Origine* et *Poésies*, 1942, *Toujours*, 1943, *Vive guitare*, 1946, *Rempart*, 1953, *La Beauté de l'amour*, roman en vers, 1955, *Ange aux entrailles*, 1964.

Hugo qui ne sait plus, moi vivant s'il est mort...

 L'abondance, l'éloquence, ces traditions de la poésie française qui ont engendré le meilleur et le pire, Audiberti les ressuscite. Mais de quelle manière! Comme dit Georges Perros, il y va « tête baissée, en taureau amoureux ». Ce qu'il appelle « cette bonne vieille langue française », il tente, toujours selon Perros, « de l'aérer, de la multiplier, de l'encanailler, de lui faire faire les quatre cents coups, gangster, ou mieux, corsaire innocent. Hold-up naïf, de tous les mots, de la banque des mots, en quête d'un argot universel, d'une langue enfin possible entre l'oral et l'écrit, qui conviendrait à tout le monde, au petit pâtissier comme au mousse, au curé du coin comme au président de je ne sais quelle république ».

 Serait-il Rostand revu par Mallarmé? et une résurrection de ce V.H. qui donne le titre à un poème (ou procède-t-il de A.B. autre titre qui évoque Breton comme le précédent Hugo?) ou bien comme l'écrit Jean Rousselot en plaisantant à peine, Pindare, Agrippa d'Aubigné, Victor Hugo, Walt Whitman, Maïakovski? André Pieyre de Mandiargues invoque Gongora ou Du Bartas. Et il est vrai qu'il y a de tout cela.

 La grande cavalerie des alexandrins bien frappés de *L'Empire et la trappe* surprend, et il faut faire une lecture éclairée par la suite de l'œuvre pour voir qu'il ne s'agit pas seulement d'un pastiche de Victor Hugo mais d'un lieu de haut baroquisme à partir de quoi s'établira un art singulier. Bientôt commencera une aventure inattendue de la poésie. On reconnaît mille éléments qui sillonnent son histoire : geste, baroquisme et préciosité, romantisme, symbolisme, surréalisme et qui ne cachent jamais Jacques Audiberti, le dionysiaque, le vagabond des mots, l'inventeur de vocables, avec sa syntaxe torturée, douloureuse, née de l'intempérance verbale et d'une incessante imagination. On s'enivre de mots, d'images, de locutions, d'interjections, d'onomatopées. On se demande ce que cela deviendrait sans les digues de la forme. Le flot bouillonnant est contenu, le maelström dominé, et ce sont des moments de poésie épique, des poèmes dans le goût d'Apollinaire ou des poètes de l'école fantaisiste, des beautés dignes des meilleurs ciseleurs de la poésie. Le poème religieux côtoie l'exaltation du panthéisme, la verve qui bouscule des effets de douceur, le poème inspiré par l'Histoire celui qui reflète la sensibilité d'un instant. Dans cette masse, on ne sait que choisir, du plus sage au plus débridé. Pourquoi pas le début de *Poète* ?

> Aujourd'hui, ce soir même, aidé par un seul geste,
> Lazare, je le sens, sortira du cercueil.
> Ceint du linceul de fièvre et tout fardé d'orgueil
> mais vrai comme jamais dans l'odeur de sa peste,
>
> il poussera la porte et le ciel frémira
> de recevoir ce mort plus vivant que la vie.
> A cette fête énorme, amis, je vous convie.
> Dressés sur leurs moignons l'autobus et le rat
>
> songent au bord de moi qui promets ce vertige
> et qui, du doigt, l'éprouve, et qui, des yeux, le bois,
> et qui, tremblant et fou comme un nègre aux abois,
> vous montre aussi vos fronts attentifs sur leur tige...

Audiberti a écrit : « Mais, pour trancher, pour faire scandale, le poème doit être tendu dans son propos, grave dans son effort, délirant de sagesse, légèrement industriel dans sa carrure, et, de toute façon, assez caporal. »

On ne peut qu'aimer une jubilation qui apparaît derrière l'écriture, un étonnement, celui d'un homme en état de réception, d'innocence, sollicité par tant d'aventures diverses de la vie et du langage. Il peut offrir la grâce d'une chanson qui fait penser à Verlaine ou à Francis Carco en vers de sept syllabes :

> Si je meurs, qu'aille ma veuve
> à Javel près de Citron.
> Dans un bistrot elle y trouve
> à l'enseigne du Beau Brun,
>
> trois musicos de fortune
> qui lui joueront – mi, ré, mi –
> l'air de la petite Tane
> qui m'aurait peut-être aimé
>
> puisqu'elle n'offrait qu'une ombre
> sur le rail des violons.
> Mon épouse, ô ma novembre,
> sous terre les jours sont lents.

On lui trouvait une ressemblance avec Napoléon qui souvent l'inspira. Ainsi dans ce poème intitulé *Napoléon* :

> Ces latines maisons sur le vieux promontoire
> un vent, que je l'invente ! un jour les dissoudra
> plus loin que les daims bleus qui terminent l'histoire.
> Le goudron qui clapote envahit l'or du drap.
>
> Puis, quand, de soleils noirs songeant, noires, les nues,
> de collants glissements se sont forcés vers soi
> pour que le poulpe, enfin, sous les eaux reconnues
> rouvre le bal où nul, jamais, ne se rassoit,

> tout viendra, comme avant, pour que peine le monde,
> carène dans le port, douces langues de lis
> et, vers san Gian, figuiers que leur main pudibonde
> tigre d'ombre, et l'enfant que quémande Austerlitz...

Audiberti se sent à l'aise lorsqu'il joue au jeu du langage populaire et argotique qui lui procure des mots réalistes et forts :

> Pas payés ce pain et ce bock ;
> ni le jambon ni la moutarde,
> ce soir nous coucherons au bloc,
> moi, ma couronne et ma cocarde.
>
> Toute Friquenvrac que je sois
> et du sang des plus belles gueules...

Ces extraits sont infidèles puisqu'ils ne restituent pas l'abondance, l'aspect gargantuesque du poète. Qu'ils en donnent du moins une idée ! On trouve tout dans cette auberge, un peu comme chez Hugo qui contenait les poètes qui le précédaient et déjà ceux qui le suivraient. Une certaine poésie à la mode dans les années 60-70 où se mêlaient des langues sous des signes pop ou rock ressemblera à ceci :

> Brother woman,
> noch einmal einmal a woman
> sur un lit for the ficamento,
> for the red and black business
> ploum ploum night ! stars, God, etc.

Nous trouvons, comme ce fut le cas chez Rabelais ou Pierre Albert-Birot, ce lettrisme que réinventera Isidore Isou : « A pala, pali, palou, mali moulimette... » ou « Fa fi far phaphipharu / fa fi far uphesse... » mais plus communément l'invention à partir du langage existant, et, pourquoi pas ?, la contrepèterie : « Au membre chauve j'ai donné la chambre mauve. » Et souvent les mots en délire :

> Au débouché de cett' merdeugle
> je me r'luque en plein Sahira.
> Les chameaux sortent. Ah ! ce qu'ils beuglent
> Y en eut ! Y en i ! Y en o ! Y en a !

Et, ce que nous aimons, la recherche d'une vérité :

> Hommes, les hommes, cette race à la jointure
> du crime et du pardon, du jour et de minuit,
> sublime au ras de la ténèbre, la torture
> sa faim, lucide ou non, du ciel qu'elle poursuit.

Les temps actuels, ceux du temps horaire, peuvent-ils accueillir un si vaste projet ? De jeunes poètes se réclament-ils encore d'Audiberti ? N'était-il pas le carrefour de trop d'arts poétiques ? De loin en loin apparaît ainsi un fleuve inimitable. Trop doué, trop riche, trop abondant, « trop c'est trop »? La dictée du fameux « bon goût », souvent paresse de l'esprit, peut le faire repousser. Ce serait dommage : il est peu de poètes qui nous soumettent par la musculature du verbe à tant d'étranges sensations physiques et intellectuelles. On comprend que Léon-Gabriel Gros ait parlé de « dérèglement raisonné » et de « grammairien dionysiaque » et encore de « tentative désespérée de conciliation entre l'univers et l'esprit de l'homme ». Il dit : « Il nous invite constamment à remettre en question la conception que nous nous faisons du plaisir poétique. Il nous rappelle que ce plaisir n'est point passif mais aussi violent que l'inspiration elle-même... » Entre son étonnante, extravagante même, recherche verbale qui fait penser à Hugo et une recherche de l'absolu quasi mallarméenne, Audiberti a conduit une œuvre cohérente en prenant le mot pour matériau brut, le poème pour lieu polyphonique où toutes les possibilités sont unies : français classique, argots, archaïsmes et néologismes, onomatopées, interjections, etc. Il a aussi modifié une vision rapide que nous pourrions avoir de la poésie de notre temps.

2

Souci formel et expression nouvelle

BIEN des contemporains ont choisi le moule formel pour l'assouplir et parfois l'oublier. Chez Louis Emié par exemple, le mouvement contraire s'opère dans un but non de retour en arrière mais de recherche et d'approfondissement. Comme Audiberti à qui ils ne ressemblent guère, un Emié, un Ganzo, un Dumaine et beaucoup d'autres nous persuadent de nous éloigner des idées reçues, autant celles des cohortes rimailleuses que celles des tenants de nouveaux conformismes.

Louis Emié.

Une discipline raffinée conduira Louis Emié, dans son temps et hors des dates, à devenir un des meilleurs harmonistes de la poésie française depuis le siècle de Maurice Scève et de Jean de Sponde. Louis Emié (1900-1967) a passé toute sa vie dans la ville de sa naissance, Bordeaux. L'ayant connu, nous le tenions pour le plus discret des hommes et le plus sensible des amis. Il fut dès son jeune âge un musicien et un poète. S'il choisit la poésie, c'est parce que, ayant quitté un poste à l'hôtel de ville de Bordeaux pour entrer dans le journalisme, il se trouva plus près de la chose écrite, mais il s'agira encore de musique. Après *La Petite Gironde*, il fut rédacteur en chef à *Sud-Ouest* qui fit toujours une part importante à la littérature, ce qui continue avec un Pierre Veilletet. D'ascendance espagnole par sa mère, se rendant souvent au pays de Cervantès, il publiera un jour *Espagnes*, 1955, un recueil d'essais sans cesse remanié et enrichi. En fait, son temps de formation à la poésie sera long : c'est à la veille de la guerre de 1939, qu'il prit, dans la solitude, conscience de sa mission poétique ; elle s'accordait à une nécessité : celle d'une forme orthodoxe, rigoureuse, s'efforçant d'*exténuer* le langage et l'expression afin de capter dans ses rets l'indicible sous le signe d'une culture musicale l'amenant à intégrer l'harmonie la plus délicate dans le poème. Ajoutons une double influence : celle de Rainer Maria Rilke qui lui communique son intériorité, son sens de l'interprétation orphique du monde moderne ; celle de Max Jacob avec qui il était lié depuis vingt ans d'amitié, et l'un et l'autre ayant écrit à sa manière lettres ou conseils à un jeune poète. Mais on peut faire aussi des rapprochements entre Emié et les poètes du XVIe siècle, un certain gongorisme, les romantiques allemands et Gérard de Nerval, sans oublier le texte mallarméen. De sa poésie, il donne la définition de Novalis : « La poésie particulièrement demande à être traitée en art rigoureux. Réduite à la jouissance elle cesse d'être poésie. » Ou ce que disait le grand critique ami d'Emié, Edmond Jaloux : « La perfection de la forme nous permet seule de faire comprendre à autrui ce qui lui est complètement étranger. » A notre sens, remarques qui valent pour Louis Emié et pas forcément pour la poésie dans sa bienheureuse diversité.

Donc, à partir des années quarante, le poète de Bordeaux va publier : *Le Nom du feu*, 1944, *L'État de grâce*, 1946, *Ce Désert*, 1947, *Les Dormeuses*, 1948, *Invention de la mort*, 1950, *Romancero du profil perdu*, 1951, *Les Chemins de la mer*, 1952, *L'Éclair et le temps*, 1952 (en collaboration avec ses amis Roger Belluc et Yanette Delétang-Tardif), *Hauts désirs sans absence*, 1954, *La Forme humaine*, 1954, *Plaintes*, 1956, *La Rose des mers*, 1957, *L'Ange*, 1958, *Le Volubilis*, 1960, *Invention de l'amour*, 1961, etc. Et l'étude d'Albert Loranquin (« Poètes d'aujourd'hui »).

Les thèmes sont l'amour et la mort confondus, leur souffle, bénéfique ou effrayant, enclos dans la citadelle classique du poème. Comme chez Paul Valéry, l'harmonie, la beauté de la langue, la contention du lyrisme s'allient à la fluidité, la saveur, la musique qu'il distille savamment. « Ô Pureté, cadence du matin... », écrit-il, et aussi :

> – Sainte Rigueur, ma Lumière et mon Feu,
> Je me dépouille et j'attends que le dieu
> Dont tu m'apprends le limpide langage
> Vienne peupler ma forme et mon séjour.

Il a écrit, en versets et en longs vers mêlés, une *Prière du Greco* où se rejoignent son amour de la peinture, de l'histoire, de l'Espagne et de Dieu, celui qu'il rejoint par une ascèse du poème et de la solitude. On lit encore :

> La trinité de Dieu nous épouvante,
> Triangle d'or : notre nom fut inscrit
> Sur cette croix où, toujours revivante,
> Flamme a fait chair la chair du Saint-Esprit.

Et souvent, au cœur de cette poésie grave, inquiète, interrogatrice, de la couleur et de la passion : « Avril en fleurs, le chant des créatures / Brûle au zénith de cette pâmoison... » Son aisance marquée de retenue s'affirme notamment dans cette *Suite blanche :*

> Je n'habite plus qu'une image,
> Qu'un monde où je suis, loin de toi,
> Prisonnier du plus beau visage
> Que le tien démasque pour moi.

> Sur ces chemins de solitude,
> J'écoute l'égale rumeur

> De ton nom, cette multitude
> Qui m'éblouit et me fait peur.
>
> Au-delà de cette lumière,
> A l'aube du jour blanc et noir,
> Ton ombre épouse la première
> Celle que nous brûlons d'avoir.

Qu'il chante « Toute la mer contre la nuit posée » et ces lieux « Où le silence en moi me ravit à moi-même », qu'il se lamente : « Je n'ai rien obtenu et j'ai tout désiré », il va vers l'essentiel, à l'aise dans tous les mètres, aussi bien l'alexandrin que l'octosyllabe :

> Je suis le fils. Tu es la veuve,
> Je suis ton réenfantement.
> Je suis ta loi. Je suis ta preuve :
> Je porte au front l'étoile neuve,
> Ô mon Asile, mon Tourment!

Il y a en lui du Pindare comme chez Jean-Baptiste Rousseau revu par Paul Valéry, un goût de la splendeur torturée qui lui vient d'Espagne. Non pas poète chrétien, mais poète de l'interrogation mystique, il attend une réponse qui est souvent le silence et l'absence. Attendant une réalité par-delà le langage, il se situe entre l'attente divine et le gouffre. Il reste aux écoutes de l'inconnu, des mystères nocturnes, des énigmes de la nature ou des dictées de l'inconscient, puis vient le long travail des mots, la recherche du terme juste, de la vibration, d'une phrase musicale aux couleurs d'ombre. Entre la menace et l'espoir, l'inquiétude et la délivrance, il oscille en des remous exprimés dans la sobriété du grand art.

Robert Ganzo.

De tous les poètes de sa génération, qui ont reçu l'héritage de la prosodie traditionnelle, Robert Ganzo est le plus proche d'une idée de la modernité. S'il peut se réclamer de constructions chères aux classiques, c'est avec audace, plus encore que Paul Valéry, comme l'a remarqué Léon-Gabriel Gros disant sa « splendeur concertée » car « il abonde en concentrés d'expression absolument fulgurants et il n'est pas douteux qu'on lui doive des combinaisons d'images rarement obtenues dans le lyrisme actuel ». Toute une génération est restée éblouie par ses aménagements de mots, leurs surprises et leurs effets.

Robert Ganzo, né en 1898 à Caracas, Venezuela, dès son adolescence a rejoint Paris pour ne plus le quitter. Discret sur lui-même, on sait simplement qu'il exerça divers métiers dont celui de libraire-bouquiniste. A-t-il même été danseur mondain comme il se plaisait à le dire? Nous savons simplement qu'il fut un résistant sans être un poète de la Résistance et nous pouvons témoigner d'un goût très vif pour la préhistoire que l'on trouve d'ailleurs dans ses poèmes. Il a fait à ce sujet des recherches parfois illuminées et nous l'avons suivi dans ses explorations en compagnie du sculpteur Hajdu à la découverte de pétrographes parfois imaginaires. Il a parlé simplement de son art poétique : d'Orénoque et de Lespugue, il a dit qu'il s'agissait d'une « première prise de conscience de l'amour par l'homme » ; il a défini la poésie comme « l'explication au mieux de l'Homme » et le poème comme « l'unique expression de l'homme à ne pas comporter d'équivoque ».

Son œuvre est peu nombreuse et sans le moindre défaut. Réunie dans son entier chez Grasset, elle forme un petit volume qui contient *Orénoque*, 1937, *Lespugue*, 1940, *Rivière*, 1941, *Domaine*, 1942, *Langage*, 1947, *Colère*, 1951, *Résurgences*, 1954, la plupart ayant été publiés d'abord par Gallimard. Le silence qui a suivi montre que le poète n'a écrit que sous la dictée de sa nécessité intérieure.

Le flamboiement tropical est exprimé par de superbes cadences, une couleur et une musique somptueuses en des vers denses et jamais obscurs, tout d'une réalité évoquée plutôt que précisée. Ce sont les mêmes sources d'inspiration que celles des Parnassiens tentés par l'exotisme, mais là s'arrête la comparaison car Ganzo est plus proche de Mallarmé et de Valéry par la densité du poème. Le langage est décanté, ramené vers la simplicité, l'évidence. Une chaude sensualité s'accorde à l'exigence spirituelle. Il y a à la fois de l'exaltation et de la retenue, du jaillissement et de la pudeur. Et un sens des correspondances, paysages intérieurs et paysages inspirateurs se mêlant, naissant les uns des autres. Pour Ganzo, cela correspond à son souhait d'une poésie « surprise incessante et découverte à l'infini ».

Il a emporté d'Amérique souvenirs et nostalgie autour de son *Orénoque*, mais il ne s'agit pas d'élégie : c'est l'apparition d'une présence vivante, d'un fleuve-être, loin du pittoresque, offrant mille sensations :

> Nos yeux, nos mains sont du satin,
> Orénoque, pour tes moustiques.
> Vos gifles sont mortel venin,
> multiples branches élastiques.
> Mon rêve est parti de la hutte
> où pleure une Indienne accroupie.
> Et lui, toujours dans cette lutte
> avec sa vieille âme en charpie.

Survient un geyser d'images où passent conquérants et condors, pépites et pirogues, chasseurs de têtes et squelettes, racines, lianes, serpents, parfums et clameurs, et au cours des forêts vierges la présence amoureuse – car, Robert Ganzo, face à tout ce qui exprime vie et mort, effroi et beauté, n'oublie la présence humaine :

> Je ne sais pas jusqu'où je plonge
> et ne sais plus où tu finis
> lorsque le chaud soleil allonge
> nos corps étroitement unis.

Tout autour de celle à qui pense le poète, le paysage est une récompense. Il faudrait tout citer tant tout est beau. Et les sensations sont infinies, ciel, montagnes, nuits, pluies, « étreintes vertes » ou « forêt de racines tordues », et :

> Oiseau-fantôme dont les cris
> ne révèlent pas la présence,
> je t'ai cherché et t'ai surpris,
> mais tu n'avais pas d'apparence.
> C'était le vent dans les roseaux
> et les joncs de ma nostalgie
> qui mêlait ton cri de magie
> au feu d'artifice d'oiseaux.

La « Dame de Lespugue », statuette aurignacienne du musée de l'Homme, lui dicte un poème « tremblant de tendresse première », un chant d'amour défiant le temps, une vision cosmique où le poète se fait l'amant de la Femme éternisée « au jour continu de l'ivoire » :

> Vals que l'été gorge de sève,
> je vois tes seins s'épanouir
> et parfois ton ventre frémir
> comme un sol chaud qui se soulève.
> Tu m'apaises si je m'étonne
> de ces pouvoirs que tu détiens ;
> et je sais, femme, qu'ils sont tiens
> les miracles roux de l'automne.

Toujours par le mètre octosyllabique, par la strophe où se répartit la phrase, dans *Rivière*, dans *Domaine*, avec transparence, Ganzo peint une nature plus douce que dans *Orénoque*, avec cet « Arbre qui porte entre ses branches / des paysages espérés » et le ton est plus valéryen, le lyrisme développant l'exclamation de l'homme émerveillé. Toujours des vers dignes de l'anthologie nous retiennent, tandis que *Langage* montre à la fois la création et sa propre élucidation dans le poème qui semble se composer sous nos yeux – c'est peut-être la plus belle manière d'Art poétique : « Invente ! Il n'est fête perdue / au fond de ta mémoire... » Dans *Colères*, il utilise l'alexandrin selon une disposition typographique personnelle :

> Un silence, depuis des bords où
>   pleure un saule,
>   rejoint des tintamarres d'astres
> insurgés...

puis revient à la discipline habituelle dans *Résurgences* où l'on trouve un écho atténué de ses réussites, celles du vers de huit syllabes qui lui convenait si bien. Avoir écrit dans une vie quelques beaux poèmes peut lui suffire. Une œuvre économe, discrète, pleine de bonheurs d'écriture, celle de ce Robert Ganzo que j'enrage de voir disparaître des histoires littéraires et des anthologies parce qu'il a peu écrit.

Armen Lubin.

Chahnour Kerestedjian, dit Armen Lubin (1903-1974) est né à Istanbul d'une famille arménienne d'artisans. Il y fit de bonnes études de littérature et apprit la langue française. Il écrira dans sa langue natale et dans celle du pays d'adoption. En effet, à vingt ans, il fut contraint de quitter son pays pour fuir les persécutions. A Paris, il trouva un emploi de retoucheur de photographies. Il habita Montparnasse, s'intéressa au surréalisme, écrivit sous le nom de Chahan Chanour un récit racontant l'exode de son peuple : *La Retraite sans musique*, en langue arménienne. Il fut lié à Jean Follain, Fernand Marc, Max Jacob, André Salmon qui le fit connaître à Jean Paulhan. Il vécut pauvrement jusqu'à ce que la maladie, vers 1936, le jette dans la misère : atteint d'une tuberculose osseuse, sans protection sociale (il ne put jamais obtenir la naturalisation française), il dut avoir recours à des amis empressés, français ou arméniens résidant en France. Ce seront des opérations répétées, la vie en salle commune, à Broussais, à la Salpêtrière, dans divers sanatoriums du Sud-Ouest, avec entre deux hospitalisations, des périodes où il est comme en a témoigné Madeleine Follain, à la rue. Des interventions chirurgicales graves se succèdent et son livre *Transfert nocturne* traite du grave problème de l'euthanasie. Sa poésie est-elle noire, désespérée? Si la tristesse est sous-jacente, il y a de la lumière et un humour bien particulier. Il put quitter les hôpitaux et devenir l'hôte du foyer arménien de Saint-Raphaël avec une chambre à lui. Jacques Brenner le situe dans la lignée de Corbière et de Laforgue. Ses recueils : *Fouiller avec rien*, 1942, *Le Passager clandestin*, 1946, *Sainte Patience*, 1951, *Les Hautes Terrasses*, 1957, *Feux contre feux*, 1964, à quoi s'ajoute l'œuvre arménienne, selon Brenner, « d'une saveur très originale et d'une authentique veine populaire ». A signaler un numéro spécial des *Cahiers bleus* consacré au poète.

Sur un rythme lent, presque désinvolte, gauche, volontairement boiteux, Armen Lubin semble se regarder vivre quotidiennement tout en apportant une sensibilité narquoise qui cache la blessure. Il a la politesse de faire taire ses plaintes. Il interroge, il s'interroge : « Quel colloque pourrait se tenir entre moi et la nuit ? » ou bien introduit dans le poème les « pépins » de la vie : « Un pépin! un pépin! misérable embêtement / Qui tarde à devenir désastre... » Il dit :

> Mes désirs sont autres, et j'en sais qui fouillent l'air.
> J'en sais dont la spirale en forme de ressort
> Extensible vers la vie, extensible vers la mort
> Se raffine à l'approche des ténébreux supports
> Pour rester dans l'amour la plus fraîche des vrilles,
> La Seine bombe le torse et ses écussons brillent.

Certaines œuvres comme le poème *L'O* montrent son attention pour les êtres, ailleurs les « vieillards mi-coton mi-laine » ou « les éclopés de la foire », ici une des « filles galantes sortant de l'hôtel » :

> Voici venir la fille douce, toujours battue,
> Qui paye régulièrement la chambre contre reçu,
> Qui cherche la confiance, cherche la sympathie,
> En rentrant à l'aube elle rapporte
> l'O de l'HÔTEL tombé dans la rue.

Dans les plis sinueux des capitales, il recherche « l'accusé du jour et l'accusé de la nuit », il aime Paris et le mêle à ses amours : « L'année de mon premier, de mon grand amour, / Ce fut l'année des horloges lumineuses... » Il y a dans la poésie de Lubin quelque chose de brisé et de gai, de tendre et de décimé, une gaieté franche ou amère, un sens des situations cocasses que le poème doit transcender pour en faire de la pure poésie mais sans oublier la disharmonie des choses. Et il n'est pas un poème où n'apparaisse une notation sensible, un recours à quelque observation, des feuilles d'automne qui « s'en vont de droite à gauche comme l'écriture arabe » au marron d'Inde caressé au fond de la poche. Toujours une recherche de l'amitié des êtres et des objets. Avec Lubin passe un frémissement sensible, celui de l'homme présent dans son langage. Admiré par les plus grands contemporains, aujourd'hui délaissé par maintes histoires littéraires, il mérite d'être arraché à l'oubli.

Armand Guibert.

Né en 1906, Armand Guibert a publié de discrets recueils : *Transparence*, 1926, *Enfants de mon silence*, 1931, *Palimpsestes*, 1933, *Oiseau privé*, 1939 et 1984, *Microcosmies*, 1969, *Australes*, 1972. Toute sa vie, il se voua à faire connaître les œuvres qu'il admirait par la fondation de revues et de petites sociétés éditrices : *Mirage, Les Cahiers de Barbarie, Monomotapa*, avec Jean Amrouche. Comme Valery Larbaud, il prospecta le domaine étranger : on lui doit, entre autres, les premières traductions de Federico Garcia Lorca, la révélation en France du Portugais Fernando Pessoa, et il a consacré des essais à l'Anglais *Rupert Brooke*, avec une préface d'Henri Fauconnier, 1933, à Manuel Teixera-Gomès ; dans le domaine français, citons Patrice de La Tour du Pin, Rabearivelo, Léopold Sedar Senghor, Jean Amrouche. Dans ses revues, il publia notamment Larbaud, Milosz, Montherlant, La Tour du Pin à ses débuts. Enseignant en Tunisie, en Algérie, au Portugal, en Italie, il ne cessa de voyager et de découvrir. Ces activités ont fait oublier un poète authentique, interrogeant la multiple splendeur du monde, n'écrivant que sous la dictée de la nécessité. Ainsi un Henri Bosco a vu en son livre *L'Oiseau privé* « un des derniers temples bâtis avant l'heure des ténèbres ». Albert Camus lui consacra un long commentaire en mettant l'accent sur la fusion du philosophique et du charnel. Léopold Sedar Senghor y retrouva « la Méditerranée, l'Égypte, l'Afrique musulmane, la Bible et le meilleur de la poésie des troubadours ». En effet, apparaît une Afrique intérieure, une exploration de l'espace éternel au cours d'une poésie qui fait penser aux grands traités de fauconnerie du Moyen Âge en même temps qu'à un Orient légendaire. Bien des recueils sont autant de louanges au sens où l'entendait Saint-John Perse et si perce un exotisme, il est plus proche de Segalen que des Parnassiens. On trouve un langage simple et plein de noblesse et de foi :

> La Vierge à l'Enfant, je l'ai vue
> sur la varangue ajourée
> de sa case en bois chanteur
> vert et jaune de perroquet
> jaune et vert de drapeau criard
> que les belles-de-jour cernaient
> frêles autant que sa vertu.

Guibert a le sens de l'émerveillement qu'il dispense en poèmes éblouis, chargés de soleil et de beauté. Les paysages se reflètent dans ceux de sa vie intérieure :

> Routes du sang dans la sylve des corps,
> Chemins secrets marqués d'affleurements bleus,
> Canaux qui charriez la boue et l'or du monde,
> Qui pourra démêler vos pistes et vos jeux ?

A la quantité, Armand Guibert a préféré la qualité. Une œuvre cependant n'est pas mince lorsqu'elle ouvre de telles portes sur l'exploration, la découverte et la communion avec les meilleurs.

René Laporte.

Toutes les tentations de l'action et de la poésie de son époque ont été éprouvées par René Laporte (1907-1954). Vers 1930, s'il n'appartient pas au groupe surréaliste, il en est un des éditeurs et propagandistes. Né à Toulouse d'une famille bourgeoise, il rejoint la poésie, fonde *Les Cahiers libres,* écrit romans et poèmes. A Paris, présent sur tous les fronts, il dirige des revues, écrit dans la presse, se mêle au monde de la littérature comme à celui de la politique, en tous lieux qui lui permettent de mieux voir le présent. Il sera même Haut-Commissaire de la République. Ainsi l'action chez lui est la sœur du rêve, son inspiratrice. Il participe aux affaires de son temps et à leur transmutation poétique. Toute sa poésie est le reflet d'une double démarche qui en assure la diversité. Influencé dans ses premières œuvres par le surréalisme, il en offre des reflets assagis car il a le sens de la maîtrise et de l'organisation rhétorique et lyrique de son poème. Conscient de son écriture, certains poèmes affirment la recherche d'un art poétique. Si l'unanimisme, Apollinaire, Eluard ou Cocteau l'influencent, sa voix reste personnelle comme l'a montré Claude Roy : « Poésie singulière en définitive, et singulièrement originale. Elle doit aux modes, à la mode ; elle ne leur sacrifie guère. L'audace de Laporte est d'avoir conçu et pratiqué, précisément, une poésie comme on n'en fait quasiment plus : une poésie où il ne se reflète pas seulement un visage, mais où il se passe des tas de choses, une poésie qui raconte, qui prend l'allure de la fable, du récit, de l'apologue... » Romancier, il a trouvé le lieu où affirmer une certaine morale et, de là, il en a préservé le poème qui a pu affirmer sa fonction de chronique lyrique unissant images et symboles au témoignage généreux, avec, très souvent le rappel de « l'enfance en col bleu » ou des « petits Rimbaud fumant dans les latrines » quand ils ne jouent pas « aux Indiens dans les fossés » comme pour conjurer les malheurs de l'Europe.

Des recueils : *Corde au cou*, 1927, *Le Somnambule*, 1932, *Alphabet de l'amour*, 1935, *L'An Quarante*, 1943, *Le Gant de fer et le gant de velours*, 1951, *Poésie choisie*, 1954, chez Julliard. Des romans : *La Part du feu*, 1935, *Le Passage d'Europe*, 1942, *Un air de jeunesse*, 1951. Une pièce : *Federigo*, 1945.

Son époque le fait rêver, l'inspire et l'attendrit. Il se confronte au monde extérieur, il en reçoit les rumeurs, les orages, les restitue avec sincérité et sensibilité. Il se plaît dans le concret :

> On vit dans une odeur d'usine et de banlieue
> entre des douaniers et la police des sentiments
> on joue à se ressembler
> dans les reflets des devantures...

Cette poésie en vers libres ou classiques, en versets, n'est pas exempte de défauts : tentation oratoire ou didactique (« Tout homme naît deux fois s'il mérite de vivre / il naîtra de sa mer et puis de son amour »), auto-analyse qui le bride, pathétique facile, mais, ici ou là, il ne va pas jusqu'à l'exagération, il se reprend à temps, trouve des détails imagés qui le sauvent. Certains poèmes nous font penser qu'Eluard, au rendez-vous de la poésie et de l'histoire, réussit mieux là où Cocteau a été plus délié et plus habile. Mais le poète se veut présent et responsable : « Nul n'a le droit d'absence aux justices du temps. » Certes, cette poésie de présence est datée, mais elle est un excellent témoignage de la sensibilité poétique à une époque donnée, aux alentours de l'an quarante, elle en épouse le rythme, elle en narre les événements, elle en reflète les inquiétudes. Ajoutons qu'il y a la présence d'une belle enfance qui apporte sa lumière et aussi la présence du cri :

> Époque somnambule ah! que tu m'as fait du mal!
> Les stratagèmes les sortilèges vieillissent
> comme les poètes qui les avaient conçus...

Philippe Dumaine.

Les critiques ont vu en Philippe Dumaine, né en 1901 (dont le vrai nom est Robert Thenon) deux poètes : le premier serait celui des *Oblations*, 1936, de *Lumières*, 1937, de *Périples*, 1939, traditionnel et bucolique, proche de l'école fantaisiste, des poètes du *Divan* où il est publié; le second un poète moderne ouvert à toutes les expériences. Il y a là du vrai, encore que le premier Philippe Dumaine subsiste dans le second et soit pour lui une sorte de garde-fou. En vérité, dès l'avant-guerre, Dumaine, par Milosz et Apollinaire, découvre une conception dynamique de la poésie, puis la guerre, la captivité lui apprennent, par-delà les jeux artistiques, que le poème est le lieu de l'incessante quête et de l'approfondissement sensible.

On le voit bientôt dans *Imaginaires*, 1941, *Francs-Tireurs du temps*, 1943, *Cortèges*, 1945, *Agression de l'inconnu*, 1948. Dans les poèmes de guerre, l'influence apollinarienne est encore forte :

> Philippe ! te voici revenu de la guerre,
> Avec cet hiatus de mort et de misère.
>
> Tu parais tel qu'hier mais ton âme est changée
> Et tu vas en traînant ta cuisse ravagée...

Il s'en dégagera bientôt. Il deviendra plus original, plus affirmé, plus pénétrant. Tout poème sera marqué du sceau de l'humain avec quelques traces heureuses de l'élégie de ses débuts. S'il se libère du formalisme, ses poèmes gardent un fondement classique, une structure rationnelle. Jean Rousselot l'a bien défini : « Dumaine a compris que la poésie n'est pas la matière première, encore moins l'outillage de quelque travail artistique, mais bien l'exercice de la plus périlleuse fonction humaine : l'expression de l'inexprimable, l'élucidation, par le langage, de toutes les zones obscures de la conscience... » et il est exact qu'il est allé « fort loin dans son exploration de l'illogique et du fugace, de l'effectif et du merveilleux ». On lit :

> J'étais né, j'existais sur d'énormes registres,
> A côté de millions de mourants et de morts.
>
> Un hôte du château glissait dans le silence
> Et recherchait l'obscurité de préférence
> Pour cacher le Grand Mal qui rongeait son visage.
>
> Notre étreinte dura comme jamais sur terre.
> De sa chair éclatée coulèrent les secrets,
> Ses élans retombés, sa longue solitude,
> Notre mutuel amour que nous savions trop tard.
> Il revivait ma vie, je revécus la sienne ;
> Je lisais mon destin que sa bouche et ses rides...

De livre en livre, le poète trouvera de fortes expressions, avancera à la recherche d'une connaissance et d'une nouvelle naissance. Ce seront : *L'Hôtel de l'âge mûr*, 1950, *Ame, terre brûlée*, 1951, *Dans mon tourment de chair*, 1952, *Champ intérieur*, 1954, *Arpents secrets*, 1962, *Combats d'arrière-garde*, 1964, et d'autres livres dont ses volumes d'*Inscriptions*, 1965, 1968, où le poète va vers le texte court, ramassé, aphoristique, à la manière des haïkus. En prose, en vers classiques ou libres, en aphorismes, c'est un cheminement vers toujours plus de lumière, au cours d'une « poésie chaude et viscérale, profondément charnelle », comme l'observe Maurice Chapelan. On lit :

> Chaque jour je me décompose
> et je me recompose
> je meurs et je revis
> dans le secret de mes cellules
> Je n'ai plus que mes cicatrices
> pour relier l'homme d'hier
> à celui d'aujourd'hui.

Présence du corps, de l'érotisme, de tout le fantastique de la simple vie humaine, la poésie de Dumaine sait aller de la blessure au merveilleux. Comme le dit Jehan Despert dans un livre consacré au poète : « ...du Dumaine ô combien secret au Dumaine " aventurier de l'homme " naîtront des œuvres fortes, témoins de leur temps, et d'une démarche difficile dans un terrain perpétuellement mouvant et soumis à des lois indiscernables ». La fragilité, la précarité de l'homme, l'angoisse du devenir comme les agressions du monde présent et de l'inconnu sont présentes au long d'une œuvre qui nous touche, pourrait-on dire, humainement et biologiquement.

Jean Laugier.

« Le désossé sublime, le frère ricaneur de Corbière, l'héritier mal partagé, mal ressuscité de Villon », c'est ainsi que Charles Le Quintrec portraiture Jean Laugier, né en 1924 à Saigon d'un père provençal et d'une mère bretonne. *Le Désossé*, c'était en 1949 le titre du premier livre de Laugier, et c'est avec *La Huitième Couleur*, 1952, que le poète fait son entrée en poésie. Comédien, il joue dans les troupes de Fabbri, de Vitaly, par exemple de l'Audiberti dont il est le poète le plus proche par sa puissance verbale comme l'auteur de théâtre est proche de Claudel. Mais le comédien s'efface devant le poète. « C'est, écrit Jean Rousselot, une sorte de Baudelaire moderne, ou de Bloy qui écrirait des vers ou encore d'Audiberti dont le cœur aurait été touché par la grâce. » Et il est vrai que dans ses premières œuvres surtout, il apparaît comme un « poète écorché, paroxyste qui, d'une voix ferme et désespérée, pousse des cris d'amour sur les tabernacles renversés ». En un temps de poésie libérée ou semi-libérée, en possession de son instrument prosodique, il ne le quitte que rarement. C'est bien ce classique d'un genre nouveau qui ne peut être confondu avec les virtuoses du pastiche, comme l'a remarqué Léon-Gabriel Gros. Il y a certes ce puissant marteleur qui ici est proche de son ami Charles Le Quintrec :

> Cœur, ventre et cris, mitoyenne misère,
> Les visages du sang vaudront d'être vécus.
> J'ai désappris les mots, les Christs et les colères,
> Je ne suis plus de ceux qui bravent par prières
> La sagesse est le glas de l'instinct qui s'est tu.

Jacques Audiberti aima ce poème *Viandes* qui lui fut dédié et dont voici le début :

> Grappe spongieuse où l'homme gronde,
> Trappe ventrue qui me créas
> Tes dents mordent les mots du monde
> Vagues de cris, nos corps se fondent
> Le ciel navigue sous nos draps.

Cette poésie violente et viscérale, s'il en reste des traces dans l'œuvre entier, apparaîtra plus tempérée de recueil en recueil. Le poète se méfiera des excès de mots, de la virtuosité et nous le verrons dans des poèmes de structure traditionnelle bousculer la tradition morte. Les livres se succéderont avec chacun sa particularité, son lot de conquêtes, d'inflexions nouvelles, d'interrogations spirituelles sur l'identité de l'homme face aux secrets de la nature et du divin. Des titres : *L'Espace muet*, 1956, *Les Bogues*, 1961, *L'Autre Versant*, 1970, *Margelles de l'aube*, 1973, *Le Retable des quatre saisons*, 1976, *Rituel pour une ode*, 1978, *Le Verbe et la semence*, 1982, *Visages d'une écoute* (poèmes choisis 1942-1987), 1987. N'oublions pas les volumes de son œuvre théâtrale et l'essai que lui a consacré Jean Alter sous le titre *Itinéraire d'un poète*, 1980.

Laugier ne cherche pas la rime rare, joue sur la musique des assonances, sur les masculines et les féminines, mesure maints poèmes : suite de trois tercets dans *Le Retable des quatre saisons* ou de trois quatrains dans *Les Bogues*. Chaque recueil est bien composé, bien structuré. Ce forgeron des mots sait aussi être un ciseleur comme l'étaient les poètes du premier XVIIe siècle :

> Amants qui de trop douce guerre
> Prenez la pose des gisants,
> Vous creusez le lit de la terre
> Pour la nuit vénielle du temps.

Le corps, l'âme, le temps, Dieu, le verbe, l'écoute universelle, les saisons, ce sont là ses thèmes et il les traite avec intériorité et intensité. Exalté ou calme, tendre ou déchiré, en prière ou au bord du blasphème, il est tout de passion et la voix qui clame est aussi la voix qui tremble. La vie, la mort, on les prend tout d'abord à bras-le-corps, puis on recule, on interroge, on va de l'élégie au cri contre ce qui est veule et plat. De la fleur, il recueille le parfum, Jean Laugier, mais n'oublie ni l'épine, ni la racine, ni la lente germination. Enfin, il est généreux, a l'accent du combat comme jadis Agrippa d'Aubigné, le sens du franciscain comme naguère Francis Jammes, et n'oublions pas le regard sur la simple humanité :

> Ils ont porté leur enfant au cimetière
> Un homme, une femme, un étranger
> Mais ni l'un ni l'autre n'ont bougé
> Quand sur le cercueil a rebondi la pierre...

Poésie de complainte, de souffle, d'ample respiration, poésie qui force l'indifférence. S'inscrit-elle, comme on dit, dans la modernité? Oui s'il s'agit de celle dont parlait Chateaubriand. Des scories? Du minerai? Il y en a, certes, mais le poète Jean Laugier a su partout se montrer un extracteur de pierres précieuses.

Sur des pensers nouveaux...

La question ne se pose plus guère d'un débat entre tenants de la prosodie et partisans du vers libéré en partie ou entièrement libre. Des poètes ont procédé des deux ordres sans la moindre gêne, l'essentiel étant la qualité du poème et son originalité. Cette qualité peut être ici et là, la médiocrité aussi. On a pu observer une lassitude envers trop de versificateurs et de rimailleurs répétant ce qui a été déjà dit et mieux dit. Et puis, il faut tenir compte de l'avènement d'une nouvelle sensibilité, de nouveaux rythmes, d'une recherche de renouvellement. Il n'empêche que sur les fameux pensers nouveaux, il se fait toujours des vers non point antiques ou relevant de l'antiquité mais s'inscrivant dans la continuité d'un art qui a fait ses preuves.

Ainsi Pierre Osenat (né en 1908) surtout lorsque dans la tradition des poètes du voyage, il nous entraîne vers ses Antilles natales et vers les îles qui l'inspirent. Ce chirurgien, amoureux de cartes et d'estampes, nous le dit : « Je navigue sur les cartes de mon enfance, battant pavillon de poète. Et quand les corsaires à bâbord et les flibustiers à tribord échangent des boulets rouges, je poursuis ma croisière comme un trait d'union d'amour ; le spleen au grand pavois. » Cette nostalgie d'autres terres, ces regrets d'enfance lointaine l'amènent à une réinvention plus vraie que le vrai de formes, de couleurs (Osenat est aussi un critique d'art), à l'évocation de senteurs et de goûts avec « l'impalpable et transcendante présence de l'au-delà ». Les titres des œuvres sont parlants : *Chants de mer*, 1965, *Chants des Antilles*, 1965, *Chants des îles*, 1968, et des *Cantates* à l'île de Sein ou à l'île d'Ouessant, si ce n'est à Arcachon, avec des poèmes offerts aux peintres qui l'illustrent, sans oublier ce *Passage des vivants*, 1962, que préfaça Audiberti. La richesse du vocabulaire, celui des Caraïbes, celui de la mer, celui de tous les lieux chantés offre un monde de parfums, sons et couleurs qui se mêlent, se répondent, créent une symphonie, car c'est à la fois musique et peinture. La forme classique permet des rimes percutantes, inattendues, baroques, scintillantes qui arrachent le poème à sa gangue trop sage et l'entraînent vers une animation, celle d'un corps vivant, vers une modernité qui force les portes, et cela peut-être à l'insu du poète. A lire encore : *Elles et eux*, 1987.

Jehan Despert (ce n'est pas un pseudonyme) est né en 1921. Il est l'auteur de nombreux essais, notamment sur Rilke, Saint-Pol Roux, Charles Guérin, et aussi Philippe Dumaine, André Blanchard, Anne-Marie de Backer, Maurice d'Hartoy, Pierre Loubière, beaucoup d'autres encore comme Émilienne Kerhoas qui elle-même lui a consacré un ouvrage. « Suis-je le lieu baroque ? » demande-t-il, et il est vrai que cette poésie où passent des souvenirs symbolistes par ce « ton d'antithèse des poèmes, où s'affrontent deux conceptions du temps, deux conceptions de la femme, deux conceptions de la divinité », comme écrit Émilienne Kerhoas, ne va pas sans heurts qui nous entraînent dans un vertige où « grimacent les démons tentateurs de l'extase ! » Tantôt nous trouvons des poèmes de pure tradition prosodique, tantôt des vers libres qui ne manquent pas de vigueur. Entre *La Saint-Jean d'été*, 1947, et *Orénoque*, 1981 (qui nous rappelle Ganzo), de nombreux livres explorent la nature ou élèvent des *Tombeaux* à des poètes vénérés, Rilke par exemple, à moins que le poète ne tente des réconciliations entre l'Éros et la Foi par le truchement du poème.

Jean Aubert (né en 1921) a écrit des essais : sur la peinture, sur Paul Fort, sur Tristan Klingsor. Il a créé la revue *Flammes vives* en 1948, écrit sur Thiers, et publié des poèmes de structure classique aux accords mélodiques et témoignant d'une attentive observation des choses : *Du cœur à l'âme*, 1942, *Espoir au-dehors*, 1946, ou *Bestiaire*, 1964. Dans une approche voisine, Georges Bonneville (né en 1923), dans *Appels espacés*, 1950, ou *Eau profonde*, 1962, a été inspiré par tableaux et paysages dans des poèmes au lyrisme discret dans une construction classique. Plus hermétique apparaît Bernard Dumontet (né en 1929) dont la poésie est construite avec densité, intellectuelle mais non point inabordable comme en témoignent *Nuit et jour*, 1949, *Le Conseil*, 1952, *Déserts*, 1958, etc. Frances de Dalmatie, de *Jeunes Incantations*, 1950, au *Bal vert*, 1954, et à ses *Anamorphoses*, 1957, a témoigné d'un goût classique et d'une attention aux choses. Henry Meillant est, lui aussi, un mainteneur, contre vents et marées, d'une poésie traditionnelle qui a encore ses adeptes.

Il y a de la ferveur et de la spontanéité chez Jean-Marie Sourgens (né en 1934) et de beaux passages dans *A contre-nuit*, 1953, *Le Feu sous la neige*, 1955, *Esquisses en blanc sur blanc*, 1957. Qu'il rime ou non, il sait donner une musique neuve à ses poèmes classiquement construits et Pierre Seghers a pu parler d'un poète épris de la musique du langage.

Aimé Seveyrat sait rendre hommage à la poésie dite libre, mais préfère la structure prosodique qu'il allège pour offrir des chants de nature en se rapprochant des chansons verlainiennes et des poètes fantaisistes. Poète intimiste, il offre les poèmes que lui dictent les heures de la vie. Parmi une vingtaine de titres, nous citons : *Sur les ruines du cœur*, 1941, *Phosphorescences*, 1962, *Le Soleil ne sait pas mourir*, 1973, *Spirales de rêves*, 1981, *Joyaux et rocailles*, 1982.

D'*Éclaircies*, 1947, à *Poèmes en chemins*, 1983, une douzaine de livres composent l'œuvre d'André Lo Celso, aussi fidèle à la nature, aux fleurs, aux saisons et aux jours du classicisme. Il en a réuni le suc dans *Florilège*, 1987. Même chemin pour Claude Le Roy (né en 1937), fondateur de la revue *Noréal* à Caen. Pour ses cinquante ans, il a composé des *Poèmes du cinquantenaire*, 1987, comme il se doit pour offrir « l'innocence aux yeux de pervenche » de ses souvenirs. Quant à Louis-Pascal Réjou (1884-1979), le Périgourdin, son souvenir est perpétué par son *Œuvre poétique*, 1982. Au hasard de son métier d'écrivain, de ses voyages, de ses amours, Jean Diwo (né en 1914) a pris plaisir à écrire *Rétro-Rimes*, 1987, poèmes et sonnets pleins de fantaisie et de charme, sans autre prétention que de chanter les heures heureuses. Sincère et spontané apparaît Hervé Vilez dans ses plaquettes, la plus récente étant *Les Vies intérieures*, 1987, où on se souvient des harmonies du temps du symbolisme.

3

Claude Roy

CLAUDE Roy excelle dans tous les genres de l'écriture. Il publie en alternance poèmes, romans, documentaires de voyages, descriptions critiques, essais, clefs pour l'art, livres pour enfants... et ce n'est pas une facilité que de dire : la poésie, comme chez Cocteau, est le fil conducteur de l'œuvre. Les poèmes coulent de cette source légère qui offre ses eaux fraîches, celles de Charles d'Orléans, de Marot, de Théophile de Viau, de Musset, de Nerval, d'Apollinaire, de Cocteau, de Supervielle, – ce qui ne fait pas de Claude Roy un poète sous influence mais le situe dans une lignée où l'on trouve ce qu'il y a de plus ravissant. Et l'on peut penser que chacun, sans oublier les anonymes des complaintes et des comptines ou les maîtres de la haute culture, lui a offert en héritage le meilleur. Sans doute, la souplesse et la grâce, l'élégance et la simplicité, assez de science pour retrouver la voix naturelle.

Le 28 août 1915 à trois heures du matin (nous apprend Roger Grenier dans un « Poètes d'aujourd'hui » consacré à Claude Roy), un médecin, le professeur Alban Ribemont-Dessaignes, « mit au monde Claude Roy, futur admirateur de son fils Georges Ribemont-Dessaignes » *(voir préc. vol.).* Classe enfantine au lycée Buffon, premier poème à sept ans : *Le Rose est rose.* Les parents s'établiront en Charente : lycée d'Angoulême, enthousiasme pour le jazz (Claude Roy va tout apprendre, tout connaître : littératures, philosophies, sciences psychologiques, cultures étrangères, beaux-arts, au fil du temps). Bonnes études. L'intellectuel engagé, le journaliste garde, grâce à la poésie, fraîcheur native, naïveté, diront certains. L'intelligence sait rester « en intelligence » avec les êtres et les choses. Court portrait : « Claude Roy a un profil raboté de boxeur, le sourcil en ligne brisée, une rousseur espagnole. C'est fou ce que les intellectuels, quand ils s'y mettent, peuvent ne pas ressembler à des intellectuels. Regardez Claudel, ce lutteur de foire moustachu... » (le romancier Roger Grenier). Un portrait de 1949 montre le poète lisant *Comics,* un cornet de glace à la main : il fait penser à l'acteur Paul Newman. Il épouse la comédienne Loleh Bellon.

Études de lettres et de droit. Claude Roy appartient à une classe où l'on ne cesse d'être soldat, d'où les premiers poèmes dans *Poètes casqués* de

Pierre Seghers, dans *Poésie 40,* dans *Fontaine* de Max-Pol Fouchet. Il sera dans les chars, plus tard correspondant de guerre. Les biographies insistent sur le jeune intellectuel fasciné par les normaliens de *L'Action française,* Robert Brasillach ou Thierry Maulnier, affaire d'une génération d'avant-guerre, puis sur la Résistance, l'adhésion au parti communiste en pleine guerre (il est avec Roger Vaillant une figure de son intelligentsia), l'exclusion pour sa prise de position lors du soulèvement de Budapest. Disons ses admirations pour les classiques, Hérodote, Vauvenargues, Benjamin Constant, Stendhal, ou pour les modernes, Giraudoux, Gide, Paulhan, Aragon malgré les rapports difficiles.

Ses recueils : *L'Enfance de l'art,* 1942, *Clair comme le jour,* 1943, *Le Bestiaire des amants,* 1946, *Le Poète mineur,* 1949, *Le Parfait Amour,* 1952, *Un seul poème,* 1954, *Enfantasques,* 1974, *Nouvelles Enfantasques,* 1979, *Sais-tu si nous sommes encore loin de la mer,* 1979, *A la lisière du temps,* 1984, *Le Voyage d'automne,* 1987. Ses anthologies : *Trésor de la poésie populaire française,* 1954, *Trésor de la poésie chinoise,* 1967. Ses études sur *Aragon, Jules Supervielle.* Plus de cinquante livres : des romans qui sont poésie parmi lesquels *La nuit est le manteau des pauvres,* 1948, *A tort ou à raison,* 1955, ou *La Traversée du pont des Arts,* 1979 ; une monumentale autobiographie : *Moi, je,* 1969, *Nous,* 1972, *Somme toute,* 1976 ; des carnets sur l'expérience d'une grave maladie : *Permis de séjour (1977-1982),* 1983 ; des descriptions critiques : les classiques, les romantiques, Marivaux, Stendhal, Jean Vilar... Essais, clefs pour l'art, théâtre, livres d'enfants, on ne peut tout citer, beaucoup de proses incisives, directes, faisant mouche à chaque mot, procédant de la poésie.

L'Enfant curieux écoute aux portes de la terre.

Comme la coulée du poème, l'art poétique de Claude Roy apparaît simple : « Il reste bien évident que si l'eau conduit l'électricité bien mieux encore que le cuivre, il en est de même de la prose et du vers. Le rythme, la rime, les règles et les pratiques usuelles de la versification sont bons conducteurs de poésie. » Mais, comme les poètes de sa génération, il prendra des libertés : « S'il y a des vers faux, c'est exprès », prévient-il. Il sait s'éloigner de l'arbitraire des règles chères aux traités de versification. Il veut chanter l'amour et le bonheur, et transparaissent d'autres thèmes : l'angoisse, le temps, la mort. Au fond, une poésie « claire comme le jour » qui serait « l'enfance de l'art » et il y a un beau contenu d'enfance dans ses premiers recueils. C'est qu'il aime la poésie populaire, les vieilles chansons françaises, les complaintes, les comptines, les contes de fées. Il le dit : « Aimer la poésie populaire n'est pas retomber en enfance, c'est remonter en humanité. » Cela ne l'empêchera pas, d'un livre à l'autre, de se renouveler et d'atteindre de hautes régions. Au début, la sagesse populaire lui sert d'essor :

> A ne pas mettre un chien dehors
> Ni un cheval ni un oiseau

> Un bel hiver par-dessus bord
> De blanc de neige et de biseaux
>
> Deux amants au creux de la nuit
> A ne pas mettre un chien dehors
> Au creux du chaud passé minuit
> Deux amants à l'abri du port...

Une poésie d'images, d'instinct, de sensations, avec de l'harmonie et du sentiment, de l'espoir : « Il suffit d'une étoile à portée de la main / pour conjurer le sort. » Il nous dit : « Ne passez pas vos jours à vous passer de vie. » Ou bien : « Le mort que je serai s'étonne d'être en vie. » Ou bien, il offre une *Nuit* pleine de grâce :

> Elle est venue la nuit de plus loin que la nuit
> à pas de vent de loup de fougère et de menthe
> voleuse de parfum impure fausse nuit
> fille aux cheveux d'écume issue de l'eau dormante

Si le temps est « bête comme un alexandrin », il n'a « pas le temps de perdre ses minutes ». Et l'alexandrin, on le quitte le temps d'une *Complainte de la petite mort dans l'âme* :

> La petite mort dans l'âme, à force de tourner elle s'est perdue.
> Peut-être l'avez-vous rencontrée à l'Armée du Salut ou au coin de la rue?...

Il y a quelque chose d'ingénu et d'enjoué, de la jubilation et une pointe d'humour. Ainsi, comme au Moyen Âge ou plus tard dans la Carte de Tendre, on trouve des demoiselles allégoriques qui se nomment Sans Souci, Tôt Partie, Rire aux Larmes ou Voix Voilée. Il a le sens de la poésie amoureuse, on le voit dans un livre au titre célèbre, *Le Poète mineur*. Que veut-il dire par là? Poésie qui ne se prend pas au sérieux? Poésie à l'opposé des recherches formelles? Nous pensons plutôt que le poète est un mineur, un extracteur des grands fonds, la lampe au front, le pic à la main. Là aussi, on trouve ce neveu de Supervielle dont parle René Bertelé. La génération surréaliste est proche; comme Eluard, comme Breton, comme Aragon, Claude Roy sait édifier un poème d'amour :

> Je te reconnaîtrai aux algues de la mer
> au seul de tes cheveux aux herbes de tes mains
> Je te reconnaîtrai au profond des paupières
> Je fermerai les yeux tu me prendras la main...

Avec *Sais-tu si nous sommes encore loin de la mer?* sous-titré « Épopée cosmogonique, géologique, hydraulique, philosophique et pratique en douze chants et en vers » (clin d'œil à Raymond Queneau), Claude Roy ressuscite le livre farci car dans le poème se glissent en italiques, selon un montage figurant le chœur (témoignage de sa culture) des dizaines de textes empruntés aux grandes œuvres de l'humanité, *Bhagavad-Gita*, *Kalevala*, *Odyssée*, aux présocratiques, aux poètes, romanciers, ethnologues, philosophes, chants populaires, etc. Avec ce livre, Claude Roy oublie les influences des poètes qu'il admire et découvre, loin des rigueurs ou semi-rigueurs de la prosodie, une liberté qui lui sied à merveille. On le sent respirer, être heureux de sa création, délié, libre, avec toujours le charme, l'élégance et l'humour, l'intelligence de ses grandes proses. Mais son plus beau recueil, selon nos goûts, sera *A la lisière du temps*. A notre sens, c'est là qu'est sa véritable épopée, son histoire intime. Claude Roy a subi la douloureuse expérience de la maladie avec courage et, selon une recommandation célèbre, il en a fait plus que bon usage. On pourrait dire avec lui : « L'appel vient de très loin / la sonnerie est différente. » Ce n'est pas un lamento, mais un vaste regard sur le temps et sur l'espace géographique et culturel. Toujours le thème du temps, et des blancs pour reprendre souffle. *J'ai bien le temps*, dit-il :

> J'ai peu de souffle   et peu de force   et moins d'élan
> Mais je ne me presse plus   J'ai bien le temps d'attendre
> Depuis qu'il se fait tard   j'ai du temps devant moi
>
> Je suis comme celui qui a fait sa journée
> et réfléchit   assis   les mains à plat sur les genoux
> aux choses qu'il veut faire   et fera   en leur temps
>
> si la source du temps lui compte encore des jours

Cette citation n'est pas suffisante pour donner une idée de l'ensemble riche, composite, parcourant toutes les saisons du poème.

La critique classificatrice pourra être surprise par un écrivain qui, excellant en tous genres, rend la synthèse difficile. Que Claude Roy soit le miroir d'un siècle ardent et fragile, cela se conçoit, mais il a montré en tous lieux une parfaite probité. Ici, parlant des poèmes, nous n'omettrons pas de conseiller au lecteur d'aller vers toutes œuvres en prose nées d'une énergie créatrice nommée poésie, puisant ses ressorts en elle, lui permettant de vastes compositions. Il est un témoin et un acteur de son temps. On ne reprochera pas au poète son universelle curiosité. Il y trouve richesse et non dispersion. Empruntons-lui la conclusion de nos lignes et aussi leur critique : « Une œuvre ne souffre (c'est le mot) que pour la commodité du langage critique d'être coupée en petits morceaux, choisis ou pas choisis, les uns étant catalogués poèmes et les autres essais et les derniers romans... c'est toujours d'un poète qu'il s'agit. »

4

Max-Pol Fouchet

L'ŒUVRE en vers de Max-Pol Fouchet (1913-1980) est de dimension réduite : trois plaquettes intitulées *Simples sans vertu*, 1936, *Vent profond*, 1938, *Les Limites de l'amour*, 1942, et un livre, *Demeure le secret*, 1961, réédité en 1985 avec une préface de Marie-Claire Bancquart, mais cela a suffi pour lui donner une bonne place parmi les poètes de sa génération. S'y ajoutent d'autres œuvres, une action pour la poésie, une manière de l'envisager « non seulement comme fonction du poète, comme écriture et publication du poème, mais comme une activité interne, ininterrompue, inachevée, qui, à chaque instant, éclaire les actes de notre vie et leur donne un sens ». Ainsi, ce poète qui, grâce à la communication, connut une grande notoriété, était un homme du secret.

Né un 1er mai à Saint-Vaast-la-Hougue dans le Cotentin, Max-Pol Fouchet appartenait à une famille d'armateurs. Son père, républicain, avait baptisé ses trois voiliers *Liberté*, *Égalité* et *Fraternité*, ses chalutiers *Jean Jaurès* et *Karl Marx*. L'enfant naquit place de la République et fut baptisé au calvados. Son père, blessé à la guerre de 14, dut changer de climat. La famille vécut à Paris, à Bruxelles, puis à Alger à partir de 1923. Suivant l'engagement de son père, Max-Pol fut secrétaire des Jeunesses socialistes. Il créa, avec Charles Autrand et Edmond Charlot, la célèbre revue *Fontaine* (1939-1948) dont les numéros spéciaux font date, par exemple *De la poésie comme exercice spirituel* et qui mit « la Résistance en pleine lumière » tout comme les revues de Pierre Seghers et de René Tavernier s'opposant à la N.R.F. de Drieu La Rochelle. Max-Pol Fouchet, sous l'influence d'Emmanuel Mounier, éprouva la tentation religieuse. Après la guerre, il visita l'Europe, l'Afrique noire, l'Amérique, l'Inde, avec le regard de l'historien d'art, de l'archéologue et de l'ethnologue, d'où des ouvrages comme *Les Peuples nus*, 1953, *Terres indiennes*, 1955, *Portugal des voiles*, 1959, *L'Art à Carthage*, 1962, etc. Des œuvres anthologiques : *Anthologie thématique de la poésie française*, 1958, *Les Poètes de la revue Fontaine*, 1978. S'ajoutent des *Chroniques de la Résistance*, des romans, des préfaces. Jean Quéval lui a consacré un « Poètes d'aujourd'hui ».

Choses les plus prochaines / vous que touchent mes doigts...

Max-Pol Fouchet dut sa notoriété à la radio et à la télévision. Marie-Claire Bancquart l'a fort bien montré : « Il n'est pas rare de rencontrer des hommes et des femmes qui témoignent avoir été amenés par lui à Beethoven, à Nerval, à Pierre Jean Jouve. Médiateur comme on en rencontre peu, il savait pratiquer une critique de noble sympathie, sans vulgarité ni pédantisme. » Max-Pol Fouchet nous confia qu'il entendait ce rôle comme un acte poétique. Or nul n'a mieux chanté le silence que ce merveilleux parleur.

La parole poétique de Max-Pol Fouchet est celle d'une ascèse, d'un désir de dépouillement, juste ce qu'il faut de mots pour traduire des sensations, pour éveiller un feu pur ou suggérer une eau mouvante. Il a le sens de l'ellipse, du raccourci, et cela n'empêche nullement un tempérament lyrique de se manifester, mais il s'agit d'un lyrisme contenu comme chez un Nerval, comme chez les romantiques allemands, Hölderlin, Novalis. Il lui faut « exclure l'intermédiaire, écarter la littérature pour laisser le champ libre à l'émotion originelle, transformer cette émotion le moins possible, reconnaître à l'état de poésie une absolue suprématie sur le poème ».

La nuit, la vie, la mort, les éléments l'inspirent et, comme ses contemporains, les êtres animés (avec un souvenir de Supervielle), tout ce qui est de nature biologique, comme l'homme, et s'apparente au cosmos. Tout sera connaissance, y compris l'incident ou l'événement, et méditation exigeante. S'élabore une morale de l'espoir, de l'amour, de la liberté, loin du didactisme moraliste. Il s'agit « d'égrener la rosée de l'aube », de « refléter le monde ». Tout poème naît du secret.

> Toutes portes communicantes toutes vitres
> Le treillis de l'amour le treillis des charmilles
> Sont magie des limites sortilège d'apparence
>   Un mystère franchi

Qu'il s'agisse de *La Campagne de Russie* ou de *La Prise de Barcelone,* sa poésie est message. Pour ce dernier poème, nous avions lu une première version commençant ainsi :

> Fleurs d'amandiers fleurs coupées la nuit
> par des maraudeurs dans les jardins fruitiers
> qui maintenant dans ce vase dans ma chambre
> s'effeuillent en silence pétale à pétale en silence...

Et cela deviendra, par désir d'effacer la lourdeur :

> Rameaux d'amandiers brisés la nuit
> par des maraudeurs dans les jardins fruitiers
> toutes fleurs tombées au pied du vase pétale à pétale
> comme les hommes de la liberté devant le mur...

Auteur de peu de poèmes, Max-Pol Fouchet les fond dans un nouveau moule, les met au goût du jour. Ils y gagnent en valeur esthétique ; ils y perdent en spontanéité. Traduits en langue moderne, ils montrent un souci de réactualisation. Le poète a le sens du sacrifice et bien des œuvres premières ont été rejetées par lui, bien des manuscrits détruits. On salue la rigueur.

La nature transparaît, apportant son contenu visuel et musical par des images de fleurs, d'oiseaux, de paysages. Comme ceux de l'existence, la vie, le temps, la mort, le thème de l'amour s'exprime avec ferveur discrète : « Il suffit d'un baiser / pour apprendre l'amour » ou « Laisse-moi voir le monde / Tu m'arrêtes la mort » ou encore :

> Longuement j'écoute
> En toi respirer mon amour
> Tu as en moi mon amour
> J'ai ton amour en moi
>
> Le plus clair de mon sang
> Depuis longtemps passe en toi
> Et voici que ton sang
> En mes veines afflue...

Les récents poèmes, contenus dans l'édition 1985 de *Derrière le secret* qui constitue l'ensemble de l'œuvre en poèmes sont *Le Feu la flamme*, 1975, *Héraklès*, 1977, et des *Hymnes à la seule*. Les poèmes du feu sont libérés de la prosodie traditionnelle, ils occupent l'espace de la page selon de nouvelles dispositions typographiques comme si un jeune poète venait de naître avec toute sa hardiesse juvénile. On trouve là un aboutissement solaire, un élargissement de l'œuvre comme si après tant de brouillons et de ratures le poète s'était trouvé. *Héraklès* est un combat et un symbole :

> Il nous plaît,
>   Héraklès,
>   que tu luttes.

Et cette lutte est celle du langage généreux, de la dignité humaine, de la solitude prise comme énergie, du dernier acte de vie comme énigme tandis que les *Hymnes à la seule* sont ceux de la liberté femme avec ce parcours des continents qu'il a si bien montré dans ses proses. L'ensemble des poèmes figure « la voix accompagnatrice du devenir intime » et un élargissement de l'homme au destin de l'humanité. Parmi divers textes réunis dans *Les Appels*, 1967, à la fin de celui consacré à Pierre Jean Jouve, nous lisons : « Quant au reste, – quant à la Grâce, si l'on préfère, – nous le trouverons dans l'émerveillement, à condition que nous soyons dignes d'être émerveillés. » Homme de culture et de communication, curieux de tout, enthousiaste faisant partager ses enthousiasmes au plus grand nombre, Max-Pol Fouchet sut, à travers vents et marées, rester un homme d'innocence, de silence, de secret.

5
Armand Robin

Armand Robin fait partie de ces *Poètes maudits d'aujourd'hui* qu'a réunis Pierre Seghers dans une anthologie. S'il serait impossible d'envisager son ensemble de livres sans tenir compte d'une vie soumise au guignon jusqu'à sa fin désastreuse, nous aimerions l'extraire d'une idée vague ou trop romantique que peut donner de la malédiction et nous en tenir à l'originalité d'un poète, à son ambition d'universalité : « Je vis comme si j'avais quarante vies », écrit-il en pensant aux destinées de poètes qui seront lui-même. Nous trouvons, avec Robin, un errant désespéré, un homme en état d'insurrection qui se dit « anarchiste de la grâce », un être oublieux de lui-même se recréant en l'autre, qui n'habite pas son nom, qui tend à ne pas exister et qui trouvera existence par-delà sa mort. C'est à juste titre que Bernard Delvaille évoque à son propos le pauvre Gaspard Hauser, Peter Schlemihl qui a perdu son ombre ou le comte de Saint-Germain, homme de tous les temps.

Si nous nous en tenions à ses propres poèmes, nous citerions seulement *Ma Vie sans moi*, 1941, *Les Poèmes indésirables*, 1945, *Le Monde d'une voix*, poèmes et fragments posthumes, 1970, nous parlerions de ce qu'on appelle roman et que Maurice Blanchot appelait « un long poème où la prose cherche le vers et s'accomplit souvent dans les conventions d'un mètre assez strict » et qui s'accomplit comme une quête du Graal à la manière des romans bretons : il s'agit de *Le Temps qu'il fait*, 1942. En effet, nous devons tenir comme des œuvres personnelles ce qu'on appelle traductions de poètes et pour lesquelles, à défaut d'inventer un mot, on parle de « non-traduction » ou de transposition de l'inspiration du poète devenu l'alter ego : « Mes poèmes traduits par Robin, écrit Ungaretti, c'est moi plus Robin... »

Ce poète que nous connûmes tour à tour irrité et tendre, voici une courte image de son parcours : ses origines bretonnes et pauvres peuvent expliquer les sources de son comportement. Armand Robin (1912-1961) naquit à Plouguervenel dans les Côtes-du-Nord, huitième enfant d'une famille de cultivateurs plus que modestes. Sans doute parce que le cadet, parce que particulièrement doué, il put faire des études : chez les Frères du collège de Campostal (jusqu'à six ans, il ne connaissait que le *fissel*, dialecte breton) où il excella bientôt en toutes disciplines, devançant bien souvent les programmes et manifestant d'un caractère entier qui le fait surnommer Voltaire. Il sera le seul de sa classe à obtenir son premier baccalauréat et rejoindra le lycée Anatole Le Braz à Saint-Brieuc où son professeur de philosophie se nomme Raymond Ruyer. Bachelier complet, il entre en khâgne au lycée Lakanal où sont de bons maîtres comme Jean Nabert et Jean Guéhenno, venu lui aussi du peuple et qui remarque cet étudiant pas comme les autres. Robin a pour condisciple Alain Bourdon qui écrira un remarquable « Poètes d'aujourd'hui », *Armand Robin*, de nombreux textes et préfaces le concernant – car, soit dit au passage, de Bourdon à Françoise Morvan, de Marcel Laurent à Henri Thomas et tant d'autres, sans oublier le numéro spécial des *Cahiers bleus*, Robin le solitaire aura les meilleurs des exégètes. Admis au concours d'entrée à Normale Sup', Robin échoue comme il échouera à l'agrégation. Rien ne l'intègre, pas même l'université. Pourquoi tant d'études? Non pour faire carrière, mais comme le dit Alain Bourdon, d'autres soucis l'absorbent : « Dès l'enfance, en son âme ils sont nés du besoin d'échapper à l'angoissant silence qui retranche de l'humanité ceux que leur faiblesse ou leur ignorance laissent " interdits " ; que rejettent aussi les mensonges et les vilenies d'un monde sans pitié. Épouser la cause des " siens ", les déshérités, leur prêter sa voix et contre vents et marées remonter aux sources où tout redevient pur, où tout redevient vrai, voilà la mission pour laquelle il se sent désigné. » Un don étonnant pour les langues lui en fait apprendre plus de vingt, notamment aux Langues orientales et dans ses nombreux voyages. Il se met à l'épreuve des langues. Il écrit : « Je mendiai en tout lieu mon lieu. Je me traduisis. Trente poètes en langues de tous les pays prirent ma tête pour auberge. »

Et voilà qu'il s'invente un métier : il écoute les radios internationales, consigne des informations données dans la langue de chaque pays, édite un bulletin où s'abonnent notamment l'Élysée, les ministères, le comte de Paris, le Vatican, des journaux, des particuliers. Il passera ses nuits à l'écoute, connaîtra une ascèse de la fatigue, tirera la philosophie de son expérience dans *La Fausse Parole,* 1953. On peut imaginer, en pleine occupation allemande, les risques que comportaient ces écoutes clandestines, d'autant que Robin était lié avec la Résistance, ce qui ne l'empêchera pas de figurer, en 1945, sur une liste noire du Comité national des Écrivains. Il rejoindra la Fédération anarchiste où ses amis sont notamment Roger Toussenot et Georges Brassens, écrira dans *Le Libertaire,* publiera aux Éditions anarchistes ses *Poèmes indésirables* et de nouvelles « non-traductions » comme il n'a jamais cessé de le faire depuis ses livres personnels (ou « plus personnels » si l'on veut), comme il le fera sa vie durant.

Mais ses jours sont comptés : le 27 mars 1961, il disparaît de son domicile. Le 30 mars, lendemain du jour où il y a été transféré, il meurt à l'Infirmerie spéciale du Dépôt. Un mystère va planer sur sa fin. Il faudra attendre sept années pour que soit publié son livre *Le Monde d'une voix,* poèmes et fragments posthumes. Dès lors, on parlera de Robin et ce seront des articles de Charles Le Quintrec, de Jacques Chessex, de Claude Mauriac, de Bernard Pivot, de Jean-Noël Vuarnet, les études des critiques dont nous avons parlé. Évoquons cette triste image des employés municipaux déblayant les affaires d'un mort. Entrent deux amis de Robin, Claude Roland-Manuel et Georges Lambrichs. Ils ramassent des feuillets épars promis à la chaudière et les glissent dans une valise. C'est le sauvetage des inédits.

Nous poursuivons ici la liste des ouvrages : *Poèmes d'Ady*, 1946, *Quatre Poètes russes* (Maïakovski, Pasternak, Blok, Essénine) 1949, Endre Ady, *Poèmes*, 1951, *Poésie non traduite*, 1953, *Omar Khayam. Rubayat*, 1958, *Poésie non traduite 2*, 1958, Gottfried Keller. *Roméo et Juliette au village*, 1979. L'œuvre poétique de Robin sera réunie dans *Ma Vie sans moi*, dans la collection Poésie/Gallimard avec une préface d'Alain Bourdon. Françoise Morvan rassemblera et présentera en deux volumes sous le titre *Écrits oubliés*, 1986, essais critiques et traductions.

Ma vie a pris sur moi démarche inouïe.

Ma Vie sans moi, les poèmes, comme *Le Temps qu'il fait*, le livre épique et lyrique, geste légendaire plus que roman, sont matière de Bretagne, émanent de la « race aux grands yeux de mystère » avec tout le merveilleux et le féerique du pays des légendes. C'est aussi le souvenir proche du monde rustique :

> La ferme où je suis né s'en va sans connaissance,
> Mère, mère ; elle a mis comme toi sa coiffe du dimanche ;
> La herse qu'est mon âme s'est prise entre les souches ;
> La terre, nourricière des poèmes, reste en friches ;
> Bercera-t-elle cet été la noble sieste des gerbes?

Apparaît ainsi la mère avec qui le poète dialogue : « – Mère, je reviendrai sitôt qu'un vrai sourire... » et elle répond : « Armand, peux-tu blesser Jésus si méchamment?... » Il y a le vieux paysan de père, « Un très vieil homme brûlé de sueur, qui travaille comme un jeune... » Et le poète montre la fiancée du sabotier, le portefaix des eaux, chante des airs de ronde, écrit des bergeries, affirme la présence du temps : « J'ai rejeté le temps bien loin de mes épaules » ou « Le temps m'a rajeuni jusque dans mon enfance. » Et des paysages terrestres, pris dans leur réalité, à qui il voue un grand amour et qui lui inspirent des chants profonds sur les soucis, les misères et les émerveillements de la simple humanité, un combat entre l'ombre qu'il porte et la lumière qu'il attend. Le regard est lucide et tendre même si sourd la révolte. Et il y a une singulière fraîcheur. *Le Monde d'une voix* montre un poète qui est passé par bien des expériences et sait si les poètes qui sont devenus d'autres moi ne passent pas dans ces lignes. Ici, comme dans les *Poèmes indésirables*, on est au plus près du témoignage sur soi et sur les événements même si apparaissent toujours des thèmes agrestes ou familiaux comme dans le premier livre. Ce sont des poèmes clairs, directs et simples. On lit : « Dès que j'eus quitté les pauvres gens / Je n'ai trouvé que des académies ordonnancées » ou « Mon père, je vois bien que je me suis trompé / En voulant devenir un poète, un lettré... » ou cette confidence : « Le gouvernement qui nous a libérés / M'a demandé de travailler sept jours sur les sept jours / Afin de créer un peu de vérité... » Créer un peu de vérité : belle fonction du poète. Il y a dans ces poèmes de la spontanéité, celle d'un « poète des buissons et des ronces », d'un caractère qui s'affirme : « Je suis un sauvage qui n'accepte pas les remerciements. » On trouve encore des portraits pas toujours tendres, une vision universelle, le rappel d'être « fabriqué dans une étoffe populaire ». Et le regret :

> – Autrefois
> J'étais une vieille lande aux caresses puissantes et stagnantes
> Il me reste quelques sentiers de mûriers et de noisetiers.

A cette œuvre attachante s'ajoutent les poèmes « non traduits ». Ils en forment même la matière essentielle. Ainsi, Armand Robin a voulu se transformer « en tous les grands poètes de tous les pays en toutes les langues ». Ils l'ont délivré de sa propre vie, pense-t-il et il écrit : « Eux et moi sommes UN. Je ne suis pas face à eux, ils ne sont pas face à moi. Ils parlent avant moi dans ma gorge, j'assiège leur gorge de mots à venir. Nous nous tenons son à son, syllabe à syllabe, rythme à rythme, sens à sens et surtout destin à destin. » A travers temps et pays, il part donc à la rencontre de ses proches : les Chinois du VIIIe siècle Tou Fou et Li Po, Imroulquaïs, l'Arabe, les Russes Vladimir Maïakovski, Boris Pasternak, Serge Essénine, Alexandre Blok, les Italiens Giuseppe Ungaretti et Eugenio Montale, les Hongrois Attila Joszef et Endre Ady, les Polonais Adam Mickiewicz et Adam Wasyk, les Allemands Friedrich Hölderlin et Gustav Fröding, et encore Omar Khayam et Wang Wei, et Sydney Keyes ou Dylan Thomas, etc. Par-delà les langues nationales, Armand Robin trouve une outre-langue, celle de la poésie, la langue même de Robin, riche, scandée, souple, heurtée, musicale, se dispensant en toutes les inflexions possibles pour, mieux que traduire, restituer une voix qui est une, la sienne.

L'ensemble poétique du poète répond à son ambition : « Une tentative pour embrasser l'universel. » Traduire devient non-traduire, autrement dit créer et il dit : « Par une vanité singulière l'inspiration se prétend solitaire, alors qu'entre son point de départ et son point d'arrivée sa condition est de tout rencontrer, mieux, de solliciter que tout l'accompagne. Elle collabore opiniâtrement, sournoisement avec tout l'univers... » Le petit paysan qui naquit dans la langue bretonne, grandit dans la langue française, mûrit dans cette langue particulière qui se nomme poésie a pu nous convaincre non seulement que « Bretagne est univers » mais aussi que Poésie est chose universelle.

6

Lucien Becker

L'ŒUVRE poétique de Lucien Becker, en deux cent cinquante poèmes, reflète l'image d'un homme à la sensibilité blessée, en attente, et le climat poétique de poèmes de solitude mélancolique où l'on semble à la recherche d'une issue, fenêtre, porte ou lucarne, dans un climat offrant toutes les nuances du gris, du clair-obscur, où la seule lumière est celle du corps féminin, où palpitent des vibrations physiques, quelque chose de prenant, forçant toute indifférence et atteignant le lecteur physiquement.

En 1943, Lanza del Vasto, parlant des premiers recueils de Becker, le montrait déjà tel qu'en lui-même : « Il parle d'une voix blanche. Je n'entends pas bien ce qu'il dit, d'abord, et puis, peu à peu, j'éprouve l'impression que c'est moi qui parle. » (Et c'est bien là la magie de ce poète.) On lit encore : « La suite de ces petits quatrains aux vers inégaux, parfois rimés, parfois non, qui charrient des mots sans éclat, des images dont aucune ne fait crier au miracle, mais dont aucune ne passe sans atteindre la peau, sans glisser dessous avec quelque chose de son froid a vite fait de m'emplir d'une mélancolie inexorable et sans issue de larmes... Par un miracle de discrétion et de propriété, voilà des mots qui peignent plus qu'ils n'étonnent, qui rendent plus qu'ils ne promettent. » Vingt ans plus tard, Gaston Puel, dans le *Lucien Becker* de la série « Poètes d'aujourd'hui », écrivait : « Les poèmes de Lucien Becker sont nus et désenchantés; leur humilité est une peau fragile sous laquelle transparaît la sincérité du poète. » Tout au long de l'œuvre, pas d'évolution formelle : des poèmes composés de quatrains de vers irréguliers, de mètres tournant autour de l'alexandrin, impairs, onze ou treize syllabes, un serré du texte comme chez Pierre Reverdy qu'il admirait, une obsession des chairs quasi baudelairienne, et un sens parfait des correspondances, la nature et la femme lui apportant des images insolites. Il ne s'agit pas de l'élégie, de la plainte, mais de la peinture exacte d'un tempérament angoissé, celui d'un voyageur ou d'un étranger perdu dans l'éternité et poursuivant sans illusion une quête existentielle.

Il paraît cependant bien implanté. Ses parents cultivaient une terre venue des ancêtres. Il naquit à Metz en 1912, perdit son père à deux ans et, après

Béchy, vécut auprès de sa mère à Riche, village mosellan. Il regrettera sa vie durant de ne pas avoir été cultivateur. Après l'école communale du village, il fera ses études au collège Charles-Hermite à Dieuze et c'est là qu'il rencontrera un maître d'internat ami de Marcel Noll et Maxime Alexandre : il lui fait connaître le *Manifeste du Surréalisme*. En 1927, interne au lycée de Metz, Becker envoie ses premiers poèmes à René Char qui les fait publier dans la revue *Méridiens*. L'adolescent va vivre dans la lecture des surréalistes. Et voilà que des poèmes sont acceptés par André Breton qui veut les publier. Il n'en demande pas plus : cette consécration lui suffit et il se rétracte. En 1932, soldat en Syrie, il entre en relations avec Georges Schéhadé. Trois ans plus tard, après une inscription à la faculté de droit de Nancy et un concours, il entre dans l'Administration, puis se marie. Il correspond avec Joë Bousquet, avec Ilarie Voronca *(voir préc. vol.)*, René Guy Cadou, René Lacôte, ceux du groupe des *Cahiers du Sud* qu'il rejoint à Marseille au moment de la débâcle. Rencontre avec Luc Dietrich. Jean Paulhan publie ses poèmes. Entre 1945 et 1950, à Paris, Becker, pour un temps, se mêle à la vie littéraire. En 1952, il est nommé à Dakar où il ne fait rien, s'ennuie, regarde couler les heures. De nouveau à Paris, il observera le même retrait. L'auteur de ces lignes se souvient d'un dîner chez lui où le poète lui dit son intention de disparaître du monde littéraire, de partir sans laisser d'adresse. Et c'est ce qu'il fit. Nous reçûmes de lui des lettres amicales avec en tête la simple indication « sans lieu ni date ». Impossible de lui répondre. Il mourut dans les premières années de 1980 avec la même discrétion.

Reste une œuvre dont les principaux titres sont : *Le Monde sans joie*, 1945, *Rien à vivre*, 1947, *Plein amour*, 1954, *L'Été sans fin*, 1961. S'ajoutent des plaquettes souvent hors commerce comme *Cœur de feu*, 1929, livre renié, *Passager de la terre*, *Le Grand Cadavre blanc*, *L'Homme quotidien*, *La solitude est partout*, *Pas même l'amour*, *Les Dimensions du jour*, *Les Pouvoirs de l'amour*, tous des titres parlants. En 1957, les jeunes poètes de la revue *Les Hommes sans épaules* lui consacrèrent un numéro spécial : *Lucien Becker et nous* avec pour contributeurs les grands noms de la poésie contemporaine car Albert Béguin, Joë Bousquet, Jean Follain, René Ménard, Claude Mauriac, Alain Bosquet, Jean-Claude Ibert, Fernand Verhesen, etc., l'ont étudié avec enthousiasme. Enfin, la revue *Coup de Soleil* a publié *Lucien Becker ou l'exorcisme du néant*, en 1987, ce qui nous redonne quelque espoir, Becker étant souvent oublié dans les anthologies et dictionnaires spécialisés. L'oubli a tôt fait de rejoindre les solitaires.

Pas une main ne peut venir à ton secours.

Un « monde sans joie » où « la solitude est partout », où l'on ne trouve « pas même l'amour », où « il ne reste rien à vivre », voilà des titres qui nous feraient parler d'un pessimisme total s'il n'y avait « les dimensions du jour » et, malgré tout, « les pouvoirs de l'amour ». Le poète prend les choses dans leur réalité, n'appelle pas au secours, ne se mêle pas d'apocalypse, se contente de montrer, amer, lucide et désenchanté, ce qu'il voit, de faire ressentir ce qu'il ressent :

> Un homme aux yeux bandés de paupières marche,
> immense et défait comme le mur d'une usine
> avec le corps si plein de vase qu'à sa bouche
> vient mourir l'odeur fade des marais.

Il ne manie pas les idées, s'abstient de religiosité mais non de cette métaphysique à laquelle s'accole si bien le mot angoisse. L'objet le retient dans la mesure où il peut traduire la solitude humaine, la nature reflète les sentiments de l'homme, et le mot solitude revient :

> Du monde, tu ne vois plus qu'arbres qui décroissent.
> Tu sens que chaque parole que tu prononces
> se durcit comme une pierre en passant la bouche.
> Tu sens que l'amour était encore de la solitude.

La phrase coule comme de la prose, le vocabulaire n'est pas recherché. Lucien Becker ne donne pas les termes d'une poétique, aux autres de le faire, comme il dit : « Je n'ai jamais su dire trois mots, ni écrire une ligne sur ce qu'est la poésie. Je n'en pense d'ailleurs rien, ne m'étant jamais posé la question. Certains prétendent que je suis poète. A eux de le prouver, non à moi. » Pour lui, « la poésie agrandit les blessures, mais ne les guérit jamais », et il avoue que son expérience poétique a fini par se confondre avec sa vie, que le moyen de sortir de la souffrance morale, pour lui, ce fut écrire. Comme la vie, la phrase, la voix sont grises, sans accents :

> Je monte des restes fumants du sang.
> Dans les vitres reculent des regards.
> Les trains s'arrêtent à regret dans les gares
> et ma voix s'étonne d'être sans accents.

Et toujours l'Ennui, le monstre délicat de Baudelaire :

> Je ne suis qu'une tache de terre
> encerclée par la mort et la nuit.
> Je m'ouvre en regards que l'ennui
> dans sa fixité désespère.

Des mots reviennent sans cesse, Gaston Puel l'a montré dans une étude thématique : il y a ce qui concerne le déplacement (routes, chemins, sentiers, rues, couloirs, rails – et aussi ruisseaux et fleuves), le passage (ponts, tunnels, souterrains), ce qui le limite (porte, trappe, fenêtre, mur, plafond, toit) et cette idée du sang qui bat aux tempes : Gabriel Audisio remarquait l'abus du mot sang chez les jeunes poètes des années 40. Il y a aussi les reflets (vitres, glaces, miroirs), les animaux, les pierres, les végétaux, les saisons.

Un peu d'espoir semble naître quand apparaît la nature, mais elle est souvent en deuil pour convenir à la douleur morale plus qu'aux regards. Le poète la ressent intensément mais elle est là comme un écho au tourment. On trouve de l'automne jusque dans les étés de Becker. Il dit le soleil sans jamais oublier l'ombre :

> Les fleurs essaient de garder un peu de soleil
> pour que le soir ne soit pas tout à fait obscur...
>
> nous descendons dans l'été
> comme au fond d'une cloche sous-marine...
>
> Dans l'été qui vacille en touchant les labours,
> l'oiseau n'entend plus l'appel d'un ruisseau.

Il y a cependant une belle nature dans ses poèmes. L'homme marche et l'on regarde avec lui. Ce qu'il voit en toutes choses c'est l'image de son errance ou de son retrait. Il écrit : « Je m'enfonce très fort les ongles dans la peau / pour me rappeler que je suis encore en vie... » ou « une cigarette respire à ma place ». Cet univers est souvent étouffant. Quelle fut la blessure secrète de cet homme que la vie n'avait pas particulièrement desservi? Cette écriture polie, lisse, ondoyante, répétitive, en même temps qu'elle bouleverse, paraît venir d'un autre monde, hors la vie ou à mi-chemin de la mort, puisqu'on entend encore battre le sang, résonner le chuchotement du secret. Et quelle passivité devant la menace, quelle torpeur dans l'angoisse! On ne peut lui reprocher gaucheries et grisailles puisqu'elles sont à la source d'une poésie remarquable mais on ressent un soulagement lorsque naît « sur un ordre de la lumière » celle dont le corps « s'éclaire de l'intérieur » :

> L'amour nous donne alors la force
> de poursuivre une aventure de soleil
> à l'unique lueur de notre sang
> entre des murs que l'on entend respirer.

Dans les poèmes de l'amour, il met la même discrétion que dans ceux du tourment. Il est le poète de l'intimité des corps dans le lieu clos d'une chambre, celui d'une conscience érotique et non d'effusions sentimentales. Jamais Becker ne proclame quoi que ce soit. Il montre, il témoigne et l'amour des corps répond au désir d'exister. La mort que le poète ou l'homme sent sourdre en lui la femme peut en occuper toute la place. Par cette inspiration, celui que Jean-Daniel Maublanc appelait le seul surréaliste campagnard, comme Eluard, Breton ou Aragon, va édifier des poèmes d'amour physique parmi les plus beaux :

> Tes cheveux se dénouent sur mon corps
> comme une moisson de blé perdue
> au détour d'un champ de rosée
> dans un matin qui n'a pas de bords.
>
> Tu cherches mes lèvres avec la soif
> de quelqu'un qui a traversé le monde
>   pour aller voir la neige fondre
>   sur des sommets moins hauts qu'un baiser.

> Tu es vivante comme peut l'être
> le cri d'un fruit qu'on mord.
> En t'aimant, je prends tout l'or
> qui veille à l'entrée de ta chair.

La poésie de Lucien Becker constitue le témoignage le plus fidèle du mal de vivre d'une époque et du bien d'amour qui seul peut l'en extraire. Loin de tout développement, de toute philosophie, de toute argumentation, instinctif, intuitif, il a apporté à la poésie clarté et lisibilité, éloignant à sa manière cette idée commune que la poésie de notre siècle ne s'adresse pas à tous.

7

Alain Borne

Il n'est pas étonnant qu'Alain Borne ait considéré Lucien Becker « comme un poète de toute première grandeur ». Ayant eu le privilège de leur amitié, nous avons distingué entre eux bien des choses communes : peut-être tout d'abord une élégance physique et morale. Borne le beau ténébreux, Borne le prince d'Aquitaine comme on l'a appelé. Et puis les mêmes inspirations : la vie et la mort, l'amour en même temps qu'une pudeur les conduisant à peu parler de leur art poétique. S'ajoute le même goût d'un vocabulaire simple et direct. Les saisons les inspirent l'un et l'autre, le même constat désespéré (plus souriant chez Borne), le même attrait pour l'érotisme du corps féminin, comme le remarque Paul Vincensini dans un « Poètes d'aujourd'hui » consacré à *Alain Borne* : « De la ferveur contemplative à la possession charnelle, l'érotisme d'Alain Borne aboutit à une vision mystique et funèbre. Le Christ est absent, mais le sexe occupe, au centre de la croix, la place de la rose. »

Alain Borne (1915-1962) est né à Saint-Pont dans l'Allier alors que son père était à la guerre. Ce dernier, à sa démobilisation, retrouva son Ardèche natale où il exploitait une usine de soierie, puis la famille rejoignit Montélimar où Alain Borne entra au collège (devenu depuis lycée Alain-Borne) et brilla en français : passion de Gide, de Jammes, de Rimbaud. Il sera licencié en droit à Grenoble mais se découvrira avant tout poète. En 1937, Théophile Briant *(voir préc. vol.)* l'a publié dans *Le Goéland* (à Roanne où il vint conférencer sur Mallarmé, nous nous jetâmes l'un et l'autre sur ce journal de poésie qui venait de m'arriver). Il sera avocat : « Pour moi la poésie seule est vie, tout le reste est subsistance. » Durant l'occupation allemande, ami de Seghers, collaborateur de *Confluences* de René Tavernier, il sera résistant mais hors de l'action. Jusqu'à sa mort dans un accident d'automobile, il aura des périodes de silence et de désespoir. Ses amis, ceux qui publient ses poèmes, l'ont aidé, soutenu. Depuis sa mort, il y a eu de nombreuses initiatives en faveur de son œuvre.

Cette œuvre, à l'exception d'une *Célébration du hareng*, 1964, et d'un livre consacré au *Facteur Cheval*, 1969, est composée de livres de poèmes : *Cicatrices de songes*, 1939, publié par Jean Digot, sera suivi de *Neige et*

20 Poèmes, 1941, *Contre-feu*, 1942, *Seuils*, 1943, *Brefs*, 1945, *Regardez mes mains vides*, 1945, *Poèmes à Lisléi*, 1946, *Terre de l'été*, 1946, *L'Eau fine*, 1947, *O.P. 10*, 1951, *En une seule injure*, 1953, *Orties*, 1953, *Demain la nuit sera parfaite*, 1954, *Treize*, 1955, *Encore*, 1959, *Encres*, 1961, *L'Amour brûle le circuit*, 1962, *La Dernière Ligne*, 1963, *La nuit me parle de toi*, 1964, *Les fêtes sont fanées*, 1965, *Vive la mort*, 1969, *Indociles*, 1971, *Le Plus Doux Poignard*, 1971, *Le Livre gris*, 1974, *Complaintes*, 1974, et, enfin, *Œuvres poétiques complètes I et II*, 1980-1981 aux Éditions Curandera. Outre l'étude de Vincensini, il y a le numéro spécial de la revue *Poésie 1*, celui de *Sud*, celui de *Sillages*, des études d'Henri Rode, Jean Rousselot, Jean-Claude Ibert, Philippe Jaccottet, un numéro du *Pont de l'Épée*, etc. – un important corpus critique, des thèses en France et à l'étranger.

J'écris contre la mort comme on écrit contre un mur.

Alain Borne, c'est une sensibilité blessée, exacerbée même devant le destin collectif : tout se corrompt et tout meurt, il y a « ce grand cri de la mort pesant déjà dans l'être » et aussi, par-delà l'angoisse, la révolte qu'il offre, le désir de s'émerveiller de ce qui nous est donné, les joies de la nature, son harmonie et celle des saisons et des corps, d'établir de fins réseaux de correspondance entre le réel et la sensation, de céder aux impulsions poétiques qui l'animent. Dans ces poèmes doux-amers percent des influences du surréalisme en ce qu'il a de plus imagé. Il est proche d'Eluard, poète de l'intimité amoureuse, et l'on trouve une même recherche de la simplicité, de la nudité – cela partout dans son œuvre, qu'il perce en profondeur les misères et les grandeurs humaines ou nous parle de la tragédie amour-mort, avec partout le ton de la liberté qu'aucun formalisme n'entrave.

Au contraire de beaucoup, il a commencé par écrire des vers libres mais une oreille exercée a tôt fait de découvrir des structures prosodiques et des alexandrins ou des octosyllabes scindés qui donnent de l'harmonie et du chant. Alain Borne a ainsi créé ses rythmes et cette poésie naturelle, qui coule de source, est plus savamment agencée qu'on ne le dirait. Les mots sont du vocabulaire courant mais lui suffisent pour créer des images neuves nées le plus souvent du symbolisme floral : la rose, l'arbre, la vigne, le déroulement de la phrase s'ordonnant sur des trinités de mots clés comme l'a si bien montré Vincensini.

Lorsque, en 1941, Pierre Seghers publia *Neige et 20 Poèmes*, Aragon, découvrant Alain Borne, en fit, en quelque sorte, le personnage du poème *Pour un chant national* : « Borne vous que tient en haleine / Neige qu'on voit en plein mois d'août », avec ce refrain entre les strophes :

Vous me faites penser à ce poète qui s'appelait Bertrand de Born presque comme vous
                                          Presque
                                              comme
                                                  vous.

et cela fit beaucoup pour faire connaître celui qui, comme dit Max Alhau
« continue de hanter les poètes ». Dès les poèmes du temps de la guerre,
tous les mots clés semblent réunis :

> Dieu récrit la nature encore une fois
> aussi douce d'amour et rêveuse de mort
> voici ma vie encore dans ce songe de sang...

Il dira encore : « C'en est fini des hommes, la race est morte » et s'adressant au Seigneur : « La vie que tu voulus est trop lourde de mort. » Les poèmes d'amour chantant vont s'adresser à Lisléi dont le prénom revient sans cesse :

> Je vous ai vue pour la première fois Lisléi
> au temps des neiges
> mon cœur fut visité d'hiver de printemps et d'automne...
>
> Semblable aux autres jours Lisléi
> le jour d'épée viendra
> le froid de votre bouche effacera votre âme...

Comme un troubadour d'antan, il ne cesse de chanter son amour dans un livre admirable qui ferait pâlir les cris de passions les plus célèbres. Et si une saison est absente, elle apparaîtra dans cette *Terre de l'été* où il nous dit : « Je n'ai cessé de chanter d'une voix tour à tour triste et rageuse l'humaine misère... Je crois encore que le sort fait à l'homme est atroce. Mais la vue d'une rose claire ou d'un visage adolescent n'a pas, pour autant, cessé une seconde de me ravir, même en me torturant par son éphémère. Je ne suis pas résigné encore à ne vivre qu'une saison. Mais je vis cette saison. Je sais que tout n'est que néant. Mais j'aime ce néant, et je le chante. » La sensation de l'été : « Soleil sec, herbe sèche, corps bruns / nudité / et l'eau bruissante au souvenir » envahit le lecteur. Il suffit de peu de mots : la soif, le vent de flammes sur l'enclume blanche, la moisson sanglante, les pierres chaudes, le vent de poussière pour que nous pénétrions dans la saison où bientôt la joie nue de l'amour va apparaître :

> Jamais n'est lasse d'être nue,
> la vendeuse de violettes,
> aucun poignard n'agrafe sa jupe
> et son corsage est de large tulle.
>
> Dans sa chambre une seule odeur,
> et sur son corps gainé de lait,
> et dans son cœur violet,
> et dans le sang qui le transperce...

Alain Borne est animé d'un désir de renouvellement, mais partout on reconnaît sa voix douloureuse et ses cris amoureux, ses images traduisant la splendeur des corps, les soifs du désir, l'ardeur et la passion, l'obsession de la pureté malgré la tristesse du constat : « Non pour l'amour, ô ma parfaite boucherie / gantée, magnolia menteur, tremblante pureté pourrie. » Il dit aussi : « Je voudrais effacer le monde / afin d'en écrire un autre. » On trouve ainsi des images déchirantes de neige, de sang et de mort mais toujours renouvelées. Abuse-t-il du mot *sang*? Ce serait le cas s'il ne s'inscrivait pas dans des images fortes. Et chaque livre s'organise autour d'une thématique, trouve son ton particulier, explore de nouvelles manières de dire comme ici la courte inscription :

> Si je savais ce qu'est l'amour
> je me tairais longuement.

ou encore : « Trouver enfin des yeux / que seul je puisse remplir. » Et le plus souvent les mots simples de l'offrande amoureuse :

> Je voudrais être très doux près de vous
> présent comme absent
> mes lèvres parfois sur votre visage
> papillon voué à une seule fleur.

Jamais rien de mièvre ou de purement sentimental. Aimer c'est dire « Le terrible est venu... » De la sensualité à l'érotisme, la mort bat contre les corps vivants :

> Son épaule est un tiède oreiller
> Qu'importe ce qui dort dans sa tête
> tout ce prélude à la mort
> a la même importance
> que le passage d'un serpent dans un grand fleuve.

Tous les livres affirment cette démarche d'un poète sincère et fidèle à lui-même, et que ce soit dans les mètres courts ou dans le poème en prose, c'est bien la même voix :

> Humanité, je chante tes petits rêves, tes châteaux de sable dans le manteau de la mer, tes couronnes de laurier faites en feuilles flétries où l'on enfonce des épines pour que cela tienne autour du front.
> Je chante, il y a eu des guerres et des musiques sur la fourmilière moussue, des hannetons de ferraille et de pierrerie larguant leurs boyaux de flammes sur la douceur des orges, et des eaux calmes et des cadavres frais et des vivants pleins de baisers.
> Je chante ces temps graves où la grimace de Dieu fut imitée, où la nudité ne fut point pour l'amour, où l'on put faire un ombrage d'hommes morts, une forêt, un bivouac de tentes avec des hommes morts, peau, sang, viscères, pourriture à venir, cendre à venir, éternelle odeur.
> Et les toits des villes, les toits mêmes des villes, au lieu de tuiles des débris de crânes, une nourriture profonde pour les corbeaux.

Alain Borne a su concilier la grâce, la délicatesse d'une écriture sensuelle et tendre, au ton le plus prophétique et l'on comprend que Claude Roy ait parlé à son propos de « la noblesse de l'art baroque » et de « souffle épique ». Ce solitaire qui refusa le bruit parisien a cultivé une voyance qui a bouleversé sa vie. Les fées lui avaient accordé tous les dons, et aussi celui de pressentir, de voir ce que la plupart des hommes refusent et tiennent caché. Comme l'a écrit René Char : « La mort l'avait amarré à elle solidement et ses lendemains étaient entièrement pris par elle. » La grande contradiction à laquelle l'humain est soumis le bouleversa en même temps qu'elle donnait à la poésie tout son éclat. Le réel dans sa double acception : beauté et laideur, il l'a élevé jusqu'au mythe.

Faut-il ajouter que son élégance et sa finesse s'efforçaient de cacher son mal intérieur ? L'imaginerait-on, après une conférence, glissant sur la rampe d'un grand escalier avec l'auteur de ces lignes devant le public étonné ? Mais sans doute ne l'aurait-il pas fait quelques années plus tard lorsque la blessure s'agrandit car, d'un livre à l'autre, on sent le mal s'irriter. Après Henri Rode, citons ces lignes : « C'est sans bruit que je veux passer. Que mes paroles soient légères et que l'on voie toujours à leur entour mes lèvres sourire pour démentir leur cruauté, mais d'un sourire un peu triste qui signe ma sincérité. »

8
Pierre Seghers

Pierre Seghers, *un homme couvert de noms,* tel est le titre d'un ouvrage que consacra en 1981 Colette Seghers à celui dont elle partageait la vie. En effet, quel poète depuis cinquante années n'a pas été publié par lui? Sa biographie se confond avec l'histoire de la poésie depuis les années 40. Son existence est celle d'une passion au service de la poésie, d'un compagnonnage des poètes : ne se disait-il pas lui-même un « Agricol Perdiguier de la poésie »? A ses débuts, il s'écriait : « Mort à l'homme de lettres! Place à l'homme de foi! Viendra-t-il, le poète pour qui nous nous battrons? Un maître d'œuvre pour nos nouvelles cathédrales... » On ne saurait oublier la publication de centaines de livres et de plaquettes, des revues et cette série « Poètes d'aujourd'hui » de plus de deux cent cinquante titres à laquelle on se réfère sans cesse, sans oublier les anthologies et l'activité publique, notamment auprès des jeunes, pour faire connaître un art majeur, tandis que, parallèlement, il s'intéressait à la chanson.

« Un homme couvert de noms » court le risque d'être enterré par eux. Jean Rousselot demandait déjà : « Pierre Seghers ne risque-t-il pas de voir oublier sa fonction première, qui est de poésie active? » et il traçait le portrait d'un caractère « spontané, bondissant, qui fait sa personnalité », d'un homme d'action, d'un fauve plutôt que d'un abstrait méditant. Cette réserve cachait un compliment : au XXe siècle, le poète n'est pas ce distrait, ce tête en l'air cher aux clichés, mais un homme qui sait concilier vie de travail et vie de poésie. Nous saluons un éditeur et plus qu'un simple éditeur, mais l'ayant fait, nous tenterons de présenter un poète digne des meilleurs qu'il a publiés, un poète à part entière.

Pour trouver des jalons biographiques, la meilleure source est ce « Poètes d'aujourd'hui » à lui consacré dont il est l'auteur : qui aurait mieux parlé de ce parcours passionné? Nous donnons quelques indications : Pierre Seghers est né en 1906 à Paris (et mort en 1987) d'une famille de sculpteurs sur bois d'origine flamande et c'est délicieux de lire sous la plume du poète la révérence à un arbre généalogique où l'on rencontre toute une aventure. Sa vraie naissance est dans le Vaucluse de René Char, de Jean Tortel, d'André de Richaud, et c'est là, au collège de Carpentras qu'il fit ses études, qu'il connut ses verts paradis, la boulimie de lecture et les premiers poèmes pour les belles Comtadines. Son premier recueil est de 1939, et aussi sa première revue *Poètes casqués* ou *P.C. 39* qui se métamorphosera en *Poésie 40, 41, 42* et la suite. Temps des malheurs de la France, temps de l'amitié avec Aragon et Elsa Triolet, Eluard, et les jeunes poètes qui ont nom Emmanuel, Borne, Clancier, Loÿs Masson, etc. Un dessein s'organise : il rassemble poètes, écrivains, journalistes, intellectuels qui refusent la défaite et crée autour de sa revue le groupe de Villeneuve-lès-Avignon, depuis haut lieu de culture. Il distribue les Éditions de Minuit, il collabore aux revues clandestines et entre, dès sa fondation à Lyon, au Comité National des Écrivains. Il faut lire les deux volumes de *La Résistance et ses poètes* : il ne s'agit pas seulement d'histoire de la poésie en un temps donné, mais d'Histoire tout court. On se souvient de *Poètes prisonniers* et n'oublions pas ses *Livres d'or de la Poésie française*. L'éditeur des poètes, s'il quitte les Éditions Pierre Seghers en 1969 (lesquelles continueront), donne toute son énergie à la défense et illustration de la poésie française et étrangère, au développement de son œuvre personnelle, à ses adaptations pour des ouvrages d'art des grands Orientaux : Moçlih-od-Din, dit Saadi, Chams-od-Din Mohammad, dit Hâfiz, Omar ben Ibrâhim al-Khayyâmi, dit Omar Khayyam comme à des œuvres chinoises, turques ou japonaises, sans oublier la publication d'une nouvelle revue de *Poésie française*.

Les recueils personnels : *Bonne-Espérance*, 1939, *Pour les quatre saisons*, 1942, *Le Chien de pique*, 1942, *Le Domaine public*, 1945, *Le Futur antérieur*, 1947, *Six poèmes pour Véronique*, 1950, *Le Cœur-volant*, 1954, *Ballades pour guitare*, 1955, *Racines*, 1956, *Les Pierres*, 1958, etc., ont été réunis dans *Le Temps des merveilles*, 1978, qui contient les poèmes depuis 1938. S'ajoutent les traductions et adaptations et une importante discographie puisque Seghers, au contraire de la plupart des poètes, n'a pas pris ses distances avec la chanson, Jacques Douai, Marc Ogeret, Aimé Doniat, Marie-Claire Pichaud, Béatrice Arnac, Léo Ferré, Hélène Martin, Germaine Montero, Catherine Sauvage, Michèle Arnaud, etc., chantant ses œuvres, la plus connue étant *Merde à Vauban* où se montre une verve populaire et historique.

Nous aurons toujours les chants exaltants des poètes.

Pierre Seghers, s'il ne fut pas indifférent au surréalisme, semble plus proche des poètes selon ses goûts, Thomas De Quincey ou Walt Whitman, Rilke ou Milosz, et surtout Apollinaire et Cendrars. Comme chez ces derniers, sa poésie sait unir le présent et la légende, le réel et le merveilleux, la complainte et le reportage. Il est l'homme de la « bonne espérance », de la générosité, de la fraternité, de ces beaux sentiments qui ne sont que littérature s'ils ne sont pas profondément éprouvés et originalement traduits. Il est vrai qu'il écrit sous un effet d'enthousiasme, qu'il semble étreint et pressé par le besoin de dire, que, dans tous les registres, il donne vie et vivacité avec une tendance à l'abondance pas loin du discours mais sans didactisme. Jean Rousselot écrit : « Sa poésie est là, certes, et l'une des plus vivantes d'aujourd'hui, par sa diversité, sa vibration amoureuse, mais nous l'aimerions plus nombreuse, moins *jetée*. » Et c'est en effet de la spontanéité à l'état pur qui gagne en persuasion ce qu'elle perd en économie. Seghers, ailleurs que dans ses chansons, affectionne les mètres longs ; bien des poèmes sont soumis à la prosodie ; il écrit aussi en vers libres sans qu'il y ait rupture. Un exemple de ses alexandrins où des libertés sont prises avec la césure :

> Mourrez-vous d'insomnie mes frères sans retour
> qui chantez les labours du silence à la ligne
> où le souvenir vient s'unir au ciel, au signe
> de l'hiver ? Anne en vain demeure dans sa tour.

S'il y a des réussites, il semble plus à l'aise lorsque, comme Cendrars l'aurait fait, il chante *Le Pipe-line de Bassorah* :

> Ceux qui sont morts pour rien ne reviendront jamais dans cet empire
> Là-haut d'autres drapeaux, le sable chaud ne change pas
> Les mains des soldats morts forent les puits de l'or liquide
> Leur sang coule dans le pipe-line de Bassorah
>
> Dans les forges des Enfers les guerriers tués attisent les flammes
> Le bois d'ébène, l'or de Colomb, la Standard Oil
> Et Troie Hector Priam sont de la même chaîne
> Pour conquérir nous aurons de bonnes troupes de bons soldats
> Pour conquérir nous souhaitons toujours les chants exaltants des poètes...

D'un livre à l'autre, les sujets s'élargiront, mais on n'oubliera pas le ton simple, ce qui a le charme de la fable et de la fantaisie populaire, d'un automne où « Pour caresser l'odeur des bois/ Une main aux cent mille doigts... », d'un oiseau-lyre, d'un poème à Cadou ou d'un portrait d'Alice Ozy quand ce n'est pas celui d'un père :

> Il choisissait ses femmes comme des cinémas
> Il aimait les films de boxe
> Les gangsters, les amours faciles, le plaisir
> L'oubli dans un fauteuil roulant, c'était sa vie...

La poésie grandit, s'approfondit lorsque le poète va au plus lointain de l'arbre généalogique vers des racines cosmiques ou des pierres éternelles. Un extrait ne donnerait qu'une pâle idée de ces longs poèmes cosmiques où le chaos, la création se nouent et se dénouent en un lyrisme de légende des siècles pour recomposer « un univers de soleils et de vie » où « la terre reverdit sous d'immenses forêts », où « tout revit dans la durée » en des pages hugoliennes. Il y a le ton d'épopée d'une incessante quête des êtres et des choses saisis dans leur passé, leur présence et leur devenir. Même souffle, même énergie lorsque Seghers explore l'univers des prisons fantastiques et réelles de *Piranèse* qui nous font pénétrer dans un univers dantesque propice à la méditation, à la description, à l'interrogation et à la révolte, à la générosité d'un déferlement d'images et de mots qui communiquent l'état de griserie et de grâce de l'auteur.

Dans un temps où bien des poètes écrivent au bord du silence pour donner plus de prix à chaque mot, Seghers, comme un Emmanuel ou un La Tour du Pin, se prend au jeu de la richesse verbale et du déferlement :

> Ce n'est pas une ébauche, un soupçon, un nuage,
> ni ouï-dire, ni complot. Ce sont les signes
> d'un trésor, ou bien les chiffres d'un langage
> secret. N'entre pas ici qui le veut. On apprend
> à lire, à déchiffrer, à pénétrer. On entre
> dans un monde lourd et trapu. On y apprend
> à voir. On y découvre des vestibules,
> des escaliers et des couloirs. On y apprend
> le sens du labyrinthe...

La même énergie que Seghers a mise dans ses créations éditoriales ou dans son activité nationale se retrouve dans ses poèmes. Avec les mêmes mètres longs et libres, la même ferveur et le même élan, il a écrit le poème de ses soixante ans, l'âge où le vieillissement est proche dans le corps quand l'esprit régénéré par le souvenir est toujours créateur, ce que l'on verra chez le Seghers octogénaire comme chez Guillevic, Ponge, Frénaud, Tortel passé quatre-vingts toujours se renouvelant. Les *Dialogues* de Seghers unissent deux voix, la même au fond, qui se répondent pour nous parler de l'état du monde, des horreurs d'hier et des menaces de demain et aussi nous dire de ne pas oublier.

Dans la longue chaîne de la poésie, Pierre Seghers est un solide maillon par ses poèmes comme par son cœur à cœur avec celle des autres. Porteur de l'espérance poétique dans le domaine public, il sait que la poésie n'est pas seulement affaire de mandarinat, mais celle de tous. Ouvert à toutes les tendances, parcourant lui-même bien des routes, il a apporté en toutes choses une foi indéfectible, et il est heureux que cet homme d'action ait été un homme de création. Seghers le compagnon...

9

Georges-Emmanuel Clancier

Georges-Emmanuel Clancier offre une poésie discrète et intuitive qui nous parle à voix basse pour mieux nous faire pénétrer dans les mystères de l'être et de la nature. Il explore la mémoire et l'enfance, il chante dans son arbre généalogique limousin, toujours aussi subtil qu'expressif, aussi ouvert aux idées qu'aux sensations. Il connaît les moyens les plus sûrs de pénétration du secret par une attention, une attente, une patience paysanne : il a écrit *Le Paysan céleste* et Léon-Gabriel Gros a parlé de « surréalisme rustique » mais Clancier va bien au-delà de ce que peuvent évoquer au premier degré ces images agrestes. On préfère dire avec Jean Rousselot qu'il offre « par la vertu d'un chant égal et lent, une poésie qui serait à la fois récit, illumination, prière, évocation de la nature et magie du langage ». Et, pour parfaire cette approche, on a recours, comme le fit Michel-Georges Bernard auteur du *Georges-Emmanuel Clancier* dans « Poètes d'aujourd'hui » à des voix autorisées. Tout d'abord, la sienne : « Cette œuvre qui, constatant le conflit, la discontinuité des chemins de la poésie, a choisi de les assembler plutôt que de se mutiler. » Jean Lescure : « Ainsi peut-elle (cette poésie) conjoindre tradition et création... c'est une naissance en littérature qu'elle a soin de répéter sans cesse. » Guillevic : « ...la poésie de Clancier travaille à l'adaptation de l'homme au monde : elle est essai de vivre, elle propose de vivre. Elle éprouve les choses... elle a besoin d'amitié avec les choses, elle cherche des complicités dans la bonté parmi le monde. » Frénaud : « Par le tragique et la grâce, cette poésie va toujours dans le sens de l'accomplissement de ce que la terre implique de promesse... Elle est comme un appel à la confiance en l'homme, elle a confiance en la promesse. » Et Raymond Queneau : « L'obscure clarté qui tombe des étoiles cornéliennes et les énigmatiques évidences qui forment la substance des contes du fils Perrault, on les retrouve tout au long de la littérature française, c'est une source qui resurgit avec violence dans l'œuvre de Nerval, c'est la même source qui donne à la poésie de Georges-Emmanuel Clancier ses qualités limpides et opaques, son élaboration d'un terroir dont il semble retrouver les prolongements indéfinis aussi bien vers un avenir incommensurable que vers un passé préhistorique et toujours présent. » Il faudrait parler aussi d'émerveillement et de grâce, d'exploration de l'inconscient, de lutte contre le temps et la mort, d'une recherche du langage le mieux approprié à la construction de l'univers, d'attention et d'éveil, sans oublier la symbiose avec les forces naturelles dans l'harmonie et aussi que la poésie est le reflet d'une intimité. Pour lui, l'homme est l'homme s'il contient l'univers. Clancier est loin des malédictions même si la fête tragique n'est pas absente de son œuvre.

Georges-Emmanuel Clancier est né en 1914 à Limoges d'une famille de paysans et d'artisans porcelainiers. Il fit ses études à Limoges et à Poitiers et à seize ans découvrit la poésie moderne et l'œuvre de Proust grâce à deux jeunes professeurs. Il commença à écrire poèmes et proses, à collaborer dès l'avant-guerre aux *Cahiers du Sud*, aux *Nouvelles Lettres*, à *Esprit*. Mariage en 1939 avec Anne Clancier qui prépare l'internat des hôpitaux psychiatriques. En 1940-1942, il reprend des études interrompues, passe une licence ès lettres. Il est alors en relation avec J.M.A. Paroutaud, Jean Blanzat, Robert Margerit, puis bientôt avec Max-Pol Fouchet, Queneau, Leiris, Claude Roy (qui parlera à son propos de « noces sans fin de la nature et des hommes »), Seghers, Loÿs Masson, Pierre Emmanuel. Il sera le correspondant en France de la revue *Fontaine* publiée à Alger et fera partie de la Résistance des intellectuels : « Assez des hommes gris qui pèsent sur nos jours », écrit-il ou « Un monde libre boit la clarté dans ma voix » – ce qui lui vaudra, comme à Jean Cassou, les attaques de la presse de Vichy. Une inlassable activité fera de Gec (nom que lui donnent ses amis) un homme de radio à Limoges, puis à Paris où, comme Tardieu, comme Gilson, il occupera les plus importantes fonctions. Au Pen Club, à l'Unesco, il en sera de même, toujours présent s'il s'agit de défendre les libertés. Dans le même temps s'édifie une œuvre de romancier à grand succès, de critique du domaine poétique, de poète bien sûr avec, comme écrit André Dhôtel, « un jaillissement de mots aimés, de phrases simples et précises qui soudain éclairent le chaos ». Et n'oublions pas ses nouvelles, ses œuvres télévisuelles.

Parmi une quinzaine de livres en prose, les quatre tomes du *Pain noir*, 1958-1961, ses souvenirs d'enfance et ses nouvelles. Auteur de deux anthologies : *Panorama critique de la poésie française de Rimbaud au Surréalisme*, 1953, puis *de Chénier à Baudelaire*, 1963, Clancier est l'auteur d'un *André Frénaud* et d'ensembles d'essais : *La Poésie et ses environs*, 1973, *Dans l'aventure du langage*, 1977. Voici des titres en poésie : *Temps des héros*, 1943, *Le Paysan céleste*, 1943, titre repris pour un ensemble préfacé par Pierre Gascar, dans « Poésie/Gallimard », 1972, *Journal Parlé*, 1949, *Terre secrète*, 1951, *L'Autre Rive*, 1952, *Vrai Visage*, 1953, *Une voix*, avec une préface d'André Dhôtel, 1956, *Évidences*, 1960, *Terres de mémoire*, 1965, *Peut-être une demeure* précédé d'*Écriture des jours*, 1972, *Le Voyage analogique*, 1976, *Oscillante Parole*, 1978, *Le Poème hanté*, 1982...

Parmi un important corpus critique, citons les essais de Christiane Burucoa, Claude Abastado, Marie-Claire Bancquart, Max-Pol Fouchet...

Le Soleil dans les mots.

Comme la plupart des poètes de sa génération, Clancier, à ses débuts et dans une grande partie de son œuvre, ne s'est guère éloigné d'une forme classique en la libérant de quelques contraintes pour l'assouplir. Le poète gagnera en liberté et en économie, sa poésie s'épurant, se dépouillant pour plus de persuasion. Il ne cessera pas de dire les beautés de la nature en rappelant que le « domaine de l'homme » ne doit pas être oublié :

> Homme aux regards murés sous le jour à venir
> Il est temps de marcher vers ta prairie la terre,
> Il est temps d'écouter en toi doucement bruire
> Ses hautes herbes bleues d'âme, d'ombre et de chair.

« Un parfum de vallées, d'herbes mouillées, m'appelle... », écrit-il. Il ne cessera de rappeler le « vrai visage » des choses, l'évidence de l'arbre, les chemins qui mènent vers une enfance salvatrice, la nature, le printemps, les beaux jours, les forces positives, « le mot de passe des gentianes », le « feu ivre au centre de l'hiver », la *Prière* :

> Je demande à la vérité sylvestre du printemps,
> Un arbre un nuage et la prairie de ton corps
> Un vrai soleil pour les yeux de notre enfant...

Cet enfant qui s'appelle Sylvestre Clancier, lui aussi poète... Il sait l'importance de la voix, celle qui adore et celle qui nomme comme dans ce poème *Vocabulaire* :

> Quand je dis myrtille c'est l'ombre odorante des amours
> Quand je dis collines le langage oublié de l'enfance
> Quand je dis bleu le double regard de mon sang...

De ce vers « Le Soleil dans les mots », Pierre Gascar a dit : « On ne saurait donner meilleure définition de la poésie, de son ubiquité interne qui charge l'ensemble du vocabulaire du poète d'une secrète potentialité... » Une clarté enchanteresse anime cette poésie :

> Qu'il fut beau le monde au-delà des arbres
> Au-delà des monts au-delà de nos mains.
> Si fine était sa lumière, si droite sa joie,
> Quelle transparente paix y tissait les jours
> Qu'il était amoureux le souffle de ses nuits.

On comprend que Christiane Burucoa apparente cette poésie à celle orphique de Rainer Maria Rilke et au lyrisme terrien d'André Frénaud. On pourrait aussi parler de ténuité comme chez un Jules Supervielle. Étant enracinée dans la terre légère et dans la mémoire régénératrice, cette poésie est jeune et fraîche comme une aube. Des voix mystérieuses la traversent, des effleurements, des envols feutrés. Il règne une impression de liberté totale. De livre en livre, le poète approfondit son art tout en restant fidèle à lui-même. L'évolution est lente et sûre qui montre un instinct du poème et une intelligence de sa critique. Clancier écrit dans le contexte de la poésie de son temps et de ceux qu'il admire. Il s'inscrit dans l'histoire générale d'une sensibilité moderne.

On aime qu'il mêle le merveilleux historique et l'observation de sa famille humaine, de cette paysannerie qu'il élève jusqu'à la voûte céleste ; ainsi dans *Mes rois* :

> Ceux de ma prière : feuillardiers, bergères, tambours
> Mes rois se promenaient, errant par des pays de collines.
> Je sais leur fidélité, leurs blessures de labours
> Et ces reflets de fontaines drapés contre leurs jours
> Qui faisaient luire un enfant gauche au parvis des usines.

Grande liberté partout, des *Chansons de porcelaine*, des complaintes, des légendes qui s'adressent aux êtres et aux choses, à des amis aussi dont les noms courent dans les poèmes : Guillevic, Gilson, Chaulot... car le poète a ce don d'écrire des poèmes personnels ou de se plier à la circonstance sans changement de ton. S'inscrivant dans la modernité, il reste hors des écoles et des chapelles, retenant, par exemple, du surréalisme ou des maîtres de la densité, ce qu'ils ont de meilleur. Et si l'on prend plaisir à ces brassées de fleurs, au minéral et à l'animal, l'aspect tragique de la condition humaine n'est pas oublié pour autant car cette poésie est de terre (paysan) et de ciel (céleste) :

> Je suis hanté par un homme qui meurt.
> Il me suit, il m'attend, me supplie et me perd.
> Un masque emprisonne son visage et sa voix.
> C'est mon père ou mon frère
> (Ou peut-être moi-même)...

On ne saurait oublier le poète en prose car il témoigne de souplesse et de variété, et souvent l'angoisse est présente comme dans *Saisons* :

> Hier, ils furent
> lianes, plumes, vagues, tendres oiseaux de feu, fougères unies sous la rosée, double crête d'écume dansante à la lisière de l'eau, du ciel, du sable, douceur d'un seul fruit que formait leur haleine éternelle
> Et les voici
> pierres, silex, micas, cristal, bois mort poli, nu, clos, trait, fer, fil, lame, nets ossements sur le fascinant désert du temps.

On voudrait, pour être un bon médiateur entre les poètes et les lecteurs, reprendre les termes mêmes de Clancier : « Élevé hors de tout dogme religieux mais point de l'émerveillement, ou du fantastique, ou du fantasmagorique des contes, des légendes et des enfances paysannes, la poésie me parut la seule oraison – sans destination divine –, le seul chant sacré permis à l'homme moderne, et sans lequel celui-ci était condamné à perdre son existence et son humanité. Sans doute la poésie ne changeait-elle pas la vie autant que l'avait rêvé Rimbaud, elle n'en assurait pas moins, par les pouvoirs d'un langage en quelque sorte amoureux, une métamorphose, une transfiguration sans lesquelles le réel ne pouvait être atteint dans sa plénitude. » Le monde, sa beauté bouleversante, l'enfance cette aube et la mort cette nuit, tendresse et désespoir, tout cela s'exprime dans un désir de tendre la réalité vers les forces de l'amour. Écrire les jours de la terre aimée, élever le symbole du pain, chercher l'équivalence de la grâce sont mission de poète. Dans *Oscillante Parole* ou dans *Le Poème hanté*, il a poursuivi la démarche du *trobar clus* et cherché, par-delà la parole présente, une parole antérieure greffée sur le poème. Souvenirs de l'enfance mais aussi d'un au-delà de l'enfance, de fouilles et d'extractions lointaines portées par l'homme d'aujourd'hui. Ainsi le poète ressuscite, par la grâce et la magie du langage, une histoire perdue, une préhistoire de l'être, d'un autre moi avant son moi, « quelqu'un d'autre qui percevait la nature dans la multitude de ses éléments, dans ses secrets, son harmonie... »

Au plus près de la « lumineuse plénitude » du réel, Clancier lui apporte un supplément d'âme, une incessante transfiguration qui ressuscite les choses telles qu'en elles-mêmes. S'il fait renaître dans ses romans et ses poèmes le pays natal et l'âge d'or de l'enfance, ce n'est pas pour s'y complaire mais pour y trouver l'énergie qui ordonne l'essor et l'envol. On verra sa poésie resserrer son espace, trouver une demeure sereine et chaude, une communication nouvelle, un art de penser nouveau apte à transmettre un message d'éternité aux jeunes générations.

10
Henri Thomas

A propos de *Sous le lien du temps,* 1963, d'Henri Thomas, où se mêlent poèmes et proses, Jacques Chardonne confiait avec un sourire à Jacques Brenner : « Qui d'autre que moi s'apercevra que ces pages atteignent la perfection ? » Il est vrai qu'Henri Thomas, maître d'une écriture fluide et musicale, d'un style naturel, a conduit une œuvre de prosateur et de poète d'une rare cohésion et d'une qualité constante. Possédant la plus belle plume, comme un prolongement du corps, il était prêt à se livrer corps et biens, intuition et intelligence, sens du regard et de l'analyse, à son attention à son entourage, fixant dans ses poèmes, mieux qu'un peintre ou un photographe, les événements menus du quotidien qui font la vie réelle. C'est un lecteur du monde qui regarde et toujours s'étonne, le rendant ainsi dans sa plus intime et complète vérité. Il déchiffre sans cesse les choses et leur signification, et, comme il aime se déplacer, on trouve des cycles géographiques, des Vosges à Paris, de la Corse à Londres ou en Amérique, sans qu'il s'agisse d'itinéraires parfaitement tracés ou de cosmopolitisme, cela aussi bien dans ses vers que dans sa prose, on le voit encore dans ces livraisons de la *N.R.F.* où toujours ses courtes séquences émerveillent. Ces lignes de lui le définissent : « Je cherche et j'ai trouvé des poèmes au bord de la mer, comme on cherche des fragments de bois ou de pierre étonnamment travaillés par les flots. Ces poèmes résultent eux aussi du long travail, du long séjour de quelque chose dont l'origine, la nature première m'échappent (comme je ne saurais dire d'où viennent ce galet, ce poisson de bois lourd), dans un milieu laborieux qui est moi-même – conscience ou inconscient continuellement en mouvement. » Cet autre passage est significatif de sa manière d'écrire avec tout son être : « Le rythme ainsi que l'apparition des images sont liés à un certain état du corps (alors que le raisonnement en est relativement indépendant). Chez moi cet état est celui de la santé, – celui où le corps tend à ne plus m'être présent que comme l'œil est présent entre ce que je vois et... moi-même. On dirait que le corps cesse d'être, au profit de tout ce qu'il révèle... » Ainsi, le poète constate que les rythmes de son poème sont liés à ceux de son corps à tel ou tel moment de la vie et, dès lors, sorte de moulage de l'instant, il offre une naissance spontanée et diffère d'une création à l'autre. Ainsi, de même que les cadences, la biographie d'Henri Thomas est inscrite dans ses œuvres.

Il est né en 1912 dans les Vosges d'une famille paysanne. Boursier de l'État, il fit de longues études, lettres, philosophie, langues vivantes, reçut l'enseignement d'Alain, connut dès 1940 Henri Michaux, Gide et Martin du Gard, fut durant dix ans employé à la B.B.C. à Londres, fonda la revue *84*, voyagea en Espagne, en Europe centrale, enseigna la littérature à l'université Brandeis aux États-Unis, écrivit dès l'adolescence sans souci de publier. Et surtout, il voyagea et offrit le suc du voyage sans parler de la randonnée elle-même. Il choisit de vivre sur l'île de Houat. Comme l'a écrit Jacques Brenner dans sa préface aux *Poésies* dans la série « Poésie/ Gallimard » : « Ses poésies sont comme des jalons le long d'une route aux détours imprévus. On y voit la grande image lyrique voisiner avec le détail familier, la fantaisie avec le drame, la tendresse avec la colère, l'humour avec la mélancolie. »

Domaine romanesque : une dizaine d'œuvres dont *Le Seau à charbon*, 1940, *John Perkins*, 1960, *Le Promontoire*, 1961, *Le Parjure*, 1964, *La Relique*, 1969. Des recueils de nouvelles. Un livre de critique : *La Chasse au trésor*, 1961. Un ensemble de notes et de poèmes : *Sous le lien du temps*, 1963. Des notes autobiographiques : *Le Porte-à-faux*. Des traductions : Ernst Jünger, Adalbert Stifter, Nicholas Mosley, Herman Melville, Pouchkine, Shakespeare, Goethe, Clemens von Brentano. Des proses encore : *Histoire de Pierrot*, 1960, *Tristan le dépossédé*, 1978, *Les Tours de Notre-Dame*, 1979. Et pour les livres de poèmes : *Travaux d'aveugle*, 1941, *Signe de vie*, 1944, *Le Monde absent*, 1947, *Nul désordre*, 1950, les poèmes contenus dans *Sous le lien du temps*, 1963, *A quoi tu penses*, 1980, *Joueur surpris*, 1982. Un numéro de la revue *Obsidiane* lui a été consacré.

Une lampe lointaine est source de prodiges.

Classique par la pureté de sa ligne, moderne par la résonance des poèmes (on le voit encore dans la perspective de ses romans), Henri Thomas éclaire le quotidien d'une lumière bien particulière, secrète, parfois étrange, cherchant dans les êtres et les choses « une ombre de sens », ce qui peut échapper à nos sens si aiguisés qu'ils soient.

Cette poésie offre une lecture claire, directe. Elle nous parle, elle nous raconte presque : nous sommes parfois dans un domaine discursif discret. L'inattendu, la notation sensible, l'allusion, la correspondance nous incitent à une lecture lente car on risquerait de passer à côté du trésor. Sans hermétisme ou faux hermétisme, le poète offre un secret en même temps qu'il le masque. Il faut aller au-delà du paradoxe, savoir lire. Le poète a observé, épié et comme, selon lui, « tout finit par répondre à une interrogation consciencieuse », il a beaucoup vu, retenu, et offre le résultat de sa quête. Cet instant de grâce où le réel sensible s'est manifesté, le poète met toute son énergie à le perpétuer et il semble naître lui-même en même temps que son poème car ce poème c'est sa vie. Pour lui :

> L'espace est plein de signes, le regard
> les trouve et les perd dans le même instant,
> la légèreté folle du hasard
> fait de nos chemins des dessins tremblants...

Il sait se confier comme l'aurait fait Guillaume Apollinaire. Ainsi dans le poème intitulé *Nul désordre* :

> Je descendais la rue Soufflot, quel âge avais-je, vingt-deux ans,
> Sur les arbres du Luxembourg, la tour Eiffel au soleil couchant
> Semblait faite de verre blond et poussiéreux,
> Je ne recherche aucun détail, je crois revoir briller des yeux,
> Qui j'ai rencontré m'apparaît, la scène profonde se rouvre...

Parle-t-il de la mort d'Artaud que le poème, pour faire apparaître « Artaud plein de pavots étouffés dans sa tête », s'élève classique comme ces « tombeaux de poètes » de naguère. Parfois Thomas joue à être facile, amusé : « Toujours te sourire, / Jamais te toucher, / Tu me rendras pire / Qu'un garçon boucher ! » car le ton de la chanson, de la complainte peut le retenir, et il met le même humour en décrivant sa vie *Dans le siècle* :

> S'intéresser à la peinture,
> lire des vers de Jean Lescure,
>
> d'Alain Bosquet, Lanza, Masson,
> c'est suffisant – passons, passons.
>
> Travailler tôt, travailler tard,
> être écrivain chez Gallimard...

Alors qu'il en était au début de son œuvre, Léon-Gabriel Gros parlait de « bonheur à partager », de ces moments où, selon Thomas, « Tous les points de vue sont abolis dans le bonheur d'exister surabondamment ». Le poème comme exemple de « sérénité parfaite » ? Une poésie de jubilation, sans inquiétude ? Qu'il y ait du bonheur, certes ! mais comme « on voit s'envoler bonheur et malheur », dans l'au-delà du poème les deux peuvent être confondus et « Le bel ovale d'une existence tranquille / devient affreux triangle aux pointes irritées ». Si d'autres poètes manifestent de plus d'inquiétude, de violence, de révolte, sont loin de cet apaisement apparent, un regard exercé montrera que Thomas, toujours fluide, aisé, élégant, le sait bien que « le limon des jours s'ouvre et se referme » et que le démon qui reste derrière la porte peut surgir, qu'on peut chanter la lumière aussi bien que la grisaille des « jours peu radieux », que les dangers existent :

> La mort me regardait de ses yeux de cristal
> où l'on voit tout le ciel et tous les paysages
> et même le clocher du village natal
> et ce peu de clarté que font quelques visages

Et l'on aime que, de loin en loin, quelque préciosité apparaisse et qu'il y ait bouquets d'images et fête :

> le jouet des enfants oublié dans les fleurs,
> l'hélice de papier vivante comme une aile,
> et, la lampe soufflée, un chœur de voix timides
> chantant, s'inquiétant sous les volets fermés,
> et l'Hespéride de l'aurore, où l'œil voleur
> dès son premier regard cueillait l'orange d'or.

Ou encore : « La mer est belle, mais le jeu des muscles lisses / Est plus beau, qui s'achève en sursaut de délice. » Un érotisme discret çà et là quand surgit le golfe des cuisses ou la pointe d'un sein nu, et toujours « L'intérêt infini que nous prenions à vivre ». Les belles heures, le goût de la vie qu'il faut retrouver, tout cela qui s'oppose à une fin du monde possible, Thomas veut l'éprouver, le savourer, en éprouver la jouissance. On ne lui a pas dit « Étonne-moi ! » mais, sans doute : « Fais-nous voyager ! » ou « Offre-moi ton regard pour que je voie mieux les choses ! » Et le poète, baigné de sa propre lumière, répondrait à voix basse, assourdie, séduisante, ingénue, par un de ses paysages apaisants :

> Tranquille et nu sous l'arbre vert
> une couronne de silence
> ceignait mon front dans le désert
> c'était le temps de l'innocence...

Il dirait : « En différents points – une vallée des Pyrénées espagnoles, les rues de Dresde – j'ai eu des impressions qui ont accru mon sentiment de l'existence et, par conséquent, mon désir de m'exprimer... » et si l'on questionnait trop, il répondrait : « Mais tout cela, de même que les lectures, opérant très lentement et par une activité imprévisible, je ne pourrais guère donner sur ce qu'est, pour moi, la poésie, que des renseignements purement empiriques : bonheur d'être docile à des données profondes et irréfutables, de donner leur équivalent le plus rapproché possible par le moyen des mots, et de tendre ainsi à la réalité par le chemin de la parole... »

Il est arrivé que l'on parle de monotonie à son propos. Il se peut que la voix, par son calme, donne cette impression. A notre avis, il n'en est rien : chaque poème, avec son lot d'images, son déplacement, ses particularités, apporte sa surprise, son flot d'impressions, s'ouvre à une collaboration avec le lecteur, car il lui laisse le soin de tirer des conclusions dont lui-même s'abstient, et il est impossible de ne pas se sentir concerné, de ne pas voir plus clair en soi-même. Comme le dit si bien Jean Rousselot : « La qualité des images, leur pouvoir transcendantal, l'allure feutrée de la démarche syntaxique, l'aisance de l'élaboration dans un creuset où inconscient et conscient brûlent du même feu doux, voilà ce qu'on admire chez Henri Thomas, et la naissance d'un *ordre* où viennent se réduire, s'intégrer toutes les acquisitions nouvelles de la poésie. » Et l'on ajoute que les mots unis affirment un pouvoir incessant de libération de l'être de toutes chaînes par la sagesse d'un nouvel entendement.

II

Luc Decaunes

SI Luc Decaunes n'était pas avant tout un des poètes les plus originaux et responsables de sa génération, nous serions tenté d'en faire un personnage de roman picaresque tant les étapes de sa vie ardente sont variées et intéressantes. Apparaîtrait une riche personnalité fortement contrastée où le caractère ombrageux est fraternel, où l'agressivité s'accompagne de tendresse, la violence de calme, la révolte d'amour, avec le sentiment d'insoumission, l'engagement politique. « Je n'ai de leçon à recevoir de personne... », ainsi commence un poème qui se termine par « J'ai des leçons à recevoir de tous les hommes. », ce qui affirme une nuance. Mais, autant que le poète, nous présentons des poèmes. Ils naissent d'un lyrisme simple et fortement énergétique, celui d'un homme conciliant ses engagements révolutionnaires dans une seule action dont le langage est le support, celui aussi d'un homme de passion humaine se résolvant dans d'intenses poèmes d'amour. Il a beaucoup reçu du surréalisme, notamment de celui d'Eluard dans ses meilleurs moments. Il partage son idéalisme concret, la limpidité de ses tournures, la qualité des images et cet érotisme lumineux qui est ouverture à la vie, lutte contre la mort. Ce sont là des parallèles plus souvent que des influences. Le ton est toujours personnel et on rappelle cette phrase de Joë Bousquet : « Luc Decaunes a été guéri de Reverdy, par Aragon, et Eluard l'a sauvé. » Nous croyons qu'il s'est sauvé lui-même par sa propre fidélité, par sa loyauté envers la voie qu'il s'est tracée.

Luc Decaunes (né en 1913) vit le jour à Marseille au cours d'un déplacement de ses parents, photographes ambulants, et il vécut ainsi dans de nombreuses villes du Sud. Enfance heureuse : « Je me souviens d'une enfance aux mains de rues, aux yeux de collines douces, aux chansons bonnes comme le pain. » Il n'oubliera ni le père, ni la mère, ni les bancs de l'école. Précoce, dans son plus jeune âge, il lisait Maurice Leblanc et composait de petits romans d'aventures tout en faisant de bonnes études qui le conduiraient à devenir instituteur avant qu'il se voue à la poésie. Au cours de sa vie, il exercera métiers et violons d'Ingres : on le trouve en effet violoniste et compositeur, directeur de revues, organisateur de festivals culturels, syndicaliste, journaliste, homme de radio, conférencier, pédagogue, animateur du Théâtre de l'Est Parisien, et critique de tous les arts, dramaturge, anthologiste, romancier, la poésie étant le moteur de toutes ses activités.

En 1931, il s'ouvrit à la conscience politique et l'année suivante, il publia les poèmes en prose du *Cœur légendaire*, genre où il excelle. En 1935, il fit paraître la revue *Atalante* dont il se lassa pour créer *Soutes* « revue de culture littéraire internationale » avec Jean Digot, Louis Guillaume, Lucien Nigg, Michel Rochvarger et Boris Romoff. L'aventure durera trois ans et la revue sera le rendez-vous des plus grands noms de la poésie et des jeunes d'avenir. Des plaquettes seront publiées, par exemple des œuvres de Jacques Prévert et d'Albert Ayguesparse. On ne trouvera guère dans l'avenir qu'*Action poétique* pour être comparée à cette publication. A noter que Decaunes, militant de la gauche révolutionnaire, n'adhérera jamais à aucun parti.

Nous indiquons ici les œuvres principales : *L'Indicatif présent, L'Infirme tel qu'il est*, 1938, *Le Feu défendu*, 1938 ; *A l'œil nu*, 1941, *Le Camphre et l'amadou*, 1942, *Le Cœur en ordre*, 1943, *L'Air natal*, 1944, *Le Sens du mystère*, 1946, *Poèmes militants*, 1947, *Sourde Oreille*, 1948, *Droit de regard*, 1950, *L'Amour lui-même*, 1952, *L'Amour sans preuve*, 1960, deux livres reprenant des poèmes déjà parus : *Raisons ardentes*, 1963, avec des inédits, *Récréations*, 1978. De nombreuses anthologies : *Le Poème en prose, Les Riches Heures de la chanson française, La Poésie parnassienne, La Poésie romantique française...* et de nombreuses études critiques sur Baudelaire, Guillevic, Tortel, Ponge, Char, Eluard, Crevel, Follain... A lire : *Luc Decaunes*, par Jean-Marie Auzias, collection « Poètes d'aujourd'hui », et le numéro spécial de *La Sape*, 1987. Enfin, *Mortification des fontaines*, 1988.

La force du regard entre dans les murs.

Dès les premiers recueils s'affirment une manière d'être et des qualités d'enthousiasme qui ne se démentiront pas. On nous parle de jeunesse, de révolte et d'espoir. Tout est déjà posé et on trouve un unanimisme fraternel :

> Leur rire est beau comme un dimanche
> L'amour les tient entre les dents l'amour les pèse
> Sur le plateau loyal du sang.

Chaque poème sera, ainsi, situé dans le réel : « Je vois le monde tel qu'il est... » avec ce surréalisme qui reste sur notre terre, ne va pas vers les nuées ou les vagues réminiscences freudiennes. L'expérience est celle de la vie, la poésie y prend sa source. Mais une vie pas toujours calme, une rivière qui charrie des images pures et violentes, des refus, ceux de ce texte « ...tout ce qui dit NON à l'énorme bêtise d'un univers livré aux œufs pourris et aux nécrophores, toute cette revanche du rouge sur le noir, du vivant sur le mort, du nouveau sur l'ancien, je le retiens de force dans mes deux poings désespérés, et je l'appelle ma vie, mon amour, ma jeunesse... » Lorsqu'il écrira un poème intitulé *Pablo Picasso*, on lira :

> Attaquez les vaisseaux et les ports
> Renversez les coffres les malles
> Il ne faut qu'un fusil de bois
> Dans les mains justes de l'enfance
>
> Ici la parole est à la violence
> A la force aux fers dans le feu
> Ici la beauté saccage l'ordre
> La beauté dévore la beauté...

Toujours, Decaunes cherchera la beauté enfouie « Comme un diamant dans l'épaisseur des choses ». Il le dit : « Le mystère de l'homme est entier » et il jouera toujours le rôle de l'extracteur des secrets avec cette crainte de trouver ce qui se cache comme « Le monstre convulsé gueule pleine de sang ». Les poèmes du prisonnier de guerre sont bouleversants : « Je perds le secret de mon propre langage / Je me fais vieux je me fais peu... » Ses poèmes en prose sont de l'ordre du meilleur surréalisme, celui d'André Breton. Ils sont parmi les plus beaux que nous connaissions. Le début de l'un d'eux :

> Les rotatives fixées au pôle magnétique tournent à des millions de tours-minute et débitent à tout venant le sang frais des automates. On a fait peindre de grandes images barbares sur la neige ; l'usage des couleurs vraies est interdit.
> Une femme, quelque part, déchiffre des lettres d'amour sur la vitre du temps qui passe. Le temps passe, et les vieillards ont du courage! A la porte des musées de cire, on peut les voir faire danser marquise et distribuer des étendards comme en ce bon vieil autrefois...

Et si le poème en prose était la preuve par neuf de la valeur d'un poète? La neige, le temps, la lumière diurne ou nocturne, la flamme, les couleurs sont au cœur de maints poèmes. Et encore la lumière des corps :

> Je suis la fille la plus nue du monde. Je n'ai que ma bouche et mes seins légers, je n'ai que mon ombre entourée de flammes, et les fuseaux orageux de mes jambes pour tisser la soie des jours amoureux. Je suis l'abeille solitaire perdue dans le grand soleil, loin des herbages, loin des sources, l'abeille mère de la ruche, et le miel coule goutte à goutte de ma plus intime blessure...

Comme il fait bien parler le corps féminin! Comme il sait aussi lui répondre en lui offrant la poésie qu'elle lui suggère! Avec lui, une Vénus érotique ne cesse de sortir de l'onde. C'est tout un printemps de mots fleuris qui surgit car il convie la nature à célébrer ces fêtes, cette nature qu'il a chantée pour elle-même quand il rejoignit le Vaucluse de ses amis René Char et Jean Tortel, à Buisson, Séguret, villages inspirateurs de tant de poètes même venus d'ailleurs comme Paul Chaulot ou Decaunes, où l'on découvre :

> Un pays ravagé par la rage des pierres
> Couvert de cicatrices et d'épaves
> Os dévoyés lèvres à l'abandon
> Carcasses d'hommes à hauteur des orages
> Et le pollen des fleurs lointaines dans le vent.

Ou bien :

> La lumière est belle avec ses blessures
> Qui font saigner les vignes dépouillées
> Et chaque soir le clair paysage s'élève
> Haut dans le ciel avant la venue de la nuit.

Nous ne pourrons pas tout dire sur ce parcours d'un poète. Il faudrait encore parler de poèmes aux amis comme Ilarie Voronca ou Gaston Massat, parler de paysages urbains, de provinces, des gestes ou de la geste des hommes, de tout ce que la vie dicte à qui sait l'éprouver dans ses plus intimes fibres.

La poésie chez Luc Decaunes est langue du bonheur et arme de la liberté. Jean-Marie Auzias a parlé d'une « morale du bon plaisir », le poète ne menant pas carrière mais conduisant combat, l'écriture étant une des formes de vie, de sa vie, de la vie humaine qui a la priorité sur toutes choses. Il y a bien longtemps, Léon-Gabriel Gros écrivait à propos de ce poète qui sait ce qu'il veut : « La fonction révolutionnaire du poète n'est point d'exalter des sentiments ou de diffuser des mots d'ordre, mais bien d'humaniser la beauté, de fertiliser, par son apport personnel, ce bien commun qu'est le langage. » Luc Decaunes, à cela, n'a jamais cessé de s'employer.

12

Robert Mallet

LES poèmes de Robert Mallet (né en 1915) qu'ils soient en prose, en vers d'un classicisme atténué ou plus libres d'allure, obéissent à une structure rigoureuse. Les effets de rythme, les unions de mots, sens et son, les images qui se répondent se font l'écho de sensations et de méditations subtiles et diverses. Le poète peut être lapidaire, blessant comme le pic ou le roc, ou bien feutré, ombré, mélancolique. Il sait être harmonieux et tendre, intimiste et amoureux, humaniste et généreux, aphoristique et lyrique. Toujours on reconnaît un désir de clarté, de transparence. Il choisit les mots les plus simples : « Méfiez-vous des mots dominicaux / l'amour qui dure aime ses vieux habits... », écrit-il. Il n'est pas besoin pour Mallet d'utiliser un quelconque jargon, de chercher le mot précieux pour s'inscrire dans la sensibilité moderne. Pudique, concret, sans quitter sa personnalité profonde, il s'inspire « de la richesse objective des êtres et des choses ».

Universitaire, écrivain, poète, sa biographie est riche d'action. Né à Paris de souche picarde, il fut condisciple au collège de François, fils de Paul Valéry, et put ainsi approcher le poète et découvrir son œuvre. Licencié en droit, licencié ès lettres, il s'inscrivit comme avocat stagiaire au Barreau de Paris. La guerre, la Résistance, de graves blessures, puis le doctorat en droit et celui en lettres avec sa thèse sur *Francis Jammes et le jammisme* (il écrira le *Francis Jammes* des « Poètes d'aujourd'hui »). Tout en publiant ses poèmes, il travaille à l'édition critique des *Correspondances Colette-Jammes, Gide-Jammes, Claudel-Suarès, Valéry-Gide, Claudel-Gide* (fonctions de secrétariat chez Gide). Conseiller littéraire, il dirige des collections dont « Jeune Poésie/N.R.F. », il publie les œuvres complètes annotées de Paul Claudel, de Valery Larbaud, d'inédits d'Apollinaire et dépouille les manuscrits des *Cahiers* de Paul Valéry. Il anime une célèbre émission de radio avec Pierre Sipriot, puis Roger Vrigny qui la reprendra. En 1950, ses *Entretiens avec Paul Léautaud* obtiennent un immense succès. Revenu à l'Université Robert Mallet sera professeur de littérature moderne à Madagascar où il fondera facultés et instituts avant de fonder l'Académie d'Amiens et d'en être le premier recteur, puis ce seront les fonctions à Paris : recteur de l'Académie et chancelier des Universités, mais on ne peut citer ici tous ses titres et ses présidences. Mentionnons sa prise de position mondialiste et sa présidence du Mouvement Universel de la Responsabilité Scientifique. Parlons enfin du poète.

Ses principales œuvres : *L'Égoïste clé*, 1946, *Les Poèmes du Feu*, 1947, *De toutes les douleurs*, 1948, *La Châtelaine de Coucy*, 1949, *A l'Hôpital*, 1950, *Amour mot de passe*, 1952, *Les Signes de l'addition*, 1953, *Lapidé lapidaire*, 1957, *Mahafaliennes*, 1962, *Le Poème du sablier*, *La Rose en ses remous*, 1971, *Quand le miroir s'étonne*, 1974, *Silex éclaté*, 1976, *L'Espace d'une fenêtre*, 1978 (ces trois derniers titres réunis dans la collection « Poésie/Gallimard »), *Le Forgeron me l'avait dit*, 1982, *L'Ombre chaude*, 1984, *Presqu'îles presqu'amours*, 1986, *Cette plume qui tournoie*, 1988. A signaler une étude d'André Camus, *L'Œuvre poétique de Robert Mallet*, 1985. Il est l'essayiste d'*Une mort ambiguë*, de *Jardins et paradis*, l'auteur de pièces de théâtre, le romancier de *Région inhabitée* et d'*Ellynn*, 1986.

Je regarde au-delà de ce que je vois.

Il n'y a pas deux Robert Mallet : son double itinéraire universitaire et poétique s'est effectué sous le signe d'une totale solidarité de pensée. De même, on trouve un accord entre ses proses et ses poèmes, telle observation, telle circonstance préfigurant leur naissance.

L'excellence du poème en prose s'affirme dans *De toutes les douleurs* et *Les Signes de l'addition*. Ici, les alignements de croix du champ des morts de Lorette, apparentés au signe plus, font naître une méditation sur la vie, la mort, l'ombre et la clarté. « Dans ce recueil comme dans le précédent, écrit André Camus, les jeux de mots, allitérations et consonances jouent un grand rôle. Ils ouvrent des portes et déchirent des voiles comme des éclairs jaillis d'horizons opposés font l'autopsie du ciel. En chaîne ils constituent des échelles volantes, des guirlandes et des farandoles d'ordre spirituel. » Il y a là du fantastique comme il y aura du légendaire dans les alexandrins de *La Châtelaine de Coucy* où est repris le thème historique du cœur mangé (v. *La Poésie du Moyen Age*). Déjà le mot de passe est l'amour et le poète vogue « vers les terres promises » avec cette souplesse qui fait penser à Cocteau mais en plus grave et à Apollinaire, ce sens du ciselé qui est mallarméen. Partout la psychologie s'allie au travail de l'artiste. Que le poète soit lapidé, il ramassera les pierres pour les tailler en pierres précieuses dans l'éclat et l'harmonie. Partout l'observation du réel : les boules d'un jeu de croquet font surgir des planètes, le fusil d'un stand de tir sert à crever « le masque des nuits » et cette inspiration, cette fantaisie, cette interrogation des vocables et des objets communiquent douleur ou émerveillement. Tous les aspects de cet art sont réunis dans les *Mahafaliennes*, poésies courtes, colorées, chantantes où les terres de Madagascar s'étendent aux terres de la poésie.

A partir des années 70, dans la maîtrise totale, le propos s'étendra encore, chocs d'images, union d'antithèses, diversifications des mètres, dégradés typographiques pour traduire en de fines ciselures le vertige et l'extase, l'onirisme et le merveilleux, l'intimisme et la confession, l'amour ou l'aventure des mots :

> Des mots nouveaux prennent le large
> ils abordent triomphalement
> sur des îles désertes
> qu'ils peuplent

L'interrogation des sens en de mouvantes correspondances :

> Ce que je vois, je ne l'entends pas encore
> j'avance dans les bruyantes ombres de l'homme
> mais déjà le silence des lumières
> m'interroge.

Chaque ensemble de poèmes montre que Robert Mallet reste disponible à toute irruption de la poésie dans son existence quotidienne, ses faits, ses actes. Même lorsqu'il en paraît le plus éloigné – actes, tâches, travaux, initiatives sociales et autres –, il se tient au plus près du poème, trouve des « mots princiers » mais non point endimanchés pour le dire. Le sujet d'inspiration peut être paysage ou sonorité :

> Kilcrohane, Ballyroon, Ahakista
> sève des sonorités fluides, rauques
> au balcon des rumeurs océanes...

Cette œuvre diversifiée montre que la vision du poète est le moteur et l'accompagnement de la vie active. La science syntaxique bien acquise, l'instrument prêt à toutes les sollicitations, le poète explore toutes les réalités, des plus souriantes aux plus douloureuses. Son goût du jeu des mots dont il faut arracher les secrets offre plus que de l'humour, une grave pénétration des choses. Il y a là une ingénuité préalable, de l'ingéniosité, un sens incisif du raccourci, de l'ardeur et de la sensibilité jusque dans la méditation la plus apparemment calme.

13
Poésie de combat

Les Poèmes des temps noirs.

SI un chapitre particulier n'est pas consacré à la poésie de la Résistance, au cours des trois volumes qui composent *La Poésie du XXᵉ siècle*, nous signalons la participation des poètes à ce grand ensemble dans chacun des textes qui leur sont consacrés. Il est utile cependant de rappeler des poètes moins connus, voire inconnus du milieu littéraire ou même inconnus tout court (puisqu'il ne reste parfois qu'un pseudonyme) qui se sont exprimés aux moments les plus cruels. Nous les nommerons pour leur rendre hommage et conseillons vivement la lecture de *La Résistance et ses poètes*, par Pierre Seghers, deux volumes historiques et anthologiques.

René Tavernier (né en 1915) est certes fort connu. Fondateur de *Confluences*, auteur de nombreux livres, poète, critique, journaliste, homme d'action, président du Pen Club français, il a toujours été présent sur les lieux des combats pour la liberté et le droit des peuples. Le poète est resté discret. Il y a des poèmes signés sous le pseudonyme de Claude Solène, d'autres sous celui de René Geoffroy comme *Scandale du sommeil*, vers et proses, d'autres enfin sous son nom comme *Chansons pour passer le temps*, *Le Pouvoir d'être libre*, *Mille neuf cent trente-neuf* ou *Le Prince et le morne*, et enfin *34 Poèmes*, avec traduction en anglais de John Bart Gerald, 1984, où nous lisons : « Je suis un homme qu'attend la foudre » car, que ce soit en période noire ou en période de danger pour la culture et pour les hommes, il reste le veilleur, le résistant comme durant l'Occupation, celui qui veut briser les barreaux des prisons où sont les écrivains persécutés un peu partout dans le monde. Ce qu'il écrivait dans *L'Honneur des Poètes* est toujours d'actualité : « Homme vivant pour l'homme / Rien d'autre que l'homme / Vous, grâce courage et violence / Miraculeusement unis... »

Poète, Claude Bourdet (né en 1909) le fut pour la circonstance avec un poème intitulé *Liberté* avant d'occuper de hauts postes municipaux et politiques. Il est le fils de Catherine Pozzi *(voir préc. vol.)* et d'Édouard Bourdet. Claude Morgan fut le directeur des *Lettres françaises* et le poète de *Ciel d'orage*. André Ulmann qui serait le fondateur de *La Tribune des nations* publia des *Poèmes du camp* écrits durant sa déportation. Madeleine Riffaud, journaliste, grand reporter, publia *Le Poing fermé*, préfacé par Paul Eluard, poèmes repris dans *Cheval rouge*, 1973. Henri Pouzol est le poète de *Ces visages en moi, Mille ombres militantes*, et d'une étude de fond sur *La Poésie concentrationnaire*. Édith Thomas sera connue comme une des meilleures historiennes contemporaines; résistante, elle publia, sous le pseudonyme d'Anne, des poèmes dans les revues clandestines. Lucien Scheler, grand expert en livres anciens, ami, préfacier, éditeur de Paul Eluard (ainsi cette réédition de *Donner à voir*, 1986), historien de la clandestinité, publia lui aussi des poèmes sous des pseudonymes. Anne-Marie Bauer, résistante, offrirait plus tard un journal de bord mystique et poétique : *La Vie aveugle*, 1957. Paul Valet inventerait le poème coup de poing, c'est-à-dire en un court quatrain le choc amer et fort de l'indignation. Il fut découvert par Maurice Nadeau. Il a publié notamment : *Les Poings sur les i*, 1955, après *Sans muselière*, 1949.

Nous avons parlé de Roger Bernard, cet ami de Char, d'André Chennevière, fils de Georges Chennevière dans le précédent volume. Jean-Claude Diamant-Berger promettait d'être un poète marquant de sa génération. Né en 1920, il fut tué en 1944. Deux ans plus tôt, il collaborait à la revue *Les Réverbères* et fréquentait les surréalistes. Paul Eluard l'appréciait ; il publia ses poèmes dans *L'Éternelle Revue* ; d'autres dans *La Nouvelle Renaissance*. L'ensemble de l'œuvre parut sous le titre *Poèmes d'Everlor*, 1951. Il s'agit de longs chants lyriques se développant comme des odes claudéliennes. « Je vais chanter tout d'un trait sur le siècle... », écrit-il et c'est la voix de la ferveur et de la jeunesse qui retentit, de la foi aussi : « Me voici sorti de l'enfance encore ébloui du baptême... » D'autres noms de poètes du temps de guerre qui ont disparu dans cette tourmente : Marguerite Bervoets (1914-1944), René Blieck (1910-1945), Marianne Cohn (1921-1944), Arlette Humbert-Laroche (tuée à 26 ans), Henri Mougin (mort en 1944) qu'on connut par Pierre Seghers qui publia *Trois bornes de cristal*, 1944, Jacques Laurent (1918-1944), poètes pour qui résonnent comme un glas des mots sinistres : noyé, fusillé, décapité, déporté... Ainsi Marietta Martin (1902-1944). Elle avait adopté le pseudonyme de François Captif et c'est sous ce nom que ses amis publièrent *Adieu Temps*, 1947, réunissant l'ensemble de ses poèmes. Là on trouve des poèmes chantants comme sur des airs anciens, d'autres serrés, dépouillés, empreints de spiritualité. Le nom de Denise Clairouin, morte à Mauthausen, a été perpétué par un prix de traduction : elle dirigeait à Paris une importante agence littéraire internationale. Tous et toutes ont laissé des traces sous la forme de poèmes, et aussi Misak Manouchian (1907-1944), un des martyrs de « L'Affiche rouge » dont les poèmes figurent dans l'*Anthologie de la poésie arménienne*.

Le chant de résistance, *Les Partisans* de Maurice Druon, Joseph Kessel et Anna Marly est dans toutes les mémoires. Il y eut aussi *La Complainte du Partisan* d'Emmanuel d'Astier de La Vigerie. D'autres noms : Jean Bernard, René Blech, Yves Boulongne, Léon Boutbien, Pierre Massé, Yves Darriet, Pierre Genty, Lucie Guehenneux, Maurice Honel, Michel Jacques, Lucienne Laurentie, Micheline Maurel, Camille Meunel, André Migdal,

Madeleine Sabine, Robert Maurice, Jean-Pierre Voidiès, François Watterwald, Louis Cauchois, Maison-Noire, Ambroise Maillard, des noms qui sont parfois des pseudonymes ou des noms réels qui se donnèrent un pseudonyme. Il fallait les saluer. Rappelons aussi les *Poètes prisonniers* de Pierre Seghers et l'anthologie des *Anciens Combattants prisonniers de guerre* de Roland Le Cordier.

Mais la poésie de combat ne se limite pas aux époques funestes. Sous le signe d'engagements politiques et sociaux, nous rencontrons nombre de poètes dans les diverses parties de ce livre. Nous en réunissons quelques-uns ici en précisant bien qu'une prise de position n'empêche nullement de chanter l'amour ou l'éternel printemps et de se livrer à toutes les délices du poème inspiré. Il s'agit des armes de la liberté et du bonheur et non point d'un carcan.

Jean Marcenac.

Les œuvres de Jean Marcenac (1913-1984) ont été réunies en deux volumes : *Poésies 1932-1969*, avec une préface de Jean Pérus, 1983, *Les Ruines du soleil et autres poésies* (1970-1984), 1985. Des titres comme *Le Ciel des fusillés*, 1945, contenant le *Manifeste de l'école d'Oradour*, comme *La Marche de l'homme* ou *Un combat pour la vérité* sont parlants et se rattachent à l'histoire poétique des époques brûlantes où l'espoir lui-même était en danger. Il est une des plus belles voix de cette poésie engagée dans l'action. Fraternel, ardent, lyrique, il ne publie que par nécessité et n'hésite pas à parler de « poèmes politiques » à propos de sa création, ce qui ne veut pas dire qu'il occulte la part du rêve et d'une imagination en éveil, de constructions hors de tout académisme, et non plus l'amour de la femme s'inscrivant dans l'amour d'un monde dont sa vision saisit toute la tragédie. Pour lui, dès lors que l'on dit vrai, le poème reste un instrument de connaissance et le poème « le laboratoire dans lequel on prouve et on éprouve à la fois ce dont s'alimente l'œuvre et la poésie nous apparaît, dans le champ littéraire, comme l'équivalent de la recherche fondamentale dans le champ scientifique ». Marcenac écrit aussi : « La poésie... est constante espérance de la vérité à découvrir, production incessante du vrai et du sens. » Durant l'Occupation, maquisard en compagnie de Jean Lurçat, il publia sous des pseudonymes, Paul-Louis Valentin ou Rémy Walter, des poèmes liés à l'événement sans rien perdre d'une pureté éluardienne. Il en était de même dans l'anthologie *Poètes prisonniers* avec ces vers chantants, apollinariens :

> Les fils de Lohengrin chantaient dans la forêt
> Ils font la guerre comme on danse
>
> C'était un chant de pierre un chant d'écume
> C'était un chant qui cassait les paroles
> Un chant dans la forêt des mots comme une hache...

Ses amitiés furent celles d'Eluard et d'Aragon. Il sut garder le meilleur de la leçon surréaliste. Il pourrait se définir par ses propres vers : « L'indépendance est sa chanson / La liberté son horizon / Et l'avenir est sa raison... » En effet, par-delà les lumières et les ombres immédiates, le poète a sans cesse souci de l'avenir, de l'invention du destin. C'est là sa morale, son humanisme, son fil d'Ariane. Traducteur de Pablo Neruda, celui-ci l'appelait : « El caballero Marcenac – le poète à la tête oiselière... » Comme l'écrit Jacques Gaucheron : « Se prouve ici que la poésie est lieu commun du moi et du nous, dans toutes les dimensions de l'être. D'où l'immense dialogue poursuivi avec soi-même, ses amis, ses camarades, dialogue avec ce qui nie la poésie, avec l'histoire même " qui n'a pas fait son devoir "... » D'un poème offert à Lionel Ray : « Moi je demeure avec les mots / D'une exigence de chef d'orchestre... » Pour Marcenac, la poésie est « une fille du temps » et « sa fonction propre est de lancer au-devant des œuvres de l'homme les paroles d'or de l'imagination et de l'espoir... »

Jacques Gaucheron.

Jacques Gaucheron (né en 1920) a suivi le même engagement que son ami Marcenac et les mots employés pour le définir pourraient être à peu près les mêmes si les parcours esthétiques ne se différenciaient. La Résistance, les événements politiques lui ont inspiré de nombreux livres. Dès 1940, sous le pseudonyme de Lemoine, avec François Monod, il rédigeait un poème-tract. Il y aurait *Procès-verbal* à « la saison des lauriers jaunis », des carnets clandestins, divers recueils, avec Elsa Triolet, Eluard et Jean Amblard, *Les Maquis de France*, un essai : *La Poésie, la Résistance*, un regard sur l'histoire sociale avec le poème *Les Canuts* qui inspire un opéra à Joszef Kosma, et, selon le cours des drames, *Récitation sous le signe d'Hiroshima* (avec Boris Taslitzky) ou *Onze poèmes pour le Viet-Nam* (avec Armand Monjo), des transcriptions d'Omar Khayyam, plus de trente recueils et, auprès de tant de livres graves, responsables, combattants, la légèreté et le goût du bonheur ici et là, par exemple dans *A nous deux l'amour*, 1977, où les mots chantent et dansent avec de la fantaisie, un ton direct à la Prévert ou toute la sensualité de quelque *Cantique des cantiques*, poèmes fleuris « où le soleil est en gala » avec des airs de « toi et moi » mais dans l'amitié des hommes, des plantes et des bêtes. Il écrivit d'ailleurs *Bêtes en tête*, 1966, en l'illustrant de « ronds et bâtons, chiffres et lettres (qui) piègent rêveusement les personnages d'un bestiaire innocent, dans la lumière de la plus ingénieuse enfance, dans la tendresse d'un long regard ».

Souvent, nous nous sommes aperçus d'idées reçues concernant les poètes engagés les réduisant à une sorte de didactisme alors qu'il est assez rare. Il ne s'agit pas de donner des leçons mais d'imaginer un humanisme en progrès, loin des abstractions et des métaphysiques. Chez ces poètes que nous avons groupés et que l'on trouve du côté de la revue *Europe* qui a tant fait pour la poésie, on trouve la jubilation du bonheur à partager. Elle s'exprime chez Gaucheron par des poèmes qui participent des arts plastiques ou de la musique :

> Salut aux étranges passants
> Qui creusaient des chansons dans des branches
> Bergers taillant des tiges de roseau
> Pour donner asile au clair de lune sur la terre
> Un clair de lune aux doigts d'interlude et de laine

Professeur de philosophie, Jacques Gaucheron s'est orienté vers l'art en devenant enseignant à l'École des Arts décoratifs et en recherchant une poétique fondamentale commune aux arts plastiques et poétiques. La construction de poèmes nouveaux en porte la trace, le poète s'interdisant le sommeil. Beaucoup de ses titres répondent à ses goûts. Les métiers, les pierres, les arbres, les bêtes se retrouvent dans des titres de recueils comme *Le Chant du rémouleur, Lapidaire, Un pommier de plein vent, Plume, poil et compagnie...*

Pierre Gamarra.

Pierre Gamarra (né en 1919) fut résistant et poète de la Résistance. Quelques-unes de ses œuvres poétiques : *Essais pour une malédiction*, 1944, *Chanson de la citadelle d'Arras*, 1950, *Un chant d'amour*, 1955, *Pouchkine*, 1960, *Le Sorbier des oiseaux*, 1979, et de nombreux livres de poèmes pour enfants, chansons, fables ou rondes. Sa poésie ne s'égare pas dans les nuées : en prise directe avec l'homme et la société, elle en épouse les aspirations et les luttes. Si des préoccupations politiques et sociales sont présentes, elles ne s'effacent pas devant des présences charnelles, les voix de la terre et du temps, une nature riche d'oiseaux, de fruits et de fleurs comme il en est du côté de Toulouse dont Gamarra est originaire :

> Tu ne marcheras plus dans les yeux du matin,
> dans les menthes, les amarantes, les amantes,
> qui peuplent tes prairies, tes ruisseaux.
> Les étoiles ne pâliront plus dans tes mains.
> Une bergeronnette a valsé. La Garonne
> s'endort et je rêve tes rêves...

Cette poésie de saveur terrienne s'accorde aux romans de Gamarra où le paysan, l'instituteur laïque sont saisis dans leur réalité quotidienne. Des vers bien frappés, vigoureux, à la prose parfaite et sans concessions, il y a une profonde unité de l'œuvre. Par-delà, les « noirs souvenirs » et les « destins amers » du temps du pays en deuil, les personnages des romans sont toujours, comme le poète et ses poèmes, en attente de soleil et pétris d'un espoir dont l'écriture est sans cesse nourrie.

Rouben Mélik.

> Rouben, je viens, mon nom le dit, des autres zones,
> Je viens de l'âge haut et clair,
> Dans la bouche le goût des citrons et des chairs
> Que brûlèrent les amazones.

Ces contrerimes de Rouben Mékik (né en 1921) disent son origine arménienne et son goût d'une poésie fondée sur la perfection de la prosodie. Contre toutes les modes, il restera fidèle à une forme éprouvée avec assez de souplesse et de nouveauté dans le propos pour la faire oublier. On le verra dans toutes ses œuvres, de *Variations de triptyques*, 1941, à ses divers livres parmi lesquels *Accords du monde*, 1946, *Passeurs d'horizons*, 1948, *Madame Lorelei*, 1949, *A l'opéra de notre joie*, 1950, *Christophe Colomb*, 1951, *Lynch*, 1954, poèmes antiracistes, *Où le sang a coulé*, 1957, les poèmes de la lutte clandestine, au temps où Mélik signait du nom de Musset, *Le Veilleur de pierre*, 1961, *Saisons souterraines*, 1964, *Le Poème arbitraire*, 1966, et ces grands ensemble réunissant le suc de sa création : *Le Chant réuni 1 et 2*, 1960 et 1967, *La Procession, Poésie 1942-1984*, 1984, avec des écrits de Marie-Claire Bancquart, Jean-Claude Renard et Claude Roy.

Les exils, les souffrances des peuples, les maux de ce monde, et plus particulièrement ceux provoqués par l'homme, xénophobies et racismes, les détresses et les amours, le chant de révolte et l'élégie sont les hôtes d'une conviction et les sujets d'une inspiration généreuse chez Rouben Mélik. Il y a à la fois de l'amertume et de l'ensoleillement, de la musique des mots et de la peinture du réel, du rêve et de la raison, de la tragédie et de l'espoir. Le réalisme rejoint la métaphysique et il court au long des strophes jamais hermétiques un frisson de mystère. Ces poèmes sont inspirés, éloquents, persuasifs. La matière en est signifiante, et, si légendaires et inattendues, voire insolites, que soient les images, on sent une confiance sans faille dans les vertus du langage. Là où l'on s'est déshabitué de lire ces longues suites d'alexandrins qui font courir un danger de monotonie, Rouben Mélik montre qu'il sculpte dans la matière solide et durable de la langue, qu'il veut l'éprouver une fois de plus, la pousser à révéler tous ses secrets. Il connaît l'art d'utiliser les ressources de la rhétorique et d'en écarter les dangers.

En bref, cette poésie parle et chante comme aux beaux jours de son histoire. Le virtuose va même, comme dans certaines élégies, jusqu'à faire des coupes de mots arbitraires en fin de vers, à la manière de ses cadets :

> Où n'était-ce que d'elle une autre déchiru
> re une autre fuite une autre entrée en la
> Procession de sa beauté ? Partage avec moi l'a
> pprentissage de toi qu'à croire à qui j'ai cru...

Ne parlons pas que de forme. « Tout un peuple est en moi », écrit le poète. Cela lui confère un lyrisme rayonnant, celui du porte-parole qui invente sa Parole : « Peuple en moi que je porte en sa diversité... » Claude Roy le dit : « ... Mélik est de ceux pour qui ni la misère des opprimés, ni la colère de ceux qui luttent, ni l'espoir d'un avenir qu'on aura fait meilleur, ne sont des choses ternes et grises. Quand il parle, au bien et au mal, du passé et de l'avenir, Mélik est émouvant, parce qu'il ne rédige pas un devoir, mais se délivre d'un sentiment... » Rouben Mélik, maître et rénovateur du haut vers ancien, rhapsode des opprimés, apporte mille richesses. Son œuvre, c'est bien le « chant réuni » comme le « chant général » de Neruda, celui du « veilleur de pierres » et du « passeurs d'horizons » qui chante les « accords du monde » pour aider l'homme, ce Christophe Colomb de sa propre découverte, à passer les caps dangereux.

14

Des contemporains remarquables

Jean Cassou.

AUTEUR d'une œuvre vaste et diverse, Jean Cassou (1897-1986) a écrit peu de poèmes. Ils se recommandent par leur qualité, par la vision humaniste qui les anime. Né en Espagne d'un père béarnais et d'une mère espagnole, Jean Cassou vécut en France. Plus tard, licencié d'espagnol à la Sorbonne, ayant gardé le goût de la littérature ibérique, il consacrera une bonne partie de son œuvre critique et de ses traductions à propager en France les œuvres, non seulement de Cervantès, mais aussi de Miguel de Unamuno, Ramón Gómez de la Serna, Eugenio d'Ors, Jorge Guillen, Federico Garcia Lorca, etc. Il est l'auteur d'un *Panorama de la littérature espagnole*, 1929, comme il le sera d'un *Panorama des arts plastiques contemporains*, 1960. Conservateur en chef du musée d'Art moderne, il a écrit de nombreux ouvrages sur Gromaire, Marcoussis, le Greco, Daumier, Ingres, Matisse, etc. Ses romans le montrent proche des conteurs romantiques allemands ou de Gérard de Nerval, et c'est dans la postérité de ce dernier qu'il se situe en publiant ses *Trente-trois sonnets composés au secret*, sous le nom de Jean Noir en 1944, avec une préface de François La Colère, autrement dit Louis Aragon. Le « secret », c'était la prison car Jean Cassou fut un résistant, ce qui correspond à son patriotisme, à son engagement politique et surtout à son humanisme : depuis février 1936, il fut de toutes les luttes, de tous les mouvements en France, en Espagne. C'est dire s'il concilia l'action et le rêve, construisant une œuvre « à la fois romantique et réaliste, âpre et rêveuse, satirique et fervente, pleine et comme gorgée de l'esprit d'affirmation », comme l'écrivit Francis de Miomandre.

Pierre Georgel a étudié cette œuvre dans un *Jean Cassou*, 1967, « Poètes d'aujourd'hui » et il existe des *Entretiens avec Jean Rousselot*, 1965. Les livres de poèmes après les « trente-trois sonnets » : *La Rose et le vin*, 1952, *La Folie d'Amadis*, 1950, *Suite*, 1951, *Ballades*, 1956, etc., l'ensemble réuni dans *Œuvre lyrique*, 1971.

Les sonnets représentent un des chefs-d'œuvre de la poésie du temps de la Résistance. Le romantisme allemand, un goût profond pour Nerval, pour Milosz et Rilke (à qui il a consacré des études) s'unissent à la littérature espagnole en des textes où règnent « les grandes sœurs : Amour, Liberté, Poésie », où apparaissent les questions de l'âme, de la mort et du destin, poèmes « de la vraie vie et du pur accomplissement ». En prison, sous la menace, il écrivit ces œuvres d'espoir dont Aragon-La Colère a dit : « Dans cette nuit où le captif se retrouve, loin de se complaire à témoigner de la faim, de la soif, du froid, des tourments d'indignité, de l'humiliation de l'homme par l'homme, le poème est pour lui le grand défi jeté aux conditions du mépris. » Il s'agit d'un cri de liberté, d'une réponse à l'insulte, chaque vers portant une puissance intérieure, l'écho d'une solitude pleine de prophétie et d'évocation. Rumeurs, songes, souvenirs, tous les sentiments de l'homme dépouillé, angoissé, proche du désespoir dans lequel il ne faut pas sombrer, se transmuent en des poèmes fermés, harmonieux, pleins de mystère et de noblesse. Le début du *Sonnet XXXIII* :

> Quel est ton nom? — Constance. — Où vas-tu? — Je m'en viens
> de toi-même et retourne à toi-même. — Soulève
> ce linceul de ta face, et que je sache au moins
> si tu ressembles à la sœur d'un de mes rêves.
>
> — Il n'est pas temps encore. — Ainsi je ne puis rien
> sur toi? — Silence! Apprends que je suis ta captive
> et qu'à chacun des coups soufferts par ton destin
> se forme un trait de plus à ma beauté furtive.

A des poèmes serrés sur une forme, s'uniront d'autres œuvres plus libres où « Cassou écrit comme l'on murmure, comme l'on prie, comme l'on se souvient, au rythme d'une respiration longue et contenue », comme l'écrit Rousselot. On pense à Milosz le poète aimé :

> Chère ombre, te souviens-tu de ces jours misérables?
> Nous errions bien humiliés et sur d'atroces rivages,
> mais quoi? l'attente et l'espoir éclairaient la marge...

Il nous dit « La main, son écriture, sa caresse... » ou « La mort, sa surprise, sa douceur... » Il retrouve le ton de la geste quand « Amadis au tréfonds des forêts fait retraite » et, en tous lieux, on ne se trouve guère éloigné de ce qui fait le bonheur de sa prose, de son aspect musical et profond, car il y a toujours dans les poèmes quelque chose de narratif, une manière de confier, en vers classiques ou en vers blancs, sa mélancolie et sa nostalgie, ses songes et ses paysages imaginaires.

L'homme de culture ne se sépare jamais des poètes qu'il aime : romantiques français et allemands, grands Espagnols, et il peut reprendre leur musique connue avec des mots à lui. On ne niera pas qu'une certaine idée de la poésie est le ferment de l'œuvre dans son entier. Partout spontanéité, intuition, recherche d'une cohérence par-delà les incohérences de l'imagination, poésie née de racines profondes, lutte contre une tendance au scepticisme, colère s'il le faut, et surtout l'amour, la seule image de l'absolu, la seule puissance destructrice des ennemis de l'homme et ce sens du secret, du domaine intérieur, de l'inconnu : pour Cassou, la poésie est bien l'espace de l'essentiel.

Jean Lescure.

Comme Jean Cassou, Jean Lescure (né en 1912) est curieux du mouvement de la peinture moderne, en s'attachant, par exemple, à Bazaine et à Lapicque, mais de quoi n'est-il pas curieux, cet homme d'enthousiasme et de participation! Être champion de natation, coureur de fond, cycliste, etc., n'empêche pas d'être poète. Parmi de multiples activités, parlons de la direction du Théâtre des Nations, de la fondation des cinémas d'art et d'essai, de l'Oulipo. Pour la poésie, il fut l'animateur de la revue *Message*, 1939-1946, où la jeune poésie faisait ses armes, où paraissaient en période d'occupation les œuvres les plus aiguës d'Eluard et de Desnos. Il fut un des fondateurs des *Lettres françaises*, un des traducteurs de Shakespeare et d'Ungaretti. Œuvres poétiques : *Le Voyage de la pureté*, *Les Falaises de Taormina*, *Une rose de Vérone*, 1948, *Treize poèmes*, 1960, *Itinéraires de la nuit*, poèmes en prose, 1982, *Ultra crepidam*, 1986, *La Belle Jardinière*, 1988, poèmes de recherche oulipienne, sans oublier un poème dramatique intitulé *1848*, etc. Il a écrit ou réuni des textes importants sur Gaston Bachelard.

Le raffinement du langage, l'abondance des images insolites, le sens de la nature et de l'objet, l'emploi mesuré et harmonique des mots, leur alliance originale, inattendue, rendent cette poésie attachante. Elle se situe dans une perspective surréaliste à la manière de l'Eluard des poèmes intimes. Chaque œuvre, brève, mesurée, patiemment écrite, porte une imagination, une élégance parfaites. Et une tendresse présente, un ton direct et amical :

> un ami qui s'assied dans ta maison facile
> sur la table l'eau simple a la couleur du miel
>
> le silence remâche un ancien goût de terre
>
> tu ramasses tes nuits fidèles
> la solitude fait peau neuve
>
> journées vous rassemblez encore des soleils
>
> il n'est pas vrai qu'elle l'emporte sur tant d'ombres
> l'ombre déserte de la mort.

André Verdet.

Présent dans le précédent volume auprès de Robert Desnos (il fut arrêté en même temps que lui en 1944) et de son ami et coauteur Jacques Prévert, André Verdet (né en 1915), le Niçois, l'homme appartenant à la légende de *Saint-Paul-de-Vence* (titre d'un ouvrage de lui publié en 1985), et surtout le peintre, le poète, l'homme de cœur et d'amitié, a écrit une cinquantaine de livres, de son *Anthologie des poèmes de Buchenwald*, 1945, à *Requiem pour les cosmonautes*, *Ballade pour la Comète de Halley*, 1987, sans oublier des cassettes. On trouve de nombreux textes sur les peintres (souvent ses illustrateurs), Pablo Picasso, Henri Matisse, Fernand Léger, tous les grands d'une génération, un roman et surtout des livres de poèmes, ceux en collaboration avec Prévert comme *Souvenirs du présent*, 1945, *Histoires*, 1947, *C'est à Saint-Paul-de-Vence*, 1948, les siens en propre : *Mondes et soleils*, 1952, *Le Pays total*, 1962, *Formes et paroles*, 1965, *Équinoxes*, 1966, *Vers une République du soleil*, 1967, *Le Ciel et son fantôme*, 1975, *De quel passé pour quel futur*, 1980, *L'Obscur et l'ouvert*, 1985, *Langue d'Éros*, 1985... beaucoup d'autres. C'est, ce Verdet, un homme qui se confond avec la poésie, un homme-poésie. C'est aussi un homme du présent, du réel, du vécu car « sa poésie capte le quotidien avec vivacité, avec amour, mais sait aussi s'enfoncer dans le grain, la moelle et le plumage » (Jean Rousselot). On trouve tous les aspects de l'humain : poèmes déchirants sur le temps de guerre et de martyre, poèmes d'amour, poèmes de la pensée procédant d'un humanisme d'après le désastre, regard sur la science et le devenir, et, dans la nuit bleue de Provence, regard vers les étoiles et leurs labyrinthes, sur les « prodigieuses comètes », les galaxies. Il y a à la fois une poésie presque didactique et métaphysique : « Mathématique des espaces infinis, chant des cosmogonies, chocs génésiques des planètes naissantes, sa poésie conjugue macrocosme et microcosme ; elle est soliloque contemplatif. » *(Le Ciel et son fantôme.)* Cette poésie est souple, directe, le corps y intervient et on voit là le plasticien, celui qui a cherché dans la peinture un prolongement de lui-même, le chantre qui a pris à cœur de nous dire : « Les plaisirs et les jours les drames et les nuits / Les travaux et les joies l'amertume et l'ennui / Les rêves les désirs les cauchemars les leurres... » Entre la comédie de la vie et la tragédie de la souffrance, les poèmes droits d'un homme de vérité.

Charles Autrand.

De son vivant, Charles Autrand (1918-1976) a suscité la ferveur de quelques-uns comme ses amis de *La Tour de Feu*, Edmond Humeau en tête, ceux des *Nouvelles à la main* de Henry Fagne (qui lui ont consacré un numéro spécial en compagnie de Malrieu), Jean Rousselot. A vingt ans, il avait fondé la revue *Mithra* que Max-Pol Fouchet reprit sous le nom de *Fontaine;* par la suite ce furent des revues comme *Le Soleil noir* et *L'Envers et l'endroit* aussi ferventes qu'éphémères. Il y avait chez cet homme généreux du personnage combattant, luttant contre ce qu'il appelait la pollution philosophique de la poésie, sa « mort-aux-rats », contre la pseudo-science et tout ce qui se référait aux dogmes et aux idéologies. Il s'agissait d'atteindre à la vraie vie, ce à quoi son œuvre rigoureuse s'est attachée. Il y eut des romans chez Eric Losfeld, des essais, et pour les poèmes : *Simples*, 1953, *L'Inconfortable patience*, 1969, *La Peine de vivre*, 1969, *Magazine*, 1970, *One way*, 1970, *Proximité des origines*, 1970, *L'Enfant de cœur*, 1971, *Là, comme une tache de sang*, 1972, *La Lune et la laine*, 1972, *Le Sens de l'histoire*, 1973, *Lapidation de la ville* précédé de *Une Lecture de Charles Autrand*, par Gaston Criel, 1974, *Le Non-sens de l'histoire*, 1974. Jean Rousselot, Pierre Bourgeade ont préfacé Autrand. Parmi ses œuvres antérieures, au temps où il était prisonnier de guerre, plusieurs plaquettes parurent parmi lesquelles il choisit, en éliminant les neuf dixièmes de l'œuvre, les pages de *L'Inconfortable patience*. Ces vers sont un des exemples possibles de sa manière :

> Le souvenir des morts creuse la voile bise
> doux comme cette odeur qui imprègne les draps
> chargée d'encens et d'un parfum de chrysanthèmes
> paisible souvenir que plus rien ne dévoie
> grisaille tendre après les cruautés amères
>
> Car l'orage n'a plus de cuivre ni d'éclairs
> l'arc-en-ciel a perdu le prisme de ses larmes
> la pluie bat vraiment les vitres sans rideaux
> et la silice en fleur glisse dans le calice
> où le temps se mesure et mesure les vies...

Autrand peut ainsi être élégiaque, tendre et méditatif, mais on le trouve aussi un poète de la colère et de la révolte, comme le juge Rousselot : « Tour à tour imprécatoire (cette œuvre) et fraternelle, épineuse – mais les épines sont " tournées vers l'intérieur " – et livrée, qui proclame l'innocence de l'homme... » et il est vrai qu'Autrand « préfère l'argot, parfois, au confort du beau langage » sans doute parce qu'il y trouve une certaine délectation, une vérité humaine et une allégresse proche du quotidien : « Ya la télévision qu'on met pas en sourdine / C'est-y parlure ça ou c'est-y pas parlure... » Autrand, entre révolte et tendresse, ne se départit jamais d'un lyrisme mesuré, familier et profond à la fois. Il restera toujours chez Autrand du cri et de la douleur venus des temps blessés et une exigence morale face aux « poubelles du monde » et aux « poubelles de l'histoire ». Chaque poème qui se lève semble être une leçon de courage.

Paul Pugnaud.

Dans un précédent volume, nous avons présenté Paul Pugnaud comme un poète du groupe de *La Bouteille à la mer*. Ce vigneron du Roussillon, né en 1912, qui traversa naguère l'Atlantique à la voile, a fortement évolué depuis le temps d'Hugues Fouras et de ses amis. Il a publié régulièrement, chez Rougerie, des recueils de poèmes courts et serrés, apparaissant comme des états des lieux, des constats du monde présent, humanité et nature. Il y eut naguère *Équinoxes*, 1939, *Zone franche*, 1955, *Azur de pierre*, 1961, et depuis des ouvrages aux titres à la fois parlants et mesurés : *Minéral, Les Espaces noyés, Long cours, Les Portes défendues, Atterrages, Ombre du feu, Langue de terre, Aride Lumière, Le Jour ressuscité, Air pur*, ce dernier en 1987. Il y a quelque chose d'âpre et de nu dans ces poèmes à la coulée monotone où « L'ornière creuse l'ombre / Et chemine à travers / Les terres dénudées » mais le poète a une manière bien à lui d'apprivoiser le silence et le mystère dans une musique de nuit. André Vinas lui a consacré un ouvrage.

Pierre Morhange.

Paul Eluard voyait dans la manière d'envisager le poème de Pierre Morhange (1901-1968) « une des clés de l'avenir » – bien qu'il se situe loin du surréalisme et de l'écriture automatique et soit au plus près d'un néo-réalisme où il a fait figure de précurseur. Préférant la conscience à l'inconnu des songes, ce professeur de philosophie rejoignait d'une manière personnelle un art de la succession insolite. Ses publications furent discrètes et espacées. Premier livre : *La Vie est unique*, 1930, qui selon Jean Rousselot « impose sa voix à la fois tendre et sobre, émouvante et concise, logique et fertile en raccourcis fulgurants, à la faveur desquels le réel le plus immédiat prend une dimension universelle et permanente ». Ainsi :

> On chante près de la guerre,
> On lave les morts dans la vaisselle,
> Et des têtes chéries les rues en sont pavées,
> On bouscule, on poursuit les âtres qu'on adore,
> On plonge des couteaux dans ceux dont on rêvait,
> On aide la mort lente de tous ceux qu'on protège,
> On regarde la main des chanteurs de rues,
> On rit de toute angoisse d'un compagnon fidèle,
> On fête le malheur d'un ami abattu...

Il dit : « Notre vie est couverte de béquilles » et des images de ce genre abondent qui touchent à la souffrance des êtres vivants. En 1951, un court récit, *Le Blessé*, parlera de la guerre et condamnera le racisme. En 1954, *La Robe* représente un désir d'unir la poésie au témoignage. En 1965, *Poèmes brefs*. En 1966, son livre le plus connu, *Le Sentiment lui-même*, où l'écriture gagne en simplicité et en profondeur. En peu de mots, de manière frappante, directe, avec la brièveté du cri, le poème, ne repoussant pas l'effusion et le lyrisme contenu ne se sépare pas du réel et l'on pense parfois à la manière de Guillevic. Le poète nous apprend : « Pour que je fasse des poèmes / Il faut que je souffre / Et j'en fais très souvent. » Avec les mots de tous les jours surgissent les choses de la nature dans une sorte d'évidence poétique comme ici lorsqu'il parle de *L'Olivier* :

> Nous nous sommes aimés la nuit sous l'olivier
> Ses feuilles brillaient comme des étoiles
> Et l'olivier brillait
> Sous l'olivier du ciel au feuillage étincelant
> Et dans nos deux poitrines
> Tu me l'as dit aussi
> Brille le feuillage pacifique
> D'arbre de joie...

Jean Vagne.

De Jean Vagne (né en 1915) des ensembles comme *Étoile de terre*, 1938, ou *Usage du monde*, 1941, on a parlé comme d'un symboliste romantique, mais nous avons surtout retenu des propos de Max-Pol Fouchet : « De temps à autre, il nous a donné à lire des poèmes d'un frémissement retenu, d'une sûreté cristalline, d'une méditation profonde et claire... Rares sont les poètes d'une exigence plus grande. » Il dirigea une revue *Les Cahiers de la mort enchantée* et fit œuvre de romancier. Dans chacun de ses poèmes, la pensée semble épurée par ses contacts avec la roche, les eaux profondes, le soleil, « et l'odeur chavirée des fruits de la saison ». C'est aussi un poète de l'amour qui fait penser à Lucien Becker parfois. Il offre un monde épanoui dans la ferveur des signes :

> Ce soleil dans ma bouche éclatante syllabe
> c'est une fleur sonore à la source du monde
> mêlée sans cesse à l'eau première des vallées...

Bertrand d'Astorg.

Pour qui a connu les années noires, les *Quatre Élégies de printemps*, 1946, de Bertrand d'Astorg (né en 1913) apportent la voix même de l'homme de foi et de sentiment face à la tragédie. La beauté des poèmes les a fait comparer à Péguy, Supervielle et Claudel (Jean Rousselot). La grâce d'une inspiration fait naître ces pages graves et justes qui se mêlent à l'histoire, au souvenir, au respect. *D'amour et d'amitié*, 1953, est le titre d'un ouvrage proche réunissant des poèmes de 1934 à 1952. En vers traditionnels ou non, avec harmonie, musique du cœur, sont évoqués les amis et la femme ici magnifiée presque religieusement ou bien avec une sensualité rare comme dans un poème, *Chaleur de la femme*, où en peu de vers se compose un merveilleux blason du corps féminin digne des poètes renaissants. Auprès des romans et des essais de Bertrand d'Astorg, ces poèmes, peu connus aujourd'hui, sont de ceux qui ne se laissent pas oublier.

Les Sources fraîches

I

Maurice Fombeure

S'IL existe des distances, et même un divorce, entre le public et la poésie, Maurice Fombeure n'en porte pas la responsabilité. Aucune poésie n'est plus abordable que la sienne. Il ne s'agit ni d'une recherche, ni d'un pas vers la connaissance, ni d'un objet verbal. Cette œuvre peut être lue par tous sans qu'aucune initiation soit nécessaire. Ce frais chanteur court ainsi le risque de passer pour facile, d'être voué à distraire, à charmer les enfants et les naïfs, en bref d'être dédaigné par les spécialistes. Un poète de lecture directe, courante, comme les romantiques français ou les fantaisistes, qui adore pasticher les vieilles chansons, les complaintes, les comptines, un poète qui ne se soucie pas d'offrir une poétique nouvelle, ni de fournir des thèmes aux têtes pensantes, avec Fombeure, cela existe, et pourtant cela n'empêcha pas les meilleurs poètes d'une époque de se réunir autour de lui sans école en « isme » et sans projet précis. Pour bien le connaître, il faut aller au-delà du premier regard. Un jour, nous avons lu, à son propos, cette appréciation : « ...il faut lire Maurice Fombeure, c'est quelqu'un qui parle français, un certain français, un certain vers français, clair et gai comme du vin blanc, et aussi adroit et prompt dans son empressement dactylique que le meilleur Verlaine. La veine de Villon et de Charles d'Orléans. » Son auteur : Paul Claudel.

Maurice Fombeure (1906-1981) naquit à Jardres dans la Vienne et, sa mère étant morte à sa naissance, passa son enfance à Bonneuil-Matours chez ses grands-parents dans la compagnie de son père. En 1922, il entre à l'École normale d'instituteurs de Poitiers et bientôt rencontre les poètes qu'il admire, par exemple André Salmon et Max Jacob. Son premier recueil paraît en 1930, année de son mariage. Auparavant, il était entré à l'École normale supérieure de Saint-Cloud où il se fit un ami d'un condisciple : Jean Orieux. Il sera professeur de lettres à Mirecourt, à Arras, à Saint-Germain-en-Laye, puis au collège Lavoisier de 1947 à 1966. Chaque mercredi, jusqu'en 1958, à la brasserie Lipp, il recevra, souvent dans la compagnie de ses pairs, des jeunes poètes, non en chef d'école, mais dans un climat de joyeuseté. Malade en 1966, il ne sera plus en mesure d'écrire. Ses amis ne l'oublieront pas, mais les indifférents se détacheront de lui.

Auteur de souvenirs d'enfance et de caserne : *La Rivière aux oies*, 1932, *Soldat*, 1935, de nouvelles paysannes : *Manille coinchée*, 1948, *Le Vin de la Haumuche*, 1952, d'une *Vie aventureuse de M. de Saint-Amant*, 1947, de divers ouvrages en prose, il est le poète de : *Silences sur le toit*, 1930, *Sagesse*, 1935, *Les Moulins de la parole*, 1936, *Bruits de la terre*, 1937, *Maléfices des fontaines*, 1937, *A pas de souris*, 1937, *A dos d'oiseau*, 1942 et 1971, *Greniers des saisons*, 1942, *D'amour et d'aventure*, 1942, *Arentelles*, 1943, *Aux créneaux de la pluie*, 1946, *Sortilèges*, 1947, *J'apprivoise par jeu*, 1947, *Poussière du silence*, 1950, *Les Étoiles brûlées*, 1950, *Dès Potron-minet*, 1952, *Pendant que vous dormez*, 1953, *Une Forêt de charme*, 1955, *Sous les tambours du ciel*, 1959, *Quel est ce cœur?*, 1963, *A chat petit*, 1967. Les grands compositeurs, Florent Schmitt, Francis Poulenc, Claude Arrieu, Jacques Chailley, Louis Beydts, etc., ont ajouté de la musique à la musique de ses poèmes. Des études lui ont été consacrées par Michel Collier, Marcel Pic, Henri Clouard, Charles-A. Dubois, Armand Lanoux, tant d'autres, et surtout Jean Rousselot dans la collection « Poètes d'aujourd'hui ».

Je m'abandonne à vous, ô pilotes du cœur...

Proche des paysans du Poitou, du village et de ses fêtes, des us et coutumes, de la nature familière, de la vie quotidienne, des travaux et des jours, le gentil poète chante, comme il le dit, « dans son arbre généalogique », avec ce qu'il faut de faconde patoisane, de fantaisie narquoise, de cocasseries de langage, d'humour argotique, toujours malicieux et truculent, heureusement bachique, avec un charme constant et sans jamais une once de vulgarité. Qu'il doive beaucoup à Villon, le joyeux Saint-Amant, poète biberonneur, Apollinaire, Max Jacob et Léon-Paul Fargue, comme l'a écrit Jean Rousselot, est indéniable. On peut aussi parler de Rabelais et, nous le verrons plus loin, de certains de ses contemporains. Lorsqu'il a écrit sur la poésie, c'est avec une sorte de bon sens qui porte ses limites, mais reste du goût du plus grand nombre : « La poésie est devenue trop difficile. Il est temps de la débarrasser de ses pièges et de ses fausses trappes qui ont déjà servi, bien inutilement et bien longtemps, à détacher d'elle la plupart des lecteurs moyens dont la foi n'est pas très sûre... Je pressens un renouvellement, un rafraîchissement de la poésie. Pourquoi ne pas faire là ce qu'un Ramuz ou un Pourrat ont fait dans la prose. Nous avons pour nous servir un vieux fonds toujours jeune de complaintes et de chansons populaires... Il faudrait donner à la poésie une nouvelle virginité. Aujourd'hui, elle a mal à la tête. Avec les surréalistes, c'est devenu une névralgie aiguë et continuelle. »

Maurice Fombeure a suivi ce programme, il ne s'y est pas limité. Des images que n'aurait pas reniées un surréaliste comme Robert Desnos, des hardiesses dignes de Queneau, des poèmes d'amour que n'aurait pas détestés Eluard, des préciosités comme il en est chez Aragon, des inventions verbales pas tellement éloignées de tel *Grand Combat* de Michaux, etc., nous montrent qu'il a surpris le meilleur non seulement dans le passé mais aussi dans le présent. Lorsqu'il écrit : « Le grand-père est à sa fenêtre / Assis sur les genoux du chat », qu'il joue du coq-à-l'âne et du discontinu comme dans la fatrasie de jadis ou qu'il fait se heurter les mots les plus éloignés les uns des autres, on trouve bien des touches surréalistes. Mais c'est plus généralement la chanson et la comptine qui l'inspirent comme dans cette *Fête au village* dédiée à Queneau :

> A la fête nous irons
> – Nous deux, le cousin Alphonse –
> Pour manger des macarons
> Poursuivre des laiderons
> Jusqu'au cœur des haies de ronces....

Il nous semble déjà entendre la musique qui sera offerte à ce qui semble jaillir du passé : « C'est le joli printemps / Qui fait sortir les filles... » et les enfants réciter : « – Je stipule / dit le roi, / que les grelots de ma mule / seront des grelots de bois... » ou bien « Annie Annette/ Tante Briquette / Le loup-garou / Sort de son trou... » dans le genre de la souris verte qui courait dans l'herbe. Charmant portrait de l'*Automne :* « Automne, automne, automne, oh, / La saison de l'ancolie / La saison où les tonneaux / Se remplissent de folie... » Il sait, ainsi que l'a montré Rousselot, réunir des mots amusants comme multiplicande, cadastral, trublions, croquignoles, coquecigrues, mascarons ; rares ou précieux comme zénith, nadir, involucre, sinople, aruspice, récubant, archimandrite ; patoisants comme pibolès, arentelles, chiabrena, marouille, chalibaude, chaleil, pésan ; argotiques comme zigues, lingue, sorlingue, mégot, brandouiller, arquepincer. Le néologisme ne le rebute pas s'il le juge cocasse. Parfois, il exagère, en fait trop, comme on dit, ne s'arrête pas tout à fait à temps, et l'on se plaindrait du systématisme si l'on s'ennuyait. On le préfère plus naturel, notamment quand il chante dans l'Histoire :

> Trois chevaliers chaussés à la poulaine
> Vois. Ils s'en vont vers l'épaisseur des bois
> Jean Bedelaine Bec de Molène
> Robe de Job de Gobelin Bernois
>
> Tels sont leurs noms. La fine fleur de France
> Des chevaliers qui s'en vont à cheval
> Le sein des vents se gonflait en silence
> La lune fuit à pas d'or vers l'aval...

ou encore quand il dit *Le Retour du sergent :*

> Le sergent s'en revient de guerre,
> Les pieds gonflés, sifflant du nez,
> Le sergent s'en revient de guerre
> Entre les buissons étonnés.
>
> A gagné la croix de Saint-Georges,
> Les pieds gonflés, sifflant du nez,
> A gagné la croix de Saint-Georges,
> Son pécule a sous son bonnet...

et ce sergent qui verse une larme sur ses amis morts à la guerre unit la chanson et la complainte. Et ces *Écoliers* sont bien charmants :

> Sur la route couleur de sable
> En capuchon noir et pointu,
> Le « moyen », le « bon », le « passable »
> Vont, à galoches que veux-tu
> Vers leur école intarissable.

Nous préférons ces chansons sans prétention aux poèmes forcés à coups de vocabulaire et qui peuvent tourner au mirliton. Quand « Le cordonnier bossu s'exerce au cor de chasse... », cela commence comme un poème de Jean Follain, ce qui arrive souvent ; la différence, c'est que Fombeure va rimer et rire, s'enchanter de ses mots, là où son ami se souciera d'être évocateur. Mais on apprécie la verdeur, le pittoresque, la virtuosité, l'aspect funambulesque (ainsi, écrivant : « On prit pour celle des anges / La trompette du laitier... » très Cocteau) car il s'agit d'une confiance en la parole, d'un optimisme et d'une bonne santé campagnarde, en somme, une poésie aux joues rouges. Nous avons reçu de lui bien des billets de circonstance et d'amitié où il « rabelaise » (il aurait pu inventer ce verbe) à plaisir. Il veut mettre à la portée de tous cette constatation que le monde de tous les jours porte une charge de miracles et de merveilles. Il sait faire rendre au vieux fonds populaire de la poésie française un ton d'insolite qui n'appartient qu'à lui. Et pourtant, nous avouons que nous le préférons sans doute dans ce qui le caractérise moins immédiatement : lorsque sans oublier le folklore, l'imagerie, la tapisserie, il joue moins avec les mots inattendus et nous offre le poème où il vibre tout entier, où il fait même oublier l'abus d'épithètes tant est beau le paysage, comme ces *Forêts* que les allitérations font chanter :

> Les forêts ocellées constellées et chantantes
> Aux sources vertes dans le grès
> Ailées d'écureuils fous fusant en flammes rousses
> Parcourues de cerfs aux ramures persillées,
> De biches aux yeux vagues évasés de velours
> De sangliers rugueux fouisseurs et sanguinaires,
> Les forêts éclatées crépitant de tonnerres
> Les forêts dénudées...

ou lorsqu'un fond de mélancolie lui fait dire ses *Paysages intérieurs* :

> J'écoute dans le vent gémir un noir cyprès
> D'un seul jet, long venu comme une torche d'ombre,
> Je suis loin de la vie si les hommes sont près
> Mais toujours leur commerce a le goût de la cendre.
>
> Ta chaleur est en moi plus que mon sang qui coule
> Et le ciel a l'humide éclat de ton regard...

ou lorsque le combat de l'amour et de la mort l'inspire :

> Je transporte une flèche enfoncée dans mon cœur,
> Une flèche de bronze d'or d'os ou de mirage.
> Mais quand j'accuserais le « dur Éros vainqueur »
> Cela n'apaiserait mon tourment ni ma rage.

ou lorsqu'il demande : *Quel est ce cœur ?* :

> Quel est ce cœur qui me parle à l'oreille
> D'araignées d'eau, d'Espagnes, de tambours
> D'un battement doux comme un bruit d'abeille,
> Quel est ce cœur qui me parle d'amour ?

  Bonheur de l'élégie, bonheur de la chanson, une petite fleur bleue dans le cœur ou une rose au fusil, bonheur de la complainte qui ramène à l'Histoire entre larme et sourire, on l'aime bien le gars Fombeure, le paysan de Paris, le maître du bestiaire réel et fantastique, Fanfan-la-Tulipe la pipe au bec, le bon compagnon d'auberge toujours prêt à en pousser une, comme ici, pour un poète dont nous allons parler :

> Le gars qui l'a fait, la chanson,
> C'est René Guy Cadou, gabier de misaine,
>   Un joyeux garçon,
> Le gars qui l'a fait, la chanson,
> C'est René Guy Cadou, gabier d'artimon.

2
René Guy Cadou

S I l'on reconnaît des maîtres à René Guy Cadou, et l'on cite Francis Jammes et Paul Claudel, Pierre Reverdy et Max Jacob, deux de ses pairs, à peine plus âgés que lui, Jean Rousselot et Michel Manoll, l'ont introduit auprès de ce groupe d'amis qui allaient se constituer en école de Rochefort, c'est-à-dire Luc Bérimont, Jean Follain, Jean Bouhier le fondateur (nous en parlerons plus longuement à son propos), Marcel Béalu *(voir préc. vol.)*, Paul Chaulot, Luc Decaunes, etc. – une école buissonnière pour la plupart d'entre eux, mais que réunit une idée commune de la poésie, même s'ils suivront des chemins écartés. René Guy connut une mort précoce et une absence du purgatoire, porté qu'il était par ses amis et il est devenu ainsi le plus célèbre et le plus légendaire. Avant que la poésie française ne se dirige vers la recherche, toute une génération a aimé follement Cadou, celui qui écrivait à l'auteur de ces lignes qu'il était contre « les parfumeurs, les muscadins et les cuistres » car il s'agit toujours chez lui de liberté. On a aimé son naturalisme, sa rusticité lyriques, à la fois de pleine terre et sensible au surréel, son sens de la communauté des êtres et de la nature, de l'homme de tous les jours et du poète, ce qu'il a de concret, d'ardent, de sincère, d'ingénu et de direct, et, comme écrit Rousselot, « l'originalité d'une voix franche et drue, tendre et fraternelle, précocement mûre, dont la révélation fut et demeure l'un des événements majeurs de l'histoire poétique du milieu de ce siècle ».

René Guy Cadou (1920-1951) est né à Sainte-Reine-de-Bretagne et mort à Louisfert dans le même département de Loire-Atlantique. Sa vie brève, si l'on excepte de courts voyages à Paris qu'il détestait, eut pour cadre la Bretagne et les écoles de village. Son père était instituteur. Après ses études à Nantes, il suivit la même voie. Tout d'abord employé au tri postal, il connut ensuite la vie itinérante d'instituteur suppléant de village en village. Orphelin très jeune, il eut une vie difficile mais éclairée par la poésie, l'amitié et l'amour : en 1946, instituteur à Louisfert, il épouse Hélène à qui il consacre un de ses plus beaux livres : *Hélène ou le règne végétal* paru après sa mort car sa courte vie, à la suite d'une maladie, s'achève au printemps 1951.

Son œuvre est entièrement poétique, y compris son roman *La Maison d'été*, ses deux essais sur Apollinaire, 1945, 1948, celui sur Max Jacob, 1956, ses notes sur la poésie, *Usage interne*, 1951. Voici les principaux recueils : *Brancardiers de l'aube*, 1937, *Les Forges du vent*, 1938, *Retour de flammes*, 1940, *Morte-saison*, 1941, *Bruits du cœur* et *Lilas du soir*, 1942, *La Vie rêvée*, 1944, *Les Visages de la solitude*, 1947, *Les Biens de ce monde*, 1951, *Hélène ou le règne végétal*, 1952, *Le Cœur définitif*, 1961, *Les Amis d'enfance*, 1965, *Le Cœur au bond*, 1971, et de très nombreuses plaquettes, l'ensemble de l'œuvre poétique étant réunie dans *Poésie la vie entière*, 1971, chez Seghers. Le corpus critique est important. Citons le « Poètes d'aujourd'hui » de Michel Manoll, *Vie et passion de René Guy Cadou* par Christian Moncelet, le *René Guy Cadou* de Michel Dansel avec la collaboration d'Hélène Cadou et de Georges Jean, le *Florilège* de Georges Bouquet et Pierre Menanteau, etc., car cette liste ne saurait être exhaustive.

Je te cherche sous les racines de mon cœur.

Cette poésie en liberté (« La sémantique ? connais pas ! / Je me ris de l'anacoluthe... ») s'accompagne de la foi, foi en Dieu, en l'univers, en l'homme simple, en la jeunesse du monde. Et c'est de là qu'elle tire sa force de persuasion : lisant le poème, on voit le poète dans sa nudité et sa sincérité. Certes, il a réfléchi sur son art, souvent au cœur du poème, et dans cet *Usage interne* où des notes sans prétention n'ont d'autre but pour le poète que de voir plus clair en lui-même et d'exposer, plus qu'une poétique, ses sentiments sur la poésie. En voici quelques-unes :

> La poésie n'est rien que ce grand élan qui nous transporte vers les choses usuelles – usuelles comme le ciel qui nous déborde.
> Le style n'est pas l'outil du forgeron mais l'âme de la forge.
> J'aimerais assez cette critique de la poésie : la poésie est inutile comme la pluie.
> Le poète se trouve placé au centre de son poème comme une araignée au milieu de sa toile.
> Toute poésie tend à devenir anonyme.
> Les poètes sont les aristocrates du peuple.
> Le poète sera toujours cet égaré sublime qui porte en lui-même sa bergerie.

Comme Pierre Reverdy, il a ainsi multiplié les aphorismes sur la Poésie, sur l'Art, et aussi notes et conseils divers mais rien ne sera aussi convainquant que sa poésie – une poésie tellement évidente qu'elle pourrait se passer de commentaires. Vers classiques, vers libres, vers blancs, le poème est à ce point naturel qu'on ne s'interroge guère sur sa forme qui est l'exact reflet du souffle à un moment donné. Il peut aussi bien écrire en alexandrins :

> Ô mort parle plus bas on pourrait nous entendre
> Approche-toi encore et parle avec tes doigts
> Le geste que tu fais dénoue les liens de cendres
> Et ces larmes qui font la force de ma voix...

que libérer l'adorable *Symphonie de printemps* :

> Ô vieilles pluies souvenez-vous d'Augustin Meaulnes
> Qui pénétrait en coup de vent
> Et comme un prince dans l'école
> A la limite des féeries et des marais.

Charles Le Quintrec écrit : « Lui ne voit que lilas, que noces, que lumières. Il est entraîné dans le tumulte des oiseaux. Sa joie n'est pas plus grosse que la motte de terre, mais oppressante, mais libératrice à souhait... La maison d'école est ouverte sur le grand rêve d'Augustin Meaulnes... » Maison d'école, il y reviendra souvent, l'instituteur Cadou :

> Je n'ai pas oublié cette maison d'école
> Où je naquis en février dix-neuf cent vingt
> Les vieux murs à la chaux ni l'odeur du pétrole
> Dans la classe étouffée par le poids du jardin
> Mon père s'y plaisait en costume de chasse...

et aussi à son cher Louisfert, avec un souvenir de la voix de Francis Jammes :

> Pieds nus dans la campagne bleue, comme un bon Père
> Qui tient sa mule par le cou et qui dit ses prières
>
> Je vais je ne sais rien de ma vie mais je vais
> Au bout de tout sans me soucier du temps qu'il fait
>
> Les gens d'aujourd'hui sont comme des orchidées
> Drôle de tête et les deux mains cadenassées
> ....
> J'ai choisi mon pays à des lieues de la ville
> Pour ses nids sous le toit et ses volubilis
>
> Je vais loin dans le ciel et dans la nuit des temps
> Je marche les pieds nus comme un petit enfant.

Les fleurs toujours, la splendeur, le règne végétal, la liberté des feuilles, tout ce qui le retient dans son pays d'Ouest tant aimé. Écoutons ce beau dialogue :

> Pourquoi n'allez-vous pas à Paris?
> — Mais l'odeur des lys! Mais l'odeur des lys!
>
> — Les rives de la Seine ont aussi leurs fleuristes
> — Mais pas assez tristes oh! pas assez tristes!

Comme les fleurs, les noms des poètes qu'il admire, ceux de ses amis vont parsemer ses poèmes, notamment dans une *Anthologie* composée de distiques : « Max Jacob ta rue et ta place / Pour lorgner les voisins d'en face » ou « Le chemin creux de Francis Jammes / On y voit l'âne on y voit l'âme » ou « Reverdy la percée nouvelle / Les éléments comme voyelles! »... Et, lorsqu'il écrit une *Lettre à Pierre Yvernault curé de campagne*, il unit les personnages d'une double foi :

> Cher ami! sans doute êtes-vous comme moi dans un village
> Encadré par les candélabres de la pluie
> Recevant à dîner d'inquiétants personnages
> Comme Rimbaud ou Max Jacob ou Jésus-Christ.
>
> Dieu merci! le presbytère n'a rien perdu de son charme
> Ni le jardin de son éclat!
> Toujours l'odeur des seringas
> Et le ciel qui tombe des arbres!
>
> En ce moment il se peut que vous m'écriviez
> Votre admiration pour Van Gogh
> Que vos châssis soient préparés
> Pour les graines de tournesols...

Il chante les « compagnons de la première heure » : « Lucien Becker Jean Rousselot Michel Manoll / Amis venus à la parole. » Il écrit dans l'histoire de la poésie et aussi dans celle des hommes, des bêtes, des végétaux, toute une floraison d'images : les pommiers à cidre, les bruits d'abeilles, le soleil signe de ralliement, les « hautes forêts taillées dans l'écume et les flammes », les « chemins traversés de laves et de râles », les « baguettes du vent », le « chaud de l'étable », les norois « groupés au fond de ma poitrine » ou la lampe des veillées. Parfois apparaît un regard nostalgique sur des terres lointaines, des terres d'aventure et de rêve, et un rien de mélancolie :

> J'ai toujours habité de grandes maisons tristes
> Appuyées à la nuit comme un haut vaisselier
> Des gens s'y reposaient au hasard des voyages
> Et moi je m'arrêtais tremblant dans l'escalier
> Hésitant à chercher dans leurs maigres bagages
> Peut-être le secret de mon identité...

Il dit la communion avec un poète à qui il s'adresse comme s'il prenait sa voix, Max Jacob, Supervielle ou Apollinaire, aux peintres, Picasso ou Van Gogh, Jean Jégoudez ou Guy Bigot, oui il chante aussi dans son arbre généalogique et dans sa famille de cœur. La religion est présente avec les saints, les sept péchés capitaux, religion de Dieu ou religion de la poésie. S'il ne joue pas au poète engagé, il se sent responsable « à pleine poitrine » et parle des fusillés de Châteaubriant, de Ravensbrück, des camarades perdus et de la mort violente. Le souvenir du père, les enfances, la mort de l'homme, l'*Alphabet de la mort* :

> Ô mort parle plus bas on pourrait nous entendre
> Approche-toi encore et parle avec les doigts
> Le geste que tu fais dénoue les liens de cendres
> Et ces larmes qui font la force de ma voix
>
> Je te reconnais bien. C'est ton même langage
> Les mains que tu croisais sur le front de mon père
> Pour toi j'ai délaissé les riches équipages
> Et les grands chemins bleus sur le versant des mers...

On aime quand il parle à l'enfant : « Tu as sept ans et tu vas à l'école / Tes vêtements sentent la colle / De menuisier / Tu as rempli de fleurs champêtres ton plumier... » Tout est frais et pur et comme chez lui tout est regard et sentiment, il est prêt à devenir le poète de l'amour « plus fort que notre amour » celui d'*Hélène ou le règne végétal* :

> Tu es dans un jardin et tu es sur mes lèvres
> Je ne sais quel oiseau t'imitera jamais
> Ce soir je te confie mes mains pour que tu dises
> A Dieu de s'en servir pour des besognes bleues
>
> Car tu es écoutée de l'ange tes paroles
> Ruissellent dans le vent comme un bouquet de blé
> Et les enfants du ciel revenus de l'école
> T'appréhendent avec des mines extasiées...

Et celle qui l'inspira, Hélène Cadou, elle-même poète de qualité, semblera lui répondre dans *Le Bonheur du jour*, 1956 : « Je sais que tu m'as inventée / Que je suis née de ton regard / Toi qui donnais lumière aux arbres... » tout en poursuivant une œuvre très personnelle dans *Cantate des nuits intérieures,* 1958, ou *Une ville pour le vent qui passe,* 1981, d'un ton retenu, minimaliste, plus proche de la poésie des récentes années. Nous n'avons pas voulu séparer Hélène de René Guy...

Chez ce dernier, les recherches esthétiques s'abolissent pour que la poésie reflète les émotions d'un homme devant les manifestations de la vie, devant le réel qu'il reçoit avec une humilité passionnée, qu'il transcende par un surréel empreint de religiosité hors de tous les dogmes. Cette poésie a quelque chose d'apaisant, de calme, de tranquille. Elle réinvente un humanisme : « Nous irons nous-mêmes au-devant de l'homme... » Léon-Gabriel Gros qui l'adorait fit une réserve : « Sa sensibilité surtout réceptive n'est pas sans charme mais elle lui permet difficilement de participer à l'effort objectivant, à l'humanisation du réel qui constitue actuellement la tâche historique de la Poésie. » Pour nous, en dépit de quelques gaucheries qui portent en elles-mêmes un supplément de charme et d'authenticité, nous avons toujours pris plaisir à Cadou, l'hôte le plus généreux de la maison de la poésie.

3

Luc Bérimont

AU plus près de René Guy Cadou, au plus près du règne végétal, Luc Bérimont fut si bien défini par Jean Rousselot qu'il n'est pas une étude où on ne le cite : « Une sauvagerie narquoise, une légèreté d'Ariel, une allégresse un peu hagarde, le goût des mots juteux, sucrés, de l'embrassade, du rire et du vin blanc, voilà Luc Bérimont, qui est partout et nulle part, rime d'affilée trois strophes dans l'autobus, sans perdre de l'œil sa belle voisine, parle en cataracte et s'enfuit de même quand on croyait le tenir, toujours bourré de projets, de papiers, de fleurs à offrir et de services à rendre. C'est *Guy-au-Galop* et *Les Enfants terribles* réunis... » Pour qui a connu Bérimont, éternel jeune homme jusqu'à ses derniers jours, le portrait est juste. Beaucoup de poèmes, quelque peu de dispersion, de belles réussites. Pour parler de lui, on pourrait reprendre les termes d'une description d'œuvres sœurs, celles de Cadou, ou de Manoll, en bref des copains de Rochefort, mais pour chacun, il faut agrandir le portrait pour distinguer sa personnalité propre. Ainsi le sens de la rythmique plus poussé chez Bérimont et une proximité de Guillaume Apollinaire plus que de Reverdy ou Jammes. Il est vrai, comme le remarque Paul Chaulot dans le « Poètes d'aujourd'hui » qu'il a consacré à *Luc Bérimont*, que « il est devenu un lieu commun, lorsqu'on évoque la personnalité de Luc Bérimont, de mettre l'accent sur la générosité verbale du poète, sa passion des mots drus, juteux comme des fruits bien mûrs, son imagerie qu'une sève abondante et riche d'éléments naturels épanouit à l'extrême sans que jamais la hardiesse de ses protubérances ne rebute l'entendement... » Et Chaulot parle, par-delà les influences immédiates, d'un haut lignage, Rutebeuf, Villon, Ronsard, que les chansons de Bérimont permettent de mieux distinguer.

Luc Bérimont (1915-1983), de son vrai nom André Leclercq, est né à Magnac-sur-Touvre, près d'Angoulême où sa famille est réfugiée de guerre. Il retrouvera ses Ardennes. « J'ai conté dans *Le Bois Castiau*, écrit-il, quel fut l'émerveillement de l'enfant que j'étais alors devant la masse végétale, écarlate en automne, dépouillée aux premières pluies lourdes, engourdie sous la carapace du froid. De ma rencontre avec ses racines et ses ombres, ses rumeurs et ses odeurs, date ma seconde naissance... » Il y a la grand-mère, Man Toinette qui raconte le passé, le père passionné de rosiers, la mère qui a la religion des animaux domestiques et des oiseaux. Études au collège de Maubeuge et à la faculté de droit de Lille où il obtient sa licence. Il décide d'être journaliste (poète il l'est déjà) et si le début de ses émerveillements a commencé avec la fin d'une guerre, sa création débute avec le commencement d'une autre. Maurice Fombeure préface *Domaine de la nuit*, édition ronéotypée aux Armées, en 1940, qu'on retrouvera dans *Lyre à feu*, 1943, avec *Épinal, me voici*, 1941, et des inédits. Dans le même temps, Luc Bérimont participe aux réunions du groupe de Rochefort auprès de René Guy Cadou et de Jean Bouhier. La Libération venue, Luc Bérimont va mener de front son métier de journaliste et sa vocation de poète et de romancier. Ne se résignant pas au divorce de la poésie et du public, il tente de réunir poésie et chanson, ce qui n'est pas du goût de tous. Mais dans ses émissions de radio et de télévision, il va aller dans le sens de la qualité et « La Parole est à la nuit » ou « La Fine Fleur » feront connaître bien des chanteurs et des poètes. Il écrivit lui-même des poèmes à chanter tout comme Marc Alyn ou Jean L'Anselme, Armand Lanoux ou Pierre Seghers, ce qui fit craindre à Jean Rousselot et à d'autres quelque compromission.

Luc Bérimont a beaucoup publié. Nous citerons, après les trois recueils dont nous avons parlé : *La Huche à pain*, vers et prose, 1944, *Ballade de Hurlecœur*, 1946, *Sur la terre qui est au ciel*, 1947, *Bris de clôtures*, 1948, *La Brioche des morts*, 1948, *Les Amants de pleine terre*, 1949, *Les Mots germent la nuit*, 1951, *Le Lait d'homme*, 1952, *Le Grand Viager*, 1954, *L'Herbe à tonnerre*, 1958, *Les Accrus*, 1963, *Un feu vivant*, 1968, *L'Évidence même*, 1971, *Demain la veille*, 1977, *L'Homme retrait*, 1980, *Reprise du récit*, 1983, des poèmes pour enfants : *Comptines pour les enfants d'ici et les canards sauvages*, 1974, *L'Esprit d'enfance*, 1980. Des revues, *La Grive, Nard, La Sape, Créer*, lui ont consacré des numéros spéciaux et l'on n'oubliera pas des romans poétiques comme *Le Bois Castiau*, 1964, ou *Les Loups de Malenfance*, 1949, souvent réédités.

Si je disais la vie, la fraise aux lèvres vous auriez.

Ce qui caractérise le plus la poésie de Bérimont, c'est le jaillissement impétueux de la vie, du poème comme source de vie. Un mot de la forme ? Comme les poètes de sa génération, il passe sans gêne du vers classique au vers libre, au verset ou à la prose, selon le degré de force ou de fluidité qu'il désire. Nous voyons qu'une bonne santé rustique se marie à un surréalisme atténué. Le lyrisme panthéiste, la somptuosité baroque, la virtuosité et la vitalité entraînent le lecteur qui se trouve en domaine de sympathie. « Quel appétit du monde ! s'écrie Marcel Arland, on dirait qu'il n'écrit que pour mieux saisir ou savourer... » et l'on peut ajouter : que ce soient le vin, la femme ou le fruit. Dès les premiers livres, ceux de la guerre, il semble ressusciter l'Apollinaire d'une autre guerre : « Moi, je marche et je suis en guerre / J'ai mon fusil de lyre à feu / Mon casque et dans mes cartouchières / Trente-cinq cris de frères blonds / Qui m'eussent pu sourire hier... » Le poète chante des airs de jeunesse :

> Comme on était jeune à vingt ans
> Du temps qu'on oubliait son âge
> Les fermes, les tabliers bleus
> La pluie de mars, l'odeur du feu
> La rose pourrie au corsage.

Bientôt le chant s'amplifiera. Dans sa huche à pain, Bérimont ira chercher des alexandrins rimés ou non, mais harmonieux et jouant de l'allitération, et cela avec allégresse et vigueur :

> Le pain dur a le goût des pierres dénudées
> Songe au feu qui sans fin mâche son foin de fleurs
> Récit des voyageurs sur la carte des pluies
> L'ombre est pétrie de fruits, de cire, de fraîcheur
> Le sommeil des vergers doux comme une joue triste.

Le surréalisme a permis cette liberté des images et chaque vers en contient son lot. L'homme fait corps avec la terre. On le voit, on l'entend, il est persuasif :

> Je ne suis pas d'ici, je partirai demain
> Je laisserai les bois éblouis par l'aurore
> La Loire qui mangeait dans le creux de ma main
> Le sang blessé des fruits sur les bols de faïence.

Ce ton-là, il le gardera de livre en livre, même si la forme se libère, même s'il conquiert d'autres manières de dire. Il saura mettre en mouvement la puissance de la création, ses métamorphoses, cette « immense industrie de transformation » où la vie et la mort abolissent le néant, ce qui a fait voir en lui à Marc Alyn le maître « d'une sorte d'unanimisme cosmique », et il cite :

> Rébus des morts, que sont en nous les roues mouvantes des planètes?
> Un vivant qui n'est pas venu échappe à jurer par la peur ;
> Je n'ai connu d'âpre douleur qu'à peser, renverser la tête
> Je ne me suis jamais dressé que dans le cri de ton été,
> Planète chaude, ouverte en moi...

Fort proche de Cadou, on retrouve ses thèmes : le village, les hommes des petits métiers, l'amitié des poètes, la marche sur la terre ou « ce vaisselier de campagne / Ciré de soleil comme un fruit ». Il excelle à trouver des vers imagés qu'on peut détacher du contexte. Et comme, pour Cadou, la poésie est l'évidence même, elle la porte car, dit Albert Ayguesparse, « elle répond à un besoin presque viscéral de déchiffrer le visage du monde et de décrypter ses énigmes, elle a un goût de feu, de fourrure, de bête... » et c'est bien le « chant délectable » dont parle René Lacôte. On ne peut s'empêcher de parler d'une nourriture offerte et dégustée à la fois « La poésie est chose sensuelle plus que spirituelle », nous écrivait Luc Bérimont. Cette sensualité s'étend à son objet le plus direct : la femme et son amour. Et toujours il mêle le corps aimé aux choses de la nature : « Ton petit corps roux sent le pain » ou bien :

> Je ne sais que le corps de la femme charnelle
> Arquée devant les coqs pour attendre sa nuit
> Et qui, dans le faux jour où les mondes rappellent,
> Ourle de linge mort son doux ventre accompli.
> L'ombre flaire ses reins et, dans l'arène ardente,
> Délirent, bord à bord, la fenêtre et la chair...

La femme, il la dit : « Belle à hurler, belle à se taire » et toujours il célèbre comme lorsqu'il élève une *Cantate du printemps :*

C'est le jet droit, le tourbillon, la flamme à donner le vertige
Le blé vert, mineur du sillon, s'apprête à monter dans sa tige
Azote rare et généreux, nourri de son nourrissement
La nappe sécrétante et sourde, il faut refaire son épaisseur, feuilleter sa pâte en
    mille mouvements,
On convoque les hauts fourneaux, les poissons, les os broyés des abattoirs
On graisse l'axe du vieux pivot, on tartine l'hectare de boue rare...

Les mots se pressent comme chez Audiberti, mais le plus souvent la coulée, plus apaisée, offre simplement la chanson :

> L'auberge de la bonne attente
> A l'image de saint Laurent
> L'espalier fou, le feu, le vent
> Les seins et l'eau, l'oiseau de cendre
> Mes mains ont leurs chemins mouvants.

A l'écoute des poètes de son temps, et les plus nouveaux, on sentira dans ses récents livres le besoin de se renouveler, d'inaugurer des formes pour lui nouvelles, de briser les rythmes :

> L'été fait ma maison comme un tombeau
> Fenêtres
>   Volets clos
>   J'accepte

ou encore de décaler les vers :

> Encore un Noël de ténèbres
>   Une Épiphanie de foie gras
> Une naissance de plomb vil

mais l'inspiration, les mots restent les mêmes. Ayant assagi son lyrisme, calmé le jeu des métaphores, la crudité d'images parfois excessives, oublié ce rien venu des complaintes, il continue, dans un approfondissement, à dire la vie furieusement aimée, les hommes amicalement côtoyés, les femmes toujours poursuivies, la beauté des choses. Exubérant ou calme, c'est toujours la joie du poème, l'amour du jour et quelques terreurs de la nuit. De l'échappée joyeuse à une formulation serrée de la parole apparaît en tous lieux le même dynamisme concret, éloigné des vagues métaphysiques. Même sans Dieu, il reste le sacré, celui de la fécondité, de la durée, de la métamorphose, de l'union universelle. Dans sa jeunesse, Luc Bérimont a lu *Les Nourritures terrestres* de Gide, et si l'on ajoute *Les Biens de ce monde* de Cadou, on obtient la ferveur et le chant en l'honneur du réel et de merveilleux vertiges devant les fruits offerts à l'homme. Et l'honneur de Bérimont (que nous voudrions interminablement citer) est d'avoir toujours cherché, de la vie des Ardennes ou de Rochefort à l'activité de l'homme de communication, à dire mieux, à dire au mieux, même si, dès les premières œuvres, le meilleur de son art était déjà présent. Et lorsque, comme le dit si bien Clancier, dans de nouveaux livres « la fidélité ancienne à la source toujours jeune de l'enfance s'y heurte à des blocs épars et rudes, à des surgissements de rites, de mythes, d'énigmes », l'unité de l'œuvre se résout en la personnalité du poète, fort attachant dont la poésie, disait Cadou, a « une odeur de jacinthe mêlée à l'odeur du froment ». En effet, une poésie qui fleure bon et qui donne à voir le beau.

4

Michel Manoll

« JE suis poète comme on est assassin : par légitime défense. » Ainsi parlait le plus rêveur, le plus aérien, le plus doux des poètes. Et aussi : « J'ai toujours l'envie d'écrire un poème, c'est-à-dire d'être là où je ne suis pas encore. » Il nous invitait à ne toucher à la poésie qu'avec des mains pures. Chez lui, elle est toute de fine musicalité et d'émotion, de sensibilité blessée, de tendresse entière, tout en portant de l'ardeur et la trace de tourments intérieurs. « Incontestablement un grand poète », précisait Blaise Cendrars. Et comme il ressemblait à sa poésie, comme sa poésie lui ressemble !

Michel Laumonnier, dit Michel Manoll (1911-1984) naquit à Nantes. Il fut bouquiniste place de Bretagne, puis journaliste et homme de radio lorsqu'il vint à Paris désespéré de la mort de son ami René Guy Cadou. Il fut surtout l'animateur avec Jean Bouhier (heures dont nous parlerons plus loin) de l'école de Rochefort. Et le poète que nous tentons de présenter. Cet homme qui connut une existence impécunieuse, difficile, entièrement vouée à la poésie et sans jamais aucune concession, a toujours gardé ce beau visage d'artiste romantique et souffrant qui est le visage de sa poésie comme la définissait naguère René Bertelé : « Les poèmes de Michel Manoll ont la grâce triste et pensive de ces visages d'enfants malades, habitués à garder la chambre, les yeux fixés sur la fenêtre... Parfois ce visage s'enfièvre et s'exalte, jusqu'à refléter avec plus d'ampleur le drame intérieur ; le poème a rempli alors sa mission, toute de libération. »

Principaux recueils : *A perdre cœur*, 1936, *La Première Chance*, 1937, *L'Air du large*, 1941, *Gouttes d'ombre*, 1944, *Astrolabe*, 1945, *Le Modèle nu* (dessin de Roger Toulouse), 1947, *A l'invisible feu*, 1949, *Louisfert-en-Poésie*, 1952, *Thérèse ou la solitude dans la ville*, 1953, *Les Cinq Plaies*, oratorio, musique d'Elsa Barraine, 1953, *En ce lieu solitaire*, 1956, *Le Vent des abîmes*, illustré par Guy Bigot, 1958, *Souviens-toi de l'avenir*, 1962, *Incarnada*, 1968, *Un été andalou*, 1980, *Le Voyageur de l'aurore*, 1986. S'ajoutent les notes sur la poésie : *Armes et bagages*, 1942, de nombreux livres et préfaces sur la poésie, sur les poètes : *Pierre Reverdy*, avec Jean Rousselot, *René Guy Cadou, Marie Noël, Franz Hellens*, avec Jean de Boschère et Guy Le Clec'h, des entretiens avec Blaise Cendrars et avec Francis Carco, Pierre Jean Jouve, Paul Fort, etc.

Des évocations radiophoniques : Baudelaire, Rilke, Toulet, Max Jacob, etc., de nombreuses adaptations dont la liste figure dans son posthume *Le Voyageur de l'aurore*.

Ces fêlures légères qui saillent sous les mots.

La ligne poétique de Manoll est droite sans jamais une brisure, sans une recherche de renouvellement factice. Ses poèmes récents sont les plus classiquement agencés, les plus élégiaques, pensifs, bouleversants parfois de mélancolie. Il s'est défini une fois pour toutes et nous livrons ses mots, méditations plus que préceptes, rêveries sur un art et non points manifestes ou poétiques :

C'est la poésie seule qui donne la forme exacte de l'âme. Elle est le plus précis des instruments de connaissance.

L'instrument dont on se sert pour juger les poètes ne vaut rien : ils ne sont vulnérables qu'avec leurs propres armes.

La poésie doit peser de tout son poids du côté le plus fluide. Et elle sera malgré tout la plus forte.

La poésie n'est pas l'affaire d'un jour, mais de vies lointaines.

C'est la sensibilité, stalactite des grottes de l'âme, qui doit se détacher du poème, dans le ruissellement des rivières souterraines.

Fluide, sensible, spirituel, Michel Manoll voit la poésie comme « un corps simple qui ne supporte pas les alliages, ni les contre-plaqués de l'esprit ». Peu sensible aux recherches nouvelles, pour lui, « un poème ne sera viable que s'il participe au système d'oxygénation de l'univers ». Non, Manoll n'est pas un théoricien et l'on préfère sa pratique. Ou se brûler à ses *Flammes* :

> Cette nuit mal fermée qui coule sur les vitres
> Ce décor transformé où je ne trouve rien
> Qu'un silence aiguisé
> Ce front lourd qui sommeille sur sa couche de sang
> Cette chambre où je ne suis qu'un passant
> Le temps couvert par les couleurs de l'océan
> Ce que je voudrais dire...

Même ton dans un *Départ sans lendemain* :

> Le ciel qui couvre l'ombre arrache les images
> Ton visage roule à travers la nuit
> Il vient de mon enfance les joues chargées de givre
> Les cils brûlés par des songes corrosifs
> Il descend les vallées
> On n'entend pas un cri
> Il s'arrête à l'entrée du village
> Et personne n'est là pour lui donner asile

Des voyageurs qui passent devant des volets fermés, des compagnons qu'on ne peut retrouver, beaucoup de paysages maritimes et de pluies, la solitude : « Pas un ami? Nul aujourd'hui ne m'a parlé... », des lieux que l'on revoit, des années disparues, comme tout serait triste s'il n'y avait les amis :

> Je pense à vous Alexandre Toursky
> Qui serez le premier surpris
> De trouver votre nom sur le rivage de ce poème

ou bien le plus proche, l'ami de Louisfert-en-Poésie : « Tu m'écriras avec les larmes de mes yeux / Pour me donner le salut de Max Jacob ». La poésie, en ce temps-là, sacrifiait sans cesse à l'amitié : « Je pense à mes amis, comme moi visités / Comme moi secourus et comme moi sauvés » et un phalanstère imaginaire leur donnait accueil. Il s'adresse *A René Guy Cadou :*

> Il n'est que d'entrouvrir la porte d'une auberge
> Pour retrouver dans la fraîcheur du souvenir
> Quelqu'un qui te ressemble. Il a quitté la berge
> Avec, entre ses mains, ce qu'il a pu cueillir
> De baies, d'or, de genêts, de duvets, de saphirs,
> Avec, dans le regard, ce qui peut réunir
> Deux enfants égarés dans un désert de neige.

Certes, aux époques de dureté, épanchements sentimentaux et tendresses amicales paraîtront des phénomènes alanguis d'un autre âge mais il restera toujours des êtres sensibles, des Pierrots lunaires pour aimer une poésie qui parle au cœur et à « voix basse » : « Silencieuse, absente et privée de soleil, / Silencieuse au fond des halliers de la pluie... » Le poète se sent donc « visité », en état de grâce, et ne se souciant guère ou pas du tout d'évolution et de progrès : être en accord avec les choses lui suffit. Manoll n'élève pas le ton, reste dans la simplicité, mais ne repousse pas une image précieuse si elle survient :

> Les astres font la chaîne autour de tes prunelles
> Et laissent couler l'or sur le frais de leurs ailes.

Ces beautés, on les retrouve dans les poèmes de la mer, son inspiratrice la plus sûre, parce qu'il trouve dans ses eaux un reflet de sa propre sensibilité en même temps que d'autres lumières et quelques rêves de navigation. L'eau, cette porteuse de mémoire, dirait Bachelard, est aussi l'image « d'une lointaine délivrance » :

> Tout est léger aux mains pesées par la lumière
> Dans les balances d'or des îles printanières
> Toute chair surgira de sa gangue de pierre
> S'il reste pour partir un vaisseau sur la mer

Autres inspirateurs, les jours et les nuits, les aubes et les crépuscules. On lit « Incarnada le jour se lève » ou « Maintenant que le jour a baissé ses paupières » ou « Il faut que s'éteignent les lampes ». Cette poésie à voix basse est aussi celle des moments de la lumière, des jeux de l'ombre où les présences se désincarnent, où les êtres passent, fantomatiques, où, en « gouttes d'ombre » toutes les nuances du gris composent le tableau plus proche de l'aquarelle que de la gouache, « comme les fruits de l'ombre et notre chair de brume ».

Thérèse ou la solitude en ville paraît être le correspondant d'*Hélène ou le règne végétal* de Cadou : même amour pour l'épouse et qui voudrait dépasser les heures vécues pour se muer en éternel jusque dans la pierre des gisants :

> Si je ferme les yeux, il faut bien que tu dormes,
> Puisque nous éteignons la même lampe humaine,
> Qui nous éclaire un peu au sortir de l'abîme
> Et nous rassemble autour de sa flamme incertaine ;
>
> Chaque nuit nous délite et modèle nos traits
> Selon le galbe obscur des statues éternelles,
> Et c'est la même neige inconnue qui nous hèle
> Et le même silence en nos yeux appareille...

Il reste remarquable que ces poètes groupés autour d'une école ou d'une cour de récréation, à partir d'une même idée de la poésie, d'une esthétique quasi commune, laissent apparaître un tel échantillon de personnalités. Ainsi il y a loin de Bérimont le gourmand, le sanguin, à Michel Manoll l'homme des solitudes et des époques de pluies, qui écrit : « Tout est trop triste ici, l'air est semé d'embruns, / Mon nom s'est effacé sur le livre de bord... » et qui reste à l'écoute de ses propres voix :

Voici que tu m'accueilles, ô cité morte de mon adolescence
Où j'écoutais gronder le flux de l'avenir
Qui fredonne en sourdine et toujours recommence
Tant de ciels migrateurs se sont-ils écoulés
Que je ne retrouve plus sous mes pas qu'une poussière fanée
Et, au fond de mon cœur, des voix si basses qu'il faut prêter l'oreille pour les
  reconnaître ?

S'il chante *Un été andalou*, au paysage sec comme dans *Terre de l'été* d'Alain Borne, se substitue bientôt le climat personnel avec sa « pluie interminable » ou son « jour sombre », et ces tristesses, ces regrets qui participent de la pâle élégie comme au temps où les poètes d'avant le Romantisme regardaient la chute des feuilles. C'est bien de revaloriser le sentiment et le rêve mais cela ne va pas sans quelque monotonie. Qu'importe ! le poète est fidèle à lui-même. Comme écrit Charles Le Quintrec : « Plus que tout autre, Michel Manoll donne l'impression d'avoir rêvé sa vie. Le rêve parfois se fit cauchemar, mais il arriva aussi qu'il fût envolée de lumière, montée d'azur, beauté perçue. »

5

Jean Rousselot

DES livres, des plaquettes, Jean Rousselot en a-t-il publié cent cinquante ? deux cents ? Sur la quantité, certains pour gagner sa vie, la plupart pour ne pas la perdre, parce que la Poésie fait partie des *Moyens d'existence*, titre d'un livre résumant quarante années d'œuvre poétique (1934-1974) publié en 1976. Il fit partie, certes, des « écoliers » de Rochefort, mais aussi de groupes autres, de revues qui appartiennent à l'histoire poétique contemporaine. S'il est proche à bien des égards de Cadou, Manoll ou Bérimont, son œuvre a plus de diversité et plus d'ampleur que celles de ses amis ; il y manifeste plus de vigueur et de virilité, le sens d'un renouvellement en accord avec l'évolution de son art ; et cette œuvre est, en même temps que d'un poète, d'un romancier, d'un historien et d'un critique, le plus lucide que nous connaissions ; enfin, il est capable de se remettre en cause, d'être son propre critique. Comment évoquer en quelques pages cette longue aventure ?

Jean Rousselot est né en 1913 à Poitiers d'une famille ouvrière. A quinze ans, orphelin, il dut interrompre ses études pour gagner son pain. Précoce, il collaborait déjà à des revues comme *La Bouteille à la mer* et envoyait même des œuvres aux Jeux floraux, bon apprentissage. Bientôt, il fonde avec quelques amis la revue *Jeunesse* publiée à Bordeaux ; on trouve là Jean Germain et Pierre Malacamp, et Robert Kanters, Gaëtan Picon, Louis Parrot, Joë Bousquet, Norge, Jean Follain, et la revue évolue avec l'évolution de ses auteurs, puis ce sera *Le Dernier Carré* avec Fernand Marc, d'inspiration néo-surréaliste. On rencontre Lucien Becker, Jean de Boschère, Camille Bryen, Pierre Albert-Birot *(voir préc. vol.)*, Armen Lubin, René Lacôte, Paul Frederic Bowles, etc. A partir de 1933, Jean Rousselot connaît la terrible maladie de l'époque, la tuberculose, expérience visible dans sa deuxième plaquette : *Pour ne pas mourir*, 1934, et plus tard dans son roman *Le Luxe des pauvres*, 1956. Déjà, dans le premier recueil, l'influence du surréalisme était présente mais le poète ira vers une humanisation fondée sur la réalité sensible, sur l'appartenance charnelle de l'homme et ses aspirations spirituelles, ce qui donnera une poésie de lutte et d'évolution constante. Dans *Le Goût du pain*, 1937, la critique voyant un tournant de la jeune poésie, ses amis le considéreront comme un chef de file, un éclaireur. C'est en 1941 qu'il rejoindra l'école de Rochefort. Durant l'Occupation, il publie des poèmes dont l'un, *Juin*, paru aux *Cahiers du Sud*, est salué comme « l'un des plus puissants poèmes inspirés par la guerre ». Journaliste littéraire après avoir quitté son emploi dans l'administration, il sera présent sur tous les fronts où il s'agit de défendre une idée de la poésie et de l'homme, les jeunes étant attentifs à sa voix.

Nous citons ses principales œuvres poétiques : *Poèmes*, 1934, *Emploi du temps*, 1935, *Le Goût du pain*, 1937, *L'Homme est au milieu du monde*, 1940, *Instances*, 1941, *Le Poète restitué*, 1941, *Refaire la nuit*, 1943, *Le Sang du ciel*, 1944, *Toujours d'ici*, 1946, *La Mansarde*, 1946, *Odes à quelques-uns*, 1948, *L'Homme en proie*, 1949, *Les Moyens d'existence*, 1950, *Décombres*, 1952, *Le Cœur bronzé*, 1950, *Il n'y a pas d'exil*, 1954, *Le Temps d'une cuisson d'ortie*, 1955, *Agrégation du temps*, 1957, *Le premier mot fut le premier éclair*, 1959, *Maille à partir*, 1961, *Amibe ou char d'Élie*, 1965, *L'Étang*, 1967, *Hors d'eau*, 1968, *Des droits sur la colchide*, 1970, *A qui parle de vie*, 1972, *Sous le poids du vif*, 1972, *Dormance*, 1972, *Du même au même*, 1973, *Des pierres*, 1978, *Les Mystères d'Éleusis*, 1979, *Où ne puisse encore tomber la pluie*, 1982, *Il*, 1985, *Déchants*, 1985, *Les Monstres familiers*, 1986, etc.

Sur la poésie et son histoire : *Panorama critique des nouveaux poètes français, Présences contemporaines. Dictionnaire de la poésie française contemporaine, Histoire de la poésie française, Mort ou survie du langage*. Livres sur les poètes : ils sont consacrés à Max Jacob, Milosz, Verlaine, Corbière, Reverdy, Edgar Poe, Cendrars, Fombeure, Attila Jozsef, William Blake, Jean Cassou, Agrippa d'Aubigné, Victor Hugo, Albert Ayguesparse. S'ajoutent livres sur l'art et traductions ou adaptations : Gyula Illyés, Sandor Petöfi, Tibor Déry, les *Sonnets de Shakespeare*, etc. On ne peut tout citer.

Sur Jean Rousselot : numéros spéciaux des revues *Sud*, *Info-Poésie* (par Jean-Noël Guéno), *Créer*, *Le Pont de l'Épée*, *Jean Rousselot*, par André Marissel dans « Poètes d'aujourd'hui ». Jean Rousselot est aussi l'auteur d'une vingtaine de romans, de vies romancées et de nouvelles, entre autres *Si tu veux voir les étoiles*, *Une Fleur de sang*, *Le Luxe des pauvres*, *Un train en cache un autre*, et, poésie et prose, critique aussi du poème, il y a ces *Arguments*, 1944, avec ses poèmes de l'âge de vingt ans, leurs sources, leurs confidences.

Je parle droit, je parle net, je suis un homme.

Jean Rousselot sait utiliser toutes les ressources du vers, de la rigueur prosodique au vers blanc rythmé et au poème en prose. Ses alexandrins, par exemple dans le poème *Juin* ou *Le Cœur bronzé*, ses décasyllabes dans *Le premier mot fut le premier éclair* sont sans reproche. On croirait là qu'il garde la nostalgie des poèmes de Victor Hugo ou d'Agrippa d'Aubigné, de ce ton d'épopée transposée dans le monde moderne. Ou bien, dans *Amibe*, il rappelle les poètes scientifiques du XVIe siècle :

> Tout est biologique : amibe ou char d'Élie ;
> La pensée elle-même est un plancton grouillant

> D'infiniment petits que ronge et multiplie
> La même aveugle faim qui fait bouillir l'étang.

Et quel poète moderne aurait écrit un sonnet quasi philosophique sur le langage ? Ainsi, *Parler* :

> Le QUEL de Mallarmé et l'ET de Thucydide :
> Dans le verbe infini, deux vains coquelicots...
> A tout jamais la houle hurlant à tous échos
> Et ses rebuts en gloire au bas du ciel candide.
>
> Avant ? Après ? Toujours le même écusson vide
> Que l'on pousse du pied au cœur des Jérichos
> Le moindre bugle, en ses loisirs dominicaux,
> Embrouille à volonté ce qu'un siècle élucide...

Cette diction classique témoigne de l'absence de préjugés. Rousselot peut être celui que nous venons de montrer et aussi le poète le plus familier ou le plus dépouillé, les deux dans le même recueil. D'ailleurs les premiers livres sont en vers libres et les plus récents marquent une volonté d'économie de mots comme chez un Guillevic. « C'est comme si nous lisions le journal intime des gens de notre génération... », écrit Georges Mounin. Toujours Rousselot écrit à partir d'un sentiment, d'une sensation, d'une observation quotidienne, et son élan généreux fait le reste. On a l'impression d'un Narcisse qui passerait du miroir ébréché au grand miroir cosmique. Et toujours il y a l'arrière-tremblement de l'homme dont le corps a été la proie de la maladie, de l'homme en danger de mort qui écrit pour trouver un sauvetage. De là, quelque chose, à la fois fraternel et salutaire, qui touche le lecteur. Et comme il manie heureusement la langue, on a toujours envie d'observer : on ne peut mieux dire.

Dire le réel, l'indicible, en retrouver la scansion, le halètement. Les rythmes sont ceux de l'homme et de l'univers, l'un et l'autre interrogés dans leurs rapports, du quotidien à l'éternel, dans la vie, la mort, l'amour, la beauté. Des mots reviennent : vie, mort, temps, douleur, poumon, sang, chair. Le poète écrit « pour ne pas mourir » au temps où il lutte contre la maladie et il en restera quelque chose sa vie durant. Le début de *Vivre et mourir* :

> Maître de tout sauf de moi-même,
> Chaque jour je recule un peu
> Sur les falaises de ma vie.
>
> Dans mes jeux d'autrefois, théâtre,
> J'avais ce même regard ivre,
> Ce même cœur désassemblé.
>
> Mais alors on fuyait, nous deux,
> Le monde était un mur poreux
> Et nous savions les mots complices !

Ce ton, Rousselot ne le perdra jamais, des périodes de découragement vite métamorphosé en espoir, en *Miracle*...

> Miracle d'être en vie
> Et d'avoir saigné
> D'être un homme sans parents
> Pourvu de mots pour le dire

La Poésie n'est pas pour lui un genre littéraire mais une fonction et un engagement, une manière d'être et de résister aux forces de destruction. Comme écrit Robert Kanters : « Il y a davantage encore qu'un poème, le cri à travers la poésie, de l'être au bord de sa dernière prise de conscience, de son acte définitif de transcendance intérieure... » Le poète attend son poème, il l'envisage comme l'espoir ultime :

> Il n'y avait que le silence
> Derrière chaque mot volé
> La route expirait dans les pierres
> Entre les murs écroulés
>
> Et pourtant le dernier poète
> Tendait l'oreille vers la mer
> Et cherchait encore à saisir
> L'insaisissable oiseau de la parole.

L'interrogation sur cet « oiseau de la parole » ne cessera jamais d'un livre à l'autre :

> L'envie de dire vient aux mâchoires
> Comme une salive un peu plus amère ;
> L'envie de dire dès qu'on voit ;
> C'est une étrange maladie.
>
> C'est une atroce boule d'enfance
> Qui remonte la gorge ; on la baptise
> Poésie ; et beaucoup en sont morts
> Sur ces terres nouvelles que le sang fertilise.

On glane encore çà et là : « Et malgré tout un poème... » ou « Invente à nouveau le langage... » ou « Encore une fois le poème... » ou « Est-ce un poème qu'il va faire ?... », et encore le poète semble étonné, émerveillé, de rencontrer ce confident qui mêle sa parole à la sienne. Il y a aussi l'idée de missive : ce poème qui vous écrit, on l'adresse à quelqu'un et il est comme une main tendue. On lit : « Et moi je vous écris du continent qui tremble... » ou bien :

> Je vous écris d'ici, de ce pays profane
> Où le vent va son train, où ronflent des moteurs,
> Où l'œil avec le jour pavoise, puis se fane
> A l'heure où les oiseaux descendent des hauteurs.
>
> Je vous écris d'ici, de ce pays sans larmes
> Et sans éclats de rire où, nos pas dans nos pas,

> Entre des ponts de fer fourbis comme des armes
> Nous marchons jusqu'au soir et nous couchons au bas.
>
> Je vous écris d'ici, de ce pays crédule...

Toujours le poème s'adresse à quelqu'un, un poète à qui on le dédie, comme Paul Chaulot à qui il dit : « Je n'ai jamais vécu vie autre que la mienne... », un inconnu, cet autre en soi ou hors de soi pour que le poème chemine à son côté, ces « quelques-uns » à qui on envoie des odes, Paul Eluard, Lorca ou Hölderlin, en glissant d'autres poètes dans la strophe :

> Mais après Guillaume et Toulet
> (Et tant d'autres qui se dérobent!)
> Qui hèles-tu? qui t'a hélé?
> — C'est Saint-Pol Roux, c'est Max Jacob,
> Desnos mort dans les barbelés...

Autre célébration, celle des « richesses naturelles » car le poète est au plus près des nourritures simples de l'homme comme de la table où elles sont posées, de lieux avec parfums ou relents du quotidien qui fournissent des images et des correspondances : « La vie comme un glaçon amer... » et jusqu'au poème d'amour où les biens de la terre deviennent caresses :

> Mon lait chaud, mon arbre à pain,
> Mon aveuglément vivante,
> Ma racine, mon Atlante,
> Ma jeunesse, mon larcin,
>
> Mon ramage, ma gréée,
> Ma lustrale, mon froment...

Toujours dans sa vie, l'homme se retourne pour voir si la poésie l'accompagne comme s'il ne pouvait pas faire un geste sans qu'elle en porte témoignage et c'est ainsi que l'œuvre poétique se fait biographie non des grandes lignes d'une existence mais des moments qui la composent. Il a besoin d'être rassuré ou de se rassurer lui-même comme si des dangers incessants le guettaient :

Nous sommes perdus dans les averses, comme des chiens boueux qu'on a chassés, de porte en porte. Mais nous avons gardé le goût du pain et du vin et nos mains tremblent de désir, nos mains qui pendent comme des drapeaux. Nous sommes perdus, mais on nous attend, dans quelque hutte de terre, avec le pain et le vin sur la table.

Que la vie soit quotidienne, il ne s'en plaint pas, et même il trouve un plaisir à montrer l'épine auprès de la rose, la boue auprès de l'or puisqu'il s'apprête à transformer l'une en l'autre. S'il nous parle de « la rue Sainte-Apolline / Qui sent le foutre et la chopine », c'est qu'il en est ainsi, et tant pis pour les délicats. Reste la « Fidélité de l'aurore / De la rose, du duvet! », restent les choses : « Il n'y avait qu'à regarder les choses / Pour qu'elles bougent sur leur invisible perchoir... » Et la ville présente, un hôtel à

Bruges, un bus à Londres ou un restaurant triste à Guéret, ou encore à Bruxelles : « Un seul thème la solitude / Jaune comme un tramway. » Il aime « écrire pour », pour son père ou pour ses filles sans que, né de la circonstance, cela fasse poème de circonstance. Il y a aussi le silence : « Partout c'est le même silence » ou « Forêt de Marly, Route du Silence » car, écrit-il :

> On n'a pas le droit de crier
> Sous l'immense préau du monde
> Entre les murs pâles de haine
> Où l'homme est un paraphe obscène.

Il arrive que le poème s'accompagne d'une réflexion sur lui-même. Il parle de « rameuter les mots », de « traquer la phrase », de « graisser les mots », il se méfie de la « jactance », s'interroge : « Et nul n'a jamais su / Pas même le poète / Ce qu'est la poésie. » Tantôt, on est heureusement terre à terre, dans le vulgaire ou le pourrissant, tantôt on s'envole dans le haut lyrisme :

> Par un jour de grand vent, de grande prophétie,
> L'automne à vives braises ensanglantant l'air nu,
> Par un jour de labour, par un jour de veuvage,
> Par un jour d'habitude et de poutres fanées,
>
> N'importe quel jour : un beau jour,
>
> Pour toi blanc diadème
> De mes nuits enchantées,
> Pour toi nageuse blême
> De mes nuits désertées,
> J'écrirai le poème
> De la fidélité...

Les poèmes d'amour et d'amitié sont délicieux. Il n'est pas l'homme du discours poétique engagé, mais il se sait responsable :

> Ce printemps je disais : « Oradour ou l'Aurès »
> Et qu'elle est inutile, et qu'elle est criminelle
> La poésie qui peut se faire des caresses
> Tandis que l'on s'étripe aux quatre coins du ciel...

Curieux comme la beauté peut rejoindre la scorie. Dans le même poème, on peut lire : « Je suis homme voyez mes branches » et une suite à la Prévert plus contestable : « Ceux qui bois-de-justice / Ceux qui boîte-à-fromage, etc. » C'est que Rousselot ne s'interdit pas un zeste d'humour ou de ton familier : « J'écris le roman d'un vilain monsieur / A qui l'on a fait un gros chagrin... » ou « Ne vous habillez pas d'espoir / C'est salissant » ou « Entre nous, ça me fait une belle jambe » ou le clin d'œil à Rutebeuf : « Que sont mes idées devenues / Si jamais j'en eus ? » Ces poèmes sont des manières d'être. Et, comme Baudelaire, le poète se reconnaît le droit de se contredire ou de réviser les dictées de la mémoire. « Vous direz qu'il y a des déchets, écrit Alain Bosquet, et chez Aragon, et chez Eluard, et chez Hugo, et chez Apollinaire ?... écrire pleinement, c'est aussi se tromper quelquefois... » mais il peut dire aussi : « ...ça gifle, ça roule, ça bondit, ça ne laisse personne indemne sur son passage, ça vous agrippe la vie, la mort, l'inexistence, le bonheur dégueulasse et le malheur blême, comme un crochet de boucher ; on y laisse la peau. » Jean Rousselot est bien cet homme entre deux extrêmes : cimes et abîmes. Et Jean-Max Tixier observe : « A l'éternel Azur, il préférera toujours la sève et le sang, aux sommeils immaculés, les plaintes arables où la sueur de ses semblables fait germer des biens accessibles. » Qui se plaindrait que, le bien le mal unis, à hauteur d'homme et sans mesurer celle-ci, explorant le moi et le monde, un poème colle aussi pleinement à une époque ?

6

Paul Chaulot

SANS rien renier de son souci d'humanisation de la poésie, Paul Chaulot, par de lentes métamorphoses, se rapprochera peu à peu de la parole mesurée d'un Guillevic ou d'un Frénaud, puis d'un certain hiératisme proche de René Char. Le plus humain de tous, ainsi l'a-t-on défini. On peut ajouter le plus tragique, le plus soucieux du travail des mots. Cet homme de l'Est n'est pas, comme son ami de l'Ouest Cadou, le poète de la rusticité mais celui de la ville avec sa pierre, son béton, ses pavés. Pour participer au mystère des êtres, à leurs luttes, à leurs révoltes, pour combattre les insultes faites à l'homme, il a choisi la pure densité, une manière elliptique et nette. Sa sympathie, son sens de la fraternité ne s'expriment pas en proclamations vagues mais en interrogations sur la vie et sur sa propre vie dans son contexte social.

Paul Chaulot (1914-1969) est né à Lanty-sur-Aube où son père était instituteur. A dix-neuf ans, il publie des poèmes d'inspiration surréaliste. Il sera fonctionnaire, n'oubliera jamais sa Champagne natale comme en témoigneront certains poèmes : « J'explore les cris d'un lointain village... » Ayant publié deux recueils avant la Deuxième Guerre mondiale, il observera un silence de treize ans avant de vivre sa poésie dans la compagnie de ceux qu'il aime comme Jean Rousselot qui lui a consacré tant de pages, André Frénaud qui a dit sa « bonté délicate, inoubliable », Louis Dubost « la chaleur de sa parole », Emmanuel Roblès « son sourire fin et mélancolique », Armand Lanoux « sa douceur âpre », Guillevic « sa passion de la générosité », Edmond Humeau « ses vertus humaines dans le dialogue », Louis Guillaume sa volonté « de faire toujours mieux » et l'on voudrait ajouter que cet homme délicieux en effet, aimant le rire et le jeu, montrait parfois le masque de la tragédie comme s'il pressentait son absurde mort subite dans un train de banlieue.

Après *Espoir*, 1933, *Le Disque incolore*, 1936, Paul Chaulot est le poète de *A main armée*, 1948, *Comme un vivant*, 1950, *Contre terre*, 1949, *Risques*, 1951, *La Ville à témoin*, 1952, *Odette*, 1953, *Jours de béton*, 1954, *L'Herbe de chaque escale*, 1956, *La Porte la plus sûre*, 1959, *Naissante préhistoire*, 1963, *Temps présumés*, *Soudaine écorce*, 1967, *Pour de plus amples périls*, 1973, *Poèmes*

1948-1969, préface de Jean Rousselot, 1983. Il publia aussi les premières traductions d'Evguéni Evtouchenko et les adaptations de nombreux poètes hongrois. Il écrivit aussi des chansons. S'ajoutent un livre sur *Rome* et un sur *Luc Bérimont*. Il faut signaler *Présence de Paul Chaulot*, 1971, Éditions Millas-Martin, un livre essentiel avec les meilleures participations contemporaines, un *Paul Chaulot* de Rouben Mélik, une plaquette : *Paul Chaulot 1914-1969* publiée par les bibliothèques de la Haute-Marne.

Je suis vassal de mon poème.

Nous citons non seulement comme un remarquable poème qui peut être un exemple du ton de Paul Chaulot mais aussi comme un art poétique *Obédience :*

> Je suis vassal de mon poème
> comme un maçon l'est de son mur.
>
> L'air aspiré d'une poitrine
> assure son exactitude,
>
> un amour en dit l'évidence,
> une larme la vérité.
>
> Le pain gagné prouve la bouche,
> l'œil vitreux quelquefois la mort.
>
> Je dois répondre d'un poème
> comme un verre
> de sa transparence.

Tel un maçon, Paul Chaulot considère la poésie comme un noble artisanat où les mots sont pierres ou moellons de l'édifice. Ses vers libres ont des structures prosodiques : on reconnaît octosyllabes, heptasyllabes, parfois alexandrins mais fondus, malaxés, burinés dans une diction, comme dit Rousselot, moins accordée au rythme habituel « qu'avec les couleurs, les volumes, les torsions ; les tintements, les croassements, les effondrements et les résurgences de la matière ». Des mots reviennent, comme le mur (« Il vient de loin ce mur, / il vient de loin défendre sa surface / et réclamer son pesant de lumière », comme le béton, le silex, la falaise, la craie, le gel, le calcaire (« Donne visage neuf, calcaire, à ce jour... ») qu'il voit sur les *Versants pour la montagne du Vaucluse,* une de ses plus admirables suites sur le pays de René Char. Et il y a la dureté de la ville, des « jours de béton », le paysage urbain du canal Saint-Martin, de Rome ou de la « Haute rue qu'une affiche unit à notre enfance » ou de celle dont le nom retentit dans le présent et dans l'histoire d'un homme de jadis :

> Rue Aubry-le-Boucher, la femme
> dont l'ombre cherchait sans comprendre
> une route le long des murs,
> rue Aubry-le-Boucher, la femme
> regardait vivre son sourire.

car la ville, c'est ce boucher de jadis et cette femme d'aujourd'hui, c'est le « peuple-prince » ou le « peuple-marais », c'est le :

> Peuple-fournil, peuple-labour,
> la lampe où brûle votre ciel,
> en suis-je l'huile ou le sujet?

Sans populisme et sans attendrissement, en veilleur, en guetteur, Paul Chaulot veut extraire une signification des foules ou des passants : « Mais qui ce peuple, immémoriaux guetteurs, mais qui donc le dirige? » Il s'agit d'entrer par « la porte la plus sûre », il s'agit d'aimer :

> Aimer,
> je sais pourtant qu'aimer porte visage
> comme on porte très haut la flamme d'un lignage.

Et l'amour de la femme s'accorde à ce minéral chez Chaulot si bien étudié par Christiane Burucoa : « Tu fus de la hauteur, femme, d'une falaise... » Si le regard s'élève, il rencontre l'oiseau. Auprès du lapidaire, quel volucraire chez Chaulot (il a ébloui Edmond Humeau)! Le geai, la mouette, la grive, le hibou, l'effraie : « Écoute l'effraie / nourrir son cri de nos dissemblances... » Il apporte la même tendresse à l'oiseau qu'à l'ami, à la femme ou à la ville. Car l'oiseau c'est sa part agreste. Comme écrit Guillevic : « La poésie de Paul Chaulot est noces de la parole et du silence, du vent et des choses, de l'espace et de ses incarnations. » Lecteur de Heidegger, il l'est comme Char qui conseille de lire ses poèmes. Peut-être était-ce là, par ces noms réunis, son exigence à se tenir sur les chemins de crête. On pourrait écrire des pages et des pages sur sa thématique. Le temps par exemple, ou l'histoire comme dans les poèmes de *La Fleur anonyme du Testaccio* : « Je me déchire / au présent qui t'affirme, / moi le banni / du passé qui me fonde... » et la mort, ce mot qui revient si souvent notamment dans *Naissante préhistoire*, la mort « celle dont je ne suis que l'amant de passage », celle qui s'accorde à tant d'épithètes : « mort patiente », « mort passante », « mort glissante » et surtout *Mort répudiée* :

> Te voici donc, ma mort, et ton poids d'herbes folles,
> ce poids d'une prairie lorsque deux corps l'égalent
> à celui du baiser qui les fait corps unique.

De tous les poètes de sa génération, Paul Chaulot est peut-être le plus proche des nouvelles tendances de la modernité. Cette œuvre d'exigence mérite la plus vive attention. L'interrogation sur la durée et la mort, la découverte nouvelle du minéral, de l'animal, du végétal porteurs de symboles sont d'un observateur ou d'un archéologue qui serait aussi métaphysicien, d'un extracteur du surnaturel quotidien, d'un unanimiste par sa foi en l'homme et d'un libérateur de la conscience prise dans les rets de la société et de ses injustices. De plus, ce capteur de signes a souci constant de parfaire son langage, de lui apporter consistance et solidité, de l'accorder au réel, au matériel, en même temps qu'à la puissance originelle, ce qui donne, surtout dans ses derniers poèmes un ton de sérénité conquise, de cérémonial ému qui force admiration et respect.

7

Louis Guillaume

Ce Breton de la mer a été profondément marqué par la lecture des œuvres de Gaston Bachelard comme *L'Eau et les rêves*, d'Albert Béguin comme *L'Ame romantique et le rêve*, et plus encore par l'île de Bréhat où il a passé son enfance dans la compagnie des marins et pêcheurs, des hommes de pleine mer. Ami de Max Jacob, admirateur de Milosz, portant son regard sur les choses tangibles, bientôt l'expérience onirique, un regard vers les religions orientales, lui permettraient de recréer non une surréalité, mais une réalité parallèle, la sienne. Dans cette œuvre, tout est perception des choses et offrande, espoir de noces éternelles entre l'être humain et les éléments dont son union avec l'épouse inspiratrice offre le modèle. « La poésie de Louis Guillaume, écrit Michel Décaudin, se nourrit de forces élémentaires, le vent, la mer, la terre, les nuages – non-puissances obscures, mais réalités familières, structures de l'imagination. »

Louis Guillaume (1907-1971) bien que né à Paris, passa une grande partie de son enfance dans le paysage sauvage de son île. Il revient à Paris à l'âge de vingt ans pour des études qui le conduiront vers l'enseignement : il sera instituteur, professeur de lettres, directeur d'école, avant de se retirer à Biarritz pour y finir ses jours. A ses débuts, il collabore aux revues d'avant-garde comme *Regains*, *La Hune* ou *Soute*. Ses premiers recueils sont d'un poète généreux, tout entier aux belles utopies humanitaires. « C'est un révolutionnaire indépendant et sincère », disait de lui René Lacôte. Premières œuvres : *Sônes d'Armor*, 1928, *Jour et nuit*, 1931, *Déroutes*, 1934, *Sirènes de brume*, 1936, *Occident*, 1936, *Piliers de l'oubli*, 1938, *Le Coffret sous la cendre*, 1938, *Les Pistes entravées*, 1939, *Écobues*, 1942. Mais c'est à partir de *Pleine Absence*, 1947, d'*Écrit de Babylone*, 1950, *Noir comme la mer*, 1951, que le poète se révèle dans sa plénitude et son originalité, qu'il exprime le mystère du monde quotidien et marque son espoir en une société meilleure « avec moins de puéril enthousiasme », écrit-il qu'à ses débuts. Dès lors, poète reconnu, son œuvre s'épanouira avec *Chaumière*, 1951, *Ombelles*, 1953, *Étrange Forêt*, 1953, *La Feuille et l'épine*, 1956, *Le Rouet de verre*, 1958, *La Nuit parle*, 1961, *Fortune de vent*, 1964, *Le Sillage seul*, 1967, *Lux*, 1968, *Agenda*, 1970, *La Hache du silence*, 1971, *Au jardin de la licorne*, 1973, *En trois coups d'aile*, 1974. Paraîtra un recueil des *Poèmes choisis*, préfacé par Gabriel Germain, 1977, avec des inédits : *Éclairs noirs* et *Pailloles*. Louis Guillaume est l'auteur d'un essai sur *Panaït Istrati* et de romans comme *Hans ou les songes vécus*, 1958, marqué par le goût du poète pour le romantisme allemand et son souci de montrer l'au-delà des apparences. Une association : « Les Amis de Louis Guillaume » publie depuis 1973 une revue. Des poètes comme Max Alhau, Pierre Garnier, Jacques Réda, Pierre Gabriel, etc., s'intéressent à l'œuvre du poète.

Le chant de l'eau qui domine celui des heures.

L'eau qui porte la mémoire, mais aussi la lumière, une belle lumière noire ou blanche envahit le poème. Il y a aussi des villages, des routes, des villes : « Paris triste jusqu'aux soupentes... » ou le Causse noir : « J'erre dans un pays dont j'ai perdu la carte / Je ne sais plus l'endroit des puits... », la « Dureté du jour qu'aiguisait le soir... », des pierres, des chevaux d'écume qui sortent de la mer, des voix : « et je crierai en moi pour éveiller l'écho... » Une puissance de concentration conduit cette poésie en quête du sens caché, de la voix secrète, de l'inaudible et de l'insondable que l'on pressent. Des images belles et une langue nue, épurée comme dans *Noir comme la mer* :

> Tout ce que je ne puis te dire
> à cause de tant de murs
> tout cela qui s'accumule
> autour de nous dans la nuit
> il faut bien que tu l'entendes
> lorsqu'il ne restera de moi
> que moi-même à tes yeux cachés.

Même sobriété au temps où il dédiait un poème à Pierre Boujut, Jean Digot, Pierre Mathias, ses amis prisonniers :

> Dans la paille des soldats
> dans le brouillard des rails,
> un visage m'apparaît,
> c'est celui de ma vie.

Louis Guillaume n'élève pas la voix, nous parle comme en songe, avec gravité car il s'agit de la vie, de la nature et de l'éternel, et le lyrisme longtemps contenu perce en un chant plus vaste porteur d'images. « Je me livre au silence et me soude à la terre », écrit-il, et l'on écoute avec lui :

> Vois la nuit du cheval qui court sur la forêt.
> Les oiseaux sans frayeur transformés en étoiles
> font refleurir leurs nids au sommet des montagnes.
> Chaque rose est un galet d'or sous les torrents.
> Tu pars, je t'accompagne et nous marchons sur l'eau.
> Le fleuve est retourné vers la neige éternelle.
> Dans les sapins, les yeux des biches nous caressent.

> Entre l'arbre et le sol cette couche de rêve,
> entre la branche et l'air ces pépites d'espace,
> le ciel est une ruche et nous goûtons son miel...

Il offre à Gaston Bachelard ce mariage de l'eau et du feu dans un poème intitulé *Le Feu mouillé* :

> Très loin sous l'eau le feu est allumé
> le feu des pluies trouant la lucarne des mers.
> Mille saisons de sécheresse
> ont en vain tenté de l'atteindre.
> Lampe veillant en profondeur
> ce feu mouillé derrière la vitre du rêve
> ne veut pas dévorer les feuilles de la terre.

Sensations de l'être rejoignant la source, de dédoublement, d'une « errance dans un monde dont chaque signe doit être interprété » (Max Alhau), réalité réinventée, lavée par le rêve, conquête des terres inconnues de l'imaginaire, les parcours de Louis Guillaume sur la terre ferme et parmi les eaux vaporeuses conduit au conte intarissable des songes vécus. A voix feutrée, à voix d'ombre, de confidence, doucement, calmement, le poète nous entraîne des hauteurs célestes aux profondeurs de l'âme sans oublier terre et mer, porteuses d'ondes sensibles, clefs du voyage, et non plus les présences proches. René de Berval écrivait : « C'est le signe de l'isolé que lance Louis Guillaume, comme une bouteille à la mer, avec l'espoir ardent qu'il sera re-connu par un frère à la main chaude. » Mais cet « isolé » a tout fait pour épargner l'isolement de ses frères humains. Une voix de ferveur faite pour apprivoiser le mystère nous offre un monde habitable parce que fondé sur la parole. Comme l'écrit Charles Le Quintrec : « Il a rêvé d'arracher – fût-ce par le rêve – un peu d'ombre à notre âme et ajouter une étoile à notre nuit. »

8

René Lacôte

Par un souci d'humanisme fraternel, une influence surréaliste tempérée, une imagerie sensible, le souci du mètre et l'abandon de la rime, René Lacôte est proche des poètes que nous venons de présenter. Bénéficiant des apports surréalistes, ils ont tous souci non de poursuivre une quête qu'ils croient terminée mais plutôt de procéder à une humanisation du poème. René Lacôte est l'artisan d'une écriture simple et belle. Pour cela, il surmontera son penchant à une préciosité qui marque quelques souvenirs du symbolisme et sera soucieux de contrôler son inspiration. Sa poésie est illuminée par les paysages saintongeais de son enfance auxquels sa personnalité s'identifie, par la présence de la femme qui, comme pour Eluard, lui suggère une élégance de ton et une ferveur.

René Lacôte (1913-1971) est né à Montguyon, en Charente-Maritime. Il fut dès son adolescence un poète. Son second métier fut, jusqu'à la guerre, celui de bouquiniste à l'enseigne de *Vulturne* (comme Marcel Béalu le sera au *Pont traversé*), un de ces lieux rares où les livres de poésie occupent la presque totalité des rayons. Il fut plus tard le critique de poésie des *Lettres françaises,* un critique passant de la finesse de l'analyse à la critique d'humeur avec sévérité, parfois injustice. Le poète Lacôte fut discret : peu de livres, une écriture soignée et originale et, après des tâtonnements, un bel épanouissement. En 1930, à dix-sept ans, un premier livre : *Les Volets entrouverts,* puis *Le Fond des yeux,* 1932, où, selon Louis de Gonzague Frick, le poète macaronique ami d'Apollinaire, il oscille, comme l'a rappelé Rousselot, « entre un symbolisme luni-solaire et un surréalisme rosoyant ». Avec *Frontière,* 1935, et surtout *Métamorphose,* 1941, la voix personnelle se fait entendre et les thèmes généraux sont présents : transpositions des paysages de l'enfance et des paysages intérieurs, abandon du pittoresque et du ton embarrassé des premiers livres, regard ému sur la femme, confidences transparentes avec parfois un souvenir valéryen :

> Quelle paix sur moi se ferme
> et quel silence dans mes songes
> lorsque le chant secret du monde
> qui dort au cœur dormant des eaux

se fait profond d'un corps de femme
pour franchir la nuit interdite.

C'est avec *Vent d'Ouest,* 1942, *Claude,* 1943, *Où finit le désert,* 1952, que Lacôte entre dans le mouvement de la poésie nouvelle. Son *Journal d'une solitude,* 1946, apporte des méditations sur son art, ses rapports avec le poème et le monde. Il écrira un *Tristan Tzara* et, longtemps, se consacrera à la critique de la poésie d'autrui.

Il fait jour sur le monde au-delà de moi-même

« En quête d'un destin qui soit de terre et d'eau », la nature délivre le poète de souvenirs, lui offre une solitude qui l'arrache à la torpeur, le vent se mêle à son souffle et le poème naît dans toute son ampleur et sa densité. L'interrogation narcissique s'éloigne où l'homme est tenté de laisser la parole se substituer à sa personne, les rythmes naturels se mêlant à ceux du corps dans le mouvement des vagues :

> Visage dispersé par le flux d'équinoxe
> quand je prononce à peine un nom dans le brouillard,
> les yeux marins, les mains multiples sur les branches,
> comment vous ressaisir d'amour ou de prière
> quand il ne reste plus de vous que la hantise?

Les « visages de la mer penchés sur mon silence », les « vagues de sable et d'herbes calcinées », les « pays battus par les eaux », toutes ces images exaltent le poète cependant « sans amour et plus nu qu'à ma première enfance » mais qui, dépassé par les forces de la nature, veut y puiser l'énergie propice à se réinventer :

> J'ai tant rêvé depuis que j'ai la terre en moi
> que j'ai pris l'habitude austère des hauteurs
> où je demeure seul à l'espoir des tempêtes.
> Mais ce vent d'aujourd'hui qui parle de moi-même
> va-t-il me déchirer en tournant dans la nuit?

Claude sera son long poème d'amour, le plus classiquement construit, en strophes de cinq vers octosyllabiques non rimés et fort musicaux, le plus lyrique aussi, le plus « écrit » mais riche d'images qui ne doivent rien à la tradition :

> Premier visage de ma mère
> où meurt la seule nuit du monde
> par quel amour te ressaisir?
> Je suis si seul qui me déchire
> à la limite de ma chair!

> Une femme aux matins d'été
> traverse maintenant ton ombre
> et dort la même solitude,

> mais c'est la même source vive
> qui se défait de sa lumière...

L'épreuve de la guerre apportera la maturation comme dans ces poèmes publiés par Seghers dans *Écrivains en prison*, 1945, et repris dans *Où finit le désert*. « Ici commence la parole / où la chair demeure captive », écrira-t-il. L'homme démuni cherchera le lieu où « la pensée rêve de soi-même », où il veut trouver dans le souvenir d'un visage « tout le bonheur indéchiffrable » car « Il y a comme un sortilège / dans un nom de femme ou d'enfant ». On lit encore :

> Ma liberté n'est qu'un mensonge
> Tant qu'au feu de chaque village
> Le bonheur est sans lendemain,
> Tant que la jeunesse est perdue
> L'amour en guerre et la vie morte.

Jean Rousselot écrit : « Ce qui fait le grand mérite des poèmes les plus chargés de sous-entendus politiques de René Lacôte, c'est qu'ils n'abdiquent rien des pouvoirs de la beauté poétique proprement dite et réussissent au contraire à montrer que ceux-ci se confondent avec les pouvoirs démiurgiques et révolutionnaires de l'amour. » Ainsi :

> Le dernier cri de ceux qu'on aime
> dans la chair où passent les siècles
> vient de plus loin que notre enfance
> les images qui le défendent
> tourmentent la terre et les blés.

Oui, il s'agit bien d'une solidarité biologique avec les hommes et avec la nature. Nostalgie de l'enfance, désirs de l'homme, visage de la femme, métamorphoses et cosmogonies bâties par le rêve, participation au présent de l'événement sont exprimés par un choix d'images lumineuses, minutieusement choisies, par des strophes musicales, subtiles et harmonieuses, et cette limpidité, ce recul ému qu'on trouve dans les poèmes d'Eluard, sans oublier une simplicité digne de Supervielle.

9

Pierre Béarn

Dans sa revue *La Passerelle*, Pierre Béarn a raconté sa rencontre à l'école de Rochefort en 1942 de Jean Bouhier, du peintre Jean Jégoudez, de l'acteur Alfred Adam, de Jean Méningaud et quelques autres. « A Rochefort, écrit-il, l'amitié devenait un système de délivrance. » C'est là qu'il publia ses *Couleurs nocturnes*. Non inscrit sur les listes de l'école, c'est là qu'il a ses amis. Comme eux, il a le goût de la vie mais qui l'entraînera plus loin que nos provinces de l'Ouest car il aime le voyage qu'il ne sépare pas de cette forme de navigation et de découverte qu'est la poésie. L'amour, l'actualité, l'usine, la mer, les pays lointains, le monde de l'enfance et des fables l'inspirent – en vers classiques ou libres selon le goût du moment. Il sait noter les mille faits de la vie quotidienne et marquer ses rejets et ses protestations contre la civilisation technique ou la sottise ambiante.

Né à Bucarest en 1902 de parents français d'origine bretonne et champenoise, il fut bientôt ce gamin de Paris qui à neuf ans écrivait ses premiers vers en argot à l'école primaire de la rue Championnet. Orphelin de père dans l'enfance, puis de mère dans l'adolescence, en 1917, il se retrouve ouvrier mécanicien aux taxis G.7. Mais que de métiers : vendeur à la sauvette, mécanicien-dentiste, sténodactylo, ajusteur, représentant en publicité, marin, gastronome, journaliste! Tout le prépare à être cet homme à tout faire de la revue *La Passerelle* dont, à partir de 1969, il assure toutes les rubriques comme jadis Alexandre Dumas avec son *Monte-Cristo*. Sa grande aventure sera d'être marin (après avoir été coureur cycliste en compagnie du romancier Pierre Véry), du cuirassé *Jean-Bart* au *Magellan* où il est instructeur de l'école des mousses. A Paris à partir de 1925, il va rencontrer, au cours des années, André Breton, Pierre Mac Orlan (chez qui il rencontrera Gabrielle Messant qui sera sa femme), André Salmon, André Billy, André Malraux, Marcel Arland et ce Curnonsky lequel fera de lui un critique gastronomique au temps où il sera aussi critique d'art. Dès avant la guerre, en 1933, il a la Bouquinerie du Zodiaque, rue Monsieur-le-Prince, rendez-vous d'amis. La guerre, Dunkerque qui lui dictera de beaux récits. Et, en 1944, des poèmes : *Maraudeuse de mon chagrin*. La vie va s'accompagner d'un enrichissement de la bibliographie. Et plein d'œuvres radiophoniques consacrées à l'Afrique (que de voyages!), à la mer, et surtout à la poésie, cette abandonnée des médias. Ajoutons qu'il a créé la plus belle des œuvres de solidarité entre les poètes, un célèbre *Mandat* annuel qui a apporté du réconfort à des dizaines de créateurs malades, âgés, abandonnés. En bref, aventurier de la vie, de la mer, de l'amour, c'est sans doute le poète qui a la vie la plus remplie, la plus active. On dit qu'à plus d'octante, il grimpe encore aux arbres.

Romancier, essayiste, critique, poète, beaucoup de livres. Pour les poèmes, citons : *Mains sur la mer*, 1941, *Maraudeuse de mon chagrin*, 1944, *Mes cent Amériques*, 1944, *Couleurs d'usine*, 1951, *Couleurs de cendre*, 1952, *Couleurs d'ébène*, 1953, *Couleurs intimes*, 1953, *Couleurs nocturnes*, 1953, *Couleurs de vent*, 1955, *Dialogues de mon amour* (4 vol. de 1956 à 1958), *Couleurs de mer*, 1962, *Passantes* (plusieurs vol. à partir de 1946), *Couleurs éparses*, etc. Il est l'auteur d'un *Paul Fort* dans la série « Poètes d'aujourd'hui » où Michel Dansel et Jean-Louis Depierris lui ont consacré un *Pierre Béarn*.

Des œuvres : *Paris-Gourmand*, 1929, et *Vie de Grimod de La Reynière*, 1930. De nombreux romans maritimes dont *Jean-Pierre et la navigation*, 1946, des livres de nouvelles, des reportages comme *L'Afrique vivante*, 1955, un roman exotique : *Cram-Cram du Niger*, des préfaces, des articles, la série *La Passerelle*...

Tout pour l'homme est ciel illimité.

Une des fiertés de Pierre Béarn est que « métro boulot dodo » d'un poème de *Couleurs d'usine* soit devenu un slogan de Mai 68. Ces poèmes de l'usine sont d'un langage réaliste et dur, au rythme du travail : « Mordant l'acier ma scie glisse et crie dans l'oreille. » On y dit la laideur, on attaque le taylorisme, tout ce que Charlie Chaplin a montré dans *Les Temps modernes*, la tristesse de l'enfermement, du machinal, la pollution (c'est bien un des premiers poètes écologiques), le métro-boulot-dodo, les « six journées que lentement on assassine », les forçats « dans leur prison de tôle », ce qu'on ne saurait écrire sans l'avoir éprouvé. Jean-Louis Depierris l'exprime bien : « Son existence est toute de heurts, de sursauts, de refus, de départs. Il lui faut toujours sortir des frontières. Il ne s'agit pas d'écrire pour vivre, mais il s'agit, d'abord, de vivre, de brûler sa vie par les deux bouts, puis d'écrire ce qui a été vécu. Le réel doit s'agripper. La vie doit se prendre avec ses ravages et ses perturbations... » Ainsi, de l'usine aux grands espaces, quelle respiration soudaine! Le lyrisme de la mer apparaît :

> Mais pourquoi regretter les flots du Pacifique,
> l'aube étouffante des moussons,
> le lent étranglement du lacet des Tropiques,
> Shanghaï, Port-Saïd, Saigon...

Des ports réels à ceux de la vieille mémoire, il navigue, va des alizés au vent de sable de l'Afrique, des hommes noirs : « A leur front noir brillait une étoile de sable... » Et chaque fois, il trouve le langage qui convient, l'harmonie imitative, la liberté, l'exclamation, les interrogations devant les mystères de la vie. Il connaît les mots des métiers, les métaphores réalistes, et cela donne des « couleurs », une puissance d'évocation. « La langue de Pierre Béarn, écrit Michel Dansel, est simple, fluide, sans grands effets de mots, mais le rythme bénéficie d'une recherche plus policée que dans l'œuvre de maints poètes : maintien occasionnel de la rime, des césures, de la disposition strophique. C'est une poésie accessible à tous... » Avec lui on ne s'ennuie jamais, on « marche », on s'émerveille d'une fable enfantine ou on se met en colère sur un coup de gueule. Par exemple lorsque dans *Refus d'héritage*, 1965, il s'en prend sur un ton d'apocalypse aux « hommes pétris d'orgueil, d'illusions, de boue », à la civilisation qui court à sa perte.

La face de lumière, c'est quand il se fait un poète de l'amour comme Eluard, comme Becker, comme Alain Borne. Ses *Dialogues de mon amour* forment le roman en poème de l'union : d'une page à l'autre, un homme et une femme dialoguent tandis que se développent les quatre saisons de l'amour. Le ton est inusité, incarné et désincarné tour à tour, et toutes les nuances de l'éternel dialogue d'Adam et Ève passent, la vérité directe rejoignant la vérité théâtrale (il y eut des représentations, par exemple au Théâtre du Kaléidoscope). Un court extrait en donnerait une idée incomplète car c'est dans le déroulement harmonieux des phrases que se situe le charme avec des attentes, des espoirs, des retraits, des rapprochements. Là, « il apprivoise les mots et les fait chanter comme un oiseleur », dit Pierre Seghers et Jean Rousselot parle « d'admirables chants charnels qui s'inscrivent dans la plus haute tradition de la poésie amoureuse ». Mais bien d'autres genres ont sollicité Béarn comme ses fables pour enfants toutes prêtes pour le trésor des comptines. De la grâce de l'enfance et de l'amour, à l'exotisme du voyage, puis à la colère contre les « couleurs piégées » de l'électronique et de la civilisation robotisée, c'est un beau parcours, une exploration passionnée de la vie devenue poème.

10

Gabriel Cousin

GABRIEL Cousin (né en 1918) fut un des tout premiers à rejoindre la revue *Action poétique*. Ce poète dense, concret, connaissant le monde du travail, envisageant les réalités sociales avec une chaleur fraternelle, est l'homme d'un engagement. Il écrit une poésie naturelle, prenant ses sources dans la vie réelle. Jean Rousselot a parlé de son langage simple, volontiers narratif et a trouvé chez lui « des souvenirs unanimistes et, parfois, une pointe d'éluardisme ». Ce n'est pas une poésie de recherche, elle se situe loin de tout hermétisme, elle n'en a pas moins son originalité, celle d'être au plus près de la personne. D'un livre à l'autre, des constantes : amour, beauté, bonté, intelligence, sentiments vrais (et non « beaux sentiments »). Cousin est le poète, chose peu ordinaire, de l'ordinaire amour. Il célèbre la fidélité du couple, la vie familiale, pratique sans fadeur l'art d'être grand-père et sait se battre vigoureusement contre les plaies sociales, l'exploitation de l'homme par l'homme, les dangers atomiques. Claude Roy a écrit : « Cousin démontre qu'il y a aussi des sentiments, des émotions modernes qui attendaient que la poésie s'en empare et que le poète les dise. »

Gabriel Cousin fut, dès l'âge de treize ans, ouvrier métallurgiste, puis athlète, professeur d'éducation physique et sportive, conseiller technique et pédagogique pour l'art dramatique, auteur d'un processus pédagogique d'éveil à la créativité, animateur pour l'expression et la communication. L'œuvre est étendue et diverse. Il y a un oratorio qu'Arthur Honegger mit en musique, une quinzaine de pièces de théâtre, des essais sur le sport, l'art dramatique, le travail collectif, des arguments et textes de ballets, des œuvres télévisuelles et radiophoniques, enfin des livres de poèmes : *La Vie ouvrière*, 1950, *Cartes postales de la paix et images de la femme*, 1953, *L'Ordinaire amour I et II*, 1958, 1981, 1984, *Nommer la peur*, 1967, *Grenoble face aux jeux*, 1968, *Le Pays nu*, 1975, des éditions de bibliophilie Marc Pessin : huit ouvrages de *Alchimie des villes*, 1971, à *Alchimie de l'homme et de la femme*, 1980, puis *Poèmes d'un grand-père pour de grands enfants*, 1980, *Au milieu du fleuve*, 1980, *Variations pour des musiques de chambre*, 1982, *Poèmes érotiques*, 1982... Ses préfaciers furent Georges Mounin et Pierre Emmanuel.

De Cousin, Jean-Claude Brisville a dit « qu'il transmue en or les plus humbles réalités ». En effet, qui nous dirait aussi bien que lui, naturellement et sans prosaïsme, les choses simples de la vie, incidents, rencontres, menus événements qui prennent bientôt une signification insoupçonnée. Voici l'amour, le couple, le baiser, l'apparition d'une jeune fille, les travailleurs, les enfants dans un poème qui porte ce titre et dont voici le début :

> Saveur des soirs bleuis par les jeux.
> Couleur des matins où tintent les voix bronzées.
> Odeurs des midis bousculés des exigences de lait, de fatigue et d'égalité.
> Les mains se déroulent comme des feuilles chaudes et les pieds comme des lèvres s'ouvrent et se ferment. (...)
> Nous formons le cercle avec nos bras pour faire plus ronde la vie de leur ronde.
> Et vous faites le jour, enfants, avec vos vies. (...)

Il y a là de la grâce et ce sont les gens présents qu'il chante : compagnons, ouvriers, sportifs, conducteurs de poids lourds, vieux campagnards dont il prend le langage, et il magnifie tout, non par quelque artifice mais en montrant les choses telles que les voit son regard généreux de poète, d'homme ouvert prêt à saisir le bonheur à pleins bras que ce soit celui du spectacle des êtres ou celui des intimités qu'il offre avec un érotisme délicat. Mais il n'oublie pas que *La Folie est gravée dans l'Histoire* :

> Va sur les stades mon enfant
> entre dans les universités
> pour avoir une tête bien faite et bien pleine
> Le cæsium 137 transmue silencieusement tes gènes
>
> Les nuages radioactifs passent au-dessus de nos têtes
> si haut, mon enfant, si haut
> qu'aucun dieu, aucun savant
> n'y peut plus rien
>
> Aucun poète n'y peut plus rien

Pierre Emmanuel le dit poète de l'amour, on peut ajouter poète de la colère lucide. Ses poèmes coulent chargés de sens. Ils sont ouverts à tous : il n'est point nécessaire d'avoir étudié les sciences de la linguistique pour les lire, et les plus difficiles ne prendront pas Cousin en flagrant délit de facilité. Il ose ce que peu de poètes osent : braver d'absurdes interdits et chanter au plus près de lui-même et de la vie telle qu'elle est, même si on rêve à ce qu'elle pourrait être.

II

Norge

LA plupart des poètes belges de langue française, comme ceux du vaste ensemble francophonique, les poètes hors de l'Hexagone seront réunis dans un prochain volume. Certains cependant se trouvent dans ce volume et cela pourra paraître irrationnel ou relevant de la fantaisie de l'auteur. Par-delà ce qui ne s'explique guère, il nous a semblé que Norge qui vit en Provence (et qui est naturalisé français) manquerait dans ce volume (ce qui est le cas de quelques autres) et que nul mieux que lui ne pourrait s'inscrire dans un chapitre portant le titre « Les sources fraîches ».

De Georges Mogin, dit Geo Norge, puis Norge tout court (né en 1898), on ne saurait mieux parler que Pierre Seghers que nous citons ici : « Gouleyant, interférentiel, fricassant, ayant du *punch* et le faisant brûler, inquiétant bien sûr, comme tous les tendres qui sont d'affreux cruels (et vice versa), maître ès langage, de la composition au contrepoint, de la matière au boyau de chat sous l'archet, il invente, non pas en virtuose (ce qu'il est) mais en magicien. Sa parole est charnue, son jardin bien à lui, avec ses fleurs qui ne sont pas artificielles, et parfois ses orties... »

Norge est un poète abondant. Il est de ceux qui transforment un jardin en jungle et l'on n'en finit pas de citer ses titres, les lisant non pas comme une oiseuse bibliographie, mais comme l'expression de ses goûts : *27 poèmes incertains*, 1923, *Plusieurs malentendus*, 1926, *Avenue du ciel*, 1932, *Souvenir de l'enchanté*, 1929, *Calendrier*, 1932, *La Belle endormie*, 1935, *C'est un pays*, 1936, *Le Sourire d'Icare*, 1936, *l'Imposteur*, 1937, *Joie aux âmes*, 1941, *L'Imagier*, 1932, *Les Râpes*, 1949, *Famines*, 1950, *Les Oignons*, 1953, *Le Gros Gibier*, 1953, *Nouveau Cornet d'oignons*, 1953, *La Langue verte*, 1954, *Les Quatre Vérités*, 1962, *Le Vin profond*, 1968, *Les Cerveaux brûlés*, 1969, *La Chanson du concierge*, 1969, *Les Oignons et coetera*, 1971, *Dynasties*, 1972, *Bal masqué parmi les comètes*, 1972, *La Belle Saison*, 1973, *Le Pense-bête*, 1977, *Eux les anges*, 1978, *Les oignons sont en fleurs*, 1979, et ses *Œuvres poétiques*, 1978, chez Pierre Seghers, puis *Le Sac à malice*, 1984, *Les Coq-à-l'âne*, 1985, *Le Stupéfait*, 1988, enfin l'essai de Robert Rovini dans « Poètes d'aujourd'hui », une étude d'Adrien Jans, une pièce de théâtre, *Tam-tam*, mise en scène par Raymond Rouleau, etc. Il fut un des fondateurs du *Journal des poètes*, des

Cahiers blancs qui rendirent hommage à Milosz, il ouvrit chez lui un « Grenier des Poètes », il rassembla des comptines, des noëls anciens, des images à la manière d'Épinal, des cannes sculptées, des objets curieux, du folklore, car tout cela fait partie de la nourriture poétique de cet ogre amateur de mets délicats, il est l'amoureux du Moyen Age et de la Renaissance, de la typographie, du langage riche. « Ah! s'exclame Seghers, on ne s'ennuie jamais avec Norge, qui pose cependant les questions les plus graves (z-oiseuses n'est-ce pas?) comme par ricochet. Une " désinvolture tragique ", a-t-on dit, prenez la pose! » Il vit avec sa femme, le peintre Denise Perrier, à Saint-Paul-de-Vence. Il a un fils, Jean Mogin, hélas disparu, une belle-fille, Lucienne Desnoues. Quelle famille! Entrons chez lui en donnant un des poèmes des *Oignons* :

> Puisque je suis un vieux sabre, ami du sang et des moelles, comprenez, mes chers enfants, que je m'embête à crever, perdu dans la panoplie, près de deux sottes sagaies et d'un bouclier de paille. Vivement, du feu, du vent, du galop, du bon clairon qui secoue tout mon système nerveux! Surtout, pour l'amour de Dieu, du sang au lieu de poussière, rien qu'une goutte de sang sur ma langue de vieux sabre.

Il dit : « La poésie ne verra peut-être jamais les îles promises, mais elle demeure au sommet du grand mât la vigie passionnée. Elle connaît les vagues par leur nom. L'équipage s'endort. Elle veille. » Et Norge est le veilleur, le rassembleur, le chanteur. Il assiste aux métamorphoses, il les crée et sa plume saisit la nature avec une singulière souplesse, une science du langage habile et acrobatique. Il sait écrire de vastes poèmes comme des poèmes brefs où chaque ligne condense une observation. Il peut être cruel comme le renard qui croque un lapin, et tout est net, évident, rapide comme un vol de faucon, fulgurant. Il sait voir, comme un Jules Renard, et l'énorme digestion de la nature sanguinaire apparaît partout et notamment dans *La Faune* :

> Et toi, que manges-tu, grouillant?
> — Je mange le velu qui digère le
> pulpeux, qui ronge le rampant.
> Et toi, rampant, que manges-tu?
> — Je dévore le trottinant, qui bâfre
> l'ailé qui croque le flottant.
> Et toi, flottant, que manges-tu?
> — J'engloutis le vulveux qui suce
> le ventru qui mâche le sautillant...

Ce grand et bon vivant a, comme Desnos, Max Jacob ou Queneau, le goût de l'humour et du calembour qu'il transporte dans un univers odoriférant et mouvementé, où l'animal, le végétal, le minéral vivent leurs épopées, où passent des hommes naturels avec un langage agreste ou argotique, où tout est couleur et vie, cocasserie et drolatique, à l'écoute de la simplicité qui devient tragédie par la grâce d'un verbe à la fine musculature jouant sous la peau des choses. Il est le poète de hautes faims : « Une faim m'est venue de pain noir et de cendres! », l'affirmateur de la

« joie aux âmes », et, comme dit Rovini, « peut-être s'agit-il de cette terrible faim d'éternité », celle d'un mystique aux prises avec la vie, avec la présence d'un Dieu qui est celui des poètes, Victor Hugo par exemple, celui qui transfigure les choses, mais c'est le poète qui est démiurge et veut remplir les vides de l'homme par un chaud langage de lumière et d'émerveillement devant la richesse de la table offerte de l'univers. Confiant, il ne cesse de s'étonner d'être et il voue reconnaissance avec ferveur : « De toutes les paroles à prononcer, j'ai trouvé celle qui est rayon dans la cécité, un fruit juteux dans la soif. Ah! lève-toi, mon âme. » Parle-t-il de l'homme, c'est avec un humour particulier, un appel revigorant à l'unité :

Alors, on est combien dans ce bipède? Un qui prie, un qui chante, un qui blasphème, un qui fait des cumulets. Celui-ci danse, un autre se recueille : un qui bâfre, un qui jeûne! Un qui va pétrir tout cela?
Si tu ne fais de tout : musique, tu as perdu, mon pauvre ami : tu es de ceux qui n'ont jamais vu galoper un troupeau de chèvres.

Il nous dit que la poésie, ça se mange : « Qui mange le vent de sa cornemuse n'a que musique dans sa panse. » Jans écrit : « Pour Norge, la poésie est un bien fécondant et son pouvoir est sans limite. Elle est grâce salvatrice, capable de toutes les transfigurations, sauvant l'homme de ses entraves. » Et il faut insister sur une intense jubilation : celle d'un homme qui interroge les choses et les voit répondre, lui offrant la diversité des voix. On célèbre avec gravité, on invente une nouvelle sacralisation, on écoute des enfants, des jardiniers, des ouvriers, on écoute le vieux parler des almanachs, on interroge les oignons et autres légumes, et c'est l'infinie richesse qui transparaît. Jans écrit : « Tendresse, humour noir, cruauté au service de la justice, armes levées contre la médiocrité ou chanson mordante à la Jarry, succulente à la Rabelais, l'éventail ne cesse pas de se déployer. Le tout parfumé aux épices des mots, du mot savoureux ou piquant, repris du passé, inventé, recréé et ennobli par la place donnée, mot pour dire, mot pour chanter, rejoignant le langage du bon peuple de France et la liberté d'un François Villon. » Oui, comme Jarry il est « ymagier » et il dit revendiquer toutes les influences, ne reniant cependant ni le créateur ni l'artisan. Quelques exemples de sa fantaisie souriante :
Dans *Râpes* :

> La plus belle sourira
> — Râpe à fer et râpe à bois —
> La plus belle sourira
>   En soi.

> Je lui dirai : mon altesse,
> — Râpe à ciel et râpe à noix —
> Je la prendrai par la tresse
>   A moi.

Dans *La Langue verte* :

> Ton temps tâtu tatoue.
> T'as-ti tout tu de tes doutes?
> T'as-ti tout dû de tes dettes?
> T'as-ti tout dit de tes dates?
> T'a-t-on tant ôté ta teinte?
> T'a-t-on donc dompté ton ton?
> T'as-ti tâté tout téton?...

Ou bien :

> Où c'qu'est la 'tit' minoiselle,
> La florette des minous,
> La mignote si joiselle
> Qui florissait parmi nous?
>
> Où c'qu'est la zouzelle grive
> Dont le chant se perlousait
> Comme rosée à l'endive
> Et myrtille à la forêt?

Tous les fruits, les fleurs, les animaux, les cristaux, tous les hommes de l'histoire et du bel aujourd'hui passent et ils sont de corps, d'esprit et de langage. Mais il réussit à rendre vive jusqu'à l'abstraction. Par exemple, *La Vérité* :

Elle sort de son puits quand il n'y a personne. Il faut un soir sans lune et un fameux silence. Pourquoi, lui dit le vent, ne te voit-on jamais parmi les gens d'ici? – Je ne suis pas aimée. Et d'ailleurs, suis-je aimable?

Ce musicien sait jouer de tous les instruments, luth ou lyre, flûte ou basson, harmonica, accordéon ou piano, et de temps en temps les grandes orgues comme dans *Le Vin profond* :

J'ai glorifié la musique des sphères, mais la voix de ma bien-aimée est plus douce que le chant des étoiles.
J'ai glorifié les fontaines de l'éternité, j'ai rêvé de boire leurs eaux jubilantes, mais la lèvre de ma bien-aimée a des saveurs plus graves que les sources immortelles.
La vaste mer et ses flots de beauté, rien ne parut plus digne de mes chants, – mais maintenant je préfère un pas de ma bien-aimée sur le sable du rivage.
Ô feuillages des cieux, bruissants de vérité, où l'espérance fait son nid, je l'ai reçu, votre langage. (...)

L'amour, l'amitié, l'instant, le travail des hommes, tout bruit et trouve la forme qui lui convient. Cet homme qui reçoit des influences diverses trouve toujours le moyen de faire reconnaître sa voix qui est unique. Rien n'est plus lumineux et plus fort. Rien n'est plus clair et plus mystérieux. Comme dit Jean Tordeur : « Oui, en vérité, nietzschéen mâtiné de Jarry, rabelaisien n'oubliant point Pascal, dévorateur et dévoré, débiteur de chacun, indépendant de tous, artisan de poésie, artisan du sourire, artisan de l'homme, oui, en vérité, entre *Les Dents des dieux*, Norge, c'est beaucoup!»

12
Poètes et fondateurs

Poètes, rassembleurs, fondateurs, dans ces pages ne manquent pas qui ont animé la vie de la poésie par la création de revues, par exemple Max-Pol Fouchet, René Tavernier, Théophile Briant, Pierre Boujut, Henri Deluy, des groupes, des sociétés éditrices (Pierre Seghers, Guy Lévis Mano...) palliant ainsi les insuffisances de l'édition traditionnelle ou de la critique littéraire officielle. S'il faut signaler leur action, ce n'est pas pour autant méconnaître leur œuvre personnelle. Ainsi, dans la proximité des poètes dont nous parlons dans cette partie du livre, nous présentons ici trois d'entre eux.

Jean Bouhier et l'école de Rochefort.

Dans la fort intéressante et utile introduction à son anthologie *Les Poètes de l'école de Rochefort,* 1983, chez Seghers, Jean Bouhier a narré les aventures de ce mouvement né d'une gageure qui devait s'inscrire dans l'histoire de la poésie contemporaine. C'était en 1941 alors que la France était coupée en deux et les poètes dispersés. Bouhier habitait Rochefort-sur-Loire. Un soir, après une discussion avec le peintre Pierre Penon, ils remarquèrent que les peintres s'unissaient plus volontiers sous les noms d'écoles : école de Fontainebleau, de Barbizon, de Pont-Aven, de Paris, etc. Dès lors, dans le feu de la conversation, ils se dirent : « Pourquoi pas une école de Rochefort. » L'événement fut diffusé dans les feuilles locales. Bouhier rédigea un texte théorique : « Position poétique de l'école de Rochefort. » Par l'intermédiaire de Jean-Daniel Maublanc, mécène et découvreur, Bouhier reprit contact avec René Guy Cadou qui lui-même alerta ses amis Manoll, Rousselot, Béalu *(voir préc. vol.),* etc. « Position poétique », n'était pas un manifeste, ce qui laissait à chacun sa liberté d'écriture. Il s'agissait d'amitié bien que des points esthétiques et éthiques fussent communs à plusieurs. Chacun y alla de son texte. L'instituteur Cadou par exemple : « Depuis l'armistice on attendait en vain la rentrée des classes. Sortez vos cartables, Poètes! On ouvre l'école de Rochefort : première classe de poésie... Avant tout, vous autres, ne soyez pas dupes! L'école de Rochefort n'est pas une école, tout juste une cour de récréation... » La petite équipe constituée, elle s'agrandira bientôt, de cahier en cahier. Ces jeunes gens, entre vingt et trente ans, sont pleins de feu, de révolte. Ils ont pour la plupart l'Ouest en commun, et aussi l'éducation laïque (qui n'empêche nullement la foi), les origines rurales, les tendances décentralisatrices, une manière de penser l'avenir en une époque d'horreur et de terreur où la poésie était reconnue comme puissance salvatrice. Ces poètes, auxquels s'étaient joints l'aîné Fombeure et Luc Bérimont, s'ils furent l'objet d'attaques, furent encouragés par des poètes d'horizons différents : Pierre Mac Orlan, Robert Desnos, Maurice Betz, Daniel-Rops, Gabriel Audisio, Louis de Gonzague Frick, André Salmon... Le groupe s'enrichit de Félix-Quentin Caffiau, Yanette Delétang-Tardif, Jean-Michel Crochot. Malgré quelques idées maîtresses, il ne s'agissait pas d'un mouvement comme le romantisme, le symbolisme ou le surréalisme. Sur l'amitié, aucune réserve : les poètes restent unis mais tiennent à marquer leurs distances. Il leur arrivera de publier en d'autres lieux : *Cahiers du Sud*, Seghers ou *Cahiers libres* comme Bouhier lui-même. Jean Rousselot, contre tous manifestes et interdits, proclame son besoin de liberté, de solitude et de silence. Ou bien l'enseignant Fombeure se plaint du mot « école » qui subsistera jusqu'en 1943 pour faire place aux *Cahiers de Rochefort*. Arriveront Louis Émié, Jean Follain, Louis Guillaume, Guillevic, Gabriel Audisio, Edmond Humeau, Roger Richard, Fernand Marc, Thérèse Aubray, Luc Decaunes, Charles Bocquet, et même Georges Ribemont-Dessaignes si proche de Dada et du surréalisme. Et puis tant d'autres comme Eugène Beaumont, l'Espagnol Jacinto-Luis Guereña, le romancier, critique d'art et poète Michel Ragon, et il faudrait encore citer des dizaines de poètes, de sympathisants comme le comédien-auteur Alfred Adam, Charles Autrand, le peintre-poète Roger Toulouse, Paul Chaulot, André Verdet, Clancier, Toursky, Henri de Lescoët, le fondateur de *Septembre*, Fernand Marc, beaucoup se retrouvant dans l'anthologie de Bouhier. Pierre Béarn fut de passage, et les poètes d'une nouvelle génération. Une bibliographie serait interminable. Ajoutons que ces poètes, souvent si différents les uns des autres, des néo-classiques Louis Émié et Yanette Delétang-Tardif à Léon-Gabriel Gros ou Toursky plus proches des *Cahiers du Sud*, se trouvent étudiés dans d'autres chapitres de cet ouvrage, souvent même dans le précédent volume.

Les réunions, études et colloques sur cette « école » se sont multipliés. Jean Dauby et ses amis du Centre Froissart de Valenciennes, tout en fêtant les poètes du Septentrion, ouvrent largement les pages de leur revue aux poètes amis de Bouhier ou à ceux se réclamant ou se rapprochant de cette poésie d'air pur et de grand air.

Né à La Roche-sur-Yon en 1912, Jean Bouhier fut pharmacien, journaliste politique, maire d'une commune du Loiret avant de se retirer dans le Var. Si son rôle de fondateur et son activité au service de la défense et illustration de l'école de Rochefort ont effacé quelque peu l'intérêt suscité par sa propre poésie, il importe de signaler une importante bibliographie : *Hallucinations*, 1937, *Homme, mon frère!*, préface de Maurice Fombeure, 1939, *Pensée des actes*, 1941, *Dompter le fleuve*, 1942, *Trois psaumes*, 1943,

Création, 1943, *Calcaire*, 1945, *Pour l'amour de Colette*, 1950, *De mille endroits*, 1952, *Croire à la vie*, 1954, *La Paix du cœur*, 1959, *Tercets de la vie simple*, 1963, *Poèmes de la mer*, 1975, *Le Jeu d'autant*, 1976, *Pourcontre*, 1976, *Le Tactilisme de Théo Kerg*, poème-objet, 1976, *Rade foraine*, 1977, *Les Entours*, 1979, *Sur simple sommation*, 1980, *Fortune de mer*, 1980, *L'Enfance de l'orage*, préface de Jean Rousselot, 1982, *L'Age inventé*, 1983, *Quand le soleil efface l'ombre*, 1985. En prose : *Position poétique de l'école de Rochefort*, 1941, *Verlaine et l'amour*, 1946, *La Bataille du poète*, 1952. A signaler : *Fortune du poète*, entretiens avec Jean-Luc Pouliquen, 1988.

Tristan Cabral : « Jean Bouhier, poète, fait son métier d'homme... On observe dans ses livres une organisation verbale fondée en réflexion philosophique tout autant qu'en sensibilité personnelle, qui est une des plus surveillées et des plus cohérentes de la poésie d'aujourd'hui. » Des prises de position du poète : « Dès que la Poésie cesse d'être une fonction pour devenir un Art, il n'y a plus de poètes. » Ou bien : « On ne met pas son cœur en bandoulière, ni son esprit au bout d'une perche. Il faut savoir se mettre à nu à l'instant propice et ne montrer ni gêne ni pudeur. » Et encore : « Faire un poème et partir, le dire de porte en porte, comme on dit la bonne aventure, comme on annonce une grande nouvelle. » Certes, ces propositions simples pourront faire sourire les nouveaux intellectuels, mais, du moins, la couleur est annoncée, on n'est pas dans le vague ou le flou. Et la poésie ? Elle semble s'organiser autour de grands thèmes éternels : l'amitié, l'amour, la mer, la mort et, les dépassant tous, la vie : « Porter haut la rage de vivre... » dit-il, ou bien :

> Vivre avec la vitesse
> Avec l'air des poumons, avec le cœur qui bat
> Avec la sueur collée aux rides du visage
> Avec le tremblement de l'ultime fatigue...

et encore : « La vie recommence à toutes les minutes. » Il s'agit d'une poésie de chair et de sang proche d'une idée de l'amour total : « Nos yeux mêlés, / Nos bouches, nos frissons, nos silences, nos joies / Notre Amour... » Et les ennemis, les dangers, les douleurs, ce qui vient des hommes et du destin, qui meurtrit : « Enveloppes d'os brisés / les muscles se tendent sous la peau colorée / où les cicatrices tracent des échelles. » L'amour qui écarte la nuit, les mots qui étincellent, illuminent, ce qui peut conduire à l'emploi de mots précieux enchâssés dans la phrase comme des bijoux, le désir de s'approprier toutes les énergies de la nature, d'où l'importance de la mer ou du fleuve dans cette œuvre : « Je navigue sans feux... », les poèmes offerts aux peintres comme Édouard Pignon, Roger Bezombes ou Guy Bigot : « Le poème peint le tableau... », la colère parfois, la révolte, mais surtout un besoin d'unir deux univers : celui qui va de l'homme à l'homme et de l'homme au monde. En exaltant ainsi la vie, en la chantant avec un désir de persuasion, Jean Bouhier, fidèle à son programme, s'est bien inscrit dans un mouvement dont la renommée a sans doute dépassé toutes ses jeunes espérances.

Jean Digot, *Les Feuillets de l'îlot* et autres œuvres.

Sur le fronton d'une livraison de la revue *Sud* consacrée à *Jean Digot*, on lit ces lignes de Simon Brest : « ... A celui dont la présence et la constance ont constitué un précieux repère pour beaucoup d'entre nous. Étranger aux dogmatismes, aux modes et aux spéculations abstraites... » Il est vrai que Digot « a servi la création sans répit ni tapage ». On pourrait dire que son chemin, en ce sens, est parallèle à celui de Bouhier. Après des études de droit à Lille, de philosophie à la Sorbonne, et le service militaire, il revient à Rodez (il est né à Saint-Céré en 1912), créant *L'Aube artistique et littéraire*, 1931, *Cumul* en 1934, *Les Feuillets de l'îlot* en 1937, *Baltique* durant sa captivité en 1943, *Chantiers du temps* en 1953, *Entretiens* en 1955, et des collections comme *Frontons* ou *Visages de ce temps*, etc. *Les Feuillets de l'îlot* se présentaient non comme un manifeste de groupe, sans rien de provincial. Il s'agissait d'un lieu d'accueil pour les poètes soucieux d'un au-delà du symbolisme et du surréalisme, c'est-à-dire la plupart de ceux que nous avons présentés dans les précédents chapitres. Il faut ajouter que Denys-Paul Bouloc s'associa au travail de son ami, le remplaça même pendant qu'il était au stalag. Dix-neuf des poètes de *L'îlot* ont été présentés chez Rougerie dans un numéro spécial en 1978. Il s'agissait bien selon l'expression de Michel Décaudin de « la carte d'une géographie cordiale de la jeune poésie ».

Ses œuvres personnelles : *Prélude poétique*, 1932, *Équateur de l'amour*, 1937, *Plus beau que terre*, 1948, *Franchir le pas*, 1949, *Le Feu et l'ombre*, 1952, *Don Juan désert* et *Passé simple*, 1953, *Les Jours sont seuls*, 1954, *Légende*, 1958, *La Ville sainte*, poèmes en prose, 1960, *Le Lieu et la formule*, 1962, *Le Pays intérieur*, 1967, *Paroles au-delà*, 1969, *Solitude glanée*, 1973, *Vérité du silence*, 1979, *Avis de pluie*, 1980, etc. Des préfaces, des essais comme *Poètes du Rouergue*, 1952, *Poésie en Rouergue*, 1977. Raoul Bécousse a écrit un *Jean Digot, l'homme et l'œuvre*, 1953. Numéros spéciaux de *Verticales 12* et de *Sud*.

Jean Digot offre une poésie d'homme responsable et peu soucieux d'expériences gratuites ou purement esthétiques. Comme un Louis Guillaume, c'est un poète discret, à voix feutrée, à l'écoute des voix secrètes, un interrogateur de la nuit, celle des angoisses mais aussi des promesses d'aube, c'est enfin un homme de conciliation avec la nature et les hommes. « J'écris un poème pour vivre », dit-il simplement en sachant que perdre cette simplicité, c'est se perdre et perdre la poésie. Ou bien : « Je veux parler comme on se bat. » Et encore : « Que dire ? Que faut-il dire aux hommes ? » Jamais rien d'inutile ou de gratuit dans cette poésie de vérité, de solitude, de silence, d'ombre, et son retrait n'est pas celui des tours d'ivoire car ses amis, les poètes qu'il accueille le peuplent. Il nous dit que les mots protègent de la mort, que pour parler de la joie il faut connaître les routes du silence, et il recherche toujours une nouvelle parole plus vraie, plus signifiante, ce qui donne des choses très belles qui donnent à vivre, à espérer, à croire :

>   Je parle
>   à tous ceux qui vivent de leur temps
>   à ceux qui cherchent sans relâche
>   puisque l'espoir
>   est levain d'une foi
>
>   Je parle
>   à ceux qui s'interrogent
>   et tremblent de savoir
>   que toute certitude
>   est signe d'une mort

Pierre Boujut et *La Tour de Feu*.

« Une bonne eau-de-vie se fait vieillir dans un bon fût en chêne. » Cela, Pierre Boujut, le tonnelier de Jarnac, le sait bien et c'est déjà de la poésie. Encore un infatigable. Et qui a ses idées. Et qui les défend. Né en 1913, tout jeune, il fonde sa première revue de poésie avec son jeune voisin Claude Roy. Elle s'intitule *Reflets*, plus tard, ce sera *Regains* (à cause de Giono) avec auprès de Boujut, Louis Guillaume, René Lacôte, Georges Régis, Jacques Sardin et Jean Vagne. On n'oubliera pas un célèbre numéro spécial : *Reconnaissance à Supervielle*. Puis ce sera la célèbre *Tour de Feu*. On ne se séparera pas du pacifisme de Giono. S'élevant contre l'intellectualisme, l'esthétisme et le snobisme littéraire, les tendances seront internationalistes, libertaires, phalanstériennes avec un intérêt pour l'hindouisme et dans la célébration de l'amour et de la généreuse utopie. On ajoute que c'est amical, joyeux, l'humour ne faisant pas défaut, que, même en envisageant les problèmes sérieusement, on ne se prend pas au sérieux. Chacun veut être lui-même comme en témoigne cette devise de Boujut sur un ex-libris : « A contre destin sois toi ! » Il écrit aussi : « Pierre Boujut croit au pouvoir magique et salvateur de la poésie, mais il n'en bénéficie pas personnellement. » Il aime Mozart et Bach, Panaït Istrati et Victor Serge, Jaurès et Artaud, Chaissac et ses amis. L'esprit de *La Tour de Feu* est malaisé à définir tant la pensée y est en mouvement, tant la discussion reste ouverte, de même que la remise en question. Des numéros célèbres s'intitulent *Silence à la violence* ou *Contre l'esprit de catastrophe* ou sont consacrés à Antonin Artaud, Krishnamurti, Henry Miller, Louis Lecoin, Marcel Allain, Adrian Miatlev, Emmanuel Eydoux, etc. Les fortes personnalités de la revue sont Adrian Miatlev, Emmanuel Eydoux *(voir préc. vol.)*, Edmond Humeau, et l'on a trouvé encore Jean-Louis Depierris, Jean Laurent, Jean-Claude Roulet, Gaston Lacarce, Pierre Mathias, André Laude, Pierre Chabert, Fred Bourguignon, Pierre Chaleix, Jean Duperray, Adolphe Grad, Jean-Paul Louis, Roger Noël-Mayer, Roland Raveton, Fernand Tourret, Michel Boujut... Quand l'imprimeur fidèle fit faillite, Pierre Boujut passa le flambeau à Michel Héroult qui fit *La Nouvelle Tour de Feu*, dès 1982.

Naguère, Paul Chaulot écrivait : « Sa poésie n'attend rien d'esthètes en mal d'harmonie. Elle a pour les mots le respect du guerrier pour son arme : il ne lui viendrait pas à l'idée de s'en servir comme de balles de jongleurs. » A cela, Pierre Boujut restera fidèle depuis les premiers livres comme *Foin pour danser la vie, Un Temps pour rien* ou *Sang libre*, 1947, jusqu'à *Le Poète majeur*, 1951, *La Vie sans recours*, 1958, *Conseils aux poètes*, 1964, ou *Les Poèmes de l'imbécile heureux*, 1977, sans oublier *La Tête sous l'eau, Tout vient du large* ou *Ergo sum*. A ses débuts, il nous disait « Je plante l'iris, je trace un jardin » et c'était pour chasser toute peur et conquérir un « tendre bonheur aux yeux de perle ». Pour lui, le bonheur, la joie n'étaient pas dans les livres mais dans les cœurs. Il est toujours resté dans ses poèmes la trace d'un optimisme lucide : « Quand je m'installe en poésie / tous les rivages sont amis... » Lire les poèmes de certain « imbécile heureux », c'est prendre une bonne leçon de vrai savoir-vivre et d'aimer exister :

> Je voudrais naître chaque jour
> je ne suis pas fatigué de vivre
> je n'en ai jamais assez d'être au monde.
>
> Émerveillé d'avoir deux pieds, deux mains
> et tout le reste
> je respire comme si c'était vrai
> comme si j'étais vivant
> comme si le soleil et la pluie
> avaient retrouvé leur chanson.
>
> J'aime cette ombre qui me cerne
> et qui tient lieu d'âme sereine
> à ce corps nu baigné de temps.

et c'est toute une philosophie de la vie qui apparaît et, comme preuve de bonne santé, dans le même livre, Viviane Magnan assure la critique de Boujut, lui reprochant des jugements d'ordre moral, une bienveillance aux allures de dame patronnesse, un certain manichéisme. C'est peut-être vrai, ou à demi vrai, mais reste une poésie heureuse, ce qui est rare, et il dit bien, dans un langage rythmé et pur, ce qu'il a à dire, par exemple ce que l'on a : « On a tous les temps / on a tous les droits / on est d'aujourd'hui / et aussi d'autrefois... » ou bien « La recette du poème / est aussi absente de la linguistique / que le parfum des fleurs / d'un livre botanique. » Nous aimons Boujut et Rousselot a bien raison : « Il chante la paix, l'amour, la fraternité dans des poèmes simples, directs, dont la diction rappelle à la fois Eluard et Supervielle... » On ajoute : et surtout Pierre Boujut.

13
Voix et voies humaines

Denys-Paul Bouloc.

Parmi ces poètes soucieux d'un retour à une poésie humanisée, la plupart, même s'ils ne la reconnaissent pas, ont une dette envers le surréalisme. Denys-Paul Bouloc est de ceux qui n'ont pas caché leur sympathie envers le mouvement. Compagnon de Jean Digot, il fonda sa revue éditrice sous le nom de *Méridiens* en lui adjoignant *Le Lampadaire*. Il publia notamment Ilarie Voronca et Robert Desnos *(voir préc. vol.)*. Né en 1918 près de Rodez, après des études « aussi hétérodoxes qu'intermittentes », il fit de nombreux métiers et offrit, comme ses amis, une poésie chaleureuse et communicative. « Ne plus se fier aux phrases imprécises », écrit-il, et il invite, à la manière de Thoreau, à retrouver la communication avec une nature où rôde le bonheur. L'homme chemine et s'émerveille aussi bien des animaux familiers que des spectacles offerts par la variation des heures et des climats, aussi bien de la sensualité du corps féminin que de la coulée du temps. L'état d'accueil et d'offrande se traduit par un langage métaphorique et choisi sur un fond de ferveur parfois mélancolique. Il y a cette idée de la marche, du cheminement, peut-être parce que le poète veut aller au-devant des choses, au-devant du destin : « J'avançais désireux / d'explorer des contrées / que l'ardeur du jeune âge / rendait incandescentes... »

Des titres : *Cris*, 1940, *Nuit de l'homme*, 1941, *L'Aube du lendemain*, 1942, *Nostalgie des attentes*, 1942, *La Vie de toujours*, 1947, *La Part des oiseaux*, 1954, *Approches de minuit*, 1970, *Frontières irrévocables*, 1972, *Bestiaire 68*, 1974, *Raison majeure*, 1976, *Temps variable*, 1981...

Robert Prade.

Bien des points communs avec René Guy Cadou : Robert Prade, né en 1917, est instituteur de village, il déteste la ville, il chérit sa solitude campagnarde où il contemple les « astres du ciel pure moisson », il cherche la compagnie de l'homme simple. Loin des chapelles littéraires, il se publie sur la presse à bras à l'enseigne des « Cahiers de la Levrière » et vit en homme libre. Son souci est de trouver, par-delà des conquêtes de la poésie qu'il connaît bien, sa propre harmonie pour offrir des impressions fraîches, profondes, délivrées de tout discours. Le poème est généralement libre, bien rythmé, d'une coulée douce, mais il lui arrive de recourir au bon vieil alexandrin avec un peu moins de bonheur. Depuis *Dans le vent*, 1942, beaucoup de titres (un par année). Citons *Poèmes choisis I (1942-1959)*, 1981, *Poèmes choisis II (1960-1974)*, 1983, *Défricher le temps*, 1985, *Fidèle à mes ombres*, 1986, *Poèmes d'un autre versant*, 1987, *En chemin*, 1988. De Robert Prade, Louis Guillaume a signalé qu'il « poursuit un tenace effort de dépouillement » et, en effet, sa poésie « est faite de vent, d'arbres, de rivières, d'échappées sur les champs, de plongées dans des paysages intérieurs ». On lit :

> je veux reprendre les mots simples
> les mots les plus simples de mon langage d'homme
> appris chez le vieux maître
> dans l'école de campagne aux vitres claires...

Henri de Lescoët.

Un essai de Henri-Louis Barbier, dit Henri de Lescoët, né en 1907, intitulé *200 poètes-poètes français vivants* fut fort apprécié en 1942-1943. Écrivain français et hispanisant, peintre, fondateur de revues : *Septembre*, *Profil poétique*, créateur du prix Guillaume-Apollinaire, il est l'auteur de nombreuses plaquettes, parmi lesquelles : *Zone, Typographie du lieu, Échappé de la terre, A prendre cœur, Comment finit la nuit*, 1956, *Et nulle part l'oiseau*, 1973... Hector Talvart avait dit son « goût des impressions changeantes, des images vives, évasions et rencontres, sensualité et rêve » et cette recherche de beauté dans la simplicité de ton. Georges Neveux disait : « Il y a dans ses poèmes une vibration curieuse, comme si l'intensité du sentiment – j'allais dire du combat – qui les a fait naître rayonnait par elle-même et se communiquait à nous par des ondes autant que par des mots. » Toujours, il y a communion entre le visible et le spirituel, le verbe et le corps, le ciel et la terre, avec une délicatesse sensible comme si l'on avait peur de blesser les mots :

> Juste le mouvement qu'il ne fallait pas faire
> Et juste le cri qu'il ne fallait pas pousser
>
> Juste un désir qui perd son véritable sens
> Juste la vie qu'on imaginait si facile
>
> pour se convaincre qu'on parle
> sans être certain que la parole concorde
> avec ce petit peu de temps
>
> avec ce petit peu de joie

Gilbert Socard.

Gilbert Socard (1908-1973), comme tant de ces poètes proches de la nature, fut lui aussi enseignant. Il se distingue par une poésie sombre, assourdie, monotone, par une discrétion allant jusqu'au retrait. Traducteur des poètes allemands, il a retenu quelque chose du romantisme d'outre-Rhin. Jean Rousselot parle d'un « chant poignant, comme le sont les derniers poèmes de Supervielle, sur la fuite des oiseaux dans les " hauts chemins des transhumances ", le " signe illisible des os " dans la terre, la dégradation inéluctable de l'espoir et la possibilité, malgré tout, d'arracher au " bûcher de la parole " une promesse de salut ». Après Charles Autrand, nous citons un poème de Socard révélateur de sa manière :

> Tout objet me devient miroir
> et j'y plonge mes regards
> je me vois comme au fond des sources.
> Je suis pierre et je suis feuillage
> ou simple passage du vent
> sur le sable qui se ride.
>
> Ainsi j'efface mes traces.

On peut parler de lumière noire et d'un mur de discrétion. Nous citons : *Fidèle au monde*, 1951, *Pays perdus*, 1952, *Chansons pour Bételgeuse*, 1955, *Royaumes*, 1956, *Silence de la pierre*, 1957, *L'Oiseau menteur*, 1959, *Complicité de la nuit*, 1966, *Méridiens des regards*, 1968, *Travaux souterrains*, 1970, *Rêver à voix haute*, 1972.

Roger Toulouse.

Roger Toulouse, né en 1918, un des peintres proches de l'école de Rochefort, a souvent illustré ses amis ou dessiné leur visage. Poète, il est l'auteur de *Quai Saint-Laurent*, 1948, et de *Magica forti*, 1976. Des images proches des surréalistes, une ardeur de ton animent le poème. Ici encore, Roger Toulouse peint, mais c'est avec des mots figuratifs et sa palette sonore en est riche. S'il écrit : « J'ai chanté pour que s'ouvre une terre nouvelle », cette terre est celle de la fête, d'un monde de joie, grouillant de présences animales : chevaux, oiseaux, mulots, d'étoffes chatoyantes, de gerbes, d'incendies, de vin, de toutes sortes de couleurs au gré d'une inspiration qui délire heureusement et glane au passage les éléments d'un fantastique quotidien.

Les poètes amis de Cadou ont toujours été proches des peintres. Serait-ce un héritage des surréalistes ? Ainsi, lorsque Olivier Brien publiera *Brève de traversée*, il prendra pour illustrateurs Marcel Béalu, Pierre Béarn et Jean Rousselot qui ont, avec talent et originalité, souvent habillé leurs propres œuvres de leurs dessins. Roger Toulouse écrivant des poèmes leur offre un écho amical.

Georges Herment.

Venu du surréalisme mais, comme Cadou, bientôt proche de Reverdy, Georges Herment (1912-1969) a été longtemps injustement oublié des anthologies et des histoires littéraires. Nous avons indiqué dans le précédent volume une préface de Reverdy à sa première œuvre. Grâce à la revue *La Bartavelle* de Max Pons, Michel Degenne a pu faire reconnaître ce poète et sa présence singulière. Herment fut maquisard, réfractaire en tout, y compris à sa famille bourgeoise, participa à une formation de jazz, fut l'ami de Gaston Bonheur et de Cocteau, sculpta sur bois, fit de la céramique, vécut à Penne-du-Tarn où il était facteur rural tout comme le facteur Jules Mougin ou le fameux Cheval. Auteur d'un roman chez Gallimard, *Les Brises de fer*, 1954, voici quelques-unes de ses œuvres : *Déluges*, 1935, *Seuil de la terre*, 1963, *Mon ombre ou toi*, 1963, *Le Poème enseveli*, 1967, *Au bord du signe*, 1981. Julien Gracq a préfacé *Matière promise*, 1973 : « Il y a peu d'œuvres, écrit-il, où cette ombre portée de la fin, noire et déjà toute-puissante, absorbe et rature l'inessentiel avec autant d'efficacité dans l'élision... Comment douter que cette vie cachée, cette vie recluse, ait été tout entière une vie en poésie ? » Georges Herment a encore écrit un récit *Évadé d'Allemagne, Le Voyage involontaire* et un très savoureux *Traité de la pipe*, 1965, en l'illustrant de cent dessins. Heureusement, comme Gaston Puel qui l'a édité, Tristan Cabral a su rendre hommage à Georges Herment dans sa belle anthologie *La Lumière et l'exil*, 1985. On lit :

> J'ai plongé ma plume dans le corps du vent
> Je n'écris pas avec de l'encre
> Je saisis la feuille qui passe
> Et j'y fais sonner les mots que j'entends
> La rosée qui perle ou la pluie qui marche
> Sur le feuillage de mon sang...

Dans l'environnement poétique.

Né en 1890, il fut proche de ses cadets, ce Paul Saintaux évoluant d'une poésie traditionnelle vers plus de liberté et un sens fantastique, prenant plaisir à faire évoluer dans ses poèmes des animaux ou des personnages étranges, sataniques provoquant de curieux drames. Alain Borne pouvait écrire à son propos cette jolie phrase : « Chaque page porte la marque d'une main lourde de sang fleuri. »

Jean Mardigny, né en 1913, est l'auteur de *Auberges sur la route*, 1933, *Féeries sentimentales*, 1934, *Un jour après l'autre*, 1935, *L'Appel du large*, 1937, *Le Dieu pris dans l'argile*, 1938. De l'alexandrin au vers libre, ce sont là des confidences fragiles, des confessions ténues, des sensations, celles du jour et de la nuit, des saisons et des jours, des ombres et des transparences.

Eugène Beaumont, né en 1920, célébrateur de la Rose à Saumur, proche de ses amis de Rochefort, a publié une revue *Vers l'espace*, des poèmes comme *Les Affamés*, 1942, et un *Penséier*, 1966...

Auteur d'essais sur *André Blanchard*, en collaboration avec Jehan Despert et sur ce dernier, Émilienne Kerhoas a aussi publié *Saint Cadou, L'Épreuve du temps, La Terre promise, Épars, Le Sens du paysage, A Fleur d'âme, Les Marches, Sous le soleil très haut,* 1984. Cherchant « le fruit parfait de la Félicité », sa poésie est à la fois sensuelle et mystique, gourmande de mots comme de pensée. Serrée, contenue, entre signe et phallus, elle exprime des visions tantôt calmes, tantôt comme hallucinées avec beaucoup d'art et en faisant passer des sensations quasi physiques dans ses vers qui prennent souvent la forme de versets.

Colette Benoîte (1916-1978), qu'elle chante un village perdu, qu'elle rêve aux Himalayas ou aux Ourals, qu'elle erre sur les rivages de la mort, exprime toujours un exorcisme jeté au-devant de sa fragilité. Ainsi dans *Le Temps d'ailleurs,* 1977, que précédèrent neuf livres dont *Les Sortilèges bleus, Tir aux pigeons, La Cité franche, Territoires sans nom,* etc. Elle anima avec Marie-Madeleine Machet le « Club du Radar ».

Pierre Portejoie, directeur de la revue *Les Nouvelles parallèles,* de *Sèves,* 1952, à *Boire le vent,* 1977, de livre en livre procède à un resserrement du texte pour mieux saisir, comme dans un film d'art, un arrêt sur image. Ou bien, il coupe le son pour mieux écouter et le bruit, la vie et ses rumeurs reprennent « dans le pâle ruisseau gris de la nuit » et le poète peut dire : « Je vous parle d'au-delà / des Silences. »

Jean Rousselot a rapproché Jean Rivet (né en 1933) de Jean Follain et de Jules Renard, hauts patronages, mais il nous semble que leur trace est lointaine. Les poèmes en prose ont dans leur suite peu ponctuée le ton curieux d'une sorte de kyrielle (ou de patchwork) de faits quotidiens qui seraient peut-être bien plats si la poésie des rencontres inattendues ne leur offrait une lumière nouvelle qui leur apporte du relief et de l'intérêt. Titres : *Toi, vous que j'aime,* 1958, *Parfois l'horizon,* 1962, *La Récolte noire,* 1965, *Livre d'un long silence,* 1974, *Images d'un père,* 1981, *Lisières soudaines,* 1984, *Ce qui existe un instant existe pour toujours,* 1987.

Yves Cosson, né à Châteaubriant en 1919, professeur à Nantes, est un célébrateur de sa Loire-Atlantique. Proche de l'école de Rochefort mais non inféodé, il a su sans cesse varier ses thèmes pour jouer sur les modes sentimental, intimiste, amoureux, religieux, légendaire comme on le voit dans *A cloche-cœur,* 1955, *Ma Croix-de-par-Dieu,* 1958, *Folie douce,* 1960, *Cour d'amour,* 1966, *Désir désert,* 1966 ou *L'Aventure amoureuse,* 1977. Critique d'art, critique littéraire, il a consacré une thèse à Paul Claudel.

Autre Nantais, Jean Laroche (né en 1921) dans *Ces mains vers l'aube,* 1958, ou *Passager de l'avril,* 1960, fait chanter le vers traditionnel en des images plus proches. Cette poésie à mi-voix, toute de légèreté et de discrétion, sait piéger les oiseaux et la lumière dans un climat de mélancolie et de grâce. Le poète peut aussi sourire des cabotinages d'un clown et offrir un écho de sa ferveur.

Peintre et poète, Robert Leboucher (né en 1920) affirme être de la terre comme on est d'un parti et il respecte cet engagement envers la grande nourricière qui lui inspire, notamment dans *La Tour de Balazuc* des images aux contours nets et une belle couleur poétique.

A Perpignan, André Vinas (né en 1925) imprima pour son plaisir les poètes qu'il aimait sous le signe des éditions *Ressac*. Et aussi les siens en de précieuses plaquettes comme *Serrabone*, 1953, avant d'offrir de plus copieuses *Plages du temps*, 1982, ensemble où il donne des fêtes enfantines, des cantilènes au dieu Pan, un romancero pour faire chanter le cheval, les collines ou « les bergers de la lune et les bouviers du vent » en des vers doux-coulants, sans heurts et sans littérature, dans le simple naturel de la phrase. Le ton en est intimiste. Il y a là toute la mélancolie du solitaire et toute la nostalgie de l'homme penché sur les défuntes années, avec ce mystère, cette ombre qu'on trouvait dans les lieds. André Vinas a écrit un essai sur Paul Pugnaud et deux maîtres livres formant une œuvre de fond consacrée à Armand Lanoux.

Paul Fort a préfacé *La Clé des nuits*, 1957, de Serge Moreau (né en 1932) qui publiera encore *Les Voies solaires*, 1961, *L'Invité de la dernière heure*, 1966. Jean Rousselot a parlé d'une « langue sobre et concise, aux résonances philosophiques » et aussi de vives images et de sincères effusions.

Dans *Hibernales*, 1958, *Poèmes du verger fragile*, 1961, puis *Racines de ma vie*, 1970, Roland Bouheret (né en 1930), parfois proche de Cadou, tout au moins par les sujets d'inspiration, a un chant personnel. Il utilise des vers longs et libres, proches du verset, chaque poème, de séquence en séquence, apparaissant comme un voyage « plus loin que l'horizon fermé par le feu rouge du couchant » avec des projets, des appels, cherchant des mots « comme floraison novice au fragile verger du poème » ou bien désirant que lui soit enseigné « le silence d'or des jonquilles ».

Sans doute les poètes de Rochefort sont-ils responsables d'un envahissement de plantes dans la poésie. Ovide Marchand (né en 1933) ne va pas chercher l'inspiration plus loin que dans les prés et les champs qu'il préfère à la ville – tout comme René Guy Cadou chez qui on trouve le même amour de sa femme, de la pluie et de Dieu. Ici, dans *L'Encre rouge*, 1964, ou *Un Chemin de terre*, 1969, cela fleure bon le trèfle et la luzerne. Comme lui, Michel Bernard, dit Michel Milan, nous parle de « l'odeur du trèfle ». On le voit : le bonheur est dans le pré, mais Milan va aussi par la ville pour montrer le quotidien prosaïque, le trivial amical sans aller chercher trop loin sa distillation. Ainsi dans ses *Cantos d'Éphèse*, 1974. Cet économiste (depuis les Physiocrates, la poésie fait bon ménage avec l'économie) a écrit sur le Québec et la sociologie des relations économiques.

Jean Zimmermann (né en 1927) a le sens de la construction dramatique du poème comme il l'a montré dans son œuvre *Les Dormeurs*, 1964, qui fut créée en 1971, et aussi son *Chant d'Occitanie*, 1973. Jean Rousselot le voyait proche des auteurs médiévaux de chansons de geste, des troubadours lyriques et épiques. Il nous a paru hanté par le feu élémentaire que ce soit dans *Soleil premier*, 1948, *Moissons de foudre*, 1965, ou la deuxième partie de *Chroniques d'un visage*, 1977, où le poète est « aux ordres du feu » pris comme source et horizon, porte et miracle, tandis que la première partie du livre exprime les sentiments ressentis au fil des jours et des saisons sur le ton d'un journal intime avec de belles images : « Il faut croire à l'aurore / Pour que la nuit se fasse miel. » Cette poésie est économe sans être laconique, les mots y apparaissent propres et ordonnés. Cela sonne vrai dans la sincérité, profondément ressenti et naturel.

« Ne laisse aucun éclair entamer ton sommeil... » nous dit Jean-Jacques Celly (né en 1934) ou bien « On m'a dit de changer mon désespoir d'épaule... » C'est dans *Prélude*, 1967. Auparavant, alors qu'il était étudiant, il avait été très remarqué avec *Fête foraine*, 1953, que suivraient *L'Étendard de pierre*, 1965, *Fanfare*, 1956, *Le Dialogue des sourds*, 1966. On le disait proche de Cadou ou de Laforgue. Il disait sa foi en une poésie sensible, mélodique, imagée et sincère, en un mot humaine, ce qui n'est déjà pas si mal, mais il a su, d'un livre à l'autre, dépasser ce projet grâce à beaucoup de soin dans l'écriture, d'attention à la musique des mots, et surtout à une haute spiritualité : « Dieu sera parmi nous comme un sable qui coule... » C'est là un poète attachant, tout d'intériorité et de transparence qui a su se préserver des facilités d'une poésie trop courante sans aller, comme l'a remarqué Serge Brindeau, vers un intellectualisme forcené. Les structures musicales, les lieux, les signes, les formes lui inspirent des œuvres aux titres parlants : *Prélude*, 1967, *Choral*, 1967, *Fugue*, 1977, puis *Frontières*, 1983, *Cratère*, 1984, *Fragments du litige*, 1984, *Anatomie du cri*, 1984, *Râpures*, *Signes d'encre*, 1987. Il a traduit de nombreux poètes anglais et américains.

L'activité poétique de Joseph Rouffanche (né en 1922) s'est surtout manifestée entre 1954 et 1965, puis, bien qu'il gardât contact avec le monde des lettres, il s'interrompit durant une quinzaine d'années, par lassitude sans doute, avant de considérer que c'était là le miel de sa vie. Mais beaucoup d'amateurs de poésie n'ont pas oublié ses livres : *Les Rives blanches*, 1951, et surtout *Le Marteau lourd*, *La Violette le serpent*, *Élégies limousines*, *L'Araignée d'or*, *Dana la boule de gui*, *La Vie sans couronne*... Jean Rousselot a parlé de son lyrisme et de son goût de l'anecdote rustique et légendaire. Le poète est présent dans chaque poème et les images sont toujours originales et belles car ce sont celles d'un chanteur et d'un enchanteur qui, aux sources de la nature, comme Cadou, sait saisir l'âme des choses en leur ajoutant un supplément d'âme avec élégance toujours et « de la musique avant toute chose » : on voit derrière le poème la chanson au sens le plus noble, celle qui porte sa musique dans ses mots, celle qui sait charmer et bercer en se liant à la vie naturelle pour en épouser les inflexions comme Musset lorsqu'il écrivait une barcarolle ou Nerval ses ariettes ou Verlaine sa « bonne chanson ».

Raymond Lafaye (né en 1928) a mis beaucoup de vivacité langagière dans *Sangs déliés*, 1952, et *Pour Monia*, 1957, avant que *Langage* où il use de décasyllabes lui permette de délivrer un message de vie réelle et de vie en littérature. François Hirsch, dit François Kérel (né en 1925), traducteur de poètes russes et tchèques, est un des fervents du réalisme poétique de l'après-guerre, avec notamment sa *Petite Suite pour survivre*, 1960, où il engage sa ferveur. Georges Guido (né en 1921) a publié notamment *Cheminements*, 1950, *Parallèles*, 1951, *Étoile*, 1974.

Une apparition brève et remarquée fut celle de Michel Levanti. A peine sorti de l'adolescence, il publia dans les revues et notamment dans *Fontaine*, fut apprécié par André de Richaud qui fit une préface à *Feuilles au vent*,

1940, paru aux *Feuillets de l'îlot* de Jean Digot. Sa mort, en Afrique du Nord, en 1941, consterna ses amis Max-Pol Fouchet, Jean Denoël, Henri Bosco, Roger Lannes. Son ultime poème se terminait ainsi : « La mort / Belle à jamais / D'être l'avenir de Dieu / me fascine et me rassure. » Les poèmes de Levanti, libres et directs, en prise avec sa vie et sa foi, étaient habités d'images neuves que les jeunes gens de générations qui nous sont proches ne renieraient pas.

Bernard Jourdan (né en 1918) porte dans sa robuste personnalité toute la chaleur méridionale. Il met du soleil dans ses romans et ses poèmes. Les enfants aussi (il est enseignant) illuminent ses écrits. *J'ai pris le temps*, 1987, tel est le titre d'un recueil de contes poétiques, et cela pourrait être sa devise : entre 1951 et 1972, il a gardé le silence. S'il sait quelles sont les menaces du temps présent, son optimisme naturel lui dicte des chants de solidarité avec la nature et les hommes. Nous ne sommes pas seuls, même les morts nous regardent tout comme l'éternel ressac, et puis...

> ... Il y a quelque part dans la main d'un enfant
> un œuf : c'est la saison prochaine
> dormez le coq qui vous réveillera
> annonce des soleils frais comme des oranges.

Ce ton, on le retrouve dans de délicieux romans comme *La Graine au vent*, 1957, *Saint Picoussin*, 1960, et d'autres. Il écrit aussi en langue d'oc pour l'*Armana prouvençau*. Il a traduit les poètes italiens, écrit un essai sur Louise Labé. Il aime l'humour et a du stoïcisme, un brin d'ironie souriante. C'est un artisan joyeux et un homme sympathique. Il peut être grave s'il pense aux camarades morts à la guerre ou s'il médite sur lui-même, mais comme il chante bien le moissonneur, le cordonnier ou l'orfèvre! Des titres : *La Parole en l'air*, 1950, *Petit Bestiaire*, 1950, *Midi à mes portes*, 1951, *La Main courante*, 1976, *Les Mémoireries*, 1980, *Élégies de Grèce*, 1983, *Ou la mélancolie*, 1983, *Monologue de l'an*, 1988.

La nature, généreuse envers Jacques Dalléas (né en 1910), l'a comblé du double don d'être peintre et poète avec un égal talent, et l'on peut ajouter dramaturge : adaptateur de Shakespeare et de Ben Jonson, il a écrit en collaboration avec son compatriote bordelais Jean Cayrol *Ulysse*, 1933, et seul *L'Ange et la souris*, *La Mer abusive* ou *Les Robots*, 1975. Ses livres de poèmes : *L'Autre Côté de la terre*, 1935, *Le Jardin des Oliviers*, 1937, *Les Animaux de la mémoire 1* et *2*, 1962, 1963, *Le Verre à l'équinoxe*, 1964, *L'Espace intérieur*, 1966, etc. Imaginatif et original, ses goûts artistes s'y reflètent et Jean Rousselot a écrit : « Sa poésie est simple, pleine de chaleur solaire et de couleurs végétales, de tendresse pour les enfants, les animaux. Un humour léger, une allure chantante, rhapsodique et complaintive, en précisent le charme. »

Armand Monjo (né en 1913), de *Poursuites*, 1942, à *Quatre noms pour nos visages*, 1986, a publié dix-huit recueils. Professeur d'italien, il a traduit beaucoup de poètes et publié une anthologie, *La Poésie italienne*, 1964. Combattant de la Résistance dans les F.T.P., ses préoccupations se reflètent dans des livres comme *Neuf poèmes des temps pourris*, 1944, *Actualités*, 1950,

La Colombe au cœur, 1951. Il écrira aussi, avec Jacques Gaucheron, *Onze poèmes pour le Vietnam*, 1967, en poète fidèle à ses engagements politiques et sociaux. Une grande part de l'œuvre est consacrée à chanter les merveilles du monde sensible, à nous dire qu'avec les arbres et les pierres comme avec les hommes, l'avenir sera fraternel ou ne sera pas. Il peut sourire « à armes égales à une fleur, à un arbre ou au travail des araignées » et voir le monde comme un jardin façonné par l'histoire. Pour lui, le mythe du paradis terrestre reste présent comme élément de survie de notre imaginaire. De la terre, et surtout celle de sa Provence natale, il tire son énergie et la distribue avec des mots rayonnants. « Un inlassable colporteur de lumière », ainsi le définit Tristan Cabral qui rappelle que pour Monjo le poète doit forger des « armes de lumière pour désamorcer l'œil des loups », faire reculer la mort et réinventer « les phosphores chanteurs sur la grand'route des hommes ». Il s'agit partout d'espoir et de contagion de la poésie. Le minéral, le végétal, l'animal sont partout présents et animent ces chants simples et raffinés, d'une écriture alerte et libre porteuse d'enthousiasme et jeune à travers tous les âges du poète. D'autres titres : *Né du soleil des pierres*, 1972, *J'habite*, 1981, *Résidence terre*, 1981, *La Quadrature du XXe siècle*, 1983, *Dires du bois des pierres et du feu*, 1985... Christian Bulting, Jean-Pierre Siméon, Daniel Leuwers lui ont consacré des études.

La revue *Traces* a eu pour animateur Michel-François Lavaur (né en 1935) avec Josette Barry, Odile Caradec, Alain Lebeau, Norbert Lelubre, Claude Serreau, Jacques Souchu, Jean Spéranza et quelques autres. De *Masque et miroir*, 1966, à *Je de mots 1*, 1978, en passant par *Argos 1*, 1969, *Petite Geste pour un homme nu*, 1971, *Aubiat*, en occitan du Limousin et en français), etc., il a offert une poésie souvent précieusement ciselée dans le souvenir mallarméen, ce qui ne l'a pas empêché de se tenir au plus près de lui-même, du métier, des saisons et des heures, des préoccupations quotidiennes directes.

Auteur de traductions (Dieter Wellershoff, Rudi Dutschke...), d'essais sur Gottfried Benn ou Heinrich von Kleist, Jacques Lombard (né en 1939) est le poète de *Ta place, Les Demeures*, 1964, *Temps transparent*, 1977, où les saisons du ciel, de la terre et des eaux se reflètent dans la transparence d'une sensibilité ouverte aux présents du monde, avec un sens profond du nocturne et de la recherche des origines.

Jean Chaudier (né en 1939), de *Canard sauvage*, 1966, à *L'Hort*, 1966 (ce mot cher à la Haute-Loire), puis à *Sens multiple*, 1968, *Un besoin terrible de liberté*, 1972, *Approche d'un habitant des forêts*, 1973, *Tendre au cœur de pierre*, 1975, *Journal d'un poète de ce temps*, 1984, etc., a évoqué aussi bien le Velay que les ancêtres camisards, ses préoccupations d'homme que la vie courante et les nostalgies, les révoltes que provoque l'extase matérielle et la stupidité d'un modernisme technique mal compris, toujours dans l'espoir du pays réel rendu à ses sources ou d'un paradis perdu ou rêvé dans la beauté d'une existence libre.

Camille Lecrique (né en 1915), poète de qualité, a collaboré à la revue ardennaise *La Grive*, à *La Dryade*, aux *Cahiers bleus*. Il a écrit un *Hubert Juin*, 1962, publié des récits, des poèmes riches d'humanité et d'observation quotidienne : *L'Épopée de la vie*, 1951, *Le Clavier de granit*, 1962, *Écumes*, 1978, *Chant de l'eau vive*, *L'Ombre des jours*, 1988, un de ses meilleurs recueils.

En 1977, Jean-Paul Mestas (né en 1925) a fondé les cahiers *Jalons* souvent présentés d'une manière artisanale bien sympathique. C'est là qu'il a eu l'occasion de présenter des dizaines de poètes français et étrangers comme quelqu'un ne vivant que pour son art et le défendant par son action dans son ensemble. Ce sont Roger Lannes et Tony Aubin qui l'amenèrent à la poésie, il fit un long trajet avec Bruno Durocher à qui il a consacré un essai, *La Fortune du jour*, 1975. Mestas collabore aux *Cahiers de l'Archipel* et est présent dans les luttes pour la défense de la personne humaine, et, surtout, il est le poète d'une vingtaine de recueils, de *Soleils noirs*, 1965, à *Ismène*, 1984, *La Terre est pleine de haillons*, 1988, souvent illustrés par Chris Mestas. Sa poésie s'attache au naturel, à la simplicité. Écrite en vers libres, elle coule comme un ruisseau tranquille et nous est bientôt familière. On dirait qu'il n'a qu'à regarder autour de lui pour surprendre la poésie en toutes choses, que les moments de sa vie sont rythmés par le poème, et pourtant, chez ce fou de poésie, rien de livresque, pas de recherches excessives de renouveau, le chant qui glisse comme une caresse pour apprivoiser le monde et rendre heureux ceux qui l'habitent. Un de ses titres le définit : *Poèmes à dire mezza voce*, 1982, tout comme *Entre les colonnes du vent*, 1984, ou *Avec l'eau de ce fleuve*, 1986, car il n'a pas fini de nous conter *L'Aventure des choses*, 1973, et de *Traduire la mémoire*, 1975.

14

Sources et promesses

Les poètes formant le noyau central de l'école de Rochefort, Bouhier, Bérimont, Cadou, Manoll, Rousselot (d'autres comme Béalu, Yanette Delétang-Tardif présentés dans le précédent volume, Edmond Humeau s'inscrivant dans des perspectives fantastique, classique ou baroque) connurent cette délectation de voir, comme le signala Rousselot dans son panorama *Les Nouveaux Poètes français*, 1959, que cette « école » née d'un jeu faisait véritablement école. L'activité fut grande autour de Jean Bouhier qui créa des collections comme celle des *Amis de Rochefort* ou *Fronton* dirigée par Jean Rousselot ou encore dix séries d'une dizaine de *Cahiers*. Les jeunes poètes de l'après-guerre, comme en tous temps fascinés par l'idée de groupes amicaux, chacun portant dans son inconscient la joie utopique du phalanstère, se groupèrent autour du préau et de la cour de récréation où les premiers « écoliers » faisaient figure de jeunes maîtres.

De jeunes revues se créèrent : *Promesse, Sources, Iô...* puis, selon les lois de l'évolution, se défirent ou se transformèrent, reniant parfois les premières esthétiques. Les signaler est ici une occasion de présenter ceux qui y firent leurs premières armes en attendant d'autres essors. Pourquoi ne pas saisir un poète au moment des promesses et des sources ?

Les Poètes de *Promesse*.

Une maxime de Stendhal : « La beauté n'est que la *promesse* du bonheur » donne son titre à la revue. Jean-Claude Valin est l'animateur. On se situe comme le dit René Lacôte « dans une ligne qui va de Virgile à René Guy Cadou ». La terre, une fois de plus, et un humanisme terrien. Les principaux participants sont Daniel Reynaud, Georges Bonnet, James Sacré, Jean-Louis Houdebine, Gilles Guillorit, Jean Mazaufroid, Serge Roux. Il en sera ainsi durant seize numéros, de 1961 à 1966, puis Jean-Louis Houdebine et Jacques Kerno, à partir du numéro dix-sept donneront à la revue une direction vers plus de modernité. Il est vrai que la plupart de ces poètes évolueront, la plupart gardant le meilleur de leurs attaches terriennes et de ces régions de l'Ouest français si propice à la poésie. Il n'en reste pas moins que leur poésie gagnera en vigueur, en réalisme.

Ainsi Jean-Claude Valin (né en 1934) dont nous citons les œuvres : *Entre phénix et cendres*, 1961, *Poèmes pour hache*, 1961, *Au grand arbre de l'âme*, 1963, *Arrhes poétiques*, 1967, *Singulier pluriel*, 1968, *Terres battues*, 1974, puis, à *Oracl* ou chez Chambelland, *La Mort née*, *Pures pertes*, *L'Imminent* qui est de 1986 et s'apparente aux recherches nouvelles. Qui dit « rusticité » donne une image vieille, et cependant la poésie de Valin reste rustique au meilleur sens du terme, et, au souvenir de la terre des Deux-Sèvres, s'ajoutera une charge érotique bien singulière :

> Les nymphettes aux muscles fessiers, aux
> Yeux clos comme sexes et parfois silencieux
> Comme sexes (polluant les draps roses à fleurs
> En nocturne, en langueur, pianissimo, Chopin...)
> La cage thoracique sans porte pour l'oiseau
> Dépuceleur des regards mâles
> Sur leur bouche en cul, en cœur...

Cette poésie où, comme jadis chez Raymond Roussel, la parenthèse abonde, où l'on ne renie pas l'auto-observation qui s'exprime en remarques cocasses ou humoresques comme un sourire comique pour masquer une inquiétude : « La mer berce l'amour qu'elle vient de noyer... » ou bien une désespérance ironique si ce n'est quelque « à quoi bon ? » que transcende le goût des paysages et des corps, cette poésie est de belle écriture et de langage maîtrisé, de réalisme avec cette énergie qui peut passer pour de l'éloquence si on ne lit pas bien. Cynique, caustique au passage et tendre jusque dans l'hallucination, ainsi apparaît-il. Jean Breton a bien défini : « Tableaux de genre, traités au scalpel Valin, notules d'agenda, paysages soudain presque cléments, descriptions de lieux publics où vibrionne le rut champion, au-delà du spectacle naît l'angoisse... » D'un livre à l'autre, Valin semble s'éloigner de ce Cadou qu'il vanta, mais nul ne sait comment aurait évolué ce dernier sans la mort. En tout cas, il ne s'éloigne pas de lui-même, et pousse au meilleur degré de qualité un ton qui apparaissait dans ses premières œuvres.

Le parcours de son ami Daniel Reynaud (né en 1936) est comparable au sien. Il fut du côté de *La Tour de Feu* avant *Promesse* puis *Oracl*. Titres : *Le Cœur vendangé*, 1958, *Le Braconnier de soi-même*, 1959, *Feu à volonté*, 1962, etc., le plus récent recueil étant *Pourriture noble*. Chez Reynaud, le réalisme vient aussi des choses de la nature quand « Sur la verveine du ciel / Un village coule ses / Longues vertèbres de tuiles », et ce réalisme s'étend au présent social et politique. Des paysages de Barbezieux où il est né, il peut rejoindre « les lumières de New York sur l'East River » et, pour Charlie Parker, chanter des blues et dire que les racismes n'empêcheront jamais d'entendre une « voix de rossignol taillé dans le charbon ».

Georges Bonnet (né en 1919) nous disait son désir : « Se vouloir simplement / Branche parmi les branches / Invitées à la fenêtre » et, dans *La Tête en ses jardins*, 1965, construisait son « village de paroles » avec douceur, tendresse, laissant les champs entrer dans la maison et offrant des transparences d'eau de source ou de vitre en écoutant chanter l'horloge. A *Oracl*, des recueils suivraient comme *Le Veilleur de javelles* ou *Aux mamelles du silence*, 1986, où, tout en manifestant plus de hardiesse, il reste fidèle à sa première source d'inspiration. Le lyrisme est plus ramassé, les images plus neuves, plus animées, mais il reste toujours chez Bonnet un retrait sensible, ému, modeste comme si on fuyait trop d'éclat et le poème n'en est que plus véridique et persuasif. Jean Rousselot a parlé de « ce recensement kaléidoscopique de l'univers quotidien, ponctué souvent de très profondes " images-idées " qui sont d'un grand poète ». Lire *Une mort légère*, 1988.

Jean-Louis Houdebine (né en 1934), après sa période agreste, se dirigera vers la « critique de l'idéologie poétique » du côté de *La Nouvelle Critique* ou de *Tel Quel*. Jean Mazeaufroid (né en 1943) est l'auteur d'*Étoiles de l'arsenal*, 1964 et de *Ça flambe*, 1965, et on a pu le lire dans les revues comme *Actuels*, d'Henri Poncet, *Le Bout des Bordes*, de Jean-Luc Parant ou *Le Sécateur* de Rémy Pénard. Serge Brindeau disait que dans le goût de Virgile et d'Eluard, il « fait chanter dans les bois le mot *Révolution* ». James Sacré (né en 1939), le Vendéen, a publié à *Promesse* : *La Femme et le violoncelle*, en 1966. Nous le retrouverons.

Les Poètes de *Sources*.

La séduction de cette école de Rochefort s'étendit à tout l'ouest de la France et bien au-delà. Lorsque parut le premier numéro de *Sources* en 1955, sous l'impulsion de Gilles Fournel, un poème de Cadou l'inaugurait. C'était le coup de diapason d'une de ces aventures enthousiastes encouragées par les aînés. Gilles Fournel (1931-1981) était instituteur et l'on sait la part qu'ont prise les instituteurs dans ces régions de la poésie proches des villages et des champs. Il donnait l'exemple à ses amis comme Claude Vaillant, Michel Le Bourhis ou Robert Lhoro pas encore devenu Lionel Ray, par une poésie harmonieusement végétale et fraternelle en mêlant le chant de nature à la geste des hommes. Cela ne manquait pas d'art et l'amour, comme chez un Eluard, apparaissait en images nettes et sobres avec une sorte de tranquillité et d'évidence dans l'écriture. On aurait dit une poésie lavée par les pluies de l'Ouest ou véritablement prise à la source fraîche. Les titres sont évocateurs : *Au fil des jours*, 1953, *Les barreaux ne sont pas si larges*, 1955, *Sources*, 1956, *Pour une enfant sauvage*, 1957, *Poèmes de l'amour heureux*, 1957, *Rencontres*, 1958, *La Nuit blanche*, 1964, *La 99e auberge*, 1968... La revue *Sources* a publié un *Hommage à Gilles Fournel*, avec des poèmes inédits de grande qualité.

Claude Vaillant (né en 1924), du même groupe, eut pour parents des Belges naturalisés français et il est marqué par le Nord comme par l'Ouest, la Bretagne où il dirige la revue *Tessons* et est tenu, notamment par Charles Le Quintrec, pour Breton à part entière. Influencé par Cadou, il en a la fraîcheur et la générosité humaines – « tout aériennement, un peu sentimentalement même », écrit Adrian Miatlev. S'engageant dans la poésie militante s'il le faut, la nature est cependant sa meilleure source d'inspiration. Proche du végétal, il se montre un poète charnel, ému devant le corps féminin : « Ô fille neuve dans le réseau des doigts! » A la douceur des choses s'ajoute une furia panthéiste comme s'il voulait, par ses créatures, se mêler à la glaise originelle, à la vie toujours renaissante, opérer une fusion avec le cosmos. Comme il dit : « Nous mûrissons le cri de la naissance... » Parmi de nombreux titres, nous citons : *Les Saisons de l'amour*, 1949, *Tracts*, 1951, *Tam-tam du sang*, 1953, *D'Amour et d'amitié*, 1954, *Racines*, 1963, *Soleil castré*, 1971, *Seconde Naissance*, 1972, et plusieurs autres titres dont *Hôtel et lieu du délire*, *Je donne la parole aux lavandières*, *Oratorio pour un piano bastringue*...

Pour Robert Lhoro (né en 1935), le musical, l'émerveillé, le tendre, devenu Lionel Ray, un des maîtres de la nouvelle poésie, comment faire? Oublier qu'il fut un des poètes de *Sources*? Faire comme si l'on ne savait pas et présenter deux créateurs différents? Et si quelque jour, Lhoro revenait hanter Ray et lui dicte une synthèse? L'auteur peut renier une part de son œuvre (comme le fit Pierre Jean Jouve), l'historien ne le peut pas. Citons pour le premier : *Les Chemins du soleil*, 1955, *Si l'ombre cède*, 1959, *Légendaire*, 1964 et 1965, et ne boudons aucun plaisir à ces œuvres – en attendant de parler de ce que l'auteur juge correspondre à sa voie véritable. Il y avait une qualité réelle d'un autre ordre sans doute, dans des vers comme :

> ... rappelez-vous ces plaines,
> ces routes, ces brouillards, ces grandes pages d'herbe
> et ce désir de neige au fond de l'âme. Enfance,
> l'île au loin qui s'éloigne, et la lampe brisée,
> l'oubli, ses nœuds d'écume avec l'or et l'acier...

Robert Lhoro consacra un « Poètes d'aujourd'hui » à Charles Le Quintrec, et puis ce fut la nouvelle naissance, une autre histoire...

Les Poètes de la revue *Iô* et d'autres.

En 1951, André Malartre fonda à Domfront, dans l'Orne, la revue *Iô* et il nous a dit pourquoi : « Pour réagir contre la mode d'un dolorisme et d'un pessimisme apocalyptiques, nous avons pris ce nom, *Iô*, qui n'est ni celui d'une planète, ni celui de la fille d'Inachos, mais un cri de joie cher aux Grecs et à Ronsard... » Il s'agissait donc d'espoir et de joie. De 1951 à 1957, des poètes célèbres ou inconnus (près de deux cents) furent publiés par les trois André M. : André Malartre, André Marissel, André Miguel. En 1958, les Éditions *Paragraphes* publièrent une deuxième série de la revue sous la direction de Jean Dubacq, avec au comité Serge Brindeau, André Marissel et Serge Wellens. Cessation de parution en 1968 et six ans plus tard reprise par José Millas-Martin : une revue qui eut la vie dure. Un petit opuscule *Iô, trente ans après* parut en 1983 pour assurer le souvenir et la continuation à titre individuel de ses poèmes, ceux dont nous parlons en divers lieux de cet ouvrage, comme c'est le cas encore pour Pierre Garnier.

André Malartre fut donc un animateur et parut s'effacer devant « ses » poètes, mais son action était en soi poésie. Nous avons lu *Argile, fougères et sang*, 1953, un inédit extrait d'un livre à paraître : *Le Lustre* et souscrit à cette observation de Serge Brindeau : « ... Assourdie, la forêt lui plaît. Il entend croître les fougères, bruire l'écorce contre la peau. Il attend que le silence s'établisse en lui, parmi les choses. Il perçoit le rire de la mousse, l'éclatement de la graine. Tout ce qui *est* promet germination. Il traque à sa naissance la parole... »

Dans l'après-guerre, comme aujourd'hui, les revues pullulaient, formaient à la fois le banc d'essai et le laboratoire de la jeune poésie. Beaucoup de poètes majeurs seraient issus des plus modestes, mais, à l'exception des archéologues, qui se souvient de *Banc d'essai* (Pierre Malacamp), *Diadème* (Jean Milhet), *Escales* (Jean Markale), *Estuaires* (Pierre Gabriel), *Peuple et Poésie* (Jean L'Anselme), *La Pipe en écume* (Jean-Daniel Maublanc), *Jeunesse* (Jean Germain, Pierre Malacamp), *La Presse à bras* (Vincent Monteiro), *Alternances* (Robert Delahaye), *Cahiers du Nouvel Humanisme* (Lucien Poyet), *Méduse* (Jacinto-Luis Guereña), *Septembre* (Henri de Lescoët), *La Cassette* (Robert Sabatier), *La Coquille* (Hervé Bazin), etc., succédant à celles que nous avons citées dans le précédent volume – et en attendant *Simoun* (Jean-Michel Guirao), *Parler* (Christian Gali), *Cinquième saison* (Raymond Syte, Henri Chopin), *Le Pont de l'Épée* (Guy Chambelland), *Poésie 1* (Jean Breton et ses amis), *Les Lettres* (André Silvaire), *L'VII* (Alain Bosquet, Raymond Busselen), *Caractères* (Bruno Durocher)... et toutes celles que nous indiquerons au fil de cette narration.

Dans la plupart de ces revues, les poètes de l'école de Rochefort et leurs suiveurs firent acte de présence. Il est vrai que leur état d'accueil, leur tendance à regrouper les poètes, des présences actives comme celle de Jean Rousselot omniprésent conduisaient les jeunes à se rallier à des notions répertoriées par Jean Cimèze comme « Humanisme poétique » ou « Surréalisme romantique » qui pouvaient couvrir beaucoup de choses. Dans ces terreaux, toutefois, une poésie autre se préparait. Des poètes se détachèrent du peloton, souvent les meilleurs et les plus originaux. Certains reconnaîtraient leur dette, beaucoup chercheraient à la faire oublier.

15

Edmond Humeau

SI des poèmes d'Edmond Humeau datés des années 40 se situent fort bien dans l'anthologie de Jean Bouhier, il se placera bientôt dans le contexte de *La Tour de Feu* dont il est un des principaux ressorts et inspirateurs, et qui lui consacrera un numéro spécial, *L'Humeaudière*, 1979, tandis que *La Nouvelle Tour de Feu* accueillera son texte *Ce Livre que tu voulus écrire, ne l'achève jamais*, 1982. S'il est vrai qu'Humeau chérira toujours un aspect rustique cher à l'école de Rochefort, il en assurera la métamorphose. Sa poésie, par sa syntaxe originale, son mystère et ce que l'on nomme baroquisme à défaut d'un mot plus précis, est celle qui résiste le plus à l'analyse, si bien que, de crainte de s'y casser la plume, bien des critiques ne situent pas le poète à la place qui lui revient. A-t-il lui-même cadenassé les issues pour montrer les limites paresseuses de qui se refuse à l'envisager ? Ou bien faut-il apprendre cette langue étrange qui s'appellerait l'humeau ? A défaut de faire mieux en quelques pages, nous tentons d'introduire à la lecture.

Edmond Humeau est né en 1907 à Saint-Florent-le-Vieil, Maine-et-Loire, où son père était vétérinaire. Études au collège de Beaupréau. Il sera professeur de français au collège de Saint-Maurice en Suisse de 1929 à 1932, rédacteur au Bureau universitaire de statistique de 1937 à 1941, chef du service du reclassement des intellectuels en chômage de 1941 à 1946, attaché de presse au Conseil économique et social de 1947 à 1972, et tous ces postes lui permettront de fructueuses rencontres. Nombreux amis en Suisse : Charles-Ferdinand Ramuz, Charles-Albert Cingria, Georges Borgeaud, Maurice Chappaz, Aloÿs Bataillard... En France, les poètes de Rochefort, de *La Tour de Feu*, tous ceux dont les noms figurent parmi les dédicataires des poèmes ou dans leurs textes. Et Victor Serge, Adamov, Teilhard de Chardin. Humeau est un homme de rencontres. Il nous confie : « C'est au Conseil économique qu'entre 1947 et 1956 je rencontre Paul Caujolle, Le Corbusier, Alexandre Verret, Camille Soulas, Georges Reichenbach mais surtout Raymond Bouyer et Pierre Monnet dont j'ai dit, qu'ils furent, l'un après l'autre, les recteurs de ma vie professionnelle comme Jacques Maritain et Emmanuel Mounier le sont de mon aventure spirituelle. » A ce propos, les critiques ont souvent oublié le contenu spirituel de l'œuvre d'Humeau dont on rappelle la participation à la revue *Esprit* de 1933 à 1965.

En plus des numéros spéciaux de la revue de Pierre Boujut, signalons la *Révolution d'Agaune* par Fernand Gay, un volume d'hommages des amis suisses plus haut cités, et aussi Gustave Roud, et des Français : Max Jacob, Julien Gracq, André Breton, Marcel Arland, Jean Paulhan, etc. Il faut aussi lire les préfaces du poète lui-même aux trois volumes qui réunissent l'ensemble de son œuvre, quelques dizaines de livres depuis les œuvres de 1929, et dont voici les titres : *Plus loin l'aurore (1929-1936)*, *L'Age noir (1937-1956)*, 1979, *Le Temps dévoré (1957-1982)*, 1982. Citons aussi *Prises de regard*, 1980, *Levures de soleil*, 1987.

Qui te commande d'être ardent à vivre ?

Dans une dédicace personnelle, il nous parlait « des fastes baroques qui me sont aussi nécessaires que la prière romane ». Il est vrai que les sanctuaires romans font souvent bon accueil aux merveilles de l'art baroque. Edmond Humeau participe parfois de la simplicité et du dépouillement d'un art et souvent d'effets de mouvement, de torsions, de courbures, de perspectives, de trompe-l'œil, de rhétorique excessive, d'un trop-plein d'images qui rappellent les poètes du XVIe siècle. On le voit dans ce déferlement artiste d'amples périodes s'articulant de strophe en strophe comme des vagues déferlantes. De toutes choses, vie, mort, foi, nature, il fait une approche ardente (qui brûle comme les feux de la tour), par exemple dans ce *Visage incendié* :

> Chaque visage allume l'incendie
> Secret dont tu vas renouveler l'âtre
> Aux sarments couplés sur tronc d'olivier
> Quand tu songes à remuer le foyer
> D'ombre où je lis ton action avec le feu...

Edmond Humeau restructure le langage à sa manière, tantôt selon une syntaxe précieuse, baroque, voire rococo, tantôt avec une simplicité frappante, toujours avec la vigueur d'un ample mouvement comme celui d'un serpent déroulant ses anneaux, d'une respiration profonde, avec force et malice aussi et grand nombre d'images, de mots posés pour leur sonorité ou leur précision. Il arrive que l'idée passe de strophe en strophe ou bien qu'elle se perde, soit remplacée par une autre inattendue comme dans les anciennes fatrasies. On a souvent parlé de Rabelais. C'est vrai pour le vocabulaire et on peut envisager cette renaissance où il restait du gothique, de ce nouvel ordre qui n'excluait pas la verdeur, de Marot aux poètes de la Pléiade avec leur étonnante richesse de mots, de termes de folklore ou de métiers, de minéralogie ou de bestiaires et volucraires, de paysannerie ou de cour, avant que Malherbe vînt et que Boileau ne balayât ces merveilles avec dédain. S'il en est un qui met le bonnet rouge au dictionnaire, c'est bien Humeau et c'est fou tout ce qu'il sort de son encrier — je dirai même que lorsqu'il emploie un mot courant, admis, il le place dans un contexte qui lui apporte un nouveau sens, ce qui est bien la mission créatrice de la poésie. A défaut d'un inventaire, relevons quelques vers : « Que la noise nuise à pleines nasses » ou « Autant de triches que notre siècle en traque » ou d'autres vers à joyeuses allitérations encore : « La menthe expire de menteries » ou « Étouffe l'étripeur qui t'empoigne » ou « La glu dégorge des grains du gui » ou « que le soleil ébarbouisse mon bordage ». Étonnant manieur de mots. Comme Audiberti.

Et plus encore comme Norge, car on ne saurait réduire Humeau au jeu des mots. Il y a la nature, celle du temps de Rochefort multipliée par le passage dans la tour en flammes. Dans sa terre, le poète plante légumes, herbes aromatiques, noms de pays et noms de poètes devenus personnages d'épopée, et saveurs, sons, odeurs, caresses, douceurs, singulières délicatesses. « Il existe un langage pour moi », écrit-il et ce langage est vin et nourriture. Peu de poètes témoignent d'une telle intense jubilation. Le voilà gnomique avec de longs poèmes qui commencent par tu, qui, quand, si, mieux. Il semble tout connaître de la nature et de la vie des hommes et tout l'inspire et il rend rustiques tant de choses! Son goût phalanstérien apparaît jusqu'à la manière dont il désigne les lieux où il vit : la Quatrefagie parce qu'il habite rue Quatrefages ou l'Oraisonnerie parce qu'il est au Castellet d'Oraison. Et aucun poème n'est gratuit, que ce soit dans son secret (il évoque, il insinue toujours plus qu'il ne dit) ou dans le long poème lyrique où l'on déploie « le drapeau du monde » :

Au loin, basse-cour des idées!
Homme de mon âge qui prend jour au grésillement du siècle neuf
Homme du pays d'Europe, homme de la nation céleste, homme nègre, homme
   des Amériques et de toutes les îles de la planète,
Tu m'entends bien, frère des autres hommes
Voici le temps des cadavres disputés
Et nous n'allons tout de même pas les laisser démarquer les survivants qui ont
   falsifié les morts...

Ses relations aux choses sont des plus étranges. Il ne joue pas au démiurge. Simplement, par le langage, il devient la chose. « Tant de poissons fertiles hantent ma tête » que je deviens l'un ou l'autre, pourrait-il dire. Le baroque est simulation. La statue, l'architecture, le décor immobile donnent la sensation du mouvement. Du minéral, de la rocaille figés à la flamme vivante et dansante et à l'animal marchant, courant, rampant, aux sinuosités du fleuve, aux danses de la vague, à toutes mouvances de la nature, flux et reflux, vols, spirales, arabesques, il faut que le langage se plie à tout selon une nouvelle dialectique. Comme le dit Rousselot : « ...on ne saurait épouser les contours du rocher, les convulsions de la vague, on ne saurait flamber avec le feu, rugir avec le fauve, danser avec l'averse, sans se départir du respect des proportions, des clauses de style, de la mesure et du *bon goût* ». Là où le lecteur à la vue basse verra amphigouri ou galimatias, nous trouvons un art fait de gourmandise, de cocasserie ou d'humour, de bonne santé rustique, de fête constante. Humeau semble dire : « Ouais! ouais! et encore je ne dis pas tout, à vous d'imaginer le reste, je vous ai préparé la pâte, faites-la lever, que diable!» N'oublions pas que le langage a une diction souple, musclée, rythmée, une construction de maître-artisan que l'on imagine entouré de compagnons avec sur les rayons des traités paysans, quelques ouvrages libertaires, de vieux almanachs. «Tout cela n'est pas très clair!» diront certains. Eh bien! qu'ils y aillent voir. Ils trouveront tout, même l'exquise simplicité, l'invitation à prendre un verre et à boire à la santé de la vie. Et puis...

> ... Aux paroles enflammées des oiseaux
> Les scies d'un vaste atelier affûtées
> N'apporteront jamais une réponse
> Aussi prompte qu'un fulgurant concert
> A la pointe de l'aube organisé
> Par les buissons de moineaux et de grives
> Sans oublier l'assaut mené des bouvreuils
> Sous la règle solitaire du merle
> Je demande que les oiseaux paraissent.

16
Sous les feux de la Tour

Adrian Miatlev

Né à Moscou, Adrian Miatlev (1910-1964) fut une des fortes personnalités de *La Tour de Feu*. Ses chroniques de poésie de la revue, parfois au vitriol, expression aussi de ses contradictions (le droit de se contredire cher à Baudelaire) étaient suivies et, comme on dit, diversement commentées. Auparavant, il s'était trouvé à la revue *Esprit*. C'est après la guerre qu'il trouva un lieu selon son cœur et ses goûts auprès de Pierre Boujut et des confrères de la revue qui lui vouent un véritable culte. Ailleurs, les uns ont parlé, comme eux, de génie en le rapprochant d'Artaud dont il épousait certains traits, d'autres, devant une certaine figuration théâtrale, se mirent en retrait. Heureusement restent les poèmes, les témoins irréfutables. Il les écrivait en ne se souciant guère de faire une œuvre et, souvent, ses amis, Boujut, Humeau, Pierre Chabert les recueillaient. Cet « anti-auteur » a laissé une bonne matière. Des titres : *Paix séparée*, 1945, *Ce que tout cadavre devrait savoir*, 1948, *Ode à Garry Davis*, 1949, *Le Livre des cicatrices*, 1951, *Syllabies*, 1955, *Dieu n'est pas avec ceux qui réussissent*, 1959, *L'Abominable Sollicitude*, 1964, *Excelcismes*, 1964, *Quand le dormeur s'éveille*, 1965, *Soleil de miel*, avec Pierre Boujut, 1966, *Poèmes inédits*, 1972, *Le Sens de la marche*, présentation d'Edmond Humeau, 1972.

Révolté (y compris contre certaines révoltes), ne croyant pas en Dieu (mais furieux qu'Il n'existe pas), fustigeant ses contemporains : « Cette prison dont les murs sont des hommes... », s'il dit son attachement pour la pierre et le bois, c'est à toutes fins utiles :

> Et je comprends bien enfin mon vieil attachement sentimental
> Pour la pierre naturelle et le bois brut :
> La pierre c'est pour lapider
> Le bois c'est pour gourdiner.

Adrian Miatlev appartient à la race des insoumis, des pacifistes en colère, des mécontents de l'homme et du sort qu'il se crée, des libertaires, des grands véhéments. Et ses malédictions, ses éructations de fureur, sa violence ne parviennent pas à masquer une certaine tendresse, ce qui produit de singuliers mélanges. Qui se satisfait de lui-même l'irrite. A celui qu'il définit « Un pur grand homme, un salopard de race », il préfère « l'ivrogne qui roule dans le fossé » bien qu'il parle de plaisir. Il faut tenir compte d'un certain humour évangélique à sa manière et aussi de son désir de jouer des tours au « poétique » par exemple en appelant un chat un chat et peut-être en adressant un pied de nez au lecteur, mais quelle sincérité quand il s'étonne de sa pauvreté, des haines, des peurs et des barrières! Il laisse jaillir sa révolte en phrases jetées à la face du destin et de qui l'accepte. Ses poèmes tiennent parfois du discours prosaïque mais ils ont de l'élégance, une ardeur lyrique, un ton prophétique qui leur font rejoindre le meilleur. Il fait penser aux apostropheurs comme Léon Bloy, aux indignés, aux jeteurs d'anathèmes, et l'on s'aperçoit que l'imprécation à un certain degré de style et de netteté porte sa magie que ce soit en vers ou en prose :

> Et, arrière, alors! souvenirs mités de toute sorte! Voici l'heure du travail revenue, voici l'heure de recommencer à gueuler comme un contre-crieur de contre-journaux, parce que mon travail c'est de ruiner tout le monde sur mon passage en gueulant.

Tout ce qui est établi, bien en place, raison, morale, civisme, critique, réformes, fausses révoltes, le fait exploser comme un volcan et jeter ses laves. On ne peut aller plus loin dans l'anticonformisme, à moins de trouver un autre conformisme. Heureusement, comme le dit Serge Brindeau : « Miatlev, si peu enclin à établir un équilibre entre les forces qui le poussent, le tirent, le sollicitent en divers sens... est parfaitement maître de ses moyens d'expression. » On lit encore ce poème jeté comme un cri et qui exprime bien sa personnalité :

> Poésie, on a voulu m'enfermer à cause de toi!
> On me lia à des lions pour qu'ils me dévorassent mieux!
> On me secoua la tête jusqu'à ce que je renie et vomisse ma saine pensée!
> Et malgré cela je résistais à leur désintoxication putride
> Mon corps affaibli et surmené avait encore plus de vigueur que la foutue technique de leurs désordres!
> Poésie, j'ai souffert à cause de toi
> Et pourtant je n'aspire à aucun repos,
> Ne revendique nul mérite
> Ne demande pas de pension!

De sa poésie, Jean Follain disait : « Bienfaisante et révoltée, elle participe d'une inquiétude majeure, d'un immense désarroi, lié à l'aspiration tragique vers une impossible sérénité. » Et pour Max-Pol Fouchet : « Nul n'incarnait mieux la poésie dans une âme et dans un corps... il vécut de poésie plus que de pain et, sous une allure princière, cachait son dénuement. »

Enfin, justice lui a été rendue sous la forme d'un *Adrian Miatlev* dans la collection « Poètes d'aujourd'hui ». L'auteur en est son ami le plus proche, Pierre Boujut.

Pierre Chabert.

Un des meilleurs hôtes de la célèbre « Tour » est Pierre Chabert, né en 1914 à Cavaillon, professeur à Avignon. Ce Vauclusien entretient bon voisinage et bonne amitié avec la nature et nos frères dits inférieurs, à moins que ce ne soient de « sales bêtes » qui ne sont pas celles qu'on pense. Sa poésie est franche, directe. Grave et responsable, elle se veut « une arche qui va d'un monde à l'autre monde » comme lorsque Romain Rolland tendait des ponts d'une rive à l'autre rive. Il s'agit d'un solitaire amical, d'un homme d'expérience et de méditation, ce qui ne veut pas dire qu'il soit dénué d'amertume au spectacle de ses contemporains. Comme a écrit Jacques Imbert, la poésie est pour lui « le ferment d'une remise en question d'une société trop organisée ». Le salut est peut-être aussi dans la nature ou dans l'exploration de soi-même qui se relie à l'inconscient collectif. Ses poèmes diffusent beaucoup de fraîcheur d'âme et un charme réel, la gravité n'interdisant ni la fantaisie ni les conquêtes de l'imaginaire, sans oublier une sensibilité très vive au merveilleux.

Sa voix s'exprime aussi bien en vers libres qu'au cours de poèmes en prose fort originaux. Ses titres : *Ombres chinoises*, 1935, *L'Homme des bois*, 1952, *Prendre passage*, 1953, *Heureux comme les pierres*, avec Pierre Boujut, 1954, *Montagne*, 1955, *Poésie plane*, 1957, *Niveau zéro*, 1957, *Arambre*, 1957, *Double jeu*, 1961, *Arambre*, éd. complète réunissant plusieurs plaquettes, 1965, *Les Sales Bêtes*, 1968, *Automne de grand carnage*, 1972, *Le Mal des silex*, 1973, *Les Ontophages*, 1973, *Morale du somnambule*, 1977...

Nous avons vu Pierre Chabert exceller dans de petites pièces qui ne sont pas des haïkus mais s'en rapprochent et que domine une idée séduisante et qui va plus loin que son apparence immédiate, et, aussi bien dans des poèmes plus lyriques où apparaît plus directement son idée de la vie :

> Ce que je redoute en toi c'est le savoir
> le but frappé sans erreur, la sûreté de la flèche
> et que tu sois peuplée de grands poissons comme un étang...

Les anthologies retiennent souvent ses poèmes extraits des *Sales Bêtes* ou des *Ontophages*. Ce sont des poèmes en vers, et plus souvent en prose consacrés à d'étranges animaux, par exemple : *Guêpe en piqué, La Mante religieuse, Chenilles, La Bête à Bon Dieu, Iguanes, Le Sanglier vellave*, et qui peuvent aussi bien s'intituler *L'Embuscade, Temple, Les Étrusques* pour mettre en scène insectes ou personnages. Ces poèmes ne s'établissent pas sur un seul modèle, les uns tiennent du bestiaire fabuleux, les autres de l'histoire naturelle à la Jules Renard. Ainsi cette gentille bête à Bon Dieu :

> Œil rond, robe à pois. Elle triture de menues prières de silex. Mais elle ne prie pas. Elle est circonscrite. Insoluble. Elle tranche. D'un grain, visiblement serré. Chair saine. Son sourire l'enveloppe. Je suis une femme contenue. Épluche un chapelet de bonheur. Adorée, oui. Pince ce qui la comble. Petite bête adorable. On ne sait quoi, elle hache. Rouge ou bleu, c'est tout comme. Montée sur de très fins roulements (à billes). Se déplace très vite. Ou s'envole, d'un déclic, relevant sa robe. Comique. Attentive. Tendre, soudain. Extrêmement dense, plus profonde

qu'on ne croirait. Elle vous charcute de vastes petits poèmes qui contiennent tout. Poésie au cube.

Les formes, les rythmes de la nature, c'est bien d'un observateur, d'un entomologiste dans son jardin merveilleux. Familier, le bestiaire peut atteindre au fantastique. Comme l'écrit Claude-Michel Cluny : « Si vous nourrissez quelque tendresse pour les fabuleux animaux de Philippe de Thaun ou pour les créatures de Michaux, les sales bêtes que Pierre Chabert tient en laisse au bout de sa plume entreront dans votre bestiaire familier. » Ou Alain Mercier : « Poésie naturelle et presque biologique, qui provoque avec désinvolture, heurte et indispose, parce que la vie est ainsi. » Et par-delà le bestiaire, ce que dit André Doms : « On suit un homme pétri de contradictions qui se cherche, entre les distinctions rigoureuses et les compromis forcés, ce que l'on convient d'appeler une morale de vie... »

Comme Maurice Fombeure qui inventait le « molubec » ou le « plumeçon », Pierre Chabert nous présente *Le Lupasco*, étrange animal au nom de philosophe :

> Le lupasco est beau à voir quand au détour d'un chemin il ouvre sa gueule admirable sur un ciel de plein hiver et semble prêt à avaler la plaine et la colline, plus deux ou trois villages innocents. Son profil se dessine en noir pur, ses dents ressortent aiguës et longues, son corps dressé est un tronc d'arbre foudroyé, placé là pour nous avertir d'une légende inachevée. Il reste à se tenir sur ses gardes, à ne pas entrer dans la fable à l'instant des larmes et du sang.
> Ceci est bon pour tous, gens de toutes croyances, circoncis ou incirconcis, disciples et gourous, méfiez-vous du lupasco.

Il y a là de petits chefs-d'œuvre, d'autant plus qu'on ne se limite pas au cortège d'Orphée mais que s'y ajoutent un cortège d'idées et une conception des choses. Nous pouvons apprendre que plus que le sommeil de la raison, le sommeil de l'imagination pourrait enfanter des monstres mais ces « sales bêtes » malgré les griffes et les crocs, nous finissons par les aimer. L'ombre de Fabre et celle de Berbiguier doivent encore rôder dans le Vaucluse...

Jean-Louis Depierris.

Né en 1931, Jean-Louis Depierris a fait ses études au lycée d'Oran puis aux facultés des lettres de Paris et de Clermont-Ferrand. Ses postes culturels l'ont conduit en bien des lieux : Sarajevo, Zadar, Split, Fès, Bruxelles, l'Islande. Ils lui ont permis d'effectuer bien des échanges poétiques et de recevoir de neuves inspirations. Qu'il soit passé par *La Tour de Feu* nous plaît bien : il compte dans son ascendance Han Ryner *(voir préc. vol.)*. Il paraît fasciné par les immensités géographiques et géologiques. C'est un ami de la mer, de la terre, des falaises, de tout un univers minéral, un monde de métal. Et cela dans leurs rapports avec l'homme, ses gestes et sa geste, ses rapports à l'outil par exemple. Là, Gaston Bachelard aurait trouvé nourriture à ses études sur l'imagination de la matière. Écrire, pour Depierris, c'est accéder au réel, à l'essentiel, à la voix nue, ce qui le conduit à l'insoumission envers le banal, le convenu, la tricherie ; il s'agit pour lui d'affronter la vie, de livrer un corps à corps avec le destin, et c'est là sa singularité. On l'a vu, d'une plaquette à l'autre, livrer un véritable combat pour arriver toujours à plus de densité.

Des titres : *Analogies*, 1952, *L'Esprit de la terre*, 1955, *Naufragé du bestiaire*, 1957, *Ce crissement de faulx*, 1961, *Ragusi*, 1960, *Fer de lance*, 1965, *Quand le mauve se plisse*, 1969, *Loge de mer*, 1975, *Bas-Empire*, liminaires de Pierre Seghers et Georges Duby, 1982. S'ajoutent des ouvrages sur *Pierre Béarn* et *Christiane Burucoa*, des *Entretiens avec Emmanuel Roblès*, ses *Onze poètes insoumis*, 1975, divers ouvrages dont des adaptations de poètes de Yougoslavie. André Doms, dans la série « Visages de ce temps » de Jean Digot, a écrit un *Jean-Louis Depierris*.

On peut parler de sensations de la matière où le mou, le dur, l'aigu, le tranchant, le dévorant se montrent d'image en image sur des airs de baroquisme menu. « Ce poète qui n'est pas bavard, mais échangeur », écrit Humeau. Il est vrai que Depierris ne cesse de resserrer son texte, de le réduire à petit feu, courant le danger d'aller trop loin dans le sens du laconisme. Le vocabulaire est simple avec une abondance de mots comme escarpement, encagement, effleurement, tassement, empêtrement, affouillement, ébranlement, etc., beaucoup de sons « en » et des verbes actifs traduisant mouvements et torsions ajoutent à l'effet d'âpreté, de dureté, de rapidité ou de ralenti. Nous le prenons tel qu'en lui-même et ne désirons pas qu'un poète soit autre que ce que lui dictent ses rythmes intérieurs. C'est une ascèse et une minimalisation du langage, des vers brefs, elliptiques, menus crissements de faulx, pierre nue, partout, comme dit Valéry « l'insecte net gratte la sécheresse », partout, comme dit Depierris, « Que tes nerfs / Se modulent / Comme chant / A bouche serrée ». Ou : « Bois vermiculé / Raz de marée / A sec » mais peut-être est-on fort heureux de découvrir, parmi ces musiques dures, un peu d'eau de la mer à défaut de celle de la source qui nous rafraîchirait. Pierre Seghers écrit : « Levés dans une syntaxe cistercienne, lavés de leurs boues, dégagés de leur gangue, les mots se feront pierres, cintres et contreforts, parés de la nudité irrévocable du nécessaire, évidence palpable, sans autre ciment entre eux qu'une stéréotomie parfaite, qu'un accord aérien, lumineux entre l'architecte et la vision, sa mathématique et la matière. » A vrai dire, si l'on craint quelque agression des mots, quelque blessure des sons, quelque intellectualisation des sens, on ne reste pas indifférent à ce qui traduit vision de la nature, perception des choses, édification d'une morale d'homme qui se traduit le mieux en des moments de louange :

> C'est de l'œil fauve
> Et de l'épée
> Hommes d'amour
> Que nous mourrons
> Entre la terre
> Et la beauté

Le Compagnonnage ardent.

Un des poètes « insoumis » chers à Depierris, Jean-Claude Roulet, né en 1925, nous apparaît sous un jour sympathique. Michel Dansel le dit grand chasseur d'images et de visages amis qu'on réunit autour d'une table. Alors, « la complicité jaillit / dans le temps d'un silence / sur le coin d'un sourire... » Le poète parle simple mais ne dédaigne pas les coquetteries lexicales. Miatlev l'appelait « ce moujik de France » et disait qu'il donnait « un coup de fouet glacé aux corybantes carnavalesques des écorniflages de la poésie de race », ce qui vous a un air de Louis de Gonzague Frick. Plus clairement, ses poèmes exaltent la liberté, l'éveil, l'attention, non sans intuition et un certain humour, par exemple au spectacle des hiérarchies sociales. Stoïque, il prend ses distances avec tout, même avec le poème : « ...le pouvoir des mots / a bien moins d'éloquence que le poids des grimaces » dans un domaine où « l'instant est toujours vérité / la durée seule / devient mensonge ». Il y a chez ce pèlerin de certaine tour une bienheureuse clarté chaleureuse. Des titres : *Des mots pour vivre*, 1956, *Je suis contre*, 1958, *Poète? Poète!* 1956, titre repris en 1981.

« En pleine page comme la vie coutumière » et « selon la forme et les sentiments du papier », unissant la main à plume et la main ouvrière, Fred Bourguignon, de Jarnac, né en 1925, imprime ses propres recueils sur chiffon, et il fut l'imprimeur aussi des Cahiers de *La Tour de Feu*. Ses ouvrages personnels sont précieux non seulement pour l'habillage mais pour cette poésie habitable qui est la sienne, à l'image de la nature : il l'aime à ce point qu'il sait épouser ses rythmes comme ceux du travail, car il adore « caresser la solitude d'un vieux texte » et souhaite « pouvoir écrire comme le vent, le phare, la nuit... » – ce qui est en soi art poétique. Le vergé des filigranes devient beau comme une plante vivante. Il dit aussi : « J'écris comme un mécanicien. » Comment l'exprimer? Ses livres sentent bon la nature. On y voit la vie provinciale et campagnarde, le fier artisanat, l'humour délicat et le merveilleux quand « le grillon regarde la date dans le calendrier / et considère comme indispensable le mystère... » De *Disciplinaires*, 1947, à *L'Écriture pour un ciel nu*, 1982, de nombreuses et belles plaquettes bien illustrées : *Algues vertes, A courte échelle, La Maison haute, La Nuit rêve autrement, Aujourd'hui comme aujourd'hui*, etc.

Dans le septième volume de cette *Histoire*, nous avons prénommé Gaston Lacarce à tort André. Cette rectification nous permet d'indiquer ses plus récents ouvrages : *Rose des vents*, 1957, *Noria du mythe*, 1958, *Éclatements*, 1963, *Incartades*, 1968, *Approches*, 1974, *Marges et margelles*, 1978, *Cloche-pied, Cloche-temps*, 1980, *Terre de temps*, 1982.

Charles Jullien, dit Jean Laurent (né en 1912), très attaché à l'aspect internationaliste de la *Tour* parut proche de Miatlev et d'Edmond Humeau par des touches baroques avant que se développe une réelle personnalité. Son lyrisme alla s'épurant, trouvant ses rythmes propres, sa musique, ses images, son légendaire et une puissance de transfiguration du réel et des atteintes de la vie. Serge Brindeau écrit : « On y perçoit des voix profondes, des voix puissantes, des voix plus frêles. L'ocarina se mêle à la rumeur de l'océan, le murmure de la flûte à l'orgue de Barbarie, la " litanie des trépassés " au " plain-chant des vallées ". Les images visuelles sont aussi diverses. Jean Laurent les reçoit de la nature, de l'histoire, de la légende, des songes... » Fondateur de la revue *Contrordre* en 1971, voici quelques-uns de ses titres : *A cœur fermé*, 1952, *Miracles-jeux, 1 et 2*, 1954 et 1956, *Et pourtant elle tourne*, 1958, *Les Deux battants de la porte*, 1959, *Poids et mesures*, 1963, *Couloirs*, 1966, *Jamais*, 1983, poèmes en prose inventifs et riches d'humour.

Bernard Jakobiak fut un proche de *La Tour de Feu* avant de s'attacher à *Poésie pour vivre* de Jean Breton, ce qui n'était pas incompatible, bien au contraire. Idéaliste, humaniste, engagé dans son art, nous connaissons *Je*, 1967, *Déchaîné l'enchaîné*, 1967, *Les Liens flambent*, 1987, où s'affirme sa fidélité à lui-même.

Un vétéran de la revue, Fernand Tourret du Vigier qui signe Fernand Tourret (1899-1987) offre une riche biographie : sorti de l'École nationale d'aéronautique, il est tour à tour marin, journaliste au *Gaulois*, chaufournier, archéologue, radiotechnicien, cybernéticien. Il s'intéresse aux blasons, à l'occultisme, à la franc-maçonnerie et écrit des études. Ainsi son ouvrage sur *L'Outil* que le musée de l'Outil à Troyes ne peut qu'apprécier. Son expérience de vie nourrit son œuvre, des poèmes tout d'allégresse et de franc-parler, jargons des métiers et argot y compris, folklore et langue populaire, parler du compagnonnage, termes et expressions de la marine en bois qui évoquent l'aventure et le grand large. Son originalité doit à la fois à ses connaissances de la réalité et à cet arrière-plan quelque peu mystérieux qui en est le suc. Nous avons là un regard sur cette autre chose qui se cache derrière les choses, sur le profond aspect d'ombre qui existe dans l'être jusque dans les manifestations de la réalité vitale. Titres : *Pariétales*, 1960, *Théorie de la lune*, 1971, *Figurine à mettre en carafe*, 1971, *Marmonne des cœurs timides*, 1972, *Branle des petits seigneurs du pays de Thelle*, 1981. Lire le numéro spécial de *La Tour de Feu*.

Autre ancien, Pierre Chaleix (né en 1905) surprend par le caractère à la fois dansant, drôle et un peu amer dans l'ironie de ses poèmes : « Moi c'est dans les cimetières / que je sens que la vie / continue... » Pour gagner sa vie, il parcourut les villes de province, ajoutant au commerce tout court le commerce des poètes et de la poésie. On a parlé de Max Jacob à son propos. Il a en effet son ingénuité un peu voulue, cette manière de rire de ce qui devrait faire pleurer, d'offrir un clin d'œil amusé dès qu'il s'agit de choses graves. Parmi les œuvres de ce bon compagnon : *Vivre et dire*, 1952, *Savoir où l'on va*, 1957, *Les Mots-maîtres*, 1963.

Jacques Moreau du Mans (né en 1924) veut avoir le soleil en tête. Il façonna ses premiers poèmes comme un trouvère. Il rêva de l'instant mort en pensant à d'autres temps hors du temps horaire, et cela grâce à son goût du légendaire, du souvenir des époques nues dont il s'est plu à reprendre les thèmes, cantilènes et nobles chants, comptines, airs anciens où passent les héros médiévaux de l'histoire ou de la féerie, non par vaine nostalgie mais pour trouver un essor à la création d'un présent tout neuf, peut-être pour répondre aux agressions dont est l'objet l'homme moderne par une salve de poésie régénérée. On cite *Maquillages pour un astre mort*, 1953, ou *La Fleur et le couteau*, 1965. Depuis, on a trouvé un ton plus elliptique, des images aux contours nets surtout lorsque le langage amoureux l'inspire dans la qualité du simple : « Tu donnes sa certitude au printemps » ou « Tu éloignes dans le tourbillon / d'un sourire le temps... » Signalons : *Sept paroles figuratives pour le grand Norge*, 1984, *Poèmes pour une mort tranquille*, 1982.

Roland Nadaus (né en 1945), en plus de romans et contes, a publié une dizaine de recueils de poèmes dont *Monde tel*, poème polyphonique, *39 Prières pour le commun du temps*, 1980, où « Mots de fleurs sont poèmes », *Bocages*, 1985, qui apprivoise le lyrisme et la mémoire, poèmes en prose de grand vent et de nature. Il est l'auteur de *Pour un manifeste du réalyrisme*, 1981, où il s'oppose à la cuistrerie et au terrorisme littéraire et plaide pour la liberté de la parole et le retour au chant profond. C'est un collaborateur régulier de *La Tour de Feu* et d'autres revues qu'il nous donne le plaisir de nommer : *Résurrection, Plein Chant, Nouveau Commerce, Le Pilon, Foldaan, « 25 », La Traverse, La Corde raide...*

Soleil des loups sera le nom d'une revue proche, avec Michel Héroult, Jean Chatard, Liliana Klein, Jean-Claude Roulet.

Dans cette confrérie de la Tour, de ceux qui se nomment eux-mêmes « turrigniens », nous risquons d'oublier bien des noms. Nous avons parlé d'Emmanuel Eydoux dans un précédent volume, et nous citons encore Henri Chopin (qui ira vers d'autres recherches comme nous le dirons), A.-D. Grad, Armande Loup, Louis Simon, Frédérick Tristan, et ceux qui furent à proximité comme Jean Maze, Louis-Émile Galeÿ, Georges Duveau, les voisins de l'école de Rochefort. Un Edmond Humeau, mémoire vivante, est toujours en quête de signes, de devises comme celle de « signifixion » avec peut-être une métaphysique comparable à certain « pacte de la synarchie » mais Pierre Boujut s'étonnerait sans doute de maintes tournures d'un combat plus simplement mené.

Terre et territoires

I
Des célébrations agrestes

Les rapports de l'être humain avec la terre ne sont pas seulement affaires de sociologues. Si le temps des bergeries et des églogues semble lointain, les poètes contemporains ont eu de nouveaux rapports au milieu naturel, l'ont magnifié, y ont puisé des forces de vie et de création, loin de tout régionalisme. Dans ces domaines, rares sont les poètes éloignés de cet écologisme au sens le plus pur. Ici, nous réunissons quelques-uns d'entre eux, et plus loin les chantres du monde urbain car il s'agit aussi de paysages.

Lucienne Desnoues.

Lire Lucienne Desnoues (née en 1921), c'est faire une promenade au potager et la poursuivre dans une belle campagne. Charles Vildrac et Colette l'encouragèrent et elle soigne ses vers comme cette dernière soignait sa prose. On trouve le goût, les goûts du terroir, la fraîcheur d'un être de bon comportement devant les choses de la nature, une connaissance parfaite de ce qu'on oublie de nous enseigner : le visible.

Faut-il parler de la forme? Elle est tellement fluide, maîtrisée, musicale et dansante, qu'on l'oublie. Elle est classique, dira-t-on, elle joue sur les mètres courts ou les décasyllabes avec césure au milieu, sur les impairs qui donnent plus de légèreté. Écoutons Pierre Seghers : « Toute la vie vraie, quotidienne, les heures bien remplies, les tâches et les joies, le plaisir du sang, les sons et les couleurs, tout ce qui fait l'existence nombreuse comme un marché bruyant, la réalité enfin sont la matière de Lucienne Desnoues. Une vendangeuse de raisin et de mots, de santé et de forces. » Là où d'autres passeront comme le café, elle pourrait bien rester comme le témoin privilégié des fruits, des fleurs et du bonheur en ce jardin. Mais ce n'est pas languide, attendri. Elle dit : « Mon cœur débardeur, empoignons la vie. » Elle dit :

> On va déballer la fraîcheur du monde,
> Les fruits, les primeurs, les cageots de fleurs.

> Matin maraîcher, bombe et de débonde,
> Halles et marchés, hissez vos couleurs!
> L'aube des cités regorge de feuilles,
> On va désangler les cressons puissants.
> Sur leur dos carré – hisse! – les accueillent
> Les forts du carreau, les donneurs de sang.

Nous lirons *Jardin délivré*, 1947, *Les Racines*, 1952, *La Fraîche*, 1958, *Les Ors*, 1966, *La Plume d'oie*, 1971, *Le Compotier*, 1982, et, pourquoi pas? cet album : *Toute la pomme de terre*, 1978, un vade-mecum en forme de conte de fées et de roman d'aventures. James de Coquet écrit : « Sa plume magique peut faire d'un brin de pissenlit une parure pour le cou de Cléopâtre ou un laurier pour le front de César. »

Cette poésie sensuelle ouvre les appétits. On y perçoit toutes les saveurs, les couleurs, les formes et les parfums. C'est fruité, odorant. Cela pourrait dater, or c'est d'aujourd'hui comme d'hier et de demain car le mystère universel apparaît derrière les images concrètes, les rapprochements ingénieux, la fantaisie. On nous rappelle que cela existe : le vrai, et qu'aux époques de substituts et de succédanés, de pilules nutritives, peut-être lira-t-on ces poèmes comme ceux du paradis perdu. Et si, fixant l'instant d'un légume ou d'une fleur, on rejoignait l'éternel ? Ici, Lucienne Desnoues dévore les crêtes :

> Ici mon pas se régale
> Mieux que sur le sable frais
> Ou le terreau des forêts
> Si fondant sous la sandale.
>
> Oliviers, cyprès, yeuses,
> Je prends part à vos repas
> Quand je croque d'un bon pas
> La pierraille radieuse.
>
> Écraser les thyms, les brandes,
> C'est du pain chaud pour l'orteil,
> Du craquelin de soleil,
> Mon plaisir et ma provende...

A qui perdrait le goût de la vie, sentirait les abstractions lui dévorer le cerveau, nous conseillerions une cure de Lucienne Desnoues, la meilleure thérapie. Pour l'histoire familiale et poétique, ajoutons qu'elle épousa Jean Mogin, poète, le fils de Norge.

Pierre Mathias.

D'une autre manière, Pierre Mathias (1907-1974) semble nous dire : « Voici des fruits, des fleurs » et du verger, du jardin, nous entraîne vers les fruitiers, les carrés de légumes, et plus loin vers des lieux de pêche ou de chasse, là où dansent les pierres, où, dans le mystère des arbres et du ciel se tressent des guirlandes d'oiseaux, le poète étant le magicien de ces spectacles. Ces délicatesses ailées ne nous éloigneront pas du poids de la terre. Pierre Mathias, à l'école des anciens auteurs de bestiaires, lapidaires et herbiers, à celle de Jules Renard, celui des histoires naturelles, mêle l'observation précise à l'humour, à moins qu'il ne blasonne fleurs et fruits, comme Paul Eluard. Son imaginaire, l'observation des choses, le lui dicte. Ainsi toute image naît du réel perçu et distillé par une savante alchimie du verbe. Dès lors, on peut nous dire « Tout le bonheur qui tient dans un nid de fauvettes / Toute la paix dans un cœur de tulipe. » Poésie d'un homme sage qu'aimait Louis Guillaume, elle charme, émeut et ne blesse jamais. A peine un brin de mélancolie, un sourire triste qu'on efface en recourant à la fable, à la chanson ancienne, à la joie pure et naturelle, et des trouvailles précieuses chez ce jardinier des mots, ce chasseur des papillons-images, ce pêcheur de poissons-bijoux, ce professeur qui n'a pas oublié la paysannerie. Le grand public put lire de lui des fables, de courts textes dans *Le Monde* ou *Le Canard enchaîné*. Marier le haricot aux astres dans tel *Haricosmonaute*, est sa gageure, mais tout est permis à qui n'a pas perdu son enfance et qui a inventé la fable cosmique et comique sans quitter les charmes de l'herbier. Quelques titres : *Liberté des nuages*, 1947, *Concerto pour vent et rivière*, 1950, *Faire danser les pierres*, 1953, *Petite Guirlande des oiseaux*, 1956, *Le Magicien*, 1960, *Fables du lion, Chanson du rat*, 1968.

Gabrielle Marquet.

Le bonheur d'être, on le retrouve chez Gabrielle Marquet, née en 1923 à Nantes. Comme Lucienne Desnoues, elle sait tout des richesses naturelles et n'a pas besoin qu'on lui enseigne la ferveur. Elle est même un des meilleurs exégètes du vin, ce qui fut longtemps chose masculine. Ses poèmes sont courts, presque laconiques. Leur dessin est proche de celui de Guillevic et elle sait jouer sur la note suspendue, le prolongement comme faisait Jean Follain. Ses vers libres sont rigoureux avec des éclairs de fantaisie. Miniaturiste ou minimaliste, elle aime l'objet menu, le quotidien. Elle sait faire d'un pot de confitures un vitrail : en y plantant une rose, du ciel un édredon et du soleil une orange plutôt qu'un cou coupé. Elle va « d'un saut de puceron vers l'Infini ». Elle réhabilite en bonne Nantaise une chouanne nourriture :

> Je n'ai rien vu de plus beau cet été
> qu'un chou rouge.
> Tranché par le milieu
> net et dur comme un caillou
> il prit des teintes vineuses sous la lame.
>
> L'enchantement de ses friselures
> les durs méandres de ses entrailles bleues...

Titres de Gabrielle Marquet : *La Pelote à épingles*, 1958, *Les Oiseaux font bouger le ciel*, 1961, *Le Bonheur d'être*, 1965, sans oublier des romans comme *Le Sourd-muet*, 1962 ou *La Vie de château*, 1987.

Andrée Appercelle.

Tout a commencé pour Andrée Appercelle, née en 1925, par une poésie « fleurant bon la menthe et le thym », comme aurait dit Verlaine, avec des oiseaux, des insectes et des plantes, de la joliesse fragile et de l'émerveillement mignard, puis il y eut d'autres sujets comme le cirque, mais là encore, un petit cirque avec ses animaux et ses clowns, l'enfance, l'ingénuité, de menues scènes réalistes et sensibles, merveilles découvertes par une Alice espiègle. Peu à peu, Andrée Appercelle, allant vers plus de gravité, trouva son rythme propre : des vers courts (parfois un, deux, trois mots) formant sur la page de fragiles obélisques, et une inspiration plus volontaire, plus sensuelle, avec un goût du visible, du réel. Militante pour la poésie sous toutes ses formes, dans sa ville de Grenoble, elle ne cesse de participer à des groupes d'écriture, d'organiser, comme Vincent Monteiro, des murs de la poésie, de servir son art avec une générosité qui est celle de ses livres : *Fraîcheur*, 1953, *Senteurs de mousse*, 1954, *Mousse et chèvrefeuille*, 1956, *Grillon mon cœur*, 1958, *Monnaie de lune*, 1960, *L'Étoile et l'enfant*, 1962, *Le Cirque*, 1963, *Poèmes*, 1964, *Ville*, 1965, *Félix le clown*, 1966, *Au cru des mots*, 1967, *Aspect*, 1972, *Tentative du bleu*, 1985, et de nombreux ouvrages de bibliophilie illustrés.

Promenades au grand air.

Dans la réalité de la nature, nous trouvons Juliette Darle, devenue une animatrice de la vie poétique, organisatrice en tous lieux de murs, de livres, d'expositions, des couloirs du métro parisien jusqu'en Touraine. Elle fut publiée par Aragon dans *Les Lettres françaises*. Il s'agissait de l'extrait d'une épopée paysanne : *Pignadas*. De structure classique, soignant ses textes, son registre s'est étendu aux chants d'amour, à la méditation intime, à l'amour humain ou à la maternité. Des titres : *Feu de chèvrefeuille*, 1951, *La Rose des sables*, 1952, *Je t'aime*, 1955, *Le Chant des oliviers*, 1956, *Beaux despérados*, 1956, *Le Chemin de la mer*, 1958, *Le Combat solitaire*, 1961, *J'ai trop aimé la solitude*, etc.

Sous le pseudonyme d'Anne Acoluthe, pourquoi pas ? – Brigitte Level a fait préfacer *La Muse agricole* par Paul Guth qui vante son « mérite agricole » et son habileté à réhabiliter le poireau, l'aubergine, le cornichon et autres légumes. De Gisèle Lombard-Mauroy, citons *Terres de hêtres*, 1960, et rappelons que Charles Tricou (1903-1977) fut un poète heureusement inspiré par la campagne. Louis Guillaume avait salué François Merlet, né en 1930, pour son « élégance héraldique » et il est vrai que son premier livre, *En penne, en Joye!* 1952, rendait un son rare, évoquait des tapisseries anciennes. La célébration de la fauconnerie, l'amitié des oiseaux et de la noble cygénétique qui inspira jadis de si beaux traités en vers ne sont pas chose courante. Dans d'autres livres, François Merlet parut s'éloigner de ces sujets, mais aussi bien dans *Oasis*, 1954, *L'Amour vient du large*, 1954, il restera quelque chose de son imagerie. Aimé Seveyrat (1909-1983) de *Sur les ruines du cœur*, 1941, à *Spirales de rêves*, 1981, n'a pas cessé de chanter ses arbres familiers, les montagnes, la vie, le vin noir de la peine des hommes et la « tendre clairière de l'univers » qui console et qui fait vivre.

Un singulier poète est Philippe de Rothschild, ce producteur de théâtre et de cinéma, auteur d'un ballet mis en musique par Darius Milhaud, traducteur de Christopher Fry, de Marlowe, de la poésie élisabéthaine, qui dans *Le Pressoir perdu*, 1978, par exemple, tantôt moderne, tantôt archaïque, ou les deux mêlés, alambiqué souvent, ce qui est normal, nous entraîne de grappe en vigne et en pressoir avec une sorte de panthéisme gouleyant et peu banal.

Jean-Baptiste Morvan, qui publie aussi sous le nom de Jacques Petit, excelle dans le poème en prose où, à partir d'observations naturelles, il crée l'insolite, le surréel, l'imagination prenant source dans le réel. Ainsi dans *Contes et rumeurs*, 1983, ou sa *Rhapsodie bourguignonne*, illustrée par l'auteur et Henri Vincenot.

Fernand Rolland, né en 1920, sculpteur sur ferraille et poète, est un observateur du végétal et du minéral. Il sait voir, il sait écouter ce qui nous paraît peu visible ou ce que nous croyons silencieux et, dès lors, il crée, avec des correspondances entrevues, des images insolites qui voisinent avec des riens venus de la sagesse populaire toujours selon un léger déplacement. Un titre magnifique : *Le Cœur photographe*, 1963, et d'autres : *Le Plus et le moins*, 1953, *Feu de solitude*, 1956, *Bois de lit*, 1960, *Les Matins nus*, 1972.

Selon Tristan Cabral, Henry Cheyron (né en 1923) est un des poètes qui se veulent les gardiens du silence et l'on peut parler d'un grand calme, d'une nudité, de tout ce qu'il faut pour surprendre « les noces du jour et des vivants » et revenir « au monde où tout est simple ». Aquarelle, musique de chambre, tout est léger, intime, baigné dans « la lumière douce de l'ombre » et cela avec beaucoup d'art, de dépouillement et de sensibilité dans toutes les œuvres : *Branchages*, 1963, *Nous ne vivons pas sans limites*, 1966, *Lotissement antérieur*, 1978, *Ici ici dit la terre mouillée*, 1981, *A l'heure blanche où paraît le jour*, 1985, *Campagne ouverte*, 1986, et enfin *Pour Lancelot*, 1987, paru à Vent Terral éditeur des poètes occitans et français. Là, il se montre habile à chercher des secrets dans la marge d'œuvres comme la *Queste del Saint Graal* ou dans des mythes comme celui des Gémeaux. Cette attirance pour la lumière venue des ténèbres lui permet d'évoquer et de convoquer avec grâce la nature, terre et ciel, métamorphoses des heures et des saisons et il est bien un de ces « servants de l'aube adulte » dont il parle.

Alain Bosquet a bien fait de retenir pour son anthologie François Cariès (né en 1927) que Joseph Delteil avait publié : *Trois poèmes*, 1953. « Un Francis Jammes sans mièvrerie, d'une vertigineuse lumière », écrit Alain Bosquet. Ce fut aussi pour nous une heureuse surprise de le lire, et aussi des œuvres comme *Aux pieds du vent du nord*, 1982, *Le Marcheur d'Éden*, 1987. On a encore lu dans le bulletin de l'*Arc* un poème, *Ordre*, à la fois émerveillant et mariant le féerique à l'énergie du verbe. Cela nous a rappelé tel *Évangile de printemps* :

>   Dimanche dernier dans la garrigue
>   Au-dessus des murailles j'ai vu le ciel

> Comme une grande robe négligée
> Se fendre et me montrer le ventre noble du soleil.
> J'ai vu s'enfuir l'air et l'heure
> Au pays de la pluie.

Jean Dunilac est aussi un de ces observateurs qui cherchent à se situer dans un monde habitable, à trouver asile et fraternité dans le corps végétal et les forces élémentaires, au plus près des choses, parmi les jeux du temps et de la solitude. Ainsi dans *La Vue courte*, 1952, *La Part du feu*, 1954, *Corps et biens*, 1957, *Passager clandestin*, 1962, *Futur mémorable*, 1970.

Le Sujet est la clairière du corps, 1975, est le titre d'un livre de Charles Racine (né en 1927) où, sous une forme elliptique, avec « ce regard que baigne la rivière », il offre la précision picturale d'une observation de la nature réinventée dans l'espace de la pensée et de l'intuition.

Dans *Les Alliages*, Marthe Boidin (morte en 1987) explore des paysages comme s'ils étaient des corps ou bien son visage comme s'il était paysage. Elle glane dans la vie de tous les jours, dans des autrefois qu'elle rend présents, matière à une poésie originale, aux notations toujours inattendues, avec un art d'attention et de douceur, avec du retrait, du dépouillement, un immense calme qui envahit une page économe de mots harmonieusement posés pour montrer qu'on les aime.

Pierre Vasseur-Decroix (né en 1924) excelle dans le poème en prose, nous l'avons vu dans des extraits de *Cheval d'apparat* où l'inspiration surréalisante permet tous les voyages quand « Les mots ricochent sur sol de vaseline, firmament d'amadou, sur peau de ouistiti... » – nous dirions presque : non loin de certains rails en mou de veau. Il est vrai que l'humour est présent : « Je t'aime, jeune femme de cinquante-quatre kilos, un demi-quintal de muse pour une inspiration... » En d'autres lieux, nous avons trouvé du charme et de la tendresse, le verbe souple, végétal et amoureux, une musique sous les arbres ou sur un rivage devenus vite familiers. La nature n'est jamais abstraite, elle rythme les mouvements du cœur. Quelques titres : *Ma vie en moi qui est la tienne*, 1947, *Maison de paille*, 1951, *Tunique*, 1952, *La Chevelure de Bérénice*, 1954, *Seize poèmes de ma joie*, 1957, *L'Air et le goudron*, 1958, etc., et des choix de poèmes : *Un ciel de rigueur*, 1955, *L'Arbre et la mer*, 1961.

Jean Le Mauve a été avec Paul Keruel et Gee Ice, l'animateur de la revue *L'Arbre*, et cela devint une association, avec Gérard Favier, Muriel Favier, Sylviane Le Mauve et quelques autres pour la publication de livres où prime la recherche typographique, de cartes postales, de cahiers, de poèmes linogravés. Ce goût de l'artisanat actif, de la main ouvrière s'accorde avec une poésie de nature : l'arbre... Jean Le Mauve débuta avec *Les Quatre murs*, 1963 (titre aussi d'un roman de Michel Ragon) puis *La Route sans tête*, 1972. Et sans doute n'est-il pas éloigné d'un art direct et expressif, loin de toute littérature où la poésie reste ouverte aux hommes de bonne volonté, on en juge par les collaborateurs de la revue qu'on a vus du côté de *La Tour de Feu* ou dans l'entourage de Gaston Chaissac.

Marc Alyn, Serge Fauchereau, Serge Brindeau ont attaché beaucoup de prix à la poésie de Jean-Pierre Burgart, auteur d'*Ombres*, 1965, de *Failles*,

1969, poèmes en « prose dense, précise, transparente mais dure à la façon du quartz... » (Marc Alyn). Il s'agit d'une nature qui semble vivre, se mouvoir, se métamorphoser avec les mots qui la chantent. Il y a une minéralité de la phrase, un sens des goûts, parfums, couleurs, qui offrent la vie des lieux et des éléments avec, en effet, beaucoup d'art et de charme.

De *Tu es beaucoup*, 1957, à *Sur le souffle*, 1987, de Jean Verdure (né en 1924), une œuvre composée d'une douzaine de volumes dont *Parler*, 1960, *Étude*, 1973, *Eaux*, 1976, *Première personne*, 1978, *Je dis une flamme*, 1980. En versets d'une grande harmonie, il offre une poésie directe, ample, fraternelle. Sa voix est celle de l'homme qui veut dire, parler, s'exprimer, se faire entendre pour se définir, pour saluer l'autre, pour être. Il sait élever des confidences, des propos quotidiens, des événements courants au lyrisme le plus pur et le plus retenu. Et, au fur et à mesure d'une lecture qui procure des plaisirs poétiques multiples, on se trouve corps et biens avec qui nous parle, on respire son air, on ressent son pays, on est en contact avec la terre, on voit couler les eaux. Jean Rousselot le rapproche de Milosz du *Cantique du printemps* et le compliment est mérité.

A *La Bartavelle* de Christiane et Éric Ballandras, Albert Fleury donne sa *Rumeur des rosées*, 1986, chante parce qu'il aime le monde, cherche « le pays fabuleux dans sa lumière » et quelque « région d'intime sécheresse » qui s'ouvre sur l'origine, le désir et le ciel. Paule Laborie a écrit un essai sur *Robert Desnos*. En vers traditionnels ou libres, de *Contre-cœur*, 1972, à *Sang d'Adonis*, 1987, elle exprime sa sensibilité. Dans son *Choix de poèmes*, 1987, André Leclère, fondateur de la revue *Terre lorraine*, auteur de *Lorraine, je m'enracine*, 1948, se montre célébrant de son village, poète de la nature, de la bien-aimée, des fleurs et montre son enracinement et sa foi dans des chants simples et intimistes, soucieux de « donner aux mots leur vraie valeur et leur beauté ».

Françoise Escholier qui enseigne l'anglais à Pézenas a publié *La Bigarade*, 1979. François-Bernard Michel (né en 1936), professeur à la faculté de médecine de Montpellier, à l'exemple de beaucoup de médecins, cherche un humanisme dans la poésie ; il a fondé les Éditions de la Tuilerie, publié des essais et des recueils : *Garrigue, Agde au fil des eaux*. Quant à René Pons (né en 1932), il a publié de nombreux romans chez Gallimard ou à Actes Sud, mais aussi des recueils de poèmes comme *Lagunaires*, 1969, ou, chez Fata Morgana, *Pierres d'ombre*. Il fit ses débuts aux *Cahiers de la Licorne* d'Henk Breuker et Frédéric-Jacques Temple où, auprès de Haniel Long, Lawrence Durrell ou Roy Campbell, ont été publiés des poètes comme Jean Cavenne, Raymond Lèques, André Bonneton. A Toulon, Georges Touret écrit des poèmes courts qui sont autant de glanes d'images traduisant une « innocence des choses au matin » de mots fous « enivrés d'existence » qui traduisent une sensibilité aiguë, une transparence de l'être dans une ligne pure, discrète, civilisée, bien mise en valeur par les planches de Jean Touret, son illustrateur.

2

D'autres célébrations

Paul-Alexis Robic.

A Vannes, Charles Le Quintrec eut un aîné amical en la personne de Paul-Alexis Robic (1907-1973). Pierre Chabert a défini sa poésie comme « un réservoir d'images nettes, sans bavures, nues, savoureuses et craquantes comme la paille de nos vacances ». Il se situe parmi ces poètes du *Goéland* chers à Théophile Briant et de ses amis de Rochefort comme Michel Manoll. Si le quotidien est présent, le poète est prêt à l'appareillage rêvé vers le grand large et les îles lointaines, des « routes de songes » à l'évasion vers les rêves du passé enfantin et les désirs d'un futur conjugué au merveilleux. Il excelle dans le poème en prose et chacun est empli de légendaire, de fantastique aux approches du temps et de la mort. Les menhirs pour lui sont des horloges, les moissonneurs des représentations de la camarde. Il rêve de pierres envahissantes, de peurs nocturnes, de vaisseaux fantômes. Pour lui, si la poésie est communion humaine ou joie de chanter, « elle est aussi la clé du royaume enchanté d'où le Temps nous a chassés, mais où nous fait toujours signe l'enfant que nous avons été ». S'il écrit en vers, il utilise des mètres courts, et, musicalement rimés, assonancés ou dissonancés. Ses thèmes sont féeriques *(Til le farfadet* ou *Les Douze lutins)*, il dit l'amitié des poètes, l'amour du pays, les choses de la nature, les silences, l'amour ou le soleil. Il y a quelque chose de pur, d'ingénu, de doux-coulant comme dans les chansons anciennes : « Araignées d'eau, araignées d'eaux / Mon beau tailleur, mes beaux ciseaux / Coupez la soie et le satin / De l'eau qui rit dans le matin... » Parmi ses œuvres : *Lucarnes*, 1934, *La Porte basse*, 1947, *En ce temps-là*, 1952, *La Part du vent*, 1957, *Perdues les clés du jour*, 1967.

Gérard Le Gouic.

Dans une anthologie, *Poètes bretons d'aujourd'hui*, 1976, on retrouve Paul-Alexis Robic auprès de Gérard Le Gouic, et d'un choix volontairement limité où sont Georges Drano, Xavier Grall, Guillevic, René Guyomard,

Paol Keineg, Herri Gwilherm Kérouredan, Yvon Le Men, Antony Lhéritier, Michel Manoll, Georges Perros. Dans un autre choix, *Anthologie de la poésie bretonne (1880-1980)*, 1980, de Charles Le Quintrec, on retrouve la plupart de ces poètes, et aussi dans *Les Poètes de Bretagne*, de *Poésie 1*.

Gérard Le Gouic (né en 1936) partagea son enfance entre Paris où travaillait son père et sa Bretagne natale. Au collège Lavoisier, un de ses professeurs se nommait Maurice Fombeure. Avant de s'installer à Quimper, de fonder les Éditions *Telen Arvor*, il aura parcouru durant plusieurs années l'Afrique noire. Son premier recueil *Que la mer vienne*, 1958, date de ses vingt-deux ans. Il a publié depuis une vingtaine de recueils, les récents étant : *Autoportraits en noir et bleu, 1* et *2*, 1977 et 1980, *Fermé pour cause de poésie*, 1980, *Le Temps est à la pluie*, 1982, *Feuillus océans*, 1982, *Danger de vie*, 1984, *Trois poèmes pour trois âges de l'eau*, 1977, 1979, 1983, *Les Bateaux en bouteille*, 1985. On lira aussi ses *Instantanés*, 1986, *Journal de ma boutique*, 1987.

S'il est une terre qui attache bien ses enfants, c'est cette Bretagne, et cela en leur permettant tous les rêves et toutes les évasions pour rappeler que l'univers existe. Pour Le Gouic, elle est une part de son identité, à la fois objet de célébration et source inspiratrice. On ne saurait mieux définir le poète que ne l'a fait Charles Dobzynski : « Le Gouic est un authentique poète au langage clair et dru. Géographe méticuleux du réel et de l'invisible, il ne cesse de revendiquer son être et son identité, par la connaissance quasi charnelle, à la fois quotidienne et tellurique, d'un pays qu'il assume, embrasse, cristallise, tantôt dans des versets noueux, tantôt dans des vers brefs et lapidaires, tendus vers l'adage et l'aphorisme. Le Gouic est un poète de la passion dévorante, insatisfaite. Passion qui inclut la souffrance et l'orgueil. » Jérôme Garcin apprécie « la simplicité aiguë de sa langue, la richesse jamais ostentatoire de ses images » et Jean-Paul Klée insiste lui aussi sur le parler simple, direct, prosaïque.

> Du côté de la chapelle de Tronoën
> je me regarde dans la mer
> afin de vous écrire
> un portrait reconnaissable
> mais les vagues me renvoient
> que des ombres minérales
> et si je leur appartiens déjà
> je serai toujours de celles
> qui vous parleront à voix secrète.

Il sait se rechercher par-delà son corps et sa personne dans des corneilles, un verre de vin blanc ou un pot de confiture vide, toutes choses du monde, objets, êtres animés dont il participe et qui sont ses forces vives comme ses lieux de partout, les gens de famille ou de rencontre... Tout sonne vrai et fort, chacun peut se reconnaître dans ce miroir offert.

Poètes proches.

Connu internationalement pour ses travaux érudits sur le monde celtique, Jean Markale (né en 1928) commença par être poète, ne cessa jamais de l'être car c'est un acte poétique que de hanter la forêt de Brocéliande pour permettre une re-connaissance de la culture celtique. Ainsi *Les Grands Bardes gallois*, 1981, avec la préface d'André Breton, *Braise au trépied de Keridwen* où il célèbre les thèmes anciens d'où surgiront les romans de la Table ronde, comme « un surgeon bien vivace contre lequel la perfide lame méditerranéenne n'a rien pu... » Jean Markale a exploré toutes les Bretagnes, redécouvert les contes populaires, dit les traditions dans des titres parmi lesquels : *Les Celtes*, 1969, *La Femme celte*, 1972, *Le Roi Arthur et la société celtique*, 1976. Il a suivi l'épopée celtique en Irlande et en Bretagne, écrit de nombreux ouvrages historiques. Le poète de naguère avait publié *Poèmes pour Claire*, 1941, *Les Trompettes de la mort*, 1951, fondé la revue *Escales*. Ses octosyllabes, ses vers libres sont mystérieux, simples et fervents. Quelque chose de sauvage et de résolu les anime et il y a des douceurs de loup amoureux. Des inédits nous persuadent que le poète sera de retour, mais il n'est jamais tout à fait parti.

Louis Le Cunff (né en 1919), sur le ton de la complainte, a chanté les malheurs de la guerre. Il a célébré la mer comme un « royaume immobile et multiple », ses « frères les cormorans », s'est battu tel Don Quichotte « comme Breton aime à se battre » contre des moulins et sa voix s'est étendue au vaste monde celtique cher à Markale pour faire revivre un monde de chevaliers, de géants et de fées jusque dans la lointaine Écosse en recréant des mondes fabuleux. De *La Ville exsangue* aux *Cent routes du ponant* et jusqu'aux « quatre royaumes » de sa mémoire, c'est tout un légendaire qui se déploie.

René Guyomard (né en 1915) utilise toutes les formes, de l'alexandrin, rimé ou non, à des mètres courts, en faisant chanter le poème par des assonances. La mer, les paluds, les saisons, la nature et ses merveilles l'inspirent, et aussi les nostalgies marines, les plaintes monotones, les automnes, la fuite du temps, un regard de jeune fille. Il a le ton de l'élégie, de la mélancolie discrète. Titres : *Le Joueur d'osselets*, 1943, *Lisières de la joie*, 1953.

Comme lui, Amédée Guillemot a peu publié. On se souvient de *Mémoires du vent* où, discrètement, il s'inspirait d'un vol de neige dans le temps, d'un regard sur la femme, la mère, d'un portrait comme ce Van Gogh : « La maison flambe dans sa toison / Toute chaude au four qui la brûle... » Il publia encore *Royaume sans clés* aux Cahiers de Rochefort.

Jeanne Guégan (1897-1977) dédia un poème *A Sainte-Reine de Bretagne* à René Guy Cadou et toute sa délicatesse y apparaît, celle d'une dame rêveuse aimant les enfants et les cœurs purs comme en témoignent les titres de ses recueils : *Enfant pays magique* ou *Secret des jours*. Même simplicité, même fraîcheur d'âme chez Jeanne Bluteau (née en 1916) qui chante au plus près de sa Bretagne et des pays celtes, avec une discrétion et une élégance de parole remarquables. Ces poèmes de forme traditionnelle ne charrient jamais la banalité, ce qu'ont remarqué Henri Queffélec, Gaston Bachelard ou Pierre Seghers qui parle de « résine dorée » et de « sève vraie ». Des titres : *Comme une pierre dans un mur, Les Chemins de Lannion, Petite Navigation celtique.*

Hervé Roy (né en 1912), dans *Dusant, Amont* ou *Amoco Cadiz*, nous décrit en vers traditionnels un avion, la mer ou l'autre monde, et cela chante délicatement. Ses poèmes gagnent en ampleur dans un très beau livre : *Les Ombres et les nombres*, 1983. Mots du poète, musique et danse, mystique, paysage, navire, temps sont les principaux thèmes de ces œuvres ferventes et d'une belle musique intérieure. C'est le cas de Robert Le Tannou (né en 1932) dans des poèmes fervents ou de leur cadet fort classique Robert Moreau (né en 1938) qui nous dit : « J'interroge ma langue maternelle comme un oiseau interroge l'espace... » Lionel Le Barzig (né en 1910) a publié des « tankèmes » dérivés du tanka japonais, des jeux savants et secrets sur une métrique difficile qu'il sait maîtriser.

Ces derniers poètes nous ont été révélés par l'anthologie de Le Quintrec et nous avons retrouvé des poètes de la jeune génération que nous rencontrerons dans d'autres chapitres au gré de nos flâneries.

Nous citons encore Jean-Yves Le Guen (né en 1925). L'Afrique où il fut responsable culturel lui a dicté *Le Griot et l'écho* ou *Tam-tam et balafon*, ces instruments chers à Léopold Sedar Senghor. Mais, « sur les ailes souples du poème », il n'a oublié de chanter la Bretagne dans *Le Front sur le dolmen* par exemple. D'autres titres : *Les Trompettes de Jéricho, Femme poème à goût de source, Abrupte mémoire, Nuit et autres demeures*, etc. Cet allumeur d'étoiles aime les jeux de l'ombre et de la lumière, le sentiment et la confidence à mi-voix.

3

Les Joies d'Amour

Éros et Polymnie.

ARAGON, Eluard, Borne, Becker, tout comme Cadou, Manoll, ont chanté la femme et l'amour, mais quel poète n'a pas reçu cette inspiration ? Pour certains, qu'il s'agisse de tendresse, de sentiments effleurés, d'amour chevaleresque ou d'érotisme, l'œuvre dans son entier ou dans sa part la plus grande est consacré à ces noces. Il en est donc dans toutes les parties du volume ; ici, nous en avons réuni quelques-uns et quelques-unes : la poésie des femmes, en effet, apporte dans ce domaine une riche contribution.

Ainsi Claude de Burine (née en 1931) qui a une œuvre abondante parmi laquelle nous citons : *Lettres à l'enfance*, 1957, *La Gardienne*, 1960, *L'Allumeur de réverbères*, 1963, *Hanches*, 1969, *Le Passeur*, 1976, *La Servante*, 1980, *A Henri de l'été à midi*, 1987. Elle exprime le plaisir d'aimer en prenant tous les sens de ce verbe multiple, et surtout dans la réalité sensuelle ou l'imaginaire des fantasmes. La femme peut s'offrir nue à tous les paroxysmes en des vers saccadés, épousant les mouvements de l'acte, où sont employés les mots du quotidien. Le corps de l'homme, les gestes, telle observation : « Tu faisais l'amour / Comme on assassine », Éros, Cronos, Thanatos, les enfances et les jeux adultes inspirent sans cesse avec pour piment une pointe de surréalisme.

Jocelyne Curtil offre l'amour « dans la transparence enfantine » comme un « haut cheval paisible », la chaleur qui embellit l'être, l'éternise, l'arrache à la mort. On lit *Visage pour un lépreux, Le Soleil dans la peau*, 1967, ou *Le Point de non-retour*, 1975, où le langage accélère, où le style rapide, télégraphique nous entraîne. On roule à « 200 à l'heure » et « des mots font l'amour derrière la vitre ». On est dans un film d'avant-garde qui jette ses images et nous emporte dans un voyage sans fin.

La symbolique érotique de Denise Grappe (née en 1926) plut à André Pieyre de Mandiargues qui préfaça *Durée arrachée*, 1969, que suivraient les contes poétiques *Bois de mémoire*, 1971, *Crue et Poème pour X*, 1972, *Trace*, 1974. Denise Grappe excelle dans le poème en prose allusif, riche de précieuses pierres surréalisantes, d'évocations où les mots, les signes inquiétants participent d'une vie quasi autonome tandis qu'une main court sur la page sensuellement pour offrir des visions, des images charnelles dans la proximité des gouffres.

Colette Gibelin (née en 1936) a besoin de caresses, de « vendanges d'améthystes et d'aigues-marines », de feux qui s'ouvrent « en jets de sperme ». Elle recherche la plénitude dans l'acte charnel, de la tiédeur à l'embrasement. Titres : *Mémoires sans visages*, 1967, *De quel cri traversée*, 1968, *Le Paroxysme seul*, 1972.

Directrice de la revue *Nard*, Francine Caron est l'auteur d'une quinzaine de recueils, d'*Orphée sauvage* à *L'Année d'amour*, 1979, certains préfacés par Luc Decaunes, Pierre Garnier, Luc Bérimont. En 1981, un livre *15 ans de Poésie* a fait le point sur sa production poétique. Si les thèmes sont nombreux : la terre, les corps, la mer, les siècles, les voyages, le quotidien, ils procèdent tous de l'amour, un amour panthéiste et charnel, généreux et ouvert, qui s'exprime dans la liberté du style, de la tendresse à la passion, de la sensualité retenue à l'étreinte. L'éros ici est facteur de création, énergétique et dire « poésie érotique » apparaît comme un pléonasme : il y a poésie tout court. « Faire l'amour ou faire le poème » procèdent pour Francine Caron d'un même acte créatif.

Comme elle, Cécile Humeau, dans *La Dévoration* se livre corps et biens au panthéisme et tire ses images de la nature qui enrichit, envahit le poème de ses floraisons, de ses vertiges animaux ou minéraux jusqu'à la « jouissance des jouissances ». Plus classique est Ginette Bonvalet dans *Cette longue absence*, 1956, *De quel amour blessée*, 1959, lyrisme amoureux qui s'exprime mieux en prose qu'en vers un peu convenus. Monique Laederach (née en 1938) a publié *L'Étain la source*, 1970, *Pénélope*, 1971. Des énigmes à déchiffrer, celles de la femme, amante ou mère, perdue dans le labyrinthe. L'amour et la poésie peuvent être le fil d'Ariane. Le poème coule, cherche la clarté, la lumière indiquant les feux, le lieu habitable.

La Mémoire amoureuse, 1975, de Martine Cadieu, est un livre précédé d'un texte de René Char. Il s'agit de l'amour non point désincarné mais pudique, aérien en même temps que présent et passionné. Elle dit : « Que je te sente à mes côtés / Quand j'entrerai dans la mer... » Elle parle du « silence aux yeux pleins de larmes » et convie la nature à célébrer des noces, des saveurs, des rêveries. En 1986, elle a publié *Silencieuses lumières*. Elle est aussi romancière.

Il y a chez elle de la douceur tout comme chez Simon Brest, l'auteur des *Yeux mangés* et de *Dictées de la nuit*. Quelque chemin qu'il emprunte, poèmes en vers ou en prose, il émerge de la nuit pour aller, tel un Ronsard, vers la lumière d'une Marie, d'une Hélène ou d'une Laure point pour cela pétrarquisante. Il y eut *A l'encre*, 1966, *L'Autre Désert*, 1968, *Je, dément*, 1971, *La Ville engloutie*, 1974, *Thermidor*, 1976, *Les Iliens* dans *Verticales 12* (avec des « Approches » de Christian Da Silva et Hughes Labrusse), 1978, et, d'un livre à l'autre, un resserrement du langage, un soin de la phrase l'amenant dans la proximité des poètes du minimalisme. Des œuvres suivront, souvent lapidaires : *L'Objet des ombres*, 1983, *Des étésiens*, 1985, *Le Pain des livres*, 1987. A son propos, Labrusse écrit : « Nous sommes entrés dans la danse magique de la parole... » et parle encore de « la caresse des amants » et de « danses nuptiales » et « d'offrandes accordées ».

Gérard Mourgue, plus connu pour ses romans comme *Bleu marine*, 1972, pour son action culturelle dans le domaine radiophonique, et pour ses ouvrages sur le Proche-Orient, a publié des poèmes d'amour, par exemple pour une Béatrice comme son célèbre prédécesseur : *Amour de Béatrice, Nouvel Amour de Béatrice, L'Orient de Béatrice*, ce dernier en 1973, et aussi *Chant d'amour d'Evanthia*, 1982, discrètement érotique, où l'éternel « toi et moi » des liaisons se mêle à l'évocation des beautés de ce monde dans un style dont la familiarité n'exclut pas la recherche d'élégance.

Amour encore chez Claude des Presles qui, de *Matin*, 1947, à *La Couleur du vent*, 1986, a publié treize plaquettes. Le ton est intimiste, la fantaisie présente, les couleurs estompées, le poème elliptique, les meilleurs moments étant ceux de la sensualité : « Il est des formes si douces à la main... ».

Dans *Alternances*, Gérard-Gaston Denizot, en vers réguliers ou libres, chante mélodieusement la Provence, l'Espagne, l'amour de la femme rejoignant l'amour des lieux ensoleillés à sa semblance. Ces poèmes accompagnent les étapes d'une existence où la foi en la vie, la foi tout court font bon voisinage avec la sensualité des corps. Jean Chelini a parlé de Verlaine pour sa douceur, Jean Boissieu l'a placé dans la famille d'Alain Borne et André Remacle a aimé chez lui « le chatoiement des corps et des paysages ».

Nous saluons Pierre-André Benoît qui a beaucoup œuvré pour la poésie. Né en 1923, il a publié des dizaines de cahiers poétiques à l'enseigne de ses initiales : *PAB* (comme naguère Pierre Albert-Birot ou comme Presse A Bras...) et fondé, dirigé, animé de nombreuses revues à Alès. Poète lui-même comme en témoignent *Enchantement*, 1952, *Chemin faisant*, 1961, *Annoncer l'amour*, 1969, *Mourir pour vivre*, 1971, il exprime en subtiles variations une personnalité sentimentale et tendre, des états d'âme, des éblouissements et des craintes devant l'amour, avec le sens du goût et de la qualité, de l'approfondissement aussi que permet le recours à la plus proche sœur de l'amour, la poésie.

Jean-Marie Drot (né en 1929), homme de télévision où il a défendu la poésie, hôte de hauts postes culturels, est l'auteur de recueils aux titres originaux parmi lesquels nous trouvons *Soleil, bel assassin*, 1968, *La Femme-hostie*, 1969, *La Longue Nuit des amants frileux*, 1970, et encore *Le Frangipanier de Féline*, sans oublier un essai *Vive Joseph Delteil* et quelques autres ouvrages. Lui appelle un chat un chat et sait que le mot osé, cru, dit souvent mieux la chose que la périphrase. En fait, nous entrons en pays de rites, de paganisme sous le regard de Priape qui apparaît comme le puissant ennemi du désespoir et de la mort surtout s'il prend les armes du poème.

Un Éros plus inquiétant domine l'œuvre de Michel Merlen (né en 1940). Fragile, inquiet, il erre dans des cités pas toujours accueillantes, et même bruissantes de danger, de musiques nouvelles, de peur savamment instillée. Ici « une femme brûle jette sa robe ouvre la fenêtre... », là « les ventres ploient sous le plaisir », ailleurs « la violence la dureté des murs... » Patrice Delbourg a préfacé *Généalogie du hasard* suivi de *Le Jeune homme gris*, 1986, en parlant de « malaises répétés » mais cette préface est en soi poème baroque quand Delbourg décrit : « Sous le plafonnier aux halogènes, l'orgasme bleu cobalt se mêle aux fragrances des neuroleptiques », mais c'est donner le coup de diapason pour Merlen, un poète qui cherche son oasis dans la grisaille et trouve les couleurs de l'érotisme qui « rend tangible ta présence / sur cette terre ». Michel Merlen est aussi le poète des *Fenêtres bleues*, 1969, *Fracture du soleil*, 1970, *Les Rues de la mer*, 1973, *La Peau des étoiles*, 1976.

En deux recueils : *Brûlante nue*, 1960, *A la tour Montparnasse les bateaux sont morts*, 1971, Gilles Durieux (né en 1935) a affirmé, en s'inscrivant dans la modernité, une originalité totale : ses poèmes ne ressemblent qu'à eux-mêmes. C'est souvent familier, avec argot ou parler croquant, néologismes, tournures cocasses, et cela va plus loin qu'un vague populisme. Il a tout pour choquer le puriste mais gageons qu'il pourrait s'y laisser prendre tant le ton de conviction est grand qu'il chante son adieu aux armes d'une génération « adieu Joliette Kerouac et Ginsberg » et aussi « adieu à ce corps dont je fus le nomade » ou qu'il dise « je placote et bavarde » ou « si notre amour n'est plus que pitoune », ou « merci pour ta claque par la suce » (ça sonne québécois). Érotisme certes mais qui ne s'embarrasse pas des conventions. On lit par exemple : « je travaille à bas prix dans ta langue / je jobbe / je magasine tes jouissances rose naname rose bonbon... »

Si nous revenons en arrière, on trouve Simone Azaïs qu'André Salmon situait dans la descendance de Louise Labbé, ce que l'on dit dès qu'il y a un feu chaleureux chez une femme-poète. Jean Rousselot parla quant à lui de fièvre saphique. Des titres : *Poèmes*, 1950, *Moments*, 1953, *Poèmes interdits*, 1953, *Rime à quai*, 1966, tout cela ne manquant ni de force ni de vérité ni de couleurs. On pourrait dire « descendante des amazones et de René Vivien » pour Marie-Josèphe (née en 1928), mais on préfère écouter sa voix dans des titres évocateurs comme *Les Yeux cernés*, 1953, ou *La Dent du devant*, 1958, et trouver un ton libre, burlesque et gouailleur que Jean Rousselot a rapproché de celui de Tristan Corbière.

Une vigueur étonnante, jamais rien d'attendu, de fortes charges poétiques apparaissent dans les œuvres de Denise Miège (née en 1936) dont on devine la riche personnalité à travers toutes œuvres poétiques : *Gestuaire*, 1964, *Au niveau de la mer*, 1967, *Sous les pavés la plage*, 1969, avec ce collage inspiré de citations du temps de 1968 où fête et révolte se mêlaient. Animatrice de la revue *J'aime*, Denise Miège est l'auteur des deux volumes de l'anthologie *Littérature érotique féminine*, 1970, 1973. Il y a dans ses poèmes des phrases qui cinglent : « J'aime que tu sois comme un chien... » ou « J'ai arraché sciemment les mains / qui pouvaient me sauver de toi. » En prose elle excelle, en poésie elle peut bouleverser. C'est comme si elle nous annonçait de nouveaux êtres, des Êves futures ou un ange androgyne, et c'est peut-être là le symbole de la recherche de nouvelles raisons d'être et de vivre, d'un amour qui ne peut exister qu'en se réinventant sans cesse. Comme dans ce collage de mai, dire : « Le rêve est vrai. Tous les rêves sont vrais. Construisons des aventures. Tout est possible. Nos facultés sont infinies... » En attendant, qu'elle cherche des couleurs dans la musique de jazz ou qu'elle demande à l'homme d'être pleinement, c'est toujours dans l'édification du poème de qualité.

Si l'amour n'est pas l'unique source de Louis Aldebert (né en 1934), il y a, chez ce poète de l'imaginaire, des touches sensuelles : « Ce vase d'herbes fraîches / jaillies dans l'essor de tes reins. » Du surréalisme, il a retenu la beauté onirique, ce que l'on trouve dans *L'Envers élucidé*, 1970, ou *Génitifs d'Elles*, 1978.

Collaborateur à *Fontaine*, c'est là qu'Henri Cottez publia *Douce à la mort*, 1948. Spiritualité et sensualité se rejoignent sous les couverts d'une riche nature où l'amour conjugué à l'imparfait ou au passé a toutes les senteurs de la campagne accueillante aux amants, tous les parfums enivrants des plantes sauvages.

Dans *Le Testament*, 1957, *De guerre las*, 1963, *Le Rêve fracassé*, 1964, *L'Ocre sang*, 1966, *La Ronde virelai*, 1971, *Les Compagnons de la pivoine*, 1972, *Miss*, 1972, et les ensembles des *Sentiers battus*, 1972, et des *Nouveaux Sentiers battus*, 1972, Raymond Marquès apparaît curieusement dans le poème et hors le poème comme si son corps physique n'y faisait que de rares apparitions, regardant l'œuvre du dehors, alors que toute son activité onirique en assure le fonctionnement foisonnant. Entre le roman gothique horrifiant et quelque maître des effrois, il affirme que « c'est souvent la recherche du monstrueux dans ce qu'il a de plus sanglant, au milieu d'une grande douceur de teinte comme l'ocre et le bleu turquoise » qui conduit à la poésie. Ces couleurs dominent et, comme l'écrit Brindeau, « Il se donne une fête où l'humour noir, les représentations érotiques, l'horreur et le sang cherchent à produire une sorte d'orgasme. » Et, paradoxalement, Marquès nous parle de sentiers « battus » qui ne le sont justement pas.

De Jean Sannes (né en 1937), nous avons lu *Requiem pour une femme bleue*, 1977, qui ne craint pas d'enchâsser dans ses vers les mots les plus crus et les plus usuels pour désigner les instruments du coït tout en les faisant côtoyer de douces observations comme « Bonté beauté sources majeures / comment ne pas aimer la femme qui les dispense », ce qui donne un ensemble curieux, lyrique au fond, teinté d'humour inavoué quand « la critique comique / a traversé nos cœurs entre les cerisiers... ».

Si l'œuvre en prose de Pierre Bourgeade (né en 1927), auteur de théâtre et romancier est riche dans sa quête amoureuse de fantasmes et d'aventures érotiques conduits comme une recherche d'absolu, il lui arrive, on dirait par jeu, d'écrire des poèmes qu'on eût mis jadis en enfer, par exemple *Ultimum moriens*, 1984, où en quatrains classiques, libertins ou polissons, un peu à la manière de Pierre Louÿs, il joue sur les surprises de la rime et la richesse du vocabulaire pour offrir ce qui réjouira les amateurs tant cela jubile, est salace, cru, gaulois, imagé... et toujours élégant. On le revoit dans *L'Infini*, la revue de Philippe Sollers, où il reprend son propos, mais en allant plus avant dans la qualité quand la femme se mêle à la mer, quand le fait amoureux devient bateau des ivresses avec des accents à la fois rimbaldiens et baudelairiens.

On peut situer Claude Maillard, dite Claude Malois, du côté de l'humour lorsqu'elle publie *Les Précieux Édicules*, 1967, et elle est aussi l'auteur de *Sexe-contrôle*, essai, 1970, de *La Dissection*, roman, 1968. Elle est docteur en médecine. Une variation onirique, *Petite Messe pour Rose*, 1972, à l'époque où les censures créaient des ennuis aux éditeurs « hardis » comme Jean Martineau, Régine Deforges, Éric Losfeld, et mettaient des bâtons dans les roues aux Claude Tchou ou Jean-Jacques Pauvert. Claude Maillard-Malois, en poésie, a publié *Ombres nues*, 1962, *La Liberté*, 1965, *Ventre amer*, 1973, où elle n'hésite pas à mêler érotisme et populisme, à dire les choses telles qu'elles sont et telles qu'on n'ose pas les nommer, avec une précision clinique, n'omettant rien de la mécanique des corps.

Romancière, auteur d'essais sur *Paul Claudel* et *Jean Giono*, Claudine Chonez (née en 1906) offre en poésie une écriture raffinée, sensuelle, frémissante, en accord avec les secrets de l'inconscient et du corps. Avec lyrisme, sans fausse éloquence, elle exprime les réalités charnelles dans la contention du texte et la scansion de la phrase en accord avec ses rythmes. Elle excelle dans le poème en prose comme dans le vers libre, elle sait dire la beauté des corps :

> Tes pieds sont beaux comme un ourlet de vague
> tu dors sur la grève des reins purs
> ô corps pris dans sa vigne rouge
> mon corps de joie de pain grillé...

ou encore : « La mer est comme les lits où l'on aime / ce corps comme une pêche pour ta soif d'été... » Elle est sensible aux métamorphoses : « Quelquefois, la nuit, singulièrement après l'amour, je deviens insecte. » Et sans cesse des échanges se font entre l'être et la nature. Parfois, elle se montre en quête d'un message de l'au-delà. Toujours des lumières phosphorescentes, une poésie incandescente, les mots du feu et les fruits rouges, des « outils nuptiaux » comme chez René Char. Parmi son œuvre : *Morsure de l'ange*, 1936, *Il est temps*, 1941, *Demain la joie*, 1947, *Levée d'écrou*, 1953, *Les Portes bougent*, 1954 et 1957, *Le Coup de grâce*, 1962, *La Mise au monde*, 1969, *Les Yeux d'amandes amères*, 1977, *Annulation des navires*, 1984, *Les Verrous ambigus*, 1988. Elle a encore écrit sur *George Sand* et sur *Léon-Paul Fargue*, le critique ne le cédant en rien au poète de haute qualité.

Dans *Il faut qu'un cheval pour ce soir*, 1979, venu après *Le Mot Toi*, Michel Hubert offre au poème en liberté des ondes de sensualité, en y apportant humour et ironie, d'intéressantes images qui ne doivent rien à personne. A l'écoute des corps, en attente de leurs révélations, en prise directe avec la vie, son allégresse est contagieuse et aussi son art d'enfoncer les tabous plutôt que les portes ouvertes.

4
Exaltations et célébrations

Denise D. Jallais.

Le plus important livre de poèmes de Denise D. Jallais (née en 1931) s'intitule *Exaltation de la vie quotidienne*, 1976. Il est paru dans une collection de documents « Elles-mêmes » écrits par des femmes. Pourquoi des poèmes ? – « Parce que cette œuvre de poète c'est l'émouvant témoignage des mouvements du cœur d'une femme d'aujourd'hui. » Elle-même définit : « Et c'est la vie d'une femme, les tremblements de sensualité de son adolescence perdue, l'émotion de ses amours qui portent dans leurs victoires mêmes leur cœur blessé par la conscience des limites de l'humain alors qu'elle exige l'au-delà de l'amour, l'essence même des êtres et des heures... » Enfin, les enfants, la campagne, les saisons, les voyages, la beauté, la vie et la mort, le tragique et la comédie quotidiens sont exprimés en vers libres, ramassés dans une expression coulante, une harmonie douce, une chanson fraîche, mêlant le réalisme et la rêverie :

> Je suis brune et légère comme une tombe
> Je suis étirée dans le soir
> Comme une danseuse peinte
> J'ai les cheveux longs comme des muscles
> Les bras libres
> Le cœur duveté comme une amande
> Je suis au bord d'une grande saison d'été
> Juste après l'adolescence
> Et tu m'attends
> Pour m'emporter dans le haut pays de la mort.

Journaliste, dès l'âge de dix-huit ans, elle émerveilla la critique par son ton doux-amer, sa lumière, sa sensualité, sa vérité. On le vit dans *Matin triste*, 1952, *L'Arbre et la terre*, 1954, *Les Couleurs de la mer*, 1956, *La Cage*, 1960, *Pour mes chevaux sauvages*, 1966. Chaque poème exprime un paysage ou un paysage d'âme, un moment de la vie restitué. Il y a de l'humour, de la tendresse, une spontanéité poignante. C'est la voix d'une femme actuelle parlant pour toutes les femmes.

Jane Kieffer.

Jane Kieffer entra sur le tard dans la vie poétique : c'était en 1952, elle est morte trente ans après, en 1982. Fière de son ascendance gitane, elle se faisait appeler « la Sorcière », douce sorcière en vérité qui ne jeta sans doute jamais aucun sort. Elle est un poète d'instinct, de tempérament, de fougue, parfois démesurée, verbeuse, toujours enflammée : « C'est mon chant, mon chant qui brûle... » Dans un ouvrage qu'il lui a consacré : *L'Univers de Jane Kieffer*, 1982, Jean Laugier parle de « mysticisme dionysiaque » et d'une « nouvelle approche du quotidien transfiguré ». On dira aussi « sentiment panique de la vie ». Ses peintures sont celles d'un fauve. Elle manie les couleurs violentes, au couteau, plus que l'aquarelle. Elle aime le fantastique comme Edgar Poe l'aimait. « J'écris pour délivrer mon cœur d'imaginaire », dit-elle. Partout, comme une bohémienne, elle semble danser devant le feu. Jean Cocteau le disait : « Il y avait du feu dans cette voix. » Et Armand Lanoux la définissait comme « le médium du seul vrai merveilleux, du seul vrai fantastique », Paul Fort comme « une force de la nature, comme le vent et le feu » et Maurice Fombeure parlait d'un « chant plein d'humanité » et aussi d'offrandes lyriques « à l'amour, à l'amitié, à la beauté du monde ». C'est peut-être ce poète-là, délicat et spontané que nous apprécions quand son aspect sauvage s'apaise pour un temps sans rien perdre de sa vigueur comme dans *La Fille qui peigne ses cheveux* :

> La fille qui peigne
> Ses longs cheveux
> Dans le soleil
> Peigne les collines, les plaines
> Et tout le ciel
> Dans sa chevelure...

Sa famille l'inspire et elle excelle dans la peinture rapide, dans l'instantané, dans la prise du regard sensible, visionnaire jusque dans le quotidien où elle voit les signes invisibles. Ce serait une poésie naïve si elle n'atteignait pas au meilleur de l'art. Des titres : *Les Chansons de la Sorcière*, 1952, *Forêts d'un autre monde*, 1954, *Jean de Brumes*, 1955 et 1966, *Cette sauvage lumière*, 1962, *Pour ceux de la nuit*, 1964, *Soleil des grands fonds*, 1973, *Le Requiem fantastique*, 1974, *Histoires démoniaques*, 1976, *Rue de l'Étrange*, 1979, *Le Collier de la folie*, 1980.

Angèle Vannier.

A propos d'Angèle Vannier (1917-1980), on ne peut oublier ce court texte d'Eluard : « Angèle Vannier, aveugle, préserve tout de l'ombre. Merveilleusement. » Comme Jane Kieffer, le jeu l'habite mais, qu'elle écrive en vers mesurés ou libres, elle les discipline et manifeste une grande rigueur. Atteinte de cécité, la poésie prend la place d'un sens perdu. Ultra-sensible, Angèle Vannier, dans la simplicité, a souci de chanter, sans s'attendrir sur elle-même et sans refuser sa différence, et les poèmes portent une émotion.

Elle a le sens du quotidien et sait en extraire le merveilleux cher à qui est né dans la forêt de Brocéliande – ce qui est son cas. Théophile Briant la découvrit et l'amena à publier *Les Songes de la lumière et de la brume*, 1946. Naissait une poésie chantante, légère, bruissante des voix les plus ténues de la nature. A l'angoisse, à la douleur, aux difficultés de sa condition, elle pouvait répondre par le chant, un chant passionné, venu du tréfonds de sa vie et devenu offrande. Poésie d'une campagne magnifiée, mais aussi poésie de la ville, des aspects de la vie populaire, c'est souvent un chant des correspondances :

> De ma vie je n'ai jamais vu
> Plus beau visage que sa voix
> Ses yeux portant l'âme des eaux
> Blessés à mort depuis des siècles
> Par le silence des grands bois...

Elle écrit : « Entre la pluie et le soleil / l'aveugle touche l'arc-en-ciel... » Ou : « Aveugle chaque jour, j'entre dans mon miroir / Comme un pas dans la nuit comme un mort dans la tombe... » Elle dira qu'elle adhère à la vie de tout être souffrant, que ce soit le voyou à l'œil louche, la fille qui se suicide par amour, les filles de joie ou les crucifiés. Le règne minéral l'inspire : « Pierre je compatis à ta vie lente et dure » et « Règne du minéral ouvre-moi ton église... », car elle a le sens du beau vers, comme encore : « L'aveugle à son miroir cherche à violer la nuit... » Cette nuit l'amènera à penser à la mort, aux puissances nocturnes et son aventure, l'enfonçant dans l'onirisme, sera plus tragique. « Nous y gagnons, écrit Charles Le Quintrec, en profondeur, en noirs combats que nous perdons en harmonie, en musique persuasive, en hymnes, en délires, en cris amoureux. » Elle dit alors : « J'erre de vie en vie la mort en bandoulière » ou « Des yeux remuent sous les paupières de la cendre ». Du début à la fin de l'œuvre, rien qui soit gratuit et toujours de belles images merveilleuses ou douloureuses. Titres : *L'Arbre à feu*, 1950, *Avec la permission de Dieu*, 1953, *A hauteur d'ange*, 1955, *Le Sang des nuits*, 1966, *Théâtre blanc*, 1970, *Le Rouge cloître*, 1972, *L'Atre utérin*, 1975.

Paysages intérieurs.

Utiliser la parole courante dans le poème est chose difficile mais il y a une différence entre cet art et le style prosaïque, voire relâché. Il semble qu'Édith Boissonnas participe de l'un et de l'autre. Elle a certes beaucoup à exprimer : recherche d'une identité, situation dans l'ensemble humain, errances du moi, obsession d'images fatales, insectes ou monstres, comme chez Kafka, angoisse devant la mort, peur du labyrinthe. On peut parler d'existentialisme poétique. Parfois une présence baroque, une question bien posée : « Ma propre voix / Je ne la connais pas » ou « Au hasard des miroirs, je ne reconnais pas / Une forme hagarde qui me dit c'était toi... » et cela nous attache, tout comme lorsque son univers devient inquiétant, que nous sommes en attente, partageant ses hantises. Mais on ne peut apprécier ce qui est bavardage : « J'essaie d'approcher une réalité qui m'échappe / C'est sans doute un effort qui n'est pas tout à fait vain. / Ce n'est certes pas toujours ce qui nous frappe... », etc. A moins qu'un paradoxe ne vienne nous convaincre, on reste réservé. Ce qui est dit, ce que l'on veut dire est plus philosophique que poétique. On trouve aussi de fortes images et des idées exprimées de manière elliptique, un humour sombre aussi. Titres : *Paysages cruels,* 1949, *Les Cartes,* 1950, *Demeures,* 1951, *Le Grand Jour,* 1955, *Passionné,* 1958, *Limbe,* 1959, *L'Embellie,* 1966, *Initiales,* 1971, *Étude,* 1980.

Venue de son Velay, Renée Rivet fut reçue à Paris par Gaston Bachelard et Albert Béguin. Elle se plaça sous ce double patronage. Le philosophe rêva sur ce vers : « Les flaques de la nuit sont pleines d'images et de bijoux fantastiques. » Ce poète excelle à fixer, surtout quand elle utilise de longs vers proches du verset, des existences dont elle aperçoit, derrière les apparences, les secrets : la vieille qui éveille mille souris ou le vieux qui creuse une idée ou encore la folle dont le « pain est troué d'oublis ». Chaque poème, riche d'observations et de sensations, est un conte, un tableau ou un court métrage enregistrant un instant de la vie pour le conduire vers une surréalité légendaire. Des titres : *Nos ombres nous cherchent,* 1952, *Chemin des fumées,* 1956, *Lueurs aux vitres,* 1958, *La Maison des quatre soleils,* 1961, *L'Amour magie blanche,* 1967, *Chants pour Lothario,* 1967, *Je réveillerai l'aurore,* 1971, *Où vibre l'écarlate,* 1972, et encore *La Ferme des barbus, En filigrane les jours heureux...*

Sandra Jayat, poète gitane, apprit seule la lecture et l'écriture. Elle nous offre tout son mystère, toute son ardeur, tout ce qui vient de la tribu prophétique chantée par Baudelaire, dans *Herbes manouches,* 1961, *Lunes nomades,* 1963, et *Moudravi, où va l'amitié,* 1966. Là, elle parcourt les chemins de la réalité errante et du rêve à ciel ouvert dans les souvenirs de la sagesse des anciens. Écrivant dans son mystérieux arbre généalogique, elle trouve la simplicité du dit pour exprimer, en même temps que sa voix personnelle, la voix d'un peuple et célébrer les amitiés gitanes. Elle fut souvent mise en musique.

Colette Peugniez-Seghers est le poète de toute naissance, celle de la parole ou celle de l'enfant. Avec parfois des inflexions éluardiennes, elle cherche le fil conducteur des choses. Son langage est direct, avec une touche de fantaisie surréalisante, le pas étant donné à l'émotion, à la tendresse amoureuse ou maternelle dans *Lointains,* 1960, *L'Homme de saphir,* 1969, ou *Dix poèmes pour un bébé,* 1970.

A travers Amavis (née en 1918), ce pseudonyme pris par une grande invalide (Amavis : contraction d'une maxime de saint Augustin *Ama et fac quod vis,* nous apprend Jean Rousselot), on peut saluer tout poète inconnu. Ses livres : *L'Éternel Paris,* 1957, *Les Demi-vivants,* 1958, *Images de pensée,* 1960, offrent le reflet amer d'une condition difficile à assumer et qui s'élève dans la méditation vers le réalisme spirituel.

Venue de Pologne, Suzanne Arlet offrit sa simplicité, sa fragilité, son intelligence et surtout sa morale qui est d'aimer : son prochain, les œuvres d'art, l'artisanat humain, et surtout la liberté. Cela s'exprime dans *Source,*

1954, *Les Silences chantent aussi*, 1956, *Grand âge, nous voici*, 1964, ou *Le Visage*, 1970.

Claude Ardent est la fondatrice des « Journées de la Poésie » d'Orléans. Ses ouvrages : *Du Val en Beauce*, 1958, *Fait de soleil*, 1964, *Les Yeux baignés de vert*, 1965, *Cet antérieur présent*, 1969, *Entre*, 1972... Elle joue sur les rythmes, les ellipses, les chocs de mots pour créer une poésie pensante dont la neuve musique semble creuser le ciel. Partout, elle recherche l'invisible, les significations du temps et les secrets des jours.

Rappelons aussi Lily Bazalgette, descendante du traducteur de Walt Whitman, quêteuse du fantastique dans la réalité et se souvenant des conquêtes surréalistes dans le domaine de l'imaginaire avec *N'en faisons pas un drame*, 1958, ou *Piège-à-pauvres*, la même année.

Jeanne Bessière (née en 1929) est sensible à la lumière des lieux où elle a vécu, la Bourgogne, l'Anjou, les rivages de la mer du Nord où sa sensibilité picturale a été sollicitée. C'est par là que sa quête de soi s'est précisée « dans le miroir double du rêve et de la réalité – ciel et eau, mer et sables... ». Ses poèmes, *Les Échos de la nuit*, 1958, *Le Silex*, 1962, *L'Autre Face*, 1963, *Migrations*, 1970, *L'Herbe patiente*, 1972, sont le reflet de ses sensations et de ses métamorphoses discrètement traduites en vers économes et purs.

Né en 1916 en Argentine de parents espagnols, Jacinto-Luis Guereña a connu la guerre d'Espagne avant de s'installer dans le Midi de la France et de construire une œuvre en français pour apparaître comme un pont culturel entre les deux côtés des Pyrénées. En effet, il y a une musique espagnole dans ses poèmes, proche de celle d'un Lorca, ce que l'on trouve dans ses livres : *L'Homme, l'arbre, l'eau*, 1946, *Ode pour la grande naissance du jour*, 1948, *Fertilité de l'espoir*, 1950, *Mémoire du cœur*, 1953, *Guitare pour la nuit*, 1958, *Loin des solitudes*, 1963, *Florilège poétique*, 1970, etc., des ensembles de poèmes libres, chantants, fraternels où la voix directe et sans faux-semblant porte de la grâce naturelle, comme chez un René Guy Cadou.

Pour rester dans le Sud, signalons *L'Offrande à la Corse*, 1987, d'André Giovanni qui chante son île natale en se gardant bien de tout folklore facile, selon tous les mètres, vers classique et vers libre ou prose. Il s'agit de nostalgie, d'amour et de ferveur. Tous les parfums de l'arrière-pays niçois, on les trouve dans *Patiences à Cavillore*, 1986, de Charles Minetti, peintre et poète. « Ces pensées aromatiques, cueillies en altitude dans un herbier de hautes senteurs... », écrit Max Pons. Vénus Khoury-Ghata *(proch. vol.)* a préfacé le *Poème pour la Méditerranée* de Christian Gorelli, 1987, et parle de « poèmes âpres, taillés dans le roc des mots ». La Canebière, la terre à chanvre, conduit, on le sait jusqu'au bout de la terre, au-delà de cette Méditerranée exaltée, amoureuse, sensuelle, que Gorelli chante avec art et conviction.

On ne saurait mieux parler des poèmes de Janine Graveline que ne le fait Guy Chambelland dans sa préface à *L'Ombre portée*, 1979 : « C'est quand les choses de la maison se font insupportables d'ennui (la chaise rien que pour s'asseoir, la table pour écrire, la porte) qu'apparaît Janine Graveline. La chaise alors se fait insecte, la table lit, la porte forêt. » Ce poète excelle à nous conter de courtes histoires en se plaisant à de petits dessins délicieux traduisant des métamorphoses dans un univers proche, celui d'un intimisme tourné vers la rêverie. Quand « Le cri des grillons / lime les barreaux » ou quand « Citadelle de suie / un nuage noir / assiège le soleil levant », nous ne sommes pas loin de ce soleil car on pense à ces fines images qui font le prix des haïkus.

5
Un pas vers l'autre

PEUPLE et culture, peuple et poésie, la poésie à l'école, à l'usine, dans la rue... nous voici loin des cafés littéraires et des salons d'antan. Bien souvent, devant les oublis et les carences de la communication et de l'information, les défaillances de la critique journalistique, le manque de curiosité, l'ignorance, la paresse, des poètes ont été obligés de prendre en main le sort des œuvres pour les conduire vers ceux qui en ignoraient l'existence, leur apportant un soutien moral, un plaisir, l'accession à de nouveaux domaines dont ils avaient le désir enfoui en eux et cette nostalgie d'un ailleurs ou d'un ici transcendé, plus réel. Les problèmes de la sociologie poétique, rapports avec le public, l'école, les « mass media », les éditeurs, l'école, voire l'histoire, la politique, ont été étudiés magistralement par Georges Mounin dans *Poésie et société*, 1962, par Georges Jean dans *La Poésie*, 1966.

Dans ce chapitre, nous réunissons quelques-uns de ceux qui se sont attachés à mieux faire connaître la poésie, pour les rejoindre dans leur propre création. Les répartitions dans les chapitres comportent toujours un peu d'arbitraire, mais l'essentiel est de parler des hommes et de leurs œuvres. Il n'y a rien ici d'exhaustif : des créateurs de revues, de collections, animateurs, exégètes, altruistes au fond, il en est des légions et ils sont présents partout dans cet ouvrage.

Georges Jean.

« Mots » et « Noms » sont deux termes qui reviennent souvent dans les titres des œuvres de Georges Jean (né en 1920), professeur de linguistique, animateur de « Peuple et Culture » et surtout chercheur-créateur des relations entre l'imaginaire et le langage. On trouve des essais : *La Poésie, Le Roman, Le Théâtre*, des anthologies pour les adultes et les enfants, des essais sur l'imagination ou sur les contes, enfin des livres de poèmes : *Les Mots entre eux*, 1969, *Parole au piège*, 1971, *Les Mots de passe*, 1972, *Des mots à la source*, 1973, *Les Mots du ressac*, 1975, *Pour nommer ou les mots perdus*, 1976,

Cette chose sans nom, 1978, *Les Mots du dessous*, 1980, *D'entre les mots*, 1985, et pour les enfants *Les Mots d'Apijo*, 1980.

Pour faire chanter ces mots, le poète sait créer le silence dans lequel on les entendra. Il s'agit d'écoute : d'un discours en soi porté par-delà les mots eux-mêmes qui doivent révéler leur face cachée. Le poème est le révélateur de ce qui existe dans la mémoire et aussi dans l'imaginaire, hors du temps. Il y a l'exploration intérieure et une observation qui s'étend à l'entourage de l'homme, aux choses, au quotidien familier, au vécu. Sans cesse, il faut mieux voir, mieux entendre et la poésie est l'instrument de ces conquêtes, le microscope, l'amplificateur de sons. Ce n'est pas par hasard que Georges Jean a cité Raimbaut d'Orange : « Afin de rendre clair mon cœur obscur. » Il faut apprivoiser les mots, quêter les réponses et les provoquer subtilement, à voix basse. C'est ce qui donne à la poésie de Georges Jean ses qualités de discrétion, de dépouillement. Il a le sens des correspondances : « Mais le bruit revient au plus bas / Qui est inscrit dans ton regard » et il lui faut « Cadences Ruptures / Murmure à demi ». Il confie le grand secret : « L'univers est dans tes poches / Inconnu ». Son attention se reflète dans des poèmes en vers libres, courts, économes, sans recherche d'un éclat particulier ou d'une originalité à tout prix mais qui portent loin, la parole rendant l'être à son origine. Dans chaque œuvre, les mots s'attachent à devenir aussi vivants que ce qu'ils désignent et une méditation sur leur fonction accompagne ce qu'ils mettent en œuvre par des mariages de sens et de sons précis. Un travail de recherche et de création mené à bon terme au cours d'une navigation sans faille parmi les forces naturelles.

Jacques Charpentreau.

Avec Georges Jean, Jacques Charpentreau (né en 1928) a publié un *Dictionnaire des poètes et de la poésie*, 1983. Les deux poètes ont en commun leur goût de diffuser culture et poésie auprès du plus grand nombre en les insérant dans la vie quotidienne et la pédagogie les réunit. Leur poésie est différente. Jacques Charpentreau a publié d'innombrables anthologies destinées aux enfants comme par exemple *Poèmes d'aujourd'hui pour les enfants de maintenant*, 1958, *La Poésie comme elle s'écrit*, 1979, etc., de nombreuses études sur l'animation culturelle, la chanson. Pour sa propre création, citons les titres révélateurs : *Poèmes pour les ouvriers et les autres*, *Les Feux de l'espoir*, 1957, *Poèmes pour les amis*, 1963, *Allégories*, 1964, *Le Romancero populaire*, 1974, *La Ville enchantée*, 1976, *Paris des enfants*, 1978, *Poésie en jeu*, 1981, *Mots et merveilles*, 1981, etc. Il fut le créateur de la revue *Affrontement* de 1956 à 1966 qui était consacrée à la culture populaire. Son mérite est de ne pas limiter ses choix à la seule poésie directement abordable bien que son œuvre personnelle marque son penchant à un art qui privilégie le ton direct, la fantaisie, le clin d'œil complice au lecteur, avec des images, des rythmes, de l'humour, une touche de Prévert, un rien de chansonnier tandis que maints poèmes affirment ses convictions sociales et politiques et que d'autres offrent « le mystère fécond du monde » qui « serpente au long de notre vie », un regard où la planète devient amicale, où l'on cherche une « langue de mots secrets, de mots durs, de mots lourds ». Il dit en somme : « J'épelle mot à mot le monde / et tous mes amis me répondent. » Sous le regard de l'Éternel, on chante la joie simple, la misère et l'espoir, sans s'interdire le sourire.

Marc Delouze.

Si on rapproche Marc Delouze (né en 1945) de ses aînés, c'est qu'il partage leur désir de propager la poésie par tous les moyens qui lui sont offerts et par ceux qu'il invente hors des modes habituels. Il porte en lui l'enthousiasme d'une nouvelle génération, une manière plus avancée d'envisager la poésie dans ses rapports avec les autres arts. Pour cette diffusion, il cherche de nouveaux espaces, la peinture, la sculpture, la musique ou plus simplement la rue qui devient un grand cahier où inscrire le poème. Dès l'âge de treize ans, il en écrivait. Il connut l'expérience des trente-six métiers (barman, chauffeur, maître d'internat...) et du voyage qui n'est pas tourisme. Aragon le découvrit avec ses *Souvenirs de la maison des mots*, 1971, que suivraient *S.O.S.*, 1974, *Matière à Dire*, 1982, *Matière à Dé-Lire*, 1983, *Quand les fruits tombent l'amour entre dans l'histoire*, 1988. Le poète peut avoisiner la statue, le scénario, l'histoire éclatée, le graffiti, les jeux de la typographie qui sont poésie eux-mêmes, mais le livre ne lui suffit pas : il croit au spectacle, à la représentation d'une « poésie musicale », à l'intervention poétique dans la ville. Qu'on en juge : des panneaux électriques « Decaux » intitulés *Messages-Passages*, un balisage poétique sur 10 km de trottoir sous le titre *Le vers est dans le bruit*, 1985, des improvisations sur micro-ordinateur, une forêt de téléphones offrant des poèmes de toutes sortes dits par les auteurs de la francophonie. Il travaille en collaboration avec un sculpteur, un chirurgien, il s'occupe de radios locales, de « parvis poétiques » à Martigues, au Centre Pompidou, à la F.N.A.C., en caravane, quand il ne traduit pas les poésies arménienne ou hongroise. Se disperse-t-il ? Garde-t-il assez de temps pour l'élaboration et la maturation ? Il semble que le poème naisse de l'énergie qu'il met à l'offrir au plus grand nombre sans la moindre concession. Il peut nous parler du sable comme d'une catapulte, d'un train, d'un carnaval ou d'un hydravion dans un grand combat orgiaque des mots, dans un délire maîtrisé, mêler le poème en prose aux vers libres en jouant de la capitale ou de l'italique comme d'instruments. Il dit : « Ma parole est le faible écho d'un monstrueux carnage. » Mais aussi : « Dire : avoir une pensée cohérente » et « Contre les vagues du flou, élever une digue de style » – ce qui ne veut pas dire qu'il s'agisse du style tel qu'un esprit classique se l'imagine bien que l'homme y transparaisse. Parfois, on pourrait dire que c'est trop, trop de néon, mais c'est pour éclairer et pour ouvrir. On attend la suite de ce travail de la poésie en train de se faire...

Poésie pour tous.

De Paul Mari, animateur avec Jacques Lepage (*voir préc. vol.*) des « Rencontres poétiques de Provence », *L'Emploi du temps*, 1967, où il unit plusieurs recueils depuis *Illusoire*, 1952. Maire de *Coaraze*, il a donné le nom de sa ville à un livre. Citons encore ce joli titre : *La Vie c'est des platanes et des filles sur des chaises*, 1972. Il y a de la chaleur et de la simplicité, un accueil des mots comme s'ils étaient des amis qu'on invite à célébrer une fête, une écoute de l'autre, une interrogation sur soi-même dans un désir de communion fraternelle dans l'amour de ce qui est beau et vrai, sans fards, fait pour embellir le présent et exalter l'individu devenu meilleur par le commerce de la poésie.

Animateur, Jean-Pierre Rosnay (né en 1926) s'est fait connaître par le mouvement littéraire qu'il a fondé : « le jarrivisme » ayant des options littéraires, politiques et sociales. Il publia les poèmes de Georges Brassens, anime un Club des Poètes, café poétique où le poème rencontre la chanson et donna une émission de télévision sur la poésie, à la fois populaire et controversée dans le monde des poètes. Il découvrit là quelques jeunes. Il est l'auteur de livres de poèmes, par exemple, *Comme un bateau prend la mer*, 1956, ou *Les Diagonales*, 1960, et quelques autres. Kléber Haedens l'appelait « intéressant maraudeur » et il est vrai que cette poésie semble glaner dans les champs de frais chanteurs comme Apollinaire ou Prévert. Le ton est familier, direct, presque parlé, fait, semble-t-il pour la déclamation ou la chanson. La poésie tient du vers libre avec des rimes ou des rappels de sons.

Sous des signes noctambules, on pourrait placer près de Rosnay un Guy d'Arcangues (né en 1924) que Pierre Seghers décrit ainsi : « Du Casino de Biarritz à la rue Princesse, des championnats de golf au rôle de premier danseur, ce poète lucide et mélancolique traverse les nuits comme un baladin de bonnes et mauvaises fortunes, une épine appelée Poésie fichée dans le cœur. » Que sa personne évoque un aspect Cocteau, un « Pierrot d'asphalte pour la lune / au masque blême d'amuseur » ne l'empêche pas d'être un poète d'autant de vérité et d'authenticité que de charme même si son image n'est pas celle de la plupart des poètes. Des livres comme *Dix-sept poèmes à la craie de lune*, 1954, *Eugenia*, 1958, *Le Cheval andalou*, 1967, et d'autres portent de la gravité qui n'est pas opposée à la grâce. Son père, Pierre d'Arcangues, poète, connut durant la guerre des moments difficiles : *Un mois au fort du Hâ*, 1944. Un ouvrage de Pierre et Guy d'Arcangues, *Dialogue*, 1980, est significatif d'un échange père-fils alors qu'ils étaient l'un et l'autre précipités dans les événements de l'histoire. C'est la rencontre de deux hommes sous le signe de la poésie.

Nous en revenons au plus près de l'enfance avec Jean Desmeuzes (né en 1931), enseignant et poète rafraîchissant. Avec lui, la poésie semble en vacances, elle folâtre dans les prés, chante et danse, joue avec les jeunes filles et les enfants, les oiseaux et les fleurs. Il sait écouter des voix en lui et devenir plus soucieux parce que la guerre et la mort existent aussi. Dans certaines œuvres lyriques et tendres, il se rapproche de la chanson. Des titres : *La Lampe tempête*, 1954, *La Mort dans l'âme*, 1961, *Nocturnes*, 1966, *Préludes et chansons*, 1966, *La Fontaine de Meymac*, 1977, *Matière charmée*, 1979...

Jean-Luc Moreau (né en 1937), professeur de langues orientales, est traducteur de poèmes allemands, russes, hongrois et finnois : *La Kanteletar,* 1974. Ce savant connaisseur des langues et des poésies du monde a publié *Moscovie,* 1964, *Sous le masque des mots,* 1974, *Le Pouvoir du chant,* 1980, et aussi des fables, des poèmes-chansons pour les enfants : *L'Arbre perché,* délicieux de drôlerie.

Noëlle Pasquier, elle aussi, dans *Mon ami l'écureuil,* 1966, sur un ton à la bonne franquette et charmant, s'est livrée aux délices de la fable plutôt pour rencontrer des animaux que pour offrir l'ennui de quelque moralité.

Dans l'univers de la poésie destinée aux enfants, la sollicitation d'éditeurs de collections spécialisées a conduit des poètes comme Béarn, Bérimont, Da Silva, Michel Luneau, Le Quintrec, Guillevic, Renard, André Laude, Pierre Ménanteau, Jean Orizet, Jean Rousselot, Paul Vincensini, Brigitte Level, etc., à solliciter ce qui reste d'enfance en eux pour écrire fables, comptines et contes. Certains se plient à la loi du genre sans trop abdiquer leur personnalité. Pour d'autres, il arrive qu'on bêtifie quelque peu ou qu'on rimaille des à-peu-près sans atteindre à la belle poésie d'enfance.

Du poème pour enfants au poème d'enfants, il y a parfois loin. Dans *Le Mystère en fleurs,* Jacques Charpentreau en a réuni et a su montrer qu'en mettant la poésie en jeux, on peut forcer l'imaginaire enfantin. On se souvient de Minou Drouet dans le recueil *Arbre, mon ami,* 1955, lancé à grand fracas par un éditeur et salué par le journalisme et les échotiers en mal de Shirley Temple. André Breton, Jean Rousselot, Jean Cocteau (il fit ce mot : « Tous les enfants sont poètes – sauf Minou Drouet ») trouvèrent souvenirs, réminiscences et pastiches de Max Jacob, Prévert, Desnos, etc., et mirent en doute l'authenticité de l'auteur, puis il y eut *Le Pêcheur de lune,* 1959, qui fit aussi soupçonner un adulte d'avoir tenu la plume.

Un collectif d'étudiants a rédigé un ouvrage consacré à Claude Held (né en 1936) que préfaça Bernard Noël. Un texte du poète introduit à sa création, à son travail des mots, à son expérience exigeante. Une collaboration poétique s'est ouverte avec sa femme Jacqueline Held pour des ouvrages destinés à la jeunesse : *Poiravéchiche,* 1973, *Hamster Rame,* 1974, etc. Auprès des contes et comptines, fables et humoresques, il y a le travail de Claude Held : *Formes et figures,* 1972, *Six variations Sur,* 1973, *Calques et calendes,* 1973, *Métastructure I,* 1974, etc., constructions visuelles ou sonores et autres recherches textuelles savantes.

Guy Heitz (né en 1932) est un des poètes alsaciens du « Conseil des Écrivains d'Alsace » à qui un numéro de *Poésie I* fut consacré, avec des poèmes de France Bonnardel, Denise Grappe, Marc Jung, Jean-Paul Klée, Sylvie Reff, Roland Reutenauer, Joseph-Paul Schneider, Jean-Claude Walter, Conrad Winter, ces noms donnant une idée de l'importance de la jeune poésie en Alsace. Féru d'imaginaire, de fantastique, de merveilleux, Heitz s'est exprimé en romans et en contes et dans des recueils : *Petites Vies,* 1952, ou *Brèves Nouvelles-Nées,* 1971. Il recueillit de précieuses appréciations. De Charles Autrand : « Il y a du muscle et de la sueur, une zoologie brandie comme un phallus, une compréhension de l'homme ahanant sur un ventre, une levée de terre, un monde quoi! » De Jean Rousselot : « Un ton d'évidence, à la Michaux... » Cela ressemble à des fables à la Desnos : « Le monstre / long de douze centimètres... », à une narration poétique genre Prévert pour la forme, puis on s'aperçoit que le propos est éloigné de ces poètes, que l'approche est familière mais peut devenir vertigineuse, angoissante, que le temps, le cosmos peuvent intervenir avec relief et originalité. Le poème « nourri d'alcool et d'explosions solaires » montre que la fable n'est pas exclusivement réservée à l'enfance : l'ogre aussi peut y trouver nourriture.

6

Occitanie

Nous empruntons à Yves Rouquette ces lignes parues dans *Le Magazine littéraire* parce qu'elles nous semblent la meilleure introduction à ce tour d'horizon de la nouvelle poésie occitane : « Il existe en ce moment dans trente et un départements " français ", entre Bordeaux et Vintimille, les Alpes et les Pyrénées, Limoges, Clermont et la mer, une langue restée vivante après sept siècles de francisation : l'occitan. Et plus de deux cents poètes qui, dans cet espace, écrivent leurs poèmes en oc et non pas en français. Sur ces deux cents, j'en vois bien une cinquantaine dont je ne peux absolument pas plus me passer que de Neruda, Alberti, Pound, Guillevic. » Les choses ont bien changé dans ce domaine depuis le temps du Félibrige. Il existe une jeune poésie d'oc qui se situe aux avant-postes de la poésie et offre autant de diversité qu'on en trouve chez les poètes s'exprimant en français. Pas d'opposition d'ailleurs entre poètes, Tristan Cabral l'a bien vu dans son anthologie des poètes du Sud qui réunit les utilisateurs de l'une ou de l'autre langue, parfois des deux. Ce qui reste choquant : le peu de place qu'on accorde à cette langue dans les dictionnaires par exemple. L'auteur de ces pages parle ici de poésie *en* France, sur le territoire de l'hexagone bien qu'il s'agisse d'une autre langue mais qu'il connaît un peu, sait lire, parce que ses grands-parents et ses parents la parlaient presque exclusivement et qu'il s'en est toujours senti exilé. En aurait-il été autrement qu'il n'aurait pas oublié ceux qui, des troubadours aux félibres *(voir préc. vols)*, des félibres à la modernité emploient la langue du soleil. Le regret de ne pas avoir les mêmes connaissances, si modestes qu'elles soient, du côté des langues bretonnes, alsaciennes ou autres.

En pays d'Oc, restent des mainteneurs d'une poésie traditionnelle comme on la chérit chez les descendants des félibres dans les académies, groupes folkloriques et jeux floraux. Les thèmes bucoliques ou descriptifs ne s'y renouvellent guère, mais le phénomène est le même dans la poésie de langue française. Une observation attentive montre que, çà et là, par-delà les rimailleries, apparaissent une reconnaissance émue envers la langue natale et des éclairs de vraie poésie. La plupart des poètes nés avant le siècle ou à ses débuts perpétuent l'art félibréen et, de l'un à l'autre, les mêmes opinions critiques se répéteraient. Puisqu'il s'agit d'histoire, et pour le souvenir, nous citons ici, avant d'en venir à ceux qui, dans la lignée rénovatrice d'un Jorgi Reboul, ont assuré plus qu'une relève, une révolution de l'écrit, des descendants de Mistral et de ses amis :

Pierre Abric (1886-1953), Louis Alibert (1884-1959), Jean Amade (1878-1949), Émile Arne (1890-1915), Émilien Barreyre (1883-1944), Jean-Baptiste Bégarie (1892-1915), Gabriel Bernard (1882-1954), Valère Bernard (1860-1936), Antoine Berthier (1878-1953), Jean Bessat (1873-1963), Louis Bonfils (1891-1918), Roger Brunet (1884-1917), Michel Camelat (1871-1962), Frédéric Cayrou (1879-1958), Prosper Estieu (1860-1939), Pierre Fontan (1882-1952), André George (né en 1890), Paul-Louis Grenier (1879-1954), François Jouve, le conteur-poète qu'aimait Cendrars, René Jouveau (né en 1906), Louis Lacout (1881-1952), Jean Ladoux (1870-1951), François de Lartigue (1893-1914), Joseph Loubet (1874-1951), Reinie Méjean (né en 1904), Méry de Bragera (1865-1940), Henri Mouly (né en 1896), Pierre Miremont (né en 1901), Bernard de Montaut Manse (1893-1958), Louis Moutier (1898-1903), Guilhem de Nauroza (né en 1898), Eugène Pagès (1870-1961), Jules Palmade (né en 1896), Antonin Perbosc (1861-1944), Albert Pestour (né en 1892), Alexandre Peyron (1889-1916), Jean-Sébastien Pons (1886-1962), Denis Poullinet (1873-1956), Francis Pouzol (1891-1918), Marcel Provence (1892-1951), Pierre Reynier (1884-1955), Émile Ripert (1881-1943), Rouger-Hubert (1875-1958), Pierre Rouquette (né en 1898), Louis Roux (1873-1951), Roux-Servine (1871-1953), J. Rozes de Brousse (1876-1960), Eugène Séguret (1896-1956), Ludovic Tavan (1888-1917), Mme Watton de Ferry (morte en 1956)... liste loin d'être exhaustive et signalant des poètes venant des trente et un départements d'Oc.

A cette liste, nous pouvons ajouter des noms comme celui d'Andrieu Chamson plus connu avec son prénom André, Denis Saurat, Sully-André Peyre, Joseph d'Arbaud et quelques autres qui se sont illustrés en maints lieux de la littérature. En ce qui concerne la modernité, la première impulsion à l'idée d'occitanisme, d'affirmation d'une identité linguistique vint, après rupture avec le félibrige, de la création en 1923 par Ismaël Girard, poète sous le nom de Delfin Dario (1898-1916) et Camille Soula de la revue *Oc*, puis de la *Societat d'Estudis occitans* permettant enfin d'envisager en profondeur les problèmes culturels en cautionnant les recherches linguistiques de Louis Alibert, en révélant des écrivains et des poètes de valeur comme Max Rouquette, Charles Camproux, Robert Lafont, Yves Rouquette ou Serge Bec. L'un d'eux, Charles Camproux, fonda en 1934 la revue *Occitania* avec Ernest Viou, Léon Cordes, Jean Lesaffre, Max Rouquette, Roger Barthe et proposa une idéologie fédéraliste. Cette revue disparue en 1939 laissa des traces fécondes. Enfin, au moment de l'occupation allemande, à Toulouse, se prépara dans la clandestinité l'Institut d'Études occitanes qui devait éclore à la Libération. Là encore, on retrouve Ismaël Girard, Max Rouquette, René Nelli, Léon Cordes, avec pour premier président Jean Cassou, la revue *Oc* et des collections pour la poésie et pour la prose. Robert Lafont dont nous avons déjà eu l'occasion de citer les ouvrages apporte une impulsion incomparable, fondant le Comité occitan d'études et d'action, étayant le mouvement sur des études sociopolitiques, historiques et littéraires, *La Révolution régionaliste*, 1967, par exemple. A partir de 1968, les jeunes Occitans vont s'organiser pour une revendication d'identité avec Lutte occitane ou le Parti nationaliste occitan et *Volem viure an Pais* (« Nous voulons vivre au pays ») puis des mouvements de gauche divers. Les fondements établis par les générations précédentes permettront la naissance de textes, de poèmes, de chansons, de tracts, d'inscriptions, d'une littérature tournée vers la poésie. Nous rencontrons ici des poètes de tous âges qui ont en commun la jeunesse et la poésie. Auparavant, quelques titres d'ouvrages d'ensemble : Andrée-Paule Lafont, *Anthologie de la poésie occitane*, 1962, Marie Rouanet, *Occitanie 70, les poètes de la décolonisation*, 1971, Charles Camproux, *Histoire de la littérature occitane*, 1971, Robert Lafont, *Clefs pour l'Occitanie*, 1971, René Nelli, *La Poésie occitane*, 1972. A signaler des livraisons de *Vagabondages*, de *Poésie 1*, du *Magazine littéraire*. Enfin, Tristan Cabral dans son anthologie de poètes du Sud, *La Lumière et l'exil*, 1985, a réuni poètes de langue d'oc et de langue française.

Le docteur Ismaël Girard, venu du Gers, exerçait à Toulouse tout en se faisant mécène et rénovateur. Sous le nom de Delfin Dario, il a réuni ses poèmes dans *Signes*, 1960. On trouve là un souci d'humanisme et de clarté, un soin à montrer le langage « dans le silence, comme une foulée du temps » : *Hens lo silenci, coma ua piada deu temps*, quand « la parole fait œuvre » : *la paraula hèita obra*, et, si réduite que soit cette œuvre, elle s'inscrit dans une « architecture de la parole ordonnée » qui est bien de ce temps.

Yves Rouquette montre Jorgi Reboul (né en 1901) « rugueux, vigilant, lucide, indomptable, farouche briseur de mythes, grand conquérant de libertés, d'espaces neufs ». Loin du félibrige, proche du nouveau, marqué par le surréalisme, cet ancien est reconnu par les plus jeunes comme un libérateur et un novateur, à partir de *Sènso relambi*, 1932, qui, pour Charles Camproux, marque « un renouvellement définitif » tandis que Andrée-Paule Lafont le dit « présent à sa terre, mais à toutes les terres » et demandant à la poésie « une leçon sur la vie même ». C'est une poésie de l'élan, de la volonté et du désir. Jean Malrieu a adapté ses poèmes en français.

« Quarante ans de poésie. Quarante ans qui coïncident avec le renouveau contemporain des lettres occitanes. Nelli l'avait prévu. Nelli l'avait voulu et forgé de ses propres armes prophétiques... », écrit Jean Larzac (Joan Larzac) dans sa préface à l'*Obra poëtica occitana*, 1981, de Renat Nelli : René Nelli (1906-1982), philosophe, essayiste, poète, auteur d'études sur la lyrique courtoise de langue d'oc, de méditation sur la poésie moderne recueillies dans *Poésie ouverte, poésie fermée*, 1947, ami de son compatriote de Carcassonne Joë Bousquet, longtemps disciple de Déodat Roche, collaborateur des *Cahiers du Sud*, philosophe du catharisme, traducteur de Raimon de Miraval. Jean Rousselot : « On peut rapprocher à la fois de ceux de René Char et de Joë Bousquet ces textes mélodieux et surveillés qui oscillent entre l'inscription sentencieuse et l'églogue surréalisante. » Soixante-dix ouvrages composent cette œuvre irremplaçable *(voir préc. vol.)*.

Max Rouquette (né en 1908), a réuni dans l'édition bilingue *Les Psaumes du matin*, 1984 : *Somis dau matin*, 1937, *Somis de la nuoch*, 1942, *La Pietat dau matin*, 1963 avant *Le Tourment de la licorne*, 1988. Il est l'auteur de pièces de théâtre souvent traduites en français, italien, portugais, polonais. Il a renouvelé la prose d'oc dans *Vert paradis*, 1962. Sa poésie est celle de l'homme occitan et de l'homme dans l'histoire et devant son destin. La nuit, la mort, l'espérance, la solitude face à l'éternité sont les principaux thèmes d'une poésie grave et dépouillée, trouvant sa fraîcheur dans la nature et les images d'enfance avec une délicatesse et une pureté de source.

« Avec lui (Jorgi Reboul), écrit Yves Rouquette, René Nelli, Max Rouquette, Jean Mouzat, Léon Cordes, jamais les mots pris sur la bouche de notre peuple analphabète n'avaient flambé de façon aussi intensément pure que dans leurs poèmes. » Jean Mouzat (né en 1905 à Tulle) fut l'ami d'Ismaël Girard. Universitaire, il a publié des travaux sur les troubadours Guilhem Peire de Cazals et Arnaut de Tintinhac. Parmi ses œuvres poétiques : *L'Ort sus lo puèq* (Le Jardin sur la colline), 1934, *Color del temps*, 1938, *Dieu metge* (Dieu sorcier), 1950. Mouzat dit *la virtut del silencia*, la vertu du silence, et son œuvre montre un beau sens du nocturne, du recueillement, avec sensibilité et pouvoir émotionnel.

Léon Cordes (né en 1913) appartient à une famille de l'Hérault où le grand-oncle conteur et l'aïeul poète s'exprimaient en occitan. Vigneron à seize ans, il collabore bientôt à *Occitania* dont il sera le rédacteur après 1945. Présent dans toutes les batailles, il est un poète populaire sans concession au populisme ou au folklore. Il exprime le paysan, l'homme de la terre, ses révoltes et ses espoirs dans sa confrontation avec son temps. Il publie des essais, des romans, des contes, une œuvre théâtrale, des poèmes comme *Aquarela*, 1946, *Branca forta*, 1964, *Dire son si*, 1975. Tristan Cabral le compare à Machado et à Lorca. « L'œuvre de Léon Cordes, écrit Charles Camproux, éprise de musique, pleine du rythme de la poésie populaire, vit intensément de la vie secrète de la terre languedocienne, et se matérialise en de petits chefs-d'œuvre souvent parfaits où la pureté et le mystère s'allient aux sentiments les plus simples et les plus primitifs. »

Charles Camproux (né en 1908) a vu le jour à Marseille. En dépit d'une enfance difficile, il fit des études tournées vers la grammaire et la philologie. Il prendra parti pour l'occitanisme fédéraliste avec *Occitania* et *Per lo camp occitan*, 1935. Évadé de guerre, grand résistant, journaliste, polémiste, chroniqueur, historien de la littérature occitane, d'essais linguistiques, d'études sur les troubadours, il est le poète de *Meditacion*, 1938, *Poëmas sens Poësia*, 1942, *Bestiari*, 1947, *Obra poëtica occitana*, 1984.

A Montpellier, Max Allier (né en 1912) est journaliste politique. Il a participé à la Résistance et se montre poète militant pour transmettre le souffle venu du peuple, chantant les événements du temps, les drames comme la guerre d'Espagne. Il a publié des poèmes en français : *Visages*, 1949, mais son œuvre est surtout occitane : *A la raja dau temps* (A la rigueur du temps), 1951, *Solstici*, 1965, *Lo Plag* (Le procès), 1982, et des romans. S'il dit les malheurs, il s'ouvre à l'espoir : « *...mon temps aurà pasmens sauvat / l'ôme...* » (mon siècle aura pourtant sauvé / l'homme).

Le début des années 20 voit la naissance d'autres importants poètes. En 1920, Mas-Felipe Delavouët, Jean Boudou (mort en 1975), Pierre Bec, Félix Castan, Pierre Lagarde. En 1923, c'est Henri Espieux (mort en 1971),

Bernard Lesfargues, Robert Lafont, Bernard Manciet. En 1925, Marcela Delpastre. En 1927, Robert Allan. Ils vont poursuivre le chemin tracé par leurs aînés.

Mas-Felipe Delavouët, selon Cabral, ne serait pas cette sorte de Maurras occitan qu'auraient évoqué Robert Lafont et Christian Anatole dans leur *Nouvelle Histoire de la littérature occitane*, 1970, et se situerait à l'opposé, loin du mythe félibréen. Pour ce qui concerne la seule poésie, le portrait nous est fait d'un solitaire à l'écart de la vie littéraire et conciliant l'ombre dans laquelle il se tient et le soleil du poème. Parmi une dizaine de recueils depuis *Quatre cantico per l'age d'or*, il y a *Pouèmo 1, 2, 3, 4*, volumes publiés à partir de 1971, que l'on compare aux cycles de la geste d'antan. Nous avons lu des strophes de ses poèmes intemporels et découvert le lyrisme des inspirés. « Lire Delavouët, écrit Cabral qui ne cache pas son admiration, c'est entrer dans un paysage nuptial ou plus exactement dans un Mystère. »

Pierre Bec, philologue, dans la tradition savante des poètes d'oc, a écrit une étude sur Arnaut de Mareuil et établi une anthologie des troubadours. Des poèmes : *Au briu de l'estona* (Au rythme du moment), 1955, *La Quista de l'aute* (La Quête de l'autre), 1971. Cette poésie témoigne d'un sens du narratif, ainsi dans une *Apocalipsi* tempérée par l'*immense pietat qui pujarà deus omes / l'immensa doçor deus non-violents*. Félix Castan, né dans le Lot, fut ouvrier agricole, instituteur, rédacteur en chef d'*Oc*, fondateur du festival de Montauban et du centre de synthèse du baroque, dirigeant les périodiques *Baroque, Cocagne 83*, puis *Lucter*. Ses poèmes traduisent les préoccupations de l'homme occitan et son désir, à partir d'une vie intellectuelle intense, d'une prise de conscience de soi-même et du pays. Il montre la ville moderne en faisant penser à Verhaeren ou à l'unanimisme de Jules Romains. Pierre Lagarde, comme Castan, est soucieux, dans *Espera del jorn* (Attente du jour), 1963, de ce qui concerne l'homme pris dans sa quotidienneté. Bernard Lesfargues, traducteur de Jean Sales et de Juan Goytisolo, est marqué par les littératures castillane et catalane, langues sœurs. Il a écrit *Cor prendre* (Cœur prendre), ou *Cap l'aiga* (Mère des eaux). Il chante un ange qui peut être Isaïe ou Poésie avec des accents rilkéens mais sait aussi situer son poème dans les préoccupations immédiates.

Par ses œuvres historiques et philologiques, par ses essais sur l'économie et la politique occitanes, par son œuvre littéraire bilingue, Robert Lafont s'est placé, selon René Nelli, « à la tête du mouvement de renaissance et de militantisme révolutionnaire qui aspire à décoloniser les ethnies ou minorités nationales ». Il enseigne la langue et la littérature d'oc à l'université de Montpellier. Romancier, dramaturge, historien, il n'a jamais cessé d'être poète et son œuvre compte parmi les plus importantes. « C'est, écrit Cabral, une œuvre lyrique, à la fois tourmentée et lumineuse où la *leçon de choses* fusionne avec la *leçon de morale*. » René Nelli a dit cette création poétique « tantôt philosophique et précieuse, tantôt plus directement engagée et événementielle ». Titres : *Paraulas au vielh silenci*, 1946, *Dire*, 1957, *Pausa cerdana*, 1962, *L'Ora*, 1963, *Aire liure*, 1974, *Lausa per un soleu mort*, 1984. Il peut dire : *Cante l'ordre la lutz lo gorg / e lis alas de son rescontre* (Je chante l'ordre la lumière le gouffre / et les ailes de leur rencontre) et s'émerveiller d'*èstre vestit de rebellion*, comme ses *fraires d'un parier fuoc* (ses frères d'un même feu).

Henri Espieux est né à Toulon. Tout en faisant bien des (seconds) métiers, il a édifié une œuvre poétique importante : *Telaranha* (Arantelle), 1949, *Falisbusta* (Flibuste), 1962, *Osca Manosca* (Vive Manosque), 1963, *Finimond* (Fin du monde), 1966, *Cançon de Garona* (Chanson de Garonne), 1971, *Lo Tèmps de nostre amor, Lo Tèmps de nostra libertat*, 1972. Il a écrit sur Albert Maquet et une *Istoria d'Occitania*, 1968. Attentif aux mots, à l'écoute des secrets de la nuit, au regard sur les étoiles, il chante la liberté ou l'amour et communique sa joie et ses angoisses par des images hardies, proches du surréalisme et s'il dit *Trop de jovent me badalhona / Entre laure un parlar vielh de trop de silenci...* (Ma jeunesse me bâillonne / et cependant je laboure un parler vieux de trop de silence), il offre à ce parler de neuves fulgurances et en extrait des trésors d'imaginaire.

Bernard Manciet descend d'une famille apparentée à Pic de la Mirandole mais, par-delà cette curiosité, on trouve une parenté affirmée, par René Nelli, avec René Char et Quasimodo, Nelli ajoutant « Bernard Manciet est certainement l'un des grands poètes – méconnus – de l'Europe moderne ». Il y a un romancier de qualité, un poète de haut vol, de souffle et de vive inspiration. Ce Landais, en poésie, est notamment l'auteur de nombreuses odes, d'*Accidents*, 1955, de *Gesta*, 1972, d'œuvres inédites célèbres avant leur publication comme *Le Laus de l'arrosa* et *Lo grand enterrament à Sabres*. Yves Rouquette le dit « visionnaire baroque, déchiré entre l'Allemagne en ruine de son premier recueil, *Accidents*, et la célébration d'un pays en genèse dans ses forêts de pins, de derricks, d'hommes debout et de flammes, prodigieux artificier... ».

La Corrézienne Marcela Delpastre, fermière, offre des poèmes à l'état naturel traversés par un courant terrien. Amoureuse de sa langue autant que de son sol, loin des courants littéraires qu'ils relèvent de l'académisme ou du militantisme, elle offre les « poèmes telluriques et cosmogoniques d'un paganisme de croyante » (Cabral). Les titres de ses livres sont parlants : *La Lenga que tant me platz*, 1964, *Lo Rossinhol e l'englantina, La Vinha dins l'ort*, 1967, *Lo Chamin de la terra*, 1968, *Saumes pagans*, 1974, et de nombreux contes et des proverbes.

Robert Allan est né à Montpellier, fut maçon à Nîmes, journaliste en Avignon. Collaborateur des *Cahiers du Sud*, ses poèmes et ses cantiques sont autant de chants de nature où l'homme est en contact avec le minéral, le végétal, l'animal. Il crée une féerie avec la terre et l'eau comme dans sa *Prosa per Ofelia*. Sa poésie est pleine de trouvailles originales, inattendues, délicieuses. Des titres : *Li Cants dau Dèluvi* (Les Chants du déluge), 1961, *Lo Cantic dau brau* (Les Cantiques du taureau), 1956, *Lo Poëma de l'ametla* (Le Poème de l'amande), 1957, *Lo Cantic de la palha* (Le Cantique de la paille), 1957.

Les années 30 verront la naissance de poètes comme Xavier Ravier (1930), Serge Bec (1933), Yves Rouquette (1936), Jean Larzac, pseudonyme de Jean Rouquette (1938), Michel Cosem (1939). Non seulement la continuité est assurée, le flambeau repris, mais ces poètes seront parmi les plus remarquables, les plus ardents pour la défense et l'illustration du pays occitan et de son art.

Serge Bec, de Cavaillon, est un de ceux qui ont fait entrer la modernité et l'universalité dans la littérature d'oc dans la familiarité de Whitman, Maïakovski, Tagore ou Lorca. Ses armes sont celles de l'amour, un amour fou comme il en fut aussi bien chez les troubadours que chez les surréalistes. Il semble dire à son lecteur ce qu'il dit à sa femme : *Te porgisse l'enebriadura de la tèrra.* (Je t'offre l'énorme ivresse de la terre). Dans la tradition du Sud, il excelle à chanter l'*auba*, l'aube. Parmi ses œuvres : *Miegterrana* (Méditerranée), 1957, *Li Cants de l'èstre fou* (Les Chants de l'être fou), 1957, *Memoria de la carn sequit de Auba* (Mémoire de la chair suivi de Aube), 1960. Cabral : « Poète païen et tellurique, opposant un grand amour simple à tous les fonctionnaires de la mort, aux impérialismes, sa parole intransigeante et libératrice trouve sa plus haute expression dans *Galina blanca e marrit can*. »

Xavier Ravier, ethnographe, venu des Hautes-Pyrénées, avant de se consacrer à ses travaux scientifiques, a réuni des *Chants folkloriques gascons* et publié *Paraulas enta troc de prima* (Paroles pour un morceau de printemps), 1954, poésies émues et chantantes des souvenirs d'enfance et des chansons de veillées.

Né à Sète, Yves Rouquette, homme de savoir, nouvelliste, historien littéraire, poète, s'est engagé par l'action et par la parole dans le combat occitan, apportant au poème d'oc la force de la réalité. « L'écrivain le plus important de cette génération », juge René Nelli. Pour donner une idée au lecteur de sa fraîcheur et de son naturel, du ton direct de sa poésie, on pourrait oser une comparaison avec René Guy Cadou, et les spécialistes parlent d'un occitanisme proche de celui de Jean Boudou. Si l'engagement politique et social apparaît de manière directe comme dans l'*Oda a Sant Afrodisi* (Ode à saint Aphrodise, 1968), avec ses références aux trusts, au chômage, aux entreprises fermées, à la *fièra declarada* (la foire déclarée), ce n'est pas pour autant que la poésie est absente, simplement elle est en armes. Chantant le pays et l'homme, l'histoire et la révolte, il n'oublie jamais la nature, l'amour, la fraternité des simples. *Quand parli amor / colèra o revolta / ai pas besonh de quichar sus ma votz...* Il y a aussi *d'aquelas flors qu'apelam gaugs en occitan et qu'apèlan soucis en francès* : ainsi les fleurs appelées « joies » en oc sont appelées « soucis » en français. Il y a des trouvailles et de belles images. Des recueils : *L'Escriveire public*, 1958, *Lo Mal de la terra*, 1959, *Roèrgue, si*, 1968, *Breiz Atao* (avec Henri Espieux et Jean Larzac), 1969, *Messa dels porcs*, 1970, *Lo fuoc es al cementèri*, 1974, etc. Et des études : *L'Atlantide et le règne des géants, Mille ans de littérature occitane*, et *La Nouvelle Chanson occitane*. A propos de la chanson, les poètes d'oc n'ont pas la méfiance de leurs amis de langue française envers les chanteurs : l'engagement d'Oc est le même. Les chanteurs chantent les poètes en même temps que leurs propres œuvres. Et Claude Marti, Peire-Andrieu Delbeau, Guy Broglia, Jan dau Melhau, Patric, *« los Caminaïres d'Oc »*, Mans de Breisch, Dostromon, Joan-Paul Verdier et quelques dizaines d'autres font partie intégrante de la littérature d'Oc.

Le frère d'Yves Rouquette, Jean, a pris pour pseudonyme Jean Larzac. Il est prêtre, professeur, poète. René Nelli a montré qu'il réunit le mystique chrétien auteur du chemin de croix *Sola Deitas*, 1962, et un révolutionnaire de Dieu, le poète de *Refus d'entarrar* (Refus d'inhumer), 1970. Ces deux voies sont-elles divergentes? Nelli s'étonne que Larzac « passe aussi facilement de la prière à la satire engagée que du *sirventès* à la prière » mais Nelli reconnaît que ces deux options qui lui semblent éloignées ont permis de belles œuvres. Si nous lisons : *Mas de qu'espèra Dieu per la cantar / aquela paraula / que tornarià d'ômes a mon païs?* « Mais qu'attend Dieu pour la chanter / cette parole / qui rendrait des hommes à mon pays? » – si nous lisons cela, nous voyons bien un seul et même homme, poète de l'impatience et de la foi. Des titres : *L'Estrangier del dedins* (L'Étranger du dedans), 1968, *Contristoria* (Contre-histoire), 1969, *La Boca a la paraula* (La Bouche a la parole), 1971, *Cançons de papier a l'aficha* (Chansons de papier à l'affiche), 1971, etc. Jean Larzac a aussi écrit *La Littérature d'Occitanie*, 1963, *La Musica occitana*, 1970, et une anthologie : *La Poësia religiosa occitana*, 1972.

Nous parlons de Michel Cosem dans un autre chapitre. Il est heureux que le fondateur de la revue *Encres vives*, romancier, poète, anthologiste (*Le Livre d'or de l'Occitanie*, 1977), critique aux avant-postes des idées et de la littérature, soit bilingue. Un poème retenu par Nelli, *Trevas e focs* (Êtres et feux) nous a montré une fois de plus la jeunesse de la langue.

Après 1940 naîtront non pas les poètes de la relève car il s'agit d'un tout mais ceux que leur âge plongera dans les événements de mai 1968, pour les jeunes le temps des prises de conscience, des luttes, des slogans, des réunions, mais, écrit Yves Rouquette, « loin de se transformer en homme-sandwich chargé de slogans ou en porteur de banderoles, le poète d'Oc assume l'angoisse, l'amour, la joie du travail et du vin partagé ». De nouveaux noms : Jean-Marie Petit (né en 1941), Jean-Baptiste Séguy (né en 1945), Philippe Gardy (né en 1948), Aristide Rouquette (né en 1952), Jean-Pierre Baldit (né en 1953), Roselyne Roche, puis les plus jeunes : Jean-Luc Sauvaigo (né en 1958) et d'autres.

Comme beaucoup de ces poètes, Jean-Marie Petit, né à Béziers, a fait des études, est professeur et spécialisé dans la dialectologie, la linguistique, ce qui lui a permis de nombreux travaux, des essais historiques et littéraires. Il s'est occupé de la revue *Obradors* et préside à l'association *Occitania* et à ses éditions. Il a publié en poésie : *Rèspondi de...*, 1965, *Poëmas*, 1968, *Semblanom escobilhat*, 1973, *Lo Pan, la poma e lo cotèl*, 1973, *Non aver o esser*, 1975, *Vinhas*, 1976, *Bestiari*, 1979, des textes chantés par Patric, Daumas et Josiana.

Jean-Baptiste Séguy parcourt le monde et en observe les absurdités, en révèle les angoisses, trace des tableaux vifs et modernes. On voit que la langue s'accommode des termes nouveaux et répond à toutes les sollicitations. Liberté d'allure, de parole. On peut trouver dans *« Los corredors del métropolitan »* (les couloirs du métro), de station en station, tout un univers. Des titres : *Aiga de Nil* (Eau du Nil), 1966, *Poëmas del non* (Poèmes du non), 1969.

Philippe Gardy voit loin : *Dins dos o tres milierats d'ans...* (Dans deux ou trois millions d'années...) et pense à notre aujourd'hui dormant « dans un recoin de la pensée / archéologique des hommes ». Nous aimons ce vertige. On trouve ce que l'on ose appeler modernité métaphysique dans *L'Ora de paciencia* (L'Heure de patience), 1968, *Cantas rasonablas* (Chants raisonnables), 1969, *Caramentrant au mes d'agost* (Carnaval au mois d'août), 1969, ou *Lo Païsatge endemic*, 1982. « Comme Jean-Louis Guin (" *I a pas d'endrech* ", 1966), écrit Cabral, Philippe Gardy commence par méditer les œuvres d'Oc parues depuis 1945. Son évolution le mène à une critique de plus en plus vive de l'occitanisme. Sa poésie est douloureuse, sans complaisance, à la fois grinçante et farouche. Marquée par un sens acéré de la dérision, elle s'incorpore le quotidien. » Il est le rédacteur de la revue *Viure*.

Pour Roselyne Roche, nous parlons d'un coup de cœur pour un poème : *Cap e cap* (Tête à tête), poème en versets où la femme et la nature s'unissent dans un langage superbe, sensuel, animé, riche de beautés surréalistes. On comprend qu'Yves Rouquette la salue et on espère la lire encore. Aristide Rouquette nous est révélé par René Nelli avec des extraits de son *Romancero occitan*, un poème épique en prose, ce qui renoue avec la tradition (mais ici transposée dans la modernité) de la geste occitane. De même Nelli parle de Jean-Pierre Baldit ainsi : « ...il a ressenti les effets libérateurs de l'explosion dionysiaque de mai 1968 sans y perdre sa foi dans les valeurs occitanes », et on peut penser que c'était plutôt un moyen de les rejoindre. Sa voix est retenue et, sans aller jusqu'au minimalisme, il offre le poème nu, dépouillé, qui dit les choses directement, misères, espérances, constats, sans oublier la main chaude de l'amitié. Jean-Claude Sauvaigo, le Niçois, a, selon André Laude, « des rages de saxo nègre et des galops de Sioux ». Peut-être appartient-il à cette *raça d'aventuriers* de la vie et du langage qui part à la conquête de quelque *estela dau matin* dans des *poëmas foals*, poèmes fous (et fougueux), exclamatifs, persuasifs. Il nous dit que *commença quaucaren autre*, que commence la chose autre née dans la fureur et la colère, la révolte contre tout, y compris le « confort de l'engagement ». Des titres : *Sèba*, 1972, *Mon fiù, es un bèu jorn per morir*, 1974, *Quieta Cola e Ca*, 1976, *D'Una Laupia*, chansons niçoises préfacées par Robert Lafont.

Des noms encore, mais ce panorama est forcément incomplet et il est urgent de se référer aux études et anthologies, aux œuvres surtout parfois difficiles à découvrir, des noms de poètes d'Oc qui, tandis que la tradition du félibrige est maintenue dans les académies et sociétés diverses, vont au-delà et quittent les musées de la poésie pour la vie :

Georges Blanc, Émile Bonnel, Marcel Bonnet, Michel Chadeuil, Jean-Baptiste Chèze, André Combettes, Denis Drouet, Henri Féraud, Charles Galtier, Paul-Louis Grenier, Pierre Millet, Fernand Moutet, Pierre Pessemesse, Christian Rapin, Xavier Ravier, Arlette Roudil, Gabriel Séguret, Gilbert Suberroque, Alain Surre-Garcia, Jean-Paul Tardif, Jean-Calendal Vianès, et tant d'autres...

La langue des troubadours fut la langue littéraire de Catalogne et ce n'est pas oublié du côté de la *Societat d'estudis occitans* et de la revue *Oc*. Le monde catalano-occitan existe. De ce côté des Pyrénées, il y a Jordi-Pere Cerda (né en 1920) qui vit dans sa Cerdagne natale. Il a collaboré à *Action poétique*, à *Europe* (numéros spéciaux sur la littérature catalane), a écrit pièces de théâtres, poèmes, chansons. Les huit volumes de poèmes ont été réunis dans *Obra poetica*, 1966, à Barcelone.

Les langues minoritaires, basque, corse, alsacienne, bretonne, ont leurs auteurs inscrits dans la modernité, publient des poèmes exprimant l'angoisse de l'homme devant l'oppression du monde moderne, affirmant les revendications territoriales, politiques ou écologiques. Il n'est pas interdit à leurs frères en poésie s'exprimant en français de les saluer même s'ils ne peuvent les lire que dans de trop rares traductions. Ainsi en est-il en Bretagne pour Pierre-Jakez Hélias et Paol Keineg, et aussi Jean-Pierre Calloc'h dit Bleimor, Maodez Glanndour, Youenn Gwernig, Anjéla Duval ou Naïg Rozmor. Par-delà Babel, il y a aussi la musique et le chant quand se rejoignent Paco Ibanez, Glenmor, Alan Stivell, Gilles Servat, Claude Marti... Par-delà Babel il y a la poésie sans frontières.

7

Vers une poésie populaire

Jean L'Anselme.

De son nom d'état civil, Jean-Marc Minotte (né le 31 décembre 1919 à minuit), il a fait Jean L'Anselme, ce qui sonne patoisant. Dans l'après-guerre, il reçut le choc d'une rencontre avec le peintre Jean Dubuffet. « Comme lui, confie-t-il, j'étais opposé à l'art des musées, l'art officiel, l'art " culturel " et j'avais imaginé d'écrire " de la main gauche " ce qui me permettait un retour aux sources de l'expression en recréant des tournures de langage proches de celles des enfants... » De la main gauche, en un temps où les gauchers étaient rares :

> J'écris de la main gauche
> la plus gauche des deux
> parce que ma main gauche
> ne sait pas ce que sait
> ma main droite et que
> ma main droite en avait
> assez d'aller aux écoles.

Il commença par aller voir ce qui se passait dans les milieux ouvriers et fit paraître une modeste revue *Peuple et Poésie* qui suivait une autre publication *Poètes à férules* et fusionnera avec *Les Cahiers du Peuple* avec, au départ, L'Anselme, Michel Ragon, H.P. Malet, avant de laisser place au comité de rédaction à d'authentiques prolétaires dont Jules Mougin le facteur *(voir préc. vol.)* et Jean Vodaine alors cordonnier. Ce combat mené par L'Anselme pour prouver « que la poésie n'était pas la propriété privée de la rue d'Ulm », il le poursuivra contre ce qu'il appelle « les écrits tarabiscotés de nos penseurs à la mode genre Sollers, Roche et Cie », combat d'humeur. Un peu de polémique ne messied pas mais ce n'est pas là le meilleur de ce L'Anselme refusant la cohabitation.

Poésie naïve? Pourquoi pas. Mais L'Anselme qui joue aux primitifs est en fait un esprit cultivé qui s'attache à extraire ce qui est resté d'enfantin en lui. Dès lors, on trouve de la tendresse et du charme. Ainsi lorsqu'il écrit :

> on se mariera avec la nature
> on se mariera avec un verre d'eau
> on se mariera
> avec une pièce cuisine
> et deux chaises
> on n'a pas d'argent
> ....
> et il n'y aura pas de général
> parce que je les aime pas
> mais le bon dieu viendra
> si ça lui plaît.

De la naissance du petit Jésus à la rencontre d'un homme pauvre dans le métro, L'Anselme poursuivra une quête, montrera tout ce que l'humanité souffrante a de poignant et de pitoyable, il sera le poète des déshérités, ceux que l'égoïsme ignore. Pour mieux le faire ressentir, il emprunte aux tournures populaires, pas à l'argot, mais au langage de la simplicité, donnant même à la tournure réprouvée par les grammairiens une singulière poésie : « Ils s'aimaient que leurs bras n'en pouvaient plus de s'accrocher... » Et ce portrait d'un pauvre en deux lignes : « C'était l'homme-sandwich de la misère / pour faire de la réclame », ne contenait-il pas toute une amère protestation ! Il s'agissait bien, dit le poète, « de ressusciter en moi l'homme neuf, l'homme-enfant, enfoui sous une vingtaine d'années de loyaux services... » Désintellectualiser fut son but, reste son but, mais, après la période du grand amour de l'humanité en poèmes, parfois proches de Prévert (« en plus grinçant », dit Rousselot) en succédera une autre, toujours attentive à l'homme mais qui grincera vraiment et fera grincer les dents, semblera s'éloigner des données habituelles du poème. Il dit : « La poésie c'est mon cousin Anicet, sa mère disait toujours de lui : " c'est un poème ! " en prenant le ciel à témoin. » Et aussi : « Les mauvais poèmes sont très utiles, ils mettent les bons en valeur. » En écrira-t-il ? Non, ce sera autre chose.

Jean Dubuffet lui dicte cet anti-bon usage : « Je suis toujours à la limite du dégueulasse, de l'infâme, du barbouillage et du petit miracle... » On va voir naître un L'Anselme allant plus avant dans l'art anticulturel, dans la banalisation de la poésie. Il qualifie ses écrits de godiches, de tartes, de kitschs, de punks et aussi de noms d'oiseaux. Michaux parlait de construire une ville avec des loques, L'Anselme le fait vraiment. Un *Manifeste* précède *Les Poubelles*, titre qui l'indique bien : il va chercher dans les absurdités journalistiques, les petites annonces, les graffitis et comme il le dit : « Tout ce qui peut être déchet, épave, rebut, relief, déjection, cri d'alarme, larme, sourire, grimace. Tout ce qui peut dénoncer, inquiéter, susciter révolte, interrogation, dégoût mais qui peut être aussi cocasserie, drôlerie, absurde... » et cela dans l'espoir d'un petit miracle comme « un vers d'Eluard ou une réflexion de Reverdy ». On verra tout cela, et des rappels du L'Anselme des débuts, art pauvre ou art maigre, mais la joyeuseté, la fantaisie, le goût de l'hénaurme et de la grosse rigolade conduisent son propos dans une

direction dangereuse, côté calembours envahissants puisqu'il s'agit de
« fientes » fussent-elles de l'esprit qui vole. Il y met une rage destructrice
qui l'éloigne de la tendresse de ses premiers poèmes, ne peut être accepté
que pris au second degré, ce que beaucoup ne perçoivent pas. Tout ce
qu'il a voulu donner d'incongru, de démesuré, de mal venu, de mal éduqué,
de « dégueulasse » est bien là même s'il risque de se noyer dans le magma.
Cela ne veut pas dire que la lecture ne soit pas réjouissante, que les trouvailles ne soient pas ingénieuses, mais il faudrait que le chansonnier recule
devant le chiffonnier qui peut ramener une étoile au bout de son bâton.
En attendant, on retient l'ingénuité, la tendresse et la révolte.

Principaux titres : *A la peine de vie*, 1947, *Poèmes à la sourieuse Rose*, *Le Tambour de ville*, 1947, *Un jour Noé*, 1948, *Chansons à hurler sur les toits*, 1950, *Il fera beau demain*, 1953, *L'Enfant triste*, 1955, *Au bout du quai*, 1959, *Du vers dépoli au vers cathédrale*, 1962, *Très cher Onésime Dupan de Limouse*, 1966, *Mémoires inachevés du Général Duconneau*, 1969, *La Foire à la ferraille*, 1974, *Les Poubelles*, 1977, *La France et ses environs*, 1981, *L'Anselme à tous vents*, 1984. Des numéros spéciaux lui ont été consacrés par *Amenophis* et *Poévie*. Christian Poslaniec lui a consacré un ouvrage.

Jean Vodaine.

Les goûts de Jean Vodaine (né en 1921) vont vers des poètes comme
Jules Mougin et Gaston Chaissac *(voir préc. vol.)* et il sait accueillir tout
poète d'authenticité. De son vrai nom Frédéric Vladimir Kaucic, il est né
en Slovénie et vit en Lorraine. Après divers métiers, cordonnier, électricien, etc., il sera typographe, graveur, éditeur pour se mettre au service
de la poésie, créant des revues : *Poésie avec nous*, 1949, *Le Courrier de Poésie*,
1951, *La Tour aux puces*, 1951, souvent dans la compagnie d'Edmond Dune,
enfin *Dire*, à partir de 1962, revue composée à la main, de faible tirage,
comme les livres qu'il publie d'une grande qualité unissant le goût et la
recherche dans la conception de la typographie et de l'illustration.

Jean Vodaine n'est pas de ceux qui oublient leur origine sociale. Sa
poésie, à l'opposé de toute intellectualisation, est naturelle, et, comme le
dit Edmond Dune, « marquée fortement par la fuite des saisons – saisons
de l'enfance, de la nature, de l'amour, de la vie – avec un côté populaire
et donc nécessairement revendicatif qui vient évidemment des origines du
poète ». Certes, cette poésie se souvient des expériences ouvrières, elle est
fraternelle et authentique mais on ne saurait la placer sous le signe d'un
vague populisme. Si les œuvres gravées de Vodaine peuvent répondre à
une définition de l'art brut de Dubuffet, sa poésie vient de profond en lui,
ne dédaigne pas la narration, sait être chantante et touchante. « Vodaine,
/ Vodaine discret comme la source / du Danube! » écrit Jules Mougin.
Jean-Paul Klée : « Le baron Vodaine vit dans le vertige de l'histoire, il
devient lui-même une sorte de roi-mendiant, ou de prince christique de la
Poésie... » En fait, nous nous trouvons en présence d'un amoureux des
êtres et des choses : « Je ne fais pas de l'art. Je fais des choses. Je fais des
choses pour mieux servir la poésie », dit Vodaine et cet art poétique en

vaut bien d'autres. On écoute : « Entre l'écarlate du feu/ et le gris acier de la pluie les ouvriers tirent / ce bleu vicié de leurs peines... » ou bien cette musique pure :

> Sur la rosée de septembre
> le glas d'Aboncourt s'en va
> s'en vient piétine durement l'écho
> et percées les oreilles
> le glas d'Aboncourt quitte l'aurore
> et descend dans le puits
> boire l'étoile
> eau bercée la nuit apporte
> sa mort vers le petit matin
> il faut savoir mourir avant
> que nous quitte le temps d'aimer.

Quelques titres de Vodaine : *Rose et noir*, 1945 et 1947, *La Mort de l'amour*, 1948, *A travers la lucarne*, 1949, *Pieta, Le Vagabond d'étoiles*, 1950, *L'Arbre retrouvé*, 1951, *Pas de pitié pour les feuilles mortes*, 1952, *L'Arrière-pays*, 1955, *Les Pauvres Heures*, 1957, *Le Bon Dieu à crédit*, 1958, *Les Chants de Yutz*, 1961, *Petits agglos de mots périmés*, 1972, *La Fable des animaux restés seuls sur la terre*, 1972, *Sérénade pour un chien endormi*, 1979, *Les Maixines*, 1985.

Banlieues proches et mondes lointains.

Il est intéressant de voir que plusieurs poètes au plus près du réel quotidien des villes et des banlieues et qu'on serait tenté de limiter à ces horizons populistes ou misérabilistes mêlent à leurs peintures celles de l'évasion ou de l'exotisme.

D'origine russe, né en Turquie, Oleg Ibrahimoff (né en 1926), médecin dans la région parisienne, a su, en poète, se souvenir de Sainte-Sophie « qui embaume le monde d'encens grégorien ». Il se nomme avec fierté : « Je m'appelle Oleg / dont les biens ne sont pas de ce monde... » Il est ardent, lyrique, il fait penser à de vieilles légendes : « Car je suis de la race et du sang de Rurik... » et ce prince Oleg qui rêve d'un passé mystérieux et grandiosement barbare met les valeurs les plus civilisées du langage au service de textes serrés, forts, elliptiques. Il va du monde merveilleux au quotidien des banlieues, des usines, des rues où l'homme se perd, connaît le dénuement et la solitude, il exprime de manière âpre, frappante, des conditions difficiles, mais il sait aussi dire la joie simple et les bonheurs de la vie. C'est un poète qui porte en lui Paris et ses banlieues en même temps que les lieux de son imagination et les richesses de sa généalogie. Une poésie en métamorphose, et *Métamorphoses* est le titre d'une revue qu'il créa. Un exemple ne suffit pas à dire les multiples qualités de sa poésie. Pourtant :

> Les odeurs de sève ont effacé la sueur des villes
> le ciel n'est qu'un nuage pesant noir et bête
> sur le fracas crispé du poteau qui sursaute trois fois

> les pousses pointues des blés clairsemés
> sont insensibles au cri de fatigue de la terre...

Des titres : *Banlieue*, 1953, *Le Cœur de la vie*, 1954, *Nous sommes les barbares*, 1955, *Conquêtes de la ville*, 1955, *Pierre à pierre Paris*, 1958, *Paris l'an deux fois neuf*, 1959, *Le Prince Oleg*, 1963, *L'Égal de la terreur*, 1966, *Incinérer l'hiver*, 1967, *La Prise du pouvoir*, 1970, *Univers minuscule*, 1971, *Dieu œuvre posthume*, 1973, *L'Opposition*, 1974, *Richesse des ruines*, 1974, *La Vie et la mort sur une petite place*, 1974, *Le Prince Oleg et autres dits*, 1976, etc.

Guy Chambelland présente ainsi Christian Bachelin (né en 1940) : « L'univers de Bachelin, toujours posé à ses pointes extrêmes (banlieues, greniers, crépuscules) où l'homme est toujours prêt à basculer pour de bon dans l'angoisse... Je lis Bachelin comme j'entendrais de la musique classique jouée en jazz, avec des faux accords et des syncopes, pour cette profondeur indicible de l'âme moderne impropre à toute règle stricte. » Cette poésie directe n'a rien de la goualante rabâchée. Le poète invente ses images, il les trace, il les peint, il les fait vibrer, tanguer, éblouir. Se côtoient les images saisies dans la ville (clochards, passants, accordéoniste) et des oiseaux, des plantes, des arbres exotiques, car il est habité par cette « nostalgie plus belle que mourir », par ce désir de s'évader d'une longue « sanguinolence d'objets anonymes » quand « le brouillard d'escale s'ouvre sur l'infini » vers d'autres horizons : « du côté de Shanghaï, de Prague ou d'Amsterdam » — mais ce ne sont pas que regret puisque l'ici et l'ailleurs sont exprimés avec la même force musicale. Qu'il unisse le palétuvier et le réverbère ou invente un bestiaire réel que les imageries rendent fabuleux, c'est avec originalité. Il a le sens de tous les rythmes, y compris le classique (on trouve des alexandrins) mais la pensée poétique est moderne. Le navire vogue dans l'ivresse et le métro prend des allures de transsibérien alors que Duke Ellington joue des blues pour « la fiancée aux paupières d'anémone » :

> Et quel roman baroque en nous se déchire
> Où nous serions sur l'impériale d'autobus
> Dans le temps d'avant-guerre en des jours inconnus
> Roulant bastringue au vieux désert sentimental.

Titres : *Neige exterminatrice*, 1967, *Le Phénix par la lucarne*, 1971, *Ballade transmentale*, 1974, *Medieval in blues*, 1979.

Georges-Louis Godeau (né en 1921), a trouvé sa voie, celle du poème en prose. Ce fabricant de ponts réels et de cet autre pont entre les hommes qui est la poésie peut être pris comme un réaliste. Il s'intéresse aux hommes, à leur travail, à leur entourage. Qu'il dépeigne une secrétaire, une fille de salle, un skieur, c'est toujours de manière brève, en relief, sans inutilités, avec des touches colorées comme s'il s'agissait de cartes postales où l'espace de l'écriture est réduit. Du monde du travail, il va vers les voyages avec la même expressivité. Il y eut tout d'abord *Javelines*, 1953, *Rictus*, 1954, *Ven de rien*, 1959, puis des livres plus mûrs, plus épanouis comme *Les Mots difficiles*, 1962, *Les Foules prodigieuses*, 1978, et aussi *Le Fond des choses*. I créa une modeste revue : *Le Pain du pauvre*.

Michel Joseph (né en 1933), Breton de la mer, offre des œuvres nues comme lavées par le vent du large. « Voici un homme sans art et un poète sans artifice », écrit Charles Le Quintrec. Le poème tourne « autour du lieu où s'échappent les songes » dans un intimisme à l'ancienne où, assis autour d'une table, les hommes parlent pour oublier la mélancolie. On est là, on est bien, c'est comme à l'escale et ce romancier, ce peintre, ce marin, toujours « d'un cœur égal » nous dit des choses belles et simples qui touchent à la vie des hommes.

Janine Bensaïd (1940-1986) dans *Vivre*, 1971, *Au fil des jours*, 1974, n'a d'autre ambition que de se confier, de montrer la vie réelle, les rues, les métiers, de chanter par exemple un soir de Belleville ou les oiseaux d'Orly en faisant le portrait d'une Égypte rêvée. Toujours le voyage...

Daniel Mauroc anima avec Elliott Stein, puis avec Pierre-Jean Oswald, avec dans leur entourage Louys Gros ou Gérard de Crancé, la revue *Janus* qui, au départ était bilingue français-anglais. Il est lui-même traducteur et dramaturge. Dans *Tam-tam blanc*, 1949, il transpose des rythmes africains pour exprimer la ville-prison qui le hante : « Il faut brûler la ville... » En vers libres ou en prose, il erre par des rues cruelles en cherchant le salut en lui-même ou en rêvant à d'autres espaces.

Rappelons Marguerite-Marie Peyraube (née en 1914), poète des banlieues nostalgiques et des chemins de l'amour. Et aussi Roger Siméon (1918-1985) fondateur de la revue *Arpa* à Clermont-Ferrand, organe de l'association de recherche poétique en Auvergne dont le président est Pierre Delisle et dont les rédacteurs en chef sont Gérard Bocholier et Jean-Pierre Siméon, avec encore Marianne Siméon et Michel Siméon (une famille de poètes et d'artistes), une revue qui fait honneur à l'Auvergne et offre des sommaires prestigieux. Un numéro spécial est paru *Pour saluer Roger Siméon*. Ce dernier, autodidacte, a été garçon de courses, apprenti électricien, terrassier, chômeur, manœuvre, employé de bureau, secrétaire, fonctionnaire, trente-six métiers et quelques misères, puis la découverte et l'amour pour l'Auvergne, le soleil de la poésie et de l'amitié. Il fut un des premiers collaborateurs de la revue *Iô*. Ses titres : *Du fond de la nuit, Le Théâtre de la nuit jaune, L'Explorateur sauvage, Requiem pour une planète*, réédition du *Fond de la nuit suivi des Feux lointains*, 1984.

> Nous avancions dans un brouillard
> Les pauvres gens comptaient leur salaire dérisoire
> Les maisons du faubourg pourrissaient dans la pluie
> Nous allions par des rues à l'ombre indéfinie
> au loin brillait la lumière des humbles.

C'est là un aspect de sa poésie, la toile de fond qui l'exprime et sur laquelle s'inscrit une poésie de lyrisme et de sensibilité, avec des lueurs surréalisantes où il dit ce qu'il hait et ce qu'il aime, l'amour pouvant s'unir à l'invective. C'est un poète généreux qui sait peindre un beau jardin mélancolique et lui offrir la musique des rochers et de la vague. Du réel à l'imaginaire, du témoignage des vies humbles à l'émerveillement, c'est un parcours de vérité qu'il nous offre.

Un authentique poète prolétaire fut Robert Édouard (mort en 1979) dont nous aimions la gouaille faubourienne et le franc-parler dans *Mansardes*, 1947, que suivrait *Je suis né d'une sans étoile* et un *Dictionnaire des injures*. Dans ses poèmes, s'il se rapproche en ses meilleurs moments de Prévert, il sait aussi se moquer de tout le monde et de lui-même et il le fait avec esprit comme Guignol corrigeant le gendarme. Les mailles du filet ne sont pas toujours serrées, on se rapproche par trop du chansonnier facile, et pourtant, il y a plein d'amour, plein de générosité derrière les pirouettes. « Ses poèmes, écrit Michel Ragon, disaient le carillon infernal du réveille-matin, l'odeur du métro, les bruits de l'usine et les bruits des chambres meublées... Ce Normand à la gouaille de Parigot avait quelque chose du camelot de foire et de Gavroche... »

Jean-Baptiste Rossi, romancier célèbre sous le nom de Sébastien Japrisot, connu comme cinéaste aussi, en publiant des œuvres écrites entre seize et dix-neuf ans sous le titre *Écrit par Jean-Baptiste Rossi*, 1987, n'a pas oublié ses poèmes, par exemple « Trois villes où je suis né » où il chantait Naples, Marseille et Paris de belle manière en attendant de devenir l'homme de la prose romanesque et des films à grand succès.

La ville apparaît en maintes œuvres. Nous indiquons Frédéric Musso (né en 1941), romancier, poète de recueils comme *Le Point sur l'île*, 1983, *Dans les murs*, 1985. Il excelle dans le poème en prose lumineux comme Alger sa ville natale, coupes de poésie où il nous parle d'enfants et de rues, de soleil et de nuit. Il montre et ses tableaux simples et nus sont composés de mots comme de touches de couleur. « Ils surgissent comme une fièvre, écrit-il, chimiquement purs, privés de la chaîne de significations où on les enserre pour proférer ou demander le sel... » L'ensemble est harmonieux comme une ville au soleil, une ville faite de pierres de toutes couleurs, de toutes formes, et ici ces pierres sont des mots.

Ne plus attendre, 1975, d'Olivier Lécrivain (né en 1953) montre l'homme dans la ville et les images se succèdent comme dans un film. Le poète avance, à la paresseuse, et l'on sait que c'est le meilleur mode d'éveil, en quête de tout spectacle souvent plus inquiétant que rassurant, et se nourrit de plans successifs, d'odeurs, de rumeurs, de correspondance, à la suite peut-être d'une nouvelle Nadja en blue-jean et évoluant sur un air de blues.

Thieri Foulc (né en 1953) peut écrire dans le métro un sonnet désinvolte « sur un polar de David Goodis » ou bien, « à Tataouine sous les tamaris » lorgner « les mirages où vont boire les lions ». Il serait proche de Jarry, voire de Fourest, si, derrière le parler direct, n'apparaissaient des préoccupations d'ordre spirituel, comme chez Max Jacob. Un édifice, un lieu sont matière à méditation profonde. Aux clichés du religieux, il préfère la cocasserie proche de la clownerie plus efficace. Des titres en témoignent qui évoquent les lieux chers de la pataphysique, par exemple *17 sonnet. écrasiâstiques plus 1 sonnet alchimique avec 17 plus 1 compositions par l'auteur* 1969, ou *Whâââh*, 1972. Cette poésie chasse l'ennui sans être gratuite et l'humour, l'hénaurme peuvent être le fil d'Ariane d'un labyrinthe où le temps, la mort, la connaissance sont interrogés dans un travail alchimique

Cette recherche de la vérité et de l'authenticité dans un ordre rabelaisien, avec des pirouettes et quelques grimaces reste fort intéressante, en tout cas originale.

« La ville est ce rêve qui chante sous la peau » ou « Nous rêvons en nos corps les empires de pierre », voilà ce qu'écrit Claude Vercey (né en 1943) dans *L'Étrangère*, 1975, en de longs poèmes somptueux et angoissants où la « sèche ingrate ville » charrie ses scories, bitumes, parkings, tours, « bagnoles coagulées », prisunics, trottoirs, où ce qu'il existe de misérable et de contraignant se transforme en beautés noires quand « gronde la ville mère » devenue corps écrit, corps et cris.

Le Nord, les mines, les beautés et les tristesses, Michel-Daniel Robakowski (né en 1947) en fait « un poème gris et noir » tantôt d'une musique poignante avec accompagnement de pluie et de boue, tantôt sous le signe des kermesses fleuries et de l'homme exaltant la vie car « le nord est beau comme l'homme peut l'être / car c'est en somme une terre qu'il a fait naître ». Nous verrons ces hommes, ces femmes de tous les jours parmi les corons, les maisons de brique, les boutiques, tous lieux réels que le poète donne à aimer même s'ils diffusent de la mélancolie. Ce sont des poèmes sensibles et vrais où l'on chante les siens, on le voit dans *Les Antiécritures*, 1968, *Trois poètes sur un terril*, 1969, *Solaires*, 1970, *Les Hauts d'aventures*, 1971, *Bruay-en-Artois ou Bruay-en-Poésie?*, 1973, *Un peu de pluie au passage du vent*, 1975, ce dernier paru aux *Cahiers Froissart* publiés par ce Centre si fécond que dirige Jean Dauby.

« Imagiste au sourire triste, épieur d'absurdie dans le quotidien déconcertant, tout de discrétion... » Ainsi Henri Rode définit-il Alain Breton. Nous lui devons des anthologies comme *Les Nouveaux Poètes maudits*, 1981, ou *Les Poètes et le diable*, 1980, et des recueils comme *Chute et parfums*, 1978, ou *Tout est en ordre, sûrement*, 1980. Une œuvre où l'on distingue des qualités d'attention aux êtres et aux choses. En quelques lignes serrées, il saisit une image dans la foule, un être désemparé, et puis des boxeurs, des athlètes, à moins que Django Reinhardt ou le Christ ne lui inspirent une musique de mots. Elliptique, il a le sens des silences et traduit de manière limpide les spectacles de la vie.

Des « bistrots populaires », des « automobiles aux yeux jaunes », des « tramways cyclopéens », on en trouve dans *Boulevard de la déglingue*, 1977, de Jean-Marie Flemal (né en 1950), autre piéton de Paris à la recherche de lui-même parmi d'autres visages, d'autres illusions d'optique, et surtout, par-delà la ville, du rêve de la ville.

Il a déjà fait ses preuves et il est un sûr espoir de la poésie française. C'est Gérard Noiret (né en 1948) auteur du *Pain aux alouettes*, 1982, de *Chatila*, 1986. Un poème de ce dernier recueil est significatif :

> Comme les bruits de la rue envahissent
> la cuisine par la fenêtre mal fermée
> ceux de la mort gagnent son sommeil
> Souvent tu la retrouves
> dressée pleurant dans le noir

> mais ne sais pas joindre
> les deux battants de la nuit.

Noiret, sous réserve de possibles métamorphoses de son œuvre, c'est, au moment de notre photographie, un homme qui se penche non sur des êtres d'exception mais sur des gens de la rue, ceux qu'on dit sans histoire. Tandis que la vie quotidienne se déroule, il y a des angoisses, des tensions, des crises. C'est un peu comme si un Zola ou un Balzac délaissant la prose pour le poème, cherchait l'au-delà des apparences immédiates, découvrait la chair de l'homme dans la chair des mots, tirait des significations du moindre fait quotidien. On pourrait ajouter que, dans la finesse de l'observation, dans la minutie de l'attention, on découvre une humanité profonde, sans moralisme et sans redondance. Les faits, le vocabulaire, les gens sont ceux d'aujourd'hui. On dirait que le poète a pris à charge ce que le romancier oublie de voir.

Une place particulière pourrait bien être celle de Gaston Criel (né en 1913) qui s'apparente fort peu aux poètes de sa génération. On pourrait lui trouver des sources du côté de Cendrars, de Prévert ou d'Henry Miller, plus près de nous de Bukowski, mais aussi de ses cadets des années 70 chérissant comme lui « le blues au sang bleu ». Il peut y avoir du rire en pleurs comme chez les poètes de l'école fantaisiste, de la romance apollinarienne, des poussées argotiques ou de la provocation scatalogique, et tout cela avec la belle santé du rire vengeur et de l'humour ravageur. Devant le Grand Guignol contemporain, il n'hésite pas à se mettre à nu moralement et physiquement pour clamer sa rage de vivre et sa rage tout court. Il y a les livres de poèmes proprement dits, d'*Étincelles* à *Le Poète et ses poèmes*, 1982, en passant par *Perspectives, Gris, Blues, Poèmes manifestes, Amours, K.G., Règlements d'infanterie, Hygiène, POPoème*, où s'expriment ses diverses tendances. Il y a l'essai sur Charles Autrand, celui préfacé par Cocteau, *Swing*, qui marque une époque, celle du Criel, bohème de Saint-Germain-des-Prés, un roman, *La Grande Foutaise*, confession réaliste et crue, cela dans l'après-guerre quand ce personnage sympathique, flâneur de la rive gauche, amateur de jazz et de jolies filles, vivant de trente-six métiers, barman par exemple, était salué par Sartre, Cocteau, André Breton ou Picabia. Et puis, plus tard, deux œuvres sœurs : *Sexaga*, 1975, et *Phantasma*, 1977, pour nous ses réussites, ses chants les plus poignants et désespérés. Ce sont des contes grotesques, entre le désespoir et l'absurde où les mots sont jetés comme des éclaboussures ou des cris. On a parlé de Miller, Burroughs, Céline bras dessus bras dessous, d'une mise à nu « dont l'impudeur est la plus éloquente vertu » (Jean-Marie Sourgens) et qu'André Laude a saluée ainsi : « Une sorte d'opéra fabuleux qui se jouerait dans quelque sordide bas-fond urbain (un bar par exemple) se déroule devant nous, scandé par la rauque rumeur du sexe sacralisé. » Il ne faut pas rechercher chez Criel une esthétique du bon goût, mais une révolte jetée à pleine gueule, avec les éclairs de purs poèmes.

Dans *Stridences de l'exil*, 1987, de Jean Bensimon, qui écrit dans *Traces* de Michel-François Lavaur, le poète montre « un arrière-pays aux yeux de glu », un « pays coincé entre la falaise et l'oubli » et exprime torpeur et peur, étouffement et angoisse. Comme Ulysse, on cherche un lieu habitable, loin des cheminées qui « bombardent la banlieue ». Un autre titre de Bensimon : *La Montaison.*

Avec Jean-Henri Bondu, dans *Estuaire,* 1987, par-delà « la monotonie des jours et des marées », on trouve le souffle du large. Il y a la ville, mais « La présence du Navire transforme la Ville » et c'est toute une histoire qui nous est contée, la cité, les vaisseaux, la femme en étant les protagonistes, mais cela n'empêche pas, sur un parcours initiatique, de se trouver hors du temps, à la recherche d'un impossible salut. Le vers est largement déployé, comme chez Saint-John Perse, « chaque bruit s'enrichissant de ce qui a été avant » comme le remarque Anne Portugal dans un texte liminaire. Bondu a publié auparavant plusieurs livres dont *Le Rivage crédule,* 1976, *Les Achillées,* 1980, *Le Vivier du ciel,* 1984.

Charles André (né en 1928), après *Poèmes de toutes les couleurs,* 1984, a publié *Et garder les yeux ouverts,* 1986. Dans de longs poèmes narratifs aux vers courts, il exprime ses vues sur la condition actuelle de l'homme en ne craignant pas le prosaïsme pour donner ses idées sur les folies urbanisatrices, le racisme, la religion, faire le portrait d'une femme, envisager en somme la poésie comme une accompagnatrice du quotidien même si elle rêve parfois de belles évasions dans l'imaginaire.

Bernard Diez, dit Bernard Lorraine (né en 1933), chante comme le faisaient Carco et Mac Orlan, c'est-à-dire que tout poème paraît être conçu pour la musique avec la rime pour faire tinter comme une clochette chaque vers. Après des postes culturels aux Amériques, il a retrouvé la province qui lui a donné son pseudonyme. Expressif, il sait que l'humour et la colère, la tendresse et l'indignation ne sont pas incompatibles, et il y a toujours comme un sourire en coin dans *Seul,* 1964, *Vitriol,* 1964, *Provocation,* 1966, *Azertyuiop,* 1969, ou *Le Cœur à pleurer,* 1978, *Andes,* 1983, *Fleuves,* 1986, sans oublier *La Ménagerie de Noé,* 1981, pour les enfants. Lorraine a écrit aussi pour le théâtre et compose des anthologies, notamment *Lorraine, tes poètes,* 1983, un ouvrage qui montre la richesse poétique de la grande province. Et pourquoi ne pas placer près de lui Marcel Cordier (né en 1945) qui nous la signala. Directeur de la revue *Terre lorraine,* il a publié en prose et en vers. Parmi ses recueils, nous citons : *Des feuilles et des branches,* 1976, ou *L'Amour, la mort,* 1979, *Aux arbres, citoyens,* 1980, poésie de la confidence directe et simple proche de celle de Desnos salué dans un poème.

Pierre Régnier, technicien à la télévision, veut *Mourir moins sale* et c'est le titre de son recueil paru en 1976. Poèmes et chansons narrent les étapes d'une vie, les émerveillements et les colères avec un ton de vérité et de sincérité qui touchent et cela s'ouvre sur l'espoir et le désir de fraternité sans autre prétention que de dire, témoigner, chanter.

En Simonomis (pseudonyme palindrome?), Jean Rousselot a salué « un bon serviteur de la poésie des autres » et un poète dans la tradition de Villon ou Corbière. Il a écrit sur Gaston Couté et Tristan Corbière, ce qui le situe bien, a fait paraître des « proses poétiques sur Montmartre, Montparnasse et Saint-Germain-des-Prés » et donné dans « l'humour irrévérencieux » avec gentillesse. Dans *L'Étrier d'argile,* 1987, il dépasse souvent le contenu ludique des mots, l'allégresse du verbe et les trouvailles pour s'ouvrir à une gravité cachée par son sourire.

Usines.

On pourrait reprendre le titre de Pierre Béarn pour parler de « couleurs d'usine » à propos de plusieurs poètes. Ainsi, Gérard Voisin (né en 1934), poète-ouvrier, militant, qui mérite une place dans l'*Histoire de la littérature prolétarienne* de Michel Ragon et que nous a fait connaître Serge Brindeau qui écrit : « Quelle puissance, quelle précision, quelle sensibilité dans le poème *Fonderie* qu'il dédie – ayant été lui-même mouleur-fondeur pendant treize ans – " aux métallos de Nantes et de Saint-Nazaire "! Et comme on comprend à quel point les simples intellectuels risquent de passer à côté de la question – même les plus exigeants, les plus honnêtes (pensons à Simone Weil) – quand ils abordent les problèmes de la vie ouvrière... » Il s'agit d'une prose, ou d'un poème en prose, où l'on montre la robotisation de l'homme dans les chaînes, ce qui se passe dans une tête qui pense dans le silence de son secret tandis que le corps ouvrier se livre aux gestes célébrés dans *Les Temps modernes* d'un Charlie Chaplin. C'est au fond un livre des heures, de l'aube qui vous jette au travail au soir de la grande fatigue : « ... Coulant dans la fatigue, les yeux bataillent le sommeil. Le fantasmagorique mêlé de nuit et d'orangé métal, illumine les charpentes, passe sur nos cheveux, frangés de sueur, le front bombé, les traits sculptés à vif... » Titres : *Servaline,* 1960, *Écoute,* 1961, *Aube,* 1962, *Survie,* 1963, *Fonderie,* 1964, dans *La Nouvelle Critique.*

Louis Rocher (1927-1956) était docker à Orly. Responsable syndical, il est naturel que ses luttes, ses aspirations à la justice, la recherche d'une fraternité ouvrière se retrouvent dans ses poèmes pleins de sensibilité, de sentiment vrai réunis dans *Poèmes pour les ouvriers et les autres,* 1955, *Un chardon si évident,* 1956.

Hervé Lesage (né en 1952) fait partie de ces poètes du Nord chers au Centre Froissart. Dans *Sur le parvis de l'hiver,* 1987, il nous montre « les incendies de la fatigue » et « les usines dressées / à mordre la main distraite » ou bien « le dos voûté des villes muettes / écrasées sous leur propre poids / de colère et de honte », car ses poèmes réalistes sont d'une grande humanité, on le voit encore dans *Un bateau impossible,* 1984, *Dans la paume de la nuit,* 1984, ou *Le Parchemin des insomnies,* 1985.

De nombreux métiers ont appris à Jean-Louis Béchu (né en 1918) toutes choses de la vie quotidienne. Chroniqueur, romancier, nouvelliste, avant tout poète, il débuta par un recueil préfacé par Francis Carco : *Paris-la-Misère,* 1950, titre qui donne la direction de son inspiration. Il y aura *Le Vin des rues* et des poèmes chantants, pleins de fantaisie, mais peut-être doit-il le meilleur de son œuvre au concret, et ce concret est celui du métal, qu'on en juge par ces titres : *Pour la conscience du métal, L'Acier la Rose, La Fournaise, Noces d'étain...* Cette poésie, si elle apporte cet élément matériel, ce feu minéral, ne s'éloigne pas de ses préoccupations car l'humain est présent dans ce monde usinier qui donne plasticité et réalisme à des chants de « magma brûlant » ou de « lave première » quand les hommes et les femmes d'usine « rêvent de rétroviseur, de foin, de pinèdes, de peupliers... » devant la chaîne du travail abrutissant. « Au ras de la vie », nous trouvons unies la conscience du poète et la beauté blessante du monde industriel. On oscille entre la rose et l'acier dans des poèmes en prose convaincants et d'une belle originalité, on le voit encore dans *Des bouts d'existence*, 1982.

Leslie Kaplan, née à New York et vivant en France, a publié *L'Excès-l'usine*, 1982, puis 1987, suivi de *Usine* en collaboration avec Marguerite Duras, un recueil de textes en prose, divisé en neuf cercles comme dans un poème dantesque. Texte net, mots suspendus et discordants, ouverts, poème-reportage, mots qui semblent issus d'une caméra, absence de discours, et par-delà le lieu du travail, ses banlieues, ses territoires, ateliers, rues, cafés, cantines – l'auteur décrit l'usine, l'exprime, l'observe, fait semblant de ne pas s'étonner. Il n'y a rien de populiste ou de misérabiliste. On montre, c'est tout. Avec sans doute cette arrière-pensée de l'usine vue comme un camp de la mort lente. Et ce calme porte une extraordinaire violence, celle d'un constat qui se passe de conclusions, qui laisse muet. « L'usine, écrit Leslie Kaplan, on ne peut pas en finir avec elle par les mots, et les mots qui l'écrivent doivent tenir compte de cela, leur limite. » Collaboratrice de la revue *Banana Split*, Leslie Kaplan a écrit *Le Livre des ciels*, 1983, *Le Criminel*, 1985, *Le Pont de Brooklyn*, 1987.

Yves Di Manno (né en 1954), traducteur de William Carlos William, Bob Dylan et Charles Tomlinson, collaborateur de revues qui se situent à la pointe de la modernité *(25, Impasses, Bas de Casse, Minuit, In'Hui, etc.)*, auteur par exemple de *Qui a tué Henry Moore?*, 1977, *L'Intérieur, l'extérieur*, 1978, *Les Célébrations*, 1980, *Trois Nô*, 1981, *L'Exode*, 1981, *Le Méridien*, 1984, a, comme Leslie Kaplan, su trouver un langage en accord avec les réalités du temps, ce qui lui permet de construire une ville de mots traduisant la ville réelle avec ses cruels mouroirs, ses paysages industriels, ses matériaux (ferraille, béton...) prompts à blesser le corps des ouvriers quand hangars répond à hagards :

> Hagards. Vasques. Vastes hangars de
> Tôle où étaient stockés les produits
> Manufacturés. Les Fenwick hissaient
> Dans la pluie sur des cargots des
> Caisses vides. Deux sirènes (l'une,
> En bronze, au sommet d'une fontaine et
> L'autre, mugissante, marquant la pause
> de midi : Deux heures : Six heures)...

Le sens du rythme et de la rupture donne à ces poèmes une grande efficacité et cet univers « où la main évite la main. Où / Les yeux ne croisent que des yeux » exprime sur la condition humaine, sans misérabilisme et sans apitoiement, un message plus fort que la revendication directe. Ce langage bref avec des mots posés seuls comme des cris, ce laconisme qui, paradoxalement, nous parle longuement procèdent d'un art nouveau qui assure une pénétration convaincante comme autant de coups de couteau destinés non à tuer mais à empêcher le sommeil.

Prose ou poème, si le réceptacle diffère, il s'agit toujours d'interrogation des mots, des sons, des images visuelles ou verbales « que le poème engendre et qui l'engendrent certains soirs, dans la nuit du langage et l'ordre d'une page » comme il est indiqué dans *Champs II*, 1987, prolongement de *Champs*, 1984. Parlant du temps, des jours et des nuages, il ne cesse, en fait, de mettre le poème à l'épreuve, de le pousser au bout de son possible pour en extraire, comme en se jouant, ce qui peut tenir de la confession, de la chanson du faubourg ou du poème textuel avec ses dispositions hardies. Il en naît de belles réjouissances et de subtiles délectations.

(L'usine, la ville sont les sujets d'inspiration des poètes que nous rencontrerons dans le chapitre consacré au nouveau réalisme et aux nouvelles mythologies.)

8

Rires et masques

Depuis les lointaines fatrasies, depuis Rabelais, le drolatique court au long de l'histoire de la poésie française. Nous préférons qu'il soit exigence poétique et non calembredaines. Nous avons pu souvent nous réjouir et nous l'avons fait en lisant *La Poésie française d'humour* de Claude-Michel Cluny dans *Poésie 1* ou, dans la même collection, *La Nouvelle Poésie comique* de Jean Orizet. Le rire, on l'attend de certains poètes plus spécialisés que d'autres, on le trouve aussi où on ne l'attend pas. S'agit-il d'humour, de cocasserie, de drôlerie, du sourire de l'érudit ou du rire du clown, de tristesse masquée ou de joie envahissante ? S'agit-il de défi, d'exorcisme, de provocation, de désespoir ou de simple joie ? Cela dépend de la création du poète, de l'esprit de celui qui le reçoit. Ce chapitre ne réunit pas que des auteurs « comiques », et souvent nous préférons les poètes qui restent dans la marge, il fait un parcours de l'esquisse du sourire à l'éclatement du rire énorme.

Les titres d'Odile Caradec nous donnèrent longtemps une idée fausse de sa poésie : *Nef Lune*, 1969, *Potirons sur le toit*, 1972, *L'Épitaphe évolutive d'un chauve*, 1972, *A vélo, immortels !*, 1974, *Le Collant intégral*, 1975, *Le Tricorne d'eau douce*, 1977, *Reprise des vides*, 1981, *Les Barbes transparentes*, 1981, etc. Ces titres devaient être pris au second degré et des vers comme « Mots, mots, mots, embrassez-vous à vous en faire péter la sous-ventrière... » n'étaient guère engageants. Et cette poésie s'est affinée, les textes se sont polis, une riche personnalité s'est fait jour. Vahé Godel put écrire : « Un lyrisme grinçant, corrosif, dru. Lointaine cousine de Péret, de Tzara, de Queneau, l'auteur exorcise, d'une manière à la fois délirante et lucide, quelques-uns des monstres de notre mythologie contemporaine. » Et Jean Breton jugea d'une « cruauté de qualité » s'imposant « parmi les lambeaux du rire ». Sans rien oublier du quotidien, le train, l'automobile, le métro, le bureau, Odile Caradec transcende et porte le poème au plus haut degré d'incandescence : « Sous nos manteaux il y a des flambeaux inextinguibles », écrit-elle. Chaque poème a son lieu qui lui dicte un rythme, un thème qui offre une narration atténuée à partir de quoi toutes les rêveries sont permises. Souvent, l'inquiétude saisit le lecteur, et même l'effroi comme si nous étions au bord de quelque catastrophe, et le sourire qui apparaît reste sans joie, l'humour devient d'un noir de jais enchâssé dans une belle élégance de l'écriture. On nous dit de prendre garde, par exemple « aux bêtes à cornes dans les trains » ou « aux grandes armoires inertes que sont les gens » quand...

> ... Seuls dormiront tranquilles les bons petits morts
>   aux inscriptions bénignes
>   les morts, avec leurs mandibules sournoises
>   leur camaraderie sans frontières.

L'humour peut être savant quand on rencontre le sourire du lettré, de l'humaniste comme chez Jean-Pierre Attal (né en 1925) dans le voisinage de Raymond Queneau, connaissant bien Scève, John Donne et n'hésitant pas à être didactique, ce qui ne se fait guère aujourd'hui. Il peut même ajouter à son poème des notes en bas de page pour couper l'herbe sous le pied aux exégètes en mal d'appareil critique. Ce pince-sans-rire connaît toutes les ressources de la versification, allant de strophes spensériennes à des poèmes serrés comme chez Nerval ou les poètes lyonnais du XVIe siècle, en imitant, en parodiant à cœur joie :

> Et j'ai deux fois vainqueur retraversé la Manche
> Pelotant dans le train une fille en chaleur
> Ô voyage et hauteur de l'âme hors de ses manches
> Dans un bar j'ai parlé politique et bonheur
> La présence de Dieu et l'absence des cœurs
> Le respect de la Reine à la fin des séances...

Mais souvent, comme chez ces poètes qu'il a étudiés : *Maurice Scève*, 1963, *L'Image métaphysique*, 1969, etc., il rejoint la profondeur et le mystère et rend « saisissable l'insaisissable » écrivant merveilleusement : « L'éternité un œuf que ma parole couve. » Au fond, comme sa métaphysique, son humour est très anglais et il s'unit au canularesque universitaire. Des titres : *Avant-propos*, 1950, *Il y avait trois clowns*, 1951, *Nathias*, 1952, *Vie et aventures des cinq chevaliers des usines carrées*, poème épique, 1953, *Ode*, 1956...

Lorsque Robert Vigneau (né en 1933) écrit *Bucolique suivi de Élégiaque*, 1979, il ne faut pas trop se laisser prendre au titre à moins de penser que Virgile travesti monte en avion pour parler des vaches et du lait, de Mao ou de l'Arabian Gulf Petroleum Company, d'inventorier tout et pas n'importe quoi pour offrir finalement du bucolique et du mélancolique, de l'exotisme en veux-tu en voilà, et finalement une réelle poésie. Des titres : *L'Ange et l'accordéon*, 1953, *Seize planches d'anatomie*, 1958, *Il*, 1963, où l'on trouve un poète déambulatoire, les poings sans doute dans ses poches crevées et prenant le grand air comme un Jack Kerouac pour dénombrer la richesse poétique du monde moderne. Cela porte à la fois l'humour et le conduit bien au-dessus de sa portée commune.

José Millas-Martin (né en 1921) a de la vivacité, du rire, de la drôlerie, d'autres choses comme de l'originalité et un sens de la métaphore qui paraît inné. Imprimeur et éditeur de poésie, animateur durant un temps de la revue *Iô*, il a publié : *Recto-verso*, 1961, *Matières premières*, 1961, *Les gens qui ont du goût sont des cons*, 1975, *Nom, prénoms, profession, adresse*, 1979. Il s'exprime par le poème en prose où les phrases non ponctuées se suivent rapidement, à moins que cela n'apparaisse comme une affiche ou un télégramme. Il craint les pièges de la société avec ses ordinateurs et ses cartes perforées, alors il détruit la machine par le comique grinçant qui permet à l'homme de survivre dans la respiration du rire. Il aime le langage parlé, populaire, direct, les mots de l'érotisme et, comme L'Anselme, il utilise les poubelles : le tract, le prospectus, le titre de presse, l'ânerie médiatique, etc., pour faire de savoureux collages. Ça décrasse, ça décoiffe et ça décape. S'il fait la nique au langage, il annonce aussi une nouvelle poésie qui oubliera de se réclamer de lui. Aucun sujet ne le rebute : l'asthme, un étang, la quadrature du cercle, un magazine, un menu, la mort de Jean Cocteau ou celle du petit cheval, des condiments ou une « façon de causer » :

> Cela va de soi Comme il se doit Vous me comprenez En un certain sens C'est naturel N'ai-je pas raison Oui bien sûr N'empêche que ça existe ces choses-là Mille fois merci C'est un vrai con Cela va de soi En un certain sens C'est naturel Oui bien sûr N'ai-je pas raison Ça existe ces choses-là Vous me comprenez comme il se doit N'empêche que c'est un con Mille fois merci Qu'est-ce que j'ai donc à dire.

« On ne fait de la poésie qu'avec l'anti-poétique », disait Ramuz. Allons-y semble répondre Millas-Martin qui a trouvé sa méthode bien à lui.

Christian Moncelet est l'auteur d'études sur Cadou qu'il vénère, d'une thèse sur « le titre en littérature ». Un jour, il dut être las du sérieux universitaire et mit la main à la pâte à papier. Son humour s'exprime par des livres-objets qu'il appelle « insolivres » où le poème peut être mis en flacons pharmaceutiques, figurer sur les signets plus que dans le livre lui-même, présenté sous la forme de rubans noués, d'anneaux, de dépliants animés, que sais-je encore! dans un interminable délire imaginatif. Ces objets étant fabriqués de ses mains, il y passe ses nuits et ses jours pour les livrer sous le signe des Éditions *Bof* du côté de Clermont-Ferrand, avec un rire en coin et le sérieux des inventeurs comme il en est du côté de l'Oulipo. Anthologiste, encyclopédiste, il fait rendre gorge aux mots de la tribu, en rajoute, s'émerveille, rigole et fait rire. Comme il a un sérieux bagage, il peut inventer de nouveaux mots-valises, mais qui sait si tout cela ne cache pas une œuvre secrète? Il aime René Guy Cadou au point d'habiter une rue qui porte son nom.

Pierre Ferran (né en 1930) est un élégiaque, un sentimental : *Poèmes en forme d'elle*, 1960, qui se dissimule derrière une fantaisie teintée d'ironie tendre, un humour dont il ne force pas la dose. Ainsi : *Les Sept Saquebutes du printemps*, 1963, *Les Yeux*, 1971, *Les Urubus*, 1972, *Les Zoos effarés*, 1972, *Nous mourons tous des mêmes mots*, 1971, sont d'un intimiste qui ne veut pas blesser le silence et préfère le sourire mélancolique au rire blessant.

L'humour se fait gentil chez Philippe Crocq (né en 1933), qu'il salue en vers Bretons, Lapons et Chinois ou qu'il donne en prose une recette de cuisine pour séduire une jeune fille, à moins qu'il ne transforme la bonne du curé en sablier, il y a toujours une idée ingénieuse, une histoire à raconter, une plaisanterie à faire, et si la poésie vient par-dessus le marché, c'est tant mieux. Des titres : *Le Jugement dernier*, 1955, *Monsieur Sage*, 1963, *Novembre sur terre*, 1966. Il a animé avec Alain Torta et Luc Boltanski une petite revue *Le Chien de Pique*.

Humour léger, plus insolite chez Serge Baudot (né en 1935). Ses *Enfants de la planète*, 1972, tiennent plus du conte, de la courte histoire, que du poème en prose, mais ils sont si bien faits qu'on croit avec lui que « L'amour est le plus court chemin d'une bouche à l'autre ». Ainsi pour la poésie de la bouche à l'oreille.

« Il fait penser à Max Jacob, mais aussi à Théodore de Banville... », dit Charles Le Quintrec de Guy Ganachaud (né en 1923) et il ajoute : « Il y a du clown chez cet homme, je veux dire du tragique. » Ganachaud a surtout l'âme tendre et tournée vers le merveilleux chrétien car il offre l'asile de ses poèmes au Seigneur ou à « Monsieur l'Évêque » et rappelle que, quoi qu'il arrive, le Ciel est toujours là. Le poème est tout fleuri des « lis de mai », il ressemble à une prière en forme de sourire. C'est rare en pays d'humour ! Lire *Chrysanthèmes d'avril, Les Branches du vent*.

« Le Petit Poète », c'est ainsi que Roland Bacri signe ses pièces satiriques en vers dans *Le Canard enchaîné*. Il adore la courte fable, la pointe humoristique fondée sur le jeu de rimes, le calembour. Moqueur, parfois féroce, il a publié *Le Petit Poète*, 1956, *Refus d'obtempérer*, 1957, *Le Guide de Colombey*, 1962, *Opticon suivi de classiques transis*, 1964, *Colère du temps*, 1971, etc. Le parler pied-noir lui a inspiré un dictionnaire délicieux et savant. En vers, en prose, il va plus loin qu'il n'y paraît dans le genre décapage en douceur et si léger, si fragile que soit le propos, il y a des touches de vraie poésie. Marcel Rioutord, du *Canard* lui aussi réussit fort bien dans le genre humoristique.

Roger Pillaudin (né en 1927) dans ses *Poèmes de la main gauche*, 1954 (un titre pour L'Anselme) ou *La Belle Jeunesse*, 1957, fait des jeux de mots, pour un peu ferait rimer parapluie et machine à coudre, rend bègues les vocables, pirouette et virevolte, se rapproche parfois du chansonnier, mais ce dernier ne parle guère de Mallarmé – lui si !

Guy Thomas (né en 1934) n'est rebuté par aucune fantaisie, aucune énormité, il va au plus loin dans *Vers boiteux pour un aveugle*, 1969, *Voyez comme on danse* ou *Les Aventures du poète Gugusse*, 1978. Il en veut, selon la tradition chansonnière, aux traîneurs de sabre et porteurs de goupillon. Il joue les libertaires joyeux, les grands invectiveurs, populaire, argotique, dru comme l'aurait fait Bruant s'il avait lu Queneau. Il va de plus en plus vers la goualante. Comme dit Patrick Pidutti son préfacier : « Notre-Dame-de-l'Anarchie, priez pour nous ! »

Jean Maton, dit Tristan Maya (né en 1927), a fondé les prix de l'Humour noir décernés chaque année à un peintre, un homme de spectacle, un écrivain. Lui-même peut être situé côté humour coloré, rose par exemple quand il chante la femme dans *L'Œil fondant*, 1957, ou *Le Pain complet*, 1965, et comme il aime les couleurs, on trouve *Vers trop verts*, 1947, *Amour noir*, 1955, *La Lune mange le violet*, 1980, et l'on cite encore sans épuiser la bibliographie *Les Perles du libraire*, 1968, *Liliane est au lycée*, 1967, où l'on précise « l'Iliade et l'Odyssée » pour qui ne comprendrait pas, des livres sur Henri Perruchot (qui, avant des biographies de peintres, fonda un mouvement éphémère, l'Épiphanisme), sur l'humour noir étudié ou mis en anthologie. Maya-Maton joue à la fois au pétaradeur de mots, à l'humoriste cocasse, au provocateur gentil, à la fête bourguignonne. Comme beaucoup de poètes d'humour, il aime faire rendre gorge aux mots, les passer au scalpel, en tirer du sonore, de l'inattendu en glanant quelques images agrestes bien venues, à moins qu'il ne surréalise doucement à la manière de Prévert ou de Desnos. Son ami Philippe Mas (1920-1980), fondateur d'une Foire des Poètes, s'essaya à l'humour noir mais de *Fluences*, 1951, à *Les Crépuscules et les aurores*, 1965, et quelques autres, on trouve plutôt une musique sentimentale qu'accompagne une réflexion philosophique ou se voulant telle.

Surnommé « le bouc des Deux-Sèvres », Marjan se livre volontiers à ses « marjanfantillages ». Cet ancien typographe jette ses poèmes courts, proches de Prévert, comme les confettis de la fête dans de modestes publications qui ravissent les connaisseurs. Cela commença avec *Les Mauvais exemples*, avec une préface de Bernard Clavel, 1970, poèmes d'un idiot intégral, avec dessins de Jules Mougin et préface de Jean L'Anselme et suivirent une dizaine de livres où le rire, l'écriture gauche délivraient les messages d'un ennemi des conventions. Et cela continue avec belle humeur et bonne santé.

Des titres encore : Antoine Marini, *Hors demeure*, 1968, Michel Deville, *Poèmes zinadvertants*, 1982, *Poèmes zimpromptus*, 1984, *Poèmes zimprobables*, 1987, Henri Peronnin, *Poésie farce*, 1974, Jean-François Richard, *Une étoile a crié*, 1983, Jacques Canut, *Humorêves*, 1984, Jacques Jourquin, *Ils s'appellent tous Martin*, 1974, Jacques Ber, *Prospectus*, 1977, Michel Monnereau, *L'Arbre à poèmes*, 1973, Jacques-Louis François, *Les Naufragés clandestins*, 1967, Didier Eliot, *Histoires d'i*, 1973, Pierre Gallissaires, *Vingt-deux poèmes pour en rire*, Éric-Bruno Depercenaire, *L'Age de la pierre pourrie*, 1968, Alfonso Jimenez, *Hélas! Frères Canards!*, 1978.

9
Regard sur la chanson

La chanson fait partie de l'inconscient collectif des peuples. Elle représente pour ceux qui ignorent la poésie dans ses vives créations une idée du « poétique ». Elle a rythmé l'histoire des peuples de sa matière verbale et sonore, elle le fait encore de manière appréciable quand les lois de la rentabilité ne s'opposent pas à la valeur des créations. Si trois éléments la composent : parole, musique, interprétation, le succès peut naître de leur équilibre, des subtilités du mélange. Guy Béart nous parla de la chanson (parole/musique) comme de l'entraide de l'aveugle et du paralytique, ce qui, humour inclus, ne porte rien d'infamant. Isoler les paroles de leurs soutiens, c'est souvent amputer, voire trahir. Parfois, le poème résiste à l'absence de musique, ce qui est rare, à moins que l'accompagnement ne se fasse dans la tête du lecteur. On ne peut blâmer l'auteur : le but n'est pas celui-là. Il reste qu'un peu partout le support prosodique, les rimes attendues provoquent des clichés auxquels, la mélodie aidant, on ne prend pas trop garde. Le plus souvent, on se sert des possibilités éprouvées de la poésie plus qu'on n'en invente. Et puis, de temps à autre, un état de grâce, une réussite, un courant qui passe, cela dans la chanson qui remet en question l'existence, le sort fait à l'homme, la société et ses contraintes, naît de la révolte individuelle, de la solitude, un chant collectif. Nous sommes souvent loin du hit-parade, mais qu'importe! Il faut aller voir du côté des chants dans la tradition du *Temps des cerises*, comme on les entend à Radio-Libertaire, du côté de la chanson des nouveaux bardes bretons ou des troubadours occitans, par exemple, ce qui ne veut pas dire que des chansons largement répandues soient mauvaises : il y a de tout.

La confusion entre poésie et paroles de chansons, le rejet absurde des médias pour l'une et le matraquage publicitaire pour les autres, la condition modeste ici et là l'enrichissement, tout cela a pu créer des agacements, et aussi l'appellation de poète et de poésie pour n'importe qui ou n'importe quoi. Il faut se garder d'une attitude trop tranchée, mais ne point manquer de faire état de certains faits. Il est notable qu'un Jean Breton dans le contexte de *Poésie pour vivre*, prônant une poésie pour l'homme ordinaire fasse une différenciation : « Dénoncer cette confusion, volontairement entretenue entre la poésie et la chanson, cela est aussi nécessaire si l'on veut garder à la poésie une chance de qualité. Toute poésie trop attendue, rassurante de fait ou par principe, nous laisse de glace. Nous nous détournons naturellement des singeries de l'écriture, de ce qui sollicite l'applaudissement, l'admiration benoîte. Poésie n'est pas rengaine. » Breton s'insurgeait contre l'introduction par Pierre Seghers des auteurs de chansons et de leurs paroles dans une collection jumelle de « Poètes d'aujourd'hui ». En revanche, des poètes comme Luc Bérimont ou Paul Chaulot ont écrit, en marge de leurs poèmes, des textes pour les mettre en chansons. Il est à remarquer aussi que Pierre Seghers dans son *Livre d'or de la poésie française de 1940 à 1960* qui contient plus de deux cents noms a seulement retenu Guy Béart, Georges Brassens, Jacques Brel et Léo Ferré, ceux qui sont aussi poètes, mais la réduction est significative. Jean Rousselot a, quant à lui, trouvé une formule qui pourrait renvoyer dos à dos les pour et les contre (mais ne suffit-il pas pour cela de lire les textes?) : « Il y aura toujours entre la chanson poétique et la poésie la même distance qu'entre l'eau et le vin, ce qui n'infirme en rien le pouvoir désaltérant de l'eau. »

Dans ce domaine, on trouve d'une part des œuvres originales, d'autre part, des mises en musique de poèmes dus à des poètes et il y a des exemples célèbres : pour Aragon, c'est Brassens, Ferré, Ferrat, Charles Léonardi. Verlaine tente Brassens, Trénet, Ferré, Moustaki, Béatrice Arnac. Il y a des rencontres : Bernard Dimey et Francis Lai, Jacques Lanzmann et Jacques Dutronc, Louise Labbé et Colette Magny, Boris Vian et Marcel Mouloudji ou Henri Salvador, Marc Alyn et Marc Ogeret, Luc Bérimont et Hélène Martin et Jacques Douai ou Marc Ogeret, Françoise Mallet-Joris et Marie-Paule Belle, André Hardellet et Guy Béart, Jean-Loup Dabadie et Michel Polnareff, Jacques Prévert, Queneau, Desnos et Jozsef Kosma, Pierre Seghers et Léo Ferré, Sartre et Kosma, Norge et Jeanne Moreau, Paul Chaulot et Marie-Claire Pichot, etc. Pour Hélène Martin, le choix est vaste : Aragon, Queneau, Seghers, Lucienne Desnoues, Jean Giono, Jean Genet et même René Char. Mais nous ne pouvons pas tout citer.

Parmi les spécialistes de la chanson, des noms se détachent : Louis Amade, Pierre Delanoë, Francis Lemarque (on ne compte plus leurs succès), Étienne Roda-Gil qui offre son écriture imaginative à Julien Clerc, Catherine Lara ou Mort Shuman, et se retrouve même dans l'anthologie de Bernard Delvaille. Parmi les poètes de la chanson, on n'oublie pas Paul Fort qu'interprète Brassens, Francis Carco et Pierre Mac Orlan chers à Monique Morelli, Renée Lebas et Marie Dubas, Germaine Montero et Juliette Gréco. Si nous citions encore ici une trentaine d'auteurs-compositeurs-interprètes, le panorama resterait incomplet s'il s'agissait d'histoire de la chanson, mais pour la poésie serions-nous si loin du compte? La lecture de la collection « Chansons et poésie » chez Pierre Seghers est instructive.

Qui n'a, à un moment ou un autre de sa vie, fredonné les refrains joyeux, poétiques et tendres de Charles Trénet (né en 1913)? Il eut le mérite d'arracher la chanson au sirop et à la guimauve. Par lui, toute une génération connut la route enchantée des congés payés, sut qu'il y avait de la joie et que la mer était une belle chose, que des jardins étaient extraordinaires et qu'après leur mort on chante les poètes dans la rue. Georges Brassens (né en 1920) refusait de se dire poète et c'est peut-être pour cela qu'il l'était. C'est le copain à saluer, celui qui exprime la bonne amitié, la solitude, le chant individuel, l'ironie tendre, l'érotisme solide dans la suite de Rutebeuf, Colin Muset ou Villon, avec des notes fraternelles et anarchisantes comme chez Léo Ferré (né en 1916) qui accorde sa voix à celle de mai 1968, place le poète maudit sur la scène de l'Olympia, aime la prosodie et les rimes et offre les effets de voix d'une tendresse grinçante. Il y a Jacques Brel (1929-1978), un des plus étonnants et des plus audacieux, mime, acteur, diseur, chanteur, jetant des airs de liberté dans la diction, misogyne impénitent, capable de pallier les faiblesses d'un texte par le coup de gueule, disant la tragédie quotidienne et l'obsession de la mort avec authenticité. Il y a Guy Béart (né en 1930), l'ingénieux ingénieur qui voit plus loin que les autres : vers un horizon cosmique où il glisse une prophétie élémentaire, donc pouvant être comprise par tous, en n'oubliant jamais la critique sociale, la réflexion philosophique, l'ésotérisme, la symbolique, une sorte d'alchimie distillant angoisses, espoirs, révoltes, désenchantement, avec ces intonations persuasives, cette voix cassée, fragile, comme en mue perpétuelle. Proche de la science-fiction, il sait distinguer poèmes et chansons en les publiant dans *Couleurs et colères du temps*, 1976, mais pour la plupart de ces chanteurs, c'est chez le discographe qu'il faut se rendre plus que chez le libraire. A ses débuts, on a comparé Pierre Perret (né en 1934) à Georges Brassens mais sa personnalité se dégagea très vite. On peut parler d'humour tendre, de mise en couplets du grand répertoire argotique, de réinvention du même argot, de ses inventions perpétuelles d'images, de contrepèteries, de proverbes déplacés, de rimes surprenantes. Il s'insère dans le réalisme social qu'il moque avec allégresse, jette la joie enfantine de quelque zizi dans tous ses exploits. Ne prétendant pas à la poésie, il l'atteint plus sûrement que d'autres. Il est dans le vrai, on l'adore. Par parenthèse, avouons que la poésie dans la chanson n'est pas l'apanage de la chanson dite poétique. Après tout, le non-sens de Georgius approche une forme de poésie chère à Raymond Queneau ou aux oulipiens.

    Yves Simon (né en 1945) représente un phénomène : il est un excellent romancier, un poète, et il compose et chante des chansons en demi-teintes, discrètes, mystérieuses. Son doux-amer, son sourire, sa mélancolie portent le charme de ses évocations du monde d'aujourd'hui, balades, êtres, villes, amours. Anne Sylvestre (née en 1934) sans éclats mais avec éclat, sur le mode feutré, ironique et tendre, dans un style dépouillé, avec psychologie et un grand pouvoir persuasif, marie à la poésie la plus authentique ses réflexions sur la condition féminine, les inégalités, les drames. Elle aime aussi berceuses et comptines, chansons pour les enfants. Quant à Georges Moustaki (né en 1934), c'est le charme du baladin et du métèque, la nostalgie grecque sur air de folksong, et l'on remarque qu'il fonde les paroles sur une prosodie parfaite. Nous citerons d'autres chansonniers-poètes comme Salvatore Adamo, Antoine, Hugues Aufray, Barbara, Alain Barrière, Alain Bashung, Gilbert Bécaud, Michel Berger, Jean-Michel Caradec, Michel Delpech, Louis Chédid, Gianni Esposito, Lény Escudéro, Serge

Gainsbourg, les Frères Jacques, Serge Lama, Enrico Macias, Marcel Mouloudji, Serge Reggiani, Yves Dutheil, Claude Nougaro, Renaud qui glissent la poésie dans leurs œuvres, mais nous sommes loin du compte. Pour cela, il faut lire un remarquable ouvrage dû à trois universitaires : *Cent ans de chanson française,* par Chantal Brunschwig, Louis-Jean Calvet et Jean-Claude Klein, 1981. C'est un ouvrage critique sans concession, et qui pourrait nous donner une conclusion. A propos de la collection lancée par Pierre Seghers, on lit : « Est-ce en effet servir la chanson que de la couper de sa musique ? Il y a là tout un débat à instituer ; Seghers ne participe-t-il pas d'un courant qui, sous prétexte de donner à la chanson un statut littéraire, donc " noble ", ne s'attache en fait qu'à un cadavre de chanson, tirant vers la poésie ce qui est genre à part, fait de textes, certes, mais aussi de rythmes et de gestes ? [...] Quoi qu'il en soit, à une époque où la prolifération des chansonnettes sur les ondes pousse peu ou prou les " intellectuels " à mépriser l'objet chanson, l'entreprise de Seghers a été, à bien des égards, positive. » On pourrait en effet longuement en débattre. Pourquoi vouloir faire de la chanson autre chose que ce qu'elle est et qui n'est déjà pas si mal ?

Voisinage des genres

I
Tout près du prosateur...

Tout près du prosateur (romancier, essayiste, dramaturge...) se trouve parfois un poète – je veux dire un auteur de poèmes car toute prose peut porter de la poésie – et nous avons pris plaisir à partir à la découverte. Rien d'exhaustif puisque, dans d'autres chapitres, chaque fois que le fait poétique nous a paru au moins aussi important que le fait romanesque, nous pouvons trouver ceux qui ont œuvré dans plusieurs genres : Bosquet, Cayrol, Clancier...

Jean Genet.

Somptueux prosateur dans son roman et dans son théâtre agressif, baroque, drapé de noir, Jean Genet (né en 1910) offre les poèmes les plus formels qui soient, et c'est de volonté délibérée. Il s'en est lui-même expliqué : « Haïssable nature, antipoétique, ogresse avalant toute spiritualité. Ogresse comme la beauté est goulue. La poésie est une vision du monde obtenue par un effort, quelquefois épuisant de la volonté tendue, arc-boutée. La poésie est volontaire. Elle n'est pas un abandon, une entrée libre et gratuite par les sens... » Et encore il parle de rigueurs, de disciplines chiffrées et d'« un mécanisme ayant du vers la ressemblance et l'exacte rigueur ». Ainsi, pour exprimer et célébrer sa différence, son aspect marginal, les fleurs d'un certain mal, comme Baudelaire, hors des courants nouveaux, il choisit la discipline classique comme Aragon, comme Cocteau dans ses derniers recueils, ce que l'on voit dans *Le Condamné à mort*, 1942, et un ensemble de *Poèmes*, 1948, publié par Marc Barbezat, qui contient le poème cité et *La Galère, La Parade, Un chant d'amour, Le Pêcheur du Suquet*. Les premiers vers du *Chant d'amour* donnent une idée de sa poésie versifiée :

> Berger, descends du ciel où dorment tes brebis !
> (Au duvet d'un berger bel Hiver je te livre)
> Sous mon haleine encore si ton sexe est de givre
> Aurore le défait de ce fragile habit.

> Est-il question d'aimer au lever du soleil ?
> Leurs chants dorment encor dans le gosier des pâtres.
> Écartons nos rideaux sur ce décor de marbre ;
> Ton visage ahuri saupoudré de sommeil.
> ....
> Siffle des airs voyous, marche le regard dur,
> Dans les joncs ton talon écrasant des couvées
> Découpe dans le vent en coquilles dorées
> L'air des matins d'avril et cravache l'azur.
>
> Mais vois qu'il ne s'abîme et s'effeuille à tes pieds
> Ô toi mon clair soutien, des nuits la plus fragile
> Étoile, entre dentelle et neige de ces îles
> D'or tes épaules, blanc le doigt de l'amandier.

A peine quelques libertés envers sainte prosodie, et des festons, des astragales, des guirlandes, dans ces poèmes de haute voltige, surchargés, précieux, joliment tournés. Cocteau doit sourire en coulisse et l'on cherche des signes montrant ce que sera le grand Genet quand il « abandonnera son métier à tisser (à main) pour toujours... », comme le dit si bien Jean-Marie Magnan dans un remarquable *Jean Genet* des « Poètes d'aujourd'hui ». Mais bientôt surgira la vraie, la grande, l'authentique poésie et elle sera par exemple dans *Notre-Dame-des-Fleurs*, 1944, ou *Miracle de la Rose*, 1946, et dans l'œuvre entier qu'anime le plus vaste souffle. Nous trouverons le monde réel des êtres en marge comme un rituel, une cérémonie, avec sa glorification et sa sacralisation, ses jeux de miroir, sa mythologie dans la beauté et le lyrisme. Claude Bonnefoy l'a montré dans son *Genet* et, faut-il le rappeler ? Jean-Paul Sartre dans son immense préface aux *Œuvres complètes* où le mécanisme de la création poétique est analysé.

René de Obaldia.

Poète, René de Obaldia (né en 1918) l'est à part entière et n'y aurait-il pas eu son théâtre et ses romans que nous l'aurions envisagé ici, mais peut-être ne faut-il pas séparer les genres, le poème pouvant bien être le premier atelier ou laboratoire à partir de quoi se sont manifestées son ingéniosité verbale et ses étonnantes et magiques formules. Si l'on prend *Genousie* ou *Du vent dans les branches de sassafras* pour le théâtre, *Tamerlan des cœurs* ou *Le Centenaire* pour le roman, on reconnaît fort bien le poète de *Humaï*, 1938, *Midi*, 1949, *Les Richesses naturelles*, 1953 et 1970, *Innocentines*, 1969.

Ce qui est le plus singulier, le plus obaldiesque, ce sont sans doute ses récits éclairs des *Richesses naturelles* qui nous entraînent dans un univers dont on ne sait trop s'il procède du quotidien ou de l'irréalité, ce qui inquiète le lecteur. Humour noir ? Humour blanc ? Obaldia raconte, simplement, sans s'émouvoir, d'un ton égal, des histoires qui ne se ressemblent jamais entre elles, et cela devient vite acéré, sarcastique. Le lecteur se trouve dans ces régions insolites chères à Henri Michaux, aux surréalistes, avec ce travail sur les mots, sur les actes qui est du pur Obaldia. Quant aux *Innocentines*, moins innocentes qu'il n'y paraît, ce sont des « poèmes pour enfants et quelques adultes ». On apprend que « Le col du fémur / Est dur à traverser » ou que « Les crocodiles croquent de verts croûtons » ou que « Les cuisses de Colette / Sont douces au toucher / Comme des cacahuètes / Qu'on aurait épluchées ». Zazie devient Zaza quand « Mon petit frère a un zizi / Mais moi, Zaza, / Je n'en ai pas ». A partir de ces données tous les délires imaginatifs sont possibles. Obaldia refait même l'histoire sainte :

> En ce temps-là, Jésus dit à ses disciples :
> « Vous êtes des pommes de terre, je vous changerai en frites. »...

La fable devient le support de l'humour, et s'il y a une moralité à tirer, que le lecteur le fasse! Elle pourrait être que la poésie la plus sûre peut jaillir de l'inattendu et chez Obaldia toujours l'inattendu arrive.

Roland Dubillard.

Cet inattendu, il est dans le recueil de Roland Dubillard (né en 1933) qui s'intitule *Je dirai que je suis tombé*, 1966, un livre curieux où l'humour au second ou au troisième degré n'est perceptible qu'aux hardis lecteurs qui suivront un labyrinthe subtil, chaque vers apportant sa surprise, un lyrisme particulier né de la simplicité et situé dans le quotidien des événements. Ici la poésie naît du mystère, du détail, d'une manière de situer l'ironie dans la discrétion, de faire pénétrer à l'intérieur des choses par des chemins dérobés. Certaines épiceries font penser à Follain :

> Les épiciers, dans la campagne,
> distribuèrent la bouteille et la boîte de sel
> qui empêcheront de s'envoler les hommes
> gonflés par la couleur verte de tant d'herbe.

Il est en quête d'une sensation, d'un des riens de la vie dont il extrait le sens profond :

> L'un donne et l'autre reçoit
> Mais ce qui fait dire que les fleurs sont données
> Ce ne sont pas les fleurs cueillies par l'un
> Ce sont d'autres fleurs qui poussent à travers les fleurs

Sonnets, poèmes en vers libres, qu'importe! On retient la délicatesse, la finesse des annotations, leur originalité, la réserve, la manière d'évoquer plutôt que dire. Telle énumération peut faire penser à un inventaire à la Prévert, telle voltige à Jean Cocteau, et puis non! c'est autre chose, du Dubillard à l'état pur et cela ne ressemble qu'à Dubillard le jubilant.

Romain Weingarten.

L'œuvre de Weingarten (né en 1926) appartient à l'histoire du théâtre tout autant qu'à celle de la poésie et les deux sont inséparables. Nous citerons simplement ici ces étapes d'une révolution scénique qui débuta avec cette œuvre d'un précurseur (un Ionesco le reconnaîtra), *Akara*, 1948, où jouaient Dubillard, Claude Sarraute et l'auteur, pièce reprise en 1967, et que suivraient *Les Nourrices*, 1960, *L'Été*, 1966, *Comme la pierre* et *Alice dans les jardins du Luxembourg*, 1970, *La Mandore*, 1973, *Neige*, 1979... Il est permis d'affirmer des affinités avec Audiberti qui le soutint à ses débuts mais aussi avec Artaud et les surréalistes dans sa recherche tournée vers le dedans. Et l'on ne dira jamais assez son goût du féerique, du merveilleux, de la fraîcheur et de l'humour. Cette œuvre fait partie intégrante de sa poésie, et puis il y a le poète des poèmes, ceux que Jean Paris retint pour son anthologie. Cette poésie découvre les voyages, les percées, les intériorités d'un visionnaire, des aperçus sur un merveilleux tragique et prophétique, avec des rythmes, des images qui traduisent angoisse, souffrance et joie. La guerre réelle et les guerres intérieures, les peurs ancestrales, les monstruosités du mal et de la mort dictent des apocalypses qui trouvent leur forme dans la prose ou le verset. Les thèmes obsessionnels sont saisis à la source de notre existence, genèse et naissance de l'homme. Cela qui tient du cauchemar ou du songe est puisé dans les tensions de cet onirisme qui crée ce qu'on appellerait baroquisme si ce n'était une vue de l'extérieur. Le poème en mouvement se déroule comme un serpent ses anneaux. Narratif, il charrie des images inattendues, le poète, sous la dictée, ne craignant pas d'aller plus avant dans une mythologie personnelle qui peut déconcerter mais ne cesse pas d'éblouir. Les étapes de cette œuvre poétique : *Le Théâtre de la chrysalide*, 1951, *Fomalhaut*, 1956, *Au péril des fleurs*, 1960, puis en 1968, les *Poèmes*. En 1982, une pièce nouvelle, *La Mort d'Auguste*; en 1983, Weingarten a rassemblé dans *Le Roman de la Table ronde* ou *Le Livre de Blaise* l'ensemble du cycle arthurien.

Toujours, il s'agit de la mise en œuvre du vaste théâtre de l'imaginaire, du triple jeu de l'amour, de la mort et du langage. Nous errons dans ces méandres, en pays de cauchemar ou de féerie et l'on ressent ces terreurs, ces frayeurs que diffusaient si bien les romans gothiques. Sans doute l'importance du théâtre, l'attention qu'on lui porte plus volontiers dissimulent-ils les poèmes. Ils s'inscrivent dans cet ensemble qui est authentique poésie de découverte.

Boris Vian.

Si le recueil le plus connu de Boris Vian (1920-1959) est *Je voudrais pas crever*, 1962, on ne saurait oublier *Barnum's digest*, 1948, *Cantilènes en gelée*, 1950, *Textes et chansons*, 1966. Comme René Guy Cadou, mais d'une manière plus médiatique, la mort précoce de ce charmeur, de cet homme doué pour tous les arts, de cet anticonformiste gentil, l'a transformé en un personnage légendaire, mythique et présent, figure de Saint-Germain-des-Prés, idole pour la jeunesse – car c'est bien une jeune génération qui a accueilli et révélé ce poète qui, de son vivant, n'était pas toujours pris au sérieux par ses pairs. Après des études de philosophie, devenu ingénieur, il invente à vingt-trois ans une roue élastique. Passionné par le jazz, il crée un orchestre et, dans l'après-guerre, en dépit d'une santé fragile, tout en faisant le jour son métier d'ingénieur, il règne sur la nuit des caves dites existentialistes où il joue de la trompinette. Écrivant des chansons, il s'occupe d'une maison de disques et il est nommé « Satrape transcendant » du Collège de Pataphysique auprès de Raymond Queneau. Cardiaque, il mourra avant sa quarantième année au cours de la projection d'un film tiré d'un de ses romans. Car il a eu le temps d'écrire une œuvre considérable. Au théâtre, par exemple, *L'Équarrissage pour tous*, 1950, *Le Goûter des généraux*, *Les Bâtisseurs d'empire*. Pour le roman, quatre traductions d'un Vernon Sullivan (qui est lui-même) dont *J'irai cracher sur vos tombes*, 1946, mais il traduit d'autres auteurs côté « Série Noire » ou Science-Fiction : Raymond Chandler, Peter Cheyney, James McCain, A.E. Van Vogt, au théâtre Brendan Behan, etc. Il signe de son nom ses romans comme *Vercoquin et le plancton*, 1946, *L'Écume des jours*, 1947, *L'Automne à Pékin*, 1947, *L'Herbe rouge*, 1950, *L'Arrache-cœur*, 1953, *Trouble dans les Andains*, 1966, et trois livres de nouvelles, des essais, des opéras, des chansons. Il sera étudié par David Noakes, Freddy De Vree, Noël Arnaud, Henri Baudin, Jean Clouzet, etc.

Sa poésie est pathétique et tendre, moqueuse, capable du pied de nez et du ton fraternel. C'est un romantique qui a lu Rimbaud, Henry Miller et les surréalistes, qui a des convictions et les défend, qui sait que « l'humour est la politesse du désespoir », aussi pour affronter la mort pressentie, les armes sont la gouaille, un ricanement plus fort que celui de la camarde, une tendresse déchirante :

>   Je voudrais pas crever
>   Avant d'avoir connu
>   Les chiens noirs du Mexique
>   Qui dorment sans rêver
>   Les singes à cul nu
>   Dévoreurs de tropiques
>   Les araignées d'argent
>   Au nid truffé de bulles...

Il a comme Prévert le sens des inventaires poétiques, il se souvient de Queneau et traite comme lui le thème du po-po, du poème : « Je n'ai plus très envie / D'écrire des pohésies... » ou « Si j'étais pohéteû / Je serais ivrogneû / J'aurais un nez rougeû... » Curieusement, ses chansons comme *Le Déserteur* dépassent le dérisoire, mais certains poèmes, ceux où il considère sa vie et dit son amour pour elles sont fort bien venus :

>   Je veux une vie en forme d'arête
>   Sur une assiette bleue
>   Je veux une vie en forme de chose
>   Au fond d'un machin tout seul
>   Je veux une vie en forme de sable dans mes mains...

Il émeut quand il écrit : « Je voudrais pas mourir / Sans qu'on ait inventé / Les roses éternelles... » ou « Je mourrai d'un cancer de la colonne vertébrale... » On préfère cela à ses jeux moins originaux où il joue avec les mots en imitant Queneau ou Fombeure : « Depuis le croûsque au ramusson / De la libelle au pépamule... » On pourrait dire : il était une fois, après une affreuse guerre, un jeune homme qui ne se prenait pas au sérieux, aimait la musique, aimait ses amis, détestait les conventions. Signe particulier : il écrivait des poèmes. Et sa vie fut en soi poésie.

Côté cour, côté jardin.

Dans cet univers théâtral, le comédien Daniel Gélin (né en 1921) est authentiquement poète. D'ailleurs il connaît tout des jardins et des fleurs et il est heureux que la main à plantoir ou à sarcloir rejoigne la main à poésie. Si l'on dit de lui que c'est un comédien qui écrit des poèmes, nous pouvons répondre que c'est un poète qui sait jouer la comédie. Il fut une de nos belles surprises. S'il fallait le situer, ce serait non loin de Cadou et de Follain, mais plus près encore de ses « errances marines », d'une « pluie sur le vieux jardin » ou sur quelque vigie quand le langage est bastingage et que le poète rêve d'horizons lointains, « de la hune où s'accrochent les fibres d'une étoile » dans un bateau non soumis à l'ivresse mais à la griserie des vents marins. Chaque poème semble une prise de vue, de parfums, de couleurs et de cette saveur d'un homme qui sait goûter les mots pour les avoir récités. Au passage, nous aurons trouvé un hommage à René Char, la Punicambre qui, comme chacun sait, « est une fleur que saint Louis rapporta sans le savoir... », le Yucatan, Ghardaïa ou Tahiti et la musique mozartienne d'un cœur sensible. On lit :

> La rose n'est pas mièvre
> à celui qui oublie les combats
> Je ne veux pas déjà me méfier des mots
> — ce sont eux qui m'écrivent —
> Je n'ai pas de nom, ma tribu je l'ignore
> qu'est-ce qu'une nation ?...

Daniel Gélin a publié : *Fatras*, 1950, *Dérives*, 1965, *Poèmes à dire*, anthologie, 1968, *L'Orage enseveli*, 1980.

Comédienne, Emmanuelle Riva pratique une poésie qu'on dirait aujourd'hui « minimaliste » mais nous préférons elliptique ou lapidaire. Peu de mots, juste l'essentiel dans des recueils intitulés *Juste derrière le sifflet des trains*, 1969, *Le Feu des miroirs*, 1975. On peut lire : « L'histoire de ton baiser / est dans l'heure éternelle / soleil au ventre rouge / sur les ronces vernies » et ses fiançailles avec les mots sont de l'ordre de la discrétion. S'il s'y mêle quelque humour, il est poignant et vrai. Ce que ressent une actrice « après une répétition au théâtre », on le sait dans un instantané :

> Entre tous ces langages
> ces attitudes prises
> dans les boxes d'un bistrot
> du vieux trocadéro
> je suis tombée sucre après sucre

dans ma tasse de café
et je ne savais plus qui j'étais

Véra Feyder est auteur de théâtre et comédienne, mais avant tout poète. On le voit dans *Le Temps démuni*, 1961, *Ferrer le sombre*, 1967, *Pays d'absence*, 1970, *Delta du doute*, 1971, *En gestes séparés*, 1972, *Le Sang la trace*, 1974, *Passionnaire*, 1974, etc. Qu'elle écrive en vers libres ou sous la forme du poème en prose, le ton est le même : sombre, pessimiste, cruel comme la vie, crispé souvent, comme en attente d'une autre vie que le poème doit réinventer, mais il a du mal à se délivrer de la gangue des mauvais souvenirs. Du moins, en extraira-t-on la fleur vive des plaies, la beauté dans le poème même s'il est blessé à mort, supplicié : « C'était le froid sans l'absolu glaciaire, le battement sans le flux coronaire, le cri – ludique bruit, façon d'étreindre un bonheur volatil sur le corps matinal. » ou bien « Nous sommes prisonniers en vie sous notre peau... » On pense parfois à Gottfried Benn. Il y a quelque chose de physique et d'étrange, de bouleversant aussi.

Le mime, le comédien du silence, Marcel Marceau (né en 1923) a publié des livres comme *La Ballade de Paris et du monde* et *Les Sept Péchés capitaux*, ou encore *Les Rêveries de Bip*, 1978, « ces rêveries jetées à travers mon enfance / comme le vent qui sillonne les plaines... » Pour lui, « rêver c'est agir en silence » et sa rêverie l'entraîne dans son passé, dans ses voyages comme à « New York ville aveugle aux mille cris et lumières » ou Leningrad : « Je me suis promené le long de la Néva / Dieu que le ciel était gris et bas... » La pantomime aussi, comme on s'en doute lui inspire un regard poétique.

Yves Gasc (né en 1930), metteur en scène, comédien au Français, est le poète de *L'Instable et l'instant*, 1974, *Infimes débris (60 haïkus)*, 1980, *Donjon de soi-même*, 1985, beau titre inspiré par John Milton : « La plus dure des prisons : le donjon de soi-même. » La brièveté des coupes de trois vers à la manière japonaise lui convient fort bien, mais aussi un lyrisme contenu allant vers la « confession intime de plusieurs années d'inquiétude et de doute ». A la rencontre de la solitude, de la nuit des songes, de son identité, interrogeant son devenir comme sa mémoire, le poète cherche dans sa propre prison des raisons de vivre malgré la peur du temps qui court et entraîne vers la mort. Si le poème est nouveau, la structure est d'un classicisme atténué, l'assonance apportant sa plus douce musique. Il s'agit d'interrogations, d'émotion à l'état pur et l'on devine l'homme dans chaque poème. Parlant à mi-voix, il dit ainsi l'amour : « Je pense à ce corps ainsi qu'à une fête de l'âme... » C'est fortement ressenti et communiqué.

Remo Forlani, auteur d'une vingtaine de livres, romans, pièces de théâtre ayant connu un grand succès, ne se contente pas d'être l'auteur d'un merveilleux livre où ses dessins et ses poèmes font la fête : *Dépêchons-nous pour les bonnes choses*, il est aussi poète dans ses pièces, non seulement dans leur sentiment profond, mais aussi dans leur structure : c'est rare, une pièce en vers, aujourd'hui personne ne l'ose, sauf Forlani, l'auteur entre autres de *Guerre et paix au café Snèffle* et même s'il mirlitonne avec ce qu'il faut d'humour, cela passe fort bien et apporte des réjouissances. Il a osé et il étonne!

Un de nos plus grands metteurs en scène qui est aussi traducteur et comédien, Antoine Vitez (né en 1914), apporte la même modernité qu'à son travail au théâtre. *La Tragédie c'est l'histoire des larmes*, 1976, contient des poèmes écrits de 1958 à 1975. Des noms, dans ces pages, indiquent les goûts et les amitiés : Alain Resnais le cinéaste, les poètes Louis Aragon, Yannis Ritsos, Salvatore Quasimodo, par exemple. Il peut en prose parler de *Phèdre*, écrire un conte cruel où des acteurs arrachent la peau de leur visage en même temps qu'un masque, dire les heures et les saisons dans un précipité poétique ou user des blancs dans la répartition des mots :

```
Le feu sur la paume des mains ou bien une souffrance au côté droit
ou quelqu'un          ta femme          ton fils
ou un inconnu
blessé          brûle          hurlant
et toi          et moi          hurlant traversant la porte vitrée
          sautant hurlant
```

Il sait aussi écrire de fort beaux poèmes d'amour où le corps du couple « est le monde lui-même ». Il emprunte volontiers à la construction scénique et chaque poème a son espace, ses spécificités, mais lisons ce très beau poème :

Fermez sur moi vos pétales,
tirez sur moi les draps de l'eau.
Des baisers profonds comme des tulipes.
L'eau dans ma bouche et sur mes yeux, dans mes oreilles et sur mon front, sur mes bras et sur mon ventre,
l'eau de nylon
l'eau sur les fleurs, l'eau vraie, tout est vrai comme on l'écrit sur les murs.
L'eau vraie dans mes poumons, je dors.
L'eau des tulipes.
Je dors, je dors.
Je t'aime.

Le comédien Philippe Léotard (né en 1940) est plus connu par de nombreux films que comme poète d'un recueil intitulé *Salines*. Qui sait si ce pur intellectuel, frère de ministre, sorti des grandes écoles, ne reviendra pas quelque jour à ses premières amours? Juliet Berto (née en 1947) très représentative de la nouvelle génération cinématographique, celle de Jean-Luc Godard qui l'a révélée avec *La Chinoise* et *Deux ou trois choses que je sais d'elle*, cinéaste elle-même de qualité avec *Neige* ou *Cap Canaille*, a collaboré aux revues d'avant-garde comme *De l'errance ordinaire*, *Subjectif*, *Sorcières*, *Le Grand Huit*, etc., avec des textes en prose-poésie qui sont autant de symphonies d'images visuelles ou sonores reconstituant les visions d'un « œil cosmique », celui de la caméra voleuse de secrets.

Du théâtre, du cinéma, on peut se rendre au concert : il s'agit de Jean-Joël Barbier (né en 1920) le pianiste, le musicologue, le merveilleux interprète d'Erik Satie. Il a composé plusieurs recueils : *Théâtre de minuit*, 1945,

Ishtar, 1946, *Les Eaux fourrées,* 1951, *Irradiante,* 1954. Ce sont, sous la forme de poèmes en prose, des tranches de vie dans un univers de rêve éveillé qui peut être cauchemar, mystère ou délice sensuel quand « la vie se glisse entre les robes » ou quand « un vaisseau plein de neige est entré dans l'église ». Pour lui, la prose « ne reçoit sa lumière que d'elle-même » et il en fait l'éloge : « La prose est exigeante liberté. C'est la demeure parfaite de la poésie. » Ainsi en est-il.

Hervé Bazin.

Si Edmond de Goncourt a marqué sa préférence pour la prose, il s'est toujours trouvé des poètes pour appartenir à son académie. Nous rappelons Jean Ajalbert, Louis Aragon, Alexandre Arnoux, Francis Carco, Léo Larguier, Pierre Mac Orlan, Raoul Ponchon, Raymond Queneau, ce qui ne veut pas dire que ceux qui n'écrivaient pas de poèmes en vers n'étaient pas des poètes, Colette ou Jean Giono suffiraient à nous en persuader. Aujourd'hui, alors que nous écrivons ces lignes, aussi bien Bazin que Daniel Boulanger, Jean Cayrol, Françoise Mallet-Joris, Emmanuel Roblès, et n'oublions pas Armand Lanoux, ont écrit et publié des poèmes. Pourquoi ne pas les réunir ici comme ils le font chaque mois autour d'une table ronde ?

Nul doute qu'Hervé Bazin (né en 1911), en dépit de ses succès romanesques, a gardé au cœur le souvenir de sa revue *La Coquille*. Elle réunissait les poètes d'une génération se manifestant dans l'après-guerre. Lui-même a publié de nombreuses plaquettes comme, à ses débuts, dans les années 30, *Visages* et *Parcelles,* puis les livres qu'il a retenus et publiés avec des inédits dans un ensemble intitulé *Poèmes,* 1980, c'est-à-dire *Jour,* 1947, *A la poursuite d'Iris,* 1948, *Traits,* mais on ajoute *Humeurs,* 1951, et un recueil de 1953, *Allez vous rhabiller au bestiaire.* C'est Paul Valéry, intéressé par les poèmes du jeune Hervé Bazin, qui, trouvant des qualités stylistiques originales, lui conseilla le roman, et l'on connaît ses succès dans ce domaine depuis *Vipère au poing,* 1948. Il a écrit des vers mesurés, classiques mais aussi des vers libres comme notamment lorsqu'il jette des « traits » à tendance aphoristique fortement acérés. Partout, on reconnaît le caractère et les caractéristiques du romancier. Quand il écrit : « Quand brûle la paille, / Elle met le feu à la poutre » ou « L'urne électorale contient parfois / Les cendres du peuple souverain », nous verrions bien ces phrases dans le roman. Mais il est un poète lyrique en lui qui chante classiquement les heures du jour :

> A l'heure où le matin semble avoir peur du soir,
> Hors les bras de celui pour qui tu te fis tendre,
> Tu t'accordes toujours le plaisir de surseoir
> Et d'être à ta chaleur enfin seule à prétendre.

Dans ces poèmes, il reste un souvenir de la diction valéryenne. Sous le signe des couleurs et de la fée Chlorophylle en particulier, l'écharpe d'Iris se déroule heureusement. Il est vrai que Bazin sait tout des jardins, des plantes, des pierres et des coquillages. Du « diamant, ce glaçon du soleil » au « bleu de lin fleuri », il parcourt la nature et c'est un chant de liesse, l'humour étant présent :

> La gentiane soignant sa gorge au méthylène,
> L'anémone qui prête une paupière au vent,
> La digitale offerte aux mitaines d'enfant,
> Les œillets, ces ovins rassemblés laine à laine.

Ainsi, le romancier cache un poète, celui des heures, des villages, des campagnes. Comme dit Luc Bérimont : « La poésie est le laboratoire de son style. C'est là qu'il dose ses philtres, réussit ses prises d'images. Il faut faire l'effort de dépasser le stéréotype des réputations établies pour mériter de découvrir un poète authentique et méconnu, drôle, sensible, inattendu, armé de traits et de trouvailles, contestataire et cocasse – perfectionniste jusqu'au bout des syllabes. En bref, un de ceux qui amènent la vie au vieux moulin des mots. »

Armand Lanoux.

Les titres des recueils d'Armand Lanoux (1913-1983) correspondent à sa poésie : *Colporteur*, 1953, *La Licorne joue de l'orgue dans le jardin*, 1954, *La Tulipe orageuse*, 1956, *Le Photographe délirant*, 1956, et encore *Le Collectionneur de faits divers*, *L'Inconnue de la Seine*, *Le Montreur d'ombres*, 1982, qui réunit cinquante ans de poèmes de 1932 à 1982. Armand Lanoux a recours à cette poésie que l'imagination populaire diffusait dans ses complaintes, mais elle est revue par un poète proche de Carco, d'Apollinaire, de Prévert, de Mac Orlan. En vers libres, ces poèmes sont faits pour être chantés sans qu'ils aient la faiblesse de la plupart des œuvres de paroliers. La couleur et le dépaysement, les métamorphoses du présent en passé, une esthétique baroque, un goût pour les villes et les ports, une sorte de surréalisme familier avec du franc-parler et de la gouaille font que le poète chante dans l'histoire et dans son histoire, le raffiné rejoignant le populaire, la simplicité les tours savants, et l'on sent battre à travers un cœur le cœur des foules. Il y a du burlesque comme chez les poètes du premier XVIIe siècle au temps de Saint-Amant et de Théophile de Viau et un aspect satirique à la Mathurin Régnier. Toujours, au détour de quelque imagerie d'Épinal, on trouve la magie et le mystère. André Breton disait : « Si plaisant que ce soit, et leste, cette suite de poèmes est d'une perspective mystérieuse, très délicate. Sous l'angle de la réussite, cela rappelle un peu les Rhénanes d'automne, mais le timbre est différent. » Paul Léautaud, peu tendre en général, appréciait les poèmes du *Colporteur*, et aussi Gaston Bachelard. On trouve dans ces poèmes du conteur celui qui veut renouveler la féerie et prend le ton des comptines. L'auteur du *Commandant Watrin* n'oublie pas la guerre qui l'a marqué :

> Sur la route des Vosges
> au-devant de la célèbre ligne bleue
> le colporteur du trèfle et de la sauge

> chantonne en sourdine
> la complainte des amants malchanceux.

Ces poèmes sont fleuris de noms propres qui les situent dans l'histoire et dans la légende, grande ou petite histoire, histoire intime devenue légendaire, rhapsodique, mythologique comme lorsque Eugène Sue se promène dans le Paris des mystères, comme lorsque Desnos rencontre *Phantomas*. De la gravité et de l'inquiétude aussi : « De l'autre côté du miroir / Quelqu'un nous épie... » et les frayeurs, un bateleur les exprime en rejoignant l'authenticité des faits :

> Mesdames et messieurs
> miroitiers capitaines facteurs étudiants
> filles de joie filles de peine et paysans
> l'image qui vous vient sous les yeux
> dépasse l'abomination la plus cruelle.
> Le sang
> coule dans les ruelles.
> On marche sur des cervelles.
> Les hommes meurent avant leur saison
> et le mal vient des caravelles.

Les vieilles pestes, les guerres d'hier et d'aujourd'hui, les guinguettes, les villes du Nord... l'inventaire serait long de tant de sujets vivants dans la mémoire des hommes et qu'Armand Lanoux a réunis en donnant de la noblesse et de la beauté à la grande poésie populaire.

Avec son épouse, Catherine Tolstoï, il vivait dans les demeures de la poésie, elle-même, d'origine caucasienne, écrivant des poèmes riches d'une imagerie magique : *Ce que savait la rose*, 1966, *La Bergère et la mort*, 1970, où les souvenirs de l'exil familial et les beautés de la France font bon ménage sous des signes apollinariens.

Françoise Mallet-Joris.

Si Françoise Mallet-Joris (née en 1930) est célèbre pour ses romans depuis *Le Rempart des Béguines,* 1951, si ses chansons, souvent avec Michel Grisolia, mises en musique et chantées par Marie-Paule Belle, sont connues de tous, il existe un poète secret, celui qui quête le fantastique dans certains romans, celui des *Poèmes du Dimanche*, 1947, et d'inédits que l'on trouve dans un « dossier critique » suivi de *Le Miroir, le voyage et la fête*, 1976, par Monique Detry. Les poèmes sont en prose ou en longs vers proches du verset. Ils expriment la mélancolie et la joie d'un cœur pur à la rencontre de la nature : « Aux étangs morts que nous avons connus / Nous avons rencontré la tristesse légère... », et cette nature, étangs, mouettes, neige, printemps, la jeune fille y trouve un écho à ses aspirations et à ses rêves, à son désir de transcendance : « L'Éternité s'étendit devant nous, oblique et grave. » De l'attente à la naissance de l'amour, ce sont des chants de fraîcheur comme dans cette *Chanson de mes quinze ans* dont voici le début :

> Lorsque des champs du ciel se levèrent les oiseaux noirs, déjà parmi la prime des saisons j'avançais, dans la flamboyante découverte d'un grand espoir inapaisé.
> Alors le monde fut dans ma main pur comme une boule de cristal pour laquelle il n'y aurait pas d'assez grand arbre de Noël.
> En sandales et robe de toile, la gaieté courait sur les dalles et l'espoir à travers les champs, dans l'âpre ronde des soleils de fin d'été.

Les poèmes inédits, souvent inspirés par les enfants ou par quelque circonstance familiale, ont ce ton de narration qu'on trouve dans *Zone* d'Apollinaire par exemple :

> Elle a l'air d'avoir douze ans et ne se lave jamais les cheveux
> Mais Vladimir s'appelle Balkanowic et sa femme Solange
> Quand Jacques parle de philosophie on dirait un archange.

La douceur poétique on la retrouve dans les romans et dans des livres pour enfants : *Le Roi qui aimait trop les fleurs*, 1972, *Les Feuilles mortes d'un bel été*, 1973. Ajoutons son *Marie-Paule Belle*, 1987, où l'on retrouve les textes de ses chansons.

Daniel Boulanger.

Daniel Boulanger (né en 1922) a écrit tant de nouvelles, et d'une telle qualité, qu'il ferait pâlir de jalousie les auteurs d'heptamérons et décamérons de jadis. Et bien des romans, des pièces de théâtre, des dialogues de cinéma (où il fut au passage comédien). Et des livres de poèmes : *Retouches, Tchadiennes, Les Dessous du Ciel, Tirelire, La Poule a trouvé un clairon, Le Chat m'a dit son histoire, Volière*, puis *Hôtel de l'image*, 1982, *Drageoir*, 1984, *Lucarnes*, 1984, *Intailles*, 1986, *Carillon*, 1988. Comme il aime les titres courts, les plus récents à la manière de Guillevic, il sait être contenu, lapidaire, chaque poème ayant un titre qui commence par « retouche » : *Retouche à l'abandon, à l'adolescence, à l'amour...* si bien que les tables des matières ressemblent à des index. On ne peut envisager la poésie de Boulanger hors du contexte de l'œuvre entier. Dans sa prose, il déconcerte, il surprend, il piège le lecteur pour mieux le ravir, il a sa musique et il en joue comme un virtuose de l'inattendu ; cela tient, dans la nouvelle, du roman éclair, de la chronique, de la confession ; en quelques lignes, toute la matière d'une existence peut être offerte, souvent dans ces univers provinciaux qui plaisaient à Jean Follain. Soucieux de beaucoup dire en peu de mots, cette exigence se poursuit dans ses poèmes. On pourrait les tenir pour des raccourcis de raccourcis tant tout est concentré par un subtil bouilleur de cru, par un maître de quintessence qui sait extraire d'une réalité offerte le mystère qu'il recèle. Et nous savons que le dernier vers sera, plus qu'une conclusion, un essor pour l'imagination sollicitée. Ces courts poèmes ne sont pas des haïkus, aucune forme fixe n'apportant sa contrainte, mais quelques mots suffisent pour créer le miracle. On se demande si ce type de poésie n'est pas la critique de la prose avec ses développements, ses descriptions, ses analyses, ses personnages. Ici, c'est le flash, l'instantané, la précipitation des images, et, cependant, un grand calme règne. Si le spectateur pur existait, nous le trouverions là. Tout ce que nous portons d'abstrait dans nos sentiments et nos manières d'être, un objet, un meuble, un élément, par son contact le concrétise et le contraire arrive aussi en de fructueux échanges. Il faudrait citer cent exemples pour donner une idée de la diversité. Nous en prenons un au hasard qui donnera au moins une idée de la composition de ces « retouches ». Ici la fatalité :

> dans son linceul toujours à la mode
> la mort écoute le silence
> parler comme un livre

Et un autre, *Retouche à l'éternité* :

> dans sa suite de miroirs
> elle porte la tête de mort
> au revers de l'uniforme

Cette poésie, on le voit, s'inscrit dans la modernité. Certains parleront de minimalisme ou de miniaturisation. Nous pourrions dire « objet-poème » – mais que le lecteur aille y voir de plus près...

Emmanuel Roblès.

Auprès d'Emmanuel Roblès (né en 1914) romancier des grands affrontements, dramaturge d'œuvres fortes comme *Montserrat*, 1948, essayiste notamment d'un *Federico Garcia Lorca*, traducteur de la langue espagnole, il existe un poète qui s'est exprimé à voix basse et grave dans *Un Amour sans fin suivi des Horloges de Prague*, 1976. La plupart des poèmes, il les a extraits des fleurs vives de sa plaie intime, les dédiant à son amour disparu, la terre et la mer se mêlant à sa peine. Sa Méditerranée intérieure, il l'étend à tous les rivages du monde, et ces eaux mouvantes sont les messagères des espoirs, des rêves, des délires, des « chagrins en vagues ». Empruntant « la vieille locomotive du temps », il rejoint Vancouver « penchée au bord du monde », l'été indien à Sherbrooke, et voici Papeete et la nuit australe ou Prague la dorée. Poète du voyage, il ne sépare pas le périple de ses randonnées intérieures. Et c'est aussi un chant par-delà la mort, d'une infinie douceur, restituant le visage de l'amour humain. Dans « la verte aurore » de son amour, Emmanuel le Méditerranéen fait jaillir des jeunes et vieilles civilisations une nouvelle spiritualité. Ce sont des poèmes d'aube. Comme Vénus, la poésie sort de l'onde.

Un tour d'horizon.

Entre les prosateurs qui sont occasionnellement poètes, ceux qui ont fait leurs premières armes dans la poésie et ceux pour qui cet art revêt une importance aussi grande que leur production romanesque, il est bien difficile de faire un choix – d'autant que les œuvres du jeune roman (comme au temps de Nerval, de Cendrars, de Jouve, de Giraudoux, de tant d'autres) sont souvent animées de plus d'énergie poétique que bien des œuvres en vers. Ce chapitre ne représente qu'une flânerie que l'on voudrait féconde.

Jean Anglade a choisi la cocasserie pour offrir des volumes de « divertissements » comme ses *Fables-omnibus* pour enfants et adultes. Sait-on que Dominique Aury a publié des poèmes en 1960 dans la *N.R.F.* sous le titre de *Songes*? Claude Aveline (né en 1901) a abordé tous les genres littéraires. Rappelons quelques titres : *Io Hymen suivi de Chants funèbres*, 1925, *Portrait de l'oiseau-qui-n'existe-pas*, *Monologue pour un disparu*, 1973, rappelant en ancien résistant l'époque noire où « les nuages étaient nazis ».

Christiane Baroche, une des meilleures nouvellistes actuelles, est poète, par exemple dans *L'Écorce indéchiffrable*, 1978, publiée par *Sud*. D'une « enfance violente et tavelée de toux » à des « noces de flamme » où le poète veut nous voir danser, c'est un parcours douloureux et lucide où « le bonheur désormais, c'est un oiseau de proie... » Le mystère qui réside en nous, à défaut de pouvoir le percer, on le brûle et les mots de la destruction, de l'amertume, de la mort abondent sans nous conduire vers la désespérance grâce à une tendresse et une beauté poétique qui la transcendent. « Je ne veux pas qu'on me jette à l'humide... », s'écrie le poète et tout est lutte contre l'irrémédiable même si la victoire ne peut être acquise. Un poème porte le titre d'un roman d'Yves Navarre (lui-même aimant la poésie et en écrivant trop rarement), *Lady Black* dont les derniers vers pourraient donner le ton de l'ensemble :

> Ni l'amour ni l'orgueil n'arrêtent les pendules,
> Rien ne fait se hâter les heures à reculons.
> La Mort s'en vient toujours à ma rencontre.

Le romancier, anthologiste, essayiste et traducteur André Bay (né en 1916) a écrit des poèmes et des traductions d'auteurs anglo-saxons, notamment Swift et Lewis Carroll. Il n'ignore rien des choses de la nature et entretient des rapports privilégiés avec les mouches ou les escargots : il leur consacre des livres pleins de poésie, et il a su réunir des comptines et poèmes pour l'enfance avec un goût très sûr.

L'auteur de *Léon Morin prêtre*, 1952, Béatrix Beck, dans *Mots couverts*, 1975, joue avec les mots, mais il ne s'agit pas du calembour destiné à faire rire. Elle inquiète plutôt et sait extraire des mots un contenu secret comme Leiris dans certain glossaire. Ici, *Langue L'Angoisse*, donne un bon exemple :

> Je suis l'alpha Roméo et l'oméga l'homme égaré de Charybde en syllabe
> Mots dits! Voyelles voyous voyeurs qu'on sonne le glas
> Lettres l'Être me guettent en mon ghetto
> Les mots les molosses me molestent
> Égorge les 26 filles brûle ton index vomis ta bible
> Les mots collent les mots racolent sur le trottoir des lignes...

Georges Belmont, le romancier, le traducteur, l'ami des plus grands écrivains anglo-saxons est poète discrètement avec *Connaissance*, 1937, *L'Honneur de vivre*, 1973, des poèmes lucides où l'on nous dit que « Le temps n'est plus / des grands anges émus », où l'on parle des « perles jetées aux pourceaux de l'espace », des poèmes-cris, de cruelles couleurs qui n'auraient sans doute pas déplu à son ami Henry Miller.

Auteur d'une vingtaine de romans, essais, chroniques, Roger Bordier (né en 1923) est le romancier de la vie sociale contemporaine, des mouvements d'idées, des métamorphoses de la société. Il a publié des poèmes : *Les Exigences*, 1952, *Les Épicentres*, 1956, qui traduisent ses préoccupations, et aussi *Mouvantes intentions*.

Qui envisage l'œuvre de Samuel Beckett (né en 1906), c'est-à-dire les anti-romans avec leurs anti-héros, les célèbres pièces comme *En attendant Godot* et *Fin de partie*, peut trouver un complément d'information, peut-être les clefs secrètes, en lisant *Poèmes* suivi de *Mirlitonnades*, 1979. Il s'agit de l'amour ou de son absence, des lieux de la mort ou de l'oubli, du monde et de la solitude : « Ma solitude je la connais allez je la connais mal / j'ai le temps c'est ce que je me dis j'ai le temps... », toujours avec une musique particulière :

> musique de l'indifférence
> cœur temps air feu sable
> du silence éboulement d'amours
> couvre leur voix et que
> je ne m'entende plus
> me taire

Au début de l'œuvre de Marguerite de Crayencour, dite Marguerite Yourcenar (1903-1987), il y a des livres de poèmes signés Marg Yourcenar. Ces poèmes des premiers temps seraient oubliés si elle s'en était tenue là. En effet, l'auteur des *Mémoires d'Hadrien*, 1951, et de *L'Œuvre au noir*, 1968, avait mieux à faire. Il y eut l'adolescente écrivant un poème sur Icare, puis la jeune fille publiant chez Sansot, l'éditeur de Renée Vivien ou d'Hélène Picard, *Les Dieux ne sont pas morts*, 1922, venu après *Le Temps des chimères*, poèmes de prosodie parfaite comme on en écrivait à l'époque, entre Hugo et le Parnasse, mais de peu d'originalité bien que l'archéologue puisse y trouver les thèmes auxquels elle sera fidèle dans ses grandes proses. Vingt ans plus tard, *Feux*, 1936, encore vingt ans et *Les Charités d'Alcippe*, 1956. Pour elle, « la poésie et la prose se ressemblent énormément », dit-elle à Matthieu Galey, et sa conception du poème est fondée sur le rythme et l'incantation. Il faut retenir la traductrice des « Negro Spirituals » de *Fleuve profond, sombre rivière*, 1974, de Constantin Cavafy (1863-1933), *Poèmes*, 1978, loin des carcans prosodiques, car, selon elle, Cavafy en vers français aurait fait penser à « un François Coppée saisi par l'érotisme », des poètes grecs anciens dont elle a tenté de restituer la métrique, ce sur quoi ont buté tant de traducteurs. La grande poésie de Marguerite Yourcenar, c'est une banalité de le répéter, est dans sa belle prose ciselée, sereine, poétique, bien éloignée des questionnements de l'écriture contemporaine.

Henri Thomas, à propos des poèmes de *La Vie passagère*, 1978, d'André Dhôtel (né en 1900), parle d'une « redoutable simplicité » (celle qui désarçonne les critiques) et de ces œuvres agrestes, savoureuses, naturelles, on ne saurait mieux parler que le préfacier Patrick Reumaux : « Je dirais des poèmes de Dhôtel ce que lui-même dit de l'achillée mille-feuille, fleur des talus, anonyme jusqu'aux gelées et poussant par politesse près des carrefours de rails en moyenne banlieue. Fleur en corymbe, ombelle du pauvre mais pas trop (au diable la charité), d'un blanc terne d'où surgit une *autre* couleur " qui traverse la lumière ". » Voilà comme il sied de parler de la poésie.

Jacques Brenner (né en 1922), connu comme romancier et comme critique, comme homme de réflexion littéraire et comme historien passionné de la littérature, n'a jamais manqué de s'intéresser aux poètes qu'il a étudiés, Verlaine, Lautréamont, Charles Cros, Germain Nouveau et des poètes maudits comme Armen Lubin, Armand Robin, Jean-Paul de Dadelsen. Il a publié lui-même *La Minute heureuse*, 1947, de courts poèmes chantants qui tiennent parfois de la fable, comme *L'Ame et l'âne* sur le ton du bonheur parfois doux-amer comme chez les poètes fantaisistes, avec un côté Desnos ou Queneau bien réjouissant.

Jean-Claude Brisville, avant d'être romancier, essayiste et dramaturge, de publier *La Présence réelle*, essai d'où la poésie n'était pas absente, fut un des poètes du *Goéland* de Théophile Briant qui le couronna en 1947. Le romancier Roger Bésus commença aussi par des poèmes. Robert Carlier, homme de culture encyclopédique, donna un superbe poème dans *Poésie 42*, il aurait dû continuer.

Nous nous arrêtons à Louis Calaferte (né en 1925) parce que nous sommes quelques-uns à le tenir, pour son œuvre entier, sous des signes oniriques, érotiques, lyriques, roman ou admirable journal littéraire, pour un des écrivains majeurs de ce temps, de la race a-t-on dit des Céline et des Miller. Tout ne peut-il être appelé Poésie dès lors qu'on atteint à une certaine hauteur de création? Récits autobiographiques, théâtre, journal sont d'une même qualité et l'on signale aussi bien *Rosa mystica*, *Satori*, *Portrait de l'enfant*, *No Man's Land* que le livre purement de poèmes *Rag-Time*, 1972. Il y a la tentative par le verbe de retrouver ce que le temps recouvre, heures belles ou dures de l'enfance, campagnes, mers, mélancolie. On se meut dans la musique, dans les couleurs, dans ce haut langage qui fait parfois penser à Saint-John Perse mais Calaferte ne refuse pas ce qui est hors du quotidien, ce qui rend la promenade familière. Les mots sont en liberté, c'est-à-dire qu'on y met beaucoup de rigueur.

Jean Cau (né en 1925) avant d'être romancier et journaliste a publié *Le Fort intérieur*, 1948, un ensemble de tons divers, tantôt un poème au parler quotidien, façon Jacques Prévert, tantôt des œuvres plus élaborées, certaines faisant penser à Levet ou Supervielle, d'autres évoquant Cocteau – cela pour les situer car il en est beaucoup de fort originales. Gilbert Cesbron publia *Torrent*, 1934, *Merci, l'oiseau*, 1978, où l'on trouve un aspect « poète du dimanche » sans prétention autre que de soigner le vers, de dire le bonheur, de faire entendre sa petite musique d'âme. Bernard Clavel sait être, lui aussi, poète ailleurs que dans ses romans, et pour les enfants, par exemple dans *Rouge pomme*, 1982, où d'une Seine apollinarienne au « grand hiver blanc du Québec », il fait entendre sa chanson douce. Alice Colanis, en plus de ses romans, a publié *Les Routes des autres,* 1954, *Droites distances,* 1973.

Claude Couffon (né en 1926) est le traducteur des grands écrivains d'Espagne et d'Amérique latine. Il a publié des essais sur Rafael Alberti, Miguel Angel Asturias, Nicolas Guillen, Federico Garcia Lorca, etc. Sans doute ses grands amis lui ont-ils apporté l'heureuse contagion du poème. Des titres : *Le Temps d'une ombre ou d'une image,* 1973, *Cahier de la baie du Mont-Saint-Michel,* 1974, *Célébrations,* 1979, avec un avant-dire de Jorge Guillen. Son art poétique : « choyer l'image, / la caresser ». Il tient parole et ses poèmes disent la joie d'exister, c'est-à-dire regarder, voir, entendre, se souvenir, s'émerveiller, faire galoper ses rêves, et ce sont des poèmes colorés et joyeux qui nous sont offerts. Ainsi, Couffon, peu à peu, a montré qu'il était en possession d'un art très personnel, proche de l'élégie dans *Aux frontières du silence,* 1980, avec ses exorcismes contre la mort, dans *Corps automnal,* 1981, éclairé de lumières et de couleurs, dans *Absent présent,* 1983, *A l'ombre de ce corps,* 1988, où apparaissent encore des lieux proches ou lointains que le poète interroge.

Michel Dard (1903-1979) a laissé une fondation qui porte son nom et un prix littéraire décerné à Vichy. Cet ami de Georges Bernanos vint sur le tard à la littérature. Romancier, il a connu le succès. Il fut poète (« et même baron », comme disait Hugo) dans un livre : *Irréversibles,* 1976, où les poèmes représentent les étapes d'un itinéraire. « La mélodie, unité de réminiscence fondamentale » : cette phrase d'Herbert Marcuse illustre le propos. Ce sont les souvenirs « d'une condition originelle, de terres promises, d'un ailleurs ». Pour cela, Michel Dard a choisi l'harmonie classique ou libre, et toujours le lyrisme du chant profond, un romantisme de haut souffle se marient avec une vision souriante de la vie et une belle élégance de ton.

Lyrique, généreuse, claire, telle est Françoise d'Eaubonne, romancière, essayiste, dans ses recueils comme *Démons et merveilles,* 1955, *Une pomme rouge, mon cœur,* 1956. Quant à Jean Dutourd (né en 1920) qui sait qu'il écrivit à vingt ans des poèmes? Il en parut un en 1940 dans une petite revue intitulée *Liens* et qui s'intitulait *Art.* On lisait : « La cage où vivent des ailes / Au tremblement uni / Et dont plane défini / Le rire des tourterelles... »

René Fallet (1927-1983), rénovateur du roman populiste, est un poète dont la sensibilité est proche de ses amis Albert Vidalie et Georges Brassens, c'est-à-dire que sa poésie ne s'embarrasse pas de littérature, de recherches, et chante simplement le quotidien anecdotique, parfois cru, toujours sensible et imagé, ne laissant pas trop la cocasserie et la blague envahir le poème naturel et franc avec parfois un sentiment d'élégie comme en avaient les poètes fantaisistes du temps de Carco. Il a publié dans ce domaine : *Carroll's,* 1951, *Testament,* 1952, *Un bout de marbre,* 1955, *A la fraîche,* 1959, *Dix-neuf poèmes pour Cerise,* 1969, *Chromatiques,* 1973.

Jean Forton (1930-1981), le romancier bordelais trop tôt disparu, dirigea une petite revue *La Boîte à clous* accueillante aux poètes. Robert Giraud (né en 1920), autre compagnon de Vidalie, d'Antoine Blondin, du grand photographe Robert Doisneau, ami des zincs parisiens et du bon compagnonnage, a opéré dans ses poèmes, selon André Salmon, « le mariage du songe et de la vie commune », on le voit dans *Le Matelot du dimanche*, 1944, *L'Enfant chandelier*, 1949, *Interdit au cœur*, 1952. Ce bohème plein de verve et de saveur a bien souvent préféré vivre sa poésie plutôt que de l'écrire. D'ailleurs de la poésie, il en a mis partout jusque dans sa prose. Quant à Pierre Gripari (né en 1925), un des meilleurs auteurs d'histoires fantastiques, il a écrit, le plus souvent à l'intention des enfants, bien des textes en vers.

Que Paul Gadenne (1907-1956), l'auteur de *Siloë*, 1941, aux posthumes *Hauts Quartiers*, 1973, apparaisse comme un des plus grands romanciers contemporains ne peut faire oublier un poète remis en lumière par Hubert Nyssen qui a publié *Poèmes*, 1983, un poète qui parle, qui se parle en toute liberté, une songerie, un arrêt dans le temps et la transparence, avec mélancolie tel un élégiaque. Ce sont des variations sentimentales sur des instants de la vie, un peu en retrait comme si on y cherchait des forces. L'écriture est d'un tracé net, élégant. Ces poèmes, comme le remarque Nyssen, sont importants par l'éclairage qu'ils donnent aux œuvres romanesques et le critique ne peut les oublier.

Il en est ainsi pour beaucoup. Pierre-Jakez Hélias (né en 1914) est connu pour son *Cheval d'orgueil*, 1975. Et on ne saurait oublier que connaissant bien la langue bretonne (il fut chargé de cours de celtique à l'université de Bretagne), il est le poète de vers « tout parfumés de malice, de sagesse et de paysanne santé », comme dit Le Quintrec, et aussi de musicalité, avec cette particularité qu'il les publie dans les deux langues bretonne et française. Ainsi *Maner Kuz (Manoir secret)*, 1964, *Ar Mên du (La Pierre noire)*, 1974, *An Tremen-buhez (Le Passe-vie)*, 1979. Il est aussi un auteur dramatique dans les deux langues et il a traduit en breton des poètes amis.

Simone Jacquemard (née en 1922) écrivit à ses débuts en marge de son activité de romancière des livres de poèmes : *Comme des mers sans rivages*, 1947, *Dérive au zénith*, 1965. « Sa poésie, dit Jean Rousselot, de forme libre, décrit des états de conscience, des souvenirs plus ou moins imaginaires, établit d'un coup d'aile des rapprochements entre ce qui est et ce qui pourrait être. Une sorte d'obsession mythologique la rapproche de Salvatore Quasimodo, alors qu'elle s'apparente à Henri Michaux par l'étrangeté inquiétante de ses paysages intérieurs. » Cette définition conviendrait d'ailleurs à ses œuvres romanesques.

Le romancier Clément Lépidis a réuni les poèmes écrits depuis 1955 dans *Cyclones*, 1981. Dans son livre *Mille Miller*, 1981, il écrivait : « Les voyages, les épopées, les péripéties ne sont rien au regard de l'odyssée intérieure du poète qui n'a besoin d'aucune assistance pour fouler les champs de blé, traverser rivières et fleuves de son imagination débordante. » Il est vrai que Lépidis se laisse aller à toutes les délices de l'inspiration pour naviguer dans le monde réel et dans celui de la mythologie. Ses images sont souvent belles, surréalisantes, en liberté. Le style est contenu et apporte ses surprises avec grâce. C'est la recherche d'un absolu dans le miroir de soi-même pris comme partie du monde.

Claude Longhy a écrit des poèmes : *Présences*. Joseph Majault est l'auteur de *Rives*, 1970, *Poèmes*, 1979, où toujours un événement nous est narré, comme dans une fable. Ce sont les images du monde réel avec ses joies, ses fêtes, ses angoisses et ses révoltes où le joyeux rejoint l'amer, la tendresse l'anxiété, et l'on n'oublie pas de chanter. Gabriel Matzneff dans ses *Douze poèmes pour Francesca*, 1984, chante l'adolescente inspiratrice de son personnage du livre *Ivre du vin perdu*, mais aussi d'autres jeunes filles, inventant ainsi comme il le dit lui-même des « poèmes de drague » et renouvelant des poèmes d'amour avec sensualité.

Les poèmes écrits dans sa jeunesse ont été réunis par Jean Orieux dans *L'Étoile et le chaos*, 1977. Ces vers libres, sensibles, francs sont les échos des années 30 et 40, les rêves d'un jeune homme alors que la fête s'apprête à s'éteindre. Quant à Jacques Ovadia (né en 1928) qu'il montre un « Orient tumultueux qui bouillonne à gros glouglous » ou « Un golem aux yeux chassieux à la barbe à poux », dans *Clameurs rationnées*, 1962, c'est toujours de la poésie à voix forte, « entre Cendrars et Céline », dit Pierre Seghers.

Odile Yelnik a écrit *Jean Prévost, portrait d'un homme*, 1979 et, avec Claude Jean Prévost, elle a remis à Marcel Jullian pour sa revue *Vagabondages* (n° 6, 1979) des poèmes de Jean Prévost (1901-1944) l'essayiste, le romancier, le résistant. Ce sont entre 1941 et 1943 des poèmes qui chantent les beaux instants de la vie avec luminosité.

Henri Queffélec (né en 1910), l'auteur du *Recteur de l'île de Sein*, a chanté la Bretagne, la nature, les peintres, tout ce qu'il aime dans un recueil *Sur la lisière*. Ce sont des poèmes nostalgiques, rêveurs, comme des lieds, de vieilles ballades.

Michel Rachline (né en 1933) a publié des recueils comme *Le Poème du sang d'amour*, 1954, *Les Quatre sols de mon amour*, *La Nuit trahie*, 1970, *Peau-Être*, 1974. Que ce soient poèmes en prose ou en vers, le ton est violent, obsédé de sexe et d'anéantissement car il chante dans l'arbre généalogique de ses ancêtres juifs persécutés. « Un romancier qui est aussi un poète de la dérision : volupté du sarcasme », écrit Alain Bosquet, mais cela n'empêche ni l'élégance de l'écriture, ni des éclats de lumière parfois, ni cette floraison d'images qui bouleversent ou émerveillent.

André Remacle est aussi poète que romancier, ce que l'on voit dans *Le Vent d'Octobre*, *Le Chant des peuples* ou *Arc-en-ciel*, 1978. Ce sont des œuvres près de la vie et de soleil. En vers libres ou rimés, il chante le bonheur : « Je ris à la vie large ouverte... », l'amitié : « L'amitié, elle, a les yeux bleus... », la nature et le monde social de la ville, de sa chère Canebière ou du cabanon. Cela a de l'accent, celui du Sud, et la lumière règne. Le poète qui a ses convictions, ses engagements ne les sépare pas d'une poésie finement tressée. Ainsi dans *Le Tracé bleu*, 1988.

Avant de publier tant de romans, par exemple *Les Mouchoirs rouges de Cholet*, de se faire l'historien de l'architecture moderne ou de la littérature prolétarienne, d'être un des premiers critiques de l'art abstrait, un savant professeur aux Arts Déco, Michel Ragon (né en 1924) a été un poète. En 1952, ce furent ses *Cosmopolites*, qui suivaient quatre autres livres ou plaquettes : *Prière pour un temps de calamité*, 1945, *Au matin de ma vie*, 1945,

Deux poèmes, 1948, *Feux de camp*, 1950. Le jeune prolétaire, l'autodidacte disait ses joies et ses espoirs, la vie simple et amicale, et, dans *Cosmopolites* s'affirmaient ses désirs de voyages (ils allaient se réaliser puisqu'il fut ce globe-trotter relatant ses randonnées dans maints ouvrages). On lisait : « J'ai le cœur d'un matelot / Et ce désir insatiable des horizons inconnus » ou « J'ouvre mes amours comme un livre d'images ». Cet « enfant amoureux de cartes et d'estampes » tout en chantant la vie et le rêve laisse passer des échos de *L'Opéra de 4 sous* ou de *La Chanson du Mal Aimé*, en rappelant volontiers « la musique d'Anton Karras pour le film *The Third Man* ». Ces poèmes furent à n'en pas douter le tremplin à partir de quoi il allait édifier une œuvre vaste touchant à de nombreux genres.

Henri Rode, auteur de romans, de nouvelles, d'essais sur *Marcel Jouhandeau et ses personnages*, 1972, sur *L'Univers séminal de Lautréamont*, à la suite de ses poèmes de *Toutes les plumes du rituel*, 1975, a été un des fondateurs de la revue de Jean Breton, *Les Hommes sans épaules*. Poète, il a encore publié *La Vache de mer*, 1954, *Frère maudit*, 1956, *Le Quatrième Soleil*, 1971, *Comme bleu ou rouge foncé*, 1972. Qu'il exprime « Les draps de la guerre / Le désespoir plus rouge » ou « cette rue / étoile de crachats », poète de notre temps, il ne refuse rien de ce qui pourrait choquer les esprits délicats mais par la force de sa persuasion, la nouveauté de ses images et de ses rythmes, il transforme les rituels de cruauté ou de dégoût en fleurs vives du mal avec beaucoup de qualité.

Dominique de Roux (1935-1977), fondateur des *Cahiers de L'Herne*, critique, idéologue, pamphlétaire, un des écrivains les plus brillants de l'après-guerre, capable de découvrir un Gombrowicz, d'écrire des romans originaux et caustiques très personnels, dans le voisinage de Pound, Bernanos, Musil ou Céline, écrivit un livre de poèmes *Le Gravier des vies perdues*, 1974. Poèmes, certes, mais aussi aphorismes, mise en scène de personnages comme Mao Zedong et Ezra Pound pour une exégèse où interviennent les grands de la littérature. Le premier poème où Mao nage, « son peuple sur le dos », est grandiose avec son éblouissement de couleurs et de formes, une manière de faire surgir des siècles d'histoire autour d'un fait, d'inventer une mythologie cosmique, de faire d'un portrait une légende. Ce petit livre est admirable et Dominique de Roux s'il n'était pas mort prématurément était de taille à éblouir la poésie contemporaine.

Si la guerre est au centre de l'œuvre de Jules Roy (né en 1907) avec ce qu'on a appelé un « postnaturalisme héroïque », on ne saurait oublier sa générosité et son attention à la vie sous toutes ses formes, que ce soit dans ses fresques romanesques, dans son théâtre, en tous lieux de l'écriture, journalisme d'idées, souvenirs ou poèmes. Courageux dans ses combats depuis le temps de la Royal Air Force, mais aussi dans des prises de position témoignant de son goût de la justice et de sa liberté d'esprit, il a été situé, avec quelque facilité, dans la descendance du Vigny de *Servitude et grandeur militaires* et de Saint-Exupéry. Nous ajouterons Péguy dès lors que sa poésie est prière. Elle se déploie dans la spontanéité et la liberté de la parole. Il en fut ainsi des *Trois prières pour des pilotes*, 1942, que publia Edmond Charlot à Alger, ou bien pour *Prière à Mademoiselle sainte Madeleine*, 1984.

Ce poème hagiographique est, autant que légende dorée, quête et interrogation de l'homme devant le sacré, tout comme l'étaient ces émouvantes prières pour les chevaliers du ciel où l'élégance de ton rejoignait simplicité et vérité.

La liste serait longue des prosateurs auteurs de poèmes. Il faudrait encore citer Renée Massip, Léon Moussinac (1890-1964) qui publia des recueils entre les années 20 et 50, Georges Piroué (né en 1920) qui débuta sa carrière littéraire avec des poèmes intimistes, *Nature sans rivage*, 1950, *Chansons à dire*, 1956, Bernard Privat, le romancier et l'éditeur qu'on put lire dans *Poésie 44* par exemple, Henri Pollès (né en 1909) poète chaleureux, Michel de Saint-Pierre (1916-1987) très classique dans *Panique du ciel*, 1980, André Silvaire, l'éditeur de la revue *Les Lettres* qui groupa les meilleurs poètes contemporains et aussi de Milosz, avait commencé par écrire des poèmes en prose, Maurice Toesca (né en 1904) est le biographe des grands romantiques et, dans notre domaine, de vers où il célèbre ses amours : *Poésie pour Simone*, 1982, son enfance et l'Auvergne en vers classiquement frappés, intimistes et mélancoliques comme un testament sentimental. Jean Bruller (né en 1902), c'est-à-dire Vercors, doit être salué comme poète pour la part fantastique de son œuvre à la manière de Swift ou d'Huxley, il écrivit des poèmes au temps de la Résistance, Jean-Jacques Robert (né en 1933) a écrit *Vivre un soleil*, 1951, *Chantier majeur*, 1952, et Pierre Seghers l'a dit « poète de bel canto », Hélène Bessette...

Depuis Sainte-Beuve, depuis Albert Thibaudet (mais cela on ne le sait que par un article de la *Revue des Sciences humaines*, de décembre 1957, grâce à Colin Duckworth) qui écrivit entre 1915 et 1917, un ensemble intitulé *Berger de Bellone*, à notre connaissance inédit, il est arrivé que des critiques, des essayistes s'engagent dans le risque poétique. Gustave Thibon écrivit des poèmes religieux : *L'Offrande du soir* d'une écriture classique. Pierre-Henri Simon, critique au *Monde*, fut aussi un poète de tradition. Madeleine Israël, épouse du poète André Berry *(voir préc. vol.)* qui étudia Jules Romains, a publié *Crevasses*, 1932, *Poèmes*, 1938, *Isabelle*, 1968, poèmes lyriques, simples et persuasifs.

Un médiéviste réputé, Paul Zumthor (né en 1915), auteur notamment des *Essais de poétique médiévale*, 1972, a étudié les textes médiévaux à partir des nouvelles théories de la littérature pour retrouver les conditions d'élaboration des œuvres et des idées et définir le rôle du jeu dans le langage, en de savantes études. Sa connaissance de la poésie orale : *Introduction à la poésie orale*, 1983, l'a amené à s'intéresser aux recherches d'Henri Chopin, à ses audio-poèmes, ces « vocèmes » et aussi ses dactylo-poèmes ou « graphèmes ». Lui-même poète, il a publié *Midi le juste*, 1986, *Stèles suivi de Avents*, 1986. Les *Stèles* chères à Segalen « disent l'étonnement de l'être devant le monde, le désir, la parfaite sérénité de la mort », les *Avents* « répètent que la mémoire nous accroche à des lieux qui ne sont pas, et qu'au bout du chemin des découvreurs l'avenir ne leur permet jamais de rencontrer que le reflet inversé d'eux-mêmes, sur la grand-place où se joue l'éternelle Fête des Fous ». Qu'il écrive en vers heurtés ou dans une prose d'une limpidité parfaite, Zumthor, du ton héraldique à la romance, s'exprime avec une langue qui, en dépit de ses discontinuités, semble vouloir unir le classicisme à la modernité, le destin de l'être ou celui du conquérant devenant prétexte à l'incantation parfois et toujours à la savante musique des mots.

Pierre Caizergues (né en 1947) a publié de nombreuses œuvres critiques notamment sur Apollinaire, Cendrars, Desnos, et il est le poète d'*Encrages*, 1975, de *Mires et moires*, 1982, et il a aussi créé un atelier de création poétique recevant Henri Pichette, Jean Tortel, Émile-Bernard Souchières, Jean-Claude Renard. Ce dernier a préfacé les poèmes de Geneviève Agel (née en 1922), critique de cinéma tout comme son mari Henri Agel. C'était *Miroirs*, 1952, que suivraient *Les Fruits de la mer, L'Amour des choses, Dans ta demeure*.

Écrivain et philosophe, Pierre Boutang (né en 1916) dans son *Art poétique*, 1988, a fait suivre un exposé éclairé à la lumière platonicienne de ses traductions de poètes, depuis l'Antiquité jusqu'à William Blake, Edgar Poe, Rainer Maria Rilke, etc. Pour lui, « traduire c'est *réincarner* ailleurs ». Il y a là création.

Dans le précédent volume, consacré en partie au surréalisme, nous avons présenté les textes de peintres. Il faut leur ajouter Léon Zack (né en 1892). En Russie, il hésita entre peinture et poésie, créa une revue futuriste, publia des poèmes en russe, avant d'être l'illustrateur de Rimbaud ou de Mallarmé, puis de Michel Auphan, Pierre Dalle Nogare et Jean Joubert. Il a lui-même publié en français *Des perles aux aigles*, 1975. « Où est l'homme / Qui n'a pas mutilé l'infini...? » demande-t-il.

Jean-Jacques Lévêque, avant d'être critique d'art, fut le poète de plaquettes comme *Une cage partie à la recherche d'un oiseau*, 1953, *Images pour le monde d'ici*, 1954, *L'Herbe sage*, 1956, *Nuit de garde*, 1958, *D'où je viens*, 1958, *Douves*, 1959, *Préparatifs pour un matin*, 1961, *Les Portes de l'été*, 1961, *Le Temps réfléchi*, 1964, *L'Espace d'un doute*, 1967. Dès son extrême jeunesse, son goût des arts plastiques s'affirmant, il sut que « le mur c'est le livre de la masse » qui pouvait ouvrir de nouveaux espaces au poème, d'où ses *Poèmes écrits à la craie*, 1957, qu'il réalisa sur du matériel militaire durant la guerre d'Algérie. Aragon vit dans un de ces poèmes le témoignage d'une génération. Lévêque était un précurseur : si le graffiti est éternel, le poème mural devait connaître un sort étonnant onze ans plus tard quand Mai 1968 découvrit la plage sous les pavés.

Nouvelles générations romanesques.

Ici, ce ne sera pas complet non plus : des romanciers de la nouvelle génération se trouvent dans différents chapitres, mais pourquoi ne pas se permettre une flânerie?

Lorsque René Belletto, romancier de *L'Enfer*, 1986, écrit *Loin de Lyon*, 1986, avec pour sous-titre *XLVII sonnets*, de ce genre il respecte la règle comme un poète renaissant, mais en lui ajoutant une autre règle née des artifices de la modernité, ainsi ces coupures étranges en fin de vers et sans oublier de jargonner comme un humaniste rabelaisien ou proche de Jarry :

> Songe creux ici resurgi en rêvolume
> Amnésique et tacitourne j'en avais ou
> Blié mon mot à dire revenant bredou
> Ille et volubile hors ventrouvert ce bout de plumes...

mais il lui arrive d'oublier le jeu et d'écrire classiquement : « Je souris de joie et de peur / A ce qui vient et qui s'en va / Je ne sais pas si je vis ou meurs / Le jour sans fin ne finit pas... » pour nous dire que le poète d'aujourd'hui peut tout se permettre à condition d'y réussir.

Jacques Blot, le romancier des *Processions intérieures,* 1972, lorsqu'il publia ses poèmes de *Présages de l'aube,* 1976, les présenta ainsi : « Interrogation sur la parole, la mémoire, le corps, l'amour, le temps, la communication, la violence, l'espoir, mais surtout tentative de recréer un univers nocturne, autonome au sein duquel les sens joueraient un rôle dominant. » Cet univers onirique l'inscrivit, selon Marc Alyn, « parmi les poètes de l'intériorité », André Marissel parla d'œuvre « sans équivalent en France » et Gilles Pudlowski d'un courant de « poésie élégiaque » – ce que confirmerait un deuxième ensemble : *Le Temps et la lumière,* 1983, qui pourrait être la face diurne de son interrogation des heures. Ici, les mots et les images sont les esquifs de la conquête, de l'aventure au soleil et le ton devient épique. La forme qu'il a choisie dans l'un et l'autre recueil s'y prête bien : vers d'une quinzaine de syllabes, parfois rimes intérieures ou assonances, souffle, éloquence, le point d'interrogation figurant la seule ponctuation :

> Advint ce temps d'étrangeté : nous étions dans l'autrefois
> La mort s'inventait dans l'odeur forte et musquée de l'automne
> D'où venions-nous? Étions-nous encore vivants?
> Témoins du sang nous avancions sur l'aire blanche...

Chaque poème a la même longueur : quinze vers. Le poète a trouvé là son nombre comme sa mesure et le flot se déroule comme un fleuve où voguent les désirs, les rêves, les métamorphoses avec maîtrise.

Poèmes, textes, romans, récits érotiques, tout écrit de Marc Cholodenko (né en 1950) procède de l'énergie poétique, du verbalisme à la condensation, le débridé de l'imagination mêlant l'or et les scories (mais quel est le plus appréciable? demande-t-on). Le plus souvent, la création est savante qui critique et caricature des procédés usés, transfigure des fantasmes, pêche dans les lieux communs de la modernité tout en mettant en mouvement les thèmes romantiques de la folie ou du suicide sous la bannière de personnages narcissiques à qui il s'apparente, tout cela avec désinvolture, élégance d'écriture, dandysme ironique ne faisant jamais oublier son amour pour les mots – un amour tel qu'il n'en a jamais assez et va les chercher dans les langues étrangères pour ajouter au spectacle. On se demande s'il est un poète du présent nostalgique du passé ou une sorte de traditionnel qui se met au goût du jour par défi. C'est en tout cas intéressant et sa maîtrise, sa culture, son originalité insolente peuvent ravir les amateurs de littérature en éveil. Il a publié *Parcs,* 1972, où l'on pouvait lire cet *Autoportrait pluridirectionnel :*

> Le chef du désert bleu
> avance à hautes bottes peintes
> il a foi en ses yeux
> son regard peut mourir.
>
> L'écervelé rit de l'homme
> saisi par l'immense
> et bloqué aux frontières.
>
> Le page effleuré pleure
> de voir ses nerfs en morceaux.
>
> Le singe s'étonne du miroir.

Suivirent *Le Prince,* 1974, *Cent chants à l'adresse de ses frères,* 1975, *Tombeau de Hölderlin,* 1979, *Deux odes,* 1981, avec entre-temps les œuvres romanesques comme l'érotique *Roi des fées,* 1974, *Les États du désert,* 1976, et d'autres œuvres. La poésie oubliera vite ses tracés adolescents pour s'étendre en des chants vastes, développés, farcis de réflexions qui paraissent échappées de pages de quotidiens anglais pour exprimer (peut-être?) qu'une seule langue ne suffit pas et que la poésie est loin du nationalisme – ce qui est la caractéristique de nombreux poètes de la génération de Cholodenko. Mais nous insistons trop sur cet aspect, ce n'est qu'une composante d'une œuvre en cours d'épanouissement qu'on ne peut qu'évoquer. Les *Odes* si elles sont soumises à l'onomatopée ou au coq-à-l'âne, au prosaïsme aussi, – ou bien le *Tombeau* à quelques considérations banales – n'en sont pas moins du lyrisme à l'état pur, l'intellectualisme se dissimulant sous des pirouettes au besoin.

Auteur de biographies des *Morts illustres,* ouvrage où le réel et l'imaginaire sont mêlés, et aussi d'essais sur La Pérouse et Buffon, il n'est pas étonnant que ce dernier ait inspiré à Yann Gaillard (né en 1936) des poèmes-fables consacrés aux animaux : *Le Pingouin aux olives,* 1965, *La Sirène du Jardin des Plantes,* 1981, courtes histoires dont la minutie descriptive affectée conduit à un insolite savamment distillé, cela auprès de tableaux imaginaires, allégories, relations de voyage et romans vécus, où l'humour indirect se nomme faux-sérieux.

Jérôme Garcin (né en 1956), critique littéraire, a publié discrètement deux livres de poèmes dont l'un, *Les Mots de Bray,* 1979, eut pour éditeur Pierre Dalle Nogare, l'autre s'intitulant *Composé des heures,* 1979. Il apparaît que ces œuvres ont été dictées à l'auteur par une nécessité intérieure sous les signes de l'introspection, peut-être de l'auto-analyse. Les « mots de Bray » racontent à voix murmurée des sensations enfantines qui touchent à une métaphysique des sentiments. Quand « Les greniers livrent des poussières d'or », le poète offre une maison à visiter qui est à la fois l'abri familial et sa maison de l'être, demeure vivante dont les mots bercent les sentiments humains douloureux – mots habitables qui hantent l'homme et que le chant simple et chaleureux délivre : « Enfin passeront les paroles du temps / Comme une pierre / Marquée d'un signe définitif. » D'ailleurs les jours qui ne reviendront pas sont l'objet de son livre d'heures où des poèmes sont dédiés à Jacques Chessex. Ces poèmes graves, par-delà troubles et douleurs comme celles d'un deuil d'enfance, par la richesse de certaines images, restent un hommage à l'écriture, aux mots qui créent le poète : « Il y a : le stylo au corps brillant et lisse / qui me trace... » ou « User du mot comme d'un miroir... » Son père, Philippe Garcin (1928-1973), analyste pénétrant de Joubert, Fontenelle, Paulhan, Flaubert... en des œuvres d'une belle qualité d'écriture, réunies dans *Parti pris*, 1977, est à rappeler.

Parmi les œuvres en train de se faire, il y a celle d'Hubert Haddad (né en 1947), le romancier d'*Un rêve de glace* et d'autres œuvres rigoureuses et sans concessions aux modes, qui est aussi un remarquable essayiste : *Michel Fardoulis-Lagrange*, 1979, *Michel Haddad*, 1981, un nouvelliste : *La Rose de Damoclès*, un auteur d'aphorismes : *Retour d'Icare ailé d'abîme*, 1983, c'est-à-dire d'un art de diamantaire tel que l'entendaient les présocratiques, le poète de *Le Charnier déductif*, 1968, *Je me retournerai souvent*, 1971, ou *L'Aveugle d'élite*, 1975, que préfaça en orfèvre G.O. Chateaureynaud. Il est vrai que ces poèmes au souffle vaste et qui ouvrent de nouveaux champs de prospection pour l'être tiennent des grandes orgues et d'une sorte d'épopée de la conquête des terres inconnues du dedans de soi. Poèmes du sang et des sens, poèmes du sens recherché dans l'espace entre vie et mort.

Une quête spirituelle a conduit Alexandre Kalda (né en 1940) du Paris Rive Gauche de ses romans vers l'ashram de Pondichéry. Il faut faire savoir qu'un livre passé inaperçu (sauf de quelques connaisseurs comme Alain Bosquet), *Le Cantique de l'éternité*, 1971, se situe dans ces régions chères à René Daumal et à Lanza del Vasto. Cette longue suite libre en vers de six syllabes, d'une langue pure et lyrique, constitue un chant initiatique qui s'égale aux plus grands chants mystiques et religieux. Il oubliera même d'indiquer son nom sur la couverture du *Jardin du monde*, 1980, publié par les éditions *Sri Aurobindo Ashram* (Sri Aurobindo qui écrivit aussi des poèmes en français) où Lui et Elle, le couple primitif, dialoguent entre eux puis retrouvent Krishna dans un échange de la parole à son plus haut degré.

Gilles Pudlowski (né en 1950), auteur d'ouvrages où il célèbre les régions de la belle France, critique gastronomique réputé, romancier, anthologiste de ces *Poètes de l'année* qui, chez Seghers, perpétuaient les *Almanachs des Muses*, et dont on aimerait bien la renaissance, connaisseur des poètes de sa génération, admirateur de Franck Venaille, oubliera-t-il ses œuvres poétiques ? *Par une nuit nouvelle*, 1974, *Litanie du blues*, 1975, ont révélé un poète qui, à partir des mots simples et nus, apprivoise le mystère quotidien des rues avec tendresse, mélancolie, émotion, sur un fond de musique de jazz. Errances dans la nuit, nostalgie de pays lointains, vers d'amour, « de tous les mots semés sur ce chemin de ronces », Pudlowski fait l'or du temps et reste attentif à l'événement, à la sensation pour en faire une musique lancinante et grave.

Célèbre et couronné de lauriers enviés, Yann Queffélec (né en 1949) n'a pas oublié ses origines bretonnes, son goût de la mer qu'il va chercher du côté de Montparnasse, dans « la pierre / Où le visage est prisonnier », partout où se trouve « la fable d'un mur / Qui voudrait parler », et c'est peut-être sur les lieux du poème que cet ami de la musique affirme son art d'écrire, son art poétique : « J'écris pour annoncer / J'écris pour délivrer / J'écris pour célébrer... »

Si *Le Salon du Wurtemberg,* de Pascal Quignard (né en 1948) a révélé en 1986 un romancier de taille, les poètes le connaissaient pour son *Michel Deguy* dans « Poètes d'aujourd'hui », un essai sur Sacher-Masoch, une traduction d'*Alexandra* de Lycophron, une étude sur la *Délie* et d'autres œuvres de recherche touchant à une neuve érudition les soumettant à de nouveaux éclairages. D'une exigence absolue dans *Écho,* 1975, ou *Sang,* 1976, il sait que « La langue est un terrificat de violence » et que « Taire ne parle pas : parler tait. » Aussi s'emploie-t-il à serrer le texte en un « *mouvement* qui donne cours au *verbe* même ». Du côté d'*Orange Export Ltd* d'Emmanuel Hocquard et de Raquel, il s'inscrit dans la modernité la plus aiguë et dans la syntaxe d'une nouvelle époque.

Auteur d'une œuvre romanesque allant du plus « grand public » au plus raffiné, entre certain *Sac du palais d'été* et d'ouvrages où apparaissent écrivains rares, cantatrices célèbres, Italie en majesté, tout comme de randonnées sur de magiques Orient-Express, animé par une soif d'écriture insatiable, Pierre-Jean Rémy (né en 1937) a laissé loin derrière lui ses poèmes, la prose lui paraissant être un réceptacle et un piège à poésie lui permettant une expression plus complète, mais nous n'avons garde d'oublier les espaces, paysages, éléments, itinéraires d'*Urbanisme,* 1976, qui l'inscrivait dans une avant-garde soucieuse de restituer les lieux dans la page au moyen des mots devenus matériaux de la construction. On n'oubliera pas cette rencontre du descriptif et du sensuel servie par une forte condensation des mots et une richesse de vocabulaire constante, des regards sur une ville déserte ou un port parfois inquiétants dans leurs formes et leurs bruissements, en soi fantastiques sans qu'on use jamais des mots de ce fantastique.

Danièle Sallenave (née en 1940) a animé la revue *Digraphe* et traduit des textes italiens. Ses œuvres les plus connues *Les Portes de Gubbio* ou *La Vie fantôme* affirment la même qualité d'écriture et d'attention aux choses que *Paysage de ruines avec personnages, Le Voyage d'Amsterdam* ou *Un printemps froid.* Une réponse à des questions de Jean-Marie Le Sidaner, dans *Encres vives,* 1981, nous a renseignés sur sa conception probe de l'écriture et son rejet des « fascinations naïves de l'auto-interprétation », sa conception du rôle social de l'écrivain, son désir ardent de décrire « la face la moins visible de l'utopie politique que porte en lui chaque écrivain ». Le métier, la technique comptent pour elle, d'où le soin qu'elle met dans ses textes à éclairer le réel et l'imaginaire pour rendre l'un et l'autre visibles. De courts textes en prose, des instantanés, images photographiques, par une simple description, nous conduisent vers des prolongements métaphysiques – comme c'était le cas chez Jean Follain.

Cette idée de photographie on la retrouve dans un « gros plan sur l'œil mort » de Patrick Reumaux (né en 1942), romancier, mycologue et poète, traducteur de Dylan Thomas. Il excelle à écrire de courts poèmes d'une ironie cruelle et dont les images portent sûrement, mais on sait qu'un court métrage est souvent plus mémorisable qu'un long film. Par exemple : « Un brin quelconque / un jour d'herbe dira / ce qui dans ma neige / a pris feu. »

Si les plus critiques ont salué les œuvres romanesques de Jack Thieuloy comme *L'Inde des grands chemins, Le Continent maudit* et une dizaine d'autres livres, en disant le provocant, le lyrique, le torrentiel ou le grandiose, qui sait qu'il a écrit des poèmes en vers ? Cette marginalité correspond à celle de cet écrivain qui paraît soumis à quelque malédiction. Il s'agit de deux recueils ronéotypés : *Le Livre du singe* (mille vers pour mon singe) et *L'Ange du pire*, des vers classiques dont le singe Chichi est la muse et le dédicataire. C'est un long monologue satirique, grinçant, drôle et tendre, et dans le second recueil, on trouve des poèmes brûlants, érotiques et amoureux, dans le vif écrit et dans la chaleur de l'inspiration.

Sandra Thomas, romancière de *La Barbaresque*, a publié entre autres, *Souffle régulier*, 1971, *Notre marche Sombre et Muse*, 1977, *Les Croiselées*, 1976, *Nuits de femme*, 1986. Poète onirique, elle recueille les mythologies, les mensonges merveilleux, les fabulations cruelles dans ses rêves mêmes et, comme une harpe éolienne, elle vibre d'une musique d'amour et nous entraîne dans de mystérieux voyages fantastiques et souvent inquiétants sur l'esquif du poème en prose.

Directeur des *Cahiers de l'Hermétisme*, puis de la revue *Villard de Honnecourt*, chercheur, romancier, critique d'art, parfois mystificateur, Frédérick Tristan Baron dit Frédérick Tristan (né en 1931) a suivi bien des itinéraires : Renaissance, Chine des Ming, Allemagne du début du siècle, Europe de l'entre-deux-guerres avec *Les Égarés*, 1983, et ce sont, sous des signes occultistes, mythologiques, fantastiques, des parcours initiatiques – une recherche d'identité à travers des dédoublements de personnalité. Il est curieux de constater que l'écrivain, lui aussi, cherche ses doubles : pour préfacer *La Geste serpentine*, 1978, il est Adrien Salvat ; pour signer des articles philosophiques il prend le pseudonyme de Jean Makarié ; enfin, après Voltaire et Apollinaire, il invente une femme-poète morte prématurément, Danielle Sarrera (1932-1949) et l'on s'émerveille et s'émeut (on aime les poètes après leur mort) d'autant que la supposée Sarrera est un poète de qualité. Frédérick Tristan a encore écrit sous son nom *La Cendre et la foudre*, 1983, *La Naissance d'un spectre*, 1969, *Le Journal d'un autre*, 1975. Il connaît bien les mystiques allemands comme Jakob Boehme, et aussi Thomas Mann, les surréalistes, il peut donner dans le genre érotique car ses dons d'écriture sont multiples et une grande culture les sert. Quelque archéologue un jour, avant *Le Dieu des mouches*, 1959, derrière tant de masques, ira-t-il découvrir les poèmes du jeune Frédérick Tristan ? trouvera-t-il le vrai secret, la clef perdue ? Ces livres dont on oublie de parler s'intitulent *L'Arbre à pain*, 1954, *Marihuana*, 1955, *Passerelle de l'ombre*, 1955, et les aspects essentiels du poète et du romancier s'y trouvent déjà.

Tristan aurait pu avoir sa place dans l'anthologie d'Alain Vircondelet (né en 1947), *La Poésie fantastique française*, 1973, tout près de Claude Seignolle, Michel Deguy qu'on connaît moins sous cet aspect, ou J.M.G. Le Clézio (né en 1940) dont bien des proses, comme celles des *Géants*, sont de la pure poésie – mais toute une part du jeune roman peut fournir matière aux anthologistes rayon poésie. Ledit Vircondelet, romancier de talent, que ce soit dans *Le Juif d'amour* et de récentes œuvres est pourvu de bien des dons, et aussi dans ses *Poèmes pour détruire* où il montre les durcissements du poète devant l'ébranlement du monde.

Jacques Lacarrière (né en 1925) parcourt le monde à pied et ouvre grands les yeux. Ce nomade émerveillé et lucide, curieux des paysages et des hommes, est à l'écoute des réalités quotidiennes et sociales. Plus soucieux de connaissance vivante que d'inerte savoir, à l'apprentissage des cultures, il a édifié en prose une œuvre richement documentée et d'une rare pénétration. Le poète qu'a publié Bruno Roy à Fata Morgana est digne du prosateur : *Lapidaire Lichens*, 1985, et *A la tombée du bleu*, 1986, est du tout premier ordre. Il exprime « ces pierres qui ne gisent et dorment qu'en apparence », de l'adulaire et de l'albâtre à la tourmaline et la turquoise, en poèmes brefs, serrés, lapidaires en un mot – qui font renaître la poésie scientifique chère aux traités renaissants. Il fait de même pour les lichens et l'on s'émerveille de tant de science et de tant de poésie unies. Il nous dira en prose la conviction de la fumée, l'ubac de la mémoire ou la nudité de la nuit. Partout « la lumière éblouit l'invisible ».

Avant de se consacrer aux romans et aux essais, Suzanne Allen (née en 1920) fut le poète remarqué de *Feu de tout bois*, 1951, de *Le Pour et le contre*, 1966. De Daniel Anselme, une édition bilingue *Selecteds poems*, 1977. Jocelyne François (née en 1933), la romancière fêtée de *Joue-nous Espana*, 1980, est avant tout le poète de *Feu de roues*, 1971, *Machines de paix*, 1976, *Savoir de Vulcain*, 1978, *Signes d'air*, 1982. Vivant dans le Vaucluse, elle a ce sens de l'exigence et de la densité, des correspondances entre la nature et les mots, de la haute pensée solaire qui donnent à ses poèmes une luminosité qui semble née de son beau pays.

Le journaliste Yves Salgues qui est aussi critique, romancier et auteur d'un témoignage remarqué, *L'Héroïne*, 1987, a publié en poésie *Les Chants de Nathanaël*, 1943, qui fut en son temps remarqué et couronné.

Quant à Gérard Guégan, romancier sous son nom ou en empruntant de nombreux pseudonymes, éditeur aussi, homme de son temps, il a fêté à sa manière le dixième anniversaire de Mai 1968 en publiant *Oui Mai*, 1978, où il s'agit plus d'amour ou d'érotisme que de révolution. On y retrouve avec un sourire nostalgique non les (bons vieux) souvenirs mais une renaissance de l'esprit de fête et de dérision, l'atmosphère particulière d'une époque qui se perpétue poétiquement dans le goût des mots partagés.

Pascal Commère (né en 1951), coanimateur de la revue *Noah*, romancier de *Chevaux*, 1986, a montré l'unité de sa prose et de ses recueils de poèmes comme *Initiales du temps, Le Liseur d'arbre, Clous, Les Commis*, 1982, *Fenêtres la nuit vient*, 1987, qui montrent un sens original d'observation de la nature humaine confrontée avec les lieux, le monde social et familial, l'entourage naturel, non sans quelques images fortes et même inquiétantes.

Avant de parler de Tahar Ben Jelloun avec les poètes de la francophonie, nous saluons le romancier de *L'Enfant de sable* et de *La Nuit sacrée*, l'essayiste, l'anthologiste, et surtout le poète de *Les Amandiers sont morts de leurs blessures* suivi de *A l'insu du souvenir*, 1983. Ce sont là, poèmes ou proses, de fortes œuvres puisées aux sources maghrébines et honorant la langue française.

Romancier, cinéaste, Gérard Mordillat (né en 1949) aime évoquer le temps des cerises et exprimer la noire absurdité de la guerre, avec un humour inquiétant et ravageur. Au plaisir de la narration, de la fiction, de la réinvention des événements s'ajoute le sens poétique qui s'exprime aussi dans de courts poèmes, comme des annonces de faits divers, avec des touches à la Prévert à moins qu'ils ne « louchent du côté de Georg Christoph Lichtenberg » comme l'a justement remarqué Christian Descamps dans son anthologie des poètes publiés dans *Le Monde* (oui, un quotidien a publié des poèmes!...) intitulée *Poésie du monde francophone*.

Il est évident que Jean Carrière (né en 1928) est poète dans sa prose, les romans comme *L'Épervier de Maheux*, 1972, par exemple, les essais ou les entretiens dans la compagnie de Jean Giono, Julien Gracq ou André Chamson, tout cela fort connu, mais on peut rappeler qu'il écrivit les poèmes d'*Un rêve atlantique*.

Plus connue comme romancière, Catherine Paysan a écrit des livres de poèmes et des chansons par elle-même interprétées : *Chansons pour moi toute seule*, 1964. Ses œuvres poétiques sont *Tous deux*, 1944, *Écrit pour l'âme des cavaliers*, 1956, *Le Pacifique*, 1958, *La Musique du feu*, 1967, *52 Poèmes pour une année*, 1982. Plus que l'originalité, dans ces poèmes de structure classique, elle recherche l'expression forte. Il y a là un accent savoureux de terroir, des parfums, de la couleur, de l'émerveillement devant une nature réaliste qui ne cesse de l'émouvoir et ses chants d'amour vont aussi bien vers l'homme que vers les animaux de la ferme ou les légumes du verger. « Poésie d'une terre qui est devenue peu à peu la terre de ses morts bien-aimés... », écrivait Robert Kanters, et aussi : « Mais l'arbre est vivant, la voix nous parle des parfums et des frissons de la forêt, du cresson et de la menthe, du foin et des herbes de la rivière... » Partout règne le bonheur de vivre, une joie panthéiste d'un bel effet.

Romancier, essayiste, anthologiste de la bêtise ou des bizarres (avec Guy Bechtel), du *Petit Napoléon illustré* (avec Pierre Étaix), des lettres d'amour, de l'humour 1900, adaptateur de Shakespeare, de Tchekhov, de Farid-Uddin Attar, du *Mahabharata*, dessinateur, acteur, il a fait des films avec Pierre Étaix, Louis Malle, Luis Buñuel, Jacques Deray, Christian de Chalonge, Volker Schloendorff, Daniel Vigne, Andrzej Wajda, Carlos Saura, Peter Brooks... et on pourrait citer encore bien des créations de ce personnage étonnant qu'est Jean-Claude Carrière (né en 1931) et s'il s'agit de poésie, nous ne sommes pas en reste avec *Chemin faisant* chez Gérard Oberlé à qui il dédie *Cent un limericks français* publié à *La Bougie du sapeur* (périodique paraissant tous les 29 février). On devine qu'il s'agit d'humour, la chose la plus sérieuse qui soit. Le *limerick* est un petit poème « tapageur et obscène » d'origine anglaise, court comme un haïku et chargé de non-sens. Grâce à Carrière, le voici acclimaté en France et c'est digne de Pierre Louÿs, de quoi se réjouir à moins que l'on déteste l'érotique et le pornographique.

Auteur d'une dizaine de romans, de pièces de théâtre, de radio ou de télévision, Maurice Cury a animé avec Maurice Bourg la revue *1492* et est surtout l'auteur d'une dizaine de livres de poèmes, depuis *Homme-caméléon* jusqu'à *Le Sable sert à mesurer le temps*, 1987, en passant par *Mine d'or, Mexiques, La Forêt, Royaume*, etc. En vers libres ou rimés, il prend le poème comme un compagnon de la vie qui chante, s'attriste ou apporte la joie d'un sourire. Il est un poète de l'interrogation du quotidien et s'exprime avec le naturel qui convient. Cela demande beaucoup plus d'art qu'on ne l'imagine et sa voix délicate et tendre ne cesse d'émouvoir, d'aider à vivre, ce qui n'est pas si fréquent en temps d'écriture éclatée et d'espérance écartelée.

Si Yves Navarre (né en 1940), le romancier de vingt romans, de *Lady Black*, 1971, à *Romans, un roman*, 1988, en passant par *Les Loukoums* ou *Biographie*, le dramaturge de trois volumes de *Théâtre* est célèbre, qui connaît le poète délicat et modeste de *Sept chants dans un avion*, 1972 ? Cet avion qui l'habille de fer est plutôt avion de papier puisque l'auteur se fait spectateur du fleuve de son enfance et de ses verts paradis.

La romancière Olympia Alberti offre en prime avec chacun de ses romans un livre de poèmes (à moins que ce ne soit le contraire) et les deux genres traduisent la faim d'aimer, la soif de ferveur et d'émerveillement, son visage apparaissant sur ses miroirs qu'elle veut traverser comme Alice pour rejoindre sa mémoire nomade et offrir les salves du désir, et c'est la vie ainsi qui court le long de ses poèmes : *L'Amour palimpseste*, suivi de *La Dernière Lettre*, 1982, *Cœur rhapsodie, cœur absolu*, suivi de *Requiem*, 1985.

« Et si la poésie était un éveil de responsabilité ? » nous demandait le philosophe Roger Garaudy (né en 1913) dans la dédicace de ses poèmes *A contre-nuit*, 1977, préfacé par Salah Stétié (un poète que nous retrouverons avec la francophonie) et il nous a semblé heureux qu'un philosophe marxiste en quête d'une spiritualité aux approches de l'islam et de l'universalisme découvre les pouvoirs de la poésie dans un ouvrage ambitieux puisqu'il s'agit, pourrions-nous dire, de découvrir le combat du jour et de la nuit, cher à ses prédécesseurs, Victor Hugo, Pablo Neruda, Pierre Emmanuel, Farid-Uddin Attar, comme le rappelle le préfacier qui précise : « A l'inverse d'un Kafka prophétisant sombrement : " Le Messie ne viendra pas le dernier jour, mais le jour d'après ", Garaudy restera, à travers les mille accidents d'une vie toute d'engagements passionnés et tendus, l'homme de l'espérance intacte. » Espérance donc dans le spirituel et dans ce qui lui est le plus proche, la poésie.

Sous le pseudonyme de Baptiste-Marrey (né en 1928), un romancier, un essayiste, un poète (qui cache son patronyme) a publié d'importantes œuvres en prose comme *Les Papiers de Walter Jonas*, 1985, *Carnet grec suivi de Quatre chants delphiques*, 1986, un essai sur *Jean-Paul de Dadelsen*, 1983, ce poète qui, avec Anna Akhmatova, l'a aidé à naître à la poésie, des études sur le théâtre, la culture (à quoi il a consacré une partie de ses activités), des opéras imaginaires. Il dit : « Je suis en tout cas un poète pour qui le réel existe, et pour lequel existe tout autant un mystère derrière cette réalité. » Il ne réfute pas l'appellation « poésie de romancier », celle « qui raconte et qui pense autant qu'elle s'émeut et nous émeut » car « elle est inséparable de la vie ». Il unit « les mystères venus d'ailleurs » aux données de l'histoire et du quotidien en se plaçant sous de hauts patronages : « Baptiste / alias Poquelin... », « William alias Shakespeare alias Faulkner » et Jean le Baptiste. Il est vrai qu'il y a dans ses poèmes un aspect théâtral (déjà cette idée d'un masque pour le nom), tumultueux, musical, souvent grandiose. Ayant beaucoup à dire, le poème court sous sa plume et on croit entendre la voix qui conte, s'exclame ou chuchote, emploie toutes les inflexions. Une esthétique morale se développe dans des chants qui traduisent à la fois l'état de l'individu cerné par les obstacles et les interdits et l'histoire collective de la société. La voix, en notre temps, est originale, peut-être parce qu'elle ne s'embarrasse pas des fanfreluches de la mode littéraire tout en s'inscrivant dans une conception vivace, énergétique de la modernité. Des titres : *Ode aux poètes pris dans les glaces*, 1984, *Venise, l'île des morts*, 1984, *Le Livre des poèmes 1. Ballades du samedi*, 1986, *Les Poèmes infidèles de Walter Jonas*, 1987.

Jean Joubert.

Des romans comme *Les Neiges de Juillet*, 1963, *La Forêt blanche*, 1969, *Un bon sauvage*, 1972, *L'Homme de sable*, 1975, *Les Sabots rouges*, 1979, des nouvelles, des contes pour enfants accompagnant l'œuvre poétique de Jean Joubert (né en 1928) qui distribue sa création selon les moules littéraires qui lui conviennent. Des *Lignes de la main*, 1955, à *L'Été se clôt*, 1975, il a publié une douzaine de recueils réunis dans *Les Poèmes 1955-1975*, 1977, avec des inédits, *Forêt natale*, une sélection étant faite dans certaines plaquettes. Suivent *La Séranne*, 1977, *Histoire de la lune et de quelques étoiles*, 1981, *Cinquante toiles pour un espace blanc* suivi de *Récits-Poèmes*, 1982, *Les Vingt-cinq heures du jour*, 1987. Né dans le Loiret, Joubert connut une enfance et une adolescence « nordiques », en Gâtinais, à Paris, en Angleterre, en Allemagne avant de s'implanter dans le Sud près de Montpellier où il enseigne la littérature américaine à l'université. Partagé entre l'Amérique et le monde méditerranéen, son œuvre porte cette double empreinte et s'enrichit d'oppositions complémentaires qui lui donnent une tension et une saveur toutes particulières.

A ces oppositions s'ajoutent celles d'Éros et de Thanatos, du jour et de la nuit, du réel et de l'imaginaire, de la nature et de la ville. De poème à poème, c'est la quête d'une unité. Il s'agit de diversité, de liberté, de sensibilité, d'une recherche du lieu idéal où l'être trouverait sa demeure, loin de ce que lui propose la société technocratique. Sans faire abstraction de la vie quotidienne, il y trouve, au contraire, un réservoir d'images insolites qui fécondent le poème et lui permettent ses conquêtes, tout comme les toiles ou les objets créés dont l'onirisme rejoint les produits de son imagination. La rhétorique est assez souple pour se plier à toutes les sollicitations. De la poésie métrée au lyrisme libéré et au poème succinct, il se sert de tous les instruments nécessaires à son travail de pionnier du réel et d'extracteur des richesses cachées. A la poursuite des souvenirs de quelque vie antérieure, du mirage à la transparence, du visible à l'invisible, il cherche « l'ange de verre » ou quelque « dieu secret » dans la nature. Sans quêter le fantastique, il le découvre jusque dans la description d'une ville ou dans l'évocation d'une forêt. Il ne refuse pas la spontanéité, ni l'image surréalisante, et sait les unir dans une phrase feutrée, musicale et pure. Il aime aussi traduire les bruits du silence et convier aux métamorphoses :

> Pierre changeante.
> Lorsque tu entres, c'est un tournesol.
> Bouge un peu : c'est une figue
> puis une roue,
> un paon,
> une maison fermée la nuit,
> une maison ouverte à l'aube,
> un corps ensoleillé.
> Quand tu atteins le mur du Nord,
> c'est un tigre.

Des poèmes donnent à voir et pourraient bien se présenter comme les devinettes ou les énigmes d'un livre d'images :

Une femme à tête de chien effile des lambeaux de robe qui fut un jour portée pour une fête ou un massacre : à ses pieds gît l'enfant de cendre.
La pierre sue : c'est nuit d'orage et de ciseaux.
Quel enchanteur sortit du bois pour ainsi tordre une beauté réduite au cri velu ?
Mais dont le doigt pourtant (l'index) très gracieux, lève l'anneau d'Isis et l'ongle rose (guenille).

Nous lisons encore cette *Forêt d'enfance* qui apporte un autre exemple de l'art de Joubert :

Forêt d'enfance, et c'est toujours l'automne.
Mouches mortes, feuilles brûlées. L'araignée de corail tonne sur les allées. Soleil !
Ou bien est-ce un sac de sang pendu aux branches ?
Ou bien encore l'œil du vent – c'est le soir – sonnant le feu sur les casernes blanches ?
Dans sa paume l'enfant tient le cil d'un ange.

A l'écoute du mystère, solaire ou nocturne, Joubert, en peintre et en musicien, célèbre les noces de l'homme et de la terre, parcourt l'autre versant du réel, fait mieux voir les êtres et les choses selon leurs dimensions de temps. Par-delà l'inquiétude de la beauté, l'angoisse du devenir, le poète (l'homme) apparaît calme et confiant, assuré de trouver en lui-même des éléments de survie. Et surtout, il y a ce qui dépasse toute tentative de description d'une poésie : cette joie panique de l'imaginaire, cette création et ce renouvellement incessants qui sont la vie même.

Jean-Claude Walter.

Que notre Alsace est belle, 1983, c'est le titre d'un essai de Jean-Claude Walter (né en 1940) qui écrivit aussi *Poèmes des bords du Rhin,* 1972, où il le disait mieux encore, comme Robert Kanters le signala : « Le monde est plein, les objets sont présents, signes de l'enfance et signes très concrets d'une région... » Rien cependant de régionaliste au sens étroit du terme car le poète vise à universaliser sa vision. Il est « avide de tout connaître, de tout aimer, de tout assimiler », disait René Lacôte en reconnaissant chez le jeune poète le goût du merveilleux et de la tendresse, et, comme la plupart des critiques, « un humour parfois un peu acide qui tempère avec pudeur cette effusion débordante ». Qui pense province pense nature. Or, Walter sait recevoir son inspiration de la ville et l'on comprend qu'il ait publié ce merveilleux essai *Léon-Paul Fargue ou l'homme en proie à la ville*, 1973. On lisait : « Ville! Qui dira la fulguration de ton désir taillé dans le diamant de ton unique syllabe brève... » Le poème est, pour Walter, le lieu de l'interrogation et il est des œuvres brèves qui en disent long sur la vie et le destin ou « l'incertitude de l'homme devant le soleil ». Ce poète a une sorte de grâce innée, d'élégance natale, quelque chose de séduisant et de pur. On cherche des chemins neufs, des voies par-delà celles que propose la ville, des ouvertures sur la vie et au-delà de la vie, un appel à la liberté, à la lumière, à une présence durable quand tout n'est que précarité. Ce dit souriant, grave et tendre, surréalisant ou romantique, d'un livre à l'autre a gagné en ampleur, en patiente conquête de la parole responsable. Auteur d'un roman, *L'Évêque musclé*, 1968, Walter est encore l'auteur de ces livres de poèmes : *Le Sismographe appliqué*, 1966, *Paroles dans l'arbre*, 1974, *Fragments du cri*, 1975, *Récits du temps qui brûle*, 1976, *Patience de la lumière*, 1978, *Homme de la liberté*, 1982, *L'Amour parole*, 1986.

La Vie présente

I
La Nature humaine

LOIN des nouveaux laboratoires, des poètes aux individualités bien marquées ont en commun le goût de la terre et des êtres présents, de la vie à son niveau quotidien, de la méditation devant la nature, l'écoulement du temps, l'amour et la mort, une certaine tendresse, des révoltes. S'ils semblent peu désireux de bouleversements du langage et non fervents du textuel, leur choix ne leur interdit pas la recherche d'intensité et d'efficacité. Ni conservateurs ni traditionnels, ils interrogent le poème comme ils questionnent la vie.

Pierre Gabriel.

S'il est un poète de la nature, Pierre Gabriel est aussi celui de la difficulté de vivre et d'une recherche du bonheur dans sa terre d'Armagnac. Le regard se tourne vers l'enfance, les espoirs anciens, la lumière natale, avec le désir de protéger une flamme fragile contre le vent, une clarté intérieure contre l'obscurité. Nous trouvons, dans la ferveur, le recueillement, une poésie à voix basse, un regard vers le temps lointain ou proche dont il faut saisir la sensibilité en des poèmes courts, simples le plus souvent, et situés dans un ensemble cohérent, sans trop de recherche d'originalité. « Il est évident, dit-il, que les vocables les plus simples, les plus familiers, démagnétisés par leur emploi quotidien et convenu, se chargent en poésie, en plus de leur signification immédiate : nuit, lumière, ciel, pierre, visage, d'un foisonnement symbolique, d'une force d'évocation (...) qui assurent à la poésie telle que je l'aime – et telle que je tente de l'écrire – l'un de ses pouvoirs majeurs. »

Pierre Gabriel (né en 1926 à Bordeaux) est distillateur à Condom. Il a publié une revue, *Haut-Pays*. Ses principaux titres : *Seule mémoire*, 1965, *L'Amour de toi*, 1967, *La Vie sauve*, 1970, *La Main de bronze*, 1972, *Le Nom de la nuit*, 1973, *Lumière natale*, 1979, *La Seconde Porte*, 1982, *La Route des Andes*, 1987. A Pierre Gabriel, qui est aussi romancier, a été consacré un ouvrage de Christian Hubin et un numéro spécial de la revue *Texture*. Parmi ses poèmes à l'affût des signes, nous citons :

> Toute parole enfin s'arroge
> Le droit de taire sa lumière
> Ou de nier sa nuit — qu'importe
> Si le regard se brûle à ce silence,
> Si le feu parle une langue de mort,
> Chaque mot de désir
> S'ouvre à sa récompense,
> Il dit d'un même souffle ce qui vit
> Et se consume à l'instant d'être dit.

Partout la ferveur, le silence de l'accueil, la plénitude s'accompagnant de gravité et de calme. Ce silence apprivoise un lyrisme retenu, jamais emphatique, et en cela pur. Nous voyons bien « la nuit s'ouvrir comme un fruit de lumière ».

Guy Chambelland.

Fondateur de la revue et des éditions *Le Pont de l'Épée*, découvreur de poètes, critique et polémiste avec une bonne dose d'amitié jusque dans ses colères, Guy Chambelland est un poète de qualité que dissimulent ses activités les plus visibles. Nous nous arrêtons à un amoureux du poème et à un gourmand de la vie. On trouve la célébration de la geste (et des gestes) des hommes pris dans la réalité et que le poème métamorphose jusqu'à les conduire au symbole, un franc-parler qui n'est pas sans art. On se trouve au plus près de l'existence quotidienne sans limiter l'homme dans sa hauteur et dans sa profondeur. Il s'agit d'habiter pleinement le lieu et l'instant, même si la mort obsède, même si l'érotisme la rappelle quand il voudrait la détruire. Une des qualités du poète est d'avoir le sens du texte serré, significatif, du détail vrai qui ne masque par l'arrière-plan du tableau mais le valorise. Il sait, en quelques mots, comme le faisait Jean Follain, avec un tracé sûr, offrir le prolongement, l'écho le plus concret de ses bouleversements.

Guy Chambelland (né à Dijon en 1927) habite dans le Gard de la garrigue une de ces demeures comme Bachelard sait, de la cave au grenier, les dépeindre. Des titres : *La Claire Campagne*, 1954, *Visage*, 1957, *Protée*, 1960, *Pays*, 1961, *L'Œil du cyclone*, 1963, *La Mort la mer*, 1966, *Limonaire de la belle amour*, 1967, *Courtoisie de la fatigue*, 1971, *Noyau à nu*, 1977... André Miguel : « Avec le contraire de la magie, il crée pourtant un univers magique qui métamorphose le réel. » S'il est le poète de la vie de son temps, c'est dans l'amour lucide du langage revigoré par un sens de la nature vive et de l'éros qui est le moteur des poèmes. Un exemple de ses instantanés :

> Si un chien t'aime
> son poil sent la paille et le lait
> et si tu sais l'aimer
> sa présence rapproche les choses.

Ainsi, une femme aimée jadis peut être l'âme d'un paysage, une fille s'arrêter dans le temps :

La fille (ses seins sous son chandail, ses genoux nus, sa tête sur rond de feuilles) qu'entoure un groupe de garçons, c'est la même qu'il y a vingt ans. Ce sera toujours la même, belle et lointaine. La mort couvre son visage, tournesol arrêté.

Cronos, Éros, Thanatos toujours. Et le désir d'une métamorphose en animal familier :

> ... Aussi j'essaie d'être chien. Spirale. Je rentre en moi, ferme ma tête, tâte la pente obscure du chien assis. Tiède, tiède. Être le noir. Vide de pensées et plein de la circulation lente, du vieillissement des choses. Me manque encore ma fourrure de poils. C'est peut-être comme marcher sur l'eau et un jour qu'on y croit formidablement...
> Mais toujours quelqu'un sonne avant et donne ma peau de chien à la mort.

Il veut le poème « sec et net comme un galet ». Il appelle poète qui dialogue avec la beauté, qui invente ses dieux personnels et qui affirme son existence d'homme. Il écrit en vers libres, en prose, mais peut avoir recours au vers traditionnel le temps d'un blason érotique :

> Jambes de neige étoiles de mes mains
> à peine issues de la nuit du cœur même
> beaux genoux d'eau divisés de poèmes
> tendresse mère où les dieux sont humains
>
> Seins de silence arbre profond des reins
> agenouillée la bouche sur sa tige
> yeux renversés écume du vertige...

La bonne santé campagnarde, les auberges, les joueurs de cartes ou de boules, le visage de Priape ne masquent jamais une angoisse, un sens tragique de l'existence. « Je ne suis moi qu'entre la mort et moi », écrit-il. Le poète de la vie est celui de la mort, une mort regardée en face. Il y a partout beaucoup de force et une qualité soutenue.

Jean-Vincent Verdonnet.

Lié à la terre, Verdonnet ne se contente pas de la chanter dans ses apparences, il lui arrache ses significations secrètes, il célèbre l'union du sol et du poème. On écoutera les battements du paysage comme ceux d'un corps. On entendra les pas sur le chemin, on saura tout du temps qu'il fait comme des instants fragiles du temps qui passe et s'éveille à l'éternité. La lumière, la nuit, le froid, le chaud seront poésie. Et aussi l'eau, sœur plus qu'ennemie du feu, le silence qui « coule profond », qui existe dans la parole. Le voyage sera intime, autour de la chambre, de la maison, des lieux proches, en soi-même, autre espace habité par le paysage qu'on habite. Et dans ces rencontres, les forces de la terre s'uniront à la foi du ciel. Une connaissance des choses de la nature, végétaux, animaux, dont les noms parsèment le poème, lui donnent sa couleur, son parfum, sa densité. Une fraîcheur, une manière d'apprivoiser les choses de la vie et d'adoucir celles de la mort.

Jean-Vincent Verdonnet (né en 1923) est de Haute-Savoie. Parmi ses livres : *Attente du jour*, 1951, *Noël avec les morts réconciliés*, 1952, *Album d'avril*, 1966, *Le Temps de vivre*, 1967, *Lanterne sourde*, 1971, *Cairn*, 1972, *S'il neige dans ta voix*, 1975, *Arc-en-ciel*, 1976, *Pénombre mûre*, 1977, *La Faille où la mémoire hiverne*, 1979, *Au temps profils furtifs*, 1980, *Ce qui demeure*, 1984, *Fugitif éclat de l'être*, 1988. Joseph-Paul Schneider et Serge Brindeau lui ont consacré une monographie, ainsi que Raymond Tschumi.

Les poèmes sont courts, sans recherche formelle excessive, et cela s'accorde à ses thèmes familiers, « avec leur poids de terre, de ciel et de mystères, enveloppés de tendresse, colorés d'images neuves et hardies où passe je ne sais quoi d'attentif et de délicat qui va au-delà des mots », comme l'écrivit Pierre Loubière. Il sait qu'un détail peut faire imaginer un ensemble :

> Il aura suffi d'une averse
> pour taire les feux du coteau
>
> Dans la chambre tiède la cire
> est gardienne de l'ordre ancien
>
> qu'avec la douceur d'une feuille
> la main honore lentement

Nous ne sommes pas éloignés de Jean Follain ou des poètes de l'école de Rochefort, mais on va au plus loin dans le déchiffrement des énigmes naturelles, des correspondances, de l'émerveillement. Tout reste intime, fragilisé, le paysage devenant un rêve du paysage tout en gardant sa forme concrète. Et passe une sensation de bonheur jusque dans la mélancolie. Soucieux de compagnonnage poétique, Verdonnet est le fondateur du « Club du Poème ».

Joseph-Paul Schneider.

On entre dans cette poésie le plus aisément qui soit et on se trouve comme chez soi — mais un regard sur les pièces montre qu'il s'agit de naturel, non de simplicité, car le poète est plus complexe qu'il n'y paraît : derrière le calme, la sérénité se dissimulent des arrière-tremblements d'angoisse ; dans ces lieux familiers, on sent que quelque danger nous guette ; on se croit dans un territoire paisible, loin des violences de ce monde, or on est dans un no man's land précaire. Le vers court, le poème bref semblent ramassés sur eux-mêmes, prêts à bondir pour fuir ou se protéger. Certes, « il suffit d'un sourire / pour moudre la lumière » et on peut trouver « derrière le visage des pierres / l'énigme rose du vent » et le poète ne manque pas de nous parler de tendresse, de douceur, de nostalgies d'enfance, de nature heureuse, mais on entend aussi crier « l'oiseau de l'ombre » ou trouver des effrois, par exemple dans ces *Miroirs* :

> Soleil dans la tête
> d'autres Vincent Van Gogh
> sortent des enfers

> et sculptent avec leurs entrailles
> des miroirs pour chanter
> les purs visages blêmes
> des bourgeois connaisseurs

Poète, critique littéraire, Schneider est critique d'art, aussi ne s'étonne-t-on pas que certains poèmes soient des tableaux, et même des estampes satiriques quand on décrit « ces princes qui nous gouvernent » – à quoi on préfère ses couleurs d'aube ou d'automne, son parcours des saisons ou des paysages, cette manière particulière de guetter et piéger la parole comme on surprend un oiseau, comme il surprend le mystère avec sobriété.

Quelques titres de Joseph-Paul Schneider, né en 1940 en Alsace et professeur au Luxembourg : *Entre l'arbre et l'écorce*, 1965, *Les Bruits du jour*, 1969, *Les Gouffres de l'aube*, 1971, *Saisons dans un visage*, 1973, *Terres miennes*, 1974, *Marges du temps*, 1975, *Patience des pierres*, 1977, *L'Incertain du sable*, 1978, *Pays-signe*, *Poésie 1970-1980*, 1983, *Pierres levées en demeure*, 1984, *Sous le chiffre impassible du soleil*, 1988, un de ses meilleurs ensembles. Ses préfaciers : Jean Malrieu, Serge Brindeau, Alain Bosquet. Des livraisons de revues comme *Verticales 12* ou *Origine* lui ont été consacrées.

Si Schneider se dit poète « dans le feuillage des mots », c'est qu'il s'agit d'ombre et de transparence. Il sait aussi exprimer « le bleu d'un amour » ou la pierre témoin d'éternité, immobile et mouvante, la terre robuste et soumise comme l'homme aux métamorphoses car les plus belles images lui viennent de cette « tendresse de la terre » dans ces paysages de l'Est qu'il chérit, où il recherche la parole et le paradis perdus, découvrant même un certain héraldisme comme dans cette *Chasse* quasi spirituelle :

> A la recherche de la pierre isoèdre
> Longtemps j'ai poursuivi le cerf
> Puis j'ai voulu boire à la source
> Mais sur le miroir
> De mes rêves
> Mes lèvres
> Restèrent sèches

Ainsi beaucoup de poèmes appréciables, du plus réel au plus incertain, du visible à l'invisible, du roc à la brume, en ces lieux antithétiques que la poésie rassemble pour capter mystère et beauté

Borias, Reutenauer, Baron.

Denise Borias (née en 1936) mérite l'attention, non que l'œuvre soit vaste, mais parce qu'elle est significative d'un souci permanent de création : il y a ce qui semble spontané, en intimité avec le végétal, donnant la sensation du bonheur, et ce qui est voulu, étudié, né d'une observation précise des choses, un peu comme chez Francis Ponge, l'auteur allant jusqu'à l'analyse de ses propres textes. Que ce soit dans *L'Amandier ou le travail poétique*, 1967, *Nature vive*, 1971, ou dans des *Fragments d'un voyage vénitien*, elle donne une vision du monde à la fois descriptive et sensible, avec des reliefs, des touches de couleur, une musique souvent inattendus. On pense à des histoires naturelles revues par un lyrisme mesuré, soumis aux nouveaux rythmes de l'écriture présente. Comme l'écrit Pierre Lepape : « Il faut laisser parler la poésie elle-même dont le discours ici a la fluidité et les facultés d'émerveillement de l'enfance retrouvée ; c'est joli sans mièvrerie, grave sans mélodrame, et secrètement rempli d'une belle espérance... » On lit avec plaisir : « Mon jardin est une tartine bleue / que les oiseaux picorent... » Certes, « un verger qui eût comblé l'Alice de Lewis Carroll », comme dit Alain Mercier, mais aussi une véritable intelligence du texte.

A propos de *Repères/Grille*, 1971, de Roland Reutenauer (né en 1943), Michel Deguy a salué la sûreté du trait. Ce poète d'Alsace, que ce soit dans le livre cité ou dans *Blessures*, 1967, *Surface de la nuit*, 1980, dans la prose de *L'Œil de César*, 1981, prolongement de sa poésie, dans *Chronique du visible et du transparent,* recherche les mots évanouis ou perdus, les régénère, les met en lumière, les extrait de vieilles gangues car « la parole remue le sable au fond de soi et offre la sensualité fragile et ce qui paraît l'évidence de l'être ». Il nous dit : « Des fruits jaunes brillent à travers le brouillard / Et c'est porter des mots dans la corbeille du sens. » De lui, sans doute pourra-t-on dire en reprenant ses phrases : « Il aspirait à la simplicité qu'on voit aux ruisseaux sous le ciel d'hiver. Et dans le parfum des vieux livres il aimait à enfermer sa parole. »

C'est Marcel Arland qui découvrit Marc Baron (né en 1946) et le publia dans la *N.R.F.* A lui fut dédié *Le Feu a les voyelles de l'eau*, que suivrait *Que la transparence nous vienne*, 1975. C'est une poésie économe de mots et riche d'images fraîches où « la joie s'avance dans l'automne », où Dieu s'affirme dans sa création chantée avec un émerveillement constant. La simplicité lui permet d'accéder à l'intériorité. Les maux de l'époque semblent ne pas avoir de prise sur ce poète de l'évidence naturelle qui a le don de l'écoute et du regard transmis par des images avec une coulée éluardienne pleine de grâce. Un livre : *Cantate du grand repos pour Candido Ramos Ingelmo*, 1985, lui a été inspiré par la mort d'un ami. Tendresse et douleur, nature et cosmos, transparence et luminosité s'y reflètent et s'y harmonisent.

Henri Droguet, Paul de Roux.

Les poèmes d'Henri Droguet dans *Le Contre-dit*, 1982, sont ceux d'un homme qui rêve le paysage et semble par lui rêvé. Minutieux observateur, il sait que « Secrètement la nuit le monde tourne dans l'autre / sens. Le bon ». Il y a quelques coquetteries de langage : « Mille saisons, ni + ni – » ou bien des coupures arbitraires. Cela n'ajoute rien au charme mais heureusement n'en retranche rien car il sait jusqu'où on peut aller trop loin. Le soir, la nuit l'inspirent, et aussi la mer devenue une bête, le vent bavard et « le rêve est dans son buffet noir ». On avance aisément dans toutes choses familières mais bientôt étranges, puis évidentes car le poète possède l'art de nous convaincre. Il dit bien les choses une fois pour toutes. Et, dans le même temps, selon l'ordre des « mots qui vont sans dire », une musique insidieusement nous pénètre et la question se pose de savoir si nous avions bien vu ceci ou cela avant que Henri Droguet nous le montre. On a alors envie de dire avec lui : « Je marche dans le beau du monde. »

Comme Henri Droguet, Paul de Roux est un spectateur épris, un de ceux qui, voyant, donnent à mieux percevoir, que ce soit dans *Entrevoir*, 1980, *Le Couloir* ou *Les Pas*, 1984. Il possède cet art du doux-coulant bien oublié. Ainsi, en vers aisés d'être libres apparaît, sobre, un discours qui se déroule et que traversent des rais poétiques. Un de ses tableaux, *Le Figuier*, un exemple aussi de sa manière :

> Le grand figuier de la tour de l'église
> a été coupé hier à la tronçonneuse, non sans mal
> par quatre hommes montés sur une grue.
> « inconstance des choses, ce lieu aérien
> où il se croyait hors d'atteinte le perd sans rémission »
> se dit le maire, méditant sur les grandeurs
> végétales et humaines. Puis il ordonna
> de brûler les racines au chalumeau.

Jean Follain a fait, plus qu'on ne le dit, école. Avec Paul de Roux, une observation banale, prosaïque, acquiert une force soudaine, se détache du contexte et nous obsède de sa vérité. Ce sont des coupes de poésie où tout est à la fois visible et transparent. On dirait que le poème par sa modestie s'enrichit de son dénuement, et aussi qu'un homme caché, immobile, aux aguets, va percevoir et transformer ses sensations en mots et c'est fort beau, toujours vrai. La progression de son art s'affirme dans *Le Front contre la vitre*, 1987. « Rareté, exigence », a écrit Gérard Noiret qui parle d'un monde aux couleurs de Rouault, de Chagall et décrit « un parti pris qui va à l'encontre des fascinations pour la belle langue ». On lit : « Avec suffisamment de réussites pour que soit écartée l'hypothèse de la maladresse, il multiplie les chocs de consonnes, de nasales, il privilégie la diction sans éclats. C'est que par ses thèmes, son phrasé, il compense l'éviction quasi totale du message religieux par cette présence du sens dans le parler (les choses) le plus humble. Comme dans l'église, certains se refusent à voir Jésus dans l'or et les beaux habits. » On ne saurait mieux montrer Paul de Roux.

Biscaye, Chatard, Mazo, Drano.

Pierre-Bérenger Biscaye (né en 1944) offre une poésie composée de séquences comme des proses narratives qui offrent une infinité de sens et de sensations. Il y a de l'enthousiasme et de la délicatesse, une recherche d'économie comme si on retenait son souffle. Le poète se meut dans le dédale des mots qui « constituent autant d'espaces à franchir ». La nature suggère de petites musiques de nuit, une complicité avec les formes, sons et couleurs. Les tableaux sont vifs, riches de prolongements. On le voit dans des livres comme *Les Glaciers mauves du paradis*, 1966, *Aquarelles les jeunes feuilles*, 1968, *Cérigo*, 1970, *Nuit de basalte*, 1971, *L'Anémone lumière*,

1981, et d'autres où s'affirment la sensualité des corps et des mots, le sens d'un mystère à la lisière du fantastique.

Animateur de revues comme *Le Puits de l'ermite* ou *Le Soleil des loups*, Jean Chatard (né en 1934) est l'auteur de *Bruits d'escale*, 1967, *Monde rouillé*, 1968, *L'Homme debout*, 1974, *Chercher le jour*, 1977, *Les Ordres de l'instant*, 1982, *Le Chant des épidermes*, 1988, etc. Quel que soit le sujet d'inspiration, angoisse, solitude, déchirures secrètes, il appelle le soutien de la nature dont il offre les images et les correspondances. Il a le sens de la formule bien frappée et habile à capter la poésie. On trouve aussi un lyrisme symbolique, fantastique, le ton de la navigation rimbaldienne, de la migration et de la quête. C'est une poésie de mouvement en même temps que de minéralité et si le poète emploie volontiers le « je » c'est pour l'universaliser, épouser un rythme planétaire modulé sur son chant propre.

Bernard Mazo (né en 1939), dans *Passage du silence*, 1964, *La Chaleur durable*, 1968, *Mouvante mémoire*, 1970, etc., erre « parmi l'odeur des souvenirs » à la recherche « d'une enfance intraduisible » et la nature, « le royaume sans limites » l'aide en cela. Il est tout de patience et d'attente, d'immobilité et d'attention, de sensibilité et d'éveil. Il chérit le poème « dans le dénuement de ses dons » et a le sens du visible dépouillé, du texte serré, dru, direct, se maintenant aux abords du silence des choses dans « la parole pure hors de toute éternité ». Ce sont là des coupes d'instants préservés et de belles séquences de vraie poésie.

Comme lui, Georges Drano (né en 1936) écoute la nature, la reçoit, la mêle à ses sentiments et l'offre plus réelle. Explorateur minutieux de ses domaines, attentif à ce qui hésite en soi, à « la vieille répétition du travail accroché à la terre », il interroge sa voix « couchée à l'image des phrases » et tout est d'authenticité, de méditation lucide, de dépouillement quand le même regard se pose « sur le sol et la page ». Des titres : *Le Pain des oiseaux*, 1959, *Grandeur nature*, 1961, *Visage premier*, 1963, *Parcours*, 1967, *La Hache*, 1968, *La Terre plusieurs fois reconnue*, 1968, *Inscriptions*, 1971, *Éclats*, 1972, *Poèmes*, 1975, *Présence d'un marais*, 1975, *La Lumière sous la porte*, 1987...

Au plus près des choses.

Pierre Peuchmaurd (né en 1948) sait que le monde est « un bel endroit » où il suffit de bien voir pour trouver « ces choses lumineuses que vous avez laissé enfouir, anges scellés dont l'existence entrevue élargit l'espace ». De Corrèze nous arrivent ses messages, petits dits ou poèmes nets et frais, images finement érotisées. Les offrandes sentent bon le petit matin, les fleurs, les fruits. On trouve la terre, le regard vers le pays cathare, légendes et réalités mêlées, et aussi le poème instantané et révélateur. Nous sommes sur des « mers de Jouvence ». Animateur des éditions *Toril*, Peuchmaurd qui, par ailleurs, est attaché à une grande maison d'édition, a fondé avec Jimmy Gladiator la collection « Nouvelle Contrebande ». Parmi ses livres : *L'Herbe verte*, 1981, *Poèmes du mélange*, 1982, *L'Oiseau nul*, 1984, *Le Bel Endroit*, 1987. Enfin, il a rendu justice a *Maurice Blanchard*, 1988.

Jean-Pierre Farines, un des animateurs du groupe *Arpa* (la recherche poétique en Auvergne) sait que « si la vie n'est pas plus vraie autour du poète, il n'est sans doute pas un vrai poète ». Dans *Le Feu d'azur*, 1986, il regarde « la margelle du vieux puits » ou cherche « les sables d'or de l'imaginaire » en écrivant dans les étoiles « avec l'encre bleue de la nuit » non sans quelques inquiétudes, mais existent aussi les ruelles fleuries, les jeunes filles, et c'est une vision sensible et sensuelle des choses de la vie.

Jean-Pierre Otte (né en 1949) cueille ses mots dans la nature, les marie, les métamorphose, les oblige à faire des enfants avec une belle richesse langagière faisant de chaque poème une courte épopée chatoyante, réaliste, cruelle comme si on écorchait les choses, mettait les chairs à nu : ainsi dans quelque Jumièges où les suppliciés voguent sur une barque.

Romancier, Roger Quesnoy n'oublie pas la poésie : *Zéniths*, 1953, *Le Flandrin*, 1966, *L'Éclat des jours*, 1981, sont ses principaux livres. Il écrit comme on fredonne et on sent la liberté de l'être qui parcourt les villes du monde en furetant, à la recherche de l'insolite qui est une forme de poésie. Il y a là de l'émerveillement, du relief, de la couleur. Il montre avec art son pays d'Artois et exprime le bonheur impalpable qui naît de ses paysages.

Pierre Autin-Grenier (né en 1947) a choisi le court récit en prose pour y faire entrer la lumière et éclairer ainsi la quotidienneté. Parfum des jours anciens, sans oublier les « équevilles » du ciel comme on dit à Lyon. Des natures qu'on dit mortes parce qu'elles sont vivantes, un sens du rythme et de l'évocation dans : *Certaines Choses et d'autres*, 1978, *Entre parenthèses*, 1978, *Jours anciens*, 1980, *Histoires secrètes*, 1982.

Charles Le Quintrec nous a fait connaître de frais chanteurs bretons. Ainsi Christian Querré (né en 1943) qui, dans *Prémices*, agence fort bien ses mots pour évoquer les hommes de la terre, le père disparu, car pour lui « la terre est un verger où mûrissent les hommes ». Ou Alain Lemoigne (né en 1948) avec *Au fond des temps* où il chérit en vers économes les êtres et les choses, le sol natal et le temps profond quand « Rien ne peut déranger / L'ordre profond du monde. » Ou Patrick Coudreau (né en 1951), nostalgique des temps anciens qui cherche à voir « un visage ébloui à l'autre bout du monde ». Et Philippe Charzay (né en 1942), auteur notamment des *Oiseaux d'argile* où il parle lui aussi de la mémoire du père tout en chantant la femme et les matins avec une fraîcheur éluardienne. Et encore Patricia Angibaud (née en 1953) qui est un poète discret, murmurant, délicat, à la recherche des instants privilégiés de la vie.

En d'autres lieux, maints poètes. Jean-Pierre Védrines, dans les poèmes en prose de *L'Écuelle rouge*, 1977, montre « un monde à vif » dans lequel il se jette à corps perdu, poème et poète semblant se mêler aux forces vives de la nature. Marc Petit (né en 1947) dans *Le Temps des traces*, 1977, exprime l'attente, l'absence, le silence, et tout est d'immobile mélancolie, de paroles patientes et nues dans un climat d'élégie discrète. Pierre Perrin (né en 1927) est proche de la prose narrative du roman-souvenirs où l'enfant découvre l'entourage rural et cela est exprimé avec une attention très vive au déroulement des travaux des hommes, à l'écoulement des jours. Il faut lire : *Manque à vivre*, 1985, *Un voyage sédentaire*, 1986, *Le Temps gagné*, 1988.

Une haute spiritualité. Yves Mabin-Chennevières (né en 1942) a publié des romans et des poèmes comme *Mortelle mer*, 1972, où dans « l'harmonieux désordre des solitudes en quête de chaleur » mer et mort se marient.

Certes, dans les *Leçons de Ténèbres*, 1980, de Jean-Pierre Colombi, on trouve un rappel, ne serait-ce que par le titre, de moments musicaux, et si la musique est présente, plus encore le poète a le don de l'évocation visuelle. Si « la nuit frappe un œuf noir où elle renaîtra », nous aimons les saisons et les heures du monde, d'une nature transparente dans des poèmes mesurés où l'on reconnaît alexandrins ou octosyllabes non rimés sans souci de césure et autres contraintes. Il y a là quelque chose d'ombreux, de suave et de feutré et ce sont bien des nocturnes qui nous sont offerts. Point de révolte, un singulier apaisement. Le poète dit : « J'écoute la beauté légère de mon sang / battre dans le silence... » Poème de la solitude et du regard intense posé sur la splendeur éparse.

Georges Friedenkraft (né en 1945) a le goût du cycle épique qui se poursuit d'un livre à l'autre. Ainsi du *Cycle de Mélusine*, à partir de 1971. Des poèmes libres et mesurés, fort harmonieux et qu'on dirait « de belle venue » quand l'amour les inspire, mais aussi des mythes nés de l'intuition d'un homme face à la nature et à la condition humaine.

Marcel Migozzi (né en 1936) est un amoureux du réel, du quotidien, des choses tangibles de la vie urbaine ou campagnarde. « Je me rappelle » est une expression qui revient souvent dans son recueil, *Autrefois la patrie*, 1987, le pays d'autrefois qu'il évoque avec délicatesse et nostalgie qu'il s'agisse du bon ou du moins bon. Ce n'est jamais banal. Ainsi, ces étés « avec leur peau d'émotion fraîche ». Il a, comme Jacques Réda qu'il cite, cet art de voir mieux les lieux et les êtres et cela dans une parfaite simplicité de ton. Les images peuvent paraître inattendues mais on en reconnaît bientôt la justesse. Il manie merveilleusement bien le poème en prose et a, comme Jean Follain, le sens des mots qui prolongent le poème et conduisent le lecteur vers sa propre rêverie, cela dans toutes ses œuvres : *Le Fond des jours*, 1963, *Poèmes domestiques*, 1969, *Jusqu'à la terre*, 1976, *De chair et d'os*, 1979, *Sous silence*, 1982, *Où nous avons posé nos pieds*, 1985, *Dans l'énumération des restes*, 1985, *Juillet, voyages*, 1986.

Près de lui, Michel Flayeux puisqu'ils veillent ensemble aux destinées de *Télo Martius*, ces éditions qui choisissent bien les poètes. Aussi à l'aise dans ses proses poétiques que dans ses vers, attentif aux lieux, aux êtres, s'inscrivant dans un nouveau réalisme où l'aventure quotidienne rejoint celle du langage, Flayeux sait de quoi il parle, qu'il s'agisse des corps, de la géographie ou des routes, comme on le voit dans *Fenêtres ouvertes*, *L'Objet du délire*, *Paysage en biais*, 1984, *Ruptures*, 1987. A signaler aux mêmes éditions *On peut vivre*, 1985, poèmes en prose d'André Portal, courtes histoires mystérieuses, ambiguës, avec un soupçon d'humour pas tout à fait noir.

Nous citons de Jean-Luc Maxence (né en 1946) : *Le Ciel en cage*, 1969, *Raz le cœur*, 1972, *Révolte au clair*, 1973, *Croix sur table*, 1976. Il demande : « Cosmonautes du rêve où sont tous vos fantasmes ? » et dit : « On soldera la révolution au fond des lits noirs. » Alain Bosquet parle de « gauchisme chrétien » et de pensée nouvelle. On écoute : « Jadis deux mots formaient une prière / Quand on disait Mon Dieu les silences chantaient » mais il n'est pas que nostalgie, il y a l'amour : « Et douce tu m'attires / Et je me cache-cache » et surtout la vie présente : « A Montparnasse-Malvenue au snack de l'an 2000... » Il parle de Chicago-sur-Seine ou de Notre-Dame-des-Matraques et s'il s'arrête à la station d'un chemin de croix, on lit que « Ponce Pilate souffre de coliques depuis des siècles » ou que « Véronique manque de Kleenex pour éponger un front » tandis que Simon de Cyrène jure « qu'il ira se plaindre au syndicat ». Ce n'est pas toujours « catholique » et cela manifeste d'une certaine foi transposée dans le monde réel. Parfois trop d'éclairs de néons, le recours à un vocabulaire d'époque blessaient d'artifices, et puis le ton s'est épuré, tout est apparu plus vrai et plus sensible en même temps que moins crûment réaliste.

2
Poésie pour vivre

Un manifeste.

Sous le titre de *Poésie pour vivre*, Jean Breton et Serge Brindeau firent paraître un « Manifeste de l'homme ordinaire ». C'était en 1964 et cela suscita des remous. En 1982, une réédition (et non pas une « récidive », fut-il précisé) avec une préface de Georges Mounin. Entre-temps, certains propos pouvaient avoir été atténués. Il n'empêche que, moins excessifs, les auteurs ne reniaient rien de l'essence de leur révolte. Ces jeunes gens en colère n'apparaissaient pas comme des théoriciens, mais ordonne-t-on une colère ? Des attaques étaient parfois mal dirigées. Certaines idées pouvaient apparaître sommaires. Maints jugements prêtaient matière à discussion. Il y avait de la naïveté dans la fraîcheur. Ceux qui applaudissent tout applaudirent. Certains retrouvèrent leurs points de vue. On en débattit beaucoup. On fut violemment pour ou contre.

Exprimé d'une autre manière, le point de vue n'était pas si éloigné de celui des aînés de l'école de Rochefort : poésie à hauteur d'homme, poésie de l'homme ordinaire... mais là, point de douceur, de l'énergie dans le tir à boulets rouges. En 1981, Jean Breton s'explique : « A la mise en équations des lois cosmiques et économiques, à l'algèbre structuraliste des sciences humaines, nous opposions une sorte de logique des vérités sensibles, une fusion du bon sens et de l'espoir démocratiques. Nous pensions aussi à la menace qui pèse sur les civilisations, aux génocides par la guerre ou la famine, au manque d'eau, de terre, d'oxygène, d'énergies naturelles... » Il s'agissait d'écologie, de « ressourcement possible sur une planète menacée », de retour au « mystère presque intact du monde », aux moments de tension intime de l'être, loin du scientisme et près de l'artisanat. Par la suite, Breton et Brindeau prirent de nombreuses initiatives pour la diffusion de la poésie en se montrant moins fermés à certaines expériences qu'ils ne le disaient : l'amour du poème était trop vaste pour qu'on se cantonne dans le refus. Certes, le vieillot et le fade, « la poésie à cheveux blancs », le rimailleur, le cuistre, « les beaux poètes de Paris », les chanteurs qui se disent poètes resteront à la porte. On répondait par la nature, la révolte, la tendresse, l'amour. Des propos de Guy Chambelland, en 1964, exprimaient bien des opinions : « C'est au nom de cette hygiène finale que je pardonnerai à Breton et à Brindeau les excès que j'ai dits. Je les assure ici de mon soutien à leur action. » Des poètes qui partagèrent l'acceptation ou le refus nuancé (Marissel, Malrieu, Chabert, etc.) se trouvent en bien des lieux de cet ouvrage. Avons-nous groupé ici les fidèles ? Tenons compte des évolutions individuelles, des œuvres.

Jean Breton.

Cette ardeur désordonnée que mit Jean Breton à défendre ses idées, on la retrouve dans ses poèmes, avec plus d'art et de vigueur convaincante, car le poète dépasse un projet polémique pour épouser les rythmes et le langage de son temps, ses armes étant la hardiesse et l'ardeur verbale, le ton direct, sans « littérature », et procédant de plus d'art dans son élaboration qu'on ne le croirait. Jean Breton, bien avant la date, a fait son Mai 1968, mêlant constat et colère, révolte et générosité. Venu du Sud, il apporte ses accents solaires, un fond de gravité, de mélancolie élégiaque qu'on croit réservé aux hommes du Nord. Divers aspects qui font une œuvre cohérente, et surtout le désir de tout dire, de ne rien cacher du moi intérieur et du moi dans la société.

Jean Breton (né en 1930 à Avignon) a tout d'abord fondé avec Hubert Bouzigues une jeune revue, *Les Hommes sans épaules*, où il publia ses premiers poèmes. Il vint à Paris en 1954, sans jamais quitter tout à fait le Midi, fonda *Poésie 1*, tentative de vaste diffusion du poème, créa avec son frère Michel une maison d'édition, construisit ses anthologies et surtout donna son œuvre. Les premières plaquettes furent reprises dans *Chair et soleil*, 1960, que suivrait *L'Été des corps*, 1966, ces deux volumes réunis après corrections en une édition définitive en 1985. S'ajoutent : *La Beauté pour réponse*, 1972, *Vacarme au secret*, 1975, *L'Équilibre en flammes*, 1984.

« Un Musset en blue-jeans », écrivit Léon-Gabriel Gros. Il est vrai que dans *Chair et soleil*, on trouvait auprès de l'homme au langage quotidien, à la fois « un poète de la santé, du bonheur physique, du désir », selon Luc Decaunes, mais aussi, auprès de quelques outrances, un ton parfois triste comme un nevermore, comme un jour de pluie :

> Le jardin s'est fané sur mon visage,
> je t'attends depuis trop longtemps.
> Sur la vitre, une mouche se fait une beauté
> dans une goutte de pluie, c'est novembre.

On trouve des touches érotiques comme on en trouvera tout au long de l'œuvre : « Elle a des seins fermés de roux / une culotte pour jouer à chat perché... » Il y a l'élégie, les émois amoureux, la femme, les paysages, des images un peu forcées, d'autres ravissantes, et surtout la révolte et l'agressivité : « confesseurs laids, je crache sur vos soutanes singulières... » et, comme le goupillon, le sabre et les culottes de peau recevront le mitraillage poétique.

Si Jean Breton s'en prend au ronron de l'alexandrin, il n'empêche que ses poèmes les plus sauvages ont une construction non pas classique mais traditionnelle. Avec ses petits-neveux, nous en verrons bien d'autres. Ce qui le qualifie est la vitalité. Elle se développe dans L'Été des corps et les recueils qui suivront. On perçoit un appel, on est dans l'actualité, le quotidien. La révolte n'est pas la maladie adolescente mais celle des yeux ouverts sur les spectacles repoussants des guerres, des compromissions, des injustices. On est dans la ville où on veut faire l'amour et non la guerre. En même temps que l'ardeur, le paroxysme qui conduisent au désordre, il y a un soin de l'écriture qui va s'amplifiant, une rigueur qui donne plus de force au propos. « Il y a là, écrit Alain Bosquet, des paroles à marcher, à courir, à jouer, à poignarder. »

En fait, le projet de « poésie pour vivre » a été assumé par Jean Breton. Le manifeste n'a pas inversé le cours des choses. La poésie a continué à avoir ses laboratoires, ses salons et ses autres demeures, mais un certain nombre de poètes ont trouvé une chaleur accueillante et une manière directe d'aborder le monde. Plus tard, Jean Breton nous parlera du Sud, de ce qui l'aide à vivre : femmes, paysages, idées. Après « le carnet de bord d'un adolescent émerveillé », le « vécu bouillonnant », le constat, la confession, l'érotisme, survient un équilibre, fût-il en flammes, entre tous ses projets, et cette distance non distante qui crée son œuvre.

Serge Brindeau.

Cosignataire du manifeste, Serge Brindeau (né en 1925) a le goût du poème court, discret et clair. S'il souhaite le concret, son goût pour les concepts lui suggère l'abstraction, mais c'est avec mesure. Il est attentif à la valeur et au poids des mots, à sa voix intérieure comme à ce qui vient d'autrui. Sa formation de philosophe, son goût du poème, son attention extrême l'ont amené à écrire, avec la collaboration de Jacques Rancourt, Édouard J. Maunick, Marc Rombaut, un tableau de La Poésie française depuis 1945, en 1973, auquel on ne peut se passer de se référer. Là, il ne s'est pas contenté de parler de ses amis de Poésie pour vivre, mais il a analysé l'œuvre de poètes de tous horizons, ce qui n'était pas si facile car de tels ouvrages (nous parlons en connaissance de cause...) ne peuvent apporter une entière satisfaction. Il n'empêche que ce portrait de la poésie à un moment donné, par son ordre et sa distribution, reste indispensable.

Il y a le Serge Brindeau de cet ensemble et de maints essais, le poète de ces recueils : *Feuilles de l'almanach*, 1953, *L'Ordre des mots*, 1954, *Mentions marginales*, 1954, *L'Amour de moi*, 1955, *Soleils en biais*, 1962, *Poèmes pour quelque temps*, 1968, *Où va le jour*, 1968, *La Neige attend la neige*, 1971, *Les Algues la nuit*, 1972, *Télé visions*, 1973, *Une pierre traversée par le gouffre*, 1964, *Harmonie bouge*, 1975, *Quelque givre au soleil*, 1975, *Le Même au centre*, 1975, *Chemin du gypse*, 1976, *Verrière si le fleuve*, 1979, *Quand nous parlons à peine*, 1979, *Vers l'accessible*, 1984, *Par la fenêtre blanche*, 1985...

Ses poèmes sont économes. Un exemple :

> Et je fus
> Tenté
> Par la pierre
>
> Comme si
>
> La tentation
> Ne brisait pas
> La pierre

En vers ou en prose, il a le souci de ne pas encombrer la page. Le poème est concret et allusif. Il tient en éveil, oblige à contempler ce que le spectateur aux aguets a lui-même ressenti, métamorphosé au gré de sa réflexion morale ou philosophique. On trouve une recherche d'innocence première, un appel du plaisir, une ouverture à la beauté. Son art est celui du miniaturiste soucieux d'enclore dans un petit espace tout un univers. Par-delà cette économie, le charme naît de l'émotion ou d'une pointe d'humour. C'est une recherche de confiance en l'homme quand pointe le pessimisme, et cela par sens de la responsabilité sociale et de l'altruisme comme conquête.

Patrice Cauda.

Un poète regarde en lui-même pour chercher la vérité nue. Il découvre la prison des jours « alors que le soleil inonde la ville ». Il va au plus direct, dépouille sa phrase, la dénude pour qu'elle soit libre, directe comme une flèche : « La nudité est l'objet du poème. On n'habille pas la vérité, on la découvre. Avec sa force la plus franche et l'outil le plus simple. » Dans chaque poème, on parle de ce qui est, de ce qu'on porte en soi de profondément ressenti, en accord avec la vie quotidienne, sans fioritures et sans naïvetés populistes, avec art, sens des nuances, des demi-teintes, de la monotonie, des grisailles et des boues. Et apparaît l'image tragique et fulgurante, le cri étouffé qui bouleverse ou la flamme qui brûle. Dans un univers douloureux, on cherche l'issue qui pourrait être silence, mais reste parole parce que l'on est bien vivant. Le poème se place entre la noirceur et l'espoir de la fontaine lumineuse et apaisante. L'inspiration est vaste, comme celle d'un homme errant mais nous n'oublierons jamais ces poèmes où apparaît la « mère défigurée », au « corps miné par d'incessants labeurs ». C'est bouleversant et pur. Certains poèmes de l'Abbaye, au début du siècle, avaient ce ton-là. On vit bien dans le présent certes, mais aussi dans l'énigme, dans le labyrinthe où il faut inventer son fil d'Ariane comme « sur le mur luisant un enfant invente des fleurs » car tout est sensibilité, tendresse blessée, appel solitaire, recherche d'innocence, et Patrice Cauda (né en 1925) est fidèle à sa voix et à sa voie dans tous ses recueils : *Pour une terre interdite*, 1952, *L'Épi et la nuit*, 1953, *Domaine inachevé*, 1954, *Poèmes pour R.*, 1955, *L'Heure poursuit*, 1957, *Le Péché radieux*, 1961, *Mesure du cri*, 1961, *Par des chemins inventés*, 1962, *Domaine vert*, 1962, *Elle dort*, 1962, *Peut-être*, 1964, *Ville étrangère*, 1964, *L'Épi et la nuit*, 1984... Au plus près des humbles sans que l'apitoiement soit facile, il est le poète extrayant de sa douleur la fleur vive. Il fut ouvrier, il fut barman (on dit que Marc Alyn et Gaston Criel agitèrent aussi le shaker) et on l'imagine rêvant d'horizons autres que le comptoir, s'en allant comme Rimbaud les poings dans ses poches crevées d'où s'échappent des cailloux multicolores : ses poèmes, ceux qui rafraîchissent et ceux qui brûlent, ceux qui puisent dans l'obscurité la révolte de la lumière. Avec qualité.

Serge Wellens.

Comme Cauda, Serge Wellens (né en 1927) chérit le naturel, la parole nue, ce qui n'interdit pas l'émerveillement, l'image fulgurante ou telle musique d'autrefois s'il veut saluer Francis Jammes. Il lui faut un manteau de lumière pour dérouter la foudre. Le réel, ce qu'il voit, il le pare de la grâce de l'évidence poétique. Est-il, comme on l'a écrit, « en proie au divin »? Il le trouverait alors dans la créature, dans sa « morale du dénuement ». La spiritualité hausse le quotidien vers l'universel. Les oiseaux, les plantes sont là pour apporter une symbolique et non un décor. On ne cesse d'interroger le ciel. Pour y trouver vertige et beauté, questionnement de la lumière et réponses provisoires du très haut dans les secrets de l'insomnie. Pas de longs discours pour ces randonnées de l'angoisse à l'espoir sur le chemin conduisant aux secrets perdus, aux paroles en sommeil, à l'accord entre l'autre et soi-même. Le journalier, c'est l'éternel, l'espace immédiat le cosmos. Les êtres portent leur au-delà. Une fourmi peut porter témoignage. Tout cela en poète, presque en ce philosophe dont on a l'ignorance préalable. En terre sèche, le poète plante ses arbres, espère des fruits, prépare sa soif. Il est, dans ses moments les meilleurs, ceux de la simplicité, d'une singulière élégance. Il prend volontiers le ton des simples : « Va savoir si c'est de l'homme / va savoir si c'est de l'arbre... » Ou bien : « Adieu beaux arbres – il leur dit / que l'avenir vous soit colombe... » Oui, la grâce de Jammes, une parenté avec l'école de Rochefort, de la gravité et aussi du sourire comme chez Max Jacob, de la couleur, du relief, et la voix calme de l'homme méditant. Des œuvres : *J'écris pour te donner de mes nouvelles*, 1952, *A la mémoire des vivants*, 1955, *Marguerite*, 1957, *Les Dieux existent*, 1965, *Méduses*, 1967, *Santé des ruines*, 1972, *La Pâque dispersée*, 1981, *La Concordance des temps*, 1986, *Ni le jardin de son éclat*, 1986, avec des textes de Raoul Bécousse, Michel Besnier, Christian Caillès, Pascal Commère, Jean Dubacq. Il a présenté un *Rutebeuf* et l'on pense que ce n'est pas par hasard. La pauvreté Rutebeuf, sa richesse...

Christian Da Silva.

Avec Christian Da Silva, le quotidien devient sujet à métaphore, la poésie accès à soi-même et au monde. Il a parlé de « poétisme » comme « manière de vivre la poésie dans le quotidien ». Le paysage est le sujet de ses interrogations et les mots des réponses sont semblables à la matière, aux corps qui les dictent. Le regard est vif, rapide, spontané, la sensibilité en éveil. Ce guetteur, prompt à « éprouver l'air ou le silence », est un silencieux, un discret : pas de mots inutiles, l'essentiel, mais sans laconisme excessif. Il a le sens de l'insolite, du vers nu qui en dit plus long qu'un discours : évoquer plutôt que dire, montrer et non pas démontrer. La terre et le corps, la pierre et l'os sont des semblables quand « le temps brûle nos racines ». La sensualité du corps féminin rejoint celle du paysage. Même au plus lucide, la confiance demeure. De son pays aveyronnais aux terres du Portugal, il retrouve même implantation langagière. Le texte reste comme forgé, contenu, la voix délivre des éclats intérieurs. Elle nous dit durée et précarité, exil et présence au monde, solitude et union. Animateur de *Verticales 12*, Christian Da Silva (né en 1937) a publié : *Cendres sera mon aube*, 1968, *Et pour toute semence*, 1969, *Au regard des pierres*, 1971, *Fêlure du jour*, 1972, *Sang et racines*, 1973, *Le Jour aux emblavures*, 1974, *La Blanche promesse de l'os*, 1975, *Langage à deux mains sur la glaise*, 1975, *D'un autre exil*, 1976, *L'Octobre seul*, 1978, *D'objets sur le papier voyeur*, 1980, *Fenils de hautes marées*, 1982, *Le Dit de l'arbre*, 1987.

Jean Dubacq.

S'il est, lui aussi, au plus près des réalités, Jean Dubacq unit à la parole simple et directe de jolis tours de langage qui apportent des zestes d'érotisme, des soupçons d'humour noir ou rose, des riens de mélancolie, avec de belles trouvailles, surtout pour clore les poèmes. C'est à la fois concret, visible et aérien, arachnéen. S'il écrit : « Je me racontais mes souvenirs comme on révèle des forfaits », c'est que le temps qui lui apporte la distanciation le blesse aussi de sa coulée : il veut vivre l'aujourd'hui et revivre la veille. Il prend l'objet dans ce qu'il a de plus tangible pour en faire un rêve de lui-même en opérant des glissements sensibles dans la durée, le rendre fugitif comme elle, et lui offrir avec humour ce suranné qui fait son charme. Il unit volontiers le trivial et la préciosité mais jamais avec affectation car il corrige d'un sourire. Ainsi, il marie la solitude et une forme géométrique comme jadis les surréalistes le parapluie et la machine à coudre en rendant cette union évidente car « la solitude est l'intérieur d'un parallélépipède rectangle ». Poèmes en vers, coupes de poésie en prose se mêlent harmonieusement. Il y a là, comme une chose innée, la grâce. On le voit dans *La Condition des soies*, 1986, merveilleux recueil. Né en 1923, il fut animateur de la revue *Iô*. Il écrit dans *Phréatique*. En plus de romans, citons encore, sous le pseudonyme de Jean Cimèze, *Cœur ébouillanté*, 1958, ou *L'Homme physique*, 1966.

Yves Martin.

Ce créateur nous persuade que les demeures de la poésie sont innombrables. Elles peuvent se situer en des lieux insoupçonnés il y a quelques lustres. Drôle de corps, le poème ici! Un lecteur de courte vue serait tenté de parler de prose découpée et disposée comme des vers libres. Prosaïsme? Certes, mais de ceux qui portent une forte charge d'images comme au cinéma – et de poésie à coup sûr. « Notre plus hallucinante poésie du bistrot et du trottoir... », écrit Alain Bosquet. Populisme? Que non pas. Poésie populaire? Elle peut l'être dans la mesure où le populaire rejoint le raffiné. Rien de débraillé dans cette libre allure. A chaque vers son image, à chaque poème son aventure. Rien d'ennuyeux ou de monotone et rien de facile non plus. L'arrivée toujours de l'insolite, de rencontres bizarres, de comparaisons hasardeuses, imprudentes même, comme si on remplaçait arbitrairement les mots, les actes – mais tout est visuel, parlant, sonore. Le Paris est proche de celui de Léon-Paul Fargue, en plus familier et famélique, maléfique et magnifique. Un petit air d'antan, de 1900 à moustaches, mais non, on est bien dans le vierge, le vivace et le bel aujourd'hui. On emprunte rues et boulevards en piéton. Le lecteur chemine avec le poète, il se sent entraîné par lui plus loin qu'il ne l'aurait voulu, vers la vérité dont il ne sait si elle est nue ou parée de halos multicolores, si elle est heureuse ou blessée-blessante, et la poésie vous agresse comme des éclats de néon, une poésie étrange, inimitable où les plans successifs bouleversent, où les séquences sont montées avec art. C'est du cinéma-vérité, avec des retours en arrière, du cinéma-aventure, du western traversé par l'ange du bizarre qui reste près de vous, hors l'écran, fume une cigarette à vos côtés ou bien sifflote pour éloigner la tristesse. De l'ordinaire (poésie de l'homme ordinaire?) surgit l'extraordinaire. Cela donne à vivre, cela nourrit l'imagination. Grand spectacle!

Il a débuté par un poème autobiographique où l'on trouve déjà toutes les directions de son œuvre et cela ira s'affinant. C'est *Le Partisan*, 1964, avec tout ce qu'il faut d'érotisme juvénile, de tendresse, de surprises, d'audaces, de féerie, de gourmandise, d'accueil du monde, de peur, de diversité. Yves Martin (né en 1936) connaîtra de la part du milieu poétique ambiant un accueil princier. Déjà « l'œil caméra » (Serge Brindeau), « un goût moderne de la franchise » (Jean Breton), et au fil des livres : « Des poèmes qui ne reculent pas devant l'anecdote mais qui lui confèrent ce halo de merveilleux des negro spirituals » (Claude-Michel Cluny), « Une poésie dont la robustesse, la brusquerie et la sécheresse pourraient faire penser aux *Documentaires* de Cendrars » (André Miguel), « Une mâle confession d'homme qui habite l'absurde, s'exprime en mots dont aucun n'est de trop » (Alain Bosquet). Les titres qui suivront, poésie ou prose : *Biographies*, 1966, *Poèmes courts suivis d'un long*, 1969, *Le Marcheur*, 1972, *Je fais bouillir mon vin*, 1978, *Je rêverai encore*, 1978, *Un peu d'électricité sous un grand masque noir*, 1979, *De la rue elle crie*, 1982, *L'Enfant démesuré*, 1983, *Monsieur William*, 1985, *Vision d'Anvers*, 1987, *Retour contre soi*, 1987, *Assez ivre pour être vivant*, 1987. Un numéro spécial de *Possibles*, lui a été consacré en 1979.

Qui sait si son art poétique ne serait pas dans quatre vers? On lit : « Dans la trame de chaque film, / J'observe un détail / Qui ne peut exister / Pourtant agressif, volubile. » Cette poésie est concrète avec rues et gens de toutes sortes, personnages de ciné ou de légende, mots rencontrés sur les vitrines ou les affiches, noms d'hier ou d'aujourd'hui, matériaux bruts, et méditante : « De la rue, elle crie / Yves Martin, Yves Martin. / La mort doit hurler de cette façon / Quand elle loupe un de ses tours. » Il erre comme Apollinaire à Londres ou Cendrars à New York. Il se raconte comme Villon. Il a recours à une mythologie moderne, celle du cinéphile ou du noctambule. La surprise est au coin de la rue. Le banal devient singulier, le trivial magnifique. Yves Martin nous apprend à voir, à mieux voir. Il est un rêveur éveillé, un paysan et un piéton de Paris, il rencontre Guillaumette comme on rencontrait Nadja. Il dit : « Saltimbanques de la dérision / Vous n'avez qu'à bien vous tenir. » Constante la leçon de vie, superbe la démarche de ce prospecteur d'or dans la boue des villes! Là où tant échouent submergés par la facilité et les clichés, il crée de la vraie poésie, il nous surprend, il nous étonne. Qu'est-ce que c'est bien!

Daniel Lander.

Né en 1927, Daniel Lander est attentif « aux surprises que révèlent les mots lorsqu'ils jouent avec la mystérieuse complicité des coïncidences ». Le texte obéit à une nécessité, il a sa morale. L'auto-analyse débusque l'angoisse. Jean Orizet le dit « esthète tragique » en reconnaissant que la poésie le sauve des désespérances. Si esthète il y a, serait-il celui du « quotidien langage parlé »? Après tout, il y faut beaucoup d'art. Mais cela n'empêche pas ce poète de s'évader dans l'imaginaire à la recherche de quelque secret perdu. Qu'il s'agisse de vie et de mort, de quotidienneté et de durée, la chaleur est présente, la sympathie, la spontanéité. Daniel Lander est réalisateur de télévision. Il transporte en poésie son sens de l'image. De *Centre de gravité*, 1959, en passant par les *Signes de reconnaissance*, 1977, ou *État second*, 1979, jusqu'à *Les Choses comme elles sont,* 1986, toujours les correspondances entre l'homme et son entourage, toujours une recherche discrète où fantaisie et gravité se côtoient. Cette démarche conquérante donne à voir et à ressentir.

3
Révoltes et colères

Henri-Simon Faure.

DES revues : *Le Cadran lunaire, Le Bougre.* De nombreux recueils depuis *D'Orgiaque gratuité*, 1950, *L'Illicite amour*, 1951, à *La Tour de Feu*, avec des titres originaux : *Au mouton pourrissant dans les ruines d'Oppède*, 1955, ou *La Quadrature troisièmement*, 1964, ou encore *Almanach 5 de l'ardeur augmentée*, 1967, et beaucoup d'autres. Le poète est aussi singulier que ses titres. Henri-Simon Faure (né en 1923) se dit « brocanteur de mots ». Il publie volontiers « sous le signe d'Onan ». Il est baroque, il est somptueux. Il y a là du surréalisme flamboyant. Jean-Louis Depierris le dit « insoumis », il définit son lyrisme « couleur de soufre rauque » et ajoute : « Sa nature poétique est toute de lave, d'incandescence. » Le souffle est indéniable, sa sauvagerie raffinée. Par-delà l'exaltation et la puissance, on trouve une sensibilité blessée, un ton douloureux, des touches délicates d'aquarelliste jusque dans les tableaux les plus fauves. Ses routes sont nombreuses et variées, il a ses chemins perdus et ses labyrinthes. Ainsi, chaque numéro du *Bougre* par lui composé introduit à quelque épopée langagière, généalogique, et mythologique. Sources de la naissance, volcans de la vie multipliée, ce sont des paysages tourmentés et fascinants, traversés de signes métaphysiques. Son *Tombeau de Marine Valentin*, 1963, écrit pour sa mère morte, montre qu'il est aussi capable de dépouillement car les genres les plus différents peuvent se côtoyer dans une œuvre nombreuse. Le dénominateur commun pourrait être la révolte, le refus, les mots faisant tir de barrage au convenu. On le voit dans *Oiseau en proie à mes flammes*, 1961, ou *Mézique ou le Métèque du Panassa*, 1966. Un baroque, parfois burlesque, qui rassemble ses tumultes, ses éclats, et qui étonne.

Michel Dansel.

Encore un rebelle. Il jette sarcasmes et défis, il se sert du langage comme d'un fouet, des mots comme projectiles, et pourtant nous avons du mal à l'imaginer comme un imprécateur impitoyable car une distanciation, un charme frondeur, de l'humour qui rit d'être noir ajoutent un sourire au propos. Il a le sens de l'arrêt sur image et du plaisir poétique. Il y a de la gourmandise. Michel Dansel (né en 1935) est bien de ce temps, dans son temps : aux horreurs de la guerre s'opposent la sensualité de la vie, l'érotisme. Il aime les poètes originaux et les éditions originales. Et aussi les rats (il a fondé la revue *Ratus*), les cimetières parisiens et leurs étranges visiteurs nocturnes, les banlieues et les pays lointains, le paganisme et la pensée chinoise. Ce n'est pas par hasard qu'il a consacré de savantes études à Verlaine, Laforgue ou Corbière ; il est de leurs proches par le ton crispé et mélancolique, la vigueur verbale, l'insolite, le ton cru et les mariages de mots insolites et explosifs. Parmi ses titres : *Cotte de mailles*, 1965, *Lendemain sans encolure*, 1971. Il ne méprise aucun genre et surtout pas le roman policier : une occasion pour lui de faire réciter les poèmes de ses amis par un commissaire lettré. Il est à la fois souriant et grave. Contre la guerre, contre la mort, il s'insurge, contre l'horreur générale et la stupidité ordinaire, avec force désespérée. Jean-Louis Depierris : « Sa poésie de révolte délivre, dans le ton narquois et la ruse, une lucidité impitoyable. D'humour sarcastique, d'ironie âcre, d'allégresse rageuse, son accent agressif dénonce les faux-semblants, débusque les fantasmes, s'enflamme contre les turpitudes. » Il parle aussi de faconde, de trouvailles, de crudités sauvages, de saillies imprécatoires, d'alliances rares, d'effervescence des mots. Et c'est vrai qu'il y a tout cela, mais aussi de la tendresse jusque dans son cynisme, de la confiance en l'homme jusque dans ses portraits grinçants. Parfois, il force un peu trop sur la noirceur mais son charme fait tout accepter.

Paol Keineg.

Paol Keineg (né en 1944) est lui le poète de la colère bretonne et de la colère des peuples opprimés et colonisés. Il est dans le réel, il sort de sa personne pour rejoindre un chant général. Il est le partisan d'une Bretagne autonome et socialiste et milite en ce sens. Loin des langues de bois de la politique, il sait unir la merveille et la révolte, à la fois proche du tendre René Guy Cadou et de l'ardent Aimé Césaire. Son appétit de justice est insatiable. Ses poèmes participent de la nature entière avec ses coqs de bruyère et ses bouleaux, ses montagnes et ses villes, en une coulée libre et fière, grandiose parfois comme chez un Whitman. Dans le chœur se mêlent les voix des paysans et des marins, des « Bretons inadaptés exploités humiliés écrasés asphyxiés oubliés... ». Il est un porte-parole et ses tempêtes verbales d'aujourd'hui prennent source dans le passé des siens. Ses « démangeaisons de liberté », ses « propos acérés » sont au service des « hommes émaciés qui pourrissent sur la muqueuse des villes étrangères » à qui il offre sa voix ardente. D'un livre à l'autre, sa démarche a gagné en force et en serré, ce qui en fait un créateur des plus actuels. Est-il, comme le définit Alain Bosquet, « un beatnik et un hippy à la manière bretonne » ? Peut-être y a-t-il de cela, mais bien plus encore. Il peut interpeller le soleil, le cheval ou la forêt, dire le dénuement des fagots ou la flamboyance du vent, rencontrer Iseut à Ouessant et traverser le désert de l'Arizona car son appétit est vaste, son enthousiasme instinctif, il n'imagine « pas de frontière au besoin de vivre ». Qui lira ces titres le tiendra pour un poète de grande force : *Le Poème du pays qui a faim*, 1966, *Hommes liges des talus en transes*, 1969, *Chroniques et croquis des villages verrouillés*, 1971, *Le Printemps des bonnets rouges*, 1972, *Lieux communs*, 1974, *35 haïkus bretons*, 1978, *Boudica*, 1980, etc.

Tristan Cabral.

Tristan Cabral (né en 1948) a publié une utile « Anthologie des poètes du Sud » sous le titre *La Lumière et l'exil*, 1985. Vingt ans en 1968, cela marque. Il fut lié à des mouvements révolutionnaires internationaux, connut la prison pour « participation à une entreprise de démoralisation de l'armée ». Des poètes remarquables l'ont fêté. Ainsi Xavier Grall qui n'hésite pas à parler à son propos de Rimbaud, d'Artaud, des auteurs prophétiques de l'Ancien Testament. Natacha Gorbanevskaïa le dit frère de Georg Trakl et de Joë Bousquet. François Bott le nomme « poète à la douceur impitoyable ». Tout cela pourrait paraître écrasant. Dans les registres tendres, sa voix est proche de celle de René Guy Cadou, très proche, à ce point qu'on l'a accusé de faire des emprunts. Poète de la révolte et de l'amour, il aime le poème ample où il n'hésite pas à employer des rythmes quasi traditionnels, à écrire des sonnets. Tahar Ben Jelloun l'a préfacé. Tout d'ardeur et d'enthousiasme, de révolte et de combat, entre genèse et fins dernières, il jette ses phrases comme des éclairs nerveux et convulsifs, comme nées de l'ivresse et de l'instinct. « Je dirai, écrit-il, ce qui s'ouvre à toute immensité. » Des titres : *Ouvrez le feu*, 1974, *Du pain et des pierres*, 1977, *Demain, quand je serai petit*, 1979, *Et sois cet océan!*, 1981, *Le Passeur de silence*, 1986.

Yvon Le Men.

Il n'y peut rien, Yvon Le Men (né en 1953), il est un tendre, même s'il a commencé, comme le rappelle Le Quintrec, par « de longues invectives, par des cris rebelles, par des mots écorchés ». Sa contestation s'est faite au nom de l'amour, celui des romans bretons d'autrefois où fut inventée la courtoisie, celui des héroïnes d'antan, celui de l'homme de ce temps. Le Men est un des rares poètes actuels à se faire aède et colporteur du poème : de ville en village, il dit ses poèmes, les module, les chante. Il met en garde contre les menaces, il riposte par la danse nuptiale et le chant amoureux, l'Amour contre la Mort. Il chérit « les notes de musique comme des gouttes de pluie » et sa poésie est claire comme le jour car il sait rendre par de subtiles unions les mots plus propres, plus neufs, et les chants généreux quand « la vie se lève la première ». La phrase coule, serpente, harmonieuse et pure comme une rivière de montagne. Des images discrètement sensuelles la traversent. Plus proche de la « cantate pour unir ce qui est séparé » que des facilités de la chanson, il semble toujours étonné des découvertes de sa poésie. Xavier Grall l'a dit cousin de Dylan Thomas. Douceur, passion, tendresse, il y a quelque chose de juvénile et de frais dans cette poésie d'espérance et de foi en la vie par-delà toutes les révoltes. Titres : *Vie*, 1974, *Le Pays derrière le chagrin*, 1979, *A l'entrée du jour*, 1984, *Marna*, 1987.

Françoise Han.

« Les peintres chinois / devant l'ouvert / tracent d'un pinceau léger / une calligraphie », écrit Françoise Han (née en 1928). Depuis *Cité des hommes*, 1956, elle a construit une œuvre de recherche cohérente fondée sur la méditation lucide vouée au « réel le plus proche » car, pour elle, « ce qui est n'est pas sans l'invisible ». Des titres : *L'Espace ouvert*, 1970, *Saison vive*, 1972, *Par toutes les bouches de l'éphémère*, 1977, *Le Temps et la toile*, 1979, *Le Réel le plus proche*, 1980, *Le Désir, l'inachevé*, 1982... Des poèmes marquent un engagement confiant en une terre revenue à la paix, le Viêt-nam, en toutes les formes de progrès intellectuel ou scientifique. L'amour de l'homme et de la femme est une composante essentielle de cet avenir qu'elle veut et voit lumineux en dépit de toutes les blessures. Elle unit ce paradoxe d'être à la fois de tous les lieux et de tous les exils et elle dépasse ces apparentes contradictions par un chant d'union, de paix et d'ouverture – ouverture à la fois sur le monde et sur l'être intérieur. La vision est lucide, d'une vive intelligence, intuitive aussi, et le poème est là pour approfondir les sensations les plus immédiates avec une belle économie de mots. Des notes mélancoliques, des interrogations passionnées montrent un vif désir d'être et de vivre dans l'équilibre d'un monde à construire même si les terrains restent vagues ou mouvants. Son propos gagnera encore en force dans *Malgré l'échéance impossible*, 1983, *Dépasser le solstice*, 1984, *Nous ne dormirons plus jamais au mitan du monde*, 1987, où le poète dit au plus près au plus juste, « les illusions, les contradictions de notre identité, le peu de réalité de celle-ci devant l'énigme » quand, écrit-elle, « le vide est mon élan », tout cela dans une écriture parfaite.

Déchirures.

Conrad Winter (né en 1931) publie des poèmes dans lesquels il s'engage intellectuellement et physiquement : « Je suis la gorge ouverte / et le sanglot rouge... » Cette poésie est énergie et insurrection, ardeur et lucidité. Si le poète se révolte, c'est contre la grisaille et la passivité. Les dangers sont présents dans l'histoire immédiate, dans la mort qui rôde, les crématoires béants, les pesanteurs des jours, les incertitudes, les précarités, et même les éléments pas toujours favorables, et l'on trouve surtout l'eau et le feu comme moteurs d'une recherche de l'imaginaire. Maître de sa recherche et ne se laissant pas guider par le flot poétique, le dirigeant savamment, il transmet sous une forme nouvelle ses inquiétudes, ses obsessions comme celle du mur et de la peur. Quelques titres : *Pour l'homme sans condition*, 1969, *Le Cerveau imaginaire*, 1970, *L'Ordre liquide*, 1971, *Chanson pour un métier*, 1973, etc.

Jean-Pierre Lesieur (né en 1935) a fondé et animé des revues : *Le Puits de l'ermite, Le Pilon,* une *Anthologie permanente.* Quant à sa propre poésie, « c'est tour à tour tendre, violent, sage, cinglant, un rejet magistral de la civilisation » (Jean-Claude Legros). Patrice Delbourg demande : « Poète idiot du village ou vigie d'un monde nouveau ? » Avant tout, ce poète se veut dans la vie, dans le mouvement, dans le vécu le plus aride, d'où la révolte avec « du salpêtre dans la bouche pour exploser les mots », des éclats de colère, des odeurs d'usine, le cri arrêté sur l'émerveillement d'une image, tout cela jeté à la volée, à l'état sauvage dirait-on, dans *Premiers Pas,* 1965, *L'Envers de la lorgnette,* 1967, *Manuel de survie pour un adulte inadapté,* 1975, *L'O.S. des lettres,* 1975, *Ballade bitume,* 1985.

Dagadès (né en 1933) jette une poésie bouleversée par la colère que lui inspirent les injustices, les guerres, les atteintes à l'homme, en somme l'état du monde blessé. A ce bouleversement s'ajoute l'impuissance de l'individu à changer les choses. Mais le poème constat peut-il porter à lui tout seul un espoir quand tous les choix paraissent négatifs ? C'est une poésie de responsable qui s'exprime dans *Rupture,* 1966, *Esquilles,* 1966, *Alliances,* 1968, *Terre attente,* 1970.

François-Noël Simoneau (né en 1941), conscient des menaces qui pèsent sur l'humanité, charrie dans son poème toutes les violences contre l'homme et la nature – ou, plus exactement, exprime la révolte de sa conscience contre elles. Il prend du recul pour préparer un bond prophétique, anticiper sur le désastre, offrir des images fatales et fortes. Mais on pourrait voir dans son œuvre une tentative de salut par le langage comme lorsque, jadis, Orphée apaisait les animaux sauvages. Il s'agit ici des fauves cachés dans l'homme. On le distingue dans *Éclipse,* 1959, *Cet autre sabbat,* 1963, *Échec au silence,* 1967, *Cilices,* 1968, *Les Mains,* 1972, etc.

Rémy Durand (né en 1946) nous dit : « Je libellule aujourd'hui c'est la guerre qui tombe comme la nuit. » Le sommeil ou la poésie, l'amour ou le chant le sauveront-ils ? Il a publié *Sensiaires,* 1974, qu'avait précédé *A la nue accablante,* 1970. Dans *Plaisir visible,* 1970, Armand Farrachi (né en 1950) s'en prend lui aussi au chaos du monde, dénonce le temps des tueurs et apporte la réponse et les rires de ses vingt ans provisoires. Jean-Hugues Malineau (né en 1945) dans *Petites Choses,* 1971, *L'Ombre du doute,* 1973, à l'écoute de ses voix intérieures, de l'inconnu qui est en lui, cherche à se surprendre, à surprendre l'autre qui vit en sa personne. Henri Bassis (né en 1916) sait « affirmer sa foi dans la folie contagieuse des roses ». Sa poésie est engagée et confiante dans *L'Assaut du ciel,* 1951, *Bonheur en tête,* 1953, *L'Alphabet des merveilles,* 1955, et autres œuvres. C'est aussi le cas de Jean-Marie Gerbault qui, en marge d'une œuvre de fiction et d'anticipation romanesque, sait dire *L'Univers proche,* titre d'un de ses recueils, et aussi de Jacques Dubois (né en 1928) qui a réuni dans *Zone bleue* ses poèmes de 1944 à 1975, modernes dans des structures traditionnelles.

Dans *Les Voix du soleil et de la terre,* 1970, ou *Ascendre dans les combles de mon esprit,* 1971, ou encore *Première Hémorragie de mémoire,* 1974, Olivier Jugand (né en 1953) traduit sa souffrance ou son mal d'une nouvelle fin de siècle en des poèmes déchirés, physiques, convulsifs que l'on pourrait situer dans la proximité d'Antonin Artaud. Mais ce ne sont pas des cris hachés car Jugand a un sens très poussé de la rythmique et de la musique, avec de fort belles réussites.

Colères et responsabilités.

On le voit en différents lieux de ce livre, les événements historiques, Occupation et Résistance, bombe atomique, guerres d'Indochine et d'Algérie, barricades de Mai 1968, etc., ont trouvé leur écho chez les poètes. A partir de 1968, la jeune poésie a subi de constantes métamorphoses. Et chez les poètes les moins « événementiels » les grands bouleversements de l'humanité ont trouvé leurs échos, parfois même à leur insu ou sans qu'ils en aient l'entière conscience. Engagement politique du poète responsable ou recul de l'individu devant tout lien venu de l'extérieur, on ne peut réduire un poète à un seul dénominateur. Il en est cependant qui furent, au temps de la « poésie nationale » prônée par Aragon par exemple, les héros et les hérauts d'un engagement. D'autres furent bouleversés par les guerres d'Algérie ou d'Indochine.

Nicole Cartier-Bresson (née en 1924) publia *Le Double Départ*, 1945, *Demain nous couronne*, 1953, *L'Escalier des saisons*, 1961, poèmes chaleureux du temps de la clandestinité, puis du combat continuel de la militante. Comme beaucoup de poètes de sa génération, elle a utilisé le vers libre ou un vers proche de la tradition, vers classique non rimé, libéré de quelques contraintes.

Claude Faux (né en 1930) se montra proche d'Aragon dans ses poèmes politiques et trouva sa meilleure harmonie, à la fois simple et réaliste, dans des vers libres, son inspiration prenant source dans la vie. Ainsi dans *Le Temps compté*, 1966, qui suivait *Dresser l'issue* et *L'Avenir quotidien*. Il reste comme un poète rare, discret, mais qui sait s'il ne mûrit pas une œuvre dans le secret?

Si Youri (né en 1927) cherche de livre en livre ou de pièce en pièce à tendre un pont entre les êtres, s'il est tout amour, il s'engage aussi avec ardeur dans la défense des libertés en tous lieux où elles sont menacées. Par leur intimisme, leur ton feutré et clair, il nous semble proche d'Eluard. Des titres : *Une voix vous cherche*, 1964, *La Pêche aux évidences*, 1972.

La guerre du Viêt-nam est au centre de *Dôc-lap*, 1948, de Georges Danhiel et de *Chant d'amour de gloire et de guerre*, 1971, de Du' Hûu Quynh. Des *Chants pour le Vietnam* parurent en anthologie. Marcel Destot (né en 1919) dans *Que notre règne arrive*, 1962, a été marqué par la guerre d'Algérie. « Son engagement, écrit Jean Rousselot, est, cependant, universel, plutôt que politique. » Gérard Prémel (né en 1932) sait que la responsabilité politique n'interdit pas la gouaille et les trouvailles verbales, sans oublier de grands mouvements qui entraînent le lecteur vers une sorte de réalisme fantastique. Cette poésie en liberté s'exprime dans *Joie, colère et vérité*, 1953, ou *Nous n'irons plus au ciel*, 1969. Dans *Les Amours difficiles*, 1968, Jean-Paul Besset a traduit les préoccupations d'un temps malheureux de l'histoire, celui de la guerre algérienne ressentie comme un attentat contre l'humain. Il en est de même pour François Bourgeat dans *La Peur et la mémoire*, 1964, qui marie crainte et espérance.

Dans ces luttes, c'est du côté d'*Action poétique* que des voix retentirent avec force. Andrée Barret (née en 1933) montre par ses titres la direction de son inspiration : *Pour la joie d'aimer*, 1958, *Le Cœur partisan*, 1959, *L'Effort*, 1962, *Jugement par le feu*, 1965... Elle traduit sa sensibilité aux misères des opprimés par un réalisme constant, un effort pour marier poésie et vérité pratique.

Guy Bellay (né en 1932), des vers au poème en prose où il excelle (Lire *Bain Public I* et *II*, 1960, 1968, *Restez. Je m'en vais*, 1975, par exemple), a été marqué par la guerre d'Algérie et sa voix traduit, comme l'a remarqué Franck Venaille, la fureur et l'inquiétude, mais aussi une émotion, une fraîcheur rare, et cela dans le naturel et une sorte de pathétique retenu. On le sent bien « heureux de cette vie tendue sur laquelle chaque événement résonnait longuement, avec la gravité des œuvres fortes et belles ».

Jean Perret (né en 1924) dont nous connaissons *Le Temps du blasphème*, deux versions en 1962, *Garder le sang, Nommer la peur* (avec Gabriel Cousin), 1967, dit « Mon poème est un hurlement. Je le sais. Je le veux. » Engagé socialement, politiquement, dans l'histoire, il « traverse la liberté des choses ». Qu'il s'agisse d'Algérie ou de Hongrie, il fait retentir fortement ses indignations et sa voix fraternelle.

D'Oliven Sten, Serge Brindeau qui a bien étudié les poètes d'une période douloureuse de l'histoire dit : « Il crie ce qu'il a à dire, il n'accepte pas de gommer ce qui lui tient à cœur. Sincère et prolixe, ne reculant devant aucune tentation verbale, il exprime sa révolte et son amour de l'humanité dans un langage chaud, coloré, dynamique. Des longueurs, certes il y en a ; des facilités aussi. Mais c'est parfois émouvant de simplicité, de vérité. » Cette poésie d'urgence s'est exprimée dans *Chronique des temps blindés*, 1953, *Les Andabates*, 1958, *Circulaire à mon amoureuse*, 1962, *Le Sentiment latéral*, 1962, *Comment se dénaturer*, 1962, *L'Enterreur et autres poèmes*, 1966, la plupart étant publiés aux éditions Oswald.

Des voix chères qui se sont tues

I

Jean Malrieu

Un poète a recréé l'univers existant pour le voir avec les lunettes de l'amour. Il s'est enchanté lui-même de ses bonheurs d'écriture. Il est toujours présent, chaleureux, concret. Sa parole est un miroir, sa poésie un « mode de vivre ». Il a collaboré aux publications surréalistes, il lui est resté du mouvement le meilleur comme ce fut le cas d'Eluard par exemple. Généreux de mots, ample comme un Saint-John Perse, il rejette les inutilités, se dépouille, peut offrir une nudité radieuse. Cette poésie, charnelle et éblouie, où le merveilleux éclaire le quotidien, où l'amour est comme un soleil, coule comme un fleuve pur. Avec lui, le lecteur trouve un ami, un frère qui le guide, un compagnon qui l'introduit au mystère des êtres et des choses. Enfin, c'est un fondateur, non seulement de l'écriture, mais aussi de ses véhicules, les revues, et les meilleures de ce temps sont nées de son activité.

Jean Malrieu (1915-1975) est né à Montauban. Jean Tortel l'introduisit aux *Cahiers du Sud* qui publièrent ses premiers textes. Mobilisé en 1939, après la guerre il exerça divers métiers avant de devenir instituteur. Il collabora aux *Lettres françaises*, fonda avec Gérald Neveu les revues *Action poétique* en 1950, puis *Sud* en 1970 qu'il dirigea jusqu'à sa mort. Pour l'une et l'autre revue, des successeurs reprirent le flambeau et ces publications portent sa marque. Ainsi ses amis de *Sud* ont publié son œuvre, ouvrages existants et inédits, en deux volumes : *Dans les terres inconnues et quotidiennes (1934-1976)*, 1983, *Un temps éternel pour aimer*, 1985, poèmes réunis et présentés par Pierre Dhainaut, avec une longue préface de ce dernier qui a par ailleurs écrit un *Jean Malrieu* dans la série « Visages de ce temps » de Jean Digot. Les principaux recueils de Malrieu : *Préface à l'amour*, 1953, *Vesper*, 1963, préface de Jean Tortel, *Le Nom secret*, 1963 et 1970, réunissant plusieurs recueils, *Les Jours brûlés*, 1971, *Le Château cathare*, 1970, 1972, *Possible imaginaire*, 1975, *La Maison de feuillages*, 1976, *Lieu-dit*, 1978, etc. Malrieu est le romancier de *Avec armes et bagages*, 1952, l'essayiste de *Terres de l'enfance*, 1961, d'ouvrages sur Montauban et Penne d'Albigeois, d'un *Gérald Neveu* dans « Poètes d'aujourd'hui ». La revue *Sud* d'Yves Broussard,

Jean-Max Tixier et leurs amis a créé un prix qui porte son nom et lui a consacré un numéro spécial.

Le Monde est votre langage.

A ceux qui imaginent la poésie contemporaine comme un lieu fermé, nous disons : lisez Jean Malrieu. Il sait tout des angoisses de notre temps, mais il sait être :

> Heureux d'une journée, d'une rencontre au bord des routes
> Avec le cantonnier ou, appuyé sur un bâton,
> Avec quelqu'un qui est déjà plus qu'un berger...

Il nous conduit dans la vallée des rois pour nous offrir « cette vie qui cache la nôtre et que nous n'avons pas connue » ou « un lieu de baptême où l'air expiré retrouve haleine vive, au-delà des lèvres mortes ». Il est de notre temps. « Il écrit, nous dit Tristan Cabral, longuement et lentement, comme avec un cristal sur une vitre. Il ne chante pas vraiment, il parle, il nous conduit vers une plénitude simple, à une conversation sans fin où l'on se dit tout. » Il est clair comme l'était son regard. Jean Tortel écrit : « Ici, règne la confiance. Il n'y a plus lieu de se demander si le langage va céder à la tentation de s'enrober trop facilement dans les longs plis qu'il suscite, et s'il risque de s'y perdre. Malrieu regagne sans cesse son poème qui n'en finit pas de se déployer. Qui se perpétue, comme un élan pourrait se prolonger vers un but infiniment proche et jamais, c'est-à-dire toujours, atteint. » Avec lui, citer, extraire n'est guère facile, et pourtant que de grandeur et de beautés dans des vers d'anthologie! mais il faut garder la coulée écrite, le fleuve naturel, le long murmure sans discours, éloquence ou faux lyrisme, et cette musique évidente résonne longtemps après sa lecture. Dès le premier livre, il avait trouvé sa voie et sa voix. Il nous a dit : « La poésie, comme la science, exige un langage de rigueur : tout est austère dans l'amour, il mesure l'homme et les choses. Le poète n'a pas à reprendre la création qui l'entoure, mais, dans l'œuvre de libération que lui demande la connaissance, dans les lignes de force réduites à l'essentiel et qui traversent le poème, ce ne sont jamais les objets réels qui demeurent prisonniers, mais une nature plus vraie, plus accessible, comme si, ayant été réchauffé dans le sang de l'homme, le monde, pour exister, devait connaître la fragilité de l'amour. » Cet homme du pays d'Oc est un maître de l'espoir :

> Si le bonheur n'est pas au monde nous partirons à sa rencontre.
> Nous avons pour l'apprivoiser les merveilleux manteaux de l'incendie.

Malrieu n'écarte pas la complexité de notre temps, il la métamorphose en paroles simples, en propos naturels qui nous semblent bientôt indispensables et comme si nous les attendions de longue date parce qu'ils sont essentiels pour un bon usage de la vie. « ... il attire et retient, écrit Pierre Dhainaut, peu lui importe d'écrire dans telle ou telle tradition, sous telle ou telle rubrique, il crée un temps neuf mais cette nouveauté qui concerne assurément notre avenir se rattache aux formes et aux forces les plus anciennes, les moins périssables, du lyrisme. » Poète du compagnonnage, de l'amitié, il est un poète de l'amour :

> Adieu
> Le temps est merveilleux aujourd'hui
> Tes yeux sont parfaitement bleus
> On dirait de l'encre
> J'écris tes yeux
> Comme une heure tranquille celle de la poésie et de la vie
> Il fait un temps de poème
> Ta chair neige j'écris la neige
> Parce que c'est beau et parce que c'est vrai

Et l'amour est le point d'incidence du poème où se rejoignent le chant de nature, l'éloge, le sacré, en certains lieux la mort, car le tragique existe, reconnu comme une des formes de la vie acceptée, comme la recherche de la forme définitive de l'être. A l'écoute des choses, son œuvre apparaît comme une longue chronique sensible où les événements prennent une dimension universelle, où le temps se mêle à l'intemporel, où chaque espace ouvre d'autres espaces. Malrieu est de ceux qui prennent leur inspiration dans la vie immédiate, si bien que le lire c'est rencontrer l'homme. Comme il l'écrit lui-même : « Dans un grand lit mille tombeaux, mille lumières, la bouche dit à la bouche et le cœur dit au cœur une banale histoire merveilleuse qui ne se termine pas. » Sur sa tombe, à Penne-de-Tarn, ce vers : « Même le temps est accepté, ce provisoire des merveilles. » Et dans ses livres sa vie préservée continue à nous parler de ce qui est à jamais. Il aimait à citer Anaxagore : « Tout ce qui se manifeste est vision de l'invisible. » Et quelle transparence, quelle générosité, quelle chaleur! Lire Jean Malrieu, c'est déjà un peu mieux vivre.

2

Gérald Neveu

UNE vie difficile, un destin malheureux. Depuis Paul Verlaine, un thème d'anthologie avec l'*Anthologie des poètes maudits du XXe siècle* de Pierre Seghers, *Les Nouveaux Poètes maudits* d'Alain Breton. La solitude, la maladie, le désespoir, le suicide sont-ils plus fréquents dans le monde de la poésie qu'en autres lieux? S'il s'agissait de la reprise d'un cliché, certaines présences nous convaincraient que le poète, qu'il recherche obscurément le mal ou qu'il le subisse, est un homme en proie. Des appels retentissent par-delà les refus de la société telle qu'elle est et l'un des plus bouleversants est celui de Gérald Neveu.

Chez Gérald Neveu (1921-1960) la vie et l'œuvre sont à ce point unies que l'analyse que n'accompagnerait pas la biographie serait boiteuse : l'homme est dans ses poèmes. Son ami Jean Malrieu l'a montré en bien des lieux d'écriture. Tous les deux ont parcouru les mêmes routes : leur goût pour la poésie d'Eluard, leur engagement dans un surréalisme révolutionnaire, l'aventure d'*Action poétique* et pourtant comme ils sont différents! Où Malrieu est le poète d'une nature régénératrice, Neveu est essentiellement un poète urbain. Quels que soient les tourments intérieurs, le premier poursuit une recherche du bonheur tandis que le second, de la race des chercheurs d'absolu, connaît cette aventure tragique et spirituelle des « suicidés de la société », et l'on pense à Antonin Artaud, Jacques Vaché, René Crevel, tant d'autres.

Gérald Neveu est né dans une banlieue de Marseille. En 1940, il connut l'hôpital psychiatrique et, l'année suivante, s'engagea dans l'armée d'où il fut démobilisé en 1942 pour travailler dans les P.T.T. où un journal culturel reçut ses premiers poèmes. En 1947, il adhéra au parti communiste, milita en politique et en poésie. En 1950, il fut l'ami de Malrieu, fonda un groupe des « Poètes de Marseille » d'où naîtrait *Action poétique*. En 1951, il reçut, comme Artaud, la foudre des électrochocs. Le malheur le suivait pas à pas. Écoutons Malrieu : « Poète de la communication par excellence, c'est à lui que tout fut refusé : la santé, l'exercice de la tendresse, un foyer. Il perdit les membres de sa famille. Son métier. Son logis. " Les forces de l'ordre " vinrent un jour l'expulser et ses meubles furent jetés à la rue. Dès lors, il n'eut d'autre maison que celles de ses amis, les ateliers des peintres quand ils possédaient un divan, fréquenta les cliniques et les maisons de repos où, quand venait l'hiver, un médecin fraternel le faisait entrer. Il vivait dans les rues, aux terrasses des cafés, au hasard des nuits et des rencontres, tout auréolé des flammes de l'alcool. Paysan de Marseille tout autant qu'Aragon fut paysan de Paris, il eut pu, s'il l'eût voulu, parler inépuisablement de tout ce que la poésie quotidienne transfigure... Il marchait, marchait... » Cet homme ne connut qu'amours impossibles et vécut l'enfer des passions. Il changeait bien « en or le pain quotidien du malheur ». Il écrivit : « Il ne s'agit pas de poétiser la vie, mais de vivre la poésie. » La maladie, la misère physiologique causèrent sa mort.

De son vivant, Gérald Neveu a publié *Cet oblique rayon* que préfaça Léon-Gabriel Gros, *Les Sept Commandements*, 1960. Après sa mort : *Fontaine obscure*, 1967, *Une solitude essentielle*, 1973. Sous le titre de *Un poète dans la ville*, Jean Malrieu et Jean Todrani organisèrent à Marseille un montage poétique. La revue *Actuel* lui consacra deux numéros et rappelons le « Poètes d'aujourd'hui » de Malrieu. Gérald Neveu fit aussi un film, *L'Hiver*, joué par Catherine Spaak.

Ouvre les portes malchanceuses qui donnent sur le vide.

La poésie de Neveu est directe, rapide, précise. Il aime retenir du mot sa plasticité, son impact sonore. Le langage est expressif, tranchant, blessant parfois, les formules ramassées, le dessin pur. Pour lui, comme il le dit, « l'image poétique est un précipité » et « La poésie, c'est la vitesse, le temps contracté ; d'où la confusion apparente des plans, les rapprochements inattendus, les lèvres dans le cœur. C'est la restitution de l'inconcevable au concevable, de l'absurde à la raison, de la passion aux sentiments sans perte d'énergie. » Cette union des contraires se trouve partout et partout le poète est en lutte contre l'aspect conventionnel des choses. Il cherche une vie passionnée et le surréalisme lui a donné des clefs. Son tempo est celui du monde moderne et celui de ses battements intérieurs, de sa fièvre. Les poèmes ne sont pas élégiaques mais tragiques :

> Si tu savais combien je meurs
> et si longtemps!...
> Percé d'étoiles des chiens aboient
> lointains recours des meutes célestes
> contre un soleil traqué

Il y a le sentiment de l'échec personnel et celui de l'atroce condition humaine, d'une société qui le rejette, d'une obscure condamnation, avec parfois une lueur : l'amitié des poètes et des peintres, l'apparition fugace d'une possibilité amoureuse. L'amertume se métamorphose en beauté, l'humour noir offre sa politesse du désespoir. Des êtres passent : la femme aux mains bleues qui rit dans son tablier, l'homme qui écoutera passer sa tendresse dans ses poings fermés. Et les images de l'amour :

> J'ai tes yeux dans ma voix
> ta mort dans ma salive
> J'ai le champagne de ton passage
> ....
> J'ai ta bouche en un coffret noir
> J'ai ta folie dans la mienne
> J'ai ton rêve brûlé dans la sueur
> de mes mains jointes.

Il rêve d'une naissance future : « Quand je serai petit / L'alouette penchée sur la pluie / M'éclairera... » Il dit aussi : « Je suis né d'un aloès. » Et sa marche solitaire :

> Lorsque j'aurai ouvert toutes mes forces
> A battant écumeux
> Quelqu'un passera
> Dans la rue verte et pauvre
>
> La rue dont les cils sont des cris
> Place au froid de l'été !...

Après sa mort, on trouva sur son lit l'ultime poème dont voici la fin :

> Le dessin était pur qui verrouillait
> l'espace !
> Nids blancs à fond de ciel
> Mains de bois dur sans espérance
> C'est midi qui se ferme
> Comme un objet !

Gérald Neveu, « de Marseille comme Lorca est de Grenade » (Léon-Gabriel Gros), a laissé des poèmes comme des traces, des pierres aiguës posées sur le chemin d'une impossibilité de vivre, les fleurs vives d'une blessure. Il vit à jamais dans ses images, fruits d'un « lyrisme crépitant au sommet du sommeil et de l'amour », manifestation pathétique d'un homme en proie au guignon.

3

Jacques Prével

JACQUES Prével (1915-1951) a dédié un poème à ses amis morts : Roger Gilbert-Lecomte, René Daumal, Hendrick Kramer, Luc Diétrich. Les citant c'est déjà le situer du côté du « Grand Jeu », celui cherchant dans « le long dérèglement de tous les sens » prôné par Rimbaud une réalité plus exaltante que celle proposée par la vie. Son nom fait penser à Crevel et à Prévert, mais là s'arrête la comparaison : sa poésie directe, dépouillée, naturelle ne s'inscrit pas dans un contexte directement surréaliste. Révolté, comme Antonin Artaud, ce dernier a préfacé, avec un poème, *De colère et de haine*, 1950, recueil qui suivait *Poèmes mortels*, 1945, *Poèmes pour toute mémoire*, 1947, et le posthume *En dérive vers l'absolu*, 1952, avec une préface de Jean Rousselot qui l'a connu et a si bien parlé de lui. Et il est vrai qu'Artaud traçant un portrait de Prével donne un portrait de lui-même par fraternité et identification. Prével lui vouait une admiration sans bornes. En 1974, en même temps qu'un recueil de *Poèmes*, est paru *En compagnie d'Antonin Artaud*.

Homme « en dérive vers l'absolu », chargé « de colère et de haine », Prével le désespéré est toujours allé vers l'essentiel comme en témoigne ce ton lucide :

> Enfant je me suis étonné
> De me retrouver en moi-même
> D'être quelqu'un parmi les autres
> Et de n'être que moi pourtant.
>
> Plus tard je me suis rencontré
> Je me suis rencontré comme quelqu'un qu'on croyait mort
> Et qui revient un jour vous raconter sa vie...

Henri Thomas parle de sa poésie : « Pas d'accent familier, pas d'enjouement, rien d'une chanson facile, mais des départs brusques, quelque chose de rauque et d'abrupt où l'on sent que la pression de la chose à dire a atteint un degré presque insupportable. » Jean Rousselot montre l'homme : « Au physique, un garçon grand et mince, les cheveux noirs en perpétuelle bagarre, le front haut et bombé, les traits fins et fiers et la peau diaphane, le mal dont il mourrait rosissant souvent ses pommettes. » Sa vie brûlée, détruite, minée par la tuberculose, il subit la misère, les hôpitaux et sanatoriums : « Je suis dans une chambre étroite / Qui a gardé le luxe de la souffrance / Et d'un amour qui a vécu dans la famine... » Partout, « les épouvantes de l'être » sont traduites en langage clair. La recherche de l'absolu, la colère, la rage même, la dérision, il les exprime en parlant juste et en se confiant directement :

> Ce que je peux dire
> C'est que j'ai vécu sans comprendre
> C'est que j'ai vécu sans rien chercher
> Et ce qui m'a poussé jusqu'à l'extrême mesure
> Jusqu'à l'extrême dénuement
> C'est en moi je ne sais quelle force
> Comme un rire qui transparaît dans un visage tourmenté
> Quand on a vu toutes choses se perdre et mourir
> Et quand on est mort comme elles de les avoir aimées...

Il ne s'agit ni d'écriture automatique, ni de recherche langagière, mais du « bruit de ressac » de la vie dans « la grande dérision du temps ». Une œuvre qui est témoignage d'un vertige, des poèmes comme des appels ou des cris. La révolte d'un homme qui devait mourir à trente-six ans.

4
Jean-Paul de Dadelsen

Pour Henri Thomas, Jean-Paul de Dadelsen a échappé à toute hantise de la « condition poétique » et a laissé couler un lyrisme « à l'état sauvage » ce qui n'empêche pas cette poésie abondante où se mêlent l'épopée grandiose et la cocasserie, la spiritualité et le sens trivial, le religieux et le mythologique, d'être la plus cohérente qui soit. La civilisation européenne se reflète chez cet Alsacien féru des cultures française, allemande, anglaise, en bref chez celui que Jacques Brenner appelle « un grand Européen » en citant Salvador de Madariaga définissant l'œuvre de ce poète qu'il admirait : « Pour le fond, c'est le courage de l'homme aux grands yeux qui voient tout, c'est la tolérance de l'homme au grand cœur qui comprend tout ; c'est l'amour de l'homme à l'âme large qui sent que tout est en lui et qu'il est en tout. » Quant à Henri Thomas qui, avec Albert Camus, édita son *Jonas* posthume, 1962, il le situe ainsi : « Dadelsen ne vient à la suite de personne : il ne cadre avec rien dans nos lettres, ni terroristes ni rhétoriqueurs n'y trouvent leur compte. Nous avions un peu oublié que le génie poétique se moque de nos si conformistes errances. » Si nous devions trouver une parenté poétique à ce poète trop tôt disparu, nous irions la chercher vers Apollinaire, Cendrars ou Milocz et l'on comprend qu'Alain Bosquet ait parlé de « l'errance même de la nostalgie européenne ».

Jean-Paul de Dadelsen (1913-1957) a connu une vie courte et bien remplie. Né à Strasbourg, il fit de remarquables études à Mulhouse puis à Paris. Premier à l'agrégation d'allemand en 1936, il donna une traduction du *Dernier civil* d'Ernst Glaezer. Au lycée de Marseille, il éblouit son collègue Georges Pompidou par sa conversation et ses allures princières, ce que rapporte Jacques Brenner. Après la courte guerre de 40 qu'il fit dans les chars, démobilisé il fut nommé professeur à Oran où il se lia avec Albert Camus qui composait *L'Étranger* alors que lui-même préparait un roman dont le débarquement américain interrompit l'écriture. Après s'être engagé dans les Forces françaises libres, à la Libération promis à une carrière administrative, il fut correspondant de *Combat* à Londres et collaborateur de la B.B.C. où il se lia avec Henri Thomas. En 1951, au Centre européen de la culture, il est le collaborateur de Denis de Rougemont et un des conseillers de Jean Monnet avant d'être appelé en 1956 à l'Institut international de presse de Zurich. Il devait mourir d'un cancer au cerveau dans la souffrance et la résignation. Les grands poèmes de son œuvre datent de ses dernières années. Il projetait un vaste ouvrage intitulé *Jonas* et c'est ce titre que reprirent ses amis pour publier les poèmes accomplis et les fragments significatifs – une œuvre en soi.

La baleine, dit Jonas, c'est la guerre...

Il faut lire et relire le poème *Oncle Jean,* celui-là qui pourrait être un des sept oncles dont Cendrars a conté l'aventure, le poème d'une vie racontée, recomposée, désinvolte et magnifique, insolente et superbe, désenchantée et exaltante avec sa liberté et ses floraisons de noms propres, de sigles, de phrases allemandes et anglaises, épopée européenne dont un extrait ne peut donner qu'une idée :

> Mais qu'ont-ils fait ces ambassadeurs à la messe là-bas
> pour prétendre juger ce long chemin noir dans la boue, dans la
> servitude (ô révolte noyée dans la boucherie,
> Bataille de Weingarten, sur les ordres de
> Hochwohlgeboren le comte Truchiess von Waldburg
> catholique incidemment, vingt mille paysans ont les yeux crevés ;
> le libéral héritier dudit comte est un fort bon
> ami de chasse d'excellent général catholique et sans nul doute
> breton par quelque coin de Montsabert) si vous croyez
> qu'on rigole tous les jours avec des
> pommes de terre arrosées d'alcool de bois comme chez
> les sauvages d'au-delà de l'Elbe ou même dans ces
> vieux pays romains avec un peu de piquette sure
> et le tonneau commencé de choux.

On lit encore :

> Oncle Jean
> en 1925 encore seul dans son garni de Bâle, ville ancienne,
> dont par sa mère il était natif et citoyen, dans son garni
> où grand-père lui envoyait au début du mois 200 DM pris sur sa
> pension d'après l'inflation d'ancien professeur de mythologie bismarckienne
> oncle Jean sur des cartes au 50 000e, il refaisait les batailles manquées...

Ce ton picaresque est rare dans la poésie française. Et il y a *Jonas en automne,* 1955, qui déjà affirmait le mélange d'amour de la vie dans ses aspects les plus quotidiens et la recherche de Dieu. La force biblique et l'humanité se rencontrent toujours chez Dadelsen avec une puissance persuasive et ses versets, ses vers de tous mètres mêlés expriment bien une forte parole de vivant et même de bon vivant. D'une méditation sur le pèlerinage humain vers un dieu indéchiffrable à un vaste regard sur la destinée humaine à partir du passé biblique de Jonas, la route est la même, qu'on suive la joie de la naissance ou qu'on redonne au mythe une puissance inconnue jusque-là. Jacques Brenner n'a pas hésité à situer Dadelsen « sur le même plan que Claudel et que Saint-John Perse ».

Dans *Jonas* l'homme dans la guerre, dans la ville ou dans la campagne, c'est toujours l'homme dans la baleine, dans les ténèbres, dans ces lieux cosmiques et métaphysiques, univers freudien, et il intitule *Psaume* le poème qui commence ainsi :

La baleine, dit Jonas, c'est la guerre et son black-out.
La baleine, c'est la ville et ses puits profonds et ses casernes
La baleine, c'est la campagne et son enlisement dans la terre et l'épicerie et la main morte et le cul mal lavé et l'argent
La baleine, c'est la société, et ses tabous, et sa vanité, et son ignorance.
La baleine, c'est (dans bien des cas, mes frères, mes sœurs) le mariage.
La baleine, c'est l'amour de soi. Et d'autres choses encore que je vous dirai
Plus tard quand vous serez un peu moins obtus (à partir de la page X)...

Il peut écrire « la guerre est emmerdante » ou « Je serai nettoyé si / j'éclate au vent comme citrouille vieille » car il est l'homme de l'exacte vérité, du texte qui la traduit sans fard et avec une impertinence de grand seigneur. Il jette comme sur un carnet de notes :

rien à dire – tout à attendre
rien à assurer – tout à faire
rien à réclamer – tout à obtenir
d'ailleurs, ce qu'est la poésie,
qui le sait, le sait vraiment?
personne ne l'sait – personne ne l'fait
à coups sûrs, à coups sûrs dans la soupe,
dans la salade, dans le dessert.
Va te coucher et essaie dans ton sommeil
d'être.

Ou bien, par-delà « les ténèbres internes de quelque baleine définitive », naît la prière la plus grave :

Seigneur, donnez-moi seulement,
sur mon opacité, mon absence, mon vide,
Seigneur, ah laissez seulement tomber
   comme derrière le char de la moisson on laisse à glaner ces gens
de peu qui n'ont su amasser nul bien,
   laissez jusqu'à moi, Seigneur, tomber un peu de Votre lumière.

Une recherche de cette lumière, de ce mystère de l'être dans un chant bouleversant d'authenticité par un amoureux de la vie, un célébrateur de la geste humaine, de ses errances et de ses mythes et qui n'oublie jamais le quotidien vécu.

5

Olivier Larronde

ADOLESCENT, Olivier Larronde (1927-1966) rendit visite à Jean Cocteau pour lui montrer ses poèmes. Le poète lui conseilla de faire autre chose. Le lendemain, Jean Genet qui, dit-on, pleura en lisant ces poèmes, fit des reproches à Cocteau qui relut et changea d'avis, au point d'écrire une dizaine d'années plus tard : « Olivier, ce grand poète, le seul, sans doute, qui ne publie, ne montre jamais ses poèmes, à l'encontre des mille poètes qui bafouillent en public. » Depuis, Larronde a ses admirateurs et de grands éloges lui sont décernés : « Un des sommets de la poésie française depuis la guerre », jugera Paul Guth. Le premier recueil, *Les Barricades mystérieuses*, 1946, portent l'empreinte de Cocteau en ce qu'il a de plus virtuose, souple, élégant, et dont il ne se détachera jamais entièrement :

> Les roses de la mer font de tels barbelés
> Qu'un arbre, s'il les lèche, a langues en dentelle.
> Les vagues, chars de roses bleues, on y attelle
> Vos baigneuses, tritons qui les vagues moulez.

Le choix des mots, l'inattendu des rimes, la souplesse des images, des détournements subtils du sens pouvaient faire oublier une double influence, Cocteau et Mallarmé, cette dernière se précisant sans que la fraîcheur et l'originalité s'atténuent, car la recherche esthétique ira grandissant : extrême soin du vers, hermétisme laissant supposer de nombreux sens, préciosité, tournures recherchées, cadences heurtées, et une sorte de grâce. On le verra dans *Rien, voilà l'ordre*, 1959, titre apparemment nihiliste, en fait anagramme d'Olivier Larronde, avec *L'Arbre à lettres*, 1966, publiés par *L'Arbalète* (encore un jeu de mots) de Marc Barbezat. Il est certain que dans les divers poèmes la parodie apparaît. Faut-il y voir, comme Serge Brindeau, « un sentiment désespéré du vide ». Les poètes habités de réminiscences sont souvent maladroits. Or, chez Larronde, il ne s'agit pas de pastiches mais de créations à partir d'un art éprouvé. La fantaisie n'y est pas absente, des allusions libertines affleurent et de la gravité derrière maints exercices de voltige et quelques tics mallarméens comme ces inversions d'adjectifs : « déchiré drapeau », « absolu scandale », « royaux appétits », etc., ou encore le choix d'un vocabulaire convenu du symbolisme. Parfois classique, souvent il cherche d'étranges contorsions :

> Orgie douce ta miette en or
> Est-elle en plage sans mesure ou du sablier sans rivage.
> – Vis pour cacher
>   beau paravent
> Ma geste à moi
>   ton éventail
> Grand air très riche en transparences
> Marche dans mes souffles cassables.
> Le plus entier se fait chair
>   Toi.

Entre l'éventail mallarméen et le coup de dés, curieux poèmes. Et cette *Fugue* :

> Retirez-vous mon cœur d'un si grave appareil
>
> D'après, d'avant, les coups ont entre eux l'étincelle.
> Constant, le choc muet de la mort vous cisèle,
> Cœur vanté... brûle... saoule un atroce organiste.
>
> Va, belle main écrite où l'idée s'organise
> Déchire l'encre en moi quand le reste appareille.

Tout poème surprend, souvent nous décontenance, mais peut-être s'agit-il d'une fonction du poète. Lui a-t-on dit : « Étonne-moi »? La fascination hermétique, le traitement du texte, bien des signes montrent que le poète a suivi sa voie naturelle et trouvé sa voix et sa famille de poésie. Qui aime les surprises verbales, le goût amoureux de la phrase ciselée, l'impertinence du charme prendra plaisir à Olivier Larronde, ce poète mort avec sa quarantième année, resté jeune à jamais. Il fut enterré au cimetière de Samoreau tout près de la tombe de Mallarmé...

6

Georges Perros

UN personnage a fasciné ceux qui l'ont connu : Georges Perros (1923-1978). Il devint habituel pour quelques élus de faire le pèlerinage de Douarnenez où il vivait comme on allait naguère aux mardis de Mallarmé. Bien qu'il ne soit pas breton d'origine, ses poèmes figurent dans les anthologies de la poésie bretonne de Charles Le Quintrec ou Gérard Le Gouic. Promis au théâtre, il le quitta pour la littérature. Ses poèmes ne sont-ils qu'une chronique de la vie quotidienne? Une lecture rapide le montrerait bien prosaïque, mais, au-delà des apparences, on s'aperçoit que, derrière la banalité, apparaît une voix unique, un ton, une personne. Il y a du doux-amer, du mélancolique, de l'ironique, de la tragédie et du désespoir. Derrière les choses immédiates apparaissent les obsessions et les conflits de la vie.

Ce Parisien assista aux cours de Paul Valéry au Collège de France et fréquenta Paul Léautaud. Il fut reçu au Conservatoire d'Art dramatique avec Michel Bouquet, Gérard Philipe, Dany Robin, Micheline Boudet et obtint un deuxième prix. Il joua sur les Boulevards, fut pensionnaire de la Comédie-Française. Au cours d'une tournée, il rencontra Jean Grenier. En 1950, il rompit avec le monde du théâtre. Jean Vilar lui offrit cependant, sur les conseils de Gérard Philipe, une place de lecteur au T.N.P. La Bretagne l'avait conquis. Il s'y fixa avec sa jeune femme russe et fonda une famille tout en étant chargé de cours aux facultés des lettres de Brest et de Quimper.

Ses œuvres : *Papiers collés I, II* et *III*, 1960, 1973, 1978, *Poèmes bleus*, 1962, *Une vie ordinaire*, 1967. Les volumes de « papiers collés » sont composés d'aphorismes, de fragments, de réflexions, d'esquisses de journal, de lettres, de portraits d'écrivains, de gens de théâtre, d'hommes de la rue, de poèmes, de montages de poèmes. Parlant de tout, il sait être drôle ou âpre, amusé ou critique sans jamais cesser d'être grave. Ses portraits sont d'une ligne rapide et incisive. On sent l'homme généreux et pur, intelligent et droit, tendre aussi.

Les *Poèmes bleus* sont ceux d'une Bretagne réelle, d'une Bretagne rêvée et d'une Bretagne intérieure. Il en cherche « le tressaillement organique » auquel il s'assimile car la Bretagne, dit-il, « est simplement le nom que je donne à certaines de mes obsessions, tout à fait absurdes ». Plus que le pays natal, « Elle n'est peut-être / Que ce qui ne s'oublie pas. » Elle est sa terre comme il lui appartient...

> ... A tel point que si l'on me demandait
> Comment est fait l'intérieur de mon corps
> Je déplierais absurdement
> La carte de Bretagne.

Il sait qu'il est attaché à ce point qu'il lui arrive d'écrire : « Il faut que je te retire de moi, la Bretagne, / Que je t'arrache comme une grosse dent... » et il a des observations réalistes délicieuses :

> ... Avec tes grand-mères, si nombreuses
> Qu'on pourrait croire que ce sont elles
> Qui naissent ici chaque jour.

Il s'agit toujours et partout d'une interrogation sur soi-même, sur le sens de sa vie : « J'avance en âge mais vraiment / je recule en toute chose... » ou « L'amitié j'en connais le baume / et la douleur bien davantage... » ou « Je ne suis pas né pour me plaire / mon état de vie c'est la guerre... » ou « En fait je m'étonne qu'on m'aime / assez pour m'attendre le soir... » Quand on découvre la hauteur et la subtilité de la pensée qui s'exprime dans les *Papiers collés*, on admire que le poète aille au plus direct, au plus simple, sur le ton de la confidence :

> Ce qui m'énerve quand j'écris
> vous allez dire que je biaise
> c'est le mal qu'on dira de moi
> à cause de ces mots tracés
> à toute autre fin. Et pourtant
> je sais bien que je mourrai sans
> avoir tout biffé de moi-même...

Il fait penser à La Fontaine écrivant son épitaphe : « Jean s'en alla comme il était venu... » Ainsi on lit : « Qui te connaît Georges Perros / Nul au monde ni moi ni vous... » ou « Ici naquit Georges Machin / qui pendant sa vie ne fut rien / et qui continue... » Hors des modes, bien qu'il les connût toutes, il chercha surtout la fraternité des choses comme il l'exprime dans un aphorisme : « Me voilà en fraternité absolue avec les animaux, la nature, le monde muet. » Il dit aussi : « Je ne suis pas d'ici / Je ne suis pas de là / Je suis de nulle part... » En même temps que poète, il est moraliste, toujours au bord du discours qu'il finit par juger inutile, ne gardant que le noyau dur, l'essentiel tout en sachant, par goût de la simplicité, ne pas être laconique. On aime cette réserve, une manière de ne pas tout dire qui en fait dit beaucoup plus que s'il disait tout.

7

Georges Alexandre

DE Georges-Alexandre de Görgey, dit Georges Alexandre (1929-1952), Franck Venaille a dit qu'il était « un Dadelsen non littéraire ». Né à Budapest, il écrivit ses premiers poèmes en hongrois. Sa courte vie fut ardente, combattante et tragique. A quatorze ans, il fut arrêté par la Gestapo pour diffusion de tracts révolutionnaires et subit trois mois de tortures. Remis à sa famille, il fut chassé du pays, connut les camps et arriva en France en 1947 ignorant notre langue et demandant aux prêtres son chemin en latin. Trois ans plus tard, il avait une connaissance parfaite du français qui devint la langue de ses poèmes. Antistalinien, opposé à toute forme de dictature, il ne cessa de dénoncer la révolution trahie, d'exprimer son amour de la liberté. Mort en Afrique du Nord à vingt-trois ans, ses poèmes furent rassemblés par sa famille et publiés sous le titre *In memoriam,* édition ronéotypée avant que Jean Vodaine fasse paraître *Yellow Dog Blues,* 1958.

Ses poèmes ne s'encombrent pas de littérature, ils vont au plus direct en offrant au passage des images spontanées, qui disent l'absurdité du monde et le tragique misérable de l'existence sans se séparer d'une juvénilité et d'une fraîcheur qui offrent un contraste avec les insultes de la vie. A partir de la mort d'un chien, il évoque un univers d'exil et d'errance sur des chemins qui font penser à ceux d'un Jack Kerouac, ton qu'on retrouvera dans la poésie des années 70. Il nous parle ici d'un « chien plus jaune que les blés » :

> et puis quand il est mort nous l'avons emporté
> comme un horrible fruit à travers les ruelles
> son oreille gauche était une truelle
> son oreille droite était une cravate
>
> et nous l'avons porté comme le corps d'un roi
> jusqu'à la Seine Mathias et moi
> pour y laver ses pattes
> car il était venu d'un pays inconnu
>
> car il était venu abandonné et nu

car il était jaune comme personne avant lui
et bien plus malheureux que je ne suis

Il écrit : « le monde est une cuvette pleine d'eau hideuse / et je me lave dedans comme l'Hindou dans le Gange... » ou bien cette poésie à l'état naturel :

depuis ce temps j'ai connu d'autres misères
et les yeux d'une enfant m'ont fait maigrir la tête
depuis ce temps affamé j'ai pris le train pour Milan
et j'ai écrit des lettres commerciales en anglais
et j'ai fermé les yeux devant la beauté éblouissante
d'un ouvrier endormi dans l'autobus...

et ceci qui fut d'un précurseur de la poésie vagabonde sans quitter les pas de Cendrars :

Mathias se promène en Amérique du Sud
le chien est mort chez lui, une couleur unique a disparu
moi je suis employé chez Elkan Papo un type très chic
et je sais que Mrs. X & Co veulent nous jouer un mauvais tour
avec le Spun Rayon Spots...

Poésie d'exil et de liberté, de révolte et de lumière qui chante les jours de martyre et les amis de prison :

Anton Markovitch n'avait que dix-sept ans
et la tête comme une planche
Raphaël pareil à un bonze dans sa grotte
restait toujours assis dans un coin
Ribnikar reçut un colis
avec un gâteau desséché
il m'appelait le Christ...

Œuvre inachevée d'une vie interrompue, les poèmes de Georges Alexandre, hors de toute littérature, au plus près de la vie, ont des accents bouleversants. Ce jeune Hongrois de la poésie française qui parcourut les mauvaises routes européennes de la guerre a sa place dans la poésie ardente et jeune de notre temps.

8

André Frédérique

NARQUOIS pour cacher son amertume, jouant sur l'humour noir pour dissimuler son désespoir, tenant à la fois de cette mélancolie souriante chère à l'école fantaisiste et au surréalisme d'un Desnos, d'un Prévert ou d'un Queneau (ces derniers furent ses amis), André Frédérique (1915-1957) semblait ne pas se consoler d'avoir été mis au monde. Contre l'Ennui, le « monstre délicat », il ne trouva guère pour alliés que les mots du poème, et ceux choisis pour leur sarcasme, leur irrévérence, leur aspect insolite, leur cocasserie. Tout cela qui pourrait sembler futile était en fait une critique de la futilité réelle de ses contemporains. Nous sommes loin de la pose romantique et près d'une lucidité atroce que chacun ressent sans oser l'assumer. Frédérique n'a pas voulu tricher : il a regardé le néant bien en face et toute chose lui a paru grotesque, alors il en a organisé la danse. Il n'a pas joué au moraliste ou au métaphysicien, il a semé des poèmes au long de sa route, sur des nappes de papier par exemple, avant de s'éloigner des choses. Travaillant dans la presse, il mimait son propre rôle, il n'y croyait pas. « Poète de l'humour, a écrit Hubert Juin, André Frédérique ne l'était que de biais. Il disait " blanches " les histoires noires qu'il composait au gré de ses errances somnambules. Il avait le ton blessé qui se détourne du monde, jugeant comiques tant d'efforts voués à sa destruction. Le sentiment de l'absurdité des choses ne le quittait guère, et il s'en prenait, par élection personnelle, à la trinité classique où sont les curés, les militaires et les fonctionnaires, il éprouvait une égale détestation pour les amateurs de gros sous, notaires ou commerçants : pour les savantasses de l'enseignement et de l'éducation, les illusionnistes de tous genres. » Pour ses livres, Hubert Juin parle de « petites machines à détruire que des éditeurs reproduisent » : *Histoires blanches, Aigremorts*, 1947, *Poésie sournoise*, 1957, *La Grande Fugue*, 1980. Il a fait des traductions et une préface à Alphonse Allais. Il prit ses distances définitives avec le monde et fit lui-même cesser la comédie en lui adressant le pied de nez du suicide. Comment ne pas penser à ses vers blessants : « l'orthopédiste aux dents d'alcool / qui crachait des fleurs de néant... » ?

Il est proche de Raymond Queneau lorsqu'il écrit : « la loco moto colo lotive bougonne » et de Jacques Prévert quand il fait des mariages :

> Un homme de terre et une femme de fer
> font un enfant de porcelaine
>
> Un homme de mer et une femme de feu
> font un enfant des tropiques...

Qu'il se moque du clerc ou du commerçant, qu'il parle de tel « homme en cinq lettres », qu'il dise l'atroce : « Le sang est comique / la cervelle éclatée est comique / le ventre plus il est ouvert plus il est comique... », qu'il parodie de manière lointaine le lac lamartinien, qu'il détruise la figure du père, qu'il caricature les hommes dans le métro, il offre une sorte de divertissement cruel et blessé. Comme Jules Laforgue, ce noctambule a un aspect lunaire : « Ah! être Christ dans la lune! » Sans doute, ce détaché ne voua-t-il aucun culte à la mort, mais son suicide a donné une dimension à son œuvre et il semble qu'elle se cache derrière ses moments les plus souriants. De toutes choses de la vie quotidienne qu'il déteste, il retient ce qui divertit douloureusement. Le meilleur de lui-même se situe dans les jeux cruels hérités du surréalisme, ce qui est spontané plus que divertissant, ce qui dépasse l'habileté. Il se peut que « Sœur Sainte Marie de la Mer / nage dans la félicité / comme la bienheureuse Alacoque » ou que « les petits curés belges / discutent d'un point de whist » ou que « les prêtres du Brésil / portent leur fusil » certes mais nous aimons plus encore ces expositions surréalistes nées du spectacle trivial :

> Voici la tarte aux yeux de chat
> qui s'allument quand on la coupe
> et la neige au phosphore
> qui brûle entre deux bouquets...

Peut-être est-ce là que le soleil noir est le plus apparent. Alexandre Vialatte : « Son amitié, son rire étaient indifférence, détachement. Il est mort de distance, à force d'être déjà loin et de s'en donner les plaisirs. Il est mort du besoin d'être absent, de ne plus faire semblant d'être là. De se procurer la poésie d'une perspective lointaine ; jusqu'au vertige... »

9

Roger-Arnould Rivière

Quelle cassure a provoqué le suicide de Roger-Arnould Rivière (1930-1959) alors qu'il n'avait pas trente ans ? Il faut lire l'étude que lui a consacrée son ami, son témoin, son admirateur, le poète Raymond Busquet dans les *Poètes maudits du XXe siècle* de Pierre Seghers. Elle contient non seulement des éléments de biographie mais aussi une étude minutieuse d'une poésie qui n'est pas des plus directement abordable, cela parce qu'elle est serrée et riche.

Celui dont André Breton disait : « Du premier au dernier ses poèmes sont admirables » naquit à Tarare où il fit ses premières études avant les lettres modernes et l'anglais à la faculté des lettres de Lyon pour aborder le professorat en divers collèges et lycées. Lecteur dans un collège anglais, il découvre Dylan Thomas et l'Américain Edward Estlin Cummings de qui il sera proche comme de Rimbaud, de Rilke et de Debussy. De retour, il sera inséparable de ses amis Raymond Busquet, Bernard Dumontet, Mostefa Lacheraf, René Witold, Pierre-Jean Brouillaud, un peu plus tard Henri Gougaud, puis Alfonso Jimenez rencontré à Roanne où il fut professeur au lycée. Rivière, d'une inlassable curiosité d'esprit, a soutenu un diplôme sur *La Poétique de Dylan Thomas* et publié son premier recueil *Masques pour une ordalie*, 1953. Il a épousé en 1955 une jeune angliciste comme lui, Jeanne Chardon (née en 1931) qui publiera elle-même des poèmes érotiques aigus : *Piquants, duvet et graines folles*, en 1976. Engagé en politique, Rivière participe à Roanne aux élections législatives sur une liste d'Union de la gauche socialiste. En 1959 nommé au lycée Ampère à Lyon, il se suicide au gaz le lendemain de la rentrée scolaire. Sa dernière lecture aura été *Le Bel Été* de Cesare Pavese. Avec Raymond Busquet, Guy Chambelland publiera les *Poésies complètes*, 1963.

Roger-Arnould Rivière a ainsi défini son idée de la poésie : « Un grand mouvement de sève comme en sont peuplées les saisons. C'est pourquoi il arrive au poète d'être saisi, au long des pérégrinations balbutiantes qui le prolongent dans les fibres des végétations, du sentiment d'être le fruit mal suspendu à des origines énigmatiques. Par là, la nature touche au collectif ; mais il en a une conscience si ténue qu'il est vain de crier au message. Il porte ce doute sur l'authenticité de sa voix et le sentiment que le chant le déborde. » De nombreux poèmes sont l'écho d'une blessure, d'une cassure que l'écriture tente de guérir. Mal dans sa peau, dans son corps, l'homme cherche à se réaliser, que ce soit dans la sexualité ou dans la politique, avec un sentiment poignant de l'échec et son existence apparaît comme une malédiction, une suite de défaites métaphysiques. Derrière les « masques » de l'écriture fascinante apparaît la lézarde et les prédispositions au suicide. Son dernier poème le montre :

> Je sais que les amarres rompues, le cou brisé, la semelle usée ont pour commun dénominateur la corde
> Je sais que la détonation contient le même volume sonore que les battements de cœur qui bâtissent toute une vie
> J'ai vécu pour savoir et je n'ai pas su vivre

Pour Raymond Busquet, Rivière « pratiquait la poésie comme une ascèse masochiste » et « la création est vraiment pour le poète la blessure originelle ». Le poème est alors, comme l'acte sexuel, révolte, exutoire, exorcisme. Apparaît un monde énigmatique de mots, angoissé, non pas hermétique mais difficilement déchiffrable parce que, si nous ne ressentons pas, nous lecteurs, physiquement en même temps qu'intellectuellement, ce qui est suggéré par le dire, nous nous sentons dans un monde impénétrable. La blessure lucide apparaît :

> La mort n'est au fond
> que le gouffre vierge
> où notre verge de vie
> a soudain licence de pénétrer

L'image unit Éros et Thanatos, tentation de la plénitude et angoisse de la destruction. La création poétique ou le corps sont des modes de salut. Tristan Cabral écrit : « Rivière est essentiellement un nihiliste. C'est une œuvre fascinante, où les tumeurs se cachent derrière des masques luxueux ou précieux. » Souvent, le poème crispé semble fait de déchirures, de cassures, de spasmes :

> Lambeau de spasme au coin du ciel
> tu n'as que faire de ma voix
>
> Trou de vertige en la mémoire
> tu n'as que faire de mon cri
>
> L'aile du vent vient balayer la plage
> le trou du crabe est un ulcère...

Rivière se déclare « habitant d'une grossesse ». Il nous blesse de sa propre blessure, nous bouleverse ou nous gêne par sa propre exploration narcissique, ses symboles physiques, ses fleurs du plus profond des maux, cette impression de lente déperdition, d'érosion de soi-même dans les « linéaments de la douleur » et « l'atroce pressentiment / que le monde se dérobera ». Cette poésie est difficilement situable, plus vénéneuse peut-être que celle d'un Baudelaire ou d'un Rollinat, somptueuse et tragique souvent. Poésie de chair et d'âme, presque monstrueuse de lucidité, quel lecteur s'en extraira sans ressentir un malaise ?

10

Serge Michenaud

Il est des poètes dont l'œuvre souffre d'une malédiction par-delà leur mort. C'est le cas de Serge Michenaud (1923-1973) que les anthologies et les ouvrages spécialisés oublient. On sait gré à Serge Brindeau de l'avoir retenu, à Xavier Audouard, Raoul Bécousse et F.J. Temple de lui être fidèles. Et pourtant, ce poète discret s'est signalé par une recherche patiente et probe qui a de quoi séduire. C'est l'exploration du temps et la recherche d'une parole perdue dans des méandres où poésie et psychologie des profondeurs sont les fils d'Ariane d'un voyage symbolique à la recherche des paradis perdus. Il a publié *Défense des bien-aimées*, 1951, mais c'est après un long silence que s'exprime le mieux sa quête de vérité et de liberté : *Scorpion-Orphée*, 1972, *Lieu et marges de la parole*, 1972, *Pays par les mutants environné*, 1973.

Né à Machecoul en Loire-Atlantique, Serge Michenaud vécut successivement à Toulouse, Montpellier et Bordeaux où il mourut. Pour lui, le langage est « le lieu où se liquide et se recrée à la fois notre subjectivité ». Il apporte ses soins à édifier un parcours semé de métamorphoses et de légendes qui répondent à ses interrogations. Des profonds pays de l'enfance aux rivages funestes, la navigation est dangereuse. Est-ce pour cela qu'il a choisi l'esquif de ces quatre-vingt-dix-neuf huitains (plus un vers isolé) de décasyllabes qui composent *Scorpion-Orphée*? On pense à ces entrepreneurs de grand œuvre comme Maurice Scève, au *Cimetière marin* de Valéry. Cette stricte discipline, ce travail des rimes, Michenaud parvient à en faire oublier le laborieux artisanat parce que, ayant beaucoup à exprimer, de strophe en strophe, se fait son approfondissement de la parole poétique qui exprime existence réelle et seule durée possible. C'est, encore une fois, le voyage d'Ulysse ou le bateau ivre d'une recherche de soi à travers les éléments. L'affrontement du temps, la perte des jours, la recherche de l'unité de l'être et d'une naissance au monde par le langage forment les parties de ce qui pourrait bien être testament de poète :

> Mon chant funèbre au futur Cosmonaute
> Dont une mer sera le vert linceul,

> Mon chant de gloire au navire argonaute
> Qui courbera l'espace-temps mais seul.
> Mon chant funèbre à toi, Nijal en l'île,
> Frère endormi d'avoir à mort souffert
> Sans avoir vu comme il est inutile
> D'être un désir entouré par la mer.

Cet effort pour graver la parole est d'autant plus émouvant que le poète ne s'y sent pas toujours à l'aise et peut-être sera-t-il au plus près de cerner la vérité quand, sans rien perdre de sa gravité et de son sens du secret, il donnera plus d'air et de liberté au poème. Ainsi ce regard vers l'autre, celui de l'extérieur, le proche, meilleur miroir pour renvoyer cet « autre » qui est dans le « je » : « Je parlais pour un autre et c'est lui qui s'éveille. » Il y a là tous les thèmes de *Scorpion-Orphée* l'enfance, le vent, le temps, la mémoire, les correspondances, les pays intérieurs, naissance et re-naissance :

> l'homme sorti de sa mère
> dans un fragile éclatement
> revient à d'obscures naissances...

Le poète projette sa parole « comme un linceul sur la mémoire de ce monde » et va au-devant d'un lieu, et l'on retrouve dans *Pays par les mutants environné* une image proche : « jeter la couverture / Du langage sur ce très vieux monde endormi ». Par-delà la mémoire quel est cet autre paradis où retrouver « les merveilles de la terre »? Le poète va vers l'inconnu pour trouver du nouveau et l'on s'aperçoit que tous ses recueils sont parties d'un tout, d'un cycle, celui du poète à la recherche de sa vérité. Il chante l'enfance pour aller vers son au-delà, il tente le voyage vers les terres inconnues, il se dirige vers l'interrogation et, sur son chemin, trouve la beauté jusque dans le chant pas tout à fait désespéré puisque la quête, le combat semblent interminables tant que vie il y a et soif d'éternité. C'est une poésie de l'absolu et du questionnement et le titre de Michenaud qui la pourrait le mieux définir est *Lieu et marques de la parole*. Partout la découverte naît de l'écriture devenue auto-analyse et le frémissement sensible et sensuel est la marque du vivant.

II

Paul Vincensini

Dans ces régions de la poésie où l'on trouve Desnos, Queneau, Prévert, Tardieu et que l'on définit par l'humour, Paul Vincensini (1930-1985) occupe une place originale. Comme ses prédécesseurs, il ne se contente pas d'être un amuseur : derrière des inventions verbales, derrière ce qui fait sourire apparaissent du doux-amer, de l'angoisse, voire du désespoir. Il y a certes la bonne idée, le trait, la pirouette, mais aussi des textes généralement brefs, condensés qui montrent que la jonglerie verbale s'accompagne d'un savant maniement des mots au service d'une pensée satirique.

Né d'un père corse et d'une mère savoyarde, Vincensini était professeur de lettres et d'italien. Il fonda avec Lucienne Couvreux-Rouché un « Club du poème » en 1957 et inventa des « poèmes-missives ». Il fut un animateur diffusant la poésie en milieu scolaire. Son chapeau rond, sa moustache en guidon de vélo, ses lunettes d'écaille, sa serviette bourrée de livres en ont fait un personnage cocasse et populaire. Il est l'auteur de pièces de théâtre et d'études sur Alain Borne. Ses recueils : *Des paniers pour les sourds*, 1953, *La Jambe qui chante*, 1965, *D'herbe noire*, 1965, *Le Point mort*, 1969, *Peut-être*, 1971, 1975, *Pour un musée des amusettes*, 1976, *Quand même*, 1976, *Archiviste du vent*, 1986.

« Paul Vincensini nous tend ses mots d'abandon, de pauvreté et d'angoisse en sourdine. » On ne peut mieux le dire que Jean Breton. Le meilleur de ce poète apparaît dans le poème le plus dépouillé, le plus nu, non loin du haïku avec quelque chose de franciscain. Il est concret, visuel, parfois on pense à un graphisme de Topor. Certes, sont plus immédiatement séduisants, voire scéniques, les textes qui amènent le sourire sans effort ; nous avons une préférence pour ceux où le non-sens et l'absurde dominent, où le mordant né d'une blessure nous blesse à son tour, où la tendresse désabusée prend le pas sur la drôlerie, pour ce qui trouble et gêne.

Il semble que chaque poème soit à double révolution : le trait fait surgir le rire et, dans un deuxième temps, on s'aperçoit que c'est moins drôle que tragique. Il y a toujours un brassard de deuil sur le costume étoilé du clown :

> Les fleurs mauvaises
> Qui ont rempli sa poitrine
> Cachent des oiseaux tristes
> Qui demandent à mourir

Il peut dire : « Rien ne vous soutient mieux dans la vie qu'une paire de bretelles. » Ou : « Un vrai chemin est toujours tracé dans rien ; regardez celui des oiseaux. » Ou, plus familier :

> T'es fou
> Tire pas
> C'est pas des corbeaux
> C'est mes souliers

> Je dors parfois dans les arbres

On lit encore : « Il y a des sommeils qui vous aident à dormir. Un sommeil de chèvre est plus sûr qu'un sommeil de pomme... » Ou : « J'aurai la fierté du granit / Et la fidélité du lierre. » Car il n'est pas que la cocasserie. Il suffit de lire ses variations sur l'arbre ou sur l'ombre pour distinguer un projet poétique plus vaste que le poète a volontairement réduit au condensé, au précipité avec beaucoup d'art et de charme :

> Il prend une boule de neige
> La serre très fort sur son cœur
> Et fond tout entier avec elle
> Ne laissant ici-bas
> Qu'une paire de bretelles
> Dans une flaque d'eau.

12

Robert Rovini

TRADUCTEUR des poètes allemands, Robert Rovini (1925-1968) a consacré dans la collection « Poètes d'aujourd'hui » des essais anthologiques à *Georg Trakl,* à *Hölderlin* (avec Rudolf Leonhard) avant que Gilles Jallet reprenne ce titre dans la même collection. Les poètes qu'il a choisis sont, avec Novalis, ceux dont on l'a le plus rapproché mais on a aussi parlé de Gérard de Nerval ou de Paul Valéry pour la structure du vers et l'exigence de la pensée.

Ce Niçois fut un solitaire, un de ceux qui méditent leur poème dans l'ombre et ne se soucient pas de l'exposer à la clarté des regards. Ce poète de l'ombre, se sachant condamné et en sursis, cultivait de rares amitiés comme celle de Norge et approfondissait son univers inquiet, entre le corps humain et le corps de l'univers, cherchant le sens de la vie et celui des choses à travers des angoisses existentielles et métaphysiques. Il cherchait « l'intervalle éblouissant, le creux pesant du monde », le vide, l'absence : « Autre chose est l'absence que rien n'engendre, pas même le discours dont le vide se drape après l'enfance aux contes inachevés... Vivre est l'appel de ce vide aux formes souples, la fenêtre ouverte sur les statues qui s'en vont. Par la mort on entre et sort, les demeures de l'homme sont faites par les vents. Et sa bouche, seuil bizarre des souffles. » Ses recueils sont *Élémentaires,* 1951, *Nombre d'autres,* 1954, *Poèmes,* 1964, *Voix sans mots,* 1968. D'une grande intensité, ses poèmes lyriques ont donc pour thème ces mots qui reviennent souvent : l'ombre, le silence, l'oubli, l'effacement et de sombres pressentiments les traversent, qu'il parle de « la dérive des mots », des « absences d'être », d'un « cristal écrasé », d'un « grand vent tout nu » ou de « la mort épaisse ». Et pourtant, parmi ces soleils noirs, de temps en temps une lumière :

Écoutez. Il y a quelque part un oiseau qui chante,
Un oiseau inconnu comme l'espoir dans ces régions, de pauvres plumes sans nom
D'où ruisselle une voix, un peu de sang quelque part
Et un chant. Est-ce un arbre, cette ombre dans le coin ?
Voyez-vous ces lumières là-bas, un peu plus loin, ces éclats
D'un cristal écrasé...

Il vénère le chant : « Je chante de peur que le silence et la nuit / Ne tombent sur moi qui suis dans l'ombre déjà... » Ses images peuvent être somptueuses : « Une fougère noire éclaire nos squelettes » ou « La mort épaisse sans étoile pour les corps ». Il y a toujours quelque chose de non dit, de chuchoté, d'évoqué. Le poète aime évoquer, laisser un mystère, une ambiguïté. Mais cette part d'ombre porte d'autres luminosités, celles auxquelles le romantisme allemand nous a habitués. Le poète recule derrière son poème. A peine le temps de lire et le lecteur ressent qu'il recule en lui-même, qu'il s'efface, qu'il n'est déjà plus. Aussi cette lecture calme où le cri se cache derrière des paroles feutrées porte-t-elle vers un pathétique discret et prenant :

> Laisse tomber les paroles les pluies
> Ne parle pas de la source du jour
> A contre-fil efface-toi dans l'eau
> Efface-toi dans ton effacement

13

Roger Giroux

Il y a une unité de l'œuvre de Roger Giroux (1925-1975) depuis les premiers poèmes aux réminiscences symbolistes jusqu'aux derniers plus heurtés et fragmentés. Les conquêtes de la modernité seront moins là pour mettre sa parole au goût du jour que pour lui apporter les outils de son approfondissement. L'œuvre, comme l'écrit Jean-Michel Maulpoix, est « une sorte de méditation *en archipel*, travaillée par le sentiment de son impossibilité, et sapant sans cesse ses propres fondations ». Cela ne va pas sans énigme et sans ambiguïté : la remise en question devient œuvre en soi, la recherche de la nudité, la tentation du néant, le besoin de sortir des lieux éprouvés et vénérés du poème pour atteindre à la vérité de l'être portent leurs éclairages jusque dans leur noirceur, et leurs éblouissements. Il s'agit de retrouver une parole des origines. Bien des recherches probes paraissent dès lors conventionnelles.

Roger Giroux est le créateur d'une œuvre patiente et économe. Citons : *Retrouver la parole*, 1957, *L'Arbre le temps*, 1964, et 1978, *Voici*, 1974, *S*, 1977, *Lettre à Roger Laporte*, 1978, *Lieuje*, 1979, *Et je m'épuise d'être...*, 1982, *L'Autre temps*, 1985, *Journal du poème*, 1986, *D soit H cela*, 1987. Roger Giroux a traduit *L'Œuf de héron* de Yeats.

Les mots ont-ils perdu leur pouvoir d'antan ? Les bouleversements du monde ont-ils éloigné le langage de la vie ? Loin de ses fonctions originelles, sacrées, la parole ne serait-elle qu'absence ? Une poésie naissant de sa propre négation, n'est-ce pas paradoxal ? Il y a quelque chose de dramatique, de déchirant dans ce pessimisme qui, pour Giroux, est synonyme de lucidité :

> Toute œuvre est étrangère, toute parole absente
> Et le poème rit et me défie de vivre
> Ce désir d'un espace où le temps serait nul.
> Et c'est un don du néant ce pouvoir de nommer...

De Giroux, on lira des années après :

> Midi
> la nuit déchire sa membrane

> le froid gagne
> Le sang s'écoule
> une pierre se
> brise
>
> Il n'y a pas de mot pour appeler...

Le poète voit le poème se dévorer lui-même : « Rien n'est jamais dit et toujours dire ce rien : telle est la perpétuelle naissance du poète. Et va-t-il s'arracher le visage ? Car c'est plus loin qu'il prétend voir, antérieurement à tout espace. Et qui l'emportera, de ce hurlement qui l'étrangle ou de la joie qu'il ne sait pas communiquer ? » L'éclatement d'une bombe dont il ne parle jamais, le grand dégueulis des mots usés sont les arrière-plans de la blessure : « Cette besogne d'écriture où je m'efforce, est-ce la chair qui saigne d'un monde inavouable ? Ces mots blessés, j'en souffre la blessure (et je n'en souffre pas). Toute bouche est mensongère, si ce n'est d'un baiser. » De ce mourir de ne pas mourir, de cette difficulté de l'écriture ne naît pas le suicide du corps : il est heureusement des états de contemplation ou de vie, de vérités indicibles et de sensations qui apportent des signes et si, pour affirmer la négation, la parole est indispensable, du moins reste-t-elle économe, à peine proférée, à moins que des éclairs de beauté ne la provoquent, des cheminements de la joie au travers de ce qui paraît contraire à l'homme qui tient la plume, par exemple au moment de *Décrire le paysage* :

> La couleur de la mer est semblable au matin.
> Le ciel est plein d'oiseaux que le vent a laissés.
> Des navires sont là, des bateaux et des barques.
> Et les fruits, calmes,
> Attendent que l'été leur donne la lumière.

On lit aussi : « Parler aux arbres convient à l'homme calme, lorsqu'il doute à la fin du don de prophétie. » Il y a donc, loin de l'écriture, un autre langage qui apparaît sauveur : celui qui exprime l'oiseau, la mer, l'été. Sans doute l'œuvre de Giroux restera-t-elle comme une des plus probes d'un temps bouleversé où le poète se fait son propre critique et ne cède pas à sa fonction de nommeur ou d'aède. Il semble que les choses recèlent des évidences mystérieuses en divorce avec le langage. C'est le temps de la déception, d'une ère du soupçon, d'un malaise. « Et vivre hors de ma voix m'est une double mort. » Dans cette phrase tout le drame et tout le déchirement. Une parole consumée aussitôt que dite naît d'une intelligence vive, mais on en retient les rares éclats. « Il faut atteindre, écrit Maulpoix, à la pointe du néant, et s'en éblouir. Selon Roger Giroux, le Poème tient son infaillibilité de sa vocation à ne rien appréhender, à toucher de la plume le vide, à attendre, à se perdre, à se défaire de tous les liens afin que ce qui est *ici* s'épanouisse. » Oui, « L'âme, pur objet du néant, s'augmente d'un bonheur », comme l'écrit Giroux dans son *Journal du poème*. Giroux ne sort de la poésie que pour aller vers la vie.

Après le temps des formes classiques, de l'alexandrin, Roger Giroux en vint à l'éclatement de ce qui constituait la phrase, des mots jetés sur la page blanche et séparés par le vide. Partout le besoin d'une expression impossible, les fragments qui veulent dire, signifier, découvrir un sens, correspondre à la dislocation de la vie et de son mode d'expression écrit : « Travailler un texte, c'est lui ôter : des mots, des phrases... le rétrécir le plus possible. Le chemin du silence. »

14

Xavier Grall

SANS doute l'énergie poétique, incantatoire est-elle présente dans toutes les œuvres de Xavier Grall (1930-1981) qu'il s'agisse de livres de poèmes comme *Le Rituel breton*, 1965, *La Sone des pluies et des tombes*, 1975, *Rires et pleurs de l'Aven*, 1975, *Solo*, 1981, de proses comme *Africa blues*, 1962, *Cantique à Melilla*, 1964, *La Fête de nuit*, 1972, d'essais sur James Dean ou Glenmore, d'ouvrages polémiques véhéments, chaleureux, généreux comme *Keltia blues*, 1971, *Le Cheval couché*, 1977, *Stèle pour Lamennais*, 1978, ou ce texte inachevé où il donne à ses filles les raisons de sa foi, *L'Inconnu me dévore*, 1984, et nous citons encore *Mauriac journaliste*, 1960, *La Génération du Djebel*, 1962, *Barde imaginé*, 1968.

Né à Landivisiau dans le Finistère, Xavier Grall se disait écrivain breton d'expression française car il se voulait Bretagne avant tout. Il fit ses études supérieures à Paris et passa par le Centre de formation des journalistes. Reporter à *La Vie catholique* en 1952, il en sera le rédacteur en chef en 1963 avant d'être journaliste indépendant, chrétien de gauche, fortement marqué par la guerre d'Algérie. D'une grande activité, il fut de ces poètes, à l'exemple d'un Jack Kerouac, désireux de plus vastes horizons et du grand air de la route :

J'ai touché le livre noir qui disait la mort de Kerouac et les vents se sont levés sur les villes grises américaines.

Pleurez femmes de Lowell et filles de la forêt
Pleurez galets de la mer armoricaine
Kerouac est mort qui portait sur les lèvres les noroîts de la grand'route.

Pour lui, Kerouac c'est « le grand aristocrate de la divine chevalerie de la route », et, au long d'une ode aux nouveaux bardes, il définit à la fois la poésie dont il rêve et la religion à laquelle il croit :

Rêvons d'une poésie crépitée sur l'infâme béton des cités, rêvons d'une poésie coulée sur la ville comme une lave brûlante, rêvons d'une poésie trépidante ardente incandescente – et qu'elle crève enfin l'ennui, la grande muraille de l'ennui et de la banalité.

Rêvons aux plus grandes des grandes amours et à la bonté incalculable de Dieu. Rêvons aux portes aimantes qui battent sur la venue du bourlingueur. Rêvons à la bonté inaltérable de la si bonne chanson.

Après les années parisiennes et celles des errances, il revint à sa Bretagne. Qui a vu une fois son long visage buriné, raviné ne saurait l'oublier. C'est le visage qu'on pourrait donner à quelque Christ taillé dans le bois noir. Il y avait en lui un homme d'énergie, de foi brûlante et d'amour : « Tout ce qu'il est possible d'aimer / Je l'ai aimé... » et, comme Lamennais, il est proche de ceux qui souffrent et il jette ses diatribes contre nantis et profiteurs. Il rêve d'une vaste Celtie. S'il vit solitaire en sa Bretagne, il écrit encore *Rimbaud ou la marche au soleil* car il rêve de voyages, de départs. Il est le type même de l'errant, du vagabond, du marginal. Il évoque sans cesse le grand départ :

> Viens avec moi
> reste sourd aux crécelles des fabriques
> à leur France de béton à leur Paris de cuistres
> viens au pays des poèmes et des mûriers
> viens
> nous bâtirons la république libertaire
> des baladins et des aèdes...

Il plaide pour l'homme nouveau à sa semblance, il veut inventer un pays mystique et légendaire, il se sait d'un autre pays, pas celui « qui tricolore la pensée de la mer », il pense aussi au profond pays de la mort :

> Menhir
> Je veux une mort verticale
> Parmi les ronces paysannes
> Que nul féalement ne grave mon nom
> Nulle épitaphe sur la pierre
> Nulle dédicace au granit...

Les noms des villes de Bretagne fleurissent ses poèmes et aussi ceux des lieux, des végétaux avec parfois une tournure archaïque pour ne pas oublier. C'est une poésie directe et rude, de colère et de foi, d'enthousiasme et de généreuse utopie. Cette poésie marque une revendication d'identité. La Bretagne est aimée d'un amour violent, pathétique, une Bretagne qu'il voudrait détacher de son amarrage et conduire comme un navire vers des paradis retrouvés car

> Il faut chaque jour gagner sa légende
> il faut célébrer chaque jour la messe de l'univers.

15
Roger Kowalski

Comme l'écrivit Marc Alyn, Roger Kowalski n'eut pas pour souci : « de rendre la poésie impraticable après lui mais de faire résonner *autrement* le vieux et jeune langage français ». Cette poésie confiante, savamment agencée, émerveille par la pureté de sa langue dans la tradition d'un Milocz, d'un Segalen ou d'un Saint-John Perse que ce soit dans les vers, les versets, le poème en prose où il excelle. Il a le sens du chant et de ses inflexions, et sa voix, parfois mystérieuse, toujours feutrée, peut être à la fois simple et d'une élégance princière.

Né à Lyon où il fut professeur, ses poèmes furent bientôt remarqués : durant sa courte vie, il n'a publié que de très remarquables recueils où s'unissent l'innocence et la fraîcheur de la jeunesse et l'expérience de la pratique du poème : *Le Silenciaire*, 1960, *La Pierre milliaire*, 1961, *Augurales*, 1964, *Le Ban*, 1964, *Les Hautes Erres*, 1966, *Sommeils*, 1968, *A l'oiseau de la miséricorde*, 1976.

Toujours quelque chose d'ailé, d'aérien chez cet Ariel qui aime les lieux immatériels, les paysages dans les brumes romantiques, et qui nous parle de neiges anciennes, de l'invisible et de l'ange, de tremblements imperceptibles, de dessins d'oiseaux dans le ciel, de nuits, de pays lointains, de songes, avec, comme dans les contes de fées, quelque cruauté passagère. Cet *Hivernal* dessine un paysage :

> Vint le temps des neiges et celui des tremblantes voix du sommeil ; j'étais assis non loin du rivage sur une hauteur d'où, plus à l'est, je pouvais deviner la ville et ses coupoles de verre fumé : nul bruit, si ce n'est parfois le cri d'une mouette ou un roulement lointain de chariot. Et le temps d'hiver était venu ; de grands oiseaux survolèrent l'empire de la crainte, les eaux mortes et les hauts remparts du silence. D'un blanc laiteux, ils se confondaient avec la brume et personne, jamais, n'avait entendu leur voix.

Un autre exemple de cette poésie dont le calme envahit bientôt le lecteur, où la beauté des phrases fait oublier la monotonie, *Langage* :

> Langage, une mer intérieure est là qui parle grandement derrière la porte,

nous ne la voyons point; seul un discours mangé de sable nous mande que c'est elle

et non point le vent,

elle et non point la grande forêt vers le Nord.

Verbes, runes, visages d'un dieu nommé, partage d'une robe couleur de sang.

un ange passe devant la tour du drapier, il porte bâton de vieux buis, il saigne, il ne dit mot.

Entre veille et sommeil, les mots de la fable nous effleurent et nous écoutons comme en rêve cette voix discrète née d'un don d'enfance préservée, d'une douceur d'élégie sans tristesse. C'est comme si des natures mortes s'animaient lentement. Mais aussi, parfois, un ton plus vif, celui d'une *Exhortation* :

> Nous partirons cette nuit avec des oiseaux rageurs au poing; la tête d'un gibier saignera sur notre épaule. Venez-vous, improvisateur? Quitterez-vous ceux qui vous applaudissaient? Que l'on se hâte, il se fait tard. Quittez le vent du stupide, le rameau du flatteur et les brumes fades. Un sommeil différent gagnera vos paupières. La porte est en vous.

Toujours quelque chose d'énigmatique, souvent à la fin des poèmes pour ne pas donner l'impression de les clore et faire que le murmure se prolonge. C'est une voix amicale, douce, comme celle d'un ami bienveillant qui marcherait à vos côtés et éloignerait vos désespérances en vous offrant un peu de la musique silencieuse des choses. Roger Kowalski, par-delà ces mots qu'il aime follement, suggère une manière de vivre et de voir. Il y a là de l'émerveillement et de la tendresse.

16

Jean-Pierre Duprey

« LIRE Duprey, écrit Jean-Christophe Bailly dans le " Poètes d'aujourd'hui " qu'il lui a consacré, c'est entrer dans un espace fermé, où il n'est pas possible de reprendre son souffle, c'est accepter pour soi-même la destruction qu'il opère. Le réel, du moins ce que l'on appelle ainsi, ce tissu d'événements et d'objets auquel nous nous accrochons, devient un non-lieu mental, et seuls des fantômes surgissent dans la chambre noire de l'esprit. »

Né à Rouen, Jean-Pierre Duprey (1930-1959) venu à Paris en 1948, à dix-huit ans donc, écrit *Derrière son double,* né de sa dictée intérieure. Le jeune homme vient d'avoir dix-neuf ans quand André Breton lui écrit : « Vous êtes certainement un grand poète, doublé de quelqu'un d'autre qui m'intrigue. Votre éclairage est extraordinaire. » Duprey participe au mouvement surréaliste. C'est le temps d'une intense activité d'écriture : il écrit *Spectreuses* et d'autres textes qui seront réunis dans *La Forêt sacrilège.* En 1950, il publie *Derrière son double.* Dès 1951, il cherche d'autres modes d'expression : ainsi il apprend le métier du fer pour ses sculptures, il est peintre, il expose entre 1953 et 1958 de belles œuvres. Les créatures étranges de ses rêves prennent corps. Sans aucun battage, il commet un acte surréaliste en profanant comme un Manneken-Pis la tombe du Soldat inconnu. Dénoncé par des témoins, il est passé à tabac et jeté en prison. Il ira dans un asile psychiatrique durant plusieurs semaines. C'est en 1959 qu'il écrit *La Fin et la manière;* il glisse le manuscrit sous enveloppe, écrit l'adresse d'André Breton et demande à sa femme d'aller le poster. A son retour, elle le trouve pendu à la poutre maîtresse de son atelier. Quelques jours auparavant, Duprey avait dit à un de ses amis : « Je suis allergique à la planète. »

François Di Dio qui a tant fait pour la poésie publiera au *Soleil Noir* (comme tous les livres de Duprey) le dernier manuscrit précédé d'une « Lettre rouge » d'Alain Jouffroy son ami. Il dit que « ce testament ne barricade aucune voie » et aussi que « le surréalisme n'avait pas encore atteint cette frontière extrême où pessimisme et optimisme, espoir et désespoir se trouvent catapultés hors de l'univers moral ». La fin du dernier poème écrit par Duprey :

> Alentour, je me veux fidèle
> Dans l'égarement blanc, à la traîne de mes fées
> Et que les saisons me viennent
> Pleurer et mourir mes corps et mes corps défaits.

Et le début du tout premier poème indique son âge d'alors, *Seize ans* :

> J'ai dominé toute une station de vie
> Ma première enfance est entrée dans la pierre
> Mes premières larmes sont sorties avec les passereaux
> J'ai vu un Dieu, j'ai vu les hommes
> Et mes yeux ne se cherchent même plus.

La même authenticité et la même rigueur se retrouveront dans les grandes œuvres. Ainsi cette pièce, *Forêt sacrilège,* dont Breton a publié deux scènes dans son *Anthologie de l'humour noir* et si Duprey a choisi la forme théâtrale c'est pour offrir le spectacle superbe et déchiré d'une vie intérieure habitée par ses doubles. Sans cesse des personnages nés de lui-même se réincarnent dans « l'âme de leurs ombres ». Ses soleils noirs sont ceux de l'absolu, d'une vérité tragique, d'une marche fatale vers le rien, la hantise de la mort, le vide, la nuit, la séparation de soi-même : « L'oiseau noir, son bec crève les yeux du grand jour! Je lis ton nom : tu es MOI-MÊME. » Comme l'écrit Bernard Noël : « Il ne fait pas de la poésie : il essaie de décrire exactement ce qui se passe – ce qui est en train de se passer. Très exactement. » Et aussi : « Les mots-duprey, que sont-ils? Avant tout, une sorte de vitesse figée : une vitesse mentale immobilisée à laquelle la lecture redonne son élan... Poète, il l'est pour pouvoir vivre, et non point pour produire de la poésie. S'il écrit, ce n'est que dans " la pratique de la joie devant la mort " dont Bataille a fixé quelques-unes des règles : la première étant que, pour s'y adonner, il faut se dévêtir de tout système, car le système abrite et protège... » Et de citer cette phrase d'Alain Jouffroy : « Tout poète qui ne crée pas un courant mental n'est qu'un littérateur. » Pour une œuvre d'une telle ampleur, à la fois transparente et demandant une attention précise, il est plus difficile que pour tout autre de détacher des phrases du contexte. Citons cependant *Un safran de Mars :*

Le maître de l'Amour se maintient au carreau de lune. Ses yeux, tirés du blanc, découvrent l'ombre de Ce-qui-n'est-pas.
« Donnez-nous, disait-on, ce qui manque à l'étincelle pour faire du bois, ce qui manque à la rivière pour mouler une forêt en feu! »
La machine de l'Amour battait la campagne, hâtait les saisons. L'échelle de son ombre dépassait l'horizon.
Il y eut un soleil et quelques allumettes perdues dans la boîte du vide...
Une étoile avec la chair de l'œuf.
Un grand rideau d'objets. Rien devant et tout APRÈS.

Toujours l'exploration et toujours le vertige. D'autres vies, d'autres lieux pour une quête de liberté loin de ce que la société propose : « Je suis de ceux qui ne voient pas la surface de la mer, mais ses fonds, ses trous, ses monstres, ses fantômes. » On peut penser à Henri Michaux ou à Antonin Artaud, à Rimbaud le voyant, mais c'est toujours Duprey qu'on rencontre, maudit et suicidé, et il apparaît, alors que le surréalisme en tant que mouvement (avec lequel il prit discrètement ses distances) vit son crépuscule, comme un des derniers flamboiements nocturnes, un des plus beaux.

17

Jean-Philippe Salabreuil

AVANT de se donner la mort, Jean-Philippe Salabreuil a traversé le ciel de la poésie française en apportant des livres éblouissants. Mort à trente ans (1940-1970), son œuvre s'étend sur quelques années : *La Liberté des feuilles*, 1964, *Juste retour d'abîme*, 1965, *L'Inespéré*, 1969. Par le vers libre, le vers classique mais combien renouvelé! par une prose riche de rythmes et de tensions, il s'est exprimé de manière originale et est vite apparu comme un des poètes importants de sa génération : son inspiration de visionnaire, de mystique, son ardeur de parole, le sérieux de sa recherche, sa manière d'aborder l'essentiel, son engagement total dans son art inséparable de son existence ont fortement impressionné ceux qui l'ont connu, Marcel Arland par exemple qui a témoigné de ses cris d'alarme aux derniers jours de sa vie quand les doutes sur son œuvre l'assaillirent, ce dont témoigne Alain Bosquet qui l'a présenté dans l'anthologie des maudits du XXe siècle.

Sans doute le titre *La Liberté des feuilles* lui a-t-il été inspiré par ce vers de Cadou : « – Oui mais l'odeur des lys! la liberté des feuilles! » On trouvait là la liberté de cette poésie de pleine terre et de fraîcheur chère à Cadou, un ton direct et franc, un peu moqueur ou narquois, un rien de Saint-Amant qu'il eût pu ajouter aux poètes qu'il nomme :

> Saint François et La Fontaine
> Essenine et Supervielle!
> C'est ce chien de Salabreuil
> Avec sa pelisse en deuil
> Qui vous jappe cantilène
> Au bord du poème obscur
> Depuis sa niche d'étoiles...

Ce poète qui nous parlait du paradis des chiens comme Francis Jammes de celui des ânes écrivait alors : « Chercherai-je un sens, ou bien le sens me cherchera-t-il? Et pourtant quelque chose s'efforce en moi. Il s'achemine un monde obscur vers un vrai livre où je mettrai mon nom. Je suis hanté de sources profondes. J'ai de grands travaux dans le silence. Il me reste à découvrir le premier mot. » Il lui suffirait d'une année pour se détacher non pas de lui-même mais de certaines jongleries pour aller vers un mystère que les premiers poèmes ne laissaient pas toujours pressentir. Il rejoint un « langage étonné par le destin ». Dans *Juste retour d'abîme*, Salabreuil s'approche de plus de mystère en même temps que de la lucidité, il transcende le réel, exprime une confession bouleversée et ravie, née, bien qu'il la veuille étrangère, de sa vie la plus intime en parlant « d'expériences communes mais violentes » : « Approche de la mort serait leur collective étiquette. Et se nommant alcool et rupture sociale ou mise en terre et chirurgie ou bien enfin cet arrière-goût d'un amour tourmenté qui s'appelle solitude. » Son moi se situe dans le tout. C'est par la prose qu'il trouve son accomplissement, son équilibre. Ce monde qu'il découvre le découvre aussi, il devient sa demeure et lui-même l'abrite entre lumière et ténèbres. Il y a douleur en même temps que baume, effroi d'une solitude convoitée et confrontée à celle du cosmos, sens tragique de la vie et délivrance par le verbe — tissu de contradictions d'où naissent de grands et purs poèmes :

Solitaire je n'ai pas de nom. Je veillerai sur mon champ de ténèbres ainsi qu'une montagne anonyme dans la neige des lampes. Un mauvais repas de viande blanche et de pain molli par le torrent charge la table tremblante. On me guettait et ne m'accueillit point. Folle journalière qui t'écarte mon âme est comme une robe plus chaude attisant la lanterne-pigeon de tes hanches. Puis cet oiseau qui de nouveau rappelle du fond des temps. Sous l'ombrage des salles je vis et m'éclaire pourtant. Cela n'inquiète pas la nuit. J'étais venu pour être seul. Mais j'attendais je ne sais quoi.

A ces proses répondaient les vers d'une prosodie approximative proche de l'alexandrin où l'élégie perçait parmi les sinuosités du discours :

> L'heure est dite d'abois dans les arrière-cours
> Et de guenilles en sanglots sur les cordes du jour
> Par le travers des lampes nues dans l'ombre noire
> Ô reflet malingre d'un vieil été mémoire
> D'un soleil en cendres sous les mains de la nuit...

Quatre années plus tard, sous le signe de « voluptés peintes du sang », on lirait des vers éloquents, exclamatifs et pleins de relief, de couleur où apparaîtrait une Médée « haïe confuse et déperdue » ou ce *Roi doré* à feu et à sang :

> Maintenant parmi le sensuel supplice
> Ici de l'amour qui n'est plus que seul et
> Seul (en moi le roi doré) j'irai! mêlé
> Aux désastreuses sphères de mon délice
> En toi je chercherai! l'or! encore! ô oui
> Donne-moi (Médée) ouvre un volume aux fruits
> D'aurore! Ivre je cueillerai Médée rouge
> Et dans l'ombre ton sang...

Dans chaque livre, et encore dans *L'Inespéré*, Salabreuil veut apporter une explication ou un mode d'emploi de ses poèmes. On lit : « As-tu compris que l'Inespéré premièrement revêt ce tangible visage de la surprise qui soudain illumine l'être vivant dans l'enfilade obscure de son destin ? » Le poète prend le poème pour esquif et tente de le diriger tout en espérant la surprise de vents (qui peuvent être contraires). Il règne un climat de ferveur et de mélancolie, l'appel d'un visage qui fut tant aimé, le souvenir, la rêverie et déjà la fuite du temps. On attend une aube ou un sommeil : « Nous dormirons dans de lointaines chambres séparées dont les cloisons furent bâties d'argile et de sapin. » Et ce regret : « Ce soir le nombre des étoiles dans tes yeux me manque. » Salabreuil le dit : « C'est aussi bien qu'un appel, un adieu au Paradis Perdu que baigne une lueur d'Age d'Or. » Dans cette odyssée, de phrase à phrase, la rencontre des enchantements d'un verbe maîtrisé, en quête de neuves conquêtes, d'une musique sans cesse inventée, surprenante. On ressent une impression de danger délectable comme si le poète écrivait avec tout son corps, son temps de vie, sa chair périssable en même temps qu'avec son esprit conquérant. « Cette brûlure nous éclaire », écrit-il, et des prémonitions bouleversantes affluent :

Simulacres d'amour et nymphes vaines : soyez rompus aux glaces du prochain hiver. Je ne serai plus là mais vous n'y serez plus. Maintenant je ne prends garde qu'à peine aux pensées d'un étroit promenoir. Et la rocaille démente s'accroît. Je me retranche de ce monde vieux par les degrés d'une terrasse aux confins de brouillards.

Par monts et par vertiges, par extase et par nostalgie, aux confins des gouffres et aux abords de la merveille, se donnant corps et biens à une écriture qui le traduit, l'invente et le revêt, Salabreuil le blessé, le déchiré, le chercheur d'étonnements est tout entier poète et poème. Jusqu'au sacrifice.

18

Destins malheureux

Gilberte H. Dallas.

EN un recueil, *Alphabets de soleil*, 1952, se trouve réunie l'œuvre de Gilberte Hertschel (1918-1960) qui signait ses poèmes Gilberte H. Dallas, ses peintures Dallas et fut comédienne sous le pseudonyme de Gilberte Prévost. Douée en toute chose, marquée par la mort de sa mère, puis de sa sœur fusillée par les Allemands, comme l'a montré Anne Clancier dans les *Poètes maudits* de Pierre Seghers : « La quête de la mère morte est, chez Dallas, particulièrement obsédante et angoissante. » Et l'on assiste, de poème à poème, à de curieux drames, à des parcours cosmiques dans un univers hostile. C'est une poésie brûlante et tragique, viscérale, poésie du corps féminin en métamorphose vers le monstre ou la folie végétale jusqu'à la désagrégation ou la pourriture comme dans certains films de terreur et de science-fiction ou dans les souvenirs mythologiques en ce qu'ils ont de plus fantastique. On nous parle de « belles épaules où naissent des cobras », d'une « géante aux cuisses énormes » qui écrase les hommes, d'entrailles, de « contorsions grotesques », d'avatars effroyables avec des images sensuelles glorifiant le corps de la femme :

> Une femme qui marche cuisses nues
> Ce sont de belles cuisses bien longues
> Et bien belles comme
> Ces cônes de sucre d'autrefois
> Du beau sucre qui crisse...

Ses géantes, ses monstres ne naissent pas du sommeil de la raison mais d'une lucidité entière – peut-être prémonition du cancer qui devait la dévorer? Lisons encore :

J'ai plongé mon avide soif dans l'algue de ton corps sur l'enclume reposé, splendide charogne, trésor des Galapagos j'ai plongé mes mains dans tes entrailles en ai retiré la robe de pierres de la Dame Noire, pierres d'herbes, d'eau et de ciel pierres de fils et de soleils.

J'ai plongé mes mains dans ton ventre, en ai retiré le cheval de bois, blanc comme un astre, avec son harnais de tulipe.

J'ai plongé mes mains et mon visage dans ta chair pourrissante et j'en ai retiré ton cœur rongé par un gros chat, ton cœur qui continue à battre au creux de mes mains plus vivant que le Kohi-Noor, plus précieux que le chariot de la mer...

Gérard Prévot.

Louis Aragon et Jean Paulhan furent les introducteurs de Gérard Prévot (1921-1975) au monde de la poésie. Né en Belgique où il mourut, ses années de création se situent à Paris. Admirateur de Cocteau en ce qu'il a de plus classique, il écrivit œuvres dramatiques, romans et nouvelles. De lui, Franz Hellens disait : « Il aime la pensée, la fait lever comme une pâte bien composée et vigoureusement pétrie. » Dans le domaine fantastique, il le disait de la race des Hawthorne, Poe et Melville. Sa poésie apparaît aujourd'hui fort sage mais il faut aller au-delà des apparences pour découvrir un poète habité, généreux, soucieux d'édifier le poème dans une architecture plus libératrice que contraignante. On le voit dans ses recueils : *Récital*, 1951, *Architecture contemporaine*, 1953, *Danger de mort*, 1954, *Ordre du jour*, 1955, *Élégies pour un square décapité*, 1958, *Europe maigre*, 1960, *Prose pour un apatride*, 1971, *L'Impromtu de Coye*, 1972. Que nous dit-il? Il chante la vie ordinaire, l'amour, les souvenirs, les engagements de l'homme dans l'histoire sans que son goût de la révolution l'éloigne des formes les plus éprouvées et même de ce que la prosodie porte de plus attendu. Dans le sillage d'un Aragon retrouvant la tradition, il ne cherche pas l'originalité mais il offre ce que l'on attend du poème : le charme et des révélations émouvantes sur l'être intérieur. Il étonnera cependant lorsque nous découvrirons, comme Alain Bosquet, « le désespoir et la sensation du néant devenus élégie » avec ce brusque revirement et ce cri de colère en partie contre lui-même : « Alexandrins je vous dis merde / Il est trop évident que la poésie n'est plus qu'une vieille putain... » Il y a là une singulière vigueur. En fait, il excelle dès qu'il laisse éclater ses bouleversements :

> J'ai vécu dans Mozart comme d'autres dans Vienne.
> Cette ombre qu'il m'arrive encor de croire mienne,
> Je la regarde avec étonnement.
> Elle n'est plus qu'une proie. Elle crie. Elle ment.
> Elle s'émeut de rien, s'agite, s'épouvante
> Et cherche à m'entraîner dans le jeu qu'elle invente...

Nous voyons partout son sens de la musicalité avec un désir d'extériorisation. Dans les temps mouvementés de l'après-guerre, il n'a considéré aucun problème comme résolu et a tout remis en question, y compris son art. Il rêvait d'un autre monde et en ce sens tout poème est un appel. Il a écrit : « Je suis dans le néant l'ambassadeur de l'homme » et c'était là la parole d'espoir d'un désespéré.

Renée Brock.

Renée Brock (1912-1980) a publié *Poème du sang*, 1949, *Solaires*, 1950, *L'Amande amère*, 1959, à quoi s'ajoute la publication posthume de nouvelles et de récits, des *Poésies complètes*, 1982, avec des inédits, puis *Le Temps unique*, 1986, poèmes retrouvés. Renée Brock a découvert la poésie en Provence qui est un de ses sujets d'inspiration. « Elle ne retient pourtant de l'exotisme provençal, écrit Jean Breton, qu'une poussière de diamant, une lueur sur la vitre. » Tout est de sensibilité, d'attention aux êtres et aux choses. Peu de poètes ont chanté aussi justement qu'elle la maternité, la naissance, le développement de l'enfant :

> Je t'avais porté pendant trois saisons.
> Je t'avais pensé pour des millénaires.
> Dans la pure impudeur de l'accouchement,
> dans la nudité de sa douleur,
> j'avais revêtu la robe drapée, et toute droite, et très sainte de la Vierge.
> Et j'ai su la maternité.

Elle est la mère, l'amante, la pensive, la solitaire. Les mystères du corps et du cœur, elle les chante en des poèmes pudiques et directs. Joie, amour, recherche du bonheur, douleur aussi, solitude d'un être qui se dit voué « à quelques êtres, à la nature, aux animaux » et se demande si elle est mystique. On aime ses confidences, cette douceur des mots maternels qui évoque des femmes-poètes du XIXe siècle mais elle est plus proche d'un Jean Follain quand elle nous montre « le petit bossu qui vend des serpillières » et quoi de plus délicieux que cette manière d'évoquer « deux jeunes hommes beaux comme des citronniers »? Qu'il s'agisse de montrer la croissance d'un être, d'offrir la photographie sentimentale d'une ville ou d'un paysage, d'exprimer le couple, la maison, les êtres de rencontre, tout ce qui est simple et familier, il y a dans chaque poème un contenu d'adhésion et de sympathie dont le lecteur reçoit l'heureuse contagion.

Christian Gali.

Sans doute Christian Gali (qui signa aussi Julien Leuwen), né en 1925 et mort en 1984 fut-il influencé par divers poètes, ce qu'il ne cacha pas, de Jacques Prévert à René Char et, selon le vent de ses admirations, comme une harpe éolienne, il en offrit les échos. Il fut un créateur de revues : *Sortilèges*, avec Frédérick Tristan, puis *Parti pris* et surtout *Parler* et anima ainsi la culture poétique à Grenoble. Auteur de plus de trente livres et plaquettes parmi lesquels *Imagerie malheureuse*, 1945, *Pour en finir avec le mot femme*, *Gala*, *Signes pour Gala*, *Paroles à Dieu le père*, 1952, *Recours à l'oiseau*, 1965, *L'Age souple*, 1966, *Brefs de l'oiseau témoin*, *Bocage pour les allusions à Brève*, 1975, *Principal des allusions à Brève*, 1980. Plein de gentillesse jusque dans ses prises de parti et ses rejets à la Prévert, il est le poète des amours tantôt sentimentales tantôt plus âpres et mystérieuses. René Char lui a appris le serré du texte et la brièveté allusive et il en joue avec grâce, le meilleur étant dans ce cycle de Brève où s'ajoute une émotion, « une parole juste, consciente de l'ambiguïté du destin qu'elle exprime », comme l'écrit Serge Brindeau. Parfois des préoccupations métaphysiques et cosmiques, une interrogation sur le Temps et sur l'homme ce « scribe de l'univers » qui « inventa la prière pour camoufler son ambition », sur la mort, le destin. Dans son ensemble, une œuvre curieuse et composite, ouverte, intéressante jusque dans ses gaucheries.

La Vie en destin.

Catherine Fauln (1912-1951) a imprimé elle-même *Fenêtre sur le paradis, Chants pour la statue,* 1948. En 1988 paraissent *Cinquante Poèmes,* préfacés par Alexis Curvers. Ce poète que Jeanine Moulin nous a fait connaître par ses *Huit siècles de poésie féminine* est classique et d'un lyrisme sérieux. Lorsque, dans un poème libre, elle oublie un surcroît d'adjectifs attendus, elle touche plus sûrement, notamment quand, dans une comptine, elle fait l'inventaire d'un *Trésor* : « J'ai un poulain gris, / J'ai une fenêtre qui s'ouvre sur le paradis, / J'ai une poupée sans visage, / J'ai la lanterne magique pour les images, / J'ai une plume de paon blanc... » Sa voie était celle de la chanson douce.

Andrée Vernay (1914-1942) a publié *Dernière Terre,* avec une préface de Marguerite Grépon, en 1962. Sa poésie libre et lyrique témoigne de spiritualité et de révérence devant la beauté des choses : « Vers quels lieux t'emmènerai-je désormais pour te confier le secret de la beauté de la terre ? » Poésie expressive, ouverte sur les mystères de la vie et de la mort, il y a là de la passion, celle des « Fleurs violentes d'octobre aux teintes audacieuses de crépuscule ».

Éveline Mahyère (1925-1957) avant de se suicider a laissé un ouvrage : *Je jure de m'éblouir,* 1958. Bien qu'il s'agisse d'un roman, Alain Breton l'a fait figurer parmi son choix de *Nouveaux Poètes maudits.* On lit ce dialogue : « Que feras-tu, alors, le jour de tes trente ans. – Je me tuerai. » On garde le souvenir d'un être épris de passion et d'absolu.

Marie-Hélène Martin (1931-1977) mit, elle aussi, fin à ses jours. Peintre, sculpteur, poète, elle a publié *Bribes,* 1973, et donné des inédits à la *N.R.F.* La mort apparaît dans des poèmes en vers et en prose. Parmi son vocabulaire, des noms de médicaments : « neurolithium, valium, binoctal ou emminoctal, primpéran, nozinan, neuleptil, anafranil... » apportent leurs intonations étranges. Ce qui attache, c'est un ton direct, sans l'embarras de la « littérature ». Rien qui sonne plus vrai et plus fort jusque dans cet inventaire : « Rien dit, rien fait, rien construit, rien surdit, / mal appris, mal né, mal façonné, mal éduqué ; / flotte ta barque à la dérive et cours au suicide. » Souvent cette mort imaginée est traitée à la bonne franquette, familièrement, avec un humour gris, narquois ou résigné.

Auteur d'un fort intéressant *Journal,* Jean-Jacques Kihm, rencontré dans l'entourage de Jean Cocteau, présentateur du « Poètes d'aujourd'hui » consacré à Marcel Béalu, fut, le long de sa courte existence (1923-1970) un poète du corps épris, on le voit dans *Arabesques,* 1950, *Pointe sèche,* 1954,

Clowns, 1954, *Éloge de l'ombre*, 1956, *65 poèmes d'amour*, 1966. Éros est en communion avec Narcisse, l'amante étant en quelque sorte l'eau du miroir avec une nature dont les rythmes s'accordent à ceux de l'embrasement solaire.

Parlant de Pierre-Albert Jourdan (1924-1981), François Bott écrit : « La littérature était à ses yeux, peut-être la meilleure manière d'échapper au règne de l'ingratitude. » Ce poète grave fut de ceux qui ont choisi la discrétion. Ami de René Char, de Philippe Jaccottet, il mourut dans le Vaucluse après avoir tenu un journal de son temps de maladie. Des titres : *Gerbes*, 1959, *La Langue des fumées*, 1961, *L'Ordre de la lumière*, *Le Chemin nu*, 1970, *Le Matin*, 1976, *Fragments*, 1979, *L'Entrée dans le jardin*, 1981, *Les Sandales de paille*, 1982, *L'Angle mort*, 1984, *L'Approche*, 1984. Il fonda une revue en 1974, *Port-des-Singes*. A l'écoute d'une nature qui lui inspire une sagesse, il reçoit et offre son message, sa leçon de durée : « Les degrés de la sagesse, ici, sont des pierres grises... » Aucun excès d'imagerie, de l'économie et une tranquillité de ton qui procure au lecteur son propre apaisement. Le visible ne se sépare pas de ce qu'il recèle car tout est transparence, vibration de la lumière, compréhension des choses, de leurs unions et de leurs métamorphoses.

Né en 1923, Armen Tarpinian, atteint par la tuberculose, mourut peu d'années après la publication de son ensemble de poèmes *Le Chant et l'ombre*, 1953, qui réunissait *Cœur familier*, 1946, *La Terre ouverte*, 1948, *Sous l'aile du feu*, 1950, *Nommer*, 1951. Jean Paris le fit connaître en le présentant dans son *Anthologie de la poésie nouvelle*, 1956. C'était, selon le critique, un des premiers témoins, après l'ombre de la guerre, d'une reconquête de la confiance, de l'affirmation de l'homme après les années de sa négation, un poète « pressentant la naissance de l'homme aux mains d'aurore », rétablissant « l'équilibre de la terre et du ciel » et écrivant encore : « Ainsi commence le bonheur, un silence où les mots s'accordent... » Mais cet homme de l'arc-en-ciel n'oubliait pas les orages. Il fit état de ses angoisses, de ses tristesses, en prenant le ton de l'élégie :

> Il y a quelque chose de plus fort que le froid nocturne du secret mort, que le lac éteint de l'oubli, que la nacre violente de la peur, que les murs humides des nuits fermées, que le banc triste du temps perdu, que les poignets déliés d'une tombe, que le pain noir jeté au jour...
> Ce doit être la vie.

En effet, la vie est la plus forte. Elle triomphe dans ses poèmes en prose ou en vers par le rassemblement de ses forces vives, la nature, les astres, les océans, les saisons, les éléments fraternels. Cette terre, c'est comme si elle venait de naître et le poète retrouve l'innocence première par la limpidité de son écriture, la qualité discrète des images, une noblesse de l'inspiration, un ton qui rappelle René Char. Souvent le vers a quelque chose de l'aphorisme tel que l'entendent les poètes :

> Espace de la terre tu es mon seul miroir...

J'ai faim d'un si long souffle que les journées se cambrent : épaules dont l'horizon parle à l'éternité...

Ne laisse pas le temps congédier la Présence. L'été commence bien avant que les arbres le sachent...

Ceux qui dorment brûlent dans leur lit...

La vie, aile de feu sous laquelle il faut dormir!...

La pureté de l'eau est faite de silence...

On ne saurait mieux en parler que Jean Paris : « Chaque poème de Tarpinian marque une précieuse métamorphose de la douleur en joie, une " victoire de l'oiseau sur la cendre ". Un sens très vif des images, une délicatesse qui rappelle la poésie orientale, un immense amour de la vie, de sa pureté, de sa noblesse. (...) C'est à redécouvrir le monde qu'il nous invite... »

Fondateur de la revue *Rencontre*, animateur, Jean-Pierre Schlunegger est le poète de ces titres : *De l'ortie à l'étoile*, 1952, *Pour songer à demain*, 1955, *Clairière des noces*, 1959, *La Pierre allumée*, 1962, *Œuvres*, 1968. « Je m'éveille à l'air pur, je crois à l'innocence », telle pourrait être sa profession de foi, mais il sait qu'il doit aussi « Marcher contre la nuit, contre la mort qui veille... » et recevoir la tristesse quand il sait qu'un homme va se prendre « aux buissons de la mort ». Il a le goût des couleurs d'automne quand « Les pommes sur la table distillent des parfums d'arbres... » Il a fait l'inventaire de ce qui est bon dans la vie : « Il y a le vin clair, sa rose et les amis... », mais la sournoise maladie peut s'installer en vous, cette prison qui vous enserre, cette « étroite liberté » qui ne suffit plus. Il a rejoint de lui-même ces « lointains inexorables / Où l'ange de la mort s'allonge sur le sable... » La mélancolie de son œuvre s'exprimait dans le contraste de la clarté de ses phrases, de son goût des choses et de la nature qui n'ont pas su le retenir d'aller vers l'au-delà.

Raymond Busquet (1926-1979) fut un des contributeurs d'un recueil collectif de poèmes paru à Lyon sous le titre *12 Poètes d'aujourd'hui*, 1973, où il se trouvait en compagnie de Pierre Blondeau, Régis Couder, Jean-Paul Chich, Robert Droguet, Pierre Giouse, Roland Jakob, Daniel Kérautret, Yves Neyrolles, Odile Schoendorff, Bernard Vachon et Ménaché qui devait diriger *Arpo 12*, une des importantes revues de poésie et d'art d'aujourd'hui. Professeur agrégé d'espagnol à Lyon, Raymond Busquet a notamment publié *Si j'étais moi*, 1952, *Le Tranchant des mots*, 1956, *Chansons entre deux airs*, 1962, *Transhumances*, 1964, etc. Voilà un poète qu'il est dommage qu'on oublie! De quoi se soucie-t-il? De chanter et d'enchanter, de rimer s'il en a envie, d'écrire un sonnet joyeux ou une chanson bon enfant, d'écrire d'après Cummings, de se moquer de la vie ou de traverser l'histoire et d'écrire des complaintes, des vers de circonstance mais de surprendre aussi en montrant qu'il n'est pas un amuseur et que, derrière le sourire, se cache un sens profond des choses, de la durée, du cosmos familier, avec des tours précieux comme un mousquetaire Louis XIII et un sens du langage, un riche vocabulaire, une manière d'aimer les mots pour en faire des valses ou des salves. Il chante avec le même plaisir qu'un Apollinaire, se confie comme Villon et sans se soucier d'être à la mode, de plaire ou de déplaire. Simplement il est présent, attentif aux autres comme lorsqu'il présente Roger-Arnould Rivière avec intelligence et émotion.

Hédi Bouraoui a choisi et présenté les textes d'un ouvrage dû à des critiques et des universitaires français et américains pour la plupart, ouvrage consacré à *Robert Champigny : poète et philosophe*, en 1987. Ce disciple de Gaston Bachelard se fit connaître comme poète en France et comme écrivain, penseur et critique littéraire aux États-Unis, par de nombreux essais en anglais ou en français, comme *Portrait of a Symbolist Hero*, 1954, *Ontologie du narratif*, 1972, *Sense, Antisense, Nonsense*, 1986, et une quantité considérable d'articles dans les revues savantes de la littérature et de la philosophie. Robert Champigny (1922-1984) a pratiqué une forme de poèmes simples et quotidiens qui semblent venus des formes narratives du « nouveau roman » et de ces genres enrichissants et trop dédaignés des « littéraires » que sont la science-fiction ou le roman policier ou série noire. Des poètes éloignés de lui par leur œuvre personnelle ne sont pas restés insensibles. Ainsi Pierre Ménanteau : « Des suites de séquences en vers libres, avec un personnage central sur lequel on ne cesse de s'interroger. Un reflet des westerns. Il semble que l'auteur ait voulu, avant tout, par des fuites, par d'apparentes substitutions ou métamorphoses, créer un climat de mystère... » Ou Jean Breton : « Enfin un poète qui nous *intéresse* par ce que raconte son poème, chanson de geste du XXe siècle. » Chaque poème apparaît comme une aventure sobrement contée et riche de faits. Serge Brindeau a rapporté ses propos sur les perspectives poétiques ouvertes par le nouveau roman et non explorées par ses auteurs : « La narration cohérente était rejetée au profit du dialogue et de la rumination, alors que je voyais au contraire la poésie s'appliquer sur un canevas de récit franc, animer un lieu de jeux et de moments, non de simples images (...) L'idée étant de faire jouer lieux et moments, le personnage doit être à la base un mobile. » Certes, instinctivement, un Blaise Cendrars s'était avisé de ces possibilités mais le mérite de Champigny a été de les faire surgir dans une période confuse. Quoi qu'il en soit, ses poèmes expriment un réalisme quotidien imagé, descriptif qui tient du reportage et de la narration condensée, rapide et efficace. Parmi ses titres : *Dépôt*, 1952, *L'Intermonde*, 1953, *Brûler*, 1955, *Prose et poésie*, 1957, *Monde*, 1960, *La Piste*, 1964, *Horizon*, 1969, *La Mission, la Demeure, la Roue*, 1969, *Les Passes*, 1972, *L'Analyse*, 1974.

Présentant Roger Milliot (1927-1968), Félix Castan a bien fait d'écrire : « Personne n'a eu moins que lui la vocation de poète maudit. » Cela permet de s'éloigner d'une idée toute faite qui ferait oublier la diversité des individualités et des destins. Roger Milliot, peintre et poète, a choisi de mettre fin à ses jours dans l'eau de la Seine. Comme une sandale oubliée près du volcan, reste son œuvre, un livre intitulé *Qui*, 1968, édition définitive en 1969. Ce solitaire, peu soucieux de faire connaître son œuvre, a vécu dans le retrait. Il admirait René Char pour son enracinement dans sa province. Sa poésie est discrète, elliptique, à voix basse. Elle est un mode d'accès aux interrogations, à l'appréhension et à la connaissance de l'être, de la société, de l'amour, du cosmos. L'inquiétude la parcourt, la recherche de l'essentiel, de la pureté, d'un fil d'Ariane dans le labyrinthe des contradictions. Cherchant « le pur diamant d'une pensée sans mot » ou « glissant le doigt dans la logique » et « mettant le bâton dans les roues / Du rationnel du pondérable », il cherche une fraternité difficile dans la ville rebelle. Il pose l'éternelle interrogation : « Qui parle en moi, qui me regarde, d'où? / Qui dit le bien, le mieux, le pire? / Qui veut l'amour, qui nie l'amour? Qui perce des issues, qui ouvre des gouffres?... » Félix Castan écrit : « Milliot laisse un bréviaire d'hygiène morale, avec cette juste pointe d'angoisse qui garde le cœur et l'esprit de s'endormir. »

Danielle Collobert (1940-1978) est l'auteur de *Meurtre*, 1964, *Le Ça des mots*, 1972, *Dire I-II*, 1972, *Il donc*, 1976, *Survie*, 1978, 1979, *Cahiers*, 1983. *Change* et *Orange Export Ltd* ont notamment accueilli ses œuvres qui s'inscrivent dans le contexte d'une nouvelle écriture, d'une nouvelle syntaxe, de nouvelles structures de créativité, d'un souci de changer le langage. Les recevoir demande comme pour beaucoup de poètes que nous tenterons de présenter l'oubli de ce qui pourrait être une formation moyenne, un état de réceptivité et un niveau de culture et d'attention. Par-delà le travail des mots, naît chez ce poète ce que nous pourrions appeler une sorte de tragique viscéral, « l'écartelé probable à plaisir tirant sur la lancée du supportable », de la « fée muette première de la vie » à ce « je broyeur sons syllabes magma secousses telluriques » – écriture qui devient corps écrit, vie en soi, écho de l'être en proie à lui-même.

Michel Vachey (1936-1986) qui écrivit *Dépenses en appareillage* en 1970 est, pour beaucoup, un précurseur des « casseurs de mots » ou de « la parole en miettes », comme écrivit Serge Brindeau. Nous ne savons pas si Vachey entre dans la lignée des « poètes maudits » mais il en présente certains aspects comme le pessimisme, l'attrait du vide, la déception, une sorte de marche difficile au-dessus des abîmes. Il en arrivera au point de dire « je ne m'intéresse plus ». Entre ses obsessions, sa révolte et la mort de ses rêves, il a offert une poésie inquiétante, dérangeante et hors de toute classification. De la recherche d'une extase à ce qui lui paraît un échec, il manifeste une rigueur envers les autres comme envers lui-même. Le poème parcourt le monde, débusque, exprime l'absurde, la plume se meut avec rapidité comme un pinceau (il fut aussi peintre) rapide sur une toile et naissent des paysages de la peur, des univers tendus, prêts à la rupture, et qui se décomposent ou se rompent, jetant des éclats, comme si l'espoir se défaisait. La tendresse devient glacée. On chante un « immense du désert » ou « on conjugue l'allègre indifférence » si ce n'est la « magnifique horreur d'oiseaux inoubliables », les « Villes reversées » ou les « Hameaux stratégiques ». Après la phrase, le mot se brise, le poème devient découpage, fragment, touche à l'« illisible », tout semble se minéraliser, devenir champ de pierres, lieu de désastres. Et pourtant, loin de toute idée de « charme », on ressent une sorte de séduction du texte, on voit l'homme intérieur dans son poème que d'aucuns diront abstrait et que nous ressentons comme concret par son relief, ses cassures, la qualité du matériau. Peut-être nul mieux que lui n'a exprimé la réalité atroce, les lignes brutales de son temps ou la superficialité des êtres et des choses et cela en images courtes, rapides, foudroyantes, transparentes, quand le cœur se brise à défaut de se bronzer, et cela sans la moindre concession. Peut-on parler d'une sorte d'unanimisme du monde broyé ? Citons des titres : *La Chute d'un cil*, 1965, *Galaad en miettes*, 1965, *Fascines*, 1967, *Scène d'ob*, 1969, *Algèbres de boules*, 1969, *Amulettes maigres*, 1970, *Couture/ligne*, 1970, *De l'espionnage en littérature*, 1970, *Le Snow*, 1970, *Thot au logis*, 1971, *Limite sanitaire*, 1973, *Effaçades*, 1974, *Toil*, 1975.

Francis Giauque (1934-1965) a fait l'objet d'un numéro spécial de la revue *Mai hors Saison*. Œuvres : *Parler seul*, 1959, *Terre de dénuements*, 1968, *Parler seul* suivi de *L'Ombre et la nuit*, 1969, *Journal d'enfer*, 1978. Ce texte, celui de la peur, de l'angoisse, du désespoir, de l'atroce, ne peut être lu sans qu'on soit bouleversé par ce mal sans espoir, cet enfermement dans la maladie avec les ombres infernales de l'échec et de l'humiliation. C'est le voyage du délire aux abords du suicide. Un cri ! Déjà *Terre de dénuement* jetait ses soleils noirs lorsque Giauque parlait de « ce linceul répandu sur toutes mes pensées, sur tous mes gestes » et ne savait « vers quel visage tourner ses yeux ». Ce monde halluciné, cet univers de cliniques et d'électrochocs, ce hurlement de détresse, fait penser à Artaud. Giauque disait : « Je parle sans haine » et exprimait son impuissance. « En fait, écrit Georges Haldas, il est mort de s'être voulu, au départ, un destin poétique et de n'avoir pas été, plus tard, en mesure d'assumer par la poésie une récupération de lui-même. » Une voix qui parle d'un enfer qui existe en ce monde.

Alain Breton nous a fait connaître Antoine Mechawar (1936-1975), né au Liban, peintre, cinéaste et poète. Un titre : *Les Longues Herbes de la nuit*, 1965, des poèmes en prose originaux et visuels. « J'ai creusé ma tombe sous un nid d'hirondelles ! » écrivait cet homme qui devait se donner la mort. Ses images sont surréalisantes et belles : des chèvres noires prennent des fées pour des feuilles et les mangent, « le pendu blanc comme un pavot se balance au fil rouge de la justice humaine ». Les métamorphoses se succèdent comme dans un film, un de ses courts métrages nés de l'imaginaire et du rêve, des symboles orientaux. La poésie de Mechawar se nourrit aux sources de l'onirisme et de la terre d'origine.

Comme lui cinéaste, Michel Nicoletti (1937-1981) compte parmi ses recueils : *Les Galets gris*, 1966, *Intimités du doute*, 1967, *Surgeons*, 1968, qui sera court métrage, *Brisailles*, 1969, *Et déjà les ronciers...*, 1971, *Salives à branches*, 1973. On trouve des poèmes encore dans *La Barbacane*, *Création*, *Le Journal des Poètes*, etc. Il a réalisé des émissions télévisuelles sur la poésie, notamment sur Jean Follain. « Ses poèmes sentent bon », écrivait Pierre Albert-Birot, ce que rappelle Jacques Izoard qui lui-même parle de « Poèmes ronds comme des galets qui font le bon dos, qui roulent leur vie au bonheur des chemins... Textes qui palpitent, avec des humeurs bourrues ou des joies malicieuses et pétillantes... » Rien d'intellectuel dans ces poèmes pleins de fraîcheur qui suivent les inflexions de la vie et lui font confiance. Certes, s'il s'agit de poésie : « A jamais la plaie / A jamais la fêlure » et « On reconnaît le fer / aux dents de la blessure. » Il rêve de partir, de « prendre le train des paroles fauves », de rejoindre « la bergerie des mots ». Derrière la beauté se distinguent déflagrations et balles perdues mais il y a cette clarté candide, ces interrogations au premier degré, ces apaisements qui effacent les colères. Le poète est attachant qui nous dit que « la nuit n'est pas si noire ».

La mort de Philippe Abou (1946-1969) fut volontaire. Les *Poèmes posthumes*, 1971, de cet étudiant qui ne supporta pas la vie, sont porteurs d'un souffle et d'une imagerie originale. Décrivant *Une journée d'août*, il écrit : « J'ai pensé à toi Arthur Rimbaud » : il en a l'imagination et la liberté. Il y a du surréalisme, de la féerie, du fantastique quotidien, de l'humour, de l'observation. C'est là de la poésie à l'état pur avec des observations comme savait en faire Malcolm de Chazal, cette imagerie étrange et bientôt évidente. Chaque poème est voyage et aventure, il se déroule en pays de merveilles et porte dans sa fougue juvénile la vie changeante, grouillante, unanime – le contraire, pensions-nous, du destin de Philippe Abou mais dans ses lignes quelque part, des mots : « tout est fini » par exemple...

Claude Bertrand a publié les poèmes de son épouse Christiane Bertrand (1946-1979) sous le titre *Mauves*, 1979. Ces poèmes furent pour elle le moyen de lutter contre la maladie, de garder l'espoir et, par-delà la séparation imposée par le destin, son mari lui a répondu par *Ta main, le vitrail*. Les poèmes de Christiane Bertrand expriment « un dur désir de vivre », chantent le renouveau, les tristesses d'automne, les jeunes années, les images de la nature et des souvenirs, le silence, la nature, le vent, la maison, des pays réels ou des pays de rêve avec cet intimisme, ce sens réaliste et émerveillé des choses qu'on trouve chez René Guy Cadou.

Selon le témoignage de sa mère, André Brun (1951-1976) a vécu l'enfer d'une névrose avant de se donner la mort en se jetant du onzième étage d'un immeuble : « Il a été prouvé que lorsque André a enjambé le balcon, il n'était sous l'effet ni d'alcool ni de drogue, donc *lucide*. Il était non violent, sublimait tout et, de ce fait, ne pouvait accepter la vie en société. » Son livre : *Pendant que les autres ne sont pas moi*, 1980. Il y a dans ces textes, qu'il s'agisse de poèmes ou de phrases séparées, un contenu aphoristique : « La connaissance de l'autre passe toujours par des intermédiaires dont on se passerait bien » ou « Si vous voulez mourir debout, prenez une chaise, on va en discuter » ou « Je suis un roseau qui se permet de penser » ou « Nous ne sommes plus à une évidence près » – ce à quoi on préfère les images du quotidien ou celles purement poétiques : « Un à un, nous avons déposé les rayons du soleil aux pieds des femmes » ou « Et maintenant que nous avons supplanté les Dieux, nous pouvons jeter à la gueule de Neptune nos bouteilles d'oxygène » ou « Les cafés ferment dans un bruit de jambes cassées » ou « J'aime les femmes qui dansent comme scintillent les étoiles ». Il met l'humour en théorèmes, il crie l'amour et chante le tumulte, traite de l'alcool qui « grince des dents à la porte des naufrages ». Poésie sauvage avec de beaux éclats, poésie jeune à jamais.

Sous le titre « Christian Dif, poète gnostique », Édouard Delbos a préfacé l'ouvrage de son petit-fils, Christian Dif (1954-1977) intitulé *L'Oiseau de l'origine*, 1980. « Le suicide, a écrit Xavier Forneret, est le doute allant chercher le vrai. » Pour Christian Dif, il s'agit d'un suicide philosophique. Entre quatorze et vingt et un ans, dans le secret, il a écrit poèmes, fragments, aphorismes retrouvés après sa mort. « Mystique, écrira André Pieyre de Mandiargues, si l'on veut, magique si l'on préfère, son chant prend des accents qui conviendraient à une opération de transfiguration de la mort. » De Christian Dif : « N'est bon que cela seul qui ne meurt point ; et seul pour nous, ce qui meurt avec nous ne meurt point. » Et : « Je cède à l'oiseau mort que chacun porte en soi. » L'écriture du poète est dense, serrée, portant une singulière maturité. Son préfacier dit qu'elle emprisonne toute poétique comme unique pensée : l'omniprésence cosmique. Il y a quelque chose d'apaisant et de frais, non pas une douleur, mais le sentiment que la vraie vie est ailleurs, qu'un autre moi vit en d'autres temps et d'autres espaces, au-delà de ces images d'eau ou de miroir qui reviennent souvent dans les poèmes. Belle présence que celle de l'amour, de la vision réelle ou d'un éros idéalisé. Sur les jeunes filles : « Dans mes yeux qui les recueillent elles font de beaux rêves. » Sur un amour platonicien : « La main de la lumière coule vers d'autres rêves que la reproduction des chairs. » La pensée rationnelle va main dans la main avec la poésie imaginative et imagée : « Dans la maison triste on parlait de toi, / le plus beau fruit qui soit dans l'ombre, / le plus beau qui soit sans être. » Et ceci qui pourrait être testament : « Tandis que sa parole prolonge l'ici-bas, il est déjà là-bas où vous ne l'accompagnerez pas. Il obéit en allant au-delà. »

La poésie était toute la vie de Jean Bennassar (1957-1979) et ses parents ont recueilli ses poèmes en vers et en prose, sa correspondance, divers écrits sous le titre *Utopies*, 1980. Il écrivait : « ... Mais l'inconscient existe et nous touchons par la poésie à des forces immenses et dangereuses... Épouvante et émerveillement, joie immense, sont les deux visages sous lesquels s'invite chez moi la Poésie... » Dans une préface, ses parents se sont interrogés sans comprendre ce qui l'a conduit à se porter « de l'autre côté des choses ». « Nous croyons seulement, est-il écrit, que les livres ont participé au meurtre... » et aussi : « Peut-être un livre est-il alors capable de lui valoir une forme de survie. » Les lettres laissent apparaître un jeune homme comme il en est tant, en bonne entente avec son milieu familial, ayant de bons amis, s'intéressant aux matches de football et à la musique rock, un jeune homme des années 70 qui dit que « la barque poétique flotte bien », qui raconte ses voyages à Moscou, à New York ou dans les pays scandinaves, ses cours à Oxford, et s'interroge sur la poésie et l'anarchie, l'utopie. Les poèmes sont d'une structure prosodique allégée. Parfois l'un d'eux porte un long titre comme « Tentative de renouvellement de la science dite mathématique transformée en poésie inspirée par le parfum des orchidées aphrodisiaques » pour que fleurisse « un x pastoral, un y printanier ». Il y a de l'invention, quelque chose de juvénile, de la sincérité et de la vraie poésie bientôt prenant ses sources dans un onirisme surréalisant : « Une princesse chauve et habillée de feuilles vertes / Pleure par les oreilles. » Images du corps, images de l'amour, les portraits sont sensuels. Il y a aussi des chansons drôles, des rêves, toujours un renouvellement.

Jean Joubert a préfacé *La Mort est ce jardin où je m'éveille*, 1980, d'Arielle

Monney dite Aldébaran (1957-1975) publié par *Sud*. Joubert écrit : « Aldébaran demeure près de nous et en nous, comme l'image d'un amour intransigeant de l'absolu, d'un risque extrême de l'écriture, comme un remords aussi de n'avoir pu lui donner, ici, un monde à sa mesure. » La plupart des poèmes unissent un parfait naturel à une élégance, une coulée de la phrase. Rien de plus vrai et de plus frais, de plus sensible et de plus discrètement imagé. C'est la recherche d'un pays merveilleux ou d'un paradis perdu : « J'ai trouvé sur les monts invincibles / des pays qui n'ont point de jour / qui n'ont point de nuit : à l'horizon est un ciel sans voile / pâle aux plus beaux jours / visibles parmi le visible / des plus grandes nuits... » On lit : « Mes nuits blanches passeront jusqu'à l'aube / imaginaire et sur une tombe j'irai / vivre le jour en chantant de / vieux airs funèbres. » En fait, les images de la mort chez Aldébaran, poète au nom d'étoile, sont de mélancolie sans rien de glacé. Elle dit : « Ma vie que j'aimais comme on aime / l'espace d'un sourire » ou « Je détournerai mon visage / pour que tu restes en repos / et ne voies point mes larmes... » ou « La mort n'est pas la nuit / elle est conscience de la nuit... ». La mort, ce jardin où une jeune fille s'éveille... Sans un cri, les poèmes sont bouleversants.

Quel contraste entre ce grand calme et les pages de Sophie Podolski (1956-1973) où se mêlent écriture automatique, délires, langage parlé, paraboles charriant la violence, la hargne, l'horreur, les fantasmes, avec tout ce qui touche au sexe et à la drogue comme à la politique, à la révolution dans un monde de cauchemars et d'obsessions ou l'envahissement de l'ego se mêle à des cris, des slogans, des graffitis, des appels, des passages qui apparaissent plus sereins parce que simplement narratifs! Parfois une lumière filtre dans ce monde noir, halluciné, une sorte d'humour qui va bientôt s'éteindre comme s'il fallait fuir tout chemin, se dérouter sans cesse. Tout échappe au monde habituel de la poésie et l'on comprend l'intérêt pour ce poète des écoles les plus avancées. Publications : *Le Pays où tout est permis*, version manuscrite, 1972, version typographique avec une préface de Philippe Sollers, 1973. Des textes ont été publiés dans *Tel Quel, Luna Park, Dérives, Hobo-Québec*, etc.

Mes lèvres s'ouvrent encore..., 1981, est le titre d'un recueil de poèmes retrouvés par les siens dus à un jeune homme mort accidentellement à vingt ans, Antoine Dalmont (1958-1978) avec une préface de Pierre Emmanuel et des textes de Christian Gorelli et de Jean Lebot. Nous trouvons là une authenticité, une fraîcheur, un sens inné de la poésie, un ton gauche qui ajoute du charme à des chants qu'on est tenté de croire prémonitoires d'un destin interrompu. Il a ce charme de l'être qui s'ouvre à la vie, est curieux de tout, s'étonne et s'émerveille, met de la méditation et de la prière dans le propos quotidien.

L'Horizon élargi

I

Alain Bosquet

LES poèmes d'Alain Bosquet sont inséparables des événements historiques qui les ont suscités : Hiroshima, guerres chaudes ou froides, fausses paix, angoisses, absurdités, menaces, précarité. De la blessure jaillit la poésie, non point élégiaque ou plaintive, mais sceptique, grinçante, l'absurde répondant à l'absurde dans le vertige cosmique, la magie verbale, l'étonnement créateur, les puissances salvatrices de bestiaires, herbiers et lapidaires délivrés, réels et fantastiques, surréalisants, contrôlés par le verbe, la rhétorique unissant genèse et apocalypse dans le bonheur de nommer, de remettre en jeu le poème et son poète, la nature et le corps, les molécules – incessants paradoxes porteurs de tumultes, de contradictions, de germes et de défis, sans oublier des minerais de pensée sauvage, tout cela qui roule et court, halète, affirme ou nie, crée une jeune vérité sur le fumier des vieux mensonges, s'établit sur un fonds de culture violentée dans la dérision et la déraison de l'histoire. Il dit : « Je dois (mal rédigé) m'écrire avant d'écrire » ou « Je dois (tricheur) vibrer d'une extase sceptique » et encore : « Si j'avais à choisir un vertige, je voudrais être précolombien : histoire d'échapper à la Grèce, à Malherbe et aux Pharaons. » Et l'on voit l'onagre et l'okapi devenir mots-idées, le vocabulaire un animal, chaque mot se parant des prestiges du concret et de l'abstrait, l'art étant de rendre interchangeables les éléments d'un royaume cosmique allégrement inventé, et, dans quelque hauteur mythique le dieu absent, la tentation hautaine de la grâce devenue la sœur du doute. Difficile d'en parler quand on n'est pas soi-même cette entité de livre en livre enrichie : le Poème.

Je, Alain Bosquet...

Né en 1919 à Odessa, Anatole Bisk qui serait Alain Bosquet, connut une enfance et une jeunesse nomades. Son père, Alexandre Bisk né à Kiev en 1884, voyagea durant une jeunesse dorée de fils d'industriel d'une université à l'autre. Ce poète connut Henri de Régnier, Rilke dont il sera le premier traducteur. Auteur de deux livres de poèmes, condamné à mort à la Révolution, il prend le chemin de l'exil pour la Bulgarie tout d'abord, à Varna, puis à Sofia, avant l'installation à Bruxelles où l'enfant Alain fera ses études. Plus tard, deux livres : *Une mère russe*, 1978, *Lettre à mon père qui aurait cent ans*, 1987, apporteront des témoignages sur les étapes d'une biographie peu ordinaire. De l'école communale à l'athénée, puis à l'Université libre de Bruxelles, Alain Bosquet fera de bonnes études et n'oubliera pas l'enseignement de Léo Moulin. Il a pour nom Anatole Bisque. En 1939, il dirige *Pylône*, une revue littéraire, avec José-André Lacour, où il publiera son premier livre : *Anthologie de poèmes inédits en Belgique*, 1940, qui engagera une polémique avec Charles Plisnier et Robert Poulet. En 1940, il rejoint l'armée belge à Montpellier avant d'être incorporé dans l'armée française, puis ce sera le départ pour les États-Unis avec des difficultés de parcours à Marseille, Oran, Casablanca, La Havane.

A New York, Robert Goffin lui confie le secrétariat de rédaction de *La Voix de la France* où il écrit des articles politiques et littéraires. Rencontre : André Breton. Découverte : l'œuvre de Saint-John Perse. Fréquentations : Marc Chagall, Fernand Léger, Jules Romains, Salvador Dali, etc. Correspondance : avec Jules Supervielle à Montevideo, Roger Caillois à Buenos Aires, Max-Pol Fouchet à Alger. Collaboration aux revues surréalistes : *VVV* d'André Breton, *View* de Charles-Henry Ford. Fondation d'une revue : *Hémisphères*, avec Yvan Goll. Premier recueil : *L'Image impardonnable*, 1942, que suivra *Syncopes*, 1943, alors que Bosquet sert dans l'armée américaine. Étapes : l'Irlande, l'Angleterre, la France en Normandie, puis à Versailles, l'Allemagne... Troisième recueil : *La Vie est clandestine*, 1945. Il fonde une revue interaliée : *Accord*, puis, en 1948, dirige avec Alexander Koval et Édouard Roditi une revue littéraire en langue allemande, *Das Lot*, que salue Gottfried Benn. Enfin, en 1951, il s'installe à Paris.

La vie active, trépidante, ne cessera jamais. Romans, poèmes, essais, traductions, Alain Bosquet, désormais connu sous ce nom, sera présent sur tous les fronts de la littérature, correspondra avec tous les grands de ce monde, animera des revues comme *L'VII* avec Roland Busselen, tant d'autres qu'on ne peut tout citer, traduira Bertolt Brecht, Merril Moore, Carl Sandburg, Conrad Atken, Vasko Popa, James Laughlin, Lawrence Durrell, Édouard Roditi, les *89 poètes américains contre la guerre au Vietnam*, 1967, et quelques dizaines d'autres comme il sera lui-même traduit en vingt langues. Il est critique d'art et critique littéraire en des centaines d'articles, il a des rencontres orageuses comme avec Aragon, André Breton, Ionesco, des inimitiés : Char, Jouve, Ponge, des guerres et des réconciliations, mais aussi beaucoup d'amitiés. Ce n'est pas un homme de tout repos : il ne cesse de remettre toutes choses en question, y compris lui-même. Il y aurait de quoi faire des romans avec son propre personnage mais il se charge de les écrire.

Une bibliographie complète demanderait tout un volume. Signalons : *Alain Bosquet* par une centaine d'écrivains, présentation par Hubert Juin, 1979, *Alain Bosquet*, par Charles Le Quintrec, « Poètes d'aujourd'hui », 1964. Pour ses poèmes, deux ensembles : *Poèmes, un (1945-1967)*, 1979, *Poèmes, deux (1970-1974)*, 1980, et depuis *Sonnets pour une fin de siècle*, 1980, *Un jour après la vie*, 1984, *Alain Bosquet, un poète*, 1985, *Le Tourment de*

Dieu, 1986. Plus de vingt livres de poèmes. Nombreux essais : dans « Poètes d'aujourd'hui », *Saint-John Perse, Emily Dickinson, Pierre Emmanuel, Robert Goffin, Roger Caillois, Robert Sabatier*, à quoi s'ajoutent des études sur Walt Whitman ou Marcel Arland, sans oublier de nombreux peintres, des livres polémiques et surtout *Verbe et vertige*. « Situations de la poésie », 1961, étude des rapports entre la poésie et les états de la connaissance qu'elle annexe. Une anthologie : *La Poésie française depuis 1950*, 1979, et plus de dix autres sur la poésie française en Belgique, au Canada, en Roumanie, aux États-Unis, etc. Enfin, depuis *La Grande Éclipse*, 1952, près de vingt romans ou récits.

Voici mon sang d'homme rageur.

La sensibilité du poète est née du surréalisme, surtout de l'écriture automatique, dont il faut faire oublier le laisser-aller pour l'inscrire dans une formulation concrète, achevée, cohérente. Que le vers soit donné par les dieux ou par l'imagination, le même travail s'opère, on trouve un nouveau regard sur les rapports interdépendants du créateur et de l'œuvre : « Le poème écrit son poète », sur les pouvoirs du langage : « Des mots, des mots ont pris la place de ma chair », car jamais le poète n'oublie la machinerie, la poétique, qui est au cœur de chaque œuvre et en accompagne le fonctionnement.

Le scepticisme profond s'exprime mais recule devant l'émerveillement cosmique, la plante carnivore ou l'animal, le minéral se confondant comme le destin de l'objet avec le destin humain. Le corps physique et les éléments deviennent matière interchangeable, de même que l'homme et son langage ne sont qu'un être quand on réinvente la genèse :

> Ici naquit le rire. Ici naquit
> la parole de l'arbre. Ici naquit
> le geste du silex. Ici naquit
> le doute minéral, puis le mensonge
> qui dort dans l'intestin de la montagne.
> Ici naquit le rêve du squelette,
> puis le premier amour de l'araignée
> pour le ciel veuf. Ici naquit l'effort
> des choses vers la femme et des objets
> vers l'homme. Ici mourut, soudain comprise
> et déjà dépassée, la race humaine.

Dans les premiers recueils : *L'Image impardonnable*, 1942, *Syncopes*, 1943, *La Vie est clandestine*, 1945, *A la mémoire de ma planète*, 1948, *Langue morte*, 1951, *Quel royaume oublié?*, 1955, des poèmes du temps de guerre à l'élargissement cosmique, on voit se préciser un langage et une pensée. Certaines formes ne sont pas éloignées de celles utilisées par Jean-Baptiste Rousseau, puis Paul Valéry, et il restera toujours du classique chez Bosquet :

> Présente-moi cette inconnue
> que tu deviens toutes les fois

> que mon poème s'insinue
> comme un insecte entre tes doigts,
> change tes seins en hirondelles
> et te partage avec les loups.
> M'appartiens-tu, femme rebelle
> qui prends la forme d'un caillou?

Nous le trouverons souvent plus proche de la fable de Jules Supervielle que des surréalistes :

> Cet arbre un jour est arrivé sur notre paume,
> d'un monde si secret, d'un si lointain royaume,
> que nous ne sûmes pas comment l'apprivoiser.

Le poète est servi, dans le vers classique comme dans le vers libre, par une rhétorique nerveuse, dont il utilise toutes les figures, par un délié du texte qui l'arrache à la pesanteur, par une syntaxe caressée dans le sens du poil ou, au contraire, dressée à coups de trique. Ainsi les mots pour le dire semblent arriver aisément. Chaque poème traduit une métamorphose, mime un cataclysme, unit l'intelligent et le sensible, et va de la « douce terreur » à un testament provisoire qu'il faudra bientôt rédiger de nouveau, parfaire. Il faut beaucoup dire et se défier du discours, beaucoup signifier et ramener l'aphorisme à l'heureuse déraison poétique. On aime les images fulgurantes ou provocatrices, les éclairs qui traversent la phrase, l'inattendu devenu évidence, un certain dandysme satirique, un humour qui se moque de lui-même, des défis contradictoires. Si notre vie est en prose, il charge la métamorphose de la couronner, il célèbre ses noces avec le poème, flagelle au passage un faux poète en lui, oublie sa décadence et exprime son orgueil de démiurge, cultive une ignorance préalable dont le poème saura l'extraire. Il se dit « le pou » du poème quand les verbes sont antilopes ou l'azur manuscrit. L'idée de naissance revient où le poème est le père, le poète l'enfanté.

On le voit dans la suite des « testaments », à l'éclatement des concepts, aux menaces qui pèsent sur la planète, répond un besoin d'inventaire, de mise en ordre, de recherche de rapports nouveaux entre l'homme et les choses, entre l'individu et l'histoire. L'univers précaire est ce tout dont nous sommes parcelle ou poussière mais solidaires. Qui est qui? Et comment le savoir? Le poème se fait didactique à la manière des poètes du XVIe siècle, Scève ou Du Bartas. S'il n'y a pas réponse, si « tout s'écroule et tout meurt » le poète aura glané au passage « des fleurs légères » ou « des étoiles fanées », des mots qui prennent « la place de ma chair ».

> J'ai dit « pomme » à la pomme; elle m'a dit « mensonge »;
> Et « vautour » au vautour qui n'a pas répondu.
> Dans mon livre, le soir, la comète s'allonge,
> Et l'amour n'est amour que douze fois relu.
>
> Mon corps est, lui aussi, un livre qu'il faut lire,
> Puisqu'on lit un genou comme on lit l'horizon.
> Vivre ou écrire, écrire ou vivre? Je soupire :

> Dans le verbe ma chair a trouvé sa raison.
> ....
> Je dis le mot « azur » : c'est ma sainte révolte.
> Je dis le mot « planète » et c'est mon désaccord
> Avec moi-même. Oh! que ma rage est désinvolte!
> C'est du mot que j'attends l'excuse de mon corps.

L'objet, la solitude, l'amour, le doute, la grâce, l'approche de la mort du siècle lui dicteront des suites de poèmes en vers libres ou classiques dans des formes comme le sonnet d'un étrange baroquisme discursif formant un journal intime violent et vociférant ou bien angélique et ingénu s'ouvrant au quotidien et à l'anecdotique dans un climat pessimiste, ironique et plein de défis à la civilisation ou aux modes littéraires.

Partout, Alain Bosquet, derrière ses masques, traduit une philosophie du désespoir, de l'angoisse postatomique. Au désordre absurde mais grandiose de l'univers, le poème a charge de répondre en reprenant les mots qui le traduisent dans la transmutation du merveilleux en de magiques avatars. Devant la douleur, plus que le cri, il jette le défi du langage et prend de vitesse l'événement. La poésie, si elle n'est pas salvatrice, permet de rendre le néant habitable. Il y a cette idée d'un suicide différé, mais ici, c'est la naissance du poème qui perpétue la grâce de vivre. *Le Tourment de Dieu*, 1986, c'est la tentation et la résistance de l'athée : « Je suis un athée bousculé par la mystique. » Mais « A-t-on le droit de se dire croyant – loin des dogmes et des prières – par intermittence? » Aux approches du grand âge, la question éternelle se pose, mais là encore on aboutit au Poème comme Mallarmé voulait aboutir au Livre. On fragmente Dieu, on le fait parler, on offre un credo provisoire, on parle d'un désarroi heureux ou on recherche son identité. C'est un livre du doute et de la grâce, une reprise de tous les anciens thèmes sous un nouvel éclairage et encore apparaît l'idée d'inventaire en vue d'un testament.

Alain Bosquet n'a jamais cessé d'interroger les éléments qui composent la vie multiple, les événements, la mémoire ou le siècle, dont sa poésie traduit les déchirures et dont elle est le reflet impuissant, autrement que par l'émerveillement de la nomination et la création de nouveaux rapports entre les choses visibles. Miguel Angel Asturias définit cette poésie comme « La parodie originale de l'homme vivant, au milieu des océans d'antilopes devenues folles. » Lawrence Durrell parle d'une « œuvre gnomique et puissante », Roger Caillois de fougue et d'audace. On pourrait dire : dans la familiarité cosmique, cette poésie est née du bon usage de la blessure, elle restera comme le témoignage du siècle où toutes choses se repensent. Dans les miroirs conjugués de la vérité et du mensonge qu'ils soient de l'art ou de la vie, du verbe et de la chair, de la raison logique et de l'imagination débridée, ne trouve-t-on pas une synthèse des éléments qui divisent et font éclater notre temps?

2

Lorand Gaspar

La poésie de Lorand Gaspar (né en 1925) trouve sa naissance dans la géographie et la géologie de la planète, dans son présent et dans son histoire, dans ses civilisations, dans les exils et les implantations, les germes. Elle est la quête difficile et ardente d'un merveilleux raréfié dans le monde moderne, qu'il faut extraire de l'aridité pour le nommer, lui offrir un corps verbal parmi les états d'âme qui l'inspirent. Il faut pour cela unir l'action et la méditation, le mouvement et l'immobilité, l'obscur et le lumineux, le mutisme et la parole, et trouver les correspondances entre désert réel et désert intérieur, entre le paysage et le poème sur la page.

Lorand Gaspar est né en Transylvanie (Hongrie) et c'est là qu'il fit ses premières études (il est aussi l'auteur de textes en hongrois). A dix-huit ans, il fut mobilisé et envoyé sur le front russe. Déporté en Allemagne, il s'évade d'un camp et rejoint Paris après « une promenade de 400 km ». Là, dès 1946, il fait médecine, est naturalisé français en 1950. Il sera tout d'abord chirurgien aux hôpitaux français de Bethléem et de Jérusalem, puis à Tunis. Au cours de nombreux voyages, il découvre l'Égée, Patmos, l'Asie centrale, le Hoggar, les déserts de Judée, les lieux de l'histoire sainte, et son œuvre poétique est marquée par ces paysages, ces obsédants déserts, ce monde minéral, par leur civilisation, ouvrages bibliques, œuvres littéraires, historiques, géographiques, scientifiques du Moyen Âge arabe. Il est l'auteur d'une *Histoire de la Palestine*, 1968, de *Palestine, année zéro*, 1970. Rien ne lui semble étranger : rapports entre la science et la poésie, observations médicales, autres littératures, peinture, religion...

Ses principales œuvres poétiques sont *Le Quatrième État de la matière*, 1966, *Gisements*, 1968, *Sol absolu*, 1972, *Corps corrosifs*, 1978, *Amandiers*, 1980, *Égée suivi de Judée*, 1980, *Genèse*, 1981, *Sol absolu et autres textes*, 1982, *Sefar*, 1983, et en prose *Approche de la parole*, 1978, *Journaux de voyage*, 1985, *Feuilles d'observation*, 1986. S'ajoutent de nombreuses traductions dont celles de Georges Séféris, Rilke, Janos Pilinszky, D.H. Lawrence, Constantin Cavafy, György Somlyo et d'autres poètes hongrois.

Revivre dans les gisements d'un regard qui se lève.

Lorand Gaspar met beaucoup de soin dans la présentation typographique de ses livres. Tantôt les poèmes se détachent en gros caractères sur le haut de la page, tantôt de savants dégradés, des espaces entre les lettres, l'emploi de petites capitales font de la page une partition musicale, tantôt le poème s'inscrit plus classiquement en caractères romains ou en capitales. Rien n'est fait au hasard et cela correspond à une extrême attention de la parole. Il faut ce soin pour des poèmes d'une grande beauté.

Il utilise toutes les ressources de la syntaxe, que ce soit dans le poème, la méditation, l'approche scientifique, la note ou l'anecdote signifiante. Nous citons des lignes d'Yves Leclair car elles sont un raccourci heureux pour définir le poète : « ...ce praticien des espaces fuyants − géologue, minéralogiste, naturaliste, biologiste, paléographe, historien tout à la fois... − applique son stéthoscope sur le corps nu et poussiéreux de la Terre-mère, scrute la parole qui flue dans les sables du devenir, pour retenir dans le creuset des pages la multiple quintessence de l'œuvre à venir, et attiser sous les cendres de la mémoire notre identité cosmique... » C'est bien « une écriture à feu doux que sapent les millénaires » :

> Nos rivières ont pris feu!
> Un oiseau parfois lisse la lumière
> Ici il fait tard.
> Nous irons par l'autre bout des choses
> Explorer la face claire de la nuit.

Comme ses feuilles d'observation poétiques et cliniques sur les patients, ses poèmes explorent les espaces nus, cherchent les luminosités, les courants secrets qui vont du minéral à l'homme, les nuances révélatrices de gisements. La dureté minérale est traduite en mots sans laconisme, avec densité et un lyrisme fondé sur l'ellipse qui lui paraît contraire mais lui apporte sa valeur. C'est, sans aridité mais avec netteté, la poésie de l'aride. Lorand Gaspar écrit : « L'absence est éloquente : on apprend à parler aux pierres. La moindre nervure, la moindre arête nous écrivent, nous dévoilent... » Nous insistons sur l'originalité absolue de cet art rigoureux.

Comme chez Alain Bosquet, l'homme est assimilé aux éléments mais ici sans désinvolure et fantaisie surréelle, avec le regard d'un homme qui unit science et poésie, qui applique des observations de nature au langage poétique. Un regard vers les lointains de la mémoire ou les profondeurs célestes élargit l'horizon vers l'imaginaire, le rêve du futur, la Joie apparaissant souvent dans le poème au goût d'éternel :

> Au bout de millénaires de marche dans l'insomnie
> dans l'exigeante pureté du premier matin sur terre
> − s'en souviendra ma bouche remplie de calcaires coquilliers
> et chaque matin nous leva dans son odeur de pain
> chauffé sur la pierre de ce vide immense
> aussi traversâmes-nous Sour, Ethâm, Gifâr
> portant nos poumons à bout de bras en flammes

> offrande pour l'augure.
> Ce soir sans faille enfin, ah, ne t'endors pas!
> tu pourrais réveiller l'antique lumière.

Il a cette distance et cette hauteur de vue qui font le prix des œuvres de Saint-John Perse. Il sait faire entrer une observation scientifique ou historique dans le poème sans briser son unité comme on le voit par exemple dans *Sol absolu* lorsqu'il décrit une variété de plantes ou d'arachnides, quand il relate une observation de Pline ou lorsque le poème apparaît comme feuille de route.

Il réunit ainsi des langages apparemment disparates ou antagonistes et la singularité est que science et poésie nous sont montrées inséparables, se fécondant mutuellement. Poésie de la science et science de la poésie, c'est là, comme l'observe Jean-Max Tixier, la « plus flagrante aventure de la conversion du langage ». A ce propos, il faut lire le numéro de la revue *Sud : Espaces de Lorand Gaspar*. Qui lit ce poète ne l'oubliera pas car il modifie la vision courante de l'univers en la rejoignant dans sa vérité lumineuse sous le signe du grand art.

3

Hubert Juin

Hubert Loescher, dit Hubert Juin (1926-1987), originaire de Belgique, vint tôt en France et s'y fixa en compagnie de son ami Gérard Prévot. N'appartenant à aucune école, connaissant tout de la poésie passée et présente, le souffle lyrique qui anime sa création, s'il fait penser aux poètes du XIXe siècle, ne l'empêche pas de s'inscrire dans la modernité. Tout autant que la voix sait s'infléchir, ses sujets d'inspiration sont nombreux. La générosité de la parole s'allie à celle des sentiments exprimés. Qu'il célèbre la femme, exprime ses nostalgies d'un hameau, offre aux poètes de tous pays un chant fraternel, qu'il s'indigne devant les injustices et se montre poète responsable, engagé, combattant, le poème s'enfièvre, se déploie en forme d'épopée sans jamais céder à la facilité. Qu'il écrive en longs vers, en versets, en prose, chaque séquence offre une qualité constante : pas de phrase qui ne contienne une forte charge d'animation poétique. Il peut prendre de la distance, de la hauteur pour transcender le présent, situer les choses dans un temps éternel ou rejoindre la fiction et l'anticipation et se montrer humble devant la vie simple et quotidienne, à l'image de son époque qui unit des contradictions complémentaires.

Poète, romancier, critique de littérature et d'art, biographe, historien, l'œuvre est vaste. Ses principales œuvres poétiques : *Le Livre des déserts*, 1957, *Quatre Poèmes*, 1958, *Le Voyage de l'arbre*, 1960, *La Pierre aveugle*, 1961, *Les Terrasses de jade*, 1961, *Chants profonds*, 1962, *L'Animalier*, 1967, *Un soleil rouge*, 1967, *Dessins de la mise à nu*, 1971, *Le Cinquième Poème*, 1971, *L'Automne à Lacaud*, 1972, *Les Trois Arbres*, 1972, *Les Guerriers du Chalco*, 1976, *Le Rouge des loups*, 1981, *Les Visages du fleuve*, 1984, et, enfin, un livre important et non point posthume, *La Destruction des remparts*, 1987, dont il reçut, grâce à la diligence de son éditeur Pierre Belfond, les premiers exemplaires peu avant sa mort. C'est là un de ses livres les plus forts, un lieu d'épopée philosophique et cosmique où tous les thèmes de Juin se rejoignent dans le plus animé et le plus vaste des desseins portés par un chant digne des plus grands poètes de tous temps.

Dans la plupart de ses romans, le lieu de sa naissance est la principale source d'inspiration. Sa chronique d'un hameau et de ses habitants est un mode d'investigation des êtres, situé dans un microcosme : *Le Chaperon rouge*, 1963, *Le Repas chez Marguerite*, 1966, *Les Trois Cousines*, 1968, etc. Le monde de l'enfance y apparaît tout comme dans nombre de recueils de poèmes. C'est, à partir d'autres lieux, une constante recherche du temps perdu et retrouvé. L'œuvre critique est considérable. Des livres sont consacrés à *Pouchkine, Aimé Césaire, Léon Bloy, Joë Bousquet, Charles Van Lerberghe, Charles Nodier, Barbey d'Aurevilly, André Hardellet*, aux *Écrivains de l'avant-siècle*, à ceux du XIXe siècle, y compris sa monumentale biographie critique de *Victor Hugo*. S'ajoutent de nombreux essais, préfaces, articles, du *Monde* à la *Quinzaine littéraire*, au *Magazine littéraire*, etc., et les livres du critique d'art. De nombreux ouvrages sont consacrés à son œuvre et à sa personnalité. Citons ceux de Camille Lecrique, Jean Mergeai, Gilles Costaz et Guy Denis, auteur d'un *Hubert Juin* dans « Poètes d'aujourd'hui ».

Tout est paysage et distance.

Homme d'aujourd'hui, mais aussi d'hier et de demain, homme d'ici mais de tous les ailleurs, Hubert Juin n'est ni un exilé ni un déraciné, il porte son lieu de naissance en lui, il le porte à travers ses voyages, ses errances, ses évasions dans un monde qui n'est pas trop grand pour lui. Comme il dévore l'espace, il est atteint d'une énorme boulimie de mots et il les inclut dans une vaste orchestration baroque. Pour lui, « écrire bref, ce n'est plus écrire », il a besoin du plus grand vocabulaire, de sons, de sens, il rameute les mots pour réinventer le monde, il offre son interprétation, son instrumentation avec l'arbre, l'homme, le bestiaire, les noms des êtres et des lieux. Comme Victor Hugo, il a charge de rassembler, d'être spectateur et visionnaire, de créer des méandres pour mieux se retrouver tel qu'en lui-même, de dispenser sa force et son optimisme, de brandir le réel, de saluer l'utopie, de pétrir la pâte universelle, de tenter l'aventure, de peindre à fresque, d'aller plus loin, de bondir :

> Nous sommes dans ce jour où le cheval bleu
> De la poésie agite sa crinière longue et bondit par-dessus les haies...

Sans cesse, comme le dit si bien Guy Denis : « Abondance ! Le poème passe mes bornes, déborde, sa marée démontée fracasse les instruments et les murailles. L'océan désigne la multitude sans cesse recommencée, l'infini du gouffre... » Et quand Juin parle de la Femme, il la multiplie, il ne cesse de jeter formules et métaphores, il est le maître d'un verbe intarissable. La Femme est partout dans son œuvre, du poème de retour au pays natal à l'œuvre politique, en tous chants, en tous lieux. Tout le vocabulaire de l'amour, de l'érotisme, de la sensualité, de l'élégie, du blason, de la légende, de la féerie, du paganisme, de la mythologie, de l'histoire, de la vénération quasi religieuse, du réalisme, du naturalisme, est convoqué pour les fêtes baroques d'une imagerie sans fin. Elle est la nature, la terre mère de la création, en elle tout s'enracine, elle est l'objet de l'amour païen, de l'amour courtois, de la sexualité brûlante : « A deux genoux, prie, poème égaré, devant l'autel humide de la femme. »

Le pays wallon est présent en toute aventure, en tout champ de conquête. La femme, la nature, telles qu'on les retrouve par exemple dans un dialogue de poèmes avec Marc Baronheid : *D'un pays, le même*, 1980, émouvante rencontre de deux voix, de deux générations. Et toujours, dans le verbe, l'hommage aux mots :

> Personne ne dit pour moi les mots en moi qui battent,
> et c'est mon cœur : une parole qui s'en va vers la mort
> à belles dents de chanson un peu folle, insouciante du repentir,
> du retour oublieuse, toujours présente, avec les héros du rêve
> qui parent dans le noir. L'oublieux écheveau du poème
> qui va son train, menant ses chiens dedans les haies et
> frappant d'impatience le chêne-liège et l'yeuse chevelue.

Homme d'ailleurs, de partout, Hubert Juin a exploré dans un de ses plus grands livres, *Les Guerriers du Chalco*, deux mondes unis : celui des fantasmes et celui des événements historiques, en usant de la plus intense rhétorique, en convoquant une fois de plus la nature végétale et le corps féminin. Ce poème qu'on peut dire hugolien par son ampleur s'appuie sur la mythologie, l'histoire d'hier et celle d'aujourd'hui, devient un chant en hommage à la collectivité des poètes en lutte comme Yannis Ritsos, Pablo Neruda et José Lezama Lima. Parmi les soubresauts du siècle, une haute parole, une parole passionnée retentit.

Les poèmes d'Hubert Juin, à contre-courant des tendances vers le silence qui sont le lot de poètes d'aujourd'hui, s'inscrivent aussi bien dans la modernité – en ce sens qu'il crée son langage et ses routes, qu'il y a discours et non didactisme, recherche constante et jamais imitation. Aventurier, il ouvre de nouvelles voies royales.

4

Pierre Dalle Nogare

La création de Pierre Dalle Nogare (1934-1984) est celle d'un homme placé entre la réalité tangible de l'univers et son absence de sens. Chaque fragment d'un cosmos éclaté apporte son écho, l'usure dissipe l'harmonie mensongère, le poème est le seul recours permettant à l'être de construire sa demeure. Elle est celle du corps physique, porteur d'une mémoire, du corps qui parle de son tréfonds. Le poète éprouve l'impression d'un retour comme s'il revivait une vie déjà éprouvée par lui-même ou son double. L'homme, mal dans sa peau, se rêve pierre ou caillou. Il a besoin de se redéfinir et de redéfinir autrui. Pour cela, il a recours à la perfection dans la forme, la structure. Il n'a oublié ni Rimbaud ni les richesses du surréalisme. L'être étant soumis aux métamorphoses, il en cherche les formes, tente de se reconstruire, d'échapper aux servitudes humaines, de changer sa vie par le poème. L'érotisme est une des voies : il voit la peur et la jouissance comme des approches de la fascinante mort. Il erre aux confins de l'indicible, interroge le minéral qui s'apparente à la forme future, définitive, le squelette. Cette expérience extrême fait le prix d'une poésie d'authentique recherche.

Pierre Dalle Nogare a publié *Nerfs*, 1954, *Cellules*, 1958, *L'Autre Hier*, 1963, *Hauts-fonds*, 1967, *Corps imaginaire*, 1970, *Motrice*, 1970, *Mémoire d'autre*, 1972, *Double lointain*, 1975, *Récits des images*, 1977, *Érosion, usure*, 1977, *Mal être*, 1985, *Voies blanches*, 1987. Il a écrit en collaboration avec Marie-Claire Bancquart un oratorio mis en musique par Alain Bancquart, *Pour un espace de l'amour*, 1974, écrit des récits et une pièce de théâtre, *Les Gus*, 1958. Il exerça le métier de correcteur dans l'édition.

Je passe ma vie à errer près de ma tombe.

Cette élucidation du sens de la vie a fait rapprocher Dalle Nogare d'Artaud, de Hölderlin et de Jouve, les maîtres d'une écriture d'ascèse, d'une vérité existentielle. Chaque poème apporte une voix raffinée et violente, à la recherche d'une certitude dans un univers incertain, où tout se dérobe, où la mort est la « seule promesse tenue ». On ne peut lire sans ressentir un choc, un bouleversement, une charge brutale de lucidité. Il dit : « Tu détruis ta force / A vouloir l'exprimer : / L'univers est résistance / Et le poème / La voie pour tenter de briser / Le mutisme des choses... » Il soumet l'être, le « je », le « moi », le « tu » ou le « nous » à une sorte de torsion où, comme l'écrit Alain Bosquet, « métaphysique et psychanalyse connaissent de furieuses noces ». Loin des exils, tentatives d'enracinement :

> Demain
> Je vais construire une maison
> Dans mes nerfs :
> Me servir de bras et jambes
> Ventres et organes
> Pour édifier
> mon lieu

Interrogation cosmique, retour à la matière, au magma, au chaos, ontologie :

> De l'Un au Tout
> Tu es seul
> Devant la cendre et l'étoile
> Demeure
> Dans le domaine de l'océan
> Et parle avec le poisson
> De la terre et du ciel
> Dis à la vague
> Que l'homme
> Est une forme qui se voûte
> Et que la femme
> Dans son ventre
> Porte l'écume et le sel

A ses débuts, Dalle Nogare parlait de « s'apparenter au tumulte des circonstances », et, plus tard, cet homme de la vérité nue, déchirée, écrivait : « Tu es saturé de toi / De la horde des mots / Que nul cri ne déchire... » Chaque livre, sans se fonder sur un thème unique, a son unité. Tentatives de rassemblement du temps dans l'instant, affrontements du corps minéralisé dans le non-être avec l'horizon élargi du cosmos, recherches quasi ésotériques du « Je », recherche de soi parmi les doubles et apparentement du corps et des mots. Des fantasmes naissent de la mémoire qui engendre la solitude avec les processions du sacré et les images de la souillure quand l'homme apparaît comme une image de la création manquée, ce qui fait le prix d'*Érosion, usure*, un des beaux livres d'une œuvre où rien n'est inférieur. Le chant peut être grandiose et bouleversant : « Tu es l'intrus dans ton visage / Une image de l'homme / Qui erre dans les abysses / Avec pour mémoire / L'invisible et le perdu... » Une prose somptueuse se mêle au poème dans *Mal être*. C'est là que le désespoir est source de beauté, que la noblesse et la hauteur de la pensée offrent au corps périssable sa survie dans la mémoire des hommes. Il n'est pas sûr qu'on ait bien mesuré l'importance de Pierre Dalle Nogare. Cronos, Éros, Thanatos, de la chair vive à la pétrification, du mal du siècle au mal éternel de l'homme, le poète offre une vision totale, matérielle, loin des vagues idéalismes par des poèmes durs comme des fragments de roche, douloureux comme des fragments de lui-même. De la difficulté d'être à la plus intérieure des élucidations, le poète brûle sa vie, poème à poème, au plus près de l'indicible et de l'inaccessible vérité. Entre le vertige et la paix des mots, entre la métamorphose et l'invention d'autres mémoires, il a su voir au-delà des apparences, explorer et approcher le mystère – la plus haute tâche du poète.

5

Henry Bauchau

Plus qu'un art poétique, le texte qui suit l'édition de la *Poésie* de Bauchau, intitulé « Dépendance amoureuse du poème », est une confidence sensible, une voix qui surprend la naissance du poème. C'est la meilleure introduction à sa poésie. On lit :

> Survient un son, un rythme, une image, une intuition et j'ai soudain le désir, l'espérance d'écrire un poème. Je ne sais d'où viennent ces impressions inattendues, je vois seulement qu'elles sont en mouvement et que pour les retenir je dois me faire mouvant comme elles. Je m'avance dans la pesanteur et la limpidité des mots, j'entre dans leur jeu. J'entrevois que si je parviens à quitter mes chemins battus je pourrai, par attirances et dissociations, assonances et dissonances, découvrir entre eux des convenances et des ruptures qui me sont encore étrangères.
> Je me sens guidé par un rythme d'abord confus mais auquel je dois me conformer, par un son de voix que je reconnais peu à peu pour le mien lorsque j'ai la fermeté suffisante pour l'attendre et pour l'écouter.
> C'est un moment de bonheur où je communique avec une profondeur, avec un passé, tout en me dirigeant, de façon imprécise mais certaine, en avant.

En accord avec l'univers pris dans sa matérialité minérale et végétale, bientôt traduit dans la spiritualité du poète, Henry Bauchau trouve naturellement la plus haute musique, un ton de noblesse, de rituel ou de cérémonial sans la moindre emphase, en unissant les mots les plus simples. La beauté du poème vient de l'agencement de la phrase, de la hauteur de vue, de l'ampleur des thèmes, de la scansion, d'un recul respectueux devant le mystère. Il s'agit d'un art tel que purent le concevoir un Jules Romains aux heures de l'unanimisme, un Claudel ou un Segalen devant l'Orient, un Saint-John Perse. Les forces obscures du Bien et du Mal, les appétits de conquête, une ambition pour l'homme et le poème, le recours aux mythes, aux légendes, à l'histoire, l'interrogation des profondeurs, une vision psychanalytique et cosmique situent Bauchau parmi ceux qui attendent du poème révélation, peut-être rédemption. Au plus haut des ambitions de son art, par-delà le désir, la noblesse de l'allure, il nous touche par cette sensibilité, cette sensualité, ce frémissement qui parcourent la phrase, par l'emploi naturel de la langue.

Henry Bauchau (né en 1913) a vécu successivement en Belgique, en Suisse, en France. Il a fait carrière dans le droit, l'édition, l'enseignement, avant de se consacrer à la psychothérapie et à la psychanalyse. Il est l'auteur de deux romans : *La Déchirure*, 1966, *Le Régiment noir*, 1972, de pièces de théâtre : *Gengis Khan*, 1960, *La Machination*, 1969, d'un *Essai sur la vie de Mao Zedong*, 1982. Ses œuvres poétiques : *Géologie*, 1958, *L'Escalier bleu*, 1964, *La Pierre sans chagrin*, 1966, *La Dogana*, 1967, *Célébration*, 1972, *La Chine intérieure*, 1975, *La Sourde Oreille ou le rêve de Freud*, 1982, recueils réunis dans *Poésie 1950-1984*, 1986, avec des inédits : *La Mer est proche, Les Deux Antigone*.

J'écris le long du jour très vieux mes verbes lents.

Le vers est lyrique, il se déploie, il offre un souffle majestueux, il est alexandrin ou il est verset, parfois plus ramassé, plus succinct quand l'art du blason l'exige. Dès le début de l'œuvre, le ton est donné :

> Parfois je me réveille avec un goût d'écorce
> en bouche, un goût qui vient de la montée des sèves.
> Peut-être ai-je connu un grand bonheur là-haut
> et dormi dans la cérémonie des branchages
> quand se faisait l'accouplement des eaux du ciel
> après l'hiver velu dans le tronc maternel.

Comment exprimer la richesse des ensembles ? « Géologie, Caste des guerriers, Tombeaux pour des archers, Chants pour entrer dans la ville... » nous ferons parcourir tant de lieux ! Les chevaux de la mer montés par les Vikings, « la caste sans pitié » pour les enfants, les chansons des pleureuses de Babylone ou la voix des Mongols bleus retentissent dans la mémoire, espace et histoire. Tout devient cérémonial, du supplice de Prométhée « où Éros et la mort font l'amour et la guerre et la nuit » aux heures d'une Europe de l'ennui. La maison du Temps, pièce par pièce, meubles, volières, jardin, restes d'enfance, cette demeure est celle où le poème naît du poème, où se réinvente dans le lieu banal la réalité d'une existence en passé et en présent. Célébration, incantation pour de hautes figures tel ce corsaire : « Je fais la guerre à Dieu, tout seul. » Le besoin de serrer le poème parfois :

> J'entends
> tomber sans bruit
> la neige
> de janvier
> J'écoute
> ce que je suis
> dans les milliards
> de cellules
> qui me connaissent
> et que j'ignore

ou, au contraire, de le laisser s'étendre dans une large respiration comme le faisaient Cendrars ou Apollinaire :

Tu es dans le train qui vient de Milan, il est plein d'Italiens qui sont gais et qui
parlent d'eux-mêmes.
Par la fenêtre on voit couler un pays blanc et tu lis des hebdomadaires.
Tu as peut-être en toi des cellules qui savent mais tu n'entends que par intermittence.
Tu tressailles au fracas lumineux d'un rapide, comme toi il est rempli de pensées
qui s'ignorent...

Ce ton, fondé sur le « tu », on le retrouve dans *La Sourde Oreille*, poèmes fondés sur un rêve fait dans la jeunesse où le personnage de Freud était le personnage énigmatique. Une nouvelle naissance de ce rêve s'inscrit dans la recomposition d'une vie, lui apporte sa lumière dans l'obscurité de l'histoire et de l'avenir. C'est ici un Henry Bauchau onirique, psychologue de ses propres profondeurs, qui voyage dans ses espaces intérieurs, qui recompose son odyssée, se resitue dans les époques passées :

Tu penses à la révolution et tu revois les années trente, l'Europe barbelée,
Hitler, Prométhée noir
Qui surgissait, avec son masque barbouillé, de l'analité sans visage.
Tu espérais le lieu de la rencontre, la guerre était au rendez-vous
Et tu n'as rencontré ton improbable Dieu que de très loin,
   en poésie, mais le poème est en avant, bien en avant de toi et souvent tu le
   perds de vue...

Henry Bauchau écrit : « J'écris le poème de jour mais je sais par expérience qu'il se fait de nuit. C'est hors du travail de la conscience que se font les véritables rencontres, découvertes, assemblées et incendies de mots... » Ses poèmes sont ceux d'une double lumière, noire et blanche, troublants, côtoyant le fantastique de ce Paul Delvaux qui lui inspire des poèmes. Tout l'œuvre est une expérience d'écriture intérieure qui s'exprime dans la beauté, maison de l'être, maison intérieure, maison de l'éternité. D'une confrontation de l'être et de l'histoire, de l'homme de jour avec l'homme des profondeurs nocturnes, naît une présence spirituelle du sacré, celui de la mythologie, celui d'un ordre intérieur, celui de la marche des civilisations et des conquêtes, et cela avec une élégance souveraine :

> Comme un grand arbre nu, il avait cette grâce
> du soleil en exil. Et quelle écriture sévère
> pour élever le jour
> vers l'ouvrage de la gaieté
> Disant, ne disant rien : Nous sommes tous
> seigneurs, et nous pouvons entendre
> traversant le jardin sans murs
> celle qui est sans source et chante sans oiseaux.

6

Henri Pichette

Dès 1947, Henri Pichette fut considéré comme le poète le plus doué de sa génération, le plus ardent, à coup sûr le plus célèbre par des œuvres poétiques comme *Apoèmes*, 1947, *Le Point vélique*, 1950, et surtout ses pièces poétiques contre la guerre qui bouleversaient la dramaturgie, *Les Épiphanies* en 1948, *Nucléa* en 1952 qui firent au temps de Jean Vilar et de Gérard Philipe les grands jours du Théâtre national populaire. Plus tard, Pichette retravaillerait ses œuvres pour donner des éditions définitives des *Apoèmes*, 1979, des *Épiphanies*, 1969. D'autres titres seront *Les Revendications*, 1958, *Odes à chacun*, 1961, 1988, *Tombeau de Gérard Philipe*, 1961, *Dents de lait dents de loup*, 1962, *Poèmes offerts*, 1982. Parmi d'autres textes : *Rond-Point*, 1950, *Lettres Arc-en-ciel*, 1950. Pichette a enregistré sur disque *Une saison en enfer* d'Arthur Rimbaud et des textes de Pierre Teilhard de Chardin. S'ajoutent des extraits de livres édités en luxe avec souvent des illustrations de son frère James Pichette. Avant une tentative de montrer les œuvres, quelques indications biographiques sont nécessaires.

Harry Paul Pichette qui francisera son prénom en 1945 est né en 1924 à Châteauroux d'un père d'origine québécoise naturalisé américain et venu en France en 1917 avec le corps expéditionnaire américain et d'une mère nîmoise. Durant sa petite enfance, les activités de son père le conduiront de ville en ville, d'école en école, jusqu'au collège d'Eu en 1939 où il connut ses premières amourettes et même la situation du « Diable au corps ». En 1941, à Marseille, période « zazou », premiers poèmes. L'année suivante, F.F.I. puis 1re armée en Alsace. En 1945, mariage. Puis rencontre d'Eluard et d'Artaud l'année suivante. Il est alors l'ami de Gérard Philipe à qui il lit ses *Épiphanies* en cours de composition. Jusqu'en 1952, ce sont les plus belles heures de sa poésie et de son théâtre. A noter en 1956 sa réaction aux événements de Hongrie, en 1960 à la guerre d'Algérie. A partir de 1962, découverte du Québec et des poètes québécois comme Gaston Miron. Retour à une poésie individuelle mais longues périodes de silence. Depuis le début des années 70, mise en chantier du « Livre populaire et savant du Rougegorge familier », peu de livres, des lectures publiques parfois : « Peu après la brusque mort de Gérard Philipe, je pris le chemin intérieur qui devait longuement me conduire à une ultime retraite... Je me tins à une distance de plus en plus grande des turbulences de la politique et des miasmes dorés du monde littéraire... » Il aura à cœur de corriger les œuvres de sa haute époque. Une exposition en 1978 à la bibliothèque municipale de Pau, Guy Rohou en étant le conservateur. *Les Épiphanies* sont sorties dans Poésie/Gallimard avec une préface de Louis Roinet. Ainsi, en retrait, ce qui conduit parfois à le faire oublier des anthologistes, Henri Pichette, homme de conscience, plutôt que d'accumuler les œuvres préfère récrire celles de sa jeunesse pour aller vers sa vérité intérieure, car, passé les périodes de turbulence, découvrant Dieu, voulant lui offrir sa foi, son ardente flamme, dans la tradition de Léon Bloy, Charles Péguy, Georges Bernanos, il a trouvé en lui-même son fond le plus secret. Il y eut l'engagement politique, il y a l'engagement total en Dieu.

On n'oubliera pas cependant, tels qu'ils furent, tels que nous les reçûmes, ces moments de l'art de Pichette qui étonnèrent et émerveillèrent une génération. Ce fut une salve de poésie à nulle autre pareille, le point de rendez-vous des grandes époques : l'ordre racinien, la profondeur de Lautréamont, les colères de Victor Hugo, les vastes déploiements de Péguy et de Claudel, le feu rimbaldien, les explosions surréalistes se sont rejoints chez un jeune homme ardent, inspiré, chaleureux, iconoclaste, sachant mettre du cérémonial dans la révolte, unissant prose et poésie dans une vision cosmique, quasi religieuse, presque visionnaire, mais cet héritier avait sa propre voix, « ses propres couleurs, violentes, stridentes, saines et naturelles » (Jean Rousselot), une matière d'inspiration bien actuelle en rapport avec un temps de doute et d'angoisse, de grand remue-ménage des idées et des événements sociaux et politiques, au plus près de « l'âme collective des hommes » non loin du feu d'un William Blake, du sens de la poésie-éternité. Il savait que la poésie est métier, exigence, long travail, renouvellement en rapport avec l'histoire. Il pouvait épouser la plus vaste sensibilité, avoir le sens de la syncope, du raccourci, du discours, de l'explosion verbale, de l'image forte, de l'éclat, passant d'une faconde cyranesque à une discipline racinienne, de l'indignation du pamphlétaire à l'émerveillement de l'homme ébloui qui ne cesse de nommer, de dénombrer qu'il s'agisse du martyrologe des morts ou de la vie éclatante des vivants :

> Hommes, souvenez-vous des marches et des haltes.
> Hommes, la gorge en feu, nous bûmes aux fontaines.
> Hommes penchés dehors, les trains vous emportaient.
> Hommes, je vous revois offrir des roses rouges...

ou bien ces énumérations comme il en sera dans ses *Odes à chacun* :

> Dockers, coolies chinois, batteurs de tam-tam nègres,
> Chômeurs américains, caravaniers arabes,
> Iroquois peints sur des mustangs amadoués...

On le voit amoureux de cartes et d'estampes, s'enivrant d'un nouvel unanimisme. Il était bien le porte-parole d'une génération, celle des idéaux de la Résistance trahis par les financiers et les oppresseurs de toutes sortes. La profession de foi entrait dans le poème :

> *Reste la poésie, c'est-à-dire l'exposition de l'homme et toutes ses situations vitales* et puisque la poésie actuelle n'est que le jeu de macaques officiels ou de retardataires essoufflés, le fin du fin de la fumisterie, la courte échelle à la politique, la course aux louanges, etc., je serai apoète. Apoète aussi, sans doute, par souci d'expéditionner pour la zone voltaïque le no man's land et les sous-sols de la poésie telle qu'elle oxygène depuis toujours.

Cela n'allait pas sans quelque juvénile forfanterie, quelque aveuglement sur la poésie de son temps dans son ensemble mais qu'importe! naissait un désir d'authenticité que les œuvres prouvent. Nous le vîmes toujours excellent dans les proses :

> J'ai une activité de château et me détermine dans les poissons rouges et les faisans de son parc. J'y caresse les jeunes filles dangereuses du châtelain. Je donne à mes pierres de taille la vélocité de la mer. Je distribue l'ombre et la lumière à la serpe. Parfois je fais un compromis : réunion de vitraux et d'éclipses moindres. Les labyrinthes sont des plantes. Les plantes, des idées comme moi. L'histoire suit la sève qui suit la lune. Les âges vont par cuissées d'abeilles. Je suis rouge posé dans le coquelicot, mais après l'aéroport du bleuet, je crie « violet! » à tout le monde...

Rimbaud semblait revenu du Harrar avant que Pichette y retourne en compagnie d'un rouge-gorge. Et il donnait la main au grand frère Henri Michaux :

> Néanmoins, la vie sera élucidée.
> Car à vingt ans tu optes pour l'enthousiasme, tu vois rouge, tu ardes, tu arques, tu astres, tu happes, tu hampes, tu décliques, tu éclates, tu ébouriffes, tu bats en neige, tu rues dans les brancards, tu manifestes, tu lampionnes, tu arpentes la lune, tu bois le lait bourru le vin nouveau l'alcool irradiant...

Ne trouvait-on pas sans cesse ces jeux : « Je te tricote. Je t'ébouillante. Je te tuméfie... Je te tourne. Je te jugule. Je te questionne. Je te répète 100 000 fois la même goutte d'eau sur la tempe... » Toute une nouvelle génération, peu au courant des œuvres surréalistes s'enthousiasme, et il y avait de quoi. Claude Bonnefoy écrit : « Comme le héros des *Épiphanies*, Pichette est un poète nombreux, explosif et lyrique (*Apoèmes*), épique, engagé, militant montant en ligne (*Les Revendications*), intime, limpide, enraciné dans la grande tradition française (*Odes à chacun*). » Pichette veut transformer le monde, chanter l'*Évolution de la Révolution :*

> C'est en ce sens que la Poésie
> est faim et soif, goût de vivre,
> obligation, terre à terre
> ou ciel des âges ;
> qu'elle est pratique et stimulante,
> entraînante comme une marche,
> convaincante comme un plaidoyer,
> influente comme un astre ;

> qu'elle est cousue à la philosophie,
> imbriquée avec le roman quotidien,
> inhérente à l'histoire,
> pulsatrice au cœur de l'épopée ;
> qu'elle est l'âme collective des hommes,
> la présure de leur union,
> le ciment de leur solidarité,
> la chair même de leur espoir au monde.

Dans ses œuvres poétiques et théâtrales, Pichette apparaît comme un prince de la métaphore éclatée héritée du premier surréalisme. Riche d'imagination verbale, de rythmes frappants, il met du charme dans l'agressivité, de la jeunesse dans la révolte, des colorations subtiles dans l'érotisme. Il sait unir une spiritualité nouvelle et des idées révolutionnaires. Il manie aussi bien le vers libre, la prose et l'alexandrin hérité de Rostand et de Hugo. Il a forcé l'admiration des plus difficiles comme Jean Paris (bien qu'il émette des réserves sur l'évolution du poète), comme Gaëtan Picon qui écrit : « Voici un poète qui engage l'homme entier dans sa poésie et la poésie entière dans chaque parole : une conscience et un verbe l'un sur l'autre crucifiés. » Se souviendra-t-on, en 1968, qu'il fut le premier, dans *Nucléa*, à lancer le slogan : « Faites l'amour, pas la guerre » ? Pour cela et tant de trouvailles (« On a oblitéré les chardonnerets »), pour de belles années qui comptent dans l'histoire du théâtre, celle du T.N.P. dont il partageait les destinées, dans l'histoire de la poésie de l'après-guerre, dans l'histoire de la sensibilité révolutionnaire, il faut saluer Henri Pichette. Nous étonnera-t-il encore? Le futur Rougegorge est-il plus que ce qu'il laisse imaginer? Quoi qu'il en soit, Pichette représente un moment d'enthousiasme et d'espoir. « En somme, écrit Louis Roinet, ce Poète, c'est le jeune homme, le funambule, l'ingouvernable, le briseur de glace et de portes de prison... »

La nouvelle édition de ses *Odes à chacun*, 1988, montre le souci de l'œuvre durable de Pichette. Il s'agit de poète « voulant faire chef-d'œuvre en digne compagnon », comme le rappelle Alain Rey, le directeur littéraire des dictionnaires Robert, émerveillé par « les trésors amassés par les siècles de verbe » qui se donnent rendez-vous dans cette œuvre. Il dit Pichette « seul poète médiéval qui soit notre contemporain » et aussi qu'il « va droit à l'essentiel, qui est l'amour ». L'ouvrage est suivi d'une cinquantaine de pages d'un savant lexique : qu'un poète soit l'ami des dictionnaires a toujours été chose féconde.

7

Marc Alyn

IL pouvait encore arriver, dans les années 50, qu'un poète inconnu, par la voix de grands aînés, Aragon ou Mauriac, reçoive une rapide consécration. Cela arriva à un garçon de dix-sept ans venu de Reims, Marc-Alain Fécherolle, dit Marc Alyn (né en 1937) qui étonna en un temps postsurréaliste où une poésie fondée sur la linguistique, à moins que ne soit sur la contestation de la société consommatrice, ne s'était pas encore affirmée. Tout ce que souhaitaient les poètes se trouvait là : une fraîcheur chère aux admirateurs de Cadou, un enthousiasme, une joie, un souffle, un regard neuf sur le monde, une diction personnelle, une manière de contourner les réminiscences, d'aller au-devant des conquêtes. L'art était sans reproche, le travail du vers digne des grands artisans, la spontanéité allant de pair avec une prise de conscience des forces du langage. Le jeune poète alla jusqu'à dénoncer les errements de cette « poésie nationale » où Aragon entraînait les poètes vers un art pompier.

Il avait publié des plaquettes : *Chemin de la parole*, *Rien que vivre*, *Demain l'amour*, 1954, où Jean Breton dans une préface écrivait : « Poète impatient, inspiré, Marc Alyn fait éclater les images comme des grenades... » et le disait « ami de l'homme, guerrier tendre, camarade couvert de rosée ». Ne lisait-on pas :

> Je reste l'enfant aux yeux vagues
> toujours plongé dans un sac de rêves
> mains serrées sur la gorge frêle
> que lui tendait la vie pour venir boire en lui
>
> Je ne veux pas participer à cet inquiétant carnaval
> où les hommes se jouent l'un à l'autre la comédie du plus puissant...

Il publia ensuite *Liberté de voir*, 1956, *Le Temps des autres*, 1957, *Cruels divertissements*, 1957, des poèmes en prose où se déroulaient les étapes de sa jeune vie, de l'enfance à l'âge d'homme. Ainsi, à vingt ans, il avait donné toutes ses preuves. Il disait à la fois son besoin d'expression : « La parole me fut donnée / Pour retenir la terre ferme... » et ses craintes :

> Il pleut des plaies sur les bras tendus de la terre,
> Les volcans ouvrent des paupières étonnées
> A de curieuses caresses,
> Et l'on fourbit des armes quelque part
> Pour assassiner les oiseaux.

Intelligent, il sut échapper aux pièges de la notoriété, de la légende du jeune prodige et de ses lieux communs. Il quitta les lumières de la capitale pour un « exil émerveillé » dans le Midi afin de servir son art avec ascétisme. En plus de ses propres recueils, il publierait les autres, dirigeant par exemple la collection de poésie des éditions Flammarion, traduisant les poètes slovènes, donnant des pages critiques, publiant des essais. Ainsi dans « Poètes d'aujourd'hui », il est l'auteur de *François Mauriac, Dylan Thomas, Srecko Losovel, André de Richaud, Norge.* Il a écrit sur *Les Poètes du XVIe siècle, Gérard de Nerval, La Nouvelle Poésie française,* et publié un roman *Le Déplacement,* 1964, des ouvrages de critique d'art, de nombreuses traductions à ses Éditions Formes et Langages. Il est vrai qu'il avait même publié dans sa jeunesse une revue *Terre de feu.* Ajoutons *Le Grand Suppositoire,* entretiens avec Lawrence Durrell.

Depuis 1959, dans le domaine de sa poésie, nous trouvons *Brûler le feu,* 1959, *Délébiles,* 1962, *Nuit majeure,* 1968, *L'Oiseau-oracle,* 1970, *Infini au-delà,* 1972, *Douze Poèmes de l'été,* 1976, *Rêves secrets des Tarots,* 1984, *Poèmes pour notre amour,* 1985, sans oublier des poèmes pour enfants illustrés comme ses propres poèmes souvent par Claude Argelier.

Par-delà sa jeune gloire, simple, discret, Marc Alyn, sans se soucier des aspects extérieurs du monde littéraire et de ses modes, est allé, d'étape en étape, vers son approfondissement.

La Semence d'un livre où l'absolu respire...

Chacun des livres est un pas lui permettant d'accéder au mystère, d'exprimer l'indicible dans la clarté en mettant en œuvre les pouvoirs du langage. Il use des pouvoirs d'incantation d'une poésie d'un classicisme atténué en employant tous les mètres ou, s'il écrit en vers libres, a la même rigueur, la même contention, une certaine minutie quasi valéryenne. Il a pris du recul, il est allé au-delà des données de la spontanéité pour écrire comme on grave, de manière durable. L'univers qu'il contemple toujours l'étonne mais il prend à charge de le maîtriser, de le forcer dans ses demeures secrètes. De nouvelles clés lui ont été offertes : celles de la nature méridionale, celles d'un amour qui se mêle à la nature :

> Sais-tu que je t'écris avec des mirabelles
> Dont la rondeur sucrée a le goût de ta peau ?
> Qu'un sourire de toi contient plus d'hirondelles
> Qu'au coucher du soleil la buée bleue des eaux ?

Parfois, la parole en se resserrant devient précieuse car on veut trop dire en trop peu de mots, mais le plus souvent, c'est la clarté d'un chant qui se diversifie. Chaque poème tient compte des blancs, du silence, il est genèse d'un monde idéal. Nocturne ou solaire, il est rayonnant, « dans une inclination spontanée au mythe et à la merveille », comme écrit André Pieyre de Mandiargues, il a sa musique propre, son accentuation, sa tonalité. Il peut se définir par ses propres vers :

> Je n'invente rien, j'incante
> Sous la dictée, la contrainte
> D'un inconnu qui m'habite
> Et se repaît de mes craintes.

Le voisinage de la nature, des métiers artisanaux, des outils lui a fait donner au mot son rapport direct avec l'élément, la matière :

> Le mot argile, je le saisis par ses anses
> Et ma voix le modèle en forme de buée ;
> Un murmure de feu en fait jaillir la jarre
> Qui oscille entre soif, lèvres et transparence...

L'harmonieuse cadence le guide dans sa quête métaphysique. Il écrit : « Le poème ne s'adresse pas à l'homme social mais à la part profonde et nue en nous qui recèle quelque nostalgie de l'absolu » ou « Toute œuvre qui veut survivre à son créateur ne peut naître que d'une opposition totale au présent ». Ce sont là opinions qui peuvent faire bondir ses contemporains, ainsi Jean Breton qui s'indigna : « Ici est refusée par Marc Alyn — contrairement aux faits — la poésie de l'homme ordinaire, qui s'avance à tâtons vers le vrai, vers l'utile pour tous en exprimant son plus intime. Qui descend en lui-même pour retrouver autrui. Une poésie pour qui la fin du poème n'est pas automatiquement l'Esthétique ! » Cette querelle éternelle des anciens et des modernes, le temps dira qui en est vainqueur.

Telle quelle, et à travers ses métamorphoses, la poésie de Marc Alyn nous semble construite dans le sens de la durée comme peut la concevoir un esprit classique. On ne peut renier les enthousiasmes précoces — pas plus que la recherche probe de la maturité qui a apporté de réelles réussites.

8

Frédéric-Jacques Temple

PERSONNALITÉ bien tranchée que celle de ce poète de la nature et du voyage qui affirme : « Je suis poète comme d'autres sont vignerons ou marins-pêcheurs » ou « Écrire est un métier manuel » mais aussi : « Je suis du côté du soleil noir » ou « Il y a des vertus vitales dans le désespoir. » Si l'on cite ses solides amitiés avec Blaise Cendrars, Richard Aldington, Henry Miller, Lawrence Durrell, Joseph Delteil, ses rencontres avec Camilo José Cela, David Gascoyne, Georges Katsimbalis « le Colosse de Maroussi », Malaparte ou Anaïs Nin, son portrait se dessine peu à peu. Aidons-nous d'un texte de Jean Carrière : « F.-J. Temple a un couteau dans sa poche. Une gueule à pêcher la morue du côté de Cape Cod. Il est allé à Nantucket, il a dormi sur un tas de goémon, il a aspiré la chaude torpeur du Yoknapatawpha, dans le Deep South. Il a flairé la vieille odeur des pistes de l'Ouest... » Le voyage et la nostalgie du voyage, l'expérience du présent et de l'éternel, de l'errance et de la navigation dans l'immensité animent ses poèmes, leur donnent à la fois un ton de tendresse et de violence, cette musique verbale qui tente de se faire entendre dans l'immensité, ce baroquisme qui a charge de traduire le mouvement jusque dans l'immobilité, cet animisme né du regard a priori innocent devant les forces tumultueuses, ce panthéisme ému qui touche au cosmique, au sacré, à la mythologie, cet art de vivre en passé, en présent et en avenir. Il s'agit de ressentir le monde en métamorphose, en éternelle re-création.

Frédéric-Jacques Temple (né en 1921) a pour lieu d'enracinement Montpellier. La guerre, dès 1942, apporte son expérience tragique : corps expéditionnaire français en Italie dans les chars, combats des Abruzzes, Monte Cassino, prise de Rome et de Sienne, débarquement en Provence, fin de la guerre en Autriche. Démobilisé en 1946, il se retrouve journaliste à Paris puis au Maroc. Retour à Montpellier en 1948 où il fonde les Éditions de la Licorne avec le Hollandais Henk Breuker. Il sera directeur de la radio à Montpellier et fera de nombreux voyages en Europe et dans ces Amériques où la civilisation indienne et ses drames le passionnent. Poète, il a publié : *Seul à bord*, 1945, *Sur mon cheval*, 1946, *L'Oiseau-rhume*, 1949, *Cartes postales*, 1964, *Fleurs du silence*, 1968, *Les Œufs de sel*, 1969, *Foghorn*,

1971 puis éd. augmentée en 1975, *Les Grands Arbres*, 1974, *Armaggedon*, 1974, *Un long voyage*, 1975, *Paysages privés*, 1983, *Villages du Sud*, 1983. Un numéro d'*Entailles* : « Rencontre avec F.J. Temple » lui a été consacré. Plusieurs romans : *Inferno*, 1951, *Les Eaux mortes*, 1975, *Un cimetière indien*, 1981. Des essais, notamment sur D.H. Lawrence et Henry Miller, de nombreuses traductions et des œuvres télévisuelles.

Je ne suis pas d'ici, mais je chante...

Les poèmes de Temple reproduisent les mouvements de la vie chaude et sensuelle, palpitante, plus solaire que nocturne et mystérieuse cependant, avec ses tensions, ses torsions, ses correspondances, ses battements de sang dans les artères. Les éléments, les saisons, les forces telluriques parcourent les unions de mots en d'intenses vibrations comme si l'homme portait dans son corps l'univers qui le porte. Forêts, fleuves, le poète est comme ces coureurs de prairie ou ces conquérants légendaires que leurs sentiers personnels conduisaient au cœur des mondes nouveaux. On trouve des chants éblouissants de couleurs et qui plongent dans l'histoire et la géographie :

> Je chante comme un arbre à guitares
> Dans le vent jaune des chaleurs.
> Là-bas pousse l'herbe verte, ici elle se meurt,
> Je chante le sang noir des Sept Cités de Cibola
> Où le lichen du vin déroule ses violettes.
> Je chante Alvar Nuñez Cabeza de Vaca
> Épine d'or au talon du Monarque.

Comme Cendrars ou Levet, Temple a le goût du croquis, de la carte postale, de l'instantané. Une phrase lui suffit parfois à montrer un village. Ainsi, Guzargues, « C'est l'automne qui la décore de rouille et de renard » ou Palavas : « A notre enfance la restitue l'hiver, saison des sables voués au lissage des vents. » Les messages qu'il adresse à ses amis peuvent venir de tous les points cardinaux, que ce soit de la mer du Nord, de Brocéliande, de Londres ou des Ardennes comme de l'Oregon, de Sacramento ou du Grand Canyon, à moins que ce ne soit du Larzac, de Torcello ou de Grenade comme ici :

> Illuminés de cierges
> dans les vêpres de l'encens
> entre les ors défunts
> et les aigles rouillées
> sur la dalle nette règnent
> les Rois vert-de-gris
> plus glorieux que des catafalques.

« Poésie charnelle et interrogative où l'image rassemble des puissances antagonistes », écrit Serge Brindeau. On aime les mariages insolites et évidents : « Une chèvre verte sous un caroubier noir » ou « L'infini d'un rossignol dans l'âme des citrons » ou « Les figues du soleil sur les tuiles mouvantes » ou « Les mille et une nuits d'une grenade ouverte ». Du plus vaste paysage au microcosme, il se penche, tel un entomologiste, sur l'infiniment petit en poèmes à cette mesure. Ici, le scarabée : « Vers quel sable inconnu / rouleur des excréments / sans relâche tu rames / sur la pente à rebours ? » Plus court encore pour les sédiments : « Une feuille qui tombe / épaissit le temps / geste immémorial. » Ainsi Temple a-t-il le sens des étendues comme de la réduction du lyrisme à ce qui ressemble au haïku. « Voici un pur poète, livré à l'intuition poétique et non à quelque abstraction chimérique », observe Lawrence Durrell et, ajoute Marc Alyn, « le sel, le ciel, Éros solaire et Vénus nocturne se partagent l'espace de cette poésie puissante et tendre, couleur d'homme et d'été », car Temple sait traduire « l'orage en papier d'étain », « la mer vassale des lunes » ou le soleil « beau rucher de mes tremblants viscères ».

Cette poésie est d'un dynamisme contagieux, mais si l'on y regarde de plus près, des faces ombreuses apparaissent, des blessures secrètes, des nostalgies irrémédiables qui s'expriment au cœur des poèmes : « Le sang versé sur la neige des fables », « Et moi qui parle invisible et blessé », « Plongez, poignards, dans mes soutes secrètes » ou « Je me suis perdu sur la terre / Sur chaque rivage un peu... » Comme Rimbaud dans son *Bateau ivre* qui s'exclame : « Mais vrai, j'ai tant pleuré... », il y a des passages pathétiques. Jean Rousselot a bien remarqué : « Poèmes erratiques et basanés, qui font de lui un proche parent de Cendrars et de Goffin, sans oublier le Rimbaud du *Bateau ivre*. » Mais l'ivresse du voyage est la plus forte. Temple lutte contre les constats de décadence en recherchant la dimension cosmique des êtres et des choses, en extrayant les fleurs vives des blessures intérieures. Il invente et réinvente ses lieux, une Amérique qui est plus que l'Amérique, un monde qui se moule en lui par la magie du verbe. Il cherche une genèse. Il se montre animé, pur et fort comme un héros de western. S'il y a désespoir, il répond par action et devenir. D'ailleurs, comme Cendrars, il croit aux vertus vitales du désespoir et le pessimisme est pour lui médiocrité. Optimisme ? Non, plutôt confiance. Confiance en l'homme de pratique et non de théorie, confiance en un langage, en la poésie.

9
Jean Orizet

ON trouve dans les poèmes de Jean Orizet une sorte de retrait, de discrétion. Ainsi dans un carnet de voyage aux cinq continents, en prose et en vers, se veut-il « le voyageur absent » (titre de l'ouvrage), s'éloignant de lui-même « comme pour mieux projeter et concentrer sa réalité sur le paysage, les personnages, la scène dont il est témoin... » Ne resterait-il pas un souvenir de Gérard de Nerval que lui fit connaître un professeur de lycée? Toujours un soleil léger qui perce à travers les brumes, celui de l'imagination sensible qui tente de se dissimuler. Son écriture, il l'a conquise de livre en livre, chacun marquant un progrès sur le précédent. Pris dans tant d'interrogations, dans une masse de pensées longtemps retenues, il tentait de les enfermer dans quelque aphorisme un peu forcé dont il se dégagerait très vite : pour cela il avait besoin de la nature et de l'air du large et aussi d'autres quêtes en rapport avec l'air et la conscience du temps, il a compris qu'il était fait pour épier le monde et non pour abstraire. Ainsi, conquérant plus de vérité, il a retrouvé la spontanéité, ce luxe, en partie par l'amour qu'il sait exprimer dans la luminosité, et cela qu'Alain Bosquet formule : « un bel équilibre entre l'absurde et l'émerveillement, et une facilité naturelle à dire les vertiges de notre temps ».

Fils d'un vigneron beaujolais, lui-même vigneron durant un temps, Jean Orizet (né en 1937) vit le jour à Marseille, connut une éducation internationale, notamment aux États-Unis, fut journaliste, conférencier, conseiller d'édition et directeur de collections, codirecteur de la revue *Poésie 1*. Nous avons lu de lui un court portrait : « Disons que j'aime son rire d'enfant, l'auréole argentée de ses yeux bleus, sa manière de jouer " en fantoche " du piano-jazz, un air de fête, son parler de G.I. – et, soudain, cet arrêt étonné au milieu de quelque joyeuseté, cet air de mime émergeant à la surface des choses, ce regard traversé par un éclair d'angoisse, cet étonnement d'être là... » mais le véritable portrait est dans les poèmes. Voici quelques titres : *Errance*, 1962, *L'Horloge de vie*, 1966, *Tu te transformes en tout*, 1968, *Miroir oblique*, 1969, *Silencieuse entrave au temps*, 1972, *Les Grandes Baleines bleues*, 1973, *Aventuriers*, 1974, *En soi le chaos*, 1975, recueil d'ensemble, *Solaire Apocalypse*, 1976, *Niveaux de survie*, 1978, *Le Voyageur absent*,

1982, *De sève, de pierre et de vent*, 1983, *Histoire de l'entre-temps*, 1985, *La Peau du monde*, 1987, qui s'inscrit dans la lignée de *Niveaux de survie* et veut répondre à cette question : comment apprivoiser l'énigme de l'univers et nous maintenir en éveil dans notre rêve de vivants ? S'ajoutent de nombreuses anthologies. Un numéro spécial de *Verticales 12* présenté par Jean Rousselot lui a été consacré.

L'Homme cherche sa couronne de soleil.

La parole est murmurée, modulée comme pour apprivoiser le silence, pour meubler de sa présence la solitude de l'homme. Les seuls éclats du poème sont ces sentences bien frappées : « Chacun de ses flashes a la force de frappe d'un proverbe », remarque Jean Rousselot, mais la plupart du temps, le poème à voix basse est un chuchoteur d'émotions retenues. Le sentiment du mystère se mêle à un sentiment panique de l'univers dont il inventorie les merveilles à travers la nature comme parmi les créations de l'homme, car s'unissent songe et réalité, monde de genèse et monde industriel, époques diverses, mots anciens et modernes, s'opèrent des métamorphoses comme si la vie et ses amples mouvements se déroulaient sous nos yeux.

Son appropriation du réel, continents, villes, nature, il la dresse comme un bouclier devant les possibles apocalypses, l'absurdité contemporaine. Il se projette dans un avenir sombre pour saluer notre présent qui devient « ce qui était ». Homme de la ville et homme de la terre, il a le sens du précaire et de l'éternel et la poésie devient fil d'Ariane :

> Dans ce labyrinthe au soleil
> je vais d'une chicane à l'autre
> poursuivi par un minotaure
> grand dévoreur d'années-lumière
> où baigne encore mon âge.

Les saisons et les jours sont protecteurs, matière à bonheur quand « Novembre oublie ses grappes sur la terre prête au sommeil », quand il trouve « la richesse murmurante » des saisons et sait « bonne la vendange et clair le vin ». Il dit : « Je ne suis que l'apprenti / d'un paysage qui sait tout » ou bien « J'invente une chaleur précoce. » Il est un spectateur ému et fervent, un contemplateur actif ne tournant le dos qu'à la mort et sachant qu'il reste à ouvrir « quelques fenêtres claires dans ce paysage de nuit » car, comme le voudrait quelque écologiste, il cherche devant les menaces des conditions de la survie. Il tente de préserver en nommant, de posséder en parcourant la planète, de durer en exprimant la beauté – et cette beauté c'est celle du corps, du recul ébloui devant la femme et l'éros. Joseph-Paul Schneider parle de « la lecture patiente qu'il nous donne des failles et des strates des jardins secrets qui le hantent, ce goût obstiné d'interroger sa mémoire, mais aussi le sel des traces de vies antérieures » et il ajoute : « Il vous fera enfin découvrir la merveilleuse (et mystérieuse) surprise de l'amour. » Il exprime ici son *Bleu Désir* :

> Un froid d'indiscrétion cerne le sexe
> aux étages-désir
> qui dilatent la pupille du plongeur
> semence cristallisée
>
> Avec douceur le fruit réchauffe
> son attention à la nuit
> lèvre écume à l'écoute d'un seuil
> Baiser d'algues
>
> Maintenant
> Tout accueil possible dans la grotte
> mâchoires ouvertes sur l'appétit
> vibrant naufragé

Avec la même sensualité, en ajoutant des dimensions descriptives, des entrelacs de sensations, il édifie un carnet de route et villes, musées, îles, maisons, rues, trains deviennent des corps vivants. Qu'il inventorie les tableaux d'un musée, regarde un scorpion ou une tourterelle, suive la piste des buffles ou attende le monstre du Loch Ness, médite au cimetière marin d'Hammamet, rejoigne Icare dans sa chute ou surprenne Prométhée, il les inclut dans une vision cosmique et spatio-temporelle sans rien rejeter de l'émerveillement, de la méditation et même de l'humour. « Il visita le monde et l'admira », dirait Apollinaire. Il visita et plus encore fut visité par le charme et la diversité de ce qui est nommable. « Accélérer la nuit / pour gagner les combats du rêve », écrit-il. Ici l'action est la sœur du rêve, le regard photographie ce qui donne à vivre, tout est à la fois en mouvement et procure un singulier apaisement. Mais sans doute Jean Orizet ne nous a-t-il pas encore tout dit et la quête se poursuit.

10

André Laude

« J'AIME toute poésie qui tente de *tout dire*, une poésie somnambule, acérée comme une lame de poignard, qui marche au bord du gouffre et ne cesse de renaître de ses cendres. » Ainsi le parcours d'André Laude (né en 1936) qui est sa profession de foi poétique. Il y eut le temps des poèmes frais, émerveillés et d'un engagement qui le situait dans les parages d'*Action poétique*, il y eut celui d'une recherche expressive plus poussée et tendant vers diverses directions car le poète est éloigné de toute idée d'immobilité, d'autosatisfaction, il ne saurait écrire toujours les mêmes « beaux poèmes » quand le monde, l'histoire s'animent, palpitent, se métamorphosent. Donc, renouvellement, maturation et acération de la parole, sens de la musculature du vers qui le conduit à écrire des poèmes en action, et qui peuvent bouleverser. Un jaillissement naturel né d'une rhétorique habile, un franc-parler qui montre que la poésie a une mission autre que la métaphysique qui « n'apaise pas ventre affamé », la diversité des formes lui permettent de faire jaillir des cris passionnés, de montrer des paysages peu rassurants. Alain Bosquet a écrit : « La vertu exceptionnelle d'André Laude est précisément, malgré la brutale clarté de ses textes, de leur garder une charge d'enchantement, de mélodie et de pureté intacte. Le message passe chaque fois, non point parce qu'il est un message, mais parce qu'il en dépasse la portée immédiate. (...) Une sorte de sourde magie et de perfection artisanale y sont pour beaucoup. » L'œuvre est variée qui va de la salutation des choses au lyrisme du discours qui flamboie, à une écriture du désenchantement et de la solitude douloureuse.

Auprès d'œuvres en prose comme *Joyeuse Apocalypse* ou le déchirant *Liberté couleur d'homme*, des poèmes pour enfants, et les principaux recueils : *La Couleur végétale*, 1954, *Promenades du soleil*, 1955, *Pétales du chant*, 1956, *Entre le vide et l'illumination*, 1960, *Dans ces ruines campe un homme blanc*, 1969, *Occitanie, premier cahier de revendications*, 1972, *Vers le matin des cerises*, 1976, *Un temps à s'ouvrir les veines*, 1979, *Comme une blessure rapprochée du soleil*, 1980, *Riverains de la douleur*, 1981, *Roi nu roi mort*, 1983, *Vingt chants du prince*, 1985...

Les poèmes les plus bouleversants sont ceux du « je » par leur ton direct, leur authenticité, la vérité qu'ils portent grâce à une rhétorique maîtrisée, souple et nerveuse à la fois. La scansion fait que jamais les mots ne sont séparés de la vie ou abstractisés. Le poète est engagé dans son existence et dans le plus vaste entourage. Sans illusions, sans compromis, il offre une poésie brûlante, dérangeante, provocante. L'art du poète le conduit à jeter l'huile du langage sur le feu de la vie et à entretenir la flamme, à la diriger. Et toujours « avec dans la bouche l'après goût du sang / étincelant comme une épée ». Son champ d'investigation est vaste et l'on n'est pas assuré qu'une citation offre un exemple valable. Un poème :

>   Je n'habite pas   J'erre
>   Je ne fonde pas   Je m'efface
>   Je ne règne pas   Je laisse place
>   aux furieux scribes du Grand Mystère
>
>   Je ne bâtis pas   Je creuse
>   des tunnels de frayeur
>   Je ne nomme pas   J'appartiens
>   à des peuples d'ombres
>
>   Je dure   Je suis fragile
>   J'ouvre la bouche et je rêve
>   Je me tais et me confonds
>   au silence des pierres levées.

En d'autres poèmes, des « paroles absolument sincères qui ne cherchent pas l'absolu » jettent leur colère « en sachant bien que la langue / doit coller à la vérité des hommes » :

>   Calmement je sais qu'il faut à certaines époques
>   tracer un sillon dans le sillage de la guerre totale
>   proférer à ras du sol
>   Ne pas tutoyer l'ange du bizarre
>   quand Ubu réincarné parle sur les écrans de télévision
>   crache dans les mégaphones
>   lance ses polices dans les villes froides
>   et incendie l'univers avec de splendides poèmes au napalm.

Ainsi cette poésie n'est jamais de tout repos. C'est une révolte de l'homme par les mots, à la fois politique, sociale, physique tant l'être total s'engage. La voix est vibrante, sans grands mots, loin des « beautés poétiques » faciles. Celui qui rêvait à l'amour (bien des poèmes lui sont consacrés), à la « paix des feuilles » a été blessé de lucidité. On ne sait ce que seront les chemins futurs d'André Laude mais il est vrai qu'en tous lieux de l'écriture qui est parole vraie le poète s'engage corps et armes.

II

Marc Piétri

« OH! comme je suis loin du whisky, des zoulous, du couscous, des mygales! » ou bien : « Rehaussez, corvidés, de sarcasmes, les ronces / Amourettes, pétanques et colloques! » écrit Marc Piétri (né en 1936) et on reçoit (*Oui! Oui! D'accord!* comme il intitule un poème) ces mots avec cette délectation qui naît du burlesque et du baroque modernisés, de ce qui grouille et foisonne, de ce réalisme sonore de la langue — mais encore faut-il regarder sous les mots, aller plus loin dans la phrase pour s'apercevoir que cela tente de dissimuler une recherche plus subtile et plus angoissée qu'il n'y paraît. Comme aux jours du premier dix-septième, celui de Théophile de Viau, Tristan L'Hermite ou Saint-Amant, on retrouve le ton direct, la jubilation, le goût de la satire quelque peu perdu depuis. On ressent aussi cette poésie imagée du roman populaire, là où Cendrars cherchait le meilleur, des paysages inspirés et insolites comme les auraient aimés l'enfant s'émerveillant à Jules Verne ou le Rimbaud du bateau des ivresses. Ainsi dans ses *Madrépores*, 1965 :

Naturellement, c'est tel que le fond de la mer, sous les projecteurs d'un bathyscaphe alimenté par une puissante batterie électrique et dont les silos sont emplis de grenaille de fonte.
Indubitablement, rien n'est plus beau qu'un tigre tenant disloqué dans sa gueule un paon aux rémiges broyées.
Quelle nuit de noces semble là se parodier!
Quel repas de firmament, on en conviendra!...

Ce mélange d'imagerie superbe et violente et de ton familier est efficace. Il n'est pas étonnant que l'éditeur Pierre Belfond ait directement édité en livre de poche à gros tirage ce Marc Piétri alors inconnu et dont la poésie à la fois directe et sans concession pouvait apporter une réconciliation avec le grand public tout en satisfaisant les plus difficiles. Si, avec les recueils qui suivront, *Histoire de relief*, 1969, *Je me suis déjà vu quelque part*, 1980, on peut encore parler d'un poète de tempérament, on ne saurait oublier que derrière cette apparence, on trouve un homme au centre du cosmos qui, sans rien renier de sa nature humaine, entreprend la composition d'un opéra du temps et de l'espace où se heurtent les composantes de paysages qui paraissent se former sous nos yeux :

> La création du monde, cela commença ainsi : des excréments,
>   du méconium et de l'urine dont l'effervescence engendra
> les mers, les continents,
>   des étendues dont les surfaces
> ne purent former de figure.
> Sur cela, élément de la mort qui saisira le vif,
> mon écriture c'est
>   de l'herbe...

Cette imagination cosmogonique s'accompagne, du général au particulier, d'exploration de l'inconscient, dans un univers où se succèdent des métamorphoses, des proliférations verbales, mais où tout finalement s'ordonne autour de la présence humaine, donne vie et souffle, passionne et enthousiasme par une force tellurique, une tension comme on en trouve dans les grands poèmes de Lautréamont par exemple. Et il y a ce goût des mots, cette manière de les offrir dans une succession baroque tenant de la fatrasie et du coq-à-l'âne et finalement sans gratuité :

> L'avion, le chien courant, la termitière,
> le lapsus calami, le bruit de l'ascenseur,
> la pluie tropicale
> minent la perspective, le savant sfumato de Vinci
> et la complètement folle (de mépris) exactitude
> de procès-verbal.
> Mon œil en est plus aigu, plus juteux.
> Je deviens clair comme une nuit d'orage,
> Ayant frappé sur ces caisses de résonance, les dictionnaires,
> les mots entrent en moi, assouplissent mes muscles.
> Suis-je l'enfant qui passe d'arbre en arbre ?

Si dans *Je me suis déjà vu quelque part,* il nous entretient d'une vie antérieure, comme il l'indique : « En fait, le plus souvent, il s'efforce de traduire, avec son sens du baroque et de la satire, une réalité seconde, plénière, miroitante, dans laquelle il semble inclus comme malgré lui... » et toute son œuvre, il est vrai, pourrait procéder de ce titre. Ajoutons que chaque poème surprend et qu'il y a chez Marc Piétri une vitalité peu ordinaire, à ce point qu'on ne peut le comparer qu'à lui-même.

12

Corps et cosmos

Max Loreau.

P HILOSOPHE, critique d'art, poète, Max Loreau (né en 1928) a publié des études sur Jean Dubuffet, sur Michel Deguy, sur Christian Dotremont. Auteur d'œuvres comme *Cri, Éclat et phases*, 1973, *Nouvelles des êtres et des pas*, 1976, *Chants de perpétuelle venue*, 1978, *Florence portée aux nues*, 1986, un remarquable ensemble de poèmes qui sont louanges de Florence, nom de ville mais aussi nom de femme, l'une et l'autre insaisissables et attachantes, porteuses d'initiation et de symboles. Chaque édifice revivra dans son contexte historique, artistique et intellectuel, avec le souvenir de Platon et de la Grèce. Le poème donne à voir en même temps qu'il glorifie. Sensations, questions, perles de l'imaginaire et du réel, nous sommes en pleine lumière et en pleine passion, dans l'univers aussi de l'épopée continuelle qui s'exprime en touches sensibles, à la fois musicales et picturales. On peut prendre l'ensemble comme un récit continu, comme l'étude et le prolongement d'un mythe qui semble se créer sous nos yeux. Lumière neuve, tracé net, rituel d'azur, domine le sentiment de la beauté non point froide et impersonnelle mais baignée de soleil. Cette « Florence heureuse, / la ruisselante / au matin jaune... », on en ressent le « grand poudroiement d'imagination ascendante » et les « tressaillements profonds autrefois présages du divin ».

Jacques Depreux.

Auteur de *Laisse de haute nuit*, 1967, *Lumière d'ailleurs*, 1974, Jacques Depreux (né en 1928) est situé par Alain Bosquet « dans la lignée d'Eluard et d'Alain Borne ». Pour ce poète, « toute parole est lumière / sur la rigueur de la nuit ». Sa poésie est celle de la lucidité et de l'interrogation. Il lui faut « interroger la mer, la nuit, le vent, le roc / et ne trouver que soi dans le miroir des heures ». Questions encore : « Que faire ? / Que dire ? / Que pèse la mémoire auprès d'une fougère ? » La coulée du vers est limpide. Tout poème est louange du langage, aspiration à la clarté, maîtrise de la parole. On en pourrait dire avec le poète :

> Lentement ta voix se pose
> sur le dos calme de la nuit.
> Déjà, je l'avais entendue dans le pas de l'oiseau
> sur la grève mouillée.
>
> Tu es là je le sais le monde
> est ton commencement.

Maurice Couquiaud.

La revue *Phréatique* nous a fait découvrir ce poète. Pour lui, la poésie naît de l'étonnement, de la surprise, de l'état d'accueil. Aussi diffuse-t-il un « Manifeste du poète étonné », selon Jean-Michel Maulpoix « simple appel à une fraternité d'émotion ». On lit : « L'étonnement constitue la base fondamentale de l'attitude poétique. Il ouvre les voies de l'émotion depuis l'émerveillement jusqu'à l'indignation. Leur sensibilité se nourrit de tous les jaillissements à la surface du quotidien comme dans les profondeurs de l'être. » Ces jaillissements du quotidien on les trouve dans *L'Ascenseur d'images* et dans *Que l'urgence demeure,* 1972, alors que *Un profil de buée* explore l'être dans sa longue marche vers un « autre chose » et pose un point d'interrogation sur l'univers. Cette œuvre émane du subconscient et de l'inconscient collectif dans la proximité de Darwin ou de Teilhard de Chardin. De la Genèse à aujourd'hui, c'est, dans le langage le plus direct, un poème d'ambition cosmique et d'interrogation où retentissent des accords musicaux, ceux qui rythment la légende des siècles et ponctuent les éternelles interrogations. Poème philosophique aussi où l'on peut lire :

> Le corps a pris conscience de ses proportions.
> Il invente le socle en même temps que le trône.
> Les rêves de marbre ont réclamé sur l'avenir
> la même évidence que les rêves de prince.
> L'art se démontre comme la puissance
> par sa légèreté dans l'affrontement des matières.

François Lescun.

François Lescun (né en 1934) a dirigé avec Jean-Hugues Malineau et Yves Sandre la revue *Commune mesure*. Professeur d'université, il est le poète d'*Ivraie*, 1960, de *Préludes*, 1976, de *Copeaux du vent*, 1978, de *Sanguines,* 1981. Dans ce dernier ouvrage composé de trente-six variations sur un thème d'Apollinaire : « soleil cou coupé », on trouve une préface éclairante de Robert Abirached où on lit : « Ce qui me frappe... c'est une tension entre la matière et le dit du poème, où, du corps à corps avec le bouillonnement des images, résulte une parole concertée et mot à mot soumise à un ordre général... » Une énergie vitale anime ces poèmes parfois violents, toujours sensuels, où l'on exorcise en nommant dans un délire d'images fulgurantes tout ce qui blesse et touche les sens. Lescun ne repousse rien de ce qui peut provoquer la répulsion mais sans s'y complaire, et dans ces fortes couleurs, ces ondes sonores, naît parfois un apaisement, de la lumière, un sourire, l'enfance protectrice s'opposant aux forces du mal et de la mort. Il est merveilleux qu'un tel brassage d'images oniriques, de l'ordre du rêve ou du cauchemar, s'organise aussi bien comme si une sérénité pouvait naître de ce qui lui est le plus opposé. Poésie riche chargée de mythes, d'imaginaire, flot d'images à la seconde, peinture au couteau, musique symphonique, et, parfois, interrogation :

> Dans les sables de l'ombre où je m'enlise et meurs,
> Qui me rendra le choix de vivre, comme avant
> Que le rasoir de feu n'ait fendu mes paupières ?
> Qui me rendra jamais cet enfant que j'étais
> Dans la nuit viscérale et le bain chaud du sang ?
> Qui me rendra ce mort innocent que j'étais ?

François Montmaneix.

Aucun excès de lyrisme, un tracé net, précis, et cela pour hanter un cosmos familier, habitable jusque dans ses tumultes, une demeure possible pour l'être, lieu où trouver l'unité. L'écriture pleine résonne comme un chant grégorien. Il ne s'agit pas d'éblouir mais de trouver une route dans la densité, parmi les vertiges. Chaque mot est à sa place dans un contexte discret, sans surcroît d'images, le poète ne laissant jamais courir ses lignes sans surveillance. On distingue des mesures étudiées, des strophes économes et construites. Il convoque les sensations d'ombre et de lumière, les éléments, les oiseaux, les fruits et ce sont eux qui lui donnent de la hauteur, de la distance, une transparence.

Il a publié *L'Arbre intérieur*, 1967, *L'Ocre de l'air*, 1970, *Le Dé*, 1974, *Landstriche*, 1977, *Le Livre des ruines*, 1980, *Visage de l'eau*, 1987. Ce poème donne une idée de son art :

> Il suffirait à ma soif
> d'une table et de vous écrire
> le poème aussitôt brûlé
> l'alouette qui en jaillit
> agrandirait le ciel
> filant bleu dans votre regard
> mais je ne sais où sont les mots
> que l'enfance me laissait boire
> leur rivière était votre pas
> un grand cri l'éloigna de mes lèvres.

Annie Salager.

Si l'onirisme donne naissance à bien des poèmes d'Annie Salager (née en 1938), cela ne l'empêche pas d'être présente au monde et d'entretenir des rapports avec les fluctuations de l'histoire contemporaine. Elle les transcende par sa vision tellurique et cosmique, par son imaginaire qui la conduit à édifier des fresques baroques où apparaît la puissance du règne végétal car elle est à la fois corps et nature, souffle sensuel et rythme vital. Toute de sensibilité, elle sait contrôler l'inspiration fougueuse et les flamboiements de ses visions sans rien perdre de l'instinct et de l'intuition qui les dirigent sans s'opposer à l'architecture et à l'intelligence du texte. L'ordre des mots montre sa minutieuse attention et unit des sentiments contradictoires. Ainsi, le désordre universel, les espoirs et les défaites de l'homme, le fourmillement des beautés naturelles, elle les perçoit et les restitue avec somptuosité.

Ses livres de poèmes : *La Nuit introuvable*, 1961, *Présent de sable*, 1964, *Histoire pour le jour*, 1968, *Dix profils sur la toile, l'été*, 1971, *La Femme-buisson*, 1973, *Les Fous de Bassan*, 1976, *Récits des terres à la mer*, 1978, *Figures du temps sur une eau courante*, 1983.

Annie Salager s'apparente à la nature, se veut femme-buisson ou femme-désert, célèbre le diurne et le nocturne, le feu et la neige, la terre et la mer, le magnétisme des choses, les étés aztèques ou africains. C'est le bonheur de nommer aussi :

> Ma prose en flammes ma victoire
> Mon chamois imprévisible
> Ma muraille de paix mon palais sous les eaux
> Tu es rupture de la vie au lieu où la vie s'enracine,
> Midi de désir et d'étonnement!

Le préfixe « ana » qui fait penser à son prénom est à l'origine d'ensembles d'anachronies, d'anamorphoses, d'anastrophes, d'analectes, etc., formant un anapoème unissant les formes de la nature et du temps, de l'amour ou de la mémoire pour élever une louange au mystère. Annie Salager veut « à travers le passé, les pierres, les lieux, attraper au vol un peu de l'éphémère ou de l'occulte dans son mouvement » comme le faisaient les poètes taoïstes qui lisaient ce mystère dans les formes du visible. C'est une poésie du monde concret en même temps qu'une recherche du secret. Elle s'exprime souvent en courts poèmes en prose dont l'écriture imagée, élégante au meilleur sens du mot, fleurie est d'une lecture attrayante, passionnante, élucidante.

Claude Dumont.

Le mot « poème » revient dans les titres de Claude Dumont (né en 1938) : *Le Poème initial*, 1959, *Seize Poèmes apaisés*, 1961, *Poèmes de Tilloy végétal*, 1962, avant *Deux Grandes Odes*, 1962, ou *Les Morelles noires*, 1963... Ce poète excelle dans l'ode en vers libres comme dans le poème en prose, sachant être lyrique avec discrétion et naturel jusque dans la recherche de la grandeur. Partout, on sent un désir non de répertorier les états du monde mais de puiser son inspiration dans les richesses naturelles qui peuvent le mieux traduire l'espace et la durée. Ici « la vie éclate en toutes choses », en tous règnes. Les pierres précieuses, les roches énergétiques, les fauves, les oiseaux, tout ce qui est vie durable, mouvement, couleur, beauté, entrent dans la phrase qui se déploie librement, sans rien qui pèse ou bavarde, univers où l'utopie peut être un cygne blanc devenu signe, où les fleurs sont secourables, où l'on cherche à édifier autour de la présence homme-femme un paradis perdu parmi les splendeurs cosmiques.

Daniel Oster.

Dans le poème de Daniel Oster (né en 1938), on reconnaît le romancier qu'il est, notamment lorsque, dans *Les Aventures du capitaine Cook*, 1979, le héros d'un poème itinérant nous entraîne dans un fameux voyage qui peut être sans fin. Parallèlement s'inscrit la métaphore du navigateur qui ose dire que « la poésie est l'expression des bassesses du langage » et qui va d'île en île, mais aussi dans les villes, à la recherche d'une paix qui est sa prose naturelle. Lorsque le personnage parle, il prend le ton familier du traîneur de ports et le langage est savoureux. L'épopée ne cesse d'être verbale et l'auteur retrouve son âme d'enfant. Déjà, dans *L'Ouverture des terres*, 1973, il y avait ce désir du grand large, de la navigation et de la découverte inséparables, ce goût des images mouvantes dignes de quelque bateau ivre en même temps que « la substitution métamorphique du décrit » et « l'étagement des ares poétiques » sans oublier le recours au voyage intérieur « le long des veines et des artères du grand pays sous la peau », l'intelligence du propos, le recul du sourire s'accompagnant de la sensualité et du plaisir du verbe. Daniel Oster se conduit en parfait pilote des mots.

Herri-Gwilherm Kerourédan.

Si nous n'étions pas assurés que « Bretagne est univers », Kerourédan (né en 1932) nous en convaincrait. Professeur de philosophie dans des universités allemandes, s'il n'oublie jamais son pays bigouden natal, il élargit ses chants jusqu'au cosmos et se fait quêteur d'éternel. Son espace terrien se prolonge jusqu'aux étoiles, jusqu'aux secrets du ciel, ceux du Zodiaque, et il lit aussi bien ces lignes d'existence qui sont au creux de notre main. Son goût du fantastique semble venir à la fois du mystère breton et du romantisme d'outre-Rhin. Les intersignes chers aux poètes et aux folkloristes, l'ésotérisme, la magie qui se niche au sein des choses naturelles l'ont profondément marqué. Il porte quelque chose de crépusculaire et l'on sent des dangers, des terreurs que veulent atténuer l'amour, les songes, les corps féminins. Il est bien de cette race dont la perception semble aiguisée par des siècles de solitude, d'éloignement, de rêverie. Dans ses poèmes, si la phrase est retenue, serrée, elliptique, mystérieuse sans être absconse, rien n'empêche la percée d'un lyrisme particulier, non pas exclamatif mais retenu et d'autant plus puissant. Un exercice attentif de la réalité vient faire échec aux inquiétudes, à des angoisses provisoirement repoussées mais qui affleurent cependant. Le monde concret est contraint de livrer ses secrets. Les hommes, les éléments, les paysages, les ciels, les océans, les îles, tous lieux de la planète sont observés, épiés, guettés par cet observateur patient qui sent l'univers se couler en lui et dont il extrait les significations obscures. Il en naît, énigmatique, un feu intérieur et des coulées de lave, des flammes, des incandescences, « des flammèches exaltées de la tourbe ». Quelques titres : *Solstices*, 1958, *Chemins*, 1967, *Zodiaque*, 1970, *Polaire, balancier d'automne*, 1971, *Dans l'éphémère s'élance l'oiseau*, 1972, *Précession*, 1973, *Terre une rose*, 1975, *Semences pour le soir*, 1979, etc.

Jean-Claude Ibert.

Nous prêtons attention à Jean-Claude Ibert (né en 1928) lorsqu'il affirme que « la poésie n'est plus qu'une enchanteresse moribonde », que le poète de demain « exigera sans doute de nouvelles techniques d'expression (électroniques, électromagnétiques ou autres) ». Ses inventions d'une parole « audio-visible » sont du plus grand intérêt pensons-nous, puis nous lisons ses poèmes : *Portes ouvertes*, 1951, *Le Péril de vivre*, 1951, *L'Espace d'une main*, 1957, et, après vingt ans de silence, *Preuve ou l'état des lieux*, 1979, où il demande : « Mais que peut la poésie, que détient la parole pour un couple, une civilisation, une espèce lorsque sonne la dernière heure ? » Il écrit donc des « prophèmes » comme il l'avait fait précédemment, ici spectacle des mouvements corporels et spirituels entre les deux parties du couple. Son regard sur la condition humaine se veut lucide et bientôt pessimiste : son congé du réel humain pour une intrusion dans le réel cosmique réduit l'homme à n'être qu'un élément parmi tant d'autres. Cela posé, Ibert, par-delà ses systèmes, son didactisme, son désir de transcender jusqu'à son art, se livre corps et biens au plaisir poétique dans le souvenir de ses premières prises de position « surromantiques » en un temps où il était de mode d'inventer son école. Il s'agissait alors de dépasser le moi romantique pour élever l'humanité menacée par la bombe atomique au niveau spirituel et intellectuel donnant un sens au destin de l'homme, de la naissance à la mort. Les inquiétudes de ce temps, ses désordres se retrouvent dans l'ensemble d'une œuvre, au fond traditionnelle, alexandrins ou pas, assez éloquente par ses images : « naine noire dans les dunes de géantes rouges » ou « l'œil est la plage où les mots s'émancipent » mais, peut-être, par-delà les ambitions, les dénonciations ou les vindictes, par-delà le ton prophétique, philosophique, spiritualiste, retiendra-t-on l'action dramatique du poème et ses flamboiements de langage apocalyptique et cosmique.

Armand Rapoport.

« On est Rien mais on est aussi tous les rêves du monde... » En citant Pessoa, Armand Rapoport (né en 1936) donne le meilleur coup de diapason à son œuvre poétique, ces ensembles riches et émerveillants comme *La Saison féroce*, 1969, *117 Élégies*, 1972, *Toile d'Ypres*, 1977, et surtout cette moisson de poésie scientifique, cosmogonique, cosmique, comme on les aimait à la Renaissance, qu'est *L'Hiver des astronomes*, 1987. Il a fallu un format à l'italienne pour présenter ces poèmes sans rompre les vers très longs (près de vingt syllabes) qui les composent selon une mesure régulière.

Le poète semble vouloir tout englober (ou tout au moins ne rien refuser) : histoire, légende, littérature, astronomie, musique, cinéma, religion... étonnant kaléidoscope où l'on donne à voir le magnifique comme le veut cette citation de Fontenelle : « Ce sont les travaux des astronomes qui donnent des yeux, nous dévoilant la prodigieuse magnificence de ce monde presque uniquement habité par des aveugles. » L'imagination, le rêve, le savoir sont pris comme composantes d'un baroquisme cosmique. S'y ajoutent le sens du voyage, l'humour gastronomique et beaucoup d'autres choses, que le poète se tienne « hors de la strophe rigide » ou qu'il s'y sente en bonne compagnie, celle des constellations.

Serge Safran.

Comme en témoignent ses titres et notamment *De l'autre côté du Ladakh*, récit de voyage au Tibet, 1981, Serge Safran (né en 1950) est parti en quête des mystères d'autres civilisations. Cet animateur de la revue *Jungle*, au cours de son chemin poétique et spirituel a su comprendre que comptent l'intériorité, la face cachée des choses plus que leur apparence. Il semble que toute la création soit née d'un mal secret. Il écrit : « L'origine de la souffrance demeure aussi énigmatique que la naissance du poème. » Et : « Disparition de lieux et d'images, d'amours aussi éphémères qu'indispensables, de rêves et de rues, d'accidents et de bonheurs fragiles, ouvrent d'autres vertiges où chacun retrouve le mystère qui l'habite... » Après les livres de l'approche, *Bleuets de boue*, 1975, *Trois Poèmes écrits à Terme*, 1977, sont nés *Le Chant du Talaïmannar*, 1978, *Cinq Sonnets pour Nadhya*, 1981, *Hauts Parages*, 1981, *Épreuves d'origine*, 1985, les œuvres de la plénitude. Il écrit encore : « C'est parce que j'ai vu la mort que j'écris. » Une existence recomposée dans le poème devenu miroir d'une ascèse, un réel épuré et réinventé dans une recherche d'innocence lucide, rendu à sa signification quand « la majorité des mots sont las », de l'intensité, un sens élégiaque sublimé, et s'il y a un lyrisme de la souffrance, la tentation de l'élégie, tout reste mesure et musical, économe. Un pas vers de nouvelles lumières pour tenter d'oublier nos ombres.

Alain Mercier.

Alain Mercier (né en 1936) en appelle à toute forme d'émerveillement, du féerique au mystérieux, de l'envoûtement à de nouvelles fables cosmiques. Il est l'auteur d'un essai : *Les Sources ésotériques et cosmiques de la poésie symboliste*, et cela ne l'éloigne pas de la matière de ses poèmes : *Ligne de cœur*, 1953, *Vol*, 1954, *Paupières du jour*, 1954, *Errances*, 1959, *Itinéraire*, 1964, *Formulaire*, 1969, *Le Lion vert*, 1973. On distingue les maléfices dans la réalité quotidienne, le goût du romantisme noir, comme dans les châteaux fermés des romans gothiques, et aussi un regard vers le nouveau fantastique, celui des bandes dessinées, Barbarella ou Zarda la cruelle, et celui de la science-fiction. Qu'il soit dans la vie courante, en pleine magie journalière, ou dans l'imaginaire, il cherche le charme des poisons ou des fleurs vénéneuses en même temps que, parallèlement aux ombres, il illumine le poème, peut-être pour chercher des raisons d'être et de ne pas désespérer. Tout paraît « nimbé de l'or céleste », de sensualité et d'une pureté recherchée au cœur du mystère.

René Daillie.

Les meilleurs poètes ont collaboré à la revue *Solaire* de René Daillie. Sans cesser d'être revue, chaque numéro fut, en fait, un livre de poèmes selon une décision que prit l'animateur après quelques dizaines de livraisons. René Daillie est un poète soucieux d'aller vers ce « solaire » qui unit lumière et vie de l'esprit, car pour lui « la poésie est plus que toute autre chose la cohérence entre l'Homme et l'Univers, la quête du Royaume, du *réel absolu*, du vrai pays et de la vraie vie... » Se manifestant par le Verbe, il s'agit d'énergie spirituelle. Ses œuvres s'inscrivent dans une perspective telle, celle aussi d'un élargissement vers d'autres cultures, ce que nous trouvons dans *Vita Nova, Journal d'Islamabad*, 1982, où il ne s'agit pas seulement de feuilles de route mais d'un voyage à travers la pensée, les lieux et la littérature, prose et poème riches de sens, recherche de la grâce et d'une nouvelle naissance. Prospection encore que celle des *Quarante Pantoums malais*, 1985, qui, plus que simples traductions, sont création d'œuvres de langue française dans le respect d'une prosodie difficile à rendre, mais, à force de minutie et de connaissance, Daillie a gagné le pari. Il n'a rien écrit que nous n'ayons beaucoup aimé, au point de souvent le relire. Ajoutons qu'il a publié des œuvres essentielles d'Armel Guerne qu'il ne se lasse pas de mieux faire connaître.

François Teyssandier.

Si François Teyssandier (né en 1944) a l'ambition des auteurs de cosmogonies, d'interrogations sur la genèse et l'éternel retour, parce qu'il est auteur de théâtre, sait répartir et resserrer la matière de ce qui fait souvent de trop longs discours. Ainsi divise-t-il son ouvrage *Livres du songe*, 1983, qu'avait précédé *La Musique du temps*, 1973, en parties : « La sphère du songe », c'est la naissance de l'homme et son éveil aux éléments ; « La mort prompte », c'est la hantise charnelle et ailée ; « La voie solaire » est l'au-delà de la mort, l'immensité « âme de tous les feux à naître » ; enfin, « Retour à l'été futur » exprime la re-naissance et le recommencement. Ici, des joies terrestres aux nuées, s'effectue l'immense voyage, et cela par des moyens simples, une coulée naturelle et libre des mots du poème, et en tous lieux, en tous temps, nous sommes au présent, il s'agit de nous et nous vivons l'événement, la sensation, le songe dans l'immédiat du poème qui devient éternité. Une parfaite réussite. Teyssandier a laissé s'écouler dix ans entre deux livres et on reconnaît le soin d'un patient travail des mots.

D'autres voyages.

D'Amy Courvoisier (née en 1914) nous citons quelques titres : *Je ne parle pas le javanais, Sphère*, 1971, *Terre fumée Patagonie*, 1974, qui présentent, sous le signe de l'image (l'auteur s'occupe de cinéma) des poèmes simples et dépaysants et des portraits humains, de Hong Kong aux Indiens Patagons, l'anecdotique devenant matière à poésie.

Alain Morin (né en 1940) a publié *Les Grands Froids*, 1971, *L'Écriture lumière*, 1971, *La Source*, 1973, *Le Boxeur de l'ombre*, 1975, *Opaque*, 1976, etc., poèmes parfois étranges (ainsi on nous apprend que « la révolution sera météorologique ») et le poète nous entraîne dans des enivrements et des vertiges cosmiques en des lieux exotiques que traverse l'ange du bizarre.

Dans *Les Mains coupeuses de mémoire*, 1962, *Le Maître-mur*, 1964, Liliane Atlan (née en 1922) prend pour pseudonyme Galil, puis signe de son nom *Lapsus*, 1971, *Monsieur Fugue ou le Mal de terre*, 1967, œuvre poétique et théâtrale créée à Saint-Étienne et reprise au T.N.P. Sa poésie, exorcistique et cosmique, imagine de grands bouleversements, tente l'interrogation éternelle de l'homme devant la Genèse et le devenir avec une vision lucide de l'histoire et des angoisses, des inquiétudes qu'elle provoque. Elle contient son lyrisme pour qu'il n'obscurcisse pas son regard, s'étonne sans cesse et va au plus élevé des questions, situant son « je » dans une sorte d'unanimisme qui apporte une singulière orchestration à ses sensations, ses émotions, sa recherche difficile d'une joie qui serait « de danser par-dessus les abîmes » dans un panthéisme tragique repoussant le « Dieu assassin de mon enfance ».

De Toni A. Maraini (né en 1941) citons *Message d'une migration*, 1976, où il situe l'homme « entre l'orient et l'occident », ces mondes divergents où il faut « se découvrir vivants » par-delà « l'histoire inquisitionnaire » et, pour rejoindre l'autre, jeter un « défi au dépaysement de l'histoire » loin des détours et des supercheries.

De Michel Cahour (né en 1945), dans *Bordures*, 1968, *Balises*, 1969, *Ce sera comme un chant*, 1972, ou *Banquises*, 1974, des poèmes en prose, en versets, en mètres courts où l'on imagine de grandes migrations de la nature prête à envahir les villes : « Mais voici que les fleurs descendent des montagnes, trouant les villes, écrasant les oiseaux, remplaçant les quartiers et les algues... » Le poème rêve d'horizons élargis, de vastes paysages, d'un paradis retrouvé dans « un pays / qui n'a de connu que le nom ». Il offre des images belles, oniriques, féeriques, discrètement surréalisantes dans un langage clair, appelant la merveille d'un futur musical et coloré dans l'harmonie d'un monde réinventé avec art.

Guy Valensol édifie des pays réels dans *Le Chant de la Quéna*, 1981, par l'intercession de la musique des Andes. Mélodie, timbres, modulations, il transpose le folklore indien devenu son folklore intime. La même sensibilité musicale, le même sens des harmoniques se retrouve dans des recueils comme *L'Armoire aux marmottes*, 1975, ou *Le Pubertaire*, 1980.

Pierre Vandevoorde (né en 1933) dans *La Traversée de l'Atlantique*, 1981, pourrait apparaître comme une sorte de Valery Larbaud substituant les avions et les aéroports aux trains et aux gares mais il désire aussi parler d'autre chose, par exemple « du temps défait par la négation de l'espace, de ce mouvement dont on ne se démêlera plus, bientôt, s'il s'arrache ou s'il livre au jour des uns, à la nuit des autres ». Ces mouvements spatiaux et temporels, il reste un des rares à en avoir tenté une approche lucide, transcendée. Il regarde les villes, les êtres, multiplie le mouvement et la sensation, fait appareiller les images, rencontre Desdémone ou Giuletta dans de nouveaux décors, composant ainsi un opéra vu du plus haut des cintres et dont on se rapproche peu à peu comme lors d'un atterrissage, et c'est infiniment subtil. Autre titre : *Visitation des masques*, 1988.

Pierre Lepère (né en 1944) adore jouer sur les allitérations du genre « émarge et rêvant le surnuméraire » ou « Danaé dans le Danube » et ne dédaigne nullement des enrubannements précieux aux nœuds compliqués. Il est aux petits soins pour les mots qu'il enclôt dans des trames subtiles comme pour des tapisseries — mais rien n'est suranné : nous sommes dans le bel aujourd'hui et dans ses nouveaux modes de langage, ses tics parfois. Des reliefs sonores, des envolées, les notes musicales d'un riche vocabulaire où le son précède le sens, et, par-delà de subtiles évocations du proche ou du lointain, une nostalgie d'espaces inconnus et de temps autres, bien de la qualité, par exemple dans *Les Antipodes*, 1976, un recueil marquant.

Peut-être parce qu'il a enseigné en Afrique et en Asie, Pierre Dargelos (né en 1937), auteur de *A tout jamais les feuilles*, 1966, ou *Les Chantiers de l'exil*, 1971, fait surgir comme au beau temps des poètes du voyage « l'envol des longs courriers intercontinentaux / dans le prodige des 140 tonnes frémissant dans l'espace... » et ses exils font penser à ceux de Cendrars ou de Larbaud en quête d'une « terre incertaine / cherchant dans le secret de ses chaos géologiques ses raisons de brûler ». C'est aussi la recherche d'un « chant profond montant d'une litanie de guitares », un salut fraternel aux villes et aux îles.

« De l'étourdissement et de la perdition considérés comme une forme des beaux-arts; vertige garanti », écrit Alain Bosquet à propos de Bernard Collin (né en 1927). Que ce soit dans *Les Milliers, les millions et le simple,* dans *Perpétuel* ou dans *Sang d'autruche*, 1977, le poète, utilisant la prose, interroge, invoque, convoque les forces de la nature, questionne l'éternité, tente d'explorer les souterrains de l'âme, désire un ouragan de justice, une clarté nouvelle, et c'est une voix mesurée, harmonieuse et retentissante qui jette, parmi les apocalypses, le chant angoissé de ses bouleversements.

Dans *L'Exil et la mémoire*, 1966, Michel Salomon (né en 1927) offre sa souple désinvolture, un dandysme ironique devant tous les aspects de la vie : « Tu lis un roman policier / Au lieu de mourir à Naples comme tout le monde. » Il erre « dans le vagin étroit de notre vieille Europe », de Stockholm à Hambourg (pour acheter des cigares), de Nice à Barcelone, à moins qu'il ne joue à définir la poésie en se servant d'un chiffon pour nettoyer les mots, en affirmant : « On ne peut rien dire contre le bon sens et la mathématique », ce qui devient une preuve par neuf. Il met une élégance souriante à aborder l'absurde, et, sans avoir l'air de s'en donner la peine, offre une poésie originale.

Un de nos intimes ravissements fut la lecture du livre d'Hélène Sevestre, *Poèmes sauvages*, 1972, œuvre d'un poète de dix-sept ans publiée dans la collection *Les Lettres nouvelles*. Cette jeune fille venait de Buenos Aires et on présenta le livre en parlant d'une « vision du monde qui doit tout aux paysages violents et démesurés de l'Argentine, à l'onirisme touffu des rêveurs de la pampa ». Oiseaux aveugles, tortues, taureaux, et aussi lignes, signes, allusions à des faits personnels se côtoient dans des versets ou des poèmes en prose ou des proses à la fois amples, riches de musique, dans la lignée de Lautréamont mais avec de singulières touches de fraîcheur et de spontanéité parmi de cruelles beautés.

Édouard Glissant a préfacé *La Nuit des Hespérides*, 1987, d'Audrey Bernard (née en 1922). « Des Poèmes comme des îles », écrit-il, et ce sont en effet des îles simples, naturelles, où s'unissent grâce et mélancolie, authenticité et justesse de ton. Couronnée par un jury de la francophonie sous le signe de Max-Pol Fouchet et présidé par Guy Rouquet, elle a succédé à Geneviève d'Hoop, Anne Rothschild, Jean-Jacques Beylac, Christiane Keller, Éric Brogniet.

Katia Wallisky, qu'elle cherche les éclats d'un nom dans l'écho des collines ou des silences « à se taper la tête contre les mots », est hantée par l'idée de départ, d'un ailleurs indéfini dans l'espace et le temps quand « les chardons du rêve disposent des futurs »; c'est dans *Rire de cendres*, 1985.

Michel Butor a salué les *Séquences malaises*, 1985, de François de Villandry, poèmes en prose composés d'annotations vives, précises où la lucidité a quelque chose d'acharné, mais l'auteur nous prévient : « L'acte d'écriture est un acte sexuel » d'où ce cérémonial et cette fougue. Ici, par-delà « des Isères, des Normandies, des Chines », comme dit Butor, on trouve un art de démasquer l'indicible des visions nocturnes.

Guy Roques, quant à lui, dans *Les Cent Chemins*, 1987, semble voir toutes choses présentes dans de futures métamorphoses parfois effrayantes. On le sent désireux d'apprivoiser et de préserver par le bon emploi des mots et la grâce sensible tout secret ou telle « amphore de silence émerveillée ». Autres titres : *Ombres et racines*, 1976, *Quipos*, 1978, *Les Lamparos*, 1980, *L'Œil de soleil*, 1982, *Les Ponts*, 1984.

Vision aussi sur la trajectoire humaine dans *Être*, 1987, de Michel Marchal, à la recherche « de secrètes beautés et de puissants plaisirs » quand « le poids du ciel s'étend sur toutes nos forces et nos conflits. Michel Marchal (né en 1952) fait un apport important à la culture pyrénéenne en recensant dans *Les Jardins de Pyrène*, 1986, les poètes haut-pyrénéens, Gaston Lacarce, Marius Noguès, Guy Sabatier, Roland Victor et vingt-deux autres.

Espaces de la parole

I

Yves Bonnefoy

Yves Bonnefoy est tenu à juste titre pour le poète le plus important qui se soit manifesté dans l'après-guerre. En témoignent l'intérêt de ses pairs, le retentissement de son œuvre ou bien, par exemple, ce Colloque international qui se tint à Cerisy en août 1983 et dont la revue *Sud* a publié les actes en un volume de cinq cents pages. Ses textes, ses poèmes y font l'objet d'une approche philosophique, psychologique, sociologique, métaphysique et apportent nourriture à nombre de disciplines. Pour nous, ils sont honneur et bonheur de l'écriture, présence et interrogation des mystères de la vie et de la mort, de l'amour, de l'être et du monde, ils sont aussi réflexion sur l'écriture elle-même, avec les questions qu'elle pose, rythmes, musique, rhétorique, agencement, architecture, multiple richesse qui sollicite l'intérêt du lecteur attentif et lui permet d'infinies interprétations.

Aucune interrogation sérieuse ne peut se faire aujourd'hui sans tenir compte de ses approches du poème car son œuvre est de nature à écarter les idées reçues. Rien n'est tenu pour acquis et les leurres doivent se dissiper. Une intelligence vive, mais non point abstraite, lui permet d'unir l'intuition poétique et la recherche scientifique. On le voit dans le texte de sa leçon inaugurale au Collège de France en 1981 : « Bien que je place au plus haut cette parole des grands poèmes qui entend ne fonder sur rien sinon la pureté du désir et la fièvre de l'espérance, je sais que son questionnement n'est fructueux, que son enseignement n'a de sens, que s'ils s'affinent parmi les faits que l'historien a pu reconnaître, et avec des mots où se font entendre, par échos plus ou moins lointains, tous les acquis des sciences humaines. » Le poète apporte la confiance : « Car on se soucie autant que jamais de littérature, dans la nouvelle pensée, puisque c'est dans l'œuvre de l'écrivain que la vie des mots, contrainte sinon déniée dans la pratique ordinaire, accède, le rêve aidant, à une liberté qui semble marcher à l'avant du monde. » Yves Bonnefoy se fait une idée haute, grave, consciente de son art, il ne commet pas ce péché ordinaire de remplacer toute problématique par un vague lyrisme, il va jusqu'au bout des choses, la réflexion ne restant pas éloignée de la rêverie féconde. Ce qui lui donne à espérer dans la poésie, dans le poème, c'est une vue intense qui, par-delà les mots, s'ouvre aux choses, aux êtres, à l'horizon, « en somme, comme il le dit lui-même, toute une terre, rendue d'un coup à sa soif ». Et puis, par-delà toute étude, il y a une évidence : celle de la beauté des poèmes. Ils ont permis d'approcher du mystère situé au cœur du langage et en d'autres lieux visitables. A tant interroger le poème et l'œuvre d'art, il s'est rapproché de la lumière.

Il s'agissait d'un vent plus fort que nos mémoires...

Yves Bonnefoy est né le 24 juin 1923 à Tours d'un père et d'une mère d'origine paysanne du Rouergue et des causses du Quercy. Il y est fait allusion dans *L'Arrière-pays* où apparaît le grand-père maternel, fils d'une bergère et devenu instituteur vers 1880. Les études d'Yves Bonnefoy suivirent ce chemin : école communale, puis lycée Descartes à Tours. En 1941, baccalauréat, mathématiques et philosophie puis classes de mathématiques supérieures, de mathématiques spéciales à l'université de Poitiers. Il ne songeait pas aux grandes écoles mais à sa formation dans les mathématiques par goût. Venu à vingt ans à Paris pour continuer la licence, c'est vers la poésie qu'il se dirigea.

Depuis son enfance, il la fréquentait. Les œuvres surréalistes, et en particulier celle de Paul Eluard, l'introduisirent à la poésie de son siècle. Il semblait voué au surréalisme, comptait parmi ses proches des peintres comme Victor Brauner, Raoul Ubac, bientôt Hans Bellmer. Avec Claude Tarnaud, Éliane Cantoni, Iaroslav Serpan, il publia, en 1946, une feuille d'inspiration surréaliste, *La Révolution la nuit,* où l'on se réclamait de Marx et de Lautréamont, où certaines présences étaient flétries, comme celle d'Aragon devenu conformiste. Bonnefoy déclarait alors : « Toute dogmatique est un assassinat. Tout métaphysicien un détrousseur de cadavres. » Si le poète repoussait « les vieilles métaphysiques » et les « parfaites Idées », il pensait déjà à définir dans le monde sensible « l'acte et le lieu de la poésie ».

Le jeune Yves Bonnefoy choisissait aussi bien ses amis que ses lectures, ainsi que l'a indiqué John E. Jackson dans le « Poètes d'aujourd'hui » qu'il lui a consacré : « Ce fut l'époque où il noua quelques amitiés durables, déterminantes. Christian Dotremont, qui publiait alors à Bruxelles, puis Paris, sa propre revue aux confins du surréalisme, *Les Deux sœurs* (Y.B. y a publié un *Éclairage objectif*); Georges Henein, qui revenait chaque année du Caire, où il fit paraître *La Part du sable;* Paul Celan, Gilbert Lely à la grande rigueur, aux précieux encouragements. Ce fut l'époque aussi de certaines lectures, Bataille, Jouve, Dante, quelques textes archaïques (...), et surtout Chestov, dont le *Pouvoir des clefs* contribua beaucoup à le détacher du surréalisme... » Yves Bonnefoy qui avait rencontré Breton ne se plut guère aux réunions du groupe et il quitta le surréalisme en 1947.

Les cinq années qui suivirent furent celles de l'élaboration du premier livre *Du mouvement et de l'immobilité de Douve*, qui, en 1953, fut un événement. S'il devait délaisser à son regret ses études de mathématiques, Bonnefoy fit des études de philosophie avec des maîtres tels que Gaston Bachelard, Jean Wahl ou Jean Hyppolite. A la suite de plusieurs voyages en Italie, un intérêt nouveau naîtra pour l'art et l'image, cette parole du peintre. La publication de Douve lui valut de faire la connaissance de Pierre Jean Jouve, de se lier avec ses plus proches en poésie comme André Du Bouchet, Jacques Dupin, Philippe Jaccottet. Dans les années 60, il y aura la belle entreprise de la revue *L'Éphémère* avec Boris de Schloezer, Louis-René des Forêts, à qui il consacrera des pages dans la *N.R.F.*, Gaëtan Picon, Jean Starobinski, il y aura aussi cet ensemble de traductions de Shakespeare, les meilleures qui aient été tentées. Et, d'année en année, l'édification d'une œuvre cohérente tout entière à la recherche de l'unité perdue. Professeur associé en divers lieux universitaires, il est, depuis 1981, professeur au Collège de France.

Voici quelles sont les principales publications d'Yves Bonnefoy. En poésie : *Du mouvement et de l'immobilité de Douve*, 1953, *Hier régnant désert*, 1958, *Anti-Platon*, 1962, *Pierre écrite*, 1965, *Dans le leurre du seuil*, 1975, *Poèmes (1947-1975)*, 1978, *L'Origine du langage*, 1980, *Par où la terre finit*, 1985, *Sur de grands cercles de pierre*, 1986, *Les Raisins de Zeuxis*, 1987, *Ce qui fut sans lumière*, 1987. Les essais et récits : *Peintures murales de la France gothique*, 1954, *L'Improbable*, 1959, *Arthur Rimbaud*, 1961, *Un rêve fait à Mantoue*, 1967, *Rome, 1630 : l'horizon du premier baroque*, 1970, *L'Arrière-pays*, 1972, 1982, *L'Ordalie*, 1974, *Le Nuage rouge*, 1977, *Rue Traversière*, 1977, *Trois remarques sur la couleur*, 1977, *Entretien sur la poésie*, 1982, *L'Artiste du dernier jour*, 1985, *Récits en rêve*, 1987. S'ajoutent huit volumes de traductions de Shakespeare, et, bientôt, des *Poèmes* de Yeats.

Une dialectique de la vie et de la mort.

Les ouvrages de poésie d'Yves Bonnefoy sont composés et structurés. Ainsi, *Douve*, en cinq parties, est un cheminement à la recherche du « vrai lieu » cher au poète, de cette « vie de l'esprit » dont le terme est l'affrontement avec la mort. Dès ce livre, Bonnefoy a trouvé sa plénitude. Pour les expériences qui ont guidé le poète, on peut parler d'un ensemble de références : la peinture italienne, de la Renaissance au Baroque, ces réalités de l'art italien déjà prises chez Chirico pour pur imaginaire et s'offrant au regard, la lecture des symbolistes, et particulièrement de Mallarmé pour qui le monde doit aboutir à un livre, tant de lectures de poètes, de philosophes, d'Héraclite à Hegel, la lecture surtout d'une expérience propre. Si Yves Bonnefoy ne conçoit pas la poésie en tant que charme, le lecteur, lui, le reçoit par le cérémonial et la beauté de la parole, la splendeur de la construction, la générosité des images, la science des rythmes, ce soin du langage rendu à sa vérité première, à son pouvoir créateur. Le poète, tel ce Virgile (qui l'a fait entrer en poésie car ce fut une de ses premières révélations) conduisant Dante, peut nous conduire parmi les sentes obscures. La question s'est posée de savoir qui est Douve. Est-elle celle qui, sans cesse, tel le phénix, meurt et renaît? Ou, comme dit Bonnefoy, cet être défait que l'être invincible rassemble »? Ou cette douve du château qui prépare un itinéraire symbolique et initiatique? Elle est, en tout cas, femme par le corps, elle est notre vie et notre mort, elle est la Poésie dans sa naissance, sa connaissance et son commentaire. Les significations sont si nombreuses qu'on a parlé d'une fuite du signifiant. Comme chez Valéry, le poème offre de nombreuses lectures mais il ne s'agit pas d'un ésotérisme, d'un retrait ou d'une tour. Le poète cherche à communiquer avec son prochain. Il ne s'agit pas de passé vainement regretté mais, loin de l'ordre sentimental, d'une tentative de retrouver l'alliance perdue avec la terre. Donc nulle rupture avec le monde, au contraire, et même une tentative généreuse de retrouvailles. Si l'on regarde derrière soi, dans le passé des cultures, ce n'est pas pour un regret mais pour un essor, un élan vers le futur concret : « La dimension d'avenir et d'espoir est capitale. Si intense que soit le sentiment d'un monde perdu, Bonnefoy ne laisse pas prévaloir le regard rétrospectif, la pensée nostalgique », écrit Jean Starobinski. Yves Bonnefoy est l'ennemi de tout leurre : par exemple l'idée d'un salut par la poésie ou d'un art à la recherche d'une perfection autonome. S'il cherche le fondement de l'acte de parole, c'est par négations successives. Il sait qu'existe quelque part sa demeure et ne renonce pas à la trouver.

Yves Bonnefoy ne veut être dupe de rien, et non plus de ce qui offre un plaisir, même si à nos yeux (mais tant de lectures sont possibles!) il ne cesse de nous plaire. Le vers est le plus souvent d'un classicisme avec lequel on ne prend des libertés que pour trouver une qualité expressive. Ici *Vrai nom* :

> Je nommerai désert ce château que tu fus,
> Nuit cette voix, absence ton visage,
> Et quand tu tomberas dans la terre stérile
> Je nommerai néant l'éclair qui t'a porté.
>
> Mourir est un pays que tu aimais. Je viens
> Mais éternellement par tes sombres chemins.
> Je détruis ton désir, ta forme, ta mémoire,
> Je suis ton ennemi qui n'aura de pitié.
>
> Je te nommerai guerre et je prendrai
> Sur toi les libertés de la guerre et j'aurai
> Dans mes mains ton visage obscur et traversé,
> Dans mon cœur ce pays qu'illumine l'orage.

Des citations ne suffisent pas pour exprimer la diversité des cinq mouvements du livre : *Théâtre, Derniers gestes, Douve parle, L'Orangerie, Vrai lieu* Des voix sans cesse interviennent et se font entendre. Si original que soi le poème, il fait penser à d'autres expressions, toujours hautes, vers Bau delaire, Rimbaud, Mallarmé car cette poésie est, plus qu'une suite, u recommencement. Nuit et jour, mort et vie, dans l'éternel retour d'u *Phénix* :

> Il chantera longtemps s'éloignant dans les branches,
> L'ombre viendra lever les bornes de son cri.

> Refusant toute mort inscrite sur les branches
> Il osera franchir les crêtes de la nuit.

A travers ses métamorphoses, lieux humains et lieux de la nature, *Douve* évoque la parole la plus proche de la poésie essentielle. Elle se confronte avec le néant et les images infernales d'autres fleurs maladives sans s'y complaire et allant toujours plus loin que le propos immédiat comme si chaque vers était un tremplin, une puissance fécondante. Le langage doit être au-delà du langage. « Oui, c'est bientôt périr de n'être que parole », écrit Yves Bonnefoy. Il s'agit, et on le voit à travers poèmes et prose se répondant, d'une remise en question des pouvoirs de la poésie et de la vie appelés à plus de présence, plus de vérité, d'un regard assez vaste pour imaginer un devenir.

Après tant de profondeur dans le tragique, de perfection et de maîtrise, après une épopée de la vie de l'esprit, non point narration de faits préexistants mais conquête patiente, non point un épuisement des thèmes mais apparition incessante de nouvelles sources, de livre en livre, de poème en poème, de ligne en ligne. Il se peut que *Hier régnant désert* soit d'une forme poétique plus traditionnelle et d'un fond plus énigmatique. John E. Jackson l'envisage comme un livre de transition. Faut-il le prendre comme une aire de repos avant le nouvel envol ? Est-il la face cachée, obscure d'une quête suivant l'*Anti-Platon* des premières élucidations ? Nous nous trouvons devant une musique de symboles et Jackson parle d'un champ lexical réduit : herbe, pierre, oiseau, épée, feu, ombre. Le titre l'indique : le poème s'inscrit dans la durée. Par-delà les interprétations possibles, et elles sont infinies, pourquoi le lecteur de poèmes ne s'en tiendrait-il pas à la seule beauté ? Plus tard, Bonnefoy jugera cet ensemble « obscur et, en quelques points, presque étranger » et il procédera à des remaniements dans le sens de l'éclairage et de la compréhension. Or, nous avouons une prédilection pour ce livre d'où nous avons extrait un poème qui nous bouleversa : *A la voix de Kathleen Ferrier*. Il dépasse la circonstance :

> Toute douceur toute ironie se rassemblaient
> Pour un adieu de cristal et de brume,
> Les coups profonds du fer faisaient presque silence,
> La lumière du glaive s'était voilée.
>
> Je célèbre la voix mêlée de couleur grise
> Qui hésite aux lointains du chant qui s'est perdu
> Comme si au-delà de toute forme pure
> Tremblât un autre chant et le seul absolu.
>
> Ô lumière et néant de la lumière, ô larmes
> Souriantes plus haut que l'angoisse ou l'espoir,
> Ô cygne, lieu réel dans l'irréelle eau sombre,
> Ô source, quand ce fut profondément le soir !
>
> Il semble que tu connaisses les deux rives,
> L'extrême joie et l'extrême douleur.
> Là-bas, parmi ces roseaux gris dans la lumière,
> Il semble que tu puises de l'éternel.

Des ensembles d'essais à vocation de synthèse comme *L'Improbable* vont montrer la progression de la recherche, apporter des élucidations du fait poétique. Yves Bonnefoy rend hommage à Lély, à Henein ou à André Du Bouchet. Il étudie les œuvres de Nerval, Baudelaire, Rimbaud, Mallarmé, celles de leurs successeurs, Valéry, Saint-John Perse, Pierre Jean Jouve. Il s'attache à Georges Séféris. Dans *Pierre écrite* et les livres qui suivront, nous verrons se développer l'intuition, le sens des correspondances entre les états de nuit et de lumière alors que le créateur, plus volontiers voué au « nous » souvent amoureux, découvre, sans réfuter la mort, un nouvel espoir. Chaleur, lumière, feu sont présents et les éléments apparaissent tels que rêvés :

> N'étais-je pas le rêve aux prunelles absentes
> Qui prend et ne prend pas, et ne veut retenir
> De ta couleur d'été qu'un bleu d'une autre pierre
> Pour un été plus grand, où rien ne va finir ?

Nous nous trouvons dans une nature proche, lumineuse, qui rend la nuit moins obscure, et l'on peut parler aussi d'une nouvelle manière d'aborder la poésie amoureuse par le végétal :

> Parfois je te disais de myrte et nous brûlions
> L'arbre de tous tes gestes tout un jour.
> C'étaient de grands feux brefs de lumière vestale,
> Ainsi je t'inventais parmi tes cheveux clairs.

L'horizon intellectuel d'Yves Bonnefoy est celui d'une recherche incessante de « l'être du lieu », de « l'arrière-pays », parmi les œuvres de l'art italien en des pages admirables comme parmi le mariage des mots du poème, la musique émerveillante du vers, et jusque dans le travail encyclopédique sur les mythes et les religions. Sa soif de l'éternel, de l'unité perdue, de ce qui, peut-être, n'existe pas, mais qu'on ne renonce jamais à poursuivre dans une quête patiente. L'œuvre entier constitue l'acte d'une nouvelle foi, celle d'un devenir que le poème met en mouvement et que chaque livre synthétise. Ainsi, avec *Dans le leurre du seuil*, l'approche contenue qui est celle du moi écrivant, du monde et du texte. Une fois de plus, l'homme Bonnefoy s'ouvre au monde réel, celui de la genèse (retrouver par la parole ce qui fut sans parole) et celui qui est sous ses yeux prêt aux métamorphoses. « Œuvre complexe, écrit John E. Jackson, la plus réflexive assurément que Bonnefoy ait écrite jusqu'ici, mais aussi la plus riche, la plus sensuelle, la plus chargée d'immédiat... » et Jean Starobinski tente cette analyse : « Peut-être, sans perdre son espoir du " vrai lieu ", arrive-t-il à accepter que l'espace de la parole soit l'entre-deux-mondes, et même en une double acception : entre le monde aride de notre exil et le monde image construit par les mots, puis entre ce mirage et le " jardin de présence "... » Il ajoute : « L'élément *double* est partout : monde-image des mots et espace ouvert du ciel ; temps du rassemblement, aussitôt suivi de dispersion ; infinité, mais capturée dans la " flaque brève " (reflet et image légitimés, en raison même de leur précarité, de leur brièveté); espace du haut, où passent les nuées, et sol terrestre, où l'eau séjourne humblement dans la flaque... Dans ces mots simples, le conflit est apaisé, mais le seuil n'a pas été franchi : la paix qui s'établit laisse subsister l'écart entre les mondes, l'opposition sans laquelle l'unité ne porterait pas sens. »

Dans *Ce qui fut sans lumière*, la voix est calme, apaisée. Elle dit une « présence si consentante », elle célèbre avec un souffle nouveau l'arbre, la branche, l'épervier, le miroir, la pierre, la neige, le vent, le souvenir, les paysages dans une langue hors du temps, fort éloignée d'une idée reçue de la modernité. Elle se permet d'être directement lisible dans sa lumière, sa chaleur. Tout va vers plus de réalité, apparaît familier, comme lavé des souillures du temps, originel. Nous sommes loin des tabous modernes, en pays de liberté, là où le « tu » et le « nous » prennent des airs de confidence, presque d'anecdote. Le poète voit la nature en peintre soucieux de saluer la beauté des formes et des couleurs – comme dans les paysages de Constable et de Claude Lorrain qui l'inspirent. La sensualité des choses de la terre apparaît dans une musique intense. « Ce qui fut sans lumière » en nous est acheminé par le poème vers la clarté. C'est non pas une leçon de ténèbres mais de grand jour apportant les chants de l'origine à laquelle le lecteur se sent revenu. Nous sommes « dans la phosphorescence de ce qui est » et c'est une offrande du poète à la cité des hommes.

Les plus prestigieux commentaires ont été apportés à l'œuvre d'Yves Bonnefoy mais son plus précieux commentateur est sans doute Yves Bonnefoy lui-même dont il faut saluer le souci constant de clarté. Sa méditation sur les pôles de la condition humaine n'est pas un simple prétexte à poésie, elle est l'espace même de la découverte et du combat. La vision lucide n'est jamais désespérée dès lors que ce qui se perd peut être nommé, dès lors que l'instant porte l'éternité dont on a l'intuition. S'il y a constat d'une absence, on ne doute pas de la possibilité d'une présence à mettre au jour.

Notre monde imparfait serait-il le reflet d'un autre idéal qui existerait dans un ailleurs? On peut penser à ces univers parallèles de quelque anticipation fictionnelle. Monde présent, monde à venir, destin autre? L'œuvre est ambitieuse, d'ordre orphique, qui tente de retrouver l'Éden, le jardin de l'ange, l'autre monde ou, à défaut, l'entre-deux-mondes. Nous ne nous perdons jamais dans les nuées. Même les récits de rêves nous paraissent d'une donnée autre que celle d'une hypnose. La mort n'est plus une fin, un néant, mais le lieu permettant à l'être de s'éprouver dans sa finitude et dans sa présence au monde. On nous enseigne à vivre et à mieux vivre ici en luttant contre ce qui corrode le réel. Poésie et espoir sont unis à condition que l'une et l'autre soient réinventés. « Dans l'espace secret de notre approche de l'être, écrit Bonnefoy, je ne crois pas que soit de poésie vraie qui ne cherche aujourd'hui, et ne veuille chercher jusqu'au dernier souffle, à fonder un nouvel espoir. »

2

Édouard Glissant

« **M**ON langage tente de se construire à la limite de l'écrire et du parler, de signaler un tel passage, ce qui est certes bien ardu dans toute approche littéraire », écrit Édouard Glissant (né en 1928). Poète en tous lieux : romans, essais, pièces de théâtre, poèmes, il se montre soucieux d'échapper à l'écriture courante pour rejoindre un « discours antillais » et exprimer l'inconscient d'un peuple, sa mémoire, son héritage. La poésie est le moteur de l'œuvre, qu'elle soit en prose ou en vers car, ici ou là, l'incantation, l'invention de la phrase, des mots, rythment la geste ancestrale sans renier le souci de l'aujourd'hui, et le poème emprunte à la prose comme la prose à la poésie. La réflexion sur l'écriture ne se sépare pas de l'engagement politique, social, humain. « Ce que je voudrais établir d'abord, c'est la quasi-nécessité d'un chaos d'écriture dans le temps où l'être est tout chaos », reconnaît-il. La réalité peut être élevée à la hauteur du mythe et nous sommes en territoire réel et fantastique, là où la luxuriance, la terre natale s'expriment dans le langage français, sans oublier une vision globale de l'univers espace et temps.

Édouard Glissant est né à Bezaudin, sur les hauteurs de la Martinique où son père était contremaître de plantation. Boursier, il a fait ses études secondaires au lycée Schoelcher de Fort-de-France où il fut l'élève d'Aimé Césaire *(voir préc. vol.)* et ses études supérieures de philosophie et d'ethnologie à la faculté des lettres de Paris et au musée de l'Homme. Docteur d'État en lettres et sciences humaines, il s'est consacré depuis 1967 à l'Institut martiniquais d'études. Il dirige depuis 1962 *Le Courrier de l'Unesco* à Paris. La plupart de ses ouvrages, une quinzaine de volumes, sont édités aux éditions du Seuil. Pour la poésie, nous citons : *Un Champ d'îles*, 1953, *La Terre inquiète*, 1954, *Les Indes*, 1955 (réunis dans *Poèmes*, 1960), *Le Sel noir*, 1959, *Le Sang rivé*, 1960, *Pays rêvé, pays réel*, 1985. Au théâtre : *Monsieur Toussaint*, 1961. Essais : *Soleil de la conscience*, 1955, *L'Intention poétique*, 1969, *Le Discours antillais*, 1981. Romans : *La Lézarde*, 1958, *Le Quatrième Siècle*, 1965, *Malemort*, 1975, *La Case du commandeur*, 1981, etc.

Dès *Un Champ d'îles* apparaît ce qui sera le grand art de Glissant, et cela plus volontiers dans la prose que dans les quatrains, si colorés, musicaux et chargés d'images qu'ils soient. Ainsi :

> Tourmentes, feu marin, étendues sans pitié : ce sont les hautes marges des houilles, parfois le vent qui tout doux avive tout doux surprend le cœur et l'empanache ; ce sont meutes du vent qui dévolent des mains, vers la coulpe et l'accomplissement du gravier. Ces cavaliers s'éprennent d'une liane, l'entendant croître par le ciel jusqu'aux ultimes étoiles ! Ô de ce langage qu'est toute pierre pourvue de chair et la levant par-dessus elle, de ce langage violent et doucement obscur qu'est la racine douée de chair et la poussant par-dessous elle, voici l'épure. Ce n'est point chaleur du mot qui étincelle, mais peuplades de mains sous la peau : l'attentat massif de la corolle à ses bords d'étang rose, et la montée des folluaires, et la chute meuble des paradisiers...

De même, *Dans la terre inquiète*, le poème quitte les mètres courts pour ces versets qui apportent une large respiration, permettent à Glissant de donner sa mesure et son souffle, préparation peut-être au grand poème lyrique, récit, épopée, histoire, *Les Indes*. Comme pour ses amis réunis par Jean Paris dans une anthologie, Charpier, Dupin, Jean Laude, Giroux, Saint-John Perse lui a apporté ses rythmes, son souffle, sa mesure, son lyrisme, sans rien lui faire perdre de son originalité, de son chant personnel. Jean Paris : « Avec *Les Indes*, le poète élève la voix la plus puissante qu'on ait entendue depuis Saint-John Perse. Ces six chants, qui nous rapportent l'histoire de Colomb, dont chacun érige un monument, marquent une immense métamorphose du langage et de la pensée. Au-delà des géographies, *Les Indes* figurent la poésie elle-même dans son éternel conflit avec le monde. *Les Indes* sont de rêve. Elles vivent en nos profondeurs, dans ce royaume noir que le verbe, comme le soleil, doit éclairer. » Ainsi une poétique nouvelle naît, en accord avec une conscience des origines et une nécessité révolutionnaire. Le poète parle pour un peuple, il revendique la connaissance des siens et de leur culture, leur identité, veut de nouveaux rapports entre les peuples. Pour cela, aux chants éclatés ou dispersés des premiers recueils succède l'ordonnance de la fresque où, à partir de l'aventure de Colomb, se profilent les drames d'un continent, les crimes des conquistadores, les horreurs de l'esclavage, les sursauts des héros, et aussi « L'âpre douceur de l'horizon en la rumeur du flot, / Et l'éternelle fixation des jours et des sanglots. » Poème de la souffrance et de l'espoir, poème tragique, vertigineux, enivré, luxuriant, *Les Indes* peuvent susciter bien des lectures, l'histoire, la société, la métaphysique offrant leurs diverses facettes, se mêlant dans la beauté des phrases, offrant la poésie comme mode de réconciliation des hommes avec eux-mêmes. Pour donner un exemple, si arbitraire que soit le choix, voici le chant 62 (l'ensemble en compte 65) :

> Le vent dévole des volcans, ô vent, ô cavale des terres ! et
>   l'esprit n'a plus de souffle qui ne soit
> Souffle de laves, de tourmentes, souffle de bouches
>   impunies et de récoltes d'incendies !
> Mais l'homme sait alors où est le Nord et où la mort de
>   son histoire...
> Il est une Inde qui finit quand le réel brosse son poil

> ardu ; terre du rêve.
> Elle cède à ce qui vient, souffrance ou joie, qui est multiple sur l'argile,
> (A mi-chemin des races, les brassant).
> Du rêve là décrit a procédé un haut terrain, qu'il faut décrire,
> Sa richesse est de nommer chaque ferment et chaque épi.
> Terre née d'elle-même, pluie des Indes assumées.

Si nous sommes tentés de parler plus volontiers des poèmes, rappelons que les romans ne sont point simples romans traditionnels mais répondent au même engagement humain et poétique. Qu'ils explorent le passé, élèvent l'histoire au niveau du mythe, exaltent l'âme antillaise, affirment le combat présent, ces œuvres procèdent de la poésie par l'invention permanente du langage, le recours au souffle de l'épopée.

Le livre de poèmes *Pays rêvé, pays réel* n'en est pas éloigné. Il s'agit bien d'un récit ou d'un conte en poèmes où la terre d'origine, l'Afrique, se mêle au monde antillais. Ce sont les œuvres d'une « dérive enracinée ». Là, de courtes séquences en vers ou en prose, où le lyrisme est maîtrisé, le chant économe et rigoureux. Apparaissent des personnages mythiques, des lieux, des végétaux, un vocabulaire qui peut paraître ésotérique, mais que des « tracées » éclairciront. Comme dans l'ensemble de l'œuvre, il y a quelque chose de hiératique et de familier à la fois. On n'entre pas toujours facilement dans cet univers mais l'attention suscite la récompense : le chant profond de la re-création de l'homme, la splendeur multiple, un chant de liberté et un appel à la justice en même temps qu'à la fraternité.

3
Jacques Dupin

L'UNIVERS immédiat de Jacques Dupin apparaît comme celui de la brisure, de l'ellipse, des disjonctions, du discontinu. Le paysage est pierreux, abrupt, hérissé. On le voit, on le ressent dans sa minéralité. Jean-Pierre Richard exprime cela fort bien : « Le paysage de Dupin ne s'affirme en effet qu'en se rompant. Il naît de sa propre déchirure : disjonction qu'il réinvente, et interroge sans cesse sur le mode essentiel de l'agressivité. Foudres, rafales, chocs, saccades, lames, socs, pelles, brèches, enfoncements, éraflures, écorchures, obscurcissements, éclatements, dislocations, naufrages : voilà quelques-uns des instruments et des figures en lesquels se rêve ici, monotone et toujours varié, le si puissant dynamisme de l'assaut... » On parle de violence, de foisonnement. Nous ne serons pas en repos mais en plein trouble quand le monde se fait et se défait sous nos yeux, quand le poème meurt pour renaître, entre un sens ontologique difficilement préhensible et des époques de lumière et de nuit. On dirait que Dupin gravit le poème en laissant derrière lui un paysage qui se défait, se désertise. René Char, le premier, le reconnut, et, avec André Du Bouchet, il est présent dans son œuvre, surtout dans le premier recueil, mais cela n'est pas d'un simple disciple. Le fasciné s'invente lui-même dans l'exigence d'exprimer l'indicible et des états qui sont sécheresse, flamme, éléments, végétaux, animaux, minéraux, avec le souvenir des anciens penseurs-poètes comme Héraclite et Parménide.

Jacques Dupin fait partie, comme Yves Bonnefoy, des poètes proches des peintres. Ce n'est pas par hasard que Braque, Masson, Tapies, Adami illustrent ses œuvres, et il connaît bien Kandinsky, Étienne Hajdu, Alberto Giacometti, Miró, peintres ou sculpteurs dont il est plastiquement proche. A la galerie Maeght où il travailla est née ainsi une véritable école où poésie et peinture s'offrent leurs multiples correspondances.

Jacques Dupin est né en 1927 à Privas en Ardèche. Il s'installa à Paris dès l'après-guerre et fit bientôt partie de ce groupe de poètes des années 50 que Jean Paris réunit dans une *Anthologie de la poésie nouvelle*, 1956, limitée et clairvoyante. Il a collaboré aux revues comme *Botteghe Oscure*, la *N.R.F.*, le *Mercure de France*, *L'Éphémère* dont il fut un des rédacteurs. Ses œuvres principales sont : *Cendrier du voyage*, 1950, *Les Brisants*, 1958, *L'Épervier*, 1960, *Saccades*, 1962, *Gravir*, 1963, *L'Embrasure*, 1969, puis 1971, ce livre précédé de *Gravir* et suivi de *La Ligne de rupture* et *L'Onglée* (à noter que de nombreuses publications en plaquettes sont ainsi reprises en recueils), *Dehors*, 1975, *Une apparence de soupirail*, 1982, *Ballast, Les Mères*, etc. Parmi ses nombreux essais, signalons : *Miró*, 1961, *Alberto Giacometti*, 1964. A lire : *Jacques Dupin*, par Georges Raillard (« Poètes d'aujourd'hui »).

L'immobilité devenue / Un voyage pur et tranchant...

Le pays natal, l'Ardèche, est présent dans la poésie de Dupin, non point nommé mais saisi dans son règne minéral et animal, et sans qu'on oublie la pente à « gravir », la vipère, l'épervier, les effets de sec et de chaud, l'éclair ou le torrent, tout cela fort loin de la poésie de terroir ou de l'élégie mélancolique. Dès le premier livre, on trouve l'exigence. On prend les choses de haut, et s'il y a quelque excès de préciosité, les phrases par trop définitives de la sentence, la poésie prend le pas. L'ensemble de *Gravir* apporte de beaux textes comme *Suite basaltique, Les Brisants, L'Épervier, A l'aplomb, Saccade*. Tout est dense, expressif, d'une voix personnelle. En prose ou en vers, la matérialité de la nature et la pensée se rejoignent pour proposer une vision de l'univers à nulle autre pareille. Ainsi, d'un ensemble à l'autre (toujours patiemment élaborés), on trouve l'enracinement dans le langage en des régions peu hospitalières, rigoureuses, ascétiques. Dans *L'Embrasure*, le début d'un poème est significatif : « Expérience sans mesure, excédante, inexpiable, la poésie ne comble pas mais au contraire approfondit toujours davantage le manque et le tourment qui la suscitent. » Dupin cherche à être direct, net; il emploie une syntaxe simple et savante. La brisure n'empêche pas l'éclair, l'éblouissement, et ce désir d'ombre, de retrait, de renoncement, de nudité porte une force peu commune. Il semble, on le voit encore dans *Dehors*, que l'homme écrivant devient ce créateur plastique soucieux de trouver « de la masse enchevêtrée des lignes le brusque arrachement qui nous apaise » et qu'il examine « un éparpillement de l'autre à l'infini jusqu'à l'adéquation du nombre au non-sens ». Ici ni fuite ni tricherie, rien n'est fait pour plaire ou se complaire. C'est un jeu de signes, d'alternances, de brisures, d'obliques, de lignes de rupture, d'observations sur le poème devenu « le non-lieu et le non-objet d'une gravitation de signes insensés ». Aucun des problèmes de l'être, de l'existence, de la création n'est éludé : on s'aperçoit que le champ de l'expérience hors de tout système est infini où s'affirme une connaissance directe, immédiate, sans les médiateurs des premières œuvres, où la « parole déchiquetée » et pourtant intacte sous une autre forme, guide vers une ombre qui est lumière ou une clarté qui est nocturne dans un jeu où concret et abstrait font leurs échanges, l'image tendant à se raréfier pour plus d'expression de la pensée – celle qui se cherche et non s'exprime en sentences trop belles. Il y a là tant de richesses, que la simple citation est découragée. Arbitrairement le choix d'un poème intitulé *Le Règne minéral* :

Dans ce pays la foudre fait germer la pierre.

Sur les pitons qui commandent les gorges
Des tours ruinées se dressent
Comme autant de torches mentales actives
Qui raniment les nuits de grand vent
L'instinct de mort dans le sang du carrier.

Toutes les veines du granit
Vont se dénouer dans ses yeux.

Le feu jamais ne guérira de nous,
Le feu qui parle notre langue.

La mobilité ira s'accentuant. Nouvelles dispositions typographiques, rythmes de plus en plus heurtés, éclats de poésie de plus en plus aigus. Le poème tendra vers le « dehors », la « grande clarté du dehors », et il se peut que l'on s'éloigne de la pétrification, des tendances philosophiques pour en venir au plus près du concret de la matière et des mots dans une cristallisation de la phrase. *Ballast, Les Mères...* encore des éclats de réalité, d'intensité, d'une cohésion dans la déchirure d'un tissage aux enchevêtrements infinis. Destruction, vide, appel du gouffre? Univers étrange que celui de Dupin, mais que de prospections, de découvertes!

4
Philippe Jaccottet

VOICI une œuvre fondée sur l'expérience. Elle est à la fois une réflexion sur la vie et le langage, une conquête de la lumière degré par degré ; elle est claire mais non point facile, d'une démarche aisée mais patiemment élaborée ; elle témoigne d'une confiance inébranlable en la parole. Philippe Jaccottet pénètre parmi les ombres métaphysiques pour les placer face à la lumière, pour faire naître une transparence nouvelle. On ne saurait séparer proses et poèmes, les unes et les autres poésies, c'est-à-dire création d'états où la nature présente peut être chantée pour elle-même, adorée, belle, enivrante, non loin de Jammes, parfois des symbolistes, ou bien prise comme sujet de questionnement, quête d'une parole voisine, médiatrice d'une révélation, d'une approche de l'être, de Dieu, du destin. Le poète s'en fait le traducteur comme il est celui de tant de grands écrivains, incomparablement. Par l'intériorité, le dépouillement, la transparence, on s'approche de l'indicible, de l'invisible présent. Jean Starobinski : « La clarté chez Philippe Jaccottet n'est jamais une facilité : elle supprime tous les faux écrans, pour nous amener, au grand jour, devant les obstacles derniers, devant l'adversité ultime ou première, que la plus grande lumière mêle encore à son éblouissement. » Le poète a, certes, ses périodes sombres, sa hantise des ténèbres, de la mort, du désespoir, mais la parole est la plus forte, la poésie est l'arme de toutes les victoires.

Dans le « Poètes d'aujourd'hui » qu'il lui a consacré, Alain Clerval a bien montré « combien la trame d'une vie privée, exemplaire par sa simplicité, rejoint l'effacement volontaire du poète faisant de l'oubli sa demeure et de la transparence sa vertu ». Ainsi biographie et bibliographie peuvent se confondre. Nous indiquons simplement : Philippe Jaccottet est né en 1925 à Moudon dans le canton de Vaud, en Suisse. Sa famille s'installa à Lausanne. En 1944, études à la faculté des lettres et premières publications. Voyage en Italie en 1946 et rencontre d'Ungaretti. A l'automne, le poète s'installe à Paris où il sera collaborateur et correspondant des éditions Mermod. Il traduit *La Mort à Venise* de Thomas Mann. En 1953, il épouse le peintre Anne-Marie Haesler et s'installe à Grignan. Là, il effectuera ses nombreux travaux de traduction, édifiera son œuvre et collaborera aux revues littéraires.

Principaux ouvrages de poésie : *Pour les ombres*, 1944, *Trois Poèmes aux démons*, 1945, *Requiem*, 1947, *L'Effraie et autres poésies*, 1953, *L'Ignorant*, 1958, *Airs*, 1967, *Leçons*, 1969, *Poésie 1946-1947*, préface de Jean Starobinski, *Chants d'en bas*, 1974, *A la lumière d'hiver* précédé de *Leçons* et de *Chants d'en bas*, 1977, *Pensées sous les nuages*, 1983... Les proses, récits, carnets, essais, études : *La Promenade sous les arbres*, 1957, *L'Obscurité*, 1961, *Éléments d'un songe*, 1961, *La Semaison, carnets 1954-1962*, 1963, *Paysages de Grignan*, 1964, *Autriche*, 1966, *L'Entretien des muses*, 1968, *Gustave Roud*, 1968, *Paysages avec figures absentes*, 1970, *Rilke par lui-même*, 1971, *La Semaison, carnets 1954-1967*, 1971, *A travers un verger*, 1975... Philippe Jaccottet a traduit Thomas Mann, Robert Musil, Hölderlin, Rilke, Ungaretti, Leopardi, Carlo Cassola, Homère, Gongora. Parmi les nombreuses études qui lui ont été consacrées, citons celles d'Olivier de Magny, de Jean-Pierre Richard, de Jean Starobinski, d'Alain Clerval.

Je suis comme quelqu'un qui creuse dans la brume...

Cette poésie ne cherche pas à séduire, elle n'offre pas de morceaux de bravoure, elle est la discrétion même. « A la limite, écrit Alain Clerval, la modulation, le timbre de la voix se distinguent à peine du murmure ou du souffle. A mesure que s'approfondit l'interrogation que la mort pose sur le sens de la vie, l'écriture du poète tend vers une ténuité et une transparence plus accusées. » Et on comprend ce vers du poète : « L'effacement soit ma façon de resplendir. » Et cet effacement est aussi le mode le plus efficace pour pénétrer à l'intérieur des choses par effleurements successifs. Parfois, nous croyons toucher à une élégie qui serait chantée par un saint Jean de la Croix. On penserait à un trajet aérien si le poète ne se montrait en maints lieux direct, réel, près des choses, s'il ne nous entretenait à voix murmurante sur un ton familier :

> A l'heure où la lumière enfouit son visage
> dans notre cou, on crie les nouvelles du soir,
> on nous écorche. L'air est doux. Gens de passage
> dans cette ville, on pourra juste un peu s'asseoir
> au bord du fleuve où bouge un arbre à peine vert,
> après avoir mangé en hâte ; aurai-je même
> le temps de faire ce voyage avant l'hiver,
> de t'embrasser avant de partir ?...

De simples observations parfois : « La clarté de ces bois en mars est irréelle » ou « De ce dimanche un seul moment nous a rejoints. » Ou bien la méditation :

> Plus je vieillis et plus je crois en mon ignorance,
> plus j'ai vécu, moins je possède et moins je règne.
> Tout ce que j'ai, c'est un espace tour à tour

enneigé ou brillant, mais jamais habité.
Où est le donateur, le guide, le gardien ?

Toujours une belle nature qui nous parle doucement, comme entre chien et loup, nous dit des choses légères, lumineuses et sacrées. Rien d'apparemment savant ou intellectuel, rien de trop insolite ou de cérébral, on est fort loin des avant-gardes. Un déchiffrement de la vie, des signes, des formes, des couleurs, un voyage de l'extérieur à l'intérieur : « Cette montagne a son double dans mon cœur. » De la musique aussi, avant toute chose, aurait dit Verlaine, mais ici imperceptible, comme métamorphosée en lumière douce – pour éloigner les ombres fatales. Il nous dit : « Bonheur désespéré des mots, défense désespérée de l'impossible, de ce que tout contredit, nie, mine ou foudroie. A chaque instant c'est comme la première et la dernière parole, le premier et le dernier poème, embarrassé, grave, sans vraisemblance et sans force, fragilité têtue, fontaine persévérante ; encore une fois au soir son bruit contre la mort, la veulerie, la sottise ; encore une fois sa fraîcheur, sa limpidité contre la bave. Encore une fois l'astre hors du fourreau. »

Un sentiment tragique et secret lorsque les choses nous disent nos limites, mais bientôt l'envol vers une recherche d'un nouvel espace sensible. Il s'arrache à ce qui est négatif et, comme Bonnefoy, choisit l'ardeur de vivre. Entre tristesse et beauté, le poète avance dans la nature et perçoit des secrets, écoute à défaut de le voir « le pas léger de l'insaisissable ». Nous restons ici-bas, entre le clair et l'obscur, dans la gravité et la ferveur, la spiritualité, la morale qui affleure, la sagesse. Le poème semble venir d'avant les révolutions du langage. Le poète s'inscrit dans la continuité d'une tradition.

5
Jacques Charpier

L'ŒUVRE de Jacques Charpier est peu nombreuse : *Paysage du salut*, 1946, *Mythologie du vent*, 1955, *Le Fer et le laurier*, 1956, *Les Deux Aurores*, 1959, ont été réunis en un seul volume, *L'Honoré du temps*, 1977. On l'a dit issu à la fois de René Char et de Saint-John Perse, quel parrainage ! Cet homme solide est de ceux qui édifient le poème dans le sentiment de la beauté. Il construit un mur (comme jadis le mur de la peste dans son Vaucluse natal) pour barrer la route au désespoir. Il a pour alliés la nature, les éléments, le soleil, tous lieux de l'enfance à redécouvrir, et qui sont le tremplin pour un horizon plus vaste, un regard cosmique, un sens des grands espaces, de l'aventure des hommes et des nations. Comme les frais chanteurs d'oc, il sait marier le mysticisme et le sentiment amoureux, célébrer les vertus du haut langage, nous dire « l'âpre croissance du quotidien vers l'éternel ».

Né à Avignon en 1926, après la Résistance et des études d'art et d'archéologie, Charpier fut du Club d'Essai de la R.T.F., professeur aux États-Unis, directeur littéraire d'une maison d'édition. Il écrivit des ouvrages d'histoire et de critique littéraire, notamment sur Paul Valéry et Saint-John Perse et collabora à de nombreuses publications. Depuis quelques années, il reste silencieux, peut-être prépare-t-il dans l'ombre son renouveau.

J'ai saisi dans son nid l'amande des ténèbres.

A vingt ans, il publie *L'Age du salut* et sa voix nette, fraîche, fervente est déjà bien posée. Poésie en prose, en versets, où le jeune homme nous offre dans une *Matinée* sa décision d'être :

> Toute la nuit le ciel avait été roi. La paume du soleil emprisonna le paysage. Dans les champs de la ville s'endormit la fillette en habits de poison. Je décidai de vivre.

Il nous dit la « beauté majeure quand tombe le soir du souvenir » et cette beauté sera sans cesse honorée. Il faut mieux voir, mieux entendre, mieux ressentir, prendre son vol « à l'avant-garde des oiseaux ». Il chante, il sacralise les admirables paysages du pays natal, et cela en passé, en présent et dans l'avenir du poème. Dans les grands espaces de *Mythologie du vent*, là où l'on trouve « le temple des pins », « l'étendard de la nouvelle lune », où « les oliviers poussent leur cri dans le soleil », où l'on assiste à sa propre naissance, sans cesse le recueillement devant les fruits de la terre, l'olivier, le thym, la vigne, les lieux aux noms chantants, Alpilles, Rhône, Durance, les étoiles, mais en faisant image avec un souffle hugolien mais tempéré par le goût d'un lyrisme mesuré et retenu. On ressent ce bienfait : l'étonnement devant la merveille, et une crainte secrète, ontologique qui conduit au sacré, non pas celui des chrétiens mais celui des Grecs. Une vaste respiration anime chaque poème qui nous conduit au-delà des choses, nous fascine et nous dicte l'énergie de vivre et d'espérer. On trouve un langage qui fonde, une maison habitable même si la beauté s'accompagne de tragique :

> Dans ce pays de rouges-gorges les arbres sont en deuil.
> Parmi l'aigre tonnerre des cigales, sous le ciel tendu comme
>   un arc,
> La douleur chemine à dos d'âne, à travers des villages de
>   poussière et de famine.
> Parfois sous un figuier et ses feuilles baroques, le soir dans une
>   source lave ses poignards.
> Ô cloche solitaire de la lune, lanterne de chagrin
> Dans l'eau gitane du Guadalquivir,
> Ce fleuve confident des alouettes et des veuves!

Déjà d'autres lieux, d'autres civilisations, le départ du pays d'enfance vers tous ceux que recouvre le ciel, et l'intense interrogation du monde qu'on envisage comme d'autres envisagent un dieu. Sous « l'étendard des étoiles », on rejoint une histoire magnifiée et cosmique, des terres éloignées et réunies dans le poème. Voici les îles Norfolk, la Numidie, Santa Cruz, la Malaisie, l'Arabie, Gibraltar, mais on ne se contente pas de la magie des noms quand « une grande lionne cosmique a mis bas sur le monde une portée de fauves lumineux ». C'est somptueux dans *Le Fer et le laurier* où se rejoignent le sire de Joinville et le jeune Sindbad, Ariel et Lazare, mille êtres et mille villes et les convives des *Deux Aurores*. C'est un archipel éblouissant, un lieu d'histoire humaine, mythologique, légendaire, magique où l'on veut tout englober, tout chanter, restituer l'énergie et la puissance universelles dans des poèmes aussi vastes que chez Claudel ou Saint-John Perse.

Sans cesse l'horizon s'élargit que ce soit du pourtour de la Méditerranée à l'Asie. Jean Paris écrit : « Ce n'est point par hasard que le motif initial de la source se change bientôt en celui du ruisseau, de la rivière, du fleuve, du delta, de l'océan. Cet accroissement continu, que soulignent l'imagerie, la métrique, le style, traduit le rythme même de la pensée s'ouvrant finalement à tout l'espace : nuées, ciel, éther, constellations – à tout le temps. » Embrasser le temps et l'espace est son désir. De l'amour courtois à l'amour universel, de l'histoire ancienne aux sociétés en évolution, un parcours humain, le résultat d'une ambition menée à son terme. Ainsi, en un volume, une œuvre poétique qui, si elle s'était développée, se serait inscrite dans le siècle comme majeure. Mais telle quelle, elle peut provoquer l'enthousiasme du lecteur et être en soi une fin. Comme dit Charpier : « Un poème est un habitat fugace, enténébré, inconfortable, garni de miroirs sans tain, trop pauvrement ou richement meublé. L'essentiel est qu'il soit ainsi fait qu'on puisse au moins le visiter. Encore faut-il fermer la porte en le quittant... »

6

Jean Laude

Il peut paraître paradoxal que Jean Laude, savant anthropologue, un des plus parfaits connaisseurs des arts africains et de la peinture moderne, ait érigé une œuvre poétique fondée sur le non-savoir ou, si l'on veut, sur l'ignorance préalable chère au philosophe – mais on sait que c'est là manière de quête et de connaissance. L'exploration, le voyage se feront sans recherche de pittoresque ou de singularité, ce que l'on ne saurait mieux préciser que Michel Collot : « Mais, dès le départ, cette quête de l'inconnu récusait toute forme d'exotisme : en rupture avec l'imagerie surréaliste et la recherche du mot rare cultivé par les symbolistes, Laude se tournait vers une écriture neutre que rien, au niveau du lexique et de la syntaxe, ne distinguait de la prose. Le travail du poète consistait pour lui à dépayser les mots familiers par leur espacement dans la page et dans la durée, l'écriture revenant sans relâche vers les mêmes objets et les mêmes paroles, pour creuser sous leur apparente banalité une dimension d'altérité qui les transfigure... » Une poésie aventureuse et de recherche incessante.

Jean Laude (1922-1983), né à Dunkerque, après une licence ès lettres, se consacra à l'étude des ethnies et de leurs structures sociales, fit de nombreux voyages, s'attacha aux arts, fut du musée de l'Homme. Professeur, auteur d'essais et d'études, nous nous attachons ici à cette recherche poétique à laquelle il a consacré de nombreux textes. Pour la poésie, des titres : *Entre deux morts*, 1947, *Les Saisons et la mer*, 1959, *Le Grand Passage*, 1965, *Les Plages de Thulé*, 1964, *Diana Trivia*, 1972.

Appartenant à la génération de ceux qui eurent vingt ans durant la Seconde Guerre mondiale, il a connu la désertification du désastre, s'est approché de l'abîme du désespoir : « Les villes sont désertes, les jours pervertis... L'espoir remis en cause, il n'est question que de lichens et de feu sombre, où habiter. » Jean Laude ne s'éloignera jamais de cette gravité et de ce pessimisme, même si le travail des hommes, le goût de la vie, la volonté de vaincre lui ont inspiré quelque réconfort : « Je parle d'un pays, pas à pas, qui cesse d'être une île. Je parle d'un pays, pas à pas, qui s'étend. L'eau froide encore menace. Mais la bonté se lève aux bras de la patience et garde l'entrée du radoub. » Il ira approfondissant sa pensée, s'interrogeant sur la mort, sous la lumière tutélaire des philosophes présocratiques, Héraclite et Empédocle, si présents dans la poésie de sa génération, et encore Novalis et Hölderlin, car il s'agit toujours d'identifier Être et Parole, de revenir aux origines du langage. Ariane, Yseut, Orphée, Thésée, Hécate... sans cesse on trouve la recherche d'intercesseurs, le recours à ces mythes qui sont guides ou fils conducteurs, et plus précisément lorsque Jean Laude va du vers et du verset à la prose emblématique ou initiatique dans des œuvres comme *Le Mur bleu*, 1965, *Ormes, Sur le chemin du retour*, 1967, *Discours inaugural*, 1972, ou *En attendant un jour de fête*, 1974, en attendant que la poésie se fasse théâtre dans *Le Dict de Cassandre*, 1982.

Il aime reprendre les mêmes mots (les plus simples), les mêmes phrases dans des contextes nouveaux et cela crée une musique parfois étrange, monotone qui nous entraîne dans des déplacements sensibles. Il sait que « les mots s'ensablent » et qu'il faut les arracher à l'enlisement. Il ne craint pas de reprendre une évidence philosophique et de la pousser à son comble. Sans cesse, il va, dans une quête minérale, vers l'espace et le temps intérieurs, ajoutant aux constats un incessant questionnement, tout cela sur un ton monocorde et assourdi, et sans cesse poignant. On le sent engagé tout entier dans une aventure tragique où il meurt la mort, où il va au-devant de tous les dangers « dans l'espace blanc d'une feuille creusant le lit de tout ce que j'ignore et me portant à la rencontre de l'inconnu masqué », où il habite un pays qui n'a pas de nom, où les hommes et les ombres passent, où le jeu d'échecs est sous le sable :

Le jeu d'échecs sous le sable. Le jeu d'échecs sous le sable. Entre le temps et moi, quel parcours d'étincelles. Un convoi de ténèbres s'enfonce dans la mer. Une horloge, mon sang. Un visage entre les pierres. Je ne vois que figures distinctes, la trace d'une algèbre sur le titre.

Le jeu d'échecs sous le sable, épure claire foudroyée.

Aller à l'essentiel, à ce qui est, telle est sa démarche. Elle s'accomplit dans l'aridité. Elle ne se soucie pas de faire poétique et la poésie est présente sous son visage le plus beau, à l'avancée des lignes, à la recherche d'un but, ne craignant pas les errances, les reprises de souffle et les repos. Elle erre à travers des îles de questions, elle découvre, elle appelle, elle s'approfondit. De ses paysages désolés, crépusculaires, de ses ruines à sa reconstruction, la marche vers les conquêtes est incessante. Jean Laude tient en main le bâton de pèlerin hérité des maîtres anciens du haut savoir. Du chant grégorien, du refrain fredonné à l'opéra, de la cantilène à la symphonie, Jean Laude, le probe, l'aventureux, orchestra sa recherche. On est souvent proche de la sentence, on redécouvre des phrases venues d'un lointain passé et renouvelées par le nouveau sens des mots. A travers mythes et légendes, sur cette plaine « lente à conquérir » on avance dans la sévérité de la rigueur vers la vérité du monde.

Forgerons d'un langage

I

Pierre Torreilles

La meilleure introduction à l'œuvre de Pierre Torreilles est son ouvrage *Pratique de la poésie,* 1977, où se trouve le fondement de son art poétique. Dans ses poèmes, il montre, il ne démontre pas; il écrit, il ne décrit pas; il veut découvrir « les mots d'avant le sens » : la maison de l'être est dans le réel de ces mots, au cœur de leur opacité. Mission difficile, mission impossible ? Le poète tente l'indicible pour se tenir au plus près de l'homme, des choses, de l'entourage. Il sait que « les hommes n'ont entre eux que les mots de leur langue, ce cri sur leur tissu de solitude... ». Et aussi que « choses et dieux, inquiets de réciprocité, dans le feu frontalier se plaisent à nommer ». La poésie pour Torreilles, tâche immense, rejoint une forme de sacré. Désireux d'unir lisible et visible, on comprend qu'il soit proche des peintres. Il écrit : « Par-delà la dialectique banale du signifiant et du signifié, la parole écrite donne sens, manifestée dans tous les sens de cet espace poétique, telle finalement l'écriture parlée, sur la portée du texte, visible et donc lisible, à lire comme on dessine, à penser comme on grave, à objectiver comme on peint. » Quant au poème : « Fait de paroles et de mots, il n'est pas le lieu de la voix mais la voix du lieu. / Ainsi il est sa propre transparence dans la transparence des mots. » Car : « Pour le poète, la langue n'est pas le médiateur, le voile qui sépare du réel, de l'univers, de la terre et du ciel, des hommes. Bien au contraire. En l'usage des mots elle ménage la distance dans laquelle toute approche est possible à nouveau. »

Le poète nous offre des clefs mais l'ouverture n'est pas si facile : une porte peut dissimuler une autre porte et le lecteur est invité à l'attention car les énigmes du visible ne se livrent point si facilement. Il y a même quelque danger tragique devant les problématiques posées et que le poème tente de résoudre autrement que par le blanc et le silence, encore que ces derniers soient indispensables pour mieux entendre ou permettre la traversée des ellipses.

Né en Camargue en 1921, Pierre Torreilles fit des études de lettres et de théologie. Durant la guerre, il fut maquisard, résistant. Il séjourna en divers lieux de Haute-Provence avant de se fixer à Montpellier pour exercer le noble commerce de la librairie. Principaux titres des livres de poèmes : *Noces d'Éa et Ninki*, 1950, *Solve et Coagula*, 1953, *L'Arrière-pays clos*, 1961, *Répons*, 1963, *Corps dispersé d'Orphée*, 1963, *Mesure de la terre*, 1966, *Voir*, 1969, *Errantes graminées*, 1971, *Le Désert croît*, 1971, *Denudare*, 1973, *Espace déluté*, 1974, *Menace innominée*, 1976, *Toutes les aubes conjuguées*, 1978, *Les Dieux rompus*, 1979, *Laconiques*, 1979, *La Voix désabritée*, 1981, *Territoire du prédateur*, 1984, *Margelles du silence*, 1986... Il a écrit un ouvrage sur *Guy Lévis Mano* dans « Poètes d'aujourd'hui ». Un numéro spécial de la revue *Sud* lui a été consacré.

Qu'il ait fallu tant de détours / Dit la force de l'origine.

Il n'est pas facile de parler de Torreilles, pas plus que de le lire sans être prévenu de tendances sœurs de sa poésie, des présocratiques à René Char, de Hölderlin à Heidegger, sans oublier Paul Celan, Bataille ou Blanchot. Dans ses poèmes, il n'y a nul souci de plaire, pas d'attraits fallacieux, pas de pittoresque, mais des vers construits, serrés, une syntaxe allusive ou retenue, brisée parfois, des blancs comme chez Mallarmé, et la parole naturelle, bien posée, évidente, auprès de celle qui semble se refuser pour être mieux conquise, le jardin semé de fleurs autres que rhétoriques car les choses de la nature parfument l'espace lyrique – et, toujours, quelque chose de voulu, hiératique, symbolique, énigmatique. On peut parler d'un goût pour des expressions rares, qu'elles touchent aux abstractions de la pensée ou au monde concret. Les uns y verront quelque préciosité, les autres un goût du jargon, ou bien un souci d'exactitude. On cite : « ostention pérenne », « imminence olombrée », « menace innominée » et aussi « gentiane rédivive », « lumière guéable », « écritures acaules » ou « gentianes céruléennes ». Mais qui reprochera au poète la précision ou même quelque chose qui nous paraît barbare quand nous sont offerts sujets à contemplation de la beauté ou à découverte du secret ontologique? Torreilles appartient à cette race de poètes qui demandent beaucoup au poème. Il en exploite toutes les possibilités, y compris la phrase traditionnelle et ses rythmes amples, les brisures, les blancs, la virgule entre deux blancs, il s'agit de partitions aussi, peinture et musique.

Le poète remonte aux origines comme on monte en ligne : avec les armes du savoir et de la parole, du non-savoir et du silence. Aux sources, le secret. Il faut se faire guetteur nu, piégeur patient, extracteur pour rejoindre le noyau de la langue enfouie. Il faut célébrer le réel, le multiple, l'évidence éparse dans l'infiniment petit et dans l'infiniment grand, dans le nom de la chose, dans le nom sous les choses. Avant tout, Pierre Torreilles est un célébrateur, il en a le langage, le lyrisme, le goût de la somptuosité. Un double but : la vérité et l'expression ciselée de cette vérité. Analyste, certes, et partout! Mais homme d'éloges comme Saint-John Perse, d'éblouissements, de regard, de plaisir au poème, plaisir du sens, plaisir des sens, même si l'intelligence veille et dirige. Nous l'aimons quand il oublie la problématique, quand l'instinct l'emporte, quand le sensuel rejoint le spirituel, quand il chante sans trop préciser pourquoi il chante. Lecture à tous niveaux : pour qui pense et pour qui perçoit. Il a de l'eau pure pour toutes les soifs, on se penche avec bonheur à ses margelles, on parcourt ses territoires :

> L'invisible ébloui, en orbes grandissants
> S'efface sur l'émail la plainte du rapace.
> Mais ajuster les mots, la voix seule le peut.
> Elle entre dans le soir avec le soc de la lumière
> Porteuse d'eau lisible et de mémoire éclaboussée.

Il faudrait citer les belles proses, les poèmes de la rose ou ceux de la menace, ceux des oiseaux et des dieux, dire la pratique, la beauté de la parole, la recherche de la métaphore originelle, l'habitation des mots, le signe devenant la demeure, mais on ne fait ici qu'inviter à pénétrer dans le « théâtre de la langue ». On lit encore pour inviter à mieux lire :

> Quelle sérénité soudaine au moment de l'action,
> Rose interrogative!
> Au plus profond s'émeut, murmurante et passive
> La voix définitive, inébranlable et douce,
> Invisible présent dans la plus haute absence.
> Quelque hiver effacé dans le remugle du printemps.

Ou bien ce qui pourrait être conclusion si nous devions conclure (mais rien ne doit détourner, pour Torreilles, le regard d'une réalité toujours ouverte) :

> Présage où vient dormir le temps,
> Ô parole comblée!
>   regardez,
>   la parole se voit!

2

Andrée Chédid

Sans doute Andrée Chédid a-t-elle son Orient intérieur mais il n'apparaît que de manière feutrée, allusive dans l'âme nue de sa poésie (on excepte *Cérémonial de la violence*, poèmes du Liban douloureux) tandis que le roman « qui prend corps pour ensuite se vêtir » a recours à cette thématique, de Néfertiti à la vallée fertile. Née en 1925 au Caire, d'origine libanaise, vivant depuis 1946 à Paris, Andrée Chédid s'inscrit dans le mouvement de la poésie française. Ce qui frappe, c'est sa manière de se donner corps et âme à son art devenu mode de vie : « Si la poésie n'a pas bouleversé notre vie, c'est qu'elle ne nous est rien. Apaisante ou traumatisante, elle doit marquer de son signe ; autrement, nous n'en avons connu que l'imposture. » Dans la poésie, elle trouve « un essor renouvelé, un désir persistant, qui raniment sans cesse l'appétit d'être au monde ». Pour elle, l'énigme est sans fond, les ressources du réel et de l'imaginaire inépuisables, l'impossible à découvrir.

L'unité de l'œuvre apparaît dans *Textes pour un poème, 1949-1970*, 1987, qui reprend ses principaux livres : *Textes pour une figure*, 1949, *Textes pour un poème*, 1950, *Textes pour le vivant*, 1953, *Textes pour la terre aimée*, 1955, *Terre et poésie*, 1956, *Terre regardée*, 1957, *Seul, le visage*, 1960, *Double Pays*, 1965, *Contre-chant*, 1968. Ses autres titres sont : *Visage premier*, 1972, *Fêtes et lubies*, 1973, *Prendre corps*, 1973, *Voix multiples*, 1974, *Escorte la vie*, 1975, *Fraternité de la parole*, 1976, *Cavernes et soleils*, 1979, *Épreuves du vivant*, 1983, et diverses plaquettes. S'ajoutent les romans, les nouvelles, les essais, le théâtre.

Ce qui intéresse avant tout ce poète : la vie et la destinée, ce qu'a bien montré Jacques Izoard dans son *Andrée Chédid* de « Poètes d'aujourd'hui » : « ... Et la parole multiplie sa vie en d'innombrables textes, en d'innombrables poèmes. » Elle-même écrit : « Et je suis de la danse / Et je suis de la vie » et cette vie « est-ce mystère plus fermé que l'anneau ». Elle interroge : « Où en es-tu, Vie ? » mais sait que « Nous ne pouvons bâtir / Qu'adossés à la mort ». Toujours ainsi nous irons à l'essentiel.

Les biens sont nombreux. Nous trouvons une élucidation de la parole qui « converge et nous relie », de la présence au monde, du mystère évident, du bonheur et du drame. Le poète explore nos sources ancestrales, le précaire et l'éternel, les épreuves du vivant, les corps et les visages, la terre commune et la fraternité, les ressorts de l'existence, les saisons de la dégradation et celles du renouvellement. Andrée Chédid n'affecte pas de jouer au philosophe, à la quêteuse d'idées ou à la prêtresse des sentiments attendris. Il y a quelque chose de viril dans son calme, de puissant dans sa sérénité.

Jamais elle ne jongle avec les mots, elle n'a que faire des syntaxes éclatées, des révolutions sans suite, de ce qu'elle considère comme masques et impostures. Elle reste discrète, transparente, sans artifices. Sa poésie est naturelle et dépouillée. Sans familiarité, elle nous est bientôt familière. Pas d'aspérités : la phrase est coulante et serrée, le lyrisme ne perce que très secrètement. Il y a des mouvements de flux et de reflux, des traces de combat intérieur, de difficultés vaincues, d'harmonie difficilement conquise. Nous avons écrit « naturel » et non pas simplicité car Andrée Chédid n'écarte rien de la complexité des choses. Elle est abordable à condition d'un goût de l'attention aux mots. Les images ne sont pas offertes pour leur séduction propre, leur beauté, mais pour donner plus de relief, d'expression. « Épurée, nue, presque ennemie de l'image flamboyante, écrivait Alain Bosquet à propos de *Fraternité de la parole*, la poésie d'Andrée Chédid abandonne ses anciennes tendresses pour aller à l'évidence douloureuse... » Toujours, dans l'économie des mots, on trouve une tension vers le vécu comme une « fièvre perpétuelle qui brûle de devenir ». Lisons cette approche de l'instant :

> L'instant nous dilapide.
> L'instant nous établit.
>
> L'instant se consume
> A l'abri des clôtures.
>
> L'instant s'épuise
> Aux façades de nos vies.
>
> L'instant s'avive
> Pour te nommer,   Chimère.
>
> L'instant n'est plus
> Et tu te lèves,   Amour.

« Tu auras pour survivre / Des collines de tendresse / Les barques d'un ailleurs / Le delta de l'amour », écrit-elle. Ainsi, face à « l'éclat mortel », il y a les hommes qu'il faut chanter. Parfois, une leçon de courage, d'énergie : « Soyez autres ! » Elle nous dit : « La poésie n'est pas évanescence, mais présence » et son œuvre illustre cette pensée. Et aussi : « Le poème demeurera libre. Nous n'enfermerons jamais son destin dans le nôtre. » Et encore : « Tant que nous n'aurons pas résolu le problème des origines – et il semble que la clef translucide ne sera jamais à notre anneau –, la poésie gardera sa raison d'être. » Son ensemble intitulé *La Poésie, le poème* est art poétique et art de vivre.

Le visage et le masque, le corps et le paysage, l'eau et le miroir, l'arbre et l'homme, il y a des analogies qui permettent de découvrir la signification du réel et l'envers du réel. Chaque poème, chez Andrée Chédid, semble ouvrir la voie à un autre poème pour d'incessants approfondissements. Un éclair, un sourire avec *Fêtes et lubies* poèmes pour retrouver l'enfance sans bêtifier comme on le fait trop souvent. Un repos peut-être ou un entracte. Nous préférons ses extractions lucides. Car, à travers les menaces présentes, les angoisses devant les changements opérés par le temps, rides, fissures et dégradations, la poésie, sœur salvatrice, offre comme une force vive ses assauts de futur, ses transparences et un certain charme efficace de ne pas être trop voulu. Gravement, humainement, le poème offre bien son « visage premier » – comme on dit philosophie première.

3

Gaston Puel

La poésie de Gaston Puel est enracinée dans le Sud, celui de René Nelli, de Joë Bousquet, de René Char. A la croisée d'une *Fenêtre ardente* (nom d'une collection qu'il a créée, publiant Malrieu, Fondane, Nelli), il a le regard posé sur la nature solaire, pour en distinguer le visible et ce qu'elle porte d'énigme et de mystère. Il en écoute la musique secrète qui devient celle de poèmes riches de pensées lumineuses quand « la lumière ouvre une route de pollen ». Comme Hölderlin, il a voué son cœur « à la terre grave et souffrante ». L'homme, dans sa quotidienneté et dans sa profondeur, dans sa solitude aussi, lui a inspiré des vers admirables de naturel et de vérité. Ainsi :

Ce matin je dirai le simple bonheur d'un homme allongé au creux d'une barque
L'oblongue coquille d'un canot s'est refermée sur lui
Il dort C'est une amande La barque comme un lit épouse son sommeil

La mer digère l'eau en sa profondeur fauve
C'est un grand arbre d'eau d'algues et de ciel bleu
C'est une immense fleur à fleur de terre et d'eau
Et l'homme allongé au creux d'une barque s'adosse à son mystère

Nous parlons de beauté et qui sera constante tout au long de l'œuvre, de *Paysage nuptial* à *L'Incessant, l'incertain,* entre 1947 et 1987, quarante ans de poèmes avec ces étapes : *La Jamais rencontrée,* 1950, *La Voix des pronoms,* 1952, *Ce chant entre deux astres,* 1978, *Le Cinquième Château,* 1982, *L'Évangile du très-bas,* 1982, *Terre-plein,* 1980, *L'Amazone,* 1982, *Au feu,* 1987, *L'Incessant, l'incertain,* 1987 et une douzaine d'ouvrages à tirage limité. Il a écrit plusieurs essais, parlant notamment de *Lucien Becker* et d'*Edmond Humeau.*

Gaston Puel a le sens de l'orchestration du poème, de la force énergétique de la phrase, de l'équilibre des mots. Que ce soit dans les poèmes en prose, dans les aphorismes poétiques, dans les poèmes en vers, le dit coule comme un fleuve mélodique vers la pleine mer, comme la vie vers la mort. Si grave que soit l'inspiration, rien n'est hiératique, pesant ou posant. On sent une attention constante, celle de l'homme patient, aux écoutes, toujours prêt à percevoir le monde sensible, à le transmettre, à nous dire l'enthousiasme ou la blessure, la menace ou l'apaisement, le calme de l'éternité et la violence des jours. Toutes les forces des éléments, les nuances fugitives du ciel et de la terre sont captées et offertes comme des dons puisés aux sources de la perception humaine. Homme de l'alliance, il est ce quêteur et ce guetteur qui perçoit le cosmos jusque dans cet invisible que recèle le visible, le réel. Les ciels changeants, les saisons mouvantes, « le bouillonnement des nuées au-dessus des volcans éteints », les sillons de l'orage, l'homme y participe dans sa quotidienneté et des unions se tissent de la « terre labourée, arasée » de l'être soumis au temps : « J'habitai un corps lézardé ; il dut se fendre d'un coup ; je reçus l'aube comme un baquet d'eau fraîche... » Il nous dit ne pas mépriser l'anecdote dans la mesure où elle lui donne accès à un espace universel, l'histoire en ce qu'elle a de plus douloureux et les allusions ne manquent pas à nos blessures : ghetto de Varsovie, stukas et panzers, nuit et brouillard car, dans la somptuosité, non loin du « charme désuet et rustique de quelques roses pompon », il y a ce poème en prose offert à Pierre Della Faille :

> Tous ces immenses poètes qu'on ne connaît pas, qu'on ne connaîtra sans doute jamais, qui ont vibré dans l'ultra-son des longues plaines enneigées comme tintent dans l'air glacé les barreaux de leur prison quand les gardiens éprouvent leur intégrité métallique d'un coup de trique, toutes ces vibrations enfouies sous la souffrance silencieuse, toi et moi, poètes assis et repus, nous savons qu'elles nous invitent à nous taire ; du moins à ne plus bêler. Ni poèmes de satisfaction ni jérémiades ! Nous n'écrirons qu'au nom des étoiles dont nous sommes tombés. Et n'oublierons pas cette fumée si légère qui semble lointaine dès qu'elle apparaît, c'est le meilleur de notre parole, c'est ce qui veut aller plus loin que nous, vers l'insaisissable présence.

Cela, il fallait qu'un poète l'écrive, et pour reprendre ses paroles, que ce moment « s'insinue dans le poème comme un nuage progresse dans le ciel ou s'y dilue comme le sel dans la lumière changeante de l'eau ».

Le lieu solaire, mais d'autres lieux aussi, ceux des toiles des peintres s'ouvrant comme des miroirs vers l'infini, un autre soleil, celui des Aztèques, et il pourrait dire comme Vieira da Silva qu'il cite dans un poème : « Je veux peindre ce qui n'est pas là, comme si c'était là » — une fonction aussi du poème. « Je regarde les nuages de mon pays et je voue l'espoir », écrit Puel, car, lui aussi, répond par une salve d'avenir, à sa manière, de belle manière. En même temps, le monde est situé dans une neuve lumière comme si le cœur humain l'avait filtrée, restituée plus pure et belle. Et cette poésie semble poursuivre une marche en avant, parcourir un itinéraire spirituel qui s'invente de poème à poème, dans une volonté de compagnonnage, de maîtrise, d'équilibre, même si on est entre deux gouffres ou sur une crête difficile ou encore entre deux astres mais avec « un silex sidéral dans la main » comme amulette ou comme arme. Enfin, pour garder le poète dans sa parole, un appétit de densité, une soif d'incessants désirs. On sent que partout et toujours la poésie est sa compagne, l'espoir son bâton de pèlerin, la vie son étoile du berger.

4

Jacques Izoard

FÊTES en nous, fêtes et liesses sur la terre dès que les mots se mêlent à la magie, dès que le réel débouche sur l'imaginaire, dès que l'onirisme crée la métamorphose, dès que se rejoignent concret et abstrait, dès que l'érotisme invente ses symboles, l'esprit ses visions, le corps son vertige, le lyrisme son baroque, la solitude son monde peuplé. Quelques réflexions inspirées par l'œuvre de Jacques Izoard, chercheur d'or, homme d'union, qui aime rassembler les mots et les poètes, découvrir au passage des jeunes comme Eugène Savitzkaya, François Watlet, Jean-Marie Mathoul et quelques autres — participation à la vie poétique qui nous agrée fort, curiosité de l'inconnu en soi, accueil à l'autre, par exemple dans la revue *Odradek*, dans les jeunes maisons d'édition.

Jacques Izoard (né en 1936), après des rencontres avec Jules Supervielle et André Breton, a publié son premier livre, *Ce manteau de pauvreté*, préfacé par Paul Gilson, en 1962. Suivraient : *Les Sources de feu brûlent le feu contraire*, 1964, *Aveuglément, Orphée*, 1967, *Des lierres des neiges et des chats*, 1968, *Un chemin de sel pur*, 1969, *Le Papier, l'aveugle*, 1970, *Voix, vêtements, saccages*, 1971, *Des laitiers, des scélérats*, 1971, *Six Poèmes*, 1972, *La Patrie empaillée*, 1973, *Maison des cent dormeurs*, 1973, *Bègue. Bogue. Borgne*, 1974, *Poulpes, papiers*, 1975, *Rue obscure* (avec Eugène Savitzkaya), 1975, *Le Corps caressé*, 1976, *La Chambre d'Iris*, 1976, *Vêtu, dévêtu, libre*, 1978, *Enclos de nuit*, 1980, *Pavois du bleu*, 1983... Les premières strophes de ce dernier livre :

> Le premier bavard touche la fleur
> dont le parfum fend la langue
> d'un dormeur déjà voué au rêve.
> Et c'est l'été, l'hiver.
> Le linge très blanc touche encore
> la joue, la jambe, le bras.
> Linges liquides ou ténèbres.
>
> Dans ce vide où le bleu corrompt
> tout regard et tout vertige,
> dans ce vide où s'allument

> clartés de feuilles et de foins,
> dans ce vide très doux,
> le corps n'est qu'un désir
> qui cache sa propre mort.

Le poète a choisi la surprise du discontinu sans s'éloigner d'un thème central dicté par une consonance, une couleur, des oiseaux, des objets hétéroclites, des organes, des éléments. Il a le goût de ces fragments qui, rassemblés, vont créer le poème énigmatique, sensuel ou inquiétant. Il recueille des objets, des parties du corps physique comme pour quelque blason, mais, c'est une sorte de nouveau Frankenstein prêt à créer non pas le monstre mais la merveille. Parodiant Michaux, on pourrait dire : « Je vous construirai un univers avec des bribes, moi ! » La cohérence est faite d'ambiguïtés, de heurts étranges, de chocs sémantiques, d'apparentes contradictions, d'incongruités, de provocations aux mots pour leur faire rendre une nouvelle âme. Dans ce rêve ou ce délire, dans ces envolées de métaphores, on trouve des touches de préciosité, des frivolités même, une douceur tragique, de la grâce aussi :

> Dix femmes dorment
> dans la maison des plumes.
> Et j'arrache l'aile
> de la plus transparente...

Petit Poucet rêveur, il ramasse « herbes, cailloux, mots nouveaux » et on va voir ce qu'il sait en faire : de l'onirisme à l'état pur. Ce sera sensuel, tendre ou cruel, inquiet, sensible, et on se sentira mêlé au monde, sans rien qui ne sépare plus son corps physique et le nôtre. Ainsi se crée un univers où, selon l'expression d'Alain Bosquet, « tout est autre : signes, symboles, approximations, fuites dans une fête ininterrompue du poème à l'état pur ». Il aime faire aller des mots par trois avec allitération souvent : « chanterelle, chardons, cuscute », « délire déjà déchiré », « Bègue, Bogue, Borgne », « Saison, Sœur, Main » car « Les mots doux au toucher / sont dans leur haleine : / amandeou haillon, hirondelle... » quand « Sous le papier, les veines / fouillent le bleu du corps... » Il est cavalcade, il est déambulation, voyage dans des espaces clos, bouleversés, rétrécis, bientôt nôtres.

Les strophes sont légères, les poèmes courts, denses, harmonieux, le vocabulaire riche de mots concrets. Pas d'envolées lyriques et du lyrisme cependant, bref, frappant comme l'éclair. Pas d'emphase, de grands mots, de cérébralité, mais de l'intelligence, du goût et de l'émerveillement. Izoard est un assembleur de textes, un perceur du secret des mots, un créateur de féerie permanente. Pour lui, « le poème conduit, confusément, à ce que l'on est ». Il est prêt à recevoir pour les meubler les lieux, les aires, les espaces, avec objets ou fragments d'objets prêts à les investir à leur offrir leur vraie dimension. Il s'agit de « fêter chaque parole », de libérer l'homme des mots de la contrainte en les réinventant, de procéder à « la réconciliation désespérée : celle des corps unis dans le même vertige, la vie qui passe... ». Amour aux mots, amour des mots et naissance de la vie toujours recommencée.

5

Marie-Claire Bancquart

LES communications secrètes du corps, l'obsession de la mort, la crainte de la dissémination, l'absence de Dieu, la recherche d'un destin, le recours au sacré, à l'éros, les métamorphoses humaines, ce sont là les principaux thèmes de la quête angoissée ou violente de Marie-Claire Bancquart (née en 1932). Cette expérience constante se joue en des poèmes à la syntaxe simple et serrée ou d'une coulée musicale, en vers libres construits avec exigence. Elle a défini son activité poétique ainsi : « Quelque chose, dans nos corps, vit sans nous, d'une existence indépendante. Cela prolifère hors de notre désir, en relation directe avec le monde. Pendant ce temps, concurremment, nous sommes aussi recoquillés et révulsés sans remède. C'est ainsi que je nous vois en tension entre le non-être et l'être accru. Cette situation peut éblouir; elle peut être intenable. L'irruption de l'amour la bouscule, elle la glorifie et l'aggrave... » et elle parle d'une « mystique sans foi ». Elle écrit « pour le désordre du monde, pour les routes disséminées de notre espace intérieur... pour le lieu ramassé du corps à corps ». Et aussi : « Écrire : pour posséder sa mort. » Dans chaque ensemble, dense, elliptique, un autre corps à corps, avec les mots, se joue, les armes étant la sensibilité et l'intelligence alliées.

Marie-Claire Bancquart a publié des essais : *Paris des surréalistes*, 1973, *Images littéraires du Paris fin de siècle*, 1978, une biographie : *Anatole France, un sceptique passionné*, 1984, des éditions critiques de Maupassant, de Vallès, d'Anatole France, etc., sans oublier une postface à *La Révolution surréaliste*. Elle est la romancière de *L'Inquisiteur*, 1980, *Les Tarots d'Ulysse*, 1984. Œuvres poétiques : *Mais*, 1969, *Proche*, 1972, *Projets alternés*, 1973, *Mains dissoutes*, 1975, *Cherche-terre*, 1977, *Mémoire d'abolie*, 1978, *Voix*, 1979, *Partition*, 1981, *Votre visage jusqu'à l'os*, 1983, *Opportunité des oiseaux*, 1986, *Opéra des limites*, 1988.

La part d'être qui manque aux hommes.

Si Marie-Claire Bancquart connaît les pouvoirs de l'onirisme, du délire imaginatif, de la magie incantatoire, des secrets de la mémoire et du corps, des voies ouvertes à notre insu, elle ne se contente pas d'écriture automatique, elle se veut consciente et ne se lasse pas d'expérimenter, de maîtriser ses éclairs, de donner les fruits des révélations dans la cohérence. Dieu absent, à partir d'un point zéro, on se réinvente dans la matière du cosmos. Jamais les poètes ne sont allés plus loin que nos contemporains dans l'exploration mentale, dans les régions dangereuses de l'indicible, proches de la folie et de la mort. Ce qui nous garde, pour le poète : les mots habitables qu'ils soient abstraits ou concrets comme ceux de la ville ou des découvertes émerveillées de la nature, avec quelque solennité :

> Pour la première fois j'écris le nom du térébinthe
> imaginant sa stèle
> avec son feuillage furtif.

S'il s'agit d'une démarche grave, touchant à l'invisible et à l'occulte, d'affrontements constants avec la mort ou avec soi-même, on décèle ce qui apparaîtrait comme antithétique traité d'une autre manière, une sorte d'humour noir délivré dans la subtilité qui est non pas la politesse du désespoir mais un sourire de connivence comme pour s'excuser de se diriger en d'aussi hautes et profondes régions. Des personnages apparaissent qui sont Jonas, Ulysse, Noé parce que compagnons et chercheurs de destin. Le poète aussi, par-delà célébrations et quêtes, angoisses et obsessions, sait rencontrer la terre, la terre-sœur, et l'on aime qu'elle offre soudain, un peu à l'écart des délices intellectuelles, un chant exquis de sensualité :

> Il y aurait eu des promenades inouïes
> Avec la famille et le narcisse né d'hier
> Des picotements de lilas
> Des mises au monde
> Si douces en mariages
> Que la prairie aurait duré toute une existence

Nous citons le poème *Exil* car il nous semble révélateur de la manière qu'a le poète d'unir au sens, à la pensée poétique, la beauté du mystère quotidien :

> A la présence du vent
> Se connaissait
> La part d'être qui manque aux hommes
>
> En habit suranné
> Se lamentait le goût de l'aventure
>
> Voyageur préparant l'exil du paysage
> Se dressait
>   dans
>   l'écorce du jour
>
> Un grand arbre gêné par son étroite armure
> Jusqu'aux épaules

> Mais errant de toutes ses feuilles
> S'élargissait par les oiseaux
> Jusqu'au ciel de sa mort.

Bien des vers ont valeur d'aphorisme, d'autres isolés portent une forte charge de poésie : « On crie au feu / Mais on ne crie pas à la passerose » ou « On aimerait tuer l'espace » ou « Un mal comme une exclamation de nuit » ou « Il dédie ses caresses aux larmes invisibles ». Marie-Claire Bancquart a aussi le sens des correspondances sensibles. Quelques exemples :

> Je n'ose pas leur dire
> Que vivre loin serait ne plus voir le silence...

> Un sourd qui essaierait de toucher la musique
> S'interrogeant
> Avec ses doigts
> Sur la courbe des notes...

> C'est aussi parce que l'absence
> loin des groseilles
> garde une odeur acide...

> J'écris cette lumière
> Qui n'est soleil ni lune
> Invitée de ton sang...

Dans le serré du texte, ainsi des joyaux précieux peuvent être extraits du poème. Aux approches d'un désir sans cesse fécondé, d'une mort qui est celle du corps et celle des mots, d'un amour qui participe des éléments, d'une mémoire personnelle qui trouve sa naissance dans ce que nous avons de plus physique, d'une nature qui offre comme des baumes ses noms de fleurs, c'est la quête constante, ardente d'une identité et d'un sacre qui transcende la mort et, au-delà de cette certitude, la recherche des certitudes de la vie et de la pensée.

6

Gil Jouanard

Il se peut que ses efforts au service de la poésie aient occulté l'œuvre de Gil Jouanard (né en 1937), ce qui ne saurait durer car voilà un poète de très bel ordre. Après avoir salué le responsable de l'admirable « Maison des livres et des mots » (avec Marie Jouanique), nous retenons ce jeune auteur qui débuta avec *Banlieue d'Aerea*, 1969, dédié au voisin vauclusien René Char. Ce recueil et ceux publiés jusqu'en 1975 seront réunis, des *Poèmes hercyniens* à *Hautes Chaumes*, dans *Sous la dictée du pays*, 1982, ensemble de six recueils formant un cycle touchant au pays premier, au sol antérieur. Là, le lecteur (cela gagne à être lu « naïvement », prévient Jouanard) trouvera l'influence avouée de Char, puis un effort vers la personnalisation en même temps que vers toujours plus de transparence, le poète éprouvant l'écriture « comme un acte physique, voire physiologique » et cherchant une plus ample respiration. Puis ce seront de nouvelles quêtes comme, par exemple, dans *La Veine ouverte*, 1982, ouvrage plus direct, proche de la confession, temps de longues marches comme dans une prose, *Lentement à pied*, 1981 (citons encore : *Dans le paysage du fond, Jours sans événements, Éloge de la vie ordinaire*, etc.) On a vu Jouanard se délivrer d'un ton trop hiératique ou elliptique – nous n'osons dire : contraignant – pour offrir, sans rien perdre de son intériorité, de l'espace à sa parole :

> Notre parole avance au-devant de
> nous-mêmes,
> nous entrouvre un passage à travers
> l'innombrable.

La poésie devient une aventure des vies et des lieux, une aventure de l'imagination itinérante et conquérante, une jubilation devant personnages, espaces d'existence, vie quotidienne exaltante et exaltée, richesses extraordinaires du monde concret. En fait, du ton aphoristique au ton familier, il s'agit d'une même démarche : devant la matière infinie de l'univers, son poids de passé et de présent, devant l'héritage, il faut tenter une pénétration du visible comme du secret, de ce qui fut, de ce qui est, peut-être de ce qui sera en faisant confiance aux pouvoirs du poème. Car, comme il le dit dans sa *Chronique du bois d'eucalyptus*, « Au fond du puits la vérité croupit verdâtre ». Écoutant la musique des choses, il sait qu'il n'y a « Pas de révolution sans tout d'abord / cet accord avec le cœur vibrant / de la réalité ». Dès lors, il faut toujours aller vers ce proche, qui est aussi cet inconnu, pour trouver du nouveau tandis que :

> la soif demeure vive
> et toute prête à s'élancer
> sur les cent mille instants
> qui attendent aussi leur heure...

On aime les aspects feutrés, intimistes comme on en trouve dans *L'Eau qui dort*, 1987, « et les mots qui veillent ». Pour lui, il l'écrit, « Il n'est pas nécessaire de " rêver ", d'" être ailleurs ", ni même de s'abîmer dans les gouffres de la métaphysique, pour se trouver au cœur du flux des sentiments, des sensations, des souvenirs et des désirs qui irriguent toute parole poétique. L'imperceptible transformation qui modifie, de seconde en seconde, l'état du réel y suffit largement ». Explorateur des espaces du réel non point stable, immuable, figé, mais offrant une multitude de formes, de couleurs, de mouvements, Gil Jouanard a devant lui un large champ d'inspiration, mais son apprentissage premier du poème, au temps des premiers recueils proches de Char, lui a donné un style, une écriture, un sens de l'équilibre des mots, et même une grâce de la parole qui le gardent des séductions de la tranche de vie naturaliste. Ici, prime la sensation, priment les correspondances. Sa plus belle forme est celle d'une prose distribuée en versets fort savamment, et l'on pourrait conclure en citant : « Il n'y a de vraiment moderne que la planète au petit jour, lorsque tout luit, respire, et proclame la nouveauté de chaque instant vécu. » Et si la modernité tant recherchée était toute proche, à portée de la main, si visible, si évidente qu'on ne la voyait pas? Et puis, ce Gil Jouanard étire à l'aise sa rêverie dans les lieux du vocabulaire : « Couteau, vélo, cahier, plumier, banc de pierre et lime, équerre et fil à plomb, balance Roberval et double décamètre... »

7
La Parole équilibrée

Janine Mitaud.

Janine Mitaud (née en 1921) dut être fort heureuse d'inspirer cette phrase de René Char : « Janine Mitaud nous donne à songer que l'oiseau vole infiniment plus que l'homme ne marche. Cependant, si l'acharné détruit la maison de l'oiseau, ce dernier reste éclat de beauté sur son meilleur regard. » Janine Mitaud mérite bien cet hommage : elle est une quêteuse d'espérance confiante dans les forces de vie, mer, soleil, espace, paysages, amour, contre les forces de destruction. Patiente, elle l'est dans sa lente conquête, de livre en livre, du « miracle de toucher l'univers ». Elle a connu les jours noirs, elle n'a jamais cessé d'espérer car « les hommes groupent leur soleil ». Il y a dans ses poèmes des fraîcheurs de fontaine, des rythmes de nature, des allégresses végétales et animales, mais elle traduit aussi la solitude des êtres, quelque douleur intérieure dont on ressent les vibrations jusque dans les poèmes les plus lumineux, et cela parfois jusqu'au cri :

> Mille et une fois
> Dans le conte atroce des camps
> Est morte mon enfant
> En chacun des enfants morts

Entre douleur et sérénité, lucidité et confiance, elle a le sens profond d'une mission de la poésie qui court à travers cet itinéraire : *Hâte de vivre*, 1949, *Bras étendus*, 1951, *Silence fabuleux*, 1951, *Rêverie*, 1953, *Le Poète Paul Eluard est mort*, 1953, *Départs*, 1953, *Les Armes fulgurantes*, 1955, *Soleil de blé*, 1958, *La Fureur et le fruit*, 1960, *Le Visage*, 1961, *L'Échange des colères*, 1965, *La Porte de la terre*, 1969, *La Parole naturelle*, 1971, *Juillet plain-chant*, 1974, *Danger*, 1974, *Livre-poème*, 1979, ou *Suite baroque*, 1983.

Marc Guyon.

Les Purifications, 1982 : voilà un titre qui convient fort bien à la recherche de Marc Guyon (né en 1946). Le poète va à l'essentiel par la voie la plus simple, la plus dépouillée, la plus directe. « Perds ton habit d'homme / et ne te désole pas / des quatre murs / sales / qui te tiennent lieu / d'esprit », écrit-il ou bien : « Le poème est muet / comme l'eau tranquille... » Ainsi le poème apparaît-il comme une inscription ou une courte sentence. Le découpage de ce qui pourrait être une prose, un aphorisme, est là pour faire percevoir entièrement l'importance de chaque mot ou groupe de mots. Ainsi, on perçoit mieux la densité et la charge de connaissance qui nous est révélée. On retrouve cette concision, ce sens de l'épure dans *Ce qui chante dans le chant*, 1977, avec l'apparition d'un lyrisme retenu, d'un discours qui conduit les mots au seuil du vertige, interrogations et exclamations trahissant une secrète angoisse, une violence retenue qu'il faut baigner dans le calme, la nudité, une innocence voulue.

Bernard Hreglich.

« Ce qui est étrange ne me brûle pas », écrit Bernard Hreglich (né en 1943). Et aussi : « J'ai peur de parler au masque tragique du désordre. » Il est à la recherche d'une ordonnance du langage jusque dans l'irréel ou le surréel. On a noté trois thèmes d'urgence dans, par exemple, un recueil cohérent : *Droit d'absence*, 1977 : honneur de l'écriture, nécessaire solitude, dédain des apparences – ce qui amène à un masque d'indifférence devant les rumeurs, reniements et massacres que le siècle propose. Ce retrait, cette solitude amènent le poète à voir l'obscur, à découvrir sa saveur, à marcher vers ce qui résiste, même si « avancer est mélancolie » pour trouver « une image du plus grand calme ». Ce qui frappe, c'est une confiance sans borne à son intériorité en même temps qu'aux pouvoirs de l'écriture : « Tant qu'il y aura cette passion curieuse sous ma peau / je n'aurai pas d'autre azur que moi-même. » Avec ce qu'il appelle « la magistrale audace des grands défigurés », il progresse dans le poème comme un quêteur d'absolu aux antipodes des laboratoires comme des facilités limpides. « Olympien dans l'intimisme », a écrit Alain Bosquet, et aussi : « Loin des terreurs et de l'angoisse, l'aisance même au pays de l'imaginaire ». D'un poème à l'autre, son « droit d'absence » apparaît comme un devoir de présence au monde qui n'est pas celui des misères humaines. Les poèmes sont sereins, équilibrés quand « sous le couvert des mots, c'est l'espace qui saigne ». Il faut souligner leur beauté, leur grâce et leur éclat bouleversant.

Gérard Bocholier.

Avec la revue *Arpa*, la poésie en Auvergne est entrée dans la poésie moderne dont elle exprime la diversité. Ainsi avec Gérard Bocholier (né en 1947) auteur d'une anthologie : *Poésie en Auvergne*, d'un essai : *Pierre Reverdy, le phare obscur*, de livres de poèmes comme *L'Ordre du silence, Le Vent et l'homme, L'Arbre et la nuit, Chemin de guet, Liens, Lèvres, Terre de ciel, Poussière ardente...*, depuis 1975. Cette poésie est celle d'un homme aux écoutes des voix de la nature et de ses voix intérieures, d'où cette impression de feutré, de retenu pour ne pas effaroucher le mystère car « le secret, décelé, éparpille les astres », pour ne pas détruire les mirages ou briser le silence nécessaire pour percer les énigmes. Les vers, souvent des versets, sont économes et ont de la grâce, de la délicatesse même, dans la familiarité végétale, animale, minérale, de l'ardeur confiante. La clarté peut se lever sur la noirceur volcanique.

Jean-Pierre Siméon.

Par l'inspiration, Gérard Bocholier et Jean-Pierre Siméon (né en 1950) sont proches. Ils sont aussi l'un et l'autre enseignants à Clermont-Ferrand, tous les deux à *Arpa* et autres revues, comme Siméon qui participe aux *Cahiers de l'Archipel*. Autres points communs, les éditeurs : Rougerie et l'Imprimerie de Cheyne dont il faut saluer la qualité. Cela posé, chacun a sa personnalité et il serait vain de jouer au jeu des comparaisons. Dans les livres de Jean-Pierre Siméon, on trouve un homme qui « gouverne son plaisir jusqu'aux effets fertiles », qui ne cesse de chanter l'amour, le corps, le désir de toute son ardeur. On pourrait dire que ce Nathanaël, pour goûter les nourritures terrestres, n'attend pas qu'on le lui recommande, mais la sensualité gourmande ne serait rien si elle ne s'accompagnait de la perfection de son énoncé, si pour s'exprimer elle ne convoquait les puissances naturelles et les magies du langage. Depuis *Le Sergent des cœurs*, 1976, jusqu'aux *Poèmes du corps traversé*, 1987, douze livres et plaquettes dont *Traquer la louve*, 1978, *Présence abandonnée du corps*, 1983, *Fuite de l'immobile*, 1984, *A l'aube du buisson*, 1985, *La Nuit respire*, 1987.

Alain Lambert.

Jean Joubert a écrit : « Il y a dans les textes d'Alain Lambert une belle concentration, un sens du langage, une rigueur qui leur donnent une coloration très particulière. » Gilles Pudlowski a parlé d'une « lignée charienne et très concrète », André Doms d'une maîtrise de la langue. Alain Lambert nous a donné *Tu me fais chaud*, 1969, *Iles vigiles*, 1972, *Cyprès sombré*, 1976... D'origine bretonne, musicien de concert, Alain Lambert s'exprime en vers concis pour dire la « carrière d'ocre dans l'ombre » ou les « eaux mélancoliques », les espaces de la mer, la nature solaire, ce qui vit et palpite dans la nature pour trouver des correspondances en nous. Sa quête de toutes profondeurs est intuitive et il sait unir sons et couleurs, intelligence du texte et sensibilité.

Jean Guichard-Meili.

Rien de l'art de ce temps n'est étranger à Jean Guichard-Meili (né en 1922). Il nous enseigne à mieux lire la peinture. Son sens plastique se transporte dans la phrase allusive et serrée, proche de l'aphorisme, avec des « dérapages contrôlés de la pensée » selon une « gymnastique non seulement régulière mais méthodique » de l'idée comme il le dit dans *Journal sans je*, 1981, après *CLXXXI proverbes à expérimenter*, 1966, 1970, *La Vue offerte*, 1972, *Récits abrégés*, 1975, *L'Avant-sommeil*, 1979. Dans ses fragments, notes, aphorismes, paraboles, anti-fables, allégories et paraboles — « avec aussi les interrogations sans réponse », il n'oublie pas les coups de pied dans les portes et de ces choses qu'on dit sans queue ni tête mais qui ne manquent pas de corps. Partout il apporte une jubilation et des observations sensibles, notamment quand le monde rural l'inspire, qui sont de délicate poésie. Quant à un certain humour pétri dans ses propres couleurs, il est constant. Cela aurait plu aux surréalistes de la grande époque. Cela plaît à qui aime, tout simplement, l'intelligence et la poésie.

Jacques Garelli.

« Le poème ne conduit à rien, sauf peut-être à lui-même. » Il s'agit d'une observation de Jacques Garelli (né en 1931) qu'il développe dans *La Gravitation poétique*, 1966, et qui, dans sa simplicité, pourrait être de nature à débat comme naguère la poésie pure. Ce qui intéresse ce poète, c'est le matériau du poème, le langage dont il se fait le théoricien et l'expérimentateur dans *Brèche*, 1966, *Les Dépossessions*, 1968, *Lieux précaires*, 1972, qui illustrent son propos : « Pour le poète, être au monde, c'est en deçà de la pensée logique, se projeter dans la nature matérielle du langage et par le rythme, la sonorité et cette tension orientée qui se situe en deçà du sens logique des mots, constituer un poème matériel qui révèle la présence sourde et opaque des choses par l'effort même de sa constitution. » Il n'y a rien là de limitatif. Si le poète ne se sent ni voyant ni messager, la liberté reste grande et il n'est pas interdit au lecteur de distinguer par-delà l'ordre dominé de l'écriture et encore la rigueur et le rejet des routines, ces mystères que le créateur porte à son insu. Garelli nous dit encore : « Nul message dans la voix du poète, nulle force implacable de démonstration. Mais au sein du langage, l'irruption sauvage d'une brèche d'où coule l'inépuisable hémorragie des mots truqués, tronqués, auxquels la sagesse humaine cherche obstinément à donner un sens. » Mais le philosophe du langage est un poète, c'est-à-dire un guetteur habile à écarter les ronces pour piéger la merveille. L'essentielle rigueur, la lucidité n'interdisent ni la surprise, ni les somptuosités, ni un certain élan énergétique qui se font jour dans ses poèmes.

Jean-Clarence Lambert.

Pour Jean-Clarence Lambert (né en 1930), la poésie, les arts plastiques sont sans frontières. Il a publié avec Roger Caillois un *Trésor de la poésie universelle*, 1958, il a réuni des poèmes du Mexique ou de Suède. De la peinture moderne, il a percé les secrets, de la danse, il a tracé la poétique. Les *Labyrinthes et dédales du monde* (selon le titre d'un essai), il les a parcourus. Avec Henri Lefebvre et Jean-Pierre Faye, il s'est interrogé : *La Poésie pour quoi faire?*, 1978. Ses traductions et adaptations sont nombreuses : Pär Lagerkvist, Artur Lundkvist, Octavio Paz, etc. Après ses poèmes en prose quêtant le fantastique dans la ville, *Fables choisies*, 1948, il a publié *Dépaysage*, 1959, *Le Voir-dit*, 1963, *Code*, 1967, *Laborinthe*, 1973, *Les Armes parlantes*, 1976, *Le Noir de l'azur*, 1980, *Idylles*, 1985, *Poésie en jeu*, 1986, sans oublier plus de vingt éditions à tirage limité avec l'illustration des meilleurs artistes contemporains, des œuvres théâtrales et radiophoniques, des essais, etc. Pour bien le percevoir, le choix de poèmes et le parcours de lecture de Georges Raillard dans *Poésie en jeu 1953-1973* constituent la meilleure introduction. On s'aperçoit bientôt que ces œuvres épuisent le champ de la diversité et permettent de multiples interprétations, Jean-Clarence Lambert l'infatigable tentant toutes les expériences du langage, du lyrisme à la recherche textuelle, avec un sens de l'espace et des silences, du jeu des mots et des prestiges de la typographie qui peut faire d'un poème un tableau, une représentation graphique. Sans cesse, il cherche un agrandissement à la mesure de la planète et les grands parcours de la phrase comme ceux de ses multiples voyages et sa prise de conscience planétaire se reflète partout. Octavio Paz lui a consacré un poème le montrant « insaisissable, insondable, impondérable » et passant « de la couleur au son / du son au sens / du sens à la ligne, / de la ligne / à la couleur du sens... » et il y a bien toujours une « dérive vertigineuse » – ce que la meilleure critique n'aurait mieux dit. Comme s'il se sentait à l'étroit dans le costume prêt-à-porter de la langue, il en fait craquer les coutures et ne craint pas, suivant le mode de Jean-Pierre Brisset ou de Michel Leiris à gloser sur le glossaire, à soumettre les mots à une torture dont ils sortent métamorphosés et régénérés, prêts à de nouvelles significations et enfantant des néologismes, mais il n'y a pas que cela chez le savant Jean-Clarence car il connaît aussi les pouvoirs de la poésie la plus traditionnelle – à condition qu'on la viole un peu.

Franck-André Jamme.

Ce poète aime donner à ses livres d'élégants habillages, ceux de Thierry Bouchard ou de Fata Morgana par exemple. Ainsi avons-nous pu lire : *La Flamme dans l'eau*, 1979, *L'Entretien de la pierre*, 1980, *L'Ombre des biens à venir*, 1981, *La Preuve par l'oiseau*, 1982, *Conques, bannières, feuilles sacrées*, 1983, *Pour les simples*, 1983, *Absence de résidence et pratique du songe*, 1985, *La Récitation de l'oubli*, 1986, *Pour les simples*, 1988. Si les sujets sont nombreux, on peut distinguer deux formes : poèmes composés de peu de vers courts, poèmes en prose, économes eux aussi, mais non sans un certain lyrisme, une ferveur et la beauté de la parole simple. Jamme attend les signes du destin provoqués par la terre « notre mère, qui ne fut pas assez aimée! ». Il sait que pour mieux percevoir, ressentir, entendre, il faut s'oublier, que « toute pérégrination, à son commencement, n'est qu'un apprentissage de la nuit », se tenir aux approches du mystère en des lieux difficiles à rejoindre. Le ton est tout de retenue, de discrétion, comme si l'on voulait créer le silence nécessaire à la venue ou marcher à pas de loup dans la fraternité du végétal, du minéral, de l'animal, pour trouver sous la peau des mots le cœur des choses. La plus discrète et la plus aérienne aventure de l'émerveillement.

Richard Rognet.

Les poèmes en prose que Richard Rognet (né en 1942) a réunis dans *Les Ombres du doute*, 1979, ont tous le même nombre de lignes, comme si le poète avait préparé des coupes pour les emplir avec équité du breuvage poétique. En fait, il a trouvé là un rythme d'écriture qui lui convient et ce sont là des lieux d'inscriptions toujours inattendus. On se tient dans une sorte de retrait du réel comme si, pèlerin discret, on voulait rester « en marge d'un décor familier de grès et de groseilles, d'orages, de fourmis ou de pies » quand « un désert immobile » nous force à l'exil, à l'errance, à la fuite. Mais, caché derrière ses masques, le poète surprend mieux des paroles, des événements, de courtes aventures poignantes, des inquiétudes, des mises en garde, dans le jeu du « tu » et du « il » que conduit ce « je » caché et si présent. Il apparaît ainsi des formes féminines dans ses *Petits Poèmes en fraude*, 1980 (ou *Tant qu'on fera Noël*, 1971, *L'Épouse émiettée*, 1977) en vers courts cette fois, tout aussi retenus et mystérieux où apparaissent des lieux plus quotidiens, une sensualité plus présente, des images urbaines, des joliesses dans une respiration plus ample. Parmi les ombres et les miroirs, le reflet rêveur des choses qui nous entourent. On le retrouve tel qu'en lui-même et avec sans cesse plus de force et de relief dans *Le Transi*, 1985, et dans cinq textes publiés dans *Polyphonies*. De Richard Rognet, enseignant à Épinal, nous pouvons dire qu'à l'écart des modes et au cœur de la modernité, il est de ceux qui ont beaucoup donné et dont on attend encore beaucoup. Lire encore : *Je suis cet homme*, 1988.

Charles Juliet.

Qu'il s'agisse de ses romans, des volumes de son *Journal*, de ses textes sur les peintres comme Bram Van Velde ou Giacometti, souvent poèmes comme dans *Accords*, 1987, de ses essais ou de ses aphorismes, de ses livres de poèmes, Charles Juliet (né en 1934) offre une qualité constante et nous osons avancer que son œuvre est une de celles marquantes de notre temps. Parmi de nombreux livres, citons : *Fragments*, 1973, *Sans fin l'affamé*, 1975, *L'Œil se scrute*, 1976, *Affûts*, 1980, *Approches*, 1981, *Trop ardente*, 1981, *Ce pays du silence*, 1987. Les poèmes sont composés de vers brefs, comme chez Guillevic, allusifs, nets, dépouillés et nourris à l'extrême. Chaque poème est souvent le découpage d'une phrase. Ainsi :

> Que ta faim
> soit la lucarne
> par laquelle
> tu as vue
> sur le monde

Il emploie aussi bien la disposition de la prose lorsque l'horizontalité du texte lui convient mieux, double choix qui fut celui de Malcolm de Chazal. Citons : « Seul peut trouver celui qui est prêt à recevoir, mais ne s'obstine plus à chercher. » De telles observations sont nombreuses. Tout est intériorité, gravité, rigueur, austérité même, mais non sans grâce, recherche de chemins ou de havres en des paysages où l'être en errance, désemparé, douloureux, recherche « l'ineffable, joie, lumière, accession à un pays sans frontières », où il faut unir les contradictions, recevoir les contraires, le blanc comme le noir, le bien comme le mal, qui alimentent le brasier de la vie. L'interrogation constante, le regard tourné vers le dedans, les approches de l'angoisse et de la peur, de ce qui rafraîchit et de ce qui brûle, les maux qui peuvent devenir remèdes, les mots qui sont vie, la faim, le silence, le regard, la mort, autant de lieux du poème et de l'être que le poète attentif scrute avec sa sensibilité et son intelligence des choses. Attention, perception, offrande, rien n'est jamais gratuit ou écrit pour plaire ou « faire poétique » et il y a là une charge de poésie d'une grande intensité.

Recherche de la lumière.

René Char a offert à Jean Pénard, pour ouvrir *Jour après nuit,* 1981, un « petit conte d'instauration » où il dit son goût pour des aphorismes poétiques qui, par leur contention et leur pouvoir allusif sont très proches de lui-même, illuminés de la lumière vauclusienne qui affirme le regard neuf et la lucidité : « L'été vient de tourner sur ses gonds de tonnerre. » Qui connaît les lieux ne peut être que ravi par une telle phrase. Ainsi, au fil des saisons et des jours, un poète recueille avec délectation les images qui accompagnent le chant de la destinée solaire.

Henry Colombani (né en 1943) a le sens de l'élaboration patiente et de l'épanouissement verbal. L'idée de l'homme, de son destin, de son bonheur de vivre est permanente. L'imagination, la recherche de l'énigme pour en déceler le sens donnent lieu à des poèmes « d'essentielle venue » dans *L'Aurore et la poussière*, 1970, *Le Sablier flambe,* 1974, *Paysages pour mémoire,* 1978.

La nuit, les peurs enfantines, le vent, l'éclair, le foyer clos, la luxuriance des sèves, les parfums entêtants inspirent Armelle Hauteloire (née en 1939). Elle est le poète des sensations, des mouvements, des chuchotements à quelque « oreille si réellement cosmique et attentive ». Le poème est sobre, les rythmes vigoureux, les images vastes. De *Terre promise,* 1959, à *Incandescence,* 1983, *Le Chant de Malabata,* 1986, un sens éveillé de l'accueil des choses dans un lyrisme envoûtant.

Chaque strophe des poèmes de Denis Clavel nous offre une aventure concrète du temps, de la mémoire ou de l'histoire. Il dit les choses directement et nous appelle à les vivre, à recevoir leurs affirmations ou celles d'un poète qui donne à voir et à entendre en se situant soit dans l'immédiat soit dans la durée. Comme dans une genèse, un chaos, tout se fait et se défait dans un poème persuasif, parfois au bord du discours, toujours ambigu jusque dans l'évidence, et en offrant une charge magnétique de pensée poétique. Ainsi dans *Fenêtre sur cour,* 1963, *La Genèse du poème,* 1972, *Opéra sur la vitre,* 1972, *Voyage clandestin,* 1976, *Distance apprivoisée,* 1978...

Né en 1954, Pascal Riou a consacré une maîtrise à « la question de la peinture dans l'œuvre de René Char ». Dans *Toi, les lointains*, 1981, transparence et spiritualité sont unies dans le serré du texte. La poésie est chargée de gravité et d'harmonie. Il a retenu la leçon du regard et cela donne force et relief à ses textes.

Daniel Blanchard (né en 1934) a collaboré à *L'Éphémère* et participé à la rédaction de la revue *Utopie*. Il a publié *Cartes*. « Païenne, écrit Christian Descamps, cette recherche creuse la voix; ces mots — pierre et soleil — visent à éclairer *ce que parler veut dire*. » On lit dans un poème : « Une voix, une pulsation sous le plâtre rauque, s'enroue, ne détache pas le plâtre du plâtre... » Les sensations du corps confronté aux choses sont traduites de manière simple dans le serré du texte.

Les Dizains Disette, 1987, de Jean-Pierre Georges (né en 1947) ont longtemps hanté les revues avant d'être réunis en un volume publié après deux livres au *Dé bleu : Rien simple menace*, 1980, *Où être bien*, 1984. Ces dizains comme les aimait Maurice Scève coulent ici plutôt comme du François Coppée (que l'auteur cite) avec cette différence qu'il s'agit des inspirations de notre temps notées comme dans des agendas, formant une sorte de poésie-journal fort attrayante et qu'on dirait à la bonne franquette si ce n'était là qu'un masque pour aller beaucoup plus loin dans l'expressionnisme contemporain, ce qui a fait dire à Claude-Michel Cluny : « Si vous aimez Fargue ou Georges Perros, lisez Jean-Pierre Georges... »

De Paul Farellier, *L'Intempérie douce*, 1984, *L'Ile-cicatrice* suivi de *L'Invisible grandit*, 1987. « Enfance, je partirai / Pour ta grande île-cicatrice... », nous dit-il et aussi : « J'écoute vivre. » De la mémoire enfantine aux sensations du présent, apparaissent les signes d'un sourire ou d'un silence, de la mélancolie quand le poète regarde la mort ralentir ou la nuit glisser, avec une musique ténue, des murmures pour ne pas effrayer les grâces, les saisons, les déserts, tout cela sans recherche excessive de nouveauté, mais avec une voix bien personnelle. Simplement, une lenteur, des surprises, une approche subtile de l'invisible. A pas feutrés.

Nathalie Nabert dédie *Paroles de vivant*, 1987, à René Char. Max Pons écrit : « ...elle se révèle une muse cavernicole admise par la tribu, sur le chemin des mots, au cœur de l'art pariétal, entre Lascaux et Pech-Merle ». Tandis que André Doms parle de « fresques rupestres dans la tradition de Ganzo, mais surtout et directement, de *la paroi et la prairie* de René Char ». Il y a des influences visibles mais aussi un sens du langage lumineux et de la parole ardente, convaincante.

Pour Gilles Plazy (né en 1942), peintre et poète, il ne « paraît pas désuet aujourd'hui de se situer sur la ligne de crête où se rencontrent surréalisme et psychanalyse ». Il intitule « prosèmes » (« poésie qui ne tient pas au vers et qui tend au dire plus qu'au chant ») les textes de *La Salive des étoiles*, 1987, qui sont en fait des poèmes en prose traversés d'aphorismes et de notes ressemblant à des dictons, chacune d'elles apportant poésie souple et pensée ingénieuse, et contenant une histoire, un conte, une rêverie, une morale de l'écriture.

« Le silence / du poème : déjà la vibrante perfection / de l'exil », écrit Yves Peyré dans *Par-delà vent et rien*, 1987, et chaque poème résulte d'une longue patience, d'une attention prolongée, d'une intelligence du texte en éveil, avec un désir de serré et de limpidité. Il offre une tendresse de l'impossible, « le va-et-vient/des mots/en pleine lumière » et s'il connaît « la tentation de traverser le néant » ou « l'effroi d'un jour de poème » si « l'aire des mots palpite comme une chair mouvante », tout drame s'exprime et se résout en pleine lumière. Autres livres d'Yves Peyré : *Le Lointain Foyer du jour, Une main tendue dans le vide*.

Enseignant à Montpellier, Jacques Gasc a publié : *Les Filles de la mémoire, Les Chronologies déchirées, Le Temps d'un zodiaque, Les Diseurs d'oubli*, 1981, *Les Sourciers anonymes*, 1984. Il s'agit d'un poète d'intime perception des choses qui leur restitue par une intime distillation leur vérité entière et semble se fondre en elles : « Et la sensation de n'être rien d'autre que cette épaisseur verte... » Qu'il exprime « la déflagration brutale du soleil » ou « le destin foudroyé de l'arbre », nous sommes au cœur des lieux, touchés par les signes du temps et par le déploiement solaire.

Claude Fournet (né en 1942) est l'auteur de romans, d'essais sur la peinture comme *Picasso, Terre-Soleil* et *Matisse, Terre-Soleil*, 1985, de nombreux articles sur la littérature des années 70, d'une étude sur Ezra Pound et de livres de poèmes dont *L'Anthologiste ou le Territoire de l'inceste*, 1987, réunissant dix années de création poétique sur les lieux de l'Orient et l'Extrême-Orient. Les poèmes sont généralement composés de vers courts mais non laconiques car ils forment une phrase ne se livrant pas immédiatement au lecteur, mais riche de contenu de pensée et de philosophie. C'est une incantation musicale murmurée, au bord du silence, une plongée dans les ténèbres de l'homme pour en extraire des fragments lumineux comme pierres précieuses, enfin la recherche d'une mémoire. Depuis *Le Dormeur et l'Habité*, 1968, sept titres dont *Le Pier, New York* (avec Christian Jaccard), 1975, *Disant, dit-il, qui est* (avec Claude Gilli), 1981.

Maryline Desbiolles a publié plusieurs plaquettes dont *La Mer se défait derrière la vitre* et *Des après-midi sans retenue*. Elle adore le ton familier, celui où on passe insensiblement du langage courant à quelque révélation poétique inattendue. En fait, c'est savamment construit. On nous parle de la pluie et du beau temps et soudain, alors que rien ne se passe, arrive la pensée douce-amère, l'événement quotidien ou intérieur qui va nous conduire à une subtile densité de la parole nous faisant part de sensations soudaines, d'images qui traversent la vie et la conditionnent. Maryline Desbiolles dirige la revue *Offset*.

« Hurler le silence de l'écrit. Dessiner l'instant de son histoire... », écrit Daniel Lacotte dans *Éclats*. Le poète qui « retient son cri dans chaque mot » nous tient en haleine et nous voudrions lire, au-delà d'une mince plaquette, d'autres mots et que « D'un livre trop lourd / s'échappe / une colombe » pour nous charmer encore.

A Lyon qui n'est pas que ville de gastronomie, la revue *Verso* de Claude Seyve et Alain Wexler a animé la tradition poétique du renouvellement, avec Raoul Bécousse et Didier Pobel, et aussi Jean Antonini, Joseph Beaude, Jacques Bruyas, Geneviève Metge (lire *La Voix douce*, 1988), René Plantier,

Danièle Vallet, et créé des rencontres poétiques Rhône-Alpes à Theizé en Beaujolais.

Depuis 1981, Yves Bergeret (né en 1948) publie la belle et élégante collection des *Cahiers du Confluent* où l'on trouve les meilleurs contemporains français et étrangers. Ce poète qui arpente la poésie comme les forêts et les montagnes rapporte des trésors de ses randonnées. Tout chez lui est intuition, préfiguration, approche de lieux inconnus et pressentis entre des espaces de mystère, au bord de l'attente. Le ton est sobre, le poème court, imagé, avec des surprises qui apparaissent comme évidentes. Christian Hubin a parlé de pages « d'une beauté palpitante » qui « témoignent, presque physiquement, dans leur respiration aérée, leurs ellipses lumineuses, d'une approche attentive, d'une fièvre d'acquiescement ». Qu'il mêle fable et sang, qu'il s'avance dans l'inquiétude d'une recherche vers quelque « terre sans racine », qu'il marche « en oblique sur la grande nuit du monde », tout est en lui attention, ferveur, gravité, et il y a un sens rare de la nature et de sa perception par la conscience poétique. Des titres : *Ceux du Grand-Fort*, 1979, *L'Eau ruante*, 1979, *Territoire cœur ouvert*, 1980, *La Vie séditieuse*, 1981, *L'Homme dans l'art*, 1983, *Deux personnages*, 1984, *L'Avance*, 1984, *La Distance*, 1987.

Bergeret a écrit avec Guy Goffette *Le Relèvement d'Icare*, 1987, dans une collection où se retrouvent, sous le titre de *Tandem*, deux poètes unis comme on le vit avec Jean-Pierre Otte et Maurice Chappaz, Hubert Juin et Marc Baronheid, des poètes français de Suisse, de Belgique que nous avons hâte de commenter dans un prochain volume.

Marc Vaution (né en 1947) est habité par une grâce sensuelle qui lui fait appréhender « la jupe des moissons » ou « l'écriture alchimique des pays où vivre a la simplicité de l'air » avec un regard neuf, étonné, ouvert aux mythes, aux êtres, aux éléments, toujours en quête de l'invisible avec « les mots que l'automne a mûris », des images qui rappellent parfois Jules Supervielle quand retentit « l'appel d'un cavalier ». Il a publié : *Révéler*, 1975, *Il faut plusieurs siècles d'oiseaux*, 1976, *L'Absence habitée*, 1977, *Visages de Vanessa*, 1981, *Demeures du passant*, 1983.

Dans ces espaces de l'attention aux mots, au soin de la phrase, des titres encore. De Jean-Marie Barnaud, *Sous l'écorce des pierres*, 1983, ou *Pour saluer la bienvenue*, 1987. De Jacques Brémond toujours présent aux rendez-vous essentiels, *Au partage des eaux*, 1987. De Geneviève Pastre, *On gaspille l'amarre ici*, 1975. De Paul Aubert, *La Santé des otages*, 1972. De Michel Orcel, *Le Théâtre des rues*, 1981, *Les Liens*, 1981, *Destin*, 1988. De Michel Savatier, *Tahiti*, 1988. De Bernard Pokojski, *Écueils continus*, 1986. De Patricia Castex Menier, *Lignes de crête*, 1987. D'Éric Sautou, *L'Eau*, 1986. De Robert Bréchon, *Contre-chant*, 1987. De Jean-Paul Gallez, *Féminaires*, 1969.

Lapidaires.

« Tout est à décrypter », nous dit Jean Aron (né en 1936) lorsqu'il recherche ce qui fut dans la présence des ruines de Glanum et son propos s'étend à tout ce que l'existence propose. Ainsi, qu'il s'agisse de la veine ou de la pénombre, des « ossements de mots » ou du « jardin perdu dans nos mémoires », il cherche, il fouille, il extrait ce qui, pour la plupart, n'est pas visible. Cet humanisme déchiré s'exprime dans *Chants de pierres*, 1977, *Maux-dire* (avec Gérard Blua et Jean Siccardi), 1982, *Chardin*, 1983, *Sortilège à deux voix*, 1984, entre autres.

Parole rare que celle de Claire Sara Roux (née en 1935) depuis *A l'arbre blanc*, 1986, *Les Orpailleurs*, 1978, *Au bord*, 1981, *Aires*, 1985. Dans ses poèmes apparaissent formes légères, visages perdus ou effacés, noms dilués, écumes de la mer et des jours, mirages, et la présence de la mélancolie devant l'horizon mortel, une douceur pour apprivoiser la chose craintive et le mot dans une recherche du clair-obscur et de ses mystères, des touches de peintre symboliste. C'est intériorisé et visuel. Claire Sara Roux a écrit sur Yeats. Elle a traduit de nombreux romans dont ceux de Joyce Carol Oates.

Le Papier, la distance, 1969, *Un doigt de craie*, 1970, *Dürer*, 1974, *A travers la durée*, 1975, *Lamento*, 1987, sont des titres de Jean-Claude Schneider (né en 1936). Dans ses brèves séquences de vers courts, il cherche « au bord d'un silence anguleux » des traces, des voix ténues, une « mince écriture de vent », des murmures, des chuchotements. Son monde est celui des sensations diffuses, des réalités fugitives. Il poursuit un entretien avec des choses inertes « pour rendre / ce qu'elles nous donnent / aux choses » et c'est bien, dans la coulée du temps, la recherche de l'indicible, des riens d'un monde disloqué, usé, où il faut trouver la signification de l'être et de la présence, ce qui est tracé avec beaucoup de minutie et d'un art du langage riche en prolongements musicaux, ce qu'on verra encore dans *Lamento*, 1987, qu'il présente ainsi : « ... C'est peut-être cela aussi, la poésie, une musique qui persiste après la disparition, une aile oubliée sous les combles. On ne se déplace qu'avec sa faim. On emporte au désert le torrent dont on a été les torrents bousculés. » Jean-Claude Schneider est un traducteur d'Hofmannsthal, de Trakl (avec Marc Petit), de Brentano, Arnim, Büchner, Kleist.

André Lagrange (né en 1928) est ce poète discret qui se reconnaît une dette envers le surréalisme étant soucieux de donner à voir et de donner à croire en ordonnant une stimulation onirique et en structurant de subtils assemblages avec une parfaite économie. Interrogation du langage, de l'imaginaire, de la conscience et du subconscient comme de tous lieux de notre vie, il recherche dans un essai comme *Le Temps prétexte*, 1987, une mémoire primitive en tentant d'évoquer la tragédie de l'endroit dans le désordre de la durée. Chacun de ses livres est le reflet d'une prise de savoir du moi dans le monde et du monde en soi comme en témoignent ses titres : *Le Temps du monde, Volonté d'être, Crête de la page, Récitations de l'imaginaire, Devenir-aujourd'hui, Portulan(s)*, 1988.

Monique Labidoire a publié *Saisir la fête*, 1967, avec une préface de Guillevic dont la manière plane sur bien des poètes, tout au moins pour l'emploi d'une forme dont il est le pionnier. Dans *Arithmie*, 1978, elle cherche les rapports entre l'écriture et le temps, la musique, les signes, le corps et elle s'engage physiquement et intellectuellement dans des poèmes d'une parfaite efficacité.

Alain-Christophe Restrat (né en 1945) dans *Enfance Aval Mort, Sarah, L'Orphe la moie la mort* et d'autres œuvres publiées par *Clivages* interroge le ciel et l'orage, l'absence et la nuit et grave ses courts poèmes comme des inscriptions durables dont le laconisme retient longtemps le regard et force la méditation.

Francis Kochert (né en 1950) exprime dans *Les Mots l'aimant*, 1976, la vulnérabilité et la précarité des corps et tout bouleversement de la parole tandis que « l'encre au bout des doigts tremble... ».

Dans *Espace de la mer*, 1981, Silvia Baron-Supervielle, vague après vague, poème après poème, offre le spectacle des eaux. Cette lecture est aussi celle de paysages intérieurs devenus miroirs de la nature, sujets d'une observation et d'une méditation simples traduites par des lignes économes et chuchotées dans l'ombre et l'effacement des traces. Dans cette mer où se reflète l'âme, la navigatrice est en quête de l'inconnu et offre des mondes de sensations en peu de pages, en peu de mots, expérience qui se poursuivra dans *Lectures du vent*, 1988.

On peut situer Raymond Farina (né en 1940) parmi les poètes économes : peu de mots mais bien choisis, bien mariés, apportant valeur de sens et valeur de son, traduisant l'idée et les idées aussi bien que la perception sensible de l'existence étonnante et interrogée. Le poète est attentif à l'être et au corps, à la « sonore chronologie » et au « cœur rythmique » dont les battements sont marqués par le tempo de la phrase nue, et c'est la ville musicale, celle des mauvais jours et ceux où elle est « diseuse d'abeilles » qui « lui fait oublier qu'il est / une erreur dans un récit confus ». Des titres : *La Prison du ciel*, 1980, *Le Rêve de Gramsci*, 1981, *Les Lettres de l'origine*, 1981, *Archives du sable*, 1982, *Bref*, 1983, *Pays, Ithaque*, etc.

8
Poésie au soleil des mots

S I l'on ne peut dire que *Les Cahiers du Sud* ont enfanté des revues, du moins leur disparition a-t-elle laissé un vide que des poètes ont voulu combler en suivant un grand exemple dans le sens du travail sérieux et de la recherche originale. Ainsi *Action poétique* est née à Marseille en 1955 par le vouloir de Gérald Neveu et de Jean Malrieu, ce dernier donnant son impulsion à la création de *Sud* en 1981 avec Yves Broussard et quelques amis. Pour *Action poétique*, Jean-Pierre Balpe affirme : « Nous n'avons pas de conception officielle de *groupe* et les opinions divergent notamment de l'un à l'autre parmi nous, mais nous sommes d'accord pour penser que la revue relève beaucoup plus d'un travail réel sur la langue que d'une attitude psychologique et sentimentale. » Pour *Sud*, Yves Broussard confie : « On reconnaît à *Sud* un éclectisme de bon aloi compatible, néanmoins, avec la profession de foi de Jean Malrieu : " La poésie comme la science exige un langage de rigueur... " » Les deux revues offrent des numéros spéciaux de qualité. Bien des collaborateurs de l'une ou l'autre de ces publications figurent en maints lieux de ce livre. Nous citons : Charles Dobzinski, Gil Jouanard, Lionel Ray, Jacques Roubaud, Christiane Baroche, Gaston Puel, Jean Joubert, Frédéric-Jacques Temple, Pierre Torreilles pour donner quelques exemples. Et si nous avons réuni dans le chapitre présent un certain nombre de poètes, c'est de manière arbitraire – peut-être pour saluer au passage deux revues, peut-être parce qu'ils procèdent à la fois d'un « travail réel sur la langue » et aussi d'un « langage de rigueur ».

Yves Broussard.

Né en 1937 à Marseille, Yves Broussard se trouve au comité de rédaction d'*Action poétique* de 1960 à 1963. En 1970, il participe avec Jean Malrieu à la création de *Sud*. Il a publié : *Du jour au lendemain*, 1961, *Commune mesure*, 1968, *Bestiaires des solitudes*, 1969, *Chemin faisant*, 1970, *Proximité du gîte*, 1974, *Nourrir le feu*, 1979, puis 1986, *Traversée de l'inexorable*, 1983, *Milieu de l'épure*, 1985...

Si nous devions définir Broussard en quelques mots, nous reprendrions ceux de Charles Bachat : « Un mystique de " l'élémentaire vie ". » On peut le situer dans la postérité de Pierre Reverdy et de René Char, parler d'une forme elliptique qui fait penser à Guillevic et, cela dit, s'apercevoir qu'il est original dans sa manière épurée de rejoindre les réalités de la matière et celles de la vie humaine, tout naissant d'un accord avec la nature sous le signe du dénuement. Les poèmes paraissent bien « taillés dans le buis » ou « écrits sur l'écorce » avec juste ce qu'il faut de mots pour que « l'âme s'enracine ». C'est un univers où, comme dit Valéry, « l'insecte net gratte la sécheresse », où la flamme doit être sans cesse nourrie, où « l'impulsion d'écrire est le produit d'émotions percutantes », comme l'écrit André Ughetto qui précise : « Le travail d'Yves Broussard procède analogiquement de la démarche du physicien contemporain que préoccupent l'impalpable et le transitoire au niveau des particules infra-atomiques. » La vie élémentaire qui nous compose nous arrive dans cette œuvre sous le double signe de l'éloge et de la scansion. Broussard est homme de conscience et cela se traduit par le ton de l'aphorisme : « Je sais habiller de lumière / l'acte le plus quotidien... » Extracteur du secret des choses par tout son entendement, par son intelligence sensible, pour trouver la pérennité, il déchiffre la parole :

> La parole est accoutumance
> au sacré.
>
> Les morts
> ont laissé des signes.
>
> Qui saura les déchiffrer
> transgressera
> le *non-dit*.

Le regard du poète est clair, l'homme silencieux, attentif, de ceux qui surprennent « face au large l'insecte immobile » ou qui écoutent et transmettent : « Parallèle au vent / se profile insolent / le hennissement de l'étalon. » Le feu, les pierres, les arbres, il les révèle avec sobriété et gravité, il en extrait l'inexprimable, il en fait parler le silence. Et il y a partout une aspiration au bonheur : « Et que la joie soit étincelle / Nous brûlerons au feu commun », car le poète a le sens de la plus vaste communauté, celle des hommes, celle des éléments, la même, et qui nous donne l'étincelle de vie, le goût de l'essentiel dans la luminosité constante.

Max Alhau.

Né en 1936, Max Alhau a consacré une thèse à Gabriel Audisio, un essai à Alain Borne. Collaborateur d'*Europe* et de *Sud*, les titres de ses livres expriment ses préoccupations : la mémoire, le temps, l'espace, les choses, la parole. Il a publié : *Sur des rives abruptes*, 1961, *Mémoire du sable*, 1962, *Un jour comme un ressac*, 1964, *Atteinte du songe*, 1965, *Le Pays le plus haut*, 1967, *Le Temps circule*, 1969, *Itinéraire*, 1972, *L'Apparence des choses*, 1975,

L'Espace initial, 1975, et depuis : *Le Lieu et la parole, Trajectoire du vent, Passages, Les Mêmes Lieux, L'Instant d'après, Ici peut-être...*

Qu'il s'agisse de poèmes en vers courts ou de proses (les uns et les autres procédant de la même recherche : seule change la disposition), la phrase a « la netteté tranchante et étincelante d'une lame de faux », comme l'écrit Jean-Pierre Farines. Il s'agit d'une interrogation de la vie mouvante, précaire : « Ni départ, ni arrivée, simplement une ligne continue qu'un jour nous cesserons de longer. » Pour lui, « les mots et le temps / élaborent le même destin ». Dans ses poèmes, toute interrogation semble réponse et, lorsque le poème dit, décrit, avance une idée, c'est là que nous ressentons paradoxalement le doute qui habite le poète. Il y a l'énoncé des vérités permanentes mais rédigé de telle manière qu'elles nous paraissent neuves, dites pour la première fois, tout au moins d'une manière aussi claire. Ailleurs, à partir d'une incertitude, d'une improbabilité, surgit une lumière éclairant un monde fragile, fugace, fugitif que le poète sait faire aimer. Le poème est une marche et il en est ainsi de la vie selon Max Alhau que l'exercice minutieux du langage conduit vers le haut pays à découvrir. Ainsi avance-t-on dans le savoir des ténèbres, lentement, en glanant au passage de pures beautés de style, de parfaites élucidations, vers un rond lumineux espéré au bout du tunnel, une autre lumière, celle de l'indicible au-delà du langage et, ce faisant, le poète ne cesse de se traduire en traduisant le monde, l'espace, la durée. C'est une des expériences lucides de ce temps.

Jacques Lovichi.

Qui lit les premières pages de *Fractures du silence*, de Jacques Lovichi (né en 1937) peut y trouver le fondement sinon d'un art poétique, du moins d'une manière d'aborder le poème. Ainsi ces préceptes : « manipuler / la langue / à son plus haut / période » ou « réécrire / inlassablement / le même / poème » ou encore : « Prendre le maquis. Tailler dans l'épaisseur de la langue. » Nous verrons qu'il s'agit de penser le langage, de repenser la poésie, et cela dans le secret, le mystère : « Il entoure son propre mystère d'une coquille noire, sans cesse menacée, rompue, par les surgissements de la vie », écrit Jean-Max Tixier.

Auteur d'études sur Malraux, Leiris, Tournier, Malrieu, Nouveau, d'un roman qui ressemble à un poème : *Mangrove*, 1982, Lovichi est l'auteur de ces recueils : *Poèmes sans importance,* 1959, *Madrilenas,* 1960, *Insurrection,* 1966, *Rouge Cœur,* 1972, *L'Égorgement des eaux,* 1973, *Glyphes,* 1974, *Définitif provisoire,* 1980, *La Sourde Oreille,* 1984, *Fractures du silence,* 1986.

Si des poèmes apportent un contenu de recherche existentielle, d'autres se présentent comme des narrations de faits imaginés, de sensations, d'évasions cosmiques : « C'est ainsi que s'inscrit l'histoire perpétuelle éjaculation de races et de signes et la vie bondit de nébuleuse en nébuleuse jusqu'à s'identifier intégralement à la mort. » En même temps qu'un combat contre la nuit, le poète visite des lieux dans le temps et l'espace, préhistoire, Pic du Midi, Luberon... et toujours il tente de retenir l'instant, de recueillir l'éphémère car si les paysages inspirent ou provoquent le poème, ils en sont, plus que le décor, le moteur des arrière-plans, le miroir des contrées intérieures.

> Et nous dépossédés
> meurtris
> ne sachant qui nous sommes
> nous reviendrons mourir
> où nous ne sommes nés
> nous reviendrons mourir
> du moins par la pensée
> nous reviendrons
> mourir
> dans notre île qui meurt

Les poèmes de Lovichi sont de cette « eau secrète lustrale et pure » qu'il évoque, avec des moments pathétiques, des richesses et de la beauté pure.

Jean-Max Tixier.

Autre « Sudiste », Jean-Max Tixier (né en 1935) tente d'affronter, à l'intérieur des mots, une neuve lumière. La parole semble hésiter car le poète craint la force, la fougue de ces mots concrets qu'il faut fluidifier, apprivoiser, offrir dans leur vérité première. Au passage, apparaît « la solidité d'une parole / immobile » et la conquête du paysage qui, en retour, va offrir ses mythes, ses minéraux, ses eaux surtout qui peuvent diluer la nuit, promettre délivrance, et offrir la poétique des régions qu'elles baignent en même temps que celle des éléments : « L'air déjà se referme. L'eau cicatrise ses plaies » ou « Nul sillon d'eau ne mûrit sa moisson : un bec suffit à dévaster le champ ». En prose élégante et sobre ou en vers ramassés, chaque poème apparaît comme l'élément d'une lente conquête, la facette d'un regard multiple. L'inquiétude n'est pas absente mais la sérénité triomphe. C'est au hasard des empreintes, des traces, des mouvances secrètes, des rapprochements inattendus, que le poète apporte ses meilleures offrandes, les thèmes se retrouvant, sans cesse plus approfondis d'un livre à l'autre : *La Vague immédiate*, 1967, *La Poussée des choses*, 1967, *La Pierre hypnotisée*, 1968, *En guise de parole*, 1970, *Mesure de la soif*, 1974, *Design*, 1974, *Lecture d'une ville*, 1976, *Ouverture du delta*, 1980, *Demeure sous les eaux*, 1983, *État des lieux*, 1984, *La Traversée des eaux*, 1984, *Silence ombre portée*, 1987...

Il écrit : « Mon silence me porte. » Il écrit : « Au cœur des vignes inondées la terre multiplie l'ivresse. » Sources toujours et sources à poésie. Sa prudence devant les choses, ses hésitations sur les seuils, ses frémissements inquiets au bord de la certitude, et, soudain, cette chaleur liquide, cette confiance envers le langage, cette manière de faire du mot la chose et de la chose le mot montrent un marieur de vérités. Quelques vers ne donnent qu'une idée de son art, mais ceux que nous citons définissent peut-être l'homme et sa recherche :

> Du bâton l'homme tâte la dalle du seuil.
> Il écoute parler la matière.
> Et le mythe noue sa première phrase.

Ainsi le poète à pas de loup est tout oreille, tout d'attention, il sait la « transparence des choses au désir », il a « la patience inquiète du sauveteur » et « dans sa gorge / la joie roule ses galets ».

Gérard Engelbach.

De *Poèmes*, 1967, à *Peupliers dans ma musique*, 1987, en passant par *L'Incendie*, 1971, *Laser*, 1972, *Rue du Jeu des enfants*, 1977, *Rouges contreforts du temps*, 1982, du *Mercure de France* à *Sud*, un itinéraire, celui d'une recherche sur l'être et la parole de l'être. Gérard Engelbach (né en 1930) est un poète d'interrogation et d'écoute. La pensée questionne et c'est la nature qui répond par « la voix chuchotante de l'Être », du vivant, de « la lumière indissoluble » sans oublier que le poème est travail artisanal sur les mots. Leur parfaite ordonnance et leur absence de « littérature » ou de recours au jargon philosophique surprend et fort heureusement. Pas de sentences bien frappées même si on se trouve dans un univers que hante la pensée présocratique. De la musique avant toute chose, un abord direct des « images de l'enfance lentement accomplies » et un « domaine sobre, courtois » où peuvent passer mythes et réalités quand « parler nous hante ». L'homme s'offre à la nature, s'ouvre « à la procession des images » et « ne détourne pas les yeux du paysage intérieur ». A la recherche de l'absolu, il ne dédaigne pas de l'aborder par le quotidien, faits courants, gestes familiers, réflexions qui tiennent du langage parlé. Le poète est sans attitudes nobles, il est aux aguets, prêt à recevoir, à percevoir, sans idées préconçues, « assis, regardant » le mouvement, écoutant les bruits. Les poèmes ne sont jamais longs, ils ont du relief, de la couleur, leurs mots sont des mots usuels, bien mariés, convaincants. Rien de factice, pas d'abstractions : peut-on le regretter quand on est au plus près d'un enracinement dans le temps ? « Dans cinq cents ans ou deux ou trois / Je te rencontrerai... » car « toujours le souvenir boit plus avant ». A noter le goût d'une coloration proche de l'enluminure. Lumière et respiration, enracinement et évasion, nous sommes sur les lieux de l'existence humaine en même temps que de la recherche du sens de cette existence.

Gabrielle Althen.

« Oiseaux qui rétractez l'immensité ailleurs que sur une page grise, je vous envie... », écrit Gabrielle Althen dans *Noria*, 1983, et c'est là, peut-être, une des ambitions de sa recherche poétique qui s'exprime. D'autres titres : *Le Cœur solaire*, 1976, *Midi tolère l'ovale de la sève*, *Présomption de l'éclat*, puis *La Raison aimante*, 1985. La plupart des poèmes se présentent comme de courts textes en prose bien fermés sur eux-mêmes (comme si on les offrait entre deux mains chaleureuses réunies en forme de coupe). Ces espaces pourraient être ceux de tableaux apportant chacun sa couleur, de la « blancheur d'enfance » au « fruit bleu de l'étincelle » ou au « bleu interrompu de quelques tirets d'or » dans les « noces de la lumière et du marbre ». Raison rencontre Amour, et l'on pourrait dire raison sensuelle, vibrations des corps, désir devenu lumière ou « suave navigation du sang prochain aux parages difficiles de l'instant », car il faut retenir les secondes précaires. Le poète écrit : « Le poème, la musique, toute forme d'art dénudent le désir et l'articulent à la saisie du monde. » L'écoute, le regard donnent lieu à des fêtes intimes d'où la délicatesse et la grâce ne sont pas absentes, où la raison d'aimer est avant tout raison poétique en bleu et or, avec « blason du lion, étoiles brusques », instant et éternité, lieux clos et espace ouvert. Beaucoup de luminosité dans ces brèves œuvres d'écriture tout en nuances, d'intelligence du cœur et du texte.

Hughes Labrusse.

Le besoin de dire étreint Hughes Labrusse (né en 1938). Pour cela, il frotte « l'eau de sa mémoire » et choisit les grands espaces de la prose, avec, comme l'écrivit Georges Mounin, « bouillonnement de lave en fusion, profusion, jaillissement créateur », et aussi sens des contrastes, unions inattendues, accouplements d'inspirations diverses, enchevêtrements apparemment hasardeux et qu'il sait rendre évidents. De son métier professeur de philosophie, il évite les écueils de la pensée attendue car il sait que « même dans les déserts les plus reculés de notre parole interdite, les chemins sont nombreux, les vents multiples qui plient, à leur guise, les aberrations de la terre ». Nouvel Ulysse, il entreprend des voyages et connaît, dans la quête d'une inconnue, la « Dame du désert » ou « l'Oubliante » (la poésie?), les surprises et les dangers du parcours. Il sut se dégager d'une présence, celle de René Char, plus contraignante que celle de Jean Follain (il a publié *Foliaire Follain*, 1973) dont son imagerie, avec des couleurs plus violentes, est proche. Mais, à ses moments de grand envol, il sait garder la retenue. Ainsi, on peut le trouver contenu, retenu, ramassé, unissant des lignes brisées, sans oublier un tempérament jetant ses orages sur une Méditerranée dont il porte l'empreinte à travers ses mythologies grecques et celles qu'il invente aux abords de quelque Orient recherché. Il paraît se surprendre à aller jusqu'au bout d'un aspect de lui-même, trop prolixe, qu'il surveille et corrige par le sourire de l'humour bien tempéré. Dès lors, son flagrant délit de flagrant délire s'atténue et il s'agit de recevoir le désiré ou l'indésirable, d'écouter et de traduire les signes du destin en mots et en images. A propos de *Terrena, l'arbre excessif*, 1986, Françoise Han écrit : « S'il est lui-même *l'arbre excessif* évoqué par le titre, ses excès ne sont pas de langage, qui reste mesuré, harmonieux, avec des éclats et des chatoiements. Mais, comme un arbre accroché au roc appréhende avec force la terre de ses racines, le ciel de ses frondaisons, il éprouve en lui l'excès du monde. » Depuis *La Complainte de l'île Saint-Louis*, 1961, plus de vingt livres ou plaquettes, les plus récents étant *Équerre embarcation*, 1976, *Présence abîmée*, 1978, *Rome ou quand on a un cœur et une chemise*, 1978, *Deuil blanc*, 1980, *Le Langage séduit*, 1983, *La Dame du désert*, 1986. Une œuvre riche, abondante, surprenante, mais sans doute de nouvelles surprises heureuses nous seront-elles apportées par Labrusse.

Pierre Caminade.

Né en 1911, Pierre Caminade est un vétéran de *Sud* où il a assuré quelques-uns des « frontons » de la revue : *Paul Valéry, Nouveau Roman, Ferdinand Alquié, Jean Ricardou, Roger Laporte*, ce qui montre la direction et souvent l'actualité de ses pôles d'intérêt. Son premier recueil, *Se surprendre mortel*, est de 1932, et ce sont bien, comme l'indiquait Henri Féraud, « Des poèmes qui nous apportent le message d'un univers nouveau... » tant bien des lustres après ils nous semblent avoir été singulièrement en avance sur leur temps. Suivront : *Le Double du baiser*, 1941, *Corps à corps*, 1945, *Quatre plaisirs*, 1946, *L'Arrière-pays*, 1956, *Lumières et lumière*, 1962, *Reliefs, poèmes 1944-1966*, 1967. S'ajoute une thèse sur *Image et métaphore*, 1970, un essai sur *Paul Valéry* et des récits comme *Aveline, journal d'une tendresse*, 1972, ou *Le Don de merci*, 1970, *Initiales*, 1987, etc.

« Je crois au geste d'un être qui se penche et qui caresse », écrivait-il en tête de son premier livre. Poète de l'amour, il a exprimé « l'angoisse d'être deux / dans l'absolue solitude » et toutes poussières fines du mystère qui régit les rapports entre les êtres, cela d'une voix personnelle. La poésie est pour lui « l'invention concrète de l'amour » et « une nécessité historique éternellement provisoire ». Présents les lieux de naissance, les noces, cet arrière-pays avec ses oliviers, ses pins, ses amandiers, sa plaine ou sa plage, cette nature du Sud qui l'habite et qu'il habite. Qu'il parle du sport, de la femme, de la terre ou de la ville, dans le jeu des sens et des sons, c'est toujours pour les saisir « dans une renaissance chorale ». Jamais le poète n'est seul, hôte d'une tour d'ivoire, il y a toujours l'autre, le geste de l'autre et les gestes communs, et cet enchaînement d'une analyse à une extase que lui a appris Paul Valéry. C'est une poésie du sens profond et des sens éveillés unis dans une même vibration de la parole.

Jacques Phytilis.

Après *Cette poussière d'archives, Deux grands motets dans le style classique*, Jacques Phytilis a offert ses *Récitatifs du temps*, 1988, une œuvre vaste, cohérente en dépit de son apparence composite où s'unissent et se répondent proses, poèmes, aphorismes, inscriptions, théâtre, dans huit parties composées comme les éléments d'une minutieuse liturgie où sont parcourus les territoires de la tragédie et de l'éros, du temps et des actes sur un mode légèrement élégiaque et discrètement incantatoire. « Poème pour la mémoire du temps / Poème nu », pourrait-on dire avec Phytilis, ou encore « Poème des temps très anciens / Et des jours à venir / Poème qui nous ausculte / Et nous éprouve ». Par-delà les constats de la lucidité, il y a là un cri d'amour qui unit le langage, la nature, la beauté, la création. On lit : « J'aime ces formes savantes où droites et courbes, pleins et déliés, composent dans l'espace une musique dont le temps lui-même ne posséderait ni les signes ni la mesure. » Ou : « Ces mots absurdes, chargés de leur seule valeur incantatoire, qui dans la paix ou l'éternité récitent nos combats, nos déclins, nos déroutes, et que j'aime. » Il y a dans ces pages éblouies, solaires, intelligence et clarté du texte, intelligence tout court (être *en* intelligence) et culture profonde venue du temps des « inépuisables sagesses ».

Christian Hubin.

Collaborateur de *Sud*, Christian Hubin (né en 1941) est un de ces poètes limpides soucieux de la salutation des choses et de l'extraction d'un sens des choses arraché au secret par une aimantation par les mots. Des splendeurs baroques et scintillantes comme dans une « grotte minuscule où trouver abri » quand « un pas éclaire le chemin », un magnétisme, des clartés, des éclats, des fusées de mots et d'images, chaque poème étant construit, ciselé, orné comme une œuvre d'art, une coupe offrant des liqueurs rares et salutaires. Rien de froid dans cette recherche de la beauté car les phrases palpitent de vie, retrouvent l'espoir dans la terre, les êtres, les généalogies. D'*Orphéon*, 1962, à *Le Point radiant*, 1987, une vingtaine d'œuvres, les plus récentes étant *La Louve de l'hiver*, 1978, *Éclaireur*, 1979, *Afin que tout soit de retour*, 1981, *La Fontaine noire*, 1984, *La Salutation aux présences*, 1984, *Personne*, 1986. Jamais un poème qui laisse indifférent, toujours l'approfondissement, l'extraction des pierres précieuses qui se cachent dans nos intimes souterrains.

Dans l'entourage.

Alain Camille-Frugier (né en 1941) a été retenu parmi les poètes de *Sud*. Peintre, flûtiste, comédien, homme de radio, il est l'auteur des *Aires du temps provisoire*, 1975. Ses poèmes sont dépouillés à l'extrême. Le poète est obsédé par « l'éclat des signes » ou « le blanc qui tremble » et ses rythmes très personnels s'accordent à une tentation du silence.

Après *Les Vulnéraires, Lettres à un châtelain...*, dans *Passion*, Yves Heurté apporte une lecture fort personnelle et inattendue de la parole biblique qui, visiblement, le fascine, mais avec un regard laïque, humaniste, plus proche de l'enivrement païen que de l'amateur de « bonne pâture ». Cela ne manque ni d'ironie, ni de bonne humeur, ni d'images fortes et modernes. Yves Heurté est conteur, poète, romancier, dramaturge. *Lire Heurté* est le titre d'un numéro de *Texture*.

A mentionner les poètes choisis par *Sud* sous le signe de Jean Malrieu : Patrick Guyon, Maryline Desbiolles, Marcel Migozzi, Bernard Hreglich, Michel Flayeux.

Venu de Nevers, Dominique Sorrente (né en 1953) enseigne le droit et l'économie à Marseille. Il publie dans *Sud*, et aussi dans *Poésie, Obsidiane, L'Alphée, Orion, Création, Qui-Vive,* etc. Parmi ses ouvrages : *Citadelles et mers*, 1978, *La Lampe allumée sur Patmos*, 1982, *Récitatif du commencement*, 1984, *La Combe obscure*, 1985. Qu'il s'agisse de prose ou de poème,

l'écriture est limpide et trace le relief d'images saisissantes, et les mots, comme lavés offrent une sorte de force ascendante, d'éclairage lucide pour opposer leur ordre et leurs signes aux « milliers d'années de chaos ».
A signaler : *Les Voix de neige,* 1988.

9

Le lent travail des mots

Un des mérites d'*Action poétique* est de s'ouvrir à la poésie universelle et de ne pas méconnaître les efforts du passé poétique français ; un autre de concilier ses engagements moraux, politiques et humains avec une écriture en évolution, loin des facilités du poème engagé ; un autre encore de repousser le sectarisme. On pourrait parler aussi de bonne humeur, de belle santé : ainsi quand Deluy, en quatrième de couverture, nous donne, en bon Marseillais, la recette de la bouillabaisse à la morue. Les sommaires montrent une attention aux autres revues, aux poètes de tous pays, aux messages parvenus du passé trop oublié. Au cours de son histoire, il y a eu bien des débats, des essaimages vers d'autres revues comme *Mantéia* ou *Chorus*, ce qui n'empêche nullement la fidélité. Comme pour *Sud*, bien des collaborateurs se trouvent dans d'autres chapitres : *Action poétique* n'est pas une école, un lieu de papauté, mais celui où la générosité humaine, la fraternité s'expriment par un haut niveau d'écriture et de nouveauté. On est à l'avant-poste. Ici sont réunis des poètes qui ont été présents dans *Action poétique*.

Henri Deluy.

A l'image de sa revue, Henri Deluy (né en 1931) a ajouté à son engagement une curiosité inlassable dans le sens de la recherche littéraire, mais aussi de la science, de la philosophie, de la psychanalyse, du structuralisme, du formalisme (fondé volontiers sur le terreau surréaliste), mais il s'agit surtout de la création de poèmes qui sont les révélations de ce qu'il y a de plus intuitif en l'homme sondant son moi intérieur. Discret, dévoué aux autres, il a beaucoup traduit, notamment Jaroslav Seifert, publié une *Anthologie arbitraire d'une nouvelle poésie*, 1983, trente poètes entre 1960 et 1982, en quelque sorte le relais de celle de Jean Paris quelques lustres plus tôt, en avouant son parti pris, ce qui agace toujours, de montrer comme l'a dit Jean Tortel, « une architecture nouvelle de l'écriture, l'espace visible où la poésie, qui s'élargit et se resserre à son rythme, pourra reconnaître sa spécificité ». Pour la production personnelle de Deluy, des titres : *For inté-*

rieur, 1962, *L'Amour privé*, 1963, *L'Infraction*, 1974, *Marseille, capitale Ivry*, 1977, *La Psychanalyse, mère et chienne* (avec Élisabeth Roudinesco), 1979, *L ou t'aimer*, 1979, *Les Mille*, 1980, *Peinture pour Raquel*, 1984, *La Substitution*, 1984, *Première Version la bouche*, 1984, *Vingt-quatre Heures d'amour en juillet, puis en août*, 1987.

Jean Rousselot, vers 1968, parlait à propos de la poésie de Deluy d'une esthétique engagée, la disait une des plus solidement charpentées et ajoutait : « ses vers libres, qui ont, parfois, une ampleur à la Whitman et, souvent, des précipitations de rythmes et des courts-circuits d'images à la Cendrars, s'imposent par leur vigueur et l'authenticité de leur accent ». Au cours de son évolution, Deluy n'a jamais perdu ce sens du temps dans le temps du poème qui lui est particulier. Il y eut les poèmes de l'engagement, au moment de la guerre d'Algérie, ceux de la responsabilité humaine. Sans qu'il cesse d'envisager en théoricien et en praticien l'évolution du poème dans ses rapports avec l'avancement des sciences, il est un merveilleux poète du « tu » amoureux comme le furent Lucien Becker, Alain Borne ou Paul Eluard, sachant convoquer, pour célébrer ses intimités, le monde de la nature comme celui des heures de la vie courante. Le temps qu'il fait, le temps où il écrit ont beaucoup d'importance, c'est une manière de situer un climat et de retenir l'instant. Par exemple, le poème peut être précédé de l'heure et de la minute. Ainsi à *23 h 15* :

> Sortir de ce qu'on appelle le rêve.
> Souffrance d'amour qui donne à l'instant
> Ce qu'il ne peut savoir de lui-même.

Le ton est calme, serein, la phrase courte, nette, la dictée allusive, simple en même temps. Il ne cherche pas le « poétique », il peut même écrire un vers apparemment banal, prosaïque comme une note sur un carnet, mais créer, dans le contexte, une authentique poésie. Un exemple que nous souhaitons bien choisi :

> Parmi les éléments épars dans la chambre,
> Une surprise pourrait venir des mots.
> Tu mettais une ardeur émouvante
> A la conquête d'une parcelle d'affection.
>
> Tout ce qui est hors de la chambre
> Devient disponible. Mais sans ordre.
> Il y faudrait quelques fleurs.

Les vers commencent par une majuscule ; beaucoup de points ; ainsi son rythme. Sobre, dirait-on, dépouillé, mais en bien des lieux de l'œuvre une abondance avec des vérités qui confinent parfois au non-sens. Sans battage inutile, il jette son poème dans les directions les plus diverses en parfait maître de son langage. Comme il dit à la fin de sa recette de la bouillabaisse, « de la tenue, de la saveur, et du raffinement dans le vigoureux ». Sans chercher à nous étonner, sans doute, dans l'avenir, nous étonnera-t-il encore : la surprise Deluy ?

Bernard Vargaftig.

« Moi, j'aime ça, ce langage haché comme la douleur, une richesse de vocabulaire qui n'a pas pour base le mot rare, mais le renouveau de vocables pareils à ces fleurs, dont les graines longtemps plus ne germèrent parce que les ombrages les en empêchaient et qui resurgissent de la terre après un incendie de forêt. » C'est Aragon qui écrivit ces lignes à propos d'un recueil de Bernard Vargaftig (né en 1934) et l'on retrouve sous d'autres plumes : « Le mérite insigne de Bernard Vargaftig est de nous rendre cette hantise de mots clairs (...), de nous dire combien il est difficile d'assumer la valeur éculée des mots » (Alain Bosquet). «...toujours aussi la lassitude devant les mots qui s'usent à nommer constamment et en constance un quotidien monotone, décharné, où l'on se promène en lenteur, comme dans un paysage de mots » (Gilles Pudlowski). Cela posé, l'œuvre est assez riche de renouvellements pour qu'on l'examine sous d'autres angles. Ainsi « le mot est chant » et il y a, comme l'écrit Mathieu Bénézet « une lyrique du détail de chaque instant, et de chaque lettre dans le mot ». Et l'on peut parler du « travail précaire / Où la parole se fragmente », de l'importance du temps, de l'autre, de l'amour, de la mort, de l'intense palpitation de la vie, de l'émotion ou du cri. Jacques Demarcq a bien vu que Vargaftig veut « rompre avec le savoir-pouvoir du langage sur le monde, avec sa fonction gestionnaire et finalement castratrice ». Citons ses titres : *Chez moi partout*, 1965, *La Véraison*, 1967, *Jables*, 1975, *Description d'une élégie*, 1975, *Éclat & meute*, 1977, *La Preuve le meurtre*, 1979, *Orbe*, 1980, *Et l'un l'autre Bruna Zanchi*, 1981, *L'Air et avec*, 1981, *Le Lieu exact ou la peinture de Colette Deblé*, 1986, *Cette matière*, 1986, *Lumière qui siffle*, 1986, *Orée*, 1987.

Une première lecture pourrait faire croire à la simplicité, or il s'agit d'un naturel parfois prosaïque mais qui ne va pas sans sophistication inattendue. On incline vers la mélancolie surtout quand il s'agit des choses de la vie quotidienne. Parfois, alors que tout semble construit selon les normes classiques, un vers vient déséquilibrer l'ensemble et c'est lui justement qui va créer l'émotion profonde, celle qui brise la voix, montre un dénuement brusque de la parole jusque vers le silence porteur de la présence de l'être profond pris dans son extrême fragilité. Qu'il s'agisse de vers comptés, alignés traditionnellement, ou d'éclatements, de ruptures, de failles, l'homme est présent qui tend un pont entre l'absence et la présence. On peut lire :

> Les mots ne bougent pas
> Jamais ils n'ont changé leur ombre
> Ils n'ont jamais creusé
> Leur propre histoire à travers moi

Si « les mots ne bougent pas », il arrive aussi qu'ils ne fassent plus qu'un :

> Les mots ne font plus qu'un
>   le vide
> Contre les choses
>   l'eau devient

                    sans élément
                              l'herbe
    Fourchue
           toutes les fuites se rassemblent solitaires
    Un espace
           de bruit et de ficelle de lieux-dits sans sépulture

La recherche de Vargaftig ne l'éloigne jamais du concret des choses, même s'il choisit les espaces les plus fragiles, les lieux les plus subtils. Toujours le chant des gestes, des choses et de leurs usures, de la vie et de ses luttes, du langage et de ses failles. Il s'agit bien du monde, il s'agit bien de l'homme et de leurs rapports secrets.

Jean Todrani.

« La rondeur des mots a glissé sur la rondeur des jours », nous dit Jean Todrani (né en 1922) ou « C'est toujours à l'avant que se presse la lumière pointue. » Son œuvre est le réceptacle de phrases signifiantes, avec noblesse dans la simplicité, luxe dans le naturel. Le poème s'annonce dans sa fierté, ne dédaigne pas la splendeur, mais sans emphase. Le monde ambiant et l'écriture se rejoignent, le poète écrivant : « Je raconte à partir d'une chambre, même si mon écriture fait des plis, même si mes conclusions sont usées, je raconte. » Regard lucide. Chaque poème est une narration, celle d'une aventure de la pensée intérieure, d'un débat intime où la sensualité, la sensibilité et l'intelligence s'assemblent. Todrani unit la pensée solaire et la médiation secrète, soleil extérieur, soleil du dedans. Comme René Char, comme bien des poètes du Sud, il participe d'un humanisme méditerranéen régénéré par le souvenir d'un surréalisme atténué. En prose (ses poèmes de *Mandragore*, 1960, émerveillent), en vers, en phrases, il apparaît comme un homme de responsabilité car avancer dans la conquête des textes ne s'éloigne pas de l'idée d'une avancée sociale. Il sait que l'écrit a ses limites mais que tenter l'indicible ou l'impossible est le rôle du poète. Il parvient à prouver la marche en marchant, à extraire de son art des éclats insoupçonnés, à apporter des réponses inattendues qui souvent précèdent la question. La clarté n'empêche pas une certaine énigme et le poème le plus solaire, dans sa concentration, demande une attention soutenue de la part du lecteur, mais la récompense est grande et le plaisir au poème intense. Et cela constamment depuis ses premières œuvres comme *Tête noire*, 1952, *Ici est ailleurs*, 1954, *Le Livre des visites*, 1961, *Je parle de l'obscur*, 1963, *Neuf Poèmes d'amour*, 1967, etc.

Alain Lance.

Ce poète, né en 1939, a le goût des fatrasies et des cortèges, des chocs de mots qui produisent une énergie vitale, des inventaires de matériaux, des jeux d'allitérations : « Novembre livre ses ténèbres neuves » ou « Plaisir ô plaisir plat luisant » mais son sens du cocasse peut déboucher sur le tragique. Ce sont, comme chez Michaux, de grands combats, ou des tableaux réalistes à la flamande, hétéroclites, pleins de jubilation, mais sans rien de gratuit : « dans ce monde qui change de sang », on veut extraire des forces d'avenir comme s'il s'agissait d'une transfusion sanguine dans une poésie trop anémique. On n'écrit pas sans but : il faut « renverser la pile des ans » ou « remonter la colonne des mots », distinguer « des existences infimes dans le bleu du matin ». Généralement brefs, les poèmes sont chroniques, plongées dans l'enfance salvatrice, récits condensés de rêves, avec de la gravité devant les choses de la vie ou de l'ironie face à maintes pratiques politiques, à moins qu'on ne salue les amis. Ne pas s'y laisser prendre : c'est lorsque le poète semble jouer comme un Prévert ou un Desnos, affirmer sa bonne santé et sa belle humeur qu'il porte le plus d'engagement et de responsabilité. Traducteur de poètes iraniens, de nombreux Allemands, Volker Braun, Christa Wolf, etc., le poète a publié : *Les gens perdus deviennent fragiles,* 1970, *L'Écran bombardé,* 1974, *Les Réactions du personnel,* 1977, *La Première Atteinte,* 1979, *Ouvert pour inventaire,* 1984.

Maurice Regnaut.

Traducteur de Bertolt Brecht, d'Hans Magnus Enzensberger, etc., Maurice Regnaut (né en 1928) a publié : *66-67, Autojournal, Ternaires, Intermonde, Pacifique Chili, Sur, Recuiam* et *Lettre II* dans l'anthologie de Deluy qui nous a révélé un poète original. Nous prenons plaisir à le placer près d'Alain Lance, peut-être parce qu'ils traduisent tous les deux de l'allemand, mais plutôt parce qu'on sent une affinité dans la manière d'aborder le monde et le monde du poème : approche parallèle du quotidien, parler dru, ironie, sens d'un certain tragique. Nous aimons la manière qu'a Regnaut de faire des poèmes en employant les clichés de l'information boursière comme s'il s'agissait d'un « cri au fond du siècle » ou d'émouvoir par un dialogue d'apparence banale. Les cours de la Bourse fluctuent tandis que drames et misères se déroulent et sont saisis dans leur vérité poignante. Il n'y a là rien de facile, et même pas un esprit satirique primaire, mais une véritable création poétique à partir d'éléments bruts et cela va très loin.

Pierre Lartigue.

Né en 1936, Pierre Lartigue a collaboré avec Lionel Ray, Paul Louis Rossi et Jacques Roubaud pour les savantes compositions commandées par Didier Denis et ornées par Michel-Henri Viot, ces *Inimaginaires,* en plusieurs volumes. Auteur d'un roman, *Beaux Inconnus,* 1988, il a publié, à *Action poétique, Demain la veille,* 1977, poèmes révélant un aspect personnel de la modernité dans son travail textuel, puis, chez *Ryôan-ji* d'André Dimanche, *Ce que je vous dis est trois fois vrai,* 1982. Par-delà le travail sur les mots, au fond dans la tradition des grands rhétoriqueurs ou des troubadours, par-delà quelques artifices qui en valent bien d'autres et ont le mérite de la nouveauté, il y a cette attention constante au réel du texte tantôt presque classique, tantôt éclaté, dispersé puis rassemblé, mots qui disent et deviennent les choses, choses qui sont mots, réalisme lyrique éclaté, grimoire amputé renaissant de ses déchirures, il y a en français, et parfois en anglais, si ce n'est en italien pour saluer Dante, des guirlandes ou des brins d'herbe, du non-dit, du poème en prose ou du vers unique : « Les lames de l'hélice soufflent une aube fraîche » – tout cela qui nous échape parfois et que nous voulons retenir comme si, auprès du livre, nous devions, nous lecteurs, inventer un autre livre, secret celui-là.

Claude Adelen.

« J'ai un faible pour le bel canto. Toute la question est de faire comme Stendhal : " Dissimuler cette sensibilité morbide qui me rend femme sous ma facilité de raisonner. " Toujours commencer par relire du Tortel, avant de se mettre au poème. » Cette recette nous est offerte par Claude Adelen (née en 1944) qui a publié *Ordre du jour*, 1968, *Bouche à la terre*, 1975, *Légendaire*, 1977, *Marches forcées*, 1985, *Intempéries*, 1988. La lecture de ses poèmes montre qu'elle ne renie rien du sensible et d'une sensualité qu'on pourrait dire cosmique tant le corps semble épouser les planètes et ce réel magnifié par des mots charnels et colorés qui expriment la vie, la mort, le monde, la quête de l'inconnu que seul le poème peut révéler.

Marie Étienne.

Marie Étienne (née en 1938), comme dans un théâtre où spectateurs et acteurs sont invités à participer à la dramaturgie, offre l'action scénique de beaux poèmes. Souvent, en des séquences de quelques lignes ou en vers longs, le sujet est posé calmement et l'on sait bientôt que l'on est convié à une cérémonie, une fête verbale de qualité, d'où l'importance des incipits. Poème et, en quelque sorte, indication incantatoire, appel à la création, à la lecture sereine de cette création. Le poème semble se faire sous nos yeux, s'inventer dans le présent, susciter son propre désir tout en nous laissant en attente, en haleine, dans le silence préparatoire. Déjà, « Les spectateurs bandent leur bouche d'un mouchoir, comme ayant peur que les actions ne soient mêlées avec de l'air, et n'en reçoivent impuretés. » Ainsi, « Le monde est lourd et passe nous léchons sa merveille. » Il y a là quelque chose d'adorable, une beauté de tragédie en suspens. Des œuvres : *Blanc clos*, 1977, *Le Point d'aveuglement* (avec Gaston Planet), 1978, *Les Cahiers du Pré Nian*, 1979, *La Longe*, 1981, *Péage et Lettres d'Idumée*, 1982.

(Dans ce chapitre, nous avons groupé des collaborateurs d'*Action poétique*, mais il en est en d'autres lieux, qu'il s'agisse de Lionel Ray, Charles Dobzinski, Jacques Roubaud, Gabriel Cousin, Galil, Andrée Barret, Guy Bellay et encore Jean-Pierre Balpe, Yves Boudier, Martine Broda... De même nous trouverons Joseph Guglielmi, Jean-Jacques Viton, Jean-Charles Depaule, etc.)

Ateliers et laboratoires

I

L'Oulipo

ÊTRE l'invité d'une séance de l'Oulipo est une faveur que bien des écrivains ne peuvent oublier. On assiste, silencieux et respectueux, à l'exposé des communications correspondant aux différentes sections de la recherche et on écoute les résultats de travaux originaux et d'inventions incessantes, cela sur un fond de gravité et de responsabilité qui se marie fort bien avec cette autre création des participants : cet humour oulipien aussi difficile à définir que l'humour tout court ou la poésie. L'impression reste plus forte que celle apportée par un cours de poétique ou une réception académique tant les propos sont excitants et dynamiques.

Qu'est-ce que l'Oulipo ? La réponse est contenue dans maints ouvrages, par exemple *Clefs pour la littérature potentielle*, de Paul Fournel, 1972, *La Littérature potentielle*, 1973, *Ou li po 1960-1963*, par Jacques Bens, 1980, *Atlas de littérature potentielle*, 1981, les collectifs, les monographies de la *Bibliothèque oulipienne*, les œuvres oulipiennes ou partiellement oulipiennes des membres. Ce que veut dire Oulipo : c'est le sigle de *OU*vroir de *LI*ttérature *PO*tentielle dont Raymond Queneau fut un des fondateurs, ses *Cent mille milliards de poèmes* en étant, avant sa création, le signe précurseur. C'est en novembre 1960, autour du poète et de François Le Lionnais que se constitua le groupe composé d'écrivains et de mathématiciens. A ses débuts, l'Oulipo était en quelque sorte une sous-commission du Collège de Pataphysique où s'opéraient maintes recherches, il en est aujourd'hui, en quelque sorte, le cousin, et l'on verra que l'Ouvroir a agrandi la famille en s'ouvrant à des sciences annexes, car il s'agit bien de science avec ce que cela comporte d'évolutif, ses découvertes et ses inventions étant toujours aptes à leur propre développement, sous le signe de la double exploration du passé et de l'avenir. La création incessante de méthodes offre, auprès des définitions, des exemples, voire des exercices, ce qui facilite la compréhension et la participation, en même temps que l'imagination est stimulée. Il y a un aspect ludique mais il s'agit surtout d'une ouverture vers le rajeunissement de la création littéraire. En cela, l'*Atlas de littérature potentielle* offre toutes les possibilités. Que certains travaux soient proches de ceux de la linguistique est indéniable, mais il y a l'apport supplémentaire du jeu et de l'humour qui s'affirment parties intégrantes de la recherche.

L'*Anoulipisme* (Oulipo analytique) s'attache à découvrir dans les œuvres du passé des potentialités insoupçonnées de leurs auteurs, à étudier et rénover les formes fixes, comme Jacques Roubaud la sextine d'Arnaut Daniel ou Raymond Queneau remodelant les sonnets de Mallarmé. Pour cette exploration des formes fixes, comme pour tous les travaux de l'Oulipo, on n'hésite pas à recourir à l'ordinateur, rejoignant ainsi les objectifs de l'Alamo ou Atelier de littérature assisté par la mathématique et l'ordinateur dans la compagnie de Roubaud. L'autre branche, le *Synthoulipisme* (Oulipo synthétique), est la tendance la plus avancée et la plus dynamique du groupe : invention de structures nouvelles avec l'aide des mathématiques et des jeux, et se situant « à l'intersection de la logique et des mathématiques, d'une part, et de la rhétorique, de la stylistique et de la poétique, de l'autre ».

Dans la famille oulipienne, s'ajoutent l'*Oulipopo* (po : policier), étude des schémas policiers et plus particulièrement du rôle des lieux du crime, comme le fameux « espace clos », l'*Oupeinpo* (pein : peinture) et l'*Oumupo* (mu : musique). C'est Albert-Marie Schmidt qui baptisa l'Oulipo promis à un tel développement. On ne peut détailler ici toutes les inventions. On cite simplement ces créations fondées sur l'algèbre, la géométrie, etc., que sont la méthode S + 7 de Jean Lescure, la littérature définitionnelle de Raymond Queneau (et ses multiplications de textes), les poèmes booléens de Le Lionnais, les poèmes pour rubans et les travaux sur bandes d'enregistrement de Luc Étienne, le jeu de l'intersection de deux romans de Jacques Duchateau... Le lecteur se demandera peut-être quels sont les rapports avec la poésie et son histoire. Réponse : ils sont constants et reviennent justement aux sources vives de la seconde rhétorique comme au temps de ceux appelés « plagiaires par anticipation », c'est-à-dire les grands rhétoriqueurs, François Villon et François Rabelais, la Commedia dell'arte, Raymond Roussel, les formalistes russes. Quant aux œuvres nées de cette recherche, elles en prouvent l'intérêt : il suffit de citer *La Disparition*, roman lipogrammatique de Georges Perec comme nous l'avons déjà fait dans un précédent volume, et *La Vie mode d'emploi* qui s'appuie sur des recherches oulipiennes (bi-carré latin orthogonal d'ordre 10, polygraphe du cavalier et autres), de citer une bonne partie de l'œuvre de Raymond Queneau *(voir préc. vol.)*, de citer *Si par une nuit d'hiver* d'Italo Calvino, *Le Naufrage du stade Odradek* de Harry Mathews, les *Poèmes Algol* de Noël Arnaud, les travaux sur les aphorismes de Marcel Benabou, les *41 sonnets irrationnels* de Jacques Bens, les œuvres théoriques de Claude Berge, les travaux et œuvres littéraires d'André Blavier, les hypertropes de Paul Braffort, l'œuvre de Marcel Duchamp *(voir préc. vol.)*, *Zinga huit* de Jacques Duchateau, les « clefs » délivrées par Paul Fournel, les œuvres où s'unissent mathématiques et littérature de François Le Lionnais, les apports originaux de Jean Queval, l'œuvre poétique de Jacques Roubaud dont nous parlons dans un autre chapitre, et nous ne saurions oublier d'autres oulipiens comme Michèle Métail, François Caradec, Jacques Jouet, Ross Chambers, Stanley Chapman, Latis. S'il reste difficile de juger de l'influence de l'Oulipo sur maints créateurs n'appartenant pas au groupe, du moins des armes leur sont-elles offertes comme le prévoyait Raymond Queneau : « Nous appelons littérature potentielle la recherche de formes et de structures nouvelles et qui pourront être utilisées par les écrivains de la façon qu'il leur plaira (...), dans lesquelles le poète ira choisir à partir du moment où il aura envie de sortir de ce qu'on appelle l'inspiration. »

Sur quelques poètes.

Œuvres oulipiennes ou non, oubliant ici toutes règles (de go, de tarots ou de nouvelle prosodie) d'un ordre logique (puisque des oulipiens figurent dans d'autres chapitres), nous choisissons de réunir ici des poètes dont l'œuvre est à forte densité oulipienne même si leur poésie n'en participe pas toujours.

Ainsi Jacques Bens (né en 1928). Il a commencé par être un poète de la vie quotidienne avec *Chanson vécue,* 1958, *Sept Jours de liberté,* 1961, mais un quotidien métamorphosé par des trouvailles verbales à la manière de Raymond Queneau, avec jeux de mots, modifications d'orthographe, mots écrits phonétiquement, etc., sans que soit dédaigné le travail de la prosodie, même si on se détourne de la rime attendue. Il avait auparavant animé une revue, *La Chandelle verte,* titre qui indique ses goûts littéraires. Ses *41 sonnets irrationnels,* 1965, auront bien les quatorze vers habituels, mais fondés sur pi (3,1415), c'est-à-dire trois vers pour la première strophe, un vers isolé, une strophe de quatre vers, etc. Non seulement, il a inventé ce que la poétique ne peut plus omettre, mais encore la lecture est agréable. C'est sur le thème *Heureux qui comme Ulysse...* que seront composés les chants du *Retour au pays,* 1968, odyssée provinciale en direction du Midi natal. A citer encore ses *Petites Prophéties populaires,* 1969, des romans, des chroniques de jazz, des études sur les jeux d'esprit dont il est un spécialiste, des mots croisés pas faciles. Passionné de « polars », il est aussi le Méridional de l'Oulipo.

Nous avons rencontré Noël Arnaud dans le précédent volume à propos des aventures de ce surréalisme si proche des travaux oulipiens. Pataphysicien, il a publié des travaux sur Alfred Jarry, sur Boris Vian, les ancêtres de l'Oulipo, il a participé avec François Caradec à l'*Encyclopédie des Farces et Attrapes,* il a consacré un roman à la vie de Jean Queval sous le titre *L'Agence Quenaud,* 1987, et surtout les *Poèmes algol,* 1968, avec une préface de François Le Lionnais et des illustrations de Jacques Carelman, poèmes fondés à partir du langage informatique Algol.

Quant à Jean Queval, traducteur de Defoe, Thackeray, Orwell, Powys, etc., il est selon Braffort « le moins connu dans le public des grands poètes français » avec *En somme* (ses poésies complètes) sans oublier qu'il est l'inventeur de « l'alexandrin à longueur variable ». Critique cinématographique, il a notamment publié un *Jacques Becker.* Il est romancier de *Etc.,* de *Tout le monde descend,* sans oublier ses « sonnets asiates » et autres créations.

Pour saluer un Georges Perec (1936-1982) comme il convient, et il peut être tenu comme un des romanciers les plus importants de ce siècle, il faudrait incliner cet ouvrage vers un autre art littéraire et tenter de montrer comment Perec, sans manifestes tapageurs, a démythifié la littérature psychologique et humaniste et offert de nouvelles voies par des pratiques et des règles formelles sans cesse réinventées. Cela ne l'a pas empêché de se montrer le sociologue et le critique du quotidien et d'offrir, par-delà le jeu, la plus belle collection de choses et de mots qui soient, de créer avec *La Vie, mode d'emploi*, 1978, une vertigineuse fresque hyperréaliste répertoriant toutes les histoires écrites ou à écrire en les emboîtant savamment et apportant là un absolu sous-entendant la critique du genre. De ces titres, chacun apporte une originalité et un renouvellement : *Les Choses*, 1965, *Quel petit vélo à guidon chromé au fond de la cour?*, 1966, *Un homme qui dort*, 1967, *La Disparition*, 1969, *W ou le souvenir d'enfance, 1975, Je me souviens*, 1978, *La Vie, mode d'emploi*, 1978, *Théâtre 1*, 1981, *Espèces d'espaces*, 1974, *Un cabinet d'amateur*, 1979, *La Clôture et autres poèmes*, 1980, *Penser/Classer*, 1985, entre autres, et aussi *Les Revenantes*, 1972, *Ulcérations*, 1974, *Alphabets*, 1976... Le livre de poèmes oulipien est *La Clôture*, mais on ne se décide pas à mettre une frontière entre les genres : dès lors qu'il s'agit de la poésie prise selon son étymologie, le « créer », tout devient sinon poème, du moins poésie. Dès lors, la citation revient réductrice et c'est seulement en hommage que nous indiquons ici les mots d'une « carte postale » de Perec :

> ouvre ces serrures caverneuses
> avance vers ces œuvres rares :
> une encre ocre creuse son cerne
> sous sa morsure azur — aucun
> ressac ne navre encore ces aurores

Georges Perec a donc écrit des monuments oulipiens, il a participé à maints travaux collectifs comme le *Petit Traité invitant à l'art subtil du go*, comme le volume *Création, re-créations, récréations de l'Oulipo*, et on cite ses mots croisés comme travail des plus sérieux, ses traductions de Harry Mathews, et nombre d'inventions. Le corpus critique le concernant est abondant et ira s'amplifiant. A consulter un numéro spécial du *Magazine littéraire* en mars 1983 d'où nous extrayons ces lignes de Paul Fournel pour ajouter à un trop modeste hommage : « ... C'est sans doute au sein de l'Oulipo qu'il a trouvé son terrain de jeu le plus favorable. De tous " ces rats qui construisent le labyrinthe dont ils se proposent de sortir ", il a été le plus habile et le plus inattendu, le plus en harmonie profonde avec les fondements théoriques et la bonne humeur du groupe, celui dont les exercices constituaient à coup sûr l'œuvre même. Bilan : recordman du monde du lipogramme (son roman *La Disparition* est tout entier écrit sans la lettre *e*) recordman du palindrome, inventeur des *ulcérations*, créateur avec Marcel Benabou du L.S.D. (Littérature-sémio-définitionnelle), grand adepte de la méthode *x prend y pour z*, traducteur antonymique, bâtisseur de *belles absentes* et de *beaux présents*... Il a su donner à ces exercices la valeur et la force de formes fixes et cela dans un contexte où, pendant longtemps au moins, l'écriture " sous contrainte " était vue par les écrivains en place d'un œil sceptique et souvent goguenard. »

2

Nouvelles instrumentations

ENTRE musique et littérature, entre écriture et peinture, il existe des espaces vierges, des étendues mystérieuses, des no man's land que le XXe siècle aventureux a voulu explorer ou combler par des créations de diverses sortes, tantôt par souci d'expérimentation scientifique ou esthétique, tantôt dans la perspective d'une transformation du langage ou d'un renouvellement des formes dans la trajectoire du dadaïsme par exemple, tantôt dans un but de déstabilisation, toujours pour aller vers l'inconnu chercher du nouveau. Certains travaux se sont effectués dans le silence, d'autres ont été le fondement de proclamations et de revendications hautement affirmées. Quoi qu'il en soit et quels que peuvent être les jugements, il s'agit ici de tenter un résumé de ces recherches en signalant particulièrement deux ouvrages : *Poésie sonore internationale*, par Henri Chopin, 1979, *La Poésie lettriste*, par Jean-Paul Curtay, 1974, à partir desquels il est possible de se référer à des travaux particuliers aux diverses écoles. Ils sont nombreux ces mouvements qui parfois se recoupent à moins que certains ne se veulent la synthèse de tous les autres. Les plus connus sont le Lettrisme d'Isidore Isou, la Poésie sonore d'Henri Chopin, la Poésie sonore et sémantique de Bernard Heidsieck, la Verbophonie d'Arthur Pétronio, le Spatialisme de Pierre Garnier, la Métapoésie d'Altagor, et on peut en citer beaucoup d'autres : poésies concrètes, objectives, sérielles, permutationnistes, situationnistes, ultra-lettrisme, hypergraphisme, mégapneumie, etc. Ces mouvements, s'ils affèrent à la poésie, touchent à la musique, à la chorégraphie, au théâtre, au cinéma, aux arts plastiques, et parfois à l'économie ou à la politique.

Aux différentes époques de la poésie, il nous a été donné de rencontrer des poèmes que nous aurions pu dire « lettristes » avant l'invention du mot. Sans parler de l'antiquité d'Aristophane trouvant le correspondant écrit des chants des *Oiseaux* (ce que fera aussi Pierre-Samuel Dupont de Nemours au XVIIIe siècle), on trouve ce langage chez Rutebeuf (mots de conjuration du *Miracle de Théophile*), chez Rabelais et on peut encore citer les chants des démons de *La Damnation de Faust* d'Hector Berlioz, bien des formules magiques, les am-stram-gram des comptines ou les tra-la-la de la chansonnette, tout cela qu'ont répertorié Jean-Louis Brau, puis Jean Rousselot. Au XIXe siècle, les recherches de René Ghil, Gustave Kahn, Charles Cros, un peu plus tard les travaux phonétiques du Père Marcel Jousse, de l'abbé Rousselot ou d'André Spire ne sont pas éloignés de ces préoccupations. Au XXe siècle, Pierre Albert-Birot *(voir préc. vol.)* avec ses poèmes aux mots collés, ses paysages typographiques, ses multiplications de sons, son *Poème à crier et à danser* se montre déjà spatialiste et lettriste. Il pourra enthousiasmer Dada, celui de Tristan Tzara, de Hugo Ball qui reconnaît la valeur de la voix en elle-même, de Raoul Hausmann auteur de poèmes phonétiques. Il y aura la poésie des sons de Kurt Schwitters, la musique verbale de Michel Seuphor, les grincements de Camille Bryen, les éructations et « yam cadou » d'Antonin Artaud, les « fa fi far phaphipharu » de Jacques Audiberti et les inventions de mots d'Henri Michaux, ceux d'André Martel, l'auteur du *Paralloïdre des Corfes* ne sont pas éloignés. Ces rappels n'ôtent rien du mérite de ceux qui ont inventé ou poursuivi une recherche, bien au contraire. Il faut d'ailleurs distinguer les utilisations occasionnelles d'une volonté d'édifier un système et, pour beaucoup, d'y consacrer leur vie de créateurs. Les précédents lettristes (voir *Littérature illettrée* de Jean-Louis Brau), spatialistes (voir *Calligrammes*) ont un intérêt historique, les nouveaux mouvements étant rarement fondés sur des trouvailles gratuites. Avant un tableau qui ne sera pas exhaustif, ce regret : il y manque forcément la musique, il y manque le dessin, au lecteur d'aller voir et entendre plus près.

Arthur Pétronio et la verbophonie.

Né en Suisse en 1897, Arthur Pétronio est le fils d'un acteur célèbre, Leopoldo Fregoli, qui pouvait, par ses transformations, jouer jusqu'à soixante rôles différents, hommes et femmes. Pétronio publia son premier recueil *Chants de vie et de clarté* en 1917. Il collabora aux revues d'avant-garde belges et hollandaises et fonda en 1919 *La Revue du feu* avec pour collaborateurs Kandinsky, René Ghil, Éric Wichman, Gustave de Smet, entre autres. Paul Neuhuys saluera ce poète qui, par ailleurs violoniste virtuose, animera l'Institut de Musique de Reims de 1924 à 1939. Après sa captivité, il se retirera à Cavaillon. Pour lui, « un poème qui passe à côté de la voix est un poème de nature morte », comme il l'a écrit dans la revue *Cinquième Saison* en 1960. Il fut enthousiasmé par l'orchestre des bruiteurs futuristes de Marinetti en 1921 et, si le *Manifeste verbophonique* date de 1953, son poème verbophonique *Aventure*, avec Henri Chopin, de 1963, dans les années 30 il avait déjà ces options. Il fit alterner les « poèmes faits à la main », les « poèmes faits à la voix », les « poèmes figuratifs chromographiques ». Pour ses expériences verbophoniques, il utilisera volontiers d'autres œuvres que les siennes, prenant par exemple chez Tristan Corbière ou Jean L'Anselme. Parmi ses titres publiés : *Kaléidoscope*, 1925, *Profil des rêves*, 1930, *Vingt Instantanés pour un univers poétique*, 1949, *Sang et chair*, 1950, *Francesco le pêcheur de fleurs de lune*, 1952, *Au cœur du monde mon amour*, 1961... Parmi ses poésies sonores (nous devons ces renseignements comme beaucoup d'autres à Henri Chopin) *Tellurgie*, 1964, *Sortilèges*, 1975, *Cosmosose*, 1978. Des œuvres poétiques, verbophoniques ou spatialistes restent inédites. Pour lui, « l'acte poétique est par nature un art musculaire, guttural, lingual, labié », or « la poésie française vit confinée dans le confessionnal du livre imprimé » et « il serait souhaitable de voir bientôt s'amollir cette résistance acharnée à l'oralité de la poésie, à sa symphonisation verbale, à toute recherche de communicabilité autre que celle proposée par le papier imprimé ». Toute la vie de Pétronio fut vouée à l'idée du mariage musique-poésie, dans la solitude, mais la valeur de ses recherches est aujourd'hui reconnue.

Altagor et la métapoésie.

André Vernier, dit Altagor (né en 1915), géomètre après avoir été manœuvre en usine, commença par écrire des vers traditionnels avant de composer des « symphonies parlées », puis un poème en prose, *Simonia*, 1945, avant sa création de la « métapoésie » qui, pour lui, est discours absolu. Il écrit : « C'est une longue incantation qui fut élaborée dès mon enfance dans la solitude des forêts du Nord et reprise en 1943 jusqu'à sa forme définitive. » Et il définit son art : « C'est une musique parlée, une musique des timbres articulés de l'appareil vocal, un mouvement optimum de la parole pure, un langage-sensation, un développement indéfini de combinaisons et de structures phoniques, une transformation de l'activité mentale-vocale conventionnelle et symbolique en activité réelle, une psychologie motrice pure, une psychophonie motrice pure, une biophonie motrice pure, une cosmophonie. » L'annonce d'un « extra-monde absolu » s'accompagne d'une attitude de mage ou de Grand Maître et il le dédie « aux mânes de Néron et de Caligula, de Nietzsche et de Maldoror, à Rhéxénor-Vengeur... » Son œuvre a été saluée par François Dufrêne comme une des « plus significatives de la poésie phonétique », par Henri Chopin en ces termes : « C'est probablement le seul poète phonétique qui a *monté* un langage inventé de syllabes imaginaires et de phonèmes qu'il sut enregistrer, servi par une voix aux timbres inouïs. »

Henry Chopin et la poésie sonore.

L'acte de naissance de la poésie sonore est daté du début des années 50. Le père en est Henry Chopin (né en 1922) et il la conçut avec l'aide des nouvelles technologies : magnétophone, studio de musique électronique (et plus tard studio de musique électroacoustique), microsillon, radiophonie, permettant la variation des vitesses, les superpositions, les intensités, ce qui lui fera aborder de multiples thèmes jusque-là à peine effleurés par la poésie classique imitative. On entendra rumeurs et rythmes du corps sans le secours de métaphores approximatives. « Car, écrit Chopin, si je porte une scierie, des oiseaux, des trains, des avions, des sirènes, des vibrations, des mouvements, un orchestre, un *transport* quelconque, c'est que la voix peut être un orchestre infini... » Serge Brindeau reconnaît : « Le tout donne une impression de modernité, de richesse dans l'invention, de rigueur dans l'agencement des thèmes. » Mais il ajoute : « la poésie peut-elle durablement se priver de la parole ? » Il y a donc les « audio-poèmes » des machines, ceux du corps : *Le Bruit du sang, Le Corps, Mes bronches, L'Énergie du sommeil...*, et aussi *Pêche de nuit, Espace et gestes, Sol air*, ceux des sensations comme *La Peur*, d'autres œuvres comme *Happa Bock* (titre suédois, en français : saute-mouton) ou *Cantata for two farts and Juan Carlos the first* car l'avantage est que, comme l'horloge baudelairienne, son gosier de métal parle toutes les langues, mais il faudrait citer encore quelques dizaines d'œuvres. Il s'est exprimé dans la revue *Ou*, dans *Cinquième Saison* et dans *Ou, Cinquième saison*, revue-disque. Il n'a pas manqué de faire l'éloge d'Arthur Pétronio, de René Ghil, de Michel Seuphor *(voir préc. vol.)*, de Schönberg, de citer Isidore Isou et Maurice Lemaître, mais son ouvrage *Poésie sonore internationale* nous semble réservé dès qu'il s'agit du lettrisme : il est vrai que Lemaître ne lui a pas ménagé non pas les chants mais les noms d'oiseau (pour parler pudiquement) et non plus à François Dufrêne. Une particularité de Chopin est qu'il ne renie pas la poésie écrite traditionnelle, ce qui est rare chez ces novateurs, qu'il n'entre pas dans cette catégorie de chercheurs à qui Jean Rousselot demande : « Comment peut-on nier cette patrie : la langue ? » Chopin a publié des poèmes : *Signes*, 1957, *Chants de nuit*, 1957, *Présence*, 1957, *L'Arriviste*, 1958, *Le Dernier Sonnet du monde*, 1972, des romans : *Le Dernier Roman du monde*, 1961, *Le Homard cosmographique*, 1965, *La Crevette amoureuse*, 1967, à quoi s'ajoutent des dactylo-poèmes, des graphismes, des livres-objets, du théâtre.

Bernard Heidsieck et la poésie sonore sémantique.

Si Henry Chopin a évolué de l'écrit vers la poésie sonore, la démarche de Bernard Heidsieck (né en 1928) est différente : il est allé directement au sonore. Proche des Américains William S. Burroughs et Brion Gysin, du cut-up, il travaille en symbiose avec le magnétophone, il est donc voix et non écriture, et cette voix qui « crisse dans les puissances d'une diction très articulée, parfois volontairement mécanique » est au service d'un langage « fait d'ellipses, de quartiers, de brisures, d'exclamations, de coupures... » (Henry Chopin). Poète des rumeurs des villes, des espaces urbains, il se sert de la langue française et ses souples litanies sont pleines d'invention et d'échos. La lecture d'un poème planétaire comme *Vaduz*, avec son aspect répétitif, affirme une réelle puissance. Rien de métaphysique, de philosophique. Le moi du poète se retire pour laisser place au poème. A partir de 1955, il est un des créateurs de la poésie sonore et à partir de 1962 de la poésie action. Parmi ses œuvres : *Poésie sonore et caves romaines suivi de Poème-Partition D4P*, ce dernier, selon Brindeau, donnant « l'impression d'une difficile épreuve souterraine où la parole est menacée mais s'efforce de survivre, de revenir au jour ». A lire : *Poésie en action* de Françoise Janicot, 1984, 1960-1985, *Une génération* de Jacques Donguy, 1986. Une quarantaine de disques et cassettes portent l'œuvre de Bernard Heidsieck. En 1986, il a donné au Centre Pompidou une lecture intégrale du *Derviche /*

Le Robert. Poèmes-partitions, biopsies, passe-partout, mécano-poèmes, poésie sonore sémantique, l'électronique diversifie et multiplie. Le poète marche et chaque pas renouvelle sa voix. A lire aussi : *Sitôt dit*, 1955.

Pierre Garnier et le spatialisme.

Faut-il pour parler de Pierre Garnier (né en 1928) le découper en plusieurs tronçons ? On trouve un poète du langage qu'on pourrait situer du côté de l'école de Rochefort ; un tenant d'une « poésie nouvelle visuelle et phonique » ; un revenant à ses premières amours dans des poèmes à la contention guillevicienne ou dans des poèmes « pour mon père le rossignol, mon frère le rouge-gorge, ma sœur l'alouette » dans une délicieuse *Ornithopoésie*, 1986. S'ajoutent l'historien et le théoricien de *Spatialisme et poésie concrète*, 1968, d'un grand nombre de manifestes et de traités (souvent avec Ilse Garnier), le traducteur des poètes allemands, de Novalis à Gottfried Benn à qui il a consacré des essais, le romancier. De nombreux ouvrages lui ont été consacrés : *Connaissez-vous le spatialisme ?* par Martial Lengellé, 1979, *Pierre Garnier* par Jean-Marie Le Sidaner, 1976, *Pierre et Ilse Garnier* par Francis Edeline, 1981, *Lecture de la poésie spatiale*, 1987, des actes de colloques, des thèses en grand nombre. Son double intérêt pour deux tendances antithétiques a pu susciter la critique amusée ou même affectueuse des poètes au sens traditionnel du mot et celle parfois réservée des plus proches de sa recherche comme Henry Chopin. Pierre Garnier dirige la revue du spatialisme *Les Lettres*.

Il annoncera la couleur : « Si le poème a changé / C'est que j'ai changé / C'est que tous nous avons changé / C'est que l'univers a changé. » Dès lors, il semblera que c'en soit fini pour lui de la rhétorique, du discours, du langage articulé. Place à l'espace, aux graphies, aux sonorités. La notion d'œuvre fait place à celle d'énergie transmise, d'écriture au souci calligraphique, à la typographie gestuelle, au théâtre spatial. Le mot échappe aux conventions culturelles et devient matière propre à créer des objets poétiques concrets, et de cette matière le spatialiste extrait les forces et les tensions de chaque parcelle linguistique. La poésie rejoint la peinture et devient art de l'espace. Il s'agit rien moins que de modifier non seulement la création littéraire et artistique mais l'homme. Les publications de Pierre Garnier spatialiste sont nombreuses. Citons : *Poèmes mécaniques*, avec Ilse Garnier, 1965, *Six Odes concrètes à la Picardie*, 1967, *Ozieux*, poèmes spatialistes en langage picard, 1967, *Le Jardin japonais 1 et 2*, 1978, et encore *Livre de Danielle 1 et 2*, *Congo-Poèmes pygmées*, *Livre de Peggie*, *Livre d'amour d'Ilse*, etc. D'Ilse Garnier : *Poème du i*, *Album à colorier*, *Ermenonville*, « création d'un paysage d'écriture sonore ».

Pour l'œuvre poétique ne relevant pas du spatialisme : de *Vive-cœur*, 1950, à *Perpetuum mobile*, 1968, une quinzaine d'ouvrages dont *Les Armes de la terre*, 1954, *La nuit est prisonnière des étoiles*, 1956, *Les Synthèses*, 1959, *Seconde Géographie*, 1959. Il ne s'agissait pas alors de « poésie concrète » mais on peut parler d'un sens concret du poème, avec une confiance dans les forces terriennes, telluriques, cosmiques même. Peu à peu, sans qu'il perde rien de sa spontanéité et de sa fraîcheur, ses poèmes sont apparus plus méditatifs, plus tourmentés, avec le surgissement d'interrogations philosophiques et métaphysiques. Alain Bosquet a écrit : « Un poète dru et inspiré de la palpitation diurne, avant sa fuite vers les recherches aléatoires. » Lorsque paraît *Perpetuum mobile*, Pierre Garnier est passé par ses expériences spatiales et autres. Le poème est distribué avec une nouvelle économie, des mots rares se détachant sur la page blanche sans aucun recours à de nouvelles architectures ou à des artifices typographiques. Ces tracés lapidaires nous feront-ils regretter le temps de la fluidité, du parfum juvénile et tendre des premiers poèmes ? Il est vrai que le poète ne saurait répéter sa vie durant la même œuvre. On a l'impression que Pierre Garnier veut rejoindre une évolution naturelle du poème qui s'est produite alors qu'il regardait ailleurs. On devine une nostalgie du poète concret et spatialiste qui voudrait être à la fois ceci et cela. Dans l'avenir, qui des deux l'emportera ? Aucun sans doute. Il est vrai que les cohabitations existent.

Pionniers et défricheurs.

Pour revenir à la poésie sonore, un nom s'est imposé, celui de François Dufrêne (né en 1930) qui, venu du lettrisme, en quelque sorte dissident, s'est voulu « ultra-lettriste » et que Chopin présente ainsi : « Dufrêne dès le départ sera bouleversant ; à seize ans il a déjà son style, maniériste en prose, hyperpuissant en voix, exagéré par l'ironie. A vingt-trois ans, en 1953, il commence ses premiers *crirythmes*, dont le nom est peut-être à rapprocher des " poèmes à crier et à danser " de P. Albert-Birot. Mais (...) il va franchement dans le cri physique, il abandonne tout discours, c'est Dufrêne projectif et improvisateur... » Ce poète anti-mots a donné plusieurs œuvres marquantes : *Paix en Algérie, Triptycrirythmes, Haut Statur*, et surtout *Le Tombeau de Pierre Larousse*, 1958, loué par les critiques comme Gérald Gassiot-Talabot : « Cet ensemble de pièces, qui a fait date par son originalité insolente, sa verve, son invention, demeure un étonnant morceau de bravoure... », comme Henry Chopin : « Ce *Tombeau* est un chef-d'œuvre de synthèse de poésie active. » C'est une longue danse des sons, un cortège de mots désintégrés, de sons étranges où, selon Dufrêne, on y « perd voluptueusement son français ». Son entreprise de destruction du langage par l'ironie s'est poursuivie dans *Cantate des mots camés*.

Parmi les créateurs touchés par l'aile sonore, il y eut Adrian Miatlev, Gil J. Wolman, inventeur de « mégapneumes » fondés sur le souffle, les expectorations, Jean-Louis Brau, venu du lettrisme et s'y opposant tout comme aux *crirythmes* et publiant *Instrumentation verbale*, Michèle Métail créatrice de *Hors-textes*, « tentative d'exploitation systématique du langage divisé en ses composants », Suzanne Bernard, auteur de *Signes*, poèmes faits de lettres sur le blanc de la page et qui furent joués par des danseuses dans la pose des lettres, et n'oublions pas l'épouse de Henry Chopin, Jean Chopin participante à maints travaux. Et non plus Jean-Marie Le Sidaner, pour ses textes concrets, son théâtre spatial, ses travaux théoriques.

Dès lors que la langue est désarticulée, que les sons s'échappent du corps apatride, que les graphismes nouveaux sont offerts à tous les yeux, même si subsistent des caractères ethniques, les frontières sont abolies et la poésie qui a repris à la musique et aux arts plastiques ses biens devient un fait international, ce qu'ont compris les créateurs dont nous avons parlé, et, de manière pratique un Julien Blaine (né en 1942) ou un Jean-François Bory (né en 1938). Ainsi Julien Blaine au début des années 60 fondait une poésie sémiotique. Il écrivait notamment : « Les signes graphiques qui ne sont pas compris dans l'étroit enclos de notre alphabet peuvent augmenter la puissance du texte, cela s'est déjà vu depuis les enluminures médiévales jusqu'aux calligrammes explosifs du XXe. » Et aussi : « ... Trouver un graphisme qui comporterait non seulement le jeu de notre alphabet mais aussi une certaine idéographie propre à chaque poète. Non pas maniérisme mais acte et acte dialogue entre celui qui écrit et ses matériaux (ou ses outils selon le cas), matériaux (ou outils) qui en modifiant réinventent l'insufflation première. » Et encore : « Quand tout se modifie nous serait-il possible d'exprimer ces modifications avec un langage inchangé ? » Il s'est exprimé dans *Ailleurs,* dans les revues qu'il a fondées : *Les Carnets de l'Octéor, Approches* (avec Jean-François Bory) en voulant opposer « le terrorisme du faire » au « terrorisme du discours ». La poésie concrète s'inscrira dans le livre-poème, et on verra une revue comme *Doc(k)s* devenir le support international des nouvelles recherches en s'ouvrant à la poésie visuelle, élémentaire et sonore dans le monde. C'est Alain Schifres qui trouva le titre donnant une idée de départ et d'arrivée dans un port d'attache internationaliste. Là, le plus souvent, l'image devient texte poétique, et l'on trouve peinture, dessin, idéogrammes, photographies, cartes postales, découpages, mais sans oublier textes et poèmes. Autour de *Doc(k)s*, revue luxueuse, se sont multipliés les festivals, rencontres, revues, anthologies, expositions. La bibliographie de Blaine est abondante qui va de *WM Quinzième,* 1966, à *Simulacre du rituel Massacre,* 1985, en passant par des essais, livres-tracts, précis, manifestes et poèmes selon ses conceptions nouvelles. De nombreux poètes participent aux livraisons de *Doc(k)s* venus de tous les pays du monde. Pour les Français, il est impossible de les citer tous, musiciens, graphistes, poètes. Pour ces derniers, plusieurs figurent dans cet ouvrage, et nous indiquons Philippe Castellin, Joël Hubaut, Jean Monod, Hubert Lucot, Jimmy Gladiator, Pierre-André Arcand, Frédéric Develay, Jean Dupuy, Charles Dreyfus...

Il s'agit avec Jean-François Bory de poésie concrète et spatiale. Il nous a semblé être un des plus jubilants de ces poètes comme nous l'avons vu dans *Autres Textes,* 1979, qu'il nous a dédicacé comme « facéties » mais il faut compter avec la pudeur de l'artiste. Il reste que ses *Poèmes mécaniques,* 1981, offrent l'écho de ses réjouissantes expériences, qu'il offre un poème lépreux, c'est-à-dire blanc par endroits, ou un poème d'angoisse en forme de trou de serrure où l'on appelle sa maman, ou bien un *Cauchemar* composé de 224 répétitions de « Tel Quel », à moins qu'il ne cite un poème de Rimbaud ou fasse suivre l'énumération de dizaines de noms d'écrivains par « & mon cul ! ». On ne peut oublier qu'il a organisé à Paris la première exposition spatialiste en 1966, qu'il dirige la collection « Les Plumes du temps », qu'il a fait « filmontages » et « poemlivres », qu'il est l'auteur de plusieurs essais : *Prolégomènes à une monographie de Raoul Hausman*, 1972, *L'Art des dernières avant-gardes* (avec Jacques Donguy), 1986, entre autres, des disques, une douzaine de livres de *8 + 1*, 1967, à *Complot de famille*, 1982. Il a défini nettement sa position : « ...le Spatialisme oppose son essérialisme, son dynamisme, c'est-à-dire une graphie mouvante qui va se situer du même côté que la réalité, dans la mesure où la réalité est une graphie, qu'une graphie seule pourra rendre, faire apparaître et continuer ».

En maints lieux, des créateurs nous ont paru proches des conceptions montrées dans ce chapitre, par exemple Joëlle de La Casinière (née en 1944), peintre, cinéaste, créatrice d'un centre de recherches, qui a composé des miniatures cryptographiques et des bandes sonores, et qui présente ses textes selon une graphie fort personnelle. Philippe Dome (né en 1935), dans *Indices*, 1973, sans que nous sachions s'il a lu Julien Blaine, a présenté ses poèmes en adjoignant des signes aux lettres de l'alphabet et en utilisant les ressources infinies de l'art typographique. Il n'est pas interdit de penser que la poésie spatiale a influencé maints poètes dits « textuels » même s'ils ne reconnaissent pas leur dette.

On peut indiquer encore, dans un tout autre contexte, car il ne s'agit pas d'un rejet de la langue écrite traditionnellement, mais d'une fantaisie d'artiste, les *Scriptoformes* de Michel Beau, 1981, où de l'araignée à l'usine en passant par l'escargot, le hérisson, le papillon ou la pipe, s'inscrivent dans un dessin soigné avec des symphonies à partir de la première lettre du mot inspirateur. Sans doute existe-t-il ainsi d'autres poésies imagées dans la tradition de Rabelais et de Panard, qui a ses lointains ancêtres : Simmias de Rhodes, Dosidias, Théocrite, Porphirius, puis les vers latins figurés du Moyen Âge, au XIXe siècle Amédée Pommier, Paulin Gagne, et même Victor Hugo, en attendant Apollinaire, Yvan Goll et Louise de Vilmorin. Mais il ne s'agit pas ici de trouver des ancêtres aux modernes spatialistes car leurs travaux sont élaborés, volontaires et révolutionnaires dans le sens de la dérision du langage.

3

Isidore Isou et le lettrisme

Le lettrisme est sorti tout armé de la tête de Jean-Isidore Goldmann qui sera Isidore Isou (né en 1925), de tous les mouvements d'avant-garde depuis le dadaïsme (le lettrisme s'inscrit plus particulièrement dans sa tradition et dans celle du futurisme) et le surréalisme, celui qui fera le plus de bruit – et de bruits, à ce point que, parallèlement à la description de ses différents aspects, il faudrait tenter l'histoire ou le roman picaresque du mouvement : il pourrait se faire à partir de la biographie de son inventeur. Il faut lire à ce propos *La Poésie lettriste* de Jean-Paul Curtay, lettriste lui-même, qui montre les grandes heures d'Isou considéré par ses amis inconditionnels, des tout premiers comme Gabriel Pomerand ou Maurice Lemaître, à ceux qui rejoindraient le groupe, comme « Dieu et empereur des poètes » (il fut ainsi élu par lecteurs et auteurs de *Poésie nouvelle*, la revue de Lemaître, lui-même sacré « prophète et roi des poètes »), comme pape ou comme grand maître (Isou = Jésus). On lit encore : « Après Baudelaire, le plus grand poète de la littérature française est Isidore Isou » (Gabriel Pomerand) ou « Isou est plus important que Picasso » (Jean Cathelin, tandis que quatorze lettristes le disent « le plus grand créateur et le plus grand peintre de tous les temps ». Ces dithyrambes, cette incitation à la mégalomanie sont expliqués par Robert Estivals : « ...si l'homme est grand, il doit en fournir la preuve. Il lui faut donc une méthode. Isou introduit la *créatique*... Les formes d'art ainsi dégagées permettront de renouveler la création artistique et de prouver le caractère divin de l'artiste puisque, par définition, Dieu est créateur. » Pour l'histoire ou la petite histoire (avant d'en venir à l'essentiel) rappelons que le lettrisme fut créé en 1946 à Botosani en Roumanie, que tout jeune Isou vint à Paris, rencontra (après Ungaretti en Italie) Gaston Gallimard, Jean Paulhan, André Gide (et son secrétaire Gaston Criel qui se déclare lettriste), Jean Cocteau, Max-Pol Fouchet, le premier ami lettriste Gabriel Pomerand... et finalement verra ses œuvres éditées, un mouvement se former autour de lui avec une revue, *La Dictature lettriste*. Sur le modèle des surréalistes, ils multiplient les interventions, les rencontres, manifestes, expositions, fondent leur art sérieusement, font quelques scandales pour propager la foi, notamment à la fin d'une interprétation d'une œuvre de Tzara, et l'énergie intarissable d'Isou et de ses amis se manifestera avec force durant des années, Isou attaquant tous azimuts, et, chose curieuse, par son aspect de tendre violent, l'aspect attachant de sa personnalité, se faisant même des amis chez ceux qu'il attaque le plus vertement. Au cours des années, des présences enrichiront le groupe, il y aura quelques désaccords, mais le lettrisme fera boule de neige. Il s'accompagnera, de manifeste en manifeste, de nouvelles initiatives créatrices conduites par des appellations techniques à l'aspect parfois bien étrange tout comme certaines tirades cacophoniques.

Tout est donc parti du lettrisme proprement dit, c'est-à-dire de la *lettre* avant l'envahissement des arts, peinture, musique, sculpture, musique, etc., et de nombreuses disciplines comme la philosophie, la politique, la théologie, voire l'économie, les sciences. Pour plus de clarté, on se réfère à Isou lui-même. Pour lui, l'emploi des mots est épuisé dans la versification, et le lettrisme est un « art qui accepte la matière de lettres réduites et devenues simplement elles-mêmes (s'ajoutant ou remplaçant totalement les éléments poétiques et musicaux) et qui les dépasse pour mouler dans leur bloc des œuvres cohérentes ». On lit encore : « L'idée centrale du nom – la Lettrie, le Lettrisme – est qu'il n'existe rien dans l'Esprit qui ne sait pas ou qui ne puisse pas devenir Lettre. » Mais les lettristes iront plus loin, emploieront une multitude de signes, idéogrammes, dessins, etc., en utilisant les ressources typographiques, et s'aideront de toutes les possibilités physiques, éructations, reniflements, rots et autres. Peu à peu, à travers les manifestes de Lemaître ou d'Isou notamment, sous les signes de l'*hyper*, du *super* ou du *poly*. Ainsi, en 1987, se définissant lui-même, il fait le tableau de sa recherche qui, d'ailleurs, exprime le mouvement en grande partie – encore qu'il faille tenir compte d'autres apports individuels :

> Dans la peinture : sur le plan des formes, Isidore Isou a dévoilé que les expressions figuratives et abstraites ne sont que des parties fragmentaires, insuffisantes, devenues vite sclérosantes et falsificatrices, de l'Hypergraphie, l'ensemble de tous les signes alphabétiques, lexiques et idéographiques, acquis ou possibles ; sur le plan des supports et des moyens de réalisation, Isidore Isou a dévoilé que la toile, la glaise, le collage, le ready-made, l'objet bizarre ne sont que des parties fragmentaires, insuffisantes, devenues vite sclérosantes et falsificatrices, de l'ensemble de la *méca-esthétique*, embrassant tous les matériaux de la théologie, de l'art, de la science de l'inanimé et du vivant (contenant, donc, aussi la pensée), de la philosophie et de la technique (le mobile vivant, la sculpture poudriste, l'art plastique alimentaire, les bougies, la télévision déchiquetée ou l'anti-crétinisation, etc.) ; sur le plan des thèmes, justement par les dévoilements effectués dans toutes les disciplines de la Connaissance, Isidore Isou a révélé d'inédits sujets, des secteurs de la réalité et de l'esprit inconnus jusqu'à lui et des interprétations nouvelles des données acquises (l'hyper-théologie, la paradilogie, le soulèvement de la jeunesse, l'érotologie mathématique et infinitésimale, etc.). « Par ses ouvrages, la *Créatique* ou la *Novatique*, l'*Hyper-créatique* ou l'*Hyper-novatique*, Isidore Isou nous a offert les bases profondes de l'invention et de la découverte dont il a montré le pouvoir irrésistible en bouleversant la chimie, la physique, la médecine, l'économie politique, les mathématiques, etc., territoires qu'il a embrassés dans la Kladologie (Klados = branche en grec ; Kladologie = science des branches), la première conception intégrale de la Culture et de la vie, dont le but ne peut être, selon lui, qu'un individu connaisse une joie croissante, de plus en plus dense, et une société

d'opulence et de bonheur, la Paradilogie, où le monde édénique ne représente qu'une première étape avant le cosmos édénique » (...).

La poésie lettriste peut déconcerter le lecteur ou l'auditeur, c'est le moins qu'on puisse dire. Certains critiques de la poésie ont passé le phénomène sous silence; d'autres, comme Jean Rousselot, ont réfuté ou recherché des précédents, mais Rousselot admet : « La vraie nouveauté du lettrisme consiste en sa prétention d'échafauder un système cohérent d'expression à partir d'une plaisante manipulation du langage. » Certains, comme Serge Brindeau, ont manifesté, par le pastiche et la critique, leur retrait; les spatialistes ou les poètes sonores ont réclamé leur dû dans ces inventions. Mais le lettrisme est un mouvement qui existe indéniablement, qui, passé le sourire, a des aspects séduisants, qui a donné de belles œuvres (notamment en peinture). Il a réveillé les dormeurs et donné à réfléchir. Ainsi, l'auteur de ces lignes a été étonné par la diversité des poèmes. A travers cet art que beaucoup ont pris au début comme un canular, sauf ceux qui ont pu s'assurer par le contact de la probité d'Isou, l'originalité et la personnalité ont pu s'exprimer. Bien des travaux ont tenu compte de la poésie française prise dans son histoire et on serait tenté de dire qu'il existe un lettrisme classique s'exprimant par ballades, villanelles, odes, stances, élégies, triolets, madrigaux ou sonnets comme dans cette œuvre d'Isou :

> Dianne dé décume dierge naî
> A ne dédianne que ha goupe
> Telle hoan se voa viroupe
> Seliloanne sanle à lanlaî
>
> Noou havigon oh nivaî,
> Hanlé! hoa déda dela houpe
> Youss dassayan sastueux syoupe
> Le slo lo slo édiha édihaî.
>
> Une Bigrello dello dangage
> Danne deindre denne yangage
> De horlère hali de yali
>
> Dalutude, dalutude, dédoile
> Aî nimportebi défali,
> Leblande goale de horle yoale.

Chez Isou, le titre, en langue habituelle, donne une idée de cérémonial : *Lances rompues pour la dame gothique, Marbre pour Dante, Rituel somptueux pour la sélection des espèces...* Maurice Lemaître évoque Chénier à sa manière : *La Jeune Tarentule*. On trouve aussi des hommages, par exemple à Erik Satie lorsque Patrick Poulain écrit *Trois Morceaux en forme d'espoir* ou Florence Villers *Parade*, à Beethoven le temps d'un *Hymne à la Joie* de Pierre Jouvet, à Benjamin Péret ou Arthur Rimbaud avec Anne-Catherine Caron, à Apollon avec Sylvie Fauconnier. Des souvenirs d'Henri Michaux apparaissent chez Jean-Pierre Gillard qui « glabiote pieusement la plana », chez Antoine Grimaud ou Nina Fillières. Si la plupart des auteurs pratiquent un peu tous les arts, dans le poème, c'est la musique qui apparaît, des sons de cloches de Gabriel Pomerand aux improvisations de Jacqueline Tarkieltaub et aux œuvres heureuses de Françoise Canal, à la *Revolte des e muets* de Roland Sabatier, aux parcours de toutes les gammes de Gérard-Philippe Broutin, aux danses érotiques de Sandra Scarnati. Il apparaît, dans ce nouveau langage auquel, au fond, on se familiarise assez vite, une intense jubilation, de l'humour, de la confiance, car rien n'incline au pessimisme : ainsi quand François Poyet offre des œillades aux grands prédécesseurs, quand Alain Statié va des *Gauloises fumées par une gitane* au *Portugais électrique*. Mais il en est offert pour toutes les sensibilités, de la *Grande Muraille* de Janie Van Den Driessche aux *Lettres acides* de Micheline Hachette, sans oublier cet humour que Jacqueline Panheuleux excelle à glisser dans le chant. Ce ne sont là que les impressions d'un rapide parcours...

Les modes d'expression des lettristes sont multiples, des planches du théâtre aux cimaises des expositions, des éclats de voix aux éclats de pages, du livre traditionnel aux innombrables messages, revues ou tracts. Pour les revues, Isou et Lemaître furent des plus actifs et nous citons : *La Dictature lettriste, Revue lettriste et hypergraphique, Arguments lettristes, Ur, Poésie nouvelle* (avec Marcel Beuret), *Front de la jeunesse, La Lettre, Lettrisme, Revue de psychokladologie*. Il y a aussi *Psi* et *E.L.N.* de Roland Sabatier, *Ligne créatrice* de Jacqueline Tarkieltaub, *L'Irréductabilité lettriste* de François Poyet, *La Passion selon L.R.A.* de Jean-Pierre Gillard, etc. Enfin, de nombreux lettristes se sont exprimés dans la *Revue musicale* et dans *Encres vives*. La bibliographie lettriste demanderait quelques centaines de pages. On indique ici quelques œuvres. Pour Isidore Isou : *Principes poétiques et musicaux du mouvement lettriste*, 1946, *Introduction à une nouvelle poésie et à une nouvelle musique*, 1947, *Précisions sur ma poésie et moi*, 1950, *Traité d'économie nucléaire*, 1958, et de nombreuses œuvres esthétiques, manifestes, romans, science, érotisme, etc. Pour les recueils : *Dix Poèmes graves et dix poèmes joyeux*, 1947, *La Guerre*, 1947, *Dix Poèmes magnifiques*, 1950, *Poèmes I et II*, 1958, 1959, *Chapitres et colonnes polyautomatiques lettristes*, 1964, *Œuvres aphonistiques*, 1967, etc., mais on doit se limiter ici à la poésie. Pour Maurice Lemaître : une centaine de poèmes recueillis en 1965, en un livre, en disques, de même que pour ses œuvres aphonistiques et supertemporelles, de la peinture, des films, du théâtre, une action et une participation à tous les hauts faits lettristes – avec Isou la plus haute présence. Pour Alain Satié : *Pithécanthropus érectus, L'Œuf, Superstrat, Oui pour les ouïes, Cela va sans dire*, etc. Pour Roland Sabatier *Lettries ronflantes, Lettrie sans forme, Bonjour Isidore, Lettrie de chambres, Facile à dire, Équation lettrique n° 8, Au service de l'hypergraphie*, de remarquables œuvres de peintre, etc. Pour Jean-Paul Curtay, ses poèmes préromantiques ou prébaudelairiens, ampliques ou ciselants, son « épopée infinitésimale », *Théodyssée de la Diaspora à l'Athroïsmos*, ses « dadalettries » et son histoire et anthologie du lettrisme déjà citée et qui est mine de renseignements. Parmi les lettristes, on a cité encore Brasil, Richard Marienstras, Claude Hirsch, Georges Poulot, Charles Dobre...

Il s'agit donc de créativité permanente, de « créatique » qui s'appliquera à maints domaines : la métagraphie et l'hypergraphie avec Robert Estivals, le « discrepant », discours accompagnant une œuvre ou un spectacle en gardant son autonomie (avec Guy Debord, Serge Berna ou Marco). Une des dynamiques d'un art est de provoquer des remises en question. On note celle de l'art socio-expérimental avec Suzanne Bernard et Claude Laloum, des situationnistes (Asjer Jorn, Guy Debord, Michèle Bernstein, Raoul Vaneigen...), des ultra-lettristes (François Dufrêne, Robert Estivals, Villeglé), du « signisme » puis de l'art schématique qui s'exprime dans les revues *Grâmmes, Schéma, Cahiers du schématisme, Schéma* et schématisation (Robert Estivals, J. Caux, J.-C. Gaudry, G. Vergez, L. Lattangi, etc.) mais nous ne donnons là qu'une idée minimale de l'ampleur des mouvements qu'a étudiés Estivals qui conclut ainsi un texte sur le lettrisme : « Il n'est donc pas douteux que, par sa richesse créative comme par son développement – et bien qu'il soit encore insuffisamment connu, comme tout mouvement d'avant-garde –, le lettrisme a marqué l'histoire artistique contemporaine depuis la Seconde Guerre mondiale. » On ne saurait tolérer aujourd'hui le sourire de ceux qui ne voient là que manifestations farfelues (mieux vaudrait une opposition en toute connaissance de cause). L'intérêt manifesté par les littéraires et les scientifiques, les progressions même a contrario, le rôle actif et l'influence du lettrisme sont indéniables. Et tout cela à partir des étonnantes intuitions, de la lutte de toute une vie du petit-fils du tonnelier de Botosani alors qu'il avait dix-sept ans!

Surréalisme et métamorphoses

I

Liberté couleur d'homme

LE précédent volume de ce panorama est consacré en grande partie au surréalisme, de sa naissance à son épanouissement, aux poètes qui l'ont marqué. L'arrivée de la génération d'après la Deuxième Guerre mondiale a apporté ce sang neuf qui est l'encre des surréalistes. Il n'était pas suffisant pour sauver un mouvement dont le déclin devait correspondre avec la mort d'André Breton et, deux ans plus tard, avec ce Mai 1968 qui, paradoxalement, inscrivait sur les murs du quartier Latin des slogans à consonance surréaliste. Cet effacement du mouvement était prévisible comme il en est de toute chose vivante. N'en allait-il pas de la valeur et de l'authenticité du *mouvement* surréaliste que de ne pas refuser sa propre contestation? Nous avons souligné *mouvement* (et cela veut dire réunions, décisions prises en commun, libelles, tracts, etc.) car le surréalisme même, en tant que mode de libération totale de l'esprit, que manière d'être en opposition contre le convenu et le convenable, que nouvelle sensibilité et nouvelle conception de l'être et du monde, ne saurait disparaître. A jamais, il a transformé la sensibilité et son influence, même discrète ou secrète, ou encore *a contrario* est présente dans l'ensemble de la poésie française la plus immédiate. Cette idée ne peut pas mourir même si le mot qui la désigne, passant dans le langage courant, et déformé par ceux qui n'en ont qu'une idée vague, est insulté : par exemple par le bavardage politique où l'on dit « surréaliste » tout propos qui, naguère, aurait simplement été qualifié de bizarre ou de fou. On comprend Pierre Dhainaut qui avoue ne plus guère employer ces mots : surréalisme, surréaliste car « ils sont si galvaudés, si usés, qu'ils ont fini par ne plus rien dire ou par nous trahir ». Il y eut donc, à un moment donné de son histoire, une lassitude qui s'installa. De nombreux poètes s'étaient exclus d'eux-mêmes ou avaient pris leurs distances, certains comme Yves Bonnefoy n'avaient fait qu'un passage, Jean-Pierre Duprey avait rejoint ses doubles, d'autres luttèrent pour la survie de groupes à défaut de mouvement. Il y eut cette dispersion, cette diaspora qui, comme en témoigne Dhainaut, « après avoir fait éclater le groupe, fait éclater jusqu'aux groupuscules ». Cette fin n'alla pas sans convulsions et sans combats. L'après-guerre avait vu fleurir des revues comme *Néon* en 1948, *Médium* de Jean Schuster. C'était la génération de Jean-Louis Bédouin, Gérard Legrand, Robert Benayoun, Alain Jouffroy, Guy Cabanel dont la revue *Le Surréalisme même*, dès 1956, s'ouvrit aux poètes et aux artistes : Alain Joubert, Jean-Claude Silbermann, Vincent Bounoure, Adrien Dax, Pierre Dhainaut, Pierre-Yves Lemaître. Et toujours une floraison de revues : *Bief, La Brèche, Strophes* de Jean Frémon et Philippe Ferrand, *Opus international*, 1967, *L'Archibras*, 1967, de Jean Schuster qui écrivit dans *Le Monde* : « Le n° 7 de *L'Archibras*, daté de mars 1969 mais achevé de rédiger en janvier, est la dernière manifestation du surréalisme, en tant que mouvement organisé. » Le groupe animé par Jean Schuster avec Gérard Legrand et José Pierre continuera de s'exprimer dans *Coupure* tandis que, en 1970, un tract-affiche de *Rupture* affirmera que le surréalisme n'est pas mort. Déjà, dans *Phases*, Édouard Jaguer dénonçait les tendances liquidatrices. Dans *Gradiva*, Vincent Bounoure donna son analyse de la disparition de février 1969 avant que, dans la même revue, Édouard Jaguer montrât un surréalisme toujours ouvert et prêt à rayonner, à poursuivre son avancée. Des poètes ont d'ailleurs revendiqué l'héritage : Jacques Abeille et Jehan Van Langhenhoven dans le groupe *Le Mélog* que suivront *Incendie de forêt, Nevermore, La Crécelle noire* en 1979, Jean-Claude Schliwinski et Christian Arjonilla qu'on retrouve dans la revue *Gambrinus* d'Alain Leduc. On pourrait dire que le mouvement surréaliste est mort et que le surréalisme continue.

On put d'ailleurs s'apercevoir que ce dernier renaissait sous d'autres formes, connaissait d'autres avatars, par exemple avec *Le Manifeste électrique aux paupières de jupes*, 1971, signé d'une quinzaine de poètes dont les plus connus sont Michel Bulteau et Matthieu Messagier, signatures que l'on retrouvera dans des publications collectives comme *Parvis à l'écho des cils, Opus international, Météore, Poudrier de dent, The Star Screwer*. Ce *Manifeste électrique* fut salué par Alain Jouffroy faisant figure de nouvel André Breton : « Les auteurs du *Manifeste électrique* écrivent comme on se tue, comme on tue sa conscience et son nom, pour devancer une écriture future, qui leur apparaît, par brèves fulgurances, dans les interstices d'un langage détruit, assassiné... » Et l'on verra ce paradoxe de Bulteau faisant machine arrière pour redécouvrir la rime, admirer Toulet, et se dire « dernier poète classique ».

Nous anticipons sur le déroulement de cette histoire en mentionnant cet événement que fut la rencontre des procédés surréalistes avec la poésie *beat* américaine et les contre-cultures avec le poète Claude Pélieu et la démarche parallèle de Lucien Suel ou de la revue *CEE* de F.-J. Ossang et ses amis où Claude Pélieu devient Claude Pélieu-Washburn. S'ajoute en 1973 *De la déception pure. Manifeste froid* par André Velter, Serge Sautreau, Jean-Christophe Bailly et Yves Buin. On lira : « L'écriture est à la pensée ce que la neige est au froid » ou « Le froid, c'est peut-être l'espace de notre rendez-vous ; c'est une prise de distance par rapport à soi, par rapport à tout. » Poésie électrique, poésie froide, amis de Franck Venaille autour de *Chorus, Exit* d'Olivier Kaeppelin et Jean-Marie Gibbal, *TXT, La Taupe molle, Génération, Texteurre*, dans le voisinage de *Tel Quel* et de *Change*, par-delà les dissemblances et les particularités, il s'agit partout d'un refus d'un monde et d'une société, d'une manière de vivre et d'un langage au profit de forces nouvelles, d'une culture inédite, d'un nouvel idéal, d'un orage d'anti-pensée pour de nouvelles conquêtes. Des mouvements naissent, prolifèrent, parfois se sclérosent mais il s'agit de la vie et le plus souvent d'un engagement total. Il restera sur le passage des œuvres et nous tenterons de les présenter en traçant des portraits de leurs auteurs. Dans ce chapitre sont réunis des poètes qui ont touché de près au surréalisme de l'après-guerre, la plupart ayant connu André Breton.

Thérèse Plantier.

Thérèse Plantier (née en 1911), si elle dit : « Je ne m'exprime qu'en surréaliste », si elle fut distinguée par André Breton qui parla à son propos d'une « violente volonté de vertige » ce qui est une belle allitération, ne vint que tard dans sa vie au surréalisme qui représentait pour elle une forme de révolution face au convenu bourgeois. Elle fut à Saint-Cirq-Lapopie chez le poète, ne goûta guère le milieu ambiant, se brouilla, resta intérieurement fidèle, écrivit des poèmes dans la liberté, par exemple : *Chemins d'eau*, 1963, *Mémoires inférieurs*, 1966, *C'est moi Diégo*, 1971, *Jusqu'à ce que l'enfer gèle*, 1974, *La Loi du silence*, 1975, *La Portentule*, 1978... Née à Nîmes, habitant Faucon, ce village où fut aussi la romancière Violette Leduc et le critique Pierre Démeron, Thérèse Plantier s'est tenue à l'écart des groupes. On aurait aimé la trouver dans cet ensemble intitulé *La Femme surréaliste*, eh bien! prenons comme une attitude surréaliste qu'elle en soit éloignée. Elle est celle qui écrit avec son corps entier, chair, os et viscères, à ce point que des critiques hommes ont ressenti un malaise : « Cette poésie n'est pas de tout repos », écrit Serge Brindeau qui a bien parlé de la fascination de cette poésie au bord du gouffre, de l'angoisse devenue cauchemar, de l'obsession de la mort et des images de la dégradation physique, de l'auto-agressivité. Jean Breton : « Thérèse Plantier : un souci de mordre dans le conventionnel, d'exhiber parfois avec complaisance ses tatouages de courage, ou même son côté *baroudeur!* » Libre, libertaire, cette poésie n'écarte pas le linge sale, l'obsession, le fantasme, ce qui gêne les beaux esprits, tout ce dont « on ne parle pas » dans les familles bourgeoises. Aussi apparaît de la vérité à l'état brut avec ses cadavres et ses détritus, ses plaies et ses pleurs, parce que cela est et non pour s'y complaire, tout comme elle peut dire ses vérités à l'homme en tant que sexe. On verra « les végétaux féminins ployés sous leurs cyclones menstruels » et aussi des images lumineuses : « un nom plus blanc que la lumière » ou « cuisses incrustées d'anneaux saturniens » sans oublier de l'humour noir ou rose, des incandescences, des éclats, des bombardements d'images. Lisons :

> Il s'agit d'écarter de moi ce parfum où s'écaille le crépuscule en pleurs, ces fillettes qui neigent. Aussitôt ondoie le poème aux poignets flexibles. Anonyme parmi les lilas d'Espagne et les dernières giroflées, il n'attend pour s'étendre mort que d'avoir dansé jusqu'au fond de l'extrême impasse où luit la nuit en tessons.

Théodore Kœnig.

Dans le précédent volume, nous avons cité le nom de Théodore Kœnig (né en 1922) à propos de Marcel Havrenne qui fonda avec lui et Joseph Noiret la revue et le mouvement *Phantomas*. On a le plaisir de citer Alain Borer qui a préfacé un livre de Kœnig, *Gérance d'avril*, 1980 : « L'Homme descend du singe, et *Phantomas* de l'embranchement qui passe par Ruysbroek l'Admirable. » Et aussi : « De la poésie, Théodore Kœnig a fait du *chiche-kebab* : il retire la tige (la syntaxe logique de Rivarol) et tous les morceaux s'échappent. » On pourrait dire qu'il jette de la poudre d'émeri ou du chewing-gum dans les rouages de la sémantique. Comme Jarry dans le mot célèbre, il ajoute la lettre « r » où on ne l'attend pas ou la fait sauter où elle devrait être, dans un mot il intervertit les consonnes, fait sauter des syllabes ou les double, invente des mots, en fait des valises ou des trams et on assiste peut-être « à l'assemblée rafraîchissante et comme écologique de diverses formes de l'écriture », à moins que, atteint d'*Aphorismose*, titre de son livre, il mélange le sérieux et le burlesque, le bien-pensé et le macaronique car, pour lui, la vérité est dans le jeu par-delà des attitudes qu'on pourrait dire pataphysiciennes. Donc, foisonnement d'exercices de haute voltige, nouvelles significations des mots et de leurs mariages, « transferts dans la liberté surveillée d'une poésie se nourrissant d'elle-même au cœur de la haute indépendance de l'esprit » et bonne santé du corps et de l'esprit, mais non exempts d'inquiétudes, celles de « capter la lumière au seuil des métaphores » mais d'aucuns retiendront la réjouissance sans voir ce qu'elle cache d'interrogations derrière l'ironie et la désinvolture, un monde de sensations nouvelles en tout cas. Il se dit lui-même « un des Sept Types en Or de la revue *Phantomas* » dont il est bon de rappeler les fondateurs : avec Marcel Havrenne et Joseph Noiret, Marcel et Gabriel Piqueray, et, bien sûr, celui que Borer appelle « le vampire des signes », ce Kœnig fort en thèmes linguistiques qui veut que des sons nouveaux suggèrent plus qu'ils ne définissent. Il y a en lui de l'incroyable et du merveilleux (mais ôtons les « r »), du dynamiteur et du constructeur en tant de livres qu'on ne peut tous les citer, en tant de recherches qu'il faudrait édifier un nouveau dictionnaire pour ses mots. Des titres : *Décante*, 1950, *Clefs neuves*, 1950, *La Langue d'Éole*, 1955, *Les Pains d'asopies*, 1955, *Dix manières dans l'art de considérer la vache*, 1959, *Mirabilia*, 1960, *Journal d'un jour*, 1961, *Par les mains du réveil*, 1966, *États d'imagination*, 1966, *Fortuitement*, 1968, *Poèmes restreints et proses concises*, 1969, *Elle dort*, 1970, *Le Subjectif présent*, 1973, *Apophtegmes sur un*, 1978, *La Métamorose*, 1980, *Gérance d'avril*, 1980, etc., sans oublier une dizaine d'œuvres sémantiques.

Guy Cabanel.

Tout en gardant une personnalité entière fort originale, Guy Cabanel (né en 1926) est proche d'André Breton. Ce visionnaire, ce poète onirique est celui d'une imagination débridée, obsessionnelle. Ses poèmes ont un éclat vif, pleins de reliefs, ils traduisent des tourments intérieurs, un univers animal comme on en trouve chez Lautréamont et dans les abysses de l'esprit voué à une sorte de cauchemar maîtrisé. En vers ou en prose, genre où il excelle, il offre des images concrètes, fascinantes, avec netteté, mettant du réalisme, du vivant dans le rêve. Il y a même de la minutie et Rousselot a parlé à son propos de Buffon et de Francis Ponge. Des titres : *A l'animal noir*, 1958, *Maliduse*, 1961, *Guy Cabanel exalte ses animaux noirs*, 1967, *Odeurs d'amours*, 1969, *Les Fêtes sévères*, 1969, *Les Boucles du temps*, 1974...

Cabanel nous offre un bestiaire cosmologique, métaphysique et fabuleux dans un univers de genèse, de végétaux, d'animaux en mouvement parmi l'eau et le feu : l'ancêtre lézard, le serpent rouge, l'hydroméduse, des crabes, requins, murènes, poulpes nous offrent la splendeur inquiétante de leurs métamorphoses, et, régnante, splendide, la femme magnifiée : « On t'a vêtue d'une ceinture en perles rouges, on t'a cerné les mains de bracelets de fer, on t'a mordue aux aisselles, les vœux s'accomplissent, demoiselle. » Car c'est un monde où la sensualité voisine avec la griffe et le croc, un monde de reptiles et de glissements, d'ondulations, de dépaysements constants. Ce sont des fêtes splendides où se marient les cataclysmes et les incandescences, où la vie énorme et impatiente toujours recommence dans un grand ballet d'images. Voilà bien un poète éloigné de la capitale, discret et efficace, qu'il faudrait mieux connaître.

Alain Jouffroy.

Alain Jouffroy (né en 1928) a fait merveille dans tous les genres : roman, essai, critique littéraire et critique d'art, en poète et révélateur de nouvelles tendances qu'il s'agisse de poésie électrique ou de poésie froide car il est un homme pour qui la poésie est l'explosion de l'imaginaire en même temps que la conquête de régions propres à transformer l'homme et à changer la vie. Il fut un proche de Breton et un de ceux qui, dans la génération surréaliste des années 50, ont manifesté le plus de nouveauté bien qu'il ne tardât pas à se séparer du groupe des Schuster, Bédouin ou Legrand. Naguère, il définissait ainsi son art : « C'est un moment vécu d'illumination, mais aussi, le plus souvent, un moyen de lutte intérieure contre l'angoisse, une manière inhabituelle de dépasser la banalité, un chant d'amour qui m'élève au-dessus de moi-même et me fait entrer quelquefois dans les régions moins fréquentées de l'esprit. » Des années plus tard, on put lire ce cri d'énergie : « Non seulement je vis, mais j'aime la vie à crier, quand on veut m'en priver fût-ce d'une parcelle, d'un gramme. Je n'admire plus ni les sacrifiés, ni les perdants : je n'adhère plus, dans mes amis, à ce qui les pousse vers leur propre perte. Le théâtre du suicide, le plus beau de tous, est mort pour moi. Je lui préfère ce qui me lie aux orages, heureux et riant sous leur pluie... Cela me donne le droit de sourire en pensant à ceux qui s'abandonnent à la désillusion générale plutôt qu'à l'ivresse du vin, à l'épanouissement de la jouissance et aux métaphysiques improvisées de l'individualisme. » Pour lui, la marche en avant de la poésie est inséparable de la vie. Il ne s'exprimerait pas en ces termes si l'amitié d'André Breton ne lui avait permis de triompher contre des tendances physiques et intellectuelles suicidaires. C'est un poète de la lutte, de l'amour et du défi, un homme parfois ombrageux et toujours exigeant, luttant contre la facilité, « aventurier des domaines labourés par la contestation, explorateur des antipodes, inventeur de clefs... », comme le dit si bien Pierre Seghers.

Son œuvre est vaste. Nous citons des titres en poésie : *Attulima*, 1954, *Les Quatre Saisons d'une âme*, 1955, *A toi*, 1958, *Déclaration d'indépendance*, 1961, *Tire à l'arc*, 1962, *L'Épée dans l'eau*, 1962, *L'Antichambre de la nature*, 1966, *Aube à l'antipode*, 1966, *Libertés*, 1969, *Le Parfait criminel*, 1971, *Liberté des libertés*, 1971, *Le Congrès*, 1972, *Les Anagrammes du corps*, 1973, *Les 365 exils du lac Corrib*, 1973, *Dégradation générale*, 1974, *Éternité, zone tropicale*, 1976, *Eau sous terre*, 1976, *New York*, 1977, *Mondino-te-king*, 1977, *L'Ordre discontinu*, 1979... La plupart des recueils sont illustrés par des peintres, par exemple Matta, Wifredo Lam, Alain Le Yaouanc, Jacques Hérold, Magritte, Miró ou bien Manina sa première femme ou Jean-Jacques Lebel. Ses études sur les peintres, les poètes sont nombreuses, et aussi les essais littéraires : *La Fin des alternances*, 1970, qui fit grand bruit ou l'exaltation de l'individu dans *De l'individualisme révolutionnaire*, 1975, *Le Gué*, 1977. Mais les livres de poèmes ont leur contenu de prose et les genres ne sont pas nettement séparés, on le voit dans les romans d'initiation ou d'expérience mystique où se mêlent réel, merveilleux et fantastique. Alain Jouffroy est codirecteur de la revue *Opus international*. Il a été un de ceux qui ont accueilli la *beat generation* et s'est intéressé aux recherches nouvelles, notamment du côté de Jean-Pierre Faye et de *Change*, tant est restée en lui l'idée surréaliste de révolution permanente.

On distingue des influences dans ses premiers poèmes, un ton familier et élégant qui fait penser à Eluard, une coulée offerte comme un cérémonial qui évoque les proses d'André Breton. On peut lire :

> A toi mes mains de ville ouverte
> A toi mes genoux d'écureuil
> A toi ma voix la plus lointaine
> A toi tout ce qui tisse nuit et jour à travers moi
> A toi la lagune où nous nous sommes connus
> A toi les revenants du soleil
> A toi ces palais de lilas dans nos yeux
> A toi tout ce qui est tout ce qui change
> A toi
> L'explosion de la perle au cœur de l'oiseau noir

On imagine combien, pour un jeune surréaliste, purent être exaltantes et en même temps dominantes ces présences de poètes de la grande génération. On n'en admire que davantage ce qui a permis à Alain Jouffroy de conquérir une personnalité sans rien renier des apports reçus. Le meilleur vient de sa spontanéité et de ce recul qu'il prend devant l'événement, de cette familiarité avec ce qui le touche le plus profondément. Ainsi lorsque le ton se fait prosaïque, lorsque le récit et le poème se rejoignent, lorsqu'il évoque cette rencontre due au hasard objectif avec Breton dans un hôtel d'Huelgoat qui le marqua à jamais :

J'ai tout appris de la foudre
Elle seule m'a rencontré dans l'entrée du Grand Hôtel d'Angleterre

Il était neuf heures quinze du matin au clocher d'Huelgoat
Quand je passai devant la chambre d'André Breton
On avait interverti nos chaussures devant nos portes
Et les livres sur nos tables se transformaient en agates
« Venez, me dit-il, nous parlerons des Hopis après le dîner... »

    Nous aimons quand ces narrations (avec quelque chose de l'ode comme celle de Breton à Fourier et un souffle comme chez Whitman), quand la réalité et le rêve s'interpénètrent pour former la légende. Mais les dons de Jouffroy sont multiples, du poème-proclamation à la biographie transcendée, du poème d'amour tendre à la violence érotique, du poème qui contient le journal, l'essai, où son imagination se déploie dans le voisinage de pensées qui peuvent être proches de Marx ou de Trotsky, au romantisme allemand, de Breton ou des voisins surréalistes si ce n'est de la nouvelle avant-garde. Il y a chez lui un effort salutaire et parfois contradictoire pour unir ses hautes admirations : « Je comprends Breton je comprends Crevel... » et s'ouvrir à l'inconnu, au nouveau. Il cherche le point d'incidence où se rejoindront tous les siens et où il se rejoindra lui-même. Par-delà les convulsions du présent, les remises en question, les accueils et les rejets, il nous restera la trace du vivant et de remarquables poèmes que les prises de position et la forte personnalité de Jouffroy occultent parfois. Mais il aura, selon son vœu, participé à « la trajectoire invisible des idées révolutionnaires », défendu liberté et renouveau. Nous le trouvons plus proche de Péret que de beaucoup d'autres.

Gérard Legrand.

    Gérard Legrand (né en 1927) a rallié le mouvement surréaliste en 1948. Il a collaboré à *Medium, Le Surréalisme même, La Brèche, L'Archibras,* et à *Ellébore* de Jean-Marc Debenedetti et François Julien. De 1958 à 1960, il avait dirigé *Bief,* organe de jonction du mouvement. Parmi ses titres : *Puissances du jazz,* 1953, *Des pierres de mouvance,* 1953, *Marche du lierre,* 1969, *Le Retour du printemps,* 1974. Philippe Audoin écrit : « Gérard Legrand, souvent en retrait, presque sombre, quelquefois d'une volubilité espiègle, poursuit une quête philosophique d'inspiration hégélienne et présocratique qui prolonge l'*expérience intérieure* déjà ancienne qui lui fut l'équivalent d'une révélation dans l'ordre de l'Esprit. » Serge Brindeau dit qu'il « y a en lui de l'homme ordinaire et du Voyant ». Il s'agit d'une poésie dynamique aux longues phrases qui se déploient en charriant cette imagerie magnifique qui est le propre des surréalistes et le lecteur se laisse emporter volontiers dans ce fleuve étincelant. Il nous parle du « soleil beau comme un genou blessé », d'un « semis de violettes qui ne mourront jamais », d'un « orchestre de feuilles », de « stores de mimosa », d'une musique « si douce que personne ne l'écoute plus », d'un « ciel de flamme » :

Mon ciel de flamme mon ciel de flamme
Demain le Sagittaire aux lèvres d'aigremore
Dispersera dans son galop la buanderie de la pensée
Où sèchent les nappes de systèmes illisibles les textes en chicane rendus plus pâles
 par la lessive
Toi qui roules pastèques et pamplemousses dans les plis du dernier drapeau-
 pirate...

Des fleurs et des fruits agrémentent ses images, lui fournissent ses comparaisons : « un soir plus heureux de capucines et de bougainvillées » ou « concours de beauté des oranges ». Dans le fleuve des mots, des îles bienheureuses : « la lame d'or unique / Où chantera le pacte de la terre et du ciel » ou « il n'est plus de remède à la vie que la vie » mais il y a plus que de beaux moments : une sorte de conviction, d'enthousiasme nous enlève et si, auprès de préciosités, de galets moins polis, nous trouvons une poésie authentique, nous nous en réjouissons. Marche, mouvance, retour, une poésie jamais immobile.

Vincent Bounoure.

Comme pour Legrand, Philippe Audoin trace un rapide portrait de Vincent Bounoure (né en 1928) saisi à « La Promenade de Vénus » ce café où Breton réunissait ses amis : « Vincent Bounoure, les traits tendus, l'allure hautaine, semble frémir d'un feu intérieur ; l'émerveillement seul lui paraît tolérable : à cet égard l'art de l'Océanie, mais aussi les papillons et les carabes ont de quoi le combler. » Né à Strasbourg, Bounoure est ingénieur. Il a participé au mouvement surréaliste dès 1955 et, après la diaspora, s'est attaché à l'élaboration de nouvelles formes d'expression décrites dans un *Bulletin de liaison surréaliste*.

Vincent Bounoure, avec Édouard Jaguer, est de ceux qui expliquèrent dans *Gradiva* la dissolution du mouvement surréaliste et, en même temps, l'ouverture sur l'avenir loin du monolithisme de l'important mouvement de pensée qui est pensée en mouvement par des signes successifs. Quelques titres de Bounoure : *Préface à un traité des matrices*, 1956, *Envers l'ombre*, 1963, *La Voix des éléments*, 1975, et aussi *La Peinture américaine*, 1967, et, en collaboration avec Jorge Camacho, *Les Talismans*, 1967, *Les Vitriers*, 1971. Comme chez ses proches, ses poèmes sont visuels, déroulent des images originales, et il apparaît économe et retenu. Pur surréalisme : « Le rite et le parc hagard / L'air sérieux / Conjurent les omnibus » et des phrases surprenantes et belles : « Les douleurs bleues comme des armes » ou « Les bonheurs de la pensée péris en mer » ou « Le fil du vent semeur de poivre » ou encore :

> La solennité grotesque des verdures qui t'embrassent
> Les fureurs liquides jaillies du front sans yeux
> L'éloquence des paysages et le buvard
> Où s'achèvent tes larmes...

On lit encore : « Des mots volés aux vacarmes élémentaires » ou « Tu n'as pas de cris que les oiseaux n'aient jetés ». Et la beauté chère aux surréalistes :

> Comme un bivouac de fourmis dans une cité désolée de sécheresse
> Comme dans un bois la gifle d'une turquoise
> L'aveu d'une beauté, et la déroute.

Jean-Louis Bédouin.

Jean-Louis Bédouin (né en 1929) est plus connu pour ses essais et sa participation au mouvement surréaliste dans sa dernière période que pour ses poèmes. Ainsi, il a publié *André Breton*, 1950, *Les Masques*, 1961, *Benjamin Péret*, 1951, *Vingt ans de surréalisme*, 1961, *Victor Segalen*, 1963, et, en collaboration avec Benjamin Péret et Michel Zimbacca, le film *L'Invention du monde*, 1952, que suivit un album en 1959. Citons encore, en collaboration avec Guy Hallart, *L'Arbre descend du signe*, 1975, au *Bulletin de liaison surréaliste*, et, pour les poèmes, *Libre Espace*, 1967. Nous n'oublions pas son anthologie *La Poésie surréaliste* bien faite mais où certains poètes importants de la nouvelle génération sont absents. Pour lui, « La poésie surréaliste n'est pas d'essence différente de celle de toute poésie authentique. Elle est une et multiple, ainsi que l'attestent la diversité de ses chemins, le registre étendu de ses voix... ». D'autre part, les vicissitudes du surréalisme en France ne l'ont pas trop affecté : en effet, le surréalisme n'est pas localisé dans un café mais se trouve partout au monde et partout où un individu se découvre surréaliste – même si l'on n'emploie plus le mot. Cela posé, critique ou théoricien, Bédouin apporte la preuve par neuf de sa poésie. Ses images vont dans le sens souhaité. Encore une fois, la poésie est visuelle et il est intéressant de noter au passage que les adeptes du mouvement sont plus fascinés par la peinture que par la musique. On donne à voir : « Et dans ma poche la clef prend feu » ou « Une cascade de seins très aigus » ou « De grandes rosaces d'orage magnétique ». Certes « le bagne du consentement universel » est moins séduisant et les images fondées sur le complément de mot trop nombreuses mais c'est un péché courant. Et puis, il faut des parties plus faibles pour mettre en relief « un cri très droit dans l'air très pur » ou « une cascade de jambes très douces ». Une étape sur le chemin de nouvelles métamorphoses.

Dans les parages.

L'ethnologie a toujours passionné les surréalistes. Ainsi le plus jeune des participants aux ultimes réunions parisiennes, Roger Renaud (né en 1947), comme Breton, comme Jouffroy et quelques autres, s'intéressa aux Indiens d'Amérique, à leur civilisation, à leurs rites, à leur martyre. Avec l'aide de Robert Jaulin il a écrit à ce sujet, est membre de l'American Indien Movement et a participé en 1974 au rassemblement de Sanding Rocks au Dakota du Sud comme nous l'a appris Bédouin. Dès sa rencontre de Vincent Bounoure en 1968, il participa au mouvement finissant, collabora à *L'Ar-*

chibras, au *Bulletin de Liaison surréaliste*, à l'ouvrage collectif : *De l'ethnocide*, 1973, et prépara un recueil *Chante-Isthba* suivi de *Le Voile pierre-fendre*, 1975. Nous avons été séduits par l'aspect minéral de cette poésie qui semble née du chaos et déroule des avatars d'éléments mêlés.

De la même génération, François-René Simon (né en 1945) a suivi un chemin semblable à celui de Roger Renaud : rencontre avec André Breton, poèmes dans *L'Archibras*, publication de *Pari mutuel*, 1970, aux Éditions Fata Morgana dont on sait le sérieux. Le poème est souvent narratif et conte des aventures imaginaires où se mêle un humour très particulier dont on cherche la couleur, peut-être celle du whisky-blanc dont il nous parle surtout lorsqu'il emploie le mode de la missive.

Jean Schuster (né en 1929) eut un rôle important et fut au cœur de bien des polémiques : ne lui revint-il pas d'écrire le fameux constat de carence mais aussi de donner la notion d'un surréalisme éternel? On en fit un émule de Saint-Just ou de Diderot comme Philippe Audoin qui parla des audaces de sa pensée, de ses fureurs et de ses emballements : « Sa colère flamboie comme ses cheveux. » Ce proche d'André Breton dirigea la revue *Medium*, participa à la rédaction de la revue *Le Surréalisme même*. Il prit position dans les grandes affaires, la révolution hongroise ou la guerre d'Algérie avec le « Manifeste des 121 ». Après le 13 mai 1958, il avait fondé avec Dionys Mascolo une revue d'opposition, *Le 14 Juillet*. Jean-Claude Silbermann (né en 1935), peintre et poète, est-il, comme le dit Audoin « de ceux que visite capricieusement mais sans y faillir, le papillon phosphorescent de *la grâce* »? Des titres : *Au puits de l'Hermite*, 1959, *Le Ravisseur*, 1964, *Comme les dompteurs ont les yeux clairs*, livre-objet, 1968. On lira : « L'action combinée de l'instant et de l'éternité rend LA MORT absolument inoffensive pour l'homme et les animaux à sang chaud : LA MORT NE TACHE PAS. » Pierre-Yves Lemaître dit dans un poème qu'il ressemble « à un bâton de craie taché de rouge » et cherche l'inattendu cocasse. Alain Joubert collabora au *Surréalisme même* et l'on cite encore dans cet entourage Jean Benoit, José Pierre auteur du *Testament d'Horus*, 1971, Claude Courtot. Et rappelons que nous avons salué Marianne Van Hirtum, Jacqueline Duprey, Annie Le Brun dans le précédent volume auprès de leurs aînés. Claude Tarnaud (né en 1922) a publié notamment *L'Alphabet spationnel ou Les Sept phases érosglyphiques*, 1952, *The Whiteclad Gambler ou Les Écrits et gestes de H. de Salignac*, 1952, *La Forme réfléchie*, 1954, *La Rose et le cétoine*, 1959, *L'Aventure de la Marie-Jeanne ou Le Journal indien*, 1968, etc. Il fonda avec Yves Bonnefoy dans l'après-guerre *La Révolution La Nuit*. Jean Rousselot écrit : « La minutie de ses descriptions et le climat fanatique où elles baignent font penser à la fois à Ponge et à Michaux. »

Robert Benayoun (né en 1926) s'il s'occupera surtout de cinéma n'oubliera jamais ses années surréalistes. Sans doute a-t-il rêvé, comme Ado Kyrou et Georges Goldfayn d'un « âge d'or » où seraient célébrées les noces du septième art et du surréalisme. On l'a vu avec sa revue *L'Age du cinéma*. Il a collaboré entre autres à *Medium* et dirigé une collection, *Le Lycanthrope*. Il a publié une *Anthologie du non-sens*, 1957, des ouvrages comme *La Science met bas*, 1959, sans oublier des livres sur le cinéma et non plus *Bouillon d'onze heures*, 1952, avec Benjamin Péret. Il n'a pas oublié d'être poète pour nous dire que « les lavandières se parfumeront à la lavande » et de rêver d'un monde où « une abeille aura le fou rire » et ce rire à la Jerry Lewis est bien le sien.

Quant à Fernando Arrabal (né en 1932), ses films comme ses œuvres théâtrales portent l'empreinte du mouvement. Et aussi des proses fort significatives. Jean-Jacques Lebel (né en 1936) organisa avec Tristan Sauvage l'exposition surréaliste de Milan. Surréaliste depuis 1953, il eut une part active en fondant notamment *Front unique*, journal mural, organisant diverses manifestations comme *Anti-procès* avec Alain Jouffroy, introduisant en France les happenings seul ou avec le Living Theatre, menant la ronde d'un mois de Mai fort chaud. On avait alors déjà lu de lui *Choses*, 1953, *Devenir*, 1959, *Tancrède par lui-même*, 1960, avec des poèmes passionnés et pleins de sensualité.

Jacques Abeille (né en 1942) peut apparaître comme une sorte de postscriptum au surréalisme. On a pu le lire dans le *Bulletin de liaison surréaliste, Surréalisme, Toril, Le Mélog, Jungle*. Il a animé les éditions *Même et Autre* à Bordeaux, puis sous le même titre une collection au Castor Astral. Il est l'auteur de *Le Corps perdu*, 1977, *Un carnet d'excursion*, 1979, *Sous réserve d'inventaire*, 1980, *Le Plus Commun des mortels*, 1980, etc. Ce surréalisme est tardif et non point attardé car il s'inscrit dans une nouvelle modernité. Il s'agit de proses « plus ou moins brisées » selon l'expression de l'auteur. Il ajoute volontiers le dessin à une écriture poétique. « Devenir légende », dit le poème qui apparaît silencieux, sans inutile discours, pour mieux montrer un paysage rêvé ou quelque Nadja, petite-fille de celle que nous connûmes.

Pierre Dhainaut.

De tous les poètes qui se sont manifestés au temps de la génération surréaliste dont nous venons de parler, Pierre Dhainaut (né en 1935) est celui qui apporte le plus de présence, et de manière durable, dans les domaines de la poésie et de sa critique, dans celui des revues. Ses premières rencontres sont avec André Breton, puis Jehan Mayoux. Il publie dans les revues surréalistes : *Bief, Phases, La Brèche, Edda*. Pour lui les revues sont importantes. On le trouvera dans *Sud, Verticales 12, Le Nouveau Commerce, Gradiva, Multiples, Marginales, Haut Pays, Le Journal des Poètes, L'Herne, Vrac, Exit, Jungle, Bunker, Le Bout des bordes, Les Galées, Gambrinus, Qui vive, Révolution intérieure, Sous aucun prétexte*, etc. (une occasion pour nous de les nommer) et ses livres seront nombreux. A défaut de les citer tous, nous indiquons un remarquable essai, *Pierre Dhainaut*, par Jean Attali dans la collection « Visage de ce temps ». Le moteur création tourne très vite chez Dhainaut, ce qui n'empêche le soin extrême qu'il apporte à chaque œuvre, l'intelligence de sa critique, la ferveur surtout, celle qu'on retrouve lorsqu'il consacre des essais à ses amis *Jean Malrieu*, 1972, ou *Bernard Noël*, 1977. Citons donc quelques recueils : *Mon sommeil est un verger d'embruns*, 1961, *Blasons*, 1969, *Le Poème commencé*, 1969, *Bulletin d'enneigement*, 1974, *Le Recommencement*, 1975, *Jour contre jour*, 1975, *Coupes claires*, 1979, *Au plus bas mot*, 1980, *Le Retour et le chant*, 1981, *Meije et autres poèmes*, 1983, *Chemins de neige*, 1984, *L'Age du temps*, 1984, *Dans les terres inconnues et quotidiennes*, 1986, *Pages d'écoute*, 1986, *Fragments d'espace et de matin*, 1988, et bien d'autres titres. L'*Arbre à paroles* lui a consacré un numéro. Citons encore un essai sur *Hauteville-House : la demeure océane de Victor Hugo*, 1980, et nombre d'études sur les poètes contemporains.

Si chaque livre n'est pas un simple recueil mais un tout bien organisé (chacun demanderait son commentaire propre), il y a certains caractères permanents : on s'aperçoit de l'attention au fait quotidien révélateur, à une intimité dont on garde le secret pour en extraire le contenu poétique essentiel ; attention extrême à l'autre, à l'inconnu à qui le poème s'adresse. L'aphorisme est enchâssé dans le poème. On se méfie du discours comme un peintre du léché : « Laisse inachevé le poème / il nous prolonge. » Il faut serrer les écrous du poème sans jamais le contraindre, protéger les marges du silence, éviter l'abstrait, donner à voir : « Quête d'une écriture, écrit Marc Alyn, qui ne serait plus distincte du regard et de la pensée. » Sous l'angoisse, la fête : « Une fête, cette voix ardente », dit Jacques Izoard. Beautés mais non point convulsives ou majestueuses et froides, beauté simple de l'amour, fut-il fou, du corps décrit, de la pensée qui étreint et embrase. Une retenue, une recherche patiente de la respiration du poème : il faut s'accorder aux mots et au monde, les apprivoiser, recul ému. Correspondances des corps : « La main aimée, le ciel s'y reflète... / En les effleurant, la main se recueille / à l'intérieur des pierres » ou « Que reste-t-il d'obscur / quand le visage a tout donné ? » et cela sensible comme Eluard : « Je ne t'ai pas nommée : il neige. » On parle de beaucoup de sensibilité, de patience, de confiance : « Faut-il une certitude ? / au réveil je fais confiance. » Parfois une observation : « Ce que nous ignorons nous accroît. » Un poème :

> Une aube, un soir encore, pour admettre
> que le vent relève aussitôt l'herbe
> après notre passage.
>
> Désormais tu parleras comme on se tait
> sans le souci des preuves,
> l'hirondelle est de retour.
>
> Dans la montée sous nos mélèzes
> tu n'emportes que l'air.
>
> Contente-toi des mains qui renaissent,
> c'est le temps, la saveur du pain
> que nous partageons.

« J'ai écrit, dit Pierre Dhainaut, deux sortes de poèmes. Les uns, jusqu'à la suffocation, casseraient s'ils le pouvaient tout rapport avec la terre, avec la langue ; les autres, à l'inverse, me procurent une langue, une terre. J'y respire à l'aise. » Une angoisse dominée, une acceptation, l'attente des embellies du langage, de l'harmonie, et aussi, comme l'écrit Claude Imbert,

« une poésie jamais installée, qui oscille entre lien et libération, tend au silence et voudrait être pourtant " parole commune ". Une poésie dense, ardente, ambitieuse dans sa volonté d'incarnation ». Avec Dhainaut, les mots nous paraissent plus purs et plus lumineux, les paysages de la nature et de la vie faisant un beau mariage avec le chant profond.

Élie-Charles Flamand.

Sans doute ses rencontres avec André Breton, Jean-Louis Bédouin, Édouard Jaguer et quelques autres, dans les années 50, furent-elles importantes pour Élie-Charles Flamand (né en 1928) mais moins déterminantes que celles, par leur intermédiaire, de René Alleau, Eugène Canseliet, Claude d'Ygé, l'auteur d'une *Anthologie de la poésie hermétique*, Robert Amadou et quelques autres initiés à l'Art d'Hermès, ce qui lui vaudra de s'éloigner du surréalisme, d'être exclu du groupe tout en y gardant des relations. Ainsi, il sera un des rares poètes hermétiques français. Précisons qu'il ne s'agit pas d'hermétisme au sens commun, celui d'obscur ou de mystérieux, et non plus comme on l'entend quand il s'agit de Mallarmé, mais bien de l'Hermétisme comme branche principale de l'arbre de la Connaissance. C'est chez Flamand une recherche personnelle qui le conduit à une distanciation mais sans rien lui retirer de sa sensibilité et des sujets d'inspiration de toute poésie : simplement, nous pouvons assister à la métamorphose du surréalisme des débuts en spiritualité, en sacralisation. Le poète est de son temps et il en épouse les rythmes tout en refusant les éclatements de la phrase. Au contraire, il choisit un ordre rhétorique comme au temps des poètes provençaux du Moyen Âge ou des maîtres de la Renaissance. Cela donne une hauteur mais la préciosité, ce baroquisme proche d'Edmond Humeau (qui d'ailleurs l'a préfacé) apporte de la chaleur et de l'éclat par ces pierres, ces gemmes qui scintillent dans sa quête. André Pieyre de Mandiargues a comparé ses poèmes à ces « gravures qui illustrent les merveilleux traités des anciens alchimistes et qui déploient une fantasmagorie surréaliste avant la lettre ». C'est un poète non pas obscur mais qui demande une vive attention de lecture et dont le message risque d'échapper en partie à tout lecteur qui n'aurait pas quelque connaissance (à défaut de la Connaissance) d'un univers qui est celui de René Guénon, pour citer le plus proche. Des titres : *A un oiseau de houille perché sur la plus haute branche du feu*, 1957, *Amphisbène*, 1966, *La Lune feuillée*, 1968, *La Voie des mots*, 1974, *Vrai centre*, 1977, *Jouvence d'un soleil terminal*, 1979, *Attiser la rose cruciale*, 1982, etc., sans oublier les essais *Érotique de l'alchimie*, 1970, *La Tour Saint-Jacques*, 1973, *Nicolas Flamel*, 1973, *Les Pierres magiques*, 1981, entre autres. A signaler l'étude que lui a consacrée Alain Mercier : *Élie-Charles Flamand*, 1987.

Marie-Françoise Prager.

Le surréalisme, dirait-on, mais plus encore l'onirisme, fondent des œuvres de Marie-Françoise Prager (née en 1925) comme *Narcose*, 1966, *Rien ne se perd,* 1970, *Quelqu'un parle,* 1983, que nous connaissons grâce à Serge Brindeau et à Guy Chambelland, son éditeur et exégète qui la définit ainsi : « Un courant de subsconscience qui charrie comme un émerveillement noir de vivre... » Il y a dans cette poésie tout ce que la personne humaine peut porter d'étrangeté dès qu'elle est au plus près de l'être intérieur. Le lecteur perçoit des ondes d'inquiétude, d'angoisse, l'apparition d'un « rythme caché » et d'une « respiration du bonheur » car le noir n'est pas noirceur. Ainsi, sous le signe d'une intelligence aiguë et sensitive, des contraires se côtoient, se rejoignent pour exprimer la multiplicité. Chaque texte nous retient, nous oblige à des retours en arrière pour capter le message, les espaces de pensée, et l'on peut trouver, comme l'écrit Jean-Louis Houdebine, « un autre texte, à la fois *doublant* le premier et s'accrochant à lui de toutes parts, lui empruntant ses thèmes, ses images, et qui est proprement la *poésie* ». Chaque ligne est chargée de signes, et si René Lacôte a parlé d'une « mathématique de la sensibilité », nous préférons dire qu'il s'agit d'une intelligence du sensible poussée à l'extrême. Que la lumière soit blanche ou noire, elle est toujours lumière qui nous guide à travers méandres et labyrinthes. Le propos est naturel. Un rêve éveillé, un conte du demi-sommeil, un journal du très intime, voilà ce que l'on trouve avec quelque chose de troublant, à la fois viscéral et aérien, texte de rêve et rêve du texte, et des échos, des rumeurs, une musique venue de loin et cependant proche. L'intérêt vient de ce que le texte est présent, comme s'il se créait devant nous, tout neuf et non extrait de lointains souvenirs. « Marie-Françoise Prager, écrit Alain Bosquet, prend possession d'un monde grave, inquiétant, où tout ce qui est évident semble fuir, alors que, dans un mouvement contraire, tout ce qui s'échappe est capté par les mots... » Le concret ici est l'indicible et le dicible l'abstrait. On peut parler d'un art des profondeurs, avec l'intelligibilité d'un « arrêt pour mettre en mouvement le cortège des mots », selon l'expression même du poète.

Jean-Christophe Bailly.

Auteur d'un *Jean-Pierre Duprey,* collaborateur de revues comme *CEE,* critique, essayiste, poète, Jean-Christophe Bailly (né en 1949) a publié notamment *L'Astrolabe dans la passe des Français,* 1973, *La Gamme des sursauts,* 1973, *Défaire le vide,* 1975, et aussi un *Max Ernst* avec H.A. Baatsch et Alain Jouffroy, 1976, *La Légende dispersée,* anthologie du romantisme allemand, 1977. Nous avons lu des poèmes aux somptuosités picturales comme lorsque « le peintre traversait la nuit en plein jour », équivalences verbales d'Yves Tanguy saisissant « les armes gelées de la patience » dans une animation baroque de l'immobilité apparente d'une œuvre dont affleurent brusquement les secrets :

> Et sur cette route qui fuit entre les arbres
> Les panneaux indicateurs sont des index
>
> Des flèches qui te prennent pour cible
> Et qui te manquent de peu

Le poème mobile agit comme une énergie qui permet le voyage vers un au-delà des choses, un véhicule d'intelligence vive qui écarte les obstacles terrestres, qui libère les sens enfin aptes à proposer leurs messages. Le poème est libre et clair, bientôt évident :

Un mouvement qui prend l'intérieur de la vue par-derrière
qui fait battre toutes les portes à l'intérieur de l'esprit
qui défait le patient travail des milliers de serruriers mentaux
et qui frappe à coups appuyés sur le cœur

Ou bien, comme dans *La Gramme des sursauts,* le poème en prose apparaît telle une masse scintillante en une longue phrase qui nous engloutit, nous entraîne dans son vertige, dans sa vitesse, son « accélération de la pensée » qui est là non pour fuir ou pour gommer mais pour aller plus loin que le « parcours maudit », dépasser les poncifs de la mémoire, inventer le nouveau film, fût-il insensé – et cela dans une musculature du verbe qui nous enlève, nous transporte, nous émerveille.

Présences.

Après les premières générations surréalistes *(voir préc. vol.)* il y eut une importante et singulière suite au mouvement. Dans d'autres chapitres, nous parlons de certains poètes qui sont passés par ces lieux : Yves Bonnefoy, Yvonne Caroutch, Jean-Paul Guibbert, Jean Malrieu, Gaston Puel, et qui suivirent divers itinéraires. Signalons encore des noms et des titres. Pour Hervé Delabarre (né en 1938), *Les Métamorphoses du Bill,* 1960, *Les Dits du Sire de Baradel,* 1968, *Métronome du désir l'éclair,* 1970. Pour Yves Elléouët (né en 1932), *La Proue de la table,* journal, 1967. Pour Roland Giguère (né en 1929), *Faire naître,* 1949, *Les Nuits abat-jour,* 1950, *Yeux fixes,* 1951, *Les Armes blanches,* 1954, *Adorable femme des neiges,* 1959, *L'Age de la parole,* 1965, etc. Pour Radoyan Ivsic (né en 1921), *Mavena,* 1960, *Airia,* 1960, *Le Puits dans la tour,* 1967, *Le Roi Gordogane,* 1968, etc. Pour Édouard Jaguer (né en 1924), *La Poutre creuse,* 1950, *La Nuit est faite pour ouvrir les portes,* 1957, *Le Mur derrière le mur,* 1959, *La Prévôté en exil,* 1968, etc. Pour Jacques Lacomblez (né en 1934), *L'Aquamanile du vent,* 1962, *Un pays pour la haine des mots,* 1963, *Six personnages sortilèges,* 1964, *Tous les oiseaux du sommeil,* 1966, etc. Pour Jacques Meuris (né en 1923), *Le Diable est toujours dans le bénitier, Les Paysages immobiles, Les Noces illusoires,* etc. Pour Roger Méyère (né en 1931), *Le Pneumatozoïde,* 1963, *Yeux à langue Cœur à main,* 1966, *Erotomancie,* 1967, *En terre mentale,* 1968, etc. Pour Ohcamac (né en 1959), *L'Arbre acide,* 1968. Pour Henri Pastoureau (né en 1912), *Le Corps trop grand pour un cercueil,* 1936, *Cri de la méduse,* 1937, *La Rose n'est pas une rose,* 1938, *La Blessure de l'homme,* 1946, *Entre vos lèvres pures,* 1964, etc. Pour Jean Thiercelin (né en 1927), *Sept lettres pour ses amis,* 1967. Ces poètes et beaucoup d'autres figurent dans l'ouvrage d'Alain-Valéry Aelberts et Jean-Jacques Auquier, *Poètes singuliers du surréalisme et autres lieux,* 1971. Nous mentionnons encore des titres de Jehan Mayoux qui figure au sommaire de bien des revues surréalistes, a peu publié mais a mené une importante action si éloigné qu'il soit de Paris sous le signe de *Peralta* à Ussel : *Trainoir*, 1935, *Maïs*, 1937, *Le Fil de la nuit*, 1938, *Ma tête à couper*, 1939, *Au crible de la nuit*, 1948, *A perte de vue*, 1958... Mayoux a eu une importante activité syndicale et le courage de ses résistances.

2

Manifestes

En Mai 1968, les murs prenant la parole, allions-nous assister à travers des slogans ingénieux à une renaissance du mouvement surréaliste ? Non, à part des tentatives isolées, du côté du *Mélog*, par exemple, le surréalisme en tant que groupe paraît en sommeil. Un événement cependant qui rappelle les *Champs magnétiques* d'une autre génération : *Le Manifeste électrique aux paupières de jupes*, 1971 (que suivrait *Parvis à l'écho des cils*, 1972). Deux poètes sont les meneurs de jeu, tous les deux nés en 1949, Michel Bulteau et Matthieu Messagier, avec auprès d'eux des poètes comme Zéno Bianu, Jacques Ferry, Thierry Lamarre, Gilles Mézières, Gyl Bert-Ram-Soutrenom, Jean-Pierre Cretin, Jean-Jacques Faussot, Patrick Geoffrois, Benoît Holliger, Bertrand Lorquin, Jean-Claude Machek, Jean-Jacques N'Guyen That, Alain Prique, Mick Tréan. Chaque auteur a écrit un texte, d'autres sont écrits à plusieurs, les voix de Bulteau et de Messagier revenant souvent. Leur aîné Alain Jouffroy fut le propagateur du manifeste par un article de plusieurs pages des *Lettres françaises* repris dans *L'Incurable Retard des mots*, 1972, et complété dans *La Séance est ouverte*, 1974. On put s'apercevoir que cette poésie était originale, différente des productions surréalistes. On trouvait appliquée la multiplication des vitesses recensées par André Breton, l'entrecroisement des courants mentaux leur correspondant, intersections, brouillages, télescopages, élisions, coupures, contractions, techniques du cut-up, expérimentation de la matière verbale. Ces convulsions font courir aux auteurs, comme le précise Alain Jouffroy, « consciemment le risque de l'illisibilité complète, et s'en moquant, puisque l'expérience de l'écriture doit modifier celle de la lecture, et que la transformation du langage ne peut que favoriser la transformation du mental, où se décide et se corrige sans cesse la transformation du monde ». On ne saurait reprocher à la poésie toute tentative d'ouverture vers un autre état du monde. Le retard des mots est moins incurable que celui de la perception. Il pourrait n'en demeurer qu'une aventure de la poésie à une période donnée, mais on verra surgir bien des mouvements proches, poésie beat américaine, contre-culture contestataire, techniques électroniques, structuralisme, toutes sortes de chocs, de mariages contre-nature. Et bientôt le

« manifeste froid » dont nous parlerons, tout cela peu accessible au lecteur traditionnel de la poésie, mais on verra que, par-delà les mouvements de révolution de la langue, des remises en question individuelles peuvent provoquer de singuliers paradoxes. Et l'on débouchera sur l'inattendu, sur ce qui paraissait à l'opposé des théories mais sans doute les choses ne seront pas ce qu'on pouvait prévoir qu'elles seraient. Aux postes avancés de la poésie, nous tentons de faire le portrait de quelques créateurs.

Michel Bulteau.

Curieux chemin que celui de Bulteau comme l'a écrit Jean-Louis Roux dans une préface à *Anthologie 80*, 1981, publiée par *Le Castor Astral*, un ouvrage dont la consultation est indispensable à qui veut connaître des aventures du langage et des œuvres nées de ces aventures, Roux écrivait donc : « Michel Bulteau va encore plus loin en faisant du surréalisme à " rebrousse-poil ", partant de l'écriture automatique pour en arriver finalement à la redécouverte de la rime et se déclarer " dernier poète classique " ! » En plus de récits, de nouvelles, d'essais comme *Le Discours de la beauté et du cœur*, 1981, où l'on peut lire : « J'ai démasqué la fausse révolte d'une génération ! » il a fait paraître un ouvrage collectif consacré à Paul-Jean Toulet en 1985. Nous citons ici les titres de ses livres de poèmes et le contraste est saisissant : *7, Retomba des nuits*, 1970, *Poème A (Effraction-Laque)*, 1972, *Les Cristaux de folie* suivi de *Watcris88mots*, 1973, *Sang de satin*, 1973, *Ether-Mouth, Slit, Hypodermique*, 1974, *L'Angle-Lit*, 1974, *Eurydice d'esprit*, 1974, *Des siècles de folie dans les calèches étroites*, 1976, *Le Maître des abysses*, 1977, *Enfant dandy poème*, 1980, *L'Aiguille de diamant de l'anéantissement*, 1980, *Iles serrées*, 1980, *Khôl*, 1984. A signaler : *Présence de Michel Bulteau*, présentation de Michel Butor, 1985. Bulteau dirige la classique *Nouvelle Revue de Paris*.

L'œuvre de Bulteau sera située à l'avant-garde mais il se dit lui-même « poète classique ». De ses livres difficiles à ceux d'une simplicité extrême, on trouve des constantes : un certain dandysme, une préciosité aristocratique et cela qui aurait plu aux anciens surréalistes : le rêve, la féerie, l'éblouissement, les ombres et les enchantements, les légendes de la cruauté et de la prière comme il est dit au seuil de « l'aiguille de diamant ». Un exemple :

> Moi Satan de diamants
> Mes yeux et vous ne voyez pas
> Mon sang sur vos dentelles
> Je suis la Fée au Miroir
> Ou la Princesse Offerte...

On lira dans *Sang de satin* :

> Je suis l'Aristocrate des veines
> Du sang de Palais
> De l'Os du Soleil
> Avec mes yeux brodés d'exil

> Avec mon temps d'agonies de morsures
> Avec mes poignets de baguettes magiques
> Détresse – diamants
> Chaos des vertèbres d'aquarium

Michel Bulteau serait-il né trop tard dans un siècle trop vieux ? S'il semble ne pas avoir contracté de dette, on le situe volontiers comme un surréaliste romantique à la recherche d'un langage, en esthète et en trouveur. Il y a un lyrisme quasi rimbaldien dans son « Discours », manifeste ou art poétique. Il a voulu mettre les choses au point :

> Le poète n'est jamais en porte à faux avec l'Univers. C'est le déchiffreur du cycle des morts et des renaissances.
> C'est un initié qui ouvre devant la foule un monde splendide et indispensable.
> Les derniers initiés sont ignorés en ce règne du papier journal. Il nous faut l'airain et la pierre !
> Le poète a dompté les étoiles, est sorti des tombeaux, a déjoué les complots de cet âge...

Ce lyrisme illuminé et nostalgique surprend. Le poète électrique ne serait-il pas un nostalgique de l'éclairage au flambeau ? Dans un petit livre rose, il se livre à des fêtes galantes. Ses Pierrots, ses Colombines, ses masques, ses jeunes aristocrates sont là pour retrouver les décors du passé, susciter l'élégance des phrases. Un des derniers romantiques ? Sans doute, avec quelque chose d'adolescent et de naïf comme si, dans l'âge mûr, il avait voulu inverser le temps. Il nous dit vouloir pourfendre les tenants de l'art ancien en s'engageant « sous les gigantesques étendards de la Beauté et du Cœur ». Il y a quelque chose de peu saisissable (mais sans doute le veut-il ainsi) dans cette démarche dont on retient surtout l'art du poème. Oui, curieux « aristocrate des veines » qui unit ses contradictions en vivant les mots du poème, en les jetant comme des défis et refusant de céder à une idée toute faite de lui-même.

Matthieu Messagier.

Si les poètes du groupe électrique publièrent chez divers éditeurs, ils créèrent aussi leur propre firme : *Electric Press*, et c'est là que Matthieu Messagier publia ses premières plaquettes. Nous citons : *Jésus-Christ ou la salle des rouages*, 1970, *Je récitatif du sang*, 1970, *Texte*, puis ce seront en divers lieux : *Neumes du souffle*, 1971, *Géologie historique*, 1972, *Nord d'été naître opaque*, 1972, *Mort, l'Aine*, 1972, *Éternités blessées de gestes*, 1972, *Sanctifié*, 1974, *Le Dit des gravités en sanctifié*, 1974, *Les Laines penchées*, 1975, *Poèmes 1967-1971*, 1967, *Œuvres 1954-1969*, 1978, *Vic et Eance*, roman, 1978. S'ajoute, bien sûr, sa contribution aux deux manifestes dont nous avons parlé. Fort doué, fidèle à lui-même, Messagier semble poursuivre un chemin décidé dès ses premières œuvres. Pas de discours, pas de délié de la phrase, pas de superflu, on élimine l'inutile, on ne cherche pas le charme, et reste l'essentiel offert en tableaux abrupts, en des suites économes qu'animent parfois les jeux de la typographie. Le poète cherche à disposer le relief, à faire ressentir l'épaisseur plastique et physique des mots, à les incarner dans un univers opaque, par une sorte d'accumulation, avec cette impression que l'auteur tente cette gageure : « en arriver au calme / avec des bruits organisés ». Il s'agit d'une architecture de mots où l'on ne s'arrête jamais à développer une image, une idée, où l'on laisse tous ces soins au lecteur, où l'on imagine une géométrie évolutive en nous offrant des plans vertigineux. Les mots échappent au sens commun ou le dépassent comme appelés à une fonction nouvelle. Mais on ne perce pas tous les secrets car c'est une poésie qui résiste. Lisons :

> Épelées entrouvailles
> Formes éconduites, essence
> « Apparté »
> Plus le mot s'éloigne
> Plus la phrase dévore
> Et plus le lien s'émeut,
> Plus l'écriture détruit
> Et plus je me sens vôtre.

C'est peut-être dans le langage, dans sa création sous nos yeux, une réflexion sur le langage et le destin.

Au-delà de l'individuel.

Si le groupe électrique, en ce début des années 70 fut animé par Bulteau et Messagier, les poètes signataires du manifeste ne furent pas en reste. L'avenir appréciera diversement cette poésie peu directement abordable, mais originale et dont on ne saurait nier la cohésion : les œuvres sont proches les unes des autres, les sources aussi. Il y eut à *Electric-Press* une activité intense, parallèlement à des expériences dont nous parlerons, et sans doute l'influence fut-elle plus grande qu'on ne l'imagine. En cette période mouvementée d'après Mai 1968, l'idée même du poète fut donc remise en question, il y eut démystification et plongée en soi vers l'intériorité physique de la création. Quelques noms, quelques titres. De Jacques Ferry (né en 1949), *L'Artère digitée d'aurore, Les Berceaux d'encre bleue, Le Château des annales humides*. On lit : « J'ouvris le sang de mon écriture d'enfant infecté de catachrèses... » Dans *Veine – Morsure Crissa*, Mine (né en 1951) ouvre des «serrures d'effroi» sur un «royaume crispé» où se joue, comme chez la plupart de ces poètes, une musique de nerfs, de veines, les corps douloureux offrant ses paysages de damnation. Poésie physique encore, pleine de violence, d'épouvante, de spectres, de griffes chez Adeline (né en 1950) qui a publié aussi à *Electric-Press*, *Le Degré violet des paralysies* ou *Hiérophanie* avec «le spectre des fascinations purulentes». Poésie viscérale encore que celle de Jean-Pierre Cretin (né en 1950) dans des titres comme *Sang / Les Aubes salissantes*, 1972, ou *Adolescent du jardin des paumes*, et encore *Doigts s'érectile de limon lune*. Chez Patrick Geoffrois (né en 1948), «l'hallucination est recouverte d'un voile gris sang des rêves blessés » et le ton est proche chez Mick Tréan (né en 1950) avec ses *Caryatides d'innocence* ou chez Jean-Jacques Faussot (né en 1953) avec *Porcelaine cow-boy* ou *Les Épaules lacrymales*. Thierry Lamarre (né en 1949) se rapproche des poèmes de la beat generation avec *Kerouac-Mantra*, 1972, qui nous rappelle Claude Pélieu-Washburn dont nous parlerons, trait d'union entre deux continents. Car il est fréquent dans ces poèmes de voir se marier souvent fort curieusement les deux langues. Il faut lire l'anthologie de Bernard Delvaille, *La Nouvelle Poésie française* pour se faire une idée des apports de cette génération qu'on peut situer par rapport aux révolutions qui se sont succédé depuis le début du siècle mais qui ne ressemble à rien d'autre connu jusque-là. On ne sait quel est l'avenir de cette poésie, mais c'est un moment marquant de son histoire qu'on ne saurait gommer.

Poésie froide.

Quatre poètes, Jean-Christophe Bailly, Yves Buin, Serge Sautreau, André Velter publieront *Éloge de l'indifférence* dans *De la déception pure, Manifeste froid*, 1973, que Jean-Louis Roux a défini ainsi : « Leur but est la destruction des discours typés, la déstabilisation de la langue pour lui faire perdre irrémédiablement sa fonctionnalité, son aspect normatif ; littérature en état d'apesanteur. Avec eux, le lecteur entre soudain dans la poésie en court-circuit. A travers cette tentation/tentative suicidaire, les poètes de la Génération Froide en arrivent finalement à ce qu'ils intitulent " l'indifférence " : refus de lever les yeux du texte, de théoriser, de rendre lisible le texte. Faute de quoi le texte redeviendrait fonctionnel, discoureur, et tout serait à recommencer ! » Et Roux ajoute : « Aujourd'hui, les choses ont un peu changé. Les amis d'Yves Buin se tournent vers ce que ce dernier a intitulé " Le blues d'ici ". Moins spectaculaire, l'expérience continue sous d'autres formes... » Ainsi est née une manière courageuse d'envisager l'écriture, l'intérêt venant non seulement de la tentative elle-même mais aussi de la valeur personnelle, de la puissance de critique et de création de ces nouveaux poètes. Tout est contesté et le combat contre toutes formes oppressives se poursuit dans le refus mais aussi par le recours à un imaginaire dégagé des lieux communs du poème même. La collection Froide accueillera non seulement ces poètes mais aussi, un peu plus tard, Alain Jouffroy, Pierre Dhainaut, Michel Bulteau ou Jean-Jacques Faussot.

Serge Sautreau (né en 1943) et André Velter (né en 1945) ont publié ensemble des ouvrages comme *Aïsha*, 1966, « un des rares événements de la poésie écrite en langue française depuis 1945 », selon Alain Jouffroy, puis *Du prisme noir au livre tourné court*, 1971 ; *Puissance théorique, théorie de l'impuissance*, 1973 ; *Conte rouge pour Paloma*, 1975. On insiste sur la grande beauté de ces poèmes écrits en commun. Il faudrait plus de place pour parcourir :

> Ce long voyage et si court et si court cependant
> A travers chaque verbe des mois
> A travers tous les modes de l'amour
> Qui nous tendait ses paysages depuis les jardins suspendus
> Au cœur de l'ironie

> Aux aiguilles des sarcasmes
> Jardins à notre éveil où s'immergeaient nos âges...

« Ce long voyage par sublimation biochimique », cette « chute libre », ce « Voyage / A nidifier le vent en ses bétons armés / A trancher les baisers entre l'ivoire des seins cambrés dans la défaite et leurs langues d'acier... », cette quête de nudité offre de grands moments de création poétique comme dans telle ode où « Il faut en finir avec l'ordre des chrysanthèmes », où on stigmatise « Le vocabulaire qui vacille sur ses jambes d'hypocrisie » qui nous conduit aux abords proches des grands moments surréalistes tout en étant autre chose.

Collaboration exemplaire, dirions-nous, sans oublier que, comme l'indique Sautreau dans *Abalochas*, 1981 : « Il est dans l'essence de l'exemplaire de n'être pas exemple, mais fait accompli. » De Sautreau seul, citons encore *L'Autre Page*, 1973, *Le Rire anonyme du bègue*, 1973, *Paris, le 4 novembre*, 1974, *Hors*, 1976, *Les Rituels du naufrage*, 1977, *Le Gai Désastre*, 1980, *Alors*, etc. La poésie de Sautreau s'est sans cesse affinée, intériorisée. Le regard du poète s'est aiguisé jusqu'à distinguer des étrangetés, des discontinuités, pour une énumération qui, au contraire d'en montrer les absurdités, trouve d'évidentes relations, des passages. S'intéressant à la peinture, au dessin, Sautreau est aussi un voyageur. Il a parcouru l'Inde, l'Afghanistan. Il a collaboré à des revues comme *Fin de siècle, Jungle, Les Temps modernes, Change,* etc.

Selon Hubert Juin, André Velter est « un poète qui aime les outils et qui s'en est fait l'exégète et l'historien ». Après les quatre livres avec Sautreau, il a publié seul : *L'Irrémédiable*, 1973, avec des phrases de Bernard Noël en préface, *Squelette-braise*, 1974, *Blanc de scalp*, 1974, *Les Contemplations*, 1975, *La Poupée du vent*, 1976, *La Chute d'Icare*, avec Bernard Noël, 1976, *Les Outils du corps*, 1979, *Les Bazars de Kaboul*, 1979 (Velter se partage entre Paris, l'Afghanistan, l'Himalaya, il a fondé *La Nouvelle Revue tibétaine*), *Ce qui murmure de loin,* etc. Cette poésie se livre aux puissances de l'imaginaire prenant ses sources dans les forces cosmiques universelles en de grandes floraisons de la parole souvent assimilée au monde végétal, mais on ne vit pas pour autant loin du réel, lui-même présent au cœur de la création, avec ses appels à la liberté. Il ne s'agit nullement de magnifier la vie de manière arbitraire et le poète ne se prive pas des armes du combat contre ce qui nous est ordonné, dicté. Juin parle d'une revendication de soi, d'une manière de défroquer les mots d'ordre. Il écrit : « André Velter évoque un dessein du manque qui trouverait son gîte dans les mots. Son discours est à la semblance du vent : rugueux. » Et Juin parle encore d'une « saisie boudeuse et rêveuse de l'Être » en citant :

> le poète fait grand cas de sa langue
> et la mange
> il soude l'œil aux caresses
> livre enfin
> de sa fièvre renaissante libre
> de graviter avec
> l'épouvantail du vent

C'est une poésie de regard, de visions, d'errances « où l'écoute voit /
Où la vue entend » et sans doute le monde oriental lui apporte-t-il un
souffle sans cesse plus vaste :

Le premier accord est une déchirure d'espace
D'un geste nous voilà si loin de ce temps
Avec l'immensité des steppes des plaines des déserts ouvrant sur une mer immense
Ô mémoire, enfance pleine de mirages
L'aridité scintille

C'est du crépuscule à l'inconnu un cortège de présences et de souffles
Où toute chose prend un écho divin
C'est l'heure de l'univers comme harmonie de mystères...

Dans un précédent chapitre, nous avons envisagé Jean-Christophe Bailly et nous en venons à Yves Buin (né en 1938). Dans le *Manifeste froid*, il a donné *Fou-l'art-noir* ainsi fondé : « Fou-L'Art-Noir tient sa source dans le foulard noir d'un rêve d'André Breton ou bien désigne celui d'Isadora Duncan qui l'entraîna dans la vallée des étrangleurs... » et des œuvres suivront, d'un souffle vif et d'une absolue puissance verbale comme il est rare d'en rencontrer. Ainsi sous diverses formes : *Les Alephs*, 1965, *Les Environs de minuit*, 1966, *Histoire de Smagg*, 1968, *La Nuit verticale*, 1970, *110e rue à l'est*, 1972, *Essai d'herméneutique sexuelle*, 1974, *Triperie-Papeterie Oswald*, 1975, *Epistrophy*, 1976, *Ce qui fut*, 1979, *Maël*, 1980, *L'Asmara*, 1980, etc. De nombreuses revues accueillent ses textes : *Change, Fin de siècle, Exit, Rue Rêve, Zone, Action poétique, Jungle*... Cette poésie semble à lire à voix haute, Buin étant à la recherche d'une sensibilité nouvelle de son « blues d'ici » en des régions où le surréalisme se marie avec le rock, où le je ici présent tente de se rattraper en un monde vertigineux, où le choc des mots entraîne images et musique, où l'on brise les lois sages et géométriques du poème pour des envols inouïs à travers la page trop exiguë pour contenir des continents incontinents. Tout à son orchestration, Buin ne se perd pas en propos dans la marge de l'œuvre. Il confie : « J'adhère plutôt aux constellations. Il y en a eu une autour d'Alain Jouffroy, de Claude Pélieu par exemple. Beaucoup de gens différents et dispersés ayant des rendez-vous indéterminés dans le temps et dans les livres, et parfois imprévus. Que dire de plus ? » Rien sans doute, mais voyager dans le poème et dans une prose qui s'est enrichie de multiples expériences est plaisir, comme le serait une impossible interrogation des causes et qui déboucherait sur des « terres aborigènes au sillage d'extase » où l'on entendrait « le murmure des langues oubliées ». On lit :

Je fus ainsi papillon et pensée à l'aube sur le sable, dans l'arbre de vie suivant le fluide qui va vers le soleil. Ce qui ouvre ma route procède du plus lointain passé. Ce qui foule mes pas m'entraîne au gré d'une migration invisible. Le plus proche sentier gagne les cimes et détourne vers la vallée bleue où les chiens dorment près des troupeaux silencieux. Qui suis-je ? s'évanouit dans l'écho de sa misérable voix de tête. La montagne est un regard.

Ainsi, peut-être, toutes précautions prises, pourrait-on dire qu'à partir d'un manifeste froid, des poètes sont allés vers des conquêtes, en des régions imprévues et inespérées, conduits par des personnalités tournées vers la ferveur et la quête de l'ici, cet ailleurs des autres.

Nouveau réalisme, nouvelles mythologies

I

Franck Venaille

La poésie serait-elle l'espoir des désespérés ? Peut-on taxer le désespoir de négativité lorsqu'il produit de belles œuvres ? Tout cela ne saurait consoler ou guérir qui subit les atteintes lucides d'un mal, mais, par-delà les maux qui l'ont provoqué, ne retiendra-t-on pas surtout le texte ? Faut-il parler d'un spleen ou d'une malédiction nouveaux ? Sous les pavés trouve-t-on encore des plages ? Quelques réflexions variées et sans doute absurdes venues au cours de la lecture de poèmes chargés de violence et de sens tragique de l'existence, de ce que l'on dirait romantisme en pensant Nerval plus que ceux qui développent leurs exclamations... Franck Venaille (né en 1936) appartient à la génération qui connut la guerre d'Algérie non par ouï-dire : soldat durant trente mois, il reçut une blessure morale longue à se cicatriser et la cicatrice demeure. Il se dit un jour « communiste et désespéré » ce qui semblera antithétique à qui envisage des lendemains qui chantent. Au début des années 60, il collabore à *Action poétique*, milite bientôt au parti communiste avant de quitter l'une et l'autre quelques années plus tard. Il crée la revue *Chorus* en 1961 et sa seconde série, avec Pierre Tilman, Daniel Biga, Claude Delmas et Jean-Pierre Le Boul'ch, en 1968, le but étant de « déchiffrer le langage de la vie quotidienne ». Il sera proche des peintres : Jacques Monory et Peter Klasen. Durant ces années, reconnu comme un des meilleurs poètes de sa génération, il a donné un journal de bord, publié des poèmes (une de ses œuvres tente la dramaturgie), fait un dialogue de film, pratiqué le journalisme, collaboré ou pris part active à la création de revues. On le lit dans *Minuit, L'Énergumène, Orange Export, Digraphe, Première Livraison, Exit*. En 1978, en hommage à James Joyce et pour faire référence à son écriture, il crée la revue *Monsieur Bloom* « pour faire du concret » ou « s'aérer par rapport à l'activité névrotique de l'écrivain » par le travail de création matérielle d'une publication, les collaborateurs changeant à chaque numéro, une grande importance étant attachée à l'illustration. Les œuvres de Venaille, prose ou poèmes en vers ou prose : *Journal de bord*, 1961 et 1962, *Papiers d'identité*, 1966, *L'Apprenti foudroyé*, 1969, *Pourquoi tu pleures, dis, pourquoi tu pleures ? Parce que le ciel est bleu, parce que le ciel est bleu...*, 1972, *Deux*, avec Jacques Monory,

1973, *Caballero Hôtel*, 1974, *Construction d'une image*, 1977, *Noire Barricadenplein*, 1977, *La Guerre d'Algérie*, 1978, *Jack-to-Jack*, 1981, *La Tentation de la sainteté*, 1985, *L'Apprenti foudroyé. Poèmes 1966-1986*, 1987. Sous le nom d'un double, Lou Bernardo, il a écrit *La Procession des Pénitents*, 1983. En 1978, il a collaboré à un ensemble intitulé *Haine de la poésie* et sans doute faut-il voir là une de ces contradictions qui sont une des composantes de la modernité.

Franck Venaille se distingue de beaucoup de ceux qui l'ont accompagné ou suivi par la puissance de la personnalité, la mise au point parfaite de l'écriture, sa recherche d'une vérité mouvante, en métamorphose tels la pensée ardente et le corps humain, et, auprès de son réalisme du quotidien (« ...le quotidien fut mon malheur et mon refuge ») sa recherche d'intériorité, d'exploration de l'espace du dedans, des zones secrètes de la pensée par tous les moyens qu'offre l'expression écrite. Georges Mounin qui lui a consacré un volume de « Poètes d'aujourd'hui » indique : « Droiture, loyauté, propreté, pudeur, non-complaisance – et lutte et bataille : ces mots définissent le chemin déjà long de Venaille. Rien n'est pourtant fini... »

Sans qu'il y ait pour le lecteur le moindre soupçon de fabrication, Venaille intègre à sa construction du texte des matériaux bruts qui sont les composantes du monde actuel, mais non du toc et de la quincaillerie. S'il y a les mots du jazz (« Moi, je voudrais écrire un poème semblable à un gigantesque *At the Jazz Band Ball* »), il y a sa musique et Gilles Pudlowski parle de « bon tempo » ou de « prose musicale qui use de la mémoire comme d'autres du saxo ou du hautbois, avec ses hachures, ses brusques syncopes, sa ponctuation chaloupée... » Pour mieux exprimer la réalité du fantasme, Venaille use de techniques cinématographiques. Il écrit : « La permanence de l'univers cinématographique, elle, provient d'une sensation de manque dans l'écriture et de ma volonté de donner une présence physique au texte. D'où, dans ce que j'écris, la présence de blancs, d'encadrés, de textes en italique. A ce niveau l'écriture devient l'équivalent d'un plan, c'est-à-dire de l'image saisie par la caméra dans ce moment où elle commence à ronronner puis, sur l'ordre du réalisateur, de stopper. *Caballero Hôtel* reflétait ces instants où la réalité est saisie et *Deux* cherchait à retrouver l'esprit du plan fixe, l'équivalent de *La Jetée* de Chris Marker ; un film à plat ! » Venaille se rapproche des peintres par son goût du collage, des montages. Dans certaines œuvres, on trouve des extraits de romans *Série noire* (de chefs-d'œuvre injustement dédaignés par bien des « littéraires »), des définitions de dictionnaire, des extraits de presse, des slogans publicitaires, etc. Il use des ressources de la typographie : marges, capitales insolites, italiques, traits, encadrés, chiffres devenus lettres ou même d'autres mots. Bien des poèmes sont semés de ce qu'on appelle communément gros mots ou mots du corps, de la sexualité, mots aussi qui expriment le sale, le souillé, le vice, mais qui appellent leur contraire, en un mot le pur – et aussi la tendresse derrière des masques.

Il a écrit les plus beaux poèmes en prose qui soient, des poèmes-confessions ou auto-analyse, et on pense à Laforgue, à Lautréamont, à Rimbaud :

Je suis un sale type. Des cailloux sortent de ma bouche. D'ailleurs il y a de l'infâme en moi. J'ai rêvé que des poissons tout écaillés sortaient de mon corps et, contre les blockhaus de l'Arsenal doucement flottaient sur les eaux. Crevées elles aussi. Devenues sans consistance aucune. Sale type, ai-je dit! Ayant même à voir avec cette abomination dont parle le Lévitique lu dans une bible pour hommes d'affaires carrément suspects que d'un hôtel l'autre je retrouve (kra kra kra : pas les hommes! la bible!) hurlent les plus folles d'entre les mouettes...

L'appel du meilleur de la vie, du rire côtoie la détresse, comme dans ces extraits :

C'était bon d'avoir trente ans et de vivre à Paris où tant de femmes ressemblent
    à des Gromaire
de caresser des nuques devenues timidement amies
....
C'était bon de rire avec elles de parler avec elles de souffrir avec elles
et de tenter sa chance sans louvoyer
de dire notre détresse et notre solitude
et d'appeler encore plus de détresse et plus de solitude déjà muré dans l'inextricable
    déchéance d'une vie aux espérances saccagées.

Les trois pôles de l'œuvre sont le souvenir, la sexualité et la mort. Apparaissent les destins malheureux, les honteuses actions des hommes, la colère, la violence du sexe ou l'amour purificateur. La mort est présente même si on ne la nomme pas, et la tentation du suicide, les fantasmes, les névroses, les déchirements. Les mots du poème expriment la lassitude, l'écorchement vif, la blessure toujours présente même si elle est apparemment guérie, les larmes (« do/lo/ro/sa »). Pierre Tilman : « ... D'ailleurs, tout égale blessure. C'est la mathématique de l'âme, l'équation première et dernière. L'authenticité. La pudeur de celui qui s'avoue en retenant ses mots. L'impudeur insoutenable de celui qui a mal. » Nous sommes loin de toute « littérature ». On imagine que Venaille puisse trouver bonheur fugace à déléguer à son double Lou Bernardo le soin d'offrir des poèmes délivrés de tant de maux et offrant sa jubilation.

Franck Venaille est un poète de tempérament qui se donne corps et biens à son poème et qui, la coulée du temps aidant, va plus loin que la quotidienneté réaliste du début. Sans quitter son moi profond, et au contraire, en tentant de le rejoindre par de nouvelles voies, il approfondit ses techniques d'écriture (et sans jamais verser dans un intellectualisme désincarné) et offre son plaisir matériel du texte, ce qui montre que son horizon est grand ouvert. On ne résiste pas au plaisir de citer *Dorothée Bis* :

De l'indigo au parme du madras à la terre d'ombre des beaux jouets équivoques glissent sur les moquettes, déliquescents à peine, las peut-être, un dahlia gigantesque à la place de la clé remontoir. Le néon les colore les défigure les magnifie (on pense à un défilé d'athlètes hagards à des nonnes perverses ou de tendres éphèbes décolorés). Les voici ennuyés, sévères, détachés, les jambes gainées comme des tiges de jonc, le visage ravagé. Ils ont aussi des seins inachevés, doux aux lèvres fiers à la paume, des cuisses entretenues comme un pont de navire et qui fuient comme des tanches. Beaux objets Jouets voraces et nacrés Vous voici tel le spectre solaire un sexe rouge entre les pommettes, au nid du bras. Vos genoux étincellent. De quel fond de teint de quel mirage vous enduisez-vous l'âme, vos jupons couleur chair, pour mieux nous faire tituber ?

2

Daniel Biga

COMME ce fut le cas pour Franck Venaille, la guerre d'Algérie a marqué Daniel Biga (né en 1940) et a contribué à lui donner sa vision du monde. Il n'est pas étonnant qu'avec Venaille et Pierre Tilman, il ait fondé la revue *Chorus* qui, de 1962 à 1974, a porté la parole d'une génération créant un réalisme d'un genre inédit. « Notre seul grand poète né de Mai 1968 : une insolence superbe, une verve unique », a écrit Alain Bosquet. S'il est proche de Venaille, Biga l'est aussi des écrivains américains de la *beat generation*, de Jack Kerouac, d'Allen Ginsberg et de leurs amis, de Claude Pélieu, le beatnik français mais on ne saurait le limiter à ces approches tant sa poésie est personnelle et sujette à métamorphoses : ce n'est pas un homme du repos ni de tout repos. Si, dans une interview de Jean Breton, il salue ses amis de *Chorus* et quelques autres, il indique comme des sources : « Rimbaud, lutteur de foire et musicien ambulant, le pasteur-dompteur Dadelsen, et le funambule Michaux. C'est une bonne affiche, pas vrai ? » Les beatniks américains certes, « mais avant eux, et dès Whitman peut-être, en passant par tous les romanciers aventuriers d'Amérique jusqu'à Miller et Mailer, j'aperçois le même courant. Le voyage délirant, la révolte désordonnée, l'érotisme épique... » Voilà ce qu'aime Biga, et aussi le souffle. Il a bien des points communs avec ces prédécesseurs. Tout d'abord ses trente-six métiers quand l'étudiant en lettres devient livreur, magasinier, pompiste, plongeur, manœuvre, maçon, etc. Ensuite son goût de la route qui le conduit partout où se trouvent les compagnons, les aventures, l'autre vocabulaire de la vie. Peut-être un goût de la solitude qui l'éloigne de la ville puisqu'il vit surtout dans les montagnes d'Amirat avec des passages plus ou moins longs dans le vieux Nice.

L'Amour d'Amirat, c'est le titre d'un livre de 1985 que suivront ses *Portraits d'artistes* et ses *Bigarrures*, avec auparavant ces titres : *Oiseaux mohicans*, 1970, *Kilroy was here!* 1972, *Octobre*, journal, 1973, *Esquisses pour un aménagement du rivage de l'amour total* suivi de *Oc*, 1975, *Pas un jour sans une ligne*, 1983, *Moins ivre*, 1983, *Histoire de l'air*, 1984, *Né nu*, suivi de ses deux premiers recueils, 1984.

Si, à un moment donné, comme l'écrivit J.M.G. Le Clézio dans *Le Monde*,

« Une grâce lui est venue, une luminosité », nous pensons que les recueils du début, ceux de l'artillerie verbale et des boulets rouges de la provocation, par maintes notations pouvaient laisser prévoir cette évolution : quel beatnik n'a pas rêvé d'être « en Haute Montagne au bord d'un lac avec une tente » et des Himalayas de la méditation? Mais parlons de la première période. C'est le temps du nouveau réalisme urbain avec ses collages, montages, poésie à la pelletée, à l'emporte-pièce, patchwork construit avec les loques du visible parmi quoi surgissent les confidences, l'introspection qui expriment le dégoût et l'amertume, la sexualité, la solitude et la détresse, l'insolence parfois grossière d'une génération « mal élevée » qui veut « l'amour total » ou rien. Ici, Biga parle la langue, utilise le vocabulaire extensible à l'excès (on peut puiser dans toutes les langues, dans tous les argots, dans toute expression parlée, affichée, écrite, inventer les mots, les cris, les onomatopées, etc.) d'une génération bombardée par les slogans qui ressent l'usure contemporaine, sa contagion et tente de s'en protéger par la dérision, le sarcasme, ce que les tenants de la tradition tiendront pour blasphématoire :

les chants désespérés sont les chants les plus beaux disait l'autre connard
et c'est du fond du désespoir qu'on tire la plus belle bière Phénix fruit du houblon
et de l'eau de la Vésubie
Atchoum! à vos souhaits! mourez paisibles mes frères et vous autres...
LÂCHEZ LES TIGRES DE LA RÉVOLUTION!

Dans *Le Bateau ivre* de Rimbaud, parmi les somptuosités, on trouve des expressions gauches et sensibles comme « Mais, vrai, j'ai trop pleuré... » ou « J'ai heurté, savez-vous... » et un « vrai » exclamatif, un « savez-vous » qui sonne frontière belge sont les touches de la sensibilité profonde. On trouve cela souvent chez Biga dès lors qu'il se confie entre deux coups de gueule et ce Narcisse désabusé et prêt à rire de son reflet offre alors un je-ne-sais-quoi de tendre qui appelle la tendresse. On imagine le jeune Rimbaud pas plus heureux à seize ans qu'à dix-sept ou Cendrars dans son transsibérien :

J'AVAIS SEIZE ANS mille et une nuits dans Nice j'ai erré
cherchant du sexe sans oser chercher
notre identité perdue – mais oui j'ironise...

Il se peut que les collages hérités du cut-up américain et du surréalisme paraissent un jour la marque d'une époque et l'on s'interroge sur leur caducité possible. « En l'an trentième de mon âge... », écrivait François Villon et l'on n'a pas oublié. Quand Biga parle de lui, il frappe plus fort et va plus loin que lorsqu'il abuse du jeu :

Homme né en 1940
– c'était la guerre on a toujours eu peur de tout dans la famille
où j'ai grandi
en sabots raison de mes pieds plats
je mangeais des topinambours de la polenta et des figues sèches
Mon père n'était pas grec mais électricien...

Il a l'art de l'autoportrait qu'il trace avec un crayon plein de verve et de rapidité :

> Je suis poursuivi
> par une mauvaise auto-suggestion
> par une tradition romantique bourgeoise
> une éducation sadico-masochiste manichéenne messianique
> par le bruit nocturne de la civilisation à Istedgade trade par la pauvreté
> ....
> je suis poursuivi par James Bond Cléopâtre et Pie VII
> par la conscience de ma chair
> l'ombre à minuit la plus courte
> et les victoires de l'erreur...

Désire-t-il élever l'invective au rang des beaux-arts ? On lit : « Pauvres cons de la poésie qui jouissiez des saucissons de la gloire ou du thym du laurier et de la sauge de l'anonymat sales cons de la poésie vous avez gâché ma vie... » Il y a une étonnante diversité comme pour chasser l'ennui afin qu'il ne s'ajoute pas à d'autres maux. Pour cette première période de l'œuvre, on cite Didier Pobel qui écrivait dans *Entailles* : « Mots tracts, syntaxe explosant comme une vitrine de boul' Mich', slogans gravés sur un support à identifier : d'une certaine manière, le cocktail (Molotov) de Biga avait tout pour qu'on le prenne pour un produit direct des meetings de la Sorbonne occupée. »

Il restera dans son œuvre non pas plus sage mais plus grave ou plus intériorisée la souplesse de son écriture mais on passera des mots de la révolte à ceux de la contemplation, de la violence convulsive à la métaphysique, de la répulsion à de beaux accueils, de l'accumulation verbale, du survoltage au calme conquis, au dépouillement, avec toujours la confession, la mise à nu du cœur, l'écho des déchirements. On trouvera toujours un goût amer de la vie, l'érotisme épuré, les mots de la solitude et de la pauvreté, et un itinéraire de l'en dedans, la grâce peut-être, à coup sûr l'amour :

> ...les grands étangs pétroliers les grands étangs rouillés
> les fortes gueules de silence et celles closes de la révolte
> les gueules de bêtises et de souffrances (...)
> la démocratie perdue du travail forcé
>
> pourtant quelque chose en eux demeure
> pourtant quelque grâce vit toujours
> des matins ainsi
> je les vis je les aime quand même
> j'habite le monde populaire

3
Pierre Tilman

Un parcours des livres de Pierre Tilman (né en 1944) montre que de la période de ce qui fut cher aux poètes de *Chorus,* intrusion dans le poème des inscriptions, signes et sons urbains, à ses livres récents, on trouve la même fluidité de l'écriture, le même ton d'authenticité, le même attachement au réel vu ou perçu, le même ancrage dans l'angoisse de son temps. Sa poésie ne va pas chercher son inspiration dans les nuées ou dans quelque métaphysique : il dit ce qui est, ce qui se passe, comme on se confierait à un ami ou à soi-même. Le lecteur tend l'oreille, écoute, frissonne quand on passe du doux-amer à la désespérance, se sent en sympathie. Si Tilman cite Eluard au cours d'un poème : « Et par le pouvoir d'un mot je recommence ma vie, etc. », il en sait la générosité mais refuse d'être dupe : « Peut-être la croyance enfantine que le monde pourrait changer... » Pas un atome de littérature, le poète, l'homme s'exprime entier, passion et tristesse, « dans un paysage de conserves vides » où il voit « des silhouettes d'hommes et de dégoût », se sait « dans la nudité du désespoir ». Cette poésie est simple et directe, elle n'est pas naïve, et si, peu à peu, l'image qui frappe se fera plus rare au profit du dépouillement, sans aller jusqu'à l'ascétisme, ce sera pour découvrir la vérité plus nue. Sa réflexion sur le réel s'étendra à l'écriture, à la compréhension des phénomènes, avec un désir de préserver une ignorance « car l'ignorance est dure à conquérir ». Ici, il s'interroge sur la poésie qui est une image quand l'image est une vitre :

> la poésie est une image
> qui laisse passer les images
> la poésie est une image de la poésie
> qui laisse passer les images
> on n'en connaît
> que les traces de doigts
> sur la vitre

Des titres : *La Flûte de Marcus,* 1968, *L'esclavage n'a pas été aboli,* 1970, *Hôpital Silence,* 1975, *Il suffit d'un coup de D,* 1983, *Le bonheur est une décision,*

1985. Pierre Tilman a écrit sur les peintres et s'est attaché à la création d'objets de poésie visuelle mariant ainsi poésie et artisanat d'art, il s'est aussi intéressé à la poésie policière ou cinématographique. Toujours cet attachement qui lui fait se dire membre du « Comité de soutien au réel ».
L'avons-nous bien défini ? Il faudrait encore parler, comme l'a fait Christian Descamps, d'humour et d'ironie quand « ses textes font déraper l'imaginaire convenu », de sa manière de déambuler parmi les êtres et les choses, les hommes avec « leur harnachement de gestes et de paroles » dans un paysage monotone. Il ne cherche pas à magnifier, à créer du merveilleux, et il est vrai que, comme l'a souligné Serge Brindeau, « il tient à la vie, engagé dans l'existence par les pulsions du désir, attiré par ce qui bouge » et aussi qu'« il se sent solidaire de ses frères, de sa génération, de l'humanité, sans illusions, sans enthousiasme, comme ça ». Car, et nous citons Tilman, « la vie prend ses aises / grouille calmement / pleine de meurtre et de bonheur / et de souple nonchalance / pleine de tous les mots qu'on lui applique / à la surface... ». Bien des poètes de sa génération ont exprimé notre temps, sa musique et ses colorations, sa mythologie et ses fantasmes. Il est de ceux-là avec une vision plus précise et plus exacte des choses, ce qui assure quelque chose de durable à ses poèmes. Ainsi dans un livre au titre fort significatif : *Oui, dit Forster d'un air songeur*, 1987.

4

Le Réel survolté

Dominique Tron.

Découvert par Elsa Triolet et Louis Aragon, comme naguère Jean Cocteau mettait Raymond Radiguet en valeur, Dominique Tron né au Maroc en 1950 et faisant ses études à Marseille, a apporté les poèmes de la préadolescence : il avait treize ans lorsqu'il écrivit *Stéréophonies*, paru en 1965. Cette présence singulière est difficile à situer. Ses thèmes et ses références sont ceux des poètes dont nous parlons dans ce chapitre; il précède beaucoup d'entre eux sans être pour autant un précurseur car son esthétique, son ton, sa manière sont différents, ce qui lui confère une singularité sans que la poésie du nouveau réalisme et des nouvelles mythologies dans les années 70 y trouve référence. Il y a déjà la révolte contre les absurdités, l'extase devant le frigo et la machine à laver. Le jeune garçon évoque les mythes contemporains, marques de cigarettes et de sodas, rock, bikinis et pin-up, prisunic et autres. Il joue de l'alexandrin tel Aragon ou remonte aux œuvres de jeunesse de son maître pour répéter « allumette » ou « métro » comme ce dernier disait : « Persienne Persienne... » à moins qu'il ne cherche à renouveler des procédés surréalistes ou cite quelque poème lettriste. Que l'enfant subisse des influences, quoi de plus naturel? Ce qui lui est propre, c'est la fraîcheur, cela qu'Elsa Triolet a bien montré dans sa préface : « Il nous rend l'amitié, l'amour du temps des pupitres et tableaux noirs » ou « Ce qui me touchait le plus dans ses vers était l'expression de son âge à son âge même ». Des livres suivront : *Kamikaze Galapagos*, 1967, *La souffrance est inutile*, 1968, *D'épuisement en épuisement jusqu'à l'aurore, Élisabeth*, 1968, *De la Science-fiction c'est nous, à l'Interprétation des corps*, 1972. On trouve une tentative de renouvellement qui n'a pas toujours été reconnue, un effort pour l'affirmation d'une voix, un intérêt « pour les persécutés de toutes catégories », une revendication du sexe et de la vie éternelle, de belles trouvailles parmi des images viscérales et une poésie des corps, des appels, de l'énergie vitale et des flamboiements, un ton de proclamation et une auto-analyse surréaliste. On pourrait dire que c'est désordonné et qu'on voudrait que cela le fût davantage. Si l'accueil fut plus réservé que pour *Stéréophonies* il nous est arrivé de préférer les poèmes qui ont suivi. La difficulté pour Tron fut d'avoir connu une notoriété immédiate, d'ailleurs fort méritée, et d'avoir trop rapidement épuisé l'intérêt qu'on lui portait. Ce que sera son chemin, nous l'ignorons. Il a déjà marqué celui qu'il a parcouru de fort belles pierres.

Jean-Paul Klée.

Sylvie Reff a dit Jean-Paul Klée, l'Alsacien, né en 1943, le « dernier mystique rhénan » en parlant de ses œuvres, à l'image de sa vie, « diffuses, foisonnantes, torrentielles, essentielles » tandis que Claude Vigée a observé une « parole en acte ». Cette écriture vécue est neuve, en métamorphose. Elle joue sur les possibilités offertes par la typographie et de ce qui caractérise ses contemporains : chiffres qui ne sont pas mis en lettres, blancs, italiques, cascades, etc. La vie éclate comme elle éclate en toutes choses. Il connaît les pouvoirs du jeu de mots, de l'allitération, du baroque et du précieux, de la sensualité et de l'humour, et on trouve du visionnaire et du cosmique. Il y a ce désir de revenir en même temps à Hugo et à Prévert, du plus simple au plus sacré, de prendre la voix courante et de se passer de toute intellectualisation. S'il repousse le surréalisme, l'ange du bizarre n'est pas loin. Dans sa fougue, il a une manière personnelle d'utiliser des matériaux qui sont noms de lieux ou noms de l'histoire, mots de l'apport germanique. Quelques titres : *L'Été l'éternité*, 1970, *La Résurrection alsacienne*, 1977, *Le Sacrifice de Jean Lumière contre Fessenheim-Hiroshima*, 1977, *Homme en gloire dans la résurrection d'une femme*, etc. Grand admirateur de Jean-Paul de Dadelsen, dévoué à la cause littéraire de sa province d'Alsace (avec lui on pourrait dire : Alsace est univers), il a fait beaucoup pour faire connaître ses contemporains. A son propos on peut encore parler de poèmes-missives, de poèmes-tracts. Serge Brindeau a indiqué qu'il s'exprimait « avec une allure générale proche du pop art ». On ajoute que cette poésie à la fois diversifiée et cohérente, intériorisée et toute d'éclats et de fusées, apporte la contagion d'un enthousiasme constructif.

Patrice Delbourg.

On a dit de Patrice Delbourg (né en 1948) qu'il était un des meilleurs représentants du néo-réalisme. Nous préférons dire : réalisme autre car « néo-réalisme » sonne trop cinéma italien de naguère et nous sommes dans l'aujourd'hui le plus cru. Il a fondé avec Jean-Marie Gibbal et Olivier Kaeppelin une revue, *Exit*, où s'exprimait le réalisme de la ville. Pour la forme ou son éclatement, on entre dans le monde de la fissure, de la fracture, de la charpie avec des rythmes, des stridences, des syncopes, des déferlements exprimant la blessure, le dégoût, le vertige. Le poème peut être un puzzle, se constituer de montages, de cut-up, de reprise de textes autres, ce qui n'est pas toujours compris ou admis, mais avec un souci d'architecture visuelle dans la page. D'un livre à l'autre, on va du spleen à la détresse, au cynisme et à l'humour noir. C'est l'écho d'un monde en crise, d'une agonie dont est fait le constat morbide et glacé, avec la clarté de la tendresse, le souci de se rattacher à la modernité, le charme d'une nostalgie. Des phrases dans *Embargo sur tendresse*, 1986, l'expriment mieux que nous ne saurions le faire : « Derrière une apparente désinvolture, ce livre prend des allures de manifeste du désengagement, voire d'éloge du détachement et de l'indifférence. Vivre semble alors comme un lent coma, un ralenti douloureux plongé dans une inexplicable fatigue... » Mais : « Seuls les vertiges du vocabulaire et un sens aigu de la dérision viennent sauver l'auteur à la lisière de la tétanie... » Ou encore : « Et si ce livre de démission n'était, dans sa lucidité et sa fragilité, que le reflet magnifié de nos incertitudes ? » On pense à Laforgue, à Baudelaire, à une sorte de dandysme désabusé et désinvolte. Le noir intégral :

        il veut mourir   la porte ouverte
    avec une mangrove sur sa table de nuit
  et même si douce est la nuit où il trace ces mots
      air marin   ses souliers s'emplissent de sable
  des aphtes plein la bouche   un camion jaune en haut de la côte
      comme une distraction de lui-même   il attend
    guettant le sang frais d'une carotide   aigre bémol
     la chair sale pincée d'électrodes   quelle urgence
      le monde tourne funambule   l'heure est simple
  il veut mourir   sans référence ni numéro d'identification

Jusqu'à quel fond de désespoir peut-on aller plus loin ? se demande-t-on. Peut-on sans cesse comptabiliser le néant ? employer « des mots orphelins qui tressautent », offrir le journal en miettes d'un passager clandestin ? Mais il en est ainsi et si l'on n'y souscrit pas, du moins retient-on l'intelligence de l'agencement, la richesse du vocabulaire, le relief saisissant du poème, l'authenticité du cœur blessé, une manière personnelle de saisir la ville et la vie dans leurs ruelles délabrées et secrètes. Le mal du siècle d'un nouveau réalisme romantique ? Poèmes : *Toboggans*, 1976, *Cadastres*, 1978, *Génériques*, 1982, *Absence de pedigree*, 1984, *Embargo sur tendresse*, 1986. Récits : *Ciné X*, 1977, *La Martingale de d'Alembert*, 1981. Journaliste aux *Nouvelles littéraires*, puis à *L'Événement du jeudi*, Delbourg ne manque jamais de parler des livres de poèmes des autres.

Du côté d'Exit.

Jean-Marie Gibbal (né en 1938), cofondateur d'*Exit* est ethnologue et s'est intéressé à l'Afrique noire, sur laquelle il a publié des ouvrages. Le poète n'est pas éloigné qui, dans une écriture soignée, excelle à décrire une nature urbaine ou rurale toujours mélancolique : « La fadeur du monde dépassait toutes les espérances de pourrissement. » En n'oubliant pas les hommes, « la rencontre amicale, seule fracture à la solitude, dans *l'éternel recommencement de l'aventure* ». Et non plus les odeurs, les variations du temps, la présence du réel, les peines des êtres, leur difficulté de vivre. Il a publié notamment : *Le Masque intérieur*, 1973, *Le Petit Livre du désir fou*, 1977, *Sur la table d'août respirer profond*, 1980. Il a réuni les textes de *Sur*

Georges Perros, 1980 et écrit en collaboration avec André Bonnier *L'Amour mine de rien,* 1980. Il a aussi écrit sur les peintres, Raquel par exemple comme le montre un fort beau texte d'*Orange Export.*

Olivier Kaeppelin (né en 1949) a surtout collaboré à des collectifs dont il a pris l'initiative : volumes de la *Chronique des années de crise,* 1977, 1980, *Le Mensonge,* 1978, il a produit des émissions sur France-Culture et collaboré à ces revues souvent citées ici : *Zone, Rue Rêve, CEE, L'Ennemi, Monsieur Bloom, Le Grand Huit, Opus, Canal, Jungle, Midi,* dont nous redisons l'importance comme c'est le cas pour *Exit* dont le triumvirat a su réunir les peintres et les poètes les plus excellents de leur génération. Kaeppelin s'inscrit dans le courant du nouveau réalisme et aussi d'une nouvelle narration qui permet des rappels de l'art cinématographique. Il donne à voir, à ressentir un univers qui paraît courant, quotidien, et qui recèle dans son noir et blanc la matière d'une angoisse étrange qui contribue à une métamorphose. Il en est ainsi dans sa prose et dans ses poèmes, ces derniers dépouillés et précis à l'extrême comme une sorte d'instantané dramatique ou en attente de drame. Lire : *L'Embarcation des anges, Si je brûle la maison,* 1987.

Un certain réalisme.

Chez François de Cornière (né en 1950), le poème est la vie comme la vie veut se rapprocher du poème. Cette vie qui court trop vite, on s'efforce non pas de la ralentir mais d'en fixer les heures, chaque poème devenant un instantané, une carte postale, la relation d'un événement marquant, d'un fait divers, le réel en somme saisi par tous les angles de vision possibles, gros plans et plans flous, ralentis ou multiplications des images à la seconde, vertiges, angoisses métaphysiques – prises de vues avec le corps et les sens. La quotidienneté produit son lyrisme qui multiplie, active, fouette ce qui est et produit sensations et sentiments. Dès les premiers mots du poème, le lecteur est mis en état d'attente, pris dans une sorte de suspense. Le style est d'un tracé net et ce qu'il a de rapide, comme dans des mouvements d'humeur, n'interdit pas un effet de grâce naturelle, des élans qui touchent. François de Cornière édite une revue *La Corde raide* où l'on offre « la poésie comme une lettre à la poste ». Un ensemble d'études lui a été consacré en 1984 avec une présentation de Michel Baglin. Parmi ses titres : *Tout doit disparaître, Le Temps respire, L'Été à jour, Dedans-dehors, Ici aussi, C'est à cause du titre, Retour à l'envoyeur, Objets trouvés, La Tonnelle,* etc.

Michel Baglin anime la revue *Texture* et indique parmi les collaborateurs Georges Cathalo, Jean-Luc Coatalem, Pascal Commère, Robert Nedelec. S'il y privilégie la notion de texte, il ne s'agit pas de linguistique ou de poétique, mais bien de plaisir du poème, d'élucider et d'émouvoir, buts qui se rapportent à sa propre poésie. Dans un essai, *Les Maux du poème,* 1984, il s'est interrogé sur les causes de la marginalisation de la poésie si peu lue mais qu'on ne cesse d'invoquer « au point de ne bientôt plus exister qu'en état de vocable » sans oublier de prévenir ses confrères contre sirènes et requins du compte d'auteur. Auteur de nouvelles, on lui doit ces recueils :

Déambulatoire, 1974, *Masques nus*, 1976, *L'Ordinaire*, 1977, *Le Marcheur*, 1981, *Feux et lieux*, 1982, *Jour et nuit*, 1985, *Quête du poème*, 1986. Ce dernier ouvrage réunit un choix tiré des premiers recueils. Au dos, Baglin a employé l'alexandrin, ce qui chez lui n'est pas courant, pour le didactisme du « Pourquoi j'écris ? » et c'est « pour rallumer des mots éteints par l'habitude », pour montrer un visage de « clown insatisfait » face aux « gouvernés », retrouver « des sensations perdues », offrir la coupe du poème à qui a soif. Il sait que le dialogue du réel et de la poésie est difficile, que tout dans l'être est obscur et qu'il y a urgence de lumière, de convivialité. L'interrogation est nécessaire mais c'est le poème lui-même qui répond le mieux quand il nous montre la banlieue, « un trottoir désert comme une terre inculte » ou bien un sentier de campagne comme un être vivant, « le bruit des tasses dans l'évier », la sensation du vrai avec quelque chose de feutré et de lumineux, de solitaire et de méditatif. Il exprime les nouures de la vie quand « l'homme, meurtri, cabré, s'agrandit de la chair de ses révoltes ». C'est le réel qui produit son rêve de lui-même. Plutôt qu'un « nouveau réalisme », une nouvelle approche de celui-ci. A pas feutrés.

Alain Rais (né en 1932) a le sens d'une mise en œuvre du poème qui, d'une ligne à l'autre, apporte l'inattendu avant de montrer sa subtile cohérence. Cette invention constante métamorphose le réel, le marie à l'imaginaire ou à la mémoire, et c'est, dans le temps du poème, l'intrusion des temps qui l'ont conditionné. Il cherche obstinément le sens des choses et a le sens de la fête des mots comme de la mise en scène des situations sensibles. S'il dit « Mes amis musiciens ont apaisé le monde », il sait ne pas être dupe et faire le constat ironique de quelque dégradation, que « le sang et l'histoire improvisent », comme il l'écrivait dans un poème lu dans *Exit* et que le réel n'est pas l'antonyme du merveilleux. Il a écrit récits et nouvelles. Titres de recueils de poèmes : *La Nuit manque de main-d'œuvre*, 1970, *Poings et arbres*, 1973, *Parler nanouze*, 1975, *La Peau du lézard*, 1982, *D'un mensonge géographique*, 1984, *Même entre autres esquisses*, 1986.

« C'est à la fois lapidaire et lyrique, nocturne et solaire, angoissé et reposé, violent et tendre », écrivit Guy Chambelland tandis que Jean Breton affirma : « Il explore en lui un paysage d'orphelinat. Il ausculte et répand au vent les pseudo-raisons. Tout est rongé, lacéré par la peur. »

5

Claude Pélieu-Washburn

La poésie de Claude Pélieu-Washburn (né en 1934) est significative des tendances qui marqueront les années 70, tendances présentes dans l'anthologie *La Nouvelle Poésie française* de Delvaille dédiée à Novalis et Jim Morrison, et encore dans l'*Anthologie 80* du *Castor Astral*, mine de renseignements. Ce poète, qui signa tout d'abord Claude Pélieu, vit aux États-Unis depuis 1963. C'est là qu'il a participé au mouvement beatnik dans la fréquentation de ceux qu'il a traduits comme William S. Burroughs, Allen Ginsberg, Lawrence Ferlinghetti, Carl Solomon, Charlie Plynell, etc. Il est l'auteur d'une œuvre américaine. Comme on unit deux continents, il a marié les procédés d'écriture automatique des surréalistes au « cut-up » (découpage et recomposition des textes) et ajouté la contre-culture contestataire, les formules sacrées du bouddhisme (mantras), maints autres éléments orientaux, l'oralité des manipulations du magnétophone et autres techniques, ce qui ne l'empêchera pas de dénoncer l'électronique et les médias devenus facteurs de robotisation. Il décape le sens, affirme sa rupture avec le pouvoir-image, accélère le style, fait exploser la phrase, cascader ses cut-up, se battant ainsi contre « le vent de la haine et le vent matérialiste », jetant gouaille, invectives, violence, appels érotiques, orages verbaux, mais aussi éclairs de lyrisme, perles d'onirisme, tendresse même. Dans les premiers livres, certains seront tentés de dire qu'il en fait trop, mais c'est là son désir et son but. Au fil des années, le meilleur l'emportera, comme dans ses *Trains de nuit*, 1979. Nous citons d'autres titres : *Le Journal blanc du hasard*, 1969, *Ce que dit la bouche d'ombre dans le bronze-étoile d'une tête*, 1969, *Embruns d'exil traduits du silence*, 1971, *Jukeboxes*, 1972, *Infra-noir*, 1972, *Tatouages mentholés et cartouches d'aube*, 1973, *Cartes postales U.S.A.*, 1979, etc., et aussi un roman : *Kali-Yug Express*, 1976. Jamais le style ne perd de sa vitesse, de son énergie, d'une manière personnelle de bombarder le texte d'images, mais peu à peu, non que le poète se fasse plus classique, apparaissent plus de subtilité, de somptuosité, surtout dans la prose. On dirait que le surréalisme en ce qu'il a de meilleur l'emporte. Bien que « dérapant sur les pneus lisses du langage », il est soucieux d'efficacité, de vérité, du désir d'apporter les fruits de son regard et de sa pensée. Il montre l'homme de ce temps prisonnier de ce qu'il a créé, soumis aux autorités et aux habitudes. Il s'agit non plus d'invectiver mais de débusquer les sources de nos maux. Pour cela, il utilise des phrases courtes, sans verbes, offre un art d'écrivain qui serait cinéaste. Enfin, et nous parlons encore de *Trains de nuit,* il est un poète de la science-fiction, ce genre qui, en France, n'a pas su être encore situé à sa vraie hauteur : ainsi, il chante l'astronaute assistant à sa propre mort sur un écran de télévision. Pour lui, l'histoire de notre temps, l'histoire de l'espace doivent être arrachées aux médias pour que le poète prenne le relais. Jacques Donguy : « La pensée défile, brouillage des codes de l'ordre préétabli, poésie magnétophone-fiction dans les chambres d'écho de Technopolis... » Allen Ginsberg : « A la façon du Rimbaud de *Villes* ou d'autres *Illuminations* de prose poétique-électrique, voici le Pélieu du temps des assassins. » Dominique de Roux : « Pélieu vit misérablement sa passion d'écorché vif, son supplice mécanisé, du néant au néant... » Nous avons donc parlé d'un poète touché par l'influence de la poésie d'outre-Atlantique et nous verrons que ce Français qui a participé au mouvement beatnik américain, qu'on l'apprécie ou non, a une place prépondérante dans l'histoire de la poésie contemporaine car il a suscité des émules qui ont fait croire durant deux ou trois lustres que la poésie de l'avenir serait ainsi faite. S'il semble aujourd'hui que les orientations soient différentes, il restera le pessimisme ardent de Pélieu, celui qui préfère à toutes choses « le bruit de la mer » et dont les constats et les avertissements sont peut-être prophétiques :

Et soudain le printemps – battements d'ailes – le ciel immense, cru, l'odeur des violettes et des glycines, des roses thé et des seringas, des lilas et du chèvrefeuille – il faut partir, c'est inquiétant une ville de 10 millions d'habitants qui pleurent sans larmes.

6

Underground

Pop music, rock & blues.

L'UTILISATION des mots ci-dessus peut surprendre le lecteur. Ils correspondent à ces mythes et à ces rythmes des nouveaux poètes influencés par une contre-civilisation souterraine venue d'Amérique et dont nous avons fait le portrait à propos de Claude Pélieu. Les poèmes auront volontiers des titres en anglais ou en argot américain et cette langue se glissera dans les poèmes comme une autre musique, celle voulue par la jeunesse en quête d'une communion internationale sous le signe de rassemblements comme Woodstock, de la liberté des routes. Le rôle de la nouvelle musique américaine sera tel que la jeune poésie l'accueillera, en prendra les mots comme si ceux de la langue maternelle ne suffisaient plus pour dire, faire exploser, crier, avec toutes sortes de sons, cordes et cuivres. Phénomène naïf? Phénomène passager? Mode? Ce recours n'était pas si nouveau (voir Cendrars, Cocteau et d'autres) mais il paraissait chevillé au corps et la langue française fut sommée de répondre par ses pouvoirs, sa richesse éclatée, sa propre force et sa propre douceur. Rimbaud le rock et Verlaine le blues? Tentons quelques portraits.

Dans le voisinage « des nuances insoupçonnées / de la *modernité* absolue » quand « la vie de la vie brise le miroir », Dashiell Hedayat (né en 1947) se dit « Fougueman pâle » et offre un exemple de poèmes new-look où éclatent des mots comme notes de musique, coke et coca, cocktail franglais ou Molotov, grandes heures des héros et héroïnes du rock qu'on croit entendre au cœur du poème dès lors qu'ils sont nommés. Un des meilleurs représentants de cette tendance, c'est Hedayat. Il a l'art de l'instantané, du contrôle des rythmes et de la vitesse, du portrait pop art. Il fait danser ses lignes, les dispose comme une ville construite avec le ceci et le cela de l'hier et de l'aujourd'hui, d'ici et de là-bas, en y mettant une sorte de romantisme rimbaldien. Quelques titres : *Being*, 1970, *Le Bleu le bleu*, 1971, *Le Livre des morts-vivants*, 1972, *Polaroïds*, 1974... et un exemple :

>   CRAZY OLIVETTI
> est le nom du premier modèle
>   BURROUGHS AGAIN
>   celui du second
> la burroughs parodiant en quelque sorte
>   ses cut-up
>   savez-vous que j'ai porté un
> chapeau haut de forme en peau de léopard
>   pour pouvoir saluer
>   du plus loin que j'étais
>   Dylan [...]

Errances, vagabondages chez F.J. Ossang (né en 1956). Animateur de la revue *CEE* (le refus, l'acte-parole, le cri) avec Luc-Olivier d'Algrange, Lydie Canga, Gilbert Humbert, B. Sataranko, Ossang est chanteur rock dans la vie et dans les poèmes où il veut « hurler en cinglant le clavier mécanique / des in-harmonies » en « homme-désert » usant ses semelles sur toutes les routes, dans *Écorces de cendre*, 1975, *Le Berlinterne*, 1976, *Dynasties de cyanure*, 1978, *D.D.P.*, 1978, *L'Ordalie des villas*, 1979.

Lucien Suel (né en 1948) anima la revue *Phantom of the Starscrewer*. Il nous paraît proche de Pélieu : rock, acide, magnétophone, cut-up, mélanges concoctés ou automatiques. Jacques Donguy (né en 1943), proche aussi de Pélieu, dans *Éros + Thanatos*, 1972, *Vivarium*, 1977, quête dans les rues animées un univers à la Méliès façon contemporaine, montre les éléments rencontrés en chemin, êtres, objets, dans un réalisme mêlé de fantasmes, de souvenirs littéraires ou historiques. C'est une caméra folle, un vivarium avec des animaux de toutes sortes, les mots qui marquent l'époque de l'écriture.

Till l'Espiègle éclaté, 1977, est un titre significatif de Didier Arnaudet, fondateur de la revue *Zone* où il s'intéressa aux rapports entre la poésie et la science-fiction, la politique, les mythes U.S.A., ou encore Arthur Cravan. Il nous dit : « L'écriture pompe la salive de celui qui ne dit rien... » Si « le récit se brise / sur les récifs de la page blanche », il orne son poème de noms propres comme un mur de posters, joue sur les majuscules et les parenthèses, mêle mots pour les sens et les sons, offre des narrations-confidences, et dans le jeu de neuves préciosités, on distingue une voix qui voudrait se dégager des décombres et des scories du monde actuel.

On peut glaner chez Marc Villard (né en 1947) le polar, Goebbels, Cesare Pavese, la « swing-civilisation », Reagan, etc., noms et mots du jour ou de l'histoire qui apparaissent dans des textes non pas éclatés mais où on s'éclate. « Je rampe / sur le sexe de l'Histoire », écrit-il et il sollicite les mythes corporels, la passion, les tensions, les râles en images rapides, efficaces qui montrent et font entendre, et que le verbe et son énergie unissent, font cascader comme dans un film en délire, mais on s'aperçoit que ce délire est dirigé, même si les notes s'échappent de la portée. Marc Villard a été scénariste et dialoguiste du film *Neige*, 1981, de Juliet Berto et Jean-Henri Roger. Titres : *L'Amer*, 1971, *Dernières Nouvelles du paradis*, 1974, *Nous sommes ailleurs*, 1976, *Mouvement de foule autour du bloc 9*, 1979,

Nés pour perdre, 1980, *Corvette de nuit,* 1981. Aussi bien en prose qu'en vers, Villard manifeste la même ardeur créative.

Jean-François Morange (né en 1949) chante en liberté comme un routard rêvant Kerouac, petites et grandes filles, vin yougoslave ou « thé de la désespérance ». La Bretagne rejoint Chicago, saxophone et whisky, et le poète chante de doux airs pour accompagner solitude et désespérance, nostalgie et ivresses en homme plus sentimental que violent. Luc Richer (né en 1956) est guitariste dans un groupe rock. Avec *Gordon Jungle,* 1981, en prose nouvelle, il salue Bob Dylan, boit les « bières solaires », traduit sensations, variations de la lumière, et, nostalgique, cherche dans le multiple quotidien ses raisons de vivre. Richard Belfer (né en 1954) dans *Princesse de la folie mon miroir peut-être,* 1973, jette les images glanées en chemin de réalité ou d'un onirisme provoqué, à moins que ce ne soit sur « l'immense autoroute de nulle part » avec au passage quelque délicatesse : « Elle baissait ses paupières / comme un soleil qui se couche... »

André Benedetto, s'il a des choses à dire ou à crier le fait en y mettant toute son énergie, toute une violence marquant un engagement politique non pas théorique mais actif. Dans ses poèmes, on rencontre Rosa Lux (Rose et lumière : Rosa Luxemburg), Karl Marx, Che Guevara, Fidel Castro ou le poète Pablo Neruda, mais ce ne sont pas les œuvres d'un engagement conformiste. Il y a de l'ardeur et les mots de la colère n'interdisent pas la mélodie efficace. Ainsi dans sa *Ballade de Bessie Smith* dont la lecture est chant : « La grande Bessie qui chantait des blues / Est morte à Memphis dans le Tennessee... » Après tout cela peut être aussi magique que certaine fille de Minos et de Pasiphaé. Des titres : *Urgent crier,* 1966 et 1972, *Les Poubelles du vent,* 1971.

Michel Alalusquetas (né en 1948) sait ne pas abuser du vocabulaire « in ». De curieuses images comme celle d'un « Nemo en iceberg progressiste ». Il dit : « J'invente par ennui », se confie avec sincérité, dit ce que l'époque a de fugace, de fragile en montrant de la sensibilité et en sachant que la vie est ainsi faite, ses éléments étant poétiques. Un beau titre : *Reconstitution d'un cahier d'origine,* 1980.

Il y a chez bien des poètes de cette génération, derrière colères et désir d'un monde nouveau du langage, recherche d'une pureté, d'une nudité, on le voit dans l'intimisme neuf de Jean-Louis Manoury qui farcit ses vers de mots venus d'Amérique comme beaucoup en y prenant plaisir comme s'il s'agissait d'ornements. Titres : *Éclipses, Identités, Dates limites,* 1976, puis des romans, des contes, *Palais Lascaris* ou *La Pointe du Hoc.*

Robert Piccamiglio (né en 1949) procède de cette esthétique mais il a le bon goût de ne pas abuser de ces matériaux et de les utiliser sans se laisser envahir. Il a le sens du réalisme et de la narration, ce qui donne de la véracité à ses incursions dans l'univers viscéral comme dans le monde qui nous entoure. Parmi ses œuvres : *From,* 1977, *Les Écritures,* 1978, *Nicaragua,* 1979, *Federale 61 au Nord,* 1980, etc.

Les éléments de la vie triviale, les peurs, la tristesse ambiante, la mort menaçant de ses pourritures, le sexe fragile, les espoirs de rencontres amoureuses pour lutter contre ce qui nous menace, telle charogne baudelairienne... des thèmes pour Philippe Mac Leod (né en 1954) dans *Images seules*, 1976 ou *Mardi 17 mai 1977*, 1978, entre autres.

Poème/Narration/Fiction/Réalisme.

Dominique Labarrière (né en 1948) a fondé la revue *Rue Rêve* où il s'agissait d'un nouveau réalisme de la ville moderne, avec des poètes comme Marc Villard ou Jacques Donguy. Poète, il offre sa « voix-collage » qui exprime lassitude, sexe, mort, et aussi illuminations, paysages clairs, en prose, sans abuser des mots nouveaux et déjà vieux d'être trop employés avec harmonie et une sorte d'éclairage apaisé. Guy Darol a écrit dans *Jungle* : « Toujours il balance entre la fuite dans le désert et l'exil intérieur. » Et Serge Rigolet : « Dominique Labarrière dévoile la souffrance de vivre " ces instants de grâce négative ", cette mémoire volontaire de l'oubli, avec cette conviction – ô combien romantique! – trop grave pour n'avoir pas à mentir... » Mais on pourrait dire que la nature est là qui l'invite et qui l'aime car, entre deux éclats de cuivre, elle offre une musique plus douce. Ses titres sont parlants : *Nostalgie du présent*, 1977, *La Pratique de l'émotion, Une cure d'inefficacité*, 1986, *Exploration de l'ombre*, 1988, etc.

Jean-Yves Reuzeau (né en 1951) coanimateur de *Jungle* et des éditions du *Castor Astral* invente une nouvelle narration, par exemple phrases séparées par des tirets, chacune d'elles portant plus de force, de rythme, de halètement. Le phrasé est net, réaliste, serré, sans mots inutiles. Une leçon d'efficacité. Et même ton dans les poèmes marqués par « les fibres chronologiques du regard ». L'œil se fait caméra et les mots portent des images rapides ou ralenties (le « ralenti de la tendresse »). Des barres obliques simples ou doubles (comme faisait Raymond Roussel avec ses parenthèses) pour marquer les blancs. Des recherches au service d'une originalité. Les thèmes sont lieux et corps, rapports entre les êtres, spectacle ou roman policier sans les lieux communs, mais des clichés, ceux du polaroïd. Et la vie qui va, forte, contrastée, réelle. Des titres : *Blues des petites solitudes séquentielles*, 1976, *L'Œil biographe*, 1976, et ce titre où le calembour semble rejoindre quelque hasard objectif : *Rauque Haine Rôle*, 1977, etc.

Jean-Pierre Chambon (né en 1953), auteur d'*Évocations de la maison grise*, 1981, a souvent collaboré avec Charles Raby (né en 1955). Ainsi, *Les Mots de l'autre* est composé de séquences en prose qui se répondent. Riches de pensée, elles montrent que la narration lyrique n'est pas d'un autre temps dès lors qu'apparaît le sel de la modernité. Charles Raby a traduit John Donne, Pär Lagerkvist et Peter Riley.

Vim Karénine (né en 1933) dans *Graffitis pour les murs de demain*, 1976, offre chants polyphoniques, inventaires et collages, informations, images, événements et se compose la ville fascinante devenue présence physique. La prose poétique, rapide, syncopée, envoûtante vous entraîne dans ses avenues.

Chez Marc Questin (né en 1953), comme chez ses contemporains, les titres sont significatifs : *William's cocktail*, 1970, *L'Ange noir en arc-en-ciel*, 1974, *Hiéroglyphiques incantations*, 1980, *Norvegian polaroïd*, 1980... Il inventorie ce qu'il aime, polars et westerns, kitsch et bistrots, drogues et discussions hallucinées, avec le goût du narratif et celui « gombrowiczien de l'Immaturité ». De ses blocs de prose compacte, il trace un portrait de lui-même et de son entourage social.

La revue *Bunker* a publié nombre de ces poètes. Son fondateur, José Galdo (né en 1952), est l'auteur de *Le Moribond dynamique*, 1974, *Glas d'ère*, 1976, *Lutte vulva*, 1977, où il joue sur la musique des nerfs, le désespoir actif et les avatars des corps, propos qui se sont élargis dans des œuvres comme *La Vierge de Nuremberg* ou *La Nouvelle Danse des mots*, 1987, explorations de domaines où l'émerveillement le dispute à l'effroi, la nouveauté et la modernité explorant des territoires révélés dans une lumière nouvelle, belle d'être noire.

Présentant sa revue *Chien fou*, Philippe Pissier (né en 1963) a donné sa conception de la poésie : « La poésie doit être outil de libération de l'esprit. L'on doit alchimiser la réalité ignoble, la revêtir des couleurs du délire. La poésie est un art de vivre. Et la poésie ne doit plus être séparée de la Vie. » Il s'est donc agi, avec Vincent Bouvot, Jean Nesterenko, Jean-François Roger, de faire partager ses délires. Nous sommes près de l'écriture automatique. La poésie de Pissier a des faux airs de cadavre exquis. On sent une jubilation comme si le poète en coulisse épiait son poème en se demandant ce qui va se passer. Un titre : *Tage Hoche Cooll*, 1980.

Jean-Pierre Begot (né en 1934), de *G. R.-D. Dada*, 1974, cet hommage, et *Autre la nuit*, 1977, à *Petite Suite américaine*, 1986, dans sa narration, procède par approches d'un sujet, imite un discours autre, et, durant ce temps, écoute et recueille les sons, les bruits, les voix, les images floues qui vont se préciser, comme lorsqu'on fait le point au cinéma. La parole qui paraissait lente prend de l'accélération, et ce sont des voyages rêvés ou réels, des images qui se télescopent, jettent leurs saccades comme dans un spectacle des mots pour se garder du néant.

Françoise Thieck (née en 1940) aime la « grande liberté cruelle » et lutte contre la mort des mots. Elle se défie de la ponctuation contraignante, place des chiffres parmi ses mots, use à bon escient des pouvoirs de la typographie. Elle peut ainsi offrir des instantanés, inscriptions de la publicité, vocables épars dans la ville, avec un mélange de fragilité et de force, de retrait et de présence, toujours en gardant les yeux ouverts et la plume prête à traduire aussi bien les images vues que les sensations du dedans. Elle a publié la revue *Midi* et des titres comme *Fragments*, 1970, *C'est la fin de l'été*, 1970, *La Baignoire verte*, 1974, ou encore *La Capture imaginaire*.

Théo Lésoualc'h (né en 1930) a publié *Histoire de la peinture japonaise*, *Érotique du Japon*, plusieurs récits et romans aux *Lettres nouvelles* de Maurice Nadeau, des poèmes comme *Premier Geste d'avant l'aube*, 1982. Il a étudié la sculpture, l'art du mime, autre sculpture, parcouru le monde, vu, ressenti, retenu, pour offrir des messages sous-tendus d'intériorité et d'énergie. La parole en liberté (prose, poème, qu'importe!) prend le large, montre des métamorphoses, apporte des réflexions sur le monde moderne, la création, interroge l'absence, la question des questions, la mort, les mots, la vie. Il a ses options, il écrit « contre l'aliénation du mot dénaturé » et « pour le réarmement du mot». Une poésie de mouvement qui soulève, entraîne, exalte, le contraire de l'immobilité.

Ça va mal tout va mal, 1975, est un titre de Béatrice de Jurquet, mais le livre vaut mieux. S'il s'agit de sensations, d'impressions, de choses fugitives, les phrases serrées sont le moteur d'images insolites, oniriques où rythmes du corps et rythmes de l'écriture se confondent.

Jean-Jacques Schuhl (né en 1941) avance toujours « par contradictions, par bonds » pour prendre en défaut ceux dont il parle dans de longues proses-poésie où défilent, nés de l'onirisme, les personnages les plus divers dans les situations les plus inattendues ou saugrenues : Hamlet sur la Canebière, Mao Zedong à Miami-Beach, « Proust dans un bordel infect crevant les yeux d'un rat avec une aiguille à chapeau » et dans le montage tout est possible, tout reconstitue un univers bis par la faveur des ondes d'un télex fou mais souvent révélateur de l'arrière-plan des choses. Titres : *Rose poussière*, 1972, *Télex n° 1*, 1976...

Corps d'écriture.

Les centres d'intérêts les plus fréquents d'une génération sont la nouvelle réalité urbaine, la révolte ou le rire grinçant devant une civilisation absurde, la tentation du néant, l'amour et le sexe, les sensations et l'écriture des corps : corps et sexe, corps et ville, corps et cosmos, corps et rêve, corps et société, corps et révolution, poèmes physiques, organiques, viscéraux, corps lapidaires ou corps éclatés.

Né en 1948, Alain Jégou (*Vivisection*, 1973, *Fleurs scalpées du silence*, 1974, *La Robe-suie des sentiers suicidaires*, 1978, *Opaque*, 1980...) nous apprend qu'il passe ses nuits sur un chalutier déglingué des Glénans. Ses paysages corporels passent du « tendre des lits d'écume » et de « la musique des pores » à d'autres plus cruels et plus exacerbés avec « des tumultes, des bouillonnements et des vibrations / des murmures et des cris ». Il y a des séquences d'agression et la sensualité rejoint la blessure quand le corps se heurte aux durs matériaux. Cette poésie où la merveille et la beauté côtoient l'immondice, où s'ouvrent des portes infernales, dérange, prend aux tripes en flots d'images fortes qui tenaillent, brûlent, déchirent, montrent notre faiblesse d'animaux sans carapace et l'on ne connaît guère d'équivalents aussi forts.

Jean-Marc Debenedetti (né en 1952) est aussi excellemment poète que peintre et sculpteur. Comme les surréalistes du beau temps du *Minotaure*, il sait réunir les artistes dans sa belle revue *Ellébore* où l'on imagine des tutelles invisibles qui pourraient être celles d'André Breton ou de Benjamin Péret. Lui ont rendu hommage Michel Butor, Claude Courtot, Jean Orizet, José Pierre, Joseph-Paul Schneider et Christian Da Silva dans *Debenedetti sur l'outre-vif*, 1986. Au courant de tout l'art de son temps, s'abreuvant à la source onirique et fantastique car, nous dit-il, « la poésie (peut) être un moyen authentique de Connaissance, même et surtout si on essaie tous les symboles, dans le plus grand secret, ainsi qu'un voleur qui essaie un milliard de clés pour ouvrir un coffre vide ». Ainsi, peut-on extraire de soi-même obsessions et fantasmes, se délivrer par l'écriture, par l'attention aux « mots pulvérisés », à « la vie interne des mots » dont il quête les palpitations comme « L'oiseau/dans son rêve de plumes... ». Des titres : *Eau fixe*, 1971, *Comme on boit l'hirondelle*, 1974, *Rictuels*, 1976, *Avant l'aube*, 1977, *A Midi l'autre rive*, 1982, *Momies et autres textes*, 1984. Salutation du corps « de lianes et de harpes folles », douleur qui a traversé les nuits pour le rejoindre, ce sont toujours des sensations physiquement éprouvées, celles de l'autoroute ou des H.L.M. Il a le goût des images très belles, celles qu'on reçoit dans l'abandon et que l'on perçoit avec un regard ardent.

Né en 1947, Alain Simon (*État du cœur*, 1971, *Déhiscence lasse*, 1972, *Rien le poète*, 1974, *Cérémonies nerveuses*, 1976, *La Fille en gouache*, 1976...) nous dira : « La mort n'est qu'un peu de lumière trop forte. » Il goûte, il hume, il caresse, il étreint la vie dans les fleurs et les corps et fait naître des sensations, ainsi auprès d'une endormie pour ces « cérémonies nerveuses » et des liturgies douces qui le hantent. Son univers, sensuel et coloré, se prolonge chez le lecteur en d'intenses vibrations.

Jean-Louis Giovannoni (né en 1950) auteur de *Garder le mort*, 1975, nous dit : « On ne caresse jamais / l'intérieur d'un corps » et aussi « On meurt / par effondrement / les os / vers l'extérieur ». Poésie poignante du corps dans sa mort et outre-mort écrite avec retenue et contention comme chez un Guillevic. Humour noir ? Non, examen clinique et poétique qui jette du froid le long de l'échine tant l'observation est concrète, sans recours à des images dites poétiques.

Né en 1945, Daniel Odier (*Nuit contre nuit*, 1972) écrit lui aussi un poème serré jusqu'au laconisme pour mettre au jour des plaies, des calcinations, un monde d'entrailles avec la « présence d'une ville / écroulée en ma chair ». Cela tient de la geste sexuelle en raccourci, de l'hallucination nocturne, d'une flottaison dans un cauchemar qu'on observe avec lucidité.

Comme lui, Jean-Claude Schliwinski (né en 1957), auteur d'*Atteintes*, 1980, est hanté par le corps et ses viscères et il y a quelque chose de chirurgical dans le poème tout en chair, en sang, en os et en cartilages. Poésie au scalpel, toujours concrète et cependant fort étrange.

Le *Discours de la fatigue*, 1972, de Jean Frémont (né en 1946) peut être pris comme une exploration de la douleur physique et une tentative de voyage dans l'après-mort. On est à l'écoute d'une autre musique venue du corps et des soleils intérieurs qui s'exprime comme un archet subtil jouant sur des nerfs. Tout est sensations, vertiges, tournoiements, calme soudain, longs flottements de la phrase, arrêts précis, malaises, sourire pâle, humour quand même bien que douloureux, ineffablement.

Né en 1947, Ghislain Ripault (*L'Extravagance des muets*, 1972, *Le Singe de l'encre*, 1973, *Charcute-moi les sabots du sphinx*, 1975, *Pornoccident ô mon amour*, 1977...) est un créateur de métaphores où ville et corps se rejoignent dans l'originalité d'une écriture où l'on cherche dans les mots la sonorité et le relief avec l'apport de significations inédites. Cette poésie fondée sur la recherche d'unions concrètes et sonores, qu'elle caresse ou qu'elle blesse, se fait l'écho de correspondances inattendues.

Auteur de *Eviti hak evidout*, Glaodina Provost (née en 1951) offre « le texte obscur de son ventre » à « celui qui la connaît depuis les origines » et il s'agit sagement de mariage. Ici, le corps s'inscrit dans la nature, terre et mer, plantes et oiseaux. L'amour recrée des jardins où tout est offrande : le poème devenu demeure, le rire fertilisant, les mots s'inscrivant dans le rythme universel avec un certain bonheur.

Né en 1948, Alain Remila (*Objet à perte de vue*, 1968, *La Somme instrumentale*, 1973...) est attentif à l'objet non pas inerte mais soumis aux métamorphoses et aux mouvements de la vie et, par-delà, au corps qui les perçoit, aux gestes, au toucher, à toutes sensations. L'univers apparaît en attente, en danger de dissolution ou de putréfaction. Après 1973, un long silence si l'on excepte des poèmes dans *Argile*, *Digraphe*, *Ivraie 1* mais on sait que Remila poursuit son œuvre, ne publiant pas mais calligraphiant lui-même ses poèmes, en attendant que certaine *Source précaire* ainsi entrevue soit imprimée et diffusée – car les poèmes plus apaisés et plus expressifs en valent la peine.

Jean-Paul Gavard-Perret, auteur de *Corps de pierre*, 1976, dit « mon sang n'est que béton » et c'est l'assimilation du corps fragile à la matière plus durable, plus dure, un désir de minéralisation, de pétrification qui fait naître des images concrètes souvent fort belles. Née en 1940, Michelle Bloch (*Doctorales*, 1971, *Alambic*, 1973, *Textile*, 1975, *L'Envie*, 1980...) explore des univers qui peuvent être la ville en voie de perdition ou les parures du corps de la petite fille qu'elle était, avec finesse et sens de l'observation. L'auteur de *Hirondelle en sagaie*, 1980, Agnès Beothy (née en 1949), dit « la chair aux mille feuilles, épaisseurs du monde », le « sein de jais » qui est l'espace. Des vers courts s'offrent « au poète poli / du tranchant de marbre baisé ». Elle mène bestiaire et lapidaire avec une écriture nette, délicate, ornée de préciosité ou de baroquisme. Claude Ber, auteur de *Lieu des éparts*, 1972, offre de curieux tissages de mots, des toiles, des grains de peau, des gestes au cœur d'un univers qui se fissure sous nos yeux, avec un usage du temps qui rappelle celui de la tapisserie de Pénélope.

Michel Alvès (né en 1942) a écrit *Des lois naturelles*, 1972. On trouve là des somptuosités dignes de Gongora. Il évoque « Philippe II vêtu de noir » ou « Louis XIII, le joueur de mandoline », il admire scorpions et pieuvres, unit alphabet et sarcophage, énumère le « lexique des pierres », voyage dans un cosmos familier, utilise les bijoux et les joyaux de l'érotisme avec l'art le plus sûr, et ne craint pas de nommer les choses par leurs appellations familières et tant pis pour les pudibonds.

Guy Benoît (né en 1941) est le maître d'œuvre de la revue *Mai hors saison*. Nous signalons un *Collectif Paul Valet* (1905-1987), ce poète, ce rebelle solitaire rencontré dans un précédent volume, et aussi un numéro pour *Francis Giauque* (1934-1965) qui était, comme Théo Lésoualc'h, Norman Bourque, Philippe Dubois et quelques autres, un collaborateur de cette sympathique revue. Pour les œuvres personnelles de Guy Benoît, on peut parler de constant renouvellement. Il bouleverse les habitudes langagières, fait crépiter les mots dans un tir nourri, emploie un vocabulaire nouveau et excelle à créer par le poème des états physiques. Transgressions, saccades, phrases éclatées, riche et généreuse inspiration. La vie brûle pour mieux se recommencer dans l'enthousiasme de la création écrite. Titres : *Interminable Sang, Manière d'amiante, N'importe qui mon corps*, 1977, *La Matière hésitante de l'amour*, 1980, *Que tout itinéraire*, 1983, *Tête lointaine dans le milieu du monde*, 1987. Peu à peu son art s'est épuré, dépouillé, ordonné, et c'est une ombre lumineuse qui se veut présence au monde.

Parmi les poètes de *Mai hors saison*, on n'oublie pas Jean-Daniel Fabre, auteur de *Ne touchez pas à Fabre, Cantate à Staline, Les Bolcheviks n'ont pas tout pris, Paroles attestées par le cristal*, 1988. Son préfacier, Guy Benoît, le dit « pourvoyeur d'hérésies inavouables » et nous trouvons en lui un chercheur de bonheur qui fait des pieds de nez aux idées reçues et n'y va pas par quatre chemins pour dire ses vérités qui sont poésie.

Jean-Louis Avril (né en 1943), dans *Thû*, 1963, à la manière généreuse des surréalistes, laisse éclater une inspiration spontanée quand « les déflagrations de chair bleue enveloppent l'abîme », réinvente le langage de l'érotisme en manifestant d'une force vive dans l'invention incessante des images. Émile Snyder (né en 1925), dans *Faux-papiers* ou *La Troisième Voix*, 1976, unit l'intimité des mots et celle des corps. *Chuis pas un steak*, 1976, est un titre qui évoque Claire Brétécher, il est celui d'un livre de Gérald Scozzari où il s'agit d'érotisme transcendé dès lors qu'il s'agit de quelque masturbation solaire. *D'autres douces attaches*, 1974, *Double blond*, 1977, sont de Jasmine Aubague qui hume « le parfum pénétrant de la nuit » quand « la vie est un homme qui défait son habit ». A citer Ghislaine Amon (née en 1951) pour le charme de son *Petit Vélo beige*, 1977.

Née en 1950, Martine Loigeret (*Écrit sur l'interdit*, 1975, *Le Corps criblé de failles*, 1977...) inscrit le corps dans l'espace, ressent le frôlement des tissus sur sa peau, éprouve la coulée du temps, sensations qui frémissent au long du poème. Encore des sensations physiques chez Guy Authier, né en 1945 (*Os et nerfs*, 1974) avec des poèmes qui sont « fleurs noires, fleurs de sang, chairs en fleurs » comme l'écrit à son propos Michel Rachline. Les poèmes sont jetés à l'état sauvage. Lumineux souvent, ils disent « les révolutions organiques », le sexe, la peau, les yeux, les ivresses.

Né en 1946, Daniel Habrekorn (*104 textes*, 1971, *Ce qui arrive*, 1972...) a le don de transformer une idée ingénieuse en poésie, par exemple quand le Jardin des Plantes, plus que des animaux, présente des signes de ponctuation (comme Jarry lorsqu'il faisait des arbres avec des noms d'instruments de musique anciens). Habrekorn narre des rencontres à la manière du parapluie et de la machine à coudre, et cela peut être la timidité et la biscotte, le « stylo-mange-mots » et la « grande mort cérébrale ». Il parle de son sexe comme d'un « petit dieu illogique et têtu dans sa beauté qui défie toute intelligence ». Cherchant la poésie au plus près, elle semble venir d'un pays lointain, pure, régénérée.

Danièle Auray offre ses *Transparences* et Charles Le Quintrec parle d'une « musique intérieure susceptible de surprendre l'homme dans son élément cosmique ». La poésie est limpide, économe de mots, comme lavée des scories. On trouve une sensualité délicate dans la célébration du corps, des effleurements de peau se liant à l'universel.

L'absence, la blessure, les tremblements, le nu, la peau, la langue, le nom, tout cela vit et bruit chez Yves Lemoine (né en 1947) dont on cite : *Espace médian*, 1966, *Nociale*, 1968, *D'âge en âge jusqu'au retournement*, 1969, *Deux peaux l'apparence*, 1972, ou *Tu oublies son nom, roman*, 1977, en fait poème du nom perdu, appel à l'autre qui est peut-être soi-même en des lieux nocturnes sous la voix quand « la cécité passe en nous », quand « la mémoire s'arrête là », quête des signes d'absence où la voix même devient corps.

Avec Jean-Paul Dumont (né en 1940), et surtout dans *Hasard coagulé*, 1970, on s'enfonce dans « l'écroulement nocturne de montagnes cruelles » et ce sont d'étranges carnages, des apparitions de rapaces, d'une nuit dévoreuse, en tant de sensations quand les chairs s'assoupissent, quand « les mots échappés se repaissent de nerfs ». C'est physique, viscéral, tout d'explorations cruelles du corps, d'expressions exacerbées, d'impressions diffuses.

Maxime Benoît-Jeannin (né en 1946), dans *Notices en plaques*, 1971, *Manifeste mamaniste*, 1973, *Plagiaire planant / plage bien planante*, 1976, fait de ses poèmes comme des fragments d'actualités, des flashes, des gros titres pour crier colère, révolte, jeter ses invectives à la société, avec des arrêts sur image de bastringues, stations-services, lupanars, gros plans sur érections, cuisses chaudes, regard vers la science-fiction ou la rue, les hommes et leurs actes, les plus dérisoires souvent, recherche d'un asile pour le sexe, tout cela jeté sur la feuille à la va comme ça vient, manière américaine, authenticité garantie.

Mais si l'on veut plus jubilatoire, plus vieille culture, il faut en venir aux *Blasons du corps et de l'âme*, 1979, de Gabriel Vartore-Néoumivakine dont Guy Chambelland affirme qu'il « est en effet l'hybridation majeure de la Russie d'un Dostoïevski et de la France d'un Racine ; du cul retrouvé (avec la grâce subtile et la force nature des vieux blasons) et de saint Augustin ; du terroir gaulois et de la culture arabe ; de la rhétorique orthodoxe et de la non-bienséance sereine ; de la naïveté et de la roublardise... » mais peut-être pourrait-on aussi parler de la crudité médiévale et des grâces renaissantes. Bonne santé, en tout cas.

Louis Dalla Fior (né en 1949) a publié à *Génération : L'Habitante ou les exercices*, 1971, *Vortex*, 1975, *Canti*, 1975. Il a fait connaître la jeune poésie française par une anthologie en langue espagnole. Lui aussi est à l'écoute du corps physique, nerfs, muscles, organes, mais il voudrait « un être manuscrit », un homme magique loin de la réalité, qui soit dessin ou gravure, et vie cependant. Chez Michel Vautier, auteur de *Wal-Khavenji*, on trouve le féerique, le baroque proche de ses origines, avec ses joyaux et ses pierreries, une manière personnelle de construire un corps arcimboldesque et de le situer dans l'histoire réinventée dans une neuve somptuosité. C'est significatif du regard en soi, vers soi.

Une autre écriture

I

Denis Roche

Denis Roche (né en 1937) fut un des rédacteurs de la revue *Tel Quel* durant neuf ans jusqu'à la publication des textes du colloque Artaud-Bataille en 1973 où sa contribution : *Artaud refait, tous refaits!* ne parut pas. Un an plus tôt, avec *Le Mécrit*, il s'était séparé de ce qui pouvait faire penser à de la poésie, encore que les choses ne se définissent pas tout à fait ainsi. Certes, Roche, homme de caractère, s'élève non sans quelque humour, contre les « cadenceurs merdiques de tous poils »; la poésie étant devenue impossible, il écrit autre chose qui veut faire tout périr en affirmant une création nouvelle; le langage est mis à mal par quelqu'un qui en connaît et en expérimente les ressources; et puis la poésie est trop facilement récupérée par la société : les griefs ne manquent pas. Ici une parenthèse : (Il est vrai qu'à *Tel Quel*, revue fondée par Philippe Sollers, Jean-René Huguenin et Jean-Edern Hallier, dans une première période qui a été qualifiée d'esthétique, il s'agissait d'éprouver, d'éperonner la spécificité de la littérature et l'activité du langage, d'expérimentation extrême dans des rapports avec le Nouveau Roman et des poètes comme Mallarmé, Eliot, Francis Ponge, le plus proche, ou Georges Bataille. Une deuxième période sera dite formaliste avec Sollers, Jean-Pierre Faye, Jean Ricardou, le poète Marcelin Pleynet prenant pour objet du poème l'écriture même. La troisième période sera théorique autour de la figure marquante de Julia Kristeva, et la quatrième politique (cela tracé à grands traits car il y a bien sûr des interprétations). La revue disparaîtra en 1982, *L'Infini* lui succédera en 1983, mais cela est une autre histoire. Nous parlons ici des poètes proches de la revue.

Denis Roche, poète, a-poète, anti-poète ou poète « autre » est à situer durant un temps dans ce contexte, il sera surtout à considérer en lui-même, profanateur de charme, exterminateur souriant, fustigeur sympathique (ou, du moins, le voyons-nous ainsi), créateur à coup sûr, qui annonce : « La poésie est inadmissible. D'ailleurs elle n'existe pas... » ce qui pourrait nous faire de la peine. Il ne niera cependant pas son goût des mots et de leurs agencements, mais des mots pris dans leur matérialité, leur sensualité, leur érotisme plus que dans leur sens et il ne résistera pas aux prestiges précieux selon un nouveau baroquisme qu'il fallait bien inventer. Mais celui qui déclare l'inadmissibilité de la poésie aura par les soins de son ami Christian Prigent un volume dans la collection « Poètes d'aujourd'hui ». Paradoxe? Peut-on être et n'être pas à la fois un poète? Il s'agira pour Prigent, et il le fait savamment, « de montrer en quoi cette contradiction soulève l'une des questions essentielles de la *modernité* tout en révélant « la radicalité de l'œuvre de Denis Roche *(Récits complets, Le Mécrit, Louve basse),* l'une des tentatives majeures de ce temps ».

Les œuvres : *Récits complets,* 1963, *Les Idées centésimales de miss Elanize,* 1964, *Éros énergumène,* 1968, *Carnac ou les mésaventures de la narration,* 1969, *La Liberté ou la mort,* 1969, *Trois pourrissements poétiques,* 1972, *Le Mécrit,* 1972, *Louve basse,* 1976, *Matière première,* 1976, *Théorie cure aiguë rien à faire,* 1976, *Antéfixe de Françoise Peyrot,* 1978, *Notre antéfixe,* 1978, *Dépôts de savoir & de technique,* 1980. Denis Roche a traduit Ezra Pound, Harry Mathews, Edward Estlin Cummings, Charles Olson, Charlotte Brontë, William Blake. Des numéros spéciaux lui ont été consacrés par les revues *TXT* et *Textuerre.*

Le premier volet de l'œuvre est celui du mouvement, du texte comme « arête rectiligne d'intrusion », agression et débordement du lecteur, dérision du genre. Roche s'attaque à ce qui, pour lui, est mort ou n'en finit pas de mourir, poésie idéaliste, humaniste, métaphysique, lyrique tenue pour rétrograde et à laquelle Rimbaud, Mallarmé, Lautréamont ont porté des coups sans qu'elle cesse de perpétuer les goûts bourgeois, tout en étant récupérée (comme risque de l'être quelque jour Denis Roche lui-même). A travers le combat, l'analyse des pourrissements, le champ de bataille reste sur le terrain de la poésie qui, détériorée, autopsiée, semble encore imposer sa présence et sa loi, la destruction n'étant jamais totale. L'érosion du poème tel qu'il est convenu se pratique au cœur même des poèmes de Denis Roche qui en sont le lieu d'expérimentation, des missives précieuses des *Récits complets* à ce qui suivra, lentement, irrémédiablement. On lisait :

> Je vous parle avec confiance les lettres ont des
> Mains qui enseignent l'art du colporteur
> Les marmites de terre cuite jalonnent le terrain
> Qui est inculte au point que les cailloux n'ont
> Pas l'air de peser...

Mais si! il s'agit encore de poésie. On pourra aussi bien marier la célèbre miss Elanize (de « miscellanées » : choses mêlées) et l'éros énergumène où l'on ne dédaigne pas le collage, où l'on va chaque fois plus avant pour nous raconter l'agonie de la poésie, la mort et la préparation des obsèques, pour un jeu de massacre où l'on prépare soigneusement les pantins en se référant à ceci ou à cela qui vient du passé et existe encore, en le réinventant caricaturé, bouts rimés par exemple commencés et abandonnés en route. A-t-on assez parlé du jeu et de la joyeuseté, du chat qui joue amoureusement et finit par sortir ses griffes? Peut-être d'un certain plaisir d'esthète à jouer des citations, fussent-elles destructrices? Et pourquoi, tout en étant en désaccord, un fervent de la poésie combattue, dédaignée, méprisée, trouve-t-il à cette lecture un plaisir impur ? Il y a, dans ces livres du temps des activités de patrouille avant la charge héroïque, de la diversité et même un n'importe quoi déjà qu'une sorte d'instinct amène à ne pas être vraiment du n'importe quoi.

Voici les années 70 avec les « pourrissements » et *Le Mécrit*. S'ouvre un nouveau volet dans cette œuvre. C'est un livre-tombeau de la poésie, avec ses inscriptions impies sur la pierre, épitaphes à la chose morte en même temps qu'à celui qui meurt de l'avoir tuée, Saint-Just marchant vers l'échafaud. Par perversion, sont reprises les lignes de force des poésies classiques et modernes pour en démonter le mécanisme, pour parodier, caricaturer, faire éclater le mythe qui les porte. Non seulement Landru séduit, mais il torture, il tue, il dépèce, il jette au feu. Nous sommes loin du surréalisme, loin des poésies électrique ou froide qui tentent de capter les images du monde moderne. Ici on ne voit que du feu.

Roche nous étonnera toujours. Ainsi, l'arme poétique ne lui suffisant plus, une prose qu'on peut dire romanesque prend la succession. Adieu poèmes. Il y a même des personnages : Le Râteau (c'est Artaud), Bourrique-Rousse (c'est Burroughs), Gai Tuyau (c'est Guyotat), Moi-l'Écrivain (c'est l'auteur, l'acteur, l'objet et le sujet). Comment éliminer la tentation du poème sinon en éliminant l'écrivain lui-même ? Cérémonie baroque, apparition de photos, les textes ne sont pas mis en place selon les règles, Éros devient défécateur, pornographe, gymnaste. Et c'est ce cadavre de l'écrivain en état de décomposition avancée qu'on décrit. Et l'on cite des auteurs cependant, on s'enfonce dans ce que l'on veut détruire : le paradoxe dont nous parlions. Car, enfin, ici la littérature est plus vivante que jamais, certains peuvent parler de chef-d'œuvre. Le constat de décès est un constat de naissance ou de renaissance. Ô Phénix !...

Les textes, où qu'ils soient, sont un spectacle typographique dont on ne saurait donner une idée ici. Cela peut être bardé de traits comme un manuscrit de Balzac, séparé par une colonne comme un registre de comptabilité, encadré, avec des inscriptions énigmatiques dans les marges, etc. Christian Prigent compare à des alignements de menhirs. Denis Roche a taillé dans l'écriture comme un sculpteur dans la pierre avec un certain frénétisme. Ont surgi des œuvres étranges qu'on peut longuement interroger et qui, elles-mêmes, questionnent ou suscitent cent et cent questions sur l'acte créateur, suscitent, peut-être, un autre entendement.

Et vint le temps des antéfixes, « sortes de portraits friables, belles statues de textes à la dimension des hommes et des femmes de mon temps [...] qui traitera donc des personnes, mais aussi des lieux, des moments et des actions », nous dit Denis Roche, et aussi : « Le tout se voulant comme le chant général que poussent à qui mieux mieux les gens et les choses, chant furieux de beauté et d'évidence, impossible à ne pas entendre dès qu'on demande à regarder d'un peu plus près les écrits du monde. » S'ajoute l'essentiel, les portraits d'un reportage photographique où Narcisse regarde Narcisse se regardant par la grâce de l'appareil à déclenchement automatique. Il s'agit aussi du portrait d'un amour : il a beaucoup aimé, il lui sera beaucoup pardonné.

Quoi au fond? De nous avoir ramenés au point zéro, à la « métaculture » issue d'une putréfaction de la culture, d'avoir bricolé, fouillé parmi les ruines et les déchets, d'avoir réuni des éléments hétéroclites, monté des coups en en démontant d'autres, collé et racolé? Son entreprise n'est-elle pas déjà datée? Sert-elle à quelque chose? Quelles que soient les réponses que l'avenir apportera, quelle que soit sa démarche future (et s'il écrivait des sonnets?), on lui reconnaîtra une intelligence des textes et de la joyeuseté plus que de la hargne, un art de bâtisseur jusque dans la destruction.

2

Marcelin Pleynet

« L A poésie, écrivit Marcelin Pleynet, survit et meurt de feindre son appartenance à un contexte socio-culturel avec lequel, depuis bientôt près d'un siècle, elle n'entretient plus d'autre communication que de malentendu. C'est selon moi beaucoup plus cette feinte, ses manques à un état et à sa vérité que sa complexité et ses excentricités qui enferment la poésie moderne dans le ghetto des ésotérismes et la coupe des forces et de la dynamique des langues vivantes. Cette situation n'est bien entendu pas sans lien avec l'histoire même de la langue... » Il se disait « persuadé que la *lecture* de poésie ne peut plus désormais faire sens qu'à déclarer inintelligible toute feinte complicité dans l'ordre d'un contexte culturel moderne, et qu'à préciser sa vocation initiale, *baptismale*, à l'intérieur de la langue... » Il constatait que le langage poétique dominant pendant vingt siècles en est venu à perdre sa souveraineté au profit du langage romanesque, que la poésie des cinquante dernières années s'est mise sous la dépendance du philosophe ou du psychiatre avec des puérilités psychologiques d'où nous extraira la découverte freudienne qui nous fera quitter l'ère de la psychologie, d'où la question posée à nouveau du langage poétique « en ce que à travers la crise de la psychologie (et de la philosophie) il peut seul, en tenant compte de l'histoire qu'il a traversée et qui le traverse, répondre de la morale et garder ainsi la mobilité d'un sujet qui ne saurait être désormais ni philosophique ni religieux ».

De Marcelin Pleynet (né en 1933), la « navigation risquée, véritable voyage sur les flots du langage » dont a parlé Philippe Sollers, commença par *Provisoires Amants des nègres*, 1962, *Paysages en deux* suivi de *Les Lignes de la prose*, 1963, *Comme*, 1965, ces ouvrages réunis dans *Les Trois Livres*, 1984. Plus tard suivraient *Stanze*, 1973, *Rime*, 1981, *Fragments du chœur*, vers et prose, 1984, des plaquettes : *Ma destruction*, 1980, *Conversions*, 1983, *L'Amour vénitien*, 1984. Soulignons l'importance des essais : *Lautréamont*, 1967, *L'Enseignement de la peinture*, 1971, *Système de la peinture*, 1977, *Art et Littérature*, 1977, *Situation de l'art moderne*, 1978, *Transculture*, 1979. Enfin, le *Journal : Le Voyage en Chine*, 1980, *Spirito peregrino*, 1981, *L'Amour*, 1982. Un roman : *Prise d'otage*.

Secrétaire de *Tel Quel* dès 1962, puis à *L'Infini*, critique d'art, essayiste, critique, Marcelin Pleynet est un homme savant, un homme de conscience et non d'innocence et ses théories sont souvent séduisantes. Il n'empêche que « Marcelin Pleynet est avant tout un poète, mot qu'il faut employer à son égard avec toute la charge de sauvagerie et d'intransigeance qui fait défaut, d'habitude, à des exercices exténués du même nom ». Voilà ce que nous ne pouvons que répéter puisque Sollers l'a dit le premier.

Certes, on peut trouver une rupture avec le sentimental, les états d'âme au profit d'images violentes, viscérales, une réflexion sous-jacente sur la création de l'écriture, les relations entre les figures verbales et visuelles, mais n'est-il pas permis au lecteur si peu averti qu'il soit et pas tout à fait ignorant de prendre plaisir au texte, d'avoir l'innocente ou puérile joie de glaner des images (ô langue baptismale!) comme nous le faisons ici? :

> Des bouches qui ne disent que leurs dents...
> Architecte de moi-même dans l'éternité mâle...
> L'aube mordait le sable d'un sourire gris...
> Orient où les vierges sont violées par l'odeur des perles...
> L'arbre sans racine marche vers un feu mortel...
> Les enfants s'étendent dans un cauchemar de laine...
> Et les matins sont comme des oiseaux attachés...

ou encore « le mur du fond est un mur de chaux » désignant selon Michel Foucault « la blancheur du fond, le vide visible de l'origine, cet éclatement incolore d'où nous viennent les mots, – ces mots précisément ». Et Pleynet a écrit en 1983 : « *Les Trois Livres* marquent pour moi le départ d'une aventure libre dans la partition d'une langue qui résonne aujourd'hui comme hier en corps et maintenant. » Par-delà les assimilations de l'analyse, la dimension et la liberté d'être de la parole, dans l'harmonie et la clarté, offrent cette très vieille chose : le plaisir au poème. Et qu'importe si ce n'est pas là le but essentiel.

Si dans *Comme*, le poète offre sujet et mode de lecture, fait un « livre de l'usage des règles », dans *Stanze*, le projet s'étend et l'auteur offre des clefs. La cosmogonie chinoise en neuf pièces, neuf chants (quatre publiés), les personnages ou symboles (le Moine, le Singe, le Bandeau d'or), les cinq systèmes de l'histoire selon les cinq modes de production du système marxien en sont le fondement. C'est l'épopée du langage à la rencontre des modèles, Homère, Lucrèce, Dante, qui se conjugue, nous citons Claude Bonnefoy, « avec la libération de paroles refoulées ou réprimées (celles du sexe, de la révolution) pour refaire de la poésie le lieu, le nœud dramatique de la confrontation du poète à son histoire et à son Histoire ». Sous-entendue une nouvelle pratique de la poésie et cette recherche d'un accord avec les œuvres du passé comme ce sera le cas dans les *Fragments du chœur*. Auparavant, *Rime* apparaît comme un ensemble de poésies en marge des œuvres majeures sous les signes de l'amour et d'une lumière qu'on pourrait dire mystique. Les mots se répandent en liberté dans la page, les lettres s'envolent, un dessin apparaît où une litanie en un bloc de dix pages serrées composées d'une simple numérotation en lettres de zéro à deux *mille e tre*, ce qui laisserait à penser que l'auteur se moque un peu du monde ou de lui-même, ce qui est son droit, mais on peut aussi trouver deux mille trois significations si l'on veut.

L'œuvre entier est une réflexion sur le langage, le mot pris comme un corps, et sur la poésie, lieu du désaccord et de la contradiction, laboratoire du conflit avec la société et l'histoire. L'itinéraire intellectuel est tracé aussi bien dans les essais que dans le Journal ou dans le cours des poèmes. Le poème a inventé son système comme son art poétique. Il y a une résistance contre la langue de bois ou le régime de plomb, un questionnement incessant non seulement opéré dans le bel aujourd'hui mais aussi dans l'histoire et l'histoire littéraire, la recherche d'une limpidité de la langue, une revendication d'identité dont le poète sait le pouvoir créateur. Le poète, sans le dire, revendique le droit intellectuel, aussi est-on tenté de ne point trop l'intellectualiser : avant tout un poète, c'est indéniable.

Un ouvrage le concernant : *Marcelin Pleynet, le chant et la raison critique*, par Jacqueline Risset, et de nouveaux poèmes : *Plaisir à la tempête*. Cela en 1988.

3
Jean-Pierre Faye

Parmi les poètes de sa génération, Jean-Pierre Faye (né en 1925) est un de ceux dont l'œuvre est la plus abondante, la plus diversifiée, la plus cohérente. Elle touche à de nombreux genres. Si la poésie l'inaugure, elle est aussi roman, théâtre, traductions, elle est recherche philosophique, linguistique, elle est politique. Jean-Pierre Faye quitta le groupe *Tel Quel* en 1967 et fonda l'année suivante, célèbre année, sa revue *Change* où furent Maurice Roche et Jacques Roubaud ses amis, revue dont le but est de « changer les montages de la société » par « l'exploration de tous les niveaux et l'expérience de toutes les démolitions. Et surtout par la fiction même : par le danger et la virulence de l'invention ». Jean-Pierre Faye a créé une sociologie des langues indispensable à la science de l'histoire. Le poète est présent puisque, on cite Mallarmé : il « hurle sa démonstration par la pratique », recherchant le langage nu, puisé aux sources physiques, qui rend, on se réfère à Jakobson, « palpables les signes du message », qui s'aventure dans « la créativité qui change les règles », trouve la fonction du désir (amour, érotisme) « qui est ruse et masque, ou violence », traversé par l'histoire et le sens, produit en énonçant. Nous sommes éloignés de toute froideur philosophique, tout est à chaud comme le corps qui dicte et l'événement re-figuré. Et s'il est vrai que le chemin, pour un non-philosophe, est ardu, que les poèmes sont peu descriptibles et trouvent difficilement des éléments de comparaison, tout est traversé d'éclairs et d'éclats, d'insolite et d'inouï. La poésie et l'interrogation philosophique vont de pair. Aussi dira-t-on Faye « poète philosophique » parce que l'appellation est facile, mais aussi « le plus viscéral des philosophes », ce qui est plus acceptable.

Nous citons les titres du poète : après avoir publié en 1945 des poèmes en revue avec le voisinage de Jean Genet, il y eut une dizaine d'années de silence, et bientôt *Fleuve renversé*, 1959, *Couleurs pliées*, 1965, *Verres*, 1978, *Syeeda*, 1980, *Sacripant furieux*, 1980, *L'Ensemble des mesures* (avec Edmond Jabès), etc. Nombreuses traductions de Hölderlin, Jack Spicer, Jerome Rothenberg, Peter-Paul Zahl, 1980, et, seul ou en équipe, d'une douzaine d'autres poètes. Romans : six œuvres réunies sous le titre géométrique de

L'Hexagramme, 1958-1970. Un essai éclairant sa poésie, *Le Récit hunique*, 1967, un autre, *Théorie du récit*, 1972, *Inferno, versions*, 1975, *L'Ovale*, 1975. Plusieurs pièces de théâtre publiées en 1964. Et pour l'œuvre savante : *Langages totalitaires*, 1972, étude du discours nazi, analyse des rapports de la linguistique et de la formation idéologique, *Migrations du récit sur le peuple juif*, 1974. Jean-Pierre Faye a contribué à faire connaître en France Noam Chomsky : *Le Transformationnisme et la critique*, 1977. Concernant une œuvre où la poésie et la pensée sont unique chose, où l'écriture ne cesse de mettre en question, lire chez Seghers l'essai de Maurice Partouche, *Jean-Pierre Faye*, 1980.

Dans *Fleuve renversé*, Faye utilise aussi bien le décasyllabe que le vers libre et rythmé, mais la forme importe moins que le modelage, la formation, la sculpture comme dans la glaise, la tension entre chair et matière, corps et voix, sensualité et vie multipliée, agressée, ce qui vient du fond physique de soi-même, s'extrait comme une naissance pour être projeté sur la page dans un ordre encore traditionnel. Une nette avancée s'opère dans *Couleurs pliées* qui se développera de volume en volume. Cet ouvrage a trois volets intitulés : *Droit de suite, Couleurs pliées, Dessin inlassable*, selon une savante organisation, une mise en page insolite pour l'époque où il fut publié, une manière de faire progresser ce qui pourrait être récit. Le poète affronte des forces obscures, ce qui aurait pu être une sorte de Grand-Guignol corporel, et qui est un enfer de la chair en proie à la souffrance mais aussi à la jouissance, au réalisme de l'acte et au rêve de cet acte. On lit par exemple :

> le fer, l'eau et l'étoffe
> les clous et le bois, les cordes
> et la table, la brûlure
> happant le muscle au-dedans
> comme une volonté trop courte, un ordre
> démesuré, tirant et lacérant les reins
> jusqu'à la nuque, traversant
> les lombes et l'aine, et la bouche

C'est un poème de regard, d'écoute où sont mobilisées toutes les ressources de la poésie, un poème des métamorphoses naturelles où l'on voit « le corps mille fois refait, le corps mélangé et plié / longé et assoupli, connu, ressenti et creusé » et que le lecteur attentif (le poème se livre difficilement), perceptif et sensible ne recevra pas sans agression car il lui en apprendra plus long sur lui-même que bien des traités médicaux et scientifiques, et ce sera le cas pour la troisième partie, portrait taillé dans le vif d'un peuple et d'un pays animé opérant leurs échanges de sens dans une scansion, une tension, un battement de pouls rythmant les secrets d'une poésie qui ne ressemble à rien d'autre. D'un recueil à l'autre ainsi la découverte et l'approfondissement jusqu'à *Sélinonte* qui a charge de « passer en deçà / du pli / montrer au plus profond : aller avant / le cratère » quand le poème se verticalise comme pour mieux forer, excaver, « tenir le temps corps pour corps » dans une ligne qui s'épure, réduit le vocabulaire, minimalise et rappelle encore cependant la pliure du corps. Dans l'œuvre entier, bien que le déchiffrement soit malaisé, pas d'abstraction philosophique, de langue de bois intellectuelle tant tout est chair, sang, passion, souffrance.

4
Jacques Roubaud

Pour cerner la production de Jacques Roubaud (né en 1939), il faudrait le secours d'un collectif dans lequel on trouverait mathématiciens, philosophes, poéticiens, sémiologues, historiens, critiques d'art, médiévistes, orientalistes, ludiologues (invente-t-on le mot?) et les membres de l'Oulipo, les équipes d'*Action poétique*, de *Po&sie*, d'*Orange Export Ltd.*, du Collège de Philosophie... tant l'œuvre est vaste, diverse, « mirandolienne » et tendant à démontrer que la poésie est la véritable mathématique universelle. Depuis 1967, pas d'année où ne soit publié sinon un livre, du moins une dizaine d'articles de fond dans les revues. L'entreprise est vaste, écrasante, qui consiste à se mesurer avec tant de forces dominantes, seul ou en collaboration. Théoricien et praticien, Roubaud emprunte volontiers la machine à explorer le temps et revient de ses voyages avec quelques trésors endormis qu'il faut éveiller pour en extraire la dynamique, les rajeunir et recevoir soi-même la Jouvence. Il faudrait intituler toute étude le concernant « Jacques Roubaud, Jacques Roubaud... et Jacques Roubaud », comme il le fit dans *Critique* pour Gertrude Stein.

Et le poème dans tout cela? Avant de tenter sa découverte, nous citons quelques titres : ε, 1967, *Mono no aware. Le Sentiment des choses*, 1970, *Trente et un au cube*, 1973, *Autobiographie, chapitre X*, 1977, *Dors* précédé de *Dire la poésie*, 1981, *Quelque chose noir*, 1986, pour les poèmes. S'ajoutent *Graal fiction* et, en collaboration avec Florence Delay, *Graal Théâtre, Joseph d'Arimathie et Merlin l'Enchanteur (Graal Théâtre), Le Roi Arthur*, etc., son voyage romanesque de *La Belle Hortense*, 1985, ses communications mathématiques bien sûr, ses divers essais, ses traductions elles aussi nombreuses, ses œuvres en collaboration, etc. Il a écrit avec Pierre Lusson, Georges Perec (il y a même un sonnet lipogrammatique de lui dans *La Disparition*), Jean Bénabou, Henri Deluy, Mitsou Ronat, Paul Louis Rossi, Pierre Lartigue, Lionel Ray, Gaston Planet, D. Pemerle, Jean-Pierre Faye, Gérard Le Vot, Michel Deguy, une occasion de montrer son entourage. Citons encore *La Vieillesse d'Alexandre*, 1978, une étude sur la métrique et la versification, ou *Renga* (avec Octavio Paz, Charles Tomlinson, Edoardo Sanguineti), 1971, et, pour une bibliographie complète, renvoyons à l'essai de Robert Davreu, *Jacques Roubaud*, dans la collection « Poètes d'aujourd'hui ».

Pour Jacques Roubaud, la fonction du poète dans le monde d'aujourd'hui s'ouvre au dessein le plus ambitieux comme le précise fort bien Christian Gambotti : « Finalement la poésie, selon Roubaud, devrait contenir tout le Savoir : poésie, prose, sciences humaines, sciences exactes, mais aussi humour, blague, plagiat, recul (dans le sens où cette poésie désigne un échec de la poésie), refus de la clôture des genres (poésie/prose) et des disciplines. » Comme un Denis Roche (« la poésie est inadmissible »), il a ses contradictions mais s'il y a crise de la poésie, il veut sortir de cette crise car le monde ne saurait se passer d'un art qu'il faut régénérer. Le paradoxe destruction/reconstruction est incessant, mais il en sort des œuvres et une chance d'avenir.

Pour se situer comme être et comme créateur dans le monde, le poète se réfère au signe emprunté à la théorie des ensembles de la relation d'appartenance ε. Chaque poème, tout en gardant une autonomie, se situera dans la stratégie du livre, par exemple à l'image du jeu de go, chaque poème d'ε étant l'équivalent d'un pion blanc ou noir. On peut voir là un jeu (quoi de plus sérieux?) dont la valeur de chaque poème pourrait se passer, diront certains, mais il n'est pas interdit de lire le poème pour lui-même et son intérêt propre. On trouvera là poème en prose, vers libres, sonnet en vers ou en prose, chaque œuvre témoignant d'une étonnante aisance verbale, d'une science artisanale de l'organisation des mots digne des maîtres anciens de la seconde rhétorique, ce qui n'empêche pas la quête du sens, et, par exemple, du sentiment élégiaque qui transparaît souvent. Le poème *GO 141* :

dans cette langue on ne sait pas dire prairie   neige est un vocable qui ne va plus sur deux jambes   ni ronce   sur la face toujours tournée du chant   mûre   métaux   font muet voisinage

dans cette langue le mensonge perd son foin   des arbres marchent véritablement sur le ciel   la lanterne rétrograde vers l'audible époque des toits pointus   des arlequins

donnez-moi des couleurs plus pures dans cette langue   comme des ondes qui désagrègent même le roc   donnez-moi du neuf de la vitesse   dans cette langue

donnez-moi votre aide   sur le sable je me traîne   je ne pourrai jamais pousser le temps   donnez-moi des siècles dans cette langue

Le poème pourra aussi être en vers rimés comme dans ce premier quatrain du *GO 34* :

> Ce n'était pas une douleur aux branches bien dessinées
> avec les cris torrides gouttes   insoutenables trilles
> d'élancements   une douleur acérée comme une grille
> avènement électrique ou fourmillement incliné

L'architecture de la poésie japonaise l'a amené à emprunter 143 haïkus, rengas et chokas pour en faire des vers français dans *Mono no aware*, de même que les tankas lui inspireront un de ses plus fameux ouvrages, *Trente et un au cube*, réunion de 31 poèmes de 31 vers de 31 pieds sur 3 thèmes : l'amour, la mort, la nature de l'esprit. Il a fallu pour ces longs vers que l'éditeur publie un livre spécial dont chaque page se déplie (difficile de citer ici). Un danger du jeu serait de s'en tenir au tour de force et d'oublier le texte. Ce serait un tort car une richesse se déploie dans le « million de syllabes » ou le « milliard de messages », richesses d'une poétique qu'il contient, d'un recours à toutes choses de l'histoire, de la géographie, des arts, de la musique, du trouver des troubadours, de la métaphysique, de tous les éléments culturels, mais aussi de la nature qui répand son vocabulaire et ses images de page (double) en page (double) avec des airs de pastorale joyeuse, de jardin éblouissant et l'on se surprend à oublier la structure et la savante mathématique pour goûter tout ce qui flatte le sens et les sens car tout est sensuel, tout est érotisme de la parole. Dans son désir de tout embrasser, de trouver du nouveau, Roubaud ne cherche pas à éteindre sa nature profonde qui transparaît, une nostalgie qui cherche la joie, ce qui lui a fait écrire : « Je suis un homme sans enfance » ou « Je suis un homme solitaire » ou

> Je suis un homme du silence
> gris rangé sous les lois du temps
> la mer mortelle offre ses chances
> et je me hâte dans le vent
> nageant vers l'insignifiance

L'Autobiographie, chapitre X (toujours quelque coquetterie dans les titres?) se présente comme l'invention de la relation d'une existence à travers les œuvres et les mots de ceux qu'il a admirés et qui ont pris une part dans sa formation, et le poète joue à traficoter des textes, à condenser, à mêler ce qui lui vient d'Apollinaire ou de Cendrars, des dadaïstes ou des surréalistes, goût que l'on retrouve dans ses adaptations médiévales des romans du Graal, des troubadours ou du bestiaire dans *Les Animaux de tout le monde*, 1983, et encore dans ses traductions, notamment de Lewis Carroll. Nous nous trouvons devant un travail à l'établi dans un mélange de modestie et de fierté artisanales. On ne trouve pas de véritable frontière entre la reprise de textes et la recherche personnelle d'une identité car re-création et création se rejoignent. Avec un « Essai sur l'art formel des troubadours » intitulé *La Fleur inverse*, il publie, selon l'expression de Christian Bobin, « un livre a capella, à voix chantante » et qui est plus qu'un essai quand l'homme s'efface devant ceux à qui il rend hommage. Des poèmes encore comme *Dors* précédé de *Dire la poésie*, texte en prose au fond mais disposé comme un poème moderne avec cette ponctuation de blancs que Roubaud affectionne et une verticalité du texte qui rejoint l'étalement horizontal qui lui est le plus habituel et les poèmes sont présentés comme un programme de lecture. Est-ce une impression? Il semble ici et encore dans *Quelque chose noir* que le poète retienne son souffle, apporte un ralentissement, calme ses éclats, apparaisse plus méditatif. Sans doute l'avenir nous apportera-t-il l'écho d'autres aventures et d'autres rassemblements, d'autres investigations, mais d'ores et déjà, à travers tant d'œuvres, de la stratégie des emprunts à celle de la création, on peut trouver derrière ce qui ravira poéticiens, mathématiciens et « oulipiens », un frémissement du texte d'un vif intérêt.

5
Philippe Sollers

Il s'agit bien de poésie. Philippe Sollers (né en 1936) est un des écrivains importants de sa génération, et celui qui ne cesse de désorienter le lecteur comme en témoignent, à partir de 1983, des romans comme *Femmes*, riches de dialogues, de digressions, de jeux, d'images, de clefs, et même de ponctuation comme pour rattraper celle qui ne figurait pas dans tant d'œuvres précédentes, tout en gardant l'intense jubilation d'écrire, mais en s'affirmant plus proche d'un public soucieux de lisibilité immédiate. Le roman qui fit d'emblée sa réputation, *Une curieuse solitude*, 1958, représentait une analyse et le bilan d'une adolescence, et cela de la manière la plus classique. Auparavant, Sollers avait écrit une nouvelle, *Le Défi*, 1957, titre qui lui convient aussi bien que ce *Portrait d'un joueur*, près de trente ans plus tard. Le premier roman n'était pas sans interrogations sur la nature du langage et ses rapports avec le monde. Bientôt, Philippe Sollers sera un des premiers à vouloir élucider, avec l'aide des sciences humaines, et la tâche sera aussi longue que le champ est étendu, la communication entre la littérature, la création, le réel, le monde, et les contradictions suscitées. La description des œuvres, essais théoriques, romans, réflexions, critique, politique, etc., ne saurait être l'objet du présent ouvrage, aussi seront-ils simplement cités avant que soit indiqué pourquoi Sollers dont on parle plus volontiers comme un fondateur de *Tel Quel* ou le héros de tel ou tel exploit d'ordre romanesque ou intellectuel, a ici une place importante, au même titre que les poètes proches de lui, ceux de la génération de l'intelligence et des remises en question.

Des titres : les essais, *Logiques*, 1968, repris dans *L'Écriture et l'expérience des limites*, 1971, contribution à l'ouvrage collectif *Théorie d'ensemble*, 1968, *Sur le matérialisme*, 1973, les études de *Tel Quel* ; les romans, *Le Parc*, 1961, *L'Inventaire*, 1963. Et nous en venons aux œuvres de prose/poésie où l'invention verbale brise les frontières entre les genres, à ce qui est pour nous le plus important de l'œuvre : *Drame*, 1965, *Nombre*, 1968, *Lois*, 1972, *H*, 1973, *Paradis*, 1981. Dans ces œuvres, le langage du récit/poème emporte dans son flot ardent et ininterrompu toutes les disciplines des sciences humaines. Dans une sorte de chaos dirigé où se mêlent passé et présent, univers réel et fantasmes, jeux sur les mots portant l'ironie, pensée et image, monologue intérieur et récit exclamatif, naît une polyphonie (l'auteur écrira « polylogue »), une coulée serrée de mots, de blocs de mots, de mots inventés ou réels, de mots-valises, de mots d'argot ou de mots étrangers, oubliant toute coupure, chapitre, paragraphe, ponctuation souvent. Imaginons un lecteur de poésie classique lisant cela : par-delà tout ce qui le désoriente, s'il a le sens du rythme, il s'aperçoit bientôt que ce qui lui apparaît comme de la prose est une suite de décasyllabes ou bien de vers de cinq syllabes comme en témoignent ces passages de *Lois* où le mètre le plus court sert pour un long inventaire (nous ne donnons qu'un extrait) qu'on pourrait dire à la Prévert, mais qui est plus proche de Rabelais :

c'est le franc de france et de francité, c'est le franchitecte de l'enfranciré, regard franc devant et trois fois derrière, mets ton fil à plomb dans ta cartouchière, ton compas dans l'œil et ton œil dans l'con du centré papa sous la curetière... A nous culture saucière cathocolique frehnétique en bière, les grands eschrivains bien châtrés grimés, le mimi racine à cinquante francs et la mère corneille dans chaque inconscient. Homo tel qu'il veille dans son féminé ou l'enfemme raide dans son fond grand-mère, sévignéfreluche et fanfénelon, et voltairautruche à dix francs courants. La neuneurf pleïade se vend en salade, on fait les polars et la religion le porno commence, c'est du bon jambon, pincée d'héroïne, traductions latines et la science d'humaine dans son calfeutron!

Le lecteur peu averti peut être tenté de ne voir chez lui qu'un bricolage langagier, mais s'il consent à plus d'attention, il verra que le texte est sous-tendu par un contenu culturel qui se réfère à des œuvres de toutes disciplines, y compris les littératures majeures que Philippe Sollers a étudiées, celles qui charrient mysticisme, érotisme ou données de l'inconscient. On croirait que la littérature se lave et se venge de tous les soupçons dans une entreprise qui conduit à vouloir tout saisir dans de vastes oratorios cosmogoniques et philosophiques qui ne ressemblent à rien d'autre, même si on fait référence à Joyce, quand il s'agit de faire entendre toutes les voix du chœur ou à Dante lorsque, après *Lois* et *H*, le propos se développe plus encore dans l'immense et éclatant *Paradis*, célébration du « je », du « tu » et du « il », corrigé de tout ce qui a été dit, redit ou mal dit, escapade joyeuse parcourant l'histoire, rejoignant d'étape en étape le mythe, la fiction, la biographie, les travaux des spécialistes de toutes disciplines, faisant rimer texte et sexe, jouant avec « un immense jaillissement de voluptés diaboliques », faisant du n'importe quoi l'essentiel, fouillant, sapant, détruisant, construisant, percutant, scandalisant, quittant Sollers pour être « hélice alice ulysse tollice clovis illirice » dans un roman-jungle qui est prise de possession de tout : « l'humanité entière en analyse »... Sans doute, inavouée, l'influence sera grande même si on ne peut faire couler deux fois le même fleuve dans le même siècle. L'histoire de la poésie, s'il s'agit, qui sait? d'« autre chose » ne peut passer sous silence une telle aventure.

6

Michel Butor

Les premiers écrits de Michel Butor furent des poèmes, ceux d'*Eocène* qui datent de 1950-1951 et qu'on retrouvera dans la trilogie *Travaux d'approche*, 1972, avec deux autres volets, *Miocène*, 1965, *Pliocène*, 1969-1971. C'est à partir de *Miocène* que les œuvres ressortissant d'une nouvelle manière d'envisager le poème et la poésie prendront une place prépondérante dans une entreprise multiple d'explorations en tous genres.

Auparavant, Michel Butor a participé à l'aventure de ce que l'on a appelé Nouveau Roman : *Passage de Milan*, 1954, *L'Emploi du temps*, 1956, *La Modification*, 1957, puis *Degrés*, 1960 qui marque déjà la séparation avec le roman et sa ligne, sa présentation habituelle du texte car si, jusque-là, l'écrivain se séparait des procédés narratifs connus, la forme restait inchangée, la séparation donc avec la voix unique, la typographie sage pour la conquête des chœurs stéréophoniques et des nouveaux espaces.

Né en 1926, Michel Butor a vu le jour dans le Nord où son père travaillait pour les Chemins de Fer avant d'être muté à Paris et il est facile de retrouver les sources non seulement de *La Modification* mais de toute son œuvre itinérante. Il fit ses études à la Sorbonne, rédigeant un mémoire d'épistémologie sous la direction de Gaston Bachelard tout en se livrant à des activités ou des plaisirs, gravure, peinture, musique. Puis déplacements : professeur en Égypte, à Salonique, à Genève, débuts du cosmopolitisme ; après la période romanesque, ce seront les États-Unis, l'Allemagne, etc. Conquête des cultures, dimension planétaire, cueillette des lieux, regard, ouïe et surtout les mots, les merveilleux mots, matériaux pour les constructions, la musique (un opéra avec Henri Pousseur, *Votre Faust*, 1962, *Dialogue avec trente-trois variations de Ludwig van Beethoven sur une valse de Diabelli*, 1971, etc.), les œuvres littéraires, les œuvres d'art, l'ethnologie, la géographie, l'informatique, tant de choses encore, à ce point qu'il est difficile d'ordonner les sources aussi bien que les œuvres, mais le faut-il ? et l'impression de l'hétéroclite, du foisonnement, mais c'est comme un paysage lointain et flou : il suffit de régler les jumelles et tout apparaît fort clair, cohérent, convergeant vers l'unité, recherchant le réalisme et ne le trouvant pas toujours car la part du visionnaire existe — à l'insu de l'intelligence de soi-même peut-être et cela ne va pas sans vertige.

Tout l'œuvre est méditation sur les sites, et plus particulièrement *Le Génie du lieu* et ses suites, à partir de 1956, *Où*, 1971. Ce que l'auteur appelle modestement « études », ce sont ses conquêtes spatiales où il offre les images de la mobilité et de la maîtrise des mouvements, du foisonnement des mots et des noms en même temps que de la maîtrise du chaos : *Mobile*, 1962, *Réseau aérien*, 1962, *Description de San Marco*, 1963, *6 810 000 litres d'eau par seconde*, 1965, *La Rose des vents*, *32 Rhumbs pour Charles Fourier*, 1970. « Études »? Nous écrivons : « Poèmes ». Les essais : *Répertoire* et ses suites, à partir de 1960, *Histoire extraordinaire*, 1961, *Essai sur les essais*, 1968. Titres encore : *Illustrations* et leurs suites, à partir de 1964, *Portrait de l'artiste en jeune singe*, 1967, *Paysages de repons*, 1968, *Intervalle*, scénario, 1973, *Matière de rêve* et leurs suites, à partir de 1975, *Variété*, 1980, *Envois*, 1980, *Résistances*, 1983, *Exprès*, 1983, *Herbier lunaire*, 1984, *Chantier*, 1985...

« Écrire le monde » dans sa diversité : l'ambition est encyclopédique. En même temps, Butor, en situation d'intelligence, préserve l'innocence du spectateur : « La poésie est une affaire trop compliquée en moi pour que je puisse en définir bruyamment les grandes lignes, une affaire que je n'aurai jamais fini de débrouiller. Elle vient sans cesse malgré moi.» *Je fais tout ce qu'elle peut* pour qu'elle continue à venir malgré moi... » *Travaux d'approche :* le titre répond au projet, il s'agit d'approche des choses, d'approche aussi de ce que sera le développement de l'œuvre. Le poète « reste caché / comme un observateur en temps de guerre » et naît le bestiaire, oiseau et poisson, animaux de toutes sortes, déjà l'inventaire, le dénombrement et les tenants d'une poésie sage et bien disposée trouveront dans les poèmes du début de quoi citer :

> Les lauriers les orangers les chevreuils
> les oranges et les feuilles qui tombent au vent
> nous mélangerons les saisons et les latitudes
> sans qu'une seule
> des vagues de la mer
> change de place

C'est le projet, le mobile immobilisé, le programme, la préface. On glane : « Les voyages donnent aux Chants leur masque de plume, et restent immobiles dans une tache de lumière dorée. » Ou : « J'aurai de grandes cartes de géographie. » Ou : « Alors nous irons faire le tour du monde. » Et aussi : « Je suis un aveuglement qui brûle et une surdité qui guette. » Après le temps des poèmes en vers libres, celui de proses, de phrases qui se succèdent sans trop de lien apparent. « Où vas-tu Michel Butor ? » se demande le poète. Réponse : à la rencontre des œuvres et les grands noms de peintres, d'écrivains, les trains, les automobiles, « un émetteur de télévision en couleurs et un théâtre d'ombres », des allusions à l'immédiat des relations familiales... Sans cesse, les textes, plutôt que de simplement se côtoyer, se mêlent, se transforment, font des enfants-textes, copulent dans une effervescence libre et joyeuse. Cohérence toujours même lorsque cela tient du pense-bête ou du projet de travail. « Déraisonne, démonte, détourne, dédouble, déplore, détecte... », dit-on. C'est le début de l'avalanche des textes poétiques, des grandes séries destinées à couvrir les surfaces poétiques, des fouilles, des irradiations, des territoires. Le poète Butor : l'ogre du lexique. Quel « Répertoire »! Et bientôt, l'incessante exploration, ce qui peut être comparable à bien des écoles en « isme » du début du siècle, paroxysme de Nicolas Beauduin, simultanéisme de Fernand Divoire, Apollinaire ou Cendrars, futurisme de Marinetti, recherches typographiques des dadaïstes, des spatialistes, sens de la description patiente de Ponge, et pourtant autre chose : le monde mis en livre. Ainsi, *Mobile* sera une révélation. Cette « étude pour une représentation des États-Unis » ouvre la voie par son espace d'exploration. L'exemple d'un début de poème :

BIENVENUE EN FLORIDE
        Deux heures à
MILTON, sur la baie de Pensacola qui donne sur le golfe du Mexique.

Tornades,
électricité coupée,
automobiles retournées.

Ibis blancs,
    gobe-huîtres,
        courlis à long bec,
            sternes couleur de suie,
        gallinules de Floride,
    pélicans bruns,
cormorans double crête.

La mer,
        coraux bois de cerf,
coraux étoiles,
    coraux buissons d'ivoire,
coraux cerveaux,
    éventails de mer.

Michel Butor utilise la page blanche et la plume de l'écrivain devient le pinceau du peintre répartissant sur sa toile formes et couleurs qui sont ici des mots. On en sent le mouvement, la dispersion, les envols, les brisures de temps, cet « horizon de phrases qui gonflent ». On trouve citations littéraires, noms propres, remarques, descriptions, phrases étrangères, etc., et surgit le portrait des lieux, de leurs particularismes (en n'oubliant pas les éléments du parcours), de leur réalité conduite jusqu'au fantastique. Autre création : celle d'*Illustrations*, ensemble de textes pour accompagner des images inspiratrices qui, finalement, ne figurent pas dans l'œuvre, ce texte devenant lui-même illustration et forçant de manière fort excitante l'imagination du lecteur. Si l'on retrouve, d'un livre à l'autre, des fréquences, Butor n'applique pas une recette car le sujet lui dicte l'invention du fond et de la forme. Ainsi dans *Réseau aérien* la superposition des trajets, le débit savant des chutes du Niagara, la rencontre des citations refaites de Chateaubriand comme, dans *La Rose des vents*, avec Charles Fourier dont on complète, dans l'utopie créatrice, le projet de description interrompu des périodes de l'humanité, dans *Paysages de repons* l'apparition des allégories sorties de quelque carte de Tendre (toujours la cartographie) avec Tendre, Vivace, Romanesque, Rustique... et aussi Boréale, Australe, Occidentale...

On ne peut qu'évoquer ici la diversité des métamorphoses, la puissance de création et de réinvention (et cela en toutes œuvres), de renouvellement d'une énorme machinerie de fantasmes et de réalités, de mythes et d'onirisme, de narration et de précision, d'énigmes, sans oublier les implications des sciences humaines, philosophie et ethnologie surtout. On n'en finirait pas à travers romans, essais, poèmes, études, d'énumérer les composantes d'un univers littéraire nées de la lecture du monde et de la lecture des livres, d'un langage qui ne cesse d'engendrer un nouveau langage. Il est nécessaire de lire ces nombreuses œuvres et de trouver un éclairage dans des essais qui leur ont été consacrés : *Michel Butor,* par François Aubral dans « Poètes d'aujourd'hui » ; *Butor,* par Georges Raillard ; *Michel Butor ou le livre futur,* par Jean Roudaut ; *Michel Butor,* numéro de la revue *L'Arc* ; *Butor,* colloque de Cerisy ; *Entretiens avec Michel Butor,* par Georges Charbonnier ; sans oublier les études d'ensemble sur le Nouveau Roman. L'importance du corpus critique indique l'intérêt de celui qui n'est jamais en repos et ce n'est sans doute pas fini.

7
Jean Ristat

Si l'on accepte les enjambements fondés sur une coupure de mot à la manière de Denis Roche, l'oubli des césures, un compte des syllabes approximatif et autres fautes prosodiques (cela fait, soulignons-le, en toute connaissance de cause car il s'agit de brouillages parodiques), dira-t-on que Jean Ristat (né en 1943) est un néo-classique ? Après tout, c'est peut-être cela. Un exemple :

>   Amour en quel état m'as-tu réduit et dou
>   Ce déchéance qui plus démuni que moi
>   Par tes artifices quel monarque parmi
>
>   Tes serviteurs plus illustres et d'honneurs comblé
>   Plus soumis Ô cruel mais que nul ne plaigne
>   Le pauvre jean sans terre et ne rie de sa
>
>   Superbe...

On peut tenir ses hardiesses comme les composantes d'un nouveau baroquisme, grand genre et grand siècle, somptueux, subtil, se prenant aussi au jeu, aimant finalement ce qu'il moque, qui sait ? Il porte les masques de la comédie ou de la tragédie, à moins que ce ne soit de l'opéra-bouffe ou du carnaval (de Venise par préférence) et nul mieux que lui ne sait feindre le respect aux références traditionnelles pour les détourner et les inscrire dans une démarche progressiste. Il sait retourner les significations et superposer les secrets, tout cela avec dandysme romantique, poses byroniennes, séduction donjuanesque amenant à la dérision, dans un souci de rejoindre tout un jeu de transpositions, une vérité nouvelle, si paradoxal et sineux que soit le chemin emprunté. Mais la référence est toujours à la modernité car rien de ces jeux de vers qui ont l'apparence de la désinvolture et de la gratuité n'est gratuit. Il dit : « La lecture de Freud, de Derrida oriente ma recherche d'un *nouveau*, même si elle s'opère dans des cadres traditionnels... » Cela se trouve dans un dialogue éclairant avec Roland Barthes : *L'Inconnu n'est pas le n'importe quoi* publié à la suite de *L'Entrée dans la baie et la prise de Rio de Janeiro en 1711,* 1973, appelé tragi-comédie, en quatre groupes de faux alexandrins, intitulés actes car il s'agit bien de modifier la notion de théâtre suscitée par la lecture de Freud. Roland Barthes commença l'entretien par la question des titres avant qu'il soit question aussi des sous-titres. En donnant ici une bibliographie succincte, nous en indiquons la préciosité désuète, le côté vieux livres cher aux bibliophiles et aux amoureux du passé, la transposition des modèles, avec un souvenir de certains emplois de Borges (comme passe l'ombre de Raymond Roussel dans les vers), comme si ces titres étaient le coup de diapason, ou plutôt l'ouverture de l'opéra : *Le Lit de Nicolas Boileau et de Jules Verne,* 1965, *Du coup d'État en littérature suivi d'exemples tirés de la Bible et des auteurs anciens,* 1970, *Le Fil(s) perdu,* 1974, *Lord B.,* 1977, *Ode pour hâter la venue du printemps,* 1978, *La Perruque du vieux Lénine,* 1980, *Tombeau de Monsieur Aragon,* 1983, *Le Naufrage de Méduse,* 1986. S'ajoutent : *Qui sont les contemporains?,* 1975, articles des *Lettres françaises,* une traduction des *Exercices spirituels* de Loyola, et des activités comme la direction de la revue *Digraphe,* des manifestations autour de l'œuvre et de la personnalité de Louis Aragon qu'il a choisi pour maître d'audace, notamment pour sa manière de mêler les genres comme dans *Théâtre/Roman* et attiré comme lui par le théâtre et la théâtralité du texte.

Entre l'érudition et le délire, entre la poésie et la prose, entre la désuétude et la modernité, entre les jeux d'écriture et l'engagement, entre l'amour homosexuel et la révolution se tissent des liens inédits. Un ingénieux metteur en texte est présent chez Ristat, et notamment quand il fait appel à des soutiens, des modèles ou des masques philosophiques, historiques, littéraires, Descartes, Boileau, Rousseau, Marat, Charlotte Corday, Lénine, Jules Verne, Aragon, ou même mythologiques (il a enseigné la mythologie) et bibliques. Toujours apparaissent un commentaire dans la discontinuité, un recours à la parodie, un déchiffrement de textes engendrant d'autres textes destinés eux-mêmes à être déchiffrés, sans oublier « quelque chose d'extrêmement soyeux, raffiné », comme dit Barthes faisant référence au sens oriental et à la poésie de Mallarmé. Il arrive aussi que le discours adressé « à mes camarades du P.C.F. » dans une « impatience de printemps » offre quelque parenthèse plus directe et sans recours au précieux ou au baroque :

> Camarade tu n'es pas le christ en croix nous
> Avons chassé les prêtres quitte ton habit
> Emprunté la vieille langue et l'ordre de sa
> Syntaxe balaie les fantômes de l'ancien
> Monde qui frappent à la porte de ton sommeil
> Camarade ne mets pas l'amour en prison

La politique et l'amour sont ainsi unis comme chez Aragon dont Ristat est en quelque sorte l'héritier (il le chargea d'ordonner le legs de ses manuscrits au C.N.R.S.) sans en être le reflet ou l'épigone. A ces deux pôles s'ajoute la poésie, bien que, comme la plupart des poètes réunis dans ce chapitre, il refuse l'étiquette de poète au sens traditionnel, comme il pense par la réunion de proses et de vers dans un même ouvrage remettre « en question sournoisement la notion traditionnelle de livre » et s'ajoute le refus de toute forme de lyrisme (même si les « Ô » ou les « Ah! » pourraient en donner l'impression : parodie encore). Parfois, on est tenté de le croire « inspiré » mais il nous apporte un démenti : « ... Les poètes, littéralement et dans tous les sens, ne savent pas et n'ont pas à savoir ce qu'ils disent. Mais qu'on y prenne garde! Je ne dirai pas non plus que le poète est un inspiré. J'irai jusqu'à prétendre que le langage, pour lui, ne fait pas de problème. Je préférerai dire : la poésie est le langage se faisant problème. » Par-delà les contradictions, Ristat déconstruit pour construire en récupérant des matériaux et en les façonnant à sa guise selon des procédés de subversion. La merveille serait que, sans partager ses points de vue, on puisse prendre plaisir à sa lecture, l'importance étant dans cela qu'on oublie trop souvent : le regard du lecteur. Car chaque œuvre, même si c'est à l'insu de l'auteur, suscite la curiosité et l'intérêt, et même cette autre curiosité qui est celle de l'attente des chemins futurs.

8

De certains textes

S'IL s'agit de déconstruction, d'annulation des frontières entre les genres, peut-on encore parler de poésie autrement qu'en prenant le mot selon de nouvelles acceptions qui, d'ailleurs, rejoignent souvent le faire originel? Il arrive un point où, dans le bouleversement, on ne sait plus si certains créateurs s'inscrivent dans notre « histoire ». Seule une ouverture, un instinct (?) dicte qu'il serait absurde de ne pas s'y intéresser et que des absences rendraient cette entreprise plus imparfaite encore.

Maurice Roche.

Il en est ainsi pour un des écrivains les plus originaux et créatifs qui soient, Maurice Roche (né en 1925) dont l'œuvre a été bien définie par Françoise Asso dans *La Quinzaine littéraire* : « Les textes de Maurice Roche s'écrivent, de la façon la plus explicite, avec la mémoire de ceux qui précèdent, en une sorte de *suite* romanesque (ces textes sont des *romans*) qui joue de la variation, de la répétition, qui l'affiche, qui en fait un élément de la construction du livre autant que de l'œuvre – une œuvre, faut-il le rappeler, terriblement personnelle [...] qui se lit comme une succession d'éclats autobiographiques.» S'il y a revendication de roman, Jean-Noël Vuarnet a situé la production entre le pamphlet, le poème et le récit et il est permis de dire que l'œuvre procède de la poésie. Musicien, il a écrit en 1947 la musique de scène des *Épiphanies* d'Henri Pichette; musicologue, il est l'auteur d'un *Monteverdi*, 1960. Tout comme les arts plastiques, le sens musical entre dans la composition de son œuvre : orchestration de l'écriture, rythmes, clameurs, rumeurs, chœurs, voix discordantes, lamentos... On peut parler d'une comédie de la vie absurde et de la «mort anémique». Maladie (« Apprendre à faire corps avec la maladie comme avec son travail », écrit-il), hantises, constats d'absurdité, vanité d'être, solitude, douleur, absence, attente, usure du corps donnent lieu à emblèmes, strophes, proses, sous forme de tableaux, de portées, d'écriture peinte, de dessins personnels, de collages, de photographies, de calligrammes, d'hiéroglyphes, et même d'un électro-encéphalogramme, en utilisant toutes les ressources de la typographie et de la mise en page qui font partie de la création. Entrent dans la polyphonie calembours, contrepèteries, détournements de sens, équivoques, paraboles, inventions de toutes sortes qui pourraient l'apparenter à l'Oulipo comme il procède du Nouveau Roman par ses rejets du narratif traditionnel, de l'intrigue, de la psychologie, etc., de *Tel Quel* et de *Change* par son attitude devant le travail du texte et devant la société.

Il y a tant de diversité qu'une citation serait trahison. Il faut aller à ces textes : *Compact*, 1960 et 1976, *Circus*, 1972, *CodeX*, 1974, *Mémoire*, 1976, *Macabré*, 1979, *Testament*, livre-cassette, 1979, *Maladie Mélodie*, 1980, *Camar(a)de*, 1981, *Écritures*, 1986, *Je ne vais pas bien mais il faut que j'y aille*, 1987. L'Athanor a publié un ouvrage collectif : *Maurice Roche par les autres*.

Parmi toutes inventions, machinations, un pôle : la Mort. Sa représentation, le squelette : décharnement du corps, décharnement de la phrase, lambeaux de chair, lambeaux de langage – déchirement aussi, et supplices du temps, des tortures, des amours, des maladies, les vrais fleurs du mal sont là, à chaque ligne, dans l'éclatement des mots, l'intrusion éclatée des vocables étrangers, des lettres en folie, ou dans le langage comme assagi soudain. L'humour n'est pas noir, il est pourpre, tragique. *Macabré* comme dans les danses macabres du Moyen Age *(voir t. I)* ou *Camar(a)de*, la camarde camarade, l'inséparable, et un superbe ouvrage d'art où tout est réuni, de l'horreur à la merveille, du ricanant squelette à la belle dame nue qui le regarde, pourriture sale, ossements propres. Maurice Roche écrira : « Je vis la mort à chaque instant. J'ai le sentiment d'être venu au monde avec elle dans le crâne... » *Je ne vais pas bien mais il faut que j'y aille* : « En avance sur son temps, il était allé trop loin... » Il y a l'alcool, « La paix, la colère, la haine! La bidoche torturée, déformée – paralysée », la souffrance de l'absence. Déchirant ce « roman par nouvelles » qui s'imbriquent, se prolongent, se chargent de loupes, d'excroissances avec des ébauches ou des fins d'histoires, des morceaux tronqués, des fragments, des lambeaux, un rire parfois, du trivial et du raffiné, un malaise contagieux : le lecteur sera vite atteint. Au plus près de la mort, Maurice Roche va au plus loin de la vie créatrice. C'est l'intelligence face au mal, la lucidité qui s'acharne à laisser des traces d'encre. Le récent livre est plus linéaire que les précédents, mais il faut prendre les différents livres comme un tout : une publication complète serait peut-être nécessaire. Par-delà la machinerie abstraite, le lisible, l'« illisible », l'œil, l'oreille, l'entendement trouvent des fêtes, si tragiques qu'elles soient. C'est sous-jacente ou directe, une mise en cause des structures sociales et politiques, sous des signes parodiques et provocants, le bouleversement des structures rhétoriques et culturelles. L'intellectuel, l'encyclopédiste, l'artiste en lui, rien qui prenne la pose, et on trouve le franc-parler, le naturel du bipède, union qui, de pulsion en pulsion, de métamorphose en métamorphose assure les multiples déchirements.

Pierre Guyotat.

Il serait absurde de parler de « poésie » à propos de Pierre Guyotat dans la mesure où le mot ne s'est pas dégagé de son acception habituelle : tous ses écrits sont le refus de ce qui est porteur d'une tradition d'humanisme comme de la notion d'œuvre ou de style. Et pourtant, nous le faisons figurer ici. Pourquoi ne pas se permettre une contradiction ? Pierre Guyotat (né en 1940) a eu sa prise de conscience politique sur le terrain. Faisant son service militaire en Algérie, il est plongé dans la guerre, connaît bientôt les accusations militaires d'atteinte au « moral » de l'armée, complicité de désertion, l'emprisonnement dans une cave, etc. Il sera collaborateur du *Nouvel Observateur,* publiera deux romans avant l'œuvre qui marquera l'intérêt, *Tombeau pour 500 000 soldats,* 1967 : « Un éclatant soleil martèle les eaux. Le rocher des esclaves surgit d'un tourbillon rouge où s'entrechoquent deux halftracks remplis de soldats nus aux plaies lavées. Des charges, mines, grenades, bombes, explosent au fond de l'eau, la soulèvent, la déchirent... » C'est le temps de l'épopée sanglante où se fondent racisme, sexualité, guerre, déjà le matériau des livres futurs, avec invention d'une syntaxe qui se métamorphosera en éliminant tout ce qui, images ou métaphores, et bientôt signes de ponctuation (à moins qu'on ne les double), *e* muets, dans une entreprise de démolition des structures de la langue dite bourgeoise au profit d'une musique nouvelle, d'une « poésie protohistorique du corps ». *Eden, Eden, Eden,* 1970, sera victime de la censure (accusation de pornographie) et recevra le soutien de Michel Leiris, Roland Barthes, Philippe Sollers, Michel Foucault, entre autres. Saisissant les pulsions du corps et son mode de communication le plus originel a voulu « montrer la présence de la matière, et de plus, l'embellir, la raffiner, la donner dans son état le plus pur... » en créant ainsi, au moyen d'un langage étonnant, détonant, superbe, une véritable poésie de la matière, de l'envie, comme il l'a précisé dans *Littérature interdite,* 1973 : « Il n'y a pas ici " désir ", il y a " envie " : le mouvement est exclusivement économique ; il n'y a pas " amour " mais scripto-séminalo-gramme. » Et l'on emprunte à Christian Prigent un commentaire : « ... Et c'est ça qui s'écrit " scripto-séminalo-gramme " dans la pratique du texte décomposant-composant son " sujet ", ébranlé/branlant, articulant les pulsions dans les pans de mémoire, de théorie, sourdant les failles en " mots d'esprit ", lapsus, paragrammes, accumulation-épaississement matériel des sons, syllabes, séquences rythmées : *Eden, Eden, Eden* (Guyotat), *Lois* (Sollers), *Buck Danny* (Verheggen)... » Cette envie recherche son assouvissement et naît le halètement, le râle, le mouvement. Il y a là un travail sur le mot-matériau étonnant d'efficacité, recherche de plus en plus poussée dans *Prostitution,* 1976, où les mots de la langue française, métamorphosés, semblent venir d'une langue autre, étrange, troublante, et encore, en allant de plus en plus loin, vers des confins inouïs et torrentiels, dans *Vivre,* 1983, et surtout dans *Le Livre,* la même année, « illisible » pour la plupart et compris seulement de qui a suivi cette démarche. Nouveau langage, nouvelle musique, nouvelle science peut-être, signe avant-coureur de grands bouleversements? La parole est à l'avenir.

Maurice Roche, Pierre Guyotat... Dans la prose contemporaine, des œuvres cheminent avec le poème ou avec la réflexion sur le langage et la création. Ainsi, pour citer une tendance représentative, indiquons-nous Roger Laporte (né en 1925), auteur d'essais sur Maurice Blanchot (avec Bernard Noël), sur Paul Valéry, le « Gladiator » des *Cahiers* de Valéry, sur Hölderlin, sur des peintres, des musiciens, et créateur partout, notamment dans ses carnets, ses souvenirs, ses variations sur la biographie, etc. De même, nous saluons en Jacqueline Risset (née en 1936) non seulement la traductrice de Vico, de Dante sur qui elle a écrit un essai, non seulement celle qui fait un pont de traduction entre la France et l'Italie (elle traduit ses contemporains du français à l'italien et de l'italien au français) mais aussi l'auteur de rares poèmes condensés à l'extrême, elliptiques comme celui qu'elle composa pour la mort de Pier Paolo Pasolini. Son intelligence du poème, son sens de l'imaginaire se manifestent dans *Jeu*, 1971, *La Traduction commence*, 1978, *Sept passages de la vie d'une femme*, 1985, *L'Amour de loin*, 1988.

9

Christian Prigent et TXT

« Il n'est d'avant-garde que politique », a proclamé Christian Prigent (né en 1945). Se référant à Jacques Derrida, Julia Kristeva, Jacques Henric, aux recherches formalistes de *Tel Quel,* il procède aussi du constructivisme russe ou de la révolte Dada en même temps qu'il apporte, au sein du groupe *TXT,* son énergie à forcer l'analyse et la langue, à créer des collections tout en apportant la contribution d'une œuvre importante dans ce contexte. La revue *TXT* a été fondée en 1969 et il n'a pas tardé à en être reconnu comme le chef de file. Elle s'est accompagnée dès 1977 d'une collection publiée par Christian Bourgois, puis par *Limage-2* et *Cheval d'attaque.* Dans une collection, *Muro Torto,* de nombreuses plaquettes sont parues. Dans la série *TXT* ont été publiés notamment des livres de Valère Novarina, Philippe Muray, Vélimir Khiebnikov, Jean-Pierre Verheggen et Christian Prigent. Une collection de textes enregistrés sur cassettes par les auteurs a accueilli Novarina, Verheggen, Denis Roche, Claude Minière (qui la dirige), Prigent, Stefan Themerson, Gérard de Cortanze, John Giorno. Plusieurs de ces auteurs figurent au collectif de rédaction, et aussi Daniel Busto, Jacques Demarcq.

Ce titre *TXT* peut surprendre le lecteur non prévenu. Prigent l'explique : « Le titre *TXT* fut choisi (en 1969) d'abord pour sa neutralité *idéologique* (en opposition aux titres humanistes habituels aux revues de poésie); ensuite pour son caractère très *graphique*; enfin parce qu'il correspondait à une certaine idée que nous avions de l'*œuvre ouverte*; les voyelles absentes, entre les consonnes stables, représentent la part d'intervention du lecteur dans la production du sens. Référence explicite, alors, à tel texte de Freud sur l'évolution des langues indo-européennes, et également au *Golem* de G. Meyrinck... »

On pourrait dire que dans la poésie de Prigent, d'autres mots parlent sous les mots qu'il désaccorde et les phrases qu'il détourne de leur signification courante. Depuis Dada, sans doute est-il notre grand iconoclaste. Cependant, par-delà les détonateurs et les intimes réjouissances, en ces lieux où l'on fait rendre gorge aux principes admis, aux langages routiniers, rien n'est innocent ni gratuit. La lecture de longues déclarations impossibles à résumer (la simple citation serait goutte d'eau d'un Niagara), à la fois théoriques et enflammées, le montre bien qui éclate d'intelligence critique et affirme des convictions chevillées au corps. Comme avec Denis Roche, et Francis Ponge avant lui, la poésie est soumise à la question et, sous le supplice, chancelle sur ses bases. C'est le monde de la fureur et d'une joie qu'on aurait dit naguère dionysiaque. N'oublions pas que cette exploration tend aussi à exprimer, comme disait Artaud, les « colères errantes de l'époque ». Du triple refoulement (science, histoire, sexe) de la poésie courante, refuge de l'intériorité idéaliste, Prigent veut retourner les effets en « libérant toutes les potentialités de la langue ». Dès lors, peut-on se demander, allons-nous vers la mort de la poésie ou sa métamorphose en quelque chose qui n'est pas nommé?

Dans sa bibliographie sont données comme œuvres de « fiction » : *L'Main*, 1975, *Power/powder*, 1977, *Œuf-glotte*, 1979, *Voilà les sexes*, 1981, *Peep-Show*, 1984, *Journal de l'Œuvide*, 1984, *Deux dames au bain avec portrait du donateur*, 1984. Et comme œuvres de « poésie » : *La Belle Journée*, 1969, *La Femme dans la neige*, 1971, *La Mort de l'imprimeur*, 1975, *Paysage avec vols d'oiseaux*, 1982, *Une élégie*, 1983. Essais : *Denis Roche*, 1977, *Viallat la main perdue*, 1981, *Comme la peinture*, 1983.

Poésie, fiction : la différence est peu visible. Ici et là, pour reprendre une phrase de Prigent : « C'est écrit à gorge déployée, dans la cacophonie de l'époque, sur les copeaux saqués que l'écrit chie et scande. » Et lui-même trouve la bonne définition : « Graffiti pour l'oreille. Peut-être livre. Volume (sonore) au moins. » Il s'agit d'*Œuf-glotte* et cela vaut pour d'autres livres, par exemple la leçon de grammaire et de style, en passant par le chinois, de *Power/powder*, ou encore phrases et phrases de quelque langage intello-croquant ou d'un volapük hanté par le joual. Oui, « tout fait langue pourvu que ça tombe, écrasé et rythmé ». Et si la langue française ne s'en remettait pas! de ce « Brouhaha stéréophonique dans les oreilles esbaudies et sensibles : quelle ouïssance! ». Peut-on le taxer de cette chère « illisibilité » qui est le fleuron de la modernité? Mais non! On finit par se demander si ce langage on ne l'a pas déjà entendu, s'il n'est pas celui que sous-parlent ceux qui préfèrent le mutisme. Et, il arrive même que ces « crases freuses » nous apportent leur envoûtement, qu'on s'enchante de la trouvaille, mais est-ce là la lecture souhaitée par l'auteur? On est sur un toboggan lancé à toute vitesse et on rit de ce qui devrait effrayer, mais bientôt le vertige envahit, quelque chose vous saisit à la gorge comme si une mue se préparait, comme si d'autres mots allaient sortir de votre gorge, comme si le corps allait se désarticuler avec le langage. Christian Prigent est l'homme d'une production autre où l'on brûle les planches en risquant de brûler le théâtre. L'ignorer serait paresse. « Il faut lire Prigent, écrit Denis Roche, lire ses poudres et ses pouvoirs, aller y voir de toutes les façons possibles, comme il y est allé voir lui-même. Et croyez-moi son voyage et la sorte d'intrépidité qu'il a mise à ce désaveuglement généralisé, la fureur et la joie extrêmes qui l'y ont animé, tout cela n'a pas dû être de tout repos » – la lecture non plus, mais est-on là pour se reposer? Non pas Ur et Jerimadeth, plutôt Babel en flammes.

TXT et alentours.

Fondateur avec Prigent de la revue, Jean-Luc Steinmetz (né en 1940) est inséparable du mouvement. Poète de la constante interrogation, loin du sommeil de la pensée qui fait se répéter la même œuvre avec des menues variations, se remettant en question et brisant au besoin son ouvrage sur le métier, de *La Chair et le lointain*, 1966, ou *L'Écho traversé*, 1968, à *h-il-e* (avec Renate Kuhn), 1970, ou plus tard *Ni-même*, il y a non pas métamorphose mais révolution. Celui dont la poésie, selon Jean Malrieu, commence « à l'orée de la pensée », n'a certes pas abandonné sa recherche d'une genèse mais elle a pris le support d'une nouvelle parole dans la mouvance de *Tel Quel* ou de *TXT*. Ainsi, les poèmes figurant dans une édition de l'anthologie de Bernard Delvaille, à sa demande n'ont pas été repris dans la nouvelle édition. Il ne pouvait sans doute plus se contenter, si excellent qu'il fût, du chant familier, de la phrase coutumière, du poème sur le sentiment et la nature, même s'il s'accompagnait déjà d'une interrogation sur le langage, l'approche de l'être ou l'état du monde. Comme Achille *(h-il-e)*, il lui fallait changer de voix et de voie, chercher, par le travail rigoureux, dans la « gamme des possibles » son nouveau chemin, hésitant au début, puis affirmant une autre écriture, une révolution. Et pourtant, dans les récentes œuvres, on pourrait reconnaître en plus aigu, en plus savant, son ancien visage. Une analyse de Lionel Ray, à propos de *Ni-même*, est au plus près de l'œuvre, des poèmes « tout en arêtes vives, en avancées insaisissables » avec « je ne sais quoi de crispé, de retenu et d'irradiant à la fois ». On y lit encore : « Des éclats de phrase comme venus de lointains intérieurs et durcis au contact de la page, exhibant ce qui saigne ou ce qui, d'un rayonnement faible et persistant, brille à la brisure. Ici des êtres fortuits, des présences indiscernables, vibrations, zébrures, sillages : étincelles résumées. Là une ombre, la passante, qui se construit, se façonne, cherche un nom, n'ignorant pas le peu de volume qu'elle est... » Et nous citons aussi :

> Elle ne fut ni la beauté
> ni même
> Simplement   cette raison brillante
> qui refait   redéfait
>
> Son nom
> vrai sous la nuit mate
> devenait l'empreinte et l'ovale
> d'une différence
>   étonnée

Claude Minière (né en 1938) travaille avec les peintres, les musiciens, enregistre les voix, les sons, et ses poèmes sont présentés (qui rendra hommage aux patients typographes?) comme des partitions. Dès *L'Application des lectrices aux champs*, 1968, on reconnaissait les sujets d'intérêt et les procédés chers aux poètes telqueliens, un regard tourné vers les espaces, les lignes, les sonorités, le creusement des textes, leurs parcours selon des transversales, ce qui résonne au fond des mots, la patiente et savante randonnée de la mémoire à la recherche des fondements scripturaux, du pouvoir d'intensité des sons et de leur réception acoustique quand surgissent chants, cris, interjections, onomatopées, langue réduite, se livrant difficilement, laconique et hérissée, cachant quelque secret derrière le jeu des mots, son et architecture, à déchiffrer plus qu'à lire, à écouter plus qu'à analyser? car lecture de l'illisible entend écoute et analyse. D'autres titres : *Temps de parole*, 1976, *Vita nova*, 1977, *Les Bâches*, 1979, *Hilo*, 1979, *Glamour*, 1979, *Je n'écrirai pas un grand roman*, 1982, *Clément Marot et les chiffonniers*, 1983, *La Mort des héros*, 1985.

Gérard-Georges Lemaire a vu dans *Le Babil des classes dangereuses*, 1978, de Valère Novarina (né en 1942), « un chef-d'œuvre du baroque contemporain » et l'a présenté comme « une aventure scripturale qui a pour objet les conflits ouverts dans la langue, lorsque émergent soudain les traîtres de la syntaxe et les assassins de l'ordre grammatical » en ajoutant : « C'est une lutte des classes linguistique et un carnaval de la folie verbale. Babillages, balbutiements, mimiques d'aphasiques, grognements du mutisme, écorniflage des belles lettres, appel d'air dans le vortex du discours... » Auteur encore de *Lettres aux acteurs*, 1979, *La Lutte des morts*, 1979, etc., Novarina a collaboré, comme beaucoup de poètes cités dans ce chapitre, à *L'Ennemi* de Gérard-Georges Lemaire, *Digraphe* de Jean Ristat, *L'Énergumène* de Gérard-Julien Salvy, *Terature* de Joël Benzakin et Jean-Luc Steinmetz, *Textuerre* de Jean-Marie de Crozals, Jean-Claude Hauc et Anne-Marie Jeanjean, *TXT* et *Tel Quel*. Mots en fièvre, mots en guerre sont comme les personnages d'un théâtre décapant et subversif. On peut ouvrir les vannes à d'interminables suites de noms :

... Algon, Longis, Septime, Nordicus, Bouche, Ergiléo, Cigilice, Oreille, Lidame, Égloglidon, Harpime, Crulot, Véron, Boquet, L'Homme de Pontalambin, L'Homme de Lambi, Jean Membret, Sapolin, L'Homme de Saporléolimasse, Bandru...

et quelques dizaines d'autres et l'on serait tenté de se prendre au jeu, d'ajouter quelque Magrabote, Mornemille et Casaquin pour évoquer Michaux ou bien des noms du théâtre claudélien pour ajouter à cet entêtement magique. Place au théâtre, donc! Celui de Valère Novarina est le théâtre du verbe et du paroxysme de la parole où se glissent les mots du parler haut-savoyard. Il est acteur, auteur, a travaillé avec Marcel Maréchal et Jean-Marie Patte. On cite *L'Atelier volant*, 1974, *Falstaff*, 1976, *La Fuite de bouche*, 1978, *En hommage à Louis de Funès*, 1986. « Inventeur d'énumérations, écrit Christian Descamps, ce goûteur de patronymes dit les drames de la vie. »

Si nous reparlerons de Jean-Pierre Verheggen (né en 1942) dans un prochain volume, ne séparons pas de ses amis, celui dont Claude Bonnefoy a dit : « Verheggen? Un Zorro oualon et un abominable homme des mots. Grossier et sublime, ogre de bande dessinée et Gargantua ébranlant d'un rot tous les discours du capitalisme et aussi bien ceux des pseudo-révolutionnaires. Bref, un écrivain, un grand, planté dans la terre de notre temps, jailli du terreau de la langue. » Il s'agissait de *Le Degré Zorro de l'écriture*, 1978, qui fut une révélation, bien que Verheggen eût publié auparavant *La Grande Mitraque*, 1968, et *La Grande Cacophonie*, 1974, références à Henri Michaux y comprises. Suivirent *Divan le Terrible*, 1979, *Vie et mort pornographiques de Madame Mao*, 1981, *Pubères, putains*, etc. Si ses préoccupations sont celles de Prigent ou de Novarina, de ses compagnons de *TXT*, le sexe, la politique, le signifiant, le textuel, il apporte un supplément de démesure, de dérision, d'invention, de cocasserie, d'humour ravageur, de rire hénaurme. Du babil à la langue de bois, de la « pensée *Doum-Doum* » à la « pensée *Débile et Une Nuits* », rien ne l'arrête dans sa course au calembour révélateur, à ce point qu'on pourrait le lire pour cela seulement (si on est un esprit futile) mais le propos va plus loin dans l'entreprise de démolition qu'il n'y paraît. Jean-Pierre Verheggen, avec son ami Marc Rombaut, a donné des centaines d'heures à la radio pour y parler de poésie avec une sorte de joie contagieuse.

Gervais-Bernard Jassaud (né en 1944) a créé la revue et le collectif *Génération* en 1968, l'a dirigé avec Gérard Duchêne (né en 1944), auteur de *Décantées*, 1969, *Pierre à chair*, 1970, *Façades culbutantes*, 1971, etc., avec dans l'entourage Louis Dalla Fior, Alain Duault, Philippe Boutibonnes et quelques autres en ce lieu de confrontation des poètes nés entre 1944 et 1952. Jassaud a dirigé *TXT* avec Prigent. Quelques-uns de ses titres : *Manuel de guérilla*, 1971, *Travaux pratiques*, 1974, *Make up*, 1975... Pour lui, « côté poésie c'est l'beau temps » et bien des poèmes sont typiques de l'iconoclastie langagière et fort joyeuse des années 70 :

> Mouche ta plume avant d'écrire à la dame
> J'vo zème Momy cett'fois dans vot'bec
> Roulez vot'langage et l'coucou d'ton bazar
> J'm'en ranche l'bord ou l'buddy sweet
> J'm'en jase une lampée à fucky bay the dove...

Serge Fauchereau (né en 1939) a été un des animateurs de *Digraphe*. Il connaît aussi parfaitement la littérature et la poésie américaines que l'avant-garde russe, la révolution cubiste que les sculptures du XXe siècle, et il leur a consacré des ouvrages, tout comme à Théophile Gautier. Spécialiste des grandes expositions au Centre Georges-Pompidou, il a participé à Paris-New York, Paris-Berlin, Paris-Moscou. Au sens pictural s'unit dans ses poèmes le sens orchestral qui lui permet de conduire une narration pleine de couleur et de relief, l'humour n'étant pas absent.

10

Le Choix du texte

Dans les laborieux laboratoires des constats du délabrement, dans de nombreuses revues expérimentales, les auteurs se sont pressés. Est offerte ici une promenade parmi des noms, des titres, des œuvres.

Jean-Louis Baudry (né en 1930) est un des meilleurs écrivains de *Tel Quel*. Si les barrières entre les genres n'étaient abolies, on serait tenté de parler de roman. Il a publié *Le Pressentiment*, 1962, *Les Images*, 1963, *Personnes*, 1967, *La Création*, 1970, *Épreuves* (avec Albert Bitran), 1966, *Liriope*, 1976, *L'Effet cinéma*, 1978. La phrase, simple et belle, offre des chatoiements, un baroquisme théâtral, avec quelque chose de fervent et de retenu qui suscite un vif intérêt de lecture. Il a collaboré au collectif *Théorie d'ensemble*, 1968, tout comme Pierre Rottenberg (né en 1938) qui a publié *Le Livre partagé*, 1966, *Manuscrit de 67*, 1984, et dont on a pu lire de fort beaux textes dans *Orange Export Ltd*.

Des poètes comme François Champarnaud, Henri Poncet (né en 1937), Jacques Henric (né en 1939), Georges Badin (né en 1941), Jacques Bussy (né en 1931) sont souvent proches des conceptions d'un Denis Roche ou d'un Marcelin Pleynet, de *Tel Quel*, et aussi, pour certains, d'André Du Bouchet ou de Christian Prigent. Toute une génération a été tentée par *TXT* et des revues proches. Autour de Michel Butor ou dans sa lignée, on trouve les amis de Nice (on a même parlé d'une « école de Nice »), les proches aussi de Biga, comme Ben Vautier (né en 1935) qui, en plus de la poésie, pratique tous les arts, Jean-Pierre Charles (né en 1942) et Marcel Alocco (né en 1937) qui, après *Poèmes adolescents*, 1959, a trouvé sa voie avec *Au présent dans le texte*, 1979, en se référant à Claude Simon, pour donner au poème un contenu narratif.

Un poète des plus singuliers est François Aubral (né en 1946), auteur du *Michel Butor*, 1973, de « Poètes d'aujourd'hui », participant au collectif *Contre la nouvelle philosophie*, 1977, directeur avec Kamel Ibrahim de la collection *Le Corps inédit*, auteur d'ouvrages de poésie – on serait tenté de dire : de partitions poétiques – comme *L'Accouchure*, 1975, *Agonie*, 1981, où les mots sont ceux de la souffrance et de l'horreur, du sang et des cris, de la naissance en des textes haletants, écorchés, de l'enfantement à la mort. De grands blancs séparent les mots, la disposition sur la page blanche est soigneusement mise en œuvre et l'harmonie graphique, la composition du tableau-poème, du fermé à l'ouvert, offrent au regard de curieux clignotements qui ajoutent aux effets de la phrase.

Frédéric-Yves Jeannet (né en 1959) a publié dans les revues et a fait partie des poètes recensés par le *Magazine littéraire* de Jean-Jacques Brochier. Vivant au Mexique, ayant habité un peu partout dans le monde, on le situe dans la voie rimbaldienne des semelles de vent et du long dérèglement de tous les sens jointe à la méthodicité de son ami Michel Butor.

La notion de *texte* et celle d'*errance* sont à l'origine du titre de la revue *Textuerre* qui a publié nombre de poètes français et étrangers (William S. Burroughs ou Edward E. Cummings par exemple) et est aussi un point de rencontre des écrivains et des plasticiens. Jean-Claude Hauc (né en 1949), son coéditeur, a publié de nombreuses œuvres : *Le Défilé sous l'arche,* 1978, *Sacro bosco,* 1979, *Le Fil du miroir* (avec Claude Sarthou), 1980, *Langue nègre* (avec Alain Robinet), 1981, *Le Détroit des Dardanelles,* 1981, *Erratiques,* 1981, *La Peinture encore,* 1982, *Necromancer machine,* 1983, *Kijno* (avec Jean-Luc Parant), 1983, *Roman du plus mort que vif,* 1984, etc. Ses textes sont interrogation de la langue et découverte des secrets qu'elle recèle ou qui lui sont offerts comme dans quelque « jeu de l'oie » où « auc » est le jars, « langue d'auc » donc et « Caca d'oie et production littéraire », langage d'Hauc (Jean-Claude) en somme, sans cesse réinventée, errant parmi le labyrinthe qu'elle crée au gré de sa marche en ralliant quelque anagramme au passage pour réjouissances, jubilations où c'est la langue même qui est l'héroïne de la geste.

Comme lui, Anne-Marie Jeanjean, codirectrice de la revue, a participé à des ouvrages collectifs, notamment à *Ecbolade*, et publié, avec Alain Robinet, *Fréquence 243 MCS*. A noter aussi *Via Scavi*, 1982, mise en scène de Georges Baal. Bernard Teulon-Nouailles (né en 1953) a participé à la revue *Entailles* de Philippe Nadal, et cofondateur de *Textuerre*, a créé la revue *Le Chat messager*, écrit poèmes, nouvelles, œuvres critiques d'art et de littérature dans cette ville de Montpellier où les littératures française et occitane présentent tant de richesse et de diversité.

Il n'est pas d'yeux que d'Elsa. Jean-Luc Parant (né en 1944), lorsqu'il rencontre Titi en 1961, est fasciné par ses yeux. Il sera « fabricant de boules et de textes sur les yeux » et tous les ans, pour l'anniversaire de sa femme Titi, il publiera un numéro du journal du *Bout des Bordes,* du nom du « plus petit royaume de la terre », en Ariège où il vit, et, d'une année à l'autre, des centaines d'auteurs auront donné des textes pour accompagner les siens toujours inspirés par ce qui le hante : ces yeux qu'il voit partout et qui feront l'objet d'un nombre considérable de textes, plaquettes, livres chez Christian Bourgois ou à Fata Morgana, si ce n'est à *Obliques* de Roger Borderie qui lui a consacré un numéro spécial. Des titres pour donner un exemple : *Les Yeux CCLXXXVI*, 1975, *Les Yeux CIII CXXV,* 1976, *Les Yeux MMDVI,* 1976, *La Joie des yeux,* 1977, *Les Yeux du rêve,* 1978, *Lire les yeux,* 1979, etc. Au XIXe siècle, on aurait fait de Parant un fou littéraire, mais non! c'est simplement un fou des yeux qui, en vers ou en de longues proses, en fait une seule phrase interminable sans ponctuation ni majuscules, explore un domaine infini, ce qui pourra laisser les uns perplexes et fournir aux autres la matière de commentaires de toutes sortes. Les yeux deviennent une entité inspiratrice, le point d'incidence de tout, cosmologie, géologie, sciences naturelles diverses, arts plastiques, etc., mais aussi mode d'invention où le texte semble conduire le chaos, préparer la genèse dans le grand charabia de la création. Autour de l'œil, de la boule, la matière d'une épopée verbale vient s'agglutiner dans un mélange de naïf et de savant, d'amusement et de sérieux. Œil du cyclope ou œil du cyclone, clin d'œil ou troisième œil, on ne sait pas bien mais l'envoûtement est garanti à quelque degré qu'on prenne la chose, et puis cela ne va pas sans découvertes.

Il y a dans les poèmes de Jean-Michel Michelena (né en 1948) une grandeur tragique qui se reflète dans des titres : *C'est une grave erreur que d'avoir des ancêtres forbans*, 1975, *Du dépeçage comme de l'un des Beaux-Arts*, 1976, *La Politique mise à nu par ses célibataires même*, 1977, et dans certains passages qui évoquent le ton des poètes du XVIIe siècle : « La force qui te porte maintenant tempère ses éclats... » ou « Tu vas dans l'air doré des soldats d'Homère... ». Parfois, on pense à Rimbaud : « Je méprisais le juste milieu. Tout esprit de modération m'était étranger. Je donnais des noms de guerre. » Ou encore à ces proses surréalistes comme André Breton en avait l'art. On songe souvent à de lourds rideaux, des drapés raciniens, et le héros s'avance et parle :

> Le seul savoir est la douleur et tel
> celui qui va sur le champ de bataille quand
> depuis longtemps déjà tout est perdu il
> appelle sur lui la Pitié fatale serre son arme contre
> son cœur tu t'avances dans le mystère
> les plumes mal peintes

En d'autres lieux, Michelena a publié des inscriptions, ébauches, fragments d'un poème qui resterait à écrire, façonnés façon avant-garde minimaliste, *Fragments pour un corps cruel* où s'inscrivent ses éclats les plus purs. Michelena a collaboré à *L'Infini*, *La Vigie des minuits polaires*, *In'hui*, *Première livraison*, *NDLR*, etc.

Venus d'*Action poétique* et de *Mantéia*, Liliane Giraudon et Jean-Jacques Viton ont fondé à Aix-en-Provence la revue *Banana Split* dont le titre est ainsi expliqué (ceci pour le lecteur « étonné ») : « Nécessité, par l'étiquette même de cette gourmandise bariolée, d'établir une distance avec la plupart des titres littéraires adoptés par les revues en France. Par ailleurs, jeu de dérision entre " split " et " spit " dans l'obscénité littérale de la figure éclairée par exotisme de l'aliment... » Qu'en termes galants... Cette revue s'est attachée à placer sur un même axe les écritures contemporaines, les langues minoritaires et les anciens poètes comme ce François de Maynard qui nous est cher, Arnaut Daniel ou Virgile. Jean-Jacques Viton (né en 1933) a fondé, avec Julien Blaine et Nanni Balestrini, des rencontres internationales de poésie à Cogolin, en collaboration avec *Doc(k)s*, *Skôria*, les éditions *Manicle*,

Nèpe et *Spectres familiers*. Parmi ses titres : *Au bord des yeux*, puis *Images d'une place pour le Requiem de Gabriel Fauré*, 1979, *Terminal*, 1981, *Principes de lieux I*, 1982, *Épisodes du vent*, 1983, *Some Post Cards About C.R.J. and Other Cards* (avec Liliane Giraudon), 1983, *Douze apparitions calmes de nus et leur suite, qu'elles provoquent*, 1984, *Décollage*, 1986. Suites réalistes, litanies, nous sommes dans le quotidien matériel, la prose se découpant en vers pour offrir l'inattendu, surprendre sans recherche excessive de traitement du texte.

De *Banana Split* à *Tartalacrème*... Cette revue de Marie-Hélène Dhénin et Alain Frontier a publié des textes des auteurs de *TXT*, de *Tel Quel* ou de *Change*, et aussi Yak Rivais, Pierre Garnier, Bernard Heidsieck et d'autres. Alain Frontier (né en 1937), auprès d'ouvrages sur le grec ancien, a publié ces recueils : *Les Mortes*, 1967, *Royauté*, 1970, *Une marge d'eau claire et de silence*, 1972, *Chroniques meldeuses*, 1973, *Une prison*, 1974, *Les Grenailles errantes*, 1975, *Le Voyage ordinaire*, 1976. Créant de courtes fictions qui semblent parodier des récits, il fait parfois penser à Blaise Cendrars lorsqu'il allait chercher l'inspiration du côté de Gustave Le Rouge ou au Robert Desnos de *Fantomas* et le jeu de la prose découpée en vers lui permet, par exemple, de donner une suite aux célèbres aventures de Harry Dickson (un extrait publié dans *Le Monde*). Comme chez Denis Roche, le mot se coupe volontiers en bout de ligne quand retentit la clochette de la machine à écrire. Auprès de ces coquetteries, un goût des patronymes, de morceaux de prose qui ressemblent à des découpages, la création d'héroïnes comme Dorothée Branican ou Helena Glenarvan. Le goût de l'aventure des mots et de l'aventure tout court. Une manière peut-être de se sauver par la dérision et le jeu noble du jet des gâteaux crémeux à la figure de madame rhétorique.

Animateur d'*Ecbolade*, Alain Anseew (né en 1950) a écrit *Le Maître sang*, 1971, *Cou suce se bêtes*, 1973, *Récits*, 1973, et de nombreux ouvrages en collaboration avec Pierre Coulon, Jean-Luc Parant, J.-P. Broux, Baudoin Luquet, Joël Frémiot, Alocco, Borsotto, Georges Mérillon, Bernard Michez, Fabienne Rabret, René Bonargent, Éric Haldorf, S. Picard, Pierre Vandrepotte, Lunal.

C'est à *Ecbolade* qu'Alain Borer (né en 1949) a publié *Venusberg*, 1976, puis *Le Métier à citer, Zone bleue*, 1985. Auparavant : *Fables à pointes de cuivre*, 1970, *Fi*, 1971. Gérard-Georges Lemaire a écrit : « Il met à l'œuvre une dérisoire et terrifiante machine par laquelle l'écriture est contrainte à dénoncer ses sous-entendus les plus outrageux. Dans la bousculade des signifiants, l'affolement qui dérange l'ordre astronomique régissant l'univers instable des figures du langage. Il se produit comme une pérégrination forcenée dans l'espace d'une culture sur son déclin, fascinante et forcément grotesque, une quête de jouissance dans le cosmos qui résonne encore des mirages sonores produits par des galaxies inventées pour donner sens à la parole humaine... » On peut parler aussi d'un sens de l'image rare, surprenante, riche d'un baroquisme coloré, d'un érotisme original car si le poète donne à entendre, il offre aussi à voir et à ressentir. Parallèlement à son œuvre poétique personnelle, Borer a apporté une importante contribution à la recherche rimbaldienne avec *Rimbaud en Abyssinie*, 1984, et *Un sieur Rimbaud se disant négociant*, 1985.

Tout en refusant l'étiquette de « féministe », le féminisme étant pour elle « une revendication d'égalitarisme dans laquelle disparaît le féminin », Xavière Gauthier (née en 1942) a animé la revue *Sorcières* qui réserve sa parole aux femmes. Une prose expressive et de qualité montre l'absence d'une frontière avec ce qui est poésie, ce qu'on peut dire aussi de Françoise Clédat (née en 1942) ou de Sylvie Fabre-G. (née en 1951).

Comme la revue *Promesse*, une autre revue, *Encres vives*, qui, depuis 1960, a pris une part importante à la création, est significative de l'évolution d'un art. Ouverte à ses débuts à ce qui participait plus volontiers du sensible que de l'intellectuel, mais assez éclectique pour accueillir les recherches nouvelles, elle devait, au début des années 70 se référer aux théoriciens de *Tel Quel*, à Jacques Lacan ou à Louis Althusser, à Karl Marx ou à Sigmund Freud, prôner une pratique textuelle débouchant sur une écriture matérialiste et révolutionnaire, Dominique Nauze, Alain Duault et quelques autres se situant aux avant-postes. Michel Cosem (né en 1939), son fondateur avec André Brouquier, Marie-France Subra, Louis Le Sidaner, devait suivre cette démarche avec exigence, sans cependant trahir sa personnalité sensible, son enracinement terrien au Sud (il écrit aussi en occitan) comme on le voit dans la plupart de ses œuvres, des plus anciennes aux récentes qui se sont dégagées de zones peu accessibles pour offrir ce qui lui est propre : l'imagination créatrice fondée sur le réel. Son œuvre abondante comprend romans et nouvelles, essais et anthologies, recueils comme *Structures*, 1963, *Manifestations*, 1964, *Joie publique*, 1966, *Brebis antiques*, 1969, *Êtres et feux*, 1970, *Aile la messagère*, 1970, *Le Temps des sèves, Le Givre et la raison, Fruits et oiseaux des magies*, 1972, *Territoire du multiple*, 1978, *La Dérive des continents*, 1980, *Ifs et cris en un seul mot*, 1980, *Aux yeux de la légende*, 1986, *Malgré la sécheresse*, 1987, et quelques autres. Concepts et théories n'ont pas empêché de chanter la biche, la licorne, le lièvre, les « oiseaux de la métamorphose » ou « le royaume de terre et d'eau » mais sans doute lui ont-ils apporté un sens de la rigueur et du serré du texte quand « les yeux des loups coulent dans le langage » ou quand l'écriture parcourt un pays d'enfance. Cosem est un poète d'ouverture, de permanence et d'affectivité qui voyage dans l'imaginaire des mythes et des légendes avec volupté.

Alain Duault (né en 1949), d'*Encres vives* à *Génération* et à *Po&sie* affirme un parcours parfait. Il est aussi un critique musical. Il n'est pas étonnant de trouver dans *Colorature*, 1977, une musique d'allitérations, « en virelai vocalises et cantilène Marlène en villanelles et cavatine Callas » dans « un rythme au fur et démesure et Mozart ». Ses unions de mots rares et de mots familiers, ses références aux sens, au sexe, à la matérialité animent des textes qui sont jungles d'images et vertiges de mots rendus à eux-mêmes comme dans le déluge de *Linges*, 1975, dans *Tuerie*, 1972, où le corps inervé jette ses imageries crues, sanglantes, viscérales comme au cœur de quelque boulevard du crime ou dans un théâtre lointain et tragique. Rare musique pour aboutir à un délire textuel maîtrisé et dont on ne peut nier la fascination. Duault, dictionnaire, délire ? Et aussi souffle, stupeur, emportement : « Vous saurez que tout est follement inventé... » D'autres titres : *Prosoésie*, 1967, *Soif de soifs*, *La Mort blanche*, 1970, *Tresses*, 1971, *Rêve/Mort* (avec Hélène Mozer), 1972. Duault n'oublie pas que, à travers ses folles aventures, la poésie est un art.

A défaut de pouvoir citer tous les poètes passés par *Encres vives*, en nous référant à l'utile ouvrage de Serge Brindeau, quelques noms, quelques titres : Michel Billey (né en 1940) avec *Les Hasards de la poursuite*, 1966, André Brouquier (né en 1945) avec *Les Sources du désert*, 1965, Michel Dugué (né en 1946) avec *Metatraca*, 1970, Gérard Durozoi (né en 1942), avec *Gram(m)es*, 1973, Christian Limousin (né en 1948) avec *Éclats/Fragments/Lambeaux*, 1970, Olivier Mary (né en 1944) avec *Villages interdits*, 1969, Michel Mourot (né en 1948) avec *A l'épreuve des pierres*, 1965, Dominique Nauze, avec *Clown à Walla-Walla*, 1966, Marie-France Subra, avec *Le Fond de l'air*, 1972.

Jean-Marie Le Sidaner (né en 1947) a publié de nombreux recueils dans cette revue : *Soleil des voix*, 1965, *Justice immanente*, 1966, *Environs*, 1969, *La Dislocation*, 1971, *Lexique les mains*, 1972... Démolition, ébranlement, fracture des structures du langage et de la société usés furent sa préoccupation première comme on le voit dans L/A D/I/S/L/O/C/A/T/I/O/N dont le poème se faisait l'écho. Professeur de philosophie à Charleville, critique écouté, il a donné des ouvrages ou des textes sur Pierre Garnier, Michel Butor, Jean Tardieu, Vahé Godel (dont nous parlerons dans le prochain volume), Bernard Noël, Claude Ollier, Michel Deguy, Kenneth White, Marguerite Yourcenar, Alain Duault, Hubert Juin, Raymond Jean, Rachid Boudjedra, Maurice Roche, Michel Cosem, etc., donnant ses « portraitures » dans journaux et revues littéraires. Un récit : *Dialogue au noir*. Des anthologies thématiques : la folie, la mort, la maison. Sans qu'il y ait eu vraiment rupture dans son œuvre poétique, peut-être parce qu'il constate « certains nœuds dans le monde me retiennent » son œuvre est devenue fondatrice : *Élégie dans la ville*, *L'Effet de neige*, 1982, en des poèmes courts, allusifs, comme des inscriptions où l'on interroge le corps, la vie, la mort, avec un rien d'élégie, de rêverie, des références aux éléments, à la nature belle à ressentir et à dénomber.

La revue *Dérive* est animée par Guy Darol (né en 1954) qui a collaboré aux revues *Aroba*, *Crispur*, *Hobo-Québec*, *Impasses*, *Jungle*, *Phantomas*, *Zone*. Avec *Slangue et la grande tuerie*, 1980, il s'inscrit dans le tragique sanglant des poètes insoumis et blessés par leur propre parole, soucieux d'écrire au plus près d'eux-mêmes en de longs chants qui ne sont que turbulences, feux et laves, « chairs boulonnées » et « pensées embouties ». *Dérive* a dit « oui sans réserve à la vie » cependant et cherche à conquérir ses eldorados même si on met pour cela le feu aux poudres. Parmi les collaborateurs : Alain Borer, Philippe Boyer, Daniel Busto, Lionel Ehrhard, Hubert Haddad, Henri Martraix, Bernard Neau.

Geneviève Clancy (née en 1942) a collaboré à cette revue et aussi à *Change* et à *Wozu*. Pour déchiffrer ses messages, il faut une entière attention comme si on lisait un télégramme ne gardant que les mots essentiels. On trouve un univers particulier où « le rêve harde chair et rage », où des images physiques, viscérales, nerveuses, apparaissent comme dans un film fou, aux images rapides, et l'agression se prolonge, les phrases, comme venues d'ailleurs, semblent s'être introduites comme par effraction. Il y a rébellion de l'écrire et du vivre, révolte contre ce qui nous est arraché ou nous arrache dans une « Europe errée de seize millions d'esclaves » où l'on ne voit que sang et crime, où l'on n'entend que cris. Des titres : *Fête couchée*, 1972, et, avec P. Tancelin, *Les Tiers-idées*, 1976, *Fragments-délits*, 1979.

Dans la collection *Change sauvage*, Éric Dumont (né en 1941) a publié *La Région centrale*, 1976, poème où « dans le grand bastringue inoubliable », il tente de répondre à quelque « qui je fus » par des lignes litaniques explorant son réel viscéral et ses possibles légendaires, du ventre de la femme au cosmos des étoiles – cela avec une débauche d'images fortement colorées, frappantes, sauvages. Le meilleur de la poésie contemporaine se retrouve dans sa revue *Tout est suspect* née en 1977 qui témoigne d'un goût très sûr dans ses choix français et étrangers. Entre autres, Roger Munier, Céline Zins, Zéno Bianu, Michel Random, Gérard Pfister, Jean-Louis Clavé, Lionel Ehrhard, parmi d'autres rencontrés, nous séduisent et nous obligent à une vigilance à leur endroit dans l'avenir. A citer un numéro double ayant pour thème *L'Instant*, un autre *L'Absence*.

II

Pointe vive

Dirons-nous pointe extrême de la modernité ? L'anthologie avouée arbitraire d'Henri Deluy, l'ensemble d'*Orange Export Ltd.* d'Emmanuel Hocquard et Raquel, voilà de quoi susciter les foudres de Le Quintrec pour l'un et de Maxime Duchamp pour l'autre voyant là « une des manifestations flagrantes de la collusion du faux anarchisme et de la bourgeoisie ». Quelques années auparavant, nombre de poètes s'insurgèrent contre *Poésie ininterrompue* à la radio. Ici, pas de refus, d'exclusions, de soupçon. Des tendances sont indéniables et des dizaines de créateurs en participent. Dès lors qu'il s'agit d'*histoire* ou de tracés pour une histoire future, l'événement à haut risque ne saurait être gommé. Erreur de parcours ou démarche d'avenir, le saura-t-on plus tard ? En attendant, d'autres portraits, d'autres instantanés, imparfaits sans doute, du côté d'*Orange Export Ltd.*, d'*Action poétique*, de P.O.L., de Christian Bourgois, de Fata Morgana, d'*Aencrages*, etc.

Emmanuel Hocquard.

Emmanuel Hocquard (né en 1940) c'est donc la revue dont nous venons de parler. Il anime aussi la section de poésie de *L'Arc*. Sa poésie est marquée par le travail du texte, les éclatements, mais n'abandonne pas le narratif ni certaines vibrations intérieures comme celles produites par la nostalgie, certains tremblements venus jusqu'à lui du passé proche ou lointain, de l'héritage grec et latin comme l'indiqua Bernard Delvaille : « Il a publié de grandes élégies dans *Action poétique* et dans *Les Lettres nouvelles*. Nourri de grec et de latin, sa poésie peut faire penser à l'inscription funéraire d'Antiochos Ier, roi de Commagène. Hocquard est notre poète alexandrin. » Dès *Le Portefeuil* (du « Sieur Beisser au 14 Dragons »), il a affirmé son originalité en faisant revivre par évocations ou inventaires, itinéraires de route d'un soldat, relevés d'événements, biographie, tranche d'histoire, etc., au cours d'un poème étonnant, épopée de l'inscrit et vie véritable du héros en faisant penser à Stendhal ou Buzzati. Cette netteté, cette ligne sans relief accusé accompagnent un sens concret des choses, la limpidité n'empêchant nullement la présence du mystère. Hocquard est un déchiffreur, un archéologue, peut-être un détective comme le montre son récit *Un privé à Tanger*, 1987. La modernité s'affirme non avec des « trucs » mais par l'utilisation spatiale de la page, blancs, silences, architecture, par une manière de laisser le récit en suspens, d'ajouter à la clarté une note légère d'énigme, de jouer à la complicité poète-lecteur. Toujours le langage offre l'empreinte d'un monde passé ou présent restitué par lui au plus près, épousé au plus près, comme l'eau le corps du nageur. Ses titres sont nombreux, livres ou courts textes accompagnant souvent les œuvres du peintre Raquel. Quelques titres : *Les Espions thraces dormaient près des vaisseaux*, 1975, *Une*, 1976, *Album d'images de la villa Harris*, 1978, *Les dernières nouvelles de l'expédition sont datées du 15 février 17..*, 1979, *Une ville ou une petite île*, 1981, *Tum color*, 1983. Des livres comme *Une journée dans le détroit*, 1981, *Aerea dans les forêts de Manhattan*, 1985, sont récits ou romans sans cesser d'être poèmes.

A qui voudrait pénétrer dans son œuvre, nous conseillerions un petit livre, ne serait-ce que pour sa belle écriture, car on y trouve fil d'Ariane et clefs subtiles pour pénétrer dans son domaine comme dans ceux de ses voisins. Il s'agit de *La Bibliothèque de Trieste*, 1988, dont nous citons un paragraphe car il est éclairant pour ce chapitre : « Compte tenu des données qui précèdent, s'il me fallait d'un mot définir ces écrivains français d'aujourd'hui, j'aimerais conclure en les appelant poètes-philologues, à l'instar de Nietzsche qui récusait pour lui-même l'étiquette de philosophe, lui préférant celle de philologue. »

Claude Royet-Journoud.

Né en 1941, Claude Royet-Journoud offre une écriture économe, posée sur la page comme un objet mouvant, cherchant son équilibre dans le blanc. Il parle du « travail d'une main comptable », du « travail vertical et blanc » – travail comme on parle d'une femme en travail. Il s'attache aux sons, bruit ou silence, à la répétition, à l'usure. L'œil est retenu et si l'allusion résiste à l'entendement, on reste dans l'attente de ce qui peut naître, naîtra sans doute, un autre texte en forme de récit nouvelle manière, sans qu'on en soit tout à fait assuré. Parfois, un texte fourni apparaît comme la figuration du projet d'autre chose – du moins le ressentons-nous ainsi. Le recul, l'élan sont là pour le bond, mais aussi prennent leur valeur en eux-mêmes. L'objet, l'obstacle, l'observation, la minutie. Des titres : *Le Renversement*, 1972, *Até*, 1974, *Autre pièce*, 1975, *Cela fait vivant*, 1975, *Ils montrent*, 1975, *Le Travail du nom*, 1976, *La Notion d'obstacle*, 1978, *Lettre de Symi*, 1980, et deux ouvrages essentiels pour aborder l'œuvre : *Les Objets contiennent l'infini*, 1983, *Une méthode descriptive*, 1986. Claude Royet-Journoud a produit une émission sur France-Culture, *Poésie ininterrompue*. Et il y eut sa revue *Siècle à mains*, avec Anne-Marie Albiach et Michel Couturier.

Anne-Marie Albiach, Michel Couturier.

Jacques Darras, dans *Arpentage de la poésie contemporaine*, 1987, parle du « coup d'État d'Anne-Marie Albiach » et affirme que chez elle « la voix signe le corps ». Elle-même dit dans un entretien : « L'écriture est un acte de destruction qui se régénère » ou « L'intensité de la phrase est faite des mots qui manquent ». Ceux qu'elle garde, allusifs, au seuil de l'absence, sont nus dans la page, petites îles perdues dans l'océan. L'énigme, la trajectoire qui est « la manière autre ». On emprunte à Christian Descamps une analyse peu aisée : « Le texte sauvage d'Anne-Marie Albiach est une dramaturgie intérieure qui disloque la syntaxe. Il est parcouru par une forte sensation du parjure, par une analyse que les *blancs* cherchent à faire éclater. Ces espaces de respiration coupent aussi le souffle. Ici la composition sculpturale manifeste le corps qui écrit, car, comme les dédoublements du miroir, les images sont traîtres. » Il s'agissait d'un poème paru dans *Le Monde*, celui où « Le sommeil hante la nuque telle une déperdition de soi rompue par la Perte. Un cercle dans nos respirations noires ». Des titres : *Flammigère*, 1967, *État*, 1971, *H II Linéaires*, 1974, *Le Double*, 1975, *Césure : le Corps*, 1975, *Objet*, 1976, *Mezza voce*, 1984, *Anawratha*, 1984, *Figure vocative*, 1985, *Le Chemin de l'ermitage*, 1986. Elle est traductrice (espagnol, portugais, anglais) et un numéro d'*Action poétique* lui a été en partie consacré.

Proche de ses amis de *Siècle à mains*, Michel Couturier (né en 1932) a le même souci de la mise en place du texte, de l'approfondissement d'un thème, l'œil, la conjonction du corps et de la nature, la composition, toujours l'architecture. Titres : *De Distance en château*, 1964, *L'Ablatif absolu*, 1975, *Constante parité*, 1977. Couturier est le traducteur de *Fragment*, 1975, de John Ashbery.

Alain Veinstein, Jean Daive.

Homme de radio, option culture, Alain Veinstein, par une poésie de creusements, a suscité ce commentaire de Bernard Delvaille : « La poésie de Veinstein est inquiète. Elle met au jour, en nous, d'étranges strates de neige et de schiste. Elle fore et déblaie, insiste et dérange. » Ce poète nous est apparu comme sans cesse surpris, en attente, interrogeant jusqu'à ses constats. Il ne repousse pas la sensation, la passion, il les questionne. Cela tient parfois de l'aphorisme : « Une phrase éclaire en première ligne » ou « Mon histoire est derrière moi et je n'ai pas commencé à l'écrire. » Ou : « Enfermé dans sa terre / aurait-il écrit la phrase / que je suis en train de dépouiller ? » D'où vient cette sorte d'effroi qu'il distille de la manière la plus placide ? Cette tendresse blessée, ces appels que l'arrangement subtil et serré des mots ne parvient pas à cacher, d'où viennent-ils ? On cite : *Répétition sur les amas*, 1974, *Qui l'emportera ?*, 1974, *L'Introduction de la pelle*, 1975, *Dernière fois*, 1976, *Recherche des dispositions anciennes*, 1977, *Vers l'absence de soutien*, 1978, *Corps en dessous*, 1979, *Sans elle*, 1980, *Ébauche du féminin*, 1981...

Collaborateur à la radio lui aussi, Jean Daive (né en 1941) a animé la revue *Fragment*. De *Décimale blanche*, 1967, à *Un transitif*, 1985, il a publié une vingtaine d'ouvrages dont *Fut bâti*, 1973, *Le Jeu des séries scéniques*, 1976, *Le Cri-cerveau*, 1977, *Narration d'équilibre*, 1985. Une phrase de lui est significative : « Je dirai, mais je ne le dis pas : il n'y a rien d'autre. » Une fascination : le blanc, la néantisation, l'oubli, le silence. Analyse d'Hubert Juin : « Jean Daive, c'est l'écriture prise au piège de ce qui ne s'écrit pas. C'est l'aveu qui se déconcerte dans la mesure, je crois, où le véritable secret tient en ceci : qu'il n'y a pas de secret. C'est l'évidence de mots abandonnés sur la *plage* blanche qu'est la page. Cri, mais étouffé. Cerveau, mais du corps entier. Présence, mais absente. Absente, mais conquérante, masquée, avouée, reniée, clamée et tue... »

Joseph Guglielmi.

Le parcours est déjà long de Joseph Guglielmi (né en 1929) qui va des premiers vers à *Action poétique* première manière comme *Ville ouverte*, 1958, *Au jour le jour*, 1968, aux œuvres chez *Orange Export Ltd.*, P.O.L., *Spectres familiers*, *Aencrages*, Écrire/Le Seuil, Textes/Flammarion, une vingtaine parmi lesquels des essais : *Le Dégagement multiple*, 1977, *La Ressemblance impossible : Edmond Jabès*, 1978, *Francis Ponge et la lumière critique*, 1975 ; des livres de poèmes : *Aube*, 1968, *Pour commencer*, 1975, *Ley de Fuga*, 1975, *L'Éveil*, 1977, *Le Jour pas le rêve*, 1977, *Le Mais trop blanc*, 1977, *Du blanc le jour son espace*, 1979, *La Préparation des titres*, 1980, *Ils riaient en entendant le nom barbare du nouveau musicien*, 1981. A signaler, un récit : *Le Tableau du cœur*, 1986 et diverses traductions. Il y eut au début une poésie montrant un engagement matérialiste avec des poèmes prenant le ton de l'épopée voyageuse comme chez Blaise Cendrars, et, bientôt, les textes d'une incessante expérimentation, depuis « l'abolition des formes » jusqu'à la recherche de nouvelles structures, d'un élargissement brisant les frontières des langues en les intégrant pour plus de signification. Il tente l'écriture en « merveilleuses bribes », il coupe les mots en fin de ligne, pratique l'asphyxie lente et consciente du texte, l'illisibilité lisible, l'oubli-oblitération, le « blanc adorable », le vide de sens et les éclats incessants comme étincelles s'échappant de la meule verbale, comme fragments de silex éblouissant, aveuglant.

Destruction/Régénération.

Jean-Charles Depaule (né en 1945) est membre du comité d'*Action poétique*, auteur de *Cent fois*, 1979, et un poème, *Blanc : bord à bord*, retenu par Henri Deluy pour son arbitraire anthologie. Il semble peindre avec des mots, composer un tableau ou un paysage mobile, du blanc à d'exsangues couleurs, le temps d'une aventure semée de lignes, de perles, de griffures, de gouttes, d'effets de ciel, avec le rappel de souvenirs confus, de cris, d'une soif inapaisée.

La même anthologie a accueilli Gérard Arseguel (né en 1938) avec le poème *Voilà les nuages*, attentif, elliptique, entraînant dans un vertige existentiel, élémentaire, donnant la sensation physique du temps, la chute dans l'humide, la coulée dans le feu, avec des présences comme la mère ou la mort. Des titres : *Les Tapies*, 1976, *Décharges*, 1977, *Une méthode de discours sous la lumière*, 1979, *Les Bleus du procédé*, 1981, *Messes basses pour Mousba*, 1982.

Membre du comité de *Po&sie*, Robert Davreu (né en 1944) se défie de ce qu'il appelle les « saloperies lyriques ». Tout son poème bruit : chant de la scie, raclement des mots, vent des lamentations, déchirures, avec un choix des allitérations : « d'être l'abri qui éreinte / le bruit... » ou « le son de la scie grise et ronge » ou « rien qu'un mur où la mort se mire et rien ». Les éléments, l'océan, le vent tracent les paysages de la terre historique dans l'énergie tellurique des mots. Titres : *Alliage des cendres*, 1973, *Marelles du scorpion*, 1979.

Anne Portugal (née en 1949) peut conter une « histoire en plusieurs tableaux », offrir un tracé net, des géométries entre cour et jardin, des plans pour une construction possible, et l'on avance peu à peu d'un poème à l'autre vers un ensemble cohérent ou bien vers « le gouffre vertical / effrayant du récit » qui cache un drame derrière son ordonnance et l'étrange bruissement des mots, leur apport de sens, de sensuel. Une manière aussi, fort ironique, de jeter la syntaxe aux orties. Ou bien de la réinventer. Anne Portugal a collaboré à *Po&sie, Banana Split, Action poétique*. Titres : *La Licence qu'on appelle autrement parrhésie*, 1980, *Les Commodités d'une banquette*, 1985, *De quoi faire un mur*, 1987.

Plus volontiers essayiste et romancier : *Michel Butor et le livre futur*, 1964, *Trois villes orientées*, 1967, *La Chambre*, 1968, *Les Prisons*, 1974, *Ce qui nous revient*, 1980, etc., anthologiste : *Poètes et grammairiens du XVIIe siècle*, 1971, Jean Roudaut (né en 1934) pratique une prose de cheminement, de description et d'analyse qui la rapproche du poème.

Parmi ces auteurs, nous citons Jacques Bertoin (né en 1944) pour *Pigeons*, 1978, *Les Frontaliers*, 1982. Claude Faïn (né en 1926) a notamment publié *Versants annulés*, 1974, *Le Rite*, 1980, 1984, *Il n'y avait que reflet dans cette matérialité*, 1983. De Dominique Fourcade (né en 1937), d'*Épreuves du pouvoir*, 1961, à *Son blanc du un*, 1986, sept titres dont *Rose-déclic*, 1984, son « roman de la Rose » à lui, où tout est possible, métamorphose, réalisme, narration, et dont on peut admirer le délié et la subtilité. Que Philippe Lacoue-Labarthe (né en 1947) soit philosophe, critique, poéticien, traducteur de Nietzsche et d'Hölderlin, ne l'empêche pas d'aborder le poème en trouvant les mots pour l'apprivoiser. Proche de Mathieu Bénézel, il est avec lui à l'origine de revues : *Première Livraison, Digraphe*. Il est à signaler une épopée anagrammatique de Michelle Grangaud, *Memento-Fragments*, 1987 : c'est, à partir des titres d'œuvres connues, un travail sur la lettre et le mot, et qui, plus qu'un jeu, est une recherche hors du sens, d'autres sens, un « travail de rêve » aux mystérieuses révélations. Bernard Lamarche-Vadel (né en 1947) connaît la hantise du blanc. Titres : *Du chien les bonbonnes*, 1976, *L'Efficacité des rouges*, 1978.

Hubert Lucot (né en 1935) a publié *Bram Moi Haas*, 1969, *Autobiogre d'A.M. 75*, 1980, *Phanées les nuées*, 1981, *Langst*, 1984, ouvrages sérieux, savants, bourrés de références, narrations, polar psychanalytique, la phrase est farcie de parenthèses comme des points d'ironie, ou bien les mots s'affolent et se réinventent. Culture et jubilation, savoir et jeux du savoir, l'auteur invente ses schémas, épuise l'analyse, transgresse et se plaît. Savant trop savant? On ne sait s'il gagnerait en atténuant la verve ou en l'accentuant, en vivant le fantasme ou en l'analysant. Cela ne se lit pas sans quelque difficulté, mais qu'on ne nous dise pas que ce n'est pas *intéressant*.

Dans sa revue *Quaternaire*, Jeanpyer Poels (né en 1940) a publié Jacques Garelli, Jean-Luc Steinmetz, Dominique Tron, Michel Vachey, Jean-Pierre Verheggen, ce qui indique la direction de ses préoccupations. Parmi ses ouvrages : *Prisme primitif,* 1967, *Génésique,* 1968, *Tension,* 1968, *Un accueil d'horizon,* 1970, *Rôle revenant,* 1970, *Proie cardinale,* 1971, *Troublii,* avec un avant-propos de Michel Deguy, 1973. Bernard Delvaille le retint pour son anthologie, ce que l'on comprend fort bien car ses poèmes d'un tracé net sont autant d'explorations de paysages réels, imprégnés d'imaginaire, celui d'une aventure permanente des sens dans leurs contacts avec la matière et les éléments. En quelques vers, il tient en haleine et distille dans un texte serré toutes sortes de liqueurs étranges, projette des reliefs et offre des vertiges aux teintes d'un nouveau baroque du meilleur effet.

Renouvellements

I

Lionel Ray

LIONEL Ray a-t-il assassiné Robert Lorho? L'amateur de faits divers avance qu'il l'a placé en lieu sûr pour lui permettre de le rejoindre après quelques années d'exil. Toujours est-il que la nouvelle aventure d'un poète fut saluée par les plus grands : « Salut à Lionel Ray! » (Aragon, 1970), « Quand Robert Lorho se métamorphose en Lionel Ray » (Alain Bosquet, 1971), « Les métamorphoses de Lionel Ray » (Charles Dobzynski), « La voix triomphante de Lionel Ray » (Hubert Juin). Que s'est-il passé? Une prise de conscience qui conduira le poète à devenir un des guides de la nouvelle poésie. Sa première expression apparaît dans deux ouvrages : *Les Métamorphoses du biographe*, 1971, et *Lettre ouverte à Aragon sur le bon usage de la réalité*, 1971. On y peut lire : « ...j'ai eu l'ambition d'un texte fragmenté qui se détruise au fur et à mesure qu'il se fait, et qui soit susceptible d'être réinventé à l'infini... L'auteur n'est là présent que s'il réussit à supprimer sa personne même pour ne laisser subsister que la trace d'un rapport entre son texte et son projet. Seul un tel sillage m'intéresse, fait de fuites et de ressaisissements, d'une continuité sans cesse remise en cause, évanescente comme les images contradictoires et brusquement juxtaposées auxquelles nous confrontent la vie et les décors de notre siècle... » Ainsi, « le travail sur soi-même n'est rien s'il n'est d'abord un travail sur le mot et la phrase ». L'évolution sera faite en deux temps : tout d'abord la volonté de rupture avec son passé Lorho par une désarticulation du discours, une fragmentation permettant de retrouver un état poétique du langage engendrant la réalité. On le verra dans *L'Interdit est mon opéra*, 1973, où apparaît un art de l'inachevé, du morcellement de la syntaxe, vers et prose mêlés. La deuxième phase apparaît avec *Partout ici même*, 1978, que suivront *Le Corps obscur*, 1981, *Nuages, nuit*, 1983, *Approches du lieu*, suivi de *Lionel Ray et l'état chantant*, par Maurice Regnaut, 1986, *Le Nom perdu*, 1987, sans oublier des plaquettes illustrées, notamment par Marc Pessin ou Nicki Tillinghast. De nombreux poètes ont parlé de son œuvre. Ainsi une lecture de la revue *Incendits* qui lui a consacré un numéro spécial apporte les études de Gérard Noiret, Jude Stefan, Henri Meschonnic, Maurice Regnaut, Jean-Pierre Cascarino, Rémi Faye, Sylvain Gressot. Après cette parenthèse, nous revenons à cette deuxième partie de la révolution personnelle du poète : à la période de fragmentation succède celle de la reconstruction, l'apparition d'un lyrisme nouveau, l'ampleur, le souffle, mais un dit qui sait préserver, selon l'expression d'Alain Bosquet, « l'irréductible mystère du dit non dit ». Robert Lorho est-il réapparu chez Lionel Ray? Une lecture approfondie montre qu'il s'agit de tout autre chose qui dépasse de loin les charmes musicaux et tendres de l'ancien poète. Les métamorphoses ont créé la fertilité, chaque phase, chaque livre apportant les fruits d'une incessante mobilité, loin d'une idée de cohérence ou de certitude. « Alors, écrit Ray, j'ai décidé, faisant table rase de mes fausses terreurs comme de tout terrorisme linguistico-théorique, de saisir la coïncidence la plus exacte possible entre écrire et vivre... » Construisant son écriture, il se construit : « Je suis ce que je deviens. » Comme le faisait Aragon, on le voit dans ce « Je m'explique » en liminaire de *Nuages, nuit,* il ne fait pas secret de sa recherche en en rendant l'abord plus aisé que nombre de ses contemporains. Là encore, la diversité rend peu significatif tout extrait. On tente cependant de faire entendre sa voix. Il y a ce que l'on appelle modernité mais non point comme but, plutôt comme moyen ou mode, quitte à la rendre caduque dès lors qu'on s'aperçoit qu'elle aboutit à une impasse. On peut lire :

> La phrase derrière une eau blanchâtre qui consultait
> Sa gorge et la voilà dans cette chambre aux épaules
> Frissonnantes en face de lui comme en hiver au-
> Dessus des portes dans un flambeau glacial une fête
> Sur la feuille qui se ferme dit-il la tête un peu
> Bruissante en regardant les enfants et après
> « Vous savez bien » avec un air de brebis « moi
> C'est pareil pour la sculpture »...

Il y aura ainsi une période de délices textuelles de tous ordres avant que la plume, comme aguerrie ou assouplie, libérée en tout cas, tente de nouveaux rythmes comme pour mieux, après l'avoir éprouvé, épouser le monde, notamment dans les distiques :

> dans le répit des nuits tu veilles dans tes mains
> une lampe essuie la vitre les ombres sont fraîches.
>
> tu dors dans l'eau du creux des mains tu dors dans l'air
> dans un rêve qui n'a ni commencement ni fin.
>
> sûr silence la lumière a choisi elle dénombre
> ses moulins ses vautours ses clefs très attentives...

Il voit les choses avec « des yeux simples comme une ville » et rejoint une grâce éluardienne. Qu'importent au fond les dispositions si le poème est porteur de poésie!

> ce nom léger
> septembre au toit féminin
> ni stèle ni victoire

>   tu te sens   étonnamment sourd
>   tu interroges
>   et rien ici   ne laisse trace
>
>   tu es entré dans la neige aveugle
>   tout est si lent
>   la soie paisible le bois les années
>
>   vivre sera vers l'eau
>   et ce dessous du monde
>   le souffle et la guitare
>   l'éloquence des braises.

Il excelle dans ses élégies, ses distiques, il aime le « tu » comme pour se souvenir qu'il était las de ce monde ancien sans oublier tout à fait sa fascination :

>   Tu récites pour toi seul des vers anciens
>   et tout en toi-même est plus proche et plus nu.
>
>   sous le masque du dormeur le temps doucement va
>   les années les minutes les semaines les mois.
>
>   il te souvient des femmes dans la rue. l'une
>   aux maigres épaules portant des choses lourdes.
>
>   l'autre passait avec des gestes d'adieu. belle
>   comme une île ou une phrase inachevée.
>
>   celle-ci qui riait aux éclats dans le feuillage
>   obscur et dont le nom était imprononçable.
>
>   et celle-là voyageuse aux couleurs du monde
>   avec ses énormes bagages et ses robes lyriques...

Le poète n'hésite plus à se faire célébrant : « je te nomme : / tu es hors des noms. / je te nomme et tu brilles... ». Ou bien à s'inventer une biographie à la Cendrars. L'élégie peut prendre le rythme du discours. Le quotidien, « l'instant noué au visible » s'offre en de courts poèmes familiers. Le recours à l'écriture dite textuelle n'a pas muselé le musical, l'élégiaque, le sentimental, bien au contraire. On trouve dans les récents livres une jubilation de l'écriture comme si on s'était délivré non seulement de Lorho mais du tout premier Ray. Le poète a traversé le feu et en a gardé la braise. Il se rêve réel, il ne récuse pas la circonstance, il offre une parole de liberté et, par-delà métamorphose du nom ou du langage, par-delà refus et récusation, il garde un charme qui n'est pas celui auquel pensait Valéry, plutôt une grâce innée dont rien ne saurait le déprendre.

2

Bernard Noël

Le corps, la vie organique, le mourir et la mort sont envisagés ou interrogés comme au cours d'une parfaite immobilité, d'un long silence où l'on écoute les remuements du dedans, battements du sang, murmures charnels. L'incarcération du « je » dans ces prisons est traduite par la parole douloureuse, s'échappant comme une buée tragique. C'est ce que nous ressentons à la lecture des proses ou des poèmes qui sont quêtes, interrogations des mystères présents, de Bernard Noël. On lit : « Du ventre à la gorge, l'espace s'est tendu. De la peau a poussé. Noué à moi-même je suce mon intérieur, je me vide en moi. » L'oreille se tend vers cette machinerie étrange, cette plomberie, pour percevoir grouillements et métamorphoses. Ainsi, naît une écriture du corps, inédite. Cela se traduit par fragments, par ruptures dans une utilisation savante de la blancheur morte de la page pour mieux donner à ressentir. La démarche est souvent proche de l'écriture automatique et psychique des surréalistes, mais le créateur est présent qui dirige et contrôle.

Bernard Noël (né en 1930) a vu le jour à Sainte-Geneviève-sur-Argence dans l'Aveyron. Il fit ses premières études au collège religieux d'Espalion, puis au lycée de Rodez, avant d'entreprendre en 1949 à Paris des études de journalisme et de sociologie. Sa meilleure instruction lui vient de ses premières lectures : Daniel De Foe ou Jules Verne, Baudelaire ou Laclos. A partir de 1952, il entreprend traductions et travaux littéraires, rédaction de dictionnaires comme celui de la Commune, collabore aux revues, travaille à la Bibliothèque historique de la Ville de Paris. Premier recueil en 1955. En 1971, la publication du *Château de Cène*, sous le pseudonyme d'Urbain d'Orlhac, lui vaut des ennuis avec la justice pour « outrages aux mœurs », ce qui suscite, devant l'ignorance et la pudibonderie, l'indignation de nombreux écrivains : ne s'agit-il pas d'une quête initiatique de la plus haute qualité !

Bernard Noël aime les publications à tirage limité. Nous citerons, à défaut d'être complet, poèmes et proses : *Les Yeux chimères*, 1955, *Extraits du corps*, 1958, *La Face du silence*, 1967, *A vif enfin la nuit*, 1968, *Une messe blanche*, 1970, *Souvenirs du pâle*, 1971, *La Peau et les mots*, 1972, *Les Premiers Mots*,

1973, *Treize cases du je*, 1975, *Le Double je du tu*, 1978, *Dictionnaire de la Commune*, 1978, *Le 19 octobre 1977*, 1979, *Le Château dehors*, 1979, *D'une main obscure*, 1980, *URSS aller et retour*, 1980, *La Chute des temps*, 1983, *Poèmes 1*, 1983, *Le Sens la sensure*, 1985. De nombreuses plaquettes, des ouvrages d'art : *Magritte, Gustave Moreau, Henri Matisse, Art mexicain*, etc. Sur son œuvre : *Bernard Noël*, par Pierre Dhainaut, *Bernard Noël*, par Hervé Carn (dans « Poètes d'aujourd'hui ») et des études d'Hubert Juin, Jean Frémont (avec qui il a écrit *le Double je du tu*), Alain Jouffroy, etc. N'oublions pas *Le Château de Cène*, déjà cité, et *Le Lieu des signes*, 1971. Si proses et poèmes sont ici mêlés, c'est qu'ils procèdent d'une même recherche : « Mon seul désir, écrit Bernard Noël, est de provoquer une émotion – une pensée émue dont l'ouverture accueille le sensible et le réfléchi, la rencontre et le coup d'aile... »

Cette œuvre semble composée de fragments eux-mêmes fragmentés. Il s'agit de rompre avec l'habituel, le sérieux du construit, d'extraire l'essentiel de la discontinuité, loin de la logique. Ces séquences sans commencement ni fin rendent difficile une vue synthétique et même une description détaillée. Par-delà chaque exploration, on peut trouver une approche de ce que serait la finalité du poème. A travers mots unis ou superposés, fictions, narrations, détours, interruptions, une richesse apparaît, comme si la lecture créait le texte. Les commentateurs n'en auront jamais fini avec Bernard Noël. Sans cesse, on distingue une quête d'identité. On entend « Qui suis-je ? » ou « Qui suis-je quand je parle ? qui suis-je quand j'écoute ? » Quel est ce moi qui fait dire : « Quelqu'un me parle, et plus je suis seul, plus je suis parlé ? » Le corps hante l'homme, un inconnu hante le corps. Quel autre en Bernard Noël écrit pour lui ? L'érotisme n'est-il pas un mode de mise à nu du « je » et de l'autre qui est en lui ?

Il y a la prose belle, le poème qui prend bien des formes. Ainsi :

> moi
> qui chaque jour creuse sous ma peau
> je n'ai soif
> ni de vérité ni de bonheur ni de nom
> mais de la source de cette soif
> je ne promène pas mon petit démon bien policé
> j'en ai dix mille me rongeant
> et je leur souris...

Ou encore ces *Bruits de langues* :

> ô mot-mac, tous les dessous pillés te vaudront
> un lit vide en la bouche et l'hallali au rond,
> tant le temps fait retour pour nous damer le fion.
>
> On guéguéroie de langue et ça crée du poème :
> foutre à blanc fait fureur quand queue est en carême...

Le recul, le jeu, le pied de nez au langage usuel, l'argot et le rabelaisien sont parfois là : « n'abolirons point : tout s'asticote sous vers, / eh paucrite lèchteur, mon pareil bookmaker... » Mais surtout la parole du corps :

Cette blancheur qui, parfois, fuse de ma moelle est une arme semblable au rire. Elle gèle ce qui pourrait m'attendrir. Pas de sentiment. Rien que les pulsations rapides de la transparence où, par à-coups, saigne le cœur. Le volume, débarrassé de muscles, est pur. Les os s'alignent sur mes flancs comme des signaux de silice. Les articulations ont été calées, colmatées. Je suis droit. Là-haut, ma langue bat au vent.

Et c'est sans doute ce Bernard Noël-là que nous préférons. Ici encore :

> les mortels ont les doigts bavards
> leurs secrets tombent dans l'œil
> les morts serrent les paupières
> ils jouissent de ce qu'ils ne savent plus...

Pas plus que nous pourrions citer tous les livres, nous ne pouvons donner une idée de sa diversité et de ses renouvellements. Il peut chérir l'écriture raffinée à la manière d'un André Breton ou d'un Georges Bataille comme jouer avec les mots pour les faire aller au-delà d'eux-mêmes, leur faire rendre gorge. Il agace souvent (comme on agace les dents), il offre une philosophie à laquelle on peut trouver des sources mais il l'adapte à sa recherche, il avoisine le silence et la mort pour revivre par la parole et l'écriture, de manière troublante. S'inventant réel par le poème, il nous invente : à la lecture, nos chairs palpitent, notre sang bat, nous engageons nos sens, nous écoutons la saga sonore du corps. Surgit ainsi un univers créé par les mots mais qui leur semble antérieur. Il y a là bien curieuse magie.

3

André Du Bouchet

IL est habituel de juger la poésie d'André Du Bouchet intellectuelle comme si on trouvait là quelque défaut d'humanité alors qu'il s'agit d'intelligence, c'est-à-dire de la plus humaine des qualités. Une définition rapide fera ajouter qu'on trouve plus de blanc que de mots sur la page, ce que l'on peut dire de maints poètes modernes. Il se peut encore qu'on imagine quelque froideur. Il faut y regarder de plus près comme le fit Hubert Juin : « Ce qu'il y a de plus étrange dans la rigueur de cette parole, c'est une tendresse incertaine, un peu blessée, qui fait songer – d'une rêverie d'enfant – aux vertus insidieuses de la laine. » Rigueur, oui, et aussi démarche concrète, refus du lyrisme, parole entre le silence et le feu. Une diction particulière, loin des tentations du chant, loin de la continuité prosaïque, nous fait envisager une prise du monde réel par le regard. L'espace, nu ou déchiqueté, montre des paysages offerts à toutes les géométries blessées. Failles, abîmes, pics, déchirures, tout se fragmente, se disjoint, s'érige, s'efface. Le verbe ira se réduisant car rien n'arrêtera le poète dans sa quête de vérité. Rien d'anecdotique, d'imagé, le matériau brut mais on peut penser aux structures musicales d'un Pierre Boulez. Et il y a le goût d'André Du Bouchet pour les peintres, les sculpteurs, ceux qui vont vers l'essentiel, ceux qui visent à un éclairage du monde tangible. Nous ne serons jamais en lieux de repos, de confort : il s'agit de scansion, de tension, d'intensité. Est-ce, comme l'écrivait Jean Paris, « l'étouffement de l'être au sein d'un monde monstrueux » ? L'aboutissement ne serait-il pas le vide, la page blanche ? Si Du Bouchet refuse aussi le charme au sens valéryen du terme, il arrive cependant que de son dénuement, de son appauvrissement, de sa dureté face au monde hostile, de ce mimétisme du langage devant la nature soumise aux intempéries, naisse, à son insu, une certaine beauté de la parole.

Si André Du Bouchet (né en 1924) apparaît comme le précurseur d'une manière lapidaire de traduire des états par un langage nu, s'il fonde sa création sur un matériau neuf, s'il refuse ce qui séduisait dans le poème, il demande à son lecteur non pas une intellectualité dont on l'accuse lui-même, mais au contraire la simplicité d'un regard que les habitudes n'ont pas trahi. On croirait qu'il veut saisir les choses, mais la terre sèche se dérobe, l'air n'offre que vide, alors sans une plainte, sans un cri, il peint, il dépeint, et on peut regarder la page comme on lit un tableau, et voir « une grande page blanche palpitante dans la lumière dévastée dure jusqu'à ce que nous nous rapprochions ». Cette esthétique du raréfié porte un tragique venu des éléments : la terre menacée et menaçante, l'air hostile, le feu sans cesse recommencé. D'un livre à l'autre s'accentuent les effets d'effritement, de nivellement, de dissolution. Comme chez Reverdy dont la poésie de Du Bouchet à ses débuts fut proche, la sensibilité s'accorde au concret, mais l'on ressent aussi des vibrations, des illuminations, des courants efficaces et dévastateurs.

La disposition des poèmes dans la page, aussi rigoureuse que celle du *Coup de dés* de Mallarmé ne permet guère la citation qui mal disposée serait trahison. Aussi choisit-on un poème plus aisément montrable, *Nivellement* :

Je conserve le souvenir de la rosée sur cette route
où je ne me trouve pas,
                dans le désespoir du vent
    qui renoue.
            Ce ciel, dans le lieu en poudre que révèle la fin de son souffle.
Dans l'étendue,
       même endormi que je retrouve
    devant moi, hier j'ai respiré.
Reçu par le sol, comme l'étendue de la route que je peux voir.
Je reste longuement au milieu du jour.

Ce poème est extrait d'un important recueil, *Dans la chaleur vacante*, 1961, et nous citons encore ces titres : *Air*, 1951, puis 1971, *Sans couvercle*, 1953, *Au deuxième étage*, 1956, *Cette surface*, 1956, *Sol de la montagne*, 1956, *Le Moteur blanc*, 1956, *Ajournement*, 1960, *Sur le pas*, 1960, *La Lumière de la lame*, 1962, *L'Avril*, 1963, *L'Inhabité*, 1967, *Où le soleil*, 1968, *Qui n'est pas tourné vers nous*, 1972, *Laisses*, 1979, *L'Incohérence*, 1979, *Rapides*, 1980, etc. Ses illustrateurs : Tal Coat, Dora Maar, Jean Hélion, Miró, Giacometti. Il a traduit Hölderlin, *Poèmes*, 1963, Paul Celan, *Strettes*, 1971. Il faut lire sur son œuvre les *Onze Études* de Jean-Pierre Richard, *L'Entretien des muses* de Philippe Jaccottet, *André Du Bouchet* dans « Poètes d'aujourd'hui » par Pierre Chapuis, entre autres.

Ces textes, pour maints lecteurs, paraîtront difficiles à aborder, déroutants, autodestructeurs. Certains jugeront Du Bouchet responsable d'une nouvelle préciosité, d'un « minimalisme » stérilisant. Mais pourrait-on négliger une voie ouverte ? D'autant que ce qui est souvent chez les suiveurs, peu intéressant, reste chez lui de qualité constante. Il est le pionnier de chemins dont on ne sait où ils peuvent conduire, peut-être au désert, mais sur ces chemins, nous avons fait de belles rencontres. Donc, peu directement recevable, l'œuvre d'André Du Bouchet, le rigoureux, demande une approche prudente, silencieuse comme s'il s'agissait de surprendre un instant fuyant et secret, la présence devenant absence dans l'instant et la parole silence soudain.

Jean-Pierre Richard écrit (et cela pourrait être une manière de définition) : « Le feu ne nous rejoint jamais absolument : ou plutôt, à peine s'est-il donné à moi qu'il s'écarte à nouveau, me rejetant à la quête du feu. » Luc Pinhas qui le cite ajoute : « Chaque page de Du Bouchet inscrit ainsi cette contradiction d'une conscience qui voudrait s'arracher à elle-même pour ne plus être rejetée " dans les lointains ", dans le dehors qui la sépare du réel et de l'être... » ce qui amène l'auteur de ces lignes à citer Du Bouchet lui-même : « J'écris aussi loin que possible de moi » et à ajouter « ... qui exprime ce désir irréalisable d'en finir avec la subjectivité pour que puissent se rejoindre l'être propre du moi et l'être de ce monde. »

La poésie d'André Du Bouchet est d'attente et d'espace, de présence et d'absence, d'immobilité et de mouvement. Le silence où naît la parole, ce qui apparaît et ce qui fuit sont évoqués dans ces poèmes ou ces lignes ou ces signes posés sur la page blanche, lavés, blanchis, comme s'ils venaient de naître. C'est nouveau et paraît étrange en cela. L'esprit n'est jamais en repos quand sans cesse le chemin bifurque.

4

Michel Deguy

Si toute poésie est exploration et découverte, celle de Michel Deguy s'attache à des espaces divers. Ici, il y a le parcours du monde réel, une prise de position précise dans « l'approche bigarrée des choses », le constat d'une diversité qu'on prend à charge de saisir en déchiffrant, dénombrant, reconnaissant, nommant les signes. Là, le relevé des états de l'écriture prise dans un foisonnement parallèle. De l'espace du monde à l'espace de la culture, un double terreau fortifie l'avancée du poète tantôt soucieux du quotidien, tantôt voué à l'action et au contrôle des mots. Toujours, ici et là, Deguy, pensée et action, tente d'aller au-delà des apparences car « le figuratif des choses n'épuise pas tout le mystère ». Son attention à tout fait de civilisation, des poètes, Pindare, Dante, Gongora, Du Bellay, Hölderlin, aux philosophes, Leibniz, Hegel, Heidegger, Gurvitch, Bachelard, lui fait découvrir des lieux où le questionnement de la pensée et de la poésie deviennent en eux-mêmes création poétique. Il s'agit là d'un univers savant qui peut dérouter le simple lecteur du poème, mais qui est passionnant pour l'esprit. Il y a cet univers des mots, de leur emploi, de leurs unions, de leurs figures, du style, d'une grammaire « reprise comme poème, redécelant le poème qu'elle est et qui sera poésie ». En liberté, le poète est prêt à rompre, à disloquer, à autopsier pour mieux « détecter les ultra-sons de la langue » mais on voit que tous les poèmes de Deguy ne sont pas en accord total avec ses théories : il y a la tentation de l'expérience commune, de l'innocence des choses, et si le penseur ne disparaît jamais tout à fait, on trouve la simple émotion poétique devant telle presqu'île bretonne, tel état du regard : « La pluie poussait doucement la rivière » ou « l'émotion devant l'image » ou l'attention à « la tristesse des hommes », les arbres, l'enfance, la femme absente ou aimée. Que la question de la poésie soit la matière même du poème n'empêche nullement Deguy de ressentir plus directement les choses. Nous voudrions écarter cette idée reçue de l'intellectuel, du philosophe ne vivant que dans l'abstrait des idées.

Michel Deguy est né en 1930 près de Paris au sein d'une famille bourgeoise. Son enfance sera celle de l'Occupation. Un de ses oncles sera fusillé par les Allemands. Ses études : lycée Pasteur à Neuilly, khâgne à Louis-le-

Grand, licences ès lettres et de philosophie, rencontres de Michel Alexandre, Jean Hyppolite, Jean Beaufret, agrégation de philosophie en 1953, enseignement à Nantes, plus tard professeur de lettres à Paris-VIII après avoir passé par Claude-Bernard, Buffon, Pasteur où il fut professeur. Nombreuses collaborations : *N.R.F.*, comité Gallimard, comité de *Tel Quel* (durant un an avant exclusion), *Critique*, *Cahiers du Chemin*... Il a fondé la *Revue de Poésie* (1964 à 1968) puis *Po&sie* depuis 1977, belle revue, lieu de confrontation des cultures, des textes, des théories, des expériences, nouvelles lectures d'œuvres étrangères ou du passé.

Nous citons les principaux textes, poésie et prose mêlées, essais critiques et poèmes procédant de la même création : *Les Meurtrières*, 1959, *Fragments du cadastre*, 1960, *Poèmes de la Presqu'île*, 1961, *Le Monde de Thomas Mann*, 1962, *Biefs*, 1964, *Ouï-dire*, 1966, *Actes*, 1966, *Histoire des rechutes*, 1968, *Figurations*, 1969, *Tombeau de Du Bellay*, 1973, *Poèmes 1960-1970*, préface d'Henri Meschonnic, *Coupes*, 1974, *Interdictions de séjour*, 1975, *Reliefs*, 1975, *Abréviations usuelles*, 1977, *Jumelages* suivi de *Made in U.S.A.*, 1978, *Donnant donnant*, 1980, *La Poésie n'est pas seule (court traité de poétique)*, 1987... De nombreuses études lui ont été consacrées, entre autres celles de Georges Poulet, Gérard Genette, Yvon Belaval, Alain Duault, Jacques Sojcher, et Pascal Quignard qui l'a présenté dans « Poètes d'aujourd'hui ».

Se laisser lentement absorber dans la langue.

Dès les premiers livres aux titres significatifs : ces mots, cadastre, presqu'île, biefs..., Michel Deguy a voulu délimiter l'espace poétique, l'unir au temps, capter « le tempo du monde », le saisir, trouver son exacte configuration par les mots, en mêlant volontiers prose, vers libres, parfois rythmés :

Ô la grande apposition du monde
un champ
de roses près d'un champ de blé et deux enfants rouges dans le champ voisin du champ de roses et un champ de maïs près du champ de blé et deux saules vieux à la jointure ; le chant de deux enfants roses dans le champ de blé près du champ de roses et deux vieux saules qui veillent les roses les blés les enfants rouges et le maïs

Le bleu boit comme tache
L'encre blanche des nuages
Les enfants sont aussi mon
Chemin de campagne

Lorsqu'il y a image, elle est neuve, inattendue, parfois déroutante. Et, qu'il s'agisse de poèmes, de proses, d'analyses comme dans *Actes, Figurations, Tombeau de Du Bellay*, de confrontation des Anciens et des Modernes, de réhabilitations, de mises au jour, le poème semble se récrire sous nos yeux, trouver sa vraie vie, sa temporalité, ses racines. Dans ses *Jumelages*, par exemple, il cherche à vivifier l'écriture par le recours aux racines textuelles. Comme l'a remarqué Yves Mézières : « La référence constante au monde grec s'accompagne de nombreux néologismes et mots grecs ("il faut jouer bien davantage avec le lexique ") : " oiseaux enciellés ", " canards stochastiques " ou " défilé pangynique ". » Nous croyons nous trouver dans certains poèmes peu connus de Ronsard. Et nous rejoignons le monde de la métaphore, de l'abondance, du rythme, du souffle dans une randonnée de l'écriture inépuisable. Cette réactivation de la langue a ses lignes de force, parfois une sorte de maniérisme universitaire, mais on va vers l'énonciation la plus difficultueuse et il arrive au lecteur de se perdre dans trop de labyrinthes. Il plaira au philosophe avide d'élucidations et de conquêtes mais il y a aussi chez Deguy un homme sensible qui est le poète du langage et celui qui ressent « tant d'émotion devant l'image » ou bien traduit les somptuosités et les cruautés de la nature ou encore s'émeut devant la femme :

> Sa taille est l'horizon ses jambes les chemins ses bras le ciel
> sa taille la lisière ses bras la perspective
> Le vide lui fait des ailes
> Les couleurs ses habits préparés sur les chaises son corset attentif
> Le monde est son danseur

En fait, il ne cesse de surprendre. Pour lui, la langue est affaire de poètes, non de linguistes, il enrôle et déplace la philosophie. La poésie est une aventure passionnante où le créateur entre poésie et poétique n'est jamais en repos. Une conscience active qui n'écrase pas l'innocence du poète : à l'une et à l'autre, selon les goûts, de beaux moments sont dus.

5

James Sacré

Il n'est pas étonnant que James Sacré soit passé par la revue *Promesse* : une enfance rurale en Vendée, un métier d'instituteur comme René Guy Cadou, le goût de la terre. Plus tard, il sera professeur aux États-Unis. Double présence dans son œuvre de paysages campagnards ou citadins, des champs au campus, des petits chemins à l'autoroute, entre un temps bucolique et un temps précipité. Toujours le rapport du lieu où vivre s'accompagne d'une prise de contact sensible, sensuelle. L'erreur serait cependant de voir en Sacré un poète du terroir. Le poète est celui des mots, de l'exigence, de la recherche d'un langage propre, nouveau, surprenant. Il sait faire rendre gorge à la langue, en extraire des possibilités insoupçonnées par des détours de la parole, des changements de registre, des recours à tous les mètres, aux dispositions des mots. Ainsi apparaît un poète nouveau, amoureux du poème comme du réel qu'il traduit, à la fois de santé solide et d'une transparence raffinée jusqu'alors inconnue.

James Sacré (né en 1939) a tout d'abord publié *Relation*, 1965, *La Femme et le violoncelle*, 1966, et a donné toute sa mesure avec *Graminées*, 1968, *La Transparence du pronom Elle*, 1970, *Cœur élégie rouge*, 1972, *Paysage au ful (cœur) une fontaine*, 1976, *Figures qui bougent un peu*, 1978, *Quelque chose de mal raconté*, 1981, et encore *Bocaux, bonbonnes, carafes et bouteilles (comme)* pour accompagner des photographies, peut-être parce que, comme il le dit ailleurs, « il y a soudain l'envie de penser à des objets qui sont loin dans le temps ». Enfin, *Une fin d'après-midi à Marrakech*, 1988, livre de l'amitié pour un pays, un paysage, une langue, une façon de vivre, où les mots s'accordent à l'autre, sont déjà l'autre.

Cette poésie se caractérise par sa clarté, un ton direct, une maladresse savante de la parole : « c'est comme si que dans les boulevards... », le ton de la conversation populaire, de l'oralité volontairement gauche. Les figures bougent à peine et l'histoire est dite mal racontée, mais la perception du réel est sans faille. Il surprend. Ainsi quand il compare un lieu à quelque poème de Robert Marteau ou, comme ici, de Pierre Torreilles :

> Quelquefois l'été est tellement bleu avec du vent qu'on voit pas
> sauf dans la touffe au loin d'un arbre
> on est dans un village et ça ressemble à un poème
> de Pierre Torreilles par exemple on dirait que ça dit un sens
> évident et fort entre la lumière et les pierres
> alors que probablement c'est infiniment vide mais comme
> le visage de quelqu'un qu'on aime et qu'on a vu récemment.

Le gauchissement du langage paysan s'accompagne toujours de quelque nostalgie et du clin d'œil de la complicité humaine :

> Y m'en vas dans le mot paysan façons d'écrire qu'on maîtrise mal
> te t'en vas le s'en va comme si
> t'effeuillais les choux un matin le temps
> retourne dans l'insignifiance au loin son froid avec sa fatigue ;
> on a été un paysan et ça veut dire quoi plus
> qu'un mot on l'a depuis longtemps quelque part comme
> un caillou dans sa botte ça gêne un peu aussi
> te peux jouer avec, o m'arrive en tout cas, o fait
> comme un cœur sali entre les orteils.

Autre chose : James Sacré ne parle jamais de la nature dans l'abstrait. Il sait saisir l'ensemble et le détail, et apparaissent des images lointaines et proches, un peu déformées par le temps, et jeunes encore d'être appréhendées par un langage de vérité même si la malice ou l'habileté montrent le bout de leur nez, si les sinuosités de la parole procèdent d'un art très visible. Dans la jubilation des mots, il s'agit de situer l'homme dans le lieu et les deux dans le langage. Tout se montre dans une lumière douce, voilée, transparente : souvenirs, descriptions, paysages se mêlant, « en somme une sorte de musique grammaticale où je dis que paraît la couleur pauvre d'un pré avec à son bord extrême une construction en planches ç'a été sans doute un hangar ». Ce qui est étrange nous paraît familier. Et ce que l'on dit *mal*, on ne saurait si bien le dire. Il s'agit de poésie amoureuse des êtres, des lieux et des mots pour le transcrire. On le verra encore dans *La Petite Herbe des mots*, 1987, où l'on retrouve son adresse dans la maladresse savante, ses comparaisons inattendues (par exemple entre l'écriture et la lessive), son goût des mots, ses clins d'œil malicieux du genre « J'ai l'air fin / avec mon poème comme une pendule qui retarde. » Cela nous plaît infiniment, nous « agrade » bien dirions-nous s'il était provençal et non vendéen...

6

Claude-Michel Cluny

CERTES, il y a le Claude-Michel Cluny (né en 1930), observateur précis, rigoureux, voire caustique, à qui rien n'échappe des textes qu'il critique avec une intelligence aiguë et passionnée, le critique de cinéma, l'anthologiste de l'humour en poésie, l'homme qui connaît *La Rage de lire*, selon le titre d'un de ses essais, le romancier de *La Balle au bond*, 1961, *Un jeune homme de Venise*, 1966, *L'Été jaune*, 1981, le nouvelliste cocasse de *Vide ta bière dans ta tombe*, 1980, des œuvres qui offrent du style, la preuve par neuf de la prose, et surtout il y a le poète de ces œuvres : *Désordres*, 1965, *La Mort sur l'épaule*, 1971, *Inconnu passager*, 1978, *Hérodote éros*, 1984, *Tombeau de Charles d'Orléans*, *Asymétries*, 1985.

Claude-Michel Cluny extrait la poésie de lieux inattendus sans s'interdire, bien au contraire, l'humour du lettré, l'ironie du philosophe. Il invente les pays et les villes d'une géographie nouvelle et ils côtoient ceux qui figurent sur nos atlas. On pourrait le croire iconoclaste lorsqu'il prolonge ou modifie à sa guise des vers d'anthologie le temps d'un sourire, mais c'est leur rendre hommage. Lorsque les déplacements de sens des mots produisent une poésie fine et élégante, l'humour prend une dimension insoupçonnée. Rien de plus délicieux que ses poèmes en vers courts où, dans une démarche aisée et vive, toujours l'inattendu arrive. Rien de plus achevé que ses poèmes en prose intelligents et sensibles, souvent relations d'un voyage réel ou imaginaire :

> Les adolescents d'Imatouré sont frêles et se nourrissent de fleurs. On se doit de les aimer avec une tendresse un peu distante, pour leur éviter des marques mauves, pareilles à l'ombre des feuilles le soir sur les dieux de marbre des parcs, ou sur les coupantes épaules anglaises des épouses de lanciers, quand les pankas du hall font bouger les heures, les palmes, les pages de la nuit, que viennent lire les serveurs légers à qui les aime dans l'ombre blanche du lit et l'odeur des rimes qu'un peu de pluie fait monter de la jungle et du lac.

Comme Hérodote, tous les événements légendaires ou réels le requièrent surtout lorsque, érotiques ou anacréontiques, ils sont matière à délicate sensualité. Il arrive aussi que Cluny se livre à une réjouissante mise en désordre des mots comme les auteurs de contrepèteries mais nous sommes plus près de Rabelais ou de Michaux que des adeptes habituels de ces jeux. Ainsi dans *L'Effarée* :

>   Elle s'aduble à la miable
>   michue comme l'as de fique
>   Elle s'en poque, perd ses clous
>   assive errouflée, l'averse encombrée
>   de sapides phaétons travenue en dehors des clés
>   le chaton sous le bras
>   elle s'avole pour un pot
>   Le ment folle soupèse ses pujes
>   Où suis-je ? qu'elle prie
>   la tral maduite
>   l'éclorée l'éraffée
>
>   Ah l'incomprise, oui !

De tels tableaux sont comme des entractes (drôleries de Shakespeare entre deux actes grandioses...). Un livre comme *Inconnu passager* où sont repris et retouchés des poèmes de *La Mort sur l'épaule* nous offre en vers ou en prose les temps de la plus parfaite beauté, ceux où « l'enivrante musique de la parole » s'accorde aux sites ou aux œuvres d'art. D'un « automne à Bath on Avon » à la « traversée des Andes » en passant par « Manhattan and C° » ou quelque fresque historique, le poème se déploie comme un grand fleuve étincelant et les sourires, les malices, les cocasseries de grand seigneur se mettent en retrait devant l'émotion, la gravité et les conquêtes de l'éros :

Si tu n'es plus qu'absence, et si tu fais que je touche aveugle les murs de ma vie sans plus jamais avancer, si tu n'es plus que ruisseau amer et débâcles d'eaux glacées dans le cœur,
ne sois étonné de l'ombre venue sur ma bouche comme éclate la sève de l'arbre saccagé,
ombre – source obscure et vaine qu'on ne sait plus dispenser qu'aux lèvres de la mort, l'espoir, les années pourries, toute la vie aux chiens.

Parce qu'il aime la fantaisie qui est là comme pour ruser avec ce que la vie a de difficile, parce que l'humour est arme d'attaque ou de refus, de remise en cause aussi, de révolte, de dénonciation ou de retrait, parce qu'il ne refuse rien de ce qui est un aspect de sa personnalité, comme chez les plus grands (son anthologie *La Poésie française d'humour* le montre), les meilleurs moments du travail de l'écriture sont alliés à la mort et à l'amour, au voyage et à la beauté. Claude-Michel Cluny, le plus souriant des enchanteurs depuis Max Jacob, en lutte contre quelque secret désespoir, répond par d'ardentes salves de poésie.

L'incessante curiosité de Cluny s'affirme encore dans une prose : *Disparition d'Orphée de Girodet*, 1987, et dans des *Feuilles d'ombre*, apories dues à Harmodios de Cyrène (fin du IVe siècle avant l'ère chrétienne), 1987, ainsi présentées : « ... en un temps où la logique était fille fantasque de l'inattendu, les apories poétiques d'Harmodios de Cyrène paraissent prolonger l'éclat oblique d'Héraclite parmi des ombres qui pourraient être déjà des nôtres ». On peut lire par exemple : « Le passé est ce qui nous attend » ou « Le poète et le stratège règnent sur l'imprévu ».

7
Jacques Réda

CERTES, il existe un Jacques Réda qui offre l'image bien sympathique d'un homme qui se balade dans la ville, d'un flâneur épris à la manière de Charles-Albert Cingria et de Léon-Paul Fargue qu'il admire, et cela s'accompagne de ce qui pourrait bien devenir une légende, celle du personnage bourru, taciturne, qui pousse son vélomoteur vers les banlieues, collabore à *Jazz-Magazine* parce qu'il aime ça et se moque des chapelles, mais comme nous en prévient fort heureusement Jean-Michel Maulpoix au seuil du remarquable *Jacques Réda* de la collection « Poètes d'aujourd'hui » : « Tracée à grands traits, la figure bonhomme du jazzophile piéton de Paris, pittoresque poète du bitume et des talus, du solex et du tabac, tend à éclipser les ambiguïtés de son œuvre. » Ce fut le cas pour l'auteur de *Vulturne*, Léon-Paul Fargue, soumis aux anecdotes de brasserie ou pour Cingria dont nous parlerons dans le prochain volume. Jacques Réda écrit une poésie qui pourrait paraître à l'ancienne, loin des préoccupations de la modernité, et qui est, en fait, très neuve, loin de tous les tics, de toutes les modes et de toutes les conventions de bien des avant-gardes. Il ne s'agit pas de faire régner le blanc dans la page, de faire éclater les mots et les formes mais de créer, avec réalisme, une poésie personnelle authentique. On s'aperçoit bientôt que, derrière une apparence sage, mesurée, apparaissent brisures, raccourcis, arrêts, rythmes lents ou précipités, nonchalance et passion, langage parlé, bousculade et harmonie, liberté musicale où le poète, comme un pianiste de jazz, laisse place à la sensibilité de l'instrument qui traduit la sienne, tout cela qui témoigne d'un goût de l'aventure et d'une parfaite maîtrise de la langue.

Jacques Réda (né en 1929) est originaire de Lunéville et vit à Paris depuis 1953. Comme signe particulier, il indique lui-même : « Pas de conversation. » On apprend aussi qu'il a lu Mickey et Bibi Fricotin avant Rimbaud, qu'il a étudié chez les jésuites, joué au football, aime le jazz, le vin et les cigarettes. Certes, la terre natale l'a inspiré mais pas plus que d'autres lieux hantés par ses vadrouilles fécondes. Dans une première période, il a publié des plaquettes : *Les Inconvénients du métier*, 1952, *All Stars*, 1953, *Cendres chaudes*, 1955, *Laboureur du silence*, 1955. Il s'exprimait alors, déjà, aussi bien en prose qu'en vers réguliers ou non. « Je n'ose qualifier *poétique,* expliquait-il, une activité qui consiste surtout pour moi à lutter contre l'érosion et la dissolution intérieure... » Il n'écrira que par nécessité absolue. Il y eut un silence de treize années avant sa véritable naissance, l'apparition du Réda que nous connaissons, et ce seront des œuvres en vers ou en prose où il s'agit toujours de poème et de poésie car il y a chez Réda un merveilleux prosateur, simple et limpide comme l'était Fargue. Ce seront : *Le Mai sombre,* 1968, *Amen,* 1968, *Récitatif,* 1970, *La Tourne,* 1975, *Les Ruines de Paris,* 1977, *L'Improviste, une lecture de jazz,* 1980, *P.L.M. et autres textes,* 1982, *Hors les murs,* 1982, *Gares et trains,* 1983, *Le bitume est exquis,* 1984, *L'Herbe des talus,* 1984, *Montparnasse, Vaugirard, Grenelle, le XVe magique,* 1984, *Celle qui vient à pas légers,* 1985 (un titre qui pourrait définir la poésie de Réda), *Beauté suburbaine,* 1985, *Jouer le jeu, l'Improviste II,* 1985, *Premier Livre des reconnaissances,* 1985. Pour les amateurs de poésie, pour les admirateurs de Réda, chacun de ces livres est apparu comme un miracle attendu, autant de chefs-d'œuvre de surprise, de charme, de sensibilité, de malice, d'ironie où le quotidien et la poésie font un mariage d'amour. Et aussi, comme l'a dit Claude Bonnefoy, une voix « dont les mots soudain se retournent pour capter les sourdes inquiétudes, faire écho aux déchirures de l'histoire, à l'éloignement des dieux ». On pourrait parler d'une vulnérabilité à laquelle il faut faire échec par le recours à une luminosité fugace, à des rythmes sauveurs, d'une métaphysique aussi qui s'exprime sans grands mots et sans lourde philosophie, à un sens historique et cosmique qui situe l'aujourd'hui dans le temps et dans l'espace. Une poétique simple apparaît dans ces vers :

> Ce que j'ai voulu c'est garder les mots de tout le monde ;
> Un passant parmi d'autres, puis : plus personne (sinon
> Ce bâton d'aveugle qui sonde au fond toute mémoire)
> Afin que chacun dose est-ce moi, oui, c'est moi qui parle –
> Mais avec ce léger décalage de la musique
> A jamais solitaire et distraite qui le traverse.

Extrait d'*Amen,* un poème intitulé *Les Vivants :*

> Ceux d'entre nous qui ont le goût de l'éternel
> Passent aussi,
> Se rappelant une cuisine de province
> Dans le temps de Noël,
> L'odeur du lait qui chauffe et les cris des enfants
> Assis sous la lueur des petites bougies.
> Ils cherchent la cime du temps, les dangereuses pentes,
> Mais reviennent la nuit dans la maison qu'on a vendue
> Avec ses tiroirs pleins de lettres où s'effacent
> Les traces du bonheur obscur...

Il faudrait citer cent poèmes et cent proses pour donner une idée du poète car si on le qualifie en quelques mots (solex, banlieue, etc.) les sujets d'inspiration sont multiples. Ce n'est pas par hasard que le poète aime les trains : ils peuvent vous faire voyager fort loin et une gare s'ouvre sur l'univers. Ainsi, *Amen*, poèmes de la nostalgie et de l'exil, de la solitude et de la précarité nous jette dans les angoisses métaphysiques tout en recherchant l'apaisement, et la quête se poursuit dans ce *Récitatif*, un des ensembles les plus animés, exclamatifs, prophétiques, provocateurs :

> L'étonnant ciel multiple est rempli de colères inexplicables.
> Il s'assied quelquefois à la porte de la maison :
> Les étoiles dans sa barbe profonde fleurissent
> Et nous écoutons ses histoires de vieux salaud.
> Du nadir au zénith il gouverne dans l'harmonie ;
> Les sages à bâton disent qu'ils entendent sa musique
> Mais les jeunes au sexe dur lui jettent des pierres,
> Criant : lève-toi donc, montre la vermine de ton cul, ivrogne !

Les vers sont souvent longs comme dans *La Tourne* où s'accomplissent des voyages, où l'on voit le poète « tisser au long du jour avec les voix indistinctes », où l'on cherche la voix basse ou le mot perdu, où l'on évoque des paysages qui font penser à ceux de Follain sur une autre musique. Il y a là comme un arrêt, un temps de réflexion, une reprise de pouvoirs. On entre dans le poème dès le premier vers. Ainsi, quelques débuts de poèmes : « Beau jour de feutre vers cinq heures à l'église... » ou « On passait l'été loin de la ville, dans les jardins... » ou « « Or voici comment vint la guerre... » ou « Et je revois Janine au bout de cette barque étroite... » ou « Je regarde et je ne vois pas dans quel sens va le fleuve... » ou « Ce jeune homme – pourquoi ? – marche avec des béquilles... » Et la magie des lieux :

> Lourds et profonds tiroirs dans la quincaillerie.
> Ce n'est plus du soleil qui brille sur les maisons
> Mais le pur vert théologal de la saison
> Et l'espérance au bout d'une rue appauvrie...

Il faudrait dire la richesse de l'œuvre où en vers longs et en prose, comme dans *Les Ruines de Paris*, se développe l'inspiration urbaine : errance et méditation, descriptions et récits, cueillette au passage du réel et de l'invisible, écoute des choses et des états d'âme qu'elles provoquent. Le poète est bien le piéton des lieux et, mieux, comme le dit si bien Maulpoix, « le piéton de sa propre langue ». Il faut lire, écouter, vivre ces aventures intérieures avec le poète. On le suivra ainsi dans *L'Herbe des talus* en France et à l'étranger, au-dehors et en lui-même et on dira peut-être avec lui : « Je tâtonne parmi l'espace vrai vers la future / Ardeur d'être... » Et les chemins de fer : ce *P.L.M.*, ces *Gares et trains* sont des voyages sur le vieux réseau de la nostalgie comme dans *Hors les murs*, poèmes en vers, on saute par-dessus les portes de Paris pour mêler saisons et villes ou faire d'Ivry, du Kremlin-Bicêtre, de Villejuif, Arcueil, Cachan, Gentilly, Malakoff, etc., des poèmes où l'on salue au passage des amis, Jean Paulhan ou Pierre Oster, Jean Grosjean ou Georges Lambrichs comme le poète en saluera tant et tant dans le *Premier Livre des reconnaissances* où, en vers, sont nommés par bon compagnonnage et par affection, dans un rayon de soleil sur leurs livres, ceux que l'on admire :

Lentement le rayon s'en va d'abord de Paulhan jusqu'à Proust
Et – passant par Perros, Pinget, Ponge et Queneau qu'il effleure –
Montre pour dénombrer Butor sans en venir à bout...

A sa manière, sans oublier le baguenaudage, le poète Réda nous offre son anthologie. On peut trouver Théocrite, Ovide, Bashô, Cavafy comme Cingria, Follain, Frénaud, Jude Stefan ou Pascal Quignard, Philippe Jaccottet (en acrostiches s'il vous plaît) et on se surprend à aimer au passage cet air de liberté que l'on trouve dans toute la création du poète. Lorsqu'il nous adressa *Celle qui vient à pas légers* avec cette dédicace : « Ce petit livre comme un sac de cailloux (et gros pavés)... », il nous fit la surprise heureuse de nous permettre de le connaître mieux encore, d'effacer les clichés le concernant : l'homme de la vadrouille est celui du savoir et de la conscience, l'homme de l'intelligence avec les lieux et les choses est celui de l'intelligence des textes et de l'intelligence tout court. Comme il est bon de lui offrir son enthousiasme même si quelque lyrisme peut ne pas convenir quand il y faudrait plus de science de la dissertation! S'il étudie le style, la métrique, la langue, les rythmes, les mots, c'est en poète qui fait œuvre de poésie en ce sens qu'il peut mêler l'exaltation à la critique, la rêverie créative au discours, à travers de multiples références qui montrent une double vie, un double itinéraire, dans la vie, dans les livres : « La poésie est-elle autre chose que la vie elle-même? » demande-t-il et la question est réponse. Lire Réda, c'est marcher, c'est voir que la marche – la poésie – se prouve en marchant, c'est parcourir des lieux et aller au-delà des lieux, c'est se mouvoir quand la poésie est le corps lui-même. Maulpoix a distingué chez lui le double sentiment du désastre et de la merveille mais ses ruines sont vivantes et c'est la merveille, à notre sens, qui l'emporte. Il y a les tristes banlieues, les ternes sous-préfectures, les lieux meurtris mais toujours quelque lumière les illumine, quelque musique les traverse. Au cœur même de la trivialité des vies, des lieux communs de l'existence, le poète saisit l'insaisissable, donne à voir l'invisible et offre les recommencements d'un quotidien dont la grisaille est effacée par les couleurs d'une modernité autre que celle imaginée par les faiseurs de clichés.

Amen, Récitatif, La Tourne ont été réunis dans un livre de la collection Poésie/Gallimard, 1988, en même temps que Réda publiait *Recommandations aux promeneurs,* 1988, vade-mecum sans doute mais avant tout délicieuses proses bien dans sa manière. Nous citons encore : *Châteaux des courants d'air,* 1987, *Un Voyage aux sources de la Seine,* 1987, *Ferveur de Borges,* 1988.

8

Jean Pérol

Un poète marque sa présence et sa participation au monde et il en épouse l'énergie, les rythmes faits de tensions, de heurts, de brisures par une écriture dense, nerveuse, noueuse, abrupte sans briser une harmonie supérieure. Sa vision est moderne, pleine de résonances et d'échos. Il ne refuse rien des possibilités du langage, des formes prosodiques éprouvées aux nouvelles conquêtes. Engagé dans les tragédies et les mutations de notre temps, recherchant paix et fraternité, amour et ferveur, il a le regard vaste sur les civilisations du monde et s'enracine dans plusieurs cultures, dans le présent et dans l'histoire, dans l'événement et dans la mémoire. C'est une voix, une orchestration de sonorités, un chant qui s'accommode d'être dit à voix haute. On peut dire : un poète de haute ambition sans qu'il y ait rien en lui de pompeux ou de grandiloquent.

Jean Pérol (né en 1932) vit le jour dans la région lyonnaise qu'il n'oubliera pas, et non plus les espaces du Rhône, le temps de la guerre malgré son jeune âge et les saisons et les heures d'une enfance libre. Ses véritables racines sont dans sa langue, celle du poème, car il connaîtra sans cesse des déplacements lointains : en Afghanistan, aux États-Unis, avec des retours en France, et surtout au Japon devenu son second univers socio-culturel. Il connaît donc l'enrichissement d'une éducation et d'une culture à la fois occidentale et extrême-orientale, d'un sens des horizons planétaires, de l'histoire qui se fait et de la mémoire qui la porte.

Son œuvre poétique : *Sang et raisons d'une présence*, 1953, *Le Cœur de l'olivier*, 1957, *Le Feu du ciel*, 1959, *L'Atelier*, 1961, *Le Point vélique*, 1965, *D'un pays lointain*, 1965, *Le Cœur véhément*, 1968, *Ruptures*, 1970, *Maintenant les soleils*, 1972, *Morale provisoire*, 1978, *Histoire contemporaine*, 1982, *Asile-Exil*, 1987.

Les textes chez Jean Pérol, à ses débuts d'une affirmation directe, marquent de la colère et de l'indignation. Il s'insurge contre les horreurs du temps (ce qu'il ne cessera de faire) et oppose au mal le recours des poètes, le chant d'amour, la vénération des éléments, de la nature. D'un livre à l'autre, les oppositions se font subtiles et heurtées, avec plus d'attention à la modernité : le résultat d'une lutte pour échapper aux voies tracées, à la pesanteur des habitudes. Les pouvoirs du langage, de la rhétorique s'affirment. Le poète tente d'arracher le secret des mots, usant au besoin du jeu, mais plus au sens du fameux glossaire de Michel Leiris qu'à celui du calembour. Jean Pérol donne donc un élargissement à son propos et le poème devient plus ample et plus significatif.

Dans *Morale privée*, on remarque un goût de ne pas donner un titre au poème, mais de répéter en bas de page, en italique, ses derniers mots (au contraire de maints poètes qui choisissent en guise de titre les premiers mots du poème), et il réunit ces parcelles pour donner une sorte de titre général aux grandes divisions du livre. Ce montage n'est pas une coquetterie mais une affirmation de la valeur du discontinu, de l'intérêt de chaque inscription, d'une responsabilité du créateur, et c'est comme si un écho répondait à la parole poétique. Dans *Histoire contemporaine*, poèmes écrits partout dans le monde, les thèmes sont « des jours », « des chemins », « des corps », « du partir », « des paroles ». Toutes les formes apparaissent : vers libres, poèmes en prose, distiques, sonnets... On va du raffinement au langage courant : « Absolument banal ça vous pouvez m'en croire... » ou « Annoncez la couleur du soleil étouffé... » et l'on sent que la parole commune peut donner le départ du poème le plus ambitieux. On lit :

> Impériale titube la mémoire surprise
> elle régnait hier et saigne dans le dos
> vacille la mémoire des princes dénudés
> vacille la robe noire sur tes seins sans parade
>
> brutal   antique   le désir tremble autour
> des robes qui te parent et tombent de tes hanches
> comme une odeur de sang comme une fin de règne
> puis tout s'annule dans le matin
> qui redispose de tes fards.
>
> *De tes fards*

Par-delà notre tentative de description d'une œuvre, on est pris par une magie verbale qui naît de l'attention aux sons, par l'adéquation d'une voix à celui qui la parle. Ce qui paraît aller de soi est en fait assez rare. On peut parler de richesse.

9

Bernard Delvaille

A propos des poèmes de Bernard Delvaille (né en 1931), on parle d'un vagabondage ardent, d'une déambulation féconde dans l'espace et le temps, du Londres de Thomas De Quincey à la Rive gauche de Jean Genet, des rives de la rêverie aux rivages de la mort. Il y a là du légendaire et du lyrique, une grâce nonchalante, de l'élégance et du délice, une nostalgie évoquant Nerval ou Apollinaire, un ton spleenétique plus proche des accents et des rythmes de blues que des fleurs maladives. Son cosmopolitisme le fait trop facilement parfois situer dans la descendance de Levet, Larbaud ou Morand qu'il adore, mais les rythmes sont autres, les mots deviennent les notes de musique de partitions nouvelles, et il faut souligner un recours à tous les registres, poèmes en prose, poèmes de mètres brefs longuement déroulés, strophes classiques sans ronronnement. Parfois la mélancolie des souvenirs, la rêverie portent des langueurs mais bien vite une rapide tache de couleur, un bruit, une phrase inattendue, des mots glanés dans la ville nous font voyager dans un réel qui porte sa surréalité, un quotidien intemporel, un espace urbain qui s'ouvre sur de plus vastes contrées. Nocturnes, audacieux souvent, ces poèmes offrent le chant d'une solitude dans la compagnie du langage, silence et parole.

Bernard Delvaille est né à Bordeaux. Il a consacré sa vie à la poésie. Auteur d'essais critiques, par exemple sur Coleridge, Valery Larbaud, Théophile Gautier, d'un roman, *La Saison perdue*, 1971, d'une fiction biographique, *Les Derniers Outrages*, 1982, il est un des meilleurs connaisseurs de la poésie du passé, du présent, avec un regard sur l'avenir si on en juge par les éditions successives de son anthologie *La Nouvelle Poésie française*, feuille de température des nouvelles tendances, fussent-elles passagères, un ouvrage qui montre son ouverture, lui qui n'appartient à aucune école, à toute nouvelle manifestation dans le poème. Il est aussi l'auteur d'une *Anthologie de la poésie symboliste*, 1971.

Ses livres de poèmes : *Blues, Jazz*, 1951, *Train de vie*, 1952, *Enfance, mon amour*, 1957, *Tout objet aimé est le centre d'un paradis*, 1957, *Désordre*, 1963, *Faits divers*, 1976, *Le Vague à l'âme de la Royal Navy*, 1979, *La Dernière Légende lyrique*, 1979, *Blanche est l'écharpe d'Yseut*, 1980. Ces œuvres, accompagnées d'inédits, ont été réunies et distribuées thématiquement dans *Poèmes (1951-1981)*, 1982.

La poésie est le réel absolu.

Cette poésie d'un piéton du monde nous entraîne en des lieux qu'il se plaît à nommer, d'Amsterdam à Londres, de Rome à Lübeck, comme il prend pour matériau poétique des noms de rues, de places, d'avenues, noms propres qui coulent dans le poème comme les notes d'une musique nostalgique, comme blues, jazz, rag-time ou œuvres classiques. Il introduit des mots, des phrases en anglais dans le poème et, en cela, dans les années 70, il aura bien des émules. On lit par exemple :

Les trains qui fuient l'hiver passent au long des gares de la neige
Erié Lackawanna Pacific Fruit Express Illinois Central Cushioned Car Northern
  Pacific Railway
Vers des brumes de fjords et des champs d'orangers
C'est ici le rendez-vous de tous les magnolias du monde
Ô train des enfances perdues cependant que Frank Sinatra chante *You make me
  feel so young...*

Son heure préférée est celle des soirs, des visions entre chien et loup où les images caressent de leur douceur floue à moins qu'un coup de poing poétique surgisse des brumes ou des demi-brumes qu'aimait Apollinaire. Chaque poème traduit des sensations, des impressions mélancoliques, du regret, de la nostalgie comme « un beau visage triste aux yeux d'alcool et d'ombre ». Ou bien des fragments de Novalis annoncent des poèmes en prose qui touchent à l'élégie. Parfois le poème prend une mesure classique pour offrir une musique nouvelle. Ou bien, de longs vers portent le lyrisme désabusé :

> Des bars d'hôtel il en est tant aux continents connus
> Des Dorchester et des Royal où j'exhibai votre visage
> Tendre visage d'un autre âge qui devint mon seul paysage
> Dans les tardifs whisky-sours de nos deux cœurs mis à nu

S'il veut saisir sur le vif une image rapide, il choisit le vers bref, la phrase qui court de ligne en ligne :

> Dans les lavatories
> Gentlemen
> du subway
> à la Trente-Quatrième Rue
> le sexe
> arraché
> d'un jeune barman
> – blond si l'on peut
> juger –
> se caille
> enrubanné
> de bolduc rose...

Ainsi des bars, des chambres d'hôtel, des grill-rooms, des trottoirs, des quais sont les prétextes à une rêverie active qui s'épanche en tout lieu et les unit pour offrir les images d'une sensibilité artiste, les sons d'une musique de nuit à nulle autre pareille. La difficulté d'être, la précarité, la fuite des corps et des visages, tout ce qui passe et qu'on ne peut retenir, la solitude dans la ville sont traduits dans des poèmes délicatement écrits, expressifs et ciselés, douloureux souvent, d'une singulière élégance toujours. La poésie intimiste de Bernard Delvaille, toute de sentiment et de sensations, chanson douce ou cruelle, est riche en résonances intérieures, discrète dans ses effets, persuasive dans son imagerie, colorée et chantante.

10

Mathieu Bénézet

Contemporain des grands séismes (Denis Roche affirmant que la poésie est inadmissible...), Mathieu Bénézet pose (se pose) des questions : « Resterait-il à écrire ? » Pouvait-on « risquer à nouveau quelque chose comme la littérature... » ? Ainsi, une génération a pu envisager ces questions essentielles. Prouver la marche en marchant ? Une trop bonne connaissance des causes et des effets rendait les réponses difficiles. L'écriture comme sujet d'un doute, d'un soupçon – mais sa vanité n'est-elle pas compensée par ce qui fait vivre, par ce qui empêche le navire, même faisant eau de toutes parts, de sombrer ? Et peut-on nier l'écriture en écrivant, le fragmentaire faisant office de bonne conscience du négateur ? Pour Bénézet, la littérature est autobiographie et il ne cessera d'explorer le plus vaste des sujets : le moi dans sa diversité. Narcisse est aussi un autre. Ce projet, apparemment simple, conduit le poète à la plus fructueuse des recherches. Le temps est venu où le poète ne se contente plus de célébrer l'éternel printemps ou d'attendre les dons de la muse. Bénézet est un homme de recherche et de conscience. On ne saurait envisager son œuvre en se référant au seul poème (mais, frontières bannies, tout est poème) et il faut le suivre à travers tous ses écrits, quel qu'en soit ce qu'on appelle le genre.

Il y a le poète des vers que salua Aragon dès le premier livre et nous citons : *Une bouche d'oxygène*, 1963, *Pour Bramm*, 1965 (il signe Henry Bénézet, puis Henry-Mathieu, enfin Mathieu), *L'Histoire de la peinture en trois volumes*, 1968, qui le révèle, puis des plaquettes, des ouvrages illustrés à petit tirage, notamment à *Orange Export Ltd.*, *Et Ceci est mon corps*, 1979, *Et nous n'apprîmes rien*, 1980, *Vingt-deux poèmes dédiés*, 1983, *Le Travail d'amour*, 1984... Il y a l'observateur des mutations et évolutions personnelles (« la métaphore façonne le visage ») à travers les avatars du récit : *Biographies I, II, III*, 1970, 1977, 1987, celui des transformations de l'écriture après le Nouveau Roman : *Le Roman de la langue*, 1977, et cet important jeu de reflets qu'est *L'Imitation de Mathieu Bénézet*, 1978, et des études sur les peintres, la photographie, des études critiques sur ceux qui concernent la création et la critique de ce temps : Diderot, Mallarmé, Baudelaire, Valéry ou Blanchot. Un livre précieux pour sa bonne connaissance : *Mathieu Bénézet* par Bernard Delvaille dans « Poètes d'aujourd'hui ».

Ce qu'on dira narcissisme ou dandysme, nous voudrions en écarter les clichés. Il s'agit d'un homme d'une extrême sensibilité, fragile, souffrant, qui fouille en lui-même avec ce scalpel : l'écriture comme une arme de lumière et de lucidité. Une hantise : tuer Mathieu Bénézet ou, à défaut, le traquer avec l'aide d'alliés qui se nomment sexe, mort, littérature. Et sa réponse à qui l'accuserait d'inflation de l'ego serait contenue dans cette phrase de Victor Hugo citée au seuil de *Roman journalier (Biographies III)*, ce livre bouleversant : « Ah ! insensé qui crois que je ne suis pas toi ! » Peut-on le situer entre « ceux qui ne disent pas et ceux qui disent trop » ? Il y a mesure, intensité de l'authentique. Et ce qui lui apparaît dans cet étrange miroir mallarméen, c'est le dedans de lui-même, l'être pensant, souffrant, méditant, en même temps que le corps présent dans l'œuvre en tous lieux, non pas pour le contempler et l'adorer mais pour en extraire l'image, la comparaison, en faire une entité, ou mieux : un blason à l'intérieur du poème et l'on pourrait citer interminablement le « torse multiplié / par mille bras », « les doigts qui veulent / griffer », « la bouche dans le plâtre », « Le cœur la tête les os les nerfs les organes les yeux les mains les pieds : à pleurer », « Je me réconcilie avec mon pied », etc. Que Bénézet possède à un haut degré cette intelligence des textes propice aux analyses importe, mais moins à nos yeux, que cet acharnement tragique à se dire, à se traduire dans l'accord de ce avec cette littérature dont il est fou. Qu'il écrive en forme de vers ou de prose, qu'il tente le journal ou le récit, c'est toujours pour faire ressortir ce qu'il a d'intime en même temps que pour se situer dans le phénomène de l'existence – et il possède ce pouvoir de vibration contagieux qui fait que, comme il l'écrit, la main de l'écrivain touche la main du lecteur.

Au fil de l'œuvre en poèmes, on trouve un fond traditionnel ou bien un recours au procédé des blancs, de l'économie, pas d'éclatements, de minimalisme excessif, l'expressivité, parfois des élégances ou des préciosités de plume qui font penser à la grâce funambulesque de Cocteau ou à la souplesse d'Aragon comme dans ce poème sur un tableau :

> Mais le pigeon, Madame, est un animal domestique
> et les arbres, Madame, pour qui sait les peigner
> sont des amis feuillus, et les anges, Madame,
> se croquent avec le thé, *at five o'clock*, et vos
> yeux, Madame, si j'en parlais un peu. Mais
> votre main, Madame, m'a confié un secret :
> vous avez deux ailes en papier celluloïd
> que vous mettez, parfois, pour sortir le Dimanche.

Dans son *Album de 1974*, on lit : « ... Je voulais dénoncer, dire le mensonge poétique, montrer le poids fallacieux des mots, du lexique poétique : sable, mémoire. Je désirais, et toujours, déchirer, violer. Alors, les formes et l'histoire poétique se résumaient, s'abolissaient dans ces mots : sable, mémoire. Rien d'autre. Hormis la technique – la poésie justement. Mais, bientôt, je me grisais de cela : sable, mémoire... » Le sable...

> le sable d'or lorsque femmes
> près du lavoir eau bleue
> comme la craie mer
> bruissante aussi ces tissus
> qu'on tord au lavoir
> enfoncée dans la croûte terrestre
> tel un sablier tournée vers moi
> comme le profil d'une charrue
> voici la mer

Dans leur diversité, nous avons aimé ces poèmes pour leur brisure, leur blessure, de *Ce que je ne dis pas* à *Une année de larmes,* de *Mon cœur mis à vif* à ce *Travail d'amour :*

> tout se redouble de douleur et la lumière tombe
> amant mon amant la mort est morte à moitié
> j'ai dit roses au-dedans du silence comme la bouche
>
> de l'homme tu me connaîtras à ceci que les roses
> m'alourdissent amant qui bouclas nos lèvres et nos voix
> dans la clarté me déchirant comme moi homme vide
>
> de poésie sache j'ai sucé une rose lourde amant
> je demeure homme dans le corps amant de larmes.

Enrichissement constant de l'œuvre avec *Détails,* 1986, « *La bouche brûle...* », 1986, *Inachevés,* 1987, *Roman journalier,* 1987, et un de ses plus beaux livres : *Votre solitude,* 1988, et aussi le plus émouvant, le plus expressif, avec son poids de mort et son poids de mots, ces instants de solitude, ces « flaques de tristesse », cet univers d'existence courante et de confidence bouleversante.

Bernard Delvaille : « ...j'affirme que Mathieu Bénézet est de ceux grâce à qui la poésie l'échappe belle ». Quinze ans avant, André Pieyre de Mandiargues : « Je suis curieux, extrêmement curieux de ce qu'il va écrire demain, car les mots de notre vieux langage ont de la chance avec lui. » Resterait-il à écrire ? On connaît la réponse.

II

Jude Stefan

Il nous est arrivé de nous demander si Jude Stefan (né en 1930) n'était pas la réincarnation d'un poète de la Renaissance italienne venu dans notre siècle pour trouver dans une modernité bien tempérée de neuves subtilités, des tracés nouveaux offrant à ses œuvres des ciselures inédites, pour les assouplir, les parer, les embellir, les enrichir. Comme on parle de surréalisme à propos de n'importe quoi (parce qu'on ne sait pas bien ce que cela veut dire), on emploie volontiers le terme baroque pour définir ce qui échappe à un entendement réduit. Pour Jude Stefan, le mot baroque n'est pas pris comme une nuance du bizarre mais comme un spectacle mouvant avec d'incessants points de vue, une ouverture, une souplesse permettant le vaste tableau comme la miniature, la nature vive comme la nature morte en des stances où la mythologie, les saisons, le temps, l'érotisme, l'histoire, les lieux composent des tableaux ou des chorégraphies qu'il est plaisant de lire ou de voir : il s'agit d'un art subtil et achevé. Et cette œuvre a ceci d'original : elle peut satisfaire aussi bien le nostalgique des anciens prestiges que les amoureux du vivace aujourd'hui.

Ses œuvres principales : *Stances*, 1965, *Cyprès*, 1967, *Libères*, 1970, *Idylles suivi de Cippes*, 1973, *Vie de mon frère*, 1973, *Aux chiens du soir*, 1976, *La Crevaison*, 1976, *Poésie*, 1980, *Suites slaves*, 1983, *Lettres tombales*, 1983, *Gnomiques*, 1984, *Les Accidents*, 1984, *Les États du corps*, 1986, *Alme Diane*, 1986, *Faux journal*, 1986, sans oublier textes et chroniques dans *Les Cahiers du Chemin*, la *N.R.F.*, *Po&sie*, *Obliques*, etc.

Fêtes galantes, tournures anciennes, pointes de précieux ou de burlesque (juste ce qu'il faut), souvenirs de Villon, de la Pléiade, des Lyonnais du XVIᵉ siècle, de Sponde ou de Chassignet, oui, comme notes de musique ou touches de couleur, et, en même temps, quelque chose d'oriental extrême comme si les poèmes étaient tracés au pinceau par quelque candidat aux examens littéraires de la Chine ancienne, et s'il y a les personnages mythologiques pour leur exemplarité freudienne, le pétrarquisme, Stefan est bien dans notre temps. Ainsi lorsqu'il compose ses *Lettres d'effigie* comme une anthologie de ses amis :

> en syllabes de lettres qui faisaient des noms
> des R de soleil (ray) de roue lorraine (réda) de
> roche (M ou D) ou de roubaud de ristat presque
> tristan qui faisaient des noms à faces et corps
> 1980 comme celui blême vérace de b. noël ou
> les P des exilés perros, pérol, parant le D
>   d'un deguy, le Z bizarre d'izoard
> ou le S assassiné sur la couche de salabreuil
> du jeune belge surdoué savitzkaya avant un st
> à sifflante dentale sourde avec f de dégoût
> mépris « celui qui parle avec énergie »

Mais plus exemplaire (peut-être ?) de sa manière – encore que la diversité nous offre mille choix :

> Diane tu es Diane comme la froide
> lune sous les nuées se cachant
> de l'absence ou lumineuse Phoebé
> par les joues répandant ton aisance
> mais de nul lieu bas souveraine
> chasseresse tu ne l'es qu'en refus
> d'indiscrètes noces vulnérable
> toutefois au jeune cœur assoupi
> un Orion un Actéon tu dédaignes
> pour cour négligente des hommages
> chaste ne te veux que lueur du jour
> la déesse au bain aux chiens qui
>   sur ses rêves marche

Parfois, comme le dit Serge Brindeau : « S'il se rend à la ligne au milieu du mot, c'est moins sans doute pour céder à la mode et s'inspirer de Denis Roche que pour voir sur la page assez joliment dévier le trait fin du pinceau. » Ce que l'on admire c'est la souplesse de sa syntaxe, ses guirlandes, son dessin subtil. Parfois apparaissent des litanies de questions sur le désespoir du monde et on trouve où s'enfouir : « Dans l'étude par oubli / dans le stupre par malchance / mais dans la mer pour s'y laver. » Et s'il s'agit d'*Inspiration,* nous citons pour la grâce et le plaisir le poème qui porte ce titre :

> Il est de calmes demeures muettes
> et musicales comme il est des rêves
> monstrueux oppressants de phagocytes
> comme il est des étés de prairies
> de soleils couchants et d'ombres
> de fulgurants chocs meurtriers.
> Il est des matins suaves et pâles
> d'après-pluie comme il est des êtres
> sans plus d'âme que l'horizon
> comme il est de purs chants se haussant
> à l'inouï, des batailles grotesques
> sous des ciels orageux violâtres.
> Il est de pleines méditations
> comme des appels sans prière

> comme il est des oiseaux d'or et de chance
> des nuits d'amour exorcisantes.

Tout, chez Jude Stefan, est de l'ordre du désir, de la sensation exquise ou douloureuse, et la voix basse semble intarissable, n'épuisant jamais les trésors de la langue devenue corps de chair, mémoire et regard. C'est la grâce de ce mouvement que suggèrent les œuvres de l'immobilité baroque avec ses interpénétrations, ses entrelacements, sa dynamique des métamorphoses ou des litanies, son infinité de prises et de points de vue. Il nous semble que c'est là la meilleure lecture de l'œuvre et que Stefan mérite de recevoir certaine couronne margaritique.

12
William Cliff

ANDRÉ Imberecht, dit William Cliff (né en 1946), fut découvert par Raymond Queneau. « La dérision d'une autre manière », pourrait-on dire à propos de cet art qui utilise le mode burlesque pour mieux démontrer le ridicule, à son sens, du vers classique. Au lieu d'en prendre le contre-pied, il le pousse à l'extrême, le travestit. La critique s'exerce par la parodie. Comme Biga s'en prenant à Lamartine, il n'hésite pas à choisir ses cibles plus près de nous : « Dans la crasse de mon plancher, j'écris ton nom... » C'est bien, comme dit Claude Roy, le « Buster Keaton de la versification ». Il utilise la prosodie traditionnelle mais en la désarticulant, en multipliant les enjambements incongrus, en se prenant au jeu puisque, après les poètes métriques ou Turgot traduisant *L'Énéide*, maints poètes du XIXe et du XXe siècle, il croit inventer le vers de quatorze pieds. La dérision ne serait-elle pas l'alibi du plaisir qu'il y prend? Ou une manière d'écraser son angoisse? Il le dit à sa manière :

> L'alexandrin je le pratique comme on gratte
> dans son nez pour s'occuper; le temps est bien froid
> cet hiver, ma barbe est longue, mes cheveux gras;
> où irai-je ce soir balancer mes savates
> pour écraser l'angoisse qui s'obstine en moi?

Certes, on s'écarte des lois prosodiques, on compte les syllabes jusqu'à douze, on oublie la césure, mais cela doit faire partie du détachement. Cela posé, il n'est pas que l'aspect parodique et la démarche vengeresse, ce qui serait par trop limité. Par-delà la provocation et l'antilyrisme, il y a des thèmes, une présence, on serait tenté de dire : un lyrisme de l'antilyrisme, les lieux, le paysage urbain, le sexe, la dérive. Et puis, d'un livre à l'autre, une diversification des mètres, l'utilisation du verset par exemple, et même dans *Marcher au charbon* des stances qui affirmeraient volontiers, malgré le fond d'ironie, que la bonne vieille prosodie se venge :

> Je crois en la française prosodie
> au comput des syllabes que l'on lie

> l'une à l'autre jusqu'à se retrouver
> au bout d'un vers qui devrait bien rimer.
> Baudelaire et Verlaine ont fait usage
> de cette prosodie durant leur âge
> il me plaît quant à moi continuer
> de cheminer dans cette marche à pieds.

Et il nous dit encore : « Queneau Perros Ferrater Brecht Auden / n'ont pas voulu mépriser ces attelles... » en citant là Queneau le maître, le poète catalan Gabriel Ferrater, Brecht pour la distanciation, Wystan Hugh Auden parce que les écrivains anglo-saxons (et aussi Robert Frost, Robert Graves, Thomas Hardy) lui sont chers, Georges Perros pour la même raison.

Il a publié *Homo sum*, 1973, *Écrasez-le*, 1976, *Marcher au charbon*, 1979, *America*, 1983, *En Orient*, 1986, et collaboré à grand nombre de revues : *Exit*, *25*, *Revue et corrigé*, *La Vigie des minuits polaires*, *Monsieur Bloom*, etc.

La plupart des poèmes accompagnent et rythment la vie quotidienne en narrations, saynètes, courtes histoires, déambulations, vadrouilles, faits typiques du monde homosexuel, la drague, les relations amoureuses relatées de manière réaliste et crue avec le passage de tous les sentiments, de l'amour à la haine, de l'amertume au pardon, de l'attente au désespoir, dans un climat d'appels et de solitude, avec un souvenir d'Apollinaire le mal-aimé ou de Cendrars le bourlingueur. Cela ne craint pas le prosaïsme mais de ce parler courant naît justement la poésie de la ville et de l'homme dans la ville avec ses bars, ses cinémas, ses néons. Il sait que « raconter n'est pas facile » s'il s'agit de « la vie d'un garçon que j'ai connu » ou d'une mère de dix enfants – car il accorde une vive attention aux êtres tout autant qu'aux lieux que ce soit de la vieille Europe, de Bénarès ou de Lahore. Et il y a la pluie, l'espoir, l'attente vaine :

> Je t'attendais devant le cinéma nommé Éden.
> Huit heures et demie avions-nous dit devant ce cinéma.
> L'Astragale de Sarrazin je l'avais vu la veille
> Une histoire d'amour très passionnée. Je ne te vois

toujours pas arriver. Je voulais revoir avec toi
ce film d'amour très passionné, mais la rue était pleine
d'ombre et de vide vide de gens entrant au cinéma ;
je n'attends plus qu'un bus pour me renfuir avec ma peine...

De même, on peut trouver le croquis de voyage. Il est dommage qu'une citation ne puisse donner une idée de la progression du récit-poème

> aujourd'hui nous avons eu au petit déjeuner
>   des haricots bouillis baignant dans l'huile
> des galettes de pain de l'eau du thé noir très sucré
>   le soleil sur la baie alexandrine
> donnait une lumière fine et le bruit des autos
>   était tel que de toute éternité
> il aurait existé sur cette route au bord de l'eau...

Peu de tableaux sont aussi révélateurs, donnent une telle impression d'authenticité, chaque poème dans sa démarche (comme si on s'y promenait en compagnie du poète) apportant plus que n'importe quelle longue confession amoureuse ou une relation de voyage tant les situations comportent de relief, d'exemplarité en plus de ses qualités propres. L'œuvre de William Cliff, hardie et originale, peut être prise aussi comme une suite d'instantanés montrant un homme d'aujourd'hui, comme un document pour l'histoire des sensibilités et pour la sociologie contemporaine.

13

Jean-Michel Maulpoix

En dix ans, Jean-Michel Maulpoix (né en 1952) a déjà une œuvre. S'il a le temps de l'amplifier ou de la métamorphoser, on trouve matière à un vif intérêt, avec ces titres : *Locturnes*, 1978, *La parole est fragile*, 1981, *La Matinée à l'anglaise*, 1982, *Limbes*, 1983, *Un dimanche après-midi dans la tête*, 1984, *Dans la paume du rêveur*, 1984, *Ne cherchez plus mon cœur*, 1986, *Emondes*, 1986 (reprise d'une édition de 1981 ici « émondée »), *Papiers froissés dans l'impatience*, 1987, sans oublier les études sur Michaux et Réda, un grand nombre de textes dans la *N.R.F.*, *Digraphe*, *Solaire*, *Jungle*, *Sud*, *La Quinzaine littéraire* – et non plus la fondation des cahiers de poésie *Qui vive*.

Un voyage parmi ses livres montre qu'il privilégie le poème en prose qui d'ailleurs lui convient bien. Analyste, on trouve partout notes et aphorismes, études et développements consacrés à la fragile parole de la poésie, si bien que des repères nous sont proposés par lui-même, non qu'il se fasse l'exégète de ses poèmes, il est trop pudique pour cela, mais c'est parce qu'il expose dans un discours serré sa conception de cet art. Dès lors, il témoigne, il interroge, il fait part de quelques certitudes et de doutes plus nombreux, et l'on voit bientôt que, comme l'a remarqué Luc Bérimont, « Il se meut à la frontière de l'imaginaire et du réel, accordant la prééminence à la beauté, à la simplicité, à l'évidence de l'instant » : « Je m'acharne à ne plus écrire que des choses très douces quand tout tire en moi vers le silence et la mort. » Nous indiquons ici quelques-uns de ses propos sur la poésie :

Je n'écris jamais que des commencements. Seule est émouvante la lisière des mots, le toucher hasardeux de la plume sur la page...

... La parole n'est pas en moi ce qui résiste, mais le roseau qui plie. Tout ce qui s'émerveille de subir.

L'aube, tel un livre de peu de mots.

Écrire pour inventer à chaque fois une innocence.

N'ayant sur terre qu'une place accidentelle, je parle en miettes. L'éphémère suffit à ma nourriture. Ma soif ne s'apaise point.

Ce qui l'intéresse est le plus durable : l'amour de la langue soumis à une crise et devenu « notion impertinente ». Dès lors, le diagnostic : « Tour à tour, nous avons perdu le réel et l'imaginaire. Nous sommes les citoyens hébétés d'un univers inquiétant sur lequel nos actes semblent n'avoir aucune prise... » et il sait que l'espoir de mieux vivre est « dans l'accomplissement de notre être dont la langue est le lieu ». Comme la langue, il aime la grammaire qui demeure « pour ajuster le désarroi ». Ainsi parcourt-il tous lieux d'espérance, arts, musique, et il apporte une leçon d'énergie et de confiance en temps de crise. En temps d'éclatements, il sait que « le fragment est la conscience du poème », qu'il a « vocation à réconcilier le beau et le simple, l'émerveillement et la pensée », que « la miniature est l'exergue du monde ».

A trop citer les méditations de Maulpoix, nous courons le risque de négliger la création du poète. Elle affirme un tempérament élégiaque, tourné vers la nature et vers le langage, son langage, le nôtre, et le poème est la jouvence des mots usés quand il contient tant de possibilités secrètes. Le poète plonge en lui-même et découvre sa fable, sans jamais d'affirmations percutantes comme celle de la connaissance de soi. Il procède par approches, discrètement, à voix basse, exprime le mystère sans se séparer de la réalité des êtres et des choses. Un poème extrait de *Ne cherchez plus mon cœur* peut donner une idée de son art :

Il feuillette d'anciens livres et se reconnaît au détour d'une phrase. Il écoute sa musique lointaine, le léger bruit de bouche d'une aïeule aux cheveux tirés qui racontait l'histoire en fronçant les paupières derrière ses lunettes. Puis cette odeur confuse de reinettes alignées sur les journaux ouverts au sec dans le grenier, une touffe de lavande ou de thym, séchant la tête en bas, accrochée à une poutre, des cartes postales dans une caisse, des photos et des livres, toujours les mêmes, qu'il feuillette assis sur une malle. Des peaux qui pèlent, parcheminées. Comme le brouillon de quelque chose. Baissant la voix, tournant le dos, cela se tait.

Ou ceci tiré de *Dans la paume du rêveur :*

Voici le poème revenu sur les épaules des anges. Au bout du long chemin d'images incroyables. Pâle, au sortir de la mine de neige.
Voici le mot qui fut le soc et la cognée. Voici la plume d'or. Et sur le tronc un long cortège de filles noires.

Arbre tressé de songes, linges et voix, tout l'amour à l'œuvre dans les chambres des oiseaux...
Celui qui s'est assis dans l'herbe s'efforce de ne pas y croire. Chasseur toujours et menacé. Avide, scrutant l'obscur. Pourtant le cœur à neuf, prêt à cesser de battre.

14

Espaces sensibles

Robert Marteau.

Romans, essais, chroniques, poèmes, l'œuvre de Robert Marteau (né en 1925) est variée et cohérente. Entre Paris et Montréal où il vit, il affirme un lien, écrivant dans *Po&sie* de Michel Deguy comme dans *Liberté* au Québec. Né en Charente, il a le culte du lieu où s'implante le poème. Cela peut être la terre natale comme le champ troyen ou Brocéliande, on le voit dans *Travaux sur la terre*, 1966, où en tout espace sensible de confrontation, il cherche une connaissance perdue. L'Espagne l'a marqué d'une forte empreinte : on peut parler de gongorisme. Il s'agit d'une odyssée spirituelle, d'une quête ésotérique, riche d'images, où on ne va pas au plus facile : le Graal ou la Rose ne sont pas à bas prix. La syntaxe est recherchée, la versification complexe, on ne refuse pas le lyrisme mais il est serré, retenu, comme chez un Nerval. L'œuvre est traversée de signes, de symboles. Michel Deguy a écrit : « Les poèmes de Marteau sont secrets par un hermétisme peu voyant, si on peut dire, car ce ne sont pas les réminiscences du poète qui font la loi du poème, c'est-à-dire son arbitraire pour nous, mais une pratique de l'imagination en des lieux déterminés portée par le savoir de leur signification. » Si les terres mythologiques ou légendaires l'attirent, si on peut parler de fouilles et d'extractions, on ne saurait oublier son alliance amoureuse avec les terres proches. Ainsi, dans *Royaumes*, 1962, « à partir du parler simple et concret du forestier, du chasseur et du marin », il élève des odes dont le baroquisme s'accompagne d'une belle saveur verbale. Et nous citerons aussi *Ode n° 8*, 1965, *Travaux sur la terre*, 1966, *Sibylles*, 1971, *Atlante*, 1976, *Traité du blanc et des peintures*, 1978... Partout, Robert Marteau exerce sa vision, tente de « percer l'épaisse taie qui nous aveugle » pour tenter de retrouver, en alchimiste, comme un or philosophal, « la révélation primitive ». Son aventure spirituelle, son art tout de patience font penser aux recherches des poètes du XVIe siècle et du premier XVIIe. Il en a la rigueur, ce qu'on voit notamment dans des sonnets mystérieux et drapés, serrés et riches et dans les grandes odes où chaque phrase est surprise et offrande de beauté.

Claude Estéban.

Dans sa *Critique de la raison poétique*, 1987, Claude Estéban (né en 1935) a réuni des textes utiles pour qui veut connaître le sens d'une modernité qui ne vit que d'être remise en question. Les études reposent sur des itinéraires, de Hölderlin à Octavio Paz, en passant par Saint-John Perse, Bonnefoy, Jaccottet, Machado, Jorge Guillen, Bernard Noël, Adonis, pour nous convaincre que « la poésie n'a pas d'autre lieu d'existence que cet Ici et Maintenant d'un peu de terre compromise, mais sous le *bleu adorable* d'un Ailleurs et d'un Toujours ».

Claude Estéban, homme de réflexion, critique d'art et poète, est le traducteur de Quevedo, Jorge Guillen et Octavio Paz. Principales œuvres poétiques : *La Saison dévastée,* 1968, *Celle qui ne dort pas*, 1971, *Croyant nommer*, 1972, *Dans le vide qui vient*, 1976, *Comme un sol plus obscur*, 1979, *Terres, travaux du cœur*, 1979, *Douze dans le soleil*, 1983, *Conjoncture du corps et du jardin*, 1983, repris, remanié dans *Le Nom et la demeure*, 1985.

De nombreux textes se présentent sous la forme de courts poèmes en prose liés par une ligne conductrice. La langue est économe, l'écriture de qualité. En prose ou en vers brefs réunis le plus souvent par deux, le texte est serré, presque laconique, la phrase nette, débarrassée de toutes scories, efficace dans le relief de sa nudité. Il s'agit toujours de mouvements, parcours, retours, une importance étant donnée au mot : « Un mot. Un autre mot. Puis / rien. » Toujours l'essentiel. Impression d'attente, d'écoulement du temps, de distances parcourues. La parole comme signe de vie : « Mais le matin est là, l'heure neuve est urgente. A tous ces riens de l'air, à ces présences sans profil, il faut un corps qui les rassemble, un nom aussi, par-delà tous les mots épars – dans la maison de l'être, une demeure. » Une fable de l'écriture qui séduit le sens et les sens, un voyage dans l'indicible et le non-dit (ou le nom dit), une percée des énigmes. En somme une poésie de recherche de la genèse qui crée un monde habitable et sensible. Une vue dynamique aussi de son art : « Oui, je pense – et sans doute ne suis-je pas le seul – que notre devenir poétique passe, désormais, par une sorte d'itinérance, une remise en chemin plus qu'une remise en cause toute statique des conditions mêmes de notre avancée. Il nous faut, derechef, prouver la marche en marchant, et non point en nous interrogeant sur ce qui la justifie et qui, au terme, la paralyse. »

Jean-Paul Guibbert.

Il œuvre dans le silence et le secret, Jean-Paul Guibbert (né en 1942). Du *Second Cercle*, 1963, à *La Terre est un nom*, 1981, une dizaine d'ouvrages, l'essentiel de l'œuvre étant réuni dans *La Chair du monde. Poèmes 1962-1982*, 1987. Il est apprécié par Yves Bonnefoy, André Pieyre de Mandiargues, Gaëtan Picon qui a vu en lui « la voix la plus personnelle et la plus persuasive qui ait surgi depuis des années ». Il a écrit des pages sur Leonor Fini, Luc Simon, Nassar Assar, en connaisseur car l'art le passionne : de son métier, il est sculpteur. En poésie, il a le sens de la matière et du modelé ; Marc Alyn parle de « mots purs comme marbre et battants comme veines ». Ses sujets d'inspiration : la Femme, les images conjuguées du désir et de la mort envisagés avec une sorte d'enthousiasme tragique et tout de sensualité blessée. Si, pour lui, la terre est un tombeau, la gardienne en est la beauté. Il l'exprime au moyen d'un vocabulaire simple dans des phrases élégantes. Il a le sens de l'inscription comme sur un socle, de l'économie et partout règne une grâce mélancolique, au bord de l'élégie. On le voit soucieux de retenir le précaire et le poème devient un rite, une ascèse pour tenter de fixer sur la page des instants, de les éterniser avec goût et intelligence. Au seuil des ruines, près des gisants et des statues, sous un ciel infini, un poète se fait le mainteneur et le gardien de la beauté. Ce fut l'ambition des Parnassiens souvent trop glacés, alors que chez Guibbert, tout s'anime jusqu'au marbre, jusqu'aux veines du marbre devenues ruisseaux de sang. La chair et la pierre s'allient et si les images peuvent être celles de « la mort amère », des stèles, comme chez Segalen, perpétuent dans la simplicité grandiose du poème parfait.

Ludovic Janvier.

« De très anciens charmes, qui paraissent tout à coup nouveaux », a écrit Claude-Michel Cluny à propos de *La Mer à boire*, 1987, de Ludovic Janvier (né en 1934). Auteur d'essais (deux livres sur Samuel Beckett), de romans, il offre un ensemble de poèmes marqués par la diversité sans que cela nuise à la cohésion tant, à travers toute inspiration, l'empreinte est personnelle. Comme pour Réda, on peut dire, en effet, que c'est ancien et nouveau sans être néo quelque chose. C'est comme si un auteur rompu à des exercices plus difficiles (apparemment) découvrait les bonheurs et le charme, au sens valéryen, d'une forme traditionnelle en lui ajoutant les apports de la modernité. Il y a comme un sourire, un rien distancé derrière chaque coupe enivrante de poésie. Le poète se dit « né poumon comme tout le monde » comme d'autres étaient cigare ou encore il introduit les coureurs cyclistes comme des stars dans le poème, ce qui n'est pas si courant. Il se plaît aux délices du parler courant, à des tournures qui portent de la distinction : « Vite que le train parte et que l'allure nous oblige / nous deux mon orphelin pressés de voyager... » ou « Encore un lieu dont on s'arrache en regrettant / que tu es bâté mais la voilà / toujours dimanche et toujours musique... » Cela paraît à la bonne franquette et c'est en fait fort savant, c'est nonchalant et jamais facile. On peut dire en début de poème, comme s'il s'agissait d'une missive : « Ah bien sûr... » ou « Attendez j'oubliais... » et déboucher sur des paysages réels et rêvés. On aime les rues, les lieux, on leur offre des musiques de blues, piano-jazz ou saxo-ténor et l'orchestre à syncopes : « Un éclat de cornet je vois Porgy dans sa petite caisse / tout content d'avoir encore ses deux bras / pour se lancer plus que jamais vers Bess il chante... » On ne s'ennuie jamais et ce n'est jamais gratuit qu'il s'agisse de ratonades ou du souvenir de Danielle Collobert : « et maintenant plus jamais là / tremblante face aux mots qui la regardent ». Et voici des quatrains de vers de sept syllabes comme naguère, et d'autres quatrains de décasyllabes avec césure au cinquième pied (presque parfaits si la voyelle devant la consonne ne faisait compter onze, mais qui s'en soucie aujourd'hui?) pour une dormeuse :

> Une dormeuse est logée dans mes veines
> je ne peux pas la fuir en me cachant
> ni l'apaiser bien sûr en me couchant
> car c'est là surtout que je vois mes peines
>
> C'est mon allongée c'est ma paresseuse
> ne comptez pas sur le Prince Charmant
> vous me trouveriez Belle au bois dormant
> rêveur pourrait bien s'éveiller rêveuse...

On pourrait parler d'un art de la gaucherie bien tempérée, d'un laisser-aller mais jusqu'où on peut aller trop loin, d'une ironie ou d'une gouaille se moquant d'elles-mêmes, mais il y a, toujours, de la vigueur, et ceci si difficile à cerner, à définir, à préciser : ce qui vous fait trouver la chose attrayante et belle sans qu'on sache pourquoi.

Philippe Denis.

Traducteur de poètes japonais, de Sylvia Plath, d'Emily Dickinson, essayiste, Philippe Denis (né en 1947) a déjà publié une belle œuvre côté Mercure de France, Flammarion, Thierry Bouchard, La Dogana ou le Voleur de Talan. Nous l'avons vu comparé à André Du Bouchet et situé du côté de revues comme *Clivages* de Jean-Pascal Léger ou feue *Argile* de Claude Estéban. Ces mots de ses titres : ombre, cendres, bruissement, nuages pourraient donner une idée d'un effacement, d'un clair-obscur, d'un secret lentement révélé, d'un silence blanc où juste ce qu'il faut de mots s'inscrit avec mesure pour traduire des sensations et un au-delà des sensations qui touche à la vie, à ses apparences et à ses prolongements, avec souvent des parenthèses ouvertes et qui ne se referment pas :

> J'occupe ce corps
> – comme une pièce vide
>
> Vêtement froid,
> je l'endosse
> pour affronter
>   les péripéties de ce vivre –
> (plus à l'étroit
> que dans ce silence même

Cela pourrait paraître laconique, mais peut-on employer ce terme lorsque la parole, si rare qu'elle soit, exprime beaucoup plus que de longs développements. Et le « je » n'est point méprisé où l'être apparaît dans ses vertiges, ses craintes, ses enivrements, une manière de se situer « comme un météore entre deux mondes ». Parmi ses titres : *Cahier d'ombres*, 1974, *Les Cendres de la voix*, 1975, *Malgré la bouche*, 1977, *Revif*, 1978, *La Teinte du jour*, 1979, *Surface d'écueil*, 1980, *La Volubilité*, 1982, *Entre la fenêtre et la table*, 1983, *Bruissement*, 1984, *Souci de nuage*, 1984, *Matière du jour*, 1985, *Aller retour*, 1987, *Exergues et répercussion*, 1987.

Gérard Macé.

S'il est des textes que l'on pourrait proposer pour effacer les frontières traditionnelles entre la poésie et la prose, ce sont bien ceux de Gérard Macé (né en 1946). « Renouer avec la tradition *orale* du poème descriptif, écrit-il, c'est dire une parole inventant à mesure sa mémoire : entassements, écroulements, vertiges... » Le projet débuta avec *Le Jardin des langues* que préfaça André Pieyre de Mandiargues où, déjà, et l'expérience se poursuivra dans *Les Balcons de Babel*, 1977, il s'agissait, au cours d'une interrogation sur le langage et les cultures, de rechercher une langue qui serait de toutes la somme et le possible, qui puisse prendre en compte « la somme de nos désirs, de nos terreurs, de nos bégaiements : le chant qui commence où le récit prend fin... » Utopie sans doute et où le baroquisme et l'onirisme ont leur part, où la fable trouve son gîte dans la théâtralité ou l'opéra fabuleux. Interrogation aussi des sources de notre culture à travers toutes les cultures. Il faut lire *Ex-libris*, cette curieuse *Leçon de chinois*, oui, leçon vraiment et poème, et l'on n'oublie pas des essais sur Nerval, Corbière, Rimbaud, Mallarmé et Segalen, et non plus que Macé a préparé l'édition des œuvres complètes de Saint-Pol Roux ou qu'il a interrogé la Rome baroque. La vie comme un théâtre, comme une narration toujours inachevée et toujours reprise, remontant aux sources ancestrales pour couler comme un peu profond ruisseau vers l'interminable mort. Écoutons :

> Je rêve d'une langue (et je crois la parler quelquefois, à l'orée du sommeil ou au bord de l'insomnie) où le moindre signe, dans ses vides et ses pleins, dans le déchirement de l'air à le prononcer, nous dirait les méandres de son apparition et la lente approche de sa mort ; une langue où tout roman serait comme nié d'avance, car il réclamerait pour être lu ou pour être écrit un peu plus d'une vie humaine...

Xavier Bordes.

Des études musicales, des études de lettres classiques ont marqué la biographie de Xavier Bordes (né en 1944). Il dirige un département chez un éditeur de musique, une revue au Maroc, fait de la critique d'art, avant de devenir professeur de lettres selon une tradition familiale. Le plus important est qu'Odysseus Elytis le choisisse pour traducteur, ce qui l'amène à publier ses propres poèmes dans des recueils collectifs, puis dans un ensemble copieux, *La Pierre Amour*, poèmes 1972-1985, en 1987. Il y a là une telle diversité qu'il est difficile de trouver un fil conducteur : peut-être le plaisir d'écrire, un certain dilettantisme, une manière habile de rendre hommage à ses prédécesseurs ou d'adresser quelque pied de nez démystificateur ? Cette poésie est en effet pleine de souvenirs. Cela va des grâces renaissantes : « Beauté, mon beau désir / De qui l'âme incertaine... » à la trivialité : « Est-il donc possible à mon âge / D'être aussi con que je le suis ? » Bergeries, sonnets ou faux sonnets, souvenirs symbolistes : « Je vous lègue l'Enchanteresse et sa robe de rosée », regards vers Apollinaire ou Verlaine et beaucoup d'autres, haute voltige, haute école des mots, tentation de l'inscription ou des prestiges de la poésie textuelle. Il y a là un mélange de désinvolture, d'habileté, celle d'un homme qui peut tout faire ou tout refaire avec les mots, mais on doit avouer que, par-delà les grâces et les agacements provoqués par ces agencements d'homme de culture qu'écrire fait jubiler, il y a de parfaites réussites, bien des poèmes à retenir, des gravités soudaines qui apparaissent dans le jeu car il y a du sérieux et même du très sérieux dans cette adresse et cette façon de faire rendre gorge au « poétique ». Lire encore : *Le Masque d'or*, 1988.

15
Pratique du poème

Henri Meschonnic.

COMME le précisa Hubert Juin, Henri Meschonnic (né en 1932) n'est pas poète *aussi*, ni en plus, mais poète *d'abord*, car c'est à partir de sa pratique personnelle du poème qu'il en est venu à « l'étude d'une œuvre objet et sujet, fermée comme système, ouverte à l'intérieur d'elle-même comme créativité, et au-dehors, comme lecture – l'étude d'une rhétorique visionnée, qui fait qu'une forme est unique... » On ne saurait ignorer la théorie appliquée à telle ou telle œuvre mais en indiquant : les poèmes de Meschonnic ne naissent pas de la théorie, mais en parallèle puisque chaque poétique est unique et la sienne lui est propre. Envisageons d'abord l'auteur de ces recueils : *Dédicaces proverbes*, 1972, *Dans nos recommencements*, 1976, *Légendaire chaque jour*, 1979, *Voyageurs de la voix*, 1985, *Jamais et un jour*, 1986, sans omettre ses traductions de l'hébreu : *Les Cinq Rouleaux* ou *Jona et le signifiant errant*, 1981, que suivent deux essais : « Traduire la Bible, de Jonas à Jona » et une critique du signifiant juif.

Pour lui, « ce que nous savons parle par toutes les langues » et « nous communiquons par la chaleur avant de penser ». Ses poèmes sont limpides. Ils s'adressent à l'autre, affirment un lien, nous parlent du corps et du langage, unissent subtilité et naturel, parant le scepticisme d'un sourire et toujours la confiance l'emportant :

> Ceux qui parlent ont un pays ils ont
> la gorge heureuse dans leur langage
> ils ne voient pas leurs traces
> tant ils s'y confondent
> ils portent leurs frontières dans leur bouche
> même si leur histoire danse sur des épines
> ils sont un livre qui n'a pas besoin de livres
> leurs rires reconstruisent des murs
> toutes les larmes y conduisent.

Ses essais : *Pour la poétique, I, II, III, IV, V*, 1970-1978, *Le Signe et le poème*, 1975, *Critique du rythme*, 1982, *Les États de la poétique*, 1985, *Mallarmé au-*

delà du silence, 1986. Cette œuvre savante est une réflexion sur l'écriture conçue comme « procès de scientificité, indéfiniment en cours, indéfinitivement achevé », fondée sur la linguistique, le marxisme, l'histoire et les nouvelles écoles esthétiques, à travers toutes œuvres, de la Bible à nos jours.

Paul Louis Rossi.

Pour les tout premiers recueils de Paul Louis Rossi (né en 1934), on parlait volontiers de la capacité « de retrouver un accent direct, chantant, propre aux coplas andalouses et aux chants populaires occitans, mais aussi de donner à la réalité un éclairage insolite » (Jean Rousselot) ou bien d'amour du jazz et de Lorca, de « Couleurs éclatantes. Joie et bonheur pour tous parmi les fleurs et objets familiers » (Serge Brindeau). Il s'agissait alors de *Liturgie pour la nuit*, 1958, *Fontessa*, 1961, *Silence et plainte*, 1962, *Quand Anna murmurait*, 1963. On ne pouvait supposer alors un élargissement et un approfondissement sensibles de son langage poétique. En 1967, il fut membre du conseil de rédaction d'*Action poétique* (jusqu'en 1979) et, de 1976 à 1979, figura au collectif *Change*. Ses dons du narratif s'exercèrent dans le domaine poétique comme dans celui des récits et romans. Nous citons : *Le Voyage de sainte Ursule*, 1973, *A propos de Nantes ou la voyageuse immortelle*, 1970, *Le Potlatch : suppléments aux voyages de Jacques Cartier*, 1980, *Héloïse*, 1980, *La Traversée du Rhin*, 1981. En 1975, avec Pierre Lartigue, Lionel Ray, Jacques Roubaud et Gaston Planet, à l'instigation de Roubaud, parut un ouvrage dépliant collectif : *Inimaginaire*, s'appuyant sur la technique du Renga « forme de poésie collective qui fut en extrême faveur au Japon... » avec des règles précises, un système de permutation des participants et l'usage de rythmes impairs. Pris au jeu, Rossi publiera *La Vie bariolée*, 1978, et nous citons parmi d'autres recueils : *Élévation enclume*, 1970, *Cose naturali*, 1978, *Soteria, sur des inscriptions grecques*, 1979, *Encrage*, 1980, et, enfin, *Les États provisoires*, 1984, dont on souligne l'importance. Là, son goût de la narration d'aventures, de l'épopée se manifeste une fois de plus en s'accompagnant d'une autre geste qui est celle du texte. Il a repris le mode des inscriptions cher à Victor Segalen et Ezra Pound pour rédiger le livre d'une traversée des origines celtiques. Souvent les blancs marquent l'attente, la méditation, l'attention au difficile déchiffrement du peu lisible. Est apportée une impression d'usure, d'espace entre les mots devenus temps, de distance entre les mots et leurs locuteurs disparus, et cela porte sa raison d'être, son efficience, et non la soumission à quelque mode. Des stèles : celles des royaumes celtiques ou des mots et des morts. Il y a les regrets et les plaintes de l'amour, la geste mémorable, ce qui reste et ce qui a disparu et qu'on devine. Il crée ainsi, avec des mouvements, des rythmes divers, différents plans de narratif, et aussi une transparence et une limpidité jusque dans le lapidaire, enfin, « il nous donne l'extérieur de la Poésie : l'apparence du discours, l'éloquence, le théâtre de l'écriture. Et le secret, qui est de s'enfoncer dans la page pour se refermer sur le temps ». Paul Louis Rossi a encore écrit *Albrecht Altdorfer* dans *Change Peinture*. Il a aussi collaboré à *Orange Export Ltd*. Dernier titre : *G*, 1987.

Dominique Grandmont.

L'itinéraire de Dominique Grandmont (né en 1941) n'est pas des plus habituels dans la sociologie poétique. Après des études de musique et de lettres, il passa par Saint-Cyr Coëtquidan, fut officier d'active et démissionna en 1963 pour s'adonner à la création littéraire et à ses alentours, journalisme, radio, conférences, etc. Nombreux voyages en Europe et sur le pourtour de la Méditerranée. Deux ans à Prague, trois ans en Grèce (où les Colonels l'interdisent de séjour), voyage en U.R.S.S. avec Aragon et Yannis Ritsos. De ce dernier, il sera le traducteur comme des jeunes poètes grecs, comme de Vladimir Holan, de Jaroslav Seifert. Cette activité est accompagnée de son œuvre personnelle et nous indiquons *Mémoire du présent*, 1975, *Pages blanches*, 1976, *Contrechant*, 1978, *Immeubles suivi de Encore*, 1979, *Pseudonymes suivi de Paris-Boulevard*, 1979, *Ici-bas*, 1984, *Le Spectacle n'aura pas lieu*, 1986, *Chant III sur la terrasse des morts*, 1987, pour les poèmes à quoi s'ajoute un roman, *Le Printemps*, 1965, *Tchécoslovaquie, 1968, Journal de marche d'un spectateur immobile*, 1983. On a pu le lire dans *Europe, Les Lettres françaises, L'Humanité, Action poétique, Change, Digraphe, Orange Export Ltd*. et de nombreuses revues étrangères.

Il offre des poèmes en vers, en versets, en longues proses souvent compactes, non ponctuées, toutes œuvres qui se distinguent par l'ampleur, le souffle, la coulée. Il marie l'événement au paysage, le réalisme à la quotidienneté, les foules au voyage, il offre la vie énorme qui éclate partout, frappe les sens, le jaillissement d'une vie unanime avec ce qu'elle montre dans ses contours et ce qu'elle cache dans ses plis, sans jamais chercher le pittoresque mais en affirmant le relief de la vie. Il pratique le portrait, l'autoportrait, trouve des répliques, des doubles. Il hante les êtres, les lieux d'existence, boulevards, rues, immeubles, chambres : « Nous sommes les cinéastes de nos évidences, de nos chambres et de nos rues... », dit-il, et du cinéaste, il a le sens du mouvement, des arrêts sur image ou des accélérations, en n'en finissant pas de parcourir le monde, d'en recueillir les éléments, l'histoire, de composer un patchwork composé de formes simples, avec un lyrisme objectif, une parfaite maîtrise du langage, une recherche de l'imaginaire et un réalisme, de l'ampleur, de la ferveur et une assurance telle que le poème prend le pas sur toutes choses, y compris le poète qu'il entraîne dans son vertige.

Gérard de Cortanze.

Gérard de Cortanze (né en 1948), comme Grandmont, a beaucoup traduit : Jorge Luis Borges, Alexandro Jodorowsy, Cesar Vallejo, Armando Donoso, Vicente Huidobro, etc. A mentionner son *Anthologie de la poésie latino-américaine contemporaine*, 1985, des essais sur Borges, les littératures espagnoles contemporaines, le surréalisme, le baroque (il dirige la collection

Barroco chez Flammarion), des romans comme *Les Enfants s'ennuient le dimanche,* 1985, *Giuliana,* 1986, des collaborations aux journaux et revues : *Magazine littéraire, Nouvel Observateur, Le Monde, Art Press, Change, Tel Quel, Action poétique, Poésie, TXT, Doc(k)s, Phantomas, Dérive,* etc. Enfin, les livres de poèmes.

Depuis *Altérations,* 1973, *Au seuil : la fêlure,* 1974, depuis cet amas de mots de plusieurs pages lu dans l'anthologie de Delvaille où déferlaient couleurs et sons d'un étonnant vocabulaire, il semble que la poésie de Cortanze, sans rien perdre de son souffle, de sa musique particulière, de son sens des contrastes et du mouvement, ait évolué dans le sens de la communicabilité, on le ressent dans *Jours dans l'échancrure de la nuque,* 1987, qui rassemble des textes écrits depuis 1982. Les poèmes y sont distribués en quatre parties, comme il y a quatre linogravures de Patricia Resnikov : « En quatre stations, lit-on, qui tiennent du journal de bord, l'auteur, par fragments, évoque le désir, la peur, l'amour, le corps de l'être et l'être du corps. Une musique, une odeur, un paysage deviné, des ombres ; tout ici n'existe qu'en deçà ou au-delà d'une sensiblité vécue du quotidien. » Les strophes en vers libres sont comme autant de petites coupes offrant d'exquises liqueurs, un philtre sensuel aux goûts nombreux, avec une élégance, un doux-coulant, des références esthétiques qui ravissent le lecteur. On trouve aussi le long poème qui a la grâce de ne pas sombrer dans le discours, diverses proses qui montrent que les barrières n'existent plus. Sans doute la lecture et la bonne connaissance de la poésie de langue espagnole a-t-elle offert à Gérard de Cortanze son sens d'une musique et d'une plénitude, d'un mouvement délicatement baroque sans que rien pèse ou pose, soit trop appuyé. C'est raffiné, sensible, civilisé.

Dominique Preschez.

Publié après *A nouveau les oiseaux,* 1979, *Le Pavillon solaire,* 1979, *L'Ombre de l'autre,* 1979, *L'Enfant nu,* que précédait un texte de Mathieu Bénézet, *Pourquoi cette douleur,* parut en 1980 et fut accueilli avec enthousiasme par la jeune critique. Bénézet avait tracé la voie en indiquant : « Art, le livre que signe Dominique Preschez est l'écho – du silence en nous. » Et aussi : « Votre discours, puisque la poésie est l'art du parler, artistiquement parlé, affouillant la caverne, découvre, met à jour un nouveau lexique : pensée-sacrifice-homme-mort-agonie-prière, etc., tressant une litanie, terrible litanie du mourir de l'homme – sans dieu – sans poésie. » Comme écrit dans « le silence de la nuit » et dans « la nature resserrée par le froid » quand se ressent une présence inconnue, vampirique, ce livre est d'un seul tenant, bien que composé de poèmes économes que suit un « Roman du poème », il reflète de mystérieuses présences et « narre la nuit définitive » quand le bonheur lui-même laisse « la marque d'une sévérité naturelle ». Le vocabulaire de la mort est présent, et cela s'accorde à ce qu'écrivait Jérôme Garcin à propos de *A nouveau les oiseaux :* « Un long texte sans respiration, d'une extraordinaire densité, où la langue classique apparaît un leurre, masqué d'un imaginaire fou, livre-chant, livre-litanie, livre-monde. » Jean-

Marie Le Sidaner notait : « Une grande dépense de langue : métaphores et adjectifs nombreux entretiennent comme une proliférante correspondance entre les règnes végétaux, animaux, humains. » Pour Dominique Preschez, « la poésie est parole universelle qui tend à recouvrer l'essence de l'origine, à trouver un sens absolu aux choses ; c'est une espèce d'état pur qui ne part pas du savoir mais va vers lui... » Découvrir le monde sous ses masques, en explorer tous les secrets, tel est bien le but de la poésie selon lui. On s'aperçoit en le lisant qu'il ne cesse de parcourir le livre du pourquoi dans l'attente des réponses de la pensée, du corps, du poème.

Rémi Faye.

Après *Salles d'attente*, 1979, Rémi Faye a réuni dans *Sang et eau*, 1987, un ensemble de poèmes qui ont la particularité d'être composés de trois, parfois de quatre, strophes de cinq vers courts non ponctués, avec des blancs pour les silences et les repos, harmonieusement disposés sur la page. L'absence de structure habituelle, sujet, verbe, complément, mots de liaison, et autres, ne laisse aucune impression de laconisme, d'aridité ou de style télégraphique, tant les mots sont offerts avec ce naturel qui naît d'une belle science, bien placés, choisis. Le regard est comblé : en même temps qu'on lit, on voit, comme sur une toile peinte tout un spectacle animé, réel en même temps qu'intériorisé, qui est celui de la mémoire sollicitée, de la recension des choses et de leurs mots, d'une signification des mythes – en bref, un portrait du monde en de multiples dimensions. La porte est ouverte sur la nature, sur l'avenir possible de ce qui est montré dans une lumière un peu tremblante, frisante. Il ordonne jusqu'au silence, il apprivoise sa musique et l'art est des plus subtils – comme chez les poètes ou les peintres orientaux, les miniaturistes qui offrent un paysage en peu de coups de pinceau.

Didier Coste.

La lecture des poèmes de Didier Coste (né en 1946) nécessite une attention particulière. Ils ont les apparences de la poésie traditionnelle, versets, vers mesurés de manière classique ou s'en rapprochant avec des déplacements de formes, ce qui dérange nos habitudes de lecture qu'il s'agisse de la poésie ancienne ou des formes éclatées. Il possède un art particulier du mouvement. A-t-on lu un vers que celui qui le suit ne sera jamais celui qu'on peut attendre. Le lecteur est sans cesse surpris sans qu'il puisse soupçonner quelque artifice tant la coulée du discours paraît naturelle. C'est peut-être là tout le raffinement d'un certain baroquisme. Dans sa présentation de *Vita australis*, 1981, qui venait après *Environ d'un temps*, 1963 et *Pour mon herbe*, 1970, Jean Ristat écrivait : « Didier Coste nous montre que le baroque est, comme disait Ponge, la corde la plus tendue du classicisme. Sa poésie fait du réel le lieu, par excellence, où l'imaginaire advient. » Didier Coste a vécu fort longtemps à l'étranger : Espagne, Belgique, Australie, et il affirme lui-même que les textes réunis dans *Vita australis* ont été écrits durant une période de dix ans en divers pays mais que « ils semblent tous, à les relire, porter la marque d'un même exil, d'une résidence de l'autre côté qui devient, pour tous et de plus en plus, ce côté même des choses ». Dans ses premiers poèmes on trouvait déjà cet air de liberté se jouant avec la phrase, comme chez Aragon, mais la poésie costéenne ne ressemble pas à quoi que ce soit d'autre, avec ses images surprenantes : « courses expresses d'orchidées locales » ou « la nécrologie d'un lièvre en fer-blanc ». On trouve des rapprochements à la manière surréaliste, un langage qui devient par à-coups familier et où pointe un humour froid, quelque chose de désemparé comme si le poète voulait s'évanouir pour mieux revenir à lui-même, un va-et-vient de la rencontre et de la séparation. Didier Coste a œuvré en divers genres, roman, autobiographie, théâtre. Il connaît de nombreuses langues, il est universitaire et théoricien de la littérature, il est surtout un des poètes les plus étrangement attachants.

* * *

Nous n'en aurons jamais fini avec la poésie. Au terme de cette narration, l'auteur formule un souhait paradoxal et masochiste : qu'au cours des deux lustres qui nous séparent de la fin du siècle, une création de qualité rende ce livre plus incomplet encore qu'il ne l'est! Et déjà, alors que ces lignes sont ajoutées sur épreuves, de nouveaux livres nous parviennent. Incessante création...

Index

Abastado (Claude), 171.
Abeille (Jacques), 606, 615.
Abirached (Robert), 502.
Abou (Philippe), 461.
Abric (Pierre), 313.
Acoluthe (Anne), ps. Level Brigitte, 286.
Adam (Alfred), 239, 249.
Adami (Valerio), 525.
Adamo (Salvatore), 342.
Adamov (Arthur), 269.
Adelen (Claude), *581*.
Adeline, 624.
Adonis, 745.
Ady (Endre), 154, 155.
Aelberts (Alain-Valéry), 619.
Ajalbert (Jean), 355.
Akhmatova (Anna), 376.
Alain (Émile Chartier, dit), 176.
Alalusquetas (Michel), *649*.
Albert-Birot (Pierre), 39, 129, 222, 590, 594.
Alberti (Olympia), *376*.
Alberti (Rafaël), 312, 363.
Albiach (Anne-Marie), 699, *700*.
Aldébarran (Arielle Monney, dite), *463*.
Aldebert (Louis), *298*.
Aldington (Richard), 491.
Alexandre (Georges), *426 sq.*
Alexandre (Maxime), 157.
Alexandre (Michel), 717.
Algrange (Luc-Olivier d'), 648.
Alhau (Max), 163, 234, 235, 568.
Alibert (Louis), 313.
Allain (Marcel), 252.
Allais (Alphonse), 428.
Allan (Robert), 316, *317*.
Alleau (René), 617.
Allégret (Marc), 18.
Allégret (Yves), 18.

Allen (Suzanne), *374*.
Allier (Max), *315*.
Allix (Guy), 43.
Alocco (Marcel), 691, 694.
Alquié (Ferdinand), 573.
Altagor (André Vernier, dit), 589, *591*.
Altdorfer (Albrecht), 752.
Althen (Gabrielle), *571-572*.
Althusser (Louis), 695.
Alvès (Michel), 654.
Alyn (Marc-Antoine Fécherolle, dit Marc), 40, 96, 110, 214, 215, 288, 341, 369, 398, 444, *488 sq*, 493, 616, 746.
Amade (Jean), 313.
Amade (Louis), 341.
Amadou (Robert), 617.
Amavis, 303.
Amblard (Jean), 189.
Amon (Ghislaine), 655.
Amrouche (Jean), 52, 137.
Anatole (Christian), 316.
Anaxagore, 413.
André (Charles), 331.
Angibaud (Patricia), *391*.
Anglade (Jean), *360*.
Anne d'Arvor (Sainte), 97.
Anseeuw (Alain), *694*.
Antioche Ier, 698.
Antoine (Antoine Muracciolli, dit), 342.
Antonini (Jean), 563.
Apollinaire (Wilhelm Apollinaris de Kostrowitsky, dit Guillaume), 26, 48, 97, 138, 139, 145, 167, 177, 184, 204, 209, 211, 213-214, 228, 236, 255, 309, 356, 358, 368, 419, 458, 482, 502, 596, 671, 721, 730-731, 749.
Appercelle (Andrée), *286*.

Aragon (Louis), 12, 34, 52, 83, 147, 159, 162, 167, 179, 188, 194, 204, 228, 294, 347, 354, 355, 368, 407, 415, 453, 468, 488, 516, 578, 640, 680, 708, 733, 752.
Arbaud (Joseph d'), 313.
Arcand (Pierre-André), 595.
Arcangues (Guy d'), 309.
Arcangues (Pierre d'), 309.
Ardent (Claude), *304*.
Argelier (Claude), 489.
Arjonilla (Christian), 606.
Arland (Marcel), 18, 76, 214, 239, 270, 388, 449, 469.
Arlet (Suzanne), *303*.
Arnac (Béatrice), 341.
Arnaud (Michèle), 167.
Arnaud (Noël), 351, 586, *587*.
Arnaudet (Didier), *648*.
Arnaut Daniel, 586, 693.
Arnaut de Mareuil, 316.
Arne (Émile), 313.
Arnim (Ludwig Joachim, dit Achim von), 565.
Arnoux (Alexandre), 355.
Aron (Jean), *604*.
Arrabal (Fernando), 615.
Arrieu (Claude), 204.
Arsequel (Gérard), *701*.
Artaud (Antonin), 177, 252, 350, 404, 406, 414, 417, 448, 460, 484, 590, 659, 661, 687.
Ashbery (John), 746.
Aslan (Odette), *118*.
Assar (Nassar), 745.
Asso (Françoise), 682.
Astorg (Bertrand d'), *199*.
Asturias (Miguel-Angel), 363, 471.
Atken (Conrad), 468.
Atlan (Liliane), 509.
Attal (Jean-Pierre), *336*.
Attali (Jean), 615.
Attar (Farid Uddin), 375, 376.
Aubert (Jean), *143*.
Aubert (Paul), 564.
Aubigné (Théodore-Agrippa d'), 53, 55, 127, 223.
Aubin (Tony), 263.
Aubral (François), 678, *691-692*.
Aubray (Thérèse), *119*, 249.
Auden (Wytan Hugh), 740.
Audiberti (Jacques), *125 sq*, 131, 141, 271, 350, 590.
Audisio (Gabriel), 158, 249, 568.
Audoin (Philippe), 611, 614.
Audouard (Xavier), 433.

Aufray (Hugues), 342.
Augustin (Saint), 303.
Auphan (Michel), 368.
Auquier (Jean-Jacques), 619.
Auray (Danièle), *655*.
Aurobindo (Sri), 120, 371.
Aury (Dominique), 76, 360.
Authier (Guy), *655*.
Autié (Dominique), 116.
Autin-Grenier (Pierre), *391*.
Autrand (Charles), 24, 149, *206 sq*, 249, 256, 310, 330.
Auzias (Jean-Marie), 114, 180, 182.
Aveline (Claude), 360.
Avril (Jean-Louis), *655*.
Ayguesparse (Albert), 180, 215, 223.
Azaïs (Simone), *297*.

Baal (Georges), 692.
Baatsch (H.A.), 618.
Bach (Jean-Sébastien), 252.
Bachat (Charles), 568.
Bachelard (Gaston), 15, 35, 195, 220, 233, 235, 276, 293, 303, 356, 384, 458, 517, 675, 716.
Bachelin (Christian), *326*.
Backer (Anne-Marie de), 143.
Bacri (Roland), *338*.
Badin (Georges), 691.
Baglin (Michel), *643-644*.
Baïf (Jean-Antoine de), 72.
Bailly (Jean-Christophe), 446, 606, *618-619*, 625, 627.
Baldit (Jean-Pierre), 319, 320.
Balestrini (Nanni), 693.
Ball (Hugo), 590.
Ballandras (Christiane), 289.
Ballandras (Éric), 289.
Ballard (Jean), 44.
Balpe (Jean-Pierre), 581.
Balzac (Honoré de), 330.
Bancal (Jean), *118*.
Bancquart (Alain), 478.
Bancquart (Marie-Claire), 149, 150, 171, 191, 478, *550 sq*.
Banville (Théodore de), 338.
Baptiste-Marrey, *376-377*.
Barbara (Monique Serf, dite), 342.
Barbey d'Aurevilly (Jules), 476.
Barbezat (Marc), 422.
Barbier (Jean-Joël), *354*.
Barbier (René), *111*.
Barnaud (Jean-Marie), 564.
Baroche (Christiane), *360*, 567.
Baron (Marc), 388.
Baronheid (Marc), 477, 564.
Baron-Supervielle (Silvia), *566*.

Barret (Andrée), 408, 581.
Barreyre (Émilien), 313.
Barrière (Alain), 342.
Barry (Josette), 262.
Barthe (Roger), 313.
Barthes (Roland), 63, 67, 679, 680, 684.
Bashô (Matsuo Munefisa, dit), 727.
Bashung (Alain), 342.
Bass (Édouard), 104.
Bataillard (Aloÿs), 269.
Bataille (Georges), 18, 516, 540, 659, 712.
Bauchau (Henry), *480 sq.*
Baudelaire (Charles), 29, 53, 73, 105, 126, 141, 158, 171, 180, 219, 227, 273, 432, 518, 520, 597, 710.
Baudin (Henri), 351.
Baudot (Serge), 338.
Baudry (Gilles), *120.*
Baudry (Jean-Louis), *691.*
Bauer (Anne-Marie), 187.
Bay (André), *360.*
Bayo (Gérard), *113.*
Bayser (Yves de), *112.*
Bazaine (Jean), 25, 26, 195.
Bazalgette (Lily), *304.*
Bazin (Jean-Pierre Hervé-Bazin, dit Hervé), 97, 268, *355-356.*
Bazin (René), 46.
Béalu (Marcel), 208, 236, 248, 264, 455.
Béarn (Pierre), *239 sq,* 249, 256, 310, 332.
Béart (Guy), 340, 341.
Beau (Michel), 596.
Beaude (Joseph), 563.
Beaudin (André), 26.
Beaudouin (Nicolas), 677.
Beaufret (Jean), 717.
Beaumarchais (Jean-Pierre de), 84.
Beaumont (Eugène), *257.*
Bec (Pierre), 315, *316.*
Bec (Serge), 313, *317.*
Bécaud (Gilbert), 342.
Bechtel (Guy), 375.
Béchu (Jean-Louis), *332.*
Becker (Jacques), 587.
Becker (Lucien), *156 sq,* 199, 211, 222, 241, 294, 545, 577.
Beckett (Samuel), 109, 361, 746.
Bécousse (Raoul), *114,* 119, 251, 398, 433, 563.
Bédouin (Jean-Louis), 606, 609, 613.
Beethoven (Ludwig van), 150, 599, 675.
Bégarie (Jean-Baptiste), 313.
Bégot (Jean-Pierre), *651.*

Béguin (Albert), 52, 59, 64, 157, 233, 303.
Behan (Brendam), 351.
Belaval (Yvon), 17, 25, 717.
Belfer (Richard), *649.*
Belfond (Pierre), 475, 499.
Bellay (Guy), *408,* 581.
Belle (Marie-Paule), 341, 357, 358.
Belleau (Remy), 113.
Belletto (René), *368-369.*
Bellmer (Hans), 516.
Bellon (Loleh), 145.
Belluc (Roger), 132.
Belmont (Georges), 360.
Benabou (Marcel), 586, 588.
Benacher (Élie), *119.*
Benayoun (Robert), 606, *614.*
Benedetto (André), 649.
Bénézet (Henry, puis Henry-Mathieu, puis Mathieu), 25, 578, 702, *733 sq,* 753.
Benn (Gottfried), 262, 353, 468, 593.
Bennasser (Jean), *462.*
Benoît (Guy), *654.*
Benoît (Pierre-André), 296.
Benoît-Jeannin (Maxime), 656.
Benoît Labre (Saint), 84.
Benoîte (Colette), *258.*
Bens (Jacques), 585, *586-587.*
Bensaïd (Janine), *327.*
Bensimon (Jean), *330.*
Benzakin (Joël), 689.
Béothy (Agnès), *654.*
Ber (Claude), *654.*
Ber (Jacques), 339.
Berbiguier (Alexis-Ernest-Charles), 276.
Bergamin (José), 52.
Berge (Claude), 586.
Berger (Michel), 342.
Bergeret (Yves) *564.*
Bérimont (André Leclerc, dit Luc), 108, 208, *220 sq,* 221, 222, 230, 249, 264, 310, 341, 742.
Berlioz (Hector), 589.
Berna (Serge), 601.
Bernanos (Georges), 366, 485.
Bernard (Audrey), *511.*
Bernard (Gabriel), 313.
Bernard (Jean), 187.
Bernard (Michel-Georges), 170.
Bernard (Roger), *187.*
Bernard (Suzanne), 594, 601.
Bernard (Valère), 313.
Bernardo (Luc, ps. Venaille (Franck), 632.
Bernis (Anne de), 59.

Bernstein (Michèle), 601.
Berry (André), 367.
Bertelé (René), 32, 40, 62, 147.
Berthier (Antoine), 313.
Berto (Juliet), *354*, 648.
Bertoin (Jacques), *702*.
Bert-Ram-Soutrenon (Gyl), 621.
Bertrand (Aloÿsius), 41.
Bertrand (Christiane), *461*.
Bertrand (Claude), *461*.
Berval (René de), 235.
Bervoet (Marguerite), 187.
Besnier (Michel), 398.
Bessat (Jean), 313.
Besset (Jean-Paul), *407*.
Bessière (Jeanne), 304.
Bésus (Roger), 362.
Betz (Maurice), 249.
Beuret (Marcel), 600.
Beydts (Louis), 204.
Beylac (Jean-Jacques), 511.
Bezombes (Roger), 250.
Bianu (Zéno), 621-697.
Biès (Jean), *115*, 116.
Biga (Daniel), 631, *635 sq*, 691, 739.
Bigot (Guy), 211, 218, 250.
Billey (Michel), 696.
Billy (André), 239.
Biscaye (Pierre-Bérenger), 389.
Bisk (Alexandre), 467.
Bitran (Albert), 691.
Blaine (Julien), *595*, 693.
Blake (William), 223, 368, 485, 660.
Blanc (Georges), 320.
Blanchard (André), 143, 257.
Blanchard (Daniel), *562*.
Blanchard (Maurice), 390.
Blanchot (Maurice), 11, 540, 685, 734.
Blanzat (Jean), 171.
Blavier (André), 586.
Blech (René), 187.
Bleimor (Jean-Pierre Calloc'h, dit), 321.
Blieck (René), 187.
Bloch (Michelle), *654*.
Blok (Alexandre), 155.
Blondeau (Pierre), 457.
Blondin (Antoine), 363.
Blot (Jacques), *369*.
Blot (Marie-Laure), 18.
Bloy (Léon), 83, 99, 117, 274, 476, 485.
Blua (Gérard), 565.
Bluteau (Jeanne), 292.
Bobin (Christian), 671.
Bocholier (Gérard), 327, 556.
Bocquet (Charles), 249.
Boehme (Jakob), 373.

Boidin (Marthe), *288*.
Boileau (Nicolas), 270, 680.
Boissieu (Jean), 296.
Boissonnas (Édith), *302*.
Boltanski (Luc), 338.
Bonaparte (Louis), 72.
Bonargent (René), 694.
Bondu (Jean-Henri), 331.
Bonfils (Louis), 313.
Bonnardel (France), 310.
Bonnefis (Philippe), 13.
Bonnefoy (Claude), 14, 348, 486, 664, 689, 725.
Bonnefoy (Yves), 20, 26, *515 sq*, 605, 614, 619, 745.
Bonnel (Émile), 320.
Bonnet (Georges), 264, *265*.
Bonnet (Marcel), 320.
Bonneton (André), 289.
Bonneville (Georges), *144*.
Bonnier (André), 643.
Bonvalet (Ginette), *295*.
Borderie (Roger), 692.
Bordes (Xavier), *748*.
Bordier (Roger), 361.
Borer (Alain), 608, *694*, 696.
Borgeaud (Georges), 25, 269.
Borges (José-Luis), 727, 752.
Borias (Denis), 387.
Borsotto, 694.
Bory (Jean-François), *595*.
Borne (Alain), *161 sq*, 167, 221, 241, 257, 294, 296, 435, 501, 568, 577.
Boschère (Jean de), 126, 218, 222.
Bosquet (Anatole Bisk, dit Anatole Bisque, puis Alain), 52, 73, 88, 96, 97-100, 120, 157, 177, 228, 268, 287, 347, 365, 371, 387, 392, 396, 400, 403, 419, 449, 453, *500 sq*, 473, 497, 501, 510, 548, 556, 594, 618, 635, 707, 708.
Bott (François), 404, 456.
Botticelli (Sandro di Mariano Filipepi, dit), 61.
Bouchard (Thierry), 559, 747.
Bouchez (Alain), 112.
Boudet (Micheline), 424.
Boudier (Yves), 581.
Boudjedra (Rachid), 696.
Boudou (Jean), 315, 318.
Bouheret (Roland), 259.
Bouhier (Jean), 214, 218, 239, *248 sq*, 264.
Boujut (Michel), 252.
Boujut (Pierre), 234, 248, *252 sq*, 273, 274, 275, 280.

Boulanger (Daniel), 355, *358*.
Boulez (Pierre), 713.
Bouloc (Denys-Paul), 251, 254.
Boulongne (Yves), 187.
Bounoure (Vincent), 606, *612*.
Bouquet (Georges), 209.
Bouquet (Michel), 424.
Bouraoui (Hédi), 458.
Bourdet (Claude), *186*.
Bourdet (Édouard), 186.
Bourdon (Alain), 153, 154.
Bourg (Maurice), *114*, 376.
Bourgeade (Pierre), 196, *298*.
Bourgeat (François), *408*.
Bourgois (Christian), 686, 692, 698.
Bourgue (Norman), 654.
Bourguignon (Fred), 252, 278.
Bousquet (Joë), 44, 45, 157, 179, 222, 314, 545.
Boutang (Pierre), 368.
Boutbien (Léon), 187.
Boutibannes (Philippe), 690.
Bouvot (Vincent), 651.
Bouyer (Raymond), 269.
Bouzigues (Hubert), 395.
Bowles (Paul Frederic), 222.
Boyer (Philippe), 696.
Braffort (Paul), 586, 587.
Bragera (Méry de), 713.
Braque (Georges), 13, 525.
Brasil, 600.
Brasillach (Robert), 146.
Brassens (Georges), 153, 309, 341, 342, 363.
Brau (Jean-Louis), 590, 594.
Braun (Volker), 580, 619.
Brauner (Victor), 516.
Bréchon (Robert), 564.
Brecht (Bertolt), 29, 468, 580, 740.
Breish (Mans de), 318.
Brel (Jacques), 341, 342.
Bremond (Jacques), 564.
Brenner (Jacques), 136, 175, 176, *362*, 419, 421.
Brentano (Clemens von), 176, 565.
Brest (Simon), 251, *295*.
Brétécher (Claire), 655.
Breton (Alain), *329*, 414, 455, 460.
Breton (André), 19, 109, 147, 159, 181, 239, 270, 292, 310, 330, 356, 430, 446, 447, 468, 547, 605, 606, 607, 609, 610, 611, 612, 621, 627, 652, 693.
Breton (Jean), 265, 268, 279, 335, 340, 341, 394, *395-396*, 400, 435, 454, 488, 635, 644.

Breton (Michel), 395.
Breuker (Henk), 289, 491.
Briant (Théophile), 97, 161, 248, 290, 302, 362.
Brien (Olivier), 256.
Brindeau (Serge), 108, 260, 266, 267, 274, 278, 288, 298, 332, 386, 387, 394, 396, 400, 408, 422, 439, 455, 459, 492, 591, 607, 611, 639, 641, 696, 751.
Brisset (Jean-Pierre), 559.
Brisville (Jean-Claude), 251, *362*.
Brochier (Jean-Jacques), 692.
Brock (Renée), *454*.
Broda (Martine), 581.
Broglia (Guy), 318.
Brogniet (Éric), 511.
Brontë (Charlotte), 660.
Brooke (Rupert), 135.
Brooks (Peter), 375.
Brouillaud (Jean-Pierre), 430.
Brouquier (André), 695, 696.
Broussard (Yves), 411, *567-568*.
Broutin (Gérard-Philippe), 600.
Broux (J.-P.), 694.
Bruant (Aristide), 338.
Brun (André), *461*.
Brunet (Roger), 313.
Brunschwig (Chantal), 343.
Bruyas (Jacques), 563.
Bryen (Camille), 222, 590.
Buber (Martin), 104.
Büchner (Georg), 565.
Buffon (Georges-Louis Leclerc de), 609.
Buin (Yves), 606, 625, *627*.
Bukowski (Charles), 330.
Bulteau (Michel), 606, 621, *622-623*, 625.
Bulting (Christian), 262.
Buñuel (Luis), 375.
Burgart (Jean-Pierre), 288.
Burine (Claude de), *294*.
Burroughs (William S.), 330, 592, 645, 648, 661, 692.
Burucoa (Christiane), *107-108*, 171, 172, 231, 277.
Busquet (Raymond), 430, 431, 457.
Busselen (Roland), 268, 468.
Bussy (Jacques), 691.
Busto (Daniel), 686, 696.
Butor (Michel), 511, 652, *675 sq*, 691, 692, 696, 702, 727.
Buzzati (Dino), 698.

Cabanel (Guy), 606, *608-609*.
Cabeza de Vaca (Alvar Nuñez), 492.
Cabral (Tristan), 250, 257, 262, 287,

314, 315, 316, 317, 318, 320, *404*, 431.
Cadieu (Martine), *295*.
Cadou (Hélène), 208, 212.
Cadou (René Guy), 39, 98, 118, 157, 168, *208 sq*, 213, 214, 215, 217, 218, 220, 221, 222, 248, 254, 256, 257, 259, 260, 264, 266, 292, 294, 304, 337, 350, 403, 404, 449, 461, 719.
Caffiau (Félix-Quentin), 249.
Cahour (Michel), *509*.
Caillès (Christian), 398.
Caillois (Roger), 468, 469, 471, 558.
Caizergues (Pierre), *368*.
Calaferte (Roger), *362*.
Caligula, 591.
Callas (Maria Kalogeropoulos, dite la), 695.
Callot (Jacques), 41.
Calvet (Louis-Jean), 343.
Calvino (Italo), 586.
Camacho (Georges), 612.
Camelat (Michel), 313.
Camille-Frugier (Alain), *574*.
Caminade (Pierre), *573*.
Campana (Dino), 111.
Campbell (Roy), 289.
Camproux (Charles), 313, 314, *315*.
Camus (Albert), 12, 13, 15, 419.
Camus (André), 184.
Canal (Françoise), 600.
Canga (Lydie), 648.
Canseliet (Eugène), 617.
Cantoni (Éliane), 516.
Canut (Jacques), 339.
Captif (François), ps. Martin (Marietta), 187.
Caradec (François), 586, 587.
Caradec (Jean-Michel), 342.
Caradec (Odile), 262, 335-336.
Carco (Francis Carcopino-Tusoli, dit Francis), 128, 218, 331, 332, 341, 355, 356, 363.
Carelmán (Jacques).
Cariès (François), *287*.
Carlier (Robert), 362.
Carn (Hervé), 711.
Caron (Anne-Catherine), 599.
Caron (Francine), *295*.
Caroutch (Yvonne), *111*, 619.
Carrière (Jean), *375*, 491.
Carrière (Jean-Claude), *375*.
Carrive (Jean), 64.
Carroll (Lewis), 83, 360, 388, 671.
Cartier-Bresson (Nicole), *407*.
Cascarino (Jean-Pierre), 707.

Cassian (Nina), 37.
Cassola (Carlo), 529.
Cassou (Jean), 126, 171, *193 sq*, 223, 313.
Castan (Félix), 315, 316, 458.
Castellin (Philippe).
Castex (Pierre), 24.
Castex-Menier (Patricia), 564.
Castro (Fidel), 649.
Cathalo (Georges), 643.
Cathelin (Jean), 597.
Cau (Jean), *362*.
Cauchois (Louis), 188.
Cauda (Patrice), *397*, 398.
Caujolle (Paul), 269.
Caux (J.), 601.
Cavafy (Constantin), 361, 472, 727.
Cavenne (Jean), 289.
Cayrol (Jean), 52, *63 sq*, 84, 261, 347, 355.
Cayrou (Frédéric), 313.
Cazals (Guilhem-Peyre de), 315.
Cela (Camilo José), 491.
Celan (Paul), 516, 540, 714.
Céline (Louis-Ferdinand Destouches, dit Louis-Ferdinand), 330, 362, 365, 366.
Celly (Jean-Jacques), *260*.
Cendrars (Blaise), 46, 167, 223, 313, 330, 359, 365, 368, 400, 419, 482, 491, 492, 577, 636, 647, 671, 677, 701, 709.
Cerbelaud (Dominique), *121*.
Cerda (Jordi-Pere), *320*.
Cervantès (Miguel Saavedra, Miguel de), 131, 193.
Césaire (Aimé), 403, 476, 522.
Cesbron (Gilbert), *362*.
Chabanel (Odette), 12.
Chabert (Pierre), 252, 273, *275 sq*, 395.
Chadeuil (Michel), 320.
Chagall (Marc), 468.
Chailley (Jacques), 204.
Chaissac (Gaston), 252, 288, 324.
Chaleix (Pierre), 252, *279*.
Chalonge (Christian de), 375.
Chambellan (Guy), 304, 326, *384*, 395, 430, 618, 644, 656.
Chambers (Ross), 586.
Chambon (Jean-Pierre), *650*.
Champagne (Maurice), 62.
Champarnaud (François), 691.
Champigny (Robert), *458*.
Chamson (André), 313.
Chandler (Raymond), 351.
Chapelan (Maurice), 68, 126, 140.
Chaplin (Charlie), 240, 332.

Chapman (Stanley), 586.
Chappaz (Maurice), 269, 564.
Chapuis (Pierre), 714.
Char (René), 13, 43, 44, 89, 110, 112, 166, 180, 181, 187, 229, 230, 295, 314, 317, 341, 454, 456, 468, 525, 540, 545, 553, 554, 555, 561, 562, 568, 572, 579.
Charbonnier (Georges), 678.
Chardin (Jean-Baptiste), 41.
Chardon (Jeanne), 430.
Chardonne (Jacques), 175.
Charles (Jean-Pierre), 691.
Charles d'Orléans, 61, 145, 203, 721.
Charlot (Edmond), 149, 366.
Charpentreau (Jacques), 307.
Charpier (Jacques), *523-531 sq.*
Charzay (Philippe), *391.*
Chassignet (Jean-Baptiste), 736.
Chatard (Jean), 280, *389-390.*
Chateaubriand (François-René de), 97, 142, 671.
Chateaureynaud (Georges-Olivier), 371.
Chaudier (Jean), *262.*
Chaulot (Paul), 173, 208, 213, 226, *229 sq,* 249, 252, 341.
Chazal (Malcolm de), 461, 560.
Chédid (Andrée), *542 sq.*
Chédid (Louis), 342.
Chélini (Jean), 296.
Chénier (André), 51, 171, 599.
Chennevière (André), 187.
Chennevière (Georges), 187.
Chessex (Jacques), 153, 371.
Chestov (Léon), 18, 516.
Cheval (Joseph-Ferdinand), 257.
Cheyney (Peter), 351.
Cheyron (Henri), *287.*
Chèze (Jean-Baptiste), 320.
Chich (Jean-Paul), 457.
Chirico (Giorgio de), 517.
Cholodenko (Marc), *369-370.*
Chomsky (Noam), 667.
Chonez (Claudine), 299.
Chopin (Jean), 594.
Chopin (Henry), 268, 280, 367, 589, 591, *592,* 593, 594.
Churchill (Sir Winston Leonard Spencer), 104.
Cimèze (Jean), ps. Dubacq (Jean), 268.
Cingria (Charles-Albert), 269, 724, 727.
Clairouin (Denise), *187.*
Clairveau (Henry), *117.*
Clancier (Anne), 25, 171, 452.
Clancier (Georges-Emmanuel), 21, 25, 34, 108, *170 sq,* 217, 249, 347.

Clancier (Sylvestre), 172.
Clancy (Geneviève), *696.*
Claudel (Paul), 72, 75, 78, 84, 86, 94, 141, 145, 183, 199, 203, 208, 258, 299, 421, 481, 485, 532.
Clavé (Jean-Louis), 697.
Clavel (Bernard), 339, *362.*
Clavel (Denis), *561.*
Cledat (Françoise), 695.
Clerc (Julien), 341.
Clerici (Roger), *119.*
Clerval (Alain), 528, 529.
Cliff (André Imberecht, dit William), *739 sq.*
Clouard (Henri), 204.
Clouzet (Jean), 351.
Cluny (Claude-Michel), 276, 335, 400, 562, *721 sq,* 746.
Coatalem (Jean-Luc), 643.
Cocteau (Jean), 138, 145, 184, 206, 257, 301, 309, 310, 330, 337, 347, 348, 349, 362, 422, 453, 455, 597, 640, 647.
Cohn (Marianne), 187.
Colanis (Alice), 362.
Coleridge (Samuel Taylor), 83, 730.
Colette (Sidonie Gabrielle), 183, 283, 355.
Collier (Michel), 204.
Collin (Bernard), *510.*
Collobert (Danielle), *459,* 746.
Collot (Michel), 534.
Colomb (Christophe), 191.
Colombani (Henry), *561.*
Colombi (Jean-Pierre), *392.*
Combettes (André), 320.
Commère (Pascal), *398,* 643.
Constant (Benjamin), 146.
Coppée (François), 361, 562.
Coquet (James de), 284.
Corbière (Tristan), 136, 223, 297, 331, 403, 590, 748.
Corday (Charlotte), 680.
Cordes (Léon), 313, 315.
Cordier (Marcel), *331.*
Cornière (François de), *643.*
Cortanze (Gérard de), 686, *752-753.*
Cosem (Michel), 317, *319,* 695.
Cosson (Yves), *258.*
Costaz (Gilles), 476.
Coste (Didier), *754-755.*
Cottez (Henri), *298.*
Couder (Régis), 457.
Coudreau (Patrick), *391.*
Couffon (Claude), *363.*
Coulon (Pierre), 694.

Couquiaud (Maurice), *502*.
Courant (Maurice), 119.
Courteline (Georges Moineaux, dit Georges), 23.
Courtot (Claude), 614, 652.
Cousin (Gabriel), *242 sq*, 408, 581.
Courvoisier (Amy), *508*.
Couturier (Michel), 699, *700*.
Couvreux-Rouché (Lucienne), 435.
Crancé (Gérard de), 327.
Cravan (Arthur), 648.
Cretin (Jean-Pierre), 621, 624.
Crevel (René), 180, 414, 611.
Criel (Gaston), 24, 196, *330*, 398, 597.
Crochot (Jean-Michel), 249.
Crocq (Philippe), 337.
Cros (Charles), 362, 590.
Crozals (Jean-Marie de), 689.
Cummings (Edward Estlin), 430, 457, 660.
Curnonsky (Maurice-Edmond Saillant, dit), 239.
Curtay (Jean-Paul), 589, 597, 600.
Curtil (Jocelyne), *294*.
Curvers (Alexis), 455.
Cury (Maurice), *376*.
Cussat-Blanc (Jean), 117.

Dabadie (Jean-Loup), 341.
Dadelsen (Jean-Paul de), 362, 376, *419 sq*, 635, 641.
Dadia (Joseph), 121.
Dagadès, 438, 406.
Daguet (Dominique), 114.
Daillie (René), 105, 508.
Daive (Jean), *700-701*.
Dali (Salvador), 468.
Dalla Fior (Louis), *656*, 690.
Dallas (Gilberte H.), *452*.
Dalle Nogare (Pierre), 368, 370, *478 sq*.
Dalléas (Jacques), 63, 64, 261.
Dalmas (André), 111.
Dalmatie (Frances de), *144*.
Dalmont (Antoine), *463*.
Danheil (Georges), *407*.
Daniel-Rops (Henri Petiot, dit), 64, 249.
Dansel (Michel), 240, 241, 278, *402*.
Dante Alighieri, 53, 54, 73, 516, 517, 664, 674, 685, 716.
Dard (Michel), *363*.
Dargelos (Pierre), *510*.
Dario (Ismaël Girard, dit), 313.
Darle (Juliette), *286*.
Darol (Guy), 650, *696*.
Darras (Jacques), 700.
Darriet (Yves), 187.

Darwin (Charles), 502.
Da Silva (Christian), 310, *398-399*, 652.
Dauby (Jean), 249, 329.
Daumal (René), 92, 115, 417.
Daumes, 319.
Daumier (Honoré), 39, 193.
Davreu (Robert), 670, *702*.
Davy (Marie-Magdeleine), *117*.
Dax (Adrien), 606.
Debenedetti (Jean-Marc), 611, *652-653*.
Debord (Guy), 601.
Debussy (Claude), 430.
Décaudin (Michel), 112, 233, 251.
Decaunes (Luc), 24, *179 sq*, 208, 249, 295.
Deforges (Régine), 299.
Degenne (Michel), 257.
Deguy (Michel), 81, 372, 373, 388, 669, 696, 703, *716 sq*, 718, 744.
Delabarre (Hervé), 619.
Delahaye (Robert), 268.
Delanoë (Pierre), 341.
Delavouet (Mas-Felipe), 315, *316*.
Delay (Florence), 669.
Delbourg (Patrice), 297, *641-642*.
Delétang-Tardif (Yanette), 132, 249, 264.
Delisle (Pierre), 327.
Delmas (Claude), 631.
Delouze (Marc), *308*.
Delpastre (Marcela), 316, *317*.
Delpech (Michel), 342.
Delteil (Joseph), 64, 296, 491.
Deluy (Henri), 44, 46, 248, *576 sq*, 580, 669, 701.
Delvaille (Bernard), 152, 341, 625, 645, 688, 698, 703, *730 sq*, 734, 735.
Delvaux (Paul), 483.
Demarcq (Jacques), 578, 686.
Demeron (Pierre), 607.
Denis (Didier), 580.
Denis (Guy), 476.
Denis (Maurice), 39.
Denis (Madeleine Denis-Follain), 39.
Denis (Philippe), *747-748*.
Denizot (Gérard-Gaston), 296.
Denoël (Jean), 52, 261.
Depaule (Jean-Charles), 581, *701*.
Depercenaire (Éric-Bruno), 339.
Depierris (Jean-Louis), 240, 252, *276 sq*, 402, 403.
Depreux (Jacques), *501-502*.
Deray (Jacques), 375.
Derrida (Jacques), 679, 686.
Dery (Tibor), 223.

Descamps (Christian), 375, 562, 639, 689, 700.
Desbiolles (Marylin), *563*, 574.
Descartes (René), 680.
Desjardins (Paul), 18.
Desmeuzes (Jean), *309*.
Desnos (Robert), 195, 204, 249, 254, 289, 339, 341, 357, 368, 428, 435, 580, 694.
Desnoues (Lucienne), 245, *283-284*, 285, 341.
Despert (Jehan), 141, *146*, 257.
Destot (Marcel), *407*.
Detry (Monique), 357.
Develay (Frédéric), 595.
Devile (Michel), 339.
De Vree (Freddy), 351.
Dhainaut (Pierre), 411, 605, 606, *615-616*, 625, 711.
Dhénin (Marie-Hélène), 694.
Dhôtel (André), 38, 39, 42, 171, 361.
Diabelli (Anton), 675.
Diamant-Berger (Jean-Claude), *187*.
Dickinson (Emily), 469, 747.
Di Dio (François), 446.
Diderot (Denis), 614, 733.
Dietrich (Luc), 92, 93, 95, 157, 417.
Dif (Christian), *461-462*.
Digot (Jean), 24, 114, 161, 180, 234, *251 sq*, 254, 261, 411.
Dimanche (André), 580.
Di Manno (Yves), *333*.
Dimey (Bernard), 341.
Dinès (ps. Follain Madeleine), 39.
Divoire (Fernand), 677.
Diwo (Jean), *144*.
Dobzinski (Charles), 291, 567, 581, 707.
Doisneau (Robert), 364.
Dome (Philippe), 596.
Doms (André), 277, 562.
Donguy (Jacques), 592, 596, 646, 650.
Doniat (Aimé), 167.
Donne (John), 55, 336, 650.
Donoso (Armando), 752.
Dosidias, 596.
Dostoïevski (Fiodor Mikhaïlovitch), 656.
Dostromon, 318.
Dotremont (Christian), 516.
Douai (Jacques), 167.
Drano (Georges), 290, 390.
Dreyfus (Charles), 595.
Drieu La Rochelle (Pierre), 149.
Droguet (Henri), *388- 389*.
Droguet (Robert), 457.
Drot (Jean-Marie), 296.
Drouet (Denis), 320.
Drouet (Minou), 310.
Druon (Maurice), 187.
Duault (Alain), 690, *695-696*, 717.
Dubacq (Jean), 267, 398, *399*.
Du Bartas (Guillaume de Salluste), 127, 470.
Dubas (Marie), 341.
Du Bellay (Joachim), 716, 717.
Dubbis (Charles-A.), 204.
Dubillard (Roland), *349-350*.
Dubois (Jacques), 406.
Dubois (Philippe), 654.
Du Bos (Charles), 18.
Dubost (Louis), 229.
Du Bouchet (André), 517, 520, 525, 691, *713 sq*, 747.
Dubuffet (Jean), 13, 322, 323, 324.
Duby (Georges), 277.
Duchateau (Jacques), 586.
Duchêne (Gérard), 690.
Duckworth (Colin), 367.
Dufrêne (François), 591, 594, 601.
Dugué (Michel), 696.
Du' Hûu Quynh, 407.
Dumaine (Robert Thenon, dit Philippe), 24, 131, *139 sq*, 143.
Dumas (Alexandre), 239.
Dumont (Claude), *504*.
Dumont (Éric), 697.
Dumont (Jean-Paul), *656*.
Dumontet (Bernard), *144*, 430.
Duncan (Isadora), 627.
Dune (Edmond), 324.
Dunilac (Jean), *288*.
Duperray (Jean), 252.
Dupin (Jacques), 517, 523, *525 sq*.
Dupont de Nemours (Pierre-Samuel), 589.
Duprey (Jacqueline), 614.
Duprey (Jean-Pierre), *446 sq*, 605, 618.
Dupuy (Jean), 595.
Durand (Claude), 64.
Durand (Philippe).
Durand (Rémy), *406*.
Duranteau (Josane), 108.
Duras (Marguerite), 333.
Dürrenmatt (Friedrich), 104.
Durieux (Gilles), 297.
Durozoi (Gérard), 696.
Durocher (Bronislaw Kaminski, dit Bruno), *110-111*, 263, 268.
Durrell (Lawrence), 289, 468, 471, 489, 491, 493.
Dutheil (Yves), 343.
Dutourd (Jean), 363.
Dutronc (Jacques), 341.

Dutschke (Rudi), 262.
Duval (Anjela), 321.
Duveau (Georges), 280.
Dylan (Bob), 333, 648, 649.

Eaubonne (Françoise d'), 363.
Édouard (Robert), 328.
Ehrhard (Lionel), 696.
Eichendorff (Josef von), 29.
Éladan (Jacques), 121.
Eliot (Didier), 339.
Eliot (Thomas Stearns), 52, 101, 659.
Elléouët (Yves), 619.
Ellington (Edward Kennedy, dit Duke), 326.
Éluard (Eugène Grindel, dit Paul), 12, 18, 25, 47, 138, 147, 159, 167, 179, 180, 187, 188, 189, 195, 197, 204, 226, 228, 236, 241, 253, 266, 294, 301, 407, 411, 414, 501, 516, 577, 610, 616.
Elytis (Odysseus), 748.
Émié (Louis), 20, *131 sq*, 249.
Emmanuel (Noël Mathieu, devenu Pierre), 18, 20, *51 sq*, 60, 61, 63, 75, 83, 86, 99, 102, 113, 115, 116, 167, 169, 171, 242, 376, 463, 469.
Empédocle, 535.
Engelbach (Gérard), *571*.
Enzensberger (Hans-Magnus), 580.
Ernst (Max), 618.
Escholier (Françoise), *289*.
Eschyle, 76.
Escudéro (Lény), 342.
Esperbé (Pierre), 120.
Espieux (Henri), 315, *317*, 318.
Esposito (Gianni), 342.
Essénine (Serge), 154, 155, 449.
Estang (Lucien Bastard, dit Luc), *70 sq*, 77.
Estéban (Claude), *746*, 747.
Estieu (Prosper), 313.
Estivals (Robert), 597, 601.
Étaix (Pierre), 375.
Étiemble (René), 119.
Étienne (Luc), 586.
Étienne (Marie), *581*.
Étienne (Pierre), 119.
Evtouchenko (Evguéni), 230.
Eydoux (Emmanuel), 252, 280.

Fabbri (Jacques), 141.
Fabre (Jean-Henri), 276.
Fabre-G. (Sylvie), 695.
Fagne (Henry), 196.
Fallet (René), *363*.
Farellier (Paul), 562.

Fargue (Léon-Paul), 39, 111, 120, 126, 204, 299, 379, 400, 562, 724, 725.
Farina (Raymond), *566*.
Farines (Jean-Pierre), *390-391*, 569.
Farrachi (Armand), *406*.
Fauchereau (Serge), 25, 288, 690.
Fauconnier (Henri), 137.
Fauconnier (Sylvie), 599.
Faulkner (William Harrisson Falkner, dit William), 377.
Fauln (Catherine), *455*.
Fauré (Gabriel), 694.
Faure (Henri-Simon), *402*.
Faussot (Jean-Jacques), 621-625.
Fautrier (Jean), 13.
Faux (Claude), 407.
Favier (Gérard), 288.
Favier (Muriel), 288.
Fayder (Véra), 353.
Faye (Jean-Pierre), 558, 610, 659, *666 sq*, 669.
Faye (Rémi), 707, *754*.
Féraud (Henri), 320, 573.
Ferlinghetti (Lawrence), 645.
Ferran (Pierre), 337.
Ferrat (Jean), 341.
Ferrater (Gabriel), 740.
Ferré (Léo), 167, 341, 342.
Ferrier (Kathleen), 519.
Ferry (Jacques), 621, 624.
Fillières (Nina), 599.
Fini (Leonor), 745.
Flamand (Elie-Charles), *617*.
Flaubert (Gustave), 371.
Flayeux (Michel), 574.
Flemal (Jean-Marie), *329*.
Fleury (Albert), *289*.
Fondane (B. Fundoianu, dit Benjamin), 545.
Foe (Daniel de), 710.
Follain (Madeleine Denis-), 136.
Follain (Jean), 21, 25, 26, 37, *38 sq*, 108, 115, 125, 126, 136, 157, 180, 206, 208, 222, 249, 258, 274, 285, 349, 352, 358, 386, 392, 454, 460, 572, 727.
Fombeure (Maurice), 63, 97, 126, *203 sq*, 214, 223, 249, 276, 291.
Fontan (Pierre), 319.
Fontenelle (Bernard Le Bovier de), 371, 507.
Ford (Charles Henry), 468.
Forlani (Remo), *353*.
Forneret (Xavier), 461.
Fort (Paul), 143, 218, 240, 259, 301, 341.

Forton (Jean), 363.
Foucault (Michel), 664, 684.
Fouchet (Max-Pol), *149 sq*, 171, 196, 198, 248, 261, 274, 468, 511, 597.
Foulc (Thierry), 328.
Fouras (Hugues), 197.
Fourest (Georges), 328.
Fourier (Charles), 611, 676, 677.
Fournel (Gilles), *266*.
Fournel (Paul), 585, 588.
Fournet (Claude), *563*.
France (Anatole), 550.
François (Carlo), 109.
François d'Assise (Saint), 449.
François (Jacques-Louis), 339.
François la Colère, ps. Aragon (Louis), 193.
Frédéric-Frié (Jacqueline), *116*.
Frédérique (André), *428 sq.*
Fregoli (Leopoldo), 590.
Frémiot (Joël), 694.
Frémont (Jean), 606, 653, 711.
Frénaud (André), 18, *24 sq*, 29, 38, 121, 169, 170, 229.
Freud (Sigmund), 679, 686, 695.
Frick (Louis de Gonzague), 249, 278.
Friedenkraft (Georges), *392*.
Fröding (Gustav), 155.
Frontier (Alain), *694*.
Frost (Robert), 740.
Fry (Christopher), 287.

Gabriel (Pierre), 234, 268, *383*.
Gadenne (Paul), *364*.
Gagne (Paulin), 596.
Gaillard (André), 44.
Gaillard (Yann), *370*.
Gainsbourg (Serge), 343.
Galdo (José), *651*.
Galey (Matthieu), 361.
Galeÿ (Louis-Emile), 280.
Gali (Christian), 268, *454*.
Galil, 581.
Gallez (Jean-Paul), 564.
Gallimard (Claude), 75.
Gallimard (Gaston), 597.
Gallissaires (Pierre), 339.
Galois (Evariste), 111.
Galtier (Charles), 320.
Gamarra (Pierre), *190 sq.*
Gambotti (Christian), 713.
Ganachaud (Guy), *338*.
Gandhi (Mohendas Karamchand, dit le Mahâtmâ), 92.
Ganzo (Robert), 126, 131, *133 sq*, 143, 662.

Garamond (Jean), ps. Mano (Guy Levis), 24.
Garaudy (Roger), *376*.
Garcin (Jérôme), 291, *370*.
Garcin (Philippe), 371.
Gardy (Philippe), 319, *320*.
Garelli (Jacques), *558*, 703.
Garnier (Ilse), 593.
Garnier (Pierre), 234, 267, 295, 589, *593*, 694, 696.
Gasc (Jacques), *563*.
Gasc (Yves), 353.
Gascar (Pierre), 171.
Gascoyne (David), 25, 491.
Gaspar (Lorand), *472 sq.*
Gassiot-Talabot (Gérald), 594.
Gateau (André), *119*.
Gaucheron (Jacques), *189 sq*, 262.
Gaudry (J.-C.), 601.
Gauthier (Xavière), *695*.
Gautier (Théophile), 690, 730.
Gavard-Perret (Jean-Paul), *654*.
Geissmann (André), *118*.
Gélin (Daniel), *352*.
Genêt (Jean), 125, 341, *347-348*, 422, 666, 730.
Genette (Gérard), 717.
Genty (Pierre), 187.
Geoffrois (Patrick), 621, 624.
Geoffroy (René), ps. Tavernier (René), 186.
George (André), 313.
Georgel (Pierre), 193.
Georges (Jean-Pierre), 562.
Georgius (Georges Guibourg, dit), 342.
Gerald (John Bart), 186.
Gérard (Marcelle), *119*.
Germain (Gabriel), 234.
Germain (Jean), 222-268.
Ghil (René), 590, 592.
Giacometti (Alberto), 525, 526, 560.
Giauque (Francis), *460*, 654.
Gibbal (Jean-Marie), 606, 641, *683*.
Gibelin (Colette), *295*.
Gibert (Pierre), *118*.
Gide (André), 18-59, 83, 146, 161, 176, 183, 597.
Giguère (Roland), 619.
Gilbert-Lecomte (Roger), 417.
Gillard (Jean-Pierre), 599.
Gilli (Claude), 563.
Gilson (Paul), 171-173.
Ginsberg (Allan), 297, 635, 645, 646.
Giono (Jean), 252, 299, 341, 355.
Giorno (John), 686.
Giouse (Pierre), 457.

Giovanni (André), *304*.
Giovannoni (Jean-Louis), *653*.
Girard (Ismaël), 313, *314*, 315.
Giraud (Robert), *363*.
Giraudon (Liliane), *693*.
Giraudoux (Jean), 146, 359.
Girod (Charles-André) ps. Le Quintrec (Charles), 97.
Girodet-Trioson (Anne-Louis Girodet de Roucy, dit), 722.
Giroud (Michel), 126.
Giroux (Roger), *439 sq*, 523.
Gladiator (Jimmy), 390, 595.
Glaezer (Ernst), 419.
Glanndour (Maodez), 321.
Glenmor (Emile Le Scanv, dit), 321.
Glissant (Edouard), 511, *522 sq*.
Godard (Jean-Luc), 354.
Godeau (Georges-Louis), *326*.
Godel (Vahé), 118, 335, 696.
Goebbels (Josepf Paul), 648.
Goethe (Johann Wolfgang von), 176.
Goffette (Guy), 564.
Goffin (Robert), 37, 468, 469, 493.
Goldfayn (Georges), 614.
Goll (Yvan), 101, 596.
Gombrowicz (Witold), 116.
Goncourt (Edmond de), 355.
Gongora y Argote (Luis de), 127, 716.
Goodis (David), 328.
Gorbanevskaïa (Natacha), 404.
Gorelli (Christian), *304*, 463.
Gougaud (Henri), 430.
Goytisolo (Juan), 316.
Gracq (Louis Poirier, dit Julien), 257, 270.
Grad (A.D.), 280.
Grad (Adolphe), 252.
Grall (Xavier), 290, 404, *442 sq*.
Grandmont (Dominique), *752*.
Grangaud (Michelle), *702*.
Grappe (Denise), *294*, 310.
Graveline (Jeanne), *304*.
Graves (Robert), 740.
Gréco (Juliette), 341.
Greco (Domenikos Theotokopoulos, dit le), 132, 193.
Green (Julien), 108.
Grenier (Jean), 64, 424.
Grenier (Paul-Louis), 313, 320.
Grenier (Roger), 145.
Grépon (Marguerite), 455.
Gressot (Sylvain), 707.
Grimaud (Antoine), 640.
Grimm (Jacob et Wilhelm, les Frères), 104.

Gripari (Pierre), *364*.
Grisolia (Michel), 357.
Groethuysen (Bernard), 11, 12, 14, 18.
Gromaire (Marcel), 193.
Gros (Léon-Gabriel), 17, 44, 45, 71, 133, 141, 170, 182, 212, 395, 415-416.
Gros (Louys), 327.
Grosjean (Jean), *75 sq*, 78, 81-84, 111, 115.
Gruber (Jean), 66.
Guégan (Gérard), *374*.
Guégan (Jeanne), *292*.
Guegen (Pierre), 39.
Guehenneux (Lucie), 187.
Guéhenno (Jean), 153.
Guéno (Jean-Noël), 223.
Guenon (René), 617.
Guereña (Jacinto-Luis), 249, 268, 304.
Guérin (Charles), 143.
Guerne (Armel), *104 sq*, 508.
Guevarra (Ernesto, dit Che), 649.
Guez-Ricord (Christian-Gabrielle), *120*.
Guglielmi (Joseph), 581, *701*.
Guibbert (Jean-Paul), 619, *745-746*.
Guibert (Armand), 52, 59, *137 sq*.
Guichard-Meili (Jean), *557-558*.
Guillaume (Louis), 180, 229, *233 sq*, 249, 251, 255, 285, 286.
Guillaume IX d'Aquitaine, 22.
Guillemot (Amédée), *292*.
Guillen (Jorge), 193, 745.
Guillen (Nicolas), 363.
Guillevic (Eugène), 24, *25 sq*, 38, 44, 62, 81, 89, 99, 126, 169, 173, 180, 198, 224, 229, 231, 249, 285, 290, 310, 312, 568, 653.
Guillorit (Gilles), 264.
Guimbretière (André), *116*.
Guin (Jean-Louis), 320.
Guirao (Jean-Michel), 268.
Guissard (Lucien), 68.
Gurdjieff (Georges), 92.
Gurvitch (Georges), 716.
Guth (Paul), 422.
Guyomard (René), 290, 292.
Guyon (Marc), *555-556*.
Guyon (Patrick), 574.
Guyotat (Pierre), 661, *684-685*.
Gwernig (Youenn), 321.
Gysin (Brion), 592.

Habrekorn (Daniel), *655*.
Hachette (Micheline), 600.
Haddad (Hubert), *371*, 696.
Haesler (Anne-Marie), 567.
Hâfiz (Chams-od-Din Mohammad, dit), 167.

Hajdu (Etienne), 134, 525.
Haldas (Georges), 460.
Haldorf (Eric), 694.
Hallart (Guy), 613.
Hallier (Jean-Edern), 659.
Han (Françoise), *405*, 572.
Hardellet (André), 341, 476.
Hardy (Thomas), 740.
Harmodios de Cyrène, 722.
Harrison (Jane), 18.
Hartoy (Maurice d'), 143.
Hauc (Jean-Claude), 689, 692.
Hauser (Gaspard), 152.
Hausmann (Raoul), 590, 596.
Hauteloire (Armelle), *561*.
Havrenne (Marcel), 608.
Hawthorne (Nathaniel), 453.
Hedayat (Dashiell), *647*.
Hegel (Friedrich), 517, 716.
Heidegger (Martin), 113, 231, 540, 716.
Heidsieck (Bernard), 589, *592*, 694.
Heitz (Guy), *310*.
Held (Claude), *310*.
Held (Jacqueline), *310*.
Helft (Claudine), 121.
Helias (Pierre-Jakez), 321, *364*.
Hélion (Jean), 714.
Hellens (Franz), 218, 453.
Henein (Georges), 516, 520.
Henric (Jacques), 686.
Héraclite, 112, 113, 517, 525, 535, 723.
Herment (Georges), *257*.
Hérodote, 146, 721.
Hérold (Jacques), 610.
Héroult (Michel), 252, 280.
Heurgon (Jacques), 18.
Heurté (Yves), *754*.
Hirsch (Claude), 600.
Hocquard (Emmanuel), 372, *698-699*.
Holan (Vladimir), 752.
Holden (Franck), *117*.
Hölderlin (Friedrich), 22, 29, 104, 150, 155, 226, 437, 478, 535, 540, 666, 685, 714, 716.
Holliger (Benoît), 621.
Homère, 529, 664.
Honegger (Arthur), 242.
Honel (Maurice), 187.
Hooch (Peter de), 42.
Hoop (Geneviève d'), 511.
Houdebine (Jean-Louis), 264, 266, 618.
Hreglich (Bernard), *556*, 574.
Hubaut (Joël), 595.
Hubert (Michel), *299*.
Hubin (Christian), 383, 564, *574*.
Hugo (Victor), 11, 51, 53, 55, 78, 81, 125, 126, 127, 139, 223, 228, 376, 476, 485, 487, 596, 641, 734.
Huguenin (Jean-René), 659.
Huidobro (Vicente), 752.
Humbert (Gilbert), 648.
Humbert-Laroche (Arlette), 187.
Humeau (Cécile), 295.
Humeau (Edmond), 196, 229, 231, 249, 269 *sq*, 273, 277, 280, 545.
Hutin-Desgrées (Magdeleine), 119.
Huxley (Julian), 367.
Hyppolite (Jean), 517.
Hytier (Jean), 11, 12.

Ibanez (Paco), 321.
Ibert (Jean-Claude), 157, *506*.
Ibrahim (Kamal), 691.
Ibrahimoff (Oleg), *325*.
Ice (Gee), 288.
Ikor (Roger), 24.
Illyés (Gyula), 223.
Imbert (Claude), 616.
Imbert (Jacques), 275.
Imroulquaïs, 155.
Ingres (Dominique), 193.
Ionesco (Eugène), 468.
Iqbal (Mohammed), 116.
Isou (Jean-Isidore Goldmann, dit Isidore), 592, *597 sq*.
Israël (Madeleine), *367*.
Istrati (Panaït), 234, 252.
Ivsic (Radoyan), 619.
Izoard (Jacques), 460, 542, *547 sq*, 616, 737.

Jabès (Edmond), 701.
Jaccard (Christian), 563.
Jaccottet (Philippe), 81, 162, 456, 517, *528 sq*, 714, 727, 745.
Jackson (John E.), 516, 519, 520.
Jacob (Max), 38, 39, 64, 117, 136, 203, 204, 208, 209, 210, 211, 219, 220, 223, 270, 328, 338, 722.
Jacquemard (Simone), *364*.
Jacques (Les Frères), 343.
Jacques (Michel), 187.
Jagler (Edouard), 606, 612, 619.
Jakob (Roland), 457.
Jakobiak (Bernard), *279*.
Jakobson (Roman), 666.
Jallais (Denise D.), 300.
Jallet (Gilles), 437.
Jaloux (Edmond), 132.
Jamme (Franck-André), *559*.
Jammes (Francis), 98, 161, 183, 210, 287, 398, 449.
Janicot (Françoise), 592.

Jans (Adrien), 244.
Janvier (Ludovic), *746*.
Japrisot (Sébastien), ps. Rossi (Jean-Baptiste), 328.
Jarry (Alfred), 246, 247, 328, 608, 655.
Jassaúd (Gervais-Bernard), *690*.
Jaulin (Robert), 613.
Jaume (Antoinette), 118.
Jaurès (Jean), 149, 252.
Jayat (Sandra), *303*.
Jean (Georges), 87, 209, *306-307*.
Jean (Raymond), 36, 46, 696.
Jean de la Croix (Saint), 27, 87, 108, 120.
Jeanjean (Anne-Marie), 689, 692.
Jeannet (Frédéric-Yves), 692.
Jégou (Alain), *652*.
Jégoudez (Jean), 211, 239.
Jelloun (Tahar ben), *374*, 404.
Jimenez (Alfonso), 339, 430.
Jodorowsky (Alexandre), 752.
Jonson (Benjamin, dit Ben), 261.
Jorn (Asjer), 601.
Joseph (Michel), *327*.
Josiane, 319.
Jouanard (Gil), 41, 43, *553 sq*, 567.
Jouanique (Marie), 553.
Joubert (Alain), 606, 614.
Joubert (Jean), 368, *377-378*, 462, 463, 567.
Joubert (Joseph), *371*.
Jouet (Jacques), 586.
Jouffroy (Alain), 446, 447, 606, *609 sq*, 613, 615, 618, 621, 625, 627, 711.
Jouhandeau (Marcel), 366.
Jourdan (Bernard), *621*.
Jourdan (Pierre-Albert), *456*.
Jourquin (Jacques), 339.
Jousse (Marcel), 590.
Jouve (François), 313.
Jouve (Pierre Jean), 20, 25, 52, 53, 54, 99, 151, 218, 267, 359, 468, 478, 516, 517.
Jouveau (René), 313.
Jouvet (Pierre), 599.
Joyce (James), 631, 674.
Jozsef (Attila), 223.
Judrin (Roger), 75.
Jugand (Olivier), *406*.
Juin (Hubert Loescher, dit Hubert), 89, 428, 468, *475 sq*, 564, 626, 696, 701, 707, 711, 713.
Julien (Françoise), 611.
Juliet (Charles), *560*.
Jullian (Marcel), 365.
Jung (Marc), 310.

Jünger (Ernest), 176.
Jurquet (Béatrice de), *652*, 641, *643*.
Kaeppellin (Olivier), 606.
Kafka (Franz), 66, 302.
Kahn (Gustave), 590.
Kalda (Alexandre), *371*.
Kandinsky (Vassili), 590.
Kanters (Robert), 64, 67, 222, 225, 375.
Kaplan (Leslie), *333*.
Karenine (Vim), *650*.
Karras (Anton), 366.
Katsimbalis (Georges), 491.
Katz (Nathan), 29.
Kawabata (Yasunari), 104.
Keaton (Buster), 739.
Keats (John), 112.
Keineg (Paol), 291, 321, *403*.
Keller (Christiane), *511*.
Keller (Gottfried), 154.
Kerautret (Daniel), 457.
Kérel (François Hirsch, dit François), *260*.
Kerhoas (Émilienne), 143, 258.
Kerno (Jacques), 264.
Kerouac (Jack), 297, 336, 442, 625, 635, 649.
Kerourédan (Herri Gwilherm), 291, *505*.
Keruel (Paul), 288.
Kessel (Joseph), *187*.
Keyes (Sydney), 155.
Khayam (Omar ben Ibrâhim al-Khayyâmi, dit Omar), 155, 167, 189.
Khiebnkov (Vélimir), 686.
Khouri-Ghata (Vénus), 304.
Kieffer (Jane), 301.
Kihm (Jean-Jacques), *455*.
Klasen (Peter), 631.
Klée (Jean-Paul), 115, 291, 310, 324, *641*.
Klein (Jean-Claude), 343.
Klein (Liliana), 280.
Kleist (Heinrich von), 262.
Klingsor (Léon Leclère, dit Tristan), 143.
Kochert (Francis), *566*.
Koenig (Théodore), *608*.
Kosma (Jozsef), 189, 341.
Koval (Alexander), 468.
Kowalski (Roger), 114, *444 sq*.
Kramer (Hendrick), 417.
Krishnamurti (Jiddu), 252.
Kristeva (Julia), 686.
Kuhn (Renate), 688.
Kyrou (Ado), 614.

Labarrière (Dominique), 650.
Labat (Élisabeth-Paule), 119.
Labbé (Louise), 297, 341.
Labidoire (Monique), 565.
Laborie (Paul), 289.
Labrusse (Hughes), 295, 572-573.
Lacarce (Gaston), 252, 278, 511.
Lacarrière (Jacques), 374.
La Casinière (Joëlle de), 596.
Lacheraf (Mostefa), 430.
Laclos (Pierre Choderlos de), 710.
Lacomblez (Jacques), 619.
Lacôte (René), 157, 215, 222, 233, 236 sq, 252, 264, 379.
Lacotte (Daniel), 563.
Lacoue-Labathe (Philippe), 702.
Lacour (José-André), 468.
Lacout (Louis), 313.
Ladoux (Jean), 313.
Laederach (Monique), 295.
Lafaye (Raymond), 260.
Laffay (Claire), 116.
Laffont (Andrée-Paule), 314.
Lafont (Robert), 313-314, 316, 320.
La Fontaine (Jean de), 425.
Laforgue (Jules), 118, 136, 260, 403, 429, 632.
Lagarde (Pierre), 315, 316.
Lagerkvist (Pär), 558, 650.
Lagrange (André), 565.
Lai (Francis), 341.
Lainé (Françoise), 86.
Laloum (Claude), 601.
Lam (Wifredo), 610.
Lama (Serge), 343.
Lamarche-Vadel (Bernard), 702.
Lamarre (Thierry), 621, 625.
Lamartine (Alphonse de), 739.
Lambert (Alain), 595.
Lambert (Jean-Clarence), 597.
Lambrichs (Georges), 154, 726.
Lamennais (Félicité Robert de), 83.
Lamireau (Gilbert), 118.
Lance (Alain), 580, 581.
Lander (Daniel), 401.
Landré (Henri Désiré), 661.
Lannes (Roger), 261, 263.
Lanoux (Armand), 204, 214, 229, 259, 301, 355, 356-357.
L'Anselme (Jean-Marc Minotte, dit Jean), 214, 268, 322 sq, 337, 338, 339, 590.
Lanza del Vasto (Joseph Jean Lanza di Trabia-Branciforte, dit), 64, 91 sq, 116, 156, 177, 371.
Lanzmann (Jacques), 341.

Lao-tseu, 104.
Lapicque (Charles), 195.
Laporte (René), 138 sq.
Laporte (Roger), 573, 685.
Lara (Catherine), 341.
Larbaud (Valery), 64, 111, 126, 137, 183, 730.
Larguier (Léo), 355.
Laroche (Jean), 258.
Larousse (Pierre), 594.
Larronde (Olivier), 422 sq.
Lartichaux (Jean-Yves), 101.
Lartigue (François de), 313.
Lartigue (Pierre), 580, 669, 751.
Larue (François), 51.
Larzac (Jean Rouquette, dit Jean), 314, 317, 318, 319.
La Serna (Ramon Gomez de), 193.
Latis, 586.
La Tour du Pin (Patrice de), 57, 59 sq, 63, 64, 81, 86, 99, 115, 117, 137, 169.
Lattangi (L.), 601.
Laude (André), 252, 310, 320, 330, 497 sq.
Laude (Jean), 523, 534 sq.
Laughlin (James), 468.
Laugier (Jean), 97, 141 sq., 301.
Laurent (Jacques), 187.
Laurent (Charles Jullien, dit Jean), 262, 279.
Laurent (Marcel), 153.
Laurentie (Lucienne), 187.
Lautréamont (Isidore Ducasse, dit le comte de), 118, 362, 485, 500, 609, 632.
Lavaur (Michel-François), 262, 330.
Lawrence (David Herbert), 472, 492.
Léautaud (Paul), 356, 424.
Le Barzig (Lionel), 293.
Lebas (Renée), 341.
Lebeau (Alain), 262.
Lebel (Jean-Jacques), 610, 615.
Leblanc (Maurice), 179.
Lebois (André), 24.
Lebot (Jean), 463.
Leboucher (Robert), 258.
Le Boul'ch (Jean-Pierre), 631.
Le Bourhis (Michel), 266.
Le Brun (Annie), 614.
Leclair (Yves), 473.
Le Clec'h (Guy), 95, 218.
Leclère (André), 289.
Le Clézio (Jean-Marie-Gustave), 373, 635.
Lecoin (Louis), 252.

Leconte de Lisle (Charles-Marie Leconte, dit), 83.
Le Corbusier (Édouard Jeanneret-Gros, dit), 269.
Le Cordier (Roland), 24, 188.
Lecrique (Camille), *262*, 476.
Lécrivain (Olivier), *328*.
Le Cunff (Louis), *292*.
Leduc (Alain), 606.
Leduc (Violette), 607.
Lefebvre (Henri), 558.
Léger (Fernand), 196, 468.
Léger (Jean-Pascal), 747.
Le Gouic (Gérard), 290-291, 424.
Legrand (Gérard), 606, 609, *611-612*.
Legros (Jean-Claude), 406.
Le Guen (Jean-Yves), 293.
Leibniz (Gottfried Wilhelm), 716.
Leiris (Michel), 171, 559, 569, 684, 729.
Le Lionnais (François), 585, 586, 587.
Le Louët (Jean), 52.
Lelubre (Norbert), 262.
Lely (Gilbert), 516, 520.
Lemaire (Gérard-Georges), 689, 694.
Lemaire (Jean-Pierre), *115*.
Lemaître (Maurice), 597, 598, 600.
Lemaitre (Pierre-Yves), 606, 614.
Lemarque (Francis), 341.
Le Mauve (Jean), *288*.
Le Mauve (Sylviane), 288.
Le Men (Yvon), 291, *404*.
Lemoigne (Alain), *391*.
Lemoine, ps. Gaucheron (Jacques), 189.
Lemoine (Yves), *656*.
Le Nain (Antoine, Louis, Mathieu, les Frères), 42.
Lengellé (Martial), 593.
Lénine (Vladimir Ilitch Oulianov, dit), 680.
Leonardi (Charles), 341.
Leonhard (Rudolf), 437.
Leopardi (Giacomo), 529.
Léotard (Philippe), 354.
Lepage (Jacques), *308*.
Lepape (Pierre), 388.
Lepère (Pierre), *510*.
Lépidis (Clément), *364*.
Lépine (Josette), 121.
Lèques (Raymond), 289.
Le Quintrec (Charles), *96 sq*, 141, 153, 221, 235, 266, 267, 290, 291, 293, 302, 310, 327, 364, 391, 404, 424, 468, 655.
Le Rouge (Gustave), 46.
Le Roy (Claude), *144*.
Lesaffre (Jean), 313.

Lesage (Hervé), *332*.
Lescoët (Henri-Louis Barbier, dit Henri de), 249, *255*, 268.
Lescun (François), *502*.
Lescure (Jean), 18, 25, 35, 170, 177, 195, 586.
Lesfargues (Bernard), 316.
Le Sidaner (Louis), 372, 593, 594, 695, *696*, 754.
Lesieur (Jean-Pierre), *405*.
Lésoualc'h (Théo), *651*, 654.
Leuwers (Daniel), 17, 25, 30, 262.
Levanti (Michel), *260*.
Level (Brigitte), *286*, 310.
Lévêque (Jean-Jacques), *368*.
Levet (Henry-Jean-Marie), 362, 492, 730.
Levis Mano (Guy), 24, 248, 540.
Le Vot (Gérard), 669.
Lewis (Jerry), 615.
Le Yaouanc (Alain), 610.
Lhéritier (Antony), 291.
L'Hermitte (Tristan), 44, 499.
Lichtenberg (Georg Christoph), 375.
Liliencron (Detlev von), 29.
Lima (José Lezama), 477.
Limbour (Georges), 43.
Limousin (Christian), 696.
Li po, 155.
Littré (Émile), 15.
Llull (Ramon), 85.
Lo Celso (André), *144*.
Lochac (Emmanuel), 48, 89.
Loigeret (Martine), *655*.
Lombard (Jacques), *262*.
Lombard-Mauroy (Gisèle), *286*.
Long (Haniel), 289.
Longhy (Claude), 365.
Loranquin (Albert), 132.
Lorca (Federico Garcia), 137, 193, 226, 315, 359, 363, 416.
Loreau (Max), 501.
Lorho (Robert), 97, *267* (voir Ray, Lionel).
Lorquin (Bertrand), 621.
Lorraine (Bernard Diez, dit Bernard), 331.
Losfeld (Éric), 196, 299.
Losovel (Srecko), 489.
Loubet (Joseph), 313.
Loubière (Pierre), 143, 386.
Louis (Jean-Paul), 252.
Loup (Armande), 280.
Louÿs (Pierre Louis, dit Pierre), 298, 375.
Lovichi (Jacques), *569-570*.

Lowel (Robert), 442.
Lubin (Chahnour Kerestidjian, dit Armen), 39, 43, *136 sq*, 222, 362.
Lucot (Hubert), 595, *702.*
Lucrèce, 11, 664.
Luigini (Caroline), 18.
Lunal, 694.
Lundkvist (Arthur), 558.
Luneau (Michel), 310.
Luquet (Baudoin), 694.
Lusson (Pierre), 669.
Luxemburg (Rosa), 649.
Lycophron de Chalcis, 372.

Maar (Dora), 714.
Mabin-Chennevières (Yves), *392.*
Macé (Gérard), *748.*
Machado (Antonio), 315, 745.
Machek (Jean-Claude), 621.
Machet (Marie-Madeleine), 119, 258.
Macias (Enrico), 343.
Mac Leod (Philippe), *650.*
Mac Orlan (Pierre Dumarchais, dit Pierre), 39, 239, 249, 331, 341, 355, 356.
Madariaga (Salvador de), 419.
Magnan (Jean-Marie), 348.
Magnan (Viviane), 253, 635.
Magny (Colette), 341.
Magritte (René), 610, 711.
Mahyère (Évelyne), *455.*
Maïakovski (Vladimir), 127, 154, 155.
Mailer (Norman), 635.
Maillard (Ambroise), 188.
Maison-Noire, 188.
Majault (Joseph), *365.*
Makarié (Jean), ps. Tristan (Frédérick), 373.
Malacamp (Pierre), 222, 268.
Malaparte (Curzio), 491.
Malartre (André), *267.*
Malet (H.P.), 322.
Malherbe (François de), 12, 13, 15, 16, 44, 270, 467.
Malineau (Jean-Hugues), *406*, 502.
Mallarmé (Geneviève), *117.*
Mallarmé (Stéphane), 19, 20, 29, 36, 45, 51, 57, 81, 106, 126, 127, 134, 161, 338, 368, 422, 423, 471, 517, 518, 520, 586, 617, 659, 680, 714, 733, 748, 750.
Malle (Louis), 375.
Mallet (Robert), *183 sq.*
Mallet-Joris (Françoise), 341, 355, *357.*
Malois (Claude Maillard, dite Claude), *299.*
Malraux (André), 18, 75, 109, 239, 569.

Malrieu (Jean), 113, 196, 387, 395, *411 sq*, 414, 415, 545, 567, 569, 574, 615, 619, 688.
Mambrino (Jean), 38, 108, 118, 121.
Manciet (Bernard), 316, *317.*
Manina, 610.
Mann (Thomas), 528, 529.
Manoll (Michel Laumonnier, dit Michel), 208, 209, 211, *218 sq*, 222, 248, 264, 290, 291, 294.
Manouchian (Misak), 187.
Mao Zedong, 336, 652.
Maraini (Toni-A.), *509.*
Marc (Fernand), 39, 222, 249.
Marceau (Marcel), *353.*
Marcenac (Jean), 24, *188 sq.*
Marchal (Michel), 511.
Marchand (Ovide), *259.*
Marco, 601.
Marcoussis (Ludwik Markus, dit), 193.
Marcuse (Herbert), 363.
Mardigny (Jean), *257.*
Maréchal (Marcel), 689.
Margerit (Robert), 171.
Mari (Paul), *308.*
Marie-Josèphe, 297.
Marienstras (Richard), 600.
Marinetti (Filippo Tommaso), 677.
Marini (Antoine), 339.
Marissel (André), 52, *108-109*, 223, 267, 369, 395.
Maritain (Jacques), 52, 269.
Marivaux (Pierre Carlet de Chamblain de), 146.
Marjan, 339.
Markale (Jean), 97, 268, 292.
Marker (Chris), 632.
Markovitch (Anton), 427.
Marlowe (Christopher), 287.
Marly (Anna), 187.
Marot (Clément), 145.
Marquès (Raymond), *298.*
Marquet (Gabrielle), *285-286.*
Marteau (Robert), 719, *744.*
Martel (André), 590.
Marti (Claude), 318, 321.
Martin (Hélène), 167.
Martin (Marie-Hélène), *455.*
Martin (Marietta), *187.*
Martin (Yves), *399 sq.*
Martin du Gard (Roger), 18, 176.
Martineau (Jean), 299.
Martraix (Henri), 696.
Marx (Karl), 33, 149, 516, 649, 695.
Mary (Olivier), 696.
Mas (Philippe), *339.*

Mascolo (Dionys), 614.
Massat (Gaston), 182.
Massat (René), *117*.
Massé (Pierre), 187.
Masson (André), 26, 525.
Masson (Loÿs), 52, *83 sq*, 88, 117, 118, 167, 171, 177.
Mathews (Harry), 586, 588, 660.
Mathias (Pierre), 234, 252, *284-285*.
Mathoul (Jean-Marie), 547.
Matisse (Henri), 193, 196, 563, 711.
Matta (Roberto Sebastian Matta Echaurre, dit), 610.
Matzneff (Gabriel), *365*.
Maublanc (Jean-Daniel), 159, 248, 268.
Maulnier (Thierry), 146.
Maulpoix (Jean-Michel), 502, 724, 727, *742 sq*.
Maunick (Édouard J.), 396.
Maunoury (Jean-Louis), *649*.
Maupassant (Guy de), 75, 550.
Maurel (Micheline), 187.
Mauriac (Claude), 68, 153, 157.
Mauriac (François), 63, 442, 488, 489.
Maurice (Robert), 188.
Mauroc (Daniel), 327.
Maxence (Jean-Luc), 392.
Maya (Jean Maton, dit), 338-339.
Maynard (François de), 44, 693.
Maynial (Édouard), 46.
Mayoux (Jehan), 615, 619.
Mazaufroid (Jean), 264, 266.
Maze (Jean), 280.
Mazo (Bernard), 390.
Mc Cain (James), 351.
Mechawar (Antoine), *460*.
Medina (José Ramon), 118.
Meillant (Henry), *144*.
Mejean (René ou Reinie), 313.
Melhau (Jan dau), 318.
Meliès (Georges), 648.
Melik (Rouben), *191 sq*, 230.
Melville (Herman), 104, 176.
Ménaché, 457.
Ménanteau (Pierre), 209, 310, 458.
Ménard (René), *109-110*.
Méningaud (Jean), 239.
Mercier (Alain), 388, *507*, 617.
Mergeai (Jean), 476.
Mérillon (Georges), 694.
Merlen (Michel), *296-297*.
Merlet (François), 286.
Meschonnic (Henri), 122, 707, *750*.
Messagier (Matthieu), 606, 621, *623-624*.
Messant (Gabrielle), 239.

Messiaen (Alain), 24, *117*.
Messiaen (Olivier), 117.
Mestas (Chris), 263.
Mestas (Jean-Paul), 262-263.
Métail (Michèle), 586.
Metge (Geneviève), 563.
Meunel (Camille), 187.
Meuris (Jacques), 619.
Méyère (Roger), 619.
Meyrink (Gustav), 111, 686.
Mézières (Gilles), 621.
Mézières (Yves), 717.
Miatlev (Adrian), 252, 266, *273 sq*, 278, 594.
Michaux (Henri), 13, 23, 83, 176, 204, 310, 323, 348, 364, 448, 486, 579, 590, 599, 614, 635, 689, 722, 742.
Michel (François-Bernard), 289.
Michel (Pierre), 97.
Michelena (Jean-Michel), *693*.
Michenaud (Serge), 114, *433 sq*.
Michez (Bernard), 694.
Mickiewicz (Adam), 155.
Miège (Denise), 297.
Migdal (André), 121, 187.
Migozzi (Marcel), *392*, 574.
Miguel (André), 267, 400.
Mikhaël (Ephraïm), 122.
Milan (Michel Bernard, dit Michel), *259*.
Milhaud (Darius), 287.
Milhet (Jean), 268.
Millas-Martin (José), 267, *336-337*.
Miller (Henry), 252, 330, 351, 361, 362, 364, 491, 492, 635.
Millet (Pierre), 320.
Milliot (Roger), *458-459*.
Milocz (Czeslav), 116.
Milosz (Oscar-Vladislas de Lubicz-), 85, 119, 137, 167, 194, 223, 233, 367, 419, 444.
Milton (John), 53.
Mine, 624.
Minet (Pierre), 39.
Minetti (Charles), *304*.
Minière (Claude), 686, 688.
Minotte (Jean-Marc), 322.
Miomandre (Francis Durand, dit Francis de), 193.
Miró (Juan), 26, 525, 526, 610, 714.
Mistral (Frédéric), 313.
Mitaud (Janine), *555*.
Mogin (Jean), 245, 284.
Molière (Jean-Baptiste Poquelin, dit), 23, 377.
Molotov (Viatcheslav Mikhaïlovitch Skriabine, dit), 637, 647.

Moncelet (Christian), 209, 337.
Monjo (Armand), 189, 261-262.
Monnereau (Michel), 339.
Monnet (Jean), 420.
Monnet (Pierre), 269.
Monod (François), 189.
Monod (Jean), 595.
Monory (Jacques), 631.
Montale (Eugenio), 111.
Montaut Manse (Bernard), 313.
Monteiro (Vincent), 268, 286.
Montero (Germaine), 167, 341.
Monteverdi (Claudio), 682.
Montherlant (Henry Milon de), 59, 137.
Montmaneix (François), *503*.
Moore (Merril), 468.
Morand (Paul), 730.
Morange (Jean-François), *649*.
Mordillat (Gérard), *375*.
Moreau (Gustave), 711.
Moreau (Jean-Luc), *309*.
Moreau (Jeanne), 341.
Moreau (Robert), *293*.
Moreau (Serge), *259*.
Moreau du Mans (Jacques), *279*.
Morelli (Monique), 341.
Morgan (Claude), 186.
Morhange (Pierre), 30, 197.
Mörike (Eduard), 29.
Morin (Alain), 509.
Morrison (Jim), 645.
Morvan (Françoise), 153, 154.
Morvan (Jean-Baptiste), 645.
Mosley (Nicholas), 176.
Mougin (Henri), 187.
Mougin (Jules), 257, 322, 324, 339.
Moulin (Charles), 84.
Moulin (Jeanine), 455.
Moulin (Léo), 468.
Mouloudji (Marcel), 341, 343.
Mounier (Emmanuel), 149, 269.
Mounin (Georges), 41, 224, 242, 394, 572, 632.
Mourgue (Gérard), *296*.
Mourot (Michel), 696.
Moussinac (Léon), 367.
Moustaki (Georges), 341, 342.
Moutet (Fernand), 320.
Moutier (Louis), 313.
Mouzat (Jean), *315*.
Mozart (Wolfgang Amadeus), 61, 252, 695.
Mozer (Hélène), 696.
Munier (Roger), 37, 697.
Murail (Gérard), *112*.
Muray (Philippe), 686.

Muset (Colin), 342.
Musil (Robert von), 366, 529.
Musset (Alfred de), 145, 260.
Mussot (Frédéric), *328*.

Nabert (Jean), 153.
Nabert (Nathalie), *562*.
Nadal (Philippe), *692*.
Nadaus (Roland), *280*.
Nadeau (Maurice), 187.
Napoléon Ier, 128.
Nauroza (Guilhem de), 313.
Nauze (Dominique), 695, 696.
Navarre (Yves), 360, *376*.
Neau (Bernard), 696.
Nedelec (Robert), 643.
Nelli (René ou Renat), 313, 314, 315, 316, 317, 319, 320, 545.
Néron, 591.
Neruda (Pablo), 189, 312, 376, 477.
Nerval (Gérard Labrunie, dit Gérard de), 11, 17, 105, 132, 145, 150, 193, 260, 336, 359, 437, 489, 494, 631, 730, 744, 748.
Nesterenko (Jean), 651.
Neveu (Gérard), 411, *414 sq*, 567.
Neveux (Georges), 255.
Newman (Paul), 145.
Newton (Isaac), 47.
Neyrolles (Yves), 457.
N'Guyen That (Jean-Jacques), 621.
Nicoletti (Michel), 460.
Nietzsche (Friedrich), 591, 699, 702.
Nigg (Lucien), 180.
Nin (Anaïs), 491.
Noakes (David), 351.
Nodier (Charles), 476.
Noël (Bernard), 310, 447, 615, 626, 685, 696, *710 sq*, 737, 745.
Noël (Marie), 119, 218.
Noël-Mayer (Roger), 252.
Noir (Jean), ps. Cassou (Jean), *193 sq*.
Noiret (Gérard), 329-330, 608.
Noiret (Joseph), 608.
Noll (Marcel), 157.
Norge (Georges Mogin, dit Géo Norge, puis), 222, *244 sq*, 271, 280, 284, 341, 489.
Nostradamus, 116.
Nougaro (Claude), 343.
Noulet (Émilie), 18.
Nouveau (Germain), 362, 569.
Novalis (Friedrich von Herdenberg, dit), 104, 132, 150, 437, 535, 645.
Novarina (Valère), 687, 689-690.
Nyssen (Hubert), 364.

Oates (Joyce Carol), 565.
Obaldia (René de), 21, *348-349*.
O'Connor (Général), 59.
Odier (Daniel), *653*.
Ogeret (Marc), 167, 341.
Ohcamac, 619.
Ollier (Claude), 696.
Olson (Charles), 660.
Orcel (Michel), 604.
Orieux (Jean), 203, *365*.
Orizet (Jean), 310, 335, 401, *494 sq*, 652.
Orlhac (Urbain d'), 710.
Ors (Eugenio d'), 193.
Orwell (George), 587.
Osenat (Pierre), *143*.
Ossang (F.-J.), 606, 648.
Oster (Daniel), 64, 65, 67, 505.
Oster Soussouiev (Pierre Oster, puis Pierre), 13, 76, *80 sq*, 84, 726.
Oswald (Pierre-Jean), 327.
Otte (Jean-Pierre), *391*, 564.
Ovadia (Jacques), 365.
Ovide, 727.
Ozy (Alice), 168.

Pagès (Eugène), 313.
Palmade (Jules), 313.
Panard (Charles-François), 596.
Panheuleux (Jacqueline), 600.
Paracelse (Theophrastus Bombastus von Hohenheim, dit), 104.
Parant (Jean-Luc), 266, *692*, 694.
Paris (Jean), 350, 456, 487, 523, 525, 532.
Parker (Charlie), 265.
Parny (Évariste-Désiré de Forges de), 42, 83.
Parménide, 525.
Paroutaud (J.M.A.), 171.
Parrot (Louis), 222.
Partouche (Maurice), 667.
Pascal (Blaise), 126.
Pasolini (Pier Paolo), 685.
Pasquier (Noëlle), *310*.
Pasternak (Boris), 154.
Pastoureau (Henri), 619.
Pastre (Geneviève), 564.
Patric, 318, 319.
Patte (Jean-Marie), 689.
Paulhan (Jean), 371.
Pauvert (Jean-Jacques), 299.
Pavese (Cesare), 648.
Paysan (Catherine), *375*.
Paz (Octavio), 558, 669, 745.
Péguy (Charles), 72, 83, 88, 118, 199, 366, 485.

Pelieu-Washburn (Claude Pélieu, puis Claude), 606, 625, 627, 635, *645 sq*, 647, 648.
Pemerle (D.), 669.
Penard (Jean), *561*.
Penard (Rémy), 266.
Penon (Pierre), 248.
Penrose (Robert), 104.
Perbosc (Antonin), 313.
Perdiguier (Agricol), 166.
Perec (Georges), 586, *587-588*, 669.
Péret (Benjamin), 126, 335, 599, 611, 613, 615, 652.
Péri (Gabriel), 33.
Pérol (Jean), *728 sq*, 737.
Peronnin (Henri), 339.
Perrault (Charles), 170.
Perret (Jean), *408*.
Perret (Pierre), 342.
Perrier (Denise), 245.
Perrin (Pierre), *391*.
Perros (Georges), 127, 291, *424 sq*, 562, 727, 737, 740.
Perruchot (Henri), 339.
Perus (Jean), 188.
Pessemesse (Pierre), 320.
Pessin (Marc), 707.
Pessoa (Fernando), 137, 506.
Pestour (Albert), 313.
Petit (Jacques), ps. Morvan (Jean-Baptiste), 287.
Petit (Jean-Marie), *319*.
Petit (Marc), *391*, 565.
Petöfi (Sandor), 223.
Pétrarque (Francesco Petrarca), 73.
Pétronio (Arthur), 589, *590-591*.
Peuchmaurd (Pierre), *390*.
Peugniez-Seghers (Colette, ép. Pierre Seghers), 166, 303.
Peyraube (Marguerite-Marie), *327*.
Peyre (Sully-André), 313.
Peyré (Yves), *562*.
Peyron (Alexandre), 313.
Peyrot (Françoise), 660.
Pfister (Gérard), 697.
Philipe (Gérard), 424, 484.
Philippe de Thaun, 276.
Phytilis (Jacques), *573*.
Pia (Pascal), 12.
Pic (Marcel), 204.
Picard (S.), 694.
Picasso (Pablo), 13, 180, 196, 211, 563.
Piccamiglio (Robert), *649*.
Pichaud (Marie-Claire), 167.
Pichette (Henri), 368, *484 sq*, 682.
Pichette (James), 484.

Picon (Gaëtan), 30, 222, 487, 517, 745.
Pidutki (Patrick), 338.
Pierre (José), 606, 614, 652.
Pietri (Marc), *499 sq.*
Pieyre de Mandiargues (André), 13, 294, 490, 735, 745, 748.
Pignon (Édouard), 250.
Pilinsky (Jean), 472.
Pillaudin (Roger), 338.
Pindare, 127, 133.
Pingaud (Bernard), 25.
Pinget (Robert), 727.
Pinhas (Luc), 715.
Piqueray (Gabriel), 608.
Piqueray (Marcel), 608.
Piranèse (Giovanni Battista Piranesi), 168.
Piroué (Georges), 367.
Pissier (Philippe), *651.*
Pivot (Bernard), 154.
Pize (Louis), 114.
Planet (Gaston), 669, 751.
Plantier (René), 563.
Plantier (Thérèse), *607.*
Plath (Sylvia), 747.
Platon, 519.
Plazy (Gilles), *562.*
Pleynet (Marcelin), 659, *663 sq*, 691.
Pline, 474.
Plisnier (Charles), 114, 468.
Plynell (Charlie), 645.
Pobel (Didier), 563, 637.
Poldolski (Sophie), *463.*
Poe (Edgar), 223, 368, 453.
Poels (Jeanpyer), *703.*
Pokojski (Bernard), 564.
Pollès (Henri), *367.*
Polnareff (Michel), 341.
Pomerand (Gabriel), 597, 600.
Pommier (Amadée), 596.
Pompidou (Georges), 419.
Poncet (Henri), 266, 691.
Ponchon (Raoul), 355.
Ponge (Francis), *11 sq*, 18, 29, 30, 35, 38, 41, 169, 180, 387, 468, 614, 659, 687, 701, 727.
Pons (Max), 257.
Pons (René), *289.*
Pons (Jean-Sébastien), 319.
Popa (Vasko), 468.
Porphirius, 596.
Portal (André), 392.
Portejoie (Pierre), *258.*
Portugal (Anne), 331, *702.*
Poslaniec (Christian), 324.

Pouchkine (Aleksandr Sergeïevitch), 176, 190, 476.
Poulain (Patrick), 599.
Poulenc (Francis), 204.
Poulet (Georges), 717.
Poulet (Robert), 468.
Pouliquen (Jean-Luc), 250.
Poullinet (Denis), 313.
Poulot (Georges), 600.
Pound (Ezra), 312, 366, 563, 660, 751.
Pourrat (Henri), 204.
Pousseur (Henri), 675.
Pouzol (Francis), 313.
Pouzol (Henri), *187.*
Powys (John Cowper), 587.
Poyet (François), 600.
Poyet (Lucien), 268.
Pozzi (Catherine), 186.
Prade (Robert), *254-255.*
Prager (Marie-Françoise), *617.*
Prémel (Gérard), *407.*
Preschez (Dominique), *753.*
Presles (Claude des), *296.*
Prével (Jacques), *417 sq.*
Prévert (Jacques), 180, 189, 195, 196, 309, 310, 311, 323, 330, 339, 341, 349, 351, 356, 362, 375, 428, 429, 435, 454, 580, 641, 674.
Prévost (Claude), 35, 37.
Prévost (Jean), 365.
Prévost (Claude Jean-), 365.
Prévost (Gilberte), ps. de Dallas (Gilberte H.), 452.
Prévôt (Gérard), *453,* 475.
Prigent (Christian), 660, 661, *686 sq*, 690, 691.
Prique (Alain), 621.
Privat (Bernard), 24, *367.*
Proust (Marcel), 171, 652.
Provence (Marcel), 313.
Provost (Glaodina), *653.*
Pudlowski (Gilles), 369, 371, 578, 632.
Puel (Gaston), 156, 158, 257, *545 sq*, 567, 619.
Pugnaud (Paul), *197,* 259.

Quasimodo (Salvatore), 317, 354, 364.
Queffélec (Henri), 293, *365.*
Queffélec (Yann), *371.*
Queneau (Raymond), 18, 23, 25, 38, 57, 147, 170, 171, 204, 335, 336, 338, 341, 342, 351, 352, 355, 428, 429, 435, 585, 586, 587, 727, 739, 740.
Querré (Christian), *391.*
Quesnoy (Roger), *391.*
Questin (Marc), *650.*

Queval (Jean), 149, 587.
Quevedo y Villegas (Francisco Gomez de), 745.
Quignard (Pascal), 372, 717, 727.
Quinn (Edward), 104.

Rabearivelo (Jean-Joseph), 137.
Rabelais (François), 83, 129, 270, 586, 589, 596, 722.
Rabret (Fabienne), 694.
Raby (Charles), 650.
Racan (Honorat de Bueil de), 16, 44.
Rachline (Michel), 365.
Racine (Charles), 288.
Racine (Jean), 81, 656.
Radiguet (Raymond), 640.
Ragon (Michel), 249, 288, 322, 328, 332, 365.
Raillard (Georges), 526, 678.
Raimbaut d'Orange, 307.
Raimon de Miraval, 314.
Rais (Alain), 644.
Ramuz (Charles-Ferdinand), 204, 269.
Rancourt (Jacques), 396.
Random (Michel), 697.
Raphaël (Raffaello Sanzio, dit), 427.
Rapin (Christian), 320.
Rapoport (Armand), 506.
Raquel, 698, 699.
Raveton (Roland), 252.
Ravier (Xavier), 317-318, 320.
Ray (Robert Lorho, dit Lionel), 97, 189, 567, 580, 669, 688, 707 sq, 737, 751.
Raymond (Marcel), 52, 64.
Reagan (Ronald), 648.
Reboul (Jaquette), 112.
Reboul (Jorgi), 313, 314-315.
Réda (Jacques), 110, 234, 392, 724 sq, 737, 742, 746.
Reff (Sylvie), 310, 641.
Reggiani (Serge), 343.
Régis (Georges), 252.
Regnaut (Maurice), 580, 707.
Régnier (Henri de), 38, 467.
Régnier (Mathurin), 356.
Régnier (Pierre), 331.
Reichenbach (Georges), 269.
Reinhardt (Django), 329.
Rejou (Louis-Pascal), 144.
Remacle (André), 296, 365.
Rembrandt (Rembrandt Harmenszoon Van Rijn, dit), 41.
Remila (Alain), 654.
Rémy (Colonel), 64.
Rémy (Jean-Pierre Angrémy, dit Pierre-Jean), 372.

Renard (Jean-Claude), 81, 86 sq, 97, 118, 191, 310, 368.
Renard (Jules), 14, 258, 275.
Renaud (Renaud Séchan, dit), 343.
Renaud (Roger), 613.
Resnais (Alain), 64, 354.
Resnikov (Patricia), 753.
Restrat (Alain-Christophe), 566.
Reumaux (Patrick), 362, 372.
Reutenauer (Roland), 310, 387-388.
Reuzeau (Jean-Yves), 650.
Reverdy (Pierre), 13, 39, 156, 179, 208, 209, 218, 223, 257, 323, 556, 568, 714.
Rey (Alain), 487.
Reynaud (Daniel), 264.
Reynier (Pierre), 313.
Ribemont-Dessaignes (Alban), 145.
Ribemont-Dessaignes (Georges), 145, 249.
Ricardou (Jean), 573, 702.
Richard (Jean-François), 339.
Richard (Jean-Pierre), 30, 525, 529, 714.
Richard (Roger), 249.
Richaud (André de), 466, 489.
Richer (Luc), 649.
Riffaud (Madeleine), 187.
Rigolet (Serge), 650.
Riley (Peter), 650.
Rilke (Rainer Maria), 29, 101, 104, 117, 131, 143, 167, 172, 219, 368, 430, 467, 472, 529.
Rimaud (Didier), 119.
Rimbaud (Jean-Arthur), 29, 38, 57, 97, 106, 161, 171, 173, 211, 351, 368, 398, 404, 430, 443, 448, 461, 478, 484, 486, 493, 499, 518, 595, 632, 635, 636, 647, 693, 695, 724, 748.
Riou (Pascal), 561.
Rioutord (Marcel), 338.
Ripault (Ghislain), 653.
Ripert (Émile), 313.
Risset (Jacqueline), 665, 685.
Ristat (Jean), 679 sq, 689, 737, 754.
Ritsos (Yannis), 354, 477, 752.
Riva (Emmanuelle), 352.
Rivais (Yak), 694.
Rivarol (Antoine), 608.
Rivet (Jean), 258.
Rivet (Renée), 303.
Rivière (Jacques), 18.
Rivière (Roger-Arnould), 462 sq, 458.
Robakovski (Daniel), 329.
Robbe-Grillet (Alain), 11.
Robert (Jean-Jacques), 367.

Robic (Paul-Alexis), *290*.
Robin (Armand), 43, 100, *158 sq*, 362.
Robin (Dany), 424.
Robinet (Alain), 692.
Roblès (Emmanuel), 229, 277, 355, *359*.
Roche (Denis), 322, *659 sq*, 670, 686, 687, 691, 694, 737.
Roche (Déodat), 314.
Roche (Maurice), 666, *682 sq*, 696, 737.
Roche (Roselyne), 319, *320*.
Rocher (Louis), *332*.
Rochvarger (Michel), 180.
Roda-Gil (Etienne), 341.
Rode (Henri), 162, 165, 329, *366*.
Roditi (Edouard), 468.
Roger (Jean-François), 651.
Roger (Jean-Henri), 648.
Rognet (Richard), *560*.
Rohou (Guy), 485.
Roinet (Louis), 485, 487.
Rokeah (David), 101.
Roland-Manuel (Claude), 154.
Rolland de Renéville (André), 20, 126.
Rolland (Fernand), 287.
Romain (Willy-Paul), *118*.
Romains (Louis Farigoule, devenu Jules), 51, 316, 367, 468, 481.
Rombaut (Marc), 396, 690.
Romoff (Boris), 180.
Ronat (Mitsou), 669.
Ronsard (Pierre de), 73, 213, 295.
Roques (Guy), *511*.
Rosnay (Jean-Pierre), *309*.
Rossi (Jean-Baptiste), 328.
Rossi (Paul Louis), 580, 669, *751-752*.
Rostand (Edmond), 127, 487.
Rothenberg (Jérôme), 666.
Rothschild (Anne), 511.
Rothschild (Philippe de), 287.
Rottenberg (Pierre), *691*.
Rouanet (Marie), 314.
Roubaud (Jacques), 567, 580, 586, 666, *669 sq*, 751.
Rouche (Dominique), *120*.
Roudaut (Jean), 678, 702.
Roudil (Arlette), 320.
Roudinesco (Élisabeth), 577.
Rouffanche (Joseph), *260*.
Rougemont (Denis de), 420.
Rouger-Hubert, 313.
Rougier (Henry), *113*.
Roulet (Jean-Claude), 252, 278, 280.
Rouquet (Guy), 511.
Rouquette (Aristide), 319, *320*.
Rouquette (Max), 313, *314*, 315.
Rouquette (Pierre), 313.
Rouquette (Yves), 312, 313, 314, 317, *318*.
Rousseau (Jean-Baptiste), 133, 469.
Rousseau (Jean-Jacques), 680.
Roussel (Raymond), 265, 586, 680.
Rousselot (l'abbé), 596.
Rousselot (Jean), 22, 32, 53, 63, 76, 81, 85, 96, 108, 109, 111, 119, 127, 140, 141, 162, 166, 167, 170, 178, 193, 196, 198, 199, 204, 211, 214, 218, *222 sq*, 230, 236, 238, 242, 248, 249, 256, 258, 259, 260, 264, 271, 289, 297, 310, 314, 323, 331, 341, 364, 407, 417, 485, 493, 495, 577, 590, 592, 609, 614, 751.
Roux (Claire Sara), *565*.
Roux (Dominique de), *366*, 646.
Roux (Paul de), *388-389*.
Roux (Jean-Louis), 622, 625.
Roux (Louis), 313.
Roux (Serge), 264.
Roux-Servine, 313.
Rovini (Robert), 244, 245, *437 sq*.
Roy (Bruno), 374.
Roy (Claude), 138, *145 sq*, 164, 171, 191, 242, 252, 739.
Roy (Jules), *366*.
Royère (Jean), 44.
Royet-Journoud (Claude), *699*.
Rozes de Brousse (J.), 313.
Rozmor (Naïg), 321.
Ruhlmann (Paul), *118*.
Rutebeuf, 213, 227, 398, 589.
Ruyer (Raymond), 153.
Ruysbroek (Jan van), 608.
Ryner (Henri Ner, dit Han), 276.

Saadi (Moçlih-od-Din, dit), 167.
Sabatier (Guy), 511.
Sabatier (Robert), 268, 469.
Sabatier (Roland), 600.
Sabine (Madeleine), 188.
Sacher-Masoch (Leopold von), 372.
Sacré (James), 40, 264, 266, *719 sq*.
Safran (Serge), *507*.
Saint-Amant (Marc-Antoine Girard de), 204, 356, 449, 499.
Saintaux (Paul), 257.
Sainte-Beuve (Charles-Augustin), 367.
Saint-Exupéry (Antoine de), 366.
Saint-Germain (le comte de), 152.
Saint-John Perse (Marie-René-Alexis Léger, dit Saint-Léger-Léger, puis), 80, 81, 173, 118, 331, 411, 421, 444, 468, 469, 474, 481, 520, 523, 532, 540, 745.
Saint-Just (Louis-Antoine de), 614, 661.

Saint-Pierre (Michel de), *367.*
Saint-Pol-Roux (Pierre-Paul Roux, dit), 143, 748.
Saint-Thierry (Guillaume de), 117.
Salabreuil (Jean-Philippe), *449 sq,* 737.
Salager (Annie), *503.*
Sales (Jean), 316.
Salgues (Yves), *374.*
Sallenave (Danièle), 372.
Salmon (André), 39, 63, 126, 136, 203, 239, 249.
Salomon (Michel), *510.*
Salvador (Henri), 341.
Salvat (André), ps. Tristan (Frédérick), 373.
Salvy (Gérard-Julien), 689.
Sand (Aurore Dupin, baronne Dudevant, dite George), 299.
Sandburg (Carl), 468.
Sandre (Yves), 502.
Sanguineti (Eduardo), 669.
Sannes (Jean), *298.*
Sardin (Jacques), 252.
Sarrera (Danielle), ps. Tristan (Frédérick), 373.
Sarthou (Claude), 692.
Sartre (Jean-Paul), 11, 12, 14, 330, 341, 348.
Sataranko (B.), 648.
Satie (Erik), 354, 599.
Saura (Carlos), 375.
Saurat (Denis), 313.
Sautou (Éric), 564.
Sautreau (Serge), 625, *626.*
Sauvage (Catherine), 167.
Sauvage (Cécile), 117.
Sauvage (Tristan), 615.
Sauvaigo (Jean-Luc), 319, *320.*
Savatier (Michel), 564.
Savitzkaya (Eugène), 547, 737.
Scarnati (Sandra), 600.
Scève (Maurice), 19, 44, 47, 73, 131, 336, 433, 470, 562.
Schehadé (Georges), 48, 157.
Scheler (Lucien), *187.*
Schliwinski (Jean-Claude), 606, *653.*
Schloendorff (Volker), 375.
Schlœzer (Boris de), 18, 517.
Schlumberger (Jean), 18.
Schlumberger (Jean-Pierre), *457.*
Schmidt (Albert-Marie), 18, 586.
Schmitt (Florent), 204.
Schneider (Jean-Claude), 565.
Schneider (Joseph-Paul), 310, *386 sq,* 495, 652.
Schœndorff (Odile), 457.

Schönberg (Arnold), 592.
Schuhl (Jean-Jacques), *652.*
Schuster (Jean), 606, 609, *614.*
Schwitters (Kurt), 590.
Scozzari (Gérard), *655.*
Sebbag (Gilles), 121.
Sédir (Georges), *116.*
Séféris (Georges), 472.
Segalen (Victor), 94, 115, 367, 444, 481, 613, 748, 751, 610.
Seghers (Colette Peugniez-), 166, 303.
Seghers (Pierre), 13, 18, 25, 28, 41, 52, 83, 101, 109, 144, 146, 149, 161, 162, *166 sq,* 171, 186, 187, 188, 214, 238, 241, 244, 245, 248, 249, 277, 283, 293, 309, 341, 341, 365, 367, 430, 452, 667.
Séguret (Eugène), 313.
Séguret (Gabriel), 320.
Séguy (Jean-Baptiste), *319.*
Seifert (Jaroslav), 576, 752.
Seignolle (Claude), 373.
Senghor (Léopold Sedar), 137, 293.
Serge (Victor), 252, 269.
Serpan (Iaroslav), 516.
Serpières, ps. Guillevic (Eugène), 29.
Serreau (Claude), 262.
Servat (Gilles), 321.
Seter (D.), 101.
Seuphor (Michel), 590, 592.
Sevestre (Hélène), *510.*
Seveyrat (Aimé), *144.*
Seyve (Claude), 563.
Shakespeare (William), 73, 76, 104, 176, 223, 261, 375, 377, 517, 722.
Shuman (Mort), 341.
Sicaud (Sabine), 63.
Siccardi (Jean), 565.
Silbermann (Jean-Claude), *606-614.*
Silvaire (André), 268, *367.*
Siméon (Jean-Pierre), 262, 327, *595.*
Siméon (Marianne), 327.
Siméon (Michel), 327.
Siméon (Roger), *327.*
Simmias de Rhodes, 596.
Simon (Alain), *653.*
Simon (Claude), 691.
Simon (François-René), 614.
Simon (Louis), 280.
Simon (Luc), 745.
Simon (Pierre-Henri), 24, *367.*
Simon (Yves), *342.*
Simoneau (François-Noël), *406.*
Simonomis, *331.*
Slaweski (Paula), 83.
Smet (Gustave de), 590.

Snyder (Émile), *655.*
Socard (Gilbert), 256.
Sojcher (Jacques), 30, 717.
Solène (Claude), ps. Tavernier (René), 186.
Sollers (Philippe), 11, 13, 322, 463, 659, 664, *673 sq,* 684.
Solomon (Carl), 645.
Somlyo (György), 472.
Sophocle, 76.
Sorrente (Dominique), 574.
Souchères (Émile-Bernard), 368.
Souchu (Jacques), 262.
Soula (Camille), 269, 313.
Sourgens (Jean-Marie), 144, 330.
Souriau (Étienne), 52.
Spaak (Catherine), 415.
Spada (Marcel), 13.
Spender (Stephen), 52, 59.
Spéranza (Jean), 262.
Spicer (Jack), 666.
Sponde (Jean de), 131, 736.
Staline (Iossif Vissarionovitch Djougatchvili, dit), 34, 655.
Starobinski (Jean), 52, 517, 518, 520, 528, 529.
Statié (Alain), 600.
Stefan (Jude), 707, 727, *736 sq.*
Stein (Elliott), 327.
Stein (Gertrud), 669.
Stein (Oliven), *408.*
Steinmetz (Jean-Luc), *688-689,* 703.
Stendhal (Henri Beyle, dit), 146, 264, 581, 698.
Stetié (Salah), 376.
Stevenson (Robert Louis Balfour), 104.
Stifter (Adalbert), 176.
Stivell (Alan), 321.
Suberroque (Gilbert), 320.
Subra (Marie-France), 695, 696.
Sue (Eugène), 357.
Suel (Lucien), 606, 648.
Suied (Alain), *120.*
Supervielle (Jules), 21, 51, 108, 118, 145, 146, 147, 150, 172, 199, 211, 252, 253, 256, 362, 449, 468, 547, 564.
Surre-Garcia (Alain), 320.
Swift (Jonathan) 360, 367.
Sylvestre (Anne), 342.
Syte (Raymond), 268.

Tagore (Rabindranah), 118.
Tal-Coat (Pierre Jacob, dit Pierre), 714.
Talvart (Hector), 255.
Tanguy (Yves), 618.
Tapies (Antoine), 525.

Tardieu (Jean), *17 sq,* 24, 25, 29, 171, 435, 696.
Tardieu (Victor), 18.
Tardif (Jean-Paul), 320.
Tarkieltaub (Jacqueline), 600.
Tarnaud (Claude), 516, 614.
Tarpinian (Armen), *466.*
Taslitzky (Boris), 189.
Tavan (Ludovic), 313.
Tavernier (René), 149, 161, *186,* 248.
Tchékhov (Anton), 375.
Tchou (Claude), 299.
Teilhard de Chardin (Pierre), 269, 484, 502.
Teixera-Gomès (Manuel), 137.
Temple (Frédéric-Jacques), 289, 433, *491 sq,* 567.
Teulon-Nouailles (Bernard), *692.*
Teyssandier (François), *508.*
Thackeray (William Makepeace), 587.
Théocrite, 596.
Themerson (Stefan), 688.
Thérèse d'Avila (Sainte), 85.
Theresin (Daniel), ps. Tardieu (Jean), 18, 19.
Theuriet (André), 46.
Thibaudeau (Jean), 11, 13.
Thibaudet (Albert), *367.*
Thieck (Françoise), *651.*
Thiercelin (Jean), 619.
Thiers (Adolphe), 144.
Thieuloy (Jack), 373.
Thomas (Dylan), 52, 155, 404, 430, 489.
Thomas (Édith), *187.*
Thomas (Guy), *338.*
Thomas (Henri), 38, 42, 153, *175 sq,* 361, 417, 419.
Thomas (Sandra), *373.*
Thomas d'Aquin (Saint), 62.
Thoreau (Henry), 254.
Tillier (Claude), 46.
Tilliette (Xavier), 88.
Tillinghast (Nicki), 707.
Tilman (Pierre), 631, 633, *678 sq.*
Tintinhac (Arnaut de), 315.
Tintoret (Iacopo Robusti, dit Le), 42.
Tixier (Jean-Max), 228, 412, 474, *569-570.*
Todrani (Jean), 415, *579.*
Toesca (Maurice), 367.
Tolstoï (Catherine), 357.
Tomlinson (Charles), 333, 669.
Topor (Roland), 435.
Tordeur (Jean), 247.
Torreilles (Pierre), *539 sq,* 567, 719, 720.

Torta (Alain), 338.
Tortel (Jean), 12, 29, 30, 33, 35, *44 sq*, 89, 166, 169, 180, 181, 368, 411, 581.
Tou fou, 155.
Toulet (Paul-Jean), 606.
Toulouse (Roger), 249, *256*.
Touret (Jean), 289.
Tournier (Michel), 569.
Tourret (Fernand Tourret du Viguier, dit Fernand), 252, *279*.
Toursky (Alexandre), 44, 220, 249.
Toussenot (Roger), 153.
Trakl (Georg), 29, 404, 437, 565.
Tréan (Mick), 621, 624.
Trénet (Charles), 341.
Trévoux (Daniel), ps. Tardieu (Jean), 18, 19.
Tricou (Charles), 286.
Triolet (Elsa), 167, 189, 640.
Tristan (Frédérick Tristan Baron, dit Frédérick), 280, *373*, 454.
Tron (Dominique), *640-641*.
Ts'ao Sieue-Kin, 104.
Tschumi (Raymond), 380.
Tubeuf (André), *117*.
Tzara (Tristan), 237, 335, 590, 598.

Ubac (Raoul), 26, 516.
Ughetto (André), 568.
Unamuno (Miguel de), 193.
Ungaretti (Giuseppe), 111, 155, 528, 529, 597.

Vaché (Jacques), 414.
Vachey (Michel), *459*, 703.
Vachon (Bernard), 457.
Vagne (Jean), *198*, 252.
Vaillant (Claude), *266*.
Vaillant (Roger), 146.
Valensol (Guy), 509.
Valentin (Paul-Louis), ps. Marcenac (Jean), 188.
Valéry (François), 183.
Valéry (Paul), 18, 19, 47, 51, 106, 111, 132, 133, 134, 183, 355, 424, 433, 437, 469, 518, 520, 531, 568, 573, 685, 709, 733.
Valet (Paul), *187*, 654.
Valin (Jean-Claude), *264-265*.
Vallejo (César), 752.
Vallès (Jules), 26, 550.
Vallet (Danièle), 564.
Van Den Driessche (Janine), 600.
Vandevoorde (Pierre), *509*.
Vandrepotte (Pierre), 694.
Vaneigen (Raoul), 601.

Van Gogh (Vincent), 211, 292.
Van Hirtum (Marianne), 614.
Van Langhenhoven (Jehan), 606.
Vannier (Angèle), *301 sq*.
Van Velde (Bram), 560.
Van Vogt (A.E.), 211, 351.
Vargaftig (Bernard), *578-579*.
Vartore-Néoumivakine (Gabriel), *656*.
Vasseur-Dedroix (Pierre), *288*.
Vautier (Ben), 691.
Vautier (Michel), *656*.
Vaution (Marc), 564.
Vauvenargues (Luc de Clapiers de), 146.
Védrines (Jean-Pierre), *391*.
Veilletet (Pierre), 131.
Veinstein (Alain), *700*.
Velter (André), 606, 625.
Venaille (Franck), 371, 408, 426, 606, *631 sq*, 635.
Vercey (Claude), *329*.
Vercors (Jean Bruller, dit), *367*.
Verdet (André), *195 sq*, 249.
Verdier (Jean-Paul), 318.
Verdonnet (Jean-Vincent), *385-386*.
Verdure (Jean), *289*.
Vergez (G.), 601.
Verhaeren (Émile), 316.
Verheggen (Jean-Pierre), *689-690*, 703.
Verhesen (Fernand), 157.
Verlaine (Paul), 29, 128, 203, 223, 250, 260, 296, 341, 362, 403, 530, 647, 749.
Vermeer de Delft (Johannès Vermeer, dit), 41.
Vernay (Andrée), *455*.
Verne (Jules), 499, 680, 710.
Verret (Alexandre), 269.
Véry (Pierre), 239.
Vialatte (Alexandre), 429.
Vian (Boris), 341, *350-351*, 587.
Vianès (Jean-Calendal), 320.
Vianney (Jean-Marie), 39.
Viau (Théophile de), 44, 145, 356, 499.
Vico (Giambattista), 685.
Victor (Roland), 511.
Vidalie (Albert), 363.
Vieira da Silva (Maria Elena), 26.
Vigée (Claude), *101 sq*, 641.
Vigne (Daniel), 375.
Vigneau (Robert), *336*.
Vigny (Alfred de), 51, 366.
Vilar (Jean), 146, 424, 484.
Vildrac (Charles), 283.
Vilez (Hervé), *144*.
Villandry (François de), *511*.
Villard (Marc), *648-649*, 560.

Villeglé, 601.
Villon (François), 73, 97, 203, 204, 213, 331, 342, 401, 458, 586, 636, 736.
Villon (Jacques), 26.
Vilmorin (Louise de), 596.
Vinas (André), *258*.
Vincenot (Henri), 287.
Vincensini (Paul), 161, 162, 310, *435 sq*.
Vinôba (Acharya Vinôba Bhave), 92.
Viot (Michel-Henri), 580.
Viou (Ernest), 313.
Vircondelet (Alain), 373, 374.
Virgile, 264, 336, 517, 693.
Vitaly (Vitaly Garkouchenko, dit Georges), 141.
Vitez (Antoine), *354*.
Viton (Jean-Jacques), 581, *693*.
Vitruve (Marcus Vitruvius Pollio, dit), 111.
Vivien (Pauline Tarn, dite Renée), 297, 361.
Vodaine (Frédéric Vladimir Kaucic, dit Jean), 322, *324 sq*, 426.
Voidiès (Jean-Pierre), 188.
Voisin (Gérard), *332*.
Voltaire (François-Marie Arouet, dit), 17, 153.
Voronca (Ilarie), 157, 182, 254.
Vrigny (Roger), 183.
Vuarnet (Jean-Noël), 154, 682.

Wagner (Richard), 65.
Wahl (Jean), 52.
Wajda (Andrzej), 375.
Wallisky (Katia), *511*.
Walter (Jean-Claude), 310, *378-379*.
Walter (Rémy), ps. Marcenac (Jean).

Wang-wei, 155.
Wasyk (Adam), 155.
Watlet (François), 547.
Watterwald (François), 188.
Watton de Ferry (Mme), 313.
Weil (Simone), 117, 332.
Weingarten (Romain), *349-350*.
Wellens (Serge), 267, *398*.
Wellershoff (Dieter), 262.
Wexler (Alain), 563.
White (Kenneth), 696.
Whitman (Walt), 127, 167, 304, 403, 469, 577, 611.
Wichman (Éric), 590.
William (William Carlos), 333.
Winter (Conrad), 310, *405*.
Witold (René), 430.
Wolf (Christa), 580.
Wolman (Gil J.), 594.
Woolf (Virginia), 104.

Yeats (William Butler), 59, 112, 439, 517, 565.
Yelnik (Odile), *365*.
Ygé (Claude d'), 617.
Yourcenar (Marguerite de Crayencour, dite Marguerite), *361*, 696.
Youri (Youri Komerovsky, dit), 407.
Yvernault (Pierre), 210.

Zack (Léon), 368.
Zahl (Peter Paul), 666.
Zimbacca (Michel), 613.
Zimmermann (Jean), *259*.
Zins (Céline), 697.
Zola (Émile), 97, 330.
Zumthor (Paul), *367*.

N.B. *Il peut être utile de consulter les index des deux précédents volumes de* La Poésie du XXe siècle :
1 – Tradition et Évolution, pp. 573 à 594.
2 – Révolution et Conquêtes, pp. 667 à 686.

Table des matières

Avant-propos 7

LES CHOSES ET LES MOTS 9

1. Francis Ponge 11
2. Jean Tardieu 17
3. André Frénaud 24
4. Eugène Guillevic 29
5. Jean Follain 38
6. Jean Tortel 44

LES VOIES SPIRITUELLES 49

1. Pierre Emmanuel 51
2. Patrice de La Tour du Pin 59
3. Jean Cayrol 63
4. Luc Estang 70
5. Jean Grosjean 75
6. Pierre Oster Soussouiev 80
7. Loÿs Masson 83
8. Jean-Claude Renard 86
9. Lanza del Vasto 91
10. Charles Le Quintrec 96
11. Claude Vigée 101
12. Armel Guerne 104
13. Spiritualisations 107
    Christiane Burucoa. Jean Mambrino. André Marissel. René Ménard. Bruno Durocher. Paysages de la peur. Vers une nouvelle spiritualité. Raoul Bécousse. Jean-Pierre Lemaire. D'autres glanes spirituelles.

790 · LA POÉSIE DU XXᵉ SIÈCLE

ÉLOGE DE LA DIVERSITÉ 123

1. Jacques Audiberti 125
2. Souci formel et expression nouvelle 131
   Louis Émié. Robert Ganzo. Armen Lubin. Armand Guibert. René Laporte. Philippe Dumaine. Jean Laugier. Sur des pensers nouveaux...
3. Claude Roy 145
4. Max-Pol Fouchet 149
5. Armand Robin 152
6. Lucien Becker 156
7. Alain Borne 161
8. Pierre Seghers 166
9. Georges-Emmanuel Clancier 170
10. Henri Thomas 175
11. Luc Decaunes 179
12. Robert Mallet 183
13. Poésie de combat 186
    Les Poèmes des temps noirs. Jean Marcenac. Jacques Gaucheron. Pierre Gamarra. Rouben Mélik.
14. Des contemporains remarquables 193
    Jean Cassou. Jean Lescure. André Verdet. Charles Autrand. Paul Pugnaud. Pierre Morhange. Jean Vagne. Bertrand d'Astorg.

LES SOURCES FRAÎCHES 201

1. Maurice Fombeure 203
2. René Guy Cadou 208
3. Luc Bérimont 213
4. Michel Manoll 218
5. Jean Rousselot 222
6. Paul Chaulot 229
7. Louis Guillaume 233
8. René Lacôte 236
9. Pierre Béarn 239
10. Gabriel Cousin 242
11. Norge 244
12. Poètes et fondateurs 248
    Jean Bouhier et l'école de Rochefort. Jean Digot, *Les Feuillets de l'îlot* et autres œuvres. Pierre Boujut et *La Tour de Feu*.
13. Voix et voies humaines 254
    Denys-Paul Bouloc. Robert Prade. Henri de Lescoët. Gilbert Socard. Roger Toulouse. Georges Herment. Dans l'environnement poétique.

14. Sources et promesses 264
   Les Poètes de *Promesse*. Les Poètes de *Sources*. Les Poètes de la revue *Iô* et d'autres.
15. Edmond Humeau 269
16. Sous les feux de la Tour 273
   Adrian Miatlev. Pierre Chabert. Jean-Louis Depierris. Le Compagnonnage ardent.

TERRE ET TERRITOIRES 281

1. Des célébrations agrestes 283
   Lucienne Desnoues. Pierre Mathias. Gabrielle Marquet. Andrée Appercelle. Promenades au grand air.
2. D'autres célébrations 290
   Paul-Alexis Robic. Gérard Le Gouic. Poètes proches.
3. Les Joies d'Amour 294
   Éros et Polymnie.
4. Exaltations et célébrations 300
   Denise D. Jallais. Jane Kieffer. Angèle Vannier. Paysages intérieurs.
5. Un pas vers l'autre 306
   Georges Jean. Jacques Charpentreau. Marc Delouze. Poésie pour tous.
6. Occitanie 312
7. Vers une poésie populaire 322
   Jean L'Anselme. Jean Vodaine. Banlieues proches et mondes lointains. Usines.
8. Rires et masques 335
9. Regard sur la chanson 340

VOISINAGE DES GENRES 345

1. Tout près du prosateur 347
   Jean Genet. René de Obaldia. Roland Dubillard. Romain Weingarten. Boris Vian. Côté cour, côté jardin. Hervé Bazin. Armand Lanoux. Françoise Mallet-Joris. Daniel Boulanger. Emmanuel Roblès. Un tour d'horizon. Nouvelles générations romanesques. Jean Joubert. Jean-Claude Walter.

LA VIE PRÉSENTE 381

1. La Nature humaine 383
   Pierre Gabriel. Guy Chambelland. Jean-Vincent Verdonnet. Joseph-Paul Schneider. Borias, Reutenauer, Baron. Henri Dro-

guet, Paul de Roux. Biscaye, Chatard, Mazo, Drano. Au plus près des choses.
2. Poésie pour vivre 394
   Un manifeste. Jean Breton. Serge Brindeau. Patrice Cauda. Serge Wellens. Christian Da Silva. Jean Dubacq. Yves Martin. Daniel Lander.
3. Révoltes et colères 402
   Henri-Simon Faure. Michel Dansel. Paol Keineg. Tristan Cabral. Yvon Le Men. Françoise Han. Déchirures. Colères et responsabilités.

DES VOIX CHÈRES QUI SE SONT TUES 409

1. Jean Malrieu 411
2. Gérald Neveu 414
3. Jacques Prével 417
4. Jean-Paul de Dadelsen 419
5. Olivier Larronde 422
6. Georges Perros 424
7. Georges Alexandre 426
8. André Frédérique 428
9. Roger-Arnould Rivière 430
10. Serge Michenaud 433
11. Paul Vincensini 435
12. Robert Rovini 437
13. Roger Giroux 439
14. Xavier Grall 442
15. Roger Kovalski 444
16. Jean-Pierre Duprey 446
17. Jean-Philippe Salabreuil 449
18. Destins malheureux 452
    Gilberte H. Dallas. Gérard Prévot. Renée Brock. Christian Gali. La Vie en destin.

L'HORIZON ÉLARGI 465

1. Alain Bosquet 467
2. Lorand Gaspar 472
3. Hubert Juin 475
4. Pierre Dalle Nogare 478
5. Henry Bauchau 481
6. Henri Pichette 484
7. Marc Alyn 488
8. Frédéric-Jacques Temple 491
9. Jean Orizet 494

Table des matières . 793

10. André Laude	497
11. Marc Piétri	499
12. Corps et cosmos	501

Max Loreau. Jacques Depreux. Maurice Couquiaud. François Lescun. François Montmaneix. Annie Salager. Claude Dumont. Daniel Oster. Herri-Gwilherm Kerourédan. Jean-Claude Ibert. Armand Rapoport. Serge Safran. Alain Mercier. René Daillie. François Teyssandier. D'autres voyages.

ESPACES DE LA PAROLE	513
1. Yves Bonnefoy	515
2. Édouard Glissant	522
3. Jacques Dupin	525
4. Philippe Jaccottet	528
5. Jacques Charpier	531
6. Jean Laude	534
FORGERONS D'UN LANGAGE	537
1. Pierre Torreilles	539
2. Andrée Chédid	542
3. Gaston Puel	545
4. Jacques Izoard	547
5. Marie-Claire Bancquart	550
6. Gil Jouanard	553
7. La Parole équilibrée	555

Janine Mitaud. Marc Guyon. Bernard Hreglich. Gérard Bocholier. Jean-Pierre Siméon. Alain Lambert. Jean Guichard-Meili. Jacques Garelli. Jean-Clarence Lambert. Franck-André Jamme. Richard Rognet. Charles Juliet. Recherche de la lumière. Lapidaires.

8. Poésie au soleil des mots	567

Yves Broussard. Max Alhau. Jacques Lovichi. Jean-Max Tixier. Gérard Engelbach. Gabrielle Althen. Hughes Labrusse. Pierre Caminade. Jacques Phytilis, Christian Hubin, Dans l'entourage.

9. Le lent travail des mots	576

Henri Deluy. Bernard Vargaftig. Jean Todrani. Alain Lance. Maurice Regnaut. Pierre Lartigue. Claude Adelen. Marie Étienne.

ATELIERS ET LABORATOIRES	583
1. L'Oulipo	585
Sur quelques poètes	
2. Nouvelles instrumentations	589

Arthur Pétronio et la verbophonie. Altagor et la métapoésie. Henry Chopin et la poésie sonore. Bernard Heidsieck et la poésie

sonore sémantique. Pierre Garnier et le spatialisme. Pionniers et défricheurs.
3. Isidore Isou et le lettrisme 597

SURRÉALISME ET MÉTAMORPHOSES 603

1. Liberté couleur d'homme 605
Thérèse Plantier. Théodore Kœnig. Guy Cabanel. Alain Jouffroy. Gérard Legrand. Vincent Bounoure. Jean-Louis Bédouin. Dans les parages. Pierre Dhainaut. Élie-Charles Flamand. Marie-Françoise Prager. Jean-Christophe Bailly. Présences.
2. Manifestes 621
Michel Bulteau. Matthieu Messagier. Au-delà de l'individuel. Poésie froide.

NOUVEAU RÉALISME, NOUVELLES MYTHOLOGIES 629

1. Franck Venaille 631
2. Daniel Biga 635
3. Pierre Tilman 638
4. Le Réel survolté 640
Dominique Tron. Jean-Paul Klée. Patrice Delbourg. Du côté d'Exit. Un certain réalisme.
5. Claude Pélieu-Washburn 645
6. Underground 647
Pop music, rock & blues. Poème/narration/fiction/réalisme. Corps d'écriture.

UNE AUTRE ÉCRITURE 657

1. Denis Roche 659
2. Marcelin Pleynet 663
3. Jean-Pierre Faye 666
4. Jacques Roubaud 669
5. Philippe Sollers 673
6. Michel Butor 675
7. Jean Ristat 679
8. De certains textes 682
Maurice Roche. Pierre Guyotat.
9. Christian Prigent et *TXT* 686
TXT et alentours 688
10. Le Choix du texte 691
11. Pointe vive 698
Emmanuel Hocquard. Claude Royet-Journoud. Anne-Marie

Albiach, Michel Couturier. Alain Veinstein, Jean Daive. Joseph Guglielmi. Destruction/Régénération.

RENOUVELLEMENTS 705

1. Lionel Ray 707
2. Bernard Noël 710
3. André Du Bouchet 713
4. Michel Deguy 716
5. James Sacré 719
6. Claude-Michel Cluny 721
7. Jacques Réda 724
8. Jean Pérol 728
9. Bernard Delvaille 730
10. Mathieu Bénézet 733
11. Jude Stefan 736
12. William Cliff 739
13. Jean-Michel Maulpoix 742
14. Espaces sensibles 744
    Robert Marteau. Claude Estéban. Jean-Paul Guibbert. Ludovic Janvier. Philippe Denis. Gérard Macé. Xavier Bordes.
15. Pratique du poème 750
    Henri Meschonnic. Paul Louis Rossi. Dominique Grandmont. Gérard de Cortanze. Dominique Preschez. Rémi Faye. Didier Coste.

INDEX 757

*Cet ouvrage
a été composé
et achevé d'imprimer
en octobre 1988
par l'Imprimerie Floch à Mayenne
pour les Éditions Albin Michel*

AM

*N° d'édition 10303. N° d'impression 26718
Dépôt légal : novembre 1988*

Imprimé en France